Europa-Recht

dtv

Schnellübersicht

Europa-Recht

Vertrag über die Europäische Union,
Vertrag über die Arbeitsweise der Europäischen Union,
Charta der Grundrechte der Europäischen Union,
Rechtsstellung des Unionsbürgers,
Integrationsverantwortungsgesetz,
Ausführungsgesetze zu Art. 23 GG,
Europawahl-Gesetz, Verfahrensordnungen,
Satzung des Europarates, Menschenrechtskonvention

Textausgabe mit einer Einführung
von Professor Dr. Claus Dieter Classen
und mit ausführlichem Sachverzeichnis

29., neubearbeitete Auflage
Stand 22.2.2024

dtv

dtv.de | beck.de

Sonderausgabe
dtv Verlagsgesellschaft mbH & Co. KG,
Tumblingerstraße 21, 80337 München

Wilhelmstraße 9, 80801 München
Satz, Druck und Bindung: Druckerei C.H.Beck Nördlingen
(Adresse wie Verlag)
Umschlagtypographie auf der Grundlage
der Gestaltung von Celestino Piatti

myclimate
shape our future

chbeck/nachhaltig

ISBN 978-3-423-53231-0 (dtv)
ISBN 978-3-406-81742-7 (C.H.Beck)

9 783406 817427

Inhaltsverzeichnis

I. Grundlagen der Europäischen Union und der Europäischen Gemeinschaften

II. Rechtsstellung der Unionsbürger

VI. Europäisches Zivilverfahrensrecht

VII. Währungsunion

VIII. Europarat und Menschenrechte

Abkürzungsverzeichnis

Abk.	Abkommen
ABl.	Amtsblatt der Europäischen Union (früher: Amtsblatt der Europäischen Gemeinschaften bzw. Amtsblatt der Europäischen Gemeinschaft für Kohle und Stahl)
Abs.	Absatz
AEUV	Vertrag über die Arbeitsweise der Europäischen Union
Anm.	Anmerkung
Art.	Artikel
BAnz.	Bundesanzeiger
Bek.	Bekanntmachung
ber.	berichtigt
Beschl.	Beschluss
BGBl. I bzw. II	Bundesgesetzblatt Teil I bzw. Teil II
BM	Bundesminister
BReg	Bundesregierung
BT	Bundestag
DWA	Direktwahlakt
Erl.	Erlass
EAG	Europäische Atomgemeinschaft
EEA	Einheitliche Europäische Akte
EFTA	Europäische Freihandelsassoziation (European Free Trade Association)
EG	Europäische Gemeinschaften
EGKS	Europäische Gemeinschaft für Kohle und Stahl
EGMR	Europäischer Gerichtshof für Menschenrechte
EGV-Nizza	Vertrag zur Gründung der Europäischen Gemeinschaft auf dem Stand des Vertrages von Nizza
EIB	Europäische Investitionsbank
EMRK	Europäische Menschenrechtskonvention
EP	Europäisches Parlament
ESZB	Europäisches System der Zentralbanken
EuG	Europäisches Gericht (früher: Gericht erster Instanz) beim Gerichtshof der Europäischen Union
EuGH	Europäischer Gerichtshof
Euratom	Europäische Atomgemeinschaft
EUV	Vertrag über die Europäische Union (Lissabon)
EUV-Nizza	Vertrag über die Europäische Union auf dem Stand des Vertrages von Nizza
EWA	Europäisches Währungsabkommen
EWG	Europäische Wirtschaftsgemeinschaft
EWI	Europäisches Währungsinstitut
EWR	Europäischer Wirtschaftsraum
EZB	Europäische Zentralbank
G	Gesetz
GASP	Gemeinsame Außen- und Sicherheitspolitik

Abkürzungsverzeichnis

GATT	Allgemeines Zoll- und Handelsabkommen (General Agreement on Tariffs and Trade)
geänd.	geändert
idF	in der Fassung
IGH	Internationaler Gerichtshof
lit.	littera (= Buchstabe)
mWv	mit Wirkung vom
Nr.	Nummer
OECD	Organisation für wirtschaftliche Zusammenarbeit und Entwicklung (Organization for Economic Cooperation and Development)
S.	Seite
UNTS	United Nations Treaty Series
v.	vom
VerfO	Verfahrensordnung
vgl.	vergleiche
VO	Verordnung
WEU	Westeuropäische Union
WSA	Wirtschafts- und Sozialausschuss
WTO	Welthandelsorganisation (World Trade Organization)
WWU	Wirtschafts- und Währungsunion
zul.	zuletzt

Einführung

Von Professor Dr. Claus Dieter Classen, Greifswald

I. Aktuelles

Die Neuauflage der Textausgabe erscheint in einer für die europäische Integration weiterhin schwierigen Zeit. Der russische Angriff auf die Ukraine sowie der Terror der Hamas gegenüber Israel stellen außenpolitische Herausforderungen dar, der Populismus gewinnt innerhalb der Union an Gewicht. Grundlegende Werte der Union (Art. 2 EUV, Nr. **1**), insbesondere die Rechtsstaatlichkeit, stehen zunehmend unter Druck. Diese aber bildet einen zentralen Grundpfeiler der sich maßgeblich als Rechtsgemeinschaft verstehenden Europäischen Union (unten bei VI.). Zugleich zeigt diese Entwicklung die Grenzen der Einwirkungsmöglichkeiten der Organe der Europäischen Union. Wie schon der Brexit zeigt auch diese Entwicklung, dass die Integration nicht als etwas Selbstverständliches angesehen werden darf, sondern über ihren Sinn und Zweck kontinuierlich intensiv nachzudenken ist.

Die hier abgedruckten Texte wurden amtlich bisher nicht an die durch den Brexit entstandene Rechtslage angepasst. Daher finden sich dort, wo mit aktueller Bedeutung auf das Vereinigte Königreich Bezug genommen wird, entsprechende redaktionelle Hinweise.

In den in der Sammlung abgedruckten Texten hat es mehrere Änderungen gegeben. Das nach nationalem Recht zu bestimmende aktive Wahlrecht (§ 6 EuWG, Nr. **26**) wurde auf 16 Jahre abgesenkt. In verschiedenen verfahrensrechtlichen Details wurde die Verfahrensordnung des EuG geändert (Nr. **30**), ebenso in einem Punkt das AVAG (Nr. **32**). Durch das 15. Zusatzprotokoll zur EMRK (Nr. **40**) wurde diese vor allem in verfahrensrechtlicher Hinsicht geändert: außerdem wurden in der Präambel die Subsidiarität des europäischen Menschenrechtsschutzes sowie der Beurteilungsspielraum der Staaten ausdrücklich verankert. Diskutiert wird, ob Vorlageverfahren nach Art 267 AEUV (Nr. **2**), die bisher durchweg dem EuGH zugewiesen waren, durch Änderung der EuGH-Satzung (Nr. **27**) für Teilbereiche dem EuG zugewiesen werden sollen.

II. Entwicklung der europäischen Integration

Die europäische Integration ist eine verhältnismäßig junge Entwicklung. Im Sinne einer institutionalisierten Zusammenarbeit der europäischen Staaten begann sie erst nach dem Ende des Zweiten Weltkriegs. Den Anfang bildeten zwei im Jahre 1948 gegründete Organisationen, deren Tätigkeit sich auf *bestimmte* Felder des politischen Lebens konzentrierte, nämlich die Westeuropäische Union (WEU) mit militärischer und die Organisation für wirtschaftliche Zusammenarbeit in Europa (damals OEEC, später OECD) mit wirtschaftlicher Zielsetzung. Damit wurde zunächst ein sektoraler Integrationsansatz gewählt. Ehrgeiziger war der ein Jahr später unternommene Schritt in Richtung einer umfassenden Integration: Am 5. Mai 1949 wurde der **Europarat** gegründet. Die ihm in Art. 1 seiner Satzung (Nr. **39**) zugewiesenen Aufgaben haben *um-*

fassenden Charakter. Die Kompetenzen zur Erfüllung des Programms sind jedoch ausgesprochen bescheiden ausgefallen. So hat der Europarat in der weiteren Entwicklung – außer im Bereich der Menschenrechte (siehe dazu die Europäische Menschenrechtskonvention nebst Zusatzprotokollen, Nr. **40 ff.**) – immer nur eine marginale Rolle gespielt.

Ein Jahr später kehrte man zur Philosophie der sektoralen Integration zurück. Den Grundstein bildete der vom damaligen französischen Außenminister am 9. Mai 1950 verkündete und nach ihm benannte Schuman-Plan, die Steinkohle- und Stahlproduktion Frankreichs und Deutschlands sowie aller derjenigen Staaten Europas, die sich diesem Vorhaben anschließen wollten, unter eine gemeinsame Verwaltung zu stellen. Dabei sollte eine Organisation mit zunächst nur wenigen, dafür aber *wirksamen* Kompetenzen geschaffen werden. Die *Perspektive* einer weiteren, umfassenden Integration war allerdings bereits damals eingeschlossen. Schon zu diesem Zeitpunkt, deutlich vor der über 10 Jahre später von de Gaulle und Adenauer betriebenen deutsch-französischen Aussöhnung, bildeten diese Beziehungen den Motor Europas, wie dies auch später immer wieder – wenn auch zum Teil von den anderen Staaten aus Sorge vor Bevormundung mit Misstrauen betrachtet – der Fall sein sollte.

Der Schuman-Plan bildete die Keimzelle der Entwicklung, die später vor allem zur Gründung der Europäischen Wirtschaftsgemeinschaft (heute: Europäische Union; Nr. **1**) führte. Konkretes Resultat war zunächst die 1952 gegründete **Europäische Gemeinschaft für Kohle und Stahl** (EGKS, auch Montanunion genannt, im Auszug unter Nr. **3**), an der sich neben Deutschland und Frankreich auch Italien und die Beneluxstaaten beteiligten. Die junge Bundesrepublik konnte damit erreichen, dass das einseitig ihr Restriktionen auferlegende Besatzungsstatut durch ein Regime abgelöst wurde, das eine mit gleichen Beschränkungen und Lasten für alle Beteiligten verbundene Bewirtschaftung der genannten Ressourcen vorsah. Eine ähnliche Verbindung zwischen nationalen Interessen und europäischer Integration sollte 40 Jahre später im Zusammenhang mit der Währungsunion erneut auftauchen. Nach fünfzig Jahren ist der EGKS-Vertrag im Juli 2002 ausgelaufen.

Nach der Vergemeinschaftung von Kohle und Stahl wurde eine gemeinsame Verteidigungspolitik in Angriff genommen. Auch hier war ein Ziel, der Bundesrepublik einen in militärischer Hinsicht gleichberechtigten Status in Europa zu vermitteln. Der Vertrag über die vorgesehene europäische Verteidigungsgemeinschaft scheiterte jedoch im Jahre 1954 wegen der vorgesehenen Souveränitätseinschränkungen am Veto der französischen Nationalversammlung. Erst in den neunziger Jahren bildeten sich dann bis heute bescheiden gebliebene Ansätze einer gemeinsamen europäischen Sicherheitspolitik heraus.

Ein großer Wurf in der Entwicklung der europäischen Integration gelang dann wenig später im Jahre 1957 mit der Gründung der **Europäischen Wirtschaftsgemeinschaft** (EWG) und der **Europäischen Atomgemeinschaft** (EAG, auch Euratom genannt). Gewisse institutionelle Verbindungen zwischen den drei Gemeinschaften hat es von Anfang an in Form eines gemeinsamen Gerichtshofes (Gerichtshof der Europäischen Gemeinschaften, EuGH) und einer gemeinsamen „beratenden Versammlung" (heute: Europäisches Parlament) gegeben. Mit dem „Fusionsvertrag" aus dem Jahre 1965 wurden auch Kommission und Rat zusammengeführt, so dass die drei Gemeinschaften (EGKS, EWG und EAG) über durchweg gemeinsame Organe verfügten. Diese Architektur wurde 1992/93 durch den Unionsvertrag von Maastricht um zwei weitere „Säulen" (für eine gemeinsame Außen- und Sicherheitspolitik und eine

Kooperation in der Innen- und Justizpolitik) sowie ein gemeinsames „Dach“ in Form der Europäischen Union erweitert und durch die Verträge von Amsterdam (1997) und Nizza (2001) verfeinert. Weitere, bereits zuvor erfolgte wichtige **Reformen im Inneren** der Europäischen Gemeinschaften bildeten insbesondere die Einführung der Direktwahl des Europäischen Parlaments durch die Bürger (1976/79, Nr. **24 ff.**), das Binnenmarktprogramm (Einheitliche Europäische Akte 1986/87) und der schon erwähnte Maastrichter Unionsvertrag (1992/93) mit dem Schwerpunkt der Bildung einer Wirtschafts- und Währungsunion (dazu Nr. **33 ff.**). Hier zeigte sich erneut der bereits 40 Jahre zuvor bedeutungsvolle Zusammenhang zwischen nationalen Zielsetzungen und europäischer Integration. Mit seiner Zustimmung zur Währungsunion löste Deutschland die im Zuge der Wiedervereinigung gegebene Zusage ein, in Europa integriert zu bleiben.

Zahlreiche Diskussionen um die Ratifizierung des Maastrichter Vertrages in den verschiedenen Mitgliedstaaten haben Akzeptanzdefizite der europäischen Konstruktion deutlich gemacht. Um dem abzuhelfen, leitete die Union daher einen Prozess des Wandels der Integration ein. Dieser begann mit den erwähnten Verträgen von Amsterdam und Nizza und führte über den (gescheiterten) Verfassungsvertrag zum Vertrag von Lissabon. In der Sache wandelte sich die ursprünglich auf sektorale Integration angelegte Wirtschaftsgemeinschaft zu einer Union, die sich maßgeblich als Wertegemeinschaft definiert, also als Hort von Freiheit, Demokratie und Rechtsstaatlichkeit (Art. 2 EUV, Nr. **1**). Beispielhaft hierfür stehen die Bestimmungen zum Schutz vor Diskriminierung (dazu unten VIII.; siehe auch Nr. **11 ff.**) sowie zur Sicherung von Transparenz (siehe Nr. **14** und **16**), die 1997/99 in den EGV-Amsterdam aufgenommen wurden.

Vollendet wurde dieser Prozess im Herbst 2009 mit Inkrafttreten des Vertrages von Lissabon, der zugleich das Ende des komplexen Nebeneinanders von Gemeinschaften und Union mit sich brachte. Die 1992 zur Europäischen Gemeinschaft umbenannte EWG und die damals gegründete EU wurden zur **Europäischen Union** verschmolzen. Deren institutionelle Grundlagen finden sich jetzt im Vertrag über die Europäische Union (Nr. **1**), das Funktionieren der Union ist im Vertrag über die **Arbeitsweise der Europäischen Union** (Nr. **2**) geregelt. Übereinstimmungstabellen (Nr. **1a** und Nr. **2a**) machen deutlich, welche bisherigen welchen neuen Bestimmungen der Verträge entsprechen. Der Prozess grundlegender Reformen der Union ist damit auf längere Zeit zu einem Ende gekommen.

Unabhängig von allen diesen Entwicklungen ist die große Zielsetzung der Integration von Anfang an immer die Gleiche geblieben: Die Sicherung von Frieden, Freiheit, Wohlstand und Selbstbehauptung. Dies wurde im Herbst 2012 mit dem Friedensnobelpreis gewürdigt, selbst wenn die entsprechenden Leistungen durch die jüngeren Entwicklungen in Frage gestellt werden. Dementsprechend sind immer wieder außenstehende Staaten den Gemeinschaften bzw. der Union beigetreten (Norderweiterung 1972, Süderweiterung 1981/86, Osterweiterungen 1995, 2004, 2007 und 2013) und haben die Zahl der Mitglieder von 6 auf zwischenzeitlich 28 Mitglieder anwachsen lassen. Auch der Brexit des Jahres 2020 hat nichts daran geändert, dass weitere Staaten im Osten und Süden der Union an die Tür klopfen. Zugleich stellen etliche Staaten wie (bis vor Kurzem) Polen und Ungarn, aber auch Rumänien die demokratisch-rechtsstaatlichen Grundlagen der Integration zunehmend in Frage. Das wirft die Frage nach Integrationsfähigkeit und Aufnahmekapazität der Union auf. Dies gilt vor allem für die Türkei, der allerdings 1963 die Aufnahmeperspektive vertraglich zugesagt wurde, die sich aber gerade in den letzten Jahren zunehmend wieder von der Union abgewendet hat.

III. Das Unionsrecht

Zentrale Quelle des Unionsrechts bilden die verschiedenen, zwischen den Mitgliedstaaten abgeschlossenen Verträge, auch **„Primärrecht"** genannt, insbesondere die schon erwähnten Verträge über die Europäische Union (EUV, Nr. **1**) und über die Arbeitsweise der Europäischen Union (AEUV, Nr. **2**). Sie stellen funktional die „Verfassung" der Union dar und werden von den Mitgliedstaaten beschlossen bzw. geändert (Art. 48 EUV, Nr. **1**). Die Mitgliedstaaten verfügen über die „verfassungsgebende Gewalt" in der Union, sie sind die „Herren der Verträge". Der Inhalt der verschiedenen Verträge lässt sich im Wesentlichen in drei Komplexe aufteilen: Der erste Bereich besteht aus den materiellen Grundregeln der Union. Neben den Werten der Union (unten VIII.) bilden bis heute die Bestimmungen über die Wirtschaftsverfassung (Binnenmarkt mit der Freiheit von Waren-, Dienstleistungs-, Personen- und Kapitalverkehr; Wettbewerbsverfassung; Währungsunion; siehe unten IX. bis XI.) den zentralen Bestandteil des Unionsrechts.

Den zweiten Bereich bilden die Kompetenzen (dazu unten V.; Überblick in Art. 3 ff. AEUV, Nr. **2**). Diese ermächtigen die Union, in den jeweils definierten Bereichen zur Ausfüllung der materiellen Regelungen, aber auch zur Politikgestaltung im Übrigen eigene Rechtsakte – das **„Sekundärrecht"** – zu setzen, die zumindest zum Teil auch unmittelbare Geltung gegenüber dem Bürger beanspruchen, also keines Umsetzungsaktes durch die Mitgliedstaaten bedürfen. Damit verfügt die Union über eine eigenständige, von den Mitgliedstaaten unabhängige Hoheitsgewalt. Die Bestimmung des Art. 288 AEUV gibt Auskunft über die wichtigsten Hoheitsakte. Drittens enthalten die Verträge die grundlegenden Bestimmungen über die Organe der Union (unten VI. und VII.). Diese nehmen die zuvor erwähnten Kompetenzen der Union wahr und wachen über die korrekte Anwendung des Unionsrechts.

Das geschriebene Unionsrecht enthält häufig nur unvollständige Regeln. Um nicht den Vorwurf der Rechtsverweigerung auf sich zu ziehen, sondern die Unionsrechtsordnung zu einem in sich stimmigen, kohärenten Gesamtsystem zu entwickeln, hat der Europäische Gerichtshof, dem nach Art. 19 EUV die „Wahrung des Rechts bei der Anwendung der Verträge" obliegt, darüber hinaus eine Reihe von **allgemeinen Rechtsgrundsätzen** entwickelt. Diese betreffen vor allem das allgemeine Verwaltungsrecht einschließlich des Staatshaftungsrechts sowie früher die nunmehr in der entsprechenden Charta (Nr. **8**) kodifizierten Grundrechte. Inhaltliche Basis dieser Grundsätze bilden die Rechtsordnungen der Mitgliedstaaten, wie dies für einen begrenzten Bereich in Art. 340 Abs. 2 AEUV ausdrücklich angesprochen wird. Methodisch kann sich der Gerichtshof auf das Völkerrecht (vgl. Art. 38 Abs. 1 lit. c des Statuts des Internationalen Gerichtshofes), vor allem aber auf die Praxis der Gerichte in den verschiedenen Mitgliedstaaten stützen. So bestand auch in Deutschland das allgemeine Verwaltungsrecht bis 1976 weitgehend aus Richterrecht. Für die Grundrechte kam die von allen EU-Mitgliedstaaten ratifizierte, schon erwähnte Europäische Menschenrechtskonvention (Nr. **40 ff.**) hinzu.

IV. Die Anwendung des Unionsrechts

Das Unionsrecht wird im Regelfall von den **nationalen Instanzen** – Verwaltungen und Gerichten – angewendet und ausgeführt. Nur in Ausnahmefällen sind hierfür die Organe der Union selbst zuständig. Zum Teil bestehen auch kooperative, Stellen beider Ebenen einschließende Verfahren. Dies gilt auch im Verhältnis zwischen zwei Mitgliedstaaten, soweit bestimmte Sachverhalte sie beide betreffen, wie dies traditionell im Binnenmarkt und in den letzten Jahren auch im Bereich des Raums der Freiheit, der Sicherheit und des Rechts der Fall ist. Hier wird das Unionsrecht stark vom Grundsatz des **gegenseitigen Vertrauens der Mitgliedstaaten** und der gegenseitigen Anerkennung von ihnen getroffener Entscheidungen geprägt. Die Ausweitung des Unionsrechts auf Lebensbereiche jenseits der Wirtschaft hat der nicht immer klar zu beantwortenden Frage nach einer Vergleichbarkeit des Grundrechtsschutzes auch auf nationaler Ebene zunehmend Bedeutung verschafft (dazu noch bei VIII. und XII.).

Bei der praktischen Rechtsanwendung stellt sich häufig die Frage nach dem Verhältnis des Unions- zum nationalen Recht. Für die Verordnungen sagt Art. 288 AEUV ausdrücklich, dass sie in den Mitgliedstaaten **unmittelbar gelten.** In einer Reihe von Grundsatzurteilen hat der EuGH herausgearbeitet, dass das europäische Recht auch im Übrigen unter bestimmten Voraussetzungen unmittelbar anwendbar ist, zumindest aber unmittelbare Wirkungen zu Gunsten des Bürgers entfalten kann. So ist die europäische Integration nicht nur eine Angelegenheit der Staaten. Auch der einzelne Bürger soll unmittelbar von diesem Prozess profitieren (vgl. auch Nr. **8 ff.**). Bei zivilrechtlichen Streitigkeiten kommt das Unionsrecht also als Grundlage für Ansprüche und Einwendungen zum Zuge, im öffentlichen Recht dient es den Behörden als Ermächtigungs- und dem Einzelnen als Anspruchsgrundlage.

Diese Anwendung des Unionsrechts in den verschiedenen nationalen Rechtsordnungen wirft Probleme auf. Aus Sicht des Unionsrechts geht es vor allem um dessen **einheitliche Geltung** in der gesamten Union und dessen daraus zwingend resultierenden Vorrang vor nationalem Recht, um die (Konflikte zu vermeiden suchende) harmonisierende Auslegung sowie um die Folgen unionsrechtswidriger nationaler Rechtsetzung. Soweit bestimmte Fragen im Unionsrecht – vor dem Hintergrund des sogleich erörterten Prinzips der begrenzten Einzelermächtigung (dazu V.) unvermeidlich – nicht ausdrücklich geregelt sind, etwa zum Verwaltungs- oder gerichtlichen Verfahren, kommt das nationale Recht zum Zuge. Dessen Anwendung darf jedoch das Unionsrecht nicht konterkarieren.

Demgegenüber erhebt aus Sicht des **nationalen** Rechts das **Verfassungsrecht** häufig einen zumindest begrenzten Geltungsanspruch auch gegenüber dem Unionsrecht. Weitere Konflikte sind vorprogrammiert, wo das wie erwähnt lückenhafte Unionsrecht auf ein System nationaler Rechtsregeln stößt. Die deswegen verschiedentlich erhobene Forderung nach Rücksichtnahme auf nationale Rechtssysteme steht wiederum in Widerspruch zur einheitlichen Geltung des Unionsrechts. Stellt man diese in Frage, wird zugleich am Anspruch des Unionsrechts gerüttelt, überhaupt eine Rechtsordnung zu sein.

Auf der „höheren" Ebene der *Normsetzung* stellt sich eine ähnliche Frage: Sollen unionsrechtliche Regeln grundsätzlich einheitlich für die gesamte Union aufgestellt werden, oder soll man verstärkt Regeln nur für einige Mitgliedstaaten aufstellen und damit zu einem „Europa der verschiedenen Geschwindigkeiten" kommen? Nur so können nämlich die an einem Fortschreiten der Integration interessierten Mitgliedstaaten etwas erreichen. Zugleich wird aber die Kohärenz des Unionsrechts in Frage gestellt, wenn die Beteiligung an unionsrechtlichen Rechtsakten eine Frage der Beliebigkeit wird. Nachdem der Vertrag von Maastricht für die Bereiche Währungsunion (vgl. Nr. **33 ff.**) und Sozialpolitik diesen Weg vorgezeichnet hatte, steht er nunmehr als generelle Option zur Verfügung (Art. 326 ff. AEUV).

V. Kompetenzen

Jeder Staat verfügt über eine *umfassende* Hoheitsgewalt. Demgegenüber stehen der Europäischen Union nur die Kompetenzen zu, die ihr in den Verträgen übertragen wurden (Prinzip der **„begrenzten Einzelermächtigung"**, Art. 5 Abs. 1 EUV, Art. 2 ff. AEUV). Diese Kompetenzen stehen regelmäßig in unmittelbarem Zusammenhang mit bestimmten materiellen Regeln. Diese verfolgen vor allem bestimmte Ziele. Die Kompetenzen sollen die Erreichung dieser Ziele sicherstellen und sind deswegen häufig recht weit gefasst. Dies gilt insbesondere für die Rechtsangleichungskompetenzen der Art. 114 und 115 AEUV und die Abrundungskompetenz des Art. 352 AEUV. Letztere wurde mit dem Vertrag von Lissabon neu gefasst und bezieht sich seither nicht mehr nur auf wirtschaftliche Sachverhalte, sondern auf alle in den Verträgen geregelten Politikbereiche. Diese inhaltliche Weite hat das BVerfG veranlasst, nunmehr für ihre Inanspruchnahme eine gesonderte Ermächtigung durch den nationalen Gesetzgeber nach Art. 23 GG (Nr. **20**) zu verlangen.

Die zum Teil extensive Handhabung von Kompetenzen löst Kritik aus. Eine Konsequenz war die 1992/93 erfolgte Aufnahme von **Subsidiaritätsprinzip und Verhältnismäßigkeitsprinzip** in das europäische Recht (heute Art. 5 Abs. 3 und 4 EUV), deren Voraussetzungen zusätzlich zu einer Kompetenz vorliegen müssen, damit ein unionsrechtlicher Rechtsakt ergehen kann (sofern nicht eine ausschließliche EU-Kompetenz vorliegt). Der Grundgedanke an diesem Prinzip ist richtig. Europäische Harmonisierung ist nicht in jedem Fall sinnvoll. Eingriffe in nationale Rechtsstrukturen bedürfen vielmehr regelmäßig einer besonderen Begründung (zum Begründungserfordernis von Unionsrechtsakten Art. 296 AEUV). Allerdings haben in der Praxis fast immer beide Optionen, die nationale wie die unionsrechtliche Regelung, jeweils Vor- und Nachteile. Eine Abwägung führt daher vielfach nicht zu eindeutigen Ergebnissen.

Bei der Entscheidung, ob und inwieweit die Union oder die Mitgliedstaaten eine Aufgabe wahrnehmen sollen, wird zudem in der Praxis nicht nur gefragt, wer sie besser erfüllt, sondern auch, von wem eine inhaltlich eher akzeptable Lösung zu erwarten ist. Wer also Schwierigkeiten hat, bestimmte politische Ziele auf nationaler Ebene zu verwirklichen, plädiert häufig für eine unionsweite Lösung, auch wenn die Mitgliedstaaten durchaus die Probleme bewältigen könnten. Wer umgekehrt von der EU in der Sache nichts Gutes erwartet, bevorzugt eine nationale Lösung ggf. auch dann, wenn eine europäische Regelung eigentlich unerlässlich ist. Zudem stellen sich die Harmonisierungsfragen aus der Sicht der jeweiligen Mitgliedstaaten durchaus unterschiedlich. Letztlich aber müssen Kompromisse gefunden werden. Der Vertrag von Lissabon konkretisiert Subsidiaritäts- und Verhältnismäßigkeitsprinzip durch ein Zusatzprotokoll (Nr. **17**), das vor allem verfahrensrechtliche Regelungen enthält und damit den Eigenheiten dieser stark von politischen Bewertungen geprägten, inhaltlich nur schwer zu fassenden Prinzipien Rechnung trägt.

VI. Organe

Die Organe der Union und sonstigen Institutionen, die die soeben dargestellten Kompetenzen wahrnehmen sollen, wurden bereits kurz erwähnt: die Europäische Kommission, der Europäische Rat sowie der Rat der Europäischen Union, das Europäische Parlament, der Gerichtshof der Europäischen Union sowie Rechnungshof und Europäische Zentralbank. Die **Kommission** (Art. 17 EUV, Art. 244 ff. AEUV) besteht derzeit aus 27 Mitgliedern – aus jedem Mitgliedstaat eines. Sie ist nach dem Vertrag unabhängig und von einem Präsidenten geleitet, dessen Persönlichkeit das politische Gewicht der Kommission maßgeblich prägt. So hat die Kommission vor allem unter *W. Hallstein* (1958–1967) und *J. Delors* (1984–1995) einiges zu bewegen vermocht. Der Kommission obliegt einerseits die Initiative zu neuen Unionsrechtsakten, andererseits die Sicherstellung der Ausführung von beschlossenem Unionsrecht, die jedoch überwiegend unmittelbar durch die Mitgliedstaaten erfolgt. Für diese Zwecke verfügt die Kommission über einen nach Sachgebieten in verschiedene Generaldirektionen gegliederten Verwaltungsapparat.

Die Mitgliedstaaten wirken vor allem über den Europäischen Rat (Art. 15 EUV, Art. 235 AEUV) und den Rat an den Entscheidungen der Union mit, weswegen diesen Organen eine besondere Bedeutung zukommt. Die grundlegenden Entscheidungen fallen faktisch im **Europäischen Rat,** der sich im Kern aus den **Staats- und Regierungschefs** der Mitgliedstaaten zusammensetzt. Die Alltagsarbeit leistet der **Ministerrat** (Art. 16 f. EUV, Art. 237 f. AEUV). Er setzt sich aus den jeweiligen nationalen Fachministern zusammen; bei Bundesstaaten kann auch ein Landesminister den Gesamtstaat vertreten (vgl. Art. 16 Abs. 2 EUV und Art. 23 Abs. 6 GG, Nr. **20**). Landwirtschaftsprobleme werden also von den Landwirtschaftsministern, Umweltfragen von den Umweltministern entschieden. Strukturell wirft dies die Gefahr auf, dass Entscheidungen „einseitig" ausfallen im Sinne einer besonderen Begünstigung etwa der Landwirtschaft oder des Umweltschutzes. Dadurch erklärt sich auch das oben angesprochene Phänomen, dass sich trotz des Subsidiaritätsprinzips bestimmte Ziele auf europäischer Ebene leichter durchsetzen lassen als auf nationaler Ebene. Um dem entgegenzuwirken, sind die Beratungen des Rats durchgehend öffentlich, soweit Gesetzgebungsakte beschlossen werden sollen. Der Gedanke eines für alle Fragen zuständigen allgemeinen Gesetzgebungsrates konnte sich bisher nicht durchsetzen.

In den wichtigsten Bereichen wird mit sog. „qualifizierter Mehrheit" entschieden. Dank der vorgesehenen Stimmgewichtung können weder die großen noch die kleinen Mitgliedstaaten in der EU die anderen dominieren. Diese Möglichkeit einer Mehrheitsentscheidung verhindert, dass einem einzelnen Staat ein Vetorecht zukommt. Selbst wenn ein Staat einem Regelungsvorschlag eigentlich ablehnend gegenübersteht, ist es für ihn daher häufig günstiger, sich an den Verhandlungen zu beteiligen. Er hat dann nämlich die Chance, den Vorschlag zumindest ein wenig in seinem Sinne zu beeinflussen. In der Praxis resultiert daraus häufig eine Kompromissbereitschaft, die (weitgehend) einstimmige Entscheidungen auch dort möglich macht, wo sie vom Vertrag nicht gefordert sind: Das Einstimmigkeitsprinzip macht Entscheidungen unmöglich, das Mehrheitsprinzip einstimmige Entscheidungen möglich. Schwierig wird die Situation, wenn sich ein Mitgliedstaat unter Berufung auf vitale Interessen gegen eine bestimmte Entscheidung wehrt.

Einführung

Das **Europäische Parlament** (Art. 14 EUV, Art. 223f. AEUV; ferner Nr. **24 ff.**) hatte ursprünglich nur eine beratende Funktion (und wurde dementsprechend zunächst als „Beratende Versammlung" bezeichnet). Im Laufe der Zeit wurde ihm darüber hinaus eine Reihe von Beteiligungsrechten zugestanden, beginnend in den siebziger Jahren mit Kompetenzen bei der Verabschiedung des Haushalts. Heute verfügt das Parlament im wichtigsten, dem „ordentlichen" Gesetzgebungsverfahren (Art. 289 AEUV) über eine mit dem Rat gleichberechtigte Stellung. Bestimmt wurden die Mitglieder des Parlaments ursprünglich von den jeweiligen nationalen Parlamenten. Seit 1979 werden sie direkt von den Bürgern der Union (vgl. Art. 10 EUV) direkt gewählt, und zwar nach dem Prinzip der „degressiven Proportionalität" im Verhältnis zu den Einwohnerzahlen der einzelnen Mitgliedstaaten – ein einheitliches Unionsvolk, Voraussetzung für ein vollständig gleiches Wahlrecht, gibt es nicht. Das Statut der Abgeordneten ist europäisch einheitlich gestaltet (Nr. **25**).

Die **Gerichtsbarkeit** obliegt dem **Gericht** mit derzeit 54 Richtern und dem **Europäischen Gerichtshof** mit derzeit 27 Richtern und 11 Generalanwälten. Art. 19 EUV formuliert als Auftrag „die Wahrung des Rechts bei der Auslegung und Anwendung der Verträge". Die Richter beider Gerichte werden auf jeweils sechs Jahre von den Regierungen der Mitgliedstaaten in gegenseitigem Einvernehmen ernannt. Beide Gerichte stehen vor der Aufgabe, 27 unterschiedliche Rechts-, aber auch richterliche Rollenverständnisse zusammenzuführen. Die Währungspolitik wird von der **Europäischen Zentralbank**, vor allem von deren Direktorium (6 Mitglieder) und dem EZB-Rat (neben dem Direktorium die Präsidenten der nationalen Zentralbanken der 20 Mitgliedstaaten der Euro-Zone) gestaltet.

Die **Aufgabenteilung** zwischen den verschiedenen Organen der Union unterscheidet sich deutlich von der auf nationaler Ebene üblichen Gewaltenteilung. Eine wichtige Rolle auch in der Rechtsetzung nimmt der exekutivisch zusammengesetzte Ministerrat ein, selbst wenn das Parlament wie erwähnt mittlerweile über eine diesem weitgehend gleichberechtigte Stellung verfügt, so dass es heute zum Teil stärkere Befugnisse besitzt als manche nationalen Parlamente. Insgesamt wird damit auf europäischer Ebene ein System von „checks and balances" oder, um in der Terminologie des EuGH zu sprechen, eines „institutionellen Gleichgewichts" deutlich. Rechtsstaatlichen Anforderungen wird damit durchaus Genüge getan.

Angesichts der Fülle der Aufgaben der Europäischen Union wird vielfach die Frage nach der **demokratischen Legitimation** der Union gestellt. Zwei Legitimationsstränge lassen sich erkennen (Art. 10 EUV). Der eine führt zum Europäischen Parlament, der andere zunächst zu den nationalen Parlamenten, darüber dann über die nationalen Regierungen zum Ministerrat. Dem zuletzt genannten Strang wird vor allem vom deutschen Bundesverfassungsgericht eine elementare Bedeutung zugemessen. Er hat aber auch in Frankreich und Großbritannien viele Anhänger. In der Konsequenz dieses Modells liegt es, die Rückbindung der Entscheidungsträger im Ministerrat an nationale Institutionen auszubauen (vgl. dazu etwa Art. 23 GG, Nr. **20**); ein Zusatzprotokoll (Nr. **18**) greift dies auf. Sicherlich erschwert eine solche Rückbindung zuweilen den Entscheidungsprozess auf Unionsebene. Zugleich aber verbessert sie die Legitimation von Ratsentscheidungen und trägt auch zur Vermeidung von Konflikten mit nationalen Rechtsstrukturen bei: Gegen die beiden Mitgliedstaaten, bei denen diese Rückbindung am stärksten ausgeprägt ist bzw. war – Dänemark und das Vereinigte Königreich –, wurden bisher die wenigsten

Vertragsverletzungsverfahren vor dem EuGH eingeleitet. Gewisse Probleme der zentralen Rolle des Rates bleiben jedoch unverkennbar bestehen: die bürokratischen Verhandlungen, die damit verbundene geringe Transparenz, vor allem aber der Mangel an wirklich kohärenter Willensbildung aus einem Guss. Von daher sprach – trotz aller Schwierigkeiten – vieles für die von der deutschen Politik auch immer wieder geforderte, mittlerweile weithin erreichte Stärkung des Europäischen Parlaments, des anderen Legitimationsstrangs der Union, bis hin zu einem mit dem Ministerrat gleichberechtigten Entscheidungsorgan. Schließlich dienen die Bemühungen der Union um **Transparenz** (Nr. **14** und **16**) und **Bürgernähe** (Nr. **15**) der Sicherung demokratischer Akzeptanz.

VII. Rechtsschutz

Die Anwendung des Unionsrechts erfolgt vorwiegend im nationalen Rechtsraum. Dementsprechend sind zur Auslegung und Anwendung des Unionsrechts im Rahmen streitiger Entscheidungen primär die **nationalen Gerichte** berufen. Demensprechend steht das **nationale Prozessrecht** vor der Herausforderung, das unionsrechtliche Gebot effektiven Rechtsschutzes zu verwirklichen (Art. 19 EUV). Warfen insoweit lange Zeit nur prozessuale Einzelprobleme Fragen auf, sah sich der EuGH in den letzten Jahren durch die Entwicklungen in Polen herausgefordert, auch die grundsätzlichen Anforderungen an die Unabhängigkeit nationaler Gerichte zu definieren. Diese auch tatsächlich durchzusetzen, ist allerdings ausgesprochen schwierig und belegt, wie weit die Union noch von einer staatlichen Struktur entfernt ist.

Den europäischen Gerichten sind nur punktuelle Zuständigkeiten zugewiesen. Dabei ist zur Aufhebung bzw. Nichtigerklärung des Rechtsaktes eines Hoheitsträgers regelmäßig nur ein Gericht des betreffenden Hoheitsträgers zuständig: nationale Hoheitsakte können nur von nationalen Gerichten, europäische Rechtsakte nur von Europäischen Gerichten aufgehoben werden. Der chronischen Überlastung der europäischen Gerichtsbarkeit wurde durch eine Erhöhung der Zahl der Richter am EuG begegnet; diesem Ziel dient auch die vom EuGH 2022 geforderte Übertragung einiger Vorabentscheidungsverfahren an das EuG.

Von den verschiedenen Zuständigkeiten der **europäischen Gerichte** ist vor allem das in Art. 267 AEUV verankerte **Vorabentscheidungsverfahren** hervorzuheben. Es ermöglicht den nationalen Gerichten einen Dialog mit dem Europäischen Gerichtshof in jedem Einzelfall und bildet daher das zentrale Element des europäischen **„Rechtsschutzverbundes“**, der für die rechtsstaatlich elementare einheitliche Anwendung des Unionsrechts im nationalen Rechtsraum unverzichtbar ist. Darüber hinaus gibt es Verfahren auf politischer Ebene. **Vertragsverletzungen** durch Mitgliedstaaten können von der Kommission (Art. 258 AEUV) und von anderen Mitgliedstaaten (Art. 259 AEUV) gerügt werden. Umgekehrt können die Mitgliedstaaten, Europäischer Rat und Rat, die Kommission und das Europäische Parlament umfassend, die Europäische Zentralbank, der Rechnungshof und der Ausschuss der Regionen zur Wahrung eigener Rechte Rechtsakte der Union mit der **„Nichtigkeitsklage“** angreifen (Art. 263 AEUV). Diese muss auf bestimmte Klagegründe gestützt sein, doch weisen diese einen letztlich umfassenden Charakter auf. Ferner können die soeben genannten Kläger eine **„Untätigkeitsklage“** erheben, wenn ein Organ trotz unionsrechtlicher Handlungspflicht völlig untätig bleibt (Art. 265 AEUV).

Weiterhin können **Einzelpersonen** Nichtigkeits- und Untätigkeitsklage erheben. Für die Entscheidung über diese (und andere, im Vertrag für Sonderfalle vorgesehene) Klagen von Individuen ist das Europäische Gericht (Nr. **30**) zuständig, gegen dessen Urteile Rechtsmittel zum EuGH eingelegt werden können. Voraussetzung von **Individualklagen** ist grundsätzlich, dass das Individuum von einem bereits ergangenen Rechtsakt unmittelbar und individuell betroffen ist (Art. 263 Abs. 4 AEUV) bzw. dass ein unterlassener Rechtsakt an die betreffende Einzelperson zu adressieren gewesen wäre (Art. 265 Abs. 3 AEUV). Aus diesem Grunde können insbesondere normative Rechtsakte vom Einzelnen häufig nicht auf diesem Wege angegriffen werden. Dieser muss vielmehr gegen einen nationalen oder europäischen Ausführungsakt klagen, im ersten Falle also vor einem nationalen Gericht Klage erheben. Bestimmte Normativakte, die keines (angreifbaren) Vollzugsaktes bedürfen, können allerdings unmittelbar vor dem EuG angefochten werden (Art. 263 Abs. 4 AEUV). In eiligen Fällen kann man einstweiligen Rechtsschutz erlangen (Art. 278 f. AEUV). Einzelheiten des Verfahrensrechts der europäischen Gerichte sind in besonderen Regelwerken normiert (Nr. **27 ff.**).

VIII. Die Union als Wertegemeinschaft

Der Wandel der Union von der Wirtschafts- zur Wertegemeinschaft hat den Schutz der Grundrechte zu einer wichtigen Aufgabe werden lassen (Art. 2 EUV). Mit dem Vertrag von Lissabon wurde auch die **Grundrechtecharta** (Nr. **8**) rechtsverbindlich. In diesem Kontext ist vor allem der Kampf der Union gegen Diskriminierung zu nennen. Seit langem kommt hier dem ursprünglich allein im ökonomischen Kontext angesiedelten Grundsatz der **Gleichberechtigung von Männern und Frauen** eine besondere Bedeutung zu. Der EuGH hat hier insbesondere durch die effektive Entfaltung des Konzepts der mittelbaren Diskriminierung viel für die Verbesserung der Situation von Frauen getan. Mit dem Amsterdamer Vertrag (1997/99) kam die Kompetenz zum umfassenden **Kampf gegen** diverse Formen von **Diskriminierung** hinzu (heute Art. 19 AEUV), auf deren Grundlage mehrere Richtlinien erlassen wurden (Nr. **11 ff.**). Das BVerfG hat sich von diesen Entwicklungen auch bei der Auslegung der grundgesetzlichen Gleichheitssätze leiten lassen und damit deren Effektivität deutlich gesteigert.

Der in Art. 6 Abs. 2 EUV vorgesehene Beitritt der EU zur EMRK war nach einem erhebliche Hürden schaffenden Gutachten des EuGH zunächst auf Eis gelegt; derzeit wird erneut verhandelt. Ein Beitritt wäre wichtig, weil ein kohärentes Grundrechtssystem in der EU unter Einschluss auch aller Mitgliedstaaten eine elementare Voraussetzung der zunehmenden Verpflichtungen der Staaten zur gegenseitigen Anerkennung nationaler Maßnahmen bildet.

Zudem ist in den letzten Jahren die Akzeptanz mancher Werte in der Union zunehmend gesunken. Vor allem in manchen osteuropäischen Staaten ist die Unabhängigkeit der Justiz in Gefahr und die Akzeptanz gleichgeschlechtlicher Lebensgemeinschaften nicht gewährleistet. Der Kampf gegen immer wieder nach Europa drängende große Zahlen von Flüchtlingen wirft aus grundrechtlicher Perspektive ebenfalls manche Fragen auf.

IX. Der Binnenmarkt

Zentrales Ziel der Europäischen Wirtschaftsgemeinschaft war die Errichtung eines Gemeinsamen Marktes, das seit den achtziger Jahren durch das ehrgeizigere Ziel der Herstellung eines Binnenmarktes abgelöst, zugleich aber auch zunehmend um eine soziale Dimension ergänzt wurde. Dementsprechend formuliert Art. 3 EUV in der Fassung des Vertrages von Lissabon das Ziel einer **sozialen Marktwirtschaft.**

Größte Bedeutung in der europäischen Wirtschaftsverfassung kommt den **Grundfreiheiten** zu. Es geht um die Freiheit des **Warenverkehrs,** der durch Art. 28 und 30 AEUV vor finanziellen Beschränkungen und durch Art. 34 und 35 AEUV vor sonstigen Beschränkungen geschützt wird, die Freiheit des **Dienstleistungsverkehrs** (Art. 56 AEUV), die Freiheit des **Personenverkehrs** (für Arbeitnehmer nach Art. 45 AEUV, ferner Nr. **9 f.,** für Selbständige nach Art. 49 AEUV) sowie die Freiheit des **Kapitalverkehrs** (Art. 63 AEUV). Mit der Verabschiedung und Realisierung des Binnenmarktprogramms ab 1985 (Art. 26 AEUV) erhielt dieses Element des Vertrages erneuten Auftrieb. Die erste Etappe auf dem Weg zu einem Gemeinsamen Markt, nämlich die Beseitigung von Diskriminierungen aus Gründen der Staatsangehörigkeit (bei Personen) bzw. der ausländischen Herkunft (bei Waren und Dienstleistungen) ließ sich schnell erreichen. Doch hat sich bald herausgestellt, dass auch *nichtdiskriminierende* Vorschriften wie etwa technische Anforderungen an Produkte und qualifikationsbezogene Anforderungen an Personen die Ausübung der Grundfreiheiten erheblich beeinträchtigen können. Ein Produkthersteller etwa, der sich an 27 verschiedenen nationalen Vorschriften orientieren müsste, wird kaum in alle EU-Mitgliedstaaten exportieren. Eine Beseitigung aller aus solchen Vorschriften resultierenden Hemmnisse forderte umgekehrt eine umfassende Harmonisierung, die mit dem Subsidiaritätsprinzip kaum vereinbar wäre. Dürfte schließlich jeder Mitgliedstaat für heimische Produkte und Dienstleistungen eigene Regeln erlassen, die jedoch nicht auf Importe angewendet werden dürfen, werden Staaten mit hohen Standards leicht benachteiligt. Dies führt zu schwierigen Problemen bei der **Rechtsangleichung** (Art. 114 f. AEUV) und erklärt die Zulässigkeit „nationaler Alleingänge" trotz der mit ihnen verbundenen Beeinträchtigung des für die Union elementaren Binnenmarktkonzepts (vgl. Art. 114 Abs. 4 ff. AEUV). Zugleich sollte man die Bedeutung **einheitlicher Standards**, auch wegen ihrer internationalen Ausstrahlung, zur Sicherung von Exportmöglichkeiten gerade der deutschen Wirtschaft nicht unterschätzen.

Auch die **Rechtsprechung** wurde mit diesem Problem immer wieder konfrontiert. Der Gerichtshof hat eine ausdifferenzierte, im Einzelnen immer wieder umstrittene Rechtsprechung dazu entwickelt, wann staatliche Regelungen tatsächlich *Beschränkungen* der genannten Grundfreiheiten entfalten und wann sie dennoch – etwa aus Gründen des Gesundheitsschutzes – *gerechtfertigt* werden können. Doch zeigen die praktischen Fälle, mit denen der Gerichtshof konfrontiert wurde, wie schwierig eine vernünftige Abgrenzung zu finden ist. So ist etwa die gesundheitsschützende Bedeutung des deutschen Reinheitsgebots für Bier kaum zu bestreiten. Doch leidet die Überzeugungskraft dieser Regelung, wenn im Bier verbotene Zusatzstoffe bei zahlreichen anderen Getränken gestattet sind. Und wenn sogar – wie 1979 geschehen – deutsche Vorschriften über den *Mindest*alkoholgehalt von Fruchtlikör, die dem Import von französischem „Cassis de Dijon" entgegenstanden, von der Bundesregierung unter

Hinweis auf den Gesundheitsschutzes gerechtfertigt werden, wird deutlich, wie leicht Klauseln, die Beschränkungen der Grundfreiheiten gestatten, für protektionistische Ziele missbraucht werden können.

Die allgemeinen Regeln der Grundfreiheiten gelten nicht uneingeschränkt. Für eine Reihe von Sachgebieten gibt es abweichende **Sonderregelungen.** Seit Beginn der Integration kommt etwa der gemeinsamen **Agrarpolitik** (Art. 38ff. AEUV) ein besonderes Gewicht zu. Lange Zeit wurde für viele Produkte durch (letztlich vor allem vom Verbraucher zu zahlende) Preisgarantien ein deutlich über dem Weltmarktniveau liegendes Preisniveau gesichert. Die Grenzen der finanziellen Leistungsfähigkeit der Union waren in den letzten Jahren Anlass für zahlreiche Reformen. Die vielfältigen dirigistischen Regelungen bieten zwar weiterhin immer wieder Anlass zu Kritik, doch klagen zugleich Landwirte über die spürbare Verschlechterung ihrer wirtschaftlichen Lage. Beim **Verkehr** (Art. 90ff. AEUV) und bei der **Energieversorgung** (Art. 194 AEUV) entwickelt sich ein gemeinsamer offener Markt mit fairen Wettbewerbschancen für alle erst langsam. Es handelt sich um Bereiche, die in vielen Mitgliedstaaten traditionell stark reglementiert waren und bei denen man sich nun schwer tut mit der Einführung marktwirtschaftlicher Regeln.

X. Wettbewerb

Den zweiten wichtigen Bereich der europäischen Wirtschaftsverfassung bildet das Wettbewerbsrecht. Der Vertrag verbietet den **Missbrauch beherrschender Stellungen** (Art. 102 AEUV) sowie **Kartelle** (Art. 101 AEUV mit der Möglichkeit der Freistellung nach Abs. 3). Durch Sekundärrecht wurde eine **Fusionskontrolle** geschaffen. Das Wettbewerbsrecht war traditionell einer der wenigen Bereiche, in denen europäisches Recht unmittelbar von der Kommission ausgeführt wurde. Wegen deren notorischer Überlastung wurden im Jahre 2004 weitreichende Zuständigkeiten nationaler Stellen begründet.

Faire Wettbewerbsbedingungen verlangen weiterhin eine strikte **Kontrolle nationaler Subventionen,** die an Wirtschaftsunternehmen gewährt werden. Art. 107 und 108 AEUV enthalten insoweit klare Vorgaben, vor allem eine Pflicht zur Genehmigung durch die Kommission. Dass in einer funktionierenden Wettbewerbsordnung dem Subventionswettlauf Grenzen gezogen werden müssen, auch, wenn dieser unter der Überschrift „Strukturpolitik" geführt wird, ist allerdings nicht allgemein anerkannt. Deswegen werden die einschlägigen Vorgaben in der Praxis (auch von deutschen Stellen) nicht selten missachtet. Dies führt zu schwierigen Fragen bei der Rückforderung von rechtswidrig gewährten Subventionen.

Das Konzept einer primär auf Wettbewerb ausgerichteten Wirtschaftsverfassung wird immer wieder **kritisiert**. Symbolträchtige Konsequenz ist die auf Druck Frankreichs erfolgte Verdrängung des früher in den zentralen Zielbestimmungen des EGV verankerten Wettbewerbsprinzips in ein Zusatzprotokoll (Nr. **4**); auch die gleichfalls auf französische Initiative in mehreren Etappen erfolgte zunehmend deutlichere Verankerung der Rolle des **„service public"**, der öffentlichen Daseinsvorsorge (Art. 14 und 106 AEUV sowie das entsprechende Zusatzprotokoll, Nr. **5**), ist in diesem Kontext zu sehen.

Allerdings hat das Wettbewerbsprinzip auch im Übrigen nie allein die Wirtschaftspolitik der Union bestimmt. Neben der erwähnten Landwirtschaftspolitik (Art. 38ff. AEUV) bilden Industrie- sowie Regionalpolitik (Art. 173ff.

AEUV), Forschungs- und Technologie- (Art. 179 ff. AEUV) sowie Infrastrukturpolitik (Art. 170 ff. AEUV) wichtige Elemente staatlicher Intervention, die zum Teil auch in Deutschland ihre Vorbilder oder Parallelen finden. Insgesamt aber lässt sich trotz aller Probleme im Einzelnen die grundsätzlich marktöffnende Wirkung der europäischen Integration nicht bestreiten, von der gerade die deutsche Wirtschaft erheblich profitiert hat.

XI. Wirtschafts- und Währungsunion

Zentral für die Schaffung des Binnenmarktes ist eine gemeinsame Währung. Ihre Einführung war an die Einhaltung gewisser Stabilitätskriterien geknüpft. Seit Januar 1999 waren die Wechselkurse fest; Anfang 2002 folgte die Einführung der **Euro**-Geldscheine und Münzen. Zur Sicherung der Stabilität der neuen Währung wurden zudem 1997/98 Regeln zur Haushaltsdisziplin der Mitgliedstaaten vereinbart (Nr. **33 ff.**). Diese Regeln wurden jedoch nur unzureichend beachtet. Auch wurden die mit der Währungsunion verbundenen Vorteile nicht in allen Staaten für eine Verbesserung der Wettbewerbsbedingungen genutzt. Die durch die Finanzkrise des Jahres 2008 ausgelöste Wirtschaftskrise hat die damit verbundenen Probleme offen gelegt und so faktische Zwänge geschaffen, Maßnahmen zu ergreifen, die sich zwar im Rahmen des geltenden Rechts bewegen, aber der Konzeption nach eigentlich nicht vorgesehen waren. Zudem wurden in einigen Staaten Sparzwänge ausgelöst, die das Wohlstandsversprechen der Union nachhaltig erschüttert und auch in den anderen Staaten vorhandenes Misstrauen gegenüber der Union deutlich gestärkt haben.

Zunächst mit dem Binnenmarkt und verstärkt dann mit der Wirtschafts- und Währungsunion stellt sich die Frage nach der **wirtschaftlichen und sozialen Kohärenz der Union** und der **Solidarität** zwischen ihren Mitgliedern (vgl. Art. 3 EUV). Die Antwort stellt die bereits erwähnte Regional- und Strukturpolitik dar (siehe insbesondere Art. 174 ff. AEUV). Als Instrumente sind vor allem die verschiedenen Fonds der Union zu nennen, die Transferleistungen der reicheren an die ärmeren Mitgliedstaaten vermitteln. Dabei erheben sich in zunehmenden Maße Fragen der Kohärenz der Programme und der Kontrolle der Ausgaben. Auch die **Sozialpolitik** spielt eine wichtige Rolle im Vertrag (Art. 9, 151 AEUV).

XII. Raum der Freiheit, der Sicherheit und des Rechts

Neben der Wirtschaftsintegration hat sich der Raum der Freiheit, der Sicherheit und des Rechts zu einem zweiten wichtigen Pfeiler der Integration entwickelt (Art. 67 ff. AEUV). Leitprinzipien sollen die **Bewegungsfreiheit** der Menschen, einschließlich des Wegfalls der **Grenzkontrollen**, sowie die **Kooperation** vor allem im **Justizwesen** bilden. Zum ersten Komplex gehören auch einheitliche Regeln über den Umgang mit Personen aus Drittstaaten, doch haben Meinungsverschiedenheiten darüber, wie mit **Flüchtlingen** umzugehen ist, die Union in eine schwere Krise geführt. Ob die derzeitigen Bemühungen um eine Einigung zu einem Erfolg führen, ist noch nicht absehbar.

Im Hinblick auf das grenzüberschreitende Handeln bedarf die Tätigkeit d verschiedenen nationalen Gerichte einer **Koordination**. Bedeutung entf dieses Problem allerdings nicht bezüglich der Kontrolle der Ausübung d- weiligen Hoheitsgewalt (in Deutschland also bezogen auf die Verwalt

liche Funktion besitzt der **Verbraucherschutz** (Art. 12, 169 AEUV). Zunehmende Verwerfungen im Verhältnis zu den traditionellen Rechtsinstituten des nationalen Zivilrechts rufen allerdings in etlichen Mitgliedstaaten auch Kritik hervor. In Deutschland waren EU-Rechtsakte sogar Anlass für eine umfassende Reform des Schuldrechts.

Die **Umweltpolitik** der Union sollte zunächst für vergleichbare Wettbewerbsbedingungen sorgen und grenzüberschreitende Verschmutzungen bekämpfen helfen. Nunmehr hat die Umwelt in der Union einen Eigenwert erlangt (vgl. Art. 191 ff. AEUV). Mit großem Engagement verfolgt die Union das Ziel der Klimaneutralität („Green Deal"). Das vielfältig ausdifferenzierte unionsrechtliche Instrumentarium enthält – etwa durch seine starke verfahrensrechtliche Ausprägung (Beispiel: Umweltverträglichkeitsprüfung) – manche nur schwer zu bewältigende Herausforderung gerade für das deutsche Umweltrecht. Schließlich hat die europäische Integration – wenn auch bislang nur marginal – Bereiche wie das **Bildungswesen** und die **Kultur** erfasst (vgl. Art. 165 ff. AEUV).

XV. Der Verfassungsstaat in der Union

Die Mitgliedstaaten verfügen im institutionellen Gefüge der Union über eine zentrale Rolle. Sie vermitteln ihr einerseits die Legitimation für ihr Handeln und führen andererseits maßgeblich das Unionsrecht aus. Umso wichtiger sind demokratische und rechtsstaatliche Strukturen auch auf nationaler Ebene. Zugleich verursacht die steigende Regelungsdichte des Unionsrechts zunehmend Konflikte mit den Verfassungen und den Grundstrukturen der nationalen Rechtsordnungen. Das Unionsrecht hat darauf mit einer Pflicht zur Rücksichtnahme auf nationale Verfassungsstrukturen reagiert (Art. 4 Abs. 2 EUV). Umgekehrt hat man in Deutschland den früheren schlank formulierten **„Integrationshebel"** des Art. 24 GG durch die detaillierte Regelung des Art. 23 GG (Nr. **20**) ersetzt. Diese Bestimmung enthält zunächst den Auftrag, an der europäischen Integration mitzuwirken. Diese Mitwirkung wird zugleich an etliche Bedingungen geknüpft, die in nicht unproblematischer Weise Kernelemente der deutschen Verfassungsordnung auch für die europäische Integration verbindlich machen wollen.

Schwierig ist im Prozess der europäischen Integration die Bewahrung der **innerstaatlichen Gewaltenbalance.** Lange Zeit waren Gemeinschaft und Union gegenüber innerstaatlichen Verfassungsstrukturen „blind" gewesen. Ob dies immer von Nachteil war, wie vielfach angenommen wird, kann man bezweifeln. Je stärker die Union von innerstaatlichen Strukturen Kenntnis nimmt, desto größer wird die Wahrscheinlichkeit, dass sie auch insoweit Einfluss nimmt. Demgegenüber hat die traditionelle Blindheit den Vorteil, mitgliedstaatliche Autonomie zu wahren. Nunmehr hat man in Art. 23 GG, drei Ausführungsgesetzen (Nr. **21** bis **23**) und zwei Ausführungsvereinbarungen Regelungen über die Beteiligung von Bundestag und Bundesrat geschaffen. Dabei kommt vor allem der Beteiligung des Bundestages kraft seiner in Art. 23 GG verankerten Verantwortung für die Integration eine wichtige Legitimationsfunktion zu – als Forum der öffentlichen Diskussion selbst dort, wo dieser nicht mitentscheiden kann. Problematisch ist nur, dass die Regelungen, vor allem, soweit sie die Beteiligung des Bundesrates betreffen, ausgesprochen komplex ausgefallen sind. In den übrigen Mitgliedstaaten ist insgesamt eine ähnliche Entwicklung zu beobachten: Fragen der europäischen Integration werden immer mehr auch zu Verfassungsfragen.

XVI. Europarat und Menschenrechte

Die letzten Texte der Sammlung führen wieder zum Beginn der Integration zurück. Verglichen mit der stürmischen Entwicklung der Europäischen Union verlief die des **Europarats** ausgesprochen **bescheiden.** Wie eingangs erwähnt liegt dies vor allem an den Grenzen von dessen Befugnissen. Er kann Probleme beraten, völkerrechtliche Abkommen vorbereiten (die dann von den Mitgliedsstaaten ratifiziert werden müssen) und (einstimmig, vgl. Art. 20 der Satzung, Nr. **39**) gemeinschaftliches Handeln beschließen. Die Ausübung eigener Hoheitsgewalt – zentrales Kennzeichen der EU – ist ihm dagegen verwehrt. Immerhin spielt der Europarat auch heute noch insofern eine wichtige Rolle, als die Aufnahme in seine Reihen ein demokratisches Gütesiegel darstellt. So wurde bei manchen Staaten die Aufnahme von bemerkenswerten Reformen im Inneren (Demokratie, Minderheitenschutz) abhängig gemacht. Die Aufnahme Russlands im Frühjahr 1996 zeigt allerdings auch, wie schwer sich der Europarat machtpolitischen Erwägungen entziehen kann.

Die bislang größte Leistung des Europarats stellt die Ausarbeitung einer Konvention dar, die die Schaffung eigener Organe vorsieht, die zwar keine Befugnis zur Ausübung eigener Hoheitsgewalt, aber dennoch durchaus wirksame Zuständigkeiten besitzen: Es geht um die **Europäische Menschenrechtskonvention** (Nr. **40 ff.**) mit dem Europäischen Menschenrechtsgerichtshof (EGMR) in Straßburg als Überwachungsorgan. Die Konvention enthält eine Reihe von Menschenrechtsgarantien, die aus dem Grundgesetz bekannt sind; im Bereich gerichtlicher Verfahren gehen diese sogar teilweise über den verfassungsrechtlichen Standard hinaus. Zur Konvention gibt es eine Reihe von **Zusatzprotokollen** (Nr. **40a ff.**). Diese enthalten Änderungen der ursprünglichen Konvention (und sind daher insoweit in der Sammlung nicht als solche abgedruckt) oder eigenständige Garantien. In der Vergangenheit hat sich die Bundesrepublik Deutschland besonders mit der Verpflichtung schwer getan, gerichtliche Verfahren in angemessener Zeit zum Abschluss zu bringen (Art. 6 EMRK). Aber auch in anderen Bereichen setzt der EGMR zunehmend eigene Akzente im Vergleich etwa zum deutschen Bundesverfassungsgericht. Die traditionelle Konzeption eines menschenrechtlichen Mindeststandards wird nicht in allen Urteilen deutlich.

XVII. Ausblick

Die vorstehende Einführung kann nur einen begrenzten Überblick über die europäische Integration geben. Vielleicht ist aber eines deutlich geworden: ihr Erfolg hängt entscheidend davon ab, dass den entsprechenden Institutionen wirksame Kompetenzen übertragen werden. Sicherlich kann man sich angesichts des Ausmaßes, das die Integration mittlerweile erreicht hat, heute auch fragen, ob nicht des Guten zu viel getan wurde. Doch zeigen etwa die Außenpolitik, aber ebenso die Wirtschafts- und die Flüchtlingspolitik, auf welch wackligen Beinen die Integration auch heute noch steht. Letztlich stehen und fallen die europäischen Institutionen mit dem politischen Willen der sie tragenden Staaten und Völker. Daraus ergibt sich eine zweite Konsequenz. Selbst wenn in Europa nicht alles so funktioniert, wie man es sich wünscht, so darf man von der Europäischen Union doch auch nicht erwarten, besser zu sein als die Staaten und die Menschen.

I. Grundlagen der Europäischen Union und der Europäischen Gemeinschaften

1. Vertrag über die Europäische Union[1)]

7. Februar 1992[2)]

(ABl. C 191 S. 1)

Celex-Nr. 1 1992 M

zuletzt geänd. durch Art. 13, 14 Abs. 1 EU-Beitrittsakte 2013 v. 9.12.2011 (ABl. 2012 L 112 S. 21)

Nichtamtliche Inhaltsübersicht

[1)] Die Artikelfolge und Verweise/Bezugnahmen auf Vorschriften des AEUV (Nr. **2**) sind wie in der konsolidierten Fassung des EUV (ABl. 2016 C 202 S. 13) gemäß Art. 5 des Vertrags von Lissabon iVm der Übereinstimmungstabelle (Nr. **2a**) an die neue Nummerierung angepasst worden.

[2)] Die Bundesrepublik Deutschland hat dem Vertrag mit G v. 28.12.1992 (BGBl. II S. 1251) zugestimmt. Inkrafttreten gemäß Bek. v. 19.10.1993 (BGBl. II S. 1947) am **1.11.1993**. Die durch den Amsterdamer Vertrag konsolidierte Fassung des Vertrages trat am 1.5.1999 in Kraft, siehe Bek. v. 6.4.1999 (BGBl. II S. 296); in seiner durch den Vertrag von Nizza geänderten Fassung ist er am 1.2.2003 in Kraft getreten, siehe Bek. v. 20.8.2003 (BGBl. II S. 1477); in seiner durch die EUBeitrittsakte 2003 geänderten Fassung ist er am 1.5.2004 in Kraft getreten, siehe Bek. v. 28.6.2004 (BGBl. II S. 1102); in seiner durch die EU-Beitrittsakte 2005 geänderten Fassung ist er am 1.1.2007 in Kraft getreten, siehe Bek. v. 26.1. 2007 (BGBl. II S. 127); in seiner durch den Vertrag von Lissabon geänderten Fassung ist er am **1.12.2009** in Kraft getreten, siehe Bek. v. 13.11.2009 (BGBl. II S. 1223).

SEINE MAJESTÄT DER KÖNIG DER BELGIER,
IHRE MAJESTÄT DIE KÖNIGIN VON DÄNEMARK,
DER PRÄSIDENT DER BUNDESREPUBLIK DEUTSCHLAND,
DER PRÄSIDENT DER GRIECHISCHEN REPUBLIK,
SEINE MAJESTÄT DER KÖNIG VON SPANIEN,
DER PRÄSIDENT DER FRANZÖSISCHEN REPUBLIK,
DER PRÄSIDENT IRLANDS,
DER PRÄSIDENT DER ITALIENISCHEN REPUBLIK,
SEINE KÖNIGLICHE HOHEIT DER GROSSHERZOG

VON LUXEMBURG,
IHRE MAJESTÄT DIE KÖNIGIN DER NIEDERLANDE,
DER PRÄSIDENT DER PORTUGIESISCHEN REPUBLIK,
IHRE MAJESTÄT DIE KÖNIGIN DES VEREINIGTEN KÖNIGREICHS GROSSBRITANNIEN UND NORDIRLAND,[1)]

ENTSCHLOSSEN, den mit der Gründung der Europäischen Gemeinschaften eingeleiteten Prozeß der europäischen Integration auf eine neue Stufe zu heben,

SCHÖPFEND aus dem kulturellen, religiösen und humanistischen Erbe Europas, aus dem sich die unverletzlichen und unveräußerlichen Rechte des Menschen sowie Freiheit, Demokratie, Gleichheit und Rechtsstaatlichkeit als universelle Werte entwickelt haben,

EINGEDENK der historischen Bedeutung der Überwindung der Teilung des europäischen Kontinents und der Notwendigkeit, feste Grundlagen für die Gestalt des zukünftigen Europas zu schaffen,

IN BESTÄTIGUNG ihres Bekenntnisses zu den Grundsätzen der Freiheit, der Demokratie und der Achtung der Menschenrechte und Grundfreiheiten und der Rechtsstaatlichkeit,

IN BESTÄTIGUNG der Bedeutung, die sie den sozialen Grundrechten beimessen, wie sie in der am 18. Oktober 1961 in Turin unterzeichneten Europäischen Sozialcharta und in der Gemeinschaftscharta der sozialen Grundrechte der Arbeitnehmer von 1989 festgelegt sind,

IN DEM WUNSCH, die Solidarität zwischen ihren Völkern unter Achtung ihrer Geschichte, ihrer Kultur und ihrer Traditionen zu stärken,

IN DEM WUNSCH, Demokratie und Effizienz in der Arbeit der Organe weiter zu stärken, damit diese in die Lage versetzt werden, die ihnen übertragenen Aufgaben in einem einheitlichen institutionellen Rahmen besser wahrzunehmen,

ENTSCHLOSSEN, die Stärkung und die Konvergenz ihrer Volkswirtschaften herbeizuführen und eine Wirtschafts- und Währungsunion zu errichten, die im Einklang mit diesem Vertrag und dem Vertrag über die Arbeitsweise der Europäischen Union[2)] eine einheitliche, stabile Währung einschließt,

IN DEM FESTEN WILLEN, im Rahmen der Verwirklichung des Binnenmarkts sowie der Stärkung des Zusammenhalts und des Umweltschutzes den wirtschaftlichen und sozialen Fortschritt ihrer Völker unter Berücksichtigung des Grundsatzes der nachhaltigen Entwicklung zu fördern und Politiken zu verfolgen, die gewährleisten, dass Fortschritte bei der wirtschaftlichen Integration mit parallelen Fortschritten auf anderen Gebieten einhergehen,

ENTSCHLOSSEN, eine gemeinsame Unionsbürgerschaft für die Staatsangehörigen ihrer Länder einzuführen,

---

[1)] **Amtl. Anm.:** Seit dem ursprünglichen Vertragsschluss sind Mitgliedstaaten der Europäischen Union geworden: ***[Red. Anm.:** die Republik Kroatien mWv 1.7.2013,**]*** die Republik Bulgarien, die Tschechische Republik, die Republik Estland, die Republik Zypern, die Republik Lettland, die Republik Litauen, die Republik Ungarn, die Republik Malta, die Republik Österreich, die Republik Polen, Rumänien, die Republik Slowenien, die Slowakische Republik, die Republik Finnland und das Königreich Schweden ***[Red. Anm.:** Seit dem 1.2.2020 ist das Vereinigte Königreich aus der Europäischen Union ausgetreten und ist seitdem ein Drittland (Nicht-EU-Land).**]***.

[2)] Nr. **2**.

ENTSCHLOSSEN, eine Gemeinsame Außen- und Sicherheitspolitik zu verfolgen, wozu nach Maßgabe des Artikels 42 auch die schrittweise Festlegung einer gemeinsamen Verteidigungspolitik gehört, die zu einer gemeinsamen Verteidigung führen könnte, und so die Identität und Unabhängigkeit Europas zu stärken, um Frieden, Sicherheit und Fortschritt in Europa und in der Welt zu fördern,

ENTSCHLOSSEN, die Freizügigkeit unter gleichzeitiger Gewährleistung der Sicherheit ihrer Bürger durch den Aufbau eines Raums der Freiheit, der Sicherheit und des Rechts nach Maßgabe der Bestimmungen dieses Vertrags und des Vertrags über die Arbeitsweise der Europäischen Union[1)] zu fördern,

ENTSCHLOSSEN, den Prozeß der Schaffung einer immer engeren Union der Völker Europas, in der die Entscheidungen entsprechend dem Subsidiaritätsprinzip möglichst bürgernah getroffen werden, weiterzuführen,

IM HINBLICK auf weitere Schritte, die getan werden müssen, um die europäische Integration voranzutreiben,

HABEN BESCHLOSSEN, eine Europäische Union zu gründen; sie haben zu diesem Zweck zu ihren Bevollmächtigten ernannt:

(Aufzählung der Bevollmächtigten nicht wiedergegeben)

DIESE SIND nach Austausch ihrer als gut und gehörig befundenen Vollmachten wie folgt ÜBEREINGEKOMMEN:

Titel I. Gemeinsame Bestimmungen

Art. 1 [Gründung der Europäischen Union; Grundlagen] *[1]* Durch diesen Vertrag gründen die Hohen Vertragsparteien untereinander eine EUROPÄISCHE UNION (im Folgenden „Union"), der die Mitgliedstaaten Zuständigkeiten zur Verwirklichung ihrer gemeinsamen Ziele übertragen.

[2] Dieser Vertrag stellt eine neue Stufe bei der Verwirklichung einer immer engeren Union der Völker Europas dar, in der die Entscheidungen möglichst offen und möglichst bürgernah getroffen werden.

[3] [1] Grundlage der Union sind dieser Vertrag und der Vertrag über die Arbeitsweise der Europäischen Union[1)] (im Folgenden „Verträge"). [2] Beide Verträge sind rechtlich gleichrangig. [3] Die Union tritt an die Stelle der Europäischen Gemeinschaft, deren Rechtsnachfolgerin sie ist.

Art. 2 [Grundlegende Werte] [1] Die Werte, auf die sich die Union gründet, sind die Achtung der Menschenwürde, Freiheit, Demokratie, Gleichheit, Rechtsstaatlichkeit und die Wahrung der Menschenrechte einschließlich der Rechte der Personen, die Minderheiten angehören. [2] Diese Werte sind allen Mitgliedstaaten in einer Gesellschaft gemeinsam, die sich durch Pluralismus, Nichtdiskriminierung, Toleranz, Gerechtigkeit, Solidarität und die Gleichheit von Frauen und Männern auszeichnet.

Art. 3 [Ziel der Union] (1) Ziel der Union ist es, den Frieden, ihre Werte und das Wohlergehen ihrer Völker zu fördern.

[1)] Nr. 2.

(2) Die Union bietet ihren Bürgerinnen und Bürgern einen Raum der Freiheit, der Sicherheit und des Rechts ohne Binnengrenzen, in dem – in Verbindung mit geeigneten Maßnahmen in Bezug auf die Kontrollen an den Außengrenzen, das Asyl, die Einwanderung sowie die Verhütung und Bekämpfung der Kriminalität – der freie Personenverkehr gewährleistet ist.

(3) *[1]* [1] Die Union errichtet einen Binnenmarkt. [2] Sie wirkt auf die nachhaltige Entwicklung Europas auf der Grundlage eines ausgewogenen Wirtschaftswachstums und von Preisstabilität, eine in hohem Maße wettbewerbsfähige soziale Marktwirtschaft, die auf Vollbeschäftigung und sozialen Fortschritt abzielt, sowie ein hohes Maß an Umweltschutz und Verbesserung der Umweltqualität hin. [3] Sie fördert den wissenschaftlichen und technischen Fortschritt.

[2] Sie bekämpft soziale Ausgrenzung und Diskriminierungen und fördert soziale Gerechtigkeit und sozialen Schutz, die Gleichstellung von Frauen und Männern, die Solidarität zwischen den Generationen und den Schutz der Rechte des Kindes.

[3] Sie fördert den wirtschaftlichen, sozialen und territorialen Zusammenhalt und die Solidarität zwischen den Mitgliedstaaten.

[4] Sie wahrt den Reichtum ihrer kulturellen und sprachlichen Vielfalt und sorgt für den Schutz und die Entwicklung des kulturellen Erbes Europas.

(4) Die Union errichtet eine Wirtschafts- und Währungsunion, deren Währung der Euro ist.

(5) [1] In ihren Beziehungen zur übrigen Welt schützt und fördert die Union ihre Werte und Interessen und trägt zum Schutz ihrer Bürgerinnen und Bürger bei. [2] Sie leistet einen Beitrag zu Frieden, Sicherheit, globaler nachhaltiger Entwicklung, Solidarität und gegenseitiger Achtung unter den Völkern, zu freiem und gerechtem Handel, zur Beseitigung der Armut und zum Schutz der Menschenrechte, insbesondere der Rechte des Kindes, sowie zur strikten Einhaltung und Weiterentwicklung des Völkerrechts, insbesondere zur Wahrung der Grundsätze der Charta der Vereinten Nationen.

(6) Die Union verfolgt ihre Ziele mit geeigneten Mitteln entsprechend den Zuständigkeiten, die ihr in den Verträgen übertragen sind.

Art. 4 [Zuständigkeiten der Union] (1) Alle der Union nicht in den Verträgen übertragenen Zuständigkeiten verbleiben gemäß Artikel 5 bei den Mitgliedstaaten.

(2) [1] Die Union achtet die Gleichheit der Mitgliedstaaten vor den Verträgen und ihre jeweilige nationale Identität, die in ihren grundlegenden politischen und verfassungsmäßigen Strukturen einschließlich der regionalen und lokalen Selbstverwaltung zum Ausdruck kommt. [2] Sie achtet die grundlegenden Funktionen des Staates, insbesondere die Wahrung der territorialen Unversehrtheit, die Aufrechterhaltung der öffentlichen Ordnung und den Schutz der nationalen Sicherheit. [3] Insbesondere die nationale Sicherheit fällt weiterhin in die alleinige Verantwortung der einzelnen Mitgliedstaaten.

(3) *[1]* Nach dem Grundsatz der loyalen Zusammenarbeit achten und unterstützen sich die Union und die Mitgliedstaaten gegenseitig bei der Erfüllung der Aufgaben, die sich aus den Verträgen ergeben.

[2] Die Mitgliedstaaten ergreifen alle geeigneten Maßnahmen allgemeiner oder besonderer Art zur Erfüllung der Verpflichtungen, die sich aus den Verträgen oder den Handlungen der Organe der Union ergeben.

[3] Die Mitgliedstaaten unterstützen die Union bei der Erfüllung ihrer Aufgabe und unterlassen alle Maßnahmen, die die Verwirklichung der Ziele der Union gefährden könnten.

Art. 5 [Subsidiaritäts- und Verhältnismäßigkeitsgrundsatz] (1) [1] Für die Abgrenzung der Zuständigkeiten der Union gilt der Grundsatz der begrenzten Einzelermächtigung. [2] Für die Ausübung der Zuständigkeiten der Union gelten die Grundsätze der Subsidiarität und der Verhältnismäßigkeit.

(2) [1] Nach dem Grundsatz der begrenzten Einzelermächtigung wird die Union nur innerhalb der Grenzen der Zuständigkeiten tätig, die die Mitgliedstaaten ihr in den Verträgen zur Verwirklichung der darin niedergelegten Ziele übertragen haben. [2] Alle der Union nicht in den Verträgen übertragenen Zuständigkeiten verbleiben bei den Mitgliedstaaten.

(3) *[1]* Nach dem Subsidiaritätsprinzip wird die Union in den Bereichen, die nicht in ihre ausschließliche Zuständigkeit fallen, nur tätig, sofern und soweit die Ziele der in Betracht gezogenen Maßnahmen von den Mitgliedstaaten weder auf zentraler noch auf regionaler oder lokaler Ebene ausreichend verwirklicht werden können, sondern vielmehr wegen ihres Umfangs oder ihrer Wirkungen auf Unionsebene besser zu verwirklichen sind.

[2] [1] Die Organe der Union wenden das Subsidiaritätsprinzip nach dem Protokoll über die Anwendung der Grundsätze der Subsidiarität und der Verhältnismäßigkeit[1)] an. [2] Die nationalen Parlamente achten auf die Einhaltung des Subsidiaritätsprinzips nach dem in jenem Protokoll vorgesehenen Verfahren.

(4) *[1]* Nach dem Grundsatz der Verhältnismäßigkeit gehen die Maßnahmen der Union inhaltlich wie formal nicht über das zur Erreichung der Ziele der Verträge erforderliche Maß hinaus.

[2] Die Organe der Union wenden den Grundsatz der Verhältnismäßigkeit nach dem Protokoll über die Anwendung der Grundsätze der Subsidiarität und der Verhältnismäßigkeit an.

Art. 6 [Grundrechte-Charta und EMRK] (1) *[1]* Die Union erkennt die Rechte, Freiheiten und Grundsätze an, die in der Charta der Grundrechte der Europäischen Union vom 7. Dezember 2000 in der am 12. Dezember 2007 in Straßburg angepassten Fassung niedergelegt sind; die Charta der Grundrechte und die Verträge sind rechtlich gleichrangig.

[2] Durch die Bestimmungen der Charta werden die in den Verträgen festgelegten Zuständigkeiten der Union in keiner Weise erweitert.

[3] Die in der Charta niedergelegten Rechte, Freiheiten und Grundsätze werden gemäß den allgemeinen Bestimmungen des Titels VII der Charta, der ihre Auslegung und Anwendung regelt, und unter gebührender Berücksichtigung der in der Charta angeführten Erläuterungen, in denen die Quellen dieser Bestimmungen angegeben sind, ausgelegt.

[1)] Nr. **17**.

(2) [1] Die Union tritt der Europäischen Konvention zum Schutz der Menschenrechte und Grundfreiheiten[1)] bei. [2] Dieser Beitritt ändert nicht die in den Verträgen festgelegten Zuständigkeiten der Union.

(3) Die Grundrechte, wie sie in der Europäischen Konvention zum Schutz der Menschenrechte und Grundfreiheiten gewährleistet sind und wie sie sich aus den gemeinsamen Verfassungsüberlieferungen der Mitgliedstaaten ergeben, sind als allgemeine Grundsätze Teil des Unionsrechts.

Art. 7 [Verletzung fundamentaler Grundsätze durch einen Mitgliedstaat] (1) *[1]* [1] Auf begründeten Vorschlag eines Drittels der Mitgliedstaaten, des Europäischen Parlaments oder der Europäischen Kommission kann der Rat mit der Mehrheit von vier Fünfteln seiner Mitglieder nach Zustimmung des Europäischen Parlaments feststellen, dass die eindeutige Gefahr einer schwerwiegenden Verletzung der in Artikel 2 genannten Werte durch einen Mitgliedstaat besteht. [2] Der Rat hört, bevor er eine solche Feststellung trifft, den betroffenen Mitgliedstaat und kann Empfehlungen an ihn richten, die er nach demselben Verfahren beschließt.

[2] Der Rat überprüft regelmäßig, ob die Gründe, die zu dieser Feststellung geführt haben, noch zutreffen.

(2) Auf Vorschlag eines Drittels der Mitgliedstaaten oder der Europäischen Kommission und nach Zustimmung des Europäischen Parlaments kann der Europäische Rat einstimmig feststellen, dass eine schwerwiegende und anhaltende Verletzung der in Artikel 2 genannten Werte durch einen Mitgliedstaat vorliegt, nachdem er den betroffenen Mitgliedstaat zu einer Stellungnahme aufgefordert hat.

(3) *[1]* [1] Wurde die Feststellung nach Absatz 2 getroffen, so kann der Rat mit qualifizierter Mehrheit beschließen, bestimmte Rechte auszusetzen, die sich aus der Anwendung der Verträge auf den betroffenen Mitgliedstaat herleiten, einschließlich der Stimmrechte des Vertreters der Regierung dieses Mitgliedstaats im Rat. [2] Dabei berücksichtigt er die möglichen Auswirkungen einer solchen Aussetzung auf die Rechte und Pflichten natürlicher und juristischer Personen.

[2] Die sich aus den Verträgen ergebenden Verpflichtungen des betroffenen Mitgliedstaats sind für diesen auf jeden Fall weiterhin verbindlich.

(4) Der Rat kann zu einem späteren Zeitpunkt mit qualifizierter Mehrheit beschließen, nach Absatz 3 getroffene Maßnahmen abzuändern oder aufzuheben, wenn in der Lage, die zur Verhängung dieser Maßnahmen geführt hat, Änderungen eingetreten sind.

(5) Die Abstimmungsmodalitäten, die für die Zwecke dieses Artikels für das Europäische Parlament, den Europäischen Rat und den Rat gelten, sind in Artikel 354 des Vertrags über die Arbeitsweise der Europäischen Union[2)] festgelegt.

Art. 8 [Nachbarschaftspolitik] (1) Die Union entwickelt besondere Beziehungen zu den Ländern in ihrer Nachbarschaft, um einen Raum des Wohlstands und der guten Nachbarschaft zu schaffen, der auf den Werten der Union aufbaut

---

1) Nr. **40**.
2) Nr. **2**.

und sich durch enge, friedliche Beziehungen auf der Grundlage der Zusammenarbeit auszeichnet.

(2) [1] Für die Zwecke des Absatzes 1 kann die Union spezielle Übereinkünfte mit den betreffenden Ländern schließen. [2] Diese Übereinkünfte können gegenseitige Rechte und Pflichten umfassen und die Möglichkeit zu gemeinsamem Vorgehen eröffnen. [3] Zur Durchführung der Übereinkünfte finden regelmäßige Konsultationen statt.

Titel II. Bestimmungen über die demokratischen Grundsätze

Art. 9 [Gleichheitsgrundsatz; Unionsbürgerschaft] [1] Die Union achtet in ihrem gesamten Handeln den Grundsatz der Gleichheit ihrer Bürgerinnen und Bürger, denen ein gleiches Maß an Aufmerksamkeit seitens der Organe, Einrichtungen und sonstigen Stellen der Union zuteil wird. [2] Unionsbürger ist, wer die Staatsangehörigkeit eines Mitgliedstaats besitzt. [3] Die Unionsbürgerschaft tritt zur nationalen Staatsbürgerschaft hinzu, ersetzt sie aber nicht.

Art. 10 [Demokratische Grundsätze] (1) Die Arbeitsweise der Union beruht auf der repräsentativen Demokratie.

(2) *[1]* Die Bürgerinnen und Bürger sind auf Unionsebene unmittelbar im Europäischen Parlament vertreten.

[2] Die Mitgliedstaaten werden im Europäischen Rat von ihrem jeweiligen Staats- oder Regierungschef und im Rat von ihrer jeweiligen Regierung vertreten, die ihrerseits in demokratischer Weise gegenüber ihrem nationalen Parlament oder gegenüber ihren Bürgerinnen und Bürgern Rechenschaft ablegen müssen.

(3) [1] Alle Bürgerinnen und Bürger haben das Recht, am demokratischen Leben der Union teilzunehmen. [2] Die Entscheidungen werden so offen und bürgernah wie möglich getroffen.

(4) Politische Parteien auf europäischer Ebene tragen zur Herausbildung eines europäischen politischen Bewusstseins und zum Ausdruck des Willens der Bürgerinnen und Bürger der Union bei.

Art. 11 [Bürgerbeteiligung] (1) Die Organe geben den Bürgerinnen und Bürgern und den repräsentativen Verbänden in geeigneter Weise die Möglichkeit, ihre Ansichten in allen Bereichen des Handelns der Union öffentlich bekannt zu geben und auszutauschen.

(2) Die Organe pflegen einen offenen, transparenten und regelmäßigen Dialog mit den repräsentativen Verbänden und der Zivilgesellschaft.

(3) Um die Kohärenz und die Transparenz des Handelns der Union zu gewährleisten, führt die Europäische Kommission umfangreiche Anhörungen der Betroffenen durch.

(4) *[1]* Unionsbürgerinnen und Unionsbürger, deren Anzahl mindestens eine Million betragen und bei denen es sich um Staatsangehörige einer erheblichen Anzahl von Mitgliedstaaten handeln muss, können die Initiative ergreifen und die Europäische Kommission auffordern, im Rahmen ihrer Befugnisse geeignete Vorschläge zu Themen zu unterbreiten, zu denen es nach Ansicht jener Bür-

gerinnen und Bürger eines Rechtsakts der Union bedarf, um die Verträge umzusetzen.

[2] Die Verfahren und Bedingungen, die für eine solche Bürgerinitiative gelten, werden nach Artikel 24 Absatz 1 des Vertrags über die Arbeitsweise der Europäischen Union[1)] festgelegt.

Art. 12 [Beteiligung der nationalen Parlamente] Die nationalen Parlamente tragen aktiv zur guten Arbeitsweise der Union bei, indem sie

a) von den Organen der Union unterrichtet werden und ihnen die Entwürfe von Gesetzgebungsakten der Union gemäß dem Protokoll über die Rolle der nationalen Parlamente in der Europäischen Union zugeleitet werden;

b) dafür sorgen, dass der Grundsatz der Subsidiarität gemäß den in dem Protokoll über die Anwendung der Grundsätze der Subsidiarität und der Verhältnismäßigkeit[2)] vorgesehenen Verfahren beachtet wird;

c) sich im Rahmen des Raums der Freiheit, der Sicherheit und des Rechts an den Mechanismen zur Bewertung der Durchführung der Unionspolitiken in diesem Bereich nach Artikel 70 des Vertrags über die Arbeitsweise der Europäischen Union[1)] beteiligen und in die politische Kontrolle von Europol und die Bewertung der Tätigkeit von Eurojust nach den Artikeln 88 und 85 des genannten Vertrags einbezogen werden;

d) sich an den Verfahren zur Änderung der Verträge nach Artikel 48 dieses Vertrags beteiligen;

e) über Anträge auf Beitritt zur Union nach Artikel 49 dieses Vertrags unterrichtet werden;

f) sich an der interparlamentarischen Zusammenarbeit zwischen den nationalen Parlamenten und mit dem Europäischen Parlament gemäß dem Protokoll über die Rolle der nationalen Parlamente in der Europäischen Union beteiligen.

Titel III. Bestimmungen über die Organe

Art. 13 [Organe der Union] (1) *[1]* Die Union verfügt über einen institutionellen Rahmen, der zum Zweck hat, ihren Werten Geltung zu verschaffen, ihre Ziele zu verfolgen, ihren Interessen, denen ihrer Bürgerinnen und Bürger und denen der Mitgliedstaaten zu dienen sowie die Kohärenz, Effizienz und Kontinuität ihrer Politik und ihrer Maßnahmen sicherzustellen.

[2] Die Organe der Union sind

– das Europäische Parlament,
– der Europäische Rat,
– der Rat,
– die Europäische Kommission (im Folgenden „Kommission"),
– der Gerichtshof der Europäischen Union,
– die Europäische Zentralbank,
– der Rechnungshof.

[1)] Nr. **2**.
[2)] Nr. **17**.

(2) [1]Jedes Organ handelt nach Maßgabe der ihm in den Verträgen zugewiesenen Befugnisse nach den Verfahren, Bedingungen und Zielen, die in den Verträgen festgelegt sind. [2]Die Organe arbeiten loyal zusammen.

(3) Die Bestimmungen über die Europäische Zentralbank und den Rechnungshof sowie die detaillierten Bestimmungen über die übrigen Organe sind im Vertrag über die Arbeitsweise der Europäischen Union[1)] enthalten.

(4) Das Europäische Parlament, der Rat und die Kommission werden von einem Wirtschafts- und Sozialausschuss sowie einem Ausschuss der Regionen unterstützt, die beratende Aufgaben wahrnehmen.

Art. 14[2)] [Europäisches Parlament] (1) [1]Das Europäische Parlament wird gemeinsam mit dem Rat als Gesetzgeber tätig und übt gemeinsam mit ihm die Haushaltsbefugnisse aus. [2]Es erfüllt Aufgaben der politischen Kontrolle und Beratungsfunktionen nach Maßgabe der Verträge. [3]Es wählt den Präsidenten der Kommission.

(2) *[1]* [1]Das Europäische Parlament setzt sich aus Vertretern der Unionsbürgerinnen und Unionsbürger zusammen. [2]Ihre Anzahl darf 750 nicht überschreiten, zuzüglich des Präsidenten. [3]Die Bürgerinnen und Bürger sind im Europäischen Parlament degressiv proportional, mindestens jedoch mit sechs Mitgliedern je Mitgliedstaat vertreten. [4]Kein Mitgliedstaat erhält mehr als 96 Sitze.

[2] Der Europäische Rat erlässt einstimmig auf Initiative des Europäischen Parlaments und mit dessen Zustimmung einen Beschluss über die Zusammensetzung des Europäischen Parlaments, in dem die in Unterabsatz 1 genannten Grundsätze gewahrt sind.

(3) Die Mitglieder des Europäischen Parlaments werden in allgemeiner, unmittelbarer, freier und geheimer Wahl für eine Amtszeit von fünf Jahren gewählt.

(4) Das Europäische Parlament wählt aus seiner Mitte seinen Präsidenten und sein Präsidium.

Art. 15 [Europäischer Rat] (1) [1]Der Europäische Rat gibt der Union die für ihre Entwicklung erforderlichen Impulse und legt die allgemeinen politischen Zielvorstellungen und Prioritäten hierfür fest. [2]Er wird nicht gesetzgeberisch tätig.

(2) [1]Der Europäische Rat setzt sich zusammen aus den Staats- und Regierungschefs der Mitgliedstaaten sowie dem Präsidenten des Europäischen Rates und dem Präsidenten der Kommission. [2]Der Hohe Vertreter der Union für Außen- und Sicherheitspolitik nimmt an seinen Arbeiten teil.

(3) [1]Der Europäische Rat tritt zweimal pro Halbjahr zusammen; er wird von seinem Präsidenten einberufen. [2]Wenn es die Tagesordnung erfordert, können die Mitglieder des Europäischen Rates beschließen, sich jeweils von einem Minister oder – im Fall des Präsidenten der Kommission – von einem Mitglied der Kommission unterstützen zu lassen. [3]Wenn es die Lage erfordert, beruft der Präsident eine außerordentliche Tagung des Europäischen Rates ein.

(4) Soweit in den Verträgen nichts anderes festgelegt ist, entscheidet der Europäische Rat im Konsens.

---

1) Nr. **2**.

2) Art. 19 der EU-Beitrittsakte 2013 v. 9.12.2011 (ABl. 2012 L 112 S. 21) regelt abweichend zu diesem Artikel die kroatische Wahl zum Europäischen Parlament und dessen Anzahl an kroatischen Sitzen.

(5) [1] Der Europäische Rat wählt seinen Präsidenten mit qualifizierter Mehrheit für eine Amtszeit von zweieinhalb Jahren; der Präsident kann einmal wiedergewählt werden. [2] Im Falle einer Verhinderung oder einer schweren Verfehlung kann der Europäische Rat ihn im Wege des gleichen Verfahrens von seinem Amt entbinden.

(6) *[1]* Der Präsident des Europäischen Rates

a) führt den Vorsitz bei den Arbeiten des Europäischen Rates und gibt ihnen Impulse,

b) sorgt in Zusammenarbeit mit dem Präsidenten der Kommission auf der Grundlage der Arbeiten des Rates „Allgemeine Angelegenheiten" für die Vorbereitung und Kontinuität der Arbeiten des Europäischen Rates,

c) wirkt darauf hin, dass Zusammenhalt und Konsens im Europäischen Rat gefördert werden,

d) legt dem Europäischen Parlament im Anschluss an jede Tagung des Europäischen Rates einen Bericht vor.

[2] Der Präsident des Europäischen Rates nimmt auf seiner Ebene und in seiner Eigenschaft, unbeschadet der Befugnisse des Hohen Vertreters der Union für Außen- und Sicherheitspolitik, die Außenvertretung der Union in Angelegenheiten der Gemeinsamen Außen- und Sicherheitspolitik wahr.

[3] Der Präsident des Europäischen Rates darf kein einzelstaatliches Amt ausüben.

Art. 16 [Rat] (1) [1] Der Rat wird gemeinsam mit dem Europäischen Parlament als Gesetzgeber tätig und übt gemeinsam mit ihm die Haushaltsbefugnisse aus. [2] Zu seinen Aufgaben gehört die Festlegung der Politik und die Koordinierung nach Maßgabe der Verträge.

(2) Der Rat besteht aus je einem Vertreter jedes Mitgliedstaats auf Ministerebene, der befugt ist, für die Regierung des von ihm vertretenen Mitgliedstaats verbindlich zu handeln und das Stimmrecht auszuüben.

(3) Soweit in den Verträgen nichts anderes festgelegt ist, beschließt der Rat mit qualifizierter Mehrheit.

(4) *[1]* Ab dem 1. November 2014 gilt als qualifizierte Mehrheit eine Mehrheit von mindestens 55 % der Mitglieder des Rates, gebildet aus mindestens 15 Mitgliedern, sofern die von diesen vertretenen Mitgliedstaaten zusammen mindestens 65 % der Bevölkerung der Union ausmachen.

[2] Für eine Sperrminorität sind mindestens vier Mitglieder des Rates erforderlich, andernfalls gilt die qualifizierte Mehrheit als erreicht.

[3] Die übrigen Modalitäten für die Abstimmung mit qualifizierter Mehrheit sind in Artikel 238 Absatz 2 des Vertrags über die Arbeitsweise der Europäischen Union[1)] festgelegt.

(5) Die Übergangsbestimmungen für die Definition der qualifizierten Mehrheit, die bis zum 31. Oktober 2014 gelten, sowie die Übergangsbestimmungen, die zwischen dem 1. November 2014 und dem 31. März 2017 gelten, sind im Protokoll über die Übergangsbestimmungen festgelegt.

[1)] Nr. **2**.

(6) *[1]* Der Rat tagt in verschiedenen Zusammensetzungen; die Liste dieser Zusammensetzungen wird nach Artikel 236 des Vertrags über die Arbeitsweise der Europäischen Union angenommen.

[2] 1 Als Rat „Allgemeine Angelegenheiten" sorgt er für die Kohärenz der Arbeiten des Rates in seinen verschiedenen Zusammensetzungen. 2 In Verbindung mit dem Präsidenten des Europäischen Rates und mit der Kommission bereitet er die Tagungen des Europäischen Rates vor und sorgt für das weitere Vorgehen.

[3] Als Rat „Auswärtige Angelegenheiten" gestaltet er das auswärtige Handeln der Union entsprechend den strategischen Vorgaben des Europäischen Rates und sorgt für die Kohärenz des Handelns der Union.

(7) Ein Ausschuss der Ständigen Vertreter der Regierungen der Mitgliedstaaten ist für die Vorbereitung der Arbeiten des Rates verantwortlich.

(8) 1 Der Rat tagt öffentlich, wenn er über Entwürfe zu Gesetzgebungsakten berät und abstimmt. 2 Zu diesem Zweck wird jede Ratstagung in zwei Teile unterteilt, von denen der eine den Beratungen über die Gesetzgebungsakte der Union und der andere den nicht die Gesetzgebung betreffenden Tätigkeiten gewidmet ist.

(9) Der Vorsitz im Rat in allen seinen Zusammensetzungen mit Ausnahme des Rates „Auswärtige Angelegenheiten" wird von den Vertretern der Mitgliedstaaten im Rat unter Bedingungen, die gemäß Artikel 236 des Vertrags über die Arbeitsweise der Europäischen Union festgelegt werden, nach einem System der gleichberechtigten Rotation wahrgenommen.

Art. 17 [Kommission] (1) 1 Die Kommission fördert die allgemeinen Interessen der Union und ergreift geeignete Initiativen zu diesem Zweck. 2 Sie sorgt für die Anwendung der Verträge sowie der von den Organen kraft der Verträge erlassenen Maßnahmen. 3 Sie überwacht die Anwendung des Unionsrechts unter der Kontrolle des Gerichtshofs der Europäischen Union. 4 Sie führt den Haushaltsplan aus und verwaltet die Programme. 5 Sie übt nach Maßgabe der Verträge Koordinierungs-, Exekutiv- und Verwaltungsfunktionen aus. 6 Außer in der Gemeinsamen Außen- und Sicherheitspolitik und den übrigen in den Verträgen vorgesehenen Fällen nimmt sie die Vertretung der Union nach außen wahr. 7 Sie leitet die jährliche und die mehrjährige Programmplanung der Union mit dem Ziel ein, interinstitutionelle Vereinbarungen zu erreichen.

(2) 1 Soweit in den Verträgen nichts anderes festgelegt ist, darf ein Gesetzgebungsakt der Union nur auf Vorschlag der Kommission erlassen werden. 2 Andere Rechtsakte werden auf der Grundlage eines Kommissionsvorschlags erlassen, wenn dies in den Verträgen vorgesehen ist.

(3) *[1]* Die Amtszeit der Kommission beträgt fünf Jahre.

[2] Die Mitglieder der Kommission werden aufgrund ihrer allgemeinen Befähigung und ihres Einsatzes für Europa unter Persönlichkeiten ausgewählt, die volle Gewähr für ihre Unabhängigkeit bieten.

[3] 1 Die Kommission übt ihre Tätigkeit in voller Unabhängigkeit aus. 2 Die Mitglieder der Kommission dürfen unbeschadet des Artikels 18 Absatz 2 Weisungen von einer Regierung, einem Organ, einer Einrichtung oder jeder anderen Stelle weder einholen noch entgegennehmen. 3 Sie enthalten sich jeder Handlung, die mit ihrem Amt oder der Erfüllung ihrer Aufgaben unvereinbar ist.

(4) Die Kommission, die zwischen dem Zeitpunkt des Inkrafttretens des Vertrags von Lissabon und dem 31. Oktober 2014 ernannt wird, besteht einschließlich ihres Präsidenten und des Hohen Vertreters der Union für Außen- und Sicherheitspolitik, der einer der Vizepräsidenten der Kommission ist, aus je einem Staatsangehörigen jedes Mitgliedstaats.

(5) *[1]* Ab dem 1. November 2014 besteht die Kommission, einschließlich ihres Präsidenten und des Hohen Vertreters der Union für Außen- und Sicherheitspolitik, aus einer Anzahl von Mitgliedern, die zwei Dritteln der Zahl der Mitgliedstaaten entspricht, sofern der Europäische Rat nicht einstimmig eine Änderung dieser Anzahl beschließt.

[2] [1]Die Mitglieder der Kommission werden unter den Staatsangehörigen der Mitgliedstaaten in einem System der strikt gleichberechtigten Rotation zwischen den Mitgliedstaaten so ausgewählt, dass das demografische und geografische Spektrum der Gesamtheit der Mitgliedstaaten zum Ausdruck kommt. [2]Dieses System wird vom Europäischen Rat nach Artikel 244 des Vertrags über die Arbeitsweise der Europäischen Union[1)] einstimmig festgelegt.

(6) *[1]* Der Präsident der Kommission

a) legt die Leitlinien fest, nach denen die Kommission ihre Aufgaben ausübt,
b) beschließt über die interne Organisation der Kommission, um die Kohärenz, die Effizienz und das Kollegialitätsprinzip im Rahmen ihrer Tätigkeit sicherzustellen,
c) ernennt, mit Ausnahme des Hohen Vertreters der Union für Außen- und Sicherheitspolitik, die Vizepräsidenten aus dem Kreis der Mitglieder der Kommission.

[2] [1]Ein Mitglied der Kommission legt sein Amt nieder, wenn es vom Präsidenten dazu aufgefordert wird. [2]Der Hohe Vertreter der Union für Außen- und Sicherheitspolitik legt sein Amt nach dem Verfahren des Artikels 18 Absatz 1 nieder, wenn er vom Präsidenten dazu aufgefordert wird.

(7) *[1]* [1]Der Europäische Rat schlägt dem Europäischen Parlament nach entsprechenden Konsultationen mit qualifizierter Mehrheit einen Kandidaten für das Amt des Präsidenten der Kommission vor; dabei berücksichtigt er das Ergebnis der Wahlen zum Europäischen Parlament. [2]Das Europäische Parlament wählt diesen Kandidaten mit der Mehrheit seiner Mitglieder. [3]Erhält dieser Kandidat nicht die Mehrheit, so schlägt der Europäische Rat dem Europäischen Parlament innerhalb eines Monats mit qualifizierter Mehrheit einen neuen Kandidaten vor, für dessen Wahl das Europäische Parlament dasselbe Verfahren anwendet.

[2] [1]Der Rat nimmt, im Einvernehmen mit dem gewählten Präsidenten, die Liste der anderen Persönlichkeiten an, die er als Mitglieder der Kommission vorschlägt. [2]Diese werden auf der Grundlage der Vorschläge der Mitgliedstaaten entsprechend den Kriterien nach Absatz 3 Unterabsatz 2 und Absatz 5 Unterabsatz 2 ausgewählt.

[3] [1]Der Präsident, der Hohe Vertreter der Union für Außen- und Sicherheitspolitik und die übrigen Mitglieder der Kommission stellen sich als Kollegium einem Zustimmungsvotum des Europäischen Parlaments. [2]Auf der Grundlage dieser Zustimmung wird die Kommission vom Europäischen Rat mit qualifizierter Mehrheit ernannt.

[1)] Nr. **2**.

(8) [1] Die Kommission ist als Kollegium dem Europäischen Parlament verantwortlich. [2] Das Europäische Parlament kann nach Artikel 234 des Vertrags über die Arbeitsweise der Europäischen Union einen Misstrauensantrag gegen die Kommission annehmen. [3] Wird ein solcher Antrag angenommen, so müssen die Mitglieder der Kommission geschlossen ihr Amt niederlegen, und der Hohe Vertreter der Union für Außen- und Sicherheitspolitik muss sein im Rahmen der Kommission ausgeübtes Amt niederlegen.

Art. 18 [Hoher Vertreter für Außen- und Sicherheitspolitik] (1) [1] Der Europäische Rat ernennt mit qualifizierter Mehrheit und mit Zustimmung des Präsidenten der Kommission den Hohen Vertreter der Union für Außen- und Sicherheitspolitik. [2] Der Europäische Rat kann die Amtszeit des Hohen Vertreters nach dem gleichen Verfahren beenden.

(2) [1] Der Hohe Vertreter leitet die Gemeinsame Außen- und Sicherheitspolitik der Union. [2] Er trägt durch seine Vorschläge zur Festlegung dieser Politik bei und führt sie im Auftrag des Rates durch. [3] Er handelt ebenso im Bereich der Gemeinsamen Sicherheits- und Verteidigungspolitik.

(3) Der Hohe Vertreter führt den Vorsitz im Rat „Auswärtige Angelegenheiten".

(4) [1] Der Hohe Vertreter ist einer der Vizepräsidenten der Kommission. [2] Er sorgt für die Kohärenz des auswärtigen Handelns der Union. [3] Er ist innerhalb der Kommission mit deren Zuständigkeiten im Bereich der Außenbeziehungen und mit der Koordinierung der übrigen Aspekte des auswärtigen Handelns der Union betraut. [4] Bei der Wahrnehmung dieser Zuständigkeiten in der Kommission und ausschließlich im Hinblick auf diese Zuständigkeiten unterliegt der Hohe Vertreter den Verfahren, die für die Arbeitsweise der Kommission gelten, soweit dies mit den Absätzen 2 und 3 vereinbar ist.

Art. 19 [Europäischer Gerichtshof] (1) *[1]* [1] Der Gerichtshof der Europäischen Union umfasst den Gerichtshof, das Gericht und Fachgerichte. [2] Er sichert die Wahrung des Rechts bei der Auslegung und Anwendung der Verträge.

[2] Die Mitgliedstaaten schaffen die erforderlichen Rechtsbehelfe, damit ein wirksamer Rechtsschutz in den vom Unionsrecht erfassten Bereichen gewährleistet ist.

(2) *[1]* [1] Der Gerichtshof besteht aus einem Richter je Mitgliedstaat. [2] Er wird von Generalanwälten unterstützt.

[2] Das Gericht besteht aus mindestens einem Richter je Mitgliedstaat.

[3] [1] Als Richter und Generalanwälte des Gerichtshofs und als Richter des Gerichts sind Persönlichkeiten auszuwählen, die jede Gewähr für Unabhängigkeit bieten und die Voraussetzungen der Artikel 253 und 254 des Vertrags über die Arbeitsweise der Europäischen Union[1)] erfüllen. [2] Sie werden von den Regierungen der Mitgliedstaaten im gegenseitigen Einvernehmen für eine Amtszeit von sechs Jahren ernannt. [3] Die Wiederernennung ausscheidender Richter und Generalanwälte ist zulässig.

(3) Der Gerichtshof der Europäischen Union entscheidet nach Maßgabe der Verträge

---

[1)] Nr. 2.

a) über Klagen eines Mitgliedstaats, eines Organs oder natürlicher oder juristischer Personen;
b) im Wege der Vorabentscheidung auf Antrag der einzelstaatlichen Gerichte über die Auslegung des Unionsrechts oder über die Gültigkeit der Handlungen der Organe;
c) in allen anderen in den Verträgen vorgesehenen Fällen.

Titel IV. Bestimmungen über eine Verstärkte Zusammenarbeit

Art. 20 [Verstärkte Zusammenarbeit] (1) *[1]* Die Mitgliedstaaten, die untereinander eine Verstärkte Zusammenarbeit im Rahmen der nicht ausschließlichen Zuständigkeiten der Union begründen wollen, können, in den Grenzen und nach Maßgabe dieses Artikels und der Artikel 326 bis 334 des Vertrags über die Arbeitsweise der Europäischen Union[1)], die Organe der Union in Anspruch nehmen und diese Zuständigkeiten unter Anwendung der einschlägigen Bestimmungen der Verträge ausüben.

[2] [1] Eine Verstärkte Zusammenarbeit ist darauf ausgerichtet, die Verwirklichung der Ziele der Union zu fördern, ihre Interessen zu schützen und ihren Integrationsprozess zu stärken. [2] Sie steht allen Mitgliedstaaten nach Artikel 328 des Vertrags über die Arbeitsweise der Europäischen Union jederzeit offen.

(2) [1] Der Beschluss über die Ermächtigung zu einer Verstärkten Zusammenarbeit wird vom Rat als letztes Mittel erlassen, wenn dieser feststellt, dass die mit dieser Zusammenarbeit angestrebten Ziele von der Union in ihrer Gesamtheit nicht innerhalb eines vertretbaren Zeitraums verwirklicht werden können, und sofern an der Zusammenarbeit mindestens neun Mitgliedstaaten beteiligt sind. [2] Der Rat beschließt nach dem in Artikel 329 des Vertrags über die Arbeitsweise der Europäischen Union vorgesehenen Verfahren.

(3) [1] Alle Mitglieder des Rates können an dessen Beratungen teilnehmen, aber nur die Mitglieder des Rates, die die an der Verstärkten Zusammenarbeit beteiligten Mitgliedstaaten vertreten, nehmen an der Abstimmung teil. [2] Die Abstimmungsmodalitäten sind in Artikel 330 des Vertrags über die Arbeitsweise der Europäischen Union vorgesehen.

(4) [1] An die im Rahmen einer Verstärkten Zusammenarbeit erlassenen Rechtsakte sind nur die an dieser Zusammenarbeit beteiligten Mitgliedstaaten gebunden. [2] Sie gelten nicht als Besitzstand, der von beitrittswilligen Staaten angenommen werden muss.

Titel V. Allgemeine Bestimmungen über das auswärtige Handeln der Union und besondere Bestimmungen über die gemeinsame Außen- und Sicherheitspolitik

Kapitel 1. Allgemeine Bestimmungen über das auswärtige Handeln der Union

Art. 21 [Grundsätze europäischer Außenpolitik] (1) *[1]* Die Union lässt sich bei ihrem Handeln auf internationaler Ebene von den Grundsätzen leiten, die

---

[1)] Nr. **2**.

für ihre eigene Entstehung, Entwicklung und Erweiterung maßgebend waren und denen sie auch weltweit zu stärkerer Geltung verhelfen will: Demokratie, Rechtsstaatlichkeit, die universelle Gültigkeit und Unteilbarkeit der Menschenrechte und Grundfreiheiten, die Achtung der Menschenwürde, der Grundsatz der Gleichheit und der Grundsatz der Solidarität sowie die Achtung der Grundsätze der Charta der Vereinten Nationen und des Völkerrechts.

[2] 1 Die Union strebt an, die Beziehungen zu Drittländern und zu regionalen oder weltweiten internationalen Organisationen, die die in Unterabsatz 1 aufgeführten Grundsätze teilen, auszubauen und Partnerschaften mit ihnen aufzubauen. 2 Sie setzt sich insbesondere im Rahmen der Vereinten Nationen für multilaterale Lösungen bei gemeinsamen Problemen ein.

(2) Die Union legt die gemeinsame Politik sowie Maßnahmen fest, führt diese durch und setzt sich für ein hohes Maß an Zusammenarbeit auf allen Gebieten der internationalen Beziehungen ein, um

a) ihre Werte, ihre grundlegenden Interessen, ihre Sicherheit, ihre Unabhängigkeit und ihre Unversehrtheit zu wahren;
b) Demokratie, Rechtsstaatlichkeit, die Menschenrechte und die Grundsätze des Völkerrechts zu festigen und zu fördern;
c) nach Maßgabe der Ziele und Grundsätze der Charta der Vereinten Nationen sowie der Prinzipien der Schlussakte von Helsinki und der Ziele der Charta von Paris, einschließlich derjenigen, die die Außengrenzen betreffen, den Frieden zu erhalten, Konflikte zu verhüten und die internationale Sicherheit zu stärken;
d) die nachhaltige Entwicklung in Bezug auf Wirtschaft, Gesellschaft und Umwelt in den Entwicklungsländern zu fördern mit dem vorrangigen Ziel, die Armut zu beseitigen;
e) die Integration aller Länder in die Weltwirtschaft zu fördern, unter anderem auch durch den schrittweisen Abbau internationaler Handelshemmnisse;
f) zur Entwicklung von internationalen Maßnahmen zur Erhaltung und Verbesserung der Qualität der Umwelt und der nachhaltigen Bewirtschaftung der weltweiten natürlichen Ressourcen beizutragen, um eine nachhaltige Entwicklung sicherzustellen;
g) den Völkern, Ländern und Regionen, die von Naturkatastrophen oder von vom Menschen verursachten Katastrophen betroffen sind, zu helfen; und
h) eine Weltordnung zu fördern, die auf einer verstärkten multilateralen Zusammenarbeit und einer verantwortungsvollen Weltordnungspolitik beruht.

(3) *[1]* Die Union wahrt bei der Ausarbeitung und Umsetzung ihres auswärtigen Handelns in den verschiedenen unter diesen Titel und den Fünften Teil des Vertrags über die Arbeitsweise der Europäischen Union[1] fallenden Bereichen sowie der externen Aspekte der übrigen Politikbereiche die in den Absätzen 1 und 2 genannten Grundsätze und Ziele.

[2] 1 Die Union achtet auf die Kohärenz zwischen den einzelnen Bereichen ihres auswärtigen Handelns sowie zwischen diesen und ihren übrigen Politikbereichen. 2 Der Rat und die Kommission, die vom Hohen Vertreter der Union

---

[1] Nr. 2.

für Außen- und Sicherheitspolitik unterstützt werden, stellen diese Kohärenz sicher und arbeiten zu diesem Zweck zusammen.

Art. 22 [Strategische Interessen und Ziele] (1) *[1]* Auf der Grundlage der in Artikel 21 aufgeführten Grundsätze und Ziele legt der Europäische Rat die strategischen Interessen und Ziele der Union fest.

[2] [1] Die Beschlüsse des Europäischen Rates über die strategischen Interessen und Ziele der Union erstrecken sich auf die Gemeinsame Außen- und Sicherheitspolitik sowie auf andere Bereiche des auswärtigen Handelns der Union. [2] Sie können die Beziehungen der Union zu einem Land oder einer Region betreffen oder aber ein bestimmtes Thema zum Gegenstand haben. [3] Sie enthalten Bestimmungen zu ihrer Geltungsdauer und zu den von der Union und den Mitgliedstaaten bereitzustellenden Mitteln.

[3] [1] Der Europäische Rat beschließt einstimmig auf Empfehlung des Rates, die dieser nach den für den jeweiligen Bereich vorgesehenen Regelungen abgibt. [2] Die Beschlüsse des Europäischen Rates werden nach Maßgabe der in den Verträgen vorgesehenen Verfahren durchgeführt.

(2) Der Hohe Vertreter der Union für Außen- und Sicherheitspolitik und die Kommission können dem Rat gemeinsame Vorschläge vorlegen, wobei der Hohe Vertreter für den Bereich der Gemeinsamen Außen- und Sicherheitspolitik und die Kommission für die anderen Bereiche des auswärtigen Handelns zuständig ist.

Kapitel 2. Besondere Bestimmungen über die Gemeinsame Außen- und Sicherheitspolitik

Abschnitt 1. Gemeinsame Bestimmungen

Art. 23 [Grundsätze europäischer Außenpolitik; Verweis] Das Handeln der Union auf internationaler Ebene im Rahmen dieses Kapitels beruht auf den Grundsätzen des Kapitel 1, verfolgt die darin genannten Ziele und steht mit den allgemeinen Bestimmungen jenes Kapitels im Einklang.

Art. 24 [Zuständigkeit; Verfahren; Pflichten der Mitgliedstaaten]

(1) *[1]* Die Zuständigkeit der Union in der Gemeinsamen Außen- und Sicherheitspolitik erstreckt sich auf alle Bereiche der Außenpolitik sowie auf sämtliche Fragen im Zusammenhang mit der Sicherheit der Union, einschließlich der schrittweisen Festlegung einer gemeinsamen Verteidigungspolitik, die zu einer gemeinsamen Verteidigung führen kann.

[2] [1] Für die Gemeinsame Außen- und Sicherheitspolitik gelten besondere Bestimmungen und Verfahren. [2] Sie wird vom Europäischen Rat und vom Rat einstimmig festgelegt und durchgeführt, soweit in den Verträgen nichts anderes vorgesehen ist. [3] Der Erlass von Gesetzgebungsakten ist ausgeschlossen. [4] Die Gemeinsame Außen- und Sicherheitspolitik wird vom Hohen Vertreter der Union für Außen- und Sicherheitspolitik und von den Mitgliedstaaten gemäß den Verträgen durchgeführt. [5] Die spezifische Rolle des Europäischen Parlaments und der Kommission in diesem Bereich ist in den Verträgen festgelegt. [6] Der Gerichtshof der Europäischen Union ist in Bezug auf diese Bestimmungen nicht zuständig; hiervon ausgenommen ist die Kontrolle der Einhaltung des Artikels 40 dieses Vertrags und die Überwachung der Rechtmäßigkeit bestimmter Beschlüsse

nach Artikel 275 Absatz 2 des Vertrags über die Arbeitsweise der Europäischen Union[1)].

(2) Die Union verfolgt, bestimmt und verwirklicht im Rahmen der Grundsätze und Ziele ihres auswärtigen Handelns eine Gemeinsame Außen- und Sicherheitspolitik, die auf einer Entwicklung der gegenseitigen politischen Solidarität der Mitgliedstaaten, der Ermittlung der Fragen von allgemeiner Bedeutung und der Erreichung einer immer stärkeren Konvergenz des Handelns der Mitgliedstaaten beruht.

(3) *[1]* Die Mitgliedstaaten unterstützen die Außen- und Sicherheitspolitik der Union aktiv und vorbehaltlos im Geiste der Loyalität und der gegenseitigen Solidarität und achten das Handeln der Union in diesem Bereich.

[2] [1] Die Mitgliedstaaten arbeiten zusammen, um ihre gegenseitige politische Solidarität zu stärken und weiterzuentwickeln. [2] Sie enthalten sich jeder Handlung, die den Interessen der Union zuwiderläuft oder ihrer Wirksamkeit als kohärente Kraft in den internationalen Beziehungen schaden könnte.

[3] Der Rat und der Hohe Vertreter tragen für die Einhaltung dieser Grundsätze Sorge.

Art. 25 [Handlungsformen] Die Union verfolgt ihre Gemeinsame Außen- und Sicherheitspolitik, indem sie

a) die allgemeinen Leitlinien bestimmt,

b) Beschlüsse erlässt zur Festlegung

   i) der von der Union durchzuführenden Aktionen,

   ii) der von der Union einzunehmenden Standpunkte,

   iii) der Einzelheiten der Durchführung der unter den Ziffern i und ii genannten Beschlüsse,

   und

c) die systematische Zusammenarbeit der Mitgliedstaaten bei der Führung ihrer Politik ausbaut.

Art. 26 [Ziele und allgemeine Leitlinien] (1) *[1]* [1] Der Europäische Rat bestimmt die strategischen Interessen der Union und legt die Ziele und die allgemeinen Leitlinien der Gemeinsamen Außen- und Sicherheitspolitik fest, und zwar auch bei Fragen mit verteidigungspolitischen Bezügen. [2] Er erlässt die erforderlichen Beschlüsse.

[2] Wenn eine internationale Entwicklung es erfordert, beruft der Präsident des Europäischen Rates eine außerordentliche Tagung des Europäischen Rates ein, um die strategischen Vorgaben für die Politik der Union angesichts dieser Entwicklung festzulegen.

(2) *[1]* Der Rat gestaltet die Gemeinsame Außen- und Sicherheitspolitik und fasst die für die Festlegung und Durchführung dieser Politik erforderlichen Beschlüsse auf der Grundlage der vom Europäischen Rat festgelegten allgemeinen Leitlinien und strategischen Vorgaben.

[1)] Nr. 2.

[2] Der Rat und der Hohe Vertreter der Union für Außen- und Sicherheitspolitik tragen für ein einheitliches, kohärentes und wirksames Vorgehen der Union Sorge.

(3) Die Gemeinsame Außen- und Sicherheitspolitik wird vom Hohen Vertreter und von den Mitgliedstaaten mit einzelstaatlichen Mitteln und den Mitteln der Union durchgeführt.

Art. 27 [Kompetenzen des Hohen Vertreters; Europäischer Auswärtiger Dienst] (1) Der Hohe Vertreter der Union für Außen- und Sicherheitspolitik, der im Rat „Auswärtige Angelegenheiten" den Vorsitz führt, trägt durch seine Vorschläge zur Festlegung der Gemeinsamen Außen- und Sicherheitspolitik bei und stellt sicher, dass die vom Europäischen Rat und vom Rat erlassenen Beschlüsse durchgeführt werden.

(2) [1] Der Hohe Vertreter vertritt die Union in den Bereichen der Gemeinsamen Außen- und Sicherheitspolitik. [2] Er führt im Namen der Union den politischen Dialog mit Dritten und vertritt den Standpunkt der Union in internationalen Organisationen und auf internationalen Konferenzen.

(3) [1] Bei der Erfüllung seines Auftrags stützt sich der Hohe Vertreter auf einen Europäischen Auswärtigen Dienst. [2] Dieser Dienst arbeitet mit den diplomatischen Diensten der Mitgliedstaaten zusammen und umfasst Beamte aus den einschlägigen Abteilungen des Generalsekretariats des Rates und der Kommission sowie abgeordnetes Personal der nationalen diplomatischen Dienste. [3] Die Organisation und die Arbeitsweise des Europäischen Auswärtigen Dienstes werden durch einen Beschluss des Rates festgelegt. [4] Der Rat beschließt auf Vorschlag des Hohen Vertreters nach Anhörung des Europäischen Parlaments und nach Zustimmung der Kommission.

Art. 28 [Operatives Vorgehen der Union] (1) *[1]* [1] Verlangt eine internationale Situation ein operatives Vorgehen der Union, so erlässt der Rat die erforderlichen Beschlüsse. [2] In den Beschlüssen sind ihre Ziele, ihr Umfang, die der Union zur Verfügung zu stellenden Mittel sowie die Bedingungen und erforderlichenfalls der Zeitraum für ihre Durchführung festgelegt.

[2] Tritt eine Änderung der Umstände mit erheblichen Auswirkungen auf eine Angelegenheit ein, die Gegenstand eines solchen Beschlusses ist, so überprüft der Rat die Grundsätze und Ziele dieses Beschlusses und erläßt die erforderlichen Beschlüsse.

(2) Die Beschlüsse nach Absatz 1 sind für die Mitgliedstaaten bei ihren Stellungnahmen und ihrem Vorgehen bindend.

(3) [1] Jede einzelstaatliche Stellungnahme oder Maßnahme, die im Rahmen eines Beschlusses nach Absatz 1 geplant ist, wird von dem betreffenden Mitgliedstaat so rechtzeitig mitgeteilt, daß erforderlichenfalls eine vorherige Abstimmung im Rat stattfinden kann. [2] Die Pflicht zur vorherigen Unterrichtung gilt nicht für Maßnahmen, die eine bloße praktische Umsetzung der Beschlüsse des Rates auf einzelstaatlicher Ebene darstellen.

(4) [1] Bei zwingender Notwendigkeit aufgrund der Entwicklung der Lage, und falls eine Überprüfung des Beschlusses des Rates nach Absatz 1 nicht stattfindet, können die Mitgliedstaaten unter Berücksichtigung der allgemeinen Ziele des genannten Beschlusses die erforderlichen Sofortmaßnahmen ergreifen. [2] Der betreffende Mitgliedstaat unterrichtet den Rat sofort über derartige Maßnahmen.

(5) [1] Ein Mitgliedstaat befaßt den Rat, wenn sich bei der Durchführung eines Beschlusses nach diesem Artikel größere Schwierigkeiten ergeben; der Rat berät darüber und sucht nach angemessenen Lösungen. [2] Diese dürfen nicht im Widerspruch zu den Zielen des Beschlusses nach Absatz 1 stehen oder seiner Wirksamkeit schaden.

Art. 29 [Standpunkte der Union] [1] Der Rat erlässt Beschlüsse, in denen der Standpunkt der Union zu einer bestimmten Frage geographischer oder thematischer Art bestimmt wird. [2] Die Mitgliedstaaten tragen dafür Sorge, daß ihre einzelstaatliche Politik mit den Standpunkten der Union in Einklang steht.

Art. 30 [Initiativ- und Vorschlagsrecht; Eilentscheidungen] (1) Jeder Mitgliedstaat, der Hohe Vertreter der Union für Außen- und Sicherheitspolitik oder der Hohe Vertreter mit Unterstützung der Kommission kann den Rat mit einer Frage der Gemeinsamen Außen- und Sicherheitspolitik befassen und ihm Initiativen beziehungsweise Vorschläge unterbreiten.

(2) In den Fällen, in denen eine rasche Entscheidung notwendig ist, beruft der Hohe Vertreter von sich aus oder auf Antrag eines Mitgliedstaats innerhalb von 48 Stunden, bei absoluter Notwendigkeit in kürzerer Zeit, eine außerordentliche Tagung des Rates ein.

Art. 31 [Verfahren der Beschlussfassung] (1) *[1]* [1] Beschlüsse nach diesem Kapitel werden vom Europäischen Rat und vom Rat einstimmig gefasst, soweit in diesem Kapitel nichts anderes festgelegt ist. [2] Der Erlass von Gesetzgebungsakten ist ausgeschlossen.

[2] [1] Bei einer Stimmenthaltung kann jedes Ratsmitglied zu seiner Enthaltung eine förmliche Erklärung im Sinne dieses Unterabsatzes abgeben. [2] In diesem Fall ist es nicht verpflichtet, den Beschluß durchzuführen, akzeptiert jedoch, daß der Beschluß für die Union bindend ist. [3] Im Geiste gegenseitiger Solidarität unterläßt der betreffende Mitgliedstaat alles, was dem auf diesem Beschluß beruhenden Vorgehen der Union zuwiderlaufen oder es behindern könnte, und die anderen Mitgliedstaaten respektieren seinen Standpunkt. [4] Vertreten die Mitglieder des Rates, die bei ihrer Stimmenthaltung eine solche Erklärung abgeben, mindestens ein Drittel der Mitgliedstaaten, die mindestens ein Drittel der Unionsbevölkerung ausmachen, so wird der Beschluss nicht erlassen.

(2) *[1]* Abweichend von Absatz 1 beschließt der Rat mit qualifizierter Mehrheit, wenn er

- auf der Grundlage eines Beschlusses des Europäischen Rates über die strategischen Interessen und Ziele der Union nach Artikel 22 Absatz 1 einen Beschluss erlässt, mit dem eine Aktion oder ein Standpunkt der Union festgelegt wird;
- auf einen Vorschlag hin, den ihm der Hohe Vertreter der Union für Außen- und Sicherheitspolitik auf spezielles Ersuchen des Europäischen Rates unterbreitet hat, das auf dessen eigene Initiative oder auf eine Initiative des Hohen Vertreters zurückgeht, einen Beschluss erlässt, mit dem eine Aktion oder ein Standpunkt der Union festgelegt wird;
- einen Beschluss zur Durchführung eines Beschlusses, mit dem eine Aktion oder ein Standpunkt der Union festgelegt wird, erlässt,
- nach Artikel 33 einen Sonderbeauftragten ernennt.

[2] [1] Erklärt ein Mitglied des Rates, daß es aus wesentlichen Gründen der nationalen Politik, die es auch nennen muß, die Absicht hat, einen mit qualifizierter Mehrheit zu fassenden Beschluß abzulehnen, so erfolgt keine Abstimmung. [2] Der Hohe Vertreter bemüht sich in engem Benehmen mit dem betroffenen Mitgliedstaat um eine für diesen Mitgliedstaat annehmbare Lösung. [3] Gelingt dies nicht, so kann der Rat mit qualifizierter Mehrheit veranlassen, dass die Frage im Hinblick auf einen einstimmigen Beschluss an den Europäischen Rat verwiesen wird.

(3) Der Europäische Rat kann einstimmig einen Beschluss erlassen, in dem vorgesehen ist, dass der Rat in anderen als den in Absatz 2 genannten Fällen mit qualifizierter Mehrheit beschließt.

(4) Die Absätze 2 und 3 gelten nicht für Beschlüsse mit militärischen oder verteidigungspolitischen Bezügen.

(5) In Verfahrensfragen beschließt der Rat mit der Mehrheit seiner Mitglieder.

Art. 32 [Zusammenarbeit der Mitgliedstaaten im Rat] *[1]* [1] Die Mitgliedstaaten stimmen sich im Europäischen Rat und im Rat zu jeder außen- und sicherheitspolitischen Frage von allgemeiner Bedeutung ab, um ein gemeinsames Vorgehen festzulegen. [2] Bevor ein Mitgliedstaat in einer Weise, die die Interessen der Union berühren könnte, auf internationaler Ebene tätig wird oder eine Verpflichtung eingeht, konsultiert er die anderen Mitgliedstaaten im Europäischen Rat oder im Rat. [3] Die Mitgliedstaaten gewährleisten durch konvergentes Handeln, dass die Union ihre Interessen und ihre Werte auf internationaler Ebene geltend machen kann. [4] Die Mitgliedstaaten sind untereinander solidarisch.

[2] Hat der Europäische Rat oder der Rat ein gemeinsames Vorgehen der Union im Sinne des Absatzes 1 festgelegt, so koordinieren der Hohe Vertreter der Union für Außen- und Sicherheitspolitik und die Minister für auswärtige Angelegenheiten der Mitgliedstaaten ihre Tätigkeiten im Rat.

[3] Die diplomatischen Vertretungen der Mitgliedstaaten und die Delegationen der Union in Drittländern und bei internationalen Organisationen arbeiten zusammen und tragen zur Festlegung und Durchführung des gemeinsamen Vorgehens bei.

Art. 33 [Sonderbeauftragter] [1] Der Rat kann auf Vorschlag des Hohen Vertreters der Union für Außen- und Sicherheitspolitik einen Sonderbeauftragten für besondere politische Fragen ernennen. [2] Der Sonderbeauftragte übt sein Mandat unter der Verantwortung des Hohen Vertreters aus.

Art. 34 [Koordiniertes Auftreten auf internationaler Ebene; Unterrichtungspflicht der Sicherheitsratsmitglieder] (1) *[1]* [1] Die Mitgliedstaaten koordinieren ihr Handeln in internationalen Organisationen und auf internationalen Konferenzen. [2] Sie treten dort für die Standpunkte der Union ein. [3] Der Hohe Vertreter der Union für Außen- und Sicherheitspolitik trägt für die Organisation dieser Koordinierung Sorge.

[2] In den internationalen Organisationen und auf internationalen Konferenzen, bei denen nicht alle Mitgliedstaaten vertreten sind, setzen sich die dort vertretenen Mitgliedstaaten für die Standpunkte der Union ein.

(2) *[1]* Nach Artikel 24 Absatz 3 unterrichten die Mitgliedstaaten, die in internationalen Organisationen oder auf internationalen Konferenzen vertreten sind,

die dort nicht vertretenen Mitgliedstaaten und den Hohen Vertreter laufend über alle Fragen von gemeinsamem Interesse.

[2] [1]Die Mitgliedstaaten, die auch Mitglieder des Sicherheitsrats der Vereinten Nationen sind, stimmen sich ab und unterrichten die übrigen Mitgliedstaaten sowie den Hohen Vertreter in vollem Umfang. [2]Die Mitgliedstaaten, die Mitglieder des Sicherheitsrats sind, setzen sich bei der Wahrnehmung ihrer Aufgaben unbeschadet ihrer Verantwortlichkeiten aufgrund der Charta der Vereinten Nationen für die Standpunkte und Interessen der Union ein.

[3] Wenn die Union einen Standpunkt zu einem Thema festgelegt hat, das auf der Tagesordnung des Sicherheitsrats der Vereinten Nationen steht, beantragen die dort vertretenen Mitgliedstaaten, dass der Hohe Vertreter gebeten wird, den Standpunkt der Union vorzutragen.

Art. 35 [Abgestimmtes Verhalten auf diplomatischer und konsularischer Ebene] *[1]* Die diplomatischen und konsularischen Vertretungen der Mitgliedstaaten und die Delegationen der Union in dritten Ländern und auf internationalen Konferenzen sowie ihre Vertretungen bei internationalen Organisationen stimmen sich ab, um die Einhaltung und Durchführung der nach diesem Kapitel erlassenen Beschlüsse, mit denen Standpunkte und Aktionen der Union festgelegt werden, zu gewährleisten.

[2] Sie intensivieren ihre Zusammenarbeit durch Informationsaustausch und gemeinsame Bewertungen.

[3] Sie tragen zur Verwirklichung des in Artikel 20 Absatz 2 Buchstabe c des Vertrags über die Arbeitsweise der Europäischen Union[1)] genannten Rechts der Unionsbürgerinnen und Unionsbürger auf Schutz im Hoheitsgebiet von Drittländern und zur Durchführung der nach Artikel 23 des genannten Vertrags erlassenen Maßnahmen bei.

Art. 36 [Beteiligung des Europäischen Parlaments] *[1]* [1]Der Hohe Vertreter der Union für Außen- und Sicherheitspolitik hört das Europäische Parlament regelmäßig zu den wichtigsten Aspekten und den grundlegenden Weichenstellungen der Gemeinsamen Außen- und Sicherheitspolitik und der Gemeinsamen Sicherheits- und Verteidigungspolitik und unterrichtet es über die Entwicklung der Politik in diesen Bereichen. [2]Er achtet darauf, dass die Auffassungen des Europäischen Parlaments gebührend berücksichtigt werden. [3]Die Sonderbeauftragten können zur Unterrichtung des Europäischen Parlaments mit herangezogen werden.

[2] [1]Das Europäische Parlament kann Anfragen oder Empfehlungen an den Rat und den Hohen Vertreter richten. [2]Zweimal jährlich führt es eine Aussprache über die Fortschritte bei der Durchführung der Gemeinsamen Außen- und Sicherheitspolitik, einschließlich der Gemeinsamen Sicherheits- und Verteidigungspolitik.

Art. 37 [Übereinkünfte mit dritten Staaten und internationalen Organisationen] Die Union kann in den unter dieses Kapitel fallenden Bereichen Übereinkünfte mit einem oder mehreren Staaten oder internationalen Organisationen schließen.

---

1) Nr. 2.

Art. 38 [Politisches und Sicherheitspoltisches Komitee] *[1]* [1] Unbeschadet des Artikels 240 des Vertrags über die Arbeitsweise der Europäischen Union[1)] verfolgt ein Politisches und Sicherheitspolitisches Komitee die internationale Lage in den Bereichen der Gemeinsamen Außen- und Sicherheitspolitik und trägt auf Ersuchen des Rates, des Hohen Vertreters der Union für Außen- und Sicherheitspolitik oder von sich aus durch an den Rat gerichtete Stellungnahmen zur Festlegung der Politiken bei. [2] Ferner überwacht es die Durchführung vereinbarter Politiken; dies gilt unbeschadet der Zuständigkeiten des Hohen Vertreters.

[2] Im Rahmen dieses Kapitels nimmt das Politische und Sicherheitspolitische Komitee unter der Verantwortung des Rates und des Hohen Vertreters die politische Kontrolle und strategische Leitung von Krisenbewältigungsoperationen im Sinne des Artikels 43 wahr.

[3] Der Rat kann das Komitee für den Zweck und die Dauer einer Operation zur Krisenbewältigung, die vom Rat festgelegt werden, ermächtigen, geeignete Beschlüsse hinsichtlich der politischen Kontrolle und strategischen Leitung der Operation zu fassen.

Art. 39 [Datenschutz] [1] Gemäß Artikel 16 des Vertrags über die Arbeitsweise der Europäischen Union[1)] und abweichend von Absatz 2 des genannten Artikels erlässt der Rat einen Beschluss zur Festlegung von Vorschriften über den Schutz natürlicher Personen bei der Verarbeitung personenbezogener Daten durch die Mitgliedstaaten im Rahmen der Ausübung von Tätigkeiten, die in den Anwendungsbereich dieses Kapitels fallen, und über den freien Datenverkehr. [2] Die Einhaltung dieser Vorschriften wird von unabhängigen Behörden überwacht.

Art. 40 [Kompetenzabgrenzung] *[1]* Die Durchführung der Gemeinsamen Außen- und Sicherheitspolitik lässt die Anwendung der Verfahren und den jeweiligen Umfang der Befugnisse der Organe, die in den Verträgen für die Ausübung der in den Artikeln 3 bis 6 des Vertrags über die Arbeitsweise der Europäischen Union[1)] aufgeführten Zuständigkeiten der Union vorgesehen sind, unberührt.

[2] Ebenso lässt die Durchführung der Politik nach den genannten Artikeln die Anwendung der Verfahren und den jeweiligen Umfang der Befugnisse der Organe, die in den Verträgen für die Ausübung der Zuständigkeiten der Union nach diesem Kapitel vorgesehen sind, unberührt.

Art. 41 [Finanzierung] (1) Die Verwaltungsausgaben, die den Organen aus der Durchführung dieses Kapitels entstehen, gehen zu Lasten des Haushalts der Union.

(2) *[1]* Die operativen Ausgaben im Zusammenhang mit der Durchführung dieses Kapitels gehen ebenfalls zu Lasten des Haushalts der Union, mit Ausnahme der Ausgaben aufgrund von Maßnahmen mit militärischen oder verteidigungspolitischen Bezügen und von Fällen, in denen der Rat einstimmig etwas anderes beschließt.

[2] [1] In Fällen, in denen die Ausgaben nicht zu Lasten des Haushalts der Union gehen, gehen sie nach dem Bruttosozialprodukt-Schlüssel zu Lasten der Mitgliedstaaten, sofern der Rat nicht einstimmig etwas anderes beschließt. [2] Die Mitglied-

---

[1)] Nr. 2.

staaten, deren Vertreter im Rat eine förmliche Erklärung nach Artikel 31 Absatz 1 Unterabsatz 2 abgegeben haben, sind nicht verpflichtet, zur Finanzierung von Ausgaben für Maßnahmen mit militärischen oder verteidigungspolitischen Bezügen beizutragen.

(3) *[1]* [1] Der Rat erlässt einen Beschluss zur Festlegung besonderer Verfahren, um den schnellen Zugriff auf die Haushaltsmittel der Union zu gewährleisten, die für die Sofortfinanzierung von Initiativen im Rahmen der Gemeinsamen Außen- und Sicherheitspolitik, insbesondere von Tätigkeiten zur Vorbereitung einer Mission nach Artikel 42 Absatz 1 und Artikel 43 bestimmt sind. [2] Er beschließt nach Anhörung des Europäischen Parlaments.

[2] Die Tätigkeiten zur Vorbereitung der in Artikel 42 Absatz 1 und in Artikel 43 genannten Missionen, die nicht zulasten des Haushalts der Union gehen, werden aus einem aus Beiträgen der Mitgliedstaaten gebildeten Anschubfonds finanziert.

[3] Der Rat erlässt mit qualifizierter Mehrheit auf Vorschlag des Hohen Vertreters der Union für Außen- und Sicherheitspolitik die Beschlüsse über

a) die Einzelheiten für die Bildung und die Finanzierung des Anschubfonds, insbesondere die Höhe der Mittelzuweisungen für den Fonds;
b) die Einzelheiten für die Verwaltung des Anschubfonds;
c) die Einzelheiten für die Finanzkontrolle.

[4] [1] Kann die geplante Mission nach Artikel 42 Absatz 1 und Artikel 43 nicht aus dem Haushalt der Union finanziert werden, so ermächtigt der Rat den Hohen Vertreter zur Inanspruchnahme dieses Fonds. [2] Der Hohe Vertreter erstattet dem Rat Bericht über die Erfüllung dieses Mandats.

Abschnitt 2. Bestimmungen über die Gemeinsame Sicherheits- und Verteidigungspolitik

Art. 42 [Gemeinsame Verteidigungspolitik; Europäische Verteidigungsagentur; Beistandsklausel] (1) [1] Die Gemeinsame Sicherheits- und Verteidigungspolitik ist integraler Bestandteil der Gemeinsamen Außen- und Sicherheitspolitik. [2] Sie sichert der Union eine auf zivile und militärische Mittel gestützte Operationsfähigkeit. [3] Auf diese kann die Union bei Missionen außerhalb der Union zur Friedenssicherung, Konfliktverhütung und Stärkung der internationalen Sicherheit in Übereinstimmung mit den Grundsätzen der Charta der Vereinten Nationen zurückgreifen. [4] Sie erfüllt diese Aufgaben mit Hilfe der Fähigkeiten, die von den Mitgliedstaaten bereitgestellt werden.

(2) *[1]* [1] Die Gemeinsame Sicherheits- und Verteidigungspolitik umfasst die schrittweise Festlegung einer gemeinsamen Verteidigungspolitik der Union. [2] Diese führt zu einer gemeinsamen Verteidigung, sobald der Europäische Rat dies einstimmig beschlossen hat. [3] Er empfiehlt in diesem Fall den Mitgliedstaaten, einen Beschluss in diesem Sinne im Einklang mit ihren verfassungsrechtlichen Vorschriften zu erlassen.

[2] Die Politik der Union nach diesem Abschnitt berührt nicht den besonderen Charakter der Sicherheits- und Verteidigungspolitik bestimmter Mitgliedstaaten; sie achtet die Verpflichtungen einiger Mitgliedstaaten, die ihre gemeinsame Verteidigung in der Nordatlantikvertrags-Organisation (NATO) verwirklicht sehen, aus dem Nordatlantikvertrag und ist vereinbar mit der in jenem Rahmen festgelegten gemeinsamen Sicherheits- und Verteidigungspolitik.

(3) *[1]* [1] Die Mitgliedstaaten stellen der Union für die Umsetzung der Gemeinsamen Sicherheits- und Verteidigungspolitik zivile und militärische Fähigkeiten als Beitrag zur Verwirklichung der vom Rat festgelegten Ziele zur Verfügung. [2] Die Mitgliedstaaten, die zusammen multinationale Streitkräfte aufstellen, können diese auch für die Gemeinsame Sicherheits- und Verteidigungspolitik zur Verfügung stellen.

[2] [1] Die Mitgliedstaaten verpflichten sich, ihre militärischen Fähigkeiten schrittweise zu verbessern. [2] Die Agentur für die Bereiche Entwicklung der Verteidigungsfähigkeiten, Forschung, Beschaffung und Rüstung (im Folgenden „Europäische Verteidigungsagentur") ermittelt den operativen Bedarf und fördert Maßnahmen zur Bedarfsdeckung, trägt zur Ermittlung von Maßnahmen zur Stärkung der industriellen und technologischen Basis des Verteidigungssektors bei und führt diese Maßnahmen gegebenenfalls durch, beteiligt sich an der Festlegung einer europäischen Politik im Bereich der Fähigkeiten und der Rüstung und unterstützt den Rat bei der Beurteilung der Verbesserung der militärischen Fähigkeiten.

(4) [1] Beschlüsse zur Gemeinsamen Sicherheits- und Verteidigungspolitik, einschließlich der Beschlüsse über die Einleitung einer Mission nach diesem Artikel, werden vom Rat einstimmig auf Vorschlag des Hohen Vertreters der Union für Außen- und Sicherheitspolitik oder auf Initiative eines Mitgliedstaats erlassen. [2] Der Hohe Vertreter kann gegebenenfalls gemeinsam mit der Kommission den Rückgriff auf einzelstaatliche Mittel sowie auf Instrumente der Union vorschlagen.

(5) [1] Der Rat kann zur Wahrung der Werte der Union und im Dienste ihrer Interessen eine Gruppe von Mitgliedstaaten mit der Durchführung einer Mission im Rahmen der Union beauftragen. [2] Die Durchführung einer solchen Mission fällt unter Artikel 44.

(6) [1] Die Mitgliedstaaten, die anspruchsvollere Kriterien in Bezug auf die militärischen Fähigkeiten erfüllen und die im Hinblick auf Missionen mit höchsten Anforderungen untereinander weiter gehende Verpflichtungen eingegangen sind, begründen eine Ständige Strukturierte Zusammenarbeit im Rahmen der Union. [2] Diese Zusammenarbeit erfolgt nach Maßgabe von Artikel 46. [3] Sie berührt nicht die Bestimmungen des Artikels 43.

(7) *[1]* [1] Im Falle eines bewaffneten Angriffs auf das Hoheitsgebiet eines Mitgliedstaats schulden die anderen Mitgliedstaaten ihm alle in ihrer Macht stehende Hilfe und Unterstützung, im Einklang mit Artikel 51 der Charta der Vereinten Nationen. [2] Dies lässt den besonderen Charakter der Sicherheits- und Verteidigungspolitik bestimmter Mitgliedstaaten unberührt.

[2] Die Verpflichtungen und die Zusammenarbeit in diesem Bereich bleiben im Einklang mit den im Rahmen der Nordatlantikvertrags-Organisation eingegangenen Verpflichtungen, die für die ihr angehörenden Staaten weiterhin das Fundament ihrer kollektiven Verteidigung und das Instrument für deren Verwirklichung ist.

Art. 43 [Missionen der GSVP] (1) [1] Die in Artikel 42 Absatz 1 vorgesehenen Missionen, bei deren Durchführung die Union auf zivile und militärische Mittel zurückgreifen kann, umfassen gemeinsame Abrüstungsmaßnahmen, humanitäre Aufgaben und Rettungseinsätze, Aufgaben der militärischen Beratung und Unterstützung, Aufgaben der Konfliktverhütung und der Erhaltung des Friedens sowie Kampfeinsätze im Rahmen der Krisenbewältigung einschließlich Frieden schaffender Maßnahmen und Operationen zur Stabilisierung der Lage nach Konflikten. [2] Mit allen diesen Missionen kann zur Bekämpfung des Terrorismus beigetragen werden, unter anderem auch durch die Unterstützung für Drittländer bei der Bekämpfung des Terrorismus in ihrem Hoheitsgebiet.

(2) [1] Der Rat erlässt die Beschlüsse über Missionen nach Absatz 1; in den Beschlüssen sind Ziel und Umfang der Missionen sowie die für sie geltenden allgemeinen Durchführungsbestimmungen festgelegt. [2] Der Hohe Vertreter der Union für Außen- und Sicherheitspolitik sorgt unter Aufsicht des Rates und in engem und ständigem Benehmen mit dem Politischen und Sicherheitspolitischen Komitee für die Koordinierung der zivilen und militärischen Aspekte dieser Missionen.

Art. 44 [Missionsübertragung] (1) [1] Im Rahmen der nach Artikel 43 erlassenen Beschlüsse kann der Rat die Durchführung einer Mission einer Gruppe von Mitgliedstaaten übertragen, die dies wünschen und über die für eine derartige Mission erforderlichen Fähigkeiten verfügen. [2] Die betreffenden Mitgliedstaaten vereinbaren in Absprache mit dem Hohen Vertreter der Union für Außen- und Sicherheitspolitik untereinander die Ausführung der Mission.

(2) [1] Die an der Durchführung der Mission teilnehmenden Mitgliedstaaten unterrichten den Rat von sich aus oder auf Antrag eines anderen Mitgliedstaats regelmäßig über den Stand der Mission. [2] Die teilnehmenden Mitgliedstaaten befassen den Rat sofort, wenn sich aus der Durchführung der Mission schwerwiegende Konsequenzen ergeben oder das Ziel der Mission, ihr Umfang oder die für sie geltenden Regelungen, wie sie in den in Absatz 1 genannten Beschlüssen festgelegt sind, geändert werden müssen. [3] Der Rat erlässt in diesen Fällen die erforderlichen Beschlüsse.

Art. 45 [Aufgabe der Europäischen Verteidigungsagentur] (1) Aufgabe der in Artikel 42 Absatz 3 genannten, dem Rat unterstellten Europäischen Verteidigungsagentur ist es,

a) bei der Ermittlung der Ziele im Bereich der militärischen Fähigkeiten der Mitgliedstaaten und der Beurteilung, ob die von den Mitgliedstaaten in Bezug auf diese Fähigkeiten eingegangenen Verpflichtungen erfüllt wurden, mitzuwirken;
b) auf eine Harmonisierung des operativen Bedarfs sowie die Festlegung effizienter und kompatibler Beschaffungsverfahren hinzuwirken;
c) multilaterale Projekte zur Erfüllung der Ziele im Bereich der militärischen Fähigkeiten vorzuschlagen und für die Koordinierung der von den Mitgliedstaaten durchgeführten Programme sowie die Verwaltung spezifischer Kooperationsprogramme zu sorgen;
d) die Forschung auf dem Gebiet der Verteidigungstechnologie zu unterstützen, gemeinsame Forschungsaktivitäten sowie Studien zu technischen Lösungen, die dem künftigen operativen Bedarf gerecht werden, zu koordinieren und zu planen;
e) dazu beizutragen, dass zweckdienliche Maßnahmen zur Stärkung der industriellen und technologischen Basis des Verteidigungssektors und für einen wirkungsvolleren Einsatz der Verteidigungsausgaben ermittelt werden, und diese Maßnahmen gegebenenfalls durchzuführen.

(2) [1] Alle Mitgliedstaaten können auf Wunsch an der Arbeit der Europäischen Verteidigungsagentur teilnehmen. [2] Der Rat erlässt mit qualifizierter Mehrheit einen Beschluss, in dem die Rechtsstellung, der Sitz und die Funktionsweise der Agentur festgelegt werden. [3] Dieser Beschluss trägt dem Umfang der effektiven Beteiligung an den Tätigkeiten der Agentur Rechnung. [4] Innerhalb der Agentur werden spezielle Gruppen gebildet, in denen Mitgliedstaaten zusammenkommen, die gemeinsame Projekte durchführen. [5] Die Agentur versieht ihre Aufgaben erforderlichenfalls in Verbindung mit der Kommission.

Art. 46 [Ständige Strukturierte Zusammenarbeit] (1) Die Mitgliedstaaten, die sich an der Ständigen Strukturierten Zusammenarbeit im Sinne des Artikels 42 Absatz 6 beteiligen möchten und hinsichtlich der militärischen Fähigkeiten die Kriterien erfüllen und die Verpflichtungen eingehen, die in dem Protokoll über die Ständige Strukturierte Zusammenarbeit[1)] enthalten sind, teilen dem Rat und dem Hohen Vertreter der Union für Außen- und Sicherheitspolitik ihre Absicht mit.

(2) [1] Der Rat erlässt binnen drei Monaten nach der in Absatz 1 genannten Mitteilung einen Beschluss über die Begründung der Ständigen Strukturierten Zusammenarbeit und über die Liste der daran teilnehmenden Mitgliedstaaten. [2] Der Rat beschließt nach Anhörung des Hohen Vertreters mit qualifizierter Mehrheit.

(3) *[1]* Jeder Mitgliedstaat, der sich zu einem späteren Zeitpunkt an der Ständigen Strukturierten Zusammenarbeit beteiligen möchte, teilt dem Rat und dem Hohen Vertreter seine Absicht mit.

[2] [1] Der Rat erlässt einen Beschluss, in dem die Teilnahme des betreffenden Mitgliedstaats, der die Kriterien und Verpflichtungen nach den Artikeln 1 und 2 des Protokolls über die Ständige Strukturierte Zusammenarbeit erfüllt beziehungsweise eingeht, bestätigt wird. [2] Der Rat beschließt mit qualifizierter Mehrheit nach Anhörung des Hohen Vertreters. [3] Nur die Mitglieder des Rates, die die teilnehmenden Mitgliedstaaten vertreten, sind stimmberechtigt.

[3] Die qualifizierte Mehrheit bestimmt sich nach Artikel 238 Absatz 3 Buchstabe a des Vertrags über die Arbeitsweise der Europäischen Union[2)].

(4) *[1]* Erfüllt ein teilnehmender Mitgliedstaat die Kriterien nach den Artikeln 1 und 2 des Protokolls über die Ständige Strukturierte Zusammenarbeit nicht mehr oder kann er den darin genannten Verpflichtungen nicht mehr nachkommen, so kann der Rat einen Beschluss erlassen, durch den die Teilnahme dieses Staates ausgesetzt wird.

[2] [1] Der Rat beschließt mit qualifizierter Mehrheit. [2] Nur die Mitglieder des Rates, die die teilnehmenden Mitgliedstaaten mit Ausnahme des betroffenen Mitgliedstaats vertreten, sind stimmberechtigt.

[3] Die qualifizierte Mehrheit bestimmt sich nach Artikel 238 Absatz 3 Buchstabe a des Vertrags über die Arbeitsweise der Europäischen Union.

(5) Wünscht ein teilnehmender Mitgliedstaat, von der Ständigen Strukturierten Zusammenarbeit Abstand zu nehmen, so teilt er seine Entscheidung dem Rat mit, der zur Kenntnis nimmt, dass die Teilnahme des betreffenden Mitgliedstaats beendet ist.

[1)] Nr. **7**.
[2)] Nr. **2**.

(6) [1]Mit Ausnahme der Beschlüsse nach den Absätzen 2 bis 5 erlässt der Rat die Beschlüsse und Empfehlungen im Rahmen der Ständigen Strukturierten Zusammenarbeit einstimmig. [2]Für die Zwecke dieses Absatzes bezieht sich die Einstimmigkeit allein auf die Stimmen der Vertreter der an der Zusammenarbeit teilnehmenden Mitgliedstaaten.

Titel VI. Schlußbestimmungen

Art. 47 [Rechtspersönlichkeit der Union] Die Union besitzt Rechtspersönlichkeit.

Art. 48 [Vertragsänderung] (1) [1]Die Verträge können gemäß dem ordentlichen Änderungsverfahren geändert werden. [2]Sie können ebenfalls nach vereinfachten Änderungsverfahren geändert werden.

Ordentliches Änderungsverfahren

(2) [1]Die Regierung jedes Mitgliedstaats, das Europäische Parlament oder die Kommission kann dem Rat Entwürfe zur Änderung der Verträge vorlegen. [2]Diese Entwürfe können unter anderem eine Ausdehnung oder Verringerung der der Union in den Verträgen übertragenen Zuständigkeiten zum Ziel haben. [3]Diese Entwürfe werden vom Rat dem Europäischen Rat übermittelt und den nationalen Parlamenten zur Kenntnis gebracht.

(3) *[1]* [1]Beschließt der Europäische Rat nach Anhörung des Europäischen Parlaments und der Kommission mit einfacher Mehrheit die Prüfung der vorgeschlagenen Änderungen, so beruft der Präsident des Europäischen Rates einen Konvent von Vertretern der nationalen Parlamente, der Staats- und Regierungschefs der Mitgliedstaaten, des Europäischen Parlaments und der Kommission ein. [2]Bei institutionellen Änderungen im Währungsbereich wird auch die Europäische Zentralbank gehört. [3]Der Konvent prüft die Änderungsentwürfe und nimmt im Konsensverfahren eine Empfehlung an, die an eine Konferenz der Vertreter der Regierungen der Mitgliedstaaten nach Absatz 4 gerichtet ist.

[2] [1]Der Europäische Rat kann mit einfacher Mehrheit nach Zustimmung des Europäischen Parlaments beschließen, keinen Konvent einzuberufen, wenn seine Einberufung aufgrund des Umfangs der geplanten Änderungen nicht gerechtfertigt ist. [2]In diesem Fall legt der Europäische Rat das Mandat für eine Konferenz der Vertreter der Regierungen der Mitgliedstaaten fest.

(4) *[1]* Eine Konferenz der Vertreter der Regierungen der Mitgliedstaaten wird vom Präsidenten des Rates einberufen, um die an den Verträgen vorzunehmenden Änderungen zu vereinbaren.

[2] Die Änderungen treten in Kraft, nachdem sie von allen Mitgliedstaaten nach Maßgabe ihrer verfassungsrechtlichen Vorschriften ratifiziert worden sind.

(5) Haben nach Ablauf von zwei Jahren nach der Unterzeichnung eines Vertrags zur Änderung der Verträge vier Fünftel der Mitgliedstaaten den genannten Vertrag ratifiziert und sind in einem Mitgliedstaat oder mehreren Mitgliedstaaten Schwierigkeiten bei der Ratifikation aufgetreten, so befasst sich der Europäische Rat mit der Frage.

Vereinfachte Änderungsverfahren

(6) *[1]* Die Regierung jedes Mitgliedstaats, das Europäische Parlament oder die Kommission kann dem Europäischen Rat Entwürfe zur Änderung aller oder eines

Teils der Bestimmungen des Dritten Teils des Vertrags über die Arbeitsweise der Europäischen Union[1] über die internen Politikbereiche der Union vorlegen.

[2] [1]Der Europäische Rat kann einen Beschluss zur Änderung aller oder eines Teils der Bestimmungen des Dritten Teils des Vertrags über die Arbeitsweise der Europäischen Union erlassen. [2]Der Europäische Rat beschließt einstimmig nach Anhörung des Europäischen Parlaments und der Kommission sowie, bei institutionellen Änderungen im Währungsbereich, der Europäischen Zentralbank. [3]Dieser Beschluss tritt erst nach Zustimmung der Mitgliedstaaten im Einklang mit ihren jeweiligen verfassungsrechtlichen Vorschriften in Kraft.

[3] Der Beschluss nach Unterabsatz 2 darf nicht zu einer Ausdehnung der der Union im Rahmen der Verträge übertragenen Zuständigkeiten führen.

(7) *[1]* [1]In Fällen, in denen der Rat nach Maßgabe des Vertrags über die Arbeitsweise der Europäischen Union oder des Titels V dieses Vertrags in einem Bereich oder in einem bestimmten Fall einstimmig beschließt, kann der Europäische Rat einen Beschluss erlassen, wonach der Rat in diesem Bereich oder in diesem Fall mit qualifizierter Mehrheit beschließen kann. [2]Dieser Unterabsatz gilt nicht für Beschlüsse mit militärischen oder verteidigungspolitischen Bezügen.

[2] In Fällen, in denen nach Maßgabe des Vertrags über die Arbeitsweise der Europäischen Union Gesetzgebungsakte vom Rat gemäß einem besonderen Gesetzgebungsverfahren erlassen werden müssen, kann der Europäische Rat einen Beschluss erlassen, wonach die Gesetzgebungsakte gemäß dem ordentlichen Gesetzgebungsverfahren erlassen werden können.

[3] [1]Jede vom Europäischen Rat auf der Grundlage von Unterabsatz 1 oder Unterabsatz 2 ergriffene Initiative wird den nationalen Parlamenten übermittelt. [2]Wird dieser Vorschlag innerhalb von sechs Monaten nach der Übermittlung von einem nationalen Parlament abgelehnt, so wird der Beschluss nach Unterabsatz 1 oder Unterabsatz 2 nicht erlassen. [3]Wird die Initiative nicht abgelehnt, so kann der Europäische Rat den Beschluss erlassen.

[4] Der Europäische Rat erlässt die Beschlüsse nach den Unterabsätzen 1 oder 2 einstimmig nach Zustimmung des Europäischen Parlaments, das mit der Mehrheit seiner Mitglieder beschließt.

Art. 49 [Beitritt zur Union] *[1]* [1]Jeder Europäische Staat, der die in Artikel 2 genannten Werte achtet und sich für ihre Förderung einsetzt, kann beantragen, Mitglied der Union zu werden. [2]Das Europäische Parlament und die nationalen Parlamente werden über diesen Antrag unterrichtet. [3]Der antragstellende Staat richtet seinen Antrag an den Rat; dieser beschließt einstimmig nach Anhörung der Kommission und nach Zustimmung des Europäischen Parlaments, das mit der Mehrheit seiner Mitglieder beschließt. [4]Die vom Europäischen Rat vereinbarten Kriterien werden berücksichtigt.

[2] [1]Die Aufnahmebedingungen und die durch eine Aufnahme erforderlich werdenden Anpassungen der Verträge, auf denen die Union beruht, werden durch ein Abkommen zwischen den Mitgliedstaaten und dem antragstellenden Staat geregelt. [2]Das Abkommen bedarf der Ratifikation durch alle Vertragsstaaten gemäß ihren verfassungsrechtlichen Vorschriften.

---

[1] Nr. **2**.

Art. 50 [Austritt aus der Union] (1) Jeder Mitgliedstaat kann im Einklang mit seinen verfassungsrechtlichen Vorschriften beschließen, aus der Union auszutreten.

(2) [1] Ein Mitgliedstaat, der auszutreten beschließt, teilt dem Europäischen Rat seine Absicht mit. [2] Auf der Grundlage der Leitlinien des Europäischen Rates handelt die Union mit diesem Staat ein Abkommen über die Einzelheiten des Austritts aus und schließt das Abkommen, wobei der Rahmen für die künftigen Beziehungen dieses Staates zur Union berücksichtigt wird. [3] Das Abkommen wird nach Artikel 218 Absatz 3 des Vertrags über die Arbeitsweise der Europäischen Union[1)] ausgehandelt. [4] Es wird vom Rat im Namen der Union geschlossen; der Rat beschließt mit qualifizierter Mehrheit nach Zustimmung des Europäischen Parlaments.

(3) Die Verträge finden auf den betroffenen Staat ab dem Tag des Inkrafttretens des Austrittsabkommens oder andernfalls zwei Jahre nach der in Absatz 2 genannten Mitteilung keine Anwendung mehr, es sei denn, der Europäische Rat beschließt im Einvernehmen mit dem betroffenen Mitgliedstaat einstimmig, diese Frist zu verlängern.

(4) *[1]* Für die Zwecke der Absätze 2 und 3 nimmt das Mitglied des Europäischen Rates und des Rates, das den austretenden Mitgliedstaat vertritt, weder an den diesen Mitgliedstaat betreffenden Beratungen noch an der entsprechenden Beschlussfassung des Europäischen Rates oder des Rates teil.

[2] Die qualifizierte Mehrheit bestimmt sich nach Artikel 238 Absatz 3 Buchstabe b des Vertrags über die Arbeitsweise der Europäischen Union.

(5) Ein Staat, der aus der Union ausgetreten ist und erneut Mitglied werden möchte, muss dies nach dem Verfahren des Artikels 49 beantragen.

Art. 51 [Protokolle, Anhänge] Die Protokolle und Anhänge der Verträge sind Bestandteil der Verträge.

Art. 52 [Geltungsbereich] (1) Die Verträge gelten für das Königreich Belgien, die Republik Bulgarien, die Tschechische Republik, das Königreich Dänemark, die Bundesrepublik Deutschland, die Republik Estland, Irland, die Hellenische Republik, das Königreich Spanien, die Französische Republik, die Republik Kroatien, die Italienische Republik, die Republik Zypern, die Republik Lettland, die Republik Litauen, das Großherzogtum Luxemburg, die Republik Ungarn, die Republik Malta, das Königreich der Niederlande, die Republik Österreich, die Republik Polen, die Portugiesische Republik, Rumänien, die Republik Slowenien, die Slowakische Republik, die Republik Finnland, das Königreich Schweden und das Vereinigte Königreich Großbritannien und Nordirland[2)].

(2) Der räumliche Geltungsbereich der Verträge wird in Artikel 355 des Vertrags über die Arbeitsweise der Europäischen Union[1)] im Einzelnen angegeben.

Art. 53 [Unbefristete Geltung] Dieser Vertrag gilt auf unbegrenzte Zeit.

[1)] Nr. **2**.

[2)] Seit dem 1.2.2020 ist das Vereinigte Königreich aus der Europäischen Union ausgetreten und ist seitdem ein Drittland (Nicht-EU-Land).

Art. 54 [Ratifikation] (1) [1]Dieser Vertrag bedarf der Ratifikation durch die Hohen Vertragsparteien gemäß ihren verfassungsrechtlichen Vorschriften. [2]Die Ratifikationsurkunden werden bei der Regierung der Italienischen Republik hinterlegt.

(2) Dieser Vertrag tritt am 1. Januar 1993 in Kraft, sofern alle Ratifikationsurkunden hinterlegt worden sind, oder andernfalls am ersten Tag des auf die Hinterlegung der letzten Ratifikationsurkunde folgenden Monats.

Art. 55 [Verbindlicher Wortlaut; Hinterlegung] (1) Dieser Vertrag ist in einer Urschrift in bulgarischer, dänischer, deutscher, englischer, estnischer, finnischer, französischer, griechischer, irischer, italienischer, kroatischer, lettischer, litauischer, maltesischer, niederländischer, polnischer, portugiesischer, rumänischer, schwedischer, slowakischer, slowenischer, spanischer, tschechischer und ungarischer Sprache abgefasst, wobei jeder Wortlaut gleichermaßen verbindlich ist; er wird im Archiv der Regierung der Italienischen Republik hinterlegt; diese übermittelt der Regierung jedes anderen Unterzeichnerstaats eine beglaubigte Abschrift.

(2) [1]Dieser Vertrag kann ferner in jede andere von den Mitgliedstaaten bestimmte Sprache übersetzt werden, sofern diese Sprache nach der Verfassungsordnung des jeweiligen Mitgliedstaats in dessen gesamtem Hoheitsgebiet oder in Teilen davon Amtssprache ist. [2]Die betreffenden Mitgliedstaaten stellen eine beglaubigte Abschrift dieser Übersetzungen zur Verfügung, die in den Archiven des Rates hinterlegt wird.

ZU URKUND DESSEN haben die unterzeichneten Bevollmächtigten ihre Unterschriften unter diesen Vertrag gesetzt.

GESCHEHEN zu Maastricht am siebten Februar neunzehnhundertzweiundneunzig.

(Aufzählung der Unterzeichner nicht wiedergegeben)

1a. Übereinstimmungstabelle nach Artikel 5 des Vertrags von Lissabon und nach Artikel 12 des Vertrags von Amsterdam[1)]

Vom 13. Dezember 2007

(ABl. C 306 S. 200, ber. ABl. 2008 C 111 S. 56 u. ABl. 2009 C 290 S. 1)

A. Vertrag über die Europäische Union

Nummerierung des Vertrags über die Europäische Union[2)] idF von **Lissabon**	Nummerierung des Vertrags über die Europäische Union idF von **Amsterdam**	Nummerierung des Vertrags über die Europäische Union idF von **Maastricht**
Titel I – Gemeinsame Bestimmungen	Titel I – Gemeinsame Bestimmungen	
Artikel 1	Artikel 1	Artikel A
Artikel 2		
Artikel 3	Artikel 2	Artikel B
	Artikel 3 (aufgehoben)[*1]	Artikel C
Artikel 4		
Artikel 5[*2]		
	Artikel 4 (aufgehoben)[*3]	Artikel D
	Artikel 5 (aufgehoben)[*4]	Artikel E
Artikel 6	Artikel 6	Artikel F
Artikel 7	Artikel 7	Artikel F.1[(*)]
Artikel 8		

[1)] Die nachfolgende Tabelle beruht auf den offiziellen Tabellen nach Artikel 5 des Vertrages von Lissabon v. 13.12.2007 (ABl. C 306 S. 1, ber. ABl. 2008 C 111 S. 56, ABl. 2009 C 290 S. 1, ABl. 2010 C 81 S. 1, ABl. 2016 L 150 S. 1) sowie nach Artikel 12 des Vertrages von Amsterdam v. 2.10. 1997 (ABl. C 340 S. 1). Die mittlere Spalte berücksichtigt auch die Änderungen durch den Vertrag von Nizza. Die amtlichen Anmerkungen beziehen sich auf die Fassung der Verträge gemäß den Verträgen von Lissabon oder Amsterdam, in keinem Fall auf die Fassung gemäß dem Vertrag von Maastricht. Soweit die im Vertrag von Lissabon enthaltene Tabelle Hinweise enthält auf Umstellungen, Ersetzungen und Ähnliches, sind, um die Nähe zum jeweiligen Originaltext zu erhalten, die parallelen Nummerierungen aus den Verträgen in der Fassung von Maastricht nicht mit angegeben. In allen diesen Fällen kann aber über die mittlere Spalte der Tabelle, die die Nummerierung der Artikel in der Fassung des Vertrages von Amsterdam beinhaltet, herausgefunden werden, welchem Artikel welche Bestimmung in den Verträgen in der Fassung des Vertrages von Maastricht entspricht.

[2)] Nr. **1**.

[*1] **Amtl. Anm.:** Im Wesentlichen ersetzt durch Artikel 7 des Vertrags über die Arbeitsweise der Europäischen Union (AEUV) und Artikel 13 Absatz 1 sowie Artikel 21 Absatz 3 Unterabsatz 2 des Vertrags über die Europäische Union (EUV).

[*2] **Amtl. Anm.:** Ersetzt Artikel 5 des Vertrags über die Gründung der Europäischen Gemeinschaft (EGV).

[*3] **Amtl. Anm.:** Im Wesentlichen ersetzt durch Artikel 15 EUV.

[*4] **Amtl. Anm.:** Im Wesentlichen ersetzt durch Artikel 13 Absatz 2 EUV.

[(*)] **Amtl. Anm.:** Neuer Artikel, eingefügt durch den Vertrag von Amsterdam.

Nummerierung des Vertrags über die Europäische Union idF von **Lissabon**	Nummerierung des Vertrags über die Europäische Union idF von **Amsterdam**	Nummerierung des Vertrags über die Europäische Union idF von **Maastricht**
Titel II – Bestimmungen über die demokratischen Grundsätze	Titel II – Bestimmungen zur Änderung des Vertrags zur Gründung der Europäischen Wirtschaftsgemeinschaft im Hinblick auf die Gründung der Europäischen Gemeinschaft	
Artikel 9	Artikel 8 (aufgehoben)*5	Artikel G
Artikel 10*6		
Artikel 11		
Artikel 12		
Titel III – Bestimmungen über die Organe	Titel III – Bestimmungen zur Änderung des Vertrags über die Gründung der Europäischen Gemeinschaft für Kohle und Stahl	
Artikel 13	Artikel 9 (aufgehoben)*7	Artikel H
Artikel 14*8		
Artikel 15*9		
Artikel 16*10		
Artikel 17*11		
Artikel 18		
Artikel 19*12		

*5 **Amtl. Anm.:** Artikel 8 EUV in der Fassung vor dem Inkrafttreten des Vertrags von Lissabon (im Folgenden „bisheriger EUV") enthielt Vorschriften zur Änderung des EGV. Die in diesem Artikel enthaltenen Änderungen wurden in den EGV eingefügt und Artikel 8 wird aufgehoben. Unter seiner Nummer wird eine neue Bestimmung eingefügt.

*6 **Amtl. Anm.:** Absatz 4 dieses Artikels ersetzt im Wesentlichen Artikel 191 Absatz 1 EGV.

*7 **Amtl. Anm.:** Artikel 9 des bisherigen EUV enthielt Vorschriften zur Änderung des Vertrags über die Gründung der Europäischen Gemeinschaft für Kohle und Stahl *[auszugsweise abgedruckt unter Nr. 3]*. Der EGKS-Vertrag trat am 23. Juli 2002 außer Kraft. Artikel 9 wird aufgehoben und unter seiner Nummer wird eine andere Bestimmung eingefügt.

*8 **Amtl. Anm.:**
- Die Absätze 1 und 2 ersetzen im Wesentlichen Artikel 189 EGV.
- Die Absätze 1 bis 3 ersetzen im Wesentlichen Artikel 190 Absätze 1 bis 3 EGV.
- Absatz 1 ersetzt im Wesentlichen Artikel 192 Absatz 1 EGV.
- Absatz 4 ersetzt im Wesentlichen Artikel 197 Absatz 1 EGV.

*9 **Amtl. Anm.:** Ersetzt im Wesentlichen Artikel 4 des bisherigen EUV.

*10 **Amtl. Anm.:**
- Absatz 1 ersetzt im Wesentlichen Artikel 202 erster und zweiter Gedankenstrich EGV.
- Die Absätze 2 und 9 ersetzen im Wesentlichen Artikel 203 EGV.
- Die Absätze 4 und 5 ersetzen im Wesentlichen Artikel 205 Absätze 2 und 4 EGV.

*11 **Amtl. Anm.:**
- Absatz 1 ersetzt im Wesentlichen Artikel 211 EGV.
- Die Absätze 3 und 7 ersetzen im Wesentlichen Artikel 214 EGV.
- Absatz 6 ersetzt im Wesentlichen Artikel 217 Absätze 1, 3 und 4 EGV.

*12 **Amtl. Anm.:**
- Ersetzt im Wesentlichen Artikel 220 EGV.
- Absatz 2 Unterabsatz 1 ersetzt im Wesentlichen Artikel 221 Absatz 1 EGV.

Nummerierung des Vertrags über die Europäische Union idF von **Lissabon**	Nummerierung des Vertrags über die Europäische Union idF von **Amsterdam**	Nummerierung des Vertrags über die Europäische Union idF von **Maastricht**
Titel IV – Bestimmungen über eine Verstärkte Zusammenarbeit	Titel IV – Bestimmungen zur Änderung des Vertrags zur Gründung der Europäischen Atomgemeinschaft	
Artikel 20*[13]	Artikel 10 (aufgehoben)*[14] *Artikel 27a bis 27e (ersetzt)* *Artikel 40 bis 40e (ersetzt)* *Artikel 43 bis 45 (ersetzt)*	Artikel I
Titel V – Allgemeine Bestimmungen über das auswärtige Handeln der Union und besondere Bestimmungen über die Gemeinsame Außen- und Sicherheitspolitik	Titel V – Bestimmungen über die Gemeinsame Außen- und Sicherheitspolitik	Titel V(***)
Kapitel 1 – Allgemeine Bestimmungen über das auswärtige Handeln der Union		
Artikel 21		
Artikel 22		
Kapitel 2 – Besondere Bestimmungen über die Gemeinsame Außen- und Sicherheitspolitik		
Abschnitt 1 – Gemeinsame Bestimmungen		
Artikel 23		
Artikel 24	Artikel 11	Artikel J.1
Artikel 25	Artikel 12	Artikel J.2
Artikel 26	Artikel 13	Artikel J.3
Artikel 27		
Artikel 28	Artikel 14	Artikel J.4
Artikel 29	Artikel 15	Artikel J.5
Artikel 30	*Artikel 22 (umgestellt)*	
Artikel 31	*Artikel 23 (umgestellt)*	
Artikel 32	Artikel 16	Artikel J.6
Artikel 42	Artikel 17 (umgestellt)	
Artikel 33	Artikel 18	Artikel J.8
Artikel 34	Artikel 19	Artikel J.9

*[13] **Amtl. Anm.:** Ersetzt auch die Artikel 11 und 11a EGV.

*[14] **Amtl. Anm.:** Artikel 10 des bisherigen EUV enthielt Vorschriften zur Änderung des Vertrags zur Gründung der Europäischen Atomgemeinschaft. Die in diesem Artikel enthaltenen Änderungen wurden in den Euratom-Vertrag eingefügt und Artikel 10 wird aufgehoben. Unter seiner Nummer wird eine andere Bestimmung eingefügt.

(***) **Amtl. Anm.:** Titel, umstrukturiert durch den Vertrag von Amsterdam.

Nummerierung des Vertrags über die Europäische Union idF von **Lissabon**	Nummerierung des Vertrags über die Europäische Union idF von **Amsterdam**	Nummerierung des Vertrags über die Europäische Union idF von **Maastricht**
Artikel 35	Artikel 20	Artikel J.10
Artikel 36	Artikel 21	Artikel J.11
Artikel 30	Artikel 22 (umgestellt)	
Artikel 31	Artikel 23 (umgestellt)	
Artikel 37	Artikel 24	Artikel J.14
Artikel 38	Artikel 25	Artikel J.15
Artikel 39		
Artikel 40	*Artikel 47 (umgestellt)*	
	Artikel 26 (aufgehoben)	Artikel J.16
	Artikel 27 (aufgehoben)	Artikel J.17
Artikel 20	Artikel 27a (ersetzt)*15	
Artikel 20	Artikel 27b (ersetzt)*15	
Artikel 20	Artikel 27c (ersetzt)*15	
Artikel 20	Artikel 27d (ersetzt)*15	
Artikel 20	Artikel 27e (ersetzt)*15	
Artikel 41	Artikel 28	Artikel J.18
Abschnitt 2 – Bestimmungen über die gemeinsame Sicherheits- und Verteidigungspolitik		
Artikel 42	*Artikel 17 (umgestellt)*	
Artikel 43		
Artikel 44		
Artikel 45		
Artikel 46		
	Titel VI – Bestimmungen über die polizeiliche und justizielle Zusammenarbeit in Strafsachen (aufgehoben)*16	
	Artikel 29 (ersetzt)*17	Artikel K.1
	Artikel 30 (ersetzt)*18	Artikel K.2
	Artikel 31 (ersetzt)*19	Artikel K.3

*15 **Amtl. Anm.:** Die Artikel 27a bis 27e des bisherigen EUV über die Verstärkte Zusammenarbeit werden auch durch die Artikel 326 bis 334 AEUV ersetzt.

*16 **Amtl. Anm.:** Die Bestimmungen des Titels VI des bisherigen EUV über die polizeiliche und justizielle Zusammenarbeit in Strafsachen werden ersetzt durch die Bestimmungen des Dritten Teils, Titel IV (umnummeriert zu Titel V), Kapitel 1, 4 und 5 AEUV.

*17 **Amtl. Anm.:** Ersetzt durch Artikel 67 AEUV.

*18 **Amtl. Anm.:** Ersetzt durch die Artikel 87 und 88 AEUV.

*19 **Amtl. Anm.:** Ersetzt durch die Artikel 82, 83 und 85 AEUV.

Nummerierung des Vertrags über die Europäische Union idF von **Lissabon**	Nummerierung des Vertrags über die Europäische Union idF von **Amsterdam**	Nummerierung des Vertrags über die Europäische Union idF von **Maastricht**
	Artikel 32 (ersetzt)*20	Artikel K.4
	Artikel 33 (ersetzt)*21	Artikel K.5
	Artikel 34 (aufgehoben)	Artikel K.6
	Artikel 35 (aufgehoben)	Artikel K.7
	Artikel 36 (ersetzt)*22	Artikel K.8
	Artikel 37 (aufgehoben)	Artikel K.9
	Artikel 38 (aufgehoben)	Artikel K.10
	Artikel 39 (aufgehoben)	Artikel K.11
Artikel 20	Artikel 40 (ersetzt)*23	Artikel K.12
Artikel 20	Artikel 40a (ersetzt)*23	
Artikel 20	Artikel 40b (ersetzt)*23	
	Artikel 41 (aufgehoben)	Artikel K.13
	Artikel 42 (aufgehoben)	Artikel K.14
	Titel VII – Bestimmungen über eine Verstärkte Zusammenarbeit (ersetzt)*24	Titel VIa(**)
Artikel 20	Artikel 43 (ersetzt)*24	Artikel K.15(*)
Artikel 20	Artikel 43a (ersetzt)*24	
Artikel 20	Artikel 43b (ersetzt)*24	
Artikel 20	Artikel 44 (ersetzt)*24	Artikel K.16(*)
Artikel 20	Artikel 44a (ersetzt)*24	
Artikel 20	Artikel 45 (ersetzt)*24	Artikel K.17(*)
Titel VI – Schlussbestimmungen	Titel VIII – Schlussbestimmungen	
	Artikel 46 (aufgehoben)	Artikel L
Artikel 47		Artikel M
Artikel 40	Artikel 47 (ersetzt)	
Artikel 48	Artikel 48	Artikel N
Artikel 49	Artikel 49	Artikel O
Artikel 50		

*20 **Amtl. Anm.:** Ersetzt durch Artikel 89 AEUV.

*21 **Amtl. Anm.:** Ersetzt durch Artikel 72 AEUV.

*22 **Amtl. Anm.:** Ersetzt durch Artikel 71 AEUV.

*23 **Amtl. Anm.:** Die Artikel 40 bis 40b des bisherigen EUV über die Verstärkte Zusammenarbeit werden auch durch die Artikel 326 bis 334 AEUV ersetzt.

*24 **Amtl. Anm.:** Die Artikel 43 bis 45 und Titel VII des bisherigen EUV über die Verstärkte Zusammenarbeit werden auch durch die Artikel 326 bis 334 AEUV ersetzt.

(**) **Amtl. Anm.:** Neuer Titel, eingefügt durch den Vertrag von Amsterdam.

(*) **Amtl. Anm.:** Neuer Artikel, eingefügt durch den Vertrag von Amsterdam.

Nummerierung des Vertrags über die Europäische Union idF von **Lissabon**	Nummerierung des Vertrags über die Europäische Union idF von **Amsterdam**	Nummerierung des Vertrags über die Europäische Union idF von **Maastricht**
Artikel 51		
Artikel 52		
	Artikel 50 (aufgehoben)	Artikel P
Artikel 53	Artikel 51	Artikel Q
Artikel 54	Artikel 52	Artikel R
Artikel 55	Artikel 53	Artikel S

2. Vertrag über die Arbeitsweise der Europäischen Union [1)2)]

Vom 25. März 1957[3)]

(Internationale Quelle: UNTS Bd. 298 S. 11)

Celex-Nr. 1 1957 E

zuletzt geänd. durch Art. 2 ÄndBeschl. 2012/419/EU v. 11.7.2012 (ABl. L 204 S. 131)

Nichtamtliche Inhaltsübersicht

Erster Teil. Grundsätze

---

1) Die Artikelfolge und Verweise/Bezugnahmen auf Vorschriften des EUV (Nr. **1**) sind wie in der konsolidierten Fassung des AEUV (ABl. 2016 C 202 S. 47, ber. ABl. C 400 S. 1) gemäß Art. 5 des Vertrags von Lissabon iVm der Übereinstimmungstabelle (Nr. **1a**) an die neue Nummerierung angepasst worden.

2) Dieser Vertrag erhielt seine heutige Bezeichnung durch Art. 2 Abs. 1 des Vertrags von Lissabon v. 13.12.2007 (ABl. C 306 S. 1, ber. ABl. 2008 C 111 S. 56, ABl. 2009 C 290 S. 1, ABl. 2010 C 81 S. 1, ABl. 2016 L 150 S. 1).

3) Die Bundesrepublik Deutschland hat dem Vertrag mit G v. 27.7.1957 (BGBl. II S. 753) zugestimmt. Inkrafttreten gemäß Bek. v. 27.12.1957 (BGBl. 1958 II S. 1) am **1.1.1958**. Die durch den Amsterdamer Vertrag konsolidierte Fassung des Vertrages trat am 1.5.1999 in Kraft, siehe Bek. v. 6.4. 1999 (BGBl. II S. 296); in seiner durch den Vertrag von Nizza geänderten Fassung ist er am 1.2.2003 in Kraft getreten, siehe Bek. v. 20.8.2003 (BGBl. II S. 1477); in seiner durch die EUBeitrittsakte 2003 geänderten Fassung ist er am 1. 5.2004 in Kraft getreten, siehe Bek. v. 28.6.2004 (BGBl. II S. 1102); in seiner durch die EU-Beitrittsakte 2005 geänderten Fassung ist er am 1.1.2007 in Kraft getreten, siehe Bek. v. 26.1.2007 (BGBl. II S. 127); in seiner durch den Vertrag von Lissabon geänderten Fassung ist er am **1.12.2009** in Kraft getreten, siehe Bek. v. 13.11.2009 (BGBl. II S. 1223).

Präambel

SEINE MAJESTÄT DER KÖNIG DER BELGIER, DER PRÄSIDENT DER BUNDESREPUBLIK DEUTSCHLAND, DER PRÄSIDENT DER FRANZÖSISCHEN REPUBLIK, DER PRÄSIDENT DER ITALIENISCHEN REPUBLIK, IHRE KÖNIGLICHE HOHEIT DIE GROSSHERZOGIN VON LUXEMBURG, IHRE MAJESTÄT DIE KÖNIGIN DER NIEDERLANDE[1)],

IN DEM FESTEN WILLEN, die Grundlagen für einen immer engeren Zusammenschluss der europäischen Völker zu schaffen,

ENTSCHLOSSEN, durch gemeinsames Handeln den wirtschaftlichen und sozialen Fortschritt ihrer Staaten zu sichern, indem sie die Europa trennenden Schranken beseitigen,

IN DEM VORSATZ, die stetige Besserung der Lebens- und Beschäftigungsbedingungen ihrer Völker als wesentliches Ziel anzustreben,

IN DER ERKENNTNIS, dass zur Beseitigung der bestehenden Hindernisse ein einverständliches Vorgehen erforderlich ist, um eine beständige Wirtschaftsausweitung, einen ausgewogenen Handelsverkehr und einen redlichen Wettbewerb zu gewährleisten,

IN DEM BESTREBEN, ihre Volkswirtschaften zu einigen und deren harmonische Entwicklung zu fördern, indem sie den Abstand zwischen einzelnen Gebieten und den Rückstand weniger begünstigter Gebiete verringern,

IN DEM WUNSCH, durch eine gemeinsame Handelspolitik zur fortschreitenden Beseitigung der Beschränkungen im zwischenstaatlichen Wirtschaftsverkehr beizutragen,

---

[1)] **Amtl. Anm.:** Seit dem ursprünglichen Vertragsschluss sind Mitgliedstaaten der Europäischen Union geworden: ***[Red. Anm.:** die Republik Kroatien mWv 1.7.2013,**]*** die Republik Bulgarien, die Tschechische Republik, das Königreich Dänemark, die Republik Estland, die Hellenische Republik, das Königreich Spanien, Irland, die Republik Zypern, die Republik Lettland, die Republik Litauen, die Republik Ungarn, die Republik Malta, die Republik Österreich, die Republik Polen, die Portugiesische Republik, Rumänien, die Republik Slowenien, die Slowakische Republik, die Republik Finnland, das Königreich Schweden und das Vereinigte Königreich Großbritannien und Nordirland ***[Red. Anm.:** Seit dem 1.2.2020 ist das Vereinigte Königreich aus der Europäischen Union ausgetreten und ist seitdem ein Drittland (Nicht-EU-Land).**]***.

IN DER ABSICHT, die Verbundenheit Europas mit den überseeischen Ländern zu bekräftigen, und in dem Wunsch, entsprechend den Grundsätzen der Satzung der Vereinten Nationen den Wohlstand der überseeischen Länder zu fördern,

ENTSCHLOSSEN, durch diesen Zusammenschluss ihrer Wirtschaftskräfte Frieden und Freiheit zu wahren und zu festigen, und mit der Aufforderung an die anderen Völker Europas, die sich zu dem gleichen hohen Ziel bekennen, sich diesen Bestrebungen anzuschließen,

ENTSCHLOSSEN, durch umfassenden Zugang zur Bildung und durch ständige Weiterbildung auf einen möglichst hohen Wissensstand ihrer Völker hinzuwirken,

HABEN zu diesem Zweck zu ihren Bevollmächtigten ERNANNT:

(Aufzählung der Bevollmächtigten nicht wiedergegeben)

DIESE SIND nach Austausch ihrer als gut und gehörig befundenen Vollmachten wie folgt übereingekommen:

Erster Teil. Grundsätze

Art. 1 [Regelungsbereich] (1) Dieser Vertrag regelt die Arbeitsweise der Union und legt die Bereiche, die Abgrenzung und die Einzelheiten der Ausübung ihrer Zuständigkeiten fest.

(2) [1] Dieser Vertrag und der Vertrag über die Europäische Union[1)] bilden die Verträge, auf die sich die Union gründet. [2] Diese beiden Verträge, die rechtlich gleichrangig sind, werden als „die Verträge" bezeichnet.

Titel I. Arten und Bereiche der Zuständigkeit der Union

Art. 2 [Arten von Zuständigkeiten] (1) Übertragen die Verträge der Union für einen bestimmten Bereich eine ausschließliche Zuständigkeit, so kann nur die Union gesetzgeberisch tätig werden und verbindliche Rechtsakte erlassen; die Mitgliedstaaten dürfen in einem solchen Fall nur tätig werden, wenn sie von der Union hierzu ermächtigt werden, oder um Rechtsakte der Union durchzuführen.

(2) [1] Übertragen die Verträge der Union für einen bestimmten Bereich eine mit den Mitgliedstaaten geteilte Zuständigkeit, so können die Union und die Mitgliedstaaten in diesem Bereich gesetzgeberisch tätig werden und verbindliche Rechtsakte erlassen. [2] Die Mitgliedstaaten nehmen ihre Zuständigkeit wahr, sofern und soweit die Union ihre Zuständigkeit nicht ausgeübt hat. [3] Die Mitgliedstaaten nehmen ihre Zuständigkeit erneut wahr, sofern und soweit die Union entschieden hat, ihre Zuständigkeit nicht mehr auszuüben.

(3) Die Mitgliedstaaten koordinieren ihre Wirtschafts- und Beschäftigungspolitik im Rahmen von Regelungen nach Maßgabe dieses Vertrags, für deren Festlegung die Union zuständig ist.

(4) Die Union ist nach Maßgabe des Vertrags über die Europäische Union[1)] dafür zuständig, eine gemeinsame Außen- und Sicherheitspolitik einschließlich der schrittweisen Festlegung einer gemeinsamen Verteidigungspolitik zu erarbeiten und zu verwirklichen.

[1)] Nr. 1.

(5) *[1]* In bestimmten Bereichen ist die Union nach Maßgabe der Verträge dafür zuständig, Maßnahmen zur Unterstützung, Koordinierung oder Ergänzung der Maßnahmen der Mitgliedstaaten durchzuführen, ohne dass dadurch die Zuständigkeit der Union für diese Bereiche an die Stelle der Zuständigkeit der Mitgliedstaaten tritt.

[2] Die verbindlichen Rechtsakte der Union, die aufgrund der diese Bereiche betreffenden Bestimmungen der Verträge erlassen werden, dürfen keine Harmonisierung der Rechtsvorschriften der Mitgliedstaaten beinhalten.

(6) Der Umfang der Zuständigkeiten der Union und die Einzelheiten ihrer Ausübung ergeben sich aus den Bestimmungen der Verträge zu den einzelnen Bereichen.

Art. 3 [Ausschließliche Zuständigkeiten] (1) Die Union hat ausschließliche Zuständigkeit in folgenden Bereichen:

a) Zollunion,
b) Festlegung der für das Funktionieren des Binnenmarkts erforderlichen Wettbewerbsregeln,
c) Währungspolitik für die Mitgliedstaaten, deren Währung der Euro ist,
d) Erhaltung der biologischen Meeresschätze im Rahmen der gemeinsamen Fischereipolitik,
e) gemeinsame Handelspolitik.

(2) Die Union hat ferner die ausschließliche Zuständigkeit für den Abschluss internationaler Übereinkünfte, wenn der Abschluss einer solchen Übereinkunft in einem Gesetzgebungsakt der Union vorgesehen ist, wenn er notwendig ist, damit sie ihre interne Zuständigkeit ausüben kann, oder soweit er gemeinsame Regeln beeinträchtigen oder deren Tragweite verändern könnte.

Art. 4 [Geteilte Zuständigkeiten] (1) Die Union teilt ihre Zuständigkeit mit den Mitgliedstaaten, wenn ihr die Verträge außerhalb der in den Artikeln 3 und 6 genannten Bereiche eine Zuständigkeit übertragen.

(2) Die von der Union mit den Mitgliedstaaten geteilte Zuständigkeit erstreckt sich auf die folgenden Hauptbereiche:

a) Binnenmarkt,
b) Sozialpolitik hinsichtlich der in diesem Vertrag genannten Aspekte,
c) wirtschaftlicher, sozialer und territorialer Zusammenhalt,
d) Landwirtschaft und Fischerei, ausgenommen die Erhaltung der biologischen Meeresschätze,
e) Umwelt,
f) Verbraucherschutz,
g) Verkehr,
h) transeuropäische Netze,
i) Energie,
j) Raum der Freiheit, der Sicherheit und des Rechts,
k) gemeinsame Sicherheitsanliegen im Bereich der öffentlichen Gesundheit hinsichtlich der in diesem Vertrag genannten Aspekte.

(3) In den Bereichen Forschung, technologische Entwicklung und Raumfahrt erstreckt sich die Zuständigkeit der Union darauf, Maßnahmen zu treffen, insbesondere Programme zu erstellen und durchzuführen, ohne dass die Ausübung dieser Zuständigkeit die Mitgliedstaaten hindert, ihre Zuständigkeit auszuüben.

(4) In den Bereichen Entwicklungszusammenarbeit und humanitäre Hilfe erstreckt sich die Zuständigkeit der Union darauf, Maßnahmen zu treffen und eine gemeinsame Politik zu verfolgen, ohne dass die Ausübung dieser Zuständigkeit die Mitgliedstaaten hindert, ihre Zuständigkeit auszuüben.

Art. 5 [Koordinierung der Wirtschafts-, Beschäftigungs- und Sozialpolitik] (1) *[1]* [1] Die Mitgliedstaaten koordinieren ihre Wirtschaftspolitik innerhalb der Union. [2] Zu diesem Zweck erlässt der Rat Maßnahmen; insbesondere beschließt er die Grundzüge dieser Politik.

[2] Für die Mitgliedstaaten, deren Währung der Euro ist, gelten besondere Regelungen.

(2) Die Union trifft Maßnahmen zur Koordinierung der Beschäftigungspolitik der Mitgliedstaaten, insbesondere durch die Festlegung von Leitlinien für diese Politik.

(3) Die Union kann Initiativen zur Koordinierung der Sozialpolitik der Mitgliedstaaten ergreifen.

Art. 6 [Unterstützungs-, Koordinierungs- und Ergänzungsmaßnahmen] [1] Die Union ist für die Durchführung von Maßnahmen zur Unterstützung, Koordinierung oder Ergänzung der Maßnahmen der Mitgliedstaaten zuständig. [2] Diese Maßnahmen mit europäischer Zielsetzung können in folgenden Bereichen getroffen werden:

a) Schutz und Verbesserung der menschlichen Gesundheit,
b) Industrie,
c) Kultur,
d) Tourismus,
e) allgemeine und berufliche Bildung, Jugend und Sport,
f) Katastrophenschutz,
g) Verwaltungszusammenarbeit.

Titel II. Allgemein geltende Bestimmungen

Art. 7 [Kohärenzprinzip] Die Union achtet auf die Kohärenz zwischen ihrer Politik und ihren Maßnahmen in den verschiedenen Bereichen und trägt dabei unter Einhaltung des Grundsatzes der begrenzten Einzelermächtigung ihren Zielen in ihrer Gesamtheit Rechnung.

Art. 8 [Gleichstellung; Querschnittsklausel] Bei allen ihren Tätigkeiten wirkt die Union darauf hin, Ungleichheiten zu beseitigen und die Gleichstellung von Männern und Frauen zu fördern.

Art. 9 [Sozialer Schutz; Querschnittsklausel] Bei der Festlegung und Durchführung ihrer Politik und ihrer Maßnahmen trägt die Union den Erfordernissen im Zusammenhang mit der Förderung eines hohen Beschäftigungsniveaus, mit der Gewährleistung eines angemessenen sozialen Schutzes, mit der Bekämpfung der sozialen Ausgrenzung sowie mit einem hohen Niveau der allgemeinen und beruflichen Bildung und des Gesundheitsschutzes Rechnung.

Art. 10 [Bekämpfung von Diskriminierungen; Querschnittsklausel]

Bei der Festlegung und Durchführung ihrer Politik und ihrer Maßnahmen zielt die Union darauf ab, Diskriminierungen aus Gründen des Geschlechts, der Rasse, der ethnischen Herkunft, der Religion oder der Weltanschauung, einer Behinderung, des Alters oder der sexuellen Ausrichtung zu bekämpfen.

Art. 11 [Umweltschutz; Querschnittsklausel] Die Erfordernisse des Umweltschutzes müssen bei der Festlegung und Durchführung der Unionspolitiken und -maßnahmen insbesondere zur Förderung einer nachhaltigen Entwicklung einbezogen werden.

Art. 12 [Verbraucherschutz; Querschnittsklausel] Den Erfordernissen des Verbraucherschutzes wird bei der Festlegung und Durchführung der anderen Unionspolitiken und -maßnahmen Rechnung getragen.

Art. 13 [Tierschutz; Querschnittsklausel] Bei der Festlegung und Durchführung der Politik der Union in den Bereichen Landwirtschaft, Fischerei, Verkehr, Binnenmarkt, Forschung, technologische Entwicklung und Raumfahrt tragen die Union und die Mitgliedstaaten den Erfordernissen des Wohlergehens der Tiere als fühlende Wesen in vollem Umfang Rechnung; sie berücksichtigen hierbei die Rechts- und Verwaltungsvorschriften und die Gepflogenheiten der Mitgliedstaaten insbesondere in Bezug auf religiöse Riten, kulturelle Traditionen und das regionale Erbe.

Art. 14 [Dienste von allgemeinem wirtschaftlichem Interesse] [1] Unbeschadet des Artikels 4 des Vertrags über die Europäische Union[1)] und der Artikel 93, 106 und 107 dieses Vertrags und in Anbetracht des Stellenwerts, den Dienste von allgemeinem wirtschaftlichen Interesse innerhalb der gemeinsamen Werte der Union einnehmen, sowie ihrer Bedeutung bei der Förderung des sozialen und territorialen Zusammmenhalts tragen die Union und die Mitgliedstaaten im Rahmen ihrer jeweiligen Befugnisse im Anwendungsbereich der Verträge dafür Sorge, dass die Grundsätze und Bedingungen, insbesondere jene wirtschaftlicher und finanzieller Art, für das Funktionieren dieser Dienste so gestaltet sind, dass diese ihren Aufgaben nachkommen können. [2] Diese Grundsätze und Bedingungen werden vom Europäischen Parlament und vom Rat durch Verordnungen gemäß dem ordentlichen Gesetzgebungsverfahren festgelegt, unbeschadet der Zuständigkeit der Mitgliedstaaten, diese Dienste im Einklang mit den Verträgen zur Verfügung zu stellen, in Auftrag zu geben und zu finanzieren.

Art. 15 [Grundsatz der Offenheit] (1) Um eine verantwortungsvolle Verwaltung zu fördern und die Beteiligung der Zivilgesellschaft sicherzustellen,

---

[1)] Nr. **1**.

handeln die Organe, Einrichtungen und sonstigen Stellen der Union unter weitestgehender Beachtung des Grundsatzes der Offenheit.

(2) Das Europäische Parlament tagt öffentlich; dies gilt auch für den Rat, wenn er über Entwürfe zu Gesetzgebungsakten berät oder abstimmt.

(3) *[1]* Jeder Unionsbürger sowie jede natürliche oder juristische Person mit Wohnsitz oder satzungsgemäßem Sitz in einem Mitgliedstaat hat das Recht auf Zugang zu Dokumenten der Organe, Einrichtungen und sonstigen Stellen der Union, unabhängig von der Form der für diese Dokumente verwendeten Träger, vorbehaltlich der Grundsätze und Bedingungen, die nach diesem Absatz festzulegen sind.

[2] Die allgemeinen Grundsätze und die aufgrund öffentlicher oder privater Interessen geltenden Einschränkungen für die Ausübung dieses Rechts auf Zugang zu Dokumenten werden vom Europäischen Parlament und vom Rat durch Verordnungen gemäß dem ordentlichen Gesetzgebungsverfahren festgelegt.

[3] Die Organe, Einrichtungen und sonstigen Stellen gewährleisten die Transparenz ihrer Tätigkeit und legen im Einklang mit gemäß den in Unterabsatz 2 genannten Verordnungen in ihrer Geschäftsordnung Sonderbestimmungen hinsichtlich des Zugangs zu ihren Dokumenten fest.

[4] Dieser Absatz gilt für den Gerichtshof der Europäischen Union, die Europäische Zentralbank und die Europäische Investitionsbank nur dann, wenn sie Verwaltungsaufgaben wahrnehmen.

[5] Das Europäische Parlament und der Rat sorgen dafür, dass die Dokumente, die die Gesetzgebungsverfahren betreffen, nach Maßgabe der in Unterabsatz 2 genannten Verordnungen öffentlich zugänglich gemacht werden.

Art. 16 [Datenschutz] (1) Jede Person hat das Recht auf Schutz der sie betreffenden personenbezogenen Daten.

(2) *[1]* [1] Das Europäische Parlament und der Rat erlassen gemäß dem ordentlichen Gesetzgebungsverfahren Vorschriften über den Schutz natürlicher Personen bei der Verarbeitung personenbezogener Daten durch die Organe, Einrichtungen und sonstigen Stellen der Union sowie durch die Mitgliedstaaten im Rahmen der Ausübung von Tätigkeiten, die in den Anwendungsbereich des Unionsrechts fallen, und über den freien Datenverkehr. [2] Die Einhaltung dieser Vorschriften wird von unabhängigen Behörden überwacht.

[2] Die auf der Grundlage dieses Artikels erlassenen Vorschriften lassen die spezifischen Bestimmungen des Artikels 39 des Vertrags über die Europäische Union[1)] unberührt.

Art. 17 [Religiöse und weltanschauliche Gemeinschaften] (1) Die Union achtet den Status, den Kirchen und religiöse Vereinigungen oder Gemeinschaften in den Mitgliedstaaten nach deren Rechtsvorschriften genießen, und beeinträchtigt ihn nicht.

(2) Die Union achtet in gleicher Weise den Status, den weltanschauliche Gemeinschaften nach den einzelstaatlichen Rechtsvorschriften genießen.

[1)] Nr. **1**.

(3) Die Union pflegt mit diesen Kirchen und Gemeinschaften in Anerkennung ihrer Identität und ihres besonderen Beitrags einen offenen, transparenten und regelmäßigen Dialog.

Zweiter Teil. Nichtdiskriminierung und Unionsbürgerschaft

Art. 18 [Diskriminierungsverbot] *[1]* Unbeschadet besonderer Bestimmungen der Verträge ist in ihrem Anwendungsbereich jede Diskriminierung aus Gründen der Staatsangehörigkeit verboten.

[2] Das Europäische Parlament und der Rat können gemäß dem ordentlichen Gesetzgebungsverfahren Regelungen für das Verbot solcher Diskriminierungen treffen.

Art. 19 [Antidiskriminierungsmaßnahmen] (1) Unbeschadet der sonstigen Bestimmungen der Verträge kann der Rat im Rahmen der durch die Verträge auf die Union übertragenen Zuständigkeiten gemäß einem besonderen Gesetzgebungsverfahren und nach Zustimmung des Europäischen Parlaments einstimmig geeignete Vorkehrungen treffen, um Diskriminierungen aus Gründen des Geschlechts, der Rasse, der ethnischen Herkunft, der Religion oder der Weltanschauung, einer Behinderung, des Alters oder der sexuellen Ausrichtung zu bekämpfen.

(2) Abweichend von Absatz 1 können das Europäische Parlament und der Rat gemäß dem ordentlichen Gesetzgebungsverfahren die Grundprinzipien für Fördermaßnahmen der Union unter Ausschluss jeglicher Harmonisierung der Rechts- und Verwaltungsvorschriften der Mitgliedstaaten zur Unterstützung der Maßnahmen festlegen, die die Mitgliedstaaten treffen, um zur Verwirklichung der in Absatz 1 genannten Ziele beizutragen.

Art. 20 [Unionsbürgerschaft] (1) [1]Es wird eine Unionsbürgerschaft eingeführt. [2]Unionsbürger ist, wer die Staatsangehörigkeit eines Mitgliedstaats besitzt. [3]Die Unionsbürgerschaft tritt zur nationalen Staatsbürgerschaft hinzu, ersetzt sie aber nicht.

(2) [1]Die Unionsbürgerinnen und Unionsbürger haben die in den Verträgen vorgesehenen Rechte und Pflichten. [2]Sie haben unter anderem

a) das Recht, sich im Hoheitsgebiet der Mitgliedstaaten frei zu bewegen und aufzuhalten;
b) in dem Mitgliedstaat, in dem sie ihren Wohnsitz haben, das aktive und passive Wahlrecht bei den Wahlen zum Europäischen Parlament und bei den Kommunalwahlen, wobei für sie dieselben Bedingungen gelten wie für die Angehörigen des betreffenden Mitgliedstaats;
c) im Hoheitsgebiet eines Drittlands, in dem der Mitgliedstaat, dessen Staatsangehörigkeit sie besitzen, nicht vertreten ist, Recht auf Schutz durch die diplomatischen und konsularischen Behörden eines jeden Mitgliedstaats unter denselben Bedingungen wie Staatsangehörige dieses Staates;
d) das Recht, Petitionen an das Europäische Parlament zu richten und sich an den Europäischen Bürgerbeauftragten zu wenden, sowie das Recht, sich in einer der Sprachen der Verträge an die Organe und die beratenden Einrichtungen der Union zu wenden und eine Antwort in derselben Sprache zu erhalten.

[3] Diese Rechte werden unter den Bedingungen und innerhalb der Grenzen ausgeübt, die in den Verträgen und durch die in Anwendung der Verträge erlassenen Maßnahmen festgelegt sind.

Art. 21 [Freizügigkeit] (1) Jeder Unionsbürger hat das Recht, sich im Hoheitsgebiet der Mitgliedstaaten vorbehaltlich der in den Verträgen und in den Durchführungsvorschriften vorgesehenen Beschränkungen und Bedingungen frei zu bewegen und aufzuhalten.

(2) Erscheint zur Erreichung dieses Ziels ein Tätigwerden der Union erforderlich und sehen die Verträge hierfür keine Befugnisse vor, so können das Europäische Parlament und der Rat gemäß dem ordentlichen Gesetzgebungsverfahren Vorschriften erlassen, mit denen die Ausübung der Rechte nach Absatz 1 erleichtert wird.

(3) [1] Zu den gleichen wie den in Absatz 1 genannten Zwecken kann der Rat, sofern die Verträge hierfür keine Befugnisse vorsehen, gemäß einem besonderen Gesetzgebungsverfahren Maßnahmen erlassen, die die soziale Sicherheit oder den sozialen Schutz betreffen. [2] Der Rat beschließt einstimmig nach Anhörung des Europäischen Parlaments.

Art. 22 [Wahlrecht] (1) [1] Jeder Unionsbürger mit Wohnsitz in einem Mitgliedstaat, dessen Staatsangehörigkeit er nicht besitzt, hat in dem Mitgliedstaat, in dem er seinen Wohnsitz hat, das aktive und passive Wahlrecht bei Kommunalwahlen, wobei für ihn dieselben Bedingungen gelten wie für die Angehörigen des betreffenden Mitgliedstaats. [2] Dieses Recht wird vorbehaltlich der Einzelheiten ausgeübt, die vom Rat einstimmig gemäß einem besonderen Gesetzgebungsverfahren und nach Anhörung des Europäischen Parlaments festgelegt werden; in diesen können Ausnahmeregelungen vorgesehen werden, wenn dies aufgrund besonderer Probleme eines Mitgliedstaats gerechtfertigt ist.

(2) [1] Unbeschadet des Artikels 223 Absatz 1 und der Bestimmungen zu dessen Durchführung besitzt jeder Unionsbürger mit Wohnsitz in einem Mitgliedstaat, dessen Staatsangehörigkeit er nicht besitzt, in dem Mitgliedstaat, in dem er seinen Wohnsitz hat, das aktive und passive Wahlrecht bei den Wahlen zum Europäischen Parlament, wobei für ihn dieselben Bedingungen gelten wie für die Angehörigen des betreffenden Mitgliedstaats. [2] Dieses Recht wird vorbehaltlich der Einzelheiten ausgeübt, die vom Rat einstimmig gemäß einem besonderen Gesetzgebungsverfahren und nach Anhörung des Europäischen Parlaments festgelegt werden; in diesen können Ausnahmeregelungen vorgesehen werden, wenn dies aufgrund besonderer Probleme eines Mitgliedstaats gerechtfertigt ist.

Art. 23 [Diplomatischer und konsularischer Schutz] *[1]* [1] Jeder Unionsbürger genießt im Hoheitsgebiet eines dritten Landes, in dem der Mitgliedstaat, dessen Staatsangehörigkeit er besitzt, nicht vertreten ist, den diplomatischen und konsularischen Schutz eines jeden Mitgliedstaats unter denselben Bedingungen wie Staatsangehörige dieses Staates. [2] Die Mitgliedstaaten treffen die notwendigen Vorkehrungen und leiten die für diesen Schutz erforderlichen internationalen Verhandlungen ein.

[2] Der Rat kann gemäß einem besonderen Gesetzgebungsverfahren und nach Anhörung des Europäischen Parlaments Richtlinien zur Festlegung der

notwendigen Koordinierungs- und Kooperationsmaßnahmen zur Erleichterung dieses Schutzes erlassen.

Art. 24 [Petitionsrecht] *[1]* Die Bestimmungen über die Verfahren und Bedingungen, die für eine Bürgerinitiative im Sinne des Artikels 11 des Vertrags über die Europäische Union[1)] gelten, einschließlich der Mindestzahl der Mitgliedstaaten, aus denen die Bürgerinnen und Bürger, die diese Initiative ergreifen, kommen müssen, werden vom Europäischen Parlament und vom Rat gemäß dem ordentlichen Gesetzgebungsverfahren durch Verordnungen festgelegt.

[2] Jeder Unionsbürger besitzt das Petitionsrecht beim Europäischen Parlament nach Artikel 227.

[3] Jeder Unionsbürger kann sich an den nach Artikel 228 eingesetzten Bürgerbeauftragten wenden.

[4] Jeder Unionsbürger kann sich schriftlich in einer der in Artikel 55 Absatz 1 des Vertrags über die Europäische Union genannten Sprachen an jedes Organ oder an jede Einrichtung wenden, die in dem vorliegenden Artikel oder in Artikel 13 des genannten Vertrags genannt sind, und eine Antwort in derselben Sprache erhalten.

Art. 25 [Fortentwicklung der Unionsbürgerschaft] *[1]* [1] Die Kommission erstattet dem Europäischen Parlament, dem Rat und dem Wirtschafts- und Sozialausschuss alle drei Jahre über die Anwendung dieses Teils Bericht. [2] In dem Bericht wird der Fortentwicklung der Union Rechnung getragen.

[2] [1] Auf dieser Grundlage kann der Rat unbeschadet der anderen Bestimmungen der Verträge zur Ergänzung der in Artikel 20 Absatz 2 aufgeführten Rechte einstimmig gemäß einem besonderen Gesetzgebungsverfahren nach Zustimmung des Europäischen Parlaments Bestimmungen erlassen. [2] Diese Bestimmungen treten nach Zustimmung der Mitgliedstaaten im Einklang mit ihren jeweiligen verfassungsrechtlichen Vorschriften in Kraft.

Dritter Teil. Die internen Politiken und Maßnahmen der Union

Titel I. Der Binnenmarkt

Art. 26 [Verwirklichung des Binnenmarkts] (1) Die Union erlässt die erforderlichen Maßnahmen, um nach Maßgabe der einschlägigen Bestimmungen der Verträge den Binnenmarkt zu verwirklichen beziehungsweise dessen Funktionieren zu gewährleisten.

(2) Der Binnenmarkt umfasst einen Raum ohne Binnengrenzen, in dem der freie Verkehr von Waren, Personen, Dienstleistungen und Kapital gemäß den Bestimmungen der Verträge gewährleistet ist.

(3) Der Rat legt auf Vorschlag der Kommission die Leitlinien und Bedingungen fest, die erforderlich sind, um in allen betroffenen Sektoren einen ausgewogenen Fortschritt zu gewährleisten.

---

1) Nr. 1.

Art. 27 [Ausnahmeregelungen] *[1]* Bei der Formulierung ihrer Vorschläge zur Verwirklichung der Ziele des Artikels 26 berücksichtigt die Kommission den Umfang der Anstrengungen, die einigen Volkswirtschaften mit unterschiedlichem Entwicklungsstand für die Errichtung des Binnenmarkts abverlangt werden, und kann geeignete Bestimmungen vorschlagen.

[2] Erhalten diese Bestimmungen die Form von Ausnahmeregelungen, so müssen sie vorübergehender Art sein und dürfen das Funktionieren des Binnenmarkts so wenig wie möglich stören.

Titel II. Der freie Warenverkehr

Art. 28 [Zollunion] (1) Die Union umfasst eine Zollunion, die sich auf den gesamten Warenaustausch erstreckt; sie umfasst das Verbot, zwischen den Mitgliedstaaten Ein- und Ausfuhrzölle und Abgaben gleicher Wirkung zu erheben, sowie die Einführung eines Gemeinsamen Zolltarifs gegenüber dritten Ländern.

(2) Artikel 30 und Kapitel 3 dieses Titels gelten für die aus den Mitgliedstaaten stammenden Waren sowie für diejenigen Waren aus dritten Ländern, die sich in den Mitgliedstaaten im freien Verkehr befinden.

Art. 29 [Freier Verkehr von Waren aus dritten Ländern] Als im freien Verkehr eines Mitgliedstaats befindlich gelten diejenigen Waren aus dritten Ländern, für die in dem betreffenden Mitgliedstaat die Einfuhrförmlichkeiten erfüllt sowie die vorgeschriebenen Zölle und Abgaben gleicher Wirkung erhoben und nicht ganz oder teilweise rückvergütet worden sind.

Kapitel 1. Die Zollunion

Art. 30 [Verbot von Zöllen] [1] Ein- und Ausfuhrzölle oder Abgaben gleicher Wirkung sind zwischen den Mitgliedstaaten verboten. [2] Dieses Verbot gilt auch für Finanzzölle.

Art. 31 [Gemeinsame Zolltarif] Der Rat legt die Sätze des Gemeinsamen Zolltarifs auf Vorschlag der Kommission fest.

Art. 32 [Zielsetzung der Kommissionsaufgaben] Bei der Ausübung der ihr aufgrund dieses Kapitels übertragenen Aufgaben geht die Kommission von folgenden Gesichtspunkten aus:

a) der Notwendigkeit, den Handelsverkehr zwischen den Mitgliedstaaten und dritten Ländern zu fördern;

b) der Entwicklung der Wettbewerbsbedingungen innerhalb der Union, soweit diese Entwicklung zu einer Zunahme der Wettbewerbsfähigkeit der Unternehmen führt;

c) dem Versorgungsbedarf der Union an Rohstoffen und Halbfertigwaren; hierbei achtet die Kommission darauf, zwischen den Mitgliedstaaten die Wettbewerbsbedingungen für Fertigwaren nicht zu verfälschen;

d) der Notwendigkeit, ernsthafte Störungen im Wirtschaftsleben der Mitgliedstaaten zu vermeiden und eine rationelle Entwicklung der Erzeugung sowie eine Ausweitung des Verbrauchs innerhalb der Union zu gewährleisten.

Kapitel 2. Die Zusammenarbeit im Zollwesen

Art. 33 [Ausbau der Zusammenarbeit] Das Europäische Parlament und der Rat treffen im Rahmen des Geltungsbereichs der Verträge gemäß dem ordentlichen Gesetzgebungsverfahrens Maßnahmen zum Ausbau der Zusammenarbeit im Zollwesen zwischen den Mitgliedstaaten sowie zwischen den Mitgliedstaaten und der Kommission.

Kapitel 3. Verbot von mengenmäßigen Beschränkungen zwischen den Mitgliedstaaten

Art. 34 [Verbot von Einfuhrbeschränkungen] Mengenmäßige Einfuhrbeschränkungen sowie alle Maßnahmen gleicher Wirkung sind zwischen den Mitgliedstaaten verboten.

Art. 35 [Verbot von Ausfuhrbeschränkungen] Mengenmäßige Ausfuhrbeschränkungen sowie alle Maßnahmen gleicher Wirkung sind zwischen den Mitgliedstaaten verboten.

Art. 36 [Ausnahmen] [1] Die Bestimmungen der Artikel 34 und 35 stehen Einfuhr-, Ausfuhr- und Durchfuhrverboten oder -beschränkungen nicht entgegen, die aus Gründen der öffentlichen Sittlichkeit, Ordnung und Sicherheit, zum Schutze der Gesundheit und des Lebens von Menschen, Tieren oder Pflanzen, des nationalen Kulturguts von künstlerischem, geschichtlichem oder archäologischem Wert oder des gewerblichen und kommerziellen Eigentums gerechtfertigt sind. [2] Diese Verbote oder Beschränkungen dürfen jedoch weder ein Mittel zur willkürlichen Diskriminierung noch eine verschleierte Beschränkung des Handels zwischen den Mitgliedstaaten darstellen.

Art. 37 [Staatliche Handelsmonopole] (1) *[1]* Die Mitgliedstaaten formen ihre staatlichen Handelsmonopole derart um, dass jede Diskriminierung in den Versorgungs- und Absatzbedingungen zwischen den Angehörigen der Mitgliedstaaten ausgeschlossen ist.

[2] [1] Dieser Artikel gilt für alle Einrichtungen, durch die ein Mitgliedstaat unmittelbar oder mittelbar die Einfuhr oder die Ausfuhr zwischen den Mitgliedstaaten rechtlich oder tatsächlich kontrolliert, lenkt oder merklich beeinflusst. [2] Er gilt auch für die von einem Staat auf andere Rechtsträger übertragenen Monopole.

(2) Die Mitgliedstaaten unterlassen jede neue Maßnahme, die den in Absatz 1 genannten Grundsätzen widerspricht oder die Tragweite der Artikel über das Verbot von Zöllen und mengenmäßigen Beschränkungen zwischen den Mitgliedstaaten einengt.

(3) Ist mit einem staatlichen Handelsmonopol eine Regelung zur Erleichterung des Absatzes oder der Verwertung landwirtschaftlicher Erzeugnisse verbunden, so sollen bei der Anwendung dieses Artikels gleichwertige Sicherheiten für die Beschäftigung und Lebenshaltung der betreffenden Erzeuger gewährleistet werden.

Titel III. Die Landwirtschaft und die Fischerei

Art. 38 [Binnenmarkt und Landwirtschaft] (1) *[1]* Die Union legt eine gemeinsame Agrar- und Fischereipolitik fest und führt sie durch.

[2] [1]Der Binnenmarkt umfasst auch die Landwirtschaft, die Fischerei und den Handel mit landwirtschaftlichen Erzeugnissen. [2]Unter landwirtschaftlichen Erzeugnissen sind die Erzeugnisse des Bodens, der Viehzucht und der Fischerei sowie die mit diesen in unmittelbarem Zusammenhang stehenden Erzeugnisse der ersten Verarbeitungsstufe zu verstehen. [3]Die Bezugnahmen auf die gemeinsame Agrarpolitik oder auf die Landwirtschaft und die Verwendung des Wortes „landwirtschaftlich" sind in dem Sinne zu verstehen, dass damit unter Berücksichtigung der besonderen Merkmale des Fischereisektors auch die Fischerei gemeint ist.

(2) Die Vorschriften für die Errichtung oder das Funktionieren des Binnenmarkts finden auf die landwirtschaftlichen Erzeugnisse Anwendung, soweit in den Artikeln 39 bis 44 nicht etwas anderes bestimmt ist.

(3) Die Erzeugnisse, für welche die Artikel 39 bis 44 gelten, sind in Anhang I aufgeführt.

(4) Mit dem Funktionieren und der Entwicklung des Binnenmarkts für landwirtschaftliche Erzeugnisse muss die Gestaltung einer gemeinsamen Agrarpolitik Hand in Hand gehen.

Art. 39 [Ziel gemeinsamer Agrarpolitik] (1) Ziel der gemeinsamen Agrarpolitik ist es,

a) die Produktivität der Landwirtschaft durch Förderung des technischen Fortschritts, Rationalisierung der landwirtschaftlichen Erzeugung und den bestmöglichen Einsatz der Produktionsfaktoren, insbesondere der Arbeitskräfte, zu steigern;

b) auf diese Weise der landwirtschaftlichen Bevölkerung, insbesondere durch Erhöhung des Pro-Kopf-Einkommens der in der Landwirtschaft tätigen Personen, eine angemessene Lebenshaltung zu gewährleisten;

c) die Märkte zu stabilisieren;

d) die Versorgung sicherzustellen;

e) für die Belieferung der Verbraucher zu angemessenen Preisen Sorge zu tragen.

(2) Bei der Gestaltung der gemeinsamen Agrarpolitik und der hierfür anzuwendenden besonderen Methoden ist Folgendes zu berücksichtigen:

a) die besondere Eigenart der landwirtschaftlichen Tätigkeit, die sich aus dem sozialen Aufbau der Landwirtschaft und den strukturellen und naturbedingten Unterschieden der verschiedenen landwirtschaftlichen Gebiete ergibt;

b) die Notwendigkeit, die geeigneten Anpassungen stufenweise durchzuführen;

c) die Tatsache, dass die Landwirtschaft in den Mitgliedstaaten einen mit der gesamten Volkswirtschaft eng verflochtenen Wirtschaftsbereich darstellt.

Art. 40 [Gemeinsame Marktorganisation] (1) *[1]* Um die Ziele des Artikels 39 zu erreichen, wird eine gemeinsame Organisation der Agrarmärkte geschaffen.

[2] Diese besteht je nach Erzeugnis aus einer der folgenden Organisationsformen:

a) gemeinsame Wettbewerbsregeln,

b) bindende Koordinierung der verschiedenen einzelstaatlichen Marktordnungen,
c) eine Europäische Marktordnung.

(2) *[1]* Die nach Absatz 1 gestaltete gemeinsame Organisation kann alle zur Durchführung des Artikels 39 erforderlichen Maßnahmen einschließen, insbesondere Preisregelungen, Beihilfen für die Erzeugung und die Verteilung der verschiedenen Erzeugnisse, Einlagerungs- und Ausgleichsmaßnahmen, gemeinsame Einrichtungen zur Stabilisierung der Ein- oder Ausfuhr.

[2] Die gemeinsame Organisation hat sich auf die Verfolgung der Ziele des Artikels 39 zu beschränken und jede Diskriminierung zwischen Erzeugern oder Verbrauchern innerhalb der Union auszuschließen.

[3] Eine etwaige gemeinsame Preispolitik muss auf gemeinsamen Grundsätzen und einheitlichen Berechnungsmethoden beruhen.

(3) Um der in Absatz 1 genannten gemeinsamen Organisation die Erreichung ihrer Ziele zu ermöglichen, können ein oder mehrere Ausrichtungs- oder Garantiefonds für die Landwirtschaft geschaffen werden.

Art. 41 [Maßnahmen im Rahmen einer gemeinsamen Agrarpolitik]

Um die Ziele des Artikels 39 zu erreichen, können im Rahmen der gemeinsamen Agrarpolitik folgende Maßnahmen vorgesehen werden:

a) eine wirksame Koordinierung der Bestrebungen auf dem Gebiet der Berufsausbildung, der Forschung und der Verbreitung landwirtschaftlicher Fachkenntnisse; hierbei können Vorhaben oder Einrichtungen gemeinsam finanziert werden;
b) gemeinsame Maßnahmen zur Förderung des Verbrauchs bestimmter Erzeugnisse.

Art. 42 [Anwendung der Wettbewerbs- und Beihilferegeln] *[1]* Das Kapitel über die Wettbewerbsregeln findet auf die Produktion landwirtschaftlicher Erzeugnisse und den Handel mit diesen nur insoweit Anwendung, als das Europäische Parlament und der Rat dies unter Berücksichtigung der Ziele des Artikels 39 im Rahmen des Artikels 43 Absatz 2 und gemäß dem dort vorgesehenen Verfahren bestimmt.

[2] Der Rat kann auf Vorschlag der Kommission genehmigen, dass Beihilfen gewährt werden

a) zum Schutz von Betrieben, die durch strukturelle oder naturgegebene Bedingungen benachteiligt sind, oder
b) im Rahmen wirtschaftlicher Entwicklungsprogramme.

Art. 43 [Rechtsetzung, Kompetenzen und Verfahren] (1) *[1]* Die Kommission legt zur Gestaltung und Durchführung der gemeinsamen Agrarpolitik Vorschläge vor, welche unter anderem die Ablösung der einzelstaatlichen Marktordnungen durch eine der in Artikel 40 Absatz 1 vorgesehenen gemeinsamen Organisationsformen sowie die Durchführung der in diesem Titel bezeichneten Maßnahmen vorsehen.

[2] Diese Vorschläge müssen dem inneren Zusammenhang der in diesem Titel aufgeführten landwirtschaftlichen Fragen Rechnung tragen.

(2) Das Europäische Parlament und der Rat legen gemäß dem ordentlichen Gesetzgebungsverfahren und nach Anhörung des Wirtschafts- und Sozialausschusses die gemeinsame Organisation der Agrarmärkte nach Artikel 40 Absatz 1 sowie die anderen Bestimmungen fest, die für die Verwirklichung der Ziele der gemeinsamen Agrar- und Fischereipolitik notwendig sind.

(3) Der Rat erlässt auf Vorschlag der Kommission die Maßnahmen zur Festsetzung der Preise, der Abschöpfungen, der Beihilfen und der mengenmäßigen Beschränkungen sowie zur Festsetzung und Aufteilung der Fangmöglichkeiten in der Fischerei.

(4) Die einzelstaatlichen Marktordnungen können nach Maßgabe des Absatzes 2 durch die in Artikel 40 Absatz 1 vorgesehene gemeinsame Organisation ersetzt werden,

a) wenn sie den Mitgliedstaaten, die sich gegen diese Maßnahme ausgesprochen haben und eine eigene Marktordnung für die in Betracht kommende Erzeugung besitzen, gleichwertige Sicherheiten für die Beschäftigung und Lebenshaltung der betreffenden Erzeuger bietet; hierbei sind die im Zeitablauf möglichen Anpassungen und erforderlichen Spezialisierungen zu berücksichtigen, und
b) wenn die gemeinsame Organisation für den Handelsverkehr innerhalb der Union Bedingungen sicherstellt, die denen eines Binnenmarkts entsprechen.

(5) Wird eine gemeinsame Organisation für bestimmte Rohstoffe geschaffen, bevor eine gemeinsame Organisation für die entsprechenden weiterverarbeiteten Erzeugnisse besteht, so können die betreffenden Rohstoffe aus Ländern außerhalb der Union eingeführt werden, wenn sie für weiterverarbeitete Erzeugnisse verwendet werden, die zur Ausfuhr nach dritten Ländern bestimmt sind.

Art. 44 [Ausgleichsabgaben] *[1]* Besteht in einem Mitgliedstaat für ein Erzeugnis eine innerstaatliche Marktordnung oder Regelung gleicher Wirkung und wird dadurch eine gleichartige Erzeugung in einem anderen Mitgliedstaat in ihrer Wettbewerbslage beeinträchtigt, so erheben die Mitgliedstaaten bei der Einfuhr des betreffenden Erzeugnisses aus dem Mitgliedstaat, in dem die genannte Marktordnung oder Regelung besteht, eine Ausgleichsabgabe, es sei denn, dass dieser Mitgliedstaat eine Ausgleichsabgabe bei der Ausfuhr erhebt.

[2] Die Kommission setzt diese Abgaben in der zur Wiederherstellung des Gleichgewichts erforderlichen Höhe fest; sie kann auch andere Maßnahmen genehmigen, deren Bedingungen und Einzelheiten sie festlegt.

Titel IV. Die Freizügigkeit, der freie Dienstleistungs- und Kapitalverkehr

Kapitel 1. Die Arbeitskräfte

Art. 45 [Freizügigkeit der Arbeitnehmer] (1) Innerhalb der Union ist die Freizügigkeit der Arbeitnehmer gewährleistet.

(2) Sie umfasst die Abschaffung jeder auf der Staatsangehörigkeit beruhenden unterschiedlichen Behandlung der Arbeitnehmer der Mitgliedstaaten in Bezug auf Beschäftigung, Entlohnung und sonstige Arbeitsbedingungen.

(3) Sie gibt – vorbehaltlich der aus Gründen der öffentlichen Ordnung, Sicherheit und Gesundheit gerechtfertigten Beschränkungen – den Arbeitnehmern das Recht,

a) sich um tatsächlich angebotene Stellen zu bewerben;

b) sich zu diesem Zweck im Hoheitsgebiet der Mitgliedstaaten frei zu bewegen;

c) sich in einem Mitgliedstaat aufzuhalten, um dort nach den für die Arbeitnehmer dieses Staates geltenden Rechts- und Verwaltungsvorschriften eine Beschäftigung auszuüben;

d) nach Beendigung einer Beschäftigung im Hoheitsgebiet eines Mitgliedstaats unter Bedingungen zu verbleiben, welche die Kommission durch Verordnungen festlegt.

(4) Dieser Artikel findet keine Anwendung auf die Beschäftigung in der öffentlichen Verwaltung.

Art. 46 [Maßnahmen zur Herstellung der Freizügigkeit] Das Europäische Parlament und der Rat treffen gemäß dem ordentlichen Gesetzgebungsverfahren und nach Anhörung des Wirtschafts- und Sozialausschusses durch Richtlinien oder Verordnungen alle erforderlichen Maßnahmen, um die Freizügigkeit der Arbeitnehmer im Sinne des Artikels 45 herzustellen, insbesondere

a) durch Sicherstellung einer engen Zusammenarbeit zwischen den einzelstaatlichen Arbeitsverwaltungen;

b) durch die Beseitigung der Verwaltungsverfahren und -praktiken sowie der für den Zugang zu verfügbaren Arbeitsplätzen vorgeschriebenen Fristen, die sich aus innerstaatlichen Rechtsvorschriften oder vorher zwischen den Mitgliedstaaten geschlossenen Übereinkünften ergeben und deren Beibehaltung die Herstellung der Freizügigkeit der Arbeitnehmer hindert;

c) durch die Beseitigung aller Fristen und sonstigen Beschränkungen, die in innerstaatlichen Rechtsvorschriften oder vorher zwischen den Mitgliedstaaten geschlossenen Übereinkünften vorgesehen sind und die den Arbeitnehmern der anderen Mitgliedstaaten für die freie Wahl des Arbeitsplatzes andere Bedingungen als den inländischen Arbeitnehmern auferlegen;

d) durch die Schaffung geeigneter Verfahren für die Zusammenführung und den Ausgleich von Angebot und Nachfrage auf dem Arbeitsmarkt zu Bedingungen, die eine ernstliche Gefährdung der Lebenshaltung und des Beschäftigungsstands in einzelnen Gebieten und Industrien ausschließen.

Art. 47 [Austausch junger Arbeitskräfte] Die Mitgliedstaaten fördern den Austausch junger Arbeitskräfte im Rahmen eines gemeinsamen Programms.

Art. 48 [Sicherstellung der Ansprüche und Leistungen auf dem Gebiet der sozialen Sicherheit] *[1]* Das Europäische Parlament und der Rat beschließen gemäß dem ordentlichen Gesetzgebungsverfahren die auf dem Gebiet der sozialen Sicherheit für die Herstellung der Freizügigkeit der Arbeitnehmer notwendigen Maßnahmen; zu diesem Zweck führen sie insbesondere ein System ein, das zu- und abwandernden Arbeitnehmern und Selbstständigen sowie deren anspruchsberechtigten Angehörigen Folgendes sichert:

a) die Zusammenrechnung aller nach den verschiedenen innerstaatlichen Rechtsvorschriften berücksichtigten Zeiten für den Erwerb und die Aufrechterhaltung des Leistungsanspruchs sowie für die Berechnung der Leistungen;
b) die Zahlung der Leistungen an Personen, die in den Hoheitsgebieten der Mitgliedstaaten wohnen.

[2] [1] Erklärt ein Mitglied des Rates, dass ein Entwurf eines Gesetzgebungsakts nach Absatz 1 wichtige Aspekte seines Systems der sozialen Sicherheit, insbesondere dessen Geltungsbereich, Kosten oder Finanzstruktur, verletzen oder dessen finanzielles Gleichgewicht beeinträchtigen würde, so kann es beantragen, dass der Europäische Rat befasst wird. [2] In diesem Fall wird das ordentliche Gesetzgebungsverfahren ausgesetzt. [3] Nach einer Aussprache geht der Europäische Rat binnen vier Monaten nach Aussetzung des Verfahrens wie folgt vor:
a) er verweist den Entwurf an den Rat zurück, wodurch die Aussetzung des ordentlichen Gesetzgebungsverfahrens beendet wird, oder
b) er sieht von einem Tätigwerden ab, oder aber er ersucht die Kommission um Vorlage eines neuen Vorschlags; in diesem Fall gilt der ursprünglich vorgeschlagene Rechtsakt als nicht erlassen.

Kapitel 2. Das Niederlassungsrecht

Art. 49 [Niederlassungsfreiheit] *[1]* [1] Die Beschränkungen der freien Niederlassung von Staatsangehörigen eines Mitgliedstaats im Hoheitsgebiet eines anderen Mitgliedstaats sind nach Maßgabe der folgenden Bestimmungen verboten. [2] Das Gleiche gilt für Beschränkungen der Gründung von Agenturen, Zweigniederlassungen oder Tochtergesellschaften durch Angehörige eines Mitgliedstaats, die im Hoheitsgebiet eines Mitgliedstaats ansässig sind.

[2] Vorbehaltlich des Kapitels über den Kapitalverkehr umfasst die Niederlassungsfreiheit die Aufnahme und Ausübung selbstständiger Erwerbstätigkeiten sowie die Gründung und Leitung von Unternehmen, insbesondere von Gesellschaften im Sinne des Artikels 54 Absatz 2, nach den Bestimmungen des Aufnahmestaats für seine eigenen Angehörigen.

Art. 50 [Maßnahmen zur Verwirklichung der Niederlassungsfreiheit]

(1) Das Europäische Parlament und der Rat erlassen gemäß dem ordentlichen Gesetzgebungsverfahren und nach Anhörung des Wirtschafts- und Sozialausschusses Richtlinien zur Verwirklichung der Niederlassungsfreiheit für eine bestimmte Tätigkeit.

(2) Das Europäische Parlament, der Rat und die Kommission erfüllen die Aufgaben, die ihnen aufgrund der obigen Bestimmungen übertragen sind, indem sie insbesondere
a) im Allgemeinen diejenigen Tätigkeiten mit Vorrang behandeln, bei denen die Niederlassungsfreiheit die Entwicklung der Produktion und des Handels in besonderer Weise fördert;
b) eine enge Zusammenarbeit zwischen den zuständigen Verwaltungen der Mitgliedstaaten sicherstellen, um sich über die besondere Lage auf den verschiedenen Tätigkeitsgebieten innerhalb der Union zu unterrichten;

c) die aus innerstaatlichen Rechtsvorschriften oder vorher zwischen den Mitgliedstaaten geschlossenen Übereinkünften abgeleiteten Verwaltungsverfahren und -praktiken ausschalten, deren Beibehaltung der Niederlassungsfreiheit entgegensteht;

d) dafür Sorge tragen, dass Arbeitnehmer eines Mitgliedstaats, die im Hoheitsgebiet eines anderen Mitgliedstaats beschäftigt sind, dort verbleiben und eine selbstständige Tätigkeit unter denselben Voraussetzungen ausüben können, die sie erfüllen müssten, wenn sie in diesen Staat erst zu dem Zeitpunkt einreisen würden, in dem sie diese Tätigkeit aufzunehmen beabsichtigen;

e) den Erwerb und die Nutzung von Grundbesitz im Hoheitsgebiet eines Mitgliedstaats durch Angehörige eines anderen Mitgliedstaats ermöglichen, soweit hierdurch die Grundsätze des Artikels 39 Absatz 2 nicht beeinträchtigt werden;

f) veranlassen, dass bei jedem in Betracht kommenden Wirtschaftszweig die Beschränkungen der Niederlassungsfreiheit in Bezug auf die Voraussetzungen für die Errichtung von Agenturen, Zweigniederlassungen und Tochtergesellschaften im Hoheitsgebiet eines Mitgliedstaats sowie für den Eintritt des Personals der Hauptniederlassung in ihre Leitungs- oder Überwachungsorgane schrittweise aufgehoben werden;

g) soweit erforderlich, die Schutzbestimmungen koordinieren, die in den Mitgliedstaaten den Gesellschaften im Sinne des Artikels 54 Absatz 2 im Interesse der Gesellschafter sowie Dritter vorgeschrieben sind, um diese Bestimmungen gleichwertig zu gestalten;

h) sicherstellen, dass die Bedingungen für die Niederlassung nicht durch Beihilfen der Mitgliedstaaten verfälscht werden.

Art. 51 [Ausübung öffentlicher Gewalt] *[1]* Auf Tätigkeiten, die in einem Mitgliedstaat dauernd oder zeitweise mit der Ausübung öffentlicher Gewalt verbunden sind, findet dieses Kapitel in dem betreffenden Mitgliedstaat keine Anwendung.

[2] Das Europäische Parlament und der Rat können gemäß dem ordentlichen Gesetzgebungsverfahren beschließen, dass dieses Kapitel auf bestimmte Tätigkeiten keine Anwendung findet.

Art. 52 [Öffentliche Ordnung; Sicherheit; Gesundheit] (1) Dieses Kapitel und die aufgrund desselben getroffenen Maßnahmen beeinträchtigen nicht die Anwendbarkeit der Rechts- und Verwaltungsvorschriften, die eine Sonderregelung für Ausländer vorsehen und aus Gründen der öffentlichen Ordnung, Sicherheit oder Gesundheit gerechtfertigt sind.

(2) Das Europäische Parlament und der Rat erlassen gemäß dem ordentlichen Gesetzgebungsverfahren Richtlinien für die Koordinierung der genannten Vorschriften.

Art. 53 [Gegenseitige Anerkennung von Diplomen; Koordinierungsrechtsetzung] (1) Um die Aufnahme und Ausübung selbstständiger Tätigkeiten zu erleichtern, erlassen das Europäische Parlament und der Rat gemäß dem ordentlichen Gesetzgebungsverfahren Richtlinien für die gegenseitige Anerkennung der Diplome, Prüfungszeugnisse und sonstigen Befähigungsnachweise sowie für die Koordinierung der Rechts- und Verwaltungsvorschriften der Mitgliedstaaten über die Aufnahme und Ausübung selbstständiger Tätigkeiten.

(2) Die schrittweise Aufhebung der Beschränkungen für die ärztlichen, arztähnlichen und pharmazeutischen Berufe setzt die Koordinierung der Bedingungen für die Ausübung dieser Berufe in den einzelnen Mitgliedstaaten voraus.

Art. 54 [Gleichstellung der Gesellschaften] *[1]* Für die Anwendung dieses Kapitels stehen die nach den Rechtsvorschriften eines Mitgliedstaats gegründeten Gesellschaften, die ihren satzungsmäßigen Sitz, ihre Hauptverwaltung oder ihre Hauptniederlassung innerhalb der Union haben, den natürlichen Personen gleich, die Angehörige der Mitgliedstaaten sind.

[2] Als Gesellschaften gelten die Gesellschaften des bürgerlichen Rechts und des Handelsrechts einschließlich der Genossenschaften und die sonstigen juristischen Personen des öffentlichen und privaten Rechts mit Ausnahme derjenigen, die keinen Erwerbszweck verfolgen.

Art. 55 [Diskriminierungsverbot bei Kapitalbeteiligungen] Unbeschadet der sonstigen Bestimmungen der Verträge stellen die Mitgliedstaaten die Staatsangehörigen der anderen Mitgliedstaaten hinsichtlich ihrer Beteiligung am Kapital von Gesellschaften im Sinne des Artikels 54 den eigenen Staatsangehörigen gleich.

Kapitel 3. Dienstleistungen

Art. 56 [Dienstleistungsfreiheit] *[1]* Die Beschränkungen des freien Dienstleistungsverkehrs innerhalb der Union für Angehörige der Mitgliedstaaten, die in einem anderen Mitgliedstaat als demjenigen des Leistungsempfängers ansässig sind, sind nach Maßgabe der folgenden Bestimmungen verboten.

[2] Das Europäische Parlament und der Rat können gemäß dem ordentlichen Gesetzgebungsverfahren beschließen, dass dieses Kapitel auch auf Erbringer von Dienstleistungen Anwendung findet, welche die Staatsangehörigkeit eines dritten Landes besitzen und innerhalb der Union ansässig sind.

Art. 57 [Dienstleistungen] *[1]* Dienstleistungen im Sinne der Verträge sind Leistungen, die in der Regel gegen Entgelt erbracht werden, soweit sie nicht den Vorschriften über den freien Waren- und Kapitalverkehr und über die Freizügigkeit der Personen unterliegen.

[2] Als Dienstleistungen gelten insbesondere:

a) gewerbliche Tätigkeiten,

b) kaufmännische Tätigkeiten,

c) handwerkliche Tätigkeiten,

d) freiberufliche Tätigkeiten.

[3] Unbeschadet des Kapitels über die Niederlassungsfreiheit kann der Leistende zwecks Erbringung seiner Leistungen seine Tätigkeit vorübergehend in dem Mitgliedstaat ausüben, in dem die Leistung erbracht wird, und zwar unter den Voraussetzungen, welche dieser Mitgliedstaat für seine eigenen Angehörigen vorschreibt.

Art. 58 [Verkehrsdienstleistungen; Kapitalverkehr] (1) Für den freien Dienstleistungsverkehr auf dem Gebiet des Verkehrs gelten die Bestimmungen des Titels über den Verkehr.

(2) Die Liberalisierung der mit dem Kapitalverkehr verbundenen Dienstleistungen der Banken und Versicherungen wird im Einklang mit der Liberalisierung des Kapitalverkehrs durchgeführt.

Art. 59 [Liberalisierungsmaßnahmen] (1) Das Europäische Parlament und der Rat erlassen gemäß dem ordentlichen Gesetzgebungsverfahren und nach Anhörung des Wirtschafts- und Sozialausschusses Richtlinien zur Liberalisierung einer bestimmten Dienstleistung.

(2) Bei den in Absatz 1 genannten Richtlinien sind im Allgemeinen mit Vorrang diejenigen Dienstleistungen zu berücksichtigen, welche die Produktionskosten unmittelbar beeinflussen oder deren Liberalisierung zur Förderung des Warenverkehrs beiträgt.

Art. 60 [Weitergehende Liberalisierung] *[1]* Die Mitgliedstaaten bemühen sich, über das Ausmaß der Liberalisierung der Dienstleistungen, zu dem sie aufgrund der Richtlinien gemäß Artikel 59 Absatz 1 verpflichtet sind, hinauszugehen, falls ihre wirtschaftliche Gesamtlage und die Lage des betreffenden Wirtschaftszweigs dies zulassen.

[2] Die Kommission richtet entsprechende Empfehlungen an die betreffenden Staaten.

Art. 61 [Übergangsregelung] Solange die Beschränkungen des freien Dienstleistungsverkehrs nicht aufgehoben sind, wendet sie jeder Mitgliedstaat ohne Unterscheidung nach Staatsangehörigkeit oder Aufenthaltsort auf alle in Artikel 56 Absatz 1 bezeichneten Erbringer von Dienstleistungen an.

Art. 62 [Entsprechende Anwendung von Vorschriften des Niederlassungsrechts] Die Bestimmungen der Artikel 51 bis 54 finden auf das in diesem Kapitel geregelte Sachgebiet Anwendung.

Kapitel 4. Der Kapital- und Zahlungsverkehr

Art. 63 [Freier Kapital- und Zahlungsverkehr] (1) Im Rahmen der Bestimmungen dieses Kapitels sind alle Beschränkungen des Kapitalverkehrs zwischen den Mitgliedstaaten sowie zwischen den Mitgliedstaaten und dritten Ländern verboten.

(2) Im Rahmen der Bestimmungen dieses Kapitels sind alle Beschränkungen des Zahlungsverkehrs zwischen den Mitgliedstaaten sowie zwischen den Mitgliedstaaten und dritten Ländern verboten.

Art. 64 [Ausnahmen im Kapitalverkehr mit Drittstaaten] (1) [1] Artikel 63 berührt nicht die Anwendung derjenigen Beschränkungen auf dritte Länder, die am 31. Dezember 1993 aufgrund einzelstaatlicher Rechtsvorschriften oder aufgrund von Rechtsvorschriften der Union für den Kapitalverkehr mit dritten Ländern im Zusammenhang mit Direktinvestitionen einschließlich Anlagen in Immobilien, mit der Niederlassung, der Erbringung von Finanzdienstleistungen oder der Zulassung von Wertpapieren zu den Kapitalmärkten bestehen. [2] Für in

Bulgarien, Estland und Ungarn bestehende Beschränkungen nach innerstaatlichem Recht ist der maßgebliche Zeitpunkt der 31. Dezember 1999. [3] Für in Kroatien nach innerstaatlichem Recht bestehende Beschränkungen ist der maßgebliche Zeitpunkt der 31. Dezember 2002.

(2) Unbeschadet der anderen Kapitel der Verträge sowie ihrer Bemühungen um eine möglichst weit gehende Verwirklichung des Zieles eines freien Kapitalverkehrs zwischen den Mitgliedstaaten und dritten Ländern beschließen das Europäische Parlament und der Rat gemäß dem ordentlichen Gesetzgebungsverfahren Maßnahmen für den Kapitalverkehr mit dritten Ländern im Zusammenhang mit Direktinvestitionen einschließlich Anlagen in Immobilien, mit der Niederlassung, der Erbringung von Finanzdienstleistungen oder der Zulassung von Wertpapieren zu den Kapitalmärkten.

(3) Abweichend von Absatz 2 kann nur der Rat gemäß einem besonderen Gesetzgebungsverfahren und nach Anhörung des Europäischen Parlaments Maßnahmen einstimmig beschließen, die im Rahmen des Unionsrechts für die Liberalisierung des Kapitalverkehrs mit Drittländern einen Rückschritt darstellen.

Art. 65 [Nationale Beschränkungen] (1) Artikel 63 berührt nicht das Recht der Mitgliedstaaten,

a) die einschlägigen Vorschriften ihres Steuerrechts anzuwenden, die Steuerpflichtige mit unterschiedlichem Wohnort oder Kapitalanlageort unterschiedlich behandeln,
b) die unerlässlichen Maßnahmen zu treffen, um Zuwiderhandlungen gegen innerstaatliche Rechts- und Verwaltungsvorschriften, insbesondere auf dem Gebiet des Steuerrechts und der Aufsicht über Finanzinstitute, zu verhindern, sowie Meldeverfahren für den Kapitalverkehr zwecks administrativer oder statistischer Information vorzusehen oder Maßnahmen zu ergreifen, die aus Gründen der öffentlichen Ordnung oder Sicherheit gerechtfertigt sind.

(2) Dieses Kapitel berührt nicht die Anwendbarkeit von Beschränkungen des Niederlassungsrechts, die mit den Verträgen vereinbar sind.

(3) Die in den Absätzen 1 und 2 genannten Maßnahmen und Verfahren dürfen weder ein Mittel zur willkürlichen Diskriminierung noch eine verschleierte Beschränkung des freien Kapital- und Zahlungsverkehrs im Sinne des Artikels 63 darstellen.

(4) [1] Sind keine Maßnahmen nach Artikel 64 Absatz 3 erlassen worden, so kann die Kommission oder, wenn diese binnen drei Monaten nach der Vorlage eines entsprechenden Antrags des betreffenden Mitgliedstaats keinen Beschluss erlassen hat, der Rat einen Beschluss erlassen, mit dem festgelegt wird, dass die von einem Mitgliedstaat in Bezug auf ein oder mehrere Drittländer getroffenen restriktiven steuerlichen Maßnahmen insofern als mit den Verträgen vereinbar anzusehen sind, als sie durch eines der Ziele der Union gerechtfertigt und mit dem ordnungsgemäßen Funktionieren des Binnenmarkts vereinbar sind. [2] Der Rat beschließt einstimmig auf Antrag eines Mitgliedstaats.

Art. 66 [Kurzfristige Schutzmaßnahmen] Falls Kapitalbewegungen nach oder aus dritten Ländern unter außergewöhnlichen Umständen das Funktionieren der Wirtschafts- und Währungsunion schwerwiegend stören oder zu stören drohen, kann der Rat auf Vorschlag der Kommission und nach Anhörung der Europäischen Zentralbank gegenüber dritten Ländern Schutzmaßnahmen mit einer Geltungsdauer von höchstens sechs Monaten treffen, wenn diese unbedingt erforderlich sind.

Titel V. Der Raum der Freiheit, der Sicherheit und des Rechts

Kapitel 1. Allgemeine Bestimmungen

Art. 67 [Grundsätze] (1) Die Union bildet einen Raum der Freiheit, der Sicherheit und des Rechts, in dem die Grundrechte und die verschiedenen Rechtsordnungen und -traditionen der Mitgliedstaaten geachtet werden.

(2) [1] Sie stellt sicher, dass Personen an den Binnengrenzen nicht kontrolliert werden, und entwickelt eine gemeinsame Politik in den Bereichen Asyl, Einwanderung und Kontrollen an den Außengrenzen, die sich auf die Solidarität der Mitgliedstaaten gründet und gegenüber Drittstaatsangehörigen angemessen ist. [2] Für die Zwecke dieses Titels werden Staatenlose den Drittstaatsangehörigen gleichgestellt.

(3) Die Union wirkt darauf hin, durch Maßnahmen zur Verhütung und Bekämpfung von Kriminalität sowie von Rassismus und Fremdenfeindlichkeit, zur Koordinierung und Zusammenarbeit von Polizeibehörden und Organen der Strafrechtspflege und den anderen zuständigen Behörden sowie durch die gegenseitige Anerkennung strafrechtlicher Entscheidungen und erforderlichenfalls durch die Angleichung der strafrechtlichen Rechtsvorschriften ein hohes Maß an Sicherheit zu gewährleisten.

(4) Die Union erleichtert den Zugang zum Recht, insbesondere durch den Grundsatz der gegenseitigen Anerkennung gerichtlicher und außergerichtlicher Entscheidungen in Zivilsachen.

Art. 68 [Strategische Leitlinien] Der Europäische Rat legt die strategischen Leitlinien für die gesetzgeberische und operative Programmplanung im Raum der Freiheit, der Sicherheit und des Rechts fest.

Art. 69 [Achtung des Subsidiaritätsprinzips] Die nationalen Parlamente tragen bei Gesetzgebungsvorschlägen und -initiativen, die im Rahmen der Kapitel 4 und 5 vorgelegt werden, Sorge für die Achtung des Subsidiaritätsprinzips nach Maßgabe des Protokolls über die Anwendung der Grundsätze der Subsidiarität und der Verhältnismäßigkeit[1)].

Art. 70 [Kontrollsystem für nationale Durchführungsmaßnahmen]

[1] Unbeschadet der Artikel 258, 259 und 260 kann der Rat auf Vorschlag der Kommission Maßnahmen erlassen, mit denen Einzelheiten festgelegt werden, nach denen die Mitgliedstaaten in Zusammenarbeit mit der Kommission eine objektive und unparteiische Bewertung der Durchführung der unter diesen Titel fallenden Unionspolitik durch die Behörden der Mitgliedstaaten vornehmen, insbesondere um die umfassende Anwendung des Grundsatzes der gegenseitigen Anerkennung zu fördern. [2] Das Europäische Parlament und die nationalen Parlamente werden vom Inhalt und den Ergebnissen dieser Bewertung unterrichtet.

[1)] Nr. **17**.

Art. 71 [Ständiger Ausschuss „Innere Sicherheit"] [1] Im Rat wird ein ständiger Ausschuss eingesetzt, um sicherzustellen, dass innerhalb der Union die operative Zusammenarbeit im Bereich der inneren Sicherheit gefördert und verstärkt wird. [2] Er fördert unbeschadet des Artikels 240 die Koordinierung der Maßnahmen der zuständigen Behörden der Mitgliedstaaten. [3] Die Vertreter der betroffenen Einrichtungen und sonstigen Stellen der Union können an den Arbeiten des Ausschusses beteiligt werden. [4] Das Europäische Parlament und die nationalen Parlamente werden über die Arbeiten des Ausschusses auf dem Laufenden gehalten.

Art. 72 [Nationale Zuständigkeiten] Dieser Titel berührt nicht die Wahrnehmung der Zuständigkeiten der Mitgliedstaaten für die Aufrechterhaltung der öffentlichen Ordnung und den Schutz der inneren Sicherheit.

Art. 73 [Zusammenarbeit der Mitgliedstaaten] Es steht den Mitgliedstaaten frei, untereinander und in eigener Verantwortung Formen der Zusammenarbeit und Koordinierung zwischen den zuständigen Dienststellen ihrer für den Schutz der nationalen Sicherheit verantwortlichen Verwaltungen einzurichten, die sie für geeignet halten.

Art. 74 [Maßnahmen zur Verwaltungszusammenarbeit] [1] Der Rat erlässt Maßnahmen, um die Verwaltungszusammenarbeit zwischen den zuständigen Dienststellen der Mitgliedstaaten in den Bereichen dieses Titels sowie die Zusammenarbeit zwischen diesen Dienststellen und der Kommission zu gewährleisten. [2] Dabei beschließt er auf Vorschlag der Kommission vorbehaltlich des Artikels 76 und nach Anhörung des Europäischen Parlaments.

Art. 75 [Maßnahmen gegen Terrorismusfinanzierung] *[1]* Sofern dies notwendig ist, um die Ziele des Artikels 67 in Bezug auf die Verhütung und Bekämpfung von Terrorismus und damit verbundener Aktivitäten zu verwirklichen, schaffen das Europäische Parlament und der Rat gemäß dem ordentlichen Gesetzgebungsverfahren durch Verordnungen einen Rahmen für Verwaltungsmaßnahmen in Bezug auf Kapitalbewegungen und Zahlungen, wozu das Einfrieren von Geldern, finanziellen Vermögenswerten oder wirtschaftlichen Erträgen gehören kann, deren Eigentümer oder Besitzer natürliche oder juristische Personen, Gruppierungen oder nichtstaatliche Einheiten sind.

[2] Der Rat erlässt auf Vorschlag der Kommission Maßnahmen zur Umsetzung des in Absatz 1 genannten Rahmens.

[3] In den Rechtsakten nach diesem Artikel müssen die erforderlichen Bestimmungen über den Rechtsschutz vorgesehen sein.

Art. 76 [Initiativrecht] Die in den Kapiteln 4 und 5 genannten Rechtsakte sowie die in Artikel 74 genannten Maßnahmen, mit denen die Verwaltungszusammenarbeit in den Bereichen der genannten Kapitel gewährleistet wird, werden wie folgt erlassen:

a) auf Vorschlag der Kommission oder

b) auf Initiative eines Viertels der Mitgliedstaaten.

Kapitel 2. Politik im Bereich Grenzkontrollen, Asyl und Einwanderung

Art. 77 [Grenzschutzpolitik] (1) Die Union entwickelt eine Politik, mit der

a) sichergestellt werden soll, dass Personen unabhängig von ihrer Staatsangehörigkeit beim Überschreiten der Binnengrenzen nicht kontrolliert werden;
b) die Personenkontrolle und die wirksame Überwachung des Grenzübertritts an den Außengrenzen sichergestellt werden soll;
c) schrittweise ein integriertes Grenzschutzsystem an den Außengrenzen eingeführt werden soll.

(2) Für die Zwecke des Absatzes 1 erlassen das Europäische Parlament und der Rat gemäß dem ordentlichen Gesetzgebungsverfahren Maßnahmen, die folgende Bereiche betreffen:

a) die gemeinsame Politik in Bezug auf Visa und andere kurzfristige Aufenthaltstitel;
b) die Kontrollen, denen Personen beim Überschreiten der Außengrenzen unterzogen werden;
c) die Voraussetzungen, unter denen sich Drittstaatsangehörige innerhalb der Union während eines kurzen Zeitraums frei bewegen können;
d) alle Maßnahmen, die für die schrittweise Einführung eines integrierten Grenzschutzsystems an den Außengrenzen erforderlich sind;
e) die Abschaffung der Kontrolle von Personen gleich welcher Staatsangehörigkeit beim Überschreiten der Binnengrenzen.

(3) [1] Erscheint zur Erleichterung der Ausübung des in Artikel 20 Absatz 2 Buchstabe a genannten Rechts ein Tätigwerden der Union erforderlich, so kann der Rat gemäß einem besonderen Gesetzgebungsverfahren Bestimmungen betreffend Pässe, Personalausweise, Aufenthaltstitel oder diesen gleichgestellte Dokumente erlassen, sofern die Verträge hierfür anderweitig keine Befugnisse vorsehen. [2] Der Rat beschließt einstimmig nach Anhörung des Europäischen Parlaments.

(4) Dieser Artikel berührt nicht die Zuständigkeit der Mitgliedstaaten für die geografische Festlegung ihrer Grenzen nach dem Völkerrecht.

Art. 78 [Asylpolitik] (1) [1] Die Union entwickelt eine gemeinsame Politik im Bereich Asyl, subsidiärer Schutz und vorübergehender Schutz, mit der jedem Drittstaatsangehörigen, der internationalen Schutz benötigt, ein angemessener Status angeboten und die Einhaltung des Grundsatzes der Nicht-Zurückweisung gewährleistet werden soll. [2] Diese Politik muss mit dem Genfer Abkommen vom 28. Juli 1951 und dem Protokoll vom 31. Januar 1967 über die Rechtsstellung der Flüchtlinge sowie den anderen einschlägigen Verträgen im Einklang stehen.

(2) Für die Zwecke des Absatzes 1 erlassen das Europäische Parlament und der Rat gemäß dem ordentlichen Gesetzgebungsverfahren Maßnahmen in Bezug auf ein gemeinsames europäisches Asylsystem, das Folgendes umfasst:

a) einen in der ganzen Union gültigen einheitlichen Asylstatus für Drittstaatsangehörige;

b) einen einheitlichen subsidiären Schutzstatus für Drittstaatsangehörige, die keinen europäischen Asylstatus erhalten, aber internationalen Schutz benötigen;
c) eine gemeinsame Regelung für den vorübergehenden Schutz von Vertriebenen im Falle eines Massenzustroms;
d) gemeinsame Verfahren für die Gewährung und den Entzug des einheitlichen Asylstatus beziehungsweise des subsidiären Schutzstatus;
e) Kriterien und Verfahren zur Bestimmung des Mitgliedstaats, der für die Prüfung eines Antrags auf Asyl oder subsidiären Schutz zuständig ist;
f) Normen über die Aufnahmebedingungen von Personen, die Asyl oder subsidiären Schutz beantragen;
g) Partnerschaft und Zusammenarbeit mit Drittländern zur Steuerung des Zustroms von Personen, die Asyl oder subsidiären beziehungsweise vorübergehenden Schutz beantragen.

(3) [1] Befinden sich ein oder mehrere Mitgliedstaaten aufgrund eines plötzlichen Zustroms von Drittstaatsangehörigen in einer Notlage, so kann der Rat auf Vorschlag der Kommission vorläufige Maßnahmen zugunsten der betreffenden Mitgliedstaaten erlassen. [2] Er beschließt nach Anhörung des Europäischen Parlaments.

Art. 79 [Einwanderungspolitik] (1) Die Union entwickelt eine gemeinsame Einwanderungspolitik, die in allen Phasen eine wirksame Steuerung der Migrationsströme, eine angemessene Behandlung von Drittstaatsangehörigen, die sich rechtmäßig in einem Mitgliedstaat aufhalten, sowie die Verhütung und verstärkte Bekämpfung von illegaler Einwanderung und Menschenhandel gewährleisten soll.

(2) Für die Zwecke des Absatzes 1 erlassen das Europäische Parlament und der Rat gemäß dem ordentlichen Gesetzgebungsverfahren Maßnahmen in folgenden Bereichen:
a) Einreise- und Aufenthaltsvoraussetzungen sowie Normen für die Erteilung von Visa und Aufenthaltstiteln für einen langfristigen Aufenthalt, einschließlich solcher zur Familienzusammenführung, durch die Mitgliedstaaten;
b) Festlegung der Rechte von Drittstaatsangehörigen, die sich rechtmäßig in einem Mitgliedstaat aufhalten, einschließlich der Bedingungen, unter denen sie sich in den anderen Mitgliedstaaten frei bewegen und aufhalten dürfen;
c) illegale Einwanderung und illegaler Aufenthalt, einschließlich Abschiebung und Rückführung solcher Personen, die sich illegal in einem Mitgliedstaat aufhalten;
d) Bekämpfung des Menschenhandels, insbesondere des Handels mit Frauen und Kindern.

(3) Die Union kann mit Drittländern Übereinkünfte über eine Rückübernahme von Drittstaatsangehörigen in ihr Ursprungs- oder Herkunftsland schließen, die die Voraussetzungen für die Einreise in das Hoheitsgebiet eines der Mitgliedstaaten oder die Anwesenheit oder den Aufenthalt in diesem Gebiet nicht oder nicht mehr erfüllen.

(4) Das Europäische Parlament und der Rat können gemäß dem ordentlichen Gesetzgebungsverfahren unter Ausschluss jeglicher Harmonisierung der Rechtsvorschriften der Mitgliedstaaten Maßnahmen festlegen, mit denen die Bemühungen der Mitgliedstaaten um die Integration der sich rechtmäßig in ihrem Hoheitsgebiet aufhaltenden Drittstaatsangehörigen gefördert und unterstützt werden.

(5) Dieser Artikel berührt nicht das Recht der Mitgliedstaaten, festzulegen, wie viele Drittstaatsangehörige aus Drittländern in ihr Hoheitsgebiet einreisen dürfen, um dort als Arbeitnehmer oder Selbstständige Arbeit zu suchen.

Art. 80 [Grundsatz der Solidarität] [1] Für die unter dieses Kapitel fallende Politik der Union und ihre Umsetzung gilt der Grundsatz der Solidarität und der gerechten Aufteilung der Verantwortlichkeiten unter den Mitgliedstaaten, einschließlich in finanzieller Hinsicht. [2] Die aufgrund dieses Kapitels erlassenen Rechtsakte der Union enthalten, immer wenn dies erforderlich ist, entsprechende Maßnahmen für die Anwendung dieses Grundsatzes.

Kapitel 3. Justizielle Zusammenarbeit in Zivilsachen

Art. 81 [Justizielle Zusammenarbeit in Zivilsachen] (1) [1] Die Union entwickelt eine justizielle Zusammenarbeit in Zivilsachen mit grenzüberschreitendem Bezug, die auf dem Grundsatz der gegenseitigen Anerkennung gerichtlicher und außergerichtlicher Entscheidungen beruht. [2] Diese Zusammenarbeit kann den Erlass von Maßnahmen zur Angleichung der Rechtsvorschriften der Mitgliedstaaten umfassen.

(2) Für die Zwecke des Absatzes 1 erlassen das Europäische Parlament und der Rat, insbesondere wenn dies für das reibungslose Funktionieren des Binnenmarkts erforderlich ist, gemäß dem ordentlichen Gesetzgebungsverfahren Maßnahmen, die Folgendes sicherstellen sollen:

a) die gegenseitige Anerkennung und die Vollstreckung gerichtlicher und außergerichtlicher Entscheidungen zwischen den Mitgliedstaaten;
b) die grenzüberschreitende Zustellung gerichtlicher und außergerichtlicher Schriftstücke;
c) die Vereinbarkeit der in den Mitgliedstaaten geltenden Kollisionsnormen und Vorschriften zur Vermeidung von Kompetenzkonflikten;
d) die Zusammenarbeit bei der Erhebung von Beweismitteln;
e) einen effektiven Zugang zum Recht;
f) die Beseitigung von Hindernissen für die reibungslose Abwicklung von Zivilverfahren, erforderlichenfalls durch Förderung der Vereinbarkeit der in den Mitgliedstaaten geltenden zivilrechtlichen Verfahrensvorschriften;
g) die Entwicklung von alternativen Methoden für die Beilegung von Streitigkeiten;
h) die Förderung der Weiterbildung von Richtern und Justizbediensteten.

(3) *[1]* [1] Abweichend von Absatz 2 werden Maßnahmen zum Familienrecht mit grenzüberschreitendem Bezug vom Rat gemäß einem besonderen Gesetzgebungsverfahren festgelegt. [2] Dieser beschließt einstimmig nach Anhörung des Europäischen Parlaments.

[2] [1]Der Rat kann auf Vorschlag der Kommission einen Beschluss erlassen, durch den die Aspekte des Familienrechts mit grenzüberschreitendem Bezug bestimmt werden, die Gegenstand von Rechtsakten sein können, die gemäß dem ordentlichen Gesetzgebungsverfahren erlassen werden. [2]Der Rat beschließt einstimmig nach Anhörung des Europäischen Parlaments.

[3] [1]Der in Unterabsatz 2 genannte Vorschlag wird den nationalen Parlamenten übermittelt. [2]Wird dieser Vorschlag innerhalb von sechs Monaten nach der Übermittlung von einem nationalen Parlament abgelehnt, so wird der Beschluss nicht erlassen. [3]Wird der Vorschlag nicht abgelehnt, so kann der Rat den Beschluss erlassen.

Kapitel 4. Justizielle Zusammenarbeit in Strafsachen

Art. 82 [Grundsatz der gegenseitigen Anerkennung; Mindestvorschriften] (1) *[1]* Die justizielle Zusammenarbeit in Strafsachen in der Union beruht auf dem Grundsatz der gegenseitigen Anerkennung gerichtlicher Urteile und Entscheidungen und umfasst die Angleichung der Rechtsvorschriften der Mitgliedstaaten in den in Absatz 2 und in Artikel 83 genannten Bereichen.

[2] Das Europäische Parlament und der Rat erlassen gemäß dem ordentlichen Gesetzgebungsverfahren Maßnahmen, um

a) Regeln und Verfahren festzulegen, mit denen die Anerkennung aller Arten von Urteilen und gerichtlichen Entscheidungen in der gesamten Union sichergestellt wird;
b) Kompetenzkonflikte zwischen den Mitgliedstaaten zu verhindern und beizulegen;
c) die Weiterbildung von Richtern und Staatsanwälten sowie Justizbediensteten zu fördern;
d) die Zusammenarbeit zwischen den Justizbehörden oder entsprechenden Behörden der Mitgliedstaaten im Rahmen der Strafverfolgung sowie des Vollzugs und der Vollstreckung von Entscheidungen zu erleichtern.

(2) *[1]* [1]Soweit dies zur Erleichterung der gegenseitigen Anerkennung gerichtlicher Urteile und Entscheidungen und der polizeilichen und justiziellen Zusammenarbeit in Strafsachen mit grenzüberschreitender Dimension erforderlich ist, können das Europäische Parlament und der Rat gemäß dem ordentlichen Gesetzgebungsverfahren durch Richtlinien Mindestvorschriften festlegen. [2]Bei diesen Mindestvorschriften werden die Unterschiede zwischen den Rechtsordnungen und -traditionen der Mitgliedstaaten berücksichtigt.

[2] Die Vorschriften betreffen Folgendes:

a) die Zulässigkeit von Beweismitteln auf gegenseitiger Basis zwischen den Mitgliedstaaten;
b) die Rechte des Einzelnen im Strafverfahren;
c) die Rechte der Opfer von Straftaten;
d) sonstige spezifische Aspekte des Strafverfahrens, die zuvor vom Rat durch Beschluss bestimmt worden sind; dieser Beschluss wird vom Rat einstimmig nach Zustimmung des Europäischen Parlaments erlassen.

[3] Der Erlass von Mindestvorschriften nach diesem Absatz hindert die Mitgliedstaaten nicht daran, ein höheres Schutzniveau für den Einzelnen beizubehalten oder einzuführen.

(3) *[1]* [1] Ist ein Mitglied des Rates der Auffassung, dass ein Entwurf einer Richtlinie nach Absatz 2 grundlegende Aspekte seiner Strafrechtsordnung berühren würde, so kann es beantragen, dass der Europäische Rat befasst wird. [2] In diesem Fall wird das ordentliche Gesetzgebungsverfahren ausgesetzt. [3] Nach einer Aussprache verweist der Europäische Rat im Falle eines Einvernehmens den Entwurf binnen vier Monaten nach Aussetzung des Verfahrens an den Rat zurück, wodurch die Aussetzung des ordentlichen Gesetzgebungsverfahrens beendet wird.

[2] [1] Sofern kein Einvernehmen erzielt wird, mindestens neun Mitgliedstaaten aber eine Verstärkte Zusammenarbeit auf der Grundlage des betreffenden Entwurfs einer Richtlinie begründen möchten, teilen diese Mitgliedstaaten dies binnen derselben Frist dem Europäischen Parlament, dem Rat und der Kommission mit. [2] In diesem Fall gilt die Ermächtigung zu einer Verstärkten Zusammenarbeit nach Artikel 20 Absatz 2 des Vertrags über die Europäische Union[1)] und Artikel 329 Absatz 1 dieses Vertrags als erteilt, und die Bestimmungen über die Verstärkte Zusammenarbeit finden Anwendung.

Art. 83 [Straftaten mit grenzüberschreitender Dimension] (1) *[1]* Das Europäische Parlament und der Rat können gemäß dem ordentlichen Gesetzgebungsverfahren durch Richtlinien Mindestvorschriften zur Festlegung von Straftaten und Strafen in Bereichen besonders schwerer Kriminalität festlegen, die aufgrund der Art oder der Auswirkungen der Straftaten oder aufgrund einer besonderen Notwendigkeit, sie auf einer gemeinsamen Grundlage zu bekämpfen, eine grenzüberschreitende Dimension haben.

[2] Derartige Kriminalitätsbereiche sind: Terrorismus, Menschenhandel und sexuelle Ausbeutung von Frauen und Kindern, illegaler Drogenhandel, illegaler Waffenhandel, Geldwäsche, Korruption, Fälschung von Zahlungsmitteln, Computerkriminalität und organisierte Kriminalität.

[3] [1] Je nach Entwicklung der Kriminalität kann der Rat einen Beschluss erlassen, in dem andere Kriminalitätsbereiche bestimmt werden, die die Kriterien dieses Absatzes erfüllen. [2] Er beschließt einstimmig nach Zustimmung des Europäischen Parlaments.

(2) [1] Erweist sich die Angleichung der strafrechtlichen Rechtsvorschriften der Mitgliedstaaten als unerlässlich für die wirksame Durchführung der Politik der Union auf einem Gebiet, auf dem Harmonisierungsmaßnahmen erfolgt sind, so können durch Richtlinien Mindestvorschriften für die Festlegung von Straftaten und Strafen auf dem betreffenden Gebiet festgelegt werden. [2] Diese Richtlinien werden unbeschadet des Artikels 76 gemäß dem gleichen ordentlichen oder besonderen Gesetzgebungsverfahren wie die betreffenden Harmonisierungsmaßnahmen erlassen.

(3) *[1]* [1] Ist ein Mitglied des Rates der Auffassung, dass der Entwurf einer Richtlinie nach den Absätzen 1 oder 2 grundlegende Aspekte seiner Strafrechtsordnung berühren würde, so kann es beantragen, dass der Europäische Rat befasst wird. [2] In diesem Fall wird das ordentliche Gesetzgebungsverfahren

---

[1)] Nr. **1**.

ausgesetzt. [3] Nach einer Aussprache verweist der Europäische Rat im Falle eines Einvernehmens den Entwurf binnen vier Monaten nach Aussetzung des Verfahrens an den Rat zurück, wodurch die Aussetzung des ordentlichen Gesetzgebungsverfahrens beendet wird.

[2] [1] Sofern kein Einvernehmen erzielt wird, mindestens neun Mitgliedstaaten aber eine Verstärkte Zusammenarbeit auf der Grundlage des betreffenden Entwurfs einer Richtlinie begründen möchten, teilen diese Mitgliedstaaten dies binnen derselben Frist dem Europäischen Parlament, dem Rat und der Kommission mit. [2] In diesem Fall gilt die Ermächtigung zu einer Verstärkten Zusammenarbeit nach Artikel 20 Absatz 2 des Vertrags über die Europäische Union[1)] und Artikel 329 Absatz 1 dieses Vertrags als erteilt, und die Bestimmungen über die Verstärkte Zusammenarbeit finden Anwendung.

Art. 84 [Kriminalprävention] Das Europäische Parlament und der Rat können gemäß dem ordentlichen Gesetzgebungsverfahren unter Ausschluss jeglicher Harmonisierung der Rechtsvorschriften der Mitgliedstaaten Maßnahmen festlegen, um das Vorgehen der Mitgliedstaaten im Bereich der Kriminalprävention zu fördern und zu unterstützen.

Art. 85 [Eurojust] (1) *[1]* Eurojust hat den Auftrag, die Koordinierung und Zusammenarbeit zwischen den nationalen Behörden zu unterstützen und zu verstärken, die für die Ermittlung und Verfolgung von schwerer Kriminalität zuständig sind, wenn zwei oder mehr Mitgliedstaaten betroffen sind oder eine Verfolgung auf gemeinsamer Grundlage erforderlich ist; Eurojust stützt sich dabei auf die von den Behörden der Mitgliedstaaten und von Europol durchgeführten Operationen und gelieferten Informationen.

[2] [1] Zu diesem Zweck legen das Europäische Parlament und der Rat gemäß dem ordentlichen Gesetzgebungsverfahren durch Verordnungen den Aufbau, die Arbeitsweise, den Tätigkeitsbereich und die Aufgaben von Eurojust fest. [2] Zu diesen Aufgaben kann Folgendes gehören:

a) Einleitung von strafrechtlichen Ermittlungsmaßnahmen sowie Vorschläge zur Einleitung von strafrechtlichen Verfolgungsmaßnahmen, die von den zuständigen nationalen Behörden durchgeführt werden, insbesondere bei Straftaten zum Nachteil der finanziellen Interessen der Union;
b) Koordinierung der unter Buchstabe a genannten Ermittlungs- und Verfolgungsmaßnahmen;
c) Verstärkung der justiziellen Zusammenarbeit, unter anderem auch durch die Beilegung von Kompetenzkonflikten und eine enge Zusammenarbeit mit dem Europäischen Justiziellen Netz.

[3] Durch diese Verordnungen werden ferner die Einzelheiten für die Beteiligung des Europäischen Parlaments und der nationalen Parlamente an der Bewertung der Tätigkeit von Eurojust festgelegt.

(2) Im Rahmen der Strafverfolgungsmaßnahmen nach Absatz 1 werden die förmlichen Prozesshandlungen unbeschadet des Artikels 86 durch die zuständigen einzelstaatlichen Bediensteten vorgenommen.

[1)] Nr. 1.

Art. 86 [Europäische Staatsanwaltschaft] (1) *[1]* [1]Zur Bekämpfung von Straftaten zum Nachteil der finanziellen Interessen der Union kann der Rat gemäß einem besonderen Gesetzgebungsverfahren durch Verordnungen ausgehend von Eurojust eine Europäische Staatsanwaltschaft einsetzen. [2]Der Rat beschließt einstimmig nach Zustimmung des Europäischen Parlaments.

[2] [1]Sofern keine Einstimmigkeit besteht, kann eine Gruppe von mindestens neun Mitgliedstaaten beantragen, dass der Europäische Rat mit dem Entwurf einer Verordnung befasst wird. [2]In diesem Fall wird das Verfahren im Rat ausgesetzt. [3]Nach einer Aussprache verweist der Europäische Rat im Falle eines Einvernehmens den Entwurf binnen vier Monaten nach Aussetzung des Verfahrens an den Rat zur Annahme zurück.

[3] [1]Sofern kein Einvernehmen erzielt wird, mindestens neun Mitgliedstaaten aber eine Verstärkte Zusammenarbeit auf der Grundlage des betreffenden Entwurfs einer Verordnung begründen möchten, teilen diese Mitgliedstaaten dies binnen derselben Frist dem Europäischen Parlament, dem Rat und der Kommission mit. [2]In diesem Fall gilt die Ermächtigung zu einer Verstärkten Zusammenarbeit nach Artikel 20 Absatz 2 des Vertrags über die Europäische Union[1)] und Artikel 329 Absatz 1 dieses Vertrags als erteilt, und die Bestimmungen über die Verstärkte Zusammenarbeit finden Anwendung.

(2) [1]Die Europäische Staatsanwaltschaft ist, gegebenenfalls in Verbindung mit Europol, zuständig für die strafrechtliche Untersuchung und Verfolgung sowie die Anklageerhebung in Bezug auf Personen, die als Täter oder Teilnehmer Straftaten zum Nachteil der finanziellen Interessen der Union begangen haben, die in der Verordnung nach Absatz 1 festgelegt sind. [2]Die Europäische Staatsanwaltschaft nimmt bei diesen Straftaten vor den zuständigen Gerichten der Mitgliedstaaten die Aufgaben der Staatsanwaltschaft wahr.

(3) Die in Absatz 1 genannte Verordnung legt die Satzung der Europäischen Staatsanwaltschaft, die Einzelheiten für die Erfüllung ihrer Aufgaben, die für ihre Tätigkeit geltenden Verfahrensvorschriften sowie die Regeln für die Zulässigkeit von Beweismitteln und für die gerichtliche Kontrolle der von der Europäischen Staatsanwaltschaft bei der Erfüllung ihrer Aufgaben vorgenommenen Prozesshandlungen fest.

(4) [1]Der Europäische Rat kann gleichzeitig mit der Annahme der Verordnung oder im Anschluss daran einen Beschluss zur Änderung des Absatzes 1 mit dem Ziel einer Ausdehnung der Befugnisse der Europäischen Staatsanwaltschaft auf die Bekämpfung der schweren Kriminalität mit grenzüberschreitender Dimension und zur entsprechenden Änderung des Absatzes 2 hinsichtlich Personen, die als Täter oder Teilnehmer schwere, mehr als einen Mitgliedstaat betreffende Straftaten begangen haben, erlassen. [2]Der Europäische Rat beschließt einstimmig nach Zustimmung des Europäischen Parlaments und nach Anhörung der Kommission.

Kapitel 5. Polizeiliche Zusammenarbeit

Art. 87 [Polizeiliche Zusammenarbeit] (1) Die Union entwickelt eine polizeiliche Zusammenarbeit zwischen allen zuständigen Behörden der Mitgliedstaaten, einschließlich der Polizei, des Zolls und anderer auf die Verhütung

---

[1)] Nr. **1**.

oder die Aufdeckung von Straftaten sowie entsprechende Ermittlungen spezialisierter Strafverfolgungsbehörden.

(2) Für die Zwecke des Absatzes 1 können das Europäische Parlament und der Rat gemäß dem ordentlichen Gesetzgebungsverfahren Maßnahmen erlassen, die Folgendes betreffen:

a) Einholen, Speichern, Verarbeiten, Analysieren und Austauschen sachdienlicher Informationen;

b) Unterstützung bei der Aus- und Weiterbildung von Personal sowie Zusammenarbeit in Bezug auf den Austausch von Personal, die Ausrüstungsgegenstände und die kriminaltechnische Forschung;

c) gemeinsame Ermittlungstechniken zur Aufdeckung schwerwiegender Formen der organisierten Kriminalität.

(3) *[1]* [1]Der Rat kann gemäß einem besonderen Gesetzgebungsverfahren Maßnahmen erlassen, die die operative Zusammenarbeit zwischen den in diesem Artikel genannten Behörden betreffen. [2]Der Rat beschließt einstimmig nach Anhörung des Europäischen Parlaments.

[2] [1]Sofern keine Einstimmigkeit besteht, kann eine Gruppe von mindestens neun Mitgliedstaaten beantragen, dass der Europäische Rat mit dem Entwurf von Maßnahmen befasst wird. [2]In diesem Fall wird das Verfahren im Rat ausgesetzt. [3]Nach einer Aussprache verweist der Europäische Rat im Falle eines Einvernehmens den Entwurf binnen vier Monaten nach Aussetzung des Verfahrens an den Rat zur Annahme zurück.

[3] [1]Sofern kein Einvernehmen erzielt wird, mindestens neun Mitgliedstaaten aber eine Verstärkte Zusammenarbeit auf der Grundlage des betreffenden Entwurfs von Maßnahmen begründen möchten, teilen diese Mitgliedstaaten dies binnen derselben Frist dem Europäischen Parlament, dem Rat und der Kommission mit. [2]In diesem Fall gilt die Ermächtigung zu einer Verstärkten Zusammenarbeit nach Artikel 20 Absatz 2 des Vertrags über die Europäische Union[1)] und Artikel 329 Absatz 1 dieses Vertrags als erteilt, und die Bestimmungen über die Verstärkte Zusammenarbeit finden Anwendung.

[4] Das besondere Verfahren nach den Unterabsätzen 2 und 3 gilt nicht für Rechtsakte, die eine Weiterentwicklung des Schengen-Besitzstands darstellen.

Art. 88 [Europol] (1) Europol hat den Auftrag, die Tätigkeit der Polizeibehörden und der anderen Strafverfolgungsbehörden der Mitgliedstaaten sowie deren gegenseitige Zusammenarbeit bei der Verhütung und Bekämpfung der zwei oder mehr Mitgliedstaaten betreffenden schweren Kriminalität, des Terrorismus und der Kriminalitätsformen, die ein gemeinsames Interesse verletzen, das Gegenstand einer Politik der Union ist, zu unterstützen und zu verstärken.

(2) *[1]* [1]Das Europäische Parlament und der Rat legen gemäß dem ordentlichen Gesetzgebungsverfahren durch Verordnungen den Aufbau, die Arbeitsweise, den Tätigkeitsbereich und die Aufgaben von Europol fest. [2]Zu diesen Aufgaben kann Folgendes gehören:

a) Einholen, Speichern, Verarbeiten, Analysieren und Austauschen von Informationen, die insbesondere von den Behörden der Mitgliedstaaten oder

---

[1)] Nr. **1**.

Drittländern beziehungsweise Stellen außerhalb der Union übermittelt werden;

b) Koordinierung, Organisation und Durchführung von Ermittlungen und von operativen Maßnahmen, die gemeinsam mit den zuständigen Behörden der Mitgliedstaaten oder im Rahmen gemeinsamer Ermittlungsgruppen durchgeführt werden, gegebenenfalls in Verbindung mit Eurojust.

[2] Durch diese Verordnungen werden ferner die Einzelheiten für die Kontrolle der Tätigkeiten von Europol durch das Europäische Parlament festgelegt; an dieser Kontrolle werden die nationalen Parlamente beteiligt.

(3) [1] Europol darf operative Maßnahmen nur in Verbindung und in Absprache mit den Behörden des Mitgliedstaats oder der Mitgliedstaaten ergreifen, deren Hoheitsgebiet betroffen ist. [2] Die Anwendung von Zwangsmaßnahmen bleibt ausschließlich den zuständigen einzelstaatlichen Behörden vorbehalten.

Art. 89 [Grenzüberschreitende Behördentätigkeit] [1] Der Rat legt gemäß einem besonderen Gesetzgebungsverfahren fest, unter welchen Bedingungen und innerhalb welcher Grenzen die in den Artikeln 82 und 87 genannten zuständigen Behörden der Mitgliedstaaten im Hoheitsgebiet eines anderen Mitgliedstaats in Verbindung und in Absprache mit dessen Behörden tätig werden dürfen. [2] Der Rat beschließt einstimmig nach Anhörung des Europäischen Parlaments.

Titel VI. Der Verkehr

Art. 90 [Gemeinsame Verkehrspolitik] Auf dem in diesem Titel geregelten Sachgebiet werden die Ziele der Verträge im Rahmen einer gemeinsamen Verkehrspolitik verfolgt.

Art. 91 [Erlass von zweckdienlichen Maßnahmen] (1) Zur Durchführung des Artikels 90 werden das Europäische Parlament und der Rat unter Berücksichtigung der Besonderheiten des Verkehrs gemäß dem ordentlichen Gesetzgebungsverfahren und nach Anhörung des Wirtschafts- und Sozialausschusses sowie des Ausschusses der Regionen

a) für den internationalen Verkehr aus oder nach dem Hoheitsgebiet eines Mitgliedstaats oder für den Durchgangsverkehr durch das Hoheitsgebiet eines oder mehrerer Mitgliedstaaten gemeinsame Regeln aufstellen;

b) für die Zulassung von Verkehrsunternehmern zum Verkehr innerhalb eines Mitgliedstaats, in dem sie nicht ansässig sind, die Bedingungen festlegen;

c) Maßnahmen zur Verbesserung der Verkehrssicherheit erlassen;

d) alle sonstigen zweckdienlichen Vorschriften erlassen.

(2) Beim Erlass von Maßnahmen nach Absatz 1 wird den Fällen Rechnung getragen, in denen die Anwendung den Lebensstandard und die Beschäftigungslage in bestimmten Regionen sowie den Betrieb der Verkehrseinrichtungen ernstlich beeinträchtigen könnte.

Art. 92 [Stillhalteverpflichtung] Bis zum Erlass der in Artikel 91 Absatz 1 genannten Vorschriften darf ein Mitgliedstaat die verschiedenen, am 1. Januar 1958 oder, im Falle später beigetretener Staaten, zum Zeitpunkt ihres Beitritts auf diesem Gebiet geltenden Vorschriften in ihren unmittelbaren oder mittelbaren Auswirkungen auf die Verkehrsunternehmer anderer Mitgliedstaaten im Vergleich zu den inländischen Verkehrsunternehmern nicht ungünstiger gestalten, es sei denn, dass der Rat einstimmig eine Maßnahme billigt, die eine Ausnahmeregelung gewährt.

Art. 93 [Ausnahmen vom Beihilfeverbot] Mit den Verträgen vereinbar sind Beihilfen, die den Erfordernissen der Koordinierung des Verkehrs oder der Abgeltung bestimmter, mit dem Begriff des öffentlichen Dienstes zusammenhängender Leistungen entsprechen.

Art. 94 [Berücksichtigung der wirtschaftlichen Lage der Verkehrsunternehmer] Jede Maßnahme auf dem Gebiet der Beförderungsentgelte und -bedingungen, die im Rahmen der Verträge getroffen wird, hat der wirtschaftlichen Lage der Verkehrsunternehmer Rechnung zu tragen.

Art. 95 [Beseitigung von Diskriminierungen] (1) Im Verkehr innerhalb der Union sind Diskriminierungen verboten, die darin bestehen, dass ein Verkehrsunternehmer in denselben Verkehrsverbindungen für die gleichen Güter je nach ihrem Herkunfts- oder Bestimmungsland unterschiedliche Frachten und Beförderungsbedingungen anwendet.

(2) Absatz 1 schließt sonstige Maßnahmen nicht aus, die das Europäische Parlament und der Rat gemäß Artikel 91 Absatz 1 treffen können.

(3) *[1]* Der Rat trifft auf Vorschlag der Kommission und nach Anhörung des Europäischen Parlaments und des Wirtschafts- und Sozialausschusses eine Regelung zur Durchführung des Absatzes 1.

[2] Er kann insbesondere die erforderlichen Vorschriften erlassen, um es den Organen der Union zu ermöglichen, für die Beachtung des Absatzes 1 Sorge zu tragen, und um den Verkehrsnutzern die Vorteile dieser Bestimmung voll zukommen zu lassen.

(4) Die Kommission prüft von sich aus oder auf Antrag eines Mitgliedstaats die Diskriminierungsfälle des Absatzes 1 und erlässt nach Beratung mit jedem in Betracht kommenden Mitgliedstaat die erforderlichen Beschlüsse im Rahmen der gemäß Absatz 3 getroffenen Regelung.

Art. 96 [Verbot von Unterstützungsmaßnahmen, Ausnahmen]

(1) Im Verkehr innerhalb der Union sind die von einem Mitgliedstaat auferlegten Frachten und Beförderungsbedingungen verboten, die in irgendeiner Weise der Unterstützung oder dem Schutz eines oder mehrerer bestimmter Unternehmen oder Industrien dienen, es sei denn, dass die Kommission die Genehmigung hierzu erteilt.

(2) *[1]* Die Kommission prüft von sich aus oder auf Antrag eines Mitgliedstaats die in Absatz 1 bezeichneten Frachten und Beförderungsbedingungen; hierbei berücksichtigt sie insbesondere sowohl die Erfordernisse einer angemessenen Standortpolitik, die Bedürfnisse der unterentwickelten Gebiete und die Probleme der durch politische Umstände schwer betroffenen Gebiete als auch die Auswirkungen dieser Frachten und Beförderungsbedingungen auf den Wettbewerb zwischen den Verkehrsarten.

[2] Die Kommission erlässt die erforderlichen Beschlüsse nach Beratung mit jedem in Betracht kommenden Mitgliedstaat.

(3) Das in Absatz 1 genannte Verbot trifft nicht die Wettbewerbstarife.

Art. 97 [Abgaben und Gebühren bei Grenzübergang] *[1]* Die Abgaben oder Gebühren, die ein Verkehrsunternehmer neben den Frachten beim Grenzübergang in Rechnung stellt, dürfen unter Berücksichtigung der hierdurch tatsächlich verursachten Kosten eine angemessene Höhe nicht übersteigen.

[2] Die Mitgliedstaaten werden bemüht sein, diese Kosten schrittweise zu verringern.

[3] Die Kommission kann zur Durchführung dieses Artikels Empfehlungen an die Mitgliedstaaten richten.

Art. 98 [Teilungsbedingte Ausnahmen für gewisse deutsche Gebiete]
[1] Die Bestimmungen dieses Titels stehen Maßnahmen in der Bundesrepublik Deutschland nicht entgegen, soweit sie erforderlich sind, um die wirtschaftlichen Nachteile auszugleichen, die der Wirtschaft bestimmter, von der Teilung Deutschlands betroffener Gebiete der Bundesrepublik aus dieser Teilung entstehen. [2] Der Rat kann fünf Jahre nach dem Inkrafttreten des Vertrags von Lissabon auf Vorschlag der Kommission einen Beschluss erlassen, mit dem dieser Artikel aufgehoben wird.

Art. 99 [Beratender Ausschuss] [1] Bei der Kommission wird ein beratender Ausschuss gebildet; er besteht aus Sachverständigen, die von den Regierungen der Mitgliedstaaten ernannt werden. [2] Die Kommission hört den Ausschuss je nach Bedarf in Verkehrsfragen an.

Art. 100 [Betroffene Verkehrsmittel] (1) Dieser Titel gilt für die Beförderungen im Eisenbahn-, Straßen- und Binnenschiffsverkehr.

(2) [1] Das Europäische Parlament und der Rat können gemäß dem ordentlichen Gesetzgebungsverfahren geeignete Vorschriften für die Seeschifffahrt und die Luftfahrt erlassen. [2] Sie beschließen nach Anhörung des Wirtschafts- und Sozialausschusses und des Ausschusses der Regionen.

Titel VII. Gemeinsame Regeln betreffend Wettbewerb, Steuerfragen und Angleichung der Rechtsvorschriften

Kapitel 1. Wettbewerbsregeln

Abschnitt 1. Vorschriften für Unternehmen

Art. 101 [Kartellverbot] (1) Mit dem Binnenmarkt unvereinbar und verboten sind alle Vereinbarungen zwischen Unternehmen, Beschlüsse von Unternehmensvereinigungen und aufeinander abgestimmte Verhaltensweisen, welche den Handel zwischen Mitgliedstaaten zu beeinträchtigen geeignet sind und eine Verhinderung, Einschränkung oder Verfälschung des Wettbewerbs innerhalb des Binnenmarkts bezwecken oder bewirken, insbesondere

a) die unmittelbare oder mittelbare Festsetzung der An- oder Verkaufspreise oder sonstiger Geschäftsbedingungen;
b) die Einschränkung oder Kontrolle der Erzeugung, des Absatzes, der technischen Entwicklung oder der Investitionen;
c) die Aufteilung der Märkte oder Versorgungsquellen;

d) die Anwendung unterschiedlicher Bedingungen bei gleichwertigen Leistungen gegenüber Handelspartnern, wodurch diese im Wettbewerb benachteiligt werden;
e) die an den Abschluss von Verträgen geknüpfte Bedingung, dass die Vertragspartner zusätzliche Leistungen annehmen, die weder sachlich noch nach Handelsbrauch in Beziehung zum Vertragsgegenstand stehen.

(2) Die nach diesem Artikel verbotenen Vereinbarungen oder Beschlüsse sind nichtig.

(3) Die Bestimmungen des Absatzes 1 können für nicht anwendbar erklärt werden auf
– Vereinbarungen oder Gruppen von Vereinbarungen zwischen Unternehmen,
– Beschlüsse oder Gruppen von Beschlüssen von Unternehmensvereinigungen,
– aufeinander abgestimmte Verhaltensweisen oder Gruppen von solchen,
die unter angemessener Beteiligung der Verbraucher an dem entstehenden Gewinn zur Verbesserung der Warenerzeugung oder -verteilung oder zur Förderung des technischen oder wirtschaftlichen Fortschritts beitragen, ohne dass den beteiligten Unternehmen
a) Beschränkungen auferlegt werden, die für die Verwirklichung dieser Ziele nicht unerlässlich sind, oder
b) Möglichkeiten eröffnet werden, für einen wesentlichen Teil der betreffenden Waren den Wettbewerb auszuschalten.

Art. 102 [Missbrauch einer marktbeherrschenden Stellung] *[1]* Mit dem Binnenmarkt unvereinbar und verboten ist die missbräuchliche Ausnutzung einer beherrschenden Stellung auf dem Binnenmarkt oder auf einem wesentlichen Teil desselben durch ein oder mehrere Unternehmen, soweit dies dazu führen kann, den Handel zwischen Mitgliedstaaten zu beeinträchtigen.

[2] Dieser Missbrauch kann insbesondere in Folgendem bestehen:
a) der unmittelbaren oder mittelbaren Erzwingung von unangemessenen Einkaufs- oder Verkaufspreisen oder sonstigen Geschäftsbedingungen;
b) der Einschränkung der Erzeugung, des Absatzes oder der technischen Entwicklung zum Schaden der Verbraucher;
c) der Anwendung unterschiedlicher Bedingungen bei gleichwertigen Leistungen gegenüber Handelspartnern, wodurch diese im Wettbewerb benachteiligt werden;
d) der an den Abschluss von Verträgen geknüpften Bedingung, dass die Vertragspartner zusätzliche Leistungen annehmen, die weder sachlich noch nach Handelsbrauch in Beziehung zum Vertragsgegenstand stehen.

Art. 103 [Erlass von Verordnungen und Richtlinien] (1) Die zweckdienlichen Verordnungen oder Richtlinien zur Verwirklichung der in den Artikeln 101 und 102 niedergelegten Grundsätze werden vom Rat auf Vorschlag der Kommission und nach Anhörung des Europäischen Parlaments beschlossen.

(2) Die in Absatz 1 vorgesehenen Vorschriften bezwecken insbesondere,

a) die Beachtung der in Artikel 101 Absatz 1 und Artikel 102 genannten Verbote durch die Einführung von Geldbußen und Zwangsgeldern zu gewährleisten;
b) die Einzelheiten der Anwendung des Artikels 101 Absatz 3 festzulegen; dabei ist dem Erfordernis einer wirksamen Überwachung bei möglichst einfacher Verwaltungskontrolle Rechnung zu tragen;
c) gegebenenfalls den Anwendungsbereich der Artikel 101 und 102 für die einzelnen Wirtschaftszweige näher zu bestimmen;
d) die Aufgaben der Kommission und des Gerichtshofs der Europäischen Union bei der Anwendung der in diesem Absatz vorgesehenen Vorschriften gegeneinander abzugrenzen;
e) das Verhältnis zwischen den innerstaatlichen Rechtsvorschriften einerseits und den in diesem Abschnitt enthaltenen oder aufgrund dieses Artikels getroffenen Bestimmungen andererseits festzulegen.

Art. 104 [Übergangsbestimmung] Bis zum Inkrafttreten der gemäß Artikel 103 erlassenen Vorschriften entscheiden die Behörden der Mitgliedstaaten im Einklang mit ihren eigenen Rechtsvorschriften und den Bestimmungen der Artikel 101, insbesondere Absatz 3, und 102 über die Zulässigkeit von Vereinbarungen, Beschlüssen und aufeinander abgestimmten Verhaltensweisen sowie über die missbräuchliche Ausnutzung einer beherrschenden Stellung auf dem Binnenmarkt.

Art. 105 [Wettbewerbsaufsicht] (1) [1] Unbeschadet des Artikels 104 achtet die Kommission auf die Verwirklichung der in den Artikeln 101 und 102 niedergelegten Grundsätze. [2] Sie untersucht auf Antrag eines Mitgliedstaats oder von Amts wegen in Verbindung mit den zuständigen Behörden der Mitgliedstaaten, die ihr Amtshilfe zu leisten haben, die Fälle, in denen Zuwiderhandlungen gegen diese Grundsätze vermutet werden. [3] Stellt sie eine Zuwiderhandlung fest, so schlägt sie geeignete Mittel vor, um diese abzustellen.

(2) [1] Wird die Zuwiderhandlung nicht abgestellt, so trifft die Kommission in einem mit Gründen versehenen Beschluss die Feststellung, dass eine derartige Zuwiderhandlung vorliegt. [2] Sie kann den Beschluss veröffentlichen und die Mitgliedstaaten ermächtigen, die erforderlichen Abhilfemaßnahmen zu treffen, deren Bedingungen und Einzelheiten sie festlegt.

(3) Die Kommission kann Verordnungen zu den Gruppen von Vereinbarungen erlassen, zu denen der Rat nach Artikel 103 Absatz 2 Buchstabe b eine Verordnung oder Richtlinie erlassen hat.

Art. 106 [Öffentliche Unternehmen; Dienstleistungen von allgemeinem wirtschaftlichem Interesse] (1) Die Mitgliedstaaten werden in Bezug auf öffentliche Unternehmen und auf Unternehmen, denen sie besondere oder ausschließliche Rechte gewähren, keine den Verträgen und insbesondere den Artikeln 18 und 101 bis 109 widersprechende Maßnahmen treffen oder beibehalten.

(2) [1] Für Unternehmen, die mit Dienstleistungen von allgemeinem wirtschaftlichem Interesse betraut sind oder den Charakter eines Finanzmonopols haben, gelten die Vorschriften der Verträge, insbesondere die Wettbewerbs-

regeln, soweit die Anwendung dieser Vorschriften nicht die Erfüllung der ihnen übertragenen besonderen Aufgabe rechtlich oder tatsächlich verhindert. [2]Die Entwicklung des Handelsverkehrs darf nicht in einem Ausmaß beeinträchtigt werden, das dem Interesse der Union zuwiderläuft.

(3) Die Kommission achtet auf die Anwendung dieses Artikels und richtet erforderlichenfalls geeignete Richtlinien oder Beschlüsse an die Mitgliedstaaten.

Abschnitt 2. Staatliche Beihilfen

Art. 107 [Beihilfeverbot; Ausnahmen] (1) Soweit in den Verträgen nicht etwas anderes bestimmt ist, sind staatliche oder aus staatlichen Mitteln gewährte Beihilfen gleich welcher Art, die durch die Begünstigung bestimmter Unternehmen oder Produktionszweige den Wettbewerb verfälschen oder zu verfälschen drohen, mit dem Binnenmarkt unvereinbar, soweit sie den Handel zwischen Mitgliedstaaten beeinträchtigen.

(2) Mit dem Binnenmarkt vereinbar sind:

a) Beihilfen sozialer Art an einzelne Verbraucher, wenn sie ohne Diskriminierung nach der Herkunft der Waren gewährt werden;
b) Beihilfen zur Beseitigung von Schäden, die durch Naturkatastrophen oder sonstige außergewöhnliche Ereignisse entstanden sind;
c) Beihilfen für die Wirtschaft bestimmter, durch die Teilung Deutschlands betroffener Gebiete der Bundesrepublik Deutschland, soweit sie zum Ausgleich der durch die Teilung verursachten wirtschaftlichen Nachteile erforderlich sind. Der Rat kann fünf Jahre nach dem Inkrafttreten des Vertrags von Lissabon auf Vorschlag der Kommission einen Beschluss erlassen, mit dem dieser Buchstabe aufgehoben wird.

(3) Als mit dem Binnenmarkt vereinbar können angesehen werden:

a) Beihilfen zur Förderung der wirtschaftlichen Entwicklung von Gebieten, in denen die Lebenshaltung außergewöhnlich niedrig ist oder eine erhebliche Unterbeschäftigung herrscht, sowie der in Artikel 349 genannten Gebiete unter Berücksichtigung ihrer strukturellen, wirtschaftlichen und sozialen Lage;
b) Beihilfen zur Förderung wichtiger Vorhaben von gemeinsamem europäischem Interesse oder zur Behebung einer beträchtlichen Störung im Wirtschaftsleben eines Mitgliedstaats;
c) Beihilfen zur Förderung der Entwicklung gewisser Wirtschaftszweige oder Wirtschaftsgebiete, soweit sie die Handelsbedingungen nicht in einer Weise verändern, die dem gemeinsamen Interesse zuwiderläuft;
d) Beihilfen zur Förderung der Kultur und der Erhaltung des kulturellen Erbes, soweit sie die Handels- und Wettbewerbsbedingungen in der Union nicht in einem Maß beeinträchtigen, das dem gemeinsamen Interesse zuwiderläuft;
e) sonstige Arten von Beihilfen, die der Rat durch einen Beschluss auf Vorschlag der Kommission bestimmt.

Art. 108 [Beihilfeaufsicht] (1) [1]Die Kommission überprüft fortlaufend in Zusammenarbeit mit den Mitgliedstaaten die in diesen bestehenden Beihilferegelungen. [2]Sie schlägt ihnen die zweckdienlichen Maßnahmen vor, welche die fortschreitende Entwicklung und das Funktionieren des Binnenmarkts erfordern.

(2) *[1]* Stellt die Kommission fest, nachdem sie den Beteiligten eine Frist zur Äußerung gesetzt hat, dass eine von einem Staat oder aus staatlichen Mitteln gewährte Beihilfe mit dem Binnenmarkt nach Artikel 107 unvereinbar ist oder dass sie missbräuchlich angewandt wird, so beschließt sie, dass der betreffende Staat sie binnen einer von ihr bestimmten Frist aufzuheben oder umzugestalten hat.

[2] Kommt der betreffende Staat diesem Beschluss innerhalb der festgesetzten Frist nicht nach, so kann die Kommission oder jeder betroffene Staat in Abweichung von den Artikeln 258 und 259 den Gerichtshof der Europäischen Union unmittelbar anrufen.

[3] [1] Der Rat kann einstimmig auf Antrag eines Mitgliedstaats beschließen, dass eine von diesem Staat gewährte oder geplante Beihilfe in Abweichung von Artikel 107 oder von den nach Artikel 109 erlassenen Verordnungen als mit dem Binnenmarkt vereinbar gilt, wenn außergewöhnliche Umstände einen solchen Beschluss rechtfertigen. [2] Hat die Kommission bezüglich dieser Beihilfe das in Unterabsatz 1 dieses Absatzes vorgesehene Verfahren bereits eingeleitet, so bewirkt der Antrag des betreffenden Staates an den Rat die Aussetzung dieses Verfahrens, bis der Rat sich geäußert hat.

[4] Äußert sich der Rat nicht binnen drei Monaten nach Antragstellung, so beschließt die Kommission.

(3) [1] Die Kommission wird von jeder beabsichtigten Einführung oder Umgestaltung von Beihilfen so rechtzeitig unterrichtet, dass sie sich dazu äußern kann. [2] Ist sie der Auffassung, dass ein derartiges Vorhaben nach Artikel 107 mit dem Binnenmarkt unvereinbar ist, so leitet sie unverzüglich das in Absatz 2 vorgesehene Verfahren ein. [3] Der betreffende Mitgliedstaat darf die beabsichtigte Maßnahme nicht durchführen, bevor die Kommission einen abschließenden Beschluss erlassen hat.

(4) Die Kommission kann Verordnungen zu den Arten von staatlichen Beihilfen erlassen, für die der Rat nach Artikel 109 festgelegt hat, dass sie von dem Verfahren nach Absatz 3 ausgenommen werden können.

Art. 109 [Erlass von Durchführungsverordnungen] Der Rat kann auf Vorschlag der Kommission und nach Anhörung des Europäischen Parlaments alle zweckdienlichen Durchführungsverordnungen zu den Artikeln 107 und 108 erlassen und insbesondere die Bedingungen für die Anwendung des Artikels 108 Absatz 3 sowie diejenigen Arten von Beihilfen festlegen, die von diesem Verfahren ausgenommen sind.

Kapitel 2. Steuerliche Vorschriften

Art. 110 [Diskriminierungs- und Protektionsverbot] *[1]* Die Mitgliedstaaten erheben auf Waren aus anderen Mitgliedstaaten weder unmittelbar noch mittelbar höhere inländische Abgaben gleich welcher Art, als gleichartige inländische Waren unmittelbar oder mittelbar zu tragen haben.

[2] Die Mitgliedstaaten erheben auf Waren aus anderen Mitgliedstaaten keine inländischen Abgaben, die geeignet sind, andere Produktionen mittelbar zu schützen.

Art. 111 [Privilegierungsverbot für Rückvergütungen] Werden Waren in das Hoheitsgebiet eines Mitgliedstaats ausgeführt, so darf die Rückvergütung für inländische Abgaben nicht höher sein als die auf die ausgeführten Waren mittelbar oder unmittelbar erhobenen inländischen Abgaben.

Art. 112 [Kompensationsverbot unter Genehmigungsvorbehalt]

Für Abgaben außer Umsatzsteuern, Verbrauchsabgaben und sonstigen indirekten Steuern sind Entlastungen und Rückvergütungen bei der Ausfuhr nach anderen Mitgliedstaaten sowie Ausgleichsabgaben bei der Einfuhr aus den Mitgliedstaaten nur zulässig, soweit der Rat sie vorher auf Vorschlag der Kommission für eine begrenzte Frist genehmigt hat.

Art. 113 [Harmonisierung der indirekten Steuern] Der Rat erlässt gemäß einem besonderen Gesetzgebungsverfahren und nach Anhörung des Europäischen Parlaments und des Wirtschafts- und Sozialausschusses einstimmig die Bestimmungen zur Harmonisierung der Rechtsvorschriften über die Umsatzsteuern, die Verbrauchsabgaben und sonstige indirekte Steuern, soweit diese Harmonisierung für die Errichtung und das Funktionieren des Binnenmarkts und die Vermeidung von Wettbewerbsverzerrungen notwendig ist.

Kapitel 3. Angleichung der Rechtsvorschriften

Art. 114 [Rechtsangleichung im Binnenmarkt] (1) [1] Soweit in den Verträgen nichts anderes bestimmt ist, gilt für die Verwirklichung der Ziele des Artikels 26 die nachstehende Regelung. [2] Das Europäische Parlament und der Rat erlassen gemäß dem ordentlichen Gesetzgebungsverfahren und nach Anhörung des Wirtschafts- und Sozialausschusses die Maßnahmen zur Angleichung der Rechts- und Verwaltungsvorschriften der Mitgliedstaaten, welche die Errichtung und das Funktionieren des Binnenmarkts zum Gegenstand haben.

(2) Absatz 1 gilt nicht für die Bestimmungen über die Steuern, die Bestimmungen über die Freizügigkeit und die Bestimmungen über die Rechte und Interessen der Arbeitnehmer.

(3) [1] Die Kommission geht in ihren Vorschlägen nach Absatz 1 in den Bereichen Gesundheit, Sicherheit, Umweltschutz und Verbraucherschutz von einem hohen Schutzniveau aus und berücksichtigt dabei insbesondere alle auf wissenschaftliche Ergebnisse gestützten neuen Entwicklungen. [2] Im Rahmen ihrer jeweiligen Befugnisse streben das Europäische Parlament und der Rat dieses Ziel ebenfalls an.

(4) Hält es ein Mitgliedstaat nach dem Erlass einer Harmonisierungsmaßnahme durch das Europäische Parlament und den Rat beziehungsweise durch den Rat oder die Kommission für erforderlich, einzelstaatliche Bestimmungen beizubehalten, die durch wichtige Erfordernisse im Sinne des Artikels 36 oder in Bezug auf den Schutz der Arbeitsumwelt oder den Umweltschutz gerechtfertigt sind, so teilt er diese Bestimmungen sowie die Gründe für ihre Beibehaltung der Kommission mit.

(5) Unbeschadet des Absatzes 4 teilt ferner ein Mitgliedstaat, der es nach dem Erlass einer Harmonisierungsmaßnahme durch das Europäische Parlament und den Rat beziehungsweise durch den Rat oder die Kommission für erforderlich hält, auf neue wissenschaftliche Erkenntnisse gestützte einzelstaatliche

Bestimmungen zum Schutz der Umwelt oder der Arbeitsumwelt aufgrund eines spezifischen Problems für diesen Mitgliedstaat, das sich nach dem Erlass der Harmonisierungsmaßnahme ergibt, einzuführen, die in Aussicht genommenen Bestimmungen sowie die Gründe für ihre Einführung der Kommission mit.

(6) *[1]* Die Kommission beschließt binnen sechs Monaten nach den Mitteilungen nach den Absätzen 4 und 5, die betreffenden einzelstaatlichen Bestimmungen zu billigen oder abzulehnen, nachdem sie geprüft hat, ob sie ein Mittel zur willkürlichen Diskriminierung und eine verschleierte Beschränkung des Handels zwischen den Mitgliedstaaten darstellen und ob sie das Funktionieren des Binnenmarkts behindern.

[2] Erlässt die Kommission innerhalb dieses Zeitraums keinen Beschluss, so gelten die in den Absätzen 4 und 5 genannten einzelstaatlichen Bestimmungen als gebilligt.

[3] Die Kommission kann, sofern dies aufgrund des schwierigen Sachverhalts gerechtfertigt ist und keine Gefahr für die menschliche Gesundheit besteht, dem betreffenden Mitgliedstaat mitteilen, dass der in diesem Absatz genannte Zeitraum gegebenenfalls um einen weiteren Zeitraum von bis zu sechs Monaten verlängert wird.

(7) Wird es einem Mitgliedstaat nach Absatz 6 gestattet, von der Harmonisierungsmaßnahme abweichende einzelstaatliche Bestimmungen beizubehalten oder einzuführen, so prüft die Kommission unverzüglich, ob sie eine Anpassung dieser Maßnahme vorschlägt.

(8) Wirft ein Mitgliedstaat in einem Bereich, der zuvor bereits Gegenstand von Harmonisierungsmaßnahmen war, ein spezielles Gesundheitsproblem auf, so teilt er dies der Kommission mit, die dann umgehend prüft, ob sie dem Rat entsprechende Maßnahmen vorschlägt.

(9) In Abweichung von dem Verfahren der Artikel 258 und 259 kann die Kommission oder ein Mitgliedstaat den Gerichtshof der Europäischen Union unmittelbar anrufen, wenn die Kommission oder der Staat der Auffassung ist, dass ein anderer Mitgliedstaat die in diesem Artikel vorgesehenen Befugnisse missbraucht.

(10) Die vorgenannten Harmonisierungsmaßnahmen sind in geeigneten Fällen mit einer Schutzklausel verbunden, welche die Mitgliedstaaten ermächtigt, aus einem oder mehreren der in Artikel 36 genannten nichtwirtschaftlichen Gründe vorläufige Maßnahmen zu treffen, die einem Kontrollverfahren der Union unterliegen.

Art. 115 [Nationales Recht mit unmittelbarer Auswirkung auf den Binnenmarkt; Rechtsangleichung] Unbeschadet des Artikels 114 erlässt der Rat gemäß einem besonderen Gesetzgebungsverfahren einstimmig und nach Anhörung des Europäischen Parlaments und des Wirtschafts- und Sozialausschusses Richtlinien für die Angleichung derjenigen Rechts- und Verwaltungsvorschriften der Mitgliedstaaten, die sich unmittelbar auf die Errichtung oder das Funktionieren des Binnenmarkts auswirken.

Art. 116 [Behandlung bestehender wettbewerbsverzerrender Vorschriften] *[1]* Stellt die Kommission fest, dass vorhandene Unterschiede in den Rechts- und Verwaltungsvorschriften der Mitgliedstaaten die Wettbewerbsbedingungen auf dem Binnenmarkt verfälschen und dadurch eine Verzerrung hervorrufen, die zu beseitigen ist, so tritt sie mit den betreffenden Mitgliedstaaten in Beratungen ein.

[2] [1] Führen diese Beratungen nicht zur Beseitigung dieser Verzerrung, so erlassen das Europäische Parlament und der Rat gemäß dem ordentlichen Gesetzgebungsverfahren die erforderlichen Richtlinien. [2] Es können alle sonstigen in den Verträgen vorgesehenen zweckdienlichen Maßnahmen erlassen werden.

Art. 117 [Behandlung geplanter wettbewerbsverzerrender Vorschriften] (1) [1] Ist zu befürchten, dass der Erlass oder die Änderung einer Rechts- oder Verwaltungsvorschrift eine Verzerrung im Sinne des Artikels 116 verursacht, so setzt sich der Mitgliedstaat, der diese Maßnahmen beabsichtigt, mit der Kommission ins Benehmen. [2] Diese empfiehlt nach Beratung mit den Mitgliedstaaten den beteiligten Staaten die zur Vermeidung dieser Verzerrung geeigneten Maßnahmen.

(2) [1] Kommt der Staat, der innerstaatliche Vorschriften erlassen oder ändern will, der an ihn gerichteten Empfehlung der Kommission nicht nach, so kann nicht gemäß Artikel 116 verlangt werden, dass die anderen Mitgliedstaaten ihre innerstaatlichen Vorschriften ändern, um die Verzerrung zu beseitigen. [2] Verursacht ein Mitgliedstaat, der die Empfehlung der Kommission außer acht lässt, eine Verzerrung lediglich zu seinem eigenen Nachteil, so findet Artikel 116 keine Anwendung.

Art. 118 [Schutz des geistigen Eigentums] *[1]* Im Rahmen der Verwirklichung oder des Funktionierens des Binnenmarkts erlassen das Europäische Parlament und der Rat gemäß dem ordentlichen Gesetzgebungsverfahren Maßnahmen zur Schaffung europäischer Rechtstitel über einen einheitlichen Schutz der Rechte des geistigen Eigentums in der Union sowie zur Einführung von zentralisierten Zulassungs-, Koordinierungs- und Kontrollregelungen auf Unionsebene.

[2] [1] Der Rat legt gemäß einem besonderen Gesetzgebungsverfahren durch Verordnungen die Sprachenregelungen für die europäischen Rechtstitel fest. [2] Der Rat beschließt einstimmig nach Anhörung des Europäischen Parlaments.

Titel VIII. Die Wirtschafts- und Währungspolitik

Art. 119 [Europäische Wirtschaftsverfassung; Grundsätze] (1) Die Tätigkeit der Mitgliedstaaten und der Union im Sinne des Artikels 3 des Vertrags über die Europäische Union[1)] umfasst nach Maßgabe der Verträge die Einführung einer Wirtschaftspolitik, die auf einer engen Koordinierung der Wirtschaftspolitik der Mitgliedstaaten, dem Binnenmarkt und der Festlegung gemeinsamer Ziele beruht und dem Grundsatz einer offenen Marktwirtschaft mit freiem Wettbewerb verpflichtet ist.

(2) Parallel dazu umfasst diese Tätigkeit nach Maßgabe der Verträge und der darin vorgesehenen Verfahren eine einheitliche Währung, den Euro, sowie die Festlegung und Durchführung einer einheitlichen Geld- sowie Wechselkurspolitik, die beide vorrangig das Ziel der Preisstabilität verfolgen und unbe-

---

[1)] Nr. **1**.

schadet dieses Zieles die allgemeine Wirtschaftspolitik in der Union unter Beachtung des Grundsatzes einer offenen Marktwirtschaft mit freiem Wettbewerb unterstützen sollen.

(3) Diese Tätigkeit der Mitgliedstaaten und der Union setzt die Einhaltung der folgenden richtungsweisenden Grundsätze voraus: stabile Preise, gesunde öffentliche Finanzen und monetäre Rahmenbedingungen sowie eine tragfähige Zahlungsbilanz.

Kapitel 1. Die Wirtschaftspolitik

Art. 120 [Marktwirtschaftliche Ausrichtung] [1]Die Mitgliedstaaten richten ihre Wirtschaftspolitik so aus, dass sie im Rahmen der in Artikel 121 Absatz 2 genannten Grundzüge zur Verwirklichung der Ziele der Union im Sinne des Artikels 3 des Vertrags über die Europäische Union[1)] beitragen. [2]Die Mitgliedstaaten und die Union handeln im Einklang mit dem Grundsatz einer offenen Marktwirtschaft mit freiem Wettbewerb, wodurch ein effizienter Einsatz der Ressourcen gefördert wird, und halten sich dabei an die in Artikel 119 genannten Grundsätze.

Art. 121 [Koordinierung der Wirtschaftspolitik] (1) Die Mitgliedstaaten betrachten ihre Wirtschaftspolitik als eine Angelegenheit von gemeinsamem Interesse und koordinieren sie im Rat nach Maßgabe des Artikels 120.

(2) *[1]* Der Rat erstellt auf Empfehlung der Kommission einen Entwurf für die Grundzüge der Wirtschaftspolitik der Mitgliedstaaten und der Union und erstattet dem Europäischen Rat hierüber Bericht.

[2] Der Europäische Rat erörtert auf der Grundlage dieses Berichtes des Rates eine Schlussfolgerung zu den Grundzügen der Wirtschaftspolitik der Mitgliedstaaten und der Union.

[3] [1]Auf der Grundlage dieser Schlussfolgerung verabschiedet der Rat eine Empfehlung, in der diese Grundzüge dargelegt werden. [2]Der Rat unterrichtet das Europäische Parlament über seine Empfehlung.

(3) *[1]* Um eine engere Koordinierung der Wirtschaftspolitik und eine dauerhafte Konvergenz der Wirtschaftsleistungen der Mitgliedstaaten zu gewährleisten, überwacht der Rat anhand von Berichten der Kommission die wirtschaftliche Entwicklung in jedem Mitgliedstaat und in der Union sowie die Vereinbarkeit der Wirtschaftspolitik mit den in Absatz 2 genannten Grundzügen und nimmt in regelmäßigen Abständen eine Gesamtbewertung vor.

[2] Zum Zwecke dieser multilateralen Überwachung übermitteln die Mitgliedstaaten der Kommission Angaben zu wichtigen einzelstaatlichen Maßnahmen auf dem Gebiet ihrer Wirtschaftspolitik sowie weitere von ihnen für erforderlich erachtete Angaben.

(4) *[1]* [1]Wird im Rahmen des Verfahrens nach Absatz 3 festgestellt, dass die Wirtschaftspolitik eines Mitgliedstaats nicht mit den in Absatz 2 genannten Grundzügen vereinbar ist oder das ordnungsgemäße Funktionieren der Wirtschafts- und Währungsunion zu gefährden droht, so kann die Kommission eine Verwarnung an den betreffenden Mitgliedstaat richten. [2]Der Rat kann auf Empfehlung der Kommission die erforderlichen Empfehlungen an den betref-

---

[1)] Nr. **1**.

fenden Mitgliedstaat richten. [3]Der Rat kann auf Vorschlag der Kommission beschließen, seine Empfehlungen zu veröffentlichen.

[2] Der Rat beschließt im Rahmen dieses Absatzes ohne Berücksichtigung der Stimme des den betreffenden Mitgliedstaat vertretenden Mitglieds des Rates.

[3] Die qualifizierte Mehrheit der übrigen Mitglieder des Rates bestimmt sich nach Artikel 238 Absatz 3 Buchstabe a.

(5) [1]Der Präsident des Rates und die Kommission erstatten dem Europäischen Parlament über die Ergebnisse der multilateralen Überwachung Bericht. [2]Der Präsident des Rates kann ersucht werden, vor dem zuständigen Ausschuss des Europäischen Parlaments zu erscheinen, wenn der Rat seine Empfehlungen veröffentlicht hat.

(6) Das Europäische Parlament und der Rat können gemäß dem ordentlichen Gesetzgebungsverfahren durch Verordnungen die Einzelheiten des Verfahrens der multilateralen Überwachung im Sinne der Absätze 3 und 4 festlegen.

Art. 122 [Gravierende Schwierigkeiten] (1) Der Rat kann auf Vorschlag der Kommission unbeschadet der sonstigen in den Verträgen vorgesehenen Verfahren im Geiste der Solidarität zwischen den Mitgliedstaaten über die der Wirtschaftslage angemessenen Maßnahmen beschließen, insbesondere falls gravierende Schwierigkeiten in der Versorgung mit bestimmten Waren, vor allem im Energiebereich, auftreten.

(2) [1]Ist ein Mitgliedstaat aufgrund von Naturkatastrophen oder außergewöhnlichen Ereignissen, die sich seiner Kontrolle entziehen, von Schwierigkeiten betroffen oder von gravierenden Schwierigkeiten ernstlich bedroht, so kann der Rat auf Vorschlag der Kommission beschließen, dem betreffenden Mitgliedstaat unter bestimmten Bedingungen einen finanziellen Beistand der Union zu gewähren. [2]Der Präsident des Rates unterrichtet das Europäische Parlament über den Beschluss.

Art. 123 [Verbot von Kreditfazilitäten für öffentliche Einrichtungen]
(1) Überziehungs- oder andere Kreditfazilitäten bei der Europäischen Zentralbank oder den Zentralbanken der Mitgliedstaaten (im Folgenden als „nationale Zentralbanken" bezeichnet) für Organe, Einrichtungen oder sonstige Stellen der Union, Zentralregierungen, regionale oder lokale Gebietskörperschaften oder andere öffentlich-rechtliche Körperschaften, sonstige Einrichtungen des öffentlichen Rechts oder öffentliche Unternehmen der Mitgliedstaaten sind ebenso verboten wie der unmittelbare Erwerb von Schuldtiteln von diesen durch die Europäische Zentralbank oder die nationalen Zentralbanken.

(2) Die Bestimmungen des Absatzes 1 gelten nicht für Kreditinstitute in öffentlichem Eigentum; diese werden von der jeweiligen nationalen Zentralbank und der Europäischen Zentralbank, was die Bereitstellung von Zentralbankgeld betrifft, wie private Kreditinstitute behandelt.

Art. 124 [Verbot bevorrechtigten Zugangs zu Finanzinstituten für öffentliche Einrichtungen] Maßnahmen, die nicht aus aufsichtsrechtlichen Gründen getroffen werden und einen bevorrechtigten Zugang der Organe, Einrichtungen oder sonstigen Stellen der Union, der Zentralregierungen, der regionalen oder lokalen Gebietskörperschaften oder anderen öffentlich-rechtlichen Körperschaften, sonstiger Einrichtungen des öffentlichen Rechts oder öffentlicher Unternehmen der Mitgliedstaaten zu den Finanzinstituten schaffen, sind verboten.

Art. 125 [Haftungsausschlüsse] (1) [1] Die Union haftet nicht für die Verbindlichkeiten der Zentralregierungen, der regionalen oder lokalen Gebietskörperschaften oder anderen öffentlich-rechtlichen Körperschaften, sonstiger Einrichtungen des öffentlichen Rechts oder öffentlicher Unternehmen von Mitgliedstaaten und tritt nicht für derartige Verbindlichkeiten ein; dies gilt unbeschadet der gegenseitigen finanziellen Garantien für die gemeinsame Durchführung eines bestimmten Vorhabens. [2] Ein Mitgliedstaat haftet nicht für die Verbindlichkeiten der Zentralregierungen, der regionalen oder lokalen Gebietskörperschaften oder anderen öffentlich-rechtlichen Körperschaften, sonstiger Einrichtungen des öffentlichen Rechts oder öffentlicher Unternehmen eines anderen Mitgliedstaats und tritt nicht für derartige Verbindlichkeiten ein; dies gilt unbeschadet der gegenseitigen finanziellen Garantien für die gemeinsame Durchführung eines bestimmten Vorhabens.

(2) Der Rat kann erforderlichenfalls auf Vorschlag der Kommission und nach Anhörung des Europäischen Parlaments die Definitionen für die Anwendung der in den Artikeln 123 und 124 sowie in diesem Artikel vorgesehenen Verbote näher bestimmen.

Art. 126 [Vermeidung übermäßiger Defizite; Haushaltsdisziplin]

(1) Die Mitgliedstaaten vermeiden übermäßige öffentliche Defizite.

(2) [1] Die Kommission überwacht die Entwicklung der Haushaltslage und der Höhe des öffentlichen Schuldenstands in den Mitgliedstaaten im Hinblick auf die Feststellung schwerwiegender Fehler. [2] Insbesondere prüft sie die Einhaltung der Haushaltsdisziplin anhand von zwei Kriterien, nämlich daran,

a) ob das Verhältnis des geplanten oder tatsächlichen öffentlichen Defizits zum Bruttoinlandsprodukt einen bestimmten Referenzwert überschreitet, es sei denn, dass
   - entweder das Verhältnis erheblich und laufend zurückgegangen ist und einen Wert in der Nähe des Referenzwerts erreicht hat
   - oder der Referenzwert nur ausnahmsweise und vorübergehend überschritten wird und das Verhältnis in der Nähe des Referenzwerts bleibt,

b) ob das Verhältnis des öffentlichen Schuldenstands zum Bruttoinlandsprodukt einen bestimmten Referenzwert überschreitet, es sei denn, dass das Verhältnis hinreichend rückläufig ist und sich rasch genug dem Referenzwert nähert.

[3] Die Referenzwerte werden in einem den Verträgen beigefügten Protokoll über das Verfahren bei einem übermäßigen Defizit[1)] im Einzelnen festgelegt.

(3) *[1]* [1] Erfüllt ein Mitgliedstaat keines oder nur eines dieser Kriterien, so erstellt die Kommission einen Bericht. [2] In diesem Bericht wird berücksichtigt, ob das öffentliche Defizit die öffentlichen Ausgaben für Investitionen übertrifft; berücksichtigt werden ferner alle sonstigen einschlägigen Faktoren, einschließlich der mittelfristigen Wirtschafts- und Haushaltslage des Mitgliedstaats.

[1)] Nr. **35**.

[2] Die Kommission kann ferner einen Bericht erstellen, wenn sie ungeachtet der Erfüllung der Kriterien der Auffassung ist, dass in einem Mitgliedstaat die Gefahr eines übermäßigen Defizits besteht.

(4) Der Wirtschafts- und Finanzausschuss gibt eine Stellungnahme zu dem Bericht der Kommission ab.

(5) Ist die Kommission der Auffassung, dass in einem Mitgliedstaat ein übermäßiges Defizit besteht oder sich ergeben könnte, so legt sie dem betreffenden Mitgliedstaat eine Stellungnahme vor und unterrichtet den Rat.

(6) Der Rat beschließt auf Vorschlag der Kommission und unter Berücksichtigung der Bemerkungen, die der betreffende Mitgliedstaat gegebenenfalls abzugeben wünscht, nach Prüfung der Gesamtlage, ob ein übermäßiges Defizit besteht.

(7) [1] Stellt der Rat nach Absatz 6 ein übermäßiges Defizit fest, so richtet er auf Empfehlung der Kommission unverzüglich Empfehlungen an den betreffenden Mitgliedstaat mit dem Ziel, dieser Lage innerhalb einer bestimmten Frist abzuhelfen. [2] Vorbehaltlich des Absatzes 8 werden diese Empfehlungen nicht veröffentlicht.

(8) Stellt der Rat fest, dass seine Empfehlungen innerhalb der gesetzten Frist keine wirksamen Maßnahmen ausgelöst haben, so kann er seine Empfehlungen veröffentlichen.

(9) [1] Falls ein Mitgliedstaat den Empfehlungen des Rates weiterhin nicht Folge leistet, kann der Rat beschließen, den Mitgliedstaat mit der Maßgabe in Verzug zu setzen, innerhalb einer bestimmten Frist Maßnahmen für den nach Auffassung des Rates zur Sanierung erforderlichen Defizitabbau zu treffen.

[2] Der Rat kann in diesem Fall den betreffenden Mitgliedstaat ersuchen, nach einem konkreten Zeitplan Berichte vorzulegen, um die Anpassungsbemühungen des Mitgliedstaats überprüfen zu können.

(10) Das Recht auf Klageerhebung nach den Artikeln 258 und 259 kann im Rahmen der Absätze 1 bis 9 dieses Artikels nicht ausgeübt werden.

(11) [1] Solange ein Mitgliedstaat einen Beschluss nach Absatz 9 nicht befolgt, kann der Rat beschließen, eine oder mehrere der nachstehenden Maßnahmen anzuwenden oder gegebenenfalls zu verschärfen, nämlich

- von dem betreffenden Mitgliedstaat verlangen, vor der Emission von Schuldverschreibungen und sonstigen Wertpapieren vom Rat näher zu bezeichnende zusätzliche Angaben zu veröffentlichen,
- die Europäische Investitionsbank ersuchen, ihre Darlehenspolitik gegenüber dem Mitgliedstaat zu überprüfen,
- von dem Mitgliedstaat verlangen, eine unverzinsliche Einlage in angemessener Höhe bei der Union zu hinterlegen, bis das übermäßige Defizit nach Ansicht des Rates korrigiert worden ist,
- Geldbußen in angemessener Höhe verhängen.

[2] Der Präsident des Rates unterrichtet das Europäische Parlament von den Beschlüssen.

(12) [1] Der Rat hebt einige oder sämtliche Beschlüsse oder Empfehlungen nach den Absätzen 6 bis 9 und 11 so weit auf, wie das übermäßige Defizit in dem betreffenden Mitgliedstaat nach Ansicht des Rates korrigiert worden ist. [2] Hat der Rat zuvor Empfehlungen veröffentlicht, so stellt er, sobald der Be-

schluss nach Absatz 8 aufgehoben worden ist, in einer öffentlichen Erklärung fest, dass in dem betreffenden Mitgliedstaat kein übermäßiges Defizit mehr besteht.

(13) *[1]* Die Beschlussfassung und die Empfehlungen des Rates nach den Absätzen 8, 9, 11 und 12 erfolgen auf Empfehlung der Kommission.

[2] Erlässt der Rat Maßnahmen nach den Absätzen 6 bis 9 sowie den Absätzen 11 und 12, so beschließt er ohne Berücksichtigung der Stimme des den betreffenden Mitgliedstaat vertretenden Mitglieds des Rates.

[3] Die qualifizierte Mehrheit der übrigen Mitglieder des Rates bestimmt sich nach Artikel 238 Absatz 3 Buchstabe a.

(14) *[1]* Weitere Bestimmungen über die Durchführung des in diesem Artikel beschriebenen Verfahrens sind in dem den Verträgen beigefügten Protokoll über das Verfahren bei einem übermäßigen Defizit enthalten.

[2] Der Rat verabschiedet gemäß einem besonderen Gesetzgebungsverfahren einstimmig und nach Anhörung des Europäischen Parlaments sowie der Europäischen Zentralbank die geeigneten Bestimmungen, die sodann das genannte Protokoll ablösen.

[3] Der Rat beschließt vorbehaltlich der sonstigen Bestimmungen dieses Absatzes auf Vorschlag der Kommission und nach Anhörung des Europäischen Parlaments nähere Einzelheiten und Begriffsbestimmungen für die Durchführung des genannten Protokolls.

Kapitel 2. Die Währungspolitik

Art. 127 [Ziele und Aufgaben des ESZB] (1) [1]Das vorrangige Ziel des Europäischen Systems der Zentralbanken (im Folgenden „ESZB") ist es, die Preisstabilität zu gewährleisten. [2]Soweit dies ohne Beeinträchtigung des Zieles der Preisstabilität möglich ist, unterstützt das ESZB die allgemeine Wirtschaftspolitik in der Union, um zur Verwirklichung der in Artikel 3 des Vertrags über die Europäische Union[1)] festgelegten Ziele der Union beizutragen. [3]Das ESZB handelt im Einklang mit dem Grundsatz einer offenen Marktwirtschaft mit freiem Wettbewerb, wodurch ein effizienter Einsatz der Ressourcen gefördert wird, und hält sich dabei an die in Artikel 119 genannten Grundsätze.

(2) Die grundlegenden Aufgaben des ESZB bestehen darin,
- die Geldpolitik der Union festzulegen und auszuführen,
- Devisengeschäfte im Einklang mit Artikel 219 durchzuführen,
- die offiziellen Währungsreserven der Mitgliedstaaten zu halten und zu verwalten,
- das reibungslose Funktionieren der Zahlungssysteme zu fördern.

(3) Absatz 2 dritter Gedankenstrich berührt nicht die Haltung und Verwaltung von Arbeitsguthaben in Fremdwährungen durch die Regierungen der Mitgliedstaaten.

(4) *[1]* Die Europäische Zentralbank wird gehört
- zu allen Vorschlägen für Rechtsakte der Union im Zuständigkeitsbereich der Europäischen Zentralbank,

---

[1)] Nr. **1**.

– von den nationalen Behörden zu allen Entwürfen für Rechtsvorschriften im Zuständigkeitsbereich der Europäischen Zentralbank, und zwar innerhalb der Grenzen und unter den Bedingungen, die der Rat nach dem Verfahren des Artikels 129 Absatz 4 festlegt.

[2] Die Europäischen Zentralbank kann gegenüber den zuständigen Organen, Einrichtungen und sonstigen Stellen der Union und gegenüber den nationalen Behörden Stellungnahmen zu in ihren Zuständigkeitsbereich fallenden Fragen abgeben.

(5) Das ESZB trägt zur reibungslosen Durchführung der von den zuständigen Behörden auf dem Gebiet der Aufsicht über die Kreditinstitute und der Stabilität des Finanzsystems ergriffenen Maßnahmen bei.

(6) Der Rat kann einstimmig durch Verordnungen gemäß einem besonderen Gesetzgebungsverfahren und nach Anhörung des Europäischen Parlaments und der Europäischen Zentralbank besondere Aufgaben im Zusammenhang mit der Aufsicht über Kreditinstitute und sonstige Finanzinstitute mit Ausnahme von Versicherungsunternehmen der Europäischen Zentralbank übertragen.

Art. 128 [Ausgabe von Banknoten und Münzen] (1) [1]Die Europäische Zentralbank hat das ausschließliche Recht, die Ausgabe von Euro-Banknoten innerhalb der Union zu genehmigen. [2]Die Europäische Zentralbank und die nationalen Zentralbanken sind zur Ausgabe dieser Banknoten berechtigt. [3]Die von der Europäischen Zentralbank und den nationalen Zentralbanken ausgegebenen Banknoten sind die einzigen Banknoten, die in der Union als gesetzliches Zahlungsmittel gelten.

(2) [1]Die Mitgliedstaaten haben das Recht zur Ausgabe von Euro-Münzen, wobei der Umfang dieser Ausgabe der Genehmigung durch die Europäische Zentralbank bedarf. [2]Der Rat kann auf Vorschlag der Kommission und nach Anhörung des Europäischen Parlaments und der Europäischen Zentralbank Maßnahmen erlassen, um die Stückelung und die technischen Merkmale aller für den Umlauf bestimmten Münzen so weit zu harmonisieren, wie dies für deren reibungslosen Umlauf innerhalb der Union erforderlich ist.

Art. 129 [Struktur des ESZB; Satzung] (1) Das ESZB wird von den Beschlussorganen der Europäischen Zentralbank, nämlich dem Rat der Europäischen Zentralbank und dem Direktorium, geleitet.

(2) Die Satzung des Europäischen Systems der Zentralbanken und der Europäischen Zentralbank[1)] (im Folgenden „Satzung des ESZB und der EZB“) ist in einem den Verträgen beigefügten Protokoll festgelegt.

(3) [1]Das Europäische Parlament und der Rat können die Artikel 5.1, 5.2, 5.3, 17, 18, 19.1, 22, 23, 24, 26, 32.2, 32.3, 32.4, 32.6, 33.1 Buchstabe a und 36 der Satzung des ESZB und der EZB gemäß dem ordentlichen Gesetzgebungsverfahren ändern. [2]Sie beschließen entweder auf Empfehlung der Europäischen Zentralbank nach Anhörung der Kommission oder auf Empfehlung der Kommission nach Anhörung der Europäischen Zentralbank.

(4) Der Rat erlässt entweder auf Vorschlag der Kommission und nach Anhörung des Europäischen Parlaments und der Europäischen Zentralbank oder auf

1) Nr. **33**.

Empfehlung der Europäischen Zentralbank und nach Anhörung des Europäischen Parlaments und der Kommission die in den Artikeln 4, 5.4, 19.2, 20, 28.1, 29.2, 30.4 und 34.3 der Satzung des ESZB und der EZB genannten Bestimmungen.

Art. 130 [Unabhängigkeit von EZB und nationalen Zentralbanken]

[1] Bei der Wahrnehmung der ihnen durch die Verträge und die Satzung des ESZB und der EZB[1)] übertragenen Befugnisse, Aufgaben und Pflichten darf weder die Europäische Zentralbank noch eine nationale Zentralbank noch ein Mitglied ihrer Beschlussorgane Weisungen von Organen, Einrichtungen oder sonstigen Stellen der Union, Regierungen der Mitgliedstaaten oder anderen Stellen einholen oder entgegennehmen. [2] Die Organe, Einrichtungen oder sonstigen Stellen der Union sowie die Regierungen der Mitgliedstaaten verpflichten sich, diesen Grundsatz zu beachten und nicht zu versuchen, die Mitglieder der Beschlussorgane der Europäischen Zentralbank oder der nationalen Zentralbanken bei der Wahrnehmung ihrer Aufgaben zu beeinflussen.

Art. 131 [Anpassungspflicht der Mitgliedstaaten] Jeder Mitgliedstaat stellt sicher, dass seine innerstaatlichen Rechtsvorschriften einschließlich der Satzung seiner nationalen Zentralbank mit den Verträgen sowie mit der Satzung des ESZB und der EZB[1)] im Einklang stehen.

Art. 132 [Rechtsakte] (1) Zur Erfüllung der dem ESZB übertragenen Aufgaben werden von der Europäischen Zentralbank gemäß den Verträgen und unter den in der Satzung des ESZB und der EZB[1)] vorgesehenen Bedingungen

- Verordnungen erlassen, insoweit dies für die Erfüllung der in Artikel 3.1 erster Gedankenstrich, Artikel 19.1, Artikel 22 oder Artikel 25.2 der Satzung des ESZB und der EZB festgelegten Aufgaben erforderlich ist; sie erlässt Verordnungen ferner in den Fällen, die in den Rechtsakten des Rates nach Artikel 129 Absatz 4 vorgesehen werden,
- Beschlüsse erlassen, die zur Erfüllung der dem ESZB nach den Verträgen und der Satzung des ESZB und der EZB übertragenen Aufgaben erforderlich sind,
- Empfehlungen und Stellungnahmen abgegeben.

(2) Die Europäische Zentralbank kann die Veröffentlichung ihrer Beschlüsse, Empfehlungen und Stellungnahmen beschließen.

(3) Innerhalb der Grenzen und unter den Bedingungen, die der Rat nach dem Verfahren des Artikels 129 Absatz 4 festlegt, ist die Europäische Zentralbank befugt, Unternehmen bei Nichteinhaltung der Verpflichtungen, die sich aus ihren Verordnungen und Beschlüssen ergeben, mit Geldbußen oder in regelmäßigen Abständen zu zahlenden Zwangsgeldern zu belegen.

Art. 133 [Rechtsakte betreffend den Euro] [1] Unbeschadet der Befugnisse der Europäischen Zentralbank erlassen das Europäische Parlament und der Rat gemäß dem ordentlichen Gesetzgebungsverfahren die Maßnahmen, die für die Verwendung des Euro als einheitliche Währung erforderlich sind. [2] Diese Maßnahmen werden nach Anhörung der Europäischen Zentralbank erlassen.

[1)] Nr. **33**.

Kapitel 3. Institutionelle Bestimmungen

Art. 134 [Wirtschafts- und Finanzausschuss] (1) Um die Koordinierung der Politiken der Mitgliedstaaten in dem für das Funktionieren des Binnenmarkts erforderlichen Umfang zu fördern, wird ein Wirtschafts- und Finanzausschuss eingesetzt.

(2) *[1]* Der Wirtschafts- und Finanzausschuss hat die Aufgabe,

– auf Ersuchen des Rates oder der Kommission oder von sich aus Stellungnahmen an diese Organe abzugeben;
– die Wirtschafts- und Finanzlage der Mitgliedstaaten und der Union zu beobachten und dem Rat und der Kommission regelmäßig darüber Bericht zu erstatten, insbesondere über die finanziellen Beziehungen zu dritten Ländern und internationalen Einrichtungen;
– unbeschadet des Artikels 240 an der Vorbereitung der in Artikel 66, Artikel 75, Artikel 121 Absätze 2, 3, 4 und 6, Artikel 122, Artikel 124, Artikel 125, Artikel 126, Artikel 127 Absatz 6, Artikel 128 Absatz 2, Artikel 129 Absätze 3 und 4, Artikel 138, Artikel 140 Absätze 2 und 3, Artikel 143, Artikel 144 Absätze 2 und 3 und Artikel 219 genannten Arbeiten des Rates mitzuwirken und die sonstigen ihm vom Rat übertragenen Beratungsaufgaben und vorbereitenden Arbeiten auszuführen;
– mindestens einmal jährlich die Lage hinsichtlich des Kapitalverkehrs und der Freiheit des Zahlungsverkehrs, wie sie sich aus der Anwendung der Verträge und der Maßnahmen des Rates ergeben, zu prüfen; die Prüfung erstreckt sich auf alle Maßnahmen im Zusammenhang mit dem Kapital- und Zahlungsverkehr; der Ausschuss erstattet der Kommission und dem Rat Bericht über das Ergebnis dieser Prüfung.

[2] Jeder Mitgliedstaat sowie die Kommission und die Europäische Zentralbank ernennen jeweils höchstens zwei Mitglieder des Ausschusses.

(3) [1] Der Rat legt auf Vorschlag der Kommission und nach Anhörung der Europäische Zentralbank und des in diesem Artikel genannten Ausschusses im Einzelnen fest, wie sich der Wirtschafts- und Finanzausschuss zusammensetzt. [2] Der Präsident des Rates unterrichtet das Europäische Parlament über diesen Beschluss.

(4) Sofern und solange es Mitgliedstaaten gibt, für die eine Ausnahmeregelung nach Artikel 139 gilt, hat der Ausschuss zusätzlich zu den in Absatz 2 beschriebenen Aufgaben die Währungs- und Finanzlage sowie den allgemeinen Zahlungsverkehr der betreffenden Mitgliedstaaten zu beobachten und dem Rat und der Kommission regelmäßig darüber Bericht zu erstatten.

Art. 135 [Empfehlungen und Vorschläge der Kommission] [1] Bei Fragen, die in den Geltungsbereich von Artikel 121 Absatz 4, Artikel 126 mit Ausnahme von Absatz 14, Artikel 138, Artikel 140 Absatz 1, Artikel 140 Absatz 2 Unterabsatz 1, Artikel 140 Absatz 3 und Artikel 219 fallen, kann der Rat oder ein Mitgliedstaat die Kommission ersuchen, je nach Zweckmäßigkeit eine Empfehlung oder einen Vorschlag zu unterbreiten. [2] Die Kommission prüft dieses Ersuchen und unterbreitet dem Rat umgehend ihre Schlussfolgerungen.

Kapitel 4. Besondere Bestimmungen für die Mitgliedstaaten, deren Währung der Euro ist

Art. 136 [Haushaltsdisziplin; Grundzüge der Wirtschaftspolitik]

(1) Im Hinblick auf das reibungslose Funktionieren der Wirtschafts- und Währungsunion erlässt der Rat für die Mitgliedstaaten, deren Währung der Euro ist, Maßnahmen nach den einschlägigen Bestimmungen der Verträge und dem entsprechenden Verfahren unter den in den Artikeln 121 und 126 genannten Verfahren, mit Ausnahme des in Artikel 126 Absatz 14 genannten Verfahrens, um

a) die Koordinierung und Überwachung ihrer Haushaltsdisziplin zu verstärken,

b) für diese Staaten Grundzüge der Wirtschaftspolitik auszuarbeiten, wobei darauf zu achten ist, dass diese mit den für die gesamte Union angenommenen Grundzügen der Wirtschaftspolitik vereinbar sind, und ihre Einhaltung zu überwachen.

(2) *[1]* Bei den in Absatz 1 genannten Maßnahmen sind nur die Mitglieder des Rates stimmberechtigt, die die Mitgliedstaaten vertreten, deren Währung der Euro ist.

[2] Die qualifizierte Mehrheit dieser Mitglieder bestimmt sich nach Artikel 238 Absatz 3 Buchstabe a.

(3) [1] Die Mitgliedstaaten, deren Währung der Euro ist, können einen Stabilitätsmechanismus einrichten, der aktiviert wird, wenn dies unabdingbar ist, um die Stabilität des Euro-Währungsgebiets insgesamt zu wahren. [2] Die Gewährung aller erforderlichen Finanzhilfen im Rahmen des Mechanismus wird strengen Auflagen unterliegen.

Art. 137 [Tagungen der Euro-Gruppe] Die Einzelheiten für die Tagungen der Minister der Mitgliedstaaten, deren Währung der Euro ist, sind in dem Protokoll betreffend die Euro-Gruppe festgelegt.

Art. 138 [Euro im internationalen Währungssystem] (1) [1] Zur Gewährleistung der Stellung des Euro im internationalen Währungssystem erlässt der Rat auf Vorschlag der Kommission einen Beschluss zur Festlegung der innerhalb der zuständigen internationalen Einrichtungen und Konferenzen im Finanzbereich einzunehmenden gemeinsamen Standpunkte zu den Fragen, die von besonderer Bedeutung für die Wirtschafts- und Währungsunion sind. [2] Der Rat beschließt nach Anhörung der Europäischen Zentralbank.

(2) [1] Der Rat kann auf Vorschlag der Kommission geeignete Maßnahmen mit dem Ziel erlassen, eine einheitliche Vertretung bei den internationalen Einrichtungen und Konferenzen im Finanzbereich sicherzustellen. [2] Der Rat beschließt nach Anhörung der Europäischen Zentralbank.

(3) *[1]* Bei den in den Absätzen 1 und 2 genannten Maßnahmen sind nur die Mitglieder des Rates stimmberechtigt, die die Mitgliedstaaten vertreten, deren Währung der Euro ist.

[2] Die qualifizierte Mehrheit dieser Mitglieder bestimmt sich nach Artikel 238 Absatz 3 Buchstabe a.

Kapitel 5. Übergangsbestimmungen

Art. 139 [Mitgliedstaaten mit Ausnahmeregelung] (1) Die Mitgliedstaaten, für die der Rat nicht beschlossen hat, dass sie die erforderlichen Voraussetzungen für die Einführung des Euro erfüllen, werden im Folgenden als „Mitgliedstaaten, für die eine Ausnahmeregelung gilt" oder „Mitgliedstaaten mit Ausnahmeregelung" bezeichnet.

(2) *[1]* Auf die Mitgliedstaaten, für die eine Ausnahmeregelung gilt, finden die im Folgenden aufgeführten Bestimmungen der Verträge keine Anwendung:

a) Annahme der das Euro-Währungsgebiet generell betreffenden Teile der Grundzüge der Wirtschaftspolitik (Artikel 121 Absatz 2);

b) Zwangsmittel zum Abbau eines übermäßigen Defizits (Artikel 126 Absätze 9 und 11);

c) Ziele und Aufgaben des ESZB (Artikel 127 Absätze 1, 2, 3 und 5);

d) Ausgabe des Euro (Artikel 128);

e) Rechtsakte der Europäischen Zentralbank (Artikel 132);

f) Maßnahmen bezüglich der Verwendung des Euro (Artikel 133);

g) Währungsvereinbarungen und andere Maßnahmen bezüglich der Wechselkurspolitik (Artikel 219);

h) Ernennung der Mitglieder des Direktoriums der Europäischen Zentralbank (Artikel 283 Absatz 2);

i) Beschlüsse zur Festlegung der innerhalb der zuständigen internationalen Einrichtungen und Konferenzen im Finanzbereich einzunehmenden gemeinsamen Standpunkte zu den Fragen, die von besonderer Bedeutung für die Wirtschafts- und Währungsunion sind (Artikel 138 Absatz 1);

j) Maßnahmen zur Sicherstellung einer einheitlichen Vertretung bei den internationalen Einrichtungen und Konferenzen im Finanzbereich (Artikel 138 Absatz 2).

[2] Somit sind „Mitgliedstaaten" im Sinne der in den Buchstaben a bis j genannten Artikel die Mitgliedstaaten, deren Währung der Euro ist.

(3) Die Mitgliedstaaten, für die eine Ausnahmeregelung gilt, und deren nationale Zentralbanken sind nach Kapitel IX der Satzung des ESZB und der EZB[1)] von den Rechten und Pflichten im Rahmen des ESZB ausgeschlossen.

(4) *[1]* Das Stimmrecht der Mitglieder des Rates, die Mitgliedstaaten mit Ausnahmeregelung vertreten, ruht beim Erlass von Maßnahmen nach den in Absatz 2 genannten Artikeln durch den Rat sowie bei

a) Empfehlungen an die Mitgliedstaaten, deren Währung der Euro ist, im Rahmen der multilateralen Überwachung, einschließlich Empfehlungen zu den Stabilitätsprogrammen und Verwarnungen (Artikel 121 Absatz 4);

b) Maßnahmen bei übermäßigem Defizit von Mitgliedstaaten, deren Währung der Euro ist (Artikel 126 Absätze 6, 7, 8, 12 und 13).

[2] Die qualifizierte Mehrheit der übrigen Mitglieder des Rates bestimmt sich nach Artikel 238 Absatz 3 Buchstabe a.

---

1) Nr. **33**.

Art. 140 [Konvergenzbericht] (1) *[1]* [1]Mindestens einmal alle zwei Jahre oder auf Antrag eines Mitgliedstaats, für den eine Ausnahmeregelung gilt, berichten die Kommission und die Europäische Zentralbank dem Rat, inwieweit die Mitgliedstaaten, für die eine Ausnahmeregelung gilt, bei der Verwirklichung der Wirtschafts- und Währungsunion ihren Verpflichtungen bereits nachgekommen sind. [2]In ihren Berichten wird auch die Frage geprüft, inwieweit die innerstaatlichen Rechtsvorschriften jedes einzelnen dieser Mitgliedstaaten einschließlich der Satzung der jeweiligen nationalen Zentralbank mit Artikel 130 und Artikel 131 sowie der Satzung des ESZB und der EZB[1)] vereinbar sind. [3]Ferner wird darin geprüft, ob ein hoher Grad an dauerhafter Konvergenz erreicht ist; Maßstab hierfür ist, ob die einzelnen Mitgliedstaaten folgende Kriterien erfüllen:

- Erreichung eines hohen Grades an Preisstabilität, ersichtlich aus einer Inflationsrate, die der Inflationsrate jener – höchstens drei – Mitgliedstaaten nahe kommt, die auf dem Gebiet der Preisstabilität das beste Ergebnis erzielt haben;
- eine auf Dauer tragbare Finanzlage der öffentlichen Hand, ersichtlich aus einer öffentlichen Haushaltslage ohne übermäßiges Defizit im Sinne des Artikels 126 Absatz 6;
- Einhaltung der normalen Bandbreiten des Wechselkursmechanismus des Europäischen Währungssystems seit mindestens zwei Jahren ohne Abwertung gegenüber dem Euro;
- Dauerhaftigkeit der von dem Mitgliedstaat mit Ausnahmeregelung erreichten Konvergenz und seiner Teilnahme am Wechselkursmechanismus, die im Niveau der langfristigen Zinssätze zum Ausdruck kommt.

[2] [1]Die vier Kriterien in diesem Absatz sowie die jeweils erforderliche Dauer ihrer Einhaltung sind in einem den Verträgen beigefügten Protokoll näher festgelegt. [2]Die Berichte der Kommission und der Europäischen Zentralbank berücksichtigen auch die Ergebnisse bei der Integration der Märkte, den Stand und die Entwicklung der Leistungsbilanzen, die Entwicklung bei den Lohnstückkosten und andere Preisindizes.

(2) *[1]* Der Rat beschließt nach Anhörung des Europäischen Parlaments und nach Aussprache im Europäischen Rat auf Vorschlag der Kommission, welche der Mitgliedstaaten, für die eine Ausnahmeregelung gilt, die auf den Kriterien des Absatzes 1 beruhenden Voraussetzungen erfüllen, und hebt die Ausnahmeregelungen der betreffenden Mitgliedstaaten auf.

[2] Der Rat beschließt auf Empfehlung einer qualifizierten Mehrheit derjenigen seiner Mitglieder, die Mitgliedstaaten vertreten, deren Währung der Euro ist. Diese Mitglieder beschließen innerhalb von sechs Monaten nach Eingang des Vorschlags der Kommission beim Rat.

[3] Die in Unterabsatz 2 genannte qualifizierte Mehrheit dieser Mitglieder bestimmt sich nach Artikel 238 Absatz 3 Buchstabe a.

(3) Wird nach dem Verfahren des Absatzes 2 beschlossen, eine Ausnahmeregelung aufzuheben, so legt der Rat aufgrund eines einstimmigen Beschlusses der Mitgliedstaaten, deren Währung der Euro ist, und des betreffenden Mitgliedstaats auf Vorschlag der Kommission und nach Anhörung der Europäi-

---

[1)] Nr. **33**.

schen Zentralbank den Kurs, zu dem dessen Währung durch den Euro ersetzt wird, unwiderruflich fest und ergreift die sonstigen erforderlichen Maßnahmen zur Einführung des Euro als einheitliche Währung in dem betreffenden Mitgliedstaat.

Art. 141 [Erweiterter Rat der EZB] (1) Sofern und solange es Mitgliedstaaten gibt, für die eine Ausnahmeregelung gilt, wird unbeschadet des Artikels 129 Absatz 1 der in Artikel 44 der Satzung des ESZB und der EZB[1)] bezeichnete Erweiterte Rat der Europäischen Zentralbank als drittes Beschlussorgan der Europäischen Zentralbank errichtet.

(2) Sofern und solange es Mitgliedstaaten gibt, für die eine Ausnahmeregelung gilt, ist es die Aufgabe der Europäischen Zentralbank, in Bezug auf diese Mitgliedstaaten

– die Zusammenarbeit zwischen den nationalen Zentralbanken zu verstärken;
– die Koordinierung der Geldpolitiken der Mitgliedstaaten mit dem Ziel zu verstärken, die Preisstabilität aufrechtzuerhalten;
– das Funktionieren des Wechselkursmechanismus zu überwachen;
– Konsultationen zu Fragen durchzuführen, die in die Zuständigkeit der nationalen Zentralbanken fallen und die Stabilität der Finanzinstitute und -märkte berühren;
– die seinerzeitigen Aufgaben des Europäischen Fonds für währungspolitische Zusammenarbeit, die zuvor vom Europäischen Währungsinstitut übernommen worden waren, wahrzunehmen.

Art. 142 [Wechselkurspolitik] [1]Jeder Mitgliedstaat, für den eine Ausnahmeregelung gilt, behandelt seine Wechselkurspolitik als eine Angelegenheit von gemeinsamem Interesse. [2]Er berücksichtigt dabei die Erfahrungen, die bei der Zusammenarbeit im Rahmen des Wechselkursmechanismus gesammelt worden sind.

Art. 143 [Zahlungsbilanzschwierigkeiten] (1) *[1]* [1]Ist ein Mitgliedstaat, für den eine Ausnahmeregelung gilt, hinsichtlich seiner Zahlungsbilanz von Schwierigkeiten betroffen oder ernstlich bedroht, die sich entweder aus einem Ungleichgewicht seiner Gesamtzahlungsbilanz oder aus der Art der ihm zur Verfügung stehenden Devisen ergeben, und sind diese Schwierigkeiten geeignet, insbesondere das Funktionieren des Binnenmarkts oder die Verwirklichung der gemeinsamen Handelspolitik zu gefährden, so prüft die Kommission unverzüglich die Lage dieses Staates sowie die Maßnahmen, die er getroffen hat oder unter Einsatz aller ihm zur Verfügung stehenden Mittel nach den Verträgen treffen kann. [2]Die Kommission gibt die Maßnahmen an, die sie dem betreffenden Mitgliedsstaat empfiehlt.

[2] Erweisen sich die von einem Mitgliedstaat mit Ausnahmeregelung ergriffenen und die von der Kommission angeregten Maßnahmen als unzureichend, die aufgetretenen oder drohenden Schwierigkeiten zu beheben, so empfiehlt die Kommission dem Rat nach Anhörung des Wirtschafts- und Finanzausschusses einen gegenseitigen Beistand und die dafür geeigneten Methoden.

[1)] Nr. **33**.

[3] Die Kommission unterrichtet den Rat regelmäßig über die Lage und ihre Entwicklung.

(2) [1] Der Rat gewährt den gegenseitigen Beistand; er erlässt Richtlinien oder Beschlüsse, welche die Bedingungen und Einzelheiten hierfür festlegen. [2] Der gegenseitige Beistand kann insbesondere erfolgen

a) durch ein abgestimmtes Vorgehen bei anderen internationalen Organisationen, an die sich die Mitgliedstaaten, für die eine Ausnahmeregelung gilt, wenden können;
b) durch Maßnahmen, die notwendig sind, um Verlagerungen von Handelsströmen zu vermeiden, falls der in Schwierigkeiten befindliche Mitgliedstaat mit Ausnahmeregelung mengenmäßige Beschränkungen gegenüber dritten Ländern beibehält oder wieder einführt;
c) durch Bereitstellung von Krediten in begrenzter Höhe seitens anderer Mitgliedstaaten; hierzu ist ihr Einverständnis erforderlich.

(3) *[1]* Stimmt der Rat dem von der Kommission empfohlenen gegenseitigen Beistand nicht zu oder sind der gewährte Beistand und die getroffenen Maßnahmen unzureichend, so ermächtigt die Kommission den in Schwierigkeiten befindlichen Mitgliedstaat mit Ausnahmeregelung, Schutzmaßnahmen zu treffen, deren Bedingungen und Einzelheiten sie festlegt.

[2] Der Rat kann diese Ermächtigung aufheben und die Bedingungen und Einzelheiten ändern.

Art. 144 [Plötzliche Zahlungsbilanzkrise; Schutzmaßnahmen]

(1) [1] Gerät ein Mitgliedstaat, für den eine Ausnahmeregelung gilt, in eine plötzliche Zahlungsbilanzkrise und wird ein Beschluss im Sinne des Artikels 143 Absatz 2 nicht unverzüglich getroffen, so kann der betreffende Staat vorsorglich die erforderlichen Schutzmaßnahmen ergreifen. [2] Sie dürfen nur ein Mindestmaß an Störungen im Funktionieren des Binnenmarkts hervorrufen und nicht über das zur Behebung der plötzlich aufgetretenen Schwierigkeiten unbedingt erforderliche Ausmaß hinausgehen.

(2) [1] Die Kommission und die anderen Mitgliedstaaten werden über die Schutzmaßnahmen spätestens bei deren Inkrafttreten unterrichtet. [2] Die Kommission kann dem Rat den gegenseitigen Beistand nach Artikel 143 empfehlen.

(3) Auf Empfehlung der Kommission und nach Anhörung des Wirtschafts- und Finanzausschusses kann der Rat beschließen, dass der betreffende Mitgliedstaat diese Schutzmaßnahmen zu ändern, auszusetzen oder aufzuheben hat.

Titel IX. Beschäftigung

Art. 145 [Koordinierte Beschäftigungsstrategie] Die Mitgliedstaaten und die Union arbeiten nach diesem Titel auf die Entwicklung einer koordinierten Beschäftigungsstrategie und insbesondere auf die Förderung der Qualifizierung, Ausbildung und Anpassungsfähigkeit der Arbeitnehmer sowie der Fähigkeit der Arbeitsmärkte hin, auf die Erfordernisse des wirtschaftlichen Wandels zu reagieren, um die Ziele des Artikels 3 des Vertrags über die Europäische Union[1)] zu erreichen.

[1)] Nr. **1**.

Art. 146 [Abgestimmte Beschäftigungspolitik der Mitgliedstaaten]

(1) Die Mitgliedstaaten tragen durch ihre Beschäftigungspolitik im Einklang mit den nach Artikel 121 Absatz 2 verabschiedeten Grundzügen der Wirtschaftspolitik der Mitgliedstaaten und der Union zur Erreichung der in Artikel 145 genannten Ziele bei.

(2) Die Mitgliedstaaten betrachten die Förderung der Beschäftigung als Angelegenheit von gemeinsamem Interesse und stimmen ihre diesbezüglichen Tätigkeiten nach Maßgabe des Artikels 148 im Rat aufeinander ab, wobei die einzelstaatlichen Gepflogenheiten in Bezug auf die Verantwortung der Sozialpartner berücksichtigt werden.

Art. 147 [Hohes Beschäftigungsniveau] (1) [1]Die Union trägt zu einem hohen Beschäftigungsniveau bei, indem sie die Zusammenarbeit zwischen den Mitgliedstaaten fördert und deren Maßnahmen in diesem Bereich unterstützt und erforderlichenfalls ergänzt. [2]Hierbei wird die Zuständigkeit der Mitgliedstaaten beachtet.

(2) Das Ziel eines hohen Beschäftigungsniveaus wird bei der Festlegung und Durchführung der Unionspolitiken und -maßnahmen berücksichtigt.

Art. 148 [Beschäftigungspolitische Leitlinien] (1) Anhand eines gemeinsamen Jahresberichts des Rates und der Kommission prüft der Europäische Rat jährlich die Beschäftigungslage in der Union und nimmt hierzu Schlussfolgerungen an.

(2) [1]Anhand der Schlussfolgerungen des Europäischen Rates legt der Rat auf Vorschlag der Kommission und nach Anhörung des Europäischen Parlaments, des Wirtschafts- und Sozialausschusses, des Ausschusses der Regionen und des in Artikel 150 genannten Beschäftigungsausschusses jährlich Leitlinien fest, welche die Mitgliedstaaten in ihrer Beschäftigungspolitik berücksichtigen. [2]Diese Leitlinien müssen mit den nach Artikel 121 Absatz 2 verabschiedeten Grundzügen in Einklang stehen.

(3) Jeder Mitgliedstaat übermittelt dem Rat und der Kommission jährlich einen Bericht über die wichtigsten Maßnahmen, die er zur Durchführung seiner Beschäftigungspolitik im Lichte der beschäftigungspolitischen Leitlinien nach Absatz 2 getroffen hat.

(4) [1]Anhand der in Absatz 3 genannten Berichte und nach Stellungnahme des Beschäftigungsausschusses unterzieht der Rat die Durchführung der Beschäftigungspolitik der Mitgliedstaaten im Lichte der beschäftigungspolitischen Leitlinien jährlich einer Prüfung. [2]Der Rat kann dabei auf Empfehlung der Kommission Empfehlungen an die Mitgliedstaaten richten, wenn er dies aufgrund der Ergebnisse dieser Prüfung für angebracht hält.

(5) Auf der Grundlage der Ergebnisse der genannten Prüfung erstellen der Rat und die Kommission einen gemeinsamen Jahresbericht für den Europäischen Rat über die Beschäftigungslage in der Union und über die Umsetzung der beschäftigungspolitischen Leitlinien.

Art. 149 [Anreizmaßnahmen zur Förderung der Zusammenarbeit]

[1] Das Europäische Parlament und der Rat kann gemäß dem ordentlichen Gesetzgebungsverfahren und nach Anhörung des Wirtschafts- und Sozialausschusses sowie des Ausschusses der Regionen Anreizmaßnahmen zur För-

derung der Zusammenarbeit zwischen den Mitgliedstaaten und zur Unterstützung ihrer Beschäftigungsmaßnahmen durch Initiativen beschließen, die darauf abzielen, den Austausch von Informationen und bewährten Verfahren zu entwickeln, vergleichende Analysen und Gutachten bereitzustellen sowie innovative Ansätze zu fördern und Erfahrungen zu bewerten, und zwar insbesondere durch den Rückgriff auf Pilotvorhaben.

[2] Diese Maßnahmen schließen keinerlei Harmonisierung der Rechts- und Verwaltungsvorschriften der Mitgliedstaaten ein.

Art. 150 [Beschäftigungsausschuss] *[1]* [1]Der Rat, der mit einfacher Mehrheit beschließt, setzt nach Anhörung des Europäischen Parlaments einen Beschäftigungsausschuss mit beratender Funktion zur Förderung der Koordinierung der Beschäftigungs- und Arbeitsmarktpolitik ein. [2]Der Ausschuss hat folgende Aufgaben:

- Er verfolgt die Beschäftigungslage und die Beschäftigungspolitik in den Mitgliedstaaten und der Union;
- er gibt unbeschadet des Artikels 240 auf Ersuchen des Rates oder der Kommission oder von sich aus Stellungnahmen ab und trägt zur Vorbereitung der in Artikel 148 genannten Beratungen des Rates bei.

[2] Bei der Erfüllung seines Auftrags hört der Ausschuss die Sozialpartner.

[3] Jeder Mitgliedstaat und die Kommission entsenden zwei Mitglieder in den Ausschuss.

Titel X. Sozialpolitik

Art. 151 [Ziele und Mittel abgestimmter und gemeinsamer Sozialpolitik] *[1]* Die Union und die Mitgliedstaaten verfolgen eingedenk der sozialen Grundrechte, wie sie in der am 18. Oktober 1961 in Turin unterzeichneten Europäischen Sozialcharta und in der Gemeinschaftscharta der sozialen Grundrechte der Arbeitnehmer von 1989 festgelegt sind, folgende Ziele: die Förderung der Beschäftigung, die Verbesserung der Lebens- und Arbeitsbedingungen, um dadurch auf dem Wege des Fortschritts ihre Angleichung zu ermöglichen, einen angemessenen sozialen Schutz, den sozialen Dialog, die Entwicklung des Arbeitskräftepotenzials im Hinblick auf ein dauerhaft hohes Beschäftigungsniveau und die Bekämpfung von Ausgrenzungen.

[2] Zu diesem Zweck führen die Union und die Mitgliedstaaten Maßnahmen durch, die der Vielfalt der einzelstaatlichen Gepflogenheiten, insbesondere in den vertraglichen Beziehungen, sowie der Notwendigkeit, die Wettbewerbsfähigkeit der Wirtschaft der Union zu erhalten, Rechnung tragen.

[3] Sie sind der Auffassung, dass sich eine solche Entwicklung sowohl aus dem eine Abstimmung der Sozialordnungen begünstigenden Wirken des Binnenmarkts als auch aus den in den Verträgen vorgesehenen Verfahren sowie aus der Angleichung ihrer Rechts- und Verwaltungsvorschriften ergeben wird.

Art. 152 [Rolle der Sozialpartner; Sozialer Dialog; Sozialgipfel]

[1] [1]Die Union anerkennt und fördert die Rolle der Sozialpartner auf Ebene der Union unter Berücksichtigung der Unterschiedlichkeit der nationalen Systeme. [2]Sie fördert den sozialen Dialog und achtet dabei die Autonomie der Sozialpartner.

[2] Der Dreigliedrige Sozialgipfel für Wachstum und Beschäftigung trägt zum sozialen Dialog bei.

Art. 153 [Unionskompetenzen] (1) Zur Verwirklichung der Ziele des Artikels 151 unterstützt und ergänzt die Union die Tätigkeit der Mitgliedstaaten auf folgenden Gebieten:

a) Verbesserung insbesondere der Arbeitsumwelt zum Schutz der Gesundheit und der Sicherheit der Arbeitnehmer,
b) Arbeitsbedingungen,
c) soziale Sicherheit und sozialer Schutz der Arbeitnehmer,
d) Schutz der Arbeitnehmer bei Beendigung des Arbeitsvertrags,
e) Unterrichtung und Anhörung der Arbeitnehmer,
f) Vertretung und kollektive Wahrnehmung der Arbeitnehmer- und Arbeitgeberinteressen, einschließlich der Mitbestimmung, vorbehaltlich des Absatzes 5,
g) Beschäftigungsbedingungen der Staatsangehörigen dritter Länder, die sich rechtmäßig im Gebiet der Union aufhalten,
h) berufliche Eingliederung der aus dem Arbeitsmarkt ausgegrenzten Personen, unbeschadet des Artikels 166,
i) Chancengleichheit von Männern und Frauen auf dem Arbeitsmarkt und Gleichbehandlung am Arbeitsplatz,
j) Bekämpfung der sozialen Ausgrenzung,
k) Modernisierung der Systeme des sozialen Schutzes, unbeschadet des Buchstabens c.

(2) *[1]* Zu diesem Zweck können das Europäische Parlament und der Rat

a) unter Ausschluss jeglicher Harmonisierung der Rechts- und Verwaltungsvorschriften der Mitgliedstaaten Maßnahmen annehmen, die dazu bestimmt sind, die Zusammenarbeit zwischen den Mitgliedstaaten durch Initiativen zu fördern, die die Verbesserung des Wissensstands, die Entwicklung des Austauschs von Informationen und bewährten Verfahren, die Förderung innovativer Ansätze und die Bewertung von Erfahrungen zum Ziel haben;
b) in den in Absatz 1 Buchstaben a bis i genannten Bereichen unter Berücksichtigung der in den einzelnen Mitgliedstaaten bestehenden Bedingungen und technischen Regelungen durch Richtlinien Mindestvorschriften erlassen, die schrittweise anzuwenden sind. Diese Richtlinien sollen keine verwaltungsmäßigen, finanziellen oder rechtlichen Auflagen vorschreiben, die der Gründung und Entwicklung von kleinen und mittleren Unternehmen entgegenstehen.

[2] Das Europäische Parlament und der Rat beschließen gemäß dem ordentliche Gesetzgebungsverfahren nach Anhörung des Wirtschafts- und Sozialausschusses und des Ausschusses der Regionen.

[3] In den in Absatz 1 Buchstaben c, d, f und g genannten Bereichen beschließt der Rat einstimmig gemäß einem besonderen Gesetzgebungsverfahren nach Anhörung des Europäischen Parlaments und der genannten Ausschüsse.

[4] Der Rat kann einstimmig auf Vorschlag der Kommission nach Anhörung des Europäischen Parlaments beschließen, dass das ordentliche Gesetzgebungsverfahren auf Absatz 1 Buchstaben d, f und g angewandt wird.

(3) *[1]* Ein Mitgliedstaat kann den Sozialpartnern auf deren gemeinsamen Antrag die Durchführung von aufgrund des Absatzes 2 angenommenen Richtlinien oder gegebenenfalls die Durchführung eines nach Artikel 155 erlassenen Beschlusses des Rates übertragen.

[2] In diesem Fall vergewissert sich der Mitgliedstaat, dass die Sozialpartner spätestens zu dem Zeitpunkt, zu dem eine Richtlinie umgesetzt oder ein Beschluss durchgeführt sein muss, im Wege einer Vereinbarung die erforderlichen Vorkehrungen getroffen haben; dabei hat der Mitgliedstaat alle erforderlichen Maßnahmen zu treffen, um jederzeit gewährleisten zu können, dass die durch diese Richtlinie oder diesen Beschluss vorgeschriebenen Ergebnisse erzielt werden.

(4) Die aufgrund dieses Artikels erlassenen Bestimmungen

- berühren nicht die anerkannte Befugnis der Mitgliedstaaten, die Grundprinzipien ihres Systems der sozialen Sicherheit festzulegen, und dürfen das finanzielle Gleichgewicht dieser Systeme nicht erheblich beeinträchtigen;
- hindern die Mitgliedstaaten nicht daran, strengere Schutzmaßnahmen beizubehalten oder zu treffen, die mit den Verträgen vereinbar sind.

(5) Dieser Artikel gilt nicht für das Arbeitsentgelt, das Koalitionsrecht, das Streikrecht sowie das Aussperrungsrecht.

Art. 154 [Anhörung der Sozialpartner] (1) Die Kommission hat die Aufgabe, die Anhörung der Sozialpartner auf Unionsebene zu fördern, und erlässt alle zweckdienlichen Maßnahmen, um den Dialog zwischen den Sozialpartnern zu erleichtern, wobei sie für Ausgewogenheit bei der Unterstützung der Parteien sorgt.

(2) Zu diesem Zweck hört die Kommission vor Unterbreitung von Vorschlägen im Bereich der Sozialpolitik die Sozialpartner zu der Frage, wie eine Unionsaktion gegebenenfalls ausgerichtet werden sollte.

(3) [1] Hält die Kommission nach dieser Anhörung eine Unionsmaßnahme für zweckmäßig, so hört sie die Sozialpartner zum Inhalt des in Aussicht genommenen Vorschlags. [2] Die Sozialpartner übermitteln der Kommission eine Stellungnahme oder gegebenenfalls eine Empfehlung.

(4) [1] Bei den Anhörungen nach den Absätzen 2 und 3 können die Sozialpartner der Kommission mitteilen, dass sie den Prozess nach Artikel 155 in Gang setzen wollen. [2] Die Dauer dieses Prozesses darf höchstens neun Monate betragen, sofern die betroffenen Sozialpartner und die Kommission nicht gemeinsam eine Verlängerung beschließen.

Art. 155 [Dialog zwischen den Sozialpartnern] (1) Der Dialog zwischen den Sozialpartnern auf Unionsebene kann, falls sie es wünschen, zur Herstellung vertraglicher Beziehungen einschließlich des Abschlusses von Vereinbarungen führen.

(2) *[1]* [1] Die Durchführung der auf Unionsebene geschlossenen Vereinbarungen erfolgt entweder nach den jeweiligen Verfahren und Gepflogenheiten der Sozialpartner und der Mitgliedstaaten oder – in den durch Artikel 153 erfassten

Bereichen – auf gemeinsamen Antrag der Unterzeichnerparteien durch einen Beschluss des Rates auf Vorschlag der Kommission. [2]Das Europäische Parlament wird unterrichtet.

[2] Der Rat beschließt einstimmig, sofern die betreffende Vereinbarung eine oder mehrere Bestimmungen betreffend einen der Bereiche enthält, für die nach Artikel 153 Absatz 2 Einstimmigkeit erforderlich ist.

Art. 156 [Fördermaßnahmen der Kommission] *[1]* Unbeschadet der sonstigen Bestimmungen der Verträge fördert die Kommission im Hinblick auf die Erreichung der Ziele des Artikels 151 die Zusammenarbeit zwischen den Mitgliedstaaten und erleichtert die Abstimmung ihres Vorgehens in allen unter dieses Kapitel fallenden Bereichen der Sozialpolitik, insbesondere auf dem Gebiet
- der Beschäftigung,
- des Arbeitsrechts und der Arbeitsbedingungen,
- der beruflichen Ausbildung und Fortbildung,
- der sozialen Sicherheit,
- der Verhütung von Berufsunfällen und Berufskrankheiten,
- des Gesundheitsschutzes bei der Arbeit,
- des Koalitionsrechts und der Kollektivverhandlungen zwischen Arbeitgebern und Arbeitnehmern.

[2] [1]Zu diesem Zweck wird die Kommission in enger Verbindung mit den Mitgliedstaaten durch Untersuchungen, Stellungnahmen und die Durchführung von Konsultationen in Bezug auf innerstaatlich oder in den internationalen Organisationen zu behandelnde Fragen tätig, und zwar insbesondere im Wege von Initiativen, die darauf abzielen, Leitlinien und Indikatoren festzulegen, den Austausch bewährter Verfahren durchzuführen und die erforderlichen Elemente für eine regelmäßige Überwachung und Bewertung auszuarbeiten. [2]Das Europäische Parlament wird in vollem Umfang unterrichtet.

[3] Vor Abgabe der in diesem Artikel vorgesehenen Stellungnahmen hört die Kommission den Wirtschafts- und Sozialausschuss.

Art. 157 [Gleichstellung von Mann und Frau im Erwerbsleben]

(1) Jeder Mitgliedstaat stellt die Anwendung des Grundsatzes des gleichen Entgelts für Männer und Frauen bei gleicher oder gleichwertiger Arbeit sicher.

(2) *[1]* Unter „Entgelt" im Sinne dieses Artikels sind die üblichen Grund- oder Mindestlöhne und -gehälter sowie alle sonstigen Vergütungen zu verstehen, die der Arbeitgeber aufgrund des Dienstverhältnisses dem Arbeitnehmer unmittelbar oder mittelbar in bar oder in Sachleistungen zahlt.

[2] Gleichheit des Arbeitsentgelts ohne Diskriminierung aufgrund des Geschlechts bedeutet,

a) dass das Entgelt für eine gleiche nach Akkord bezahlte Arbeit aufgrund der gleichen Maßeinheit festgesetzt wird,

b) dass für eine nach Zeit bezahlte Arbeit das Entgelt bei gleichem Arbeitsplatz gleich ist.

(3) Das Europäische Parlament und der Rat beschließen gemäß dem ordentlichen Gesetzgebungsverfahren und nach Anhörung des Wirtschafts- und Sozialausschusses Maßnahmen zur Gewährleistung der Anwendung des Grundsatzes der Chancengleichheit und der Gleichbehandlung von Männern und Frauen in Arbeits- und Beschäftigungsfragen, einschließlich des Grundsatzes des gleichen Entgelts bei gleicher oder gleichwertiger Arbeit.

(4) Im Hinblick auf die effektive Gewährleistung der vollen Gleichstellung von Männern und Frauen im Arbeitsleben hindert der Grundsatz der Gleichbehandlung die Mitgliedstaaten nicht daran, zur Erleichterung der Berufstätigkeit des unterrepräsentierten Geschlechts oder zur Verhinderung bzw. zum Ausgleich von Benachteiligungen in der beruflichen Laufbahn spezifische Vergünstigungen beizubehalten oder zu beschließen.

Art. 158 [Bezahlte Freizeit] Die Mitgliedstaaten sind bestrebt, die bestehende Gleichwertigkeit der Ordnungen über die bezahlte Freizeit beizubehalten.

Art. 159 [Bericht zur sozialen und demografischen Lage] [1]Die Kommission erstellt jährlich einen Bericht über den Stand der Verwirklichung der in Artikel 151 genannten Ziele sowie über die demografische Lage in der Union. [2]Sie übermittelt diesen Bericht dem Europäischen Parlament, dem Rat und dem Wirtschafts- und Sozialausschuss.

Art. 160 [Ausschuss für Sozialschutz] *[1]* [1]Der Rat, der mit einfacher Mehrheit beschließt, setzt nach Anhörung des Europäischen Parlaments einen Ausschuss für Sozialschutz mit beratender Aufgabe ein, um die Zusammenarbeit im Bereich des sozialen Schutzes zwischen den Mitgliedstaaten und mit der Kommission zu fördern. [2]Der Ausschuss hat folgende Aufgaben:

- Er verfolgt die soziale Lage und die Entwicklung der Politiken im Bereich des sozialen Schutzes in den Mitgliedstaaten und der Union;
- er fördert den Austausch von Informationen, Erfahrungen und bewährten Verfahren zwischen den Mitgliedstaaten und mit der Kommission;
- unbeschadet des Artikels 240 arbeitet er auf Ersuchen des Rates oder der Kommission oder von sich aus in seinem Zuständigkeitsbereich Berichte aus, gibt Stellungnahmen ab oder wird auf andere Weise tätig.

[2] Bei der Erfüllung seines Auftrags stellt der Ausschuss geeignete Kontakte zu den Sozialpartnern her.

[3] Jeder Mitgliedstaat und die Kommission ernennen zwei Mitglieder des Ausschusses.

Art. 161 [Jahresbericht der Kommission] *[1]* Der Jahresbericht der Kommission an das Europäische Parlament hat stets ein besonderes Kapitel über die Entwicklung der sozialen Lage in der Union zu enthalten.

[2] Das Europäische Parlament kann die Kommission auffordern, Berichte über besondere, die soziale Lage betreffende Fragen auszuarbeiten.

Titel XI. Der Europäische Sozialfonds

Art. 162 [Errichtung und Ziel des Europäischen Sozialfonds] Um die Beschäftigungsmöglichkeiten der Arbeitskräfte im Binnenmarkt zu verbessern und damit zur Hebung der Lebenshaltung beizutragen, wird nach Maßgabe der folgenden Bestimmungen ein Europäischer Sozialfonds errichtet, dessen Ziel es ist, innerhalb der Union die berufliche Verwendbarkeit und die örtliche und berufliche Mobilität der Arbeitskräfte zu fördern sowie die Anpassung an die industriellen Wandlungsprozesse und an Veränderungen der Produktionssysteme insbesondere durch berufliche Bildung und Umschulung zu erleichtern.

Art. 163 [Verwaltung des Fonds] *[1]* Die Verwaltung des Fonds obliegt der Kommission.

[2] Die Kommission wird hierbei von einem Ausschuss unterstützt, der aus Vertretern der Regierungen sowie der Arbeitgeber- und der Arbeitnehmerverbände besteht; den Vorsitz führt ein Mitglied der Kommission.

Art. 164 [Durchführungsverordnungen] Das Europäische Parlament und der Rat erlassen gemäß dem ordentlichen Gesetzgebungsverfahren und nach Anhörung des Wirtschafts- und Sozialausschusses sowie des Ausschusses der Regionen die den Europäischen Sozialfonds betreffenden Durchführungsverordnungen.

Titel XII. Allgemeine und berufliche Bildung, Jugend und Sport

Art. 165 [Beitrag der Union; Ziele] (1) *[1]* Die Union trägt zur Entwicklung einer qualitativ hoch stehenden Bildung dadurch bei, dass sie die Zusammenarbeit zwischen den Mitgliedstaaten fördert und die Tätigkeit der Mitgliedstaaten unter strikter Beachtung der Verantwortung der Mitgliedstaaten für die Lehrinhalte und die Gestaltung des Bildungssystems sowie der Vielfalt ihrer Kulturen und Sprachen erforderlichenfalls unterstützt und ergänzt.

[2] Die Union trägt zur Förderung der europäischen Dimension des Sports bei und berücksichtigt dabei dessen besondere Merkmale, dessen auf freiwilligem Engagement basierende Strukturen sowie dessen soziale und pädagogische Funktion.

(2) Die Tätigkeit der Union hat folgende Ziele:

- Entwicklung der europäischen Dimension im Bildungswesen, insbesondere durch Erlernen und Verbreitung der Sprachen der Mitgliedstaaten;
- Förderung der Mobilität von Lernenden und Lehrenden, auch durch die Förderung der akademischen Anerkennung der Diplome und Studienzeiten;
- Förderung der Zusammenarbeit zwischen den Bildungseinrichtungen;
- Ausbau des Informations- und Erfahrungsaustauschs über gemeinsame Probleme im Rahmen der Bildungssysteme der Mitgliedstaaten;
- Förderung des Ausbaus des Jugendaustauschs und des Austauschs sozialpädagogischer Betreuer und verstärkte Beteiligung der Jugendlichen am demokratischen Leben in Europa;
- Förderung der Entwicklung der Fernlehre;
- Entwicklung der europäischen Dimension des Sports durch Förderung der Fairness und der Offenheit von Sportwettkämpfen und der Zusammenarbeit

zwischen den für den Sport verantwortlichen Organisationen sowie durch den Schutz der körperlichen und seelischen Unversehrtheit der Sportler, insbesondere der jüngeren Sportler.

(3) Die Union und die Mitgliedstaaten fördern die Zusammenarbeit mit dritten Ländern und den für den Bildungsbereich und den Sport zuständigen internationalen Organisationen, insbesondere dem Europarat.

(4) Als Beitrag zur Verwirklichung der Ziele dieses Artikels

- erlassen das Europäische Parlament und der Rat gemäß dem ordentlichen Gesetzgebungsverfahren und nach Anhörung des Wirtschafts- und Sozialausschusses und des Ausschusses der Regionen Fördermaßnahmen unter Ausschluss jeglicher Harmonisierung der Rechts- und Verwaltungsvorschriften der Mitgliedstaaten;
- erlässt der Rat auf Vorschlag der Kommission Empfehlungen.

Art. 166 [Berufliche Bildung; Ziele] (1) Die Union führt eine Politik der beruflichen Bildung, welche die Maßnahmen der Mitgliedstaaten unter strikter Beachtung der Verantwortung der Mitgliedstaaten für Inhalt und Gestaltung der beruflichen Bildung unterstützt und ergänzt.

(2) Die Tätigkeit der Union hat folgende Ziele:

- Erleichterung der Anpassung an die industriellen Wandlungsprozesse, insbesondere durch berufliche Bildung und Umschulung;
- Verbesserung der beruflichen Erstausbildung und Weiterbildung zur Erleichterung der beruflichen Eingliederung und Wiedereingliederung in den Arbeitsmarkt;
- Erleichterung der Aufnahme einer beruflichen Bildung sowie Förderung der Mobilität der Ausbilder und der in beruflicher Bildung befindlichen Personen, insbesondere der Jugendlichen;
- Förderung der Zusammenarbeit in Fragen der beruflichen Bildung zwischen Unterrichtsanstalten und Unternehmen;
- Ausbau des Informations- und Erfahrungsaustauschs über gemeinsame Probleme im Rahmen der Berufsbildungssysteme der Mitgliedstaaten.

(3) Die Union und die Mitgliedstaaten fördern die Zusammenarbeit mit dritten Ländern und den für die berufliche Bildung zuständigen internationalen Organisationen.

(4) Das Europäische Parlament und der Rat erlassen gemäß dem ordentlichen Gesetzgebungsverfahren und nach Anhörung des Wirtschafts- und Sozialausschusses sowie des Ausschusses der Regionen Maßnahmen, die zur Verwirklichung der Ziele dieses Artikels beitragen, unter Ausschluss jeglicher Harmonisierung der Rechts- und Verwaltungsvorschriften der Mitgliedstaaten, und der Rat erlässt auf Vorschlag der Kommission Empfehlungen.

Titel XIII. Kultur

Art. 167 [Beitrag der Union unter Wahrung und Förderung der Kulturvielfalt] (1) Die Union leistet einen Beitrag zur Entfaltung der Kulturen der Mitgliedstaaten unter Wahrung ihrer nationalen und regionalen Vielfalt sowie gleichzeitiger Hervorhebung des gemeinsamen kulturellen Erbes.

(2) Die Union fördert durch ihre Tätigkeit die Zusammenarbeit zwischen den Mitgliedstaaten und unterstützt und ergänzt erforderlichenfalls deren Tätigkeit in folgenden Bereichen:
- Verbesserung der Kenntnis und Verbreitung der Kultur und Geschichte der europäischen Völker,
- Erhaltung und Schutz des kulturellen Erbes von europäischer Bedeutung,
- nichtkommerzieller Kulturaustausch,
- künstlerisches und literarisches Schaffen, einschließlich im audiovisuellen Bereich.

(3) Die Union und die Mitgliedstaaten fördern die Zusammenarbeit mit dritten Ländern und den für den Kulturbereich zuständigen internationalen Organisationen, insbesondere mit dem Europarat.

(4) Die Union trägt bei ihrer Tätigkeit aufgrund anderer Bestimmungen der Verträge den kulturellen Aspekten Rechnung, insbesondere zur Wahrung und Förderung der Vielfalt ihrer Kulturen.

(5) Als Beitrag zur Verwirklichung der Ziele dieses Artikels
- erlassen das Europäische Parlament und der Rat gemäß dem ordentlichen Gesetzgebungsverfahren und nach Anhörung des Ausschusses der Regionen Fördermaßnahmen unter Ausschluss jeglicher Harmonisierung der Rechts- und Verwaltungsvorschriften der Mitgliedstaaten.
- erlässt der Rat auf Vorschlag der Kommission Empfehlungen.

Titel XIV. Gesundheitswesen

Art. 168 [Beitrag der Union zur Sicherstellung eines hohen Gesundheitsschutzniveaus] (1) *[1]* Bei der Festlegung und Durchführung aller Unionspolitiken und -maßnahmen wird ein hohes Gesundheitsschutzniveau sichergestellt.

[2] [1] Die Tätigkeit der Union ergänzt die Politik der Mitgliedstaaten und ist auf die Verbesserung der Gesundheit der Bevölkerung, die Verhütung von Humankrankheiten und die Beseitigung von Ursachen für die Gefährdung der körperlichen und geistigen Gesundheit gerichtet. [2] Sie umfasst die Bekämpfung der weit verbreiteten schweren Krankheiten, wobei die Erforschung der Ursachen, der Übertragung und der Verhütung dieser Krankheiten sowie Gesundheitsinformation und -erziehung gefördert werden; außerdem umfasst sie die Beobachtung, frühzeitige Meldung und Bekämpfung schwerwiegender grenzüberschreitender Gesundheitsgefahren.

[3] Die Union ergänzt die Maßnahmen der Mitgliedstaaten zur Verringerung drogenkonsumbedingter Gesundheitsschäden einschließlich der Informations- und Vorbeugungsmaßnahmen.

(2) *[1]* [1] Die Union fördert die Zusammenarbeit zwischen den Mitgliedstaaten in den in diesem Artikel genannten Bereichen und unterstützt erforderlichenfalls deren Tätigkeit. [2] Sie fördert insbesondere die Zusammenarbeit zwischen den Mitgliedstaaten, die darauf abzielt, die Komplementarität ihrer Gesundheitsdienste in den Grenzgebieten zu verbessern.

[2] [1] Die Mitgliedstaaten koordinieren untereinander im Benehmen mit der Kommission ihre Politiken und Programme in den in Absatz 1 genannten Bereichen. [2] Die Kommission kann in enger Verbindung mit den Mitglied-

staaten alle Initiativen ergreifen, die dieser Koordinierung förderlich sind, insbesondere Initiativen, die darauf abzielen, Leitlinien und Indikatoren festzulegen, den Austausch bewährter Verfahren durchzuführen und die erforderlichen Elemente für eine regelmäßige Überwachung und Bewertung auszuarbeiten. [3]Das Europäische Parlament wird in vollem Umfang unterrichtet.

(3) Die Union und die Mitgliedstaaten fördern die Zusammenarbeit mit dritten Ländern und den für das Gesundheitswesen zuständigen internationalen Organisationen.

(4) Abweichend von Artikel 2 Absatz 5 und Artikel 6 Buchstabe a tragen das Europäische Parlament und der Rat nach Artikel 4 Absatz 2 Buchstabe k gemäß dem ordentlichen Gesetzgebungsverfahren und nach Anhörung des Wirtschafts- und Sozialausschusses sowie des Ausschusses der Regionen mit folgenden Maßnahmen zur Verwirklichung der Ziele dieses Artikels bei, um den gemeinsamen Sicherheitsanliegen Rechnung zu tragen:

a) Maßnahmen zur Festlegung hoher Qualitäts- und Sicherheitsstandards für Organe und Substanzen menschlichen Ursprungs sowie für Blut und Blutderivate; diese Maßnahmen hindern die Mitgliedstaaten nicht daran, strengere Schutzmaßnahmen beizubehalten oder einzuführen;
b) Maßnahmen in den Bereichen Veterinärwesen und Pflanzenschutz, die unmittelbar den Schutz der Gesundheit der Bevölkerung zum Ziel haben;
c) Maßnahmen zur Festlegung hoher Qualitäts- und Sicherheitsstandards für Arzneimittel und Medizinprodukte.

(5) Das Europäische Parlament und der Rat können unter Ausschluss jeglicher Harmonisierung der Rechtsvorschriften der Mitgliedstaaten gemäß dem ordentlichen Gesetzgebungsverfahren und nach Anhörung des Wirtschafts- und Sozialausschusses und des Ausschusses der Regionen auch Fördermaßnahmen zum Schutz und zur Verbesserung der menschlichen Gesundheit sowie insbesondere zur Bekämpfung der weit verbreiteten schweren grenzüberschreitenden Krankheiten, Maßnahmen zur Beobachtung, frühzeitigen Meldung und Bekämpfung schwerwiegender grenzüberschreitender Gesundheitsgefahren sowie Maßnahmen, die unmittelbar den Schutz der Gesundheit der Bevölkerung vor Tabakkonsum und Alkoholmissbrauch zum Ziel haben, erlassen.

(6) Der Rat kann ferner auf Vorschlag der Kommission für die in diesem Artikel genannten Zwecke Empfehlungen erlassen.

(7) [1]Bei der Tätigkeit der Union wird die Verantwortung der Mitgliedstaaten für die Festlegung ihrer Gesundheitspolitik sowie für die Organisation des Gesundheitswesens und die medizinische Versorgung gewahrt. [2]Die Verantwortung der Mitgliedstaaten umfasst die Verwaltung des Gesundheitswesens und der medizinischen Versorgung sowie die Zuweisung der dafür bereitgestellten Mittel. [3]Die Maßnahmen nach Absatz 4 Buchstabe a lassen die einzelstaatlichen Regelungen über die Spende oder die medizinische Verwendung von Organen und Blut unberührt.

Titel XV. Verbraucherschutz

Art. 169 [Beitrag der Union; Mindeststandards] (1) Zur Förderung der Interessen der Verbraucher und zur Gewährleistung eines hohen Verbraucherschutzniveaus leistet die Union einen Beitrag zum Schutz der Gesundheit, der Sicherheit und der wirtschaftlichen Interessen der Verbraucher sowie zur Förderung ihres Rechtes auf Information, Erziehung und Bildung von Vereinigungen zur Wahrung ihrer Interessen.

(2) Die Union leistet einen Beitrag zur Erreichung der in Absatz 1 genannten Ziele durch

a) Maßnahmen, die sie im Rahmen der Verwirklichung des Binnenmarkts nach Artikel 114 erlässt;
b) Maßnahmen zur Unterstützung, Ergänzung und Überwachung der Politik der Mitgliedstaaten.

(3) Das Europäische Parlament und der Rat beschließen gemäß dem ordentlichen Gesetzgebungsverfahren und nach Anhörung des Wirtschafts- und Sozialausschusses die Maßnahmen nach Absatz 2 Buchstabe b.

(4) [1] Die nach Absatz 3 beschlossenen Maßnahmen hindern die einzelnen Mitgliedstaaten nicht daran, strengere Schutzmaßnahmen beizubehalten oder zu ergreifen. [2] Diese Maßnahmen müssen mit den Verträgen vereinbar sein. [3] Sie werden der Kommission mitgeteilt.

Titel XVI. Transeuropäische Netze

Art. 170 [Beitrag zum Auf- und Ausbau] (1) Um einen Beitrag zur Verwirklichung der Ziele der Artikel 26 und 174 zu leisten und den Bürgern der Union, den Wirtschaftsbeteiligten sowie den regionalen und lokalen Gebietskörperschaften in vollem Umfang die Vorteile zugute kommen zu lassen, die sich aus der Schaffung eines Raumes ohne Binnengrenzen ergeben, trägt die Union zum Auf- und Ausbau transeuropäischer Netze in den Bereichen der Verkehrs-, Telekommunikations- und Energieinfrastruktur bei.

(2) [1] Die Tätigkeit der Union zielt im Rahmen eines Systems offener und wettbewerbsorientierter Märkte auf die Förderung des Verbunds und der Interoperabilität der einzelstaatlichen Netze sowie des Zugangs zu diesen Netzen ab. [2] Sie trägt insbesondere der Notwendigkeit Rechnung, insulare, eingeschlossene und am Rande gelegene Gebiete mit den zentralen Gebieten der Union zu verbinden.

Art. 171 [Handlungsinstrumente der Union] (1) *[1]* Zur Erreichung der Ziele des Artikels 170 geht die Union wie folgt vor:

– Sie stellt eine Reihe von Leitlinien auf, in denen die Ziele, die Prioritäten und die Grundzüge der im Bereich der transeuropäischen Netze in Betracht gezogenen Aktionen erfasst werden; in diesen Leitlinien werden Vorhaben von gemeinsamem Interesse ausgewiesen;
– sie führt jede Aktion durch, die sich gegebenenfalls als notwendig erweist, um die Interoperabilität der Netze zu gewährleisten, insbesondere im Bereich der Harmonisierung der technischen Normen;
– sie kann von den Mitgliedstaaten unterstützte Vorhaben von gemeinsamem Interesse, die im Rahmen der Leitlinien gemäß dem ersten Gedankenstrich ausgewiesen sind, insbesondere in Form von Durchführbarkeitsstudien, Anleihebürgschaften oder Zinszuschüssen unterstützen; die Union kann auch über den nach Artikel 177 errichteten Kohäsionsfonds zu spezifischen Verkehrsinfrastrukturvorhaben in den Mitgliedstaaten finanziell beitragen.

[2] Die Union berücksichtigt bei ihren Maßnahmen die potentielle wirtschaftliche Lebensfähigkeit der Vorhaben.

(2) [1] Die Mitgliedstaaten koordinieren untereinander in Verbindung mit der Kommission die einzelstaatlichen Politiken, die sich erheblich auf die Verwirklichung der Ziele des Artikels 170 auswirken können. [2] Die Kommission kann in enger Zusammenarbeit mit den Mitgliedstaaten alle Initiativen ergreifen, die dieser Koordinierung förderlich sind.

(3) Die Union kann beschließen, mit dritten Ländern zur Förderung von Vorhaben von gemeinsamem Interesse sowie zur Sicherstellung der Interoperabilität der Netze zusammenzuarbeiten.

Art. 172 [Beschlussfassung] *[1]* Die Leitlinien und die übrigen Maßnahmen nach Artikel 171 Absatz 1 werden vom Europäischen Parlament und vom Rat gemäß dem ordentlichen Gesetzgebungsverfahren und nach Anhörung des Wirtschafts- und Sozialausschusses und des Ausschusses der Regionen festgelegt.

[2] Leitlinien und Vorhaben von gemeinsamem Interesse, die das Hoheitsgebiet eines Mitgliedstaats betreffen, bedürfen der Billigung des betroffenen Mitgliedstaats.

Titel XVII. Industrie

Art. 173 [Förderung der Wettbewerbsfähigkeit; Subventionsverbot]

(1) *[1]* Die Union und die Mitgliedstaaten sorgen dafür, dass die notwendigen Voraussetzungen für die Wettbewerbsfähigkeit der Industrie der Union gewährleistet sind.

[2] Zu diesem Zweck zielt ihre Tätigkeit entsprechend einem System offener und wettbewerbsorientierter Märkte auf Folgendes ab:

- Erleichterung der Anpassung der Industrie an die strukturellen Veränderungen;
- Förderung eines für die Initiative und Weiterentwicklung der Unternehmen in der gesamten Union, insbesondere der kleinen und mittleren Unternehmen, günstigen Umfelds;
- Förderung eines für die Zusammenarbeit zwischen Unternehmen günstigen Umfelds;
- Förderung einer besseren Nutzung des industriellen Potenzials der Politik in den Bereichen Innovation, Forschung und technologische Entwicklung.

(2) [1] Die Mitgliedstaaten konsultieren einander in Verbindung mit der Kommission und koordinieren, soweit erforderlich, ihre Maßnahmen. [2] Die Kommission kann alle Initiativen ergreifen, die dieser Koordinierung förderlich sind, insbesondere Initiativen, die darauf abzielen, Leitlinien und Indikatoren festzulegen, den Austausch bewährter Verfahren durchzuführen und die erforderlichen Elemente für eine regelmäßige Überwachung und Bewertung auszuarbeiten. [3] Das Europäische Parlament wird in vollem Umfang unterrichtet.

(3) *[1]* [1] Die Union trägt durch die Politik und die Maßnahmen, die sie aufgrund anderer Bestimmungen der Verträge durchführt, zur Erreichung der Ziele des Absatzes 1 bei. [2] Das Europäische Parlament und der Rat können unter Ausschluss jeglicher Harmonisierung der Rechtsvorschriften der Mit-

gliedstaaten gemäß dem ordentlichen Gesetzgebungsverfahren und nach Anhörung des Wirtschafts- und Sozialausschusses spezifische Maßnahmen zur Unterstützung der in den Mitgliedstaaten durchgeführten Maßnahmen im Hinblick auf die Verwirklichung der Ziele des Absatzes 1 beschließen.

[2] Dieser Titel bietet keine Grundlage dafür, dass die Union irgendeine Maßnahme einführt, die zu Wettbewerbsverzerrungen führen könnte oder steuerliche Vorschriften oder Bestimmungen betreffend die Rechte und Interessen der Arbeitnehmer enthält.

Titel XVIII. Wirtschaftlicher, sozialer und territorialer Zusammenhalt

Art. 174 [Ziele der Strukturpolitik] *[1]* Die Union entwickelt und verfolgt weiterhin ihre Politik zur Stärkung ihres wirtschaftlichen, sozialen und territorialen Zusammenhalts, um eine harmonische Entwicklung der Union als Ganzes zu fördern.

[2] Die Union setzt sich insbesondere zum Ziel, die Unterschiede im Entwicklungsstand der verschiedenen Regionen und den Rückstand der am stärksten benachteiligten Gebiete zu verringern.

[3] Unter den betreffenden Gebieten gilt besondere Aufmerksamkeit den ländlichen Gebieten, den vom industriellen Wandel betroffenen Gebieten und den Gebieten mit schweren und dauerhaften natürlichen oder demografischen Nachteilen, wie den nördlichsten Regionen mit sehr geringer Bevölkerungsdichte sowie den Insel-, Grenz- und Bergregionen.

Art. 175 [Rolle der Strukturfonds; Aktionen außerhalb der Fonds]

[1] [1] Die Mitgliedstaaten führen und koordinieren ihre Wirtschaftspolitik in der Weise, dass auch die in Artikel 174 genannten Ziele erreicht werden. [2] Die Festlegung und Durchführung der Politiken und Aktionen der Union sowie die Errichtung des Binnenmarkts berücksichtigen die Ziele des Artikels 174 und tragen zu deren Verwirklichung bei. [3] Die Union unterstützt auch diese Bemühungen durch die Politik, die sie mit Hilfe der Strukturfonds (Europäischer Ausrichtungs- und Garantiefonds für die Landwirtschaft – Abteilung Ausrichtung, Europäischer Sozialfonds, Europäischer Fonds für regionale Entwicklung), der Europäischen Investitionsbank und der sonstigen vorhandenen Finanzierungsinstrumente führt.

[2] [1] Die Kommission erstattet dem Europäischen Parlament, dem Rat, dem Wirtschafts- und Sozialausschuss und dem Ausschuss der Regionen alle drei Jahre Bericht über die Fortschritte bei der Verwirklichung des wirtschaftlichen, sozialen und territorialen Zusammenhalts und über die Art und Weise, in der die in diesem Artikel vorgesehenen Mittel hierzu beigetragen haben. [2] Diesem Bericht werden erforderlichenfalls entsprechende Vorschläge beigefügt.

[3] Falls sich spezifische Aktionen außerhalb der Fonds und unbeschadet der im Rahmen der anderen Politiken der Union beschlossenen Maßnahmen als erforderlich erweisen, so können sie vom Europäischen Parlament und vom Rat gemäß dem ordentlichen Gesetzgebungsverfahren nach Anhörung des Wirtschafts- und Sozialausschusses und des Ausschusses der Regionen beschlossen werden.

Art. 176 [Europäischer Regionalfonds] Aufgabe des Europäischen Fonds für regionale Entwicklung ist es, durch Beteiligung an der Entwicklung und an der strukturellen Anpassung der rückständigen Gebiete und an der Umstellung der Industriegebiete mit rückläufiger Entwicklung zum Ausgleich der wichtigsten regionalen Ungleichgewichte in der Union beizutragen.

Art. 177 [Strukturfonds; Kohäsionsfonds] *[1]* [1] Unbeschadet des Artikels 178 legen das Europäische Parlament und der Rat durch Verordnungen gemäß dem ordentlichen Gesetzgebungsverfahren und nach Anhörung des Wirtschafts- und Sozialausschusses und des Ausschusses der Regionen die Aufgaben, die vorrangigen Ziele und die Organisation der Strukturfonds fest, was ihre Neuordnung einschließen kann. [2] Nach demselben Verfahren werden ferner die für die Fonds geltenden allgemeinen Regeln sowie die Bestimmungen festgelegt, die zur Gewährleistung einer wirksamen Arbeitsweise und zur Koordinierung der Fonds sowohl untereinander als auch mit den anderen vorhandenen Finanzierungsinstrumenten erforderlich sind.

[2] Ein nach demselben Verfahren errichteter Kohäsionsfonds trägt zu Vorhaben in den Bereichen Umwelt und transeuropäische Netze auf dem Gebiet der Verkehrsinfrastruktur finanziell bei.

Art. 178 [Durchführungsverordnungen] *[1]* Die den Europäischen Fonds für regionale Entwicklung betreffenden Durchführungsverordnungen werden vom Europäischen Parlament und vom Rat gemäß dem ordentlichen Gesetzgebungsverfahren und nach Anhörung des Wirtschafts- und Sozialausschusses sowie des Ausschusses der Regionen gefasst.

[2] Für den Europäischen Ausrichtungs- und Garantiefonds für die Landwirtschaft, Abteilung Ausrichtung, und den Europäischen Sozialfonds sind die Artikel 43 bzw. 164 weiterhin anwendbar.

Titel XIX. Forschung, technologische Entwicklung und Raumfahrt

Art. 179 [Europäischer Raum der Forschung] (1) Die Union hat zum Ziel, ihre wissenschaftlichen und technologischen Grundlagen dadurch zu stärken, dass ein europäischer Raum der Forschung geschaffen wird, in dem Freizügigkeit für Forscher herrscht und wissenschaftliche Erkenntnisse und Technologien frei ausgetauscht werden, die Entwicklung ihrer Wettbewerbsfähigkeit einschließlich der ihrer Industrie zu fördern sowie alle Forschungsmaßnahmen zu unterstützen, die aufgrund anderer Kapitel der Verträge für erforderlich gehalten werden.

(2) In diesem Sinne unterstützt sie in der gesamten Union die Unternehmen – einschließlich der kleinen und mittleren Unternehmen –, die Forschungszentren und die Hochschulen bei ihren Bemühungen auf dem Gebiet der Forschung und technologischen Entwicklung von hoher Qualität; sie fördert ihre Zusammenarbeitsbestrebungen, damit vor allem die Forscher ungehindert über die Grenzen hinweg zusammenarbeiten und die Unternehmen die Möglichkeiten des Binnenmarkts in vollem Umfang nutzen können, und zwar insbesondere durch Öffnen des einzelstaatlichen öffentlichen Auftragswesens, Festlegung gemeinsamer Normen und Beseitigung der dieser Zusammenarbeit entgegenstehenden rechtlichen und steuerlichen Hindernisse.

(3) Alle Maßnahmen der Union aufgrund der Verträge auf dem Gebiet der Forschung und der technologischen Entwicklung, einschließlich der Demons-

trationsvorhaben, werden nach Maßgabe dieses Titels beschlossen und durchgeführt.

Art. 180 [Ergänzende Unionsmaßnahmen] Zur Erreichung dieser Ziele trifft die Union folgende Maßnahmen, welche die in den Mitgliedstaaten durchgeführten Aktionen ergänzen:

a) Durchführung von Programmen für Forschung, technologische Entwicklung und Demonstration unter Förderung der Zusammenarbeit mit und zwischen Unternehmen, Forschungszentren und Hochschulen;

b) Förderung der Zusammenarbeit mit dritten Ländern und internationalen Organisationen auf dem Gebiet der Forschung der Union, technologischen Entwicklung und Demonstration;

c) Verbreitung und Auswertung der Ergebnisse der Tätigkeiten auf dem Gebiet der Forschung der Union, technologischen Entwicklung und Demonstration;

d) Förderung der Ausbildung und der Mobilität der Forscher aus der Union.

Art. 181 [Koordinierung; Rolle der Kommission] (1) Die Union und die Mitgliedstaaten koordinieren ihre Tätigkeiten auf dem Gebiet der Forschung und der technologischen Entwicklung, um die Kohärenz der einzelstaatlichen Politiken und der Politik der Union sicherzustellen.

(2) [1] Die Kommission kann in enger Zusammenarbeit mit den Mitgliedstaaten alle Initiativen ergreifen, die der Koordinierung nach Absatz 1 förderlich sind, insbesondere Initiativen, die darauf abzielen, Leitlinien und Indikatoren festzulegen, den Austausch bewährter Verfahren durchzuführen und die erforderlichen Elemente für eine regelmäßige Überwachung und Bewertung auszuarbeiten. [2] Das Europäische Parlament wird in vollem Umfang unterrichtet.

Art. 182 [Mehrjähriges Rahmenprogramm; spezifische Programme]

(1) *[1]* Das Europäische Parlament und der Rat stellen gemäß dem ordentlichen Gesetzgebungsverfahren und nach Anhörung des Wirtschafts- und Sozialausschusses ein mehrjähriges Rahmenprogramm auf, in dem alle Aktionen der Union zusammengefasst werden.

[2] In dem Rahmenprogramm werden

– die wissenschaftlichen und technologischen Ziele, die mit den Maßnahmen nach Artikel 180 erreicht werden sollen, sowie die jeweiligen Prioritäten festgelegt;

– die Grundzüge dieser Maßnahmen angegeben;

– der Gesamthöchstbetrag und die Einzelheiten der finanziellen Beteiligung der Union am Rahmenprogramm sowie die jeweiligen Anteile der vorgesehenen Maßnahmen festgelegt.

(2) Das Rahmenprogramm wird je nach Entwicklung der Lage angepasst oder ergänzt.

(3) [1] Die Durchführung des Rahmenprogramms erfolgt durch spezifische Programme, die innerhalb einer jeden Aktion entwickelt werden. [2] In jedem spezifischen Programm werden die Einzelheiten seiner Durchführung, seine Laufzeit und die für notwendig erachteten Mittel festgelegt. [3] Die Summe der

in den spezifischen Programmen für notwendig erachteten Beträge darf den für das Rahmenprogramm und für jede Aktion festgesetzten Gesamthöchstbetrag nicht überschreiten.

(4) Die spezifischen Programme werden vom Rat gemäß einem besonderen Gesetzgebungsverfahren nach Anhörung des Europäischen Parlaments und des Wirtschafts- und Sozialausschusses beschlossen.

(5) Ergänzend zu den in dem mehrjährigen Rahmenprogramm vorgesehenen Aktionen erlassen das Europäische Parlament und der Rat gemäß dem ordentlichen Gesetzgebungsverfahren und nach Anhörung des Wirtschafts- und Sozialausschusses die Maßnahmen, die für die Verwirklichung des Europäischen Raums der Forschung notwendig sind.

Art. 183 [Durchführung des Rahmenprogramms] Zur Durchführung des mehrjährigen Rahmenprogramms legt die Union Folgendes fest:
- die Regeln für die Beteiligung der Unternehmen, der Forschungszentren und der Hochschulen;
- die Regeln für die Verbreitung der Forschungsergebnisse.

Art. 184 [Zusatzprogramme] *[1]* Bei der Durchführung des mehrjährigen Rahmenprogramms können Zusatzprogramme beschlossen werden, an denen nur bestimmte Mitgliedstaaten teilnehmen, die sie vorbehaltlich einer etwaigen Beteiligung der Union auch finanzieren.

[2] Die Union legt die Regeln für die Zusatzprogramme fest, insbesondere hinsichtlich der Verbreitung der Kenntnisse und des Zugangs anderer Mitgliedstaaten.

Art. 185 [Beteiligung der Union] Die Union kann im Einvernehmen mit den betreffenden Mitgliedstaaten bei der Durchführung des mehrjährigen Rahmenprogramms eine Beteiligung an Forschungs- und Entwicklungsprogrammen mehrerer Mitgliedstaaten, einschließlich der Beteiligung an den zu ihrer Durchführung geschaffenen Strukturen, vorsehen.

Art. 186 [Zusammenarbeit mit Drittländern; Abkommen] *[1]* Die Union kann bei der Durchführung des mehrjährigen Rahmenprogramms eine Zusammenarbeit auf dem Gebiet der Forschung, technologischen Entwicklung und Demonstration mit dritten Ländern oder internationalen Organisationen vorsehen.

[2] Die Einzelheiten dieser Zusammenarbeit können Gegenstand von Abkommen zwischen der Union und den betreffenden dritten Parteien sein.

Art. 187 [Gründung gemeinsamer Unternehmen] Die Union kann gemeinsame Unternehmen gründen oder andere Strukturen schaffen, die für die ordnungsgemäße Durchführung der Programme für Forschung, technologische Entwicklung und Demonstration der Union erforderlich sind.

Art. 188 [Beschlussfassung] *[1]* Der Rat legt auf Vorschlag der Kommission und nach Anhörung des Europäischen Parlaments und des Wirtschafts- und Sozialausschusses die in Artikel 187 vorgesehenen Bestimmungen fest.

[2] [1] Das Europäische Parlament und der Rat legen gemäß dem ordentlichen Gesetzgebungsverfahren und nach Anhörung des Wirtschafts- und Sozialausschusses die in den Artikeln 183, 184 und 185 vorgesehenen Bestimmungen fest. [2] Für die Verabschiedung der Zusatzprogramme ist die Zustimmung der daran beteiligten Mitgliedstaaten erforderlich.

Art. 189 [Europäische Raumfahrtpolitik] (1) [1] Zur Förderung des wissenschaftlichen und technischen Fortschritts, der Wettbewerbsfähigkeit der Industrie und der Durchführung ihrer Politik arbeitet die Union eine europäische Raumfahrtpolitik aus. [2] Sie kann zu diesem Zweck gemeinsame Initiativen fördern, die Forschung und technologische Entwicklung unterstützen und die Anstrengungen zur Erforschung und Nutzung des Weltraums koordinieren.

(2) Als Beitrag zur Erreichung der Ziele des Absatzes 1 werden vom Europäischen Parlament und vom Rat unter Ausschluss jeglicher Harmonisierung der Rechtsvorschriften der Mitgliedstaaten gemäß dem ordentlichen Gesetzgebungsverfahren die notwendigen Maßnahmen erlassen, was in Form eines europäischen Raumfahrtprogramms geschehen kann.

(3) Die Union stellt die zweckdienlichen Verbindungen zur Europäischen Weltraumorganisation her.

(4) Dieser Artikel gilt unbeschadet der sonstigen Bestimmungen dieses Titels.

Art. 190 [Jährlicher Forschungsbericht] [1] Zu Beginn jedes Jahres unterbreitet die Kommission dem Europäischen Parlament und dem Rat einen Bericht. [2] Dieser Bericht erstreckt sich insbesondere auf die Tätigkeiten auf dem Gebiet der Forschung und technologischen Entwicklung und der Verbreitung der Ergebnisse dieser Tätigkeiten während des Vorjahrs sowie auf das Arbeitsprogramm des laufenden Jahres.

Titel XX. Umwelt

Art. 191 [Umweltpolitische Ziele; Schutzmaßnahmen; Internationale Zusammenarbeit] (1) Die Umweltpolitik der Union trägt zur Verfolgung der nachstehenden Ziele bei:
- Erhaltung und Schutz der Umwelt sowie Verbesserung ihrer Qualität;
- Schutz der menschlichen Gesundheit;
- umsichtige und rationelle Verwendung der natürlichen Ressourcen;
- Förderung von Maßnahmen auf internationaler Ebene zur Bewältigung regionaler oder globaler Umweltprobleme und insbesondere zur Bekämpfung des Klimawandels.

(2) *[1]* [1] Die Umweltpolitik der Union zielt unter Berücksichtigung der unterschiedlichen Gegebenheiten in den einzelnen Regionen der Union auf ein hohes Schutzniveau ab. [2] Sie beruht auf den Grundsätzen der Vorsorge und Vorbeugung, auf dem Grundsatz, Umweltbeeinträchtigungen mit Vorrang an ihrem Ursprung zu bekämpfen, sowie auf dem Verursacherprinzip.

[2] Im Hinblick hierauf umfassen die den Erfordernissen des Umweltschutzes entsprechenden Harmonisierungsmaßnahmen gegebenenfalls eine Schutzklausel, mit der die Mitgliedstaaten ermächtigt werden, aus nicht wirtschaftlich

bedingten umweltpolitischen Gründen vorläufige Maßnahmen zu treffen, die einem Kontrollverfahren der Union unterliegen.

(3) Bei der Erarbeitung ihrer Umweltpolitik berücksichtigt die Union
- die verfügbaren wissenschaftlichen und technischen Daten;
- die Umweltbedingungen in den einzelnen Regionen der Union;
- die Vorteile und die Belastung aufgrund des Tätigwerdens bzw. eines Nichttätigwerdens;
- die wirtschaftliche und soziale Entwicklung der Union insgesamt sowie die ausgewogene Entwicklung ihrer Regionen.

(4) *[1]* [1] Die Union und die Mitgliedstaaten arbeiten im Rahmen ihrer jeweiligen Befugnisse mit dritten Ländern und den zuständigen internationalen Organisationen zusammen. [2] Die Einzelheiten der Zusammenarbeit der Union können Gegenstand vom Abkommen zwischen dieser und den betreffenden dritten Parteien sein.

[2] Unterabsatz 1 berührt nicht die Zuständigkeit der Mitgliedstaaten, in internationalen Gremien zu verhandeln und internationale Abkommen zu schließen.

Art. 192 [Beschlussfassung; Finanzierung; Verursacherprinzip]

(1) Das Europäische Parlament und der Rat beschließen gemäß dem ordentlichen Gesetzgebungsverfahren und nach Anhörung des Wirtschafts- und Sozialausschusses sowie des Ausschusses der Regionen über das Tätigwerden der Union zur Erreichung der in Artikel 191 genannten Ziele.

(2) *[1]* Abweichend von dem Beschlussverfahren des Absatzes 1 und unbeschadet des Artikels 114 erlässt der Rat gemäß einem besonderen Gesetzgebungsverfahren nach Anhörung des Europäischen Parlaments, des Wirtschafts- und Sozialausschusses sowie des Ausschusses der Regionen einstimmig

a) Vorschriften überwiegend steuerlicher Art;

b) Maßnahmen, die
   - die Raumordnung berühren,
   - die mengenmäßige Bewirtschaftung der Wasserressourcen berühren oder die Verfügbarkeit dieser Ressourcen mittelbar oder unmittelbar betreffen,
   - die Bodennutzung mit Ausnahme der Abfallbewirtschaftung berühren;

c) Maßnahmen, welche die Wahl eines Mitgliedstaats zwischen verschiedenen Energiequellen und die allgemeine Struktur seiner Energieversorgung erheblich berühren.

[2] Der Rat kann auf Vorschlag der Kommission und nach Anhörung des Europäischen Parlaments, des Wirtschafts- und Sozialausschusses und des Ausschusses der Regionen einstimmig festlegen, dass für die in Unterabsatz 1 genannten Bereiche das ordentliche Gesetzgebungsverfahren gilt.

(3) *[1]* Das Europäische Parlament und der Rat beschließen gemäß dem ordentlichen Gesetzgebungsverfahren und nach Anhörung des Wirtschafts- und Sozialausschusses sowie des Ausschusses der Regionen allgemeine Aktionsprogramme, in denen die vorrangigen Ziele festgelegt werden.

[2] Die zur Durchführung dieser Programme erforderlichen Maßnahmen werden, je nach Fall, nach dem in Absatz 1 beziehungsweise Absatz 2 vorgesehenen Verfahren erlassen.

(4) Unbeschadet bestimmter Maßnahmen der Union tragen die Mitgliedstaaten für die Finanzierung und Durchführung der Umweltpolitik Sorge.

(5) Sofern eine Maßnahme nach Absatz 1 mit unverhältnismäßig hohen Kosten für die Behörden eines Mitgliedstaats verbunden ist, werden darin unbeschadet des Verursacherprinzips geeignete Bestimmungen in folgender Form vorgesehen:
- vorübergehende Ausnahmeregelungen und/oder
- eine finanzielle Unterstützung aus dem nach Artikel 177 errichteten Kohäsionsfonds.

Art. 193 [Schutzmaßnahmen der Mitgliedstaaten] [1] Die Schutzmaßnahmen, die aufgrund des Artikels 192 getroffen werden, hindern die einzelnen Mitgliedstaaten nicht daran, verstärkte Schutzmaßnahmen beizubehalten oder zu ergreifen. [2] Die betreffenden Maßnahmen müssen mit den Verträgen vereinbar sein. [3] Sie werden der Kommission notifiziert.

Titel XXI. Energie

Art. 194 [Europäische Energiepolitik; Ziele und Maßnahmen]

(1) Die Energiepolitik der Union verfolgt im Geiste der Solidarität zwischen den Mitgliedstaaten im Rahmen der Verwirklichung oder des Funktionierens des Binnenmarkts und unter Berücksichtigung der Notwendigkeit der Erhaltung und Verbesserung der Umwelt folgende Ziele:

a) Sicherstellung des Funktionierens des Energiemarkts;

b) Gewährleistung der Energieversorgungssicherheit in der Union;

c) Förderung der Energieeffizienz und von Energieeinsparungen sowie Entwicklung neuer und erneuerbarer Energiequellen und

d) Förderung der Interkonnektion der Energienetze.

(2) *[1]* [1] Unbeschadet der Anwendung anderer Bestimmungen der Verträge erlassen das Europäische Parlament und der Rat gemäß dem ordentlichen Gesetzgebungsverfahren die Maßnahmen, die erforderlich sind, um die Ziele nach Absatz 1 zu verwirklichen. [2] Der Erlass dieser Maßnahmen erfolgt nach Anhörung des Wirtschafts- und Sozialausschusses und des Ausschusses der Regionen.

[2] Diese Maßnahmen berühren unbeschadet des Artikels 192 Absatz 2 Buchstabe c nicht das Recht eines Mitgliedstaats, die Bedingungen für die Nutzung seiner Energieressourcen, seine Wahl zwischen verschiedenen Energiequellen und die allgemeine Struktur seiner Energieversorgung zu bestimmen.

(3) Abweichend von Absatz 2 erlässt der Rat die darin genannten Maßnahmen gemäß einem besonderen Gesetzgebungsverfahren einstimmig nach Anhörung des Europäischen Parlaments, wenn sie überwiegend steuerlicher Art sind.

Titel XXII. Tourismus

Art. 195 [Maßnahmen im Tourismussektor] (1) *[1]* Die Union ergänzt die Maßnahmen der Mitgliedstaaten im Tourismussektor, insbesondere durch die Förderung der Wettbewerbsfähigkeit der Unternehmen der Union in diesem Sektor.

[2] Die Union verfolgt zu diesem Zweck mit ihrer Tätigkeit das Ziel,

a) die Schaffung eines günstigen Umfelds für die Entwicklung der Unternehmen in diesem Sektor anzuregen;

b) die Zusammenarbeit zwischen den Mitgliedstaaten insbesondere durch den Austausch bewährter Praktiken zu unterstützen.

(2) Das Europäische Parlament und der Rat erlassen unter Ausschluss jeglicher Harmonisierung der Rechtsvorschriften der Mitgliedstaaten gemäß dem ordentlichen Gesetzgebungsverfahren die spezifischen Maßnahmen zur Ergänzung der Maßnahmen, die die Mitgliedstaaten zur Verwirklichung der in diesem Artikel genannten Ziele durchführen.

Titel XXIII. Katastrophenschutz

Art. 196 [Förderung der Zusammenarbeit in Mitgliedstaaten]

(1) *[1]* Die Union fördert die Zusammenarbeit zwischen den Mitgliedstaaten, um die Systeme zur Verhütung von Naturkatastrophen oder von vom Menschen verursachten Katastrophen und zum Schutz vor solchen Katastrophen wirksamer zu gestalten.

[2] Die Tätigkeit der Union hat folgende Ziele:

a) Unterstützung und Ergänzung der Tätigkeit der Mitgliedstaaten auf nationaler, regionaler und kommunaler Ebene im Hinblick auf die Risikoprävention, auf die Ausbildung der in den Mitgliedstaaten am Katastrophenschutz Beteiligten und auf Einsätze im Falle von Naturkatastrophen oder von vom Menschen verursachten Katastrophen in der Union;

b) Förderung einer schnellen und effizienten Zusammenarbeit in der Union zwischen den einzelstaatlichen Katastrophenschutzstellen;

c) Verbesserung der Kohärenz der Katastrophenschutzmaßnahmen auf internationaler Ebene.

(2) Das Europäische Parlament und der Rat erlassen unter Ausschluss jeglicher Harmonisierung der Rechtsvorschriften der Mitgliedstaaten gemäß dem ordentlichen Gesetzgebungsverfahren die erforderlichen Maßnahmen zur Verfolgung der Ziele des Absatzes 1.

Titel XXIV. Verwaltungszusammenarbeit

Art. 197 [Effektive Durchführung des Unionsrechts] (1) Die für das ordnungsgemäße Funktionieren der Union entscheidende effektive Durchführung des Unionsrechts durch die Mitgliedstaaten ist als Frage von gemeinsamem Interesse anzusehen.

(2) [1] Die Union kann die Mitgliedstaaten in ihren Bemühungen um eine Verbesserung der Fähigkeit ihrer Verwaltung zur Durchführung des Unionsrechts unterstützen. [2] Dies kann insbesondere die Erleichterung des Austauschs von Informationen und von Beamten sowie die Unterstützung von Aus- und

Weiterbildungsprogrammen beinhalten. [3]Die Mitgliedstaaten müssen diese Unterstützung nicht in Anspruch nehmen. [4]Das Europäische Parlament und der Rat erlassen die erforderlichen Maßnahmen unter Ausschluss jeglicher Harmonisierung der Rechtsvorschriften der Mitgliedstaaten durch Verordnungen gemäß dem ordentlichen Gesetzgebungsverfahren.

(3) [1]Dieser Artikel berührt weder die Verpflichtung der Mitgliedstaaten, das Unionsrecht durchzuführen, noch die Befugnisse und Pflichten der Kommission. [2]Er berührt auch nicht die übrigen Bestimmungen der Verträge, in denen eine Verwaltungszusammenarbeit unter den Mitgliedstaaten sowie zwischen diesen und der Union vorgesehen ist.

Vierter Teil. Die Assoziierung der überseeischen Länder und Hoheitsgebiete

Art. 198 [Ziele der Assoziierung] *[1]* [1]Die Mitgliedstaaten kommen überein, die außereuropäischen Länder und Hoheitsgebiete, die mit Dänemark, Frankreich, den Niederlanden und dem Vereinigten Königreich[1)] besondere Beziehungen unterhalten, der Union zu assoziieren. [2]Diese Länder und Hoheitsgebiete, im Folgenden als „Länder und Hoheitsgebiete" bezeichnet, sind in Anhang II aufgeführt.

[2] Ziel der Assoziierung ist die Förderung der wirtschaftlichen und sozialen Entwicklung der Länder und Hoheitsgebiete und die Herstellung enger Wirtschaftsbeziehungen zwischen ihnen und der gesamten Union.

[3] Entsprechend den in der Präambel dieses Vertrags aufgestellten Grundsätzen soll die Assoziierung in erster Linie den Interessen der Einwohner dieser Länder und Hoheitsgebiete dienen und ihren Wohlstand fördern, um sie der von ihnen erstrebten wirtschaftlichen, sozialen und kulturellen Entwicklung entgegenzuführen.

Art. 199 [Zwecke der Assoziierung] Mit der Assoziierung werden folgende Zwecke verfolgt:

1. Die Mitgliedstaaten wenden auf ihren Handelsverkehr mit den Ländern und Hoheitsgebieten das System an, das sie aufgrund der Verträge untereinander anwenden.
2. Jedes Land oder Hoheitsgebiet wendet auf seinen Handelsverkehr mit den Mitgliedstaaten und den anderen Ländern und Hoheitsgebieten das System an, das es auf den europäischen Staat anwendet, mit dem es besondere Beziehungen unterhält.
3. Die Mitgliedstaaten beteiligen sich an den Investitionen, welche die fortschreitende Entwicklung dieser Länder und Hoheitsgebiete erfordert.
4. Bei Ausschreibungen und Lieferungen für Investitionen, die von der Union finanziert werden, steht die Beteiligung zu gleichen Bedingungen allen natürlichen und juristischen Personen offen, welche die Staatsangehörigkeit der Mitgliedstaaten oder der Länder oder Hoheitsgebiete besitzen.

[1)] Seit dem 1.2.2020 ist das Vereinigte Königreich aus der Europäischen Union ausgetreten und ist seitdem ein Drittland (Nicht-EU-Land).

5. Soweit aufgrund des Artikels 203 nicht Sonderregelungen getroffen werden, gelten zwischen den Mitgliedstaaten und den Ländern und Hoheitsgebieten für das Niederlassungsrecht ihrer Staatsangehörigen und Gesellschaften die Bestimmungen und Verfahrensregeln des Kapitels Niederlassungsfreiheit, und zwar unter Ausschluss jeder Diskriminierung.

Art. 200 [Verbot von Zöllen; Ausnahmen] (1) Zölle bei der Einfuhr von Waren aus den Ländern und Hoheitsgebieten in die Mitgliedstaaten sind verboten; dies geschieht nach Maßgabe des in den Verträgen vorgesehenen Verbots von Zöllen zwischen den Mitgliedstaaten.

(2) In jedem Land und Hoheitsgebiet sind Zölle bei der Einfuhr von Waren aus den Mitgliedstaaten und den anderen Ländern und Hoheitsgebieten nach Maßgabe des Artikels 30 verboten.

(3) *[1]* Die Länder und Hoheitsgebiete können jedoch Zölle erheben, die den Erfordernissen ihrer Entwicklung und Industrialisierung entsprechen oder als Finanzzölle der Finanzierung ihres Haushalts dienen.

[2] Die in Unterabsatz 1 genannten Zölle dürfen nicht höher sein als diejenigen, die für die Einfuhr von Waren aus dem Mitgliedstaat gelten, mit dem das entsprechende Land oder Hoheitsgebiet besondere Beziehungen unterhält.

(4) Absatz 2 gilt nicht für die Länder und Hoheitsgebiete, die aufgrund besonderer internationaler Verpflichtungen bereits einen nichtdiskriminierenden Zolltarif anwenden.

(5) Die Festlegung oder Änderung der Zollsätze für Waren, die in die Länder und Hoheitsgebiete eingeführt werden, darf weder rechtlich noch tatsächlich zu einer mittelbaren oder unmittelbaren Diskriminierung zwischen den Einfuhren aus den einzelnen Mitgliedstaaten führen.

Art. 201 [Abhilfe bei nachteiliger Verkehrsverlagerung] Ist die Höhe der Zollsätze, die bei der Einfuhr in ein Land oder Hoheitsgebiet für Waren aus einem dritten Land gelten, bei Anwendung des Artikels 200 Absatz 1 geeignet, Verkehrsverlagerungen zum Nachteil eines Mitgliedstaats hervorzurufen, so kann dieser die Kommission ersuchen, den anderen Mitgliedstaaten die erforderlichen Abhilfemaßnahmen vorzuschlagen.

Art. 202 [Regelung der Freizügigkeit der Arbeitskräfte] Vorbehaltlich der Bestimmungen über die Volksgesundheit und die öffentliche Sicherheit und Ordnung werden für die Freizügigkeit der Arbeitskräfte aus den Ländern und Hoheitsgebieten in den Mitgliedstaaten und der Arbeitskräfte aus den Mitgliedstaaten in den Ländern und Hoheitsgebieten Rechtsakte nach Artikel 203 erlassen.

Art. 203 [Durchführungsgesetzgebung] [1] Der Rat erlässt einstimmig auf Vorschlag der Kommission und aufgrund der im Rahmen der Assoziierung der Länder und Hoheitsgebiete an die Union erzielten Ergebnisse und der Grundsätze der Verträge die Bestimmungen über die Einzelheiten und das Verfahren für die Assoziierung der Länder und Hoheitsgebiete an die Union. [2] Werden diese Bestimmungen vom Rat gemäß einem besonderen Gesetzgebungsverfahren angenommen, so beschließt er einstimmig auf Vorschlag der Kommission nach Anhörung des Europäischen Parlaments.

Art. 204 [Anwendung auf Grönland] Die Artikel 198 bis 203 sind auf Grönland anwendbar, vorbehaltlich der spezifischen Bestimmungen für Grönland in dem Protokoll über die Sonderregelung für Grönland im Anhang zu den Verträgen.

Fünfter Teil. Das auswärtige Handeln der Union

Titel I. Allgemeine Bestimmungen über das auswärtige Handeln der Union

Art. 205 [Handlungsgrundsätze auf internationaler Ebene] Das Handeln der Union auf internationaler Ebene im Rahmen dieses Teils wird von den Grundsätzen bestimmt, von den Zielen geleitet und an den allgemeinen Bestimmungen ausgerichtet, die in Titel V Kapitel 1 des Vertrags über die Europäische Union[1] niedergelegt sind.

Titel II. Gemeinsame Handelspolitik

Art. 206 [Ziele der Handelspolitik] Durch die Schaffung einer Zollunion nach den Artikeln 28 bis 32 trägt die Union im gemeinsamen Interesse zur harmonischen Entwicklung des Welthandels, zur schrittweisen Beseitigung der Beschränkungen im internationalen Handelsverkehr und bei den ausländischen Direktinvestitionen sowie zum Abbau der Zollschranken und anderer Schranken bei.

Art. 207 [Grundsätze der gemeinsamen Handelspolitik] (1) [1]Die gemeinsame Handelspolitik wird nach einheitlichen Grundsätzen gestaltet; dies gilt insbesondere für die Änderung von Zollsätzen, für den Abschluss von Zoll- und Handelsabkommen, die den Handel mit Waren und Dienstleistungen betreffen, und für die Handelsaspekte des geistigen Eigentums, die ausländischen Direktinvestitionen, die Vereinheitlichung der Liberalisierungsmaßnahmen, die Ausfuhrpolitik sowie die handelspolitischen Schutzmaßnahmen, zum Beispiel im Fall von Dumping und Subventionen. [2]Die gemeinsame Handelspolitik wird im Rahmen der Grundsätze und Ziele des auswärtigen Handelns der Union gestaltet.

(2) Das Europäische Parlament und der Rat erlassen durch Verordnungen gemäß dem ordentlichen Gesetzgebungsverfahren die Maßnahmen, mit denen der Rahmen für die Umsetzung der gemeinsamen Handelspolitik bestimmt wird.

(3) *[1]* Sind mit einem oder mehreren Drittländern oder internationalen Organisationen Abkommen auszuhandeln und zu schließen, so findet Artikel 218 vorbehaltlich der besonderen Bestimmungen dieses Artikels Anwendung.

[2] [1]Die Kommission legt dem Rat Empfehlungen vor; dieser ermächtigt die Kommission zur Aufnahme der erforderlichen Verhandlungen. [2]Der Rat und die Kommission haben dafür Sorge zu tragen, dass die ausgehandelten Abkommen mit der internen Politik und den internen Vorschriften der Union vereinbar sind.

---

[1] Nr. **1**.

[3] [1] Die Kommission führt diese Verhandlungen im Benehmen mit einem zu ihrer Unterstützung vom Rat bestellten Sonderausschuss und nach Maßgabe der Richtlinien, die ihr der Rat erteilen kann. [2] Die Kommission erstattet dem Sonderausschuss sowie dem Europäischen Parlament regelmäßig Bericht über den Stand der Verhandlungen.

(4) *[1]* Über die Aushandlung und den Abschluss der in Absatz 3 genannten Abkommen beschließt der Rat mit qualifizierter Mehrheit.

[2] Über die Aushandlung und den Abschluss eines Abkommens über den Dienstleistungsverkehr, über Handelsaspekte des geistigen Eigentums oder über ausländische Direktinvestitionen beschließt der Rat einstimmig, wenn das betreffende Abkommen Bestimmungen enthält, bei denen für die Annahme interner Vorschriften Einstimmigkeit erforderlich ist.

[3] Der Rat beschließt ebenfalls einstimmig über die Aushandlung und den Abschluss von Abkommen in den folgenden Bereichen:

a) Handel mit kulturellen und audiovisuellen Dienstleistungen, wenn diese Abkommen die kulturelle und sprachliche Vielfalt in der Union beeinträchtigen könnten;
b) Handel mit Dienstleistungen des Sozial-, des Bildungs- und des Gesundheitssektors, wenn diese Abkommen die einzelstaatliche Organisation dieser Dienstleistungen ernsthaft stören und die Verantwortlichkeit der Mitgliedstaaten für ihre Erbringung beeinträchtigen könnten.

(5) Für die Aushandlung und den Abschluss von internationalen Abkommen im Bereich des Verkehrs gelten der Dritte Teil Titel VI sowie Artikel 218.

(6) Die Ausübung der durch diesen Artikel übertragenen Zuständigkeiten im Bereich der gemeinsamen Handelspolitik hat keine Auswirkungen auf die Abgrenzung der Zuständigkeiten zwischen der Union und den Mitgliedstaaten und führt nicht zu einer Harmonisierung der Rechtsvorschriften der Mitgliedstaaten, soweit eine solche Harmonisierung in den Verträgen ausgeschlossen wird.

Titel III. Zusammenarbeit mit Drittländern und humanitäre Hilfe

Kapitel 1. Entwicklungszusammenarbeit

Art. 208 [Beitrag der Union; Ziel] (1) *[1]* [1] Die Politik der Union auf dem Gebiet der Entwicklungszusammenarbeit wird im Rahmen der Grundsätze und Ziele des auswärtigen Handelns der Union durchgeführt. [2] Die Politik der Union und die Politik der Mitgliedstaaten auf dem Gebiet der Entwicklungszusammenarbeit ergänzen und verstärken sich gegenseitig.

[2] [1] Hauptziel der Unionspolitik in diesem Bereich ist die Bekämpfung und auf längere Sicht die Beseitigung der Armut. [2] Bei der Durchführung politischer Maßnahmen, die sich auf die Entwicklungsländer auswirken können, trägt die Union den Zielen der Entwicklungszusammenarbeit Rechnung.

(2) Die Union und die Mitgliedstaaten kommen den im Rahmen der Vereinten Nationen und anderer zuständiger internationaler Organisationen gegebenen Zusagen nach und berücksichtigen die in diesem Rahmen gebilligten Zielsetzungen.

Art. 209 [Mehrjahres- und thematische Programme; Vertragsschlusskompetenz; Rolle der EIB] (1) Das Europäische Parlament und der Rat erlassen gemäß dem ordentlichen Gesetzgebungsverfahren die zur Durchführung der Politik im Bereich der Entwicklungszusammenarbeit erforderlichen Maßnahmen; diese Maßnahmen können Mehrjahresprogramme für die Zusammenarbeit mit Entwicklungsländern oder thematische Programme betreffen.

(2) *[1]* Die Union kann mit Drittländern und den zuständigen internationalen Organisationen alle Übereinkünfte schließen, die zur Verwirklichung der Ziele des Artikels 21 des Vertrags über die Europäische Union[1] und des Artikels 208 dieses Vertrags beitragen.

[2] Unterabsatz 1 berührt nicht die Zuständigkeit der Mitgliedstaaten, in internationalen Gremien zu verhandeln und Übereinkünfte zu schließen.

(3) Die Europäische Investitionsbank trägt nach Maßgabe ihrer Satzung zur Durchführung der Maßnahmen im Sinne des Absatzes 1 bei.

Art. 210 [Koordinierung] (1) [1] Die Union und die Mitgliedstaaten koordinieren ihre Politik auf dem Gebiet der Entwicklungszusammenarbeit und stimmen ihre Hilfsprogramme aufeinander ab, auch in internationalen Organisationen und auf internationalen Konferenzen, damit ihre Maßnahmen einander besser ergänzen und wirksamer sind. [2] Sie können gemeinsame Maßnahmen ergreifen. [3] Die Mitgliedstaaten tragen erforderlichenfalls zur Durchführung der Hilfsprogramme der Union bei.

(2) Die Kommission kann alle Initiativen ergreifen, die der in Absatz 1 genannten Koordinierung förderlich sind.

Art. 211 [Internationale Zusammenarbeit] Die Union und die Mitgliedstaaten arbeiten im Rahmen ihrer jeweiligen Befugnisse mit dritten Ländern und den zuständigen internationalen Organisationen zusammen.

Kapitel 2. Wirtschaftliche, finanzielle und technische Zusammenarbeit mit Drittländern

Art. 212 [Grundsätze der Zusammenarbeit mit Nicht-Entwicklungsländern] (1) [1] Unbeschadet der übrigen Bestimmungen der Verträge, insbesondere der Artikel 208 bis 211, führt die Union mit Drittländern, die keine Entwicklungsländer sind, Maßnahmen der wirtschaftlichen, finanziellen und technischen Zusammenarbeit durch, die auch Unterstützung, insbesondere im finanziellen Bereich, einschließen. [2] Diese Maßnahmen stehen mit der Entwicklungspolitik der Union im Einklang und werden im Rahmen der Grundsätze und Ziele ihres auswärtigen Handelns durchgeführt. [3] Die Maßnahmen der Union und die Maßnahmen der Mitgliedstaaten ergänzen und verstärken sich gegenseitig.

(2) Das Europäische Parlament und der Rat erlassen gemäß dem ordentlichen Gesetzgebungsverfahren die zur Durchführung des Absatzes 1 erforderlichen Maßnahmen.

---

[1] Nr. 1.

(3) *[1]* [1] Die Union und die Mitgliedstaaten arbeiten im Rahmen ihrer jeweiligen Zuständigkeiten mit Drittländern und den zuständigen internationalen Organisationen zusammen. [2] Die Einzelheiten der Zusammenarbeit der Union können in Abkommen zwischen dieser und den betreffenden dritten Parteien geregelt werden.

[2] Unterabsatz 1 berührt nicht die Zuständigkeit der Mitgliedstaaten, in internationalen Gremien zu verhandeln und internationale Abkommen zu schließen.

Art. 213 [Finanzielle Hilfe für Drittländer] Ist es aufgrund der Lage in einem Drittland notwendig, dass die Union umgehend finanzielle Hilfe leistet, so erlässt der Rat auf Vorschlag der Kommission die erforderlichen Beschlüsse.

Kapitel 3. Humanitäre Hilfe

Art. 214 [Maßnahmen; Europäisches Freiwilligenkorps] (1) [1] Den Rahmen für die Maßnahmen der Union im Bereich der humanitären Hilfe bilden die Grundsätze und Ziele des auswärtigen Handelns der Union. [2] Die Maßnahmen dienen dazu, Einwohnern von Drittländern, die von Naturkatastrophen oder von vom Menschen verursachten Katastrophen betroffen sind, gezielt Hilfe, Rettung und Schutz zu bringen, damit die aus diesen Notständen resultierenden humanitären Bedürfnisse gedeckt werden können. [3] Die Maßnahmen der Union und die Maßnahmen der Mitgliedstaaten ergänzen und verstärken sich gegenseitig.

(2) Die Maßnahmen der humanitären Hilfe werden im Einklang mit den Grundsätzen des Völkerrechts sowie den Grundsätzen der Unparteilichkeit, der Neutralität und der Nichtdiskriminierung durchgeführt.

(3) Das Europäische Parlament und der Rat legen gemäß dem ordentlichen Gesetzgebungsverfahren die Maßnahmen zur Festlegung des Rahmens fest, innerhalb dessen die Maßnahmen der humanitären Hilfe der Union durchgeführt werden.

(4) *[1]* Die Union kann mit Drittländern und den zuständigen internationalen Organisationen alle Übereinkünfte schließen, die zur Verwirklichung der Ziele des Absatzes 1 und des Artikels 21 des Vertrags über die Europäische Union[1)] beitragen.

[2] Unterabsatz 1 berührt nicht die Zuständigkeit der Mitgliedstaaten, in internationalen Gremien zu verhandeln und Übereinkünfte zu schließen.

(5) [1] Als Rahmen für gemeinsame Beiträge der jungen Europäer zu den Maßnahmen der humanitären Hilfe der Union wird ein Europäisches Freiwilligenkorps für humanitäre Hilfe geschaffen. [2] Das Europäische Parlament und der Rat legen gemäß dem ordentlichen Gesetzgebungsverfahren durch Verordnungen die Rechtsstellung und die Einzelheiten der Arbeitsweise des Korps fest.

(6) Die Kommission kann alle Initiativen ergreifen, die der Koordinierung zwischen den Maßnahmen der Union und denen der Mitgliedstaaten förderlich sind, damit die Programme der Union und der Mitgliedstaaten im Bereich der humanitären Hilfe wirksamer sind und einander besser ergänzen.

[1)] Nr. 1.

(7) Die Union trägt dafür Sorge, dass ihre Maßnahmen der humanitären Hilfe mit den Maßnahmen der internationalen Organisationen und Einrichtungen, insbesondere derer, die zum System der Vereinten Nationen gehören, abgestimmt werden und im Einklang mit ihnen stehen.

Titel IV. Restriktive Maßnahmen

Art. 215 [Wirtschaftsembargo; Beschlussfassung; Rechtsschutz]

(1) [1] Sieht ein nach Titel V Kapitel 2 des Vertrags über die Europäische Union[1)] erlassener Beschluss die Aussetzung, Einschränkung oder vollständige Einstellung der Wirtschafts- und Finanzbeziehungen zu einem oder mehreren Drittländern vor, so erlässt der Rat die erforderlichen Maßnahmen mit qualifizierter Mehrheit auf gemeinsamen Vorschlag des Hohen Vertreters der Union für Außen- und Sicherheitspolitik und der Kommission. [2] Er unterrichtet hierüber das Europäische Parlament.

(2) Sieht ein nach Titel V Kapitel 2 des Vertrags über die Europäische Union erlassener Beschluss dies vor, so kann der Rat nach dem Verfahren des Absatzes 1 restriktive Maßnahmen gegen natürliche oder juristische Personen sowie Gruppierungen oder nichtstaatliche Einheiten erlassen.

(3) In den Rechtsakten nach diesem Artikel müssen die erforderlichen Bestimmungen über den Rechtsschutz vorgesehen sein.

Titel V. Internationale Übereinkünfte

Art. 216 [Vertragsschlusskompetenz] (1) Die Union kann mit einem oder mehreren Drittländern oder einer oder mehreren internationalen Organisationen eine Übereinkunft schließen, wenn dies in den Verträgen vorgesehen ist oder wenn der Abschluss einer Übereinkunft im Rahmen der Politik der Union entweder zur Verwirklichung eines der in den Verträgen festgesetzten Ziele erforderlich oder in einem verbindlichen Rechtsakt der Union vorgesehen ist oder aber gemeinsame Vorschriften beeinträchtigen oder deren Anwendungsbereich ändern könnte.

(2) Die von der Union geschlossenen Übereinkünfte binden die Organe der Union und die Mitgliedstaaten.

Art. 217 [Assoziierungsabkommen] Die Union kann mit einem oder mehreren Drittländern oder einer oder mehrerer internationaler Organisationen Abkommen schließen, die eine Assoziierung mit gegenseitigen Rechten und Pflichten, gemeinsamem Vorgehen und besonderen Verfahren herstellen.

Art. 218 [Vertragsschlussverfahren; Gutachten des EuGH] (1) Unbeschadet der besonderen Bestimmungen des Artikels 207 werden Übereinkünfte zwischen der Union und Drittländern oder internationalen Organisationen nach dem im Folgenden beschriebenen Verfahren ausgehandelt und geschlossen.

(2) Der Rat erteilt eine Ermächtigung zur Aufnahme von Verhandlungen, legt Verhandlungsrichtlinien fest, genehmigt die Unterzeichnung und schließt die Übereinkünfte.

---

1) Nr. **1**.

(3) Die Kommission oder, wenn sich die geplante Übereinkunft ausschließlich oder hauptsächlich auf die Gemeinsame Außen- und Sicherheitspolitik bezieht, der Hohe Vertreter der Union für Außen- und Sicherheitspolitik legt dem Rat Empfehlungen vor; dieser erlässt einen Beschluss über die Ermächtigung zur Aufnahme von Verhandlungen und über die Benennung, je nach dem Gegenstand der geplanten Übereinkunft, des Verhandlungsführers oder des Leiters des Verhandlungsteams der Union.

(4) Der Rat kann dem Verhandlungsführer Richtlinien erteilen und einen Sonderausschuss bestellen; die Verhandlungen sind im Benehmen mit diesem Ausschuss zu führen.

(5) Der Rat erlässt auf Vorschlag des Verhandlungsführers einen Beschluss, mit dem die Unterzeichnung der Übereinkunft und gegebenenfalls deren vorläufige Anwendung vor dem Inkrafttreten genehmigt werden.

(6) *[1]* Der Rat erlässt auf Vorschlag des Verhandlungsführers einen Beschluss über den Abschluss der Übereinkunft.

[2] Mit Ausnahme der Übereinkünfte, die ausschließlich die Gemeinsame Außen- und Sicherheitspolitik betreffen, erlässt der Rat den Beschluss über den Abschluss der Übereinkunft

a) nach Zustimmung des Europäischen Parlaments in folgenden Fällen:
   i) Assoziierungsabkommen;
   ii) Übereinkunft über den Beitritt der Union zur Europäischen Konvention zum Schutz der Menschenrechte und Grundfreiheiten[1)];
   iii) Übereinkünfte, die durch die Einführung von Zusammenarbeitsverfahren einen besonderen institutionellen Rahmen schaffen;
   iv) Übereinkünfte mit erheblichen finanziellen Folgen für die Union;
   v) Übereinkünfte in Bereichen, für die entweder das ordentliche Gesetzgebungsverfahren oder, wenn die Zustimmung des Europäischen Parlaments erforderlich ist, das besondere Gesetzgebungsverfahren gilt.

   Das Europäische Parlament und der Rat können in dringenden Fällen eine Frist für die Zustimmung vereinbaren.

b) nach Anhörung des Europäischen Parlaments in den übrigen Fällen. Das Europäische Parlament gibt seine Stellungnahme innerhalb einer Frist ab, die der Rat entsprechend der Dringlichkeit festlegen kann. Ergeht innerhalb dieser Frist keine Stellungnahme, so kann der Rat einen Beschluss fassen.

(7) [1] Abweichend von den Absätzen 5, 6 und 9 kann der Rat den Verhandlungsführer bei Abschluss einer Übereinkunft ermächtigen, im Namen der Union Änderungen der Übereinkunft zu billigen, wenn die Übereinkunft vorsieht, dass diese Änderungen im Wege eines vereinfachten Verfahrens oder durch ein durch die Übereinkunft eingesetztes Gremium anzunehmen sind. [2] Der Rat kann diese Ermächtigung gegebenenfalls mit besonderen Bedingungen verbinden.

(8) *[1]* Der Rat beschließt während des gesamten Verfahrens mit qualifizierter Mehrheit.

[2] [1] Er beschließt jedoch einstimmig, wenn die Übereinkunft einen Bereich betrifft, in dem für den Erlass eines Rechtsakts der Union Einstimmigkeit

---

1) Nr. **40**.

erforderlich ist, sowie bei Assoziierungsabkommen und Übereinkünften nach Artikel 212 mit beitrittswilligen Staaten. [2]Auch über die Übereinkunft über den Beitritt der Union zur Europäischen Konvention zum Schutz der Menschenrechte und Grundfreiheiten beschließt der Rat einstimmig; der Beschluss zum Abschluss dieser Übereinkunft tritt in Kraft, nachdem die Mitgliedstaaten im Einklang mit ihren jeweiligen verfassungsrechtlichen Vorschriften zugestimmt haben.

(9) Der Rat erlässt auf Vorschlag der Kommission oder des Hohen Vertreters der Union für Außen- und Sicherheitspolitik einen Beschluss über die Aussetzung der Anwendung einer Übereinkunft und zur Festlegung der Standpunkte, die im Namen der Union in einem durch eine Übereinkunft eingesetzten Gremium zu vertreten sind, sofern dieses Gremium rechtswirksame Akte, mit Ausnahme von Rechtsakten zur Ergänzung oder Änderung des institutionellen Rahmens der betreffenden Übereinkunft, zu erlassen hat.

(10) Das Europäische Parlament wird in allen Phasen des Verfahrens unverzüglich und umfassend unterrichtet.

(11) [1]Ein Mitgliedstaat, das Europäische Parlament, der Rat oder die Kommission können ein Gutachten des Gerichtshofs über die Vereinbarkeit einer geplanten Übereinkunft mit den Verträgen einholen. [2]Ist das Gutachten des Gerichtshofs ablehnend, so kann die geplante Übereinkunft nur in Kraft treten, wenn sie oder die Verträge geändert werden.

Art. 219 [Wechselkursfestlegung nach außen; Internationale Vereinbarungen] (1) *[1]* [1]Abweichend von Artikel 218 kann der Rat entweder auf Empfehlung der Europäischen Zentralbank oder auf Empfehlung der Kommission und nach Anhörung der Europäischen Zentralbank in dem Bemühen, zu einem mit dem Ziel der Preisstabilität im Einklang stehenden Konsens zu gelangen, förmliche Vereinbarungen über ein Wechselkurssystem für den Euro gegenüber den Währungen von Drittstaaten treffen. [2]Der Rat beschließt nach dem Verfahren des Absatzes 3 einstimmig nach Anhörung des Europäischen Parlaments.

[2] [1]Der Rat kann entweder auf Empfehlung der Europäischen Zentralbank oder auf Empfehlung der Kommission und nach Anhörung der Europäischen Zentralbank in dem Bemühen, zu einem mit dem Ziel der Preisstabilität im Einklang stehenden Konsens zu gelangen, die Euro-Leitkurse innerhalb des Wechselkurssystems festlegen, ändern oder aufgeben. [2]Der Präsident des Rates unterrichtet das Europäische Parlament von der Festlegung, Änderung oder Aufgabe der Euro-Leitkurse.

(2) [1]Besteht gegenüber einer oder mehreren Währungen von Drittstaaten kein Wechselkurssystem nach Absatz 1, so kann der Rat entweder auf Empfehlung der Kommission und nach Anhörung der Europäischen Zentralbank oder auf Empfehlung der Europäischen Zentralbank allgemeine Orientierungen für die Wechselkurspolitik gegenüber diesen Währungen aufstellen. [2]Diese allgemeinen Orientierungen dürfen das vorrangige Ziel des ESZB, die Preisstabilität zu gewährleisten, nicht beeinträchtigen.

(3) [1]Wenn von der Union mit einem oder mehreren Drittstaaten oder internationalen Organisationen Vereinbarungen im Zusammenhang mit Währungsfragen oder Devisenregelungen auszuhandeln sind, beschließt der Rat abweichend von Artikel 218 auf Empfehlung der Kommission und nach Anhö-

rung der Europäischen Zentralbank die Modalitäten für die Aushandlung und den Abschluss solcher Vereinbarungen. [2] Mit diesen Modalitäten wird gewährleistet, dass die Union einen einheitlichen Standpunkt vertritt. [3] Die Kommission wird an den Verhandlungen in vollem Umfang beteiligt.

(4) Die Mitgliedstaaten haben das Recht, unbeschadet der Unionszuständigkeit und der Unionsvereinbarungen über die Wirtschafts- und Währungsunion in internationalen Gremien Verhandlungen zu führen und internationale Vereinbarungen zu treffen.

Titel VI. Beziehungen der Union zu internationalen Organisationen und Drittländern sowie Delegationen der Union

Art. 220 [Beziehungen zu internationalen Organisationen]

(1) *[1]* Die Union betreibt jede zweckdienliche Zusammenarbeit mit den Organen der Vereinten Nationen und ihrer Sonderorganisationen, dem Europarat, der Organisation für Sicherheit und Zusammenarbeit in Europa und der Organisation für wirtschaftliche Zusammenarbeit und Entwicklung.

[2] Die Union unterhält ferner, soweit zweckdienlich, Beziehungen zu anderen internationalen Organisationen.

(2) Die Durchführung dieses Artikels obliegt dem Hohen Vertreter der Union für Außen- und Sicherheitspolitik und der Kommission.

Art. 221 [Vertretung der Union in Drittländern] (1) Die Delegationen der Union in Drittländern und bei internationalen Organisationen sorgen für die Vertretung der Union.

(2) [1] Die Delegationen der Union unterstehen der Leitung des Hohen Vertreters der Union für Außen- und Sicherheitspolitik. [2] Sie werden in enger Zusammenarbeit mit den diplomatischen und konsularischen Vertretungen der Mitgliedstaaten tätig.

Titel VII. Solidaritätsklausel

Art. 222 [Gegenseitige Unterstützung bei Terroranschlägen und Katastrophen] (1) [1] Die Union und ihre Mitgliedstaaten handeln gemeinsam im Geiste der Solidarität, wenn ein Mitgliedstaat von einem Terroranschlag, einer Naturkatastrophe oder einer vom Menschen verursachten Katastrophe betroffen ist. [2] Die Union mobilisiert alle ihr zur Verfügung stehenden Mittel, einschließlich der ihr von den Mitgliedstaaten bereitgestellten militärischen Mittel, um

a) – terroristische Bedrohungen im Hoheitsgebiet von Mitgliedstaaten abzuwenden;
   – die demokratischen Institutionen und die Zivilbevölkerung vor etwaigen Terroranschlägen zu schützen;
   – im Falle eines Terroranschlags einen Mitgliedstaat auf Ersuchen seiner politischen Organe innerhalb seines Hoheitsgebiets zu unterstützen;

b) im Falle einer Naturkatastrophe oder einer vom Menschen verursachten Katastrophe einen Mitgliedstaat auf Ersuchen seiner politischen Organe innerhalb seines Hoheitsgebiets zu unterstützen.

(2) [1] Ist ein Mitgliedstaat von einem Terroranschlag, einer Naturkatastrophe oder einer vom Menschen verursachten Katastrophe betroffen, so leisten die anderen Mitgliedstaaten ihm auf Ersuchen seiner politischen Organe Unterstützung. [2] Zu diesem Zweck sprechen die Mitgliedstaaten sich im Rat ab.

(3) *[1]* [1] Die Einzelheiten für die Anwendung dieser Solidaritätsklausel durch die Union werden durch einen Beschluss festgelegt, den der Rat aufgrund eines gemeinsamen Vorschlags der Kommission und des Hohen Vertreters der Union für Außen- und Sicherheitspolitik erlässt. [2] Hat dieser Beschluss Auswirkungen im Bereich der Verteidigung, so beschließt der Rat nach Artikel 31 Absatz 1 des Vertrags über die Europäische Union[1)]. [3] Das Europäische Parlament wird darüber unterrichtet.

[2] Für die Zwecke dieses Absatzes unterstützen den Rat unbeschadet des Artikels 240 das Politische und Sicherheitspolitische Komitee, das sich hierbei auf die im Rahmen der Gemeinsamen Sicherheits- und Verteidigungspolitik entwickelten Strukturen stützt, sowie der Ausschuss nach Artikel 71, die dem Rat gegebenenfalls gemeinsame Stellungnahmen vorlegen.

(4) Damit die Union und ihre Mitgliedstaaten auf effiziente Weise tätig werden können, nimmt der Europäische Rat regelmäßig eine Einschätzung der Bedrohungen vor, denen die Union ausgesetzt ist.

Sechster Teil. Institutionelle Bestimmungen und Finanzvorschriften

Titel I. Vorschriften über die Organe

Kapitel 1. Die Organe

Abschnitt 1. Das Europäische Parlament

Art. 223 [Einheitliches Wahlverfahren; Abgeordneten-Statut]

(1) *[1]* Das Europäische Parlament erstellt einen Entwurf der erforderlichen Bestimmungen für die allgemeine unmittelbare Wahl seiner Mitglieder nach einem einheitlichen Verfahren in allen Mitgliedstaaten oder im Einklang mit den allen Mitgliedstaaten gemeinsamen Grundsätzen.

[2] [1] Der Rat erlässt die erforderlichen Bestimmungen einstimmig gemäß einem besonderen Gesetzgebungsverfahren und nach Zustimmung des Europäischen Parlaments, die mit der Mehrheit seiner Mitglieder erteilt wird. [2] Diese Bestimmungen treten nach Zustimmung der Mitgliedstaaten im Einklang mit ihren jeweiligen verfassungsrechtlichen Vorschriften in Kraft.

(2) [1] Das Europäische Parlament legt aus eigener Initiative gemäß einem besonderen Gesetzgebungsverfahren durch Verordnungen nach Anhörung der Kommission und mit Zustimmung des Rates die Regelungen und allgemeinen Bedingungen für die Wahrnehmung der Aufgaben seiner Mitglieder fest. [2] Alle Vorschriften und Bedingungen, die die Steuerregelung für die Mitglieder oder ehemaligen Mitglieder betreffen, sind vom Rat einstimmig festzulegen.

Art. 224 [Politische Parteien] Das Europäische Parlament und der Rat legen gemäß dem ordentlichen Gesetzgebungsverfahren durch Verordnungen

---

[1)] Nr. **1**.

die Regelung für die politischen Parteien auf europäischer Ebene nach Artikel 10 Absatz 4 des Vertrags über die Europäische Union[1)] und insbesondere die Vorschriften über ihre Finanzierung fest.

Art. 225 [Indirektes Initiativrecht] [1] Das Europäische Parlament kann mit der Mehrheit seiner Mitglieder die Kommission auffordern, geeignete Vorschläge zu Fragen zu unterbreiten, die nach seiner Auffassung die Ausarbeitung eines Unionsakts zur Durchführung der Verträge erfordern. [2] Legt die Kommission keinen Vorschlag vor, so teilt sie dem Europäischen Parlament die Gründe dafür mit.

Art. 226 [Untersuchungsausschuss] *[1]* Das Europäische Parlament kann bei der Erfüllung seiner Aufgaben auf Antrag eines Viertels seiner Mitglieder die Einsetzung eines nichtständigen Untersuchungsausschusses beschließen, der unbeschadet der Befugnisse, die anderen Organen oder Einrichtungen durch die Verträge übertragen sind, behauptete Verstöße gegen das Unionsrecht oder Missstände bei der Anwendung desselben prüft; dies gilt nicht, wenn ein Gericht mit den behaupteten Sachverhalten befasst ist, solange das Gerichtsverfahren nicht abgeschlossen ist.

[2] Mit der Vorlage seines Berichtes hört der nichtständige Untersuchungsausschuss auf zu bestehen.

[3] Die Einzelheiten der Ausübung des Untersuchungsrechts werden vom Europäischen Parlament festgelegt, das aus eigener Initiative gemäß einem besonderen Gesetzgebungsverfahren durch Verordnungen nach Zustimmung des Rates und der Kommission beschließt.

Art. 227 [Petitionsrecht] Jeder Bürger der Union sowie jede natürliche oder juristische Person mit Wohnort oder satzungsmäßigem Sitz in einem Mitgliedstaat kann allein oder zusammen mit anderen Bürgern oder Personen in Angelegenheiten, die in die Tätigkeitsbereiche der Union fallen und die ihn oder sie unmittelbar betreffen, eine Petition an das Europäische Parlament richten.

Art. 228 [Bürgerbeauftragter] (1) *[1]* [1] Ein vom Europäischen Parlament gewählter Europäischer Bürgerbeauftragter ist befugt, Beschwerden von jedem Bürger der Union oder von jeder natürlichen oder juristischen Person mit Wohnort oder satzungsmäßigem Sitz in einem Mitgliedstaat über Missstände bei der Tätigkeit der Organe, Einrichtungen oder sonstige Stellen der Union, mit Ausnahme des Gerichtshofs der Europäischen Union in Ausübung seiner Rechtsprechungsbefugnisse, entgegenzunehmen. [2] Er untersucht diese Beschwerden und erstattet darüber Bericht.

[2] [1] Der Bürgerbeauftragte führt im Rahmen seines Auftrags von sich aus oder aufgrund von Beschwerden, die ihm unmittelbar oder über ein Mitglied des Europäischen Parlaments zugehen, Untersuchungen durch, die er für gerechtfertigt hält; dies gilt nicht, wenn die behaupteten Sachverhalte Gegenstand eines Gerichtsverfahrens sind oder waren. [2] Hat der Bürgerbeauftragte einen Missstand festgestellt, so befasst er das betreffende Organ, die betreffende Einrichtung oder sonstige Stelle, das bzw. die über eine Frist von drei Monaten

---

[1)] Nr. **1**.

verfügt, um ihm seine bzw. ihre Stellungnahme zu übermitteln. [3]Der Bürgerbeauftragte legt anschließend dem Europäischen Parlament und dem betreffenden Organ, der betreffenden Einrichtung oder sonstigen Stelle einen Bericht vor. [4]Der Beschwerdeführer wird über das Ergebnis dieser Untersuchungen unterrichtet.

[3] Der Bürgerbeauftragte legt dem Europäischen Parlament jährlich einen Bericht über die Ergebnisse seiner Untersuchungen vor.

(2) *[1]* [1]Der Bürgerbeauftragte wird nach jeder Wahl des Europäischen Parlaments für die Dauer der Wahlperiode gewählt. [2]Wiederwahl ist zulässig.

[2] Der Bürgerbeauftragte kann auf Antrag des Europäischen Parlaments vom Gerichtshof seines Amtes enthoben werden, wenn er die Voraussetzungen für die Ausübung seines Amtes nicht mehr erfüllt oder eine schwere Verfehlung begangen hat.

(3) [1]Der Bürgerbeauftragte übt sein Amt in völliger Unabhängigkeit aus. [2]Er darf bei der Erfüllung seiner Pflichten von keiner Regierung, keinem Organ, keiner Einrichtung oder sonstigen Stelle Weisungen einholen oder entgegennehmen. [3]Der Bürgerbeauftragte darf während seiner Amtszeit keine andere entgeltliche oder unentgeltliche Berufstätigkeit ausüben.

(4) Das Europäische Parlament legt aus eigener Initiative gemäß einem besonderen Gesetzgebungsverfahren durch Verordnungen nach Stellungnahme der Kommission und nach Zustimmung des Rates die Regelungen und allgemeinen Bedingungen für die Ausübung der Aufgaben des Bürgerbeauftragten fest.

Art. 229 [Ordentliche und außerordentliche Sitzungsperiode]

[1] [1]Das Europäische Parlament hält jährlich eine Sitzungsperiode ab. [2]Es tritt, ohne dass es einer Einberufung bedarf, am zweiten Dienstag des Monats März zusammen.

[2] Das Europäische Parlament kann auf Antrag der Mehrheit seiner Mitglieder sowie auf Antrag des Rates oder der Kommission zu einer außerordentlichen Sitzungsperiode zusammentreten.

Art. 230 [Anhörungsrecht von Kommission; Rat und Europäischem Rat] *[1]* Die Kommission kann an allen Sitzungen des Europäischen Parlaments teilnehmen und wird auf ihren Antrag gehört.

[2] Die Kommission antwortet mündlich oder schriftlich auf die ihr vom Europäischen Parlament oder von dessen Mitgliedern gestellten Fragen.

[3] Der Europäische Rat und der Rat werden vom Europäischen Parlament nach Maßgabe der Geschäftsordnung des Europäischen Rates und der Geschäftsordnung des Rates gehört.

Art. 231 [Abstimmung; Beschlussfähigkeit] *[1]* Soweit die Verträge nicht etwas anderes bestimmen, beschließt das Europäische Parlament mit der Mehrheit der abgegebenen Stimmen.

[2] Die Geschäftsordnung legt die Beschlussfähigkeit fest.

Art. 232 [Geschäftsordnung; Verhandlungsniederschriften] *[1]* Das Europäische Parlament gibt sich seine Geschäftsordnung; hierzu sind die Stimmen der Mehrheit seiner Mitglieder erforderlich.

[2] Die Verhandlungsniederschriften des Europäischen Parlaments werden nach Maßgabe der Verträge und seiner Geschäftsordnung veröffentlicht.

Art. 233 [Jährlicher Gesamtbericht] Das Europäische Parlament erörtert in öffentlicher Sitzung den jährlichen Gesamtbericht, der ihm von der Kommission vorgelegt wird.

Art. 234 [Misstrauensantrag gegen die Kommission] *[1]* Wird wegen der Tätigkeit der Kommission ein Misstrauensantrag eingebracht, so darf das Europäische Parlament nicht vor Ablauf von drei Tagen nach seiner Einbringung und nur in offener Abstimmung darüber entscheiden.

[2] [1] Wird der Misstrauensantrag mit der Mehrheit von zwei Dritteln der abgegebenen Stimmen und mit der Mehrheit der Mitglieder des Europäischen Parlaments angenommen, so legen die Mitglieder der Kommission geschlossen ihr Amt nieder, und der Hohe Vertreter der Union für Außen- und Sicherheitspolitik legt sein im Rahmen der Kommission ausgeübtes Amt nieder. [2] Sie bleiben im Amt und führen die laufenden Geschäfte bis zu ihrer Ersetzung nach Artikel 17 des Vertrags über die Europäische Union[1)] weiter. [3] In diesem Fall endet die Amtszeit der zu ihrer Ersetzung ernannten Mitglieder der Kommission zu dem Zeitpunkt, zu dem die Amtszeit der Mitglieder der Kommission, die ihr Amt geschlossen niederlegen mussten, geendet hätte.

Abschnitt 2. Der Europäische Rat

Art. 235 [Verfahrensfragen; Geschäftsordnung] (1) *[1]* Jedes Mitglied des Europäischen Rates kann sich das Stimmrecht höchstens eines anderen Mitglieds übertragen lassen.

[2] [1] Beschließt der Europäische Rat mit qualifizierter Mehrheit, so gelten für ihn Artikel 16 Absatz 4 des Vertrags über die Europäische Union[1)] und Artikel 238 Absatz 2 dieses Vertrags. [2] An Abstimmungen im Europäischen Rat nehmen dessen Präsident und der Präsident der Kommission nicht teil.

[3] Die Stimmenthaltung von anwesenden oder vertretenen Mitgliedern steht dem Zustandekommen von Beschlüssen des Europäischen Rates, zu denen Einstimmigkeit erforderlich ist, nicht entgegen.

(2) Der Präsident des Europäischen Parlaments kann vom Europäischen Rat gehört werden.

(3) Der Europäische Rat beschließt mit einfacher Mehrheit über Verfahrensfragen sowie über den Erlass seiner Geschäftsordnung.

(4) Der Europäische Rat wird vom Generalsekretariat des Rates unterstützt.

Art. 236 [Beschlüsse zur Zusammensetzung und Vorsitz des Rates]

Der Europäische Rat erlässt mit qualifizierter Mehrheit

a) einen Beschluss zur Festlegung der Zusammensetzungen des Rates, mit Ausnahme des Rates „Allgemeine Angelegenheiten" und des Rates „Auswärtige

[1)] Nr. **1**.

Angelegenheiten“ nach Artikel 16 Absatz 6 des Vertrags über die Europäische Union[1]);

b) einen Beschluss nach Artikel 16 Absatz 9 des Vertrags über die Europäische Union zur Festlegung des Vorsitzes im Rat in allen seinen Zusammensetzungen mit Ausnahme des Rates „Auswärtige Angelegenheiten“.

Abschnitt 3. Der Rat

Art. 237 [Einberufung] Der Rat wird von seinem Präsidenten aus eigenem Entschluss oder auf Antrag eines seiner Mitglieder oder der Kommission einberufen.

Art. 238 [Beschlussfassung; Mehrheiten] (1) Ist zu einem Beschluss des Rates die einfache Mehrheit erforderlich, so beschließt der Rat mit der Mehrheit seiner Mitglieder.

(2) Beschließt der Rat nicht auf Vorschlag der Kommission oder des Hohen Vertreters der Union für Außen- und Sicherheitspolitik, so gilt ab dem 1. November 2014 abweichend von Artikel 16 Absatz 4 des Vertrags über die Europäische Union[1]) und vorbehaltlich der Vorschriften des Protokolls über die Übergangsbestimmungen als qualifizierte Mehrheit eine Mehrheit von mindestens 72 % der Mitglieder des Rates, sofern die von ihnen vertretenen Mitgliedstaaten zusammen mindestens 65 % der Bevölkerung der Union ausmachen.

(3) In den Fällen, in denen in Anwendung der Verträge nicht alle Mitglieder des Rates stimmberechtigt sind, gilt ab dem 1. November 2014 vorbehaltlich der Vorschriften des Protokolls über die Übergangsbestimmungen für die qualifizierte Mehrheit Folgendes:

a) Als qualifizierte Mehrheit gilt eine Mehrheit von mindestens 55 % derjenigen Mitglieder des Rates, die die beteiligten Mitgliedstaaten vertreten, sofern die von ihnen vertretenen Mitgliedstaaten zusammen mindestens 65 % der Bevölkerung der beteiligten Mitgliedstaaten ausmachen.
Für eine Sperrminorität bedarf es mindestens der Mindestzahl von Mitgliedern des Rates, die zusammen mehr als 35 % der Bevölkerung der beteiligten Mitgliedstaaten vertreten, zuzüglich eines Mitglieds; andernfalls gilt die qualifizierte Mehrheit als erreicht.

b) Beschließt der Rat nicht auf Vorschlag der Kommission oder des Hohen Vertreters der Union für Außen- und Sicherheitspolitik, so gilt abweichend von Buchstabe a als qualifizierte Mehrheit eine Mehrheit von mindestens 72 % derjenigen Mitglieder des Rates, die die beteiligten Mitgliedstaaten vertreten, sofern die von ihnen vertretenen Mitgliedstaaten zusammen mindestens 65 % der Bevölkerung der beteiligten Mitgliedstaaten ausmachen.

(4) Die Stimmenthaltung von anwesenden oder vertretenen Mitgliedern steht dem Zustandekommen von Beschlüssen des Rates, zu denen Einstimmigkeit erforderlich ist, nicht entgegen.

Art. 239 [Stimmrechtsübertragung] Jedes Mitglied kann sich das Stimmrecht höchstens eines anderen Mitglieds übertragen lassen.

---

[1]) Nr. **1**.

Art. 240 [Ausschuss der Ständigen Vertreter; Generalsekretariat; Geschäftsordnung] (1) [1] Ein Ausschuss, der sich aus den Ständigen Vertretern der Regierungen der Mitgliedstaaten zusammensetzt, trägt die Verantwortung, die Arbeiten des Rates vorzubereiten und die ihm vom Rat übertragenen Aufträge auszuführen. [2] Der Ausschuss kann in Fällen, die in der Geschäftsordnung des Rates vorgesehen sind, Verfahrensbeschlüsse fassen.

(2) *[1]* Der Rat wird von einem Generalsekretariat unterstützt, das einem vom Rat ernannten Generalsekretär untersteht.

[2] Der Rat beschließt mit einfacher Mehrheit über die Organisation des Generalsekretariats.

(3) Der Rat beschließt mit einfacher Mehrheit über Verfahrensfragen sowie über den Erlass seiner Geschäftsordnung.

Art. 241 [Indirektes Initiativrecht] [1] Der Rat, der mit einfacher Mehrheit beschließt, kann die Kommission auffordern, die nach seiner Ansicht zur Verwirklichung der gemeinsamen Ziele geeigneten Untersuchungen vorzunehmen und ihm entsprechende Vorschläge zu unterbreiten. [2] Legt die Kommission keinen Vorschlag vor, so teilt sie dem Rat die Gründe dafür mit.

Art. 242 [Regelung der Rechtsstellung der Ausschüsse] Der Rat, der mit einfacher Mehrheit beschließt, regelt nach Anhörung der Kommission die rechtliche Stellung der in den Verträgen vorgesehenen Ausschüsse.

Art. 243 [Festsetzung von Gehältern und Vergütungen] [1] Der Rat setzt die Gehälter, Vergütungen und Ruhegehälter für den Präsidenten des Europäischen Rates, den Präsidenten der Kommission, den Hohen Vertreter der Union für Außen- und Sicherheitspolitik, die Mitglieder der Kommission, die Präsidenten, die Mitglieder und die Kanzler des Gerichtshofs der Europäischen Union sowie den Generalsekretär des Rates fest. [2] Er setzt ebenfalls alle als Entgelt gezahlten Vergütungen fest.

Abschnitt 4. Die Kommission

Art. 244 [Rotationsprinzip] Gemäß Artikel 17 Absatz 5 des Vertrags über die Europäische Union[1)] werden die Kommissionsmitglieder in einem vom Europäischen Rat einstimmig festgelegten System der Rotation ausgewählt, das auf folgenden Grundsätzen beruht:

a) Die Mitgliedstaaten werden bei der Festlegung der Reihenfolge und der Dauer der Amtszeiten ihrer Staatsangehörigen in der Kommission vollkommen gleich behandelt; demzufolge kann die Gesamtzahl der Mandate, welche Staatsangehörige zweier beliebiger Mitgliedstaaten innehaben, niemals um mehr als eines voneinander abweichen.

b) Vorbehaltlich des Buchstabens a ist jede der aufeinander folgenden Kommissionen so zusammengesetzt, dass das demografische und geografische Spektrum der Gesamtheit der Mitgliedstaaten auf zufrieden stellende Weise zum Ausdruck kommt.

[1)] Nr. **1**.

Art. 245 [Amtspflichten der Kommissare; Amtsenthebung] *[1]* [1] Die Mitglieder der Kommission haben jede Handlung zu unterlassen, die mit ihren Aufgaben unvereinbar ist. [2] Die Mitgliedstaaten achten ihre Unabhängigkeit und versuchen nicht, sie bei der Erfüllung ihrer Aufgaben zu beeinflussen.

[2] [1] Die Mitglieder der Kommission dürfen während ihrer Amtszeit keine andere entgeltliche oder unentgeltliche Berufstätigkeit ausüben. [2] Bei der Aufnahme ihrer Tätigkeit übernehmen sie die feierliche Verpflichtung, während der Ausübung und nach Ablauf ihrer Amtstätigkeit die sich aus ihrem Amt ergebenden Pflichten zu erfüllen, insbesondere die Pflicht, bei der Annahme gewisser Tätigkeiten oder Vorteile nach Ablauf dieser Tätigkeit ehrenhaft und zurückhaltend zu sein. [3] Werden diese Pflichten verletzt, so kann der Gerichtshof auf Antrag des Rates, der mit einfacher Mehrheit beschließt, oder der Kommission das Mitglied je nach Lage des Falles gemäß Artikel 247 seines Amtes entheben oder ihm seine Ruhegehaltsansprüche oder andere an ihrer Stelle gewährte Vergünstigungen aberkennen.

Art. 246 [Neubesetzung während der Amtszeit] *[1]* Abgesehen von den regelmäßigen Neubesetzungen und von Todesfällen endet das Amt eines Mitglieds der Kommission durch Rücktritt oder Amtsenthebung.

[2] Für ein zurückgetretenes, seines Amtes enthobenes oder verstorbenes Mitglied wird für die verbleibende Amtszeit vom Rat mit Zustimmung des Präsidenten der Kommission nach Anhörung des Europäischen Parlaments und nach den Anforderungen des Artikels 17 Absatz 3 Unterabsatz 2 des Vertrags über die Europäische Union[1)] ein neues Mitglied derselben Staatsangehörigkeit ernannt.

[3] Der Rat kann auf Vorschlag des Präsidenten der Kommission einstimmig beschließen, dass ein ausscheidendes Mitglied der Kommission für die verbleibende Amtszeit nicht ersetzt werden muss, insbesondere wenn es sich um eine kurze Zeitspanne handelt.

[4] [1] Bei Rücktritt, Amtsenthebung oder Tod des Präsidenten wird für die verbleibende Amtszeit ein Nachfolger ernannt. [2] Für die Ersetzung findet das Verfahren des Artikels 17 Absatz 7 Unterabsatz 1 des Vertrags über die Europäische Union Anwendung.

[5] Bei Rücktritt, Amtsenthebung oder Tod des Hohen Vertreters der Union für die Außen- und Sicherheitspolitik wird für die verbleibende Amtszeit nach Artikel 18 Absatz 1 des Vertrags über die Europäische Union ein Nachfolger ernannt.

[6] Bei Rücktritt aller Mitglieder der Kommission bleiben diese bis zur Neubesetzung ihres Sitzes nach Artikel 17 des Vertrags über die Europäische Union für die verbleibende Amtszeit im Amt und führen die laufenden Geschäfte weiter.

Art. 247 [Amtsenthebung] Jedes Mitglied der Kommission, das die Voraussetzungen für die Ausübung seines Amtes nicht mehr erfüllt oder eine schwere Verfehlung begangen hat, kann auf Antrag des Rates, der mit einfacher Mehrheit beschließt, oder der Kommission durch den Gerichtshof seines Amtes enthoben werden.

[1)] Nr. **1**.

Art. 248 [Zuständigkeitsaufteilung durch den Präsidenten] [1]Die Zuständigkeiten der Kommission werden unbeschadet des Artikels 18 Absatz 4 des Vertrags über die Europäische Union[1)] von ihrem Präsidenten nach Artikel 17 Absatz 6 des genannten Vertrags gegliedert und zwischen ihren Mitgliedern aufgeteilt. [2]Der Präsident kann diese Zuständigkeitsverteilung im Laufe der Amtszeit ändern. [3]Die Mitglieder der Kommission üben die ihnen vom Präsidenten übertragenen Aufgaben unter dessen Leitung aus.

Art. 249 [Geschäftsordnung; Jährlicher Gesamtbericht] (1) [1]Die Kommission gibt sich eine Geschäftsordnung[2)], um ihr ordnungsgemäßes Arbeiten und das ihrer Dienststellen zu gewährleisten. [2]Sie sorgt für die Veröffentlichung dieser Geschäftsordnung.

(2) Die Kommission veröffentlicht jährlich, und zwar spätestens einen Monat vor Beginn der Sitzungsperiode des Europäischen Parlaments, einen Gesamtbericht über die Tätigkeit der Union.

Art. 250 [Beschlussfassung] *[1]* Die Beschlüsse der Kommission werden mit der Mehrheit ihrer Mitglieder gefasst.

[2] Die Beschlussfähigkeit wird in ihrer Geschäftsordnung[2)] festgelegt.

Abschnitt 5. Der Gerichtshof der Europäischen Union

Art. 251 [Spruchkörper des Gerichtshofs] *[1]* Der Gerichtshof tagt in Kammern oder als Große Kammer entsprechend den hierfür in der Satzung des Gerichtshofs der Europäischen Union[3)] vorgesehenen Regeln.

[2] Wenn die Satzung es vorsieht, kann der Gerichtshof auch als Plenum tagen.

Art. 252 [Generalanwälte] *[1]* [1]Der Gerichtshof wird von acht Generalanwälten unterstützt. [2]Auf Antrag des Gerichtshofs kann der Rat einstimmig die Zahl der Generalanwälte erhöhen.

[2] Der Generalanwalt hat öffentlich in völliger Unparteilichkeit und Unabhängigkeit begründete Schlussanträge zu den Rechtssachen zu stellen, in denen nach der Satzung des Gerichtshofs der Europäischen Union[3)] seine Mitwirkung erforderlich ist.

Art. 253 [Ernennung der Richter, Generalanwälte und des Kanzlers; Amtsdauer; Verfahrensordnung] *[1]* Zu Richtern und Generalanwälten des Gerichtshofs sind Persönlichkeiten auszuwählen, die jede Gewähr für Unabhängigkeit bieten und in ihrem Staat die für die höchsten richterlichen Ämter erforderlichen Voraussetzungen erfüllen oder Juristen von anerkannt hervorragender Befähigung sind; sie werden von den Regierungen der Mitgliedstaaten im gegenseitigen Einvernehmen nach Anhörung des in Artikel 255 vorgesehenen Ausschusses auf sechs Jahre ernannt.

[1)] Nr. **1**.
[2)] Nr. **15**.
[3)] Nr. **27**.

[2] Alle drei Jahre findet nach Maßgabe der Satzung des Gerichtshofs der Europäischen Union[1] eine teilweise Neubesetzung der Stellen der Richter und Generalanwälte statt.

[3] [1] Die Richter wählen aus ihrer Mitte den Präsidenten des Gerichtshofs für die Dauer von drei Jahren. [2] Wiederwahl ist zulässig.

[4] Die Wiederernennung ausscheidender Richter und Generalanwälte ist zulässig.

[5] Der Gerichtshof ernennt seinen Kanzler und bestimmt dessen Stellung.

[6] [1] Der Gerichtshof erlässt seine Verfahrensordnung[2]. [2] Sie bedarf der Genehmigung des Rates.

Art. 254 [Zusammensetzung des Gerichts; Verfahrensordnung]

[1] [1] Die Zahl der Richter des Gerichts wird in der Satzung des Gerichtshofs der Europäischen Union[1] festgelegt. [2] In der Satzung kann vorgesehen werden, dass das Gericht von Generalanwälten unterstützt wird.

[2] [1] Zu Mitgliedern des Gerichts sind Personen auszuwählen, die jede Gewähr für Unabhängigkeit bieten und über die Befähigung zur Ausübung hoher richterlicher Tätigkeiten verfügen. [2] Sie werden von den Regierungen der Mitgliedstaaten im gegenseitigen Einvernehmen nach Anhörung des in Artikel 255 vorgesehenen Ausschusses für sechs Jahre ernannt. [3] Alle drei Jahre wird das Gericht teilweise neu besetzt. [4] Die Wiederernennung ausscheidender Mitglieder ist zulässig.

[3] [1] Die Richter wählen aus ihrer Mitte den Präsidenten des Gerichts für die Dauer von drei Jahren. [2] Wiederwahl ist zulässig.

[4] Das Gericht ernennt seinen Kanzler und bestimmt dessen Stellung.

[5] [1] Das Gericht erlässt seine Verfahrensordnung[3] im Einvernehmen mit dem Gerichtshof. [2] Sie bedarf der Genehmigung des Rates.

[6] Soweit die Satzung des Gerichtshofs der Europäischen Union nichts anderes vorsieht, finden die den Gerichtshof betreffenden Bestimmungen der Verträge auf das Gericht Anwendung.

Art. 255 [Ausschuss „Bewerberprüfung"] *[1]* Es wird ein Ausschuss eingerichtet, der die Aufgabe hat, vor einer Ernennung durch die Regierungen der Mitgliedstaaten nach den Artikeln 253 und 254 eine Stellungnahme zur Eignung der Bewerber für die Ausübung des Amts eines Richters oder Generalanwalts beim Gerichtshof oder beim Gericht abzugeben.

[2] [1] Der Ausschuss setzt sich aus sieben Persönlichkeiten zusammen, die aus dem Kreis ehemaliger Mitglieder des Gerichtshofs und des Gerichts, der Mitglieder der höchsten einzelstaatlichen Gerichte und der Juristen von anerkannt hervorragender Befähigung ausgewählt werden, von denen einer vom Europäischen Parlament vorgeschlagen wird. [2] Der Rat erlässt einen Beschluss zur Festlegung der Vorschriften für die Arbeitsweise und einen Beschluss zur Ernennung der Mitglieder dieses Ausschusses. [3] Er beschließt auf Initiative des Präsidenten des Gerichtshofs.

---

[1] Nr. **27**.
[2] Nr. **28**.
[3] Nr. **30**.

Art. 256 [Gericht, Zuständigkeiten; Rechtszug; Verweisung in Grundsatzfragen] (1) *[1]* [1]Das Gericht ist für Entscheidungen im ersten Rechtszug über die in den Artikeln 263, 265, 268, 270 und 272 genannten Klagen zuständig, mit Ausnahme derjenigen Klagen, die einem nach Artikel 257 gebildeten Fachgericht übertragen werden, und der Klagen, die gemäß der Satzung[1)] dem Gerichtshof vorbehalten sind. [2]In der Satzung kann vorgesehen werden, dass das Gericht für andere Kategorien von Klagen zuständig ist.

[2] Gegen die Entscheidungen des Gerichts aufgrund dieses Absatzes kann nach Maßgabe der Bedingungen und innerhalb der Grenzen, die in der Satzung vorgesehen sind, beim Gerichtshof ein auf Rechtsfragen beschränktes Rechtsmittel eingelegt werden.

(2) *[1]* Das Gericht ist für Entscheidungen über Rechtsmittel gegen die Entscheidungen der Fachgerichte zuständig.

[2] Die Entscheidungen des Gerichts aufgrund dieses Absatzes können nach Maßgabe der Bedingungen und innerhalb der Grenzen, die in der Satzung vorgesehen sind, in Ausnahmefällen vom Gerichtshof überprüft werden, wenn die ernste Gefahr besteht, dass die Einheit oder Kohärenz des Unionsrechts berührt wird.

(3) *[1]* Das Gericht ist in besonderen in der Satzung festgelegten Sachgebieten für Vorabentscheidungen nach Artikel 267 zuständig.

[2] Wenn das Gericht der Auffassung ist, dass eine Rechtssache eine Grundsatzentscheidung erfordert, die die Einheit oder die Kohärenz des Unionsrechts berühren könnte, kann es die Rechtssache zur Entscheidung an den Gerichtshof verweisen.

[3] Die Entscheidungen des Gerichts über Anträge auf Vorabentscheidung können nach Maßgabe der Bedingungen und innerhalb der Grenzen, die in der Satzung vorgesehen sind, in Ausnahmefällen vom Gerichtshof überprüft werden, wenn die ernste Gefahr besteht, dass die Einheit oder die Kohärenz des Unionsrechts berührt wird.

Art. 257 [Fachgerichte] *[1]* [1]Das Europäische Parlament und der Rat können gemäß dem ordentlichen Gesetzgebungsverfahren dem Gericht beigeordnete Fachgerichte bilden, die für Entscheidungen im ersten Rechtszug über bestimmte Kategorien von Klagen zuständig sind, die auf besonderen Sachgebieten erhoben werden. [2]Das Europäische Parlament und der Rat beschließen durch Verordnungen entweder auf Vorschlag der Kommission nach Anhörung des Gerichtshofs oder auf Antrag des Gerichtshofs nach Anhörung der Kommission.

[2] In der Verordnung über die Bildung eines Fachgerichts werden die Regeln für die Zusammensetzung dieses Gerichts und der ihm übertragene Zuständigkeitsbereich festgelegt.

[3] Gegen die Entscheidungen der Fachgerichte kann vor dem Gericht ein auf Rechtsfragen beschränktes Rechtsmittel oder, wenn die Verordnung über die Bildung des Fachgerichts dies vorsieht, ein auch Sachfragen betreffendes Rechtsmittel eingelegt werden.

[1)] Nr. **27**.

[4] [1] Zu Mitgliedern der Fachgerichte sind Personen auszuwählen, die jede Gewähr für Unabhängigkeit bieten und über die Befähigung zur Ausübung richterlicher Tätigkeiten verfügen. [2] Sie werden einstimmig vom Rat ernannt.

[5] [1] Die Fachgerichte erlassen ihre Verfahrensordnung im Einvernehmen mit dem Gerichtshof. [2] Diese Verfahrensordnung bedarf der Genehmigung des Rates.

[6] [1] Soweit die Verordnung über die Bildung der Fachgerichte nichts anderes vorsieht, finden die den Gerichtshof der Europäischen Union betreffenden Bestimmungen der Verträge und die Satzung des Gerichtshofs der Europäischen Union[1)] auf die Fachgerichte Anwendung. [2] Titel I und Artikel 64 der Satzung gelten auf jeden Fall für die Fachgerichte.

Art. 258 [Vertragsverletzungsverfahren] *[1]* Hat nach Auffassung der Kommission ein Mitgliedstaat gegen eine Verpflichtung aus den Verträgen verstoßen, so gibt sie eine mit Gründen versehene Stellungnahme hierzu ab; sie hat dem Staat zuvor Gelegenheit zur Äußerung zu geben.

[2] Kommt der Staat dieser Stellungnahme innerhalb der von der Kommission gesetzten Frist nicht nach, so kann die Kommission den Gerichtshof der Europäischen Union anrufen.

Art. 259 [Vertragsverletzungsverfahren; Anrufung durch einen Mitgliedstaat] *[1]* Jeder Mitgliedstaat kann den Gerichtshof der Europäischen Union anrufen, wenn er der Auffassung ist, dass ein anderer Mitgliedstaat gegen eine Verpflichtung aus den Verträgen verstoßen hat.

[2] Bevor ein Mitgliedstaat wegen einer angeblichen Verletzung der Verpflichtungen aus den Verträgen gegen einen anderen Staat Klage erhebt, muss er die Kommission damit befassen.

[3] Die Kommission erlässt eine mit Gründen versehene Stellungnahme; sie gibt den beteiligten Staaten zuvor Gelegenheit zu schriftlicher und mündlicher Äußerung in einem kontradiktorischen Verfahren.

[4] Gibt die Kommission binnen drei Monaten nach dem Zeitpunkt, in dem ein entsprechender Antrag gestellt wurde, keine Stellungnahme ab, so kann ungeachtet des Fehlens der Stellungnahme vor dem Gerichtshof geklagt werden.

Art. 260 [Wirkung und Durchsetzung von Urteilen; Zwangsgeld]

(1) Stellt der Gerichtshof der Europäischen Union fest, dass ein Mitgliedstaat gegen eine Verpflichtung aus den Verträgen verstoßen hat, so hat dieser Staat die Maßnahmen zu ergreifen, die sich aus dem Urteil des Gerichtshofs ergeben.

(2) *[1]* [1] Hat der betreffende Mitgliedstaat die Maßnahmen, die sich aus dem Urteil des Gerichtshofs ergeben, nach Auffassung der Kommission nicht getroffen, so kann die Kommission den Gerichtshof anrufen, nachdem sie diesem Staat zuvor Gelegenheit zur Äußerung gegeben hat. [2] Hierbei benennt sie die Höhe des von dem betreffenden Mitgliedstaat zu zahlenden Pauschalbetrags oder Zwangsgelds, die sie den Umständen nach für angemessen hält.

---

1) Nr. 27.

[2] Stellt der Gerichtshof fest, dass der betreffende Mitgliedstaat seinem Urteil nicht nachgekommen ist, so kann er die Zahlung eines Pauschalbetrags oder Zwangsgelds verhängen.

[3] Dieses Verfahren lässt den Artikel 259 unberührt.

(3) *[1]* Erhebt die Kommission beim Gerichtshof Klage nach Artikel 258, weil sie der Auffassung ist, dass der betreffende Mitgliedstaat gegen seine Verpflichtung verstoßen hat, Maßnahmen zur Umsetzung einer gemäß einem Gesetzgebungsverfahren erlassenen Richtlinie mitzuteilen, so kann sie, wenn sie dies für zweckmäßig hält, die Höhe des von dem betreffenden Mitgliedstaat zu zahlenden Pauschalbetrags oder Zwangsgelds benennen, die sie den Umständen nach für angemessen hält.

[2] [1] Stellt der Gerichtshof einen Verstoß fest, so kann er gegen den betreffenden Mitgliedstaat die Zahlung eines Pauschalbetrags oder eines Zwangsgelds bis zur Höhe des von der Kommission genannten Betrags verhängen. [2] Die Zahlungsverpflichtung gilt ab dem vom Gerichtshof in seinem Urteil festgelegten Zeitpunkt.

Art. 261 [Ermessensnachprüfung; Zwangsmaßnahmen] Aufgrund der Verträge vom Europäischen Parlament und vom Rat gemeinsam sowie vom Rat erlassene Verordnungen können hinsichtlich der darin vorgesehenen Zwangsmaßnahmen dem Gerichtshof der Europäischen Union eine Zuständigkeit übertragen, welche die Befugnis zu unbeschränkter Ermessensnachprüfung und zur Änderung oder Verhängung solcher Maßnahmen umfasst.

Art. 262 [Rechtsstreitigkeiten im Bereich des geistigen Eigentums]

[1] Unbeschadet der sonstigen Bestimmungen der Verträge kann der Rat gemäß einem besonderen Gesetzgebungsverfahren nach Anhörung des Europäischen Parlaments einstimmig Bestimmungen erlassen, mit denen dem Gerichtshof der Europäischen Union in dem vom Rat festgelegten Umfang die Zuständigkeit übertragen wird, über Rechtsstreitigkeiten im Zusammenhang mit der Anwendung von aufgrund der Verträge erlassenen Rechtsakten, mit denen europäische Rechtstitel für das geistige Eigentum geschaffen werden, zu entscheiden. [2] Diese Bestimmungen treten nach Zustimmung der Mitgliedstaaten im Einklang mit ihren jeweiligen verfassungsrechtlichen Vorschriften in Kraft.

Art. 263 [Nichtigkeitsklage] *[1]* [1] Der Gerichtshof der Europäischen Union überwacht die Rechtmäßigkeit der Gesetzgebungsakte sowie der Handlungen des Rates, der Kommission und der Europäischen Zentralbank, soweit es sich nicht um Empfehlungen oder Stellungnahmen handelt, und der Handlungen des Europäischen Parlaments und des Europäischen Rates mit Rechtswirkung gegenüber Dritten. [2] Er überwacht ebenfalls die Rechtmäßigkeit der Handlungen der Einrichtungen oder sonstigen Stellen der Union mit Rechtswirkung gegenüber Dritten.

[2] Zu diesem Zweck ist der Gerichtshof der Europäischen Union für Klagen zuständig, die ein Mitgliedstaat, das Europäische Parlament, der Rat oder die Kommission wegen Unzuständigkeit, Verletzung wesentlicher Formvorschriften, Verletzung der Verträge oder einer bei ihrer Durchführung anzuwendenden Rechtsnorm oder wegen Ermessensmissbrauchs erhebt.

[3] Der Gerichtshof der Europäischen Union ist unter den gleichen Voraussetzungen zuständig für Klagen des Rechnungshofs, der Europäischen Zentralbank und des Ausschusses der Regionen, die auf die Wahrung ihrer Rechte abzielen.

[4] Jede natürliche oder juristische Person kann unter den Bedingungen nach den Absätzen 1 und 2 gegen die an sie gerichteten oder sie unmittelbar und individuell betreffenden Handlungen sowie gegen Rechtsakte mit Verordnungscharakter, die sie unmittelbar betreffen und keine Durchführungsmaßnahmen nach sich ziehen, Klage erheben.

[5] In den Rechtsakten zur Gründung von Einrichtungen und sonstigen Stellen der Union können besondere Bedingungen und Einzelheiten für die Erhebung von Klagen von natürlichen oder juristischen Personen gegen Handlungen dieser Einrichtungen und sonstigen Stellen vorgesehen werden, die eine Rechtswirkung gegenüber diesen Personen haben.

[6] Die in diesem Artikel vorgesehenen Klagen sind binnen zwei Monaten zu erheben; diese Frist läuft je nach Lage des Falles von der Bekanntgabe der betreffenden Handlung, ihrer Mitteilung an den Kläger oder in Ermangelung dessen von dem Zeitpunkt an, zu dem der Kläger von dieser Handlung Kenntnis erlangt hat.

Art. 264 [Nichtigkeitsklage; Urteilswirkung] *[1]* Ist die Klage begründet, so erklärt der Gerichtshof der Europäischen Union die angefochtene Handlung für nichtig.

[2] Erklärt der Gerichtshof eine Handlung für nichtig, so bezeichnet er, falls er dies für notwendig hält, diejenigen ihrer Wirkungen, die als fortgeltend zu betrachten sind.

Art. 265 [Untätigkeitsklage] *[1]* [1] Unterlässt es das Europäische Parlament, der Europäische Rat, der Rat, die Kommission oder die Europäische Zentralbank unter Verletzung der Verträge, einen Beschluss zu fassen, so können die Mitgliedstaaten und die anderen Organe der Union beim Gerichtshof der Europäischen Union Klage auf Feststellung dieser Vertragsverletzung erheben. [2] Dieser Artikel gilt entsprechend für die Einrichtungen und sonstigen Stellen der Union, die es unterlassen, tätig zu werden.

[2] [1] Diese Klage ist nur zulässig, wenn das in Frage stehende Organ, die in Frage stehende Einrichtung oder sonstige Stelle zuvor aufgefordert worden ist, tätig zu werden. [2] Hat es bzw. sie binnen zwei Monaten nach dieser Aufforderung nicht Stellung genommen, so kann die Klage innerhalb einer weiteren Frist von zwei Monaten erhoben werden.

[3] Jede natürliche oder juristische Person kann nach Maßgabe der Absätze 1 und 2 vor dem Gerichtshof Beschwerde darüber führen, dass ein Organ oder eine Einrichtung oder sonstige Stelle der Union es unterlassen hat, einen anderen Akt als eine Empfehlung oder eine Stellungnahme an sie zu richten.

Art. 266 [Verpflichtung aus dem Urteil] *[1]* Die Organe, Einrichtungen oder sonstigen Stellen, denen das für nichtig erklärte Handeln zur Last fällt oder deren Untätigkeit als vertragswidrig erklärt worden ist, haben die sich aus dem Urteil des Gerichtshofs der Europäischen Union ergebenden Maßnahmen zu ergreifen.

[2] Diese Verpflichtung besteht unbeschadet der Verpflichtungen, die sich aus der Anwendung des Artikels 340 Absatz 2 ergeben.

Art. 267 [Vorabentscheidungsverfahren] *[1]* Der Gerichtshof der Europäischen Union entscheidet im Wege der Vorabentscheidung

a) über die Auslegung der Verträge,

b) über die Gültigkeit und die Auslegung der Handlungen der Organe, Einrichtungen oder sonstigen Stellen der Union.

[2] Wird eine derartige Frage einem Gericht eines Mitgliedstaats gestellt und hält dieses Gericht eine Entscheidung darüber zum Erlass seines Urteils für erforderlich, so kann es diese Frage dem Gerichtshof zur Entscheidung vorlegen.

[3] Wird eine derartige Frage in einem schwebenden Verfahren bei einem einzelstaatlichen Gericht gestellt, dessen Entscheidungen selbst nicht mehr mit Rechtsmitteln des innerstaatlichen Rechts angefochten werden können, so ist dieses Gericht zur Anrufung des Gerichtshofs verpflichtet.

[4] Wird eine derartige Frage in einem schwebenden Verfahren, das eine inhaftierte Person betrifft, bei einem einzelstaatlichen Gericht gestellt, so entscheidet der Gerichtshof innerhalb kürzester Zeit.

Art. 268 [Schadenersatzklage] Der Gerichtshof der Europäischen Union ist für Streitsachen über den in Artikel 340 Absätze 2 und 3 vorgesehenen Schadensersatz zuständig.

Art. 269 [Eingeschränkte Zuständigkeit bei Suspendierung von Mitgliedschaftsrechten] *[1]* Der Gerichtshof ist für Entscheidungen über die Rechtmäßigkeit eines nach Artikel 7 des Vertrags über die Europäische Union[1)] erlassenen Rechtsakts des Europäischen Rates oder des Rates nur auf Antrag des von einer Feststellung des Europäischen Rates oder des Rates betroffenen Mitgliedstaats und lediglich im Hinblick auf die Einhaltung der in dem genannten Artikel vorgesehenen Verfahrensbestimmungen zuständig.

[2] [1]Der Antrag muss binnen eines Monats nach der jeweiligen Feststellung gestellt werden. [2]Der Gerichtshof entscheidet binnen eines Monats nach Antragstellung.

Art. 270 [Dienstrechtliche Streitigkeiten] Der Gerichtshof der Europäischen Union ist für alle Streitsachen zwischen der Union und deren Bediensteten innerhalb der Grenzen und nach Maßgabe der Bedingungen zuständig, die im Statut der Beamten der Union und in den Beschäftigungsbedingungen für die sonstigen Bediensteten der Union festgelegt sind.

Art. 271 [Zuständigkeit für gewisse Streitigkeiten betreffend EIB und EZB] Der Gerichtshof der Europäischen Union ist nach Maßgabe der folgenden Bestimmungen zuständig in Streitsachen über

---

[1)] Nr. **1**.

a) die Erfüllung der Verpflichtungen der Mitgliedstaaten aus der Satzung der Europäischen Investitionsbank. Der Verwaltungsrat der Bank besitzt hierbei die der Kommission in Artikel 258 übertragenen Befugnisse;
b) die Beschlüsse des Rates der Gouverneure der Europäischen Investitionsbank. Jeder Mitgliedstaat, die Kommission und der Verwaltungsrat der Bank können hierzu nach Maßgabe des Artikels 263 Klage erheben;
c) die Beschlüsse des Verwaltungsrats der Europäischen Investitionsbank. Diese können nach Maßgabe des Artikels 263 nur von Mitgliedstaaten oder der Kommission und lediglich wegen Verletzung der Formvorschriften des Artikels 19 Absatz 2 und Absätze 5 bis 7 der Satzung der Investitionsbank angefochten werden;
d) die Erfüllung der sich aus den Verträgen und der Satzung des ESZB und der EZB[1] ergebenden Verpflichtungen durch die nationalen Zentralbanken. Der Rat der Gouverneure der Europäischen Zentralbank besitzt hierbei gegenüber den nationalen Zentralbanken die Befugnisse, die der Kommission in Artikel 258 gegenüber den Mitgliedstaaten eingeräumt werden. Stellt der Gerichtshof der Europäischen Union fest, dass eine nationale Zentralbank gegen eine Verpflichtung aus den Verträgen verstoßen hat, so hat diese Bank die Maßnahmen zu ergreifen, die sich aus dem Urteil des Gerichtshofs ergeben.

Art. 272 [Zuständigkeit aufgrund einer Schiedsklausel] Der Gerichtshof der Europäischen Union ist für Entscheidungen aufgrund einer Schiedsklausel zuständig, die in einem von der Union oder für ihre Rechnung abgeschlossenen öffentlich-rechtlichen oder privatrechtlichen Vertrag enthalten ist.

Art. 273 [Zuständigkeit aufgrund eines Schiedsvertrags] Der Gerichtshof ist für jede mit dem Gegenstand der Verträge in Zusammenhang stehende Streitigkeit zwischen Mitgliedstaaten zuständig, wenn diese bei ihm aufgrund eines Schiedsvertrags anhängig gemacht wird.

Art. 274 [Zuständigkeit einzelstaatlicher Gerichte] Soweit keine Zuständigkeit des Gerichtshofs der Europäischen Union aufgrund der Verträge besteht, sind Streitsachen, bei denen die Union Partei ist, der Zuständigkeit der einzelstaatlichen Gerichte nicht entzogen.

Art. 275 [Unzuständigkeit in der Außen- und Sicherheitspolitik; Ausnahmen] *[1]* Der Gerichtshof der Europäischen Union ist nicht zuständig für die Bestimmungen hinsichtlich der Gemeinsamen Außen- und Sicherheitspolitik und für die auf der Grundlage dieser Bestimmungen erlassenen Rechtsakte.

[2] Der Gerichtshof ist jedoch zuständig für die Kontrolle der Einhaltung von Artikel 40 des Vertrags über die Europäische Union[2] und für die unter den Voraussetzungen des Artikels 263 Absatz 4 dieses Vertrags erhobenen Klagen im Zusammenhang mit der Überwachung der Rechtmäßigkeit von Beschlüssen über restriktive Maßnahmen gegenüber natürlichen oder juristischen Per-

[1] Nr. **33**.
[2] Nr. **1**.

sonen, die der Rat auf der Grundlage von Titel V Kapitel 2 des Vertrags über die Europäische Union erlassen hat.

Art. 276 [Unzuständigkeit für mitgliedstaatliche Polizeimaßnahmen]

Bei der Ausübung seiner Befugnisse im Rahmen der Bestimmungen des Dritten Teils Titel V Kapitel 4 und 5 über den Raum der Freiheit, der Sicherheit und des Rechts ist der Gerichtshof der Europäischen Union nicht zuständig für die Überprüfung der Gültigkeit oder Verhältnismäßigkeit von Maßnahmen der Polizei oder anderer Strafverfolgungsbehörden eines Mitgliedstaats oder der Wahrnehmung der Zuständigkeiten der Mitgliedstaaten für die Aufrechterhaltung der öffentlichen Ordnung und den Schutz der inneren Sicherheit.

Art. 277 [Inzidente Normenkontrolle] Ungeachtet des Ablaufs der in Artikel 263 Absatz 6 genannten Frist kann jede Partei in einem Rechtsstreit, bei dem die Rechtmäßigkeit eines von einem Organ, einer Einrichtung oder einer sonstigen Stelle der Union erlassenen Rechtsakts mit allgemeiner Geltung angefochten wird, vor dem Gerichtshof der Europäischen Union die Unanwendbarkeit dieses Rechtsakts aus den in Artikel 263 Absatz 2 genannten Gründen geltend machen.

Art. 278 [Keine aufschiebende Wirkung; Aussetzung] [1] Klagen bei dem Gerichtshof der Europäischen Union haben keine aufschiebende Wirkung. [2] Der Gerichtshof kann jedoch, wenn er dies den Umständen nach für nötig hält, die Durchführung der angefochtenen Handlung aussetzen.

Art. 279 [Einstweilige Anordnungen] Der Gerichtshof der Europäischen Union kann in den bei ihm anhängigen Sachen die erforderlichen einstweiligen Anordnungen treffen.

Art. 280 [Vollstreckbarkeit der Urteile] Die Urteile des Gerichtshofs der Europäischen Union sind gemäß Artikel 299 vollstreckbar.

Art. 281 [Satzung] *[1]* Die Satzung des Gerichtshofs der Europäischen Union[1)] wird in einem besonderen Protokoll festgelegt.

[2] [1] Das Europäische Parlament und der Rat können gemäß dem ordentlichen Gesetzgebungsverfahren die Satzung mit Ausnahme ihres Titels I und ihres Artikels 64 ändern. [2] Das Europäische Parlament und der Rat beschließen entweder auf Antrag des Gerichtshofs nach Anhörung der Kommission oder auf Vorschlag der Kommission nach Anhörung des Gerichtshofs.

Abschnitt 6. Die Europäische Zentralbank

Art. 282 [Aufgaben und Maßnahmen; Rechtspersönlichkeit; Unabhängigkeit; Anhörungsrecht] (1) [1] Die Europäische Zentralbank und die nationalen Zentralbanken bilden das Europäische System der Zentralbanken (ESZB). [2] Die Europäische Zentralbank und die nationalen Zentralbanken der

---

[1)] Nr. **27**.

Mitgliedstaaten, deren Währung der Euro ist, bilden das Eurosystem und betreiben die Währungspolitik der Union.

(2) [1]Das ESZB wird von den Beschlussorganen der Europäischen Zentralbank geleitet. [2]Sein vorrangiges Ziel ist es, die Preisstabilität zu gewährleisten. [3]Unbeschadet dieses Zieles unterstützt es die allgemeine Wirtschaftspolitik in der Union, um zur Verwirklichung ihrer Ziele beizutragen.

(3) [1]Die Europäische Zentralbank besitzt Rechtspersönlichkeit. [2]Sie allein ist befugt, die Ausgabe des Euro zu genehmigen. [3]Sie ist in der Ausübung ihrer Befugnisse und der Verwaltung ihrer Mittel unabhängig. [4]Die Organe, Einrichtungen oder sonstigen Stellen der Union sowie die Regierungen der Mitgliedstaaten achten diese Unabhängigkeit.

(4) [1]Die Europäische Zentralbank erlässt die für die Erfüllung ihrer Aufgaben erforderlichen Maßnahmen nach den Artikeln 127 bis 133 und Artikel 138 und nach Maßgabe der Satzung des ESZB und der EZB[1)]. [2]Nach diesen Artikeln behalten die Mitgliedstaaten, deren Währung nicht der Euro ist, sowie deren Zentralbanken ihre Zuständigkeiten im Währungsbereich.

(5) Die Europäische Zentralbank wird in den Bereichen, auf die sich ihre Befugnisse erstrecken, zu allen Entwürfen für Rechtsakte der Union sowie zu allen Entwürfen für Rechtsvorschriften auf einzelstaatlicher Ebene gehört und kann Stellungnahmen abgeben.

Art. 283 [Organstruktur] (1) Der Rat der Europäischen Zentralbank besteht aus den Mitgliedern des Direktoriums der Europäischen Zentralbank und den Präsidenten der nationalen Zentralbanken der Mitgliedstaaten, deren Währung der Euro ist.

(2) *[1]* Das Direktorium besteht aus dem Präsidenten, dem Vizepräsidenten und vier weiteren Mitgliedern.

[2] Der Präsident, der Vizepräsident und die weiteren Mitglieder des Direktoriums werden vom Europäischen Rat auf Empfehlung des Rates, der hierzu das Europäische Parlament und den Rat der Europäischen Zentralbank anhört, aus dem Kreis der in Währungs- oder Bankfragen anerkannten und erfahrenen Persönlichkeiten mit qualifizierter Mehrheit ausgewählt und ernannt.

[3] Ihre Amtszeit beträgt acht Jahre; Wiederernennung ist nicht zulässig.

[4] Nur Staatsangehörige der Mitgliedstaaten können Mitglieder des Direktoriums werden.

Art. 284 [Teilnahmerechte; Jahresbericht] (1) [1]Der Präsident des Rates und ein Mitglied der Kommission können ohne Stimmrecht an den Sitzungen des Rates der Europäischen Zentralbank teilnehmen. [2]Der Präsident des Rates kann dem Rat der Europäischen Zentralbank einen Antrag zur Beratung vorlegen.

(2) Der Präsident der Europäischen Zentralbank wird zur Teilnahme an den Tagungen des Rates eingeladen, wenn dieser Fragen im Zusammenhang mit den Zielen und Aufgaben des ESZB erörtert.

(3) *[1]* [1]Die Europäische Zentralbank unterbreitet dem Europäischen Parlament, dem Rat und der Kommission sowie auch dem Europäischen Rat

---

[1)] Nr. 33.

einen Jahresbericht über die Tätigkeit des ESZB und die Geld- und Währungspolitik im vergangenen und im laufenden Jahr. 2 Der Präsident der Europäischen Zentralbank legt den Bericht dem Rat und dem Europäischen Parlament vor, das auf dieser Grundlage eine allgemeine Aussprache durchführen kann.

[2] Der Präsident der Europäischen Zentralbank und die anderen Mitglieder des Direktoriums können auf Ersuchen des Europäischen Parlaments oder auf ihre Initiative hin von den zuständigen Ausschüssen des Europäischen Parlaments gehört werden.

Abschnitt 7. Der Rechnungshof

Art. 285 [Aufgabe; Zusammensetzung] *[1]* Der Rechnungshof nimmt die Rechnungsprüfung der Union wahr.

[2] 1 Der Rechnungshof besteht aus einem Staatsangehörigen je Mitgliedstaat. 2 Seine Mitglieder üben ihre Aufgaben in voller Unabhängigkeit zum allgemeinen Wohl der Union aus.

Art. 286 [Anforderungen an die Mitglieder; Ernennung und Ausscheiden aus dem Amt] (1) 1 Zu Mitgliedern des Rechnungshofs sind Persönlichkeiten auszuwählen, die in ihren Staaten Rechnungsprüfungsorganen angehören oder angehört haben oder die für dieses Amt besonders geeignet sind. 2 Sie müssen jede Gewähr für Unabhängigkeit bieten.

(2) *[1]* 1 Die Mitglieder des Rechnungshofs werden auf sechs Jahre ernannt. 2 Der Rat nimmt die gemäß den Vorschlägen der einzelnen Mitgliedstaaten erstellte Liste der Mitglieder nach Anhörung des Europäischen Parlaments an. 3 Die Wiederernennung der Mitglieder des Rechnungshofs ist zulässig.

[2] 1 Sie wählen aus ihrer Mitte den Präsidenten des Rechnungshofs für drei Jahre. 2 Wiederwahl ist zulässig.

(3) 1 Die Mitglieder des Rechnungshofs dürfen bei der Erfüllung ihrer Pflichten Anweisungen von einer Regierung oder einer anderen Stelle weder anfordern noch entgegennehmen. 2 Sie haben jede Handlung zu unterlassen, die mit ihren Aufgaben unvereinbar ist.

(4) 1 Die Mitglieder des Rechnungshofs dürfen während ihrer Amtszeit keine andere entgeltliche oder unentgeltliche Berufstätigkeit ausüben. 2 Bei der Aufnahme ihrer Tätigkeit übernehmen sie die feierliche Verpflichtung, während der Ausübung und nach Ablauf ihrer Amtstätigkeit die sich aus ihrem Amt ergebenden Pflichten zu erfüllen, insbesondere die Pflicht, bei der Annahme gewisser Tätigkeiten oder Vorteile nach Ablauf dieser Tätigkeit ehrenhaft und zurückhaltend zu sein.

(5) *[1]* Abgesehen von regelmäßigen Neubesetzungen und von Todesfällen endet das Amt eines Mitglieds des Rechnungshofs durch Rücktritt oder durch Amtsenthebung durch den Gerichtshof gemäß Absatz 6.

[2] Für das ausscheidende Mitglied wird für die verbleibende Amtszeit ein Nachfolger ernannt.

[3] Außer im Fall der Amtsenthebung bleiben die Mitglieder des Rechnungshofs bis zu Neubesetzung ihres Sitzes im Amt.

(6) Ein Mitglied des Rechnungshofs kann nur dann seines Amtes enthoben oder seiner Ruhegehaltsansprüche oder anderer an ihrer Stelle gewährter Ver-

günstigungen für verlustig erklärt werden, wenn der Gerichtshof auf Antrag des Rechnungshofs feststellt, dass es nicht mehr die erforderlichen Voraussetzungen erfüllt oder den sich aus seinem Amt ergebenden Verpflichtungen nicht mehr nachkommt.

(7) [1] Der Rat setzt die Beschäftigungsbedingungen für den Präsidenten und die Mitglieder des Rechnungshofs fest, insbesondere die Gehälter, Vergütungen und Ruhegehälter. [2] Er setzt alle sonstigen als Entgelt gezahlten Vergütungen fest.

(8) Die für die Richter des Gerichtshofs der Europäischen Union geltenden Bestimmungen des Protokolls über die Vorrechte und Befreiungen der Europäischen Union gelten auch für die Mitglieder des Rechnungshofs.

Art. 287 [Rechnungsprüfung] (1) *[1]* [1] Der Rechnungshof prüft die Rechnung über alle Einnahmen und Ausgaben der Union. [2] Er prüft ebenfalls die Rechnung über alle Einnahmen und Ausgaben jeder von der Union geschaffenen Einrichtung oder sonstigen Stelle, soweit der Gründungsakt dies nicht ausschließt.

[2] [1] Der Rechnungshof legt dem Europäischen Parlament und dem Rat eine Erklärung über die Zuverlässigkeit der Rechnungsführung sowie die Rechtmäßigkeit und Ordnungsmäßigkeit der zugrunde liegenden Vorgänge vor, die im *Amtsblatt der Europäischen Union* veröffentlicht wird. [2] Diese Erklärung kann durch spezifische Beurteilungen zu allen größeren Tätigkeitsbereichen der Union ergänzt werden.

(2) *[1]* [1] Der Rechnungshof prüft die Rechtmäßigkeit und Ordnungsmäßigkeit der Einnahmen und Ausgaben und überzeugt sich von der Wirtschaftlichkeit der Haushaltsführung. [2] Dabei berichtet er insbesondere über alle Fälle von Unregelmäßigkeiten.

[2] Die Prüfung der Einnahmen erfolgt anhand der Feststellungen und der Zahlungen der Einnahmen an die Union.

[3] Die Prüfung der Ausgaben erfolgt anhand der Mittelbindungen und der Zahlungen.

[4] Diese Prüfungen können vor Abschluss der Rechnung des betreffenden Haushaltsjahrs durchgeführt werden.

(3) *[1]* [1] Die Prüfung wird anhand der Rechnungsunterlagen und erforderlichenfalls an Ort und Stelle bei den anderen Organen der Union, in den Räumlichkeiten der Einrichtungen oder sonstigen Stellen, die Einnahmen oder Ausgaben für Rechnung der Union verwalten, sowie der natürlichen und juristischen Personen, die Zahlungen aus dem Haushalt erhalten, und in den Mitgliedstaaten durchgeführt. [2] Die Prüfung in den Mitgliedstaaten erfolgt in Verbindung mit den einzelstaatlichen Rechnungsprüfungsorganen oder, wenn diese nicht über die erforderliche Zuständigkeit verfügen, mit den zuständigen einzelstaatlichen Dienststellen. [3] Der Rechnungshof und die einzelstaatlichen Rechnungsprüfungsorgane arbeiten unter Wahrung ihrer Unabhängigkeit vertrauensvoll zusammen. [4] Diese Organe oder Dienststellen teilen dem Rechnungshof mit, ob sie an der Prüfung teilzunehmen beabsichtigen.

[2] Die anderen Organe der Union, die Einrichtungen oder sonstigen Stellen, die Einnahmen oder Ausgaben für Rechnung der Union verwalten, die natürlichen oder juristischen Personen, die Zahlungen aus dem Haushalt erhal-

ten, und die einzelstaatlichen Rechnungsprüfungsorgane oder, wenn diese nicht über die erforderliche Zuständigkeit verfügen, die zuständigen einzelstaatlichen Dienststellen übermitteln dem Rechnungshof auf dessen Antrag die für die Erfüllung seiner Aufgabe erforderlichen Unterlagen oder Informationen.

[3] 1 Die Rechte des Rechnungshofs auf Zugang zu Informationen der Europäischen Investitionsbank im Zusammenhang mit deren Tätigkeit bei der Verwaltung von Einnahmen und Ausgaben der Union werden in einer Vereinbarung zwischen dem Rechnungshof, der Bank und der Kommission geregelt. 2 Der Rechnungshof hat auch dann Recht auf Zugang zu den Informationen, die für die Prüfung der von der Bank verwalteten Einnahmen und Ausgaben der Union erforderlich sind, wenn eine entsprechende Vereinbarung nicht besteht.

(4) *[1]* 1 Der Rechnungshof erstattet nach Abschluss eines jeden Haushaltsjahrs einen Jahresbericht. 2 Dieser Bericht wird den anderen Organen der Union vorgelegt und im *Amtsblatt der Europäischen Union* zusammen mit den Antworten dieser Organe auf die Bemerkungen des Rechnungshofs veröffentlicht.

[2] Der Rechnungshof kann ferner jederzeit seine Bemerkungen zu besonderen Fragen vorlegen, insbesondere in Form von Sonderberichten, und auf Antrag eines der anderen Organe der Union Stellungnahmen abgeben.

[3] 1 Er nimmt seine jährlichen Berichte, Sonderberichte oder Stellungnahmen mit der Mehrheit seiner Mitglieder an. 2 Er kann jedoch für die Annahme bestimmter Arten von Berichten oder Stellungnahmen nach Maßgabe seiner Geschäftsordnung Kammern bilden.

[4] Er unterstützt das Europäische Parlament und den Rat bei der Kontrolle der Ausführung des Haushaltsplans.

[5] 1 Der Rechnungshof gibt sich eine Geschäftsordnung. 2 Diese bedarf der Genehmigung des Rates.

Kapitel 2. Rechtsakte der Union, Annahmeverfahren und sonstige Vorschriften

Abschnitt 1. Die Rechtsakte der Union

Art. 288 [Rechtsakte; Katalog] *[1]* Für die Ausübung der Zuständigkeiten der Union nehmen die Organe Verordnungen, Richtlinien, Beschlüsse, Empfehlungen und Stellungnahmen an.

[2] 1 Die Verordnung hat allgemeine Geltung. 2 Sie ist in allen ihren Teilen verbindlich und gilt unmittelbar in jedem Mitgliedstaat.

[3] Die Richtlinie ist für jeden Mitgliedstaat, an den sie gerichtet wird, hinsichtlich des zu erreichenden Ziels verbindlich, überlässt jedoch den innerstaatlichen Stellen die Wahl der Form und der Mittel.

[4] 1 Beschlüsse sind in allen ihren Teilen verbindlich. 2 Sind sie an bestimmte Adressaten gerichtet, so sind sie nur für diese verbindlich.

[5] Die Empfehlungen und Stellungnahmen sind nicht verbindlich.

Art. 289 [Ordentliches und besonderes Gesetzgebungsverfahren; Initiativrecht in besonderen Fällen] (1) 1 Das ordentliche Gesetzgebungsverfahren besteht in der gemeinsamen Annahme einer Verordnung, einer Richtlinie oder eines Beschlusses durch das Europäische Parlament und den Rat auf Vorschlag der Kommission. [2] Dieses Verfahren ist in Artikel 294 festgelegt.

(2) In bestimmten, in den Verträgen vorgesehenen Fällen erfolgt als besonderes Gesetzgebungsverfahren die Annahme einer Verordnung, einer Richtlinie oder eines Beschlusses durch das Europäische Parlament mit Beteiligung des Rates oder durch den Rat mit Beteiligung des Europäischen Parlaments.

(3) Rechtsakte, die gemäß einem Gesetzgebungsverfahren angenommen werden, sind Gesetzgebungsakte.

(4) In bestimmten, in den Verträgen vorgesehenen Fällen können Gesetzgebungsakte auf Initiative einer Gruppe von Mitgliedstaaten oder des Europäischen Parlaments, auf Empfehlung der Europäischen Zentralbank oder auf Antrag des Gerichtshofs oder der Europäischen Investitionsbank erlassen werden.

Art. 290 [Delegation von Rechtsetzungsbefugnissen auf die Kommission] (1) *[1]* In Gesetzgebungsakten kann der Kommission die Befugnis übertragen werden, Rechtsakte ohne Gesetzescharakter mit allgemeiner Geltung zur Ergänzung oder Änderung bestimmter nicht wesentlicher Vorschriften des betreffenden Gesetzgebungsaktes zu erlassen.

[2] [1] In den betreffenden Gesetzgebungsakten werden Ziele, Inhalt, Geltungsbereich und Dauer der Befugnisübertragung ausdrücklich festgelegt. [2] Die wesentlichen Aspekte eines Bereichs sind dem Gesetzgebungsakt vorbehalten und eine Befugnisübertragung ist für sie deshalb ausgeschlossen.

(2) *[1]* Die Bedingungen, unter denen die Übertragung erfolgt, werden in Gesetzgebungsakten ausdrücklich festgelegt, wobei folgende Möglichkeiten bestehen:

a) Das Europäische Parlament oder der Rat kann beschließen, die Übertragung zu widerrufen.
b) Der delegierte Rechtsakt kann nur in Kraft treten, wenn das Europäische Parlament oder der Rat innerhalb der im Gesetzgebungsakt festgelegten Frist keine Einwände erhebt.

[2] Für die Zwecke der Buchstaben a und b beschließt das Europäische Parlament mit der Mehrheit seiner Mitglieder und der Rat mit qualifizierter Mehrheit.

(3) In den Titel der delegierten Rechtsakte wird das Wort „delegiert“ eingefügt.

Art. 291 [Durchführungsrechtsakte] (1) Die Mitgliedstaaten ergreifen alle zur Durchführung der verbindlichen Rechtsakte der Union erforderlichen Maßnahmen nach innerstaatlichem Recht.

(2) Bedarf es einheitlicher Bedingungen für die Durchführung der verbindlichen Rechtsakte der Union, so werden mit diesen Rechtsakten der Kommission oder, in entsprechend begründeten Sonderfällen und in den in den Ar-

tikeln 24 und 26 des Vertrags über die Europäische Union[1)] vorgesehenen Fällen, dem Rat Durchführungsbefugnisse übertragen.

(3) Für die Zwecke des Absatzes 2 legen das Europäische Parlament und der Rat gemäß dem ordentlichen Gesetzgebungsverfahren durch Verordnungen im Voraus allgemeine Regeln und Grundsätze fest, nach denen die Mitgliedstaaten die Wahrnehmung der Durchführungsbefugnisse durch die Kommission kontrollieren.

(4) In den Titel der Durchführungsrechtsakte wird der Wortteil „Durchführungs-" eingefügt.

Art. 292 [Rechtsgrundlage für Empfehlungen] [1]Der Rat gibt Empfehlungen ab. [2]Er beschließt auf Vorschlag der Kommission in allen Fällen, in denen er nach Maßgabe der Verträge Rechtsakte auf Vorschlag der Kommission erlässt. [3]In den Bereichen, in denen für den Erlass eines Rechtsakts der Union Einstimmigkeit vorgesehen ist, beschließt er einstimmig. [4]Die Kommission und, in bestimmten in den Verträgen vorgesehenen Fällen, die Europäische Zentralbank geben Empfehlungen ab.

Abschnitt 2. Annahmeverfahren und sonstige Vorschriften

Art. 293 [Kommissionsvorschlag; Änderungsrecht] (1) Wird der Rat aufgrund der Verträge auf Vorschlag der Kommission tätig, so kann er diesen Vorschlag nur einstimmig abändern; dies gilt nicht in den Fällen nach Artikel 294 Absätze 10 und 13, nach Artikel 310, Artikel 312, Artikel 314 und nach Artikel 315 Absatz 2.

(2) Solange ein Beschluss des Rates nicht ergangen ist, kann die Kommission ihren Vorschlag jederzeit im Verlauf der Verfahren zur Annahme eines Rechtsakts der Union ändern.

Art. 294 [Ordentliches Gesetzgebungsverfahren] (1) Wird in den Verträgen hinsichtlich der Annahme eines Rechtsakts auf das ordentliche Gesetzgebungsverfahren Bezug genommen, so gilt das nachstehende Verfahren.

(2) Die Kommission unterbreitet dem Europäischen Parlament und dem Rat einen Vorschlag.

Erste Lesung

(3) Das Europäische Parlament legt seinen Standpunkt in erster Lesung fest und übermittelt ihn dem Rat.

(4) Billigt der Rat den Standpunkt des Europäischen Parlaments, so ist der betreffende Rechtsakt in der Fassung des Standpunkts des Europäischen Parlaments erlassen.

(5) Billigt der Rat den Standpunkt des Europäischen Parlaments nicht, so legt er seinen Standpunkt in erster Lesung fest und übermittelt ihn dem Europäischen Parlament.

(6) [1]Der Rat unterrichtet das Europäische Parlament in allen Einzelheiten über die Gründe, aus denen er seinen Standpunkt in erster Lesung festgelegt hat. [2]Die Kommission unterrichtet das Europäische Parlament in vollem Umfang über ihren Standpunkt.

[1)] Nr. **1**.

Zweite Lesung

(7) Hat das Europäische Parlament binnen drei Monaten nach der Übermittlung

a) den Standpunkt des Rates in erster Lesung gebilligt oder sich nicht geäußert, so gilt der betreffende Rechtsakt als in der Fassung des Standpunkts des Rates erlassen;

b) den Standpunkt des Rates in erster Lesung mit der Mehrheit seiner Mitglieder abgelehnt, so gilt der vorgeschlagene Rechtsakt als nicht erlassen;

c) mit der Mehrheit seiner Mitglieder Abänderungen an dem Standpunkt des Rates in erster Lesung vorgeschlagen, so wird die abgeänderte Fassung dem Rat und der Kommission zugeleitet; die Kommission gibt eine Stellungnahme zu diesen Abänderungen ab.

(8) Hat der Rat binnen drei Monaten nach Eingang der Abänderungen des Europäischen Parlaments mit qualifizierter Mehrheit

a) alle diese Abänderungen gebilligt, so gilt der betreffende Rechtsakt als erlassen;

b) nicht alle Abänderungen gebilligt, so beruft der Präsident des Rates im Einvernehmen mit dem Präsidenten des Europäischen Parlaments binnen sechs Wochen den Vermittlungsausschuss ein.

(9) Über Abänderungen, zu denen die Kommission eine ablehnende Stellungnahme abgegeben hat, beschließt der Rat einstimmig.

Vermittlung

(10) Der Vermittlungsausschuss, der aus den Mitgliedern des Rates oder deren Vertretern und ebenso vielen das Europäische Parlament vertretenden Mitgliedern besteht, hat die Aufgabe, mit der qualifizierten Mehrheit der Mitglieder des Rates oder deren Vertretern und der Mehrheit der das Europäische Parlament vertretenden Mitglieder binnen sechs Wochen nach seiner Einberufung eine Einigung auf der Grundlage der Standpunkte des Europäischen Parlaments und des Rates in zweiter Lesung zu erzielen.

(11) Die Kommission nimmt an den Arbeiten des Vermittlungsausschusses teil und ergreift alle erforderlichen Initiativen, um auf eine Annäherung der Standpunkte des Europäischen Parlaments und des Rates hinzuwirken.

(12) Billigt der Vermittlungsausschuss binnen sechs Wochen nach seiner Einberufung keinen gemeinsamen Entwurf, so gilt der vorgeschlagene Rechtsakt als nicht erlassen.

Dritte Lesung

(13) [1] Billigt der Vermittlungsausschuss innerhalb dieser Frist einen gemeinsamen Entwurf, so verfügen das Europäische Parlament und der Rat ab dieser Billigung über eine Frist von sechs Wochen, um den betreffenden Rechtsakt entsprechend diesem Entwurf zu erlassen, wobei im Europäischen Parlament die Mehrheit der abgegebenen Stimmen und im Rat die qualifizierte Mehrheit erforderlich ist. [2] Andernfalls gilt der vorgeschlagene Rechtsakt als nicht erlassen.

(14) Die in diesem Artikel genannten Fristen von drei Monaten beziehungsweise sechs Wochen werden auf Initiative des Europäischen Parlaments oder

des Rates um höchstens einen Monat beziehungsweise zwei Wochen verlängert.

Besondere Bestimmungen

(15) *[1]* Wird in den in den Verträgen vorgesehenen Fällen ein Gesetzgebungsakt auf Initiative einer Gruppe von Mitgliedstaaten, auf Empfehlung der Europäischen Zentralbank oder auf Antrag des Gerichtshofs im ordentlichen Gesetzgebungsverfahren erlassen, so finden Absatz 2, Absatz 6 Satz 2 und Absatz 9 keine Anwendung.

[2] [1] In diesen Fällen übermitteln das Europäische Parlament und der Rat der Kommission den Entwurf des Rechtsakts sowie ihre jeweiligen Standpunkte in erster und zweiter Lesung. [2] Das Europäische Parlament oder der Rat kann die Kommission während des gesamten Verfahrens um eine Stellungnahme bitten, die die Kommission auch von sich aus abgeben kann. [3] Sie kann auch nach Maßgabe des Absatzes 11 an dem Vermittlungsausschuss teilnehmen, sofern sie dies für erforderlich hält.

Art. 295 [Interinstitutionelle Vereinbarungen] [1] Das Europäische Parlament, der Rat und die Kommission beraten sich und regeln einvernehmlich die Einzelheiten ihrer Zusammenarbeit. [2] Dazu können sie unter Wahrung der Verträge interinstitutionelle Vereinbarungen schließen, die auch bindenden Charakter haben können.

Art. 296 [Wahl der Handlungsform; Begründung] *[1]* Wird die Art des zu erlassenden Rechtsakts von den Verträgen nicht vorgegeben, so entscheiden die Organe darüber von Fall zu Fall unter Einhaltung der geltenden Verfahren und des Grundsatzes der Verhältnismäßigkeit.

[2] Die Rechtsakte sind mit einer Begründung zu versehen und nehmen auf die in den Verträgen vorgesehenen Vorschläge, Initiativen, Empfehlungen, Anträge oder Stellungnahmen Bezug.

[3] Werden das Europäische Parlament und der Rat mit dem Entwurf eines Gesetzgebungsakts befasst, so nehmen sie keine Rechtsakte an, die gemäß dem für den betreffenden Bereich geltenden Gesetzgebungsverfahren nicht vorgesehen sind.

Art. 297 [Unterzeichnung; Veröffentlichung; Inkrafttreten]

(1) *[1]* Gesetzgebungsakte, die gemäß dem ordentlichen Gesetzgebungsverfahren erlassen wurden, werden vom Präsidenten des Europäischen Parlaments und vom Präsidenten des Rates unterzeichnet.

[2] Gesetzgebungsakte, die gemäß einem besonderen Gesetzgebungsverfahren erlassen wurden, werden vom Präsidenten des Organs unterzeichnet, das sie erlassen hat.

[3] [1] Die Gesetzgebungsakte werden im *Amtsblatt der Europäischen Union* veröffentlicht. [2] Sie treten zu dem durch sie festgelegten Zeitpunkt oder anderenfalls am zwanzigsten Tag nach ihrer Veröffentlichung in Kraft.

(2) *[1]* Rechtsakte ohne Gesetzescharakter, die als Verordnung, Richtlinie oder Beschluss, der an keinen bestimmten Adressaten gerichtet ist, erlassen wurden, werden vom Präsidenten des Organs unterzeichnet, das sie erlassen hat.

[2] [1] Verordnungen, Richtlinien, die an alle Mitgliedstaaten gerichtet sind, sowie Beschlüsse, die an keinen bestimmten Adressaten gerichtet sind, werden im *Amtsblatt der Europäischen Union* veröffentlicht. [2] Sie treten zu dem durch sie festgelegten Zeitpunkt oder anderenfalls am zwanzigsten Tag nach ihrer Veröffentlichung in Kraft.

[3] Die anderen Richtlinien sowie die Beschlüsse, die an einen bestimmten Adressaten gerichtet sind, werden denjenigen, für die sie bestimmt sind, bekannt gegeben und durch diese Bekanntgabe wirksam.

Art. 298 [Europäische Verwaltung] (1) Zur Ausübung ihrer Aufgaben stützen sich die Organe, Einrichtungen oder sonstigen Stellen der Union auf eine offene, effiziente und unabhängige europäische Verwaltung.

(2) Die Bestimmungen zu diesem Zweck werden unter Beachtung des Statuts und der Beschäftigungsbedingungen nach Artikel 336 vom Europäischen Parlament und vom Rat gemäß dem ordentlichen Gesetzgebungsverfahren durch Verordnungen erlassen.

Art. 299 [Entscheidungen als vollstreckbare Titel; Zwangsvollstreckung] *[1]* Die Rechtsakte des Rates, der Kommission oder der Europäischen Zentralbank, die eine Zahlung auferlegen, sind vollstreckbare Titel; dies gilt nicht gegenüber Staaten.

[2] [1] Die Zwangsvollstreckung erfolgt nach den Vorschriften des Zivilprozessrechts des Staates, in dessen Hoheitsgebiet sie stattfindet. [2] Die Vollstreckungsklausel wird nach einer Prüfung, die sich lediglich auf die Echtheit des Titels erstrecken darf, von der staatlichen Behörde erteilt, welche die Regierung jedes Mitgliedstaats zu diesem Zweck bestimmt und der Kommission und dem Gerichtshof der Europäischen Union benennt.

[3] Sind diese Formvorschriften auf Antrag der die Vollstreckung betreibenden Partei erfüllt, so kann diese die Zwangsvollstreckung nach innerstaatlichem Recht betreiben, indem sie die zuständige Stelle unmittelbar anruft.

[4] [1] Die Zwangsvollstreckung kann nur durch eine Entscheidung des Gerichtshofs der Europäischen Union ausgesetzt werden. [2] Für die Prüfung der Ordnungsmäßigkeit der Vollstreckungsmaßnahmen sind jedoch die einzelstaatlichen Rechtsprechungsorgane zuständig.

Kapitel 3. Die beratenden Einrichtungen der Union

Art. 300 [Wirtschafts- und Sozialausschuss; Ausschuss der Regionen]

(1) Das Europäische Parlament, der Rat und die Kommission werden von einem Wirtschafts- und Sozialausschuss sowie einem Ausschuss der Regionen unterstützt, die beratende Aufgaben wahrnehmen.

(2) Der Wirtschafts- und Sozialausschuss setzt sich zusammen aus Vertretern der Organisationen der Arbeitgeber und der Arbeitnehmer sowie anderen Vertretern der Zivilgesellschaft, insbesondere aus dem sozialen und wirtschaftlichen, dem staatsbürgerlichen, dem beruflichen und dem kulturellen Bereich.

(3) Der Ausschuss der Regionen setzt sich zusammen aus Vertretern der regionalen und lokalen Gebietskörperschaften, die entweder ein auf Wahlen beruhendes Mandat in einer regionalen oder lokalen Gebietskörperschaft inne-

haben oder gegenüber einer gewählten Versammlung politisch verantwortlich sind.

(4) [1]Die Mitglieder des Wirtschafts- und Sozialausschusses und des Ausschusses der Regionen sind an keine Weisungen gebunden. [2]Sie üben ihre Tätigkeit in voller Unabhängigkeit zum allgemeinen Wohl der Union aus.

(5) [1]Die Vorschriften der Absätze 2 und 3 über die Art der Zusammensetzung dieser Ausschüsse werden in regelmäßigen Abständen vom Rat überprüft, um der wirtschaftlichen, sozialen und demografischen Entwicklung in der Union Rechnung zu tragen. [2]Der Rat erlässt auf Vorschlag der Kommission Beschlüsse zu diesem Zweck.

Abschnitt 1. Der Wirtschafts- und Sozialausschuss

Art. 301 [Zusammensetzung] *[1]* Der Wirtschafts- und Sozialausschuss hat höchstens dreihundertfünfzig Mitglieder.

[2] Der Rat erlässt einstimmig auf Vorschlag der Kommission einen Beschluss über die Zusammensetzung des Ausschusses.

[3] Der Rat setzt die Vergütungen für die Mitglieder des Ausschusses fest.

Art. 302 [Ernennung der Mitglieder] (1) [1]Die Mitglieder des Ausschusses werden für fünf Jahre ernannt. [2]Der Rat nimmt die gemäß den Vorschlägen der einzelnen Mitgliedstaaten erstellte Liste der Mitglieder an. [3]Die Wiederernennung der Mitglieder des Ausschusses ist zulässig.

(2) [1]Der Rat beschließt nach Anhörung der Kommission. [2]Er kann die Meinung der maßgeblichen europäischen Organisationen der verschiedenen Zweige des Wirtschafts- und Soziallebens und der Zivilgesellschaft einholen, die von der Tätigkeit der Union betroffen sind.

Art. 303 [Präsident; Präsidium; Geschäftsordnung; Einberufung]

[1] Der Ausschuss wählt aus seiner Mitte seinen Präsidenten und sein Präsidium auf zweieinhalb Jahre.

[2] Er gibt sich eine Geschäftsordnung.

[3] [1]Der Ausschuss wird von seinem Präsidenten auf Antrag des Europäischen Parlaments, des Rates oder der Kommission einberufen. [2]Er kann auch von sich aus zusammentreten.

Art. 304 [Anhörungsrechte] *[1]* [1]Der Ausschuss wird vom Europäischen Parlament, vom Rat oder der Kommission in den in den Verträgen vorgesehenen Fällen gehört. [2]Er kann von diesen Organen in allen Fällen gehört werden, in denen diese es für zweckmäßig erachten. [3]Er kann von sich aus eine Stellungnahme in den Fällen abgeben, in denen er dies für zweckmäßig erachtet.

[2] [1]Wenn das Europäische Parlament, der Rat oder die Kommission es für notwendig erachten, setzen sie dem Ausschuss für die Vorlage seiner Stellungnahme eine Frist; diese beträgt mindestens einen Monat, vom Eingang der Mitteilung beim Präsidenten des Ausschusses an gerechnet. [2]Nach Ablauf der Frist kann das Fehlen einer Stellungnahme unberücksichtigt bleiben.

[3] Die Stellungnahmen des Ausschusses sowie ein Bericht über die Beratungen werden dem Europäischen Parlament, dem Rat und der Kommission übermittelt.

Abschnitt 2. Der Ausschuss der Regionen

Art. 305 [Zusammensetzung; Auswahl und Ernennung der Mitglieder] *[1]* Der Ausschuss der Regionen hat höchstens dreihundertfünfzig Mitglieder.

[2] Der Rat erlässt einstimmig auf Vorschlag der Kommission einen Beschluss über die Zusammensetzung des Ausschusses.

[3] [1] Die Mitglieder des Ausschusses sowie eine gleiche Anzahl von Stellvertretern werden auf fünf Jahre ernannt. [2] Wiederernennung ist zulässig. [3] Der Rat nimmt die gemäß den Vorschlägen der einzelnen Mitgliedstaaten erstellte Liste der Mitglieder und Stellvertreter an. [4] Die Amtszeit der Mitglieder des Ausschusses endet automatisch bei Ablauf des in Artikel 300 Absatz 3 genannten Mandats, aufgrund dessen sie vorgeschlagen wurden; für die verbleibende Amtszeit wird nach demselben Verfahren ein Nachfolger ernannt. [5] Ein Mitglied des Ausschusses darf nicht gleichzeitig Mitglied des Europäischen Parlaments sein.

Art. 306 [Präsidium; Geschäftsordnung; Einberufung] *[1]* Der Ausschuss der Regionen wählt aus seiner Mitte seinen Präsidenten und sein Präsidium auf zweieinhalb Jahre.

[2] Er gibt sich eine Geschäftsordnung.

[3] [1] Der Ausschuss wird von seinem Präsidenten auf Antrag des Europäischen Parlaments, des Rates oder der Kommission einberufen. [2] Er kann auch von sich aus zusammentreten.

Art. 307 [Anhörungsrechte] *[1]* Der Ausschuss der Regionen wird vom Europäischen Parlament, vom Rat oder von der Kommission in den in den Verträgen vorgesehenen Fällen und in allen anderen Fällen gehört, in denen eines dieser Organe dies für zweckmäßig erachtet, insbesondere in Fällen, welche die grenzüberschreitende Zusammenarbeit betreffen.

[2] [1] Wenn das Europäische Parlament, der Rat oder die Kommission es für notwendig erachten, setzen sie dem Ausschuss für die Vorlage seiner Stellungnahme eine Frist; diese beträgt mindestens einen Monat, vom Eingang der diesbezüglichen Mitteilung beim Präsidenten des Ausschusses an gerechnet. [2] Nach Ablauf der Frist kann das Fehlen einer Stellungnahme unberücksichtigt bleiben.

[3] [1] Wird der Wirtschafts- und Sozialausschuss nach Artikel 304 gehört, so wird der Ausschuss der Regionen vom Europäischen Parlament, vom Rat oder von der Kommission über dieses Ersuchen um Stellungnahme unterrichtet. [2] Der Ausschuss der Regionen kann, wenn er der Auffassung ist, dass spezifische regionale Interessen berührt werden, eine entsprechende Stellungnahme abgeben.

[4] Er kann, wenn er dies für zweckdienlich erachtet, von sich aus eine Stellungnahme abgeben.

[5] Die Stellungnahme des Ausschusses sowie ein Bericht über die Beratungen werden dem Europäischen Parlament, Rat und der Kommission übermittelt.

Kapitel 4. Die Europäische Investitionsbank

Art. 308 [Rechtspersönlichkeit; Mitglieder; Satzung] *[1]* Die Europäische Investitionsbank besitzt Rechtspersönlichkeit.

[2] Mitglieder der Europäischen Investitionsbank sind die Mitgliedstaaten.

[3] [1]Die Satzung der Europäischen Investitionsbank ist den Verträgen als Protokoll beigefügt. [2]Der Rat kann auf Antrag der Europäischen Investitionsbank und nach Anhörung des Europäischen Parlaments und der Kommission oder auf Vorschlag der Kommission und nach Anhörung des Europäischen Parlaments und der Europäischen Investitionsbank die Satzung der Bank einstimmig gemäß einem besonderen Gesetzgebungsverfahren ändern.

Art. 309 [Aufgabe der EIB] *[1]* [1]Aufgabe der Europäischen Investitionsbank ist es, zu einer ausgewogenen und reibungslosen Entwicklung des Binnenmarkts im Interesse der Union beizutragen; hierbei bedient sie sich des Kapitalmarkts, sowie ihrer eigenen Mittel. [2]In diesem Sinne erleichtert sie ohne Verfolgung eines Erwerbszwecks durch Gewährung von Darlehen und Bürgschaften die Finanzierung der nachstehend bezeichneten Vorhaben in allen Wirtschaftszweigen:

a) Vorhaben zur Erschließung der weniger entwickelten Gebiete;

b) Vorhaben zur Modernisierung oder Umstellung von Unternehmen oder zur Schaffung neuer Arbeitsmöglichkeiten, die sich aus der Errichtung oder dem Funktionieren des Binnenmarkts ergeben und wegen ihres Umfangs oder ihrer Art mit den in den einzelnen Mitgliedstaaten vorhandenen Mitteln nicht vollständig finanziert werden können;

c) Vorhaben von gemeinsamem Interesse für mehrere Mitgliedstaaten, die wegen ihres Umfangs oder ihrer Art mit den in den einzelnen Mitgliedstaaten vorhandenen Mitteln nicht vollständig finanziert werden können.

[2] In Erfüllung ihrer Aufgabe erleichtert die Bank die Finanzierung von Investitionsprogrammen in Verbindung mit der Unterstützung aus den Strukturfonds und anderen Finanzierungsinstrumenten der Union.

Titel II. Finanzvorschriften

Art. 310 [Haushaltsplan; Grundsätze; Haushaltsdisziplin; Betrugsbekämpfung] (1) *[1]* Alle Einnahmen und Ausgaben der Union werden für jedes Haushaltsjahr veranschlagt und in den Haushaltsplan eingesetzt.

[2] Der jährliche Haushaltsplan der Union wird vom Europäischen Parlament und vom Rat nach Maßgabe des Artikels 314 aufgestellt.

[3] Der Haushaltsplan ist in Einnahmen und Ausgaben auszugleichen.

(2) Die in den Haushaltsplan eingesetzten Ausgaben werden für ein Haushaltsjahr entsprechend der Verordnung nach Artikel 322 bewilligt.

(3) Die Ausführung der in den Haushaltsplan eingesetzten Ausgaben setzt den Erlass eines verbindlichen Rechtsakts der Union voraus, mit dem die Maßnahme der Union und die Ausführung der entsprechenden Ausgabe ent-

sprechend der Verordnung nach Artikel 322 eine Rechtsgrundlage erhalten, soweit nicht diese Verordnung Ausnahmen vorsieht.

(4) Um die Haushaltsdisziplin sicherzustellen, erlässt die Union keine Rechtsakte, die erhebliche Auswirkungen auf den Haushaltsplan haben könnten, ohne die Gewähr zu bieten, dass die mit diesen Rechtsakten verbundenen Ausgaben im Rahmen der Eigenmittel der Union und unter Einhaltung des mehrjährigen Finanzrahmens nach Artikel 312 finanziert werden können.

(5) [1] Der Haushaltsplan wird entsprechend dem Grundsatz der Wirtschaftlichkeit der Haushaltsführung ausgeführt. [2] Die Mitgliedstaaten arbeiten mit der Union zusammen, um sicherzustellen, dass die in den Haushaltsplan eingesetzten Mittel nach diesem Grundsatz verwendet werden.

(6) Die Union und die Mitgliedstaaten bekämpfen nach Artikel 325 Betrügereien und sonstige gegen die finanziellen Interessen der Union gerichtete rechtswidrige Handlungen.

Kapitel 1. Die Eigenmittel der Union

Art. 311 [Finanzierung aus Eigenmitteln; Eigenmittelbeschluss]

[1] Die Union stattet sich mit den erforderlichen Mitteln aus, um ihre Ziele erreichen und ihre Politik durchführen zu können.

[2] Der Haushalt wird unbeschadet der sonstigen Einnahmen vollständig aus Eigenmitteln finanziert.

[3] [1] Der Rat erlässt gemäß einem besonderen Gesetzgebungsverfahren einstimmig und nach Anhörung des Europäischen Parlaments einen Beschluss, mit dem die Bestimmungen über das System der Eigenmittel der Union festgelegt werden. [2] Darin können neue Kategorien von Eigenmitteln eingeführt oder bestehende Kategorien abgeschafft werden. [3] Dieser Beschluss tritt erst nach Zustimmung der Mitgliedstaaten im Einklang mit ihren jeweiligen verfassungsrechtlichen Vorschriften in Kraft.

[4] [1] Der Rat legt gemäß einem besonderen Gesetzgebungsverfahren durch Verordnungen Durchführungsmaßnahmen zu dem System der Eigenmittel der Union fest, sofern dies in dem nach Absatz 3 erlassenen Beschluss vorgesehen ist. [2] Der Rat beschließt nach Zustimmung des Europäischen Parlaments.

Kapitel 2. Der mehrjährige Finanzrahmen

Art. 312 [Mehrjähriger Finanzrahmen] (1) *[1]* Mit dem mehrjährigen Finanzrahmen soll sichergestellt werden, dass die Ausgaben der Union innerhalb der Grenzen ihrer Eigenmittel eine geordnete Entwicklung nehmen.

[2] Er wird für einen Zeitraum von mindestens fünf Jahren aufgestellt.

[3] Bei der Aufstellung des jährlichen Haushaltsplans der Union ist der mehrjährige Finanzrahmen einzuhalten.

(2) *[1]* [1] Der Rat erlässt gemäß einem besonderen Gesetzgebungsverfahren eine Verordnung zur Festlegung des mehrjährigen Finanzrahmens. [2] Er beschließt einstimmig nach Zustimmung des Europäischen Parlaments, die mit der Mehrheit seiner Mitglieder erteilt wird.

[2] Der Europäische Rat kann einstimmig einen Beschluss fassen, wonach der Rat mit qualifizierter Mehrheit beschließen kann, wenn er die in Unterabsatz 1 genannte Verordnung erlässt.

(3) *[1]* [1]In dem Finanzrahmen werden die jährlichen Obergrenzen der Mittel für Verpflichtungen je Ausgabenkategorie und die jährliche Obergrenze der Mittel für Zahlungen festgelegt. [2]Die Ausgabenkategorien, von denen es nur wenige geben darf, entsprechen den Haupttätigkeitsbereichen der Union.

[2] Der Finanzrahmen enthält auch alle sonstigen für den reibungslosen Ablauf des jährlichen Haushaltsverfahrens sachdienlichen Bestimmungen.

(4) Hat der Rat bis zum Ablauf des vorangegangenen Finanzrahmens keine Verordnung zur Aufstellung eines neuen Finanzrahmens erlassen, so werden die Obergrenzen und sonstigen Bestimmungen des letzten Jahres des vorangegangenen Finanzrahmens bis zum Erlass dieses Rechtsakts fortgeschrieben.

(5) Das Europäische Parlament, der Rat und die Kommission treffen während des gesamten Verfahrens zur Annahme des Finanzrahmens alle erforderlichen Maßnahmen, um den Erlass des Rechtsakts zu erleichtern.

Kapitel 3. Der Jahreshaushaltsplan der Union

Art. 313 [Haushaltsjahr] Das Haushaltsjahr beginnt am 1. Januar und endet am 31. Dezember.

Art. 314 [Jahreshaushaltsplan; Verfahren zur Annahme] Das Europäische Parlament und der Rat legen den Jahreshaushaltsplan der Union im Rahmen eines besonderen Gesetzgebungsverfahrens nach den folgenden Bestimmungen fest:

(1) *[1]* [1]Jedes Organ, mit Ausnahme der Europäischen Zentralbank, stellt vor dem 1. Juli einen Haushaltsvoranschlag für seine Ausgaben für das folgende Haushaltsjahr auf. [2]Die Kommission fasst diese Voranschläge in einem Entwurf für den Haushaltsplan zusammen, der abweichende Voranschläge enthalten kann.

[2] Dieser Entwurf umfasst den Ansatz der Einnahmen und den Ansatz der Ausgaben.

(2) *[1]* Die Kommission legt dem Europäischen Parlament und dem Rat spätestens am 1. September des Jahres, das dem entsprechenden Haushaltsjahr vorausgeht, einen Vorschlag mit dem Entwurf des Haushaltsplans vor.

[2] Die Kommission kann den Entwurf des Haushaltsplans während des laufenden Verfahrens bis zur Einberufung des in Absatz 5 genannten Vermittlungsausschusses ändern.

(3) [1]Der Rat legt seinen Standpunkt zu dem Entwurf des Haushaltsplans fest und leitet ihn spätestens am 1. Oktober des Jahres, das dem entsprechenden Haushaltsjahr vorausgeht, dem Europäischen Parlament zu. [2]Er unterrichtet das Europäische Parlament in vollem Umfang über die Gründe, aus denen er seinen Standpunkt festgelegt hat.

(4) Hat das Europäische Parlament binnen 42 Tagen nach der Übermittlung

a) den Standpunkt des Rates gebilligt, so ist der Haushaltsplan erlassen;

b) keinen Beschluss gefasst, so gilt der Haushaltsplan als erlassen;

c) mit der Mehrheit seiner Mitglieder Abänderungen angenommen, so wird die abgeänderte Fassung des Entwurfs dem Rat und der Kommission zugeleitet. Der Präsident des Europäischen Parlaments beruft im Einvernehmen mit dem Präsidenten des Rates umgehend den Vermittlungsausschuss ein.

Der Vermittlungsausschuss tritt jedoch nicht zusammen, wenn der Rat dem Europäischen Parlament binnen zehn Tagen nach der Übermittlung des geänderten Entwurfs mitteilt, dass er alle seine Abänderungen billigt.

(5) *[1]* Der Vermittlungsausschuss, der aus den Mitgliedern des Rates oder deren Vertretern und ebenso vielen das Europäische Parlament vertretenden Mitgliedern besteht, hat die Aufgabe, binnen 21 Tagen nach seiner Einberufung auf der Grundlage der Standpunkte des Europäischen Parlaments und des Rates mit der qualifizierten Mehrheit der Mitglieder des Rates oder deren Vertretern und der Mehrheit der das Europäische Parlament vertretenden Mitglieder eine Einigung über einen gemeinsamen Entwurf zu erzielen.

[2] Die Kommission nimmt an den Arbeiten des Vermittlungsausschusses teil und ergreift alle erforderlichen Initiativen, um eine Annäherung der Standpunkte des Europäischen Parlaments und des Rates zu bewirken.

(6) Einigt sich der Vermittlungsausschuss innerhalb der in Absatz 5 genannten Frist von 21 Tagen auf einen gemeinsamen Entwurf, so verfügen das Europäische Parlament und der Rat ab dieser Einigung über eine Frist von 14 Tagen, um den gemeinsamen Entwurf zu billigen.

(7) Wenn innerhalb der in Absatz 6 genannten Frist von 14 Tagen

a) der gemeinsame Entwurf sowohl vom Europäischen Parlament als auch vom Rat gebilligt wird oder beide keinen Beschluss fassen oder eines dieser Organe den gemeinsamen Entwurf billigt, während das andere Organ keinen Beschluss fasst, so gilt der Haushaltsplan als entsprechend dem gemeinsamen Entwurf endgültig erlassen, oder

b) der gemeinsame Entwurf sowohl vom Europäischen Parlament mit der Mehrheit seiner Mitglieder als auch vom Rat abgelehnt wird oder eines dieser Organe den gemeinsamen Entwurf ablehnt, während das andere Organ keinen Beschluss fasst, so legt die Kommission einen neuen Entwurf für den Haushaltsplan vor, oder

c) der gemeinsame Entwurf vom Europäischen Parlament mit der Mehrheit seiner Mitglieder abgelehnt wird, während er vom Rat gebilligt wird, so legt die Kommission einen neuen Entwurf für den Haushaltsplan vor, oder

d) der gemeinsame Entwurf vom Europäischen Parlament gebilligt wird, während er vom Rat abgelehnt wird, so kann das Europäische Parlament binnen 14 Tagen ab dem Tag der Ablehnung durch den Rat mit der Mehrheit seiner Mitglieder und drei Fünfteln der abgegebenen Stimmen beschließen, alle oder einige der in Absatz 4 Buchstabe c genannten Abänderungen zu bestätigen. Wird eine Abänderung des Europäischen Parlaments nicht bestätigt, so wird der im Vermittlungsausschuss vereinbarte Standpunkt zu dem Haushaltsposten, der Gegenstand der Abänderung ist, übernommen. Der Haushaltsplan gilt als auf dieser Grundlage endgültig erlassen.

(8) Einigt sich der Vermittlungsausschuss nicht binnen der in Absatz 5 genannten Frist von 21 Tagen auf einen gemeinsamen Entwurf, so legt die Kommission einen neuen Entwurf für den Haushaltsplan vor.

(9) Nach Abschluss des Verfahrens dieses Artikels stellt der Präsident des Europäischen Parlaments fest, dass der Haushaltsplan endgültig erlassen ist.

(10) Jedes Organ übt die ihm aufgrund dieses Artikels zufallenden Befugnisse unter Wahrung der Verträge und der Rechtsakte aus, die auf der Grundlage der

Verträge insbesondere im Bereich der Eigenmittel der Union und des Gleichgewichts von Einnahmen und Ausgaben erlassen wurden.

Art. 315 [Nothaushalt] *[1]* Ist zu Beginn eines Haushaltsjahres der Haushaltsplan noch nicht endgültig erlassen, so können nach der gemäß Artikel 322 festgelegten Haushaltsordnung für jedes Kapitel monatliche Ausgaben bis zur Höhe eines Zwölftels der im betreffenden Kapitel des Haushaltsplans des vorangegangenen Haushaltsjahres eingesetzten Mittel vorgenommen werden, die jedoch ein Zwölftel der Mittelansätze des gleichen Kapitels des Haushaltsplanentwurfs nicht überschreiten dürfen.

[2] [1] Der Rat kann auf Vorschlag der Kommission unter Beachtung der sonstigen Bestimmungen des Absatzes 1 entsprechend der nach Artikel 322 erlassenen Verordnung Ausgaben genehmigen, die über dieses Zwölftel hinausgehen. [2] Er leitet seinen Beschluss unverzüglich dem Europäischen Parlament zu.

[3] In dem Beschluss nach Absatz 2 werden unter Beachtung der in Artikel 311 genannten Rechtsakte die zur Durchführung dieses Artikels erforderlichen Maßnahmen betreffend die Mittel vorgesehen.

[4] Der Beschluss tritt 30 Tage nach seinem Erlass in Kraft, sofern das Europäische Parlament nicht innerhalb dieser Frist mit der Mehrheit seiner Mitglieder beschließt, diese Ausgaben zu kürzen.

Art. 316 [Übertragbarkeit; Spezialität] *[1]* Nach Maßgabe der aufgrund des Artikels 322 erlassenen Vorschriften dürfen die nicht für Personalausgaben vorgesehenen Mittel, die bis zum Ende der Durchführungszeit eines Haushaltsplans nicht verbraucht worden sind, lediglich auf das nächste Haushaltsjahr übertragen werden.

[2] Die vorgesehenen Mittel werden nach Kapiteln gegliedert, in denen die Ausgaben nach Art oder Bestimmung zusammengefasst sind; die Kapitel werden nach der gemäß Artikel 322 festgelegten Haushaltsordnung unterteilt.

[3] Die Ausgaben des Europäischen Parlaments, des Europäischen Rates und des Rates, der Kommission sowie des Gerichtshofs der Europäischen Union werden unbeschadet einer besonderen Regelung für bestimmte gemeinsame Ausgaben in gesonderten Teilen des Haushaltsplans aufgeführt.

Kapitel 4. Ausführung des Hauhaltsplans und Entlastung

Art. 317 [Vollzug des Haushaltsplans] *[1]* [1] Die Kommission führt den Haushaltsplan zusammen mit den Mitgliedstaaten gemäß der nach Artikel 322 festgelegten Haushaltsordnung in eigener Verantwortung und im Rahmen der zugewiesenen Mittel entsprechend dem Grundsatz der Wirtschaftlichkeit der Haushaltsführung aus. [2] Die Mitgliedstaaten arbeiten mit der Kommission zusammen, um sicherzustellen, dass die Mittel nach dem Grundsatz der Wirtschaftlichkeit der Haushaltsführung verwendet werden.

[2] [1] In der Haushaltsordnung sind die Kontroll- und Wirtschaftsprüfungspflichten der Mitgliedstaaten bei der Ausführung des Haushaltsplans sowie die damit verbundenen Verantwortlichkeiten geregelt. [2] Darin sind ferner die Verantwortlichkeiten und die besonderen Einzelheiten geregelt, nach denen jedes Organ an der Vornahme seiner Ausgaben beteiligt ist.

[3] Die Kommission kann nach der gemäß Artikel 322 festgelegten Haushaltsordnung Mittel von Kapitel zu Kapitel oder von Untergliederung zu Untergliederung übertragen.

Art. 318 [Rechnungslegung] *[1]* [1]Die Kommission legt dem Europäischen Parlament und dem Rat jährlich die Rechnung des abgelaufenen Haushaltsjahres für die Rechnungsvorgänge des Haushaltsplans vor. [2]Sie übermittelt ihnen ferner eine Übersicht über das Vermögen und die Schulden der Union.

[2] Die Kommission legt dem Europäischen Parlament und dem Rat ferner einen Evaluierungsbericht zu den Finanzen der Union vor, der sich auf die Ergebnisse stützt, die insbesondere in Bezug auf die Vorgaben erzielt wurden, die vom Europäischen Parlament und vom Rat nach Artikel 319 erteilt wurden.

Art. 319 [Entlastung der Kommission] (1) [1]Auf Empfehlung des Rates erteilt das Europäische Parlament der Kommission Entlastung zur Ausführung des Haushaltsplans. [2]Zu diesem Zweck prüft es nach dem Rat die Rechnung, die Übersicht und den Evaluierungsbericht nach Artikel 318 sowie den Jahresbericht des Rechnungshofs zusammen mit den Antworten der kontrollierten Organe auf dessen Bemerkungen, die in Artikel 287 Absatz 1 Unterabsatz 2 genannte Zuverlässigkeitserklärung und die einschlägigen Sonderberichte des Rechnungshofs.

(2) [1]Das Europäische Parlament kann vor der Entlastung der Kommission sowie auch zu anderen Zwecken im Zusammenhang mit der Ausübung ihrer Haushaltsbefugnisse die Kommission auffordern, Auskunft über die Vornahme der Ausgaben oder die Arbeitsweise der Finanzkontrollsysteme zu erteilen. [2]Die Kommission legt dem Europäischen Parlament auf dessen Ersuchen alle notwendigen Informationen vor.

(3) *[1]* Die Kommission trifft alle zweckdienlichen Maßnahmen, um den Bemerkungen in den Entlastungsbeschlüssen und anderen Bemerkungen des Europäischen Parlaments zur Vornahme der Ausgaben sowie den Erläuterungen, die den Entlastungsempfehlungen des Rates beigefügt sind, nachzukommen.

[2] [1]Auf Ersuchen des Europäischen Parlaments oder des Rates erstattet die Kommission Bericht über die Maßnahmen, die aufgrund dieser Bemerkungen und Erläuterungen getroffen wurden, insbesondere über die Weisungen, die den für die Ausführung des Haushaltsplans zuständigen Dienststellen erteilt worden sind. [2]Diese Berichte sind auch dem Rechnungshof zuzuleiten.

Kapitel 5. Gemeinsame Bestimmungen

Art. 320 [Rechnungseinheit Euro] Der mehrjährige Finanzrahmen und der Jahreshaushaltsplan werden in Euro aufgestellt.

Art. 321 [Transferleistungen; Kommunikation auf dem Finanzsektor]

[1] [1]Die Kommission kann vorbehaltlich der Unterrichtung der zuständigen Behörden der betreffenden Mitgliedstaaten ihre Guthaben in der Währung eines dieser Staaten in die Währung eines anderen Mitgliedstaats transferieren, soweit dies erforderlich ist, um diese Guthaben für die in den Verträgen vorgesehenen Zwecke zu verwenden. [2]Besitzt die Kommission verfügbare oder

flüssige Guthaben in der benötigten Währung, so vermeidet sie soweit möglich derartige Transferierungen.

[2] [1] Die Kommission verkehrt mit jedem Mitgliedstaat über die von diesem bezeichnete Behörde. [2] Bei der Durchführung ihrer Finanzgeschäfte nimmt sie die Notenbank des betreffenden Mitgliedstaats oder ein anderes von diesem genehmigtes Finanzinstitut in Anspruch.

Art. 322 [Haushaltsvorschriften] (1) Das Europäische Parlament und der Rat erlassen gemäß dem ordentlichen Gesetzgebungsverfahren durch Verordnungen nach Anhörung des Rechnungshofs

a) die Haushaltsvorschriften, in denen insbesondere die Aufstellung und Ausführung des Haushaltsplans sowie die Rechnungslegung und Rechnungsprüfung im Einzelnen geregelt werden;

b) die Vorschriften, die die Kontrolle der Verantwortung der Finanzakteure und insbesondere der Anweisungsbefugten und der Rechnungsführer regeln.

(2) Der Rat legt auf Vorschlag der Kommission und nach Anhörung des Europäischen Parlaments und des Rechnungshofs die Einzelheiten und das Verfahren fest, nach denen die Haushaltseinnahmen, die in der Regelung über die Eigenmittel der Union vorgesehen sind, der Kommission zur Verfügung gestellt werden, sowie die Maßnahmen, die zu treffen sind, um gegebenenfalls die erforderlichen Kassenmittel bereitzustellen.

Art. 323 [Sicherung der Finanzmittel] Das Europäische Parlament, der Rat und die Kommission stellen sicher, dass der Union die Finanzmittel zur Verfügung stehen, die es ihr ermöglichen, ihren rechtlichen Verpflichtungen gegenüber Dritten nachzukommen.

Art. 324 [Konsultationen der am Haushaltsverfahren beteiligten Organe] [1] Auf Initiative der Kommission werden im Rahmen der nach diesem Titel vorgesehenen Haushaltsverfahren regelmäßige Treffen der Präsidenten des Europäischen Parlaments, des Rates und der Kommission einberufen. [2] Diese treffen alle erforderlichen Maßnahmen, um die Abstimmung und Annäherung der Standpunkte der Organe, denen sie vorstehen, zu fördern und so die Durchführung dieses Titels zu erleichtern.

Kapitel 6. Betrugsbekämpfung

Art. 325 [Schutz der finanziellen Interessen der Union] (1) Die Union und die Mitgliedstaaten bekämpfen Betrügereien und sonstige gegen die finanziellen Interessen der Union gerichtete rechtswidrige Handlungen mit Maßnahmen nach diesem Artikel, die abschreckend sind und in den Mitgliedstaaten sowie in den Organen, Einrichtungen und sonstigen Stellen der Union einen effektiven Schutz bewirken.

(2) Zur Bekämpfung von Betrügereien, die sich gegen die finanziellen Interessen der Union richten, ergreifen die Mitgliedstaaten die gleichen Maßnahmen, die sie auch zur Bekämpfung von Betrügereien ergreifen, die sich gegen ihre eigenen finanziellen Interessen richten.

(3) [1] Die Mitgliedstaaten koordinieren unbeschadet der sonstigen Bestimmungen der Verträge ihre Tätigkeit zum Schutz der finanziellen Interessen der

Union vor Betrügereien. [2]Sie sorgen zu diesem Zweck zusammen mit der Kommission für eine enge, regelmäßige Zusammenarbeit zwischen den zuständigen Behörden.

(4) Zur Gewährleistung eines effektiven und gleichwertigen Schutzes in den Mitgliedstaaten sowie in den Organen, Einrichtungen und sonstigen Stellen der Union beschließen das Europäische Parlament und der Rat gemäß dem ordentlichen Gesetzgebungsverfahren nach Anhörung des Rechnungshofs die erforderlichen Maßnahmen zur Verhütung und Bekämpfung von Betrügereien, die sich gegen die finanziellen Interessen der Union richten.

(5) Die Kommission legt in Zusammenarbeit mit den Mitgliedstaaten dem Europäischen Parlament und dem Rat jährlich einen Bericht über die Maßnahmen vor, die zur Durchführung dieses Artikels getroffen wurden.

Titel III. Verstärkte Zusammenarbeit

Art. 326 [Grundsätze] *[1]* Eine Verstärkte Zusammenarbeit achtet die Verträge und das Recht der Union.

[2] [1]Sie darf weder den Binnenmarkt noch den wirtschaftlichen, sozialen und territorialen Zusammenhalt beeinträchtigen. [2]Sie darf für den Handel zwischen den Mitgliedstaaten weder ein Hindernis noch eine Diskriminierung darstellen noch darf sie zu Verzerrungen des Wettbewerbs zwischen den Mitgliedstaaten führen.

Art. 327 [Nichtbeteiligte Mitgliedstaaten] [1]Eine Verstärkte Zusammenarbeit achtet die Zuständigkeiten, Rechte und Pflichten der nicht an der Zusammenarbeit beteiligten Mitgliedstaaten. [2]Diese stehen der Durchführung der Verstärkten Zusammenarbeit durch die daran beteiligten Mitgliedstaaten nicht im Wege.

Art. 328 [Offenheit für weitere Mitgliedstaaten] (1) *[1]* [1]Bei ihrer Begründung steht eine Verstärkte Zusammenarbeit allen Mitgliedstaaten offen, sofern sie die in dem hierzu ermächtigenden Beschluss gegebenenfalls festgelegten Teilnahmevoraussetzungen erfüllen. [2]Dies gilt auch zu jedem anderen Zeitpunkt, sofern sie neben den genannten Voraussetzungen auch die in diesem Rahmen bereits erlassenen Rechtsakte beachten.

[2] Die Kommission und die an einer Verstärkten Zusammenarbeit teilnehmenden Mitgliedstaaten tragen dafür Sorge, dass die Teilnahme möglichst vieler Mitgliedstaaten gefördert wird.

(2) Die Kommission und gegebenenfalls der Hohe Vertreter der Union für die Außen- und Sicherheitspolitik unterrichten das Europäische Parlament und den Rat regelmäßig über die Entwicklung einer Verstärkten Zusammenarbeit.

Art. 329 [Ermächtigungsverfahren] (1) *[1]* [1]Die Mitgliedstaaten, die in einem der Bereiche der Verträge – mit Ausnahme der Bereiche, für die die Union die ausschließliche Zuständigkeit besitzt, und der Gemeinsamen Außen- und Sicherheitspolitik – untereinander eine Verstärkte Zusammenarbeit begründen möchten, richten einen Antrag an die Kommission, in dem der Anwendungsbereich und die Ziele aufgeführt werden, die mit der beabsichtigten Verstärkten Zusammenarbeit angestrebt werden. [2]Die Kommission kann dem Rat einen entsprechenden Vorschlag vorlegen. [3]Legt die Kommission keinen Vorschlag vor, so teilt sie den betroffenen Mitgliedstaaten ihre Gründe dafür mit.

[2] Die Ermächtigung zur Einleitung einer Verstärkten Zusammenarbeit nach Unterabsatz 1 wird vom Rat auf Vorschlag der Kommission und nach Zustimmung des Europäischen Parlaments erteilt.

(2) *[1]* [1]Der Antrag der Mitgliedstaaten, die untereinander im Rahmen der Gemeinsamen Außen- und Sicherheitspolitik eine Verstärkte Zusammenarbeit begründen möchten, wird an den Rat gerichtet. [2]Er wird dem Hohen Vertreter der Union für die Außen- und Sicherheitspolitik, der zur Kohärenz der beabsichtigten Verstärkten Zusammenarbeit mit der Gemeinsamen Außen- und Sicherheitspolitik der Union Stellung nimmt, sowie der Kommission übermittelt, die insbesondere zur Kohärenz der beabsichtigten Verstärkten Zusammenarbeit mit der Politik der Union in anderen Bereichen Stellung nimmt. [3]Der Antrag wird ferner dem Europäischen Parlament zur Unterrichtung übermittelt.

[2] Die Ermächtigung zur Einleitung einer Verstärkten Zusammenarbeit wird mit einem Beschluss des Rates erteilt, der einstimmig beschließt.

Art. 330 [Beratungen; Stimmberechtigung] *[1]* Alle Mitglieder des Rates können an dessen Beratungen teilnehmen, aber nur die Mitglieder des Rates, die die an der Verstärkten Zusammenarbeit beteiligten Mitgliedstaaten vertreten, sind stimmberechtigt.

[2] Die Einstimmigkeit bezieht sich allein auf die Stimmen der Vertreter der an der Verstärkten Zusammenarbeit beteiligten Mitgliedstaaten.

[3] Die qualifizierte Mehrheit bestimmt sich nach Artikel 238 Absatz 3.

Art. 331 [Beitritt weiterer Staaten] (1) *[1]* Jeder Mitgliedstaat, der sich einer bestehenden Verstärkten Zusammenarbeit in einem der in Artikel 329 Absatz 1 genannten Bereiche anschließen will, teilt dem Rat und der Kommission seine Absicht mit.

[2] [1]Die Kommission bestätigt binnen vier Monaten nach Eingang der Mitteilung die Beteiligung des betreffenden Mitgliedstaats. [2]Dabei stellt sie gegebenenfalls fest, dass die Beteiligungsvoraussetzungen erfüllt sind, und erlässt die notwendigen Übergangsmaßnahmen zur Anwendung der im Rahmen der Verstärkten Zusammenarbeit bereits erlassenen Rechtsakte.

[3] [1]Ist die Kommission jedoch der Auffassung, dass die Beteiligungsvoraussetzungen nicht erfüllt sind, so gibt sie an, welche Bestimmungen zur Erfüllung dieser Voraussetzungen erlassen werden müssen, und legt eine Frist für die erneute Prüfung des Antrags fest. [2]Nach Ablauf dieser Frist prüft sie den Antrag erneut nach dem in Unterabsatz 2 vorgesehenen Verfahren. [3]Ist die Kommission der Auffassung, dass die Beteiligungsvoraussetzungen weiterhin nicht erfüllt sind, so kann der betreffende Mitgliedstaat mit dieser Frage den Rat befassen, der über den Antrag befindet. [4]Der Rat beschließt nach Artikel 330. [5]Er kann außerdem auf Vorschlag der Kommission die in Unterabsatz 2 genannten Übergangsmaßnahmen erlassen.

(2) *[1]* Jeder Mitgliedstaat, der an einer bestehenden Verstärkten Zusammenarbeit im Rahmen der Gemeinsamen Außen- und Sicherheitspolitik teilnehmen möchte, teilt dem Rat, dem Hohen Vertreter der Union für die Außen- und Sicherheitspolitik und der Kommission seine Absicht mit.

[2] [1] Der Rat bestätigt die Teilnahme des betreffenden Mitgliedstaats nach Anhörung des Hohen Vertreters der Union für die Außen- und Sicherheitspolitik und gegebenenfalls nach der Feststellung, dass die Teilnahmevoraussetzungen erfüllt sind. [2] Der Rat kann auf Vorschlag des Hohen Vertreters ferner die notwendigen Übergangsmaßnahmen zur Anwendung der im Rahmen der Verstärkten Zusammenarbeit bereits erlassenen Rechtsakte treffen. [3] Ist der Rat jedoch der Auffassung, dass die Teilnahmevoraussetzungen nicht erfüllt sind, so gibt er an, welche Schritte zur Erfüllung dieser Voraussetzungen notwendig sind, und legt eine Frist für die erneute Prüfung des Antrags auf Teilnahme fest.

[3] Für die Zwecke dieses Absatzes beschließt der Rat einstimmig nach Artikel 330.

Art. 332 [Budgetlast] Die sich aus der Durchführung einer Verstärkten Zusammenarbeit ergebenden Ausgaben, mit Ausnahme der Verwaltungskosten der Organe, werden von den beteiligten Mitgliedstaaten getragen, sofern der Rat nicht nach Anhörung des Europäischen Parlaments durch einstimmigen Beschluss sämtlicher Mitglieder des Rates etwas anderes beschließt.

Art. 333 [Abstimmungsregeln] (1) Wenn nach einer Bestimmung der Verträge, die im Rahmen einer Verstärkten Zusammenarbeit angewendet werden könnte, der Rat einstimmig beschließen muss, kann der Rat nach Artikel 330 einstimmig einen Beschluss dahin gehend erlassen, dass er mit qualifizierter Mehrheit beschließt.

(2) [1] Wenn nach einer Bestimmung der Verträge, die im Rahmen einer Verstärkten Zusammenarbeit angewendet werden könnte, Rechtsakte vom Rat gemäß einem besonderen Gesetzgebungsverfahren erlassen werden müssen, kann der Rat nach Artikel 330 einstimmig einen Beschluss dahin gehend erlassen, dass er gemäß dem ordentlichen Gesetzgebungsverfahren beschließt. [2] Der Rat beschließt nach Anhörung des Europäischen Parlaments.

(3) Die Absätze 1 und 2 gelten nicht für Beschlüsse mit militärischen oder verteidigungspolitischen Bezügen.

Art. 334 [Wahrung der Kohärenz] Der Rat und die Kommission stellen sicher, dass die im Rahmen einer Verstärkten Zusammenarbeit durchgeführten Maßnahmen untereinander und mit der Politik der Union im Einklang stehen, und arbeiten entsprechend zusammen.

Siebter Teil. Allgemeine und Schlussbestimmungen

Art. 335 [Rechts- und Geschäftsfähigkeit der Union] [1] Die Union besitzt in jedem Mitgliedstaat die weitestgehende Rechts- und Geschäftsfähigkeit, die juristischen Personen nach dessen Rechtsvorschriften zuerkannt ist; sie kann insbesondere bewegliches und unbewegliches Vermögen erwerben und veräußern sowie vor Gericht stehen. [2] Zu diesem Zweck wird sie von der Kommission vertreten. [3] In Fragen, die das Funktionieren der einzelnen Organe betreffen, wird die Union hingegen aufgrund von deren Verwaltungsautonomie von dem betreffenden Organ vertreten.

Art. 336 [Beamtenstatut; Beschäftigungsbedingungen] Das Europäische Parlament und der Rat erlassen gemäß dem ordentlichen Gesetzgebungsverfahren durch Verordnungen nach Anhörung der anderen betroffenen Organe das Statut der Beamten der Europäischen Union und die Beschäftigungsbedingungen für die sonstigen Bediensteten der Union.

Art. 337 [Auskunfts- und Nachprüfungsrecht der Kommission] Zur Erfüllung der ihr übertragenen Aufgaben kann die Kommission alle erforderlichen Auskünfte einholen und alle erforderlichen Nachprüfungen vornehmen; der Rahmen und die nähere Maßgabe hierfür werden vom Rat, der mit einfacher Mehrheit beschließt, gemäß den Bestimmungen der Verträge festgelegt.

Art. 338 [Unionsstatistiken] (1) Unbeschadet des Artikels 5 des Protokolls über die Satzung des Europäischen Systems der Zentralbanken und der Europäischen Zentralbank[1] beschließen das Europäische Parlament und der Rat gemäß dem ordentlichen Gesetzgebungsverfahren Maßnahmen für die Erstellung von Statistiken, wenn dies für die Durchführung der Tätigkeiten der Union erforderlich ist.

(2) Die Erstellung der Unionsstatistiken erfolgt unter Wahrung der Unparteilichkeit, der Zuverlässigkeit, der Objektivität, der wissenschaftlichen Unabhängigkeit, der Kostenwirksamkeit und der statistischen Geheimhaltung; der Wirtschaft dürfen dadurch keine übermäßigen Belastungen entstehen.

Art. 339 [Geheimhaltungspflicht] Die Mitglieder der Organe der Union, die Mitglieder der Ausschüsse sowie die Beamten und sonstigen Bediensteten der Union sind verpflichtet, auch nach Beendigung ihrer Amtstätigkeit Auskünfte, die ihrem Wesen nach unter das Berufsgeheimnis fallen, nicht preiszugeben; dies gilt insbesondere für Auskünfte über Unternehmen sowie deren Geschäftsbeziehungen oder Kostenelemente.

Art. 340 [Amtshaftung der Union] *[1]* Die vertragliche Haftung der Union bestimmt sich nach dem Recht, das auf den betreffenden Vertrag anzuwenden ist.

[2] Im Bereich der außervertraglichen Haftung ersetzt die Union den durch ihre Organe oder Bediensteten in Ausübung ihrer Amtstätigkeit verursachten Schaden nach den allgemeinen Rechtsgrundsätzen, die den Rechtsordnungen der Mitgliedstaaten gemeinsam sind.

[3] Abweichend von Absatz 2 ersetzt die Europäische Zentralbank den durch sie oder ihre Bediensteten in Ausübung ihrer Amtstätigkeit verursachten Schaden nach den allgemeinen Rechtsgrundsätzen, die den Rechtsordnungen der Mitgliedstaaten gemeinsam sind.

[4] Die persönliche Haftung der Bediensteten gegenüber der Union bestimmt sich nach den Vorschriften ihres Statuts oder der für sie geltenden Beschäftigungsbedingungen.

Art. 341[2] [Sitz der Organe der Union] Der Sitz der Organe der Union wird im Einvernehmen zwischen den Regierungen der Mitgliedstaaten bestimmt.

---

[1] Nr. **33**.
[2] Siehe hierzu das Europolsitz-Protokoll (Nr. **6**).

Art. 342 [Sprachenfrage] Die Regelung der Sprachenfrage für die Organe der Union wird unbeschadet der Satzung des Gerichtshofs der Europäischen Union[1] vom Rat einstimmig durch Verordnungen getroffen.

Art. 343 [Vorrechte und Befreiungen der Union] [1]Die Union genießt im Hoheitsgebiet der Mitgliedstaaten die zur Erfüllung ihrer Aufgabe erforderlichen Vorrechte und Befreiungen nach Maßgabe des Protokolls vom 8. April 1965 über die Vorrechte und Befreiungen der Europäischen Union. [2]Dasselbe gilt für die Europäische Zentralbank und die Europäische Investitionsbank.

Art. 344 [Exklusivität der unionsrechtlichen Streitbeilegungsmechanismen] Die Mitgliedstaaten verpflichten sich, Streitigkeiten über die Auslegung oder Anwendung der Verträge nicht anders als hierin vorgesehen zu regeln.

Art. 345 [Eigentumsordnung] Die Verträge lassen die Eigentumsordnung in den verschiedenen Mitgliedstaaten unberührt.

Art. 346 [Ausnahme bei wesentlichen Sicherheitsinteressen; Rüstungsgüter] (1) Die Vorschriften der Verträge stehen folgenden Bestimmungen nicht entgegen:

a) Ein Mitgliedstaat ist nicht verpflichtet, Auskünfte zu erteilen, deren Preisgabe seines Erachtens seinen wesentlichen Sicherheitsinteressen widerspricht;

b) jeder Mitgliedstaat kann die Maßnahmen ergreifen, die seines Erachtens für die Wahrung seiner wesentlichen Sicherheitsinteressen erforderlich sind, soweit sie die Erzeugung von Waffen, Munition und Kriegsmaterial oder den Handel damit betreffen; diese Maßnahmen dürfen auf dem Binnenmarkt die Wettbewerbsbedingungen hinsichtlich der nicht eigens für militärische Zwecke bestimmten Waren nicht beeinträchtigen.

(2) Der Rat kann die von ihm am 15. April 1958 festgelegte Liste der Waren, auf die Absatz 1 Buchstabe b Anwendung findet, einstimmig auf Vorschlag der Kommission ändern.

Art. 347 [Notstandsvorbehalt] Die Mitgliedstaaten setzen sich miteinander ins Benehmen, um durch gemeinsames Vorgehen zu verhindern, dass das Funktionieren des Binnenmarkts durch Maßnahmen beeinträchtigt wird, die ein Mitgliedstaat bei einer schwerwiegenden innerstaatlichen Störung der öffentlichen Ordnung, im Kriegsfall, bei einer ernsten, eine Kriegsgefahr darstellenden internationalen Spannung oder in Erfüllung der Verpflichtungen trifft, die er im Hinblick auf die Aufrechterhaltung des Friedens und der internationalen Sicherheit übernommen hat.

Art. 348 [Anpassungsmaßnahmen; besonderes Vertragsverletzungsverfahren] *[1]* Werden auf dem Binnenmarkt die Wettbewerbsbedingungen durch Maßnahmen aufgrund der Artikel 346 und 347 verfälscht, so prüft die

---

[1] Nr. **27**.

Kommission gemeinsam mit dem beteiligten Staat, wie diese Maßnahmen den Vorschriften der Verträge angepasst werden können.

[2] [1] In Abweichung von dem in den Artikeln 258 und 259 vorgesehenen Verfahren kann die Kommission oder ein Mitgliedstaat den Gerichtshof unmittelbar anrufen, wenn die Kommission oder der Staat der Auffassung ist, dass ein anderer Mitgliedstaat die in den Artikeln 346 und 347 vorgesehenen Befugnisse missbraucht. [2] Der Gerichtshof entscheidet unter Ausschluss der Öffentlichkeit.

Art. 349 [Sonderregelungen für bestimmte außereuropäische Territorien der Mitgliedstaaten] *[1]* [1] Unter Berücksichtigung der strukturbedingten sozialen und wirtschaftlichen Lage von Guadeloupe, Französisch-Guayana, Martinique, Mayotte, Réunion und Saint-Martin, der Azoren, Madeiras und der Kanarischen Inseln, die durch die Faktoren Abgelegenheit, Insellage, geringe Größe, schwierige Relief- und Klimabedingungen und wirtschaftliche Abhängigkeit von einigen wenigen Erzeugnissen erschwert wird, die als ständige Gegebenheiten und durch ihr Zusammenwirken die Entwicklung schwer beeinträchtigen, beschließt der Rat auf Vorschlag der Kommission nach Anhörung des Europäischen Parlaments spezifische Maßnahmen, die insbesondere darauf abzielen, die Bedingungen für die Anwendung der Verträge auf die genannten Gebiete, einschließlich gemeinsamer Politiken, festzulegen. [2] Werden die betreffenden spezifischen Maßnahmen vom Rat gemäß einem besonderen Gesetzgebungsverfahren erlassen, so beschließt er ebenfalls auf Vorschlag der Kommission und nach Anhörung des Europäischen Parlaments.

[2] Die Maßnahmen nach Absatz 1 betreffen insbesondere die Zoll- und Handelspolitik, Steuerpolitik, Freizonen, Agrar- und Fischereipolitik, die Bedingungen für die Versorgung mit Rohstoffen und grundlegenden Verbrauchsgütern, staatliche Beihilfen sowie die Bedingungen für den Zugang zu den Strukturfonds und zu den horizontalen Unionsprogrammen.

[3] Der Rat beschließt die in Absatz 1 genannten Maßnahmen unter Berücksichtigung der besonderen Merkmale und Zwänge der Gebiete in äußerster Randlage, ohne dabei die Integrität und Kohärenz der Rechtsordnung der Union, die auch den Binnenmarkt und die gemeinsamen Politiken umfasst, auszuhöhlen.

Art. 350 [Benelux-Union] Die Verträge stehen dem Bestehen und der Durchführung der regionalen Zusammenschlüsse zwischen Belgien und Luxemburg sowie zwischen Belgien, Luxemburg und den Niederlanden nicht entgegen, soweit die Ziele dieser Zusammenschlüsse durch Anwendung der Verträge nicht erreicht sind.

Art. 351 [Frühere Abkommen der Mitgliedstaaten] *[1]* Die Rechte und Pflichten aus Übereinkünften, die vor dem 1. Januar 1958 oder, im Falle später beigetretener Staaten, vor dem Zeitpunkt ihres Beitritts zwischen einem oder mehreren Mitgliedstaaten einerseits und einem oder mehreren dritten Ländern andererseits geschlossen wurden, werden durch die Verträge nicht berührt.

[2] [1] Soweit diese Übereinkünfte mit den Verträgen nicht vereinbar sind, wenden der oder die betreffenden Mitgliedstaaten alle geeigneten Mittel an, um die festgestellten Unvereinbarkeiten zu beheben. [2] Erforderlichenfalls leisten

die Mitgliedstaaten zu diesem Zweck einander Hilfe; sie nehmen gegebenenfalls eine gemeinsame Haltung ein.

[3] Bei Anwendung der in Absatz 1 bezeichneten Übereinkünfte tragen die Mitgliedstaaten dem Umstand Rechnung, dass die in den Verträgen von jedem Mitgliedstaat gewährten Vorteile Bestandteil der Errichtung der Union sind und daher in untrennbarem Zusammenhang stehen mit der Schaffung gemeinsamer Organe, der Übertragung von Zuständigkeiten auf diese und der Gewährung der gleichen Vorteile durch alle anderen Mitgliedstaaten.

Art. 352 [Kompetenzergänzungsklausel] (1) [1] Erscheint ein Tätigwerden der Union im Rahmen der in den Verträgen festgelegten Politikbereiche erforderlich, um eines der Ziele der Verträge zu verwirklichen, und sind in den Verträgen die hierfür erforderlichen Befugnisse nicht vorgesehen, so erlässt der Rat einstimmig auf Vorschlag der Kommission und nach Zustimmung des Europäischen Parlaments die geeigneten Vorschriften. [2] Werden diese Vorschriften vom Rat gemäß einem besonderen Gesetzgebungsverfahren erlassen, so beschließt er ebenfalls einstimmig auf Vorschlag der Kommission und nach Zustimmung des Europäischen Parlaments.

(2) Die Kommission macht die nationalen Parlamente im Rahmen des Verfahrens zur Kontrolle der Einhaltung des Subsidiaritätsprinzips nach Artikel 5 Absatz 3 des Vertrags über die Europäische Union[1)] auf die Vorschläge aufmerksam, die sich auf diesen Artikel stützen.

(3) Die auf diesem Artikel beruhenden Maßnahmen dürfen keine Harmonisierung der Rechtsvorschriften der Mitgliedstaaten in den Fällen beinhalten, in denen die Verträge eine solche Harmonisierung ausschließen.

(4) Dieser Artikel kann nicht als Grundlage für die Verwirklichung von Zielen der Gemeinsamen Außen- und Sicherheitspolitik dienen, und Rechtsakte, die nach diesem Artikel erlassen werden, müssen innerhalb der in Artikel 40 Absatz 2 des Vertrags über die Europäische Union festgelegten Grenzen bleiben.

Art. 353 [Änderung der Einstimmigkeit] Artikel 48 Absatz 7 des Vertrags über die Europäische Union[1)] findet keine Anwendung auf die folgenden Artikel:

– Artikel 311 Absätze 3 und 4,

– Artikel 312 Absatz 2 Unterabsatz 1,

– Artikel 352 und

– Artikel 354.

Art. 354 [Stimmrechtsaussetzung] *[1]* [1] Für die Zwecke des Artikels 7 des Vertrags über die Europäische Union[1)] über die Aussetzung bestimmter mit der Zugehörigkeit zur Union verbundener Rechte ist das Mitglied des Europäischen Rates oder des Rates, das den betroffenen Mitgliedstaat vertritt, nicht stimmberechtigt und der betreffende Mitgliedstaat wird bei der Berechnung des Drittels oder der vier Fünftel der Mitgliedstaaten nach den Absätzen 1 und 2 des genannten Artikels nicht berücksichtigt. [2] Die Stimmenthaltung von anwe-

---

[1)] Nr. **1**.

senden oder vertretenen Mitgliedern steht dem Erlass von Beschlüssen nach Absatz 2 des genannten Artikels nicht entgegen.

[2] Für den Erlass von Beschlüssen nach Artikel 7 Absätze 3 und 4 des Vertrags über die Europäische Union bestimmt sich die qualifizierte Mehrheit nach Artikel 238 Absatz 3 Buchstabe b dieses Vertrags.

[3] Beschließt der Rat nach dem Erlass eines Beschlusses über die Aussetzung der Stimmrechte nach Artikel 7 Absatz 3 des Vertrags über die Europäische Union auf der Grundlage einer Bestimmung der Verträge mit qualifizierter Mehrheit, so bestimmt sich die qualifizierte Mehrheit hierfür nach Artikel 238 Absatz 3 Buchstabe b dieses Vertrags oder, wenn der Rat auf Vorschlag der Kommission oder des Hohen Vertreters der Union für die Außen- und Sicherheitspolitik handelt, nach Artikel 238 Absatz 3 Buchstabe a.

[4] Für die Zwecke des Artikels 7 des Vertrags über die Europäische Union beschließt das Europäische Parlament mit der Mehrheit von zwei Dritteln der abgegebenen Stimmen und mit der Mehrheit seiner Mitglieder.

Art. 355 [Geltungsbereich der Verträge; Sonderfälle] Zusätzlich zu den Bestimmungen des Artikels 52 des Vertrags über die Europäische Union[1] über den räumlichen Geltungsbereich der Verträge gelten folgende Bestimmungen:

(1) Die Verträge gelten nach Artikel 349 für Guadeloupe, Französisch-Guayana, Martinique, Mayotte, Réunion, Saint-Martin, die Azoren, Madeira und die Kanarischen Inseln.

(2) *[1]* Für die in Anhang II aufgeführten überseeischen Länder und Hoheitsgebiete gilt das besondere Assoziierungssystem, das im Vierten Teil festgelegt ist.

[2] Die Verträge finden keine Anwendung auf die überseeischen Länder und Hoheitsgebiete, die besondere Beziehungen zum Vereinigten Königreich Großbritannien und Nordirland[2] unterhalten und die in dem genannten Anhang nicht aufgeführt sind.

(3) Die Verträge finden auf die europäischen Hoheitsgebiete Anwendung, deren auswärtige Beziehungen ein Mitgliedstaat wahrnimmt.

(4) Die Verträge finden entsprechend den Bestimmungen des Protokolls Nr. 2 zur Akte über die Bedingungen des Beitritts der Republik Österreich, der Republik Finnland und des Königsreichs Schweden auf die Ålandinseln Anwendung.

(5) Abweichend von Artikel 52 des Vertrags über die Europäische Union und von den Absätzen 1 bis 4 dieses Artikels gilt:

a) Die Verträge finden auf die Färöer keine Anwendung.

b) Die Verträge finden auf die Hoheitszonen des Vereinigten Königreichs[2] auf Zypern, Akrotiri und Dhekelia, nur insoweit Anwendung, als dies erforderlich ist, um die Anwendung der Regelungen des Protokolls über die Hoheitszonen des Vereinigten Königreichs Großbritannien und Nordirland in Zypern, das der Akte über die Bedingungen des Beitritts der Tschechischen Republik, der Republik Estland, der Republik Zypern, der Republik Lett-

---

[1] Nr. **1**.

[2] Seit dem 1.2.2020 ist das Vereinigte Königreich aus der Europäischen Union ausgetreten und ist seitdem ein Drittland (Nicht-EU-Land).

land, der Republik Litauen, der Republik Ungarn, der Republik Malta, der Republik Polen, der Republik Slowenien und der Slowakischen Republik zur Europäischen Union beigefügt ist, nach Maßgabe jenes Protokolls sicherzustellen.

c) Die Verträge finden auf die Kanalinseln und die Insel Man nur insoweit Anwendung, als dies erforderlich ist, um die Anwendung der Regelung sicherzustellen, die in dem am 22. Januar 1972 unterzeichneten Vertrag über den Beitritt neuer Mitgliedstaaten zur Europäischen Wirtschaftsgemeinschaft und zur Europäischen Atomgemeinschaft für diese Inseln vorgesehen ist.[1)]

(6) [1] Der Europäische Rat kann auf Initiative des betroffenen Mitgliedstaats einen Beschluss zur Änderung des Status eines in den Absätzen 1 und 2 genannten dänischen, französischen oder niederländischen Landes oder Hoheitsgebiets gegenüber der Union erlassen. [2] Der Europäische Rat beschließt einstimmig nach Anhörung der Kommission.

Art. 356 [Geltungsdauer] Dieser Vertrag gilt auf unbegrenzte Zeit.

Art. 357 [Ratifizierung und Inkrafttreten] *[1]* [1] Dieser Vertrag bedarf der Ratifizierung durch die Hohen Vertragsparteien gemäß ihren verfassungsrechtlichen Vorschriften. [2] Die Ratifikationsurkunden werden bei der Regierung der Italienischen Republik hinterlegt.

[2] [1] Dieser Vertrag tritt am ersten Tag des auf die Hinterlegung der letzten Ratifikationsurkunde folgenden Monats in Kraft. [2] Findet diese Hinterlegung weniger als fünfzehn Tage vor Beginn des folgenden Monats statt, so tritt der Vertrag am ersten Tag des zweiten Monats nach dieser Hinterlegung in Kraft.

Art. 358 [Verbindlicher Wortlaut; Hinterlegung] Die Bestimmungen des Artikels 55 des Vertrags über die Europäische Union[2)] sind auf diesen Vertrag anwendbar.

ZU URKUND DESSEN haben die unterzeichnenden Bevollmächtigten ihre Unterschriften unter diesen Vertrag gesetzt.

Geschehen zu Rom am fünfundzwanzigsten März neunzehnhundertsiebenundfünfzig.

(Aufzählung der Unterzeichner nicht wiedergegeben)

[1)] Mit dem Austritt des Vereinigten Königreichs aus der Europäischen Union zum 1.2.2020 finden die Verträge auf die Kanalinseln und die Insel Man keine Anwendung mehr.

[2)] Nr. **1**.

Anhänge

Anhang I. Listen zu Artikel 38 des Vertrags

–1– Nummer des Brüsseler Zolltarifschemas		–2– Warenbezeichnung
Kapitel 1		Lebende Tiere
Kapitel 2		Fleisch und genießbarer Schlachtabfall
Kapitel 3		Fische, Krebstiere und Weichtiere
Kapitel 4		Milch und Milcherzeugnisse, Vogeleier; natürlicher Honig
Kapitel 5		
	05.04	Därme, Blasen und Mägen von anderen Tieren als Fischen, ganz oder geteilt
	05.15	Waren tierischen Ursprungs, anderweit weder genannt noch inbegriffen; nicht lebende Tiere des Kapitels 1 oder 3, ungenießbar
Kapitel 6		Lebende Pflanzen und Waren des Blumenhandels
Kapitel 7		Gemüse, Pflanzen, Wurzeln und Knollen, die zu Ernährungszwecken verwendet werden
Kapitel 8		Genießbare Früchte, Schalen von Zitrusfrüchten oder von Melonen
Kapitel 9		Kaffee, Tee und Gewürze, ausgenommen Mate (Position 09.03)
Kapitel 10		Getreide
Kapitel 11		Müllereierzeugnisse, Malz; Stärke; Kleber, Inullin
Kapitel 12		Ölsaaten und ölhaltige Früchte; verschiedene Samen und Früchte; Pflanzen zum Gewerbe- oder Heilgebrauch, Stroh und Futter
Kapitel 13		
	ex 13.03	Pektin
Kapitel 15		
	15.01	Schweineschmalz; Geflügelfett, ausgepreßt oder ausgeschmolzen
	15.02	Talg von Rindern, Schafen oder Ziegen, roh oder ausgeschmolzen, einschließlich Premier Jus
	15.03	Schmalzstearin; Oleostearin; Schmalzöl, Oleomargarine und Talgöl, weder emulgiert, vermischt noch anders verarbeitet
	15.04	Fette und Öle von Fischen oder Meeressäugetieren, auch raffiniert
	15.07	Fette pflanzliche Öle, flüssig oder fest, roh, gereinigt oder raffiniert
	15.12	Tierische und pflanzliche Fette und Öle, gehärtete, auch raffiniert, jedoch nicht weiter verarbeitet
	15.13	Margarine, Kunstspeisefett und andere genießbare verarbeitete Fette
	15.17	Rückstände aus der Verarbeitung von Fettstoffen oder von tierischen oder pflanzlichen Wachsen
Kapitel 16		Zubereitungen von Fleisch, Fischen, Krebstieren und Weichtieren

	–1– Nummer des Brüsseler Zolltarifschemas	–2– Warenbezeichnung
Kapitel 17		
	17.01	Rüben- und Rohrzucker
	17.02	Andere Zucker; Sirupe; Kunsthonig, auch mit natürlichem Honig vermischt; Zucker und Melassen, karamellisiert
	17.03	Melassen, auch entfärbt
	17.05(*)	Zucker, Sirupe und Melassen, aromatisiert und gefärbt (einschließlich Vanille- und Vanillinzucker), ausgenommen Fruchtsäfte mit beliebigem Zusatz von Zucker
Kapitel 18		
	18.01	Kakaobohnen, auch Bruch, roh oder geröstet
	18.02	Kakaoschalen, Kakaohäutchen und anderer Kakaoabfall
Kapitel 20		Zubereitungen von Gemüse, Küchenkräutern, Früchten und anderen Pflanzen oder Pflanzenteilen
Kapitel 22		
	22.04	Traubenmost, teilweise vergoren, auch ohne Alkohol stummgemacht
	22.05	Wein aus frischen Weintrauben; mit Alkohol stummgemachter Most aus frischen Weintrauben
	22.07	Apfelwein, Birnenwein, Met und andere gegorene Getränke
	ex 22.08(*) ex 22.09(*)	Ätylalkohol und Sprit, vergällt und unvergällt mit einem beliebigen Ätylalkoholgehalt, hergestellt aus landwirtschaftlichen Erzeugnissen, die in Anhang I aufgeführt sind (ausgenommen Brandwein, Likör und andere alkoholische Getränke, zusammengesetzte alkoholische Zubereitungen – Essenzen – zur Herstellung von Getränken)
	ex 22.10(*)	Speiseessig
Kapitel 23		Rückstände und Abfälle der Lebensmittelindustrie; zubereitetes Futter
Kapitel 24		
	24.01	Tabak, unverarbeitet; Tabakabfälle
Kapitel 45		
	45.01	Naturkork, unbearbeitet, und Korkabfälle; Korkschrot, Korkmehl
Kapitel 54		
	54.01	Flachs, roh, geröstet, geschwungen, gehechelt oder anders bearbeitet, jedoch nicht versponnen; Werg und Abfälle (einschließlich Reißspinnstoff)
Kapitel 57		
	57.01	Hanf (Cannabis sativa), roh, geröstet, geschwungen, gehechelt oder anders bearbeitet, jedoch nicht versponnen; Werg und Abfälle (einschließlich Reißspinnstoff)

(*) **Amtl. Anm.:** Position eingefügt gemäß Artikel 1 der Verordnung Nr. 7a des Rates der Europäischen Wirtschaftsgemeinschaft vom 18.12.1959 (ABl. 7 vom 30.1.1961, S. 71/61).

Anhang II. Überseeische Länder und Hoheitsgebiete, auf welche der vierte Teil des Vertrags Anwendung findet

- Grönland,
- Neukaledonien und Nebengebiete,
- Französisch–Polynesien,
- Französische Süd- und Antarktisgebiete,
- Wallis und Futuna,
- St. Pierre und Miquelon,
- Saint-Barthélemy,
- Aruba,
- Niederländische Antillen:
  - Bonaire,
  - Curacao,
  - Saba,
  - Sint Eustatius,
  - Sint Maarten,
- Anguilla,
- Kaimaninseln,
- Falklandinseln,
- Südgeorgien und südliche Sandwichinseln,
- Montserrat,
- Pitcairn,
- St. Helena und Nebengebiete,
- Britisches Antarktis-Territorium,
- Britisches Territorium im Indischen Ozean,
- Turks- und Caicosinseln,
- Britische Jungferninseln,
- Bermuda.

2a. Übereinstimmungstabelle nach Artikel 5 des Vertrags von Lissabon und nach Artikel 12 des Vertrags von Amsterdam[1)]

Vom 13. Dezember 2007

(ABl. C 306 S. 200, ber. ABl. 2008 C 111 S. 56 u. ABl. 2009 C 290 S. 1)

B. Vertrag über die Arbeitsweise der Europäischen Union[2)]

Nummerierung des Vertrags über die Arbeitsweise der Europäischen Union idF von **Lissabon**	Nummerierung des Vertrags zur Gründung der Europäischen Gemeinschaft idF von **Amsterdam**	Nummerierung des Vertrags zur Gründung der Europäischen Gemeinschaft idF von **Maastricht**
Erster Teil – Grundsätze	Erster Teil – Grundsätze	
	Artikel 1 (aufgehoben)	Artikel 1
Artikel 1		
	Artikel 2 (aufgehoben)[*1]	Artikel 2
Titel I – Arten und Bereiche der Zuständigkeit der Union		
Artikel 2		
Artikel 3		
Artikel 4		
Artikel 5		
Artikel 6		
Titel II – Allgemein geltende Bestimmungen		
Artikel 7		
	Artikel 3 Absatz 1 (aufgehoben)[*2]	Artikel 3
Artikel 8	Artikel 3 Absatz 2	Artikel 3 a
Artikel 119	Artikel 4 (umgestellt)	

[1)] Die nachfolgende Tabelle beruht auf den offiziellen Tabellen nach Artikel 5 des Vertrages von Lissabon v. 13.12.2007 (ABl. C 306 S. 1, ber. ABl. 2008 C 111 S. 56, ABl. 2009 C 290 S. 1, ABl. 2010 C 81 S. 1, ABl. 2016 L 150 S. 1) sowie nach Artikel 12 des Vertrages von Amsterdam v. 2.10. 1997 (ABl. C 340 S. 1). Die mittlere Spalte berücksichtigt auch die Änderungen durch den Vertrag von Nizza. Die amtlichen Anmerkungen beziehen sich auf die Fassung der Verträge gemäß den Verträgen von Lissabon oder Amsterdam, in keinem Fall auf die Fassung gemäß dem Vertrag von Maastricht. Soweit die im Vertrag von Lissabon enthaltene Tabelle Hinweise enthält auf Umstellungen, Ersetzungen und Ähnliches, sind, um die Nähe zum jeweiligen Originaltext zu erhalten, die parallelen Nummerierungen aus den Verträgen in der Fassung von Maastricht nicht mit angegeben. In allen diesen Fällen kann aber über die mittlere Spalte der Tabelle, die die Nummerierung der Artikel in der Fassung des Vertrages von Amsterdam beinhaltet, herausgefunden werden, welchem Artikel welche Bestimmung in den Verträgen in der Fassung des Vertrages von Maastricht entspricht.

[2)] Nr. 2.

[*1] **Amtl. Anm.:** Im Wesentlichen ersetzt durch Artikel 3 EUV.

[*2] **Amtl. Anm.:** Im Wesentlichen ersetzt durch die Artikel 3 bis 6 AEUV.

Nummerierung des Vertrags über die Arbeitsweise der Europäischen Union idF von **Lissabon**	Nummerierung des Vertrags zur Gründung der Europäischen Gemeinschaft idF von **Amsterdam**	Nummerierung des Vertrags zur Gründung der Europäischen Gemeinschaft idF von **Maastricht**
	Artikel 5 (ersetzt)*3	Artikel 3 b
Artikel 9		
Artikel 10		
Artikel 11	Artikel 6	Artikel 3 c(*)
Artikel 12	*Artikel 153 Absatz 2 (umgestellt)*	
Artikel 13*4		
	Artikel 7 (aufgehoben)*5	Artikel 4
	Artikel 8 (aufgehoben)*6	Artikel 4 a
	Artikel 9 (aufgehoben)	Artikel 4 b
	Artikel 10 (aufgehoben)*7	Artikel 5
Artikel 326 bis 334	Artikel 11 (ersetzt)*8	Artikel 5 a(*)
Artikel 326 bis 334	Artikel 11a (ersetzt)*8	
Artikel 18	Artikel 12 (umgestellt)	Artikel 6
Artikel 19	Artikel 13 (umgestellt)	Artikel 6 a
–	–	Artikel 7 (aufgehoben)
Artikel 26	Artikel 14 (umgestellt)	Artikel 7 a
–	–	Artikel 7 b (aufgehoben)
Artikel 27	Artikel 15 (umgestellt)	Artikel 7 c
Artikel 14	Artikel 16	Artikel 7 d(*)
Artikel 15	*Artikel 255 (umgestellt)*	
Artikel 16	*Artikel 286 (ersetzt)*	
Artikel 17		
Zweiter Teil – Nichtdiskriminierung und Unionsbürgerschaft	Zweiter Teil – Die Unionsbürgerschaft	
Artikel 18	*Artikel 12 (umgestellt)*	
Artikel 19	*Artikel 13 (umgestellt)*	
Artikel 20	Artikel 17	Artikel 8
Artikel 21	Artikel 18	Artikel 8 a
Artikel 22	Artikel 19	Artikel 8 b
Artikel 23	Artikel 20	Artikel 8 c

*3 **Amtl. Anm.:** Ersetzt durch Artikel 5 EUV.
(*) **Amtl. Anm.:** Neuer Artikel, eingefügt durch den Vertrag von Amsterdam.
*4 **Amtl. Anm.:** Übernahme des verfügenden Teils des Protokolls über das Wohlergehen der Tiere.
*5 **Amtl. Anm.:** Im Wesentlichen ersetzt durch Artikel 13 EUV.
*6 **Amtl. Anm.:** Im Wesentlichen ersetzt durch Artikel 13 EUV und Artikel 282 Absatz 1 AEUV.
*7 **Amtl. Anm.:** Im Wesentlichen ersetzt durch Artikel 4 Absatz 3 EUV.
*8 **Amtl. Anm.:** Auch ersetzt durch Artikel 20 EUV.

Nummerierung des Vertrags über die Arbeitsweise der Europäischen Union idF von **Lissabon**	Nummerierung des Vertrags zur Gründung der Europäischen Gemeinschaft idF von **Amsterdam**	Nummerierung des Vertrags zur Gründung der Europäischen Gemeinschaft idF von **Maastricht**
Artikel 24	Artikel 21	Artikel 8 d
Artikel 25	Artikel 22	Artikel 8 e
Dritter Teil – Die internen Politiken und Maßnahmen der Union	Dritter Teil – Die Politiken der Gemeinschaft	
Titel I – Der Binnenmarkt		
Artikel 26	*Artikel 14 (umgestellt)*	
Artikel 27	*Artikel 15 (umgestellt)*	
Titel II – Der freie Warenverkehr	Titel I – Der freie Warenverkehr	
Artikel 28	Artikel 23	Artikel 9
Artikel 29	Artikel 24	Artikel 10
–	–	Artikel 11 (aufgehoben)
Kapitel 1 – Die Zollunion	Kapitel 1 – Die Zollunion	
Artikel 30	Artikel 25	Artikel 12
–	–	Artikel 13 (aufgehoben)
–	–	Artikel 14 (aufgehoben)
–	–	Artikel 15 (aufgehoben)
–	–	Artikel 16 (aufgehoben)
–	–	Artikel 17 (aufgehoben)
–	–	Artikel 18 (aufgehoben)
–	–	Artikel 19 (aufgehoben)
–	–	Artikel 20 (aufgehoben)
–	–	Artikel 21 (aufgehoben)
–	–	Artikel 22 (aufgehoben)
–	–	Artikel 23 (aufgehoben)
–	–	Artikel 24 (aufgehoben)
–	–	Artikel 25 (aufgehoben)
–	–	Artikel 26 (aufgehoben)
–	–	Artikel 27 (aufgehoben)
Artikel 31	Artikel 26	Artikel 28
Artikel 32	Artikel 27	Artikel 29
Kapitel 2 – Die Zusammenarbeit im Zollwesen	*Dritter Teil Titel X, Zusammenarbeit im Zollwesen (umgestellt)*	
Artikel 33	*Artikel 135 (umgestellt)*	

Nummerierung des Vertrags über die Arbeitsweise der Europäischen Union idF von **Lissabon**	Nummerierung des Vertrags zur Gründung der Europäischen Gemeinschaft idF von **Amsterdam**	Nummerierung des Vertrags zur Gründung der Europäischen Gemeinschaft idF von **Maastricht**
Kapitel 3 – Verbot von mengenmäßigen Beschränkungen zwischen den Mitgliedstaaten	Kapitel 2 – Verbot von mengenmäßigen Beschränkungen zwischen den Mitgliedstaaten	
Artikel 34	Artikel 28	Artikel 30
–	–	Artikel 31 (aufgehoben)
–	–	Artikel 32 (aufgehoben)
–	–	Artikel 33 (aufgehoben)
Artikel 35	Artikel 29	Artikel 34
–	–	Artikel 35 (aufgehoben)
Artikel 36	Artikel 30	Artikel 36
Artikel 37	Artikel 31	Artikel 37
Titel III – Die Landwirtschaft und die Fischerei	Titel II – Die Landwirtschaft	
Artikel 38	Artikel 32	Artikel 38
Artikel 39	Artikel 33	Artikel 39
Artikel 40	Artikel 34	Artikel 40
Artikel 41	Artikel 35	Artikel 41
Artikel 42	Artikel 36	Artikel 42
Artikel 43	Artikel 37	Artikel 43
–	–	Artikel 44 (aufgehoben)
–	–	Artikel 45 (aufgehoben)
Artikel 44	Artikel 38	Artikel 46
–	–	Artikel 47 (aufgehoben)
Titel IV – Die Freizügigkeit, der freie Dienstleistungs- und Kapitalverkehr	Titel III – Die Freizügigkeit, der freie Dienstleistungs- und Kapitalverkehr	
Kapitel 1 – Die Arbeitskräfte	Kapitel 1 – Die Arbeitskräfte	
Artikel 45	Artikel 39	Artikel 48
Artikel 46	Artikel 40	Artikel 49
Artikel 47	Artikel 41	Artikel 50
Artikel 48	Artikel 42	Artikel 51
Kapitel 2 – Das Niederlassungsrecht	Kapitel 2 – Das Niederlassungsrecht	
Artikel 49	Artikel 43	Artikel 52
		Artikel 53 (aufgehoben)
Artikel 50	Artikel 44	Artikel 54
Artikel 51	Artikel 45	Artikel 55

Nummerierung des Vertrags über die Arbeitsweise der Europäischen Union idF von **Lissabon**	Nummerierung des Vertrags zur Gründung der Europäischen Gemeinschaft idF von **Amsterdam**	Nummerierung des Vertrags zur Gründung der Europäischen Gemeinschaft idF von **Maastricht**
Artikel 52	Artikel 46	Artikel 56
Artikel 53	Artikel 47	Artikel 57
Artikel 54	Artikel 48	Artikel 58
Artikel 55	*Artikel 294 (umgestellt)*	
Kapitel 3 – Dienstleistungen	Kapitel 3 – Dienstleistungen	
Artikel 56	Artikel 49	Artikel 59
Artikel 57	Artikel 50	Artikel 60
Artikel 58	Artikel 51	Artikel 61
–	–	Artikel 62 (aufgehoben)
Artikel 59	Artikel 52	Artikel 63
Artikel 60	Artikel 53	Artikel 64
Artikel 61	Artikel 54	Artikel 65
Artikel 62	Artikel 55	Artikel 66
Kapitel 4 – Der Kapital- und Zahlungsverkehr	Kapitel 4 – Der Kapital- und Zahlungsverkehr	
–	–	Artikel 67 (aufgehoben)
–	–	Artikel 68 (aufgehoben)
–	–	Artikel 69 (aufgehoben)
–	–	Artikel 70 (aufgehoben)
–	–	Artikel 71 (aufgehoben)
–	–	Artikel 72 (aufgehoben)
–	–	Artikel 73 (aufgehoben)
–	–	Artikel 73 a (aufgehoben)
Artikel 63	Artikel 56	Artikel 73 b
Artikel 64	Artikel 57	Artikel 73 c
Artikel 65	Artikel 58	Artikel 73 d
–	–	Artikel 73 e (aufgehoben)
Artikel 66	Artikel 59	Artikel 73 f
Artikel 75	Artikel 60 (umgestellt)	Artikel 73 g
–	–	Artikel 73 h (aufgehoben)
	Titel IV	Titel IIIa(**)
	Artikel 61	Artikel 73 i(*)
	Artikel 62	Artikel 73 j(*)

(**) **Amtl. Anm.:** Neuer Titel, eingefügt durch den Vertrag von Amsterdam.
(*) **Amtl. Anm.:** Neuer Artikel, eingefügt durch den Vertrag von Amsterdam.

Nummerierung des Vertrags über die Arbeitsweise der Europäischen Union idF von **Lissabon**	Nummerierung des Vertrags zur Gründung der Europäischen Gemeinschaft idF von **Amsterdam**	Nummerierung des Vertrags zur Gründung der Europäischen Gemeinschaft idF von **Maastricht**
	Artikel 63	Artikel 73 k(*)
	Artikel 64	Artikel 73 l(*)
	Artikel 65	Artikel 73 m(*)
	Artikel 66	Artikel 73 n(*)
	Artikel 67	Artikel 73 o(*)
	Artikel 68	Artikel 73 p(*)
	Artikel 69	Artikel 73 q(*)
	Titel V – Der Raum der Freiheit, der Sicherheit und des Rechts	Titel IV – Visa, Asyl, Einwanderung und andere Politiken betreffend den freien Personenverkehr
Kapitel 1 – Allgemeine Bestimmungen		
Artikel 67*9	Artikel 61	
Artikel 68		
Artikel 69		
Artikel 70		
Artikel 71*10		
Artikel 72*11	*Artikel 64 Absatz 1 (ersetzt)*	
Artikel 73		
Artikel 74	*Artikel 66 (ersetzt)*	
Artikel 75	*Artikel 60 (umgestellt)*	
Artikel 76		
Kapitel 2 – Politik im Bereich Grenzkontrollen, Asyl und Einwanderung		
Artikel 77	Artikel 62	
Artikel 78	Artikel 63 Nummern 1 und 2 und Artikel 64 Absatz 2*12	
Artikel 79	Artikel 63 Nummern 3 und 4	
Artikel 80		
Artikel 72	Artikel 64 Absatz 1 (ersetzt)	

(*) **Amtl. Anm.:** Neuer Artikel, eingefügt durch den Vertrag von Amsterdam.
*9 **Amtl. Anm.:** Ersetzt auch Artikel 29 des bisherigen EUV.
*10 **Amtl. Anm.:** Ersetzt auch Artikel 36 des bisherigen EUV.
*11 **Amtl. Anm.:** Ersetzt auch Artikel 33 des bisherigen EUV.
*12 **Amtl. Anm.:** Artikel 63 Nummern 1 und 2 EGV wird durch Artikel 63 Absätze 1 und 2 AEUV (jetzt 78) und Artikel 64 Absatz 2 wird durch Artikel 63 Absatz 3 AEUV (jetzt 78) ersetzt.

Nummerierung des Vertrags über die Arbeitsweise der Europäischen Union idF von **Lissabon**	Nummerierung des Vertrags zur Gründung der Europäischen Gemeinschaft idF von **Amsterdam**	Nummerierung des Vertrags zur Gründung der Europäischen Gemeinschaft idF von **Maastricht**
Kapitel 3 – Justizielle Zusammenarbeit in Zivilsachen		
Artikel 81	Artikel 65	
Artikel 74	Artikel 66 (ersetzt)	
	Artikel 67 (aufgehoben)	
	Artikel 68 (aufgehoben)	
	Artikel 69 (aufgehoben)	
Kapitel 4 – Justizielle Zusammenarbeit in Strafsachen		
Artikel 82*[13]		
Artikel 83*[13]		
Artikel 84		
Artikel 85*[13]		
Artikel 86		
Kapitel 5 – Polizeiliche Zusammenarbeit		
Artikel 87*[14]		
Artikel 88*[14]		
Artikel 89*[15]		
Titel VI – Der Verkehr	Titel V – Der Verkehr	Titel IV
Artikel 90	Artikel 70	Artikel 74
Artikel 91	Artikel 71	Artikel 75
Artikel 92	Artikel 72	Artikel 76
Artikel 93	Artikel 73	Artikel 77
Artikel 94	Artikel 74	Artikel 78
Artikel 95	Artikel 75	Artikel 79
Artikel 96	Artikel 76	Artikel 80
Artikel 97	Artikel 77	Artikel 81
Artikel 98	Artikel 78	Artikel 82
Artikel 99	Artikel 79	Artikel 83
Artikel 100	Artikel 80	Artikel 84

*[13] **Amtl. Anm.:** Ersetzt Artikel 31 des bisherigen EUV.
*[14] **Amtl. Anm.:** Ersetzt Artikel 30 des bisherigen EUV.
*[15] **Amtl. Anm.:** Ersetzt Artikel 32 des bisherigen EUV.

Nummerierung des Vertrags über die Arbeitsweise der Europäischen Union idF von **Lissabon**	Nummerierung des Vertrags zur Gründung der Europäischen Gemeinschaft idF von **Amsterdam**	Nummerierung des Vertrags zur Gründung der Europäischen Gemeinschaft idF von **Maastricht**
Titel VII – Gemeinsame Regeln betreffend Wettbewerb, Steuerfragen und Angleichung der Rechtsvorschriften	Titel VI – Gemeinsame Regeln betreffend Wettbewerb, Steuerfragen und Angleichung der Rechtsvorschriften	Titel V
Kapitel 1 – Wettbewerbsregeln	Kapitel 1 – Wettbewerbsregeln	Kapitel 1
Abschnitt 1 – Vorschriften für Unternehmen	Abschnitt 1 – Vorschriften für Unternehmen	Abschnitt 1
Artikel 101	Artikel 81	Artikel 85
Artikel 102	Artikel 82	Artikel 86
Artikel 103	Artikel 83	Artikel 87
Artikel 104	Artikel 84	Artikel 88
Artikel 105	Artikel 85	Artikel 89
Artikel 106	Artikel 86	Artikel 90
Abschnitt 2 – Staatliche Beihilfen	Abschnitt 2 – Staatliche Beihilfen	
Artikel 107	Artikel 87	
Artikel 108	Artikel 88	
Artikel 109	Artikel 89	
	Abschnitt 2	Abschnitt 3
	Artikel 87	Artikel 92
	Artikel 88	Artikel 93
	Artikel 89	Artikel 94
Kapitel 2 – Steuerliche Vorschriften	Kapitel 2 – Steuerliche Vorschriften	Kapitel 2
Artikel 110	Artikel 90	Artikel 95
Artikel 111	Artikel 91	Artikel 96
–	–	Artikel 97 (aufgehoben)
Artikel 112	Artikel 92	Artikel 98
Artikel 113	Artikel 93	Artikel 99
Kapitel 3 – Angleichung der Rechtsvorschriften	Kapitel 3 – Angleichung der Rechtsvorschriften	Kapitel 3
Artikel 114	*Artikel 95 (umgestellt)*	Artikel 100 a
Artikel 115	*Artikel 94 (umgestellt)*	Artikel 100
–	–	Artikel 100 b (aufgehoben)
–	–	Artikel 100 c (aufgehoben)
–	–	Artikel 100 d (aufgehoben)
Artikel 116	Artikel 96	Artikel 101
Artikel 117	Artikel 97	Artikel 102

Nummerierung des Vertrags über die Arbeitsweise der Europäischen Union idF von **Lissabon**	Nummerierung des Vertrags zur Gründung der Europäischen Gemeinschaft idF von **Amsterdam**	Nummerierung des Vertrags zur Gründung der Europäischen Gemeinschaft idF von **Maastricht**
Artikel 118		
Titel VIII – Die Wirtschafts- und Währungspolitik	Titel VII – Die Wirtschafts- und Währungspolitik	Titel VI
Artikel 119	*Artikel 4 (umgestellt)*	
Kapitel 1 – Die Wirtschaftspolitik	Kapitel 1 – Die Wirtschaftspolitik	Kapitel 1
Artikel 120	Artikel 98	Artikel 102 a
Artikel 121	Artikel 99	Artikel 103
Artikel 122	Artikel 100	Artikel 103 a
Artikel 123	Artikel 101	Artikel 104
Artikel 124	Artikel 102	Artikel 104 a
Artikel 125	Artikel 103	Artikel 104 b
Artikel 126	Artikel 104	Artikel 104 c
Kapitel 2 – Die Währungspolitik	Kapitel 2 – Die Währungspolitik	Kapitel 2
Artikel 127	Artikel 105	Artikel 105
Artikel 128	Artikel 106	Artikel 105 a
Artikel 129	Artikel 107	Artikel 106
Artikel 130	Artikel 108	Artikel 107
Artikel 131	Artikel 109	Artikel 108
Artikel 132	Artikel 110	Artikel 108 a
Artikel 219	Artikel 111 Absätze 1 bis 3 und 5 (umgestellt)	Artikel 109
Artikel 138	Artikel 111 Absatz 4 (umgestellt)	
Artikel 133		
Kapitel 3 – Institutionelle Bestimmungen	Kapitel 3 – Institutionelle Bestimmungen	Kapitel 3
Artikel 283	Artikel 112 (umgestellt)	Artikel 109 a
Artikel 284	Artikel 113 (umgestellt)	Artikel 109 b
Artikel 134	Artikel 114	Artikel 109 c
Artikel 135	Artikel 115	Artikel 109 d
Kapitel 4 – Besondere Bestimmungen für die Mitgliedstaaten, deren Währung der Euro ist		
Artikel 136		
Artikel 137		
Artikel 138	*Artikel 111 Absatz 4 (umgestellt)*	

Nummerierung des Vertrags über die Arbeitsweise der Europäischen Union idF von **Lissabon**	Nummerierung des Vertrags zur Gründung der Europäischen Gemeinschaft idF von **Amsterdam**	Nummerierung des Vertrags zur Gründung der Europäischen Gemeinschaft idF von **Maastricht**
Kapitel 5 – Übergangsbestimmungen	Kapitel 4 – Übergangsbestimmungen	Kapitel 4
	Artikel 116 (aufgehoben)	Artikel 109 e
Artikel 139		
	Artikel 117 Absätze 1, 2 sechster Gedankenstrich und 3 bis 9 (aufgehoben)	
Artikel 141 Absatz 2	Artikel 117 Absatz 2 erste fünf Gedankenstriche (umgestellt)	Artikel 109 f
	Artikel 140	*Artikel 121 Absatz 1 (umgestellt)**16 *Artikel 122 Absatz 2 Satz 2 (umgestellt)**17 *Artikel 123 Absatz 5 (umgestellt)**18
Artikel 118 (aufgehoben)	Artikel 109 g	
Artikel 141	*Artikel 123 Absatz 3 (umgestellt)**19 *Artikel 117 Absatz 2 erste fünf Gedankenstriche (umgestellt)**20	
Artikel 142	*Artikel 124 Absatz 1 (umgestellt)*	
Artikel 143	Artikel 119	Artikel 109 h
Artikel 144	Artikel 120	Artikel 109 i
Artikel 140 Absatz 1	Artikel 121 Absatz 1 (umgestellt)	
	Artikel 121 Absätze 2 bis 4 (aufgehoben)	Artikel 109 j
	Artikel 122 Absätze 1, 2 Satz 1, Absätze 3, 4, 5 und 6 (aufgehoben)	
Artikel 140 Absatz 2 Unterabsatz 1	Artikel 122 Absatz 2 Satz 2 (umgestellt)	Artikel 109 k
	Artikel 123 Absätze 1, 2 und 4 (aufgehoben)	
Artikel 141 Absatz 1	Artikel 123 Absatz 3 (umgestellt)	Artikel 109 l
Artikel 140 Absatz 3	Artikel 123 Absatz 5 (umgestellt)	

*16 **Amtl. Anm.:** Artikel 140 Absatz 1 übernimmt den Wortlaut des Artikels 121 Absatz 1.
*17 **Amtl. Anm.:** Artikel 140 Absatz 2 übernimmt den Wortlaut des Artikels 122 Absatz 2 Satz 2.
*18 **Amtl. Anm.:** Artikel 140 Absatz 3 übernimmt den Wortlaut des Artikels 123 Absatz 5.
*19 **Amtl. Anm.:** Artikel 141 Absatz 1 übernimmt den Wortlaut des Artikels 123 Absatz 3.
*20 **Amtl. Anm.:** Artikel 141 Absatz 2 übernimmt den Wortlaut der fünf ersten Gedankenstriche des Artikels 117 Absatz 2.

Nummerierung des Vertrags über die Arbeitsweise der Europäischen Union idF von **Lissabon**	Nummerierung des Vertrags zur Gründung der Europäischen Gemeinschaft idF von **Amsterdam**	Nummerierung des Vertrags zur Gründung der Europäischen Gemeinschaft idF von **Maastricht**
Artikel 142	Artikel 124 Absatz 1 (umgestellt)	Artikel 109 m
	Artikel 124 Absatz 2 (aufgehoben)	
Titel IX – Beschäftigung	Titel VIII – Beschäftigung	Titel VIa(**)
Artikel 145	Artikel 125	Artikel 109 n(*)
Artikel 146	Artikel 126	Artikel 109 o(*)
Artikel 147	Artikel 127	Artikel 109 p(*)
Artikel 148	Artikel 128	Artikel 109 q(*)
Artikel 149	Artikel 129	Artikel 109 r(*)
Artikel 150	Artikel 130	Artikel 109 s(*)
Fünfter Teil Titel II, Gemeinsame Handelspolitik	Titel IX – Gemeinsame Handelspolitik (umgestellt)	
Artikel 206	Artikel 131 (umgestellt)	Artikel 110
–	–	Artikel 111 (aufgehoben)
	Artikel 132 (aufgehoben)	Artikel 112
Artikel 207	Artikel 133 (umgestellt)	Artikel 113
–	–	Artikel 114 (aufgehoben)
	Artikel 134 (aufgehoben)	Artikel 115
Dritter Teil Titel II Kapitel 2, Zusammenarbeit im Zollwesen	Titel X – Zusammenarbeit im Zollwesen (umgestellt)	
Artikel 33	Artikel 135 (umgestellt)	
Titel X – Sozialpolitik	Titel XI – Sozialpolitik, allgemeine und berufliche Bildung und Jugend	Titel VIII
	Kapitel 1 – Sozialvorschriften (aufgehoben)	Kapitel 1(***)
Artikel 151	Artikel 136	Artikel 117
Artikel 152		
Artikel 153	Artikel 137	Artikel 118
Artikel 154	Artikel 138	Artikel 118 a
Artikel 155	Artikel 139	Artikel 118 b
Artikel 156	Artikel 140	Artikel 118 c
Artikel 157	Artikel 141	Artikel 119
Artikel 158	Artikel 142	Artikel 119 a

(**) **Amtl. Anm.:** Neuer Titel, eingefügt durch den Vertrag von Amsterdam.
(*) **Amtl. Anm.:** Neuer Artikel, eigefügt durch den Vertrag von Amsterdam.
(***) **Amtl. Anm.:** Kapitel 1, umstrukturiert durh den Vertrag von Amsterdam.

Nummerierung des Vertrags über die Arbeitsweise der Europäischen Union idF von **Lissabon**	Nummerierung des Vertrags zur Gründung der Europäischen Gemeinschaft idF von **Amsterdam**	Nummerierung des Vertrags zur Gründung der Europäischen Gemeinschaft idF von **Maastricht**
Artikel 159	Artikel 143	Artikel 120
Artikel 160	Artikel 144	Artikel 121
Artikel 161	Artikel 145	Artikel 122
Titel XI – Der Europäische Sozialfonds	Kapitel 2 – Der Europäische Sozialfonds	Kapitel 2
Artikel 162	Artikel 146	Artikel 123
Artikel 163	Artikel 147	Artikel 124
Artikel 164	Artikel 148	Artikel 125
Titel XII – Allgemeine und berufliche Bildung, Jugend und Sport	Kapitel 3 – Allgemeine und berufliche Bildung und Jugend	Kapitel 3
Artikel 165	Artikel 149	Artikel 126
Artikel 166	Artikel 150	Artikel 127
Titel XIII – Kultur	Titel XII – Kultur	Titel IX
Artikel 167	Artikel 151	Artikel 128
Titel XIV – Gesundheitswesen	Titel XIII – Gesundheitswesen	Titel X
Artikel 168	Artikel 152	Artikel 129
Titel XV – Verbraucherschutz	Titel XIV – Verbraucherschutz	Titel XI
Artikel 169	Artikel 153, Absätze 1, 3, 4 und 5	Artikel 129 a
Artikel 12	Artikel 153, Absatz 2 (umgestellt)	
Titel XVI – Transeuropäische Netze	Titel XV – Transeuropäische Netze	Titel XII
Artikel 170	Artikel 154	Artikel 129 b
Artikel 171	Artikel 155	Artikel 129 c
Artikel 172	Artikel 156	Artikel 129 d
Titel XVII – Industrie	Titel XVI – Industrie	Titel XIII
Artikel 173	Artikel 157	Artikel 130
Titel XVIII – Wirtschaftlicher, sozialer und territorialer Zusammenhalt	Titel XVII – Wirtschaftlicher und sozialer Zusammenhalt	Titel XIV
Artikel 174	Artikel 158	Artikel 130 a
Artikel 175	Artikel 159	Artikel 130 b
Artikel 176	Artikel 160	Artikel 130 c
Artikel 177	Artikel 161	Artikel 130 d
Artikel 178	Artikel 162	Artikel 130 e

Nummerierung des Vertrags über die Arbeitsweise der Europäischen Union idF von **Lissabon**	Nummerierung des Vertrags zur Gründung der Europäischen Gemeinschaft idF von **Amsterdam**	Nummerierung des Vertrags zur Gründung der Europäischen Gemeinschaft idF von **Maastricht**
Titel XIX – Forschung, technologische Entwicklung und Raumfahrt	Titel XVIII – Forschung und technologische Entwicklung	Titel XV
Artikel 179	Artikel 163	Artikel 130 f
Artikel 180	Artikel 164	Artikel 130 g
Artikel 181	Artikel 165	Artikel 130 h
Artikel 182	Artikel 166	Artikel 130 i
Artikel 183	Artikel 167	Artikel 130 j
Artikel 184	Artikel 168	Artikel 130 k
Artikel 185	Artikel 169	Artikel 130 l
Artikel 186	Artikel 170	Artikel 130 m
Artikel 187	Artikel 171	Artikel 130 n
Artikel 188	Artikel 172	Artikel 130 o
Artikel 189		
Artikel 190	Artikel 173	Artikel 130 p
–	–	Artikel 130 q
Titel XX – Umwelt	Titel XIX – Umwelt	Titel XVI
Artikel 191	Artikel 174	Artikel 130 r
Artikel 192	Artikel 175	Artikel 130 s
Artikel 193	Artikel 176	Artikel 130 t
Titel XXI – Energie		
Artikel 194		
Titel XXII – Tourismus		
Artikel 195		
Titel XXIII – Katastrophenschutz		
Artikel 196		
Titel XXIV – Verwaltungszusammenarbeit		
Artikel 197		
Fünfter Teil Titel III Kapitel 1, Entwicklungszusammenarbeit	Titel XX – Entwicklungszusammenarbeit (umgestellt)	Titel XVII
Artikel 208	Artikel 177 (umgestellt)	Artikel 130 u
	Artikel 178 (aufgehoben)*21	Artikel 130 v
Artikel 209	Artikel 179 (umgestellt)	Artikel 130 w

*21 **Amtl. Anm.:** Im Wesentlichen ersetzt durch Artikel 208 Absatz 1 Unterabsatz 2 Satz 2 AEUV (jetzt 208).

Nummerierung des Vertrags über die Arbeitsweise der Europäischen Union idF von **Lissabon**	Nummerierung des Vertrags zur Gründung der Europäischen Gemeinschaft idF von **Amsterdam**	Nummerierung des Vertrags zur Gründung der Europäischen Gemeinschaft idF von **Maastricht**
Artikel 210	Artikel 180 (umgestellt)	Artikel 130 x
Artikel 211	Artikel 181 (umgestellt)	Artikel 130 y
Fünfter Teil Titel III, Kapitel 2, Wirtschaftliche, finanzielle und technische Zusammenarbeit mit Drittländern	Titel XXI – Wirtschaftliche, finanzielle und technische Zusammenarbeit mit Drittländern (umgestellt)	
Artikel 212	Artikel 181a (umgestellt)	
Vierter Teil – Die Assoziierung der überseeischen Länder und Hoheitsgebiete	Vierter Teil – Die Assoziierung der überseeischen Länder und Hoheitsgebiete	Vierter Teil
Artikel 198	Artikel 182	Artikel 131
Artikel 199	Artikel 183	Artikel 132
Artikel 200	Artikel 184	Artikel 133
Artikel 201	Artikel 185	Artikel 134
Artikel 202	Artikel 186	Artikel 135
Artikel 203	Artikel 187	Artikel 136
Artikel 204	Artikel 188	Artikel 136 a
Fünfter Teil – Das auswärtige Handeln der Union		
Titel I – Allgemeine Bestimmungen über das auswärtige Handeln der Union		
Artikel 205		
Titel II – Gemeinsame Handelspolitik	*Dritter Teil Titel IX, Gemeinsame Handelspolitik (umgestellt)*	
Artikel 206	*Artikel 131 (umgestellt)*	
Artikel 207	*Artikel 133 (umgestellt)*	
Titel III – Zusammenarbeit mit Drittländern und humanitäre Hilfe		
Kapitel 1 – Entwicklungszusammenarbeit	*Dritter Teil Titel XX, Entwicklungszusammenarbeit (umgestellt)*	
Artikel 208[*22]	*Artikel 177 (umgestellt)*	
Artikel 209	*Artikel 179 (umgestellt)*	
Artikel 210	*Artikel 180 (umgestellt)*	
Artikel 211	*Artikel 181 (umgestellt)*	

[*22] **Amtl. Anm.:** Absatz 1 Unterabsatz 2 Satz 2 ersetzt im Wesentlichen Artikel 178 EGV.

Nummerierung des Vertrags über die Arbeitsweise der Europäischen Union idF von **Lissabon**	Nummerierung des Vertrags zur Gründung der Europäischen Gemeinschaft idF von **Amsterdam**	Nummerierung des Vertrags zur Gründung der Europäischen Gemeinschaft idF von **Maastricht**
Kapitel 2 – Wirtschaftliche, finanzielle und technische Zusammenarbeit mit Drittländern	*Dritter Teil Titel XXI, Wirtschaftliche, finanzielle und technische Zusammenarbeit mit Drittländern (umgestellt)*	
Artikel 212	*Artikel 181a (umgestellt)*	
Artikel 213		
Kapitel 3 – Humanitäre Hilfe		
Artikel 214		
Titel IV – Restriktive Maßnahmen		
Artikel 215	*Artikel 301 (ersetzt)*	
Titel V – Internationale Übereinkünfte		
Artikel 216		
Artikel 217	*Artikel 310 (umgestellt)*	
Artikel 218	*Artikel 300 (ersetzt)*	
Artikel 219	*Artikel 111 Absätze 1 bis 3 und 5 (umgestellt)*	
Titel VI – Beziehungen der Union zu internationalen Organisationen und Drittländern sowie Delegationen der Union		
Artikel 220	*Artikel 302 bis 304 (ersetzt)*	
Artikel 221		
Titel VII – Solidaritätsklausel		
Artikel 222		
Sechster Teil – Institutionelle Bestimmungen und Finanzvorschriften	Fünfter Teil – Die Organe der Gemeinschaft	Fünfter Teil
Titel I – Vorschriften über die Organe	Titel I – Vorschriften über die Organe	Titel I
Kapitel 1 – Die Organe	Kapitel 1 – Die Organe	Kapitel 1
Abschnitt 1 – Das Europäische Parlament	Abschnitt 1 – Das Europäische Parlament	Abschnitt 1
	Artikel 189 (aufgehoben)[*23]	Artikel 137
	Artikel 190 Absätze 1 bis 3 (aufgehoben)[*24]	Artikel 138
Artikel 223	Artikel 190 Absätze 4 und 5	

[*23] **Amtl. Anm.:** Im Wesentlichen ersetzt durch Artikel 14 Absätze 1 und 2 EUV.
[*24] **Amtl. Anm.:** Im Wesentlichen ersetzt durch Artikel 14 Absätze 1 bis 3 EUV.

Nummerierung des Vertrags über die Arbeitsweise der Europäischen Union idF von **Lissabon**	Nummerierung des Vertrags zur Gründung der Europäischen Gemeinschaft idF von **Amsterdam**	Nummerierung des Vertrags zur Gründung der Europäischen Gemeinschaft idF von **Maastricht**
	Artikel 191 Absatz 1 (aufgehoben)*25	Artikel 138 a
Artikel 224	Artikel 191 Absatz 2	
	Artikel 192 Absatz 1 (aufgehoben)*26	Artikel 138 b
Artikel 225	Artikel 192 Absatz 2	
Artikel 226	Artikel 193	Artikel 138 c
Artikel 227	Artikel 194	Artikel 1398 d
Artikel 228	Artikel 195	Artikel 138 e
Artikel 229	Artikel 196	Artikel 139
	Artikel 197 Absatz 1 (aufgehoben)*27	Artikel 140
Artikel 230	Artikel 197Absätze 2, 3 und 4	
Artikel 231	Artikel 198	Artikel 141
Artikel 232	Artikel 199	Artikel 142
Artikel 233	Artikel 200	Artikel 143
Artikel 234	Artikel 201	Artikel 144
Abschnitt 2 – Der Europäische Rat		
Artikel 235		
Artikel 236		
Abschnitt 3 – Der Rat	Abschnitt 2 – Der Rat	Abschnitt 2
	Artikel 202 (aufgehoben)*28	Artikel 145
	Artikel 203 (aufgehoben)*29	Artikel 146
Artikel 237	Artikel 204	Artikel 147
	Artikel 205 Absätze 2 und 4 (aufgehoben)*30	Artikel 148
Artikel 238	Artikel 205 Absätze 1 und 3	
–	–	Artikel 140 (aufgehoben)
Artikel 239	Artikel 206	Artikel 150
Artikel 240	Artikel 207	Artikel 151
Artikel 241	Artikel 208	Artikel 152

*25 **Amtl. Anm.:** Im Wesentlichen ersetzt durch Artikel 11 Absatz 4 EUV.
*26 **Amtl. Anm.:** Im Wesentlichen ersetzt durch Artikel 14 Absatz 1 EUV.
*27 **Amtl. Anm.:** Im Wesentlichen ersetzt durch Artikel 14 Absatz 4 EUV.
*28 **Amtl. Anm.:** Im Wesentlichen ersetzt durch Artikel 16 Absatz 1 EUV und die Artikel 290 und 291 AEUV.
*29 **Amtl. Anm.:** Im Wesentlichen ersetzt durch Artikel 16 Absätze 2 und 9 EUV.
*30 **Amtl. Anm.:** Im Wesentlichen ersetzt durch Artikel 16 Absätze 4 und 5 EUV.

Nummerierung des Vertrags über die Arbeitsweise der Europäischen Union idF von **Lissabon**	Nummerierung des Vertrags zur Gründung der Europäischen Gemeinschaft idF von **Amsterdam**	Nummerierung des Vertrags zur Gründung der Europäischen Gemeinschaft idF von **Maastricht**
Artikel 242	Artikel 209	Artikel 153
Artikel 243	Artikel 210	Artikel 154
Abschnitt 4 – Die Kommission	Abschnitt 3 – Die Kommission	Abschnitt 3
	Artikel 211 (aufgehoben)*[31]	Artikel 155
Artikel 244		
Artikel 249 Absatz 2	Artikel 212 (umgestellt)	Artikel 156
Artikel 245	Artikel 213	Artikel 157
	Artikel 214 (aufgehoben)*[32]	Artikel 158
Artikel 246	Artikel 215	Artikel 159
Artikel 247	Artikel 216	Artikel 160
	Artikel 217 Absätze 1, 3 und 4 (aufgehoben)*[33]	Artikel 161
Artikel 248	Artikel 217 Absatz 2	
	Artikel 218 Absatz 1 (aufgehoben)*[34]	Artikel 162
Artikel 249	Artikel 218 Absatz 2	
Artikel 250	Artikel 219	Artikel 163
Abschnitt 5 – Der Gerichtshof der Europäischen Union	Abschnitt 4 – Der Gerichtshof	Abschnitt 4
	Artikel 220 (aufgehoben)*[35]	Artikel 164
	Artikel 221 Absatz 1 (aufgehoben)*[36]	Artikel 165
Artikel 251	Artikel 221 Absätze 2 und 3	
Artikel 252	Artikel 222	Artikel 166
Artikel 253	Artikel 223	Artikel 167
Artikel 254	Artikel 224*[37]	Artikel 168
Artikel 255		
Artikel 256	Artikel 225	Artikel 168 a
Artikel 257	Artikel 225a	
Artikel 258	Artikel 226	Artikel 169
Artikel 259	Artikel 227	Artikel 170

*[31] **Amtl. Anm.:** Im Wesentlichen ersetzt durch Artikel 17 Absatz 1 EUV.
*[32] **Amtl. Anm.:** Im Wesentlichen ersetzt durch Artikel 17 Absätze 3 und 7 EUV.
*[33] **Amtl. Anm.:** Im Wesentlichen ersetzt durch Artikel 17 Absatz 6 EUV.
*[34] **Amtl. Anm.:** Im Wesentlichen ersetzt durch Artikel 295 AEUV.
*[35] **Amtl. Anm.:** Im Wesentlichen ersetzt durch Artikel 19 EUV.
*[36] **Amtl. Anm.:** Im Wesentlichen ersetzt durch Artikel 19 Absatz 2 Unterabsatz 1 EUV.
*[37] **Amtl. Anm.:** Absatz 1 Satz 1 wird im Wesentlichen ersetzt durch Artikel 19 Absatz 2 Unterabsatz 2 EUV.

Nummerierung des Vertrags über die Arbeitsweise der Europäischen Union idF von **Lissabon**	Nummerierung des Vertrags zur Gründung der Europäischen Gemeinschaft idF von **Amsterdam**	Nummerierung des Vertrags zur Gründung der Europäischen Gemeinschaft idF von **Maastricht**
Artikel 260	Artikel 228	Artikel 171
Artikel 261	Artikel 229	Artikel 172
Artikel 262	Artikel 229a	
Artikel 263	Artikel 230	Artikel 173
Artikel 264	Artikel 231	Artikel 174
Artikel 265	Artikel 232	Artikel 175
Artikel 266	Artikel 233	Artikel 176
Artikel 267	Artikel 234	Artikel 177
Artikel 268	Artikel 235	Artikel 178
Artikel 269		
Artikel 270	Artikel 236	Artikel 179
Artikel 271	Artikel 237	Artikel 180
Artikel 272	Artikel 238	Artikel 181
Artikel 273	Artikel 239	Artikel 182
Artikel 274	Artikel 240	Artikel 183
Artikel 275		
Artikel 276		
Artikel 277	Artikel 241	Artikel 184
Artikel 278	Artikel 242	Artikel 185
Artikel 279	Artikel 243	Artikel 186
Artikel 280	Artikel 244	Artikel 187
Artikel 281	Artikel 245	Artikel 188
Abschnitt 6 – Die Europäische Zentralbank		
Artikel 282		
Artikel 283	*Artikel 112 (umgestellt)*	
Artikel 284	*Artikel 113 (umgestellt)*	
Abschnitt 7 – Der Rechnungshof	Abschnitt 5 – Der Rechnungshof	Abschnitt 5
Artikel 285	Artikel 246	Artikel 188 a
Artikel 286	Artikel 247	Artikel 188 b
Artikel 287	Artikel 248	Artikel 188 c

Nummerierung des Vertrags über die Arbeitsweise der Europäischen Union idF von **Lissabon**	Nummerierung des Vertrags zur Gründung der Europäischen Gemeinschaft idF von **Amsterdam**	Nummerierung des Vertrags zur Gründung der Europäischen Gemeinschaft idF von **Maastricht**
Kapitel 2 – Rechtsakte der Union, Annahmeverfahren und sonstige Vorschriften	Kapitel 2 – Gemeinsame Vorschriften für mehrere Organe	Kapitel 2
Abschnitt 1 – Die Rechtsakte der Union		
Artikel 288	Artikel 249	Artikel 189
Artikel 289		
Artikel 290*38		
Artikel 291*38		
Artikel 292		
Abschnitt 2 – Annahmeverfahren und sonstige Vorschriften		
Artikel 293	Artikel 250	Artikel 189 a
Artikel 294	Artikel 251	Artikel 189 b
	Artikel 252 (aufgehoben)	Artikel 189 c
Artikel 295		
Artikel 296	Artikel 253	Artikel 190
Artikel 297	Artikel 254	Artikel 191
Artikel 298		
Artikel 15	Artikel 255 (umgestellt)	Artikel 191 a(*)
Artikel 299	Artikel 256	Artikel 192
Kapitel 3 – Die beratenden Einrichtungen der Union		
Artikel 300		
Abschnitt 1 – Der Wirtschafts- und Sozialausschuss	Kapitel 3 – Der Wirtschafts- und Sozialausschuss	Kapitel 3
	Artikel 257 (aufgehoben)*39	Artikel 193
Artikel 301	Artikel 258 Absätze 1, 2 und 4*40	Artikel 194
	Artikel 258 Absatz 3 (aufgehoben)*40	
Artikel 302	Artikel 259	Artikel 195
Artikel 303	Artikel 260	Artikel 196
	Artikel 261 (aufgehoben)	Artikel 197
Artikel 304	Artikel 262	Artikel 198

*38 **Amtl. Anm.:** Ersetzt im Wesentlichen den Artikel 202 dritter Gedankenstrich EGV.
(*) **Amtl. Anm.:** Neuer Artikel, eingefügt durch den Vertrag von Amsterdam.
*39 **Amtl. Anm.:** Im Wesentlichen ersetzt durch Artikel 300 Absatz 2 AEUV.
*40 **Amtl. Anm.:** Im Wesentlichen ersetzt durch Artikel 300 Absatz 4 AEUV.

Nummerierung des Vertrags über die Arbeitsweise der Europäischen Union idF von **Lissabon**	Nummerierung des Vertrags zur Gründung der Europäischen Gemeinschaft idF von **Amsterdam**	Nummerierung des Vertrags zur Gründung der Europäischen Gemeinschaft idF von **Maastricht**
Abschnitt 2 – Der Ausschuss der Regionen	Kapitel 4 – Der Ausschuss der Regionen	Kapitel 4
	Artikel 263 Absätze 1 und 5 (aufgehoben)*[41]	Artikel 198 a
Artikel 305	Artikel 263 Absätze 2 bis 4	
Artikel 306	Artikel 264	Artikel 198 b
Artikel 307	Artikel 265	Artikel 198 c
Kapitel 4 – Die Europäische Investitionsbank	Kapitel 5 – Die Europäische Investitionsbank	Kapitel 5
Artikel 308	Artikel 266	Artikel 198 d
Artikel 309	Artikel 267	Artikel 198 e
Titel II – Finanzvorschriften	Titel II – Finanzvorschriften	Titel II
Artikel 310	Artikel 268	Artikel 199
–	–	Artikel 200 (aufgehoben)
Kapitel 1 – Die Eigenmittel der Union		
Artikel 311	Artikel 269	Artikel 201
	Artikel 270 (aufgehoben)*[42]	Artikel 201 a
Kapitel 2 – Der mehrjährige Finanzrahmen		
Artikel 312		
Kapitel 3 – Der Jahreshaushaltsplan der Union		
Artikel 313	*Artikel 272 Absatz 1 (umgestellt)*	
Artikel 316	Artikel 271 (umgestellt)	Artikel 202
Artikel 313	Artikel 272 Absatz 1 (umgestellt)	Artikel 203
Artikel 314	Artikel 272 Absätze 2 bis 10	
Artikel 315	Artikel 273	Artikel 204
Artikel 316	*Artikel 271 (umgestellt)*	
Kapitel 4 – Ausführung des Haushaltsplans und Entlastung		
Artikel 317	Artikel 274	Artikel 205
Artikel 318	Artikel 275	Artikel 205 a
Artikel 319	Artikel 276	Artikel 206
–	–	Artikel 206 a (aufgehoben)

*[41] **Amtl. Anm.:** Im Wesentlichen ersetzt durch Artikel 300 Absätze 3 und 4 AEUV.
*[42] **Amtl. Anm.:** Im Wesentlichen ersetzt durch Artikel 310 Absatz 4 AEUV.

Nummerierung des Vertrags über die Arbeitsweise der Europäischen Union idF von **Lissabon**	Nummerierung des Vertrags zur Gründung der Europäischen Gemeinschaft idF von **Amsterdam**	Nummerierung des Vertrags zur Gründung der Europäischen Gemeinschaft idF von **Maastricht**
Kapitel 5 – Gemeinsame Bestimmungen		
Artikel 320	Artikel 277	Artikel 207
Artikel 321	Artikel 278	Artikel 208
Artikel 322	Artikel 279	Artikel 209
Artikel 323		
Artikel 324		
Kapitel 6 – Betrugsbekämpfung		
Artikel 325	Artikel 280	Artikel 209 a
Titel III – Verstärkte Zusammenarbeit		
Artikel 326*[43]	*Artikel 11 und 11a (ersetzt)*	
Artikel 327*[43]	*Artikel 11 und 11a (ersetzt)*	
Artikel 328*[43]	*Artikel 11 und 11a (ersetzt)*	
Artikel 329*[43]	*Artikel 11 und 11a (ersetzt)*	
Artikel 330*[43]	*Artikel 11 und 11a (ersetzt)*	
Artikel 331*[43]	*Artikel 11 und 11a (ersetzt)*	
Artikel 332*[43]	*Artikel 11 und 11a (ersetzt)*	
Artikel 333*[43]	*Artikel 11 und 11a (ersetzt)*	
Artikel 334*[43]	*Artikel 11 und 11a (ersetzt)*	
Siebter Teil – Allgemeine und Schlussbestimmungen	Sechster Teil – Allgemeine und Schlussbestimmungen	Sechster Teil
	Artikel 281 (aufgehoben)*[44]	Artikel 210
Artikel 335	Artikel 282	Artikel 211
Artikel 336	Artikel 283	Artikel 212(*)
Artikel 337	Artikel 284	Artikel 213
Artikel 338	Artikel 285	Artikel 213 a(*)
Artikel 16	Artikel 286 (ersetzt)	Artikel 213 b(*)
Artikel 339	Artikel 287	Artikel 214
Artikel 340	Artikel 288	Artikel 215
Artikel 341	Artikel 289	Artikel 216
Artikel 342	Artikel 290	Artikel 217
Artikel 343	Artikel 291	Artikel 218(*)

*[43] **Amtl. Anm.:** Ersetzt auch die Artikel 27a bis 27e, 40 bis 40b und 43 bis 45 des bisherigen EUV.
*[44] **Amtl. Anm.:** Im Wesentlichen ersetzt durch Artikel 47 EUV.
(*) **Amtl. Anm.:** Neuer Artikel, eingefügt durch den Vertrag von Amsterdam.

Nummerierung des Vertrags über die Arbeitsweise der Europäischen Union idF von **Lissabon**	Nummerierung des Vertrags zur Gründung der Europäischen Gemeinschaft idF von **Amsterdam**	Nummerierung des Vertrags zur Gründung der Europäischen Gemeinschaft idF von **Maastricht**
Artikel 344	Artikel 292	Artikel 219
	Artikel 293 (aufgehoben)	Artikel 220
Artikel 55	Artikel 294 (umgestellt)	Artikel 221
Artikel 345	Artikel 295	Artikel 222
Artikel 346	Artikel 296	Artikel 223
Artikel 347	Artikel 297	Artikel 224
Artikel 348	Artikel 298	Artikel 225
–	–	Artikel 226 (aufgehoben)
	Artikel 299 Absatz 1 (aufgehoben)*45	Artikel 227
Artikel 349	Artikel 299 Absatz 2 Unterabsätze 2, 3 und 4	Artikel 227
Artikel 355	Artikel 299 Absatz 2 Unterabsatz 1 und Absätze 3 bis 6 (umgestellt)	
Artikel 218	Artikel 300 (umgestellt)	Artikel 228
Artikel 215	Artikel 301 (umgestellt)	Artikel 228 a
Artikel 220	Artikel 302 (umgestellt)	Artikel 229
Artikel 220	Artikel 303 (umgestellt)	Artikel 230
Artikel 220	Artikel 304 (umgestellt)	Artikel 231
	Artikel 305 (aufgehoben)	Artikel 232
Artikel 350	Artikel 306	Artikel 233
Artikel 351	Artikel 307	Artikel 234
Artikel 352	Artikel 308	Artikel 235
Artikel 353		
Artikel 354	Artikel 309	Artikel 236(*)
–	–	Artikel 237 (aufgehoben)
Artikel 217	Artikel 310 (umgestellt)	Artikel 238
	Artikel 311 (aufgehoben)*46	Artikel 239
Artikel 355	*Artikel 299 Absatz 2 Unterabsatz 1 und Absätze 3 bis 6 (umgestellt)*	
Artikel 356	Artikel 312	Artikel 240
–	–	Artikel 241 (aufgehoben)
–	–	Artikel 242 (aufgehoben)

*45 **Amtl. Anm.:** Im Wesentlichen ersetzt durch Artikel 52 EUV.
(*) **Amtl. Anm.:** Neuer Artikel, eingefügt durch den Vertrag von Amsterdam.
*46 **Amtl. Anm.:** Im Wesentlichen ersetzt durch Artikel 51 EUV.

Nummerierung des Vertrags über die Arbeitsweise der Europäischen Union idF von **Lissabon**	Nummerierung des Vertrags zur Gründung der Europäischen Gemeinschaft idF von **Amsterdam**	Nummerierung des Vertrags zur Gründung der Europäischen Gemeinschaft idF von **Maastricht**
–	–	Artikel 243 (aufgehoben)
–	–	Artikel 244 (aufgehoben)
–	–	Artikel 245 (aufgehoben)
–	–	Artikel 246 (aufgehoben)
	Schlussbestimmungen	Schlussbestimmungen
Artikel 357	Artikel 313	Artikel 247
Artikel 358		
	Artikel 314 (aufgehoben)*47	Artikel 248

*47 **Amtl. Anm.:** Im Wesentlichen ersetzt durch Artikel 55 EUV.

3. Vertrag über die Gründung der Europäischen Gemeinschaft für Kohle und Stahl[1)]

18. April 1951

(BGBl. II S. 447)

zuletzt geänd. durch Art. 4 Nizza-Vertrag v. 26.2.2001 (ABl. C 80 S. 36, ber. ABl. C 96 S. 27)

– Auszug –

Der Präsident der Bundesrepublik Deutschland, seine Königliche Hoheit der Kronprinz von Belgien, der Präsident der Französischen Republik, der Präsident der Italienischen Republik, ihre Königliche Hoheit die Grossherzogin von Luxemburg, ihre Majestät die Königin der Niederlande,

in der Erwägung, daß der Weltfriede nur durch schöpferische, den drohenden Gefahren angemessene Anstrengungen gesichert werden kann,

in der Überzeugung, daß der Beitrag, den ein organisiertes und lebendiges Europa für die Zivilisation leisten kann, zur Aufrechterhaltung friedlicher Beziehungen unerläßlich ist,

in dem Bewusstsein, daß Europa nur durch konkrete Leistungen, die zunächst eine tatsächliche Verbundenheit schaffen, und durch die Errichtung gemeinsamer Grundlagen für die wirtschaftliche Entwicklung aufgebaut werden kann,

in dem Bemühen, durch die Ausweitung ihrer Grundproduktionen zur Hebung des Lebensstandards und zum Fortschritt der Werke des Friedens beizutragen,

entschlossen, an die Stelle der jahrhundertealten Rivalitäten einen Zusammenschluß ihrer wesentlichen Interessen zu setzen, durch die Errichtung einer wirtschaftlichen Gemeinschaft den ersten Grundstein für eine weitere und vertiefte Gemeinschaft unter Völkern zu legen, die lange Zeit durch blutige Auseinandersetzungen entzweit waren, und die institutionellen Grundlagen zu schaffen, die einem nunmehr allen gemeinsamen Schicksal die Richtung weisen können,

haben beschlossen, eine Europäische Gemeinschaft für Kohle und Stahl zu gründen, und zu diesem Zweck als Bevollmächtigte bestellt:

(vom Abdruck der Namen der Bevollmächtigten wurde abgesehen),

die nach Austausch ihrer als gut und gehörig befundenen Vollmachten die folgenden Bestimmungen vereinbart haben.

Erster Titel. Die Europäische Gemeinschaft für Kohle und Stahl

Art. 1 [Vertragszweck] Durch diesen Vertrag begründen die Hohen Vertragschließenden Teile unter sich eine Europäische Gemeinschaft für Kohle und Stahl; sie beruht auf einem gemeinsamen Markt, verfolgt gemeinsame Ziele und hat gemeinsame Organe.

[1)] Der Vertrag ist am 23.7.1952 in Kraft getreten gem. Bek. v. 14.10.1952 (BGBl. II S. 978). Nach seinem Art. 97 ist der Vertrag mit dem 23. Juli 2002 nach 50 Jahren ausgelaufen.

Art. 2 [Aufgaben der Gemeinschaft] *[1]* Die Europäische Gemeinschaft für Kohle und Stahl ist dazu berufen, im Einklang mit der Gesamtwirtschaft der Mitgliedstaaten und auf der Grundlage eines gemeinsamen Marktes, wie er in Artikel 4 näher bestimmt ist, zur Ausweitung der Wirtschaft, zur Steigerung der Beschäftigung und zur Hebung der Lebenshaltung in den Mitgliedstaaten beizutragen.

[2] Die Gemeinschaft hat die Voraussetzungen zu schaffen, die von sich aus die rationellste Verteilung der Erzeugung auf dem höchsten Leistungsstande sichern; sie hat hierbei dafür zu sorgen, daß keine Unterbrechung in der Beschäftigung eintritt, und zu vermeiden, daß im Wirtschaftsleben der Mitgliedstaaten tiefgreifende und anhaltende Störungen hervorgerufen werden.

Art. 3 [Aufgaben der Organe] Die Organe der Gemeinschaft haben im Rahmen der jedem von ihnen zugewiesenen Befugnisse und im gemeinsamen Interesse

a) auf eine geordnete Versorgung des gemeinsamen Marktes unter Berücksichtigung des Bedarfs dritter Länder zu achten;
b) allen in vergleichbarer Lage befindlichen Verbrauchern des gemeinsamen Marktes gleichen Zugang zu der Produktion zu sichern;
c) auf die Bildung niedrigster Preise dergestalt zu achten, daß diese Preise nicht eine Erhöhung der von denselben Unternehmen bei anderen Geschäften angewandten Preise oder der Gesamtheit der Preise während eines anderen Zeitabschnittes zur Folge haben; hierbei sind die erforderlichen Abschreibungen zu ermöglichen und den hereingenommenen Kapitalien normale Verzinsungsmöglichkeiten zu bieten;
d) darauf zu achten, daß Voraussetzungen erhalten bleiben, die einen Anreiz für die Unternehmen bieten, ihr Produktionspotential auszubauen und zu verbessern und eine Politik rationeller Ausnutzung der natürlichen Hilfsquellen unter Vermeidung von Raubbau zu verfolgen;
e) auf eine Verbesserung der Lebens- und Arbeitsbedingungen der Arbeiter hinzuwirken, die es erlaubt, diese Bedingungen im Rahmen der Fortschritte in jeder der zu ihrem Aufgabenkreis gehörenden Industrien einander anzugleichen;
f) die Entwicklung des zwischenstaatlichen Austausches zu fördern und dafür zu sorgen, daß bei den Preisen auf den auswärtigen Märkten angemessene Grenzen eingehalten werden;
g) die geordnete Ausweitung und Modernisierung der Erzeugung sowie die Verbesserung der Qualität in einer Weise zu fördern, die jede Schutzmaßnahme gegen Konkurrenzindustrien ausschließt, es sei denn, daß sie durch eine von diesen Unternehmen oder zu ihren Gunsten vorgenommene unzulässige Handlung gerechtfertigt ist.

Art. 4 [Diskriminierungsverbote] Als unvereinbar mit dem gemeinsamen Markt für Kohle und Stahl werden innerhalb der Gemeinschaft gemäß den Bestimmungen dieses Vertrages untersagt:

a) Ein- und Ausfuhrzölle oder Abgaben gleicher Wirkung sowie mengenmäßige Beschränkungen des Warenverkehrs;
b) Maßnahmen oder Praktiken, die eine Diskriminierung zwischen Erzeugern oder Käufern oder Verbrauchern herbeiführen, insbesondere hinsichtlich der Preis- und Lieferbedingungen und der Beförderungstarife, sowie Maßnahmen oder Praktiken, die den Käufer an der freien Wahl seines Lieferanten hindern;

c) von den Staaten bewilligte Subventionen oder Beihilfen oder von ihnen auferlegte Sonderlasten, in welcher Form dies auch immer geschieht;
d) einschränkende Praktiken, die auf eine Aufteilung oder Ausbeutung der Märkte abzielen.

Art. 5 [Eingriffsmöglichkeiten der Gemeinschaft] *[1]* Die Gemeinschaft erfüllt ihre Aufgabe unter den in diesem Vertrag vorgesehenen Bedingungen durch begrenzte Eingriffe.

[2] Zu diesem Zweck
- erhellt und erleichtert sie das Handeln der Beteiligten dadurch, daß sie Auskünfte einholt, für Beratungen sorgt und allgemeine Ziele bestimmt;
- stellt sie den Unternehmen Finanzierungsmittel für ihre Investitionen zur Verfügung und beteiligt sich an den Lasten der Anpassung;
- sorgt sie für Schaffung, Aufrechterhaltung und Beachtung normaler Wettbewerbsbedingungen und greift in die Erzeugung und den Markt nur dann direkt ein, wenn es die Umstände erfordern;
- gibt sie die Gründe für ihr Handeln bekannt und ergreift die Maßnahmen, die erforderlich sind, um die Beachtung der Bestimmungen dieses Vertrages zu gewährleisten.

[3] Die Organe der Gemeinschaft erledigen diese Aufgaben mit einem möglichst kleinen Verwaltungsapparat in enger Zusammenarbeit mit den Beteiligten.

Art. 6 [Rechtsnatur der Gemeinschaft] *[1]* Die Gemeinschaft hat Rechtspersönlichkeit.

[2] Im zwischenstaatlichen Verkehr hat die Gemeinschaft die für die Durchführung ihrer Aufgaben und Erreichung ihrer Ziele erforderliche Rechts- und Geschäftsfähigkeit.

[3] Die Gemeinschaft hat in jedem Mitgliedstaat die weitestgehende Rechts- und Geschäftsfähigkeit, die juristischen Personen dieses Staates zuerkannt ist; sie kann insbesondere bewegliches und unbewegliches Vermögen erwerben und veräußern sowie klagen und verklagt werden.

[4] Die Gemeinschaft wird durch ihre Organe im Rahmen ihrer Befugnisse vertreten.

Zweiter Titel. Die Organe der Gemeinschaft

Art. 7 [Organe der Gemeinschaft] [1] Die Organe der Gemeinschaft sind:
- die Kommission;
- das Europäische Parlament;
- der Rat;
- der Gerichtshof;
- der Rechnungshof.

[2] Der Kommission steht ein Beratender Ausschuß zur Seite.

4. Protokoll über den Binnenmarkt und den Wettbewerb[1)]

Vom 13. Dezember 2007

(ABl. C 306 S. 156)

Celex-Nr. 1 2007 L/PRO/A/06

DIE HOHEN VERTRAGSPARTEIEN –

UNTER BERÜCKSICHTIGUNG der Tatsache, dass der Binnenmarkt, wie er in Artikel 3 des Vertrags über die Europäische Union[2)] beschrieben wird, ein System umfasst, das den Wettbewerb vor Verfälschungen schützt –

SIND ÜBEREINGEKOMMEN, dass für diese Zwecke die Union erforderlichenfalls nach den Bestimmungen der Verträge, einschließlich des Artikels 352 des Vertrags über die Arbeitsweise der Europäischen Union[3)], tätig wird.

[Anfügung des Binnenmarkt-Protokolls]

Dieses Protokoll wird dem Vertrag über die Europäische Union[2)] und dem Vertrag über die Arbeitsweise der Europäischen Union[3)] beigefügt.

[1)] Die Verweise/Bezugnahmen auf Vorschriften des EUV (Nr. **1**) und/oder AEUV (Nr. **2**) sind wie in der konsolidierten Fassung des Protokolls (ABl. 2016 C 202 S. 308) bereits gemäß Art. 5 der Vertrags von Lissabon iVm der Übereinstimmungstabelle (Nr. **1a** und **2a**) an die neue Nummerierung angepasst worden.

[2)] Nr. **1**.

[3)] Nr. **2**.

5. Protokoll über Dienste von allgemeinem Interesse[1]

Vom 13. Dezember 2007

(ABl. C 306 S. 158)

Celex-Nr. 1 2007 L/PRO/A/09

DIE HOHEN VERTRAGSPARTEIEN –

IN DEM WUNSCH, die Bedeutung der Dienste von allgemeinem Interesse hervorzuheben –

SIND über folgende auslegende Bestimmungen ÜBEREINGEKOMMEN, die dem Vertrag über die Europäische Union[2] und dem Vertrag über die Arbeitsweise der Europäischen Union[3] beigefügt sind:

Art. 1 [Gemeinsame Werte] Zu den gemeinsamen Werten der Union in Bezug auf Dienste von allgemeinem wirtschaftlichem Interesse im Sinne des Artikels 14 des Vertrags über die Arbeitsweise der Europäischen Union[3] zählen insbesondere:

- die wichtige Rolle und der weite Ermessensspielraum der nationalen, regionalen und lokalen Behörden in der Frage, wie Dienste von allgemeinem wirtschaftlichem Interesse auf eine den Bedürfnissen der Nutzer so gut wie möglich entsprechende Weise zur Verfügung zu stellen, in Auftrag zu geben und zu organisieren sind;
- die Vielfalt der jeweiligen Dienstleistungen von allgemeinem wirtschaftlichem Interesse und die Unterschiede bei den Bedürfnissen und Präferenzen der Nutzer, die aus unterschiedlichen geografischen, sozialen oder kulturellen Gegebenheiten folgen können;
- ein hohes Niveau in Bezug auf Qualität, Sicherheit und Bezahlbarkeit, Gleichbehandlung und Förderung des universellen Zugangs und der Nutzerrechte.

Art. 2 [Konkurrenzen] Die Bestimmungen der Verträge berühren in keiner Weise die Zuständigkeit der Mitgliedstaaten, nichtwirtschaftliche Dienste von allgemeinem Interesse zur Verfügung zu stellen, in Auftrag zu geben und zu organisieren.

---

[1] Die Verweise/Bezugnahmen auf Vorschriften des AEUV (Nr. **2**) sind wie in der konsolidierten Fassung des Protokolls (ABl. 2016 C 202 S. 307) bereits gemäß Art. 5 des Vertrags von Lissabon iVm der Übereinstimmungstabelle (Nr. **2a**) an die neue Nummerierung angepasst worden.

[2] Nr. **1**.

[3] Nr. **2**.

6. Protokoll über die Festlegung der Sitze der Organe und bestimmter Einrichtungen, sonstiger Stellen und Dienststellen der Europäischen Union [1)2)]

Vom 2.10.1997

(ABl. C 340 S. 112)

Celex-Nr. 1 1997 D/PRO/12

geänd. durch Art. 1 Abs. 2, Abs. 3 Buchst. a und b, Abs. 8 Buchst. c, Abs. 13 Prot. Nr. 1 zum Lissabonner Vertrag v. 13.12.2007 (ABl. C 306 S. 165)

DIE VERTRETER DER REGIERUNGEN DER MITGLIEDSTAATEN –

GESTÜTZT auf Artikel 341 des Vertrag über die Arbeitsweise der Europäischen Union[3)] und Artikel 189 des Vertrags zur Gründung der Europäischen Atomgemeinschaft,

GESTÜTZT auf den Vertrag über die Europäische Union[4)],

EINGEDENK UND IN BESTÄTIGUNG des Beschlusses vom 8. April 1965, jedoch unbeschadet der Beschlüsse über den Sitz künftiger Organe, Einrichtungen, sonstiger Stellen und Dienststellen –

SIND über folgende Bestimmungen ÜBEREINGEKOMMEN, die dem Vertrag über die Europäische Union[4)] und dem Vertrag über die Arbeitsweise der Europäischen Union[3)] beigefügt sind

Einziger Artikel. [Sitz der Organe und Dienststellen]

a) Das Europäische Parlament hat seinen Sitz in Straßburg; dort finden die 12 monatlichen Plenartagungen einschließlich der Haushaltstagung statt. Zusätzliche Plenartagungen finden in Brüssel statt. Die Ausschüsse des Europäischen Parlaments treten in Brüssel zusammen. Das Generalsekretariat des Europäischen Parlaments und dessen Dienststellen verbleiben in Luxemburg.

b) Der Rat hat seinen Sitz in Brüssel. In den Monaten April, Juni und Oktober hält der Rat seine Tagungen in Luxemburg ab.

c) Die Kommission hat ihren Sitz in Brüssel. Die in den Artikeln 7, 8 und 9 des Beschlusses vom 8. April 1965[5)] aufgeführten Dienststellen sind in Luxemburg untergebracht.

d) Der Gerichtshof der Europäischen Union hat seinen Sitz in Luxemburg.

e) Der Rechnungshof hat seinen Sitz in Luxemburg.

[1)] Diese Vorschrift wurde als Protokoll zum Vertrag von Amsterdam v. 2.10.1997 (ABl. C 340 S. 1) veröffentlicht und trat nach dessen Art. 14 Abs. 2 zum 1.5.1999 in Kraft.

[2)] Die Verweise/Bezugnahmen auf Vorschriften des AEUV (Nr. **2**) sind wie in der konsolidierten Fassung des Protokolls (ABl. 2016 C 202 S. 265) bereits gemäß Art. 5 des Vertrags von Lissabon iVm der Übereinstimmungstabelle (Nr. **2a**) an die neue Nummerierung angepasst worden.

[3)] Nr. **2**.

[4)] Nr. **1**.

[5)] Diese Vorschriften lauten:

„**Art. 7:** Die für finanzielle Interventionen zuständigen Dienststellen der Europäischen Gemeinschaft für Kohle und Stahl werden in Luxemburg untergebracht. Diese Dienststellen umfassen die General-

(Fortsetzung der Anm. nächste Seite)

f) Der Wirtschafts- und Sozialausschuß hat seinen Sitz in Brüssel.
g) Der Ausschuß der Regionen hat seinen Sitz in Brüssel.
h) Die Europäische Investitionsbank hat ihren Sitz in Luxemburg.
i) Die Europäische Zentralbank hat ihren Sitz in Frankfurt.
j) Das Europäische Polizeiamt (Europol) hat seinen Sitz in Den Haag.

(Fortsetzung der Anm. von voriger Seite:)
direktion Kredit und Investitionen sowie die mit der Erhebung der Umlage betrauten Dienststelle und die dazugehörigen Buchhaltungen.
Art. 8: Ein Amt für amtliche Veröffentlichungen der Gemeinschaften, dem eine gemeinsame Vertriebsstelle und eine Dienststelle für mittel- und langfristig zu erledigende Übersetzungen angegliedert werden, wird in Luxemburg untergebracht.
Art. 9: Ferner werden folgende Dienststellen der Kommission in Luxemburg untergebracht:
a) das Statistische Amt und die Dienststelle Rechenzentrum;
b) die Dienststellen der Europäischen Wirtschaftsgemeinschaft und der Europäischen Gemeinschaft für Kohle und Stahl, für Gesundheitsschutz und Betriebssicherheit;
c) die Generaldirektion Verbreitung der Kenntnisse, die Direktion Gesundheitsschutz, die Direktion Sicherheitskontrolle der Europäischen Atomgemeinschaft
sowie die erforderlichen Verwaltungs- und technischen Einrichtungen." (siehe Beschluss 67/446/EWG).

7. Protokoll über die Ständige strukturierte Zusammenarbeit nach Artikel 42 des Vertrags über die Europäische Union[1]

Vom 13. Dezember 2007

(ABl. C 306 S. 153)

Celex-Nr. 1 2007 L/PRO/A/04

DIE HOHEN VERTRAGSPARTEIEN –

GESTÜTZT AUF Artikel 42 Absatz 6 und Artikel 46 des Vertrags über die Europäische Union[2],

EINGEDENK DESSEN, dass die Union eine Gemeinsame Außen- und Sicherheitspolitik verfolgt, die auf der Erreichung einer immer stärkeren Konvergenz des Handelns der Mitgliedstaaten beruht,

EINGEDENK DESSEN, dass die Gemeinsame Sicherheits- und Verteidigungspolitik integraler Bestandteil der Gemeinsamen Außen- und Sicherheitspolitik ist, dass sie der Union eine auf zivile und militärische Mittel gestützte Fähigkeit zu Operationen sichert, dass die Union hierauf bei Missionen nach Artikel 43 des Vertrags über die Europäische Union[2] außerhalb der Union zur Friedenssicherung, Konfliktverhütung und Stärkung der internationalen Sicherheit nach den Grundsätzen der Charta der Vereinten Nationen zurückgreifen kann und dass diese Aufgaben dank der von den Mitgliedstaaten nach dem Grundsatz der „nur einmal einsetzbaren Streitkräfte" bereitgestellten militärischen Fähigkeiten erfüllt werden,

EINGEDENK DESSEN, dass die Gemeinsame Sicherheits- und Verteidigungspolitik der Union den besonderen Charakter der Sicherheits- und Verteidigungspolitik bestimmter Mitgliedstaaten unberührt lässt,

EINGEDENK DESSEN, dass die Gemeinsame Sicherheits- und Verteidigungspolitik der Union die aus dem Nordatlantikvertrag erwachsenden Verpflichtungen der Mitgliedstaaten achtet, die ihre gemeinsame Verteidigung als durch die Nordatlantikvertrags-Organisation verwirklicht betrachten, die das Fundament der kollektiven Verteidigung ihrer Mitglieder bleibt, und dass sie mit der in jenem Rahmen festgelegten gemeinsamen Sicherheits- und Verteidigungspolitik vereinbar ist,

IN DER ÜBERZEUGUNG, dass eine maßgeblichere Rolle der Union im Bereich von Sicherheit und Verteidigung im Einklang mit den sogenannten Berlin-plus-Vereinbarungen zur Vitalität eines erneuerten Atlantischen Bündnisses beitragen wird,

FEST ENTSCHLOSSEN, dass die Union in der Lage sein muss, die ihr im Rahmen der Staatengemeinschaft obliegenden Verantwortungen in vollem Umfang wahrzunehmen,

---

[1] Die Verweise/Bezugnahmen auf Vorschriften des EUV (Nr. **1**) sind wie in der konsolidierten Fassung des Protokolls (ABl. 2016 C 202 S. 275) bereits gemäß Art. 5 des Vertrags von Lissabon iVm der Übereinstimmungstabelle (Nr. **1a**) an die neue Nummerierung angepasst worden.

[2] Nr. **1**.

IN DER ERKENNTNIS, dass die Organisation der Vereinten Nationen die Union für die Durchführung dringender Missionen nach den Kapiteln VI und VII der Charta der Vereinten Nationen um Unterstützung ersuchen kann,

IN DER ERKENNTNIS, dass die Stärkung der Sicherheits- und Verteidigungspolitik von den Mitgliedstaaten Anstrengungen im Bereich der Fähigkeiten erfordern wird,

IN DEM BEWUSSTSEIN, dass der Eintritt in eine neue Phase der Entwicklung der Europäischen Sicherheits- und Verteidigungspolitik von den Mitgliedstaaten, die dazu bereit sind, entschiedene Anstrengungen erfordert,

EINGEDENK der Bedeutung, die der umfassenden Beteiligung des Hohen Vertreters der Union für Außen- und Sicherheitspolitik an den Arbeiten im Rahmen der Ständigen Strukturierten Zusammenarbeit zukommt –

SIND über folgende Bestimmungen ÜBEREINGEKOMMEN, die dem Vertrag über die Europäische Union[1] und dem Vertrag über die Arbeitsweise der Europäischen Union[2] beigefügt sind:

Art. 1 [Voraussetzungen] An der Ständigen Strukturierten Zusammenarbeit nach Artikel 42 Absatz 6 des Vertrags über die Europäische Union[1] kann jeder Mitgliedstaat teilnehmen, der sich ab dem Zeitpunkt des Inkrafttretens des Vertrags von Lissabon verpflichtet,

a) seine Verteidigungsfähigkeiten durch Ausbau seiner nationalen Beiträge und gegebenenfalls durch Beteiligung an multinationalen Streitkräften, an den wichtigsten europäischen Ausrüstungsprogrammen und an der Tätigkeit der Agentur für die Bereiche Entwicklung der Verteidigungsfähigkeiten, Forschung, Beschaffung und Rüstung (Europäische Verteidigungsagentur) intensiver zu entwickeln und

b) spätestens 2010 über die Fähigkeit zu verfügen, entweder als nationales Kontingent oder als Teil von multinationalen Truppenverbänden bewaffnete Einheiten bereitzustellen, die auf die in Aussicht genommenen Missionen ausgerichtet sind, taktisch als Gefechtsverband konzipiert sind, über Unterstützung unter anderem für Transport und Logistik verfügen und fähig sind, innerhalb von 5 bis 30 Tagen Missionen nach Artikel 43 des Vertrags über die Europäische Union aufzunehmen, um insbesondere Ersuchen der Organisation der Vereinten Nationen nachzukommen, und diese Missionen für eine Dauer von zunächst 30 Tagen, die bis auf 120 Tage ausgedehnt werden kann, aufrechtzuerhalten.

Art. 2 [Verpflichtungen] Die an der Ständigen Strukturierten Zusammenarbeit teilnehmenden Mitgliedstaaten verpflichten sich zwecks Erreichung der in Artikel 1 genannten Ziele zu

a) einer Zusammenarbeit ab dem Inkrafttreten des Vertrags von Lissabon zur Verwirklichung der vereinbarten Ziele für die Höhe der Investitionsausgaben für Verteidigungsgüter und zur regelmäßigen Überprüfung dieser Ziele im Lichte des Sicherheitsumfelds und der internationalen Verantwortung der Union;

---

[1] Nr. **1**.
[2] Nr. **2**.

b) einer möglichst weit gehenden Angleichung ihres Verteidigungsinstrumentariums, indem sie insbesondere die Ermittlung des militärischen Bedarfs harmonisieren, ihre Verteidigungsmittel und -fähigkeiten gemeinsam nutzen und gegebenenfalls spezialisieren sowie die Zusammenarbeit auf den Gebieten Ausbildung und Logistik stärken;
c) konkreten Maßnahmen zur Stärkung der Verfügbarkeit, der Interoperabilität, der Flexibilität und der Verlegefähigkeit ihrer Truppen insbesondere, indem sie gemeinsame Ziele für die Entsendung von Streitkräften aufstellen und gegebenenfalls ihre nationalen Beschlussfassungsverfahren überprüfen;
d) einer Zusammenarbeit mit dem Ziel, dass sie die erforderlichen Maßnahmen ergreifen, um unter anderem durch multinationale Konzepte und unbeschadet der sie betreffenden Verpflichtungen im Rahmen der Nordatlantikvertrags-Organisation die im Rahmen des „Mechanismus zur Entwicklung der Fähigkeiten“ festgestellten Lücken zu schließen;
e) einer eventuellen Mitwirkung an der Entwicklung gemeinsamer oder europäischer Programme für wichtige Güter im Rahmen der Europäischen Verteidigungsagentur.

Art. 3 [Bericht der Verteidigungsagentur] [1]Die Europäische Verteidigungsagentur trägt zur regelmäßigen Beurteilung der Beiträge der teilnehmenden Mitgliedstaaten zu den Fähigkeiten bei, insbesondere der Beiträge nach den unter anderem auf der Grundlage von Artikel 2 aufgestellten Kriterien, und erstattet hierüber mindestens einmal jährlich Bericht. [2]Die Beurteilung kann als Grundlage für die Empfehlungen sowie für die Beschlüsse des Rates dienen, die nach Artikel 46 des Vertrags über die Europäische Union[1)] erlassen werden.

[1)] Nr. **1**.

II. Rechtsstellung der Unionsbürger

8. Charta der Grundrechte der Europäischen Union[1)]

(2007/C 303/01)

Vom 12. Dezember 2007[2)]
(ABl. C 303 S. 1)

Celex-Nr. 1 2007 P/TXT

Nichtamtliche Inhaltsübersicht

[1)] Die Verweise/Bezugnahmen auf Vorschriften des EUV (Nr. **1**) und/oder AEUV (Nr. **2**) sind gemäß Art. 5 des Vertrags von Lissabon iVm den Übereinstimmungstabellen (Nr. **1a** und **2a**) an die neue Nummerierung angepasst worden.

[2)] Der hier wiedergegebene Wortlaut übernimmt mit Anpassungen die am 7.12.2000 proklamierte Charta. Inkrafttreten am 1.12.2009, siehe die Bek. v. 13.11.2009 (BGBl. II S. 1223).

Präambel

Die Völker Europas sind entschlossen, auf der Grundlage gemeinsamer Werte eine friedliche Zukunft zu teilen, indem sie sich zu einer immer engeren Union verbinden.

[1] In dem Bewusstsein ihres geistig-religiösen[1)] und sittlichen Erbes gründet sich die Union auf die unteilbaren und universellen Werte der Würde des Menschen, der Freiheit, der Gleichheit und der Solidarität. [2] Sie beruht auf den Grundsätzen der Demokratie und der Rechtsstaatlichkeit. [3] Sie stellt den Menschen in den Mittelpunkt ihres Handelns, indem sie die Unionsbürgerschaft und einen Raum der Freiheit, der Sicherheit und des Rechts begründet.

[1] Die Union trägt zur Erhaltung und zur Entwicklung dieser gemeinsamen Werte unter Achtung der Vielfalt der Kulturen und Traditionen der Völker Europas sowie der nationalen Identität der Mitgliedstaaten und der Organisation ihrer staatlichen Gewalt auf nationaler, regionaler und lokaler Ebene bei.

[1)] In den Fassungen fast aller anderen Amtssprachen fehlt ein ausdrücklicher Hinweis auf die Religiösität. So heißt es etwa im Englischen: „spiritual and moral heritage", im Französischen: „patrimoine spirituel et moral". Die Wendung „spiritual and moral" wurde im Übrigen bewusst aus der Präambel der Satzung des Europarates (Nr. **39**) übernommen, wo sie in der amtlichen deutschen Übersetzung mit „geistig und moralisch" wiedergegeben wird.

[2]Sie ist bestrebt, eine ausgewogene und nachhaltige Entwicklung zu fördern und stellt den freien Personen-, Dienstleistungs-, Waren- und Kapitalverkehr sowie die Niederlassungsfreiheit sicher.

Zu diesem Zweck ist es notwendig, angesichts der Weiterentwicklung der Gesellschaft, des sozialen Fortschritts und der wissenschaftlichen und technologischen Entwicklungen den Schutz der Grundrechte zu stärken, indem sie in einer Charta sichtbarer gemacht werden.

[1]Diese Charta bekräftigt unter Achtung der Zuständigkeiten und Aufgaben der Union und des Subsidiaritätsprinzips die Rechte, die sich vor allem aus den gemeinsamen Verfassungstraditionen und den gemeinsamen internationalen Verpflichtungen der Mitgliedstaaten, aus der Europäischen Konvention zum Schutz der Menschenrechte und Grundfreiheiten[1)], aus den von der Union und dem Europarat beschlossenen Sozialchartas sowie aus der Rechtsprechung des Gerichtshofs der Europäischen Union und des Europäischen Gerichtshofs für Menschenrechte ergeben. [2]In diesem Zusammenhang erfolgt die Auslegung der Charta durch die Gerichte der Union und der Mitgliedstaaten unter gebührender Berücksichtigung der Erläuterungen, die unter der Leitung des Präsidiums des Konvents zur Ausarbeitung der Charta formuliert und unter der Verantwortung des Präsidiums des Europäischen Konvents aktualisiert wurden.

Die Ausübung dieser Rechte ist mit Verantwortung und mit Pflichten sowohl gegenüber den Mitmenschen als auch gegenüber der menschlichen Gemeinschaft und den künftigen Generationen verbunden.

Daher erkennt die Union die nachstehend aufgeführten Rechte, Freiheiten und Grundsätze an.

Titel I. Würde des Menschen

Art. 1 Würde des Menschen. [1]Die Würde des Menschen ist unantastbar. [2]Sie ist zu achten und zu schützen.

Art. 2 Recht auf Leben. (1) Jeder Mensch hat das Recht auf Leben.

(2) Niemand darf zur Todesstrafe verurteilt oder hingerichtet werden.

Art. 3 Recht auf Unversehrtheit. (1) Jeder Mensch hat das Recht auf körperliche und geistige Unversehrtheit.

(2) Im Rahmen der Medizin und der Biologie muss insbesondere Folgendes beachtet werden:

a) die freie Einwilligung des Betroffenen nach vorheriger Aufklärung entsprechend den gesetzlich festgelegten Einzelheiten,

b) das Verbot eugenischer Praktiken, insbesondere derjenigen, welche die Selektion von Menschen zum Ziel haben,

c) das Verbot, den menschlichen Körper und Teile davon als solche zur Erzielung von Gewinnen zu nutzen,

d) das Verbot des reproduktiven Klonens von Menschen.

[1)] Nr. **40**.

Art. 4 Verbot der Folter und unmenschlicher oder erniedrigender Strafe oder Behandlung. Niemand darf der Folter oder unmenschlicher oder erniedrigender Strafe oder Behandlung unterworfen werden.

Art. 5 Verbot der Sklaverei und der Zwangsarbeit. (1) Niemand darf in Sklaverei oder Leibeigenschaft gehalten werden.

(2) Niemand darf gezwungen werden, Zwangs- oder Pflichtarbeit zu verrichten.

(3) Menschenhandel ist verboten.

Titel II. Freiheiten

Art. 6 Recht auf Freiheit und Sicherheit. Jeder Mensch hat das Recht auf Freiheit und Sicherheit.

Art. 7 Achtung des Privat- und Familienlebens. Jede Person hat das Recht auf Achtung ihres Privat- und Familienlebens, ihrer Wohnung sowie ihrer Kommunikation.

Art. 8 Schutz personenbezogener Daten. (1) Jede Person hat das Recht auf Schutz der sie betreffenden personenbezogenen Daten.

(2) [1] Diese Daten dürfen nur nach Treu und Glauben für festgelegte Zwecke und mit Einwilligung der betroffenen Person oder auf einer sonstigen gesetzlich geregelten legitimen Grundlage verarbeitet werden. [2] Jede Person hat das Recht, Auskunft über die sie betreffenden erhobenen Daten zu erhalten und die Berichtigung der Daten zu erwirken.

(3) Die Einhaltung dieser Vorschriften wird von einer unabhängigen Stelle überwacht.

Art. 9 Recht, eine Ehe einzugehen und eine Familie zu gründen.

Das Recht, eine Ehe einzugehen, und das Recht, eine Familie zu gründen, werden nach den einzelstaatlichen Gesetzen gewährleistet, welche die Ausübung dieser Rechte regeln.

Art. 10 Gedanken-, Gewissens- und Religionsfreiheit. (1) [1] Jede Person hat das Recht auf Gedanken-, Gewissens- und Religionsfreiheit. [2] Dieses Recht umfasst die Freiheit, die Religion oder Weltanschauung zu wechseln, und die Freiheit, seine Religion oder Weltanschauung einzeln oder gemeinsam mit anderen öffentlich oder privat durch Gottesdienst, Unterricht, Bräuche und Riten zu bekennen.

(2) Das Recht auf Wehrdienstverweigerung aus Gewissensgründen wird nach den einzelstaatlichen Gesetzen anerkannt, welche die Ausübung dieses Rechts regeln.

Art. 11 Freiheit der Meinungsäußerung und Informationsfreiheit.

(1) [1] Jede Person hat das Recht auf freie Meinungsäußerung. [2] Dieses Recht schließt die Meinungsfreiheit und die Freiheit ein, Informationen und Ideen ohne behördliche Eingriffe und ohne Rücksicht auf Staatsgrenzen zu empfangen und weiterzugeben.

(2) Die Freiheit der Medien und ihre Pluralität werden geachtet.

Art. 12 Versammlungs- und Vereinigungsfreiheit. (1) Jede Person hat das Recht, sich insbesondere im politischen, gewerkschaftlichen und zivilgesellschaftlichen Bereich auf allen Ebenen frei und friedlich mit anderen zu versammeln und frei mit anderen zusammenzuschließen, was das Recht jeder Person umfasst, zum Schutz ihrer Interessen Gewerkschaften zu gründen und Gewerkschaften beizutreten.

(2) Politische Parteien auf der Ebene der Union tragen dazu bei, den politischen Willen der Unionsbürgerinnen und Unionsbürger zum Ausdruck zu bringen.

Art. 13 Freiheit der Kunst und der Wissenschaft. [1]Kunst und Forschung sind frei. [2]Die akademische Freiheit wird geachtet.

Art. 14 Recht auf Bildung. (1) Jede Person hat das Recht auf Bildung sowie auf Zugang zur beruflichen Ausbildung und Weiterbildung.

(2) Dieses Recht umfasst die Möglichkeit, unentgeltlich am Pflichtschulunterricht teilzunehmen.

(3) Die Freiheit zur Gründung von Lehranstalten unter Achtung der demokratischen Grundsätze sowie das Recht der Eltern, die Erziehung und den Unterricht ihrer Kinder entsprechend ihren eigenen religiösen, weltanschaulichen und erzieherischen Überzeugungen sicherzustellen, werden nach den einzelstaatlichen Gesetzen geachtet, welche ihre Ausübung regeln.

Art. 15 Berufsfreiheit und Recht zu arbeiten. (1) Jede Person hat das Recht, zu arbeiten und einen frei gewählten oder angenommenen Beruf auszuüben.

(2) Alle Unionsbürgerinnen und Unionsbürger haben die Freiheit, in jedem Mitgliedstaat Arbeit zu suchen, zu arbeiten, sich niederzulassen oder Dienstleistungen zu erbringen.

(3) Die Staatsangehörigen dritter Länder, die im Hoheitsgebiet der Mitgliedstaaten arbeiten dürfen, haben Anspruch auf Arbeitsbedingungen, die denen der Unionsbürgerinnen und Unionsbürger entsprechen.

Art. 16 Unternehmerische Freiheit. Die unternehmerische Freiheit wird nach dem Unionsrecht und den einzelstaatlichen Rechtsvorschriften und Gepflogenheiten anerkannt.

Art. 17 Eigentumsrecht. (1) [1]Jede Person hat das Recht, ihr rechtmäßig erworbenes Eigentum zu besitzen, zu nutzen, darüber zu verfügen und es zu vererben. [2]Niemandem darf sein Eigentum entzogen werden, es sei denn aus Gründen des öffentlichen Interesses in den Fällen und unter den Bedingungen, die in einem Gesetz vorgesehen sind, sowie gegen eine rechtzeitige angemessene Entschädigung für den Verlust des Eigentums. [3]Die Nutzung des Eigentums kann gesetzlich geregelt werden, soweit dies für das Wohl der Allgemeinheit erforderlich ist.

(2) Geistiges Eigentum wird geschützt.

Art. 18 Asylrecht. Das Recht auf Asyl wird nach Maßgabe des Genfer Abkommens vom 28. Juli 1951 und des Protokolls vom 31. Januar 1967 über die Rechtsstellung der Flüchtlinge sowie nach Maßgabe des Vertrags über die Europäische Union[1] und des Vertrags über die Arbeitsweise der Europäischen Union[2] (im Folgenden „die Verträge") gewährleistet.

Art. 19 Schutz bei Abschiebung, Ausweisung und Auslieferung.

(1) Kollektivausweisungen sind nicht zulässig.

(2) Niemand darf in einen Staat abgeschoben oder ausgewiesen oder an einen Staat ausgeliefert werden, in dem für sie oder ihn das ernsthafte Risiko der Todesstrafe, der Folter oder einer anderen unmenschlichen oder erniedrigenden Strafe oder Behandlung besteht.

Titel III. Gleichheit

Art. 20 Gleichheit vor dem Gesetz. Alle Personen sind vor dem Gesetz gleich.

Art. 21 Nichtdiskriminierung. (1) Diskriminierungen insbesondere wegen des Geschlechts, der Rasse, der Hautfarbe, der ethnischen oder sozialen Herkunft, der genetischen Merkmale, der Sprache, der Religion oder der Weltanschauung, der politischen oder sonstigen Anschauung, der Zugehörigkeit zu einer nationalen Minderheit, des Vermögens, der Geburt, einer Behinderung, des Alters oder der sexuellen Ausrichtung sind verboten.

(2) Unbeschadet besonderer Bestimmungen der Verträge ist in ihrem Anwendungsbereich jede Diskriminierung aus Gründen der Staatsangehörigkeit verboten.

Art. 22 Vielfalt der Kulturen, Religionen und Sprachen. Die Union achtet die Vielfalt der Kulturen, Religionen und Sprachen.

Art. 23 Gleichheit von Frauen und Männern. *[1]* Die Gleichheit von Frauen und Männern ist in allen Bereichen, einschließlich der Beschäftigung, der Arbeit und des Arbeitsentgelts, sicherzustellen.

[2] Der Grundsatz der Gleichheit steht der Beibehaltung oder der Einführung spezifischer Vergünstigungen für das unterrepräsentierte Geschlecht nicht entgegen.

Art. 24 Rechte des Kindes. (1) [1] Kinder haben Anspruch auf den Schutz und die Fürsorge, die für ihr Wohlergehen notwendig sind. [2] Sie können ihre Meinung frei äußern. [3] Ihre Meinung wird in den Angelegenheiten, die sie betreffen, in einer ihrem Alter und ihrem Reifegrad entsprechenden Weise berücksichtigt.

(2) Bei allen Kinder betreffenden Maßnahmen öffentlicher Stellen oder privater Einrichtungen muss das Wohl des Kindes eine vorrangige Erwägung sein.

---

[1] Nr. **1**.
[2] Nr. **2**.

(3) Jedes Kind hat Anspruch auf regelmäßige persönliche Beziehungen und direkte Kontakte zu beiden Elternteilen, es sei denn, dies steht seinem Wohl entgegen.

Art. 25 Rechte älterer Menschen. Die Union anerkennt und achtet das Recht älterer Menschen auf ein würdiges und unabhängiges Leben und auf Teilnahme am sozialen und kulturellen Leben.

Art. 26 Integration von Menschen mit Behinderung. Die Union anerkennt und achtet den Anspruch von Menschen mit Behinderung auf Maßnahmen zur Gewährleistung ihrer Eigenständigkeit, ihrer sozialen und beruflichen Eingliederung und ihrer Teilnahme am Leben der Gemeinschaft.

Titel IV. Solidarität

Art. 27 Recht auf Unterrichtung und Anhörung der Arbeitnehmerinnen und Arbeitnehmer im Unternehmen. Für die Arbeitnehmerinnen und Arbeitnehmer oder ihre Vertreter muss auf den geeigneten Ebenen eine rechtzeitige Unterrichtung und Anhörung in den Fällen und unter den Voraussetzungen gewährleistet sein, die nach dem Unionsrecht und den einzelstaatlichen Rechtsvorschriften und Gepflogenheiten vorgesehen sind.

Art. 28 Recht auf Kollektivverhandlungen und Kollektivmaßnahmen.

Die Arbeitnehmerinnen und Arbeitnehmer sowie die Arbeitgeberinnen und Arbeitgeber oder ihre jeweiligen Organisationen haben nach dem Unionsrecht und den einzelstaatlichen Rechtsvorschriften und Gepflogenheiten das Recht, Tarifverträge auf den geeigneten Ebenen auszuhandeln und zu schließen sowie bei Interessenkonflikten kollektive Maßnahmen zur Verteidigung ihrer Interessen, einschließlich Streiks, zu ergreifen.

Art. 29 Recht auf Zugang zu einem Arbeitsvermittlungsdienst. Jeder Mensch hat das Recht auf Zugang zu einem unentgeltlichen Arbeitsvermittlungsdienst.

Art. 30 Schutz bei ungerechtfertigter Entlassung. Jede Arbeitnehmerin und jeder Arbeitnehmer hat nach dem Unionsrecht und den einzelstaatlichen Rechtsvorschriften und Gepflogenheiten Anspruch auf Schutz vor ungerechtfertigter Entlassung.

Art. 31 Gerechte und angemessene Arbeitsbedingungen. (1) Jede Arbeitnehmerin und jeder Arbeitnehmer hat das Recht auf gesunde, sichere und würdige Arbeitsbedingungen.

(2) Jede Arbeitnehmerin und jeder Arbeitnehmer hat das Recht auf eine Begrenzung der Höchstarbeitszeit, auf tägliche und wöchentliche Ruhezeiten sowie auf bezahlten Jahresurlaub.

Art. 32 Verbot der Kinderarbeit und Schutz der Jugendlichen am Arbeitsplatz. *[1]* [1] Kinderarbeit ist verboten. [2] Unbeschadet günstigerer Vorschriften für Jugendliche und abgesehen von begrenzten Ausnahmen darf das

Mindestalter für den Eintritt in das Arbeitsleben das Alter, in dem die Schulpflicht endet, nicht unterschreiten.

[2] Zur Arbeit zugelassene Jugendliche müssen ihrem Alter angepasste Arbeitsbedingungen erhalten und vor wirtschaftlicher Ausbeutung und vor jeder Arbeit geschützt werden, die ihre Sicherheit, ihre Gesundheit, ihre körperliche, geistige, sittliche oder soziale Entwicklung beeinträchtigen oder ihre Erziehung gefährden könnte.

Art. 33 Familien- und Berufsleben. (1) Der rechtliche, wirtschaftliche und soziale Schutz der Familie wird gewährleistet.

(2) Um Familien- und Berufsleben miteinander in Einklang bringen zu können, hat jeder Mensch das Recht auf Schutz vor Entlassung aus einem mit der Mutterschaft zusammenhängenden Grund sowie den Anspruch auf einen bezahlten Mutterschaftsurlaub und auf einen Elternurlaub nach der Geburt oder Adoption eines Kindes.

Art. 34 Soziale Sicherheit und soziale Unterstützung. (1) Die Union anerkennt und achtet das Recht auf Zugang zu den Leistungen der sozialen Sicherheit und zu den sozialen Diensten, die in Fällen wie Mutterschaft, Krankheit, Arbeitsunfall, Pflegebedürftigkeit oder im Alter sowie bei Verlust des Arbeitsplatzes Schutz gewährleisten, nach Maßgabe des Unionsrechts und der einzelstaatlichen Rechtsvorschriften und Gepflogenheiten.

(2) Jeder Mensch, der in der Union seinen rechtmäßigen Wohnsitz hat und seinen Aufenthalt rechtmäßig wechselt, hat Anspruch auf die Leistungen der sozialen Sicherheit und die sozialen Vergünstigungen nach dem Unionsrecht und den einzelstaatlichen Rechtsvorschriften und Gepflogenheiten.

(3) Um die soziale Ausgrenzung und die Armut zu bekämpfen, anerkennt und achtet die Union das Recht auf eine soziale Unterstützung und eine Unterstützung für die Wohnung, die allen, die nicht über ausreichende Mittel verfügen, ein menschenwürdiges Dasein sicherstellen sollen, nach Maßgabe des Unionsrechts und der einzelstaatlichen Rechtsvorschriften und Gepflogenheiten.

Art. 35 Gesundheitsschutz. [1]Jeder Mensch hat das Recht auf Zugang zur Gesundheitsvorsorge und auf ärztliche Versorgung nach Maßgabe der einzelstaatlichen Rechtsvorschriften und Gepflogenheiten. [2]Bei der Festlegung und Durchführung der Politik und Maßnahmen der Union in allen Bereichen wird ein hohes Gesundheitsschutzniveau sichergestellt.

Art. 36 Zugang zu Dienstleistungen von allgemeinem wirtschaftlichen Interesse. Die Union anerkennt und achtet den Zugang zu Dienstleistungen von allgemeinem wirtschaftlichen Interesse, wie er durch die einzelstaatlichen Rechtsvorschriften und Gepflogenheiten im Einklang mit den Verträgen geregelt ist, um den sozialen und territorialen Zusammenhalt der Union zu fördern.

Art. 37 Umweltschutz. Ein hohes Umweltschutzniveau und die Verbesserung der Umweltqualität müssen in die Politik der Union einbezogen und nach dem Grundsatz der nachhaltigen Entwicklung sichergestellt werden.

Art. 38 Verbraucherschutz. Die Politik der Union stellt ein hohes Verbraucherschutzniveau sicher.

Titel V. Bürgerrechte

Art. 39 Aktives und passives Wahlrecht bei den Wahlen zum Europäischen Parlament. (1) Die Unionsbürgerinnen und Unionsbürger besitzen in dem Mitgliedstaat, in dem sie ihren Wohnsitz haben, das aktive und passive Wahlrecht bei den Wahlen zum Europäischen Parlament unter denselben Bedingungen wie die Angehörigen des betreffenden Mitgliedstaats.

(2) Die Mitglieder des Europäischen Parlaments werden in allgemeiner, unmittelbarer, freier und geheimer Wahl gewählt.

Art. 40 Aktives und passives Wahlrecht bei den Kommunalwahlen.

Die Unionsbürgerinnen und Unionsbürger besitzen in dem Mitgliedstaat, in dem sie ihren Wohnsitz haben, das aktive und passive Wahlrecht bei Kommunalwahlen unter denselben Bedingungen wie die Angehörigen des betreffenden Mitgliedstaats.

Art. 41 Recht auf eine gute Verwaltung. (1) Jede Person hat ein Recht darauf, dass ihre Angelegenheiten von den Organen, Einrichtungen und sonstigen Stellen der Union unparteiisch, gerecht und innerhalb einer angemessenen Frist behandelt werden.

(2) Dieses Recht umfasst insbesondere

a) das Recht jeder Person, gehört zu werden, bevor ihr gegenüber eine für sie nachteilige individuelle Maßnahme getroffen wird,

b) das Recht jeder Person auf Zugang zu den sie betreffenden Akten unter Wahrung des berechtigten Interesses der Vertraulichkeit sowie des Berufs- und Geschäftsgeheimnisses,

c) die Verpflichtung der Verwaltung, ihre Entscheidungen zu begründen.

(3) Jede Person hat Anspruch darauf, dass die Union den durch ihre Organe oder Bediensteten in Ausübung ihrer Amtstätigkeit verursachten Schaden nach den allgemeinen Rechtsgrundsätzen ersetzt, die den Rechtsordnungen der Mitgliedstaaten gemeinsam sind.

(4) Jede Person kann sich in einer der Sprachen der Verträge an die Organe der Union wenden und muss eine Antwort in derselben Sprache erhalten.

Art. 42 Recht auf Zugang zu Dokumenten. Die Unionsbürgerinnen und Unionsbürger sowie jede natürliche oder juristische Person mit Wohnsitz oder satzungsmäßigem Sitz in einem Mitgliedstaat haben das Recht auf Zugang zu den Dokumenten der Organe, Einrichtungen und sonstigen Stellen der Union, unabhängig von der Form der für diese Dokumente verwendeten Träger.

Art. 43 Der Europäische Bürgerbeauftragte. Die Unionsbürgerinnen und Unionsbürger sowie jede natürliche oder juristische Person mit Wohnsitz oder satzungsmäßigem Sitz in einem Mitgliedstaat haben das Recht, den Europäischen Bürgerbeauftragten im Falle von Missständen bei der Tätigkeit der Organe, Einrichtungen und sonstigen Stellen der Union, mit Ausnahme des Gerichtshofs der Europäischen Union in Ausübung seiner Rechtsprechungsbefugnisse, zu befassen.

Art. 44 Petitionsrecht. Die Unionsbürgerinnen und Unionsbürger sowie jede natürliche oder juristische Person mit Wohnsitz oder satzungsmäßigem Sitz in einem Mitgliedstaat haben das Recht, eine Petition an das Europäische Parlament zu richten.

Art. 45 Freizügigkeit und Aufenthaltsfreiheit. (1) Die Unionsbürgerinnen und Unionsbürger haben das Recht, sich im Hoheitsgebiet der Mitgliedstaaten frei zu bewegen und aufzuhalten.

(2) Staatsangehörigen von Drittländern, die sich rechtmäßig im Hoheitsgebiet eines Mitgliedstaats aufhalten, kann nach Maßgabe der Verträge Freizügigkeit und Aufenthaltsfreiheit gewährt werden.

Art. 46 Diplomatischer und konsularischer Schutz. Die Unionsbürgerinnen und Unionsbürger genießen im Hoheitsgebiet eines Drittlands, in dem der Mitgliedstaat, dessen Staatsangehörigkeit sie besitzen, nicht vertreten ist, den Schutz durch die diplomatischen und konsularischen Behörden eines jeden Mitgliedstaats unter denselben Bedingungen wie Staatsangehörige dieses Staates.

Titel VI. Justizielle Rechte

Art. 47 Recht auf einen wirksamen Rechtsbehelf und ein unparteiisches Gericht. *[1]* Jede Person, deren durch das Recht der Union garantierte Rechte oder Freiheiten verletzt worden sind, hat das Recht, nach Maßgabe der in diesem Artikel vorgesehenen Bedingungen bei einem Gericht einen wirksamen Rechtsbehelf einzulegen.

[2] [1] Jede Person hat ein Recht darauf, dass ihre Sache von einem unabhängigen, unparteiischen und zuvor durch Gesetz errichteten Gericht in einem fairen Verfahren, öffentlich und innerhalb angemessener Frist verhandelt wird. [2] Jede Person kann sich beraten, verteidigen und vertreten lassen.

[3] Personen, die nicht über ausreichende Mittel verfügen, wird Prozesskostenhilfe bewilligt, soweit diese Hilfe erforderlich ist, um den Zugang zu den Gerichten wirksam zu gewährleisten.

Art. 48 Unschuldsvermutung und Verteidigungsrechte. (1) Jeder Angeklagte gilt bis zum rechtsförmlich erbrachten Beweis seiner Schuld als unschuldig.

(2) Jedem Angeklagten wird die Achtung der Verteidigungsrechte gewährleistet.

Art. 49 Grundsätze der Gesetzmäßigkeit und der Verhältnismäßigkeit im Zusammenhang mit Straftaten und Strafen. (1) [1] Niemand darf wegen einer Handlung oder Unterlassung verurteilt werden, die zur Zeit ihrer Begehung nach innerstaatlichem oder internationalem Recht nicht strafbar war. [2] Es darf auch keine schwerere Strafe als die zur Zeit der Begehung angedrohte

Strafe verhängt werden. [3]Wird nach Begehung einer Straftat durch Gesetz eine mildere Strafe eingeführt, so ist diese zu verhängen.

(2) Dieser Artikel schließt nicht aus, dass eine Person wegen einer Handlung oder Unterlassung verurteilt oder bestraft wird, die zur Zeit ihrer Begehung nach den allgemeinen, von der Gesamtheit der Nationen anerkannten Grundsätzen strafbar war.

(3) Das Strafmaß darf zur Straftat nicht unverhältnismäßig sein.

Art. 50 Recht, wegen derselben Straftat nicht zweimal strafrechtlich verfolgt oder bestraft zu werden. Niemand darf wegen einer Straftat, derentwegen er bereits in der Union nach dem Gesetz rechtskräftig verurteilt oder freigesprochen worden ist, in einem Strafverfahren erneut verfolgt oder bestraft werden.

Titel VII. Allgemeine Bestimmungen über die Auslegung und Anwendung der Charta

Art. 51 Anwendungsbereich. (1) [1]Diese Charta gilt für die Organe, Einrichtungen und sonstigen Stellen der Union unter Wahrung des Subsidiaritätsprinzips und für die Mitgliedstaaten ausschließlich bei der Durchführung des Rechts der Union. [2]Dementsprechend achten sie die Rechte, halten sie sich an die Grundsätze und fördern sie deren Anwendung entsprechend ihren jeweiligen Zuständigkeiten und unter Achtung der Grenzen der Zuständigkeiten, die der Union in den Verträgen übertragen werden.

(2) Diese Charta dehnt den Geltungsbereich des Unionsrechts nicht über die Zuständigkeiten der Union hinaus aus und begründet weder neue Zuständigkeiten noch neue Aufgaben für die Union, noch ändert sie die in den Verträgen festgelegten Zuständigkeiten und Aufgaben.

Art. 52 Tragweite und Auslegung der Rechte und Grundsätze.

(1) [1]Jede Einschränkung der Ausübung der in dieser Charta anerkannten Rechte und Freiheiten muss gesetzlich vorgesehen sein und den Wesensgehalt dieser Rechte und Freiheiten achten. [2]Unter Wahrung des Grundsatzes der Verhältnismäßigkeit dürfen Einschränkungen nur vorgenommen werden, wenn sie erforderlich sind und den von der Union anerkannten dem Gemeinwohl dienenden Zielsetzungen oder den Erfordernissen des Schutzes der Rechte und Freiheiten anderer tatsächlich entsprechen.

(2) Die Ausübung der durch diese Charta anerkannten Rechte, die in den Verträgen geregelt sind, erfolgt im Rahmen der in den Verträgen festgelegten Bedingungen und Grenzen.

(3) [1]Soweit diese Charta Rechte enthält, die den durch die Europäische Konvention zum Schutz der Menschenrechte und Grundfreiheiten[1)] garantierten Rechten entsprechen, haben sie die gleiche Bedeutung und Tragweite, wie sie ihnen in der genannten Konvention verliehen wird. [2]Diese Bestimmung steht dem nicht entgegen, dass das Recht der Union einen weiter gehenden Schutz gewährt.

[1)] Nr. **40**.

(4) Soweit in dieser Charta Grundrechte anerkannt werden, wie sie sich aus den gemeinsamen Verfassungsüberlieferungen der Mitgliedstaaten ergeben, werden sie im Einklang mit diesen Überlieferungen ausgelegt.

(5) [1] Die Bestimmungen dieser Charta, in denen Grundsätze festgelegt sind, können durch Akte der Gesetzgebung und der Ausführung der Organe, Einrichtungen und sonstigen Stellen der Union sowie durch Akte der Mitgliedstaaten zur Durchführung des Rechts der Union in Ausübung ihrer jeweiligen Zuständigkeiten umgesetzt werden. [2] Sie können vor Gericht nur bei der Auslegung dieser Akte und bei Entscheidungen über deren Rechtmäßigkeit herangezogen werden.

(6) Den einzelstaatlichen Rechtsvorschriften und Gepflogenheiten ist, wie es in dieser Charta bestimmt ist, in vollem Umfang Rechnung zu tragen.

(7) Die Erläuterungen, die als Anleitung für die Auslegung dieser Charta verfasst wurden, sind von den Gerichten der Union und der Mitgliedstaaten gebührend zu berücksichtigen.

Art. 53 Schutzniveau. Keine Bestimmung dieser Charta ist als eine Einschränkung oder Verletzung der Menschenrechte und Grundfreiheiten auszulegen, die in dem jeweiligen Anwendungsbereich durch das Recht der Union und das Völkerrecht sowie durch die internationalen Übereinkünfte, bei denen die Union oder alle Mitgliedstaaten Vertragsparteien sind, darunter insbesondere die Europäische Konvention zum Schutz der Menschenrechte und Grundfreiheiten[1], sowie durch die Verfassungen der Mitgliedstaaten anerkannt werden.

Art. 54 Verbot des Missbrauchs der Rechte. Keine Bestimmung dieser Charta ist so auszulegen, als begründe sie das Recht, eine Tätigkeit auszuüben oder eine Handlung vorzunehmen, die darauf abzielt, die in der Charta anerkannten Rechte und Freiheiten abzuschaffen oder sie stärker einzuschränken, als dies in der Charta vorgesehen ist.

Der vorstehende Wortlaut übernimmt mit Anpassungen die am 7. Dezember 2000 proklamierte Charta und ersetzt sie ab dem Zeitpunkt des Inkrafttretens[2] des Vertrags von Lissabon.

Geschehen zu Strassburg am zwölften Dezember zweitausendsieben.[3]

Erläuterungen[4] zur Charta der Grundrechte

Die nachstehenden Erläuterungen wurden ursprünglich unter der Verantwortung des Präsidiums des Konvents, der die Charta der Grundrechte der Europäischen Union ausgearbeitet hat, formuliert. Sie wurden unter der Verantwortung des Präsidiums des Europäischen Konvents aufgrund der von diesem Konvent vorgenommenen Anpassungen des Wortlauts der Charta (insbesondere der Artikel 51

---

[1] Nr. **40**.

[2] Die Bundesrepublik Deutschland hat mWv 15.10.2008 durch G v. 8.1.2008 (BGBl. II S. 1038) dem Vertrag von Lissabon zugestimmt; Inkrafttreten am 1.12.2009, siehe die Bek. v. 13.11.2009 (BGBl. II S. 1223).

[3] Von der Wiedergabe der Unterschriften der Präsidenten des Europäischen Parlaments, des Rats der Europäischen Union und der Kommission der Europäischen Gemeinschaften wurde abgesehen.

[4] **Amtl. Anm.:** Die Verweise auf die Artikelnummerierung der Verträge wurden auf den neuesten Stand gebracht und einige Fehler wurden berichtigt.

und 52) und der Fortentwicklung des Unionsrechts aktualisiert. Diese Erläuterungen haben als solche keinen rechtlichen Status, stellen jedoch eine nützliche Interpretationshilfe dar, die dazu dient, die Bestimmungen der Charta zu verdeutlichen.

Titel I – Würde des Menschen

Erläuterung zu Artikel 1 – Würde des Menschen

Die Würde des Menschen ist nicht nur ein Grundrecht an sich, sondern bildet das eigentliche Fundament der Grundrechte. Die Allgemeine Erklärung der Menschenrechte von 1948 verankert die Menschenwürde in ihrer Präambel: „… da die Anerkennung der allen Mitgliedern der menschlichen Familie innewohnenden Würde und ihrer gleichen und unveräußerlichen Rechte die Grundlage der Freiheit, der Gerechtigkeit und des Friedens in der Welt bildet." In seinem Urteil vom 9. Oktober 2001 in der Rechtssache C-377/98, Niederlande gegen Europäisches Parlament und Rat, Slg. 2001, I-7079, Randnrn. 70-77 bestätigte der Gerichtshof, dass das Grundrecht auf Menschenwürde Teil des Unionsrechts ist.

Daraus ergibt sich insbesondere, dass keines der in dieser Charta festgelegten Rechte dazu verwendet werden darf, die Würde eines anderen Menschen zu verletzen, und dass die Würde des Menschen zum Wesensgehalt der in dieser Charta festgelegten Rechte gehört. Sie darf daher auch bei Einschränkungen eines Rechtes nicht angetastet werden.

Erläuterung zu Artikel 2 – Recht auf Leben

1. Absatz 1 dieses Artikels basiert auf Artikel 2 Absatz 1 Satz 1 der Europäischen Menschenrechtskonvention (EMRK)[1], der wie folgt lautet:

   „1. Das Recht jedes Menschen auf Leben wird gesetzlich geschützt …".

2. Satz 2 der genannten Vorschrift, der die Todesstrafe zum Gegenstand hatte, ist durch das Inkrafttreten des Protokolls Nr. 6 zur EMRK[2] hinfällig geworden, dessen Artikel 1 wie folgt lautet:
   „[1] Die Todesstrafe ist abgeschafft. [2] Niemand darf zu dieser Strafe verurteilt oder hingerichtet werden."

   Auf dieser Vorschrift beruht Artikel 2 Absatz 2 der Charta.

3. Die Bestimmungen des Artikels 2 der Charta entsprechen den Bestimmungen der genannten Artikel der EMRK und des Zusatzprotokolls[3]. Sie haben nach Artikel 52 Absatz 3 der Charta die gleiche Bedeutung und Tragweite. So müssen die in der EMRK enthaltenen „Negativdefinitionen" auch als Teil der Charta betrachtet werden:

   a) Artikel 2 Absatz 2 EMRK:
   „Eine Tötung wird nicht als Verletzung dieses Artikels betrachtet, wenn sie durch eine Gewaltanwendung verursacht wird, die unbedingt erforderlich ist, um

   a) jemanden gegen rechtswidrige Gewalt zu verteidigen;

   b) jemanden rechtmäßig festzunehmen oder jemanden, dem die Freiheit rechtmäßig entzogen ist, an der Flucht zu hindern;

   c) einen Aufruhr oder Aufstand rechtmäßig niederzuschlagen".

   b) Artikel 2 des Protokolls Nr. 6 zur EMRK:
   „Ein Staat kann in seinem Recht die Todesstrafe für Taten vorsehen, die in Kriegszeiten oder bei unmittelbarer Kriegsgefahr begangen werden; diese Strafe darf nur in den Fällen, die im Recht vorgesehen sind, und in Übereinstimmung mit dessen Bestimmungen angewendet werden …".

Erläuterung zu Artikel 3 – Recht auf Unversehrtheit

1. In seinem Urteil vom 9. Oktober 2001 in der Rechtssache C-377/98, Niederlande gegen Europäisches Parlament und Rat, Slg. 2001, I-7079, Randnrn. 70, 78, 79 und 80, bestätigte der Gerichtshof, dass das Grundrecht auf Unversehrtheit Teil des Unionsrechts ist und im Bereich der Medizin und der Biologie die freie Einwilligung des Spenders und des Empfängers nach vorheriger Aufklärung umfasst.

---

[1] Nr. **40**.
[2] Nr. **40c**.
[3] Nr. **40a**.

2. Die Grundsätze des Artikels 3 der Charta sind bereits in dem im Rahmen des Europarates angenommenen Übereinkommen über Menschenrechte und Biomedizin (STE 164 und Zusatzprotokoll STE 168) enthalten. Die Charta will von diesen Bestimmungen nicht abweichen und verbietet daher lediglich das reproduktive Klonen. Die anderen Formen des Klonens werden von der Charta weder gestattet noch verboten. Sie hindert den Gesetzgeber also keineswegs daran, auch die anderen Formen des Klonens zu verbieten.
3. Durch den Hinweis auf eugenische Praktiken, insbesondere diejenigen, welche die Selektion von Menschen zum Ziel haben, soll die Möglichkeit erfasst werden, dass Selektionsprogramme organisiert und durchgeführt werden, die beispielsweise Sterilisierungskampagnen, erzwungene Schwangerschaften, die Pflicht, den Ehepartner in der gleichen Volksgruppe zu wählen, usw. umfassen; derartige Handlungen werden in dem am 17. Juli 1998 in Rom verabschiedeten Statut des Internationalen Strafgerichtshofs (siehe Artikel 7 Absatz 1 Buchstabe g) als internationale Verbrechen betrachtet.

Erläuterung zu Artikel 4 – Verbot der Folter und unmenschlicher oder erniedrigender Strafe oder Behandlung

Das Recht nach Artikel 4 entspricht dem Recht, das durch den gleich lautenden Artikel 3 EMRK[1] garantiert ist: „Niemand darf der Folter oder unmenschlicher oder erniedrigender Strafe oder Behandlung unterworfen werden.“ Nach Artikel 52 Absatz 3 der Charta hat Artikel 4 also die gleiche Bedeutung und Tragweite wie Artikel 3 EMRK.

Erläuterung zu Artikel 5 – Verbot der Sklaverei und der Zwangsarbeit

1. Das Recht nach Artikel 5 Absätze 1 und 2 entspricht dem gleich lautenden Artikel 4 Absätze 1 und 2 EMRK[1]. Nach Artikel 52 Absatz 3 der Charta hat dieses Recht also die gleiche Bedeutung und Tragweite wie Artikel 4 EMRK. Daraus folgt:
   - Eine legitime Einschränkung des Rechts nach Absatz 1 kann es nicht geben.
   - In Absatz 2 müssen in Bezug auf die Begriffe „Zwangs- oder Pflichtarbeit“ die „negativen“ Definitionen nach Artikel 4 Absatz 3 EMRK berücksichtigt werden:

     „Nicht als Zwangs- oder Pflichtarbeit im Sinne dieses Artikels gilt
     a) eine Arbeit, die üblicherweise von einer Person verlangt wird, der unter den Voraussetzungen des Artikels 5 die Freiheit entzogen oder die bedingt entlassen worden ist;
     b) eine Dienstleistung militärischer Art oder eine Dienstleistung, die an die Stelle des im Rahmen der Wehrpflicht zu leistenden Dienstes tritt, in Ländern, wo die Dienstverweigerung aus Gewissensgründen anerkannt ist;
     c) eine Dienstleistung, die verlangt wird, wenn Notstände oder Katastrophen das Leben oder das Wohl der Gemeinschaft bedrohen;
     d) eine Arbeit oder Dienstleistung, die zu den üblichen Bürgerpflichten gehört.“
2. Absatz 3 ergibt sich unmittelbar aus der Menschenwürde und trägt neueren Entwicklungen auf dem Gebiet der organisierten Kriminalität wie der Schleuserkriminalität oder der organisierten sexuellen Ausbeutung Rechnung. Das Europol-Übereinkommen enthält im Anhang folgende Definition, die den Menschenhandel zum Zwecke der sexuellen Ausbeutung betrifft: „Menschenhandel: tatsächliche und rechtswidrige Unterwerfung einer Person unter den Willen anderer Personen mittels Gewalt, Drohung oder Täuschung oder unter Ausnutzung eines Abhängigkeitsverhältnisses insbesondere mit folgendem Ziel: Ausbeutung der Prostitution, Ausbeutung von Minderjährigen, sexuelle Gewalt gegenüber Minderjährigen oder Handel im Zusammenhang mit Kindesaussetzung.“ Kapitel VI des Schengener Durchführungsübereinkommens, das in den Besitzstand der Union integriert worden ist und an dem sich das Vereinigte Königreich und Irland beteiligen, enthält in Artikel 27 Absatz 1 folgende auf die Schleuseraktivitäten zielende Bestimmung: „Die Vertragsparteien verpflichten sich, angemessene Sanktionen gegen jede Person vorzusehen, die zu Erwerbszwecken einem Drittausländer hilft oder zu helfen versucht, in das Hoheitsgebiet einer der Vertragsparteien unter Verletzung ihrer Rechtsvorschriften in Bezug auf die Einreise und den Aufenthalt von Drittausländern einzureisen oder sich dort aufzuhalten.“ Am 19. Juli 2002 nahm der Rat einen Rahmenbeschluss zur Bekämpfung des Menschenhandels (ABl. L 203 vom 1.8.2002, S. 1) an; in Artikel 1 dieses Rahmenbeschlusses sind die Handlungen im Zusammenhang mit dem Menschenhandel zum Zwecke der Ausbeutung von Arbeitskräften oder

---

[1] Nr. **40**.

der sexuellen Ausbeutung näher bestimmt, die die Mitgliedstaaten aufgrund des genannten Rahmenbeschlusses unter Strafe stellen müssen.

Titel II – Freiheiten

Erläuterung zu Artikel 6 – Recht auf Freiheit und Sicherheit

Die Rechte nach Artikel 6 entsprechen den Rechten, die durch Artikel 5 EMRK[1] garantiert sind, denen sie nach Artikel 52 Absatz 3 der Charta an Bedeutung und Tragweite gleichkommen. Die Einschränkungen, die legitim an diesen Rechten vorgenommen werden können, dürfen daher nicht über die Einschränkungen hinausgehen, die im Rahmen des wie folgt lautenden Artikels 5 EMRK zulässig sind:

„1. Jeder Mensch hat das Recht auf Freiheit und Sicherheit. Die Freiheit darf nur in den folgenden Fällen und nur auf die gesetzlich vorgeschriebene Weise entzogen werden:

a) rechtmäßige Freiheitsentziehung nach Verurteilung durch ein zuständiges Gericht;

b) rechtmäßige Festnahme oder Freiheitsentziehung wegen Nichtbefolgung einer rechtmäßigen gerichtlichen Anordnung oder zur Erzwingung der Erfüllung einer gesetzlichen Verpflichtung;

c) rechtmäßige Festnahme oder Freiheitsentziehung zur Vorführung vor die zuständige Gerichtsbehörde, wenn hinreichender Verdacht besteht, dass die betreffende Person eine Straftat begangen hat, oder wenn begründeter Anlass zu der Annahme besteht, dass es notwendig ist, sie an der Begehung einer Straftat oder an der Flucht nach Begehung einer solchen zu hindern;

d) rechtmäßige Freiheitsentziehung bei Minderjährigen zum Zweck überwachter Erziehung oder zur Vorführung vor die zuständige Behörde;

e) rechtmäßige Freiheitsentziehung mit dem Ziel, eine Verbreitung ansteckender Krankheiten zu verhindern, sowie bei psychisch Kranken, Alkohol- oder Rauschgiftsüchtigen und Landstreichern;

f) rechtmäßige Festnahme oder Freiheitsentziehung zur Verhinderung der unerlaubten Einreise sowie bei Personen, gegen die ein Ausweisungs- oder Auslieferungsverfahren im Gange ist.

2. Jeder festgenommenen Person muss unverzüglich in einer ihr verständlichen Sprache mitgeteilt werden, welches die Gründe für ihre Festnahme sind und welche Beschuldigungen gegen sie erhoben werden.

3. Jede Person, die nach Absatz 1 Buchstabe c von Festnahme oder Freiheitsentziehung betroffen ist, muss unverzüglich einem Richter oder einer anderen gesetzlich zur Wahrnehmung richterlicher Aufgaben ermächtigten Person vorgeführt werden; sie hat Anspruch auf ein Urteil innerhalb angemessener Frist oder auf Entlassung während des Verfahrens. Die Entlassung kann von der Leistung einer Sicherheit für das Erscheinen vor Gericht abhängig gemacht werden.

4. Jede Person, die festgenommen oder der die Freiheit entzogen ist, hat das Recht, zu beantragen, dass ein Gericht innerhalb kurzer Frist über die Rechtmäßigkeit der Freiheitsentziehung entscheidet und ihre Entlassung anordnet, wenn die Freiheitsentziehung nicht rechtmäßig ist.

5. Jede Person, die unter Verletzung dieses Artikels von Festnahme oder Freiheitsentziehung betroffen ist, hat Anspruch auf Schadensersatz."

Die Rechte nach Artikel 6 müssen insbesondere dann geachtet werden, wenn das Europäische Parlament und der Rat Gesetzgebungsakte im Bereich der justiziellen Zusammenarbeit in Strafsachen auf der Grundlage der Artikel 82, 83 und 85 des Vertrags über die Arbeitsweise der Europäischen Union[2], insbesondere zur Festlegung gemeinsamer Mindestvorschriften über die Tatbestandsmerkmale strafbarer Handlungen und die Strafen sowie über bestimmte Aspekte des Verfahrensrechts erlassen.

Erläuterung zu Artikel 7 – Achtung des Privat- und Familienlebens

Die Rechte nach Artikel 7 entsprechen den Rechten, die durch Artikel 8 EMRK[1] garantiert sind. Um der technischen Entwicklung Rechnung zu tragen, wurde der Begriff „Korrespondenz" durch „Kommunikation" ersetzt.

Nach Artikel 52 Absatz 3 haben diese Rechte die gleiche Bedeutung und Tragweite wie die Rechte aus dem entsprechenden Artikel der EMRK. Ihre möglichen legitimen Einschränkungen sind daher diejenigen, die der genannte Artikel 8 gestattet:

---

[1] Nr. **40**.
[2] Nr. **2**.

„1. Jede Person hat das Recht auf Achtung ihres Privat- und Familienlebens, ihrer Wohnung und ihrer Korrespondenz.

2. Eine Behörde darf in die Ausübung dieses Rechts nur eingreifen, soweit der Eingriff gesetzlich vorgesehen und in einer demokratischen Gesellschaft notwendig ist für die nationale oder öffentliche Sicherheit, für das wirtschaftliche Wohl des Landes, zur Aufrechterhaltung der Ordnung, zur Verhütung von Straftaten, zum Schutz der Gesundheit oder der Moral oder zum Schutz der Rechte und Freiheiten anderer."

Erläuterung zu Artikel 8 – Schutz personenbezogener Daten

Dieser Artikel stützte sich auf Artikel 286 des Vertrags zur Gründung der Europäischen Gemeinschaft und auf die Richtlinie 95/46/EG des Europäischen Parlaments und des Rates zum Schutz natürlicher Personen bei der Verarbeitung personenbezogener Daten und zum freien Datenverkehr (ABl. L 281 vom 23.11.1995, S. 31) sowie auf Artikel 8 EMRK[1] und das Übereinkommen des Europarates vom 28. Januar 1981 zum Schutz des Menschen bei der automatischen Verarbeitung personenbezogener Daten, das von allen Mitgliedstaaten ratifiziert wurde. Artikel 286 EGV wird nunmehr durch Artikel 16 des Vertrags über die Arbeitsweise der Europäischen Union[2] und Artikel 39 des Vertrags über die Europäische Union[3] ersetzt. Es wird ferner auf die Verordnung (EG) Nr. 45/2001 des Europäischen Parlaments und des Rates zum Schutz natürlicher Personen bei der Verarbeitung personenbezogener Daten durch die Organe und Einrichtungen der Gemeinschaft und zum freien Datenverkehr (ABl. L 8 vom 12.1.2001 S. 1) verwiesen. Die genannte Richtlinie und Verordnung enthalten Bedingungen und Beschränkungen für die Wahrnehmung des Rechts auf den Schutz personenbezogener Daten.

Erläuterung zu Artikel 9 – Recht, eine Ehe einzugehen und eine Familie zu gründen

Dieser Artikel stützt sich auf Artikel 12 EMRK[1], der wie folgt lautet: „Männer und Frauen im heiratsfähigen Alter haben das Recht, nach den innerstaatlichen Gesetzen, welche die Ausübung dieses Rechts regeln, eine Ehe einzugehen und eine Familie zu gründen." Die Formulierung dieses Rechts wurde zeitgemäßer gestaltet, um Fälle zu erfassen, in denen nach den einzelstaatlichen Rechtsvorschriften andere Formen als die Heirat zur Gründung einer Familie anerkannt werden. Durch diesen Artikel wird es weder untersagt noch vorgeschrieben, Verbindungen von Menschen gleichen Geschlechts den Status der Ehe zu verleihen. Dieses Recht ist also dem von der EMRK vorgesehenen Recht ähnlich, es kann jedoch eine größere Tragweite haben, wenn die einzelstaatlichen Rechtsvorschriften dies vorsehen.

Erläuterung zu Artikel 10 – Gedanken-, Gewissens- und Religionsfreiheit

Das in Absatz 1 garantierte Recht entspricht dem Recht, das durch Artikel 9 EMRK[1] garantiert ist, und hat nach Artikel 52 Absatz 3 der Charta die gleiche Bedeutung und die gleiche Tragweite wie dieses. Bei Einschränkungen muss daher Artikel 9 Absatz 2 EMRK gewahrt werden, der wie folgt lautet: „Die Freiheit, seine Religion oder Weltanschauung zu bekennen, darf nur Einschränkungen unterworfen werden, die gesetzlich vorgesehen und in einer demokratischen Gesellschaft notwendig sind für die öffentliche Sicherheit, zum Schutz der öffentlichen Ordnung, Gesundheit oder Moral oder zum Schutz der Rechte und Freiheiten anderer."

Das in Absatz 2 garantierte Recht entspricht den einzelstaatlichen Verfassungstraditionen und der Entwicklung der einzelstaatlichen Gesetzgebungen in diesem Punkt.

Erläuterung zu Artikel 11 – Freiheit der Meinungsäußerung und Informationsfreiheit

1. Artikel 11 entspricht Artikel 10 EMRK[1], der wie folgt lautet:

„1. Jede Person hat das Recht auf freie Meinungsäußerung. Dieses Recht schließt die Meinungsfreiheit und die Freiheit ein, Informationen und Ideen ohne behördliche Eingriffe und ohne Rücksicht auf Staatsgrenzen zu empfangen und weiterzugeben. Dieser Artikel hindert die Staaten nicht, für Hörfunk-, Fernseh- oder Kinounternehmen eine Genehmigung vorzuschreiben.

2. Die Ausübung dieser Freiheiten ist mit Pflichten und Verantwortung verbunden; sie kann daher Formvorschriften, Bedingungen, Einschränkungen oder Strafdrohungen unterworfen werden, die gesetzlich vorgesehen und in einer demokratischen Gesellschaft notwendig sind für die

---

[1] Nr. **40**.
[2] Nr. **2**.
[3] Nr. **1**.

nationale Sicherheit, die territoriale Unversehrtheit oder die öffentliche Sicherheit, zur Aufrechterhaltung der Ordnung oder zur Verhütung von Straftaten, zum Schutz der Gesundheit oder der Moral, zum Schutz des guten Rufes oder der Rechte anderer, zur Verhinderung der Verbreitung vertraulicher Informationen oder zur Wahrung der Autorität und der Unparteilichkeit der Rechtsprechung."

Nach Artikel 52 Absatz 3 der Charta hat dieses Recht die gleiche Bedeutung und Tragweite wie das durch die EMRK garantierte Recht. Die möglichen Einschränkungen dieses Rechts dürfen also nicht über die in Artikel 10 Absatz 2 vorgesehenen Einschränkungen hinausgehen, allerdings unbeschadet der Beschränkungen, die die Möglichkeit der Mitgliedstaaten, Genehmigungsregelungen nach Artikel 10 Absatz 1 Satz 3 der EMRK einzuführen, durch das Wettbewerbsrecht der Union erfahren kann.

2. Absatz 2 dieses Artikels erläutert die Auswirkungen von Absatz 1 hinsichtlich der Freiheit der Medien. Er stützt sich insbesondere auf die Rechtsprechung des Gerichtshofs bezüglich des Fernsehens, insbesondere in der Rechtssache C-288/89 (Urteil vom 25. Juli 1991, Stichting Collectieve Antennevoorziening Gouda u.a.; Slg. 1991, I-4007), und auf das Protokoll über den öffentlich-rechtlichen Rundfunk in den Mitgliedstaaten, das dem EGV und nunmehr den Verträgen beigefügt ist, sowie auf die Richtlinie 89/552/EWG des Rates (siehe insbesondere Erwägungsgrund 17).

Erläuterung zu Artikel 12 – Versammlungs- und Vereinigungsfreiheit

1. Absatz 1 dieses Artikels entspricht Artikel 11 EMRK[1], der wie folgt lautet:

„1. Jede Person hat das Recht, sich frei und friedlich mit anderen zu versammeln und sich frei mit anderen zusammenzuschließen; dazu gehört auch das Recht, zum Schutz seiner Interessen Gewerkschaften zu gründen und Gewerkschaften beizutreten.

2. Die Ausübung dieser Rechte darf nur Einschränkungen unterworfen werden, die gesetzlich vorgesehen und in einer demokratischen Gesellschaft notwendig sind für die nationale oder öffentliche Sicherheit, zur Aufrechterhaltung der Ordnung oder zur Verhütung von Straftaten, zum Schutz der Gesundheit oder der Moral oder zum Schutz der Rechte und Freiheiten anderer. Dieser Artikel steht rechtmäßigen Einschränkungen der Ausübung dieser Rechte für Angehörige der Streitkräfte, der Polizei oder der Staatsverwaltung nicht entgegen.„

Die Bestimmungen des Absatzes 1 dieses Artikels 12 haben die gleiche Bedeutung wie die Bestimmungen der EMRK; sie haben jedoch eine größere Tragweite, weil sie auf alle Ebenen, auch auf die europäische Ebene, Anwendung finden können. Nach Artikel 52 Absatz 3 der Charta dürfen die Einschränkungen dieses Rechts nicht über die Einschränkungen hinausgehen, die als mögliche rechtmäßige Einschränkungen im Sinne von Artikel 11 Absatz 2 EMRK gelten.

2. Dieses Recht stützt sich auch auf Artikel 11 der Gemeinschaftscharta der sozialen Grundrechte der Arbeitnehmer.

3. Absatz 2 dieses Artikels entspricht Artikel 10 Absatz 4 des Vertrags über die Europäische Union[2].

Erläuterung zu Artikel 13 – Freiheit der Kunst und der Wissenschaft

Dieses Recht leitet sich in erster Linie aus der Gedankenfreiheit und der Freiheit der Meinungsäußerung ab. Seine Ausübung erfolgt unter Wahrung von Artikel 1, und es kann den durch Artikel 10 EMRK[1] gestatteten Einschränkungen unterworfen werden.

Erläuterung zu Artikel 14 – Recht auf Bildung

1. Dieser Artikel lehnt sich sowohl an die gemeinsamen verfassungsrechtlichen Traditionen der Mitgliedstaaten als auch an Artikel 2 des Zusatzprotokolls zur EMRK[3] an, der folgenden Wortlaut hat: „Niemandem darf das Recht auf Bildung verwehrt werden. Der Staat hat bei Ausübung der von ihm auf dem Gebiete der Erziehung und des Unterrichts übernommenen Aufgaben das Recht der Eltern zu achten, die Erziehung und den Unterricht entsprechend ihren eigenen religiösen und weltanschaulichen Überzeugungen sicherzustellen."

Es wurde für zweckmäßig erachtet, diesen Artikel auf den Zugang zur beruflichen Aus- und Weiterbildung auszudehnen (siehe Nummer 15 der Gemeinschaftscharta der sozialen Grundrechte

---

[1] Nr. **40**.
[2] Nr. **1**.
[3] Nr. **40a**.

der Arbeitnehmer sowie Artikel 10 der Europäischen Sozialcharta) und den Grundsatz der Unentgeltlichkeit des Pflichtschulunterrichts einzufügen. In seiner hier vorliegenden Fassung besagt dieser Grundsatz lediglich, dass in Bezug auf den Pflichtschulunterricht jedes Kind die Möglichkeit haben muss, eine schulische Einrichtung zu besuchen, die unentgeltlichen Unterricht erteilt. Er besagt nicht, dass alle – und insbesondere auch die privaten – schulischen Einrichtungen, die den betreffenden Unterricht oder berufliche Ausbildung und Weiterbildung anbieten, dies unentgeltlich tun müssen. Ebenso wenig verbietet er, dass bestimmte besondere Unterrichtsformen entgeltlich sein können, sofern der Staat Maßnahmen zur Gewährung eines finanziellen Ausgleichs trifft. Soweit die Charta für die Union gilt, bedeutet das, dass die Union im Rahmen ihrer bildungspolitischen Maßnahmen die Unentgeltlichkeit des Pflichtunterrichts achten muss, doch es erwachsen ihr daraus selbstverständlich keine neuen Zuständigkeiten. Was das Recht der Eltern anbelangt, so ist dieses in Verbindung mit Artikel 24 auszulegen.

2. Die Freiheit zur Gründung von öffentlichen oder privaten Lehranstalten wird als einer der Aspekte der unternehmerischen Freiheit garantiert, ihre Ausübung ist jedoch durch die Achtung der demokratischen Grundsätze eingeschränkt und erfolgt entsprechend den in den einzelstaatlichen Rechtsvorschriften festgelegten Einzelheiten.

Erläuterung zu Artikel 15 – Berufsfreiheit und Recht zu arbeiten

Die in Artikel 15 Absatz 1 festgeschriebene Berufsfreiheit ist in der Rechtsprechung des Gerichtshofs anerkannt (siehe u.a. die Urteile vom 14. Mai 1974, Rechtssache 4/73, Nold, Slg. 1974, 491, Randnrn. 12-14; vom 13. Dezember 1979, Rechtssache 44/79, Hauer, Slg. 1979, 3727; vom 8. Oktober 1986, Rechtssache 234/85, Keller, Slg. 1986, 2897, Randnr. 8).

Dieser Absatz lehnt sich ferner an Artikel 1 Absatz 2 der am 18. Oktober 1961 unterzeichneten und von allen Mitgliedstaaten ratifizierten Europäischen Sozialcharta und an Nummer 4 der Gemeinschaftscharta der sozialen Grundrechte der Arbeitnehmer vom 9. Dezember 1989 an. Der Ausdruck „Arbeitsbedingungen" ist im Sinne des Artikels 156 des Vertrags über die Arbeitsweise der Europäischen Union [1] zu verstehen.

In Absatz 2 wurden die drei Freiheiten aufgenommen, die durch die Artikel 26 und 45, 49 und 56 des Vertrags über die Arbeitsweise der Europäischen Union garantiert sind, d.h. die Freizügigkeit der Arbeitnehmer, die Niederlassungsfreiheit und der freie Dienstleistungsverkehr.

Absatz 3 stützt sich auf Artikel 153 Absatz 1 Buchstabe g des Vertrags über die Arbeitsweise der Europäischen Union sowie auf Artikel 19 Absatz 4 der am 18. Oktober 1961 unterzeichneten und von allen Mitgliedstaaten ratifizierten Europäischen Sozialcharta. Somit findet Artikel 52 Absatz 2 der Charta Anwendung. Die Frage der Anheuerung von Seeleuten, die Staatsangehörige von Drittstaaten sind, in der Besatzung von Schiffen unter der Flagge eines Mitgliedstaats der Union wird durch das Unionsrecht und die einzelstaatlichen Rechtsvorschriften und Gepflogenheiten geregelt.

Erläuterung zu Artikel 16 – Unternehmerische Freiheit

Dieser Artikel stützt sich auf die Rechtsprechung des Gerichtshofs, der die Freiheit, eine Wirtschafts- oder Geschäftstätigkeit auszuüben, (siehe die Urteile vom 14. Mai 1974, Rechtssache 4/73, Nold, Slg. 1974, 491, Randnr. 14; und vom 27. September 1979, Rechtssache 230/78, SpA Eridania und andere, Slg. 1979, 2749, Randnrn. 20 und 31) und die Vertragsfreiheit (siehe u.a. die Urteile „Sukkerfabriken Nykoebing", Rechtssache 151/78, Slg. 1979, 1, Randnr. 19; und vom 5. Oktober 1999, Rechtssache C-240/97, Spanien gegen Kommission, Slg. 1999, I-6571, Randnr. 99) anerkannt hat, sowie auf Artikel 119 Absätze 1 und 3 des Vertrags über die Arbeitsweise der Europäischen Union[1], in dem der freie Wettbewerb anerkannt wird. Dieses Recht wird natürlich unter Einhaltung des Unionsrechts und der einzelstaatlichen Rechtsvorschriften ausgeübt. Es kann nach Artikel 52 Absatz 1 der Charta beschränkt werden.

Erläuterung zu Artikel 17 – Eigentumsrecht

Dieser Artikel entspricht Artikel 1 des Zusatzprotokolls zur EMRK[2]:

„*[1]* Jede natürliche oder juristische Person hat das Recht auf Achtung ihres Eigentums. Niemandem darf sein Eigentum entzogen werden, es sei denn, dass das öffentliche Interesse es verlangt, und nur unter den durch Gesetz und durch die allgemeinen Grundsätze des Völkerrechts vorgesehenen Bedingungen.

---

[1] Nr. **2**.
[2] Nr. **40a**.

[2] Absatz 1 beeinträchtigt jedoch nicht das Recht des Staates, diejenigen Gesetze anzuwenden, die er für die Regelung der Benutzung des Eigentums im Einklang mit dem allgemeinen Interesse oder zur Sicherung der Zahlung der Steuern oder sonstigen Abgaben oder von Geldstrafen für erforderlich hält."

Es handelt sich um ein gemeinsames Grundrecht aller einzelstaatlichen Verfassungen. Es wurde mehrfach durch die Rechtsprechung des Gerichtshofs – zum ersten Mal in dem Urteil Hauer (13. Dezember 1979, Slg. 1979, 3727) – bekräftigt. Die Formulierung wurde zeitgemäßer gestaltet, doch hat dieses Recht nach Artikel 52 Absatz 3 die gleiche Bedeutung und die gleiche Tragweite wie das in der EMRK[1] garantierte Recht, wobei nicht über die in der EMRK vorgesehenen Einschränkungen hinausgegangen werden darf.

Der Schutz des geistigen Eigentums ist zwar ein Aspekt des Eigentumsrechts, er wird jedoch aufgrund seiner zunehmenden Bedeutung und aufgrund des abgeleiteten Gemeinschaftsrechts in Absatz 2 ausdrücklich aufgeführt. Das geistige Eigentum umfasst neben dem literarischen und dem künstlerischen Eigentum unter anderem das Patent- und Markenrecht sowie die verwandten Schutzrechte. Die in Absatz 1 vorgesehenen Garantien gelten sinngemäß für das geistige Eigentum.

Erläuterung zu Artikel 18 – Asylrecht

Der Wortlaut des Artikels stützte sich auf Artikel 63 EGV, der nunmehr durch Artikel 78 des Vertrags über die Arbeitsweise der Europäischen Union[2] ersetzt wurde und der die Union zur Einhaltung der Genfer Flüchtlingskonvention verpflichtet. Es sei auf die den Verträgen beigefügten Protokolle über das Vereinigte Königreich und Irland sowie Dänemark verwiesen, um zu bestimmen, inwieweit diese Mitgliedstaaten das diesbezügliche Unionsrecht anwenden und inwieweit dieser Artikel auf sie Anwendung findet. Dieser Artikel berücksichtigt das den Verträgen beigefügte Protokoll über die Gewährung von Asyl.

Erläuterung zu Artikel 19 – Schutz bei Abschiebung, Ausweisung und Auslieferung

Absatz 1 dieses Artikels hat hinsichtlich der Kollektivausweisungen die gleiche Bedeutung und Tragweite wie Artikel 4 des Zusatzprotokolls Nr. 4 zur EMRK[3]. Hiermit soll gewährleistet werden, dass jeder Beschluss gesondert geprüft wird und dass nicht beschlossen werden kann, alle Menschen, die die Staatsangehörigkeit eines bestimmten Staates besitzen, mit einer einzigen Maßnahme auszuweisen (siehe auch Artikel 13 des Internationalen Pakts über bürgerliche und politische Rechte).

Mit Absatz 2 wird die einschlägige Rechtsprechung des Europäischen Gerichtshofs für Menschenrechte zu Artikel 3 EMRK[1] (siehe Ahmed gegen Österreich, Urteil vom 17. Dezember 1996, Slg. EGMR 1996, VI-2206 und Soering, Urteil vom 7. Juli 1989) übernommen.

Titel III – Gleichheit

Erläuterung zu Artikel 20 – Gleichheit vor dem Gesetz

Dieser Artikel entspricht dem allgemeinen Rechtsprinzip, das in allen europäischen Verfassungen verankert ist und das der Gerichtshof als ein Grundprinzip des Gemeinschaftsrechts angesehen hat (Urteil vom 13. November 1984, Rechtssache 283/83, Racke, Slg. 1984, 3791, Urteil vom 17. April 1997, Rechtssache C-15/95, EARL, Slg. 1997, I-1961 und Urteil vom 13. April 2000, Rechtssache C-292/97, Karlsson, Slg. 2000, 2737).

Erläuterung zu Artikel 21 – Nichtdiskriminierung

Absatz 1 lehnt sich an Artikel 13 EGV, der nun durch Artikel 19 des Vertrags über die Arbeitsweise der Europäischen Union[2] ersetzt wurde, und Artikel 14 EMRK[1] sowie an Artikel 11 des Übereinkommens über Menschenrechte und Biomedizin in Bezug auf das genetische Erbe an. Soweit er mit Artikel 14 EMRK zusammenfällt, findet er nach diesem Artikel Anwendung.

Absatz 1 und Artikel 19 des Vertrags über die Arbeitsweise der Europäischen Union, der einen anderen Anwendungsbereich hat und einen anderen Zweck verfolgt, stehen nicht in Widerspruch zueinander und sind nicht unvereinbar miteinander: In Artikel 19 wird der Union die Zuständigkeit übertragen, Gesetzgebungsakte - unter anderem auch betreffend die Harmonisierung der Rechtsvorschriften der Mitgliedstaaten - zur Bekämpfung bestimmter Formen der Diskriminierung, die in diesem Artikel erschöpfend aufgezählt sind, zu erlassen. Diese Rechtsvorschriften können Maßnahmen der Behörden der Mitgliedstaaten (sowie die Beziehungen zwischen Privatpersonen) in jedem

---

[1] Nr. **40**.
[2] Nr. **2**.
[3] Nr. **40b**.

Bereich innerhalb der Grenzen der Zuständigkeiten der Union umfassen. In Absatz 1 des Artikels 21 hingegen wird weder eine Zuständigkeit zum Erlass von Antidiskriminierungsgesetzen in diesen Bereichen des Handelns von Mitgliedstaaten oder Privatpersonen geschaffen noch ein umfassendes Diskriminierungsverbot in diesen Bereichen festgelegt. Vielmehr behandelt er die Diskriminierung seitens der Organe und Einrichtungen der Union im Rahmen der Ausübung der ihr nach den Verträgen zugewiesenen Zuständigkeiten und seitens der Mitgliedstaaten im Rahmen der Umsetzung des Unionsrechts. Mit Absatz 1 wird daher weder der Umfang der nach Artikel 19 zugewiesenen Zuständigkeiten noch die Auslegung dieses Artikels geändert.

Absatz 2 entspricht Artikel 18 Absatz 1 des Vertrags über die Arbeitsweise der Europäischen Union und findet entsprechend Anwendung.

Erläuterung zu Artikel 22 – Vielfalt der Kulturen, Religionen und Sprachen

Dieser Artikel stützte sich auf Artikel 6 des Vertrags über die Europäische Union[1] und auf Artikel 151 Absätze 1 und 4 EGV in Bezug auf die Kultur, der nunmehr durch Artikel 167 Absätze 1 und 4 des Vertrags über die Arbeitsweise der Europäischen Union[2] ersetzt wurde. Die Achtung der kulturellen und sprachlichen Vielfalt ist nunmehr auch in Artikel 3 Absatz 3 des Vertrags über die Europäische Union verankert. Der vorliegende Artikel lehnt sich ebenfalls an die Erklärung Nr. 11 zur Schlussakte des Vertrags von Amsterdam betreffend den Status der Kirchen und weltanschauliche Gemeinschaften an, deren Inhalt nunmehr in Artikel 17 des Vertrags über die Arbeitsweise der Europäischen Union aufgenommen wurde.

Erläuterung zu Artikel 23 – Gleichheit von Frauen und Männern

Absatz 1 dieses Artikels stützte sich auf Artikel 2 und Artikel 3 Absatz 2 EGV, die nunmehr durch Artikel 3 des Vertrags über die Europäische Union[1] und Artikel 8 des Vertrags über die Arbeitsweise der Europäischen Union[2] ersetzt wurden und die die Union auf das Ziel der Förderung der Gleichstellung von Männern und Frauen verpflichten, sowie auf Artikel 157 Absatz 1 des Vertrags über die Arbeitsweise der Europäischen Union. Er lehnt sich an Artikel 20 der revidierten Europäischen Sozialcharta vom 3. Mai 1996 und an Nummer 16 der Gemeinschaftscharta der Arbeitnehmerrechte an.

Er stützt sich auch auf Artikel 157 Absatz 3 des Vertrags über die Arbeitsweise der Europäischen Union und auf Artikel 2 Absatz 4 der Richtlinie 76/207/EWG des Rates zur Verwirklichung des Grundsatzes der Gleichbehandlung von Männern und Frauen hinsichtlich des Zugangs zur Beschäftigung, zur Berufsbildung und zum beruflichen Aufstieg sowie in Bezug auf die Arbeitsbedingungen.

Absatz 2 übernimmt in einer kürzeren Formulierung Artikel 157 Absatz 4 des Vertrags über die Arbeitsweise der Europäischen Union, wonach der Grundsatz der Gleichbehandlung der Beibehaltung oder der Einführung spezifischer Vergünstigungen zur Erleichterung der Berufstätigkeit des unterrepräsentierten Geschlechts oder zur Verhinderung oder zum Ausgleich von Benachteiligungen in der beruflichen Laufbahn nicht entgegensteht. Nach Artikel 52 Absatz 2 ändert dieser Absatz nicht Artikel 157 Absatz 4.

Erläuterung zu Artikel 24 – Rechte des Kindes

Dieser Artikel stützt sich auf das am 20. November 1989 unterzeichnete und von allen Mitgliedstaaten ratifizierte Übereinkommen von New York über die Rechte des Kindes, insbesondere auf die Artikel 3, 9, 12 und 13 dieses Übereinkommens.

Mit Absatz 3 wird der Umstand berücksichtigt, dass als Teil der Errichtung des Raums der Freiheit, der Sicherheit und des Rechts die Gesetzgebung der Union in Bereichen des Zivilrechts mit grenzüberschreitenden Bezügen – für die in Artikel 81 des Vertrags über die Arbeitsweise der Europäischen Union[2] die entsprechende Zuständigkeit vorgesehen ist – insbesondere auch das Umgangsrecht umfassen kann, mit dem sichergestellt wird, dass Kinder regelmäßige persönliche Beziehungen und direkte Kontakte zu beiden Elternteilen unterhalten können.

Erläuterung zu Artikel 25 – Rechte älterer Menschen

Dieser Artikel lehnt sich an Artikel 23 der revidierten Europäischen Sozialcharta und an die Artikel 24 und 25 der Gemeinschaftscharta der sozialen Grundrechte der Arbeitnehmer an. Die Teilnahme am sozialen und kulturellen Leben umfasst natürlich auch die Teilnahme am politischen Leben.

---

[1] Nr. **1**.
[2] Nr. **2**.

Erläuterung zu Artikel 26 – Integration von Menschen mit Behinderung

Der in diesem Artikel aufgeführte Grundsatz stützt sich auf Artikel 15 der Europäischen Sozialcharta und lehnt sich ferner an Nummer 26 der Gemeinschaftscharta der sozialen Grundrechte der Arbeitnehmer an.

Titel IV – Solidarität

Erläuterung zu Artikel 27 – Recht auf Unterrichtung und Anhörung der Arbeitnehmerinnen und Arbeitnehmer im Unternehmen

Dieser Artikel ist in der revidierten Europäischen Sozialcharta (Artikel 21) und in der Gemeinschaftscharta der sozialen Grundrechte der Arbeitnehmer (Nummern 17 und 18) enthalten. Er gilt unter den im Unionsrecht und in den Rechtsvorschriften der Mitgliedstaaten vorgesehenen Bedingungen. Die Bezugnahme auf die geeigneten Ebenen verweist auf die nach dem Unionsrecht und den einzelstaatlichen Rechtsvorschriften vorgesehenen Ebenen, was die europäische Ebene einschließen kann, wenn die Rechtsvorschriften der Union dies vorsehen. Die Union verfügt diesbezüglich über einen beachtlichen Besitzstand: die Artikel 154 und 155 des Vertrags über die Arbeitsweise der Europäischen Union[1], die Richtlinien 2002/14/EG (allgemeiner Rahmen für die Unterrichtung und Anhörung der Arbeitnehmer in der Europäischen Gemeinschaft), 98/59/EG (Massenentlassungen), 2001/23/EG (Übergang von Unternehmen) und 94/45/EG (Europäischer Betriebsrat).

Erläuterung zu Artikel 28 – Recht auf Kollektivverhandlungen und Kollektivmaßnahmen

Dieser Artikel stützt sich auf Artikel 6 der Europäischen Sozialcharta sowie auf die Gemeinschaftscharta der sozialen Grundrechte der Arbeitnehmer (Nummern 12 bis 14). Das Recht auf kollektive Maßnahmen wurde vom Europäischen Gerichtshof für Menschenrechte als einer der Bestandteile des gewerkschaftlichen Vereinigungsrechts anerkannt, das durch Artikel 11 EMRK[2] festgeschrieben ist. Was die geeigneten Ebenen betrifft, auf denen die Tarifverhandlungen stattfinden können, so wird auf die Erläuterung zum vorhergehenden Artikel verwiesen. Die Modalitäten und Grenzen für die Durchführung von Kollektivmaßnahmen, darunter auch Streiks, werden durch die einzelstaatlichen Rechtsvorschriften und Gepflogenheiten geregelt; dies gilt auch für die Frage, ob diese Maßnahmen in mehreren Mitgliedstaaten parallel durchgeführt werden können.

Erläuterung zu Artikel 29 – Recht auf Zugang zu einem Arbeitsvermittlungsdienst

Dieser Artikel stützt sich auf Artikel 1 Absatz 3 der Europäischen Sozialcharta sowie auf Nummer 13 der Gemeinschaftscharta der sozialen Grundrechte der Arbeitnehmer.

Erläuterung zu Artikel 30 – Schutz bei ungerechtfertigter Entlassung

Dieser Artikel lehnt sich an Artikel 24 der revidierten Sozialcharta an. Siehe auch die Richtlinien 2001/23/EG über die Wahrung von Ansprüchen der Arbeitnehmer beim Übergang von Unternehmen und 80/987/EWG über den Schutz der Arbeitnehmer bei Zahlungsunfähigkeit des Arbeitgebers, geändert durch die Richtlinie 2002/74/EG.

Erläuterung zu Artikel 31 – Gerechte und angemessene Arbeitsbedingungen

1. Absatz 1 dieses Artikels stützt sich auf die Richtlinie 89/391/EWG über die Durchführung von Maßnahmen zur Verbesserung der Sicherheit und des Gesundheitsschutzes der Arbeitnehmer am Arbeitsplatz. Er lehnt sich ferner an Artikel 3 der Sozialcharta und Nummer 19 der Gemeinschaftscharta der Arbeitnehmerrechte sowie hinsichtlich des Rechts auf Würde am Arbeitsplatz an Artikel 26 der revidierten Sozialcharta an. Der Ausdruck „Arbeitsbedingungen" ist im Sinne des Artikels 156 des Vertrags über die Arbeitsweise der Europäischen Union[1] zu verstehen.
2. Absatz 2 stützt sich auf die Richtlinie 93/104/EG über bestimmte Aspekte der Arbeitszeitgestaltung sowie auf Artikel 2 der Europäischen Sozialcharta und auf Nummer 8 der Gemeinschaftscharta der Arbeitnehmerrechte.

Erläuterung zu Artikel 32 – Verbot der Kinderarbeit und Schutz der Jugendlichen am Arbeitsplatz

Dieser Artikel stützt sich auf die Richtlinie 94/33/EG über den Jugendarbeitsschutz sowie auf Artikel 7 der Europäischen Sozialcharta und auf die Nummern 20 bis 23 der Gemeinschaftscharta der sozialen Grundrechte der Arbeitnehmer.

---

[1] Nr. **2**.
[2] Nr. **40**.

Erläuterung zu Artikel 33 – Familien- und Berufsleben

Artikel 33 Absatz 1 stützt sich auf Artikel 16 der Europäischen Sozialcharta.

Absatz 2 lehnt sich an die Richtlinie 92/85/EWG über die Durchführung von Maßnahmen zur Verbesserung der Sicherheit und des Gesundheitsschutzes von schwangeren Arbeitnehmerinnen, Wöchnerinnen und stillenden Arbeitnehmerinnen am Arbeitsplatz und an die Richtlinie 96/34/EG zu der von UNICE, CEEP und EGB geschlossenen Rahmenvereinbarung über Elternurlaub an. Er stützt sich ferner auf Artikel 8 (Mutterschutz) der Europäischen Sozialcharta und lehnt sich an Artikel 27 (Recht der Arbeitnehmer mit Familienpflichten auf Chancengleichheit und Gleichbehandlung) der revidierten Sozialcharta an. Der Begriff „Mutterschaft" deckt den Zeitraum von der Zeugung bis zum Stillen des Kindes ab.

Erläuterung zu Artikel 34 – Soziale Sicherheit und soziale Unterstützung

Der in Artikel 34 Absatz 1 aufgeführte Grundsatz stützt sich auf die Artikel 153 und 156 des Vertrags über die Arbeitsweise der Europäischen Union[1] sowie auf Artikel 12 der Europäischen Sozialcharta und auf Nummer 10 der Gemeinschaftscharta der Arbeitnehmerrechte. Er ist von der Union zu wahren, wenn sie im Rahmen ihrer Zuständigkeiten nach den Artikeln 153 und 156 des Vertrags über die Arbeitsweise der Europäischen Union tätig wird. Durch den Hinweis auf die sozialen Dienste sollen die Fälle erfasst werden, in denen derartige Dienste eingerichtet wurden, um bestimmte Leistungen sicherzustellen; dies bedeutet aber keineswegs, dass solche Dienste eingerichtet werden müssen, wo sie nicht bestehen. Der Begriff „Mutterschaft" ist im Sinne des vorangehenden Artikels zu verstehen.

Absatz 2 stützt sich auf Artikel 12 Absatz 4 und Artikel 13 Absatz 4 der Europäischen Sozialcharta sowie auf Nummer 2 der Gemeinschaftscharta der sozialen Grundrechte der Arbeitnehmer und spiegelt die Regeln wider, die sich aus den Verordnungen (EWG) Nr. 1408/71 und (EWG) Nr. 1612/68 ergeben.

Absatz 3 lehnt sich an Artikel 13 der Europäischen Sozialcharta und die Artikel 30 und 31 der revidierten Sozialcharta sowie an Nummer 10 der Gemeinschaftscharta an. Er ist von der Union im Rahmen der Politiken zu wahren, die auf Artikel 153 des Vertrags über die Arbeitsweise der Europäischen Union beruhen.

Erläuterung zu Artikel 35 – Gesundheitsschutz

Die in diesem Artikel enthaltenen Grundsätze stützen sich auf Artikel 152 EGV, der nunmehr durch Artikel 168 des Vertrags über die Arbeitsweise der Europäischen Union[1] ersetzt wurde, sowie auf die Artikel 11 und 13 der Europäischen Sozialcharta. Satz 2 entspricht Artikel 168 Absatz 1.

Erläuterung zu Artikel 36 – Zugang zu Dienstleistungen von allgemeinem wirtschaftlichen Interesse

Dieser Artikel steht vollauf im Einklang mit Artikel 14 des Vertrags über die Arbeitsweise der Europäischen Union[1] und begründet kein neues Recht. Er stellt lediglich den Grundsatz auf, dass die Union den Zugang zu den Dienstleistungen von allgemeinem wirtschaftlichen Interesse nach den einzelstaatlichen Bestimmungen achtet, sofern diese mit dem Unionsrecht vereinbar sind.

Erläuterung zu Artikel 37 – Umweltschutz

Die in diesem Artikel enthaltenen Grundsätze stützten sich auf die Artikel 2, 6 und 174 EGV, die nunmehr durch Artikel 3 Absatz 3 des Vertrags über die Europäische Union[2] sowie die Artikel 11 und 191 des Vertrags über die Arbeitsweise der Europäischen Union[1] ersetzt wurden.

Er lehnt sich auch an die Verfassungsbestimmungen einiger Mitgliedstaaten an.

Erläuterung zu Artikel 38 – Verbraucherschutz

Der in diesem Artikel enthaltene Grundsatz stützt sich auf Artikel 169 des Vertrags über die Arbeitsweise der Europäischen Union[1].

---

[1] Nr. 2.
[2] Nr. 1.

Titel V – Bürgerrechte

Erläuterung zu Artikel 39 – Aktives und passives Wahlrecht bei den Wahlen zum Europäischen Parlament

Artikel 39 findet nach Artikel 52 Absatz 2 der Charta im Rahmen der in den Verträgen festgelegten Bedingungen Anwendung. Absatz 1 des Artikels 39 entspricht dem Recht, das durch Artikel 20 Absatz 2 des Vertrags über die Arbeitsweise der Europäischen Union [1] garantiert ist (siehe auch die Rechtsgrundlage in Artikel 22 des Vertrags über die Arbeitsweise der Europäischen Union für die Festlegung der Einzelheiten für die Ausübung dieses Rechts), und Absatz 2 dieses Artikels entspricht Artikel 14 Absatz 3 des Vertrags über die Europäische Union[2]. Artikel 39 Absatz 2 gibt die Grundprinzipien für die Durchführung von Wahlen in einem demokratischen System wieder.

Erläuterung zu Artikel 40 – Aktives und passives Wahlrecht bei den Kommunalwahlen

Dieser Artikel entspricht dem Recht, das durch Artikel 20 Absatz 2 des Vertrags über die Arbeitsweise der Europäischen Union[1] garantiert ist (siehe auch die Rechtsgrundlage in Artikel 22 des Vertrags über die Arbeitsweise der Europäischen Union für die Festlegung der Einzelheiten für die Ausübung dieses Rechts). Nach Artikel 52 Absatz 2 findet es im Rahmen der in diesen beiden Artikeln der Verträge festgelegten Bedingungen Anwendung.

Erläuterung zu Artikel 41 – Recht auf eine gute Verwaltung

Artikel 41 ist auf das Bestehen der Union als eine Rechtsgemeinschaft gestützt, deren charakteristische Merkmale sich durch die Rechtsprechung entwickelt haben, die unter anderem eine gute Verwaltung als allgemeinen Rechtsgrundsatz festgeschrieben hat (siehe u.a. das Urteil des Gerichtshofs vom 31. März 1992 (Rechtssache C-255/90 P, Burban, Slg. 1992, I-2253) sowie die Urteile des Gerichts erster Instanz vom 18. September 1995 (Rechtssache T-167/94, Nölle, Slg. 1995, II-2589) und vom 9. Juli 1999 (Rechtssache T-231/97, New Europe Consulting und andere, Slg. 1999, II-2403). Dieses Recht in der in den ersten beiden Absätzen dargestellten Form ergibt sich aus der Rechtsprechung (Urteile des Gerichtshofs vom 15. Oktober 1987 (Rechtssache 222/86, Heylens, Slg. 1987, 4097, Randnr. 15), vom 18. Oktober 1989 (Rechtssache 374/87, Orkem, Slg. 1989, 3283) und vom 21. November 1991 (Rechtssache C-269/90, TU München, Slg. 1991, I-5469) sowie die Urteile des Gerichts erster Instanz vom 6. Dezember 1994 (Rechtssache T-450/93, Lisrestal, Slg. 1994, II-1177) und vom 18. September 1995 (Rechtssache T-167/94, Nölle, Slg. 1995, II-2589)) und - bezüglich der Pflicht zur Begründung - aus Artikel 296 des Vertrags über die Arbeitsweise der Europäischen Union[1], siehe ferner die Rechtsgrundlage in Artikel 298 des Vertrags über die Arbeitsweise der Europäischen Union für die Annahme gesetzlicher Bestimmungen im Interesse einer offenen, effizienten und unabhängigen europäischen Verwaltung.

In Absatz 3 ist das nunmehr durch Artikel 349 des Vertrags über die Arbeitsweise der Europäischen Union garantierte Recht aufgeführt. In Absatz 4 ist das nunmehr durch Artikel 20 Absatz 2 Buchstabe d und Artikel 25 des Vertrags über die Arbeitsweise der Europäischen Union garantierte Recht aufgeführt. Nach Artikel 52 Absatz 2 finden diese Rechte im Rahmen der in den Verträgen festgelegten Bedingungen und Grenzen Anwendung.

Das Recht auf einen wirksamen Rechtsbehelf, das hierbei eine wichtige Rolle spielt, wird durch Artikel 47 der Charta gewährleistet.

Erläuterung zu Artikel 42 – Recht auf Zugang zu Dokumenten

Das in diesem Artikel garantierte Recht wurde aus Artikel 255 EGV, auf dessen Grundlage in der Folge die Verordnung (EG) Nr. 1049/2001 [3] angenommen wurde, übernommen. Der Europäische Konvent hat dieses Recht auf Dokumente der Organe, Einrichtungen, Ämter und Agenturen der Union im Allgemeinen ausgeweitet, ungeachtet ihrer Form (siehe Artikel 15 Absatz 3 des Vertrags über die Arbeitsweise der Europäischen Union[1]). Nach Artikel 52 Absatz 2 der Charta wird das Recht auf Zugang zu Dokumenten im Rahmen der in Artikel 15 Absatz 3 des Vertrags über die Arbeitsweise der Europäischen Union festgelegten Bedingungen und Grenzen ausgeübt.

Erläuterung zu Artikel 43 – Der Europäische Bürgerbeauftragte

Das in diesem Artikel garantierte Recht ist das Recht, das durch die Artikel 20 und 228 des Vertrags über die Arbeitsweise der Europäischen Union[1] garantiert ist. Nach Artikel 52 Absatz 2 findet es im Rahmen der in diesen beiden Artikeln festgelegten Bedingungen Anwendung.

---

[1] Nr. **2**.
[2] Nr. **1**.
[3] Nr. **14**.

Erläuterung zu Artikel 44 – Petitionsrecht

Das in diesem Artikel garantierte Recht ist das Recht, das durch die Artikel 20 und 227 des Vertrags über die Arbeitsweise der Europäischen Union[1)] garantiert ist. Nach Artikel 52 Absatz 2 findet es im Rahmen der in diesen beiden Artikeln festgelegten Bedingungen Anwendung.

Erläuterung zu Artikel 45 – Freizügigkeit und Aufenthaltsfreiheit

Das in Absatz 1 garantierte Recht ist das Recht, das durch Artikel 20 Absatz 2 Buchstabe a des Vertrags über die Arbeitsweise der Europäischen Union[1)] garantiert ist (vgl. auch die Rechtsgrundlage in Artikel 21 und das Urteil des Gerichtshofs vom 17. September 2002, Rechtssache C-413/99, Baumbast, Slg. 2002, I-709). Nach Artikel 52 Absatz 2 findet es im Rahmen der in den Verträgen festgelegten Bedingungen und Grenzen Anwendung.

Absatz 2 erinnert an die der Union durch die Artikel 77, 78 und 79 des Vertrags über die Arbeitsweise der Europäischen Union erteilte Zuständigkeit. Daraus folgt, dass die Gewährung dieses Rechts von der Ausübung dieser Zuständigkeit durch die Organe abhängt.

Erläuterung zu Artikel 46 – Diplomatischer und konsularischer Schutz

Das in diesem Artikel garantierte Recht ist das Recht, das durch Artikel 20 des Vertrags über die Arbeitsweise der Europäischen Union[1)] garantiert ist (siehe auch die Rechtsgrundlage in Artikel 23 des Vertrags). Nach Artikel 52 Absatz 2 findet es im Rahmen der in diesen Artikeln festgelegten Bedingungen Anwendung.

Titel VI – Justizielle Rechte

Erläuterung zu Artikel 47 – Recht auf einen wirksamen Rechtsbehelf und ein unparteiisches Gericht

Absatz 1 stützt sich auf Artikel 13 EMRK[2)]:

„Jede Person, die in ihren in dieser Konvention anerkannten Rechten oder Freiheiten verletzt worden ist, hat das Recht, bei einer innerstaatlichen Instanz eine wirksame Beschwerde zu erheben, auch wenn die Verletzung von Personen begangen worden ist, die in amtlicher Eigenschaft gehandelt haben."

Im Unionsrecht wird jedoch ein umfassenderer Schutz gewährt, da ein Recht auf einen wirksamen Rechtsbehelf bei einem Gericht garantiert wird. Der Gerichtshof hat dieses Recht in seinem Urteil vom 15. Mai 1986 als allgemeinen Grundsatz des Unionsrechts festgeschrieben (Rechtssache 222/84, Johnston, Slg. 1986, 1651); siehe auch die Urteile vom 15. Oktober 1987 (Rechtssache 222/86, Heylens, Slg. 1987, 4097) und vom 3. Dezember 1992 (Rechtssache C-97/91, Borelli, Slg. 1992, I-6313). Nach Auffassung des Gerichtshofs gilt dieser allgemeine Grundsatz des Unionsrechts auch für die Mitgliedstaaten, wenn sie das Unionsrecht anwenden. Die Übernahme dieser Rechtsprechung des Gerichtshofs in die Charta zielte nicht darauf ab, das in den Verträgen vorgesehene Rechtsschutzsystem und insbesondere nicht die Bestimmungen über die Zulässigkeit direkter Klagen beim Gerichtshof der Europäischen Union zu ändern. Der Europäische Konvent hat sich mit dem System des gerichtlichen Rechtsschutzes der Union, einschließlich der Zulässigkeitsvorschriften, befasst und hat es mit einigen Änderungen, die in die Artikel 251 bis 281 des Vertrags über die Arbeitsweise der Europäischen Union[1)] und insbesondere in Artikel 263 Absatz 4 eingeflossen sind, bestätigt. Artikel 47 gilt gegenüber den Organen der Union und den Mitgliedstaaten, wenn diese das Unionsrecht anwenden, und zwar für sämtliche durch das Unionsrecht garantierte Rechte.

Absatz 2 entspricht Artikel 6 Absatz 1 EMRK, der wie folgt lautet:

„Jede Person hat ein Recht darauf, dass über Streitigkeiten in Bezug auf ihre zivilrechtlichen Ansprüche und Verpflichtungen oder über eine gegen sie erhobene strafrechtliche Anklage von einem unabhängigen und unparteiischen, auf Gesetz beruhenden Gericht in einem fairen Verfahren, öffentlich und innerhalb angemessener Frist verhandelt wird. Das Urteil muss öffentlich verkündet werden; Presse und Öffentlichkeit können jedoch während des ganzen oder eines Teiles des Verfahrens ausgeschlossen werden, wenn dies im Interesse der Moral, der öffentlichen Ordnung oder der nationalen Sicherheit in einer demokratischen Gesellschaft liegt, wenn die Interessen von Jugendlichen oder der Schutz des Privatlebens der Prozessparteien es verlangen oder - soweit das Gericht es für unbedingt erforderlich hält - wenn unter besonderen Umständen eine öffentliche Verhandlung die Interessen der Rechtspflege beeinträchtigen würde."

[1)] Nr. **2**.
[2)] Nr. **40**.

Im Unionsrecht gilt das Recht auf ein Gerichtsverfahren nicht nur für Streitigkeiten im Zusammenhang mit zivilrechtlichen Ansprüchen und Verpflichtungen. Dies ist eine der Folgen der Tatsache, dass die Union eine Rechtsgemeinschaft ist, wie der Gerichtshof in der Rechtssache 294/83, „Les Verts" gegen Europäisches Parlament (Urteil vom 23. April 1986, Slg. 1986, 1339) festgestellt hat. Mit Ausnahme ihres Anwendungsbereichs gelten die Garantien der EMRK jedoch in der Union entsprechend.

In Bezug auf Absatz 3 sei darauf hingewiesen, dass nach der Rechtsprechung des Europäischen Gerichtshofs für Menschenrechte eine Prozesskostenhilfe zu gewähren ist, wenn mangels einer solchen Hilfe die Einlegung eines wirksamen Rechtsbehelfs nicht gewährleistet wäre (EGMR, Urteil vom 9.10.1979, Airey, Serie A, Band 32, S. 11). Es gibt auch ein Prozesskostenhilfesystem für die beim Gerichtshof der Europäischen Union anhängigen Rechtssachen.

Erläuterung zu Artikel 48 – Unschuldsvermutung und Verteidigungsrechte

Artikel 48 entspricht Artikel 6 Absätze 2 und 3 EMRK[1], der wie folgt lautet:

„2. Jede Person, die einer Straftat angeklagt ist, gilt bis zum gesetzlichen Beweis ihrer Schuld als unschuldig.

3. Jede angeklagte Person hat mindestens folgende Rechte:

a) innerhalb möglichst kurzer Frist in einer ihr verständlichen Sprache in allen Einzelheiten über Art und Grund der gegen sie erhobenen Beschuldigung unterrichtet zu werden;

b) ausreichende Zeit und Gelegenheit zur Vorbereitung ihrer Verteidigung zu haben;

c) sich selbst zu verteidigen, sich durch einen Verteidiger ihrer Wahl verteidigen zu lassen oder, falls ihr die Mittel zur Bezahlung fehlen, unentgeltlich den Beistand eines Verteidigers zu erhalten, wenn dies im Interesse der Rechtspflege erforderlich ist;

d) Fragen an Belastungszeugen zu stellen oder stellen zu lassen und die Ladung und Vernehmung von Entlastungszeugen unter denselben Bedingungen zu erwirken, wie sie für Belastungszeugen gelten;

e) unentgeltliche Unterstützung durch einen Dolmetscher zu erhalten, wenn sie die Verhandlungssprache des Gerichts nicht versteht oder spricht."

Nach Artikel 52 Absatz 3 hat dieses Recht dieselbe Bedeutung und dieselbe Tragweite wie das durch die EMRK garantierte Recht.

Erläuterung zu Artikel 49 – Grundsätze der Gesetzmäßigkeit und der Verhältnismäßigkeit im Zusammenhang mit Straftaten und Strafen

In diesen Artikel ist die klassische Regel des Verbots der Rückwirkung von Gesetzen und Strafen in Strafsachen aufgenommen worden. Hinzugefügt wurde die in zahlreichen Mitgliedstaaten geltende und in Artikel 15 des Internationalen Paktes über bürgerliche und politische Rechte enthaltene Regel der Rückwirkung von milderen Strafrechtsvorschriften.

Artikel 7 EMRK[1] lautet wie folgt:

„1. Niemand darf wegen einer Handlung oder Unterlassung verurteilt werden, die zur Zeit ihrer Begehung nach innerstaatlichem oder internationalem Recht nicht strafbar war. Es darf auch keine schwerere Strafe als die zur Zeit der Begehung angedrohte Strafe verhängt werden.

2. Dieser Artikel schließt nicht aus, dass jemand wegen einer Handlung oder Unterlassung verurteilt oder bestraft wird, die zur Zeit ihrer Begehung nach den von den zivilisierten Völkern anerkannten allgemeinen Rechtsgrundsätzen strafbar war."

Es wurde lediglich in Absatz 2 das Wort „zivilisierten" gestrichen; der Sinn dieses Absatzes, der insbesondere auf die Verbrechen gegen die Menschlichkeit zielt, wird dadurch in keiner Weise verändert. Entsprechend Artikel 52 Absatz 3 hat daher das garantierte Recht dieselbe Bedeutung und dieselbe Tragweite wie das von der EMRK garantierte Recht.

In Absatz 3 wurde der allgemeine Grundsatz der Verhältnismäßigkeit von Straftat und Strafmaß aufgenommen, der durch die gemeinsamen verfassungsrechtlichen Traditionen der Mitgliedstaaten und die Rechtsprechung des Gerichtshofs der Gemeinschaften festgeschrieben worden ist.

---

[1] Nr. **40**.

Erläuterung zu Artikel 50 – Recht, wegen derselben Straftat nicht zweimal strafrechtlich verfolgt oder bestraft zu werden

Artikel 4 des Protokolls Nr. 7 zur EMRK[1] lautet wie folgt:

„1. Niemand darf wegen einer Straftat, wegen der er bereits nach dem Gesetz und dem Strafverfahrensrecht eines Staates rechtskräftig verurteilt oder freigesprochen worden ist, in einem Strafverfahren desselben Staates erneut verfolgt oder bestraft werden.

2. Absatz 1 schließt die Wiederaufnahme des Verfahrens nach dem Gesetz und dem Strafverfahrensrecht des betreffenden Staates nicht aus, falls neue oder neu bekannt gewordene Tatsachen vorliegen oder das vorausgegangene Verfahren schwere, den Ausgang des Verfahrens berührende Mängel aufweist.

3. Von diesem Artikel darf nicht nach Artikel 15 der Konvention[2] abgewichen werden."

Die Regel „ne bis in idem" wird im Unionsrecht angewandt (siehe in der umfangreichen Rechtsprechung Urteil vom 5. Mai 1966, Rechtssachen 18/65 und 35/65, Gutmann gegen Kommission, Slg. 1966, 150, und in jüngerer Zeit Urteil des Gerichts erster Instanz vom 20. April 1999, verbundene Rechtssachen T-305/94 und andere, Limburgse Vinyl Maatschappij NV gegen Kommission, Slg. 1999, II-931). Es ist darauf hinzuweisen, dass die Regel des Verbots der Doppelbestrafung sich auf gleichartige Sanktionen, in diesem Fall durch ein Strafgericht verhängte Strafen, bezieht.

Nach Artikel 50 findet die Regel „ne bis in idem" nicht nur innerhalb der Gerichtsbarkeit eines Staates, sondern auch zwischen den Gerichtsbarkeiten mehrerer Mitgliedstaaten Anwendung. Dies entspricht dem Rechtsbesitzstand der Union; siehe die Artikel 54 bis 58 des Schengener Durchführungsübereinkommens und Urteil des Gerichtshofes vom 11. Februar 2003, Rechtssache C-187/01 Gözütok (Slg. 2003, I-1345), Artikel 7 des Übereinkommens über den Schutz der finanziellen Interessen der Europäischen Gemeinschaften sowie Artikel 10 des Übereinkommens über die Bekämpfung der Bestechung. Die klar eingegrenzten Ausnahmen, in denen die Mitgliedstaaten nach diesen Übereinkommen von der Regel „ne bis in idem" abweichen können, sind von der horizontalen Klausel des Artikels 52 Absatz 1 über die Einschränkungen abgedeckt. Was die in Artikel 4 des Protokolls Nr. 7 bezeichneten Fälle betrifft, nämlich die Anwendung des Grundsatzes in ein und demselben Mitgliedstaat, so hat das garantierte Recht dieselbe Bedeutung und dieselbe Tragweite wie das entsprechende Recht der EMRK.

Titel VII – Allgemeine Bestimmungen über die Auslegung und Anwendung der Charta

Erläuterung zu Artikel 51 – Anwendungsbereich

Mit Artikel 51 soll der Anwendungsbereich der Charta festgelegt werden. Es soll klar zum Ausdruck gebracht werden, dass die Charta zuerst auf die Organe und Einrichtungen der Union Anwendung findet, und zwar unter Beachtung des Grundsatzes der Subsidiarität. Bei dieser Bestimmung hielt man sich an Artikel 6 Absatz 2 des Vertrags über die Europäische Union[3], wonach die Union die Grundrechte zu achten hat, wie auch an das Mandat des Europäischen Rates (Köln). Der Begriff „Organe" ist in den Verträgen festgelegt. Der Ausdruck „Einrichtungen und sonstigen Stellen" wird in den Verträgen üblicherweise als Bezeichnung für alle durch die Verträge oder durch sekundäre Rechtsakte geschaffenen Einrichtungen verwendet (siehe beispielsweise Artikel 15 oder 16 des Vertrags über die Arbeitsweise der Europäischen Union[4]).

Was die Mitgliedstaaten betrifft, so ist der Rechtsprechung des Gerichtshofs eindeutig zu entnehmen, dass die Verpflichtung zur Einhaltung der im Rahmen der Union definierten Grundrechte für die Mitgliedstaaten nur dann gilt, wenn sie im Anwendungsbereich des Unionsrechts handeln (Urteil vom 13. Juli 1989, Rechtssache 5/88, Wachauf, Slg. 1989, 2609, Urteil vom 18. Juni 1991, Rechtssache C-260/89, ERT, Slg. 1991, I-2925, Urteil vom 18. Dezember 1997, Rechtssache C-309/96, Annibaldi, Slg. 1997, I-7493). Der Gerichtshof hat diese Rechtsprechung kürzlich wie folgt bestätigt: „Die Mitgliedstaaten müssen bei der Durchführung der gemeinschaftsrechtlichen Regelungen aber auch die Erfordernisse des Grundrechtschutzes in der Gemeinschaftsrechtsordnung beachten." (Urteil vom 13. April 2000, Rechtssache C-292/97, Slg. 2000, I-2737, Randnr. 37). Diese in der Charta verankerte Regel gilt natürlich sowohl für die zentralen Behörden als auch für die regionalen oder lokalen Stellen sowie für die öffentlichen Einrichtungen, wenn sie das Unionsrecht anwenden.

---

[1] Nr. **40d**.
[2] Nr. **40**.
[3] Nr. **1**.
[4] Nr. **2**.

Absatz 2, zusammen mit Absatz 1 Satz 2, bestätigt, dass die Charta nicht eine Erweiterung der Zuständigkeiten und Aufgaben bewirken darf, die der Union durch die Verträge zugewiesen sind. Es geht darum, explizit darzulegen, was sich logischerweise aus dem Subsidiaritätsprinzip und dem Umstand ergibt, dass die Union nur über die ihr eigens zugewiesenen Befugnisse verfügt. Die Grundrechte, wie sie in der Union garantiert werden, werden nur im Rahmen dieser von den Verträgen bestimmten Zuständigkeiten wirksam. Folglich kann sich für die Organe der Union nur nach Maßgabe dieser Befugnisse eine Verpflichtung nach Absatz 1 Satz 2 zur Förderung der in der Charta festgelegten Grundsätze ergeben.

Absatz 2 bestätigt auch, dass die Charta sich nicht dahin gehend auswirken darf, dass der Geltungsbereich des Unionsrechts über die in den Verträgen festgelegten Zuständigkeiten der Union hinaus ausgedehnt wird. Der Gerichtshof hat diese Regel bereits in Bezug auf die als Teil des Unionsrechts anerkannten Grundrechte aufgestellt (Urteil vom 17. Februar 1998, Rechtssache C-249/96, Grant, Slg. 1998, I-621, Randnr. 45). Im Einklang mit dieser Regel versteht es sich von selbst, dass der Verweis auf die Charta in Artikel 6 des Vertrags über die Europäische Union nicht dahin gehend verstanden werden kann, dass sie für sich genommen den als „Durchführung des Rechts der Union" betrachteten Aktionsrahmen der Mitgliedstaaten (im Sinne von Absatz 1 und der vorstehend genannten Rechtsprechung) ausdehnt.

Erläuterung zu Artikel 52 – Tragweite und Auslegung der Rechte und Grundsätze

Mit Artikel 52 sollen die Tragweite der Rechte und Grundsätze der Charta und Regeln für ihre Auslegung festgelegt werden. Absatz 1 enthält die allgemeine Einschränkungsregelung. Die verwendete Formulierung lehnt sich an die Rechtsprechung des Gerichtshofes an, die wie folgt lautet: „Nach gefestigter Rechtsprechung kann jedoch die Ausübung dieser Rechte, insbesondere im Rahmen einer gemeinsamen Marktorganisation, Beschränkungen unterworfen werden, sofern diese tatsächlich dem Gemeinwohl dienenden Zielen der Gemeinschaft entsprechen und nicht einen im Hinblick auf den verfolgten Zweck unverhältnismäßigen, nicht tragbaren Eingriff darstellen, der diese Rechte in ihrem Wesensgehalt antastet" (Urteil vom 13. April 2000, Rechtssache C-292/97, Randnr. 45). Die Bezugnahme auf das von der Union anerkannte Gemeinwohl erstreckt sich nicht nur auf die in Artikel 3 des Vertrags über die Europäische Union [1] aufgeführten Ziele, sondern auch auf andere Interessen, die durch besondere Bestimmungen der Verträge wie Artikel 4 Absatz 1 des Vertrags über die Europäische Union, Artikel 35 Absatz 3 des Vertrags über die Arbeitsweise der Europäischen Union[2] und die Artikel 36 und 346 dieses Vertrags geschützt werden.

Absatz 2 bezieht sich auf Rechte, die bereits ausdrücklich im Vertrag zur Gründung der Europäischen Gemeinschaft garantiert waren und in der Charta anerkannt wurden und die nun in den Verträgen zu finden sind (insbesondere die Rechte aus der Unionsbürgerschaft). Er verdeutlicht, dass diese Rechte weiterhin den Bedingungen und Grenzen unterliegen, die für das Unionsrecht, auf dem sie beruhen, gelten und die in den Verträgen festgelegt sind. Mit der Charta wird die Regelung hinsichtlich der durch den EG-Vertrag gewährten und in die Verträge übernommenen Rechte nicht geändert.

Mit Absatz 3 soll die notwendige Kohärenz zwischen der Charta und der EMRK[3] geschaffen werden, indem die Regel aufgestellt wird, dass in dieser Charta enthaltene Rechte, die den durch die EMRK garantierten Rechten entsprechen, die gleiche Bedeutung und Tragweite, einschließlich der zugelassenen Einschränkungen, besitzen, wie sie ihnen in der EMRK verliehen werden. Daraus ergibt sich insbesondere, dass der Gesetzgeber bei der Festlegung von Einschränkungen dieser Rechte die gleichen Normen einhalten muss, die in der ausführlichen Regelung der Einschränkungen in der EMRK vorgesehen sind, die damit auch für die von diesem Absatz erfassten Rechte gelten, ohne dass dadurch die Eigenständigkeit des Unionsrechts und des Gerichtshofs der Europäischen Union berührt wird.

Die Bezugnahme auf die EMRK erstreckt sich sowohl auf die Konvention als auch auf ihre Protokolle. Die Bedeutung und Tragweite der garantierten Rechte werden nicht nur durch den Wortlaut dieser Vertragswerke, sondern auch durch die Rechtsprechung des Europäischen Gerichtshofs für Menschenrechte und durch den Gerichtshof der Europäischen Union bestimmt. Mit dem letzten Satz des Absatzes soll der Union die Möglichkeit gegeben werden, für einen weiter gehenden Schutz zu sorgen. Auf jeden Fall darf der durch die Charta gewährleistete Schutz niemals geringer als der durch die EMRK gewährte Schutz sein.

---

[1] Nr. **1**.
[2] Nr. **2**.
[3] Nr. **40**.

Die Charta berührt nicht die den Mitgliedstaaten offen stehende Möglichkeit, von Artikel 15 EMRK Gebrauch zu machen, der im Falle eines Krieges oder eines anderen öffentlichen Notstands, der das Leben der Nation bedroht, eine Abweichung von den in der EMRK vorgesehenen Rechten erlaubt, wenn sie nach ihren in Artikel 4 Absatz 1 des Vertrags über die Europäische Union und in den Artikeln 72 und 347 des Vertrags über die Arbeitsweise der Europäischen Union anerkannten Verantwortlichkeiten Maßnahmen im Bereich der nationalen Verteidigung im Kriegsfalle oder im Bereich der Aufrechterhaltung der öffentlichen Ordnung treffen.

Die Rechte, bei denen derzeit – ohne die Weiterentwicklung des Rechts, der Gesetzgebung und der Verträge auszuschließen – davon ausgegangen werden kann, dass sie Rechten aus der EMRK im Sinne dieses Absatzes entsprechen, sind nachstehend aufgeführt. Nicht aufgeführt sind die Rechte, die zu den Rechten aus der EMRK hinzukommen.

1. Artikel der Charta, die dieselbe Bedeutung und Tragweite wie die entsprechenden Artikel der Europäischen Menschenrechtskonvention haben:
   - Artikel 2 entspricht Artikel 2 EMRK;
   - Artikel 4 entspricht Artikel 3 EMRK;
   - Artikel 5 Absätze 1 und 2 entsprechen Artikel 4 EMRK;
   - Artikel 6 entspricht Artikel 5 EMRK;
   - Artikel 7 entspricht Artikel 8 EMRK;
   - Artikel 10 Absatz 1 entspricht Artikel 9 EMRK;
   - Artikel 11 entspricht Artikel 10 EMRK unbeschadet der Einschränkungen, mit denen das Unionsrecht das Recht der Mitgliedstaaten auf Einführung der in Artikel 10 Absatz 1 dritter Satz EMRK genannten Genehmigungsverfahren eingrenzen kann;
   - Artikel 17 entspricht Artikel 1 des Zusatzprotokolls zur EMRK[1];
   - Artikel 19 Absatz 1 entspricht Artikel 4 des Protokolls Nr. 4 zur EMRK[2];
   - Artikel 19 Absatz 2 entspricht Artikel 3 EMRK in der Auslegung durch den Europäischen Gerichtshof für Menschenrechte;
   - Artikel 48 entspricht Artikel 6 Absätze 2 und 3 EMRK;
   - Artikel 49 Absatz 1 (mit Ausnahme des letzten Satzes) und Absatz 2 entsprechen Artikel 7 EMRK.
2. Artikel, die dieselbe Bedeutung haben wie die entsprechenden Artikel der EMRK, deren Tragweite aber umfassender ist:
   - Artikel 9 deckt Artikel 12 EMRK ab, aber sein Anwendungsbereich kann auf andere Formen der Eheschließung ausgedehnt werden, wenn die einzelstaatlichen Rechtsvorschriften diese vorsehen;
   - Artikel 12 Absatz 1 entspricht Artikel 11 EMRK, aber sein Anwendungsbereich ist auf die Ebene der Union ausgedehnt worden;
   - Artikel 14 Absatz 1 entspricht Artikel 2 des Zusatzprotokolls zur EMRK, aber sein Anwendungsbereich ist auf den Zugang zur beruflichen Ausbildung und Weiterbildung ausgedehnt worden;
   - Artikel 14 Absatz 3 entspricht Artikel 2 des Zusatzprotokolls zur EMRK, was die Rechte der Eltern betrifft;
   - Artikel 47 Absätze 2 und 3 entsprechen Artikel 6 Absatz 1 EMRK, aber die Beschränkung auf Streitigkeiten in Bezug auf zivilrechtliche Ansprüche und Verpflichtungen oder strafrechtliche Anklagen kommt nicht zum Tragen, wenn es um das Recht der Union und dessen Anwendung geht;
   - Artikel 50 entspricht Artikel 4 des Protokolls Nr. 7 zur EMRK[3], aber seine Tragweite ist auf die Ebene der Europäischen Union ausgedehnt worden und er gilt zwischen den Gerichten der Mitgliedstaaten;
   - schließlich können die Unionsbürgerinnen und -bürger im Anwendungsbereich des Unionsrechts wegen des Verbots jeglicher Diskriminierung aufgrund der Nationalität nicht als Ausländer angesehen werden. Die in Artikel 16 EMRK vorgesehenen Beschränkungen der Rechte auslän-

---

[1] Nr. **40a**.
[2] Nr. **40b**.
[3] Nr. **40d**.

discher Personen finden daher in diesem Rahmen auf die Unionsbürgerinnen und -bürger keine Anwendung.

Die Auslegungsregel in Absatz 4 beruht auf dem Wortlaut des Artikels 6 Absatz 3 des Vertrags über die Europäische Union und trägt dem Ansatz des Gerichtshofs hinsichtlich der gemeinsamen Verfassungsüberlieferungen gebührend Rechnung (z.B. Urteil vom 13. Dezember 1979, Rechtssache 44/79, Hauer, Slg. 1979, 3727; Urteil vom 18. Mai 1982, Rechtssache 155/79, AM&S, Slg. 1982, 1575). Anstatt einem restriktiven Ansatz eines „kleinsten gemeinsamen Nenners" zu folgen, sind die Charta-Rechte dieser Regel zufolge so auszulegen, dass sie ein hohes Schutzniveau bieten, das dem Unionsrecht angemessen ist und mit den gemeinsamen Verfassungsüberlieferungen im Einklang steht.

In Absatz 5 wird die Unterscheidung zwischen „Rechten" und „Grundsätzen" in der Charta näher bestimmt. Dieser Unterscheidung zufolge sind subjektive Rechte zu beachten, während Grundsätze einzuhalten sind (Artikel 51 Absatz 1). Grundsätze können durch Rechtsakte oder Durchführungsvorschriften (die von der Union im Einklang mit ihren Zuständigkeiten erlassen werden, von den Mitgliedstaaten aber nur dann, wenn sie Unionsrecht umsetzen) umgesetzt werden; sie erhalten demzufolge nur dann Bedeutung für die Gerichte, wenn solche Rechtsakte ausgelegt oder überprüft werden. Sie begründen jedoch keine direkten Ansprüche auf den Erlass positiver Maßnahmen durch die Organe der Union oder die Behörden den Mitgliedstaaten; dies steht sowohl mit der Rechtsprechung des Gerichtshofs (vgl. insbesondere die Rechtsprechung über das „Vorsorgeprinzip" in Artikel 191 Absatz 2 des Vertrags über die Arbeitsweise der Europäischen Union: Urteil des Gerichts erster Instanz vom 11. September 2002, Rechtssache T-13/99, Pfizer gegen Rat, mit zahlreichen Nachweisen aus der älteren Rechtsprechung, sowie eine Reihe von Urteilen zu Artikel 33 (ex-39) über die Grundsätze des Agrarrechts, z.B. Urteil des Gerichtshofs in der Rechtssache 265/85, Van den Bergh, Slg. 1987, 1155, Prüfung des Grundsatzes der Marktstabilisierung und des Vertrauensschutzes) als auch mit dem Ansatz der Verfassungsordnungen der Mitgliedstaaten zu „Grundsätzen", insbesondere im Bereich des Sozialrechts, in Einklang. Zu den in der Charta anerkannten Grundsätzen gehören beispielsweise die Artikel 25, 26 und 37. In einigen Fällen kann ein Charta-Artikel sowohl Elemente eines Rechts als auch eines Grundsatzes enthalten, beispielsweise Artikel 23, 33 und 34.

Absatz 6 bezieht sich auf die verschiedenen Artikel in der Charta, in denen im Sinne der Subsidiarität auf die einzelstaatlichen Rechtsvorschriften und Gepflogenheiten verwiesen wird.

Erläuterung zu Artikel 53 – Schutzniveau

Der Zweck dieser Bestimmung ist die Aufrechterhaltung des durch das Recht der Union, das Recht der Mitgliedstaaten und das Völkerrecht in seinem jeweiligen Anwendungsbereich gegenwärtig gewährleisteten Schutzniveaus. Aufgrund ihrer Bedeutung findet die EMRK[1)] Erwähnung.

Erläuterung zu Artikel 54 – Verbot des Missbrauchs der Rechte

Dieser Artikel entspricht Artikel 17 EMRK[1)]:

„Diese Konvention ist nicht so auszulegen, als begründe sie für einen Staat, eine Gruppe oder eine Person das Recht, eine Tätigkeit auszuüben oder eine Handlung vorzunehmen, die darauf abzielt, die in der Konvention festgelegten Rechte und Freiheiten abzuschaffen oder sie stärker einzuschränken, als es in der Konvention vorgesehen ist."

---

1) Nr. **40**.

9. Richtlinie 2004/38/EG des Europäischen Parlaments und des Rates vom 29. April 2004 über das Recht der Unionsbürger und ihrer Familienangehörigen, sich im Hoheitsgebiet der Mitgliedstaaten frei zu bewegen und aufzuhalten, zur Änderung der Verordnung (EWG) Nr. 1612/68 und zur Aufhebung der Richtlinien 64/221/ EWG, 68/360/EWG, 72/194/EWG, 73/148/EWG, 75/34/ EWG, 75/35/EWG, 90/364/EWG, 90/365/EWG und 93/ 96/EWG

(Text von Bedeutung für den EWR)

(ABl. L 158 S. 77, gesamte Vorschrift ber. ABl. L 229 S. 35)

Celex-Nr. 3 2004 L 0038

Nichtamtliche Inhaltsübersicht

Kapitel I. Allgemeine Bestimmungen

Kapitel II. Recht auf Ausreise und Einreise

Kapitel III. Aufenthaltsrecht

Kapitel IV. Recht auf Daueraufenthalt

Abschnitt I. Erwerb

DAS EUROPÄISCHE PARLAMENT UND DER RAT DER EUROPÄISCHEN UNION –

gestützt auf den Vertrag zur Gründung der Europäischen Gemeinschaft[1)], insbesondere auf die Artikel 12, 18, 40, 44 und 52[2)],

auf Vorschlag der Kommission[3)],

nach Stellungnahme des Europäischen Wirtschafts- und Sozialausschusses[4)],

nach Stellungnahme des Ausschusses der Regionen[5)],

gemäß dem Verfahren des Artikels 251 des Vertrags[6)7)],

[1)] Nunmehr Vertrag über die Arbeitsweise der Europäischen Union (Nr. **2**) durch Vertrag von Lissabon v. 13.12.2007 (ABl. C 306 S. 1).

[2)] Nunmehr Art. 18, 21, 46, 50 und 59 AEUV (Nr. **2**) durch Vertrag von Lissabon v. 13.12.2007 (ABl. C 306 S. 1).

[3)] **Amtl. Anm.:** ABl. C 270 E vom 25.9.2001, S. 150.

[4)] **Amtl. Anm.:** ABl. C 149 vom 21.6.2002, S. 46.

[5)] **Amtl. Anm.:** ABl. C 192 vom 12.8.2002, S. 17.

[6)] Nunmehr Art. 294 AEUV (Nr. **2**) durch Vertrag von Lissabon v. 13.12.2007 (ABl. C 306 S. 1).

[7)] **Amtl. Anm.:** Stellungnahme des Europäischen Parlaments vom 11. Februar 2003 (ABl. C 43 E vom 19.2.2004, S. 42), Gemeinsamer Standpunkt des Rates vom 5. Dezember 2003 (ABl. C 54 E vom 2.3.2004, S. 12) und Standpunkt des Europäischen Parlaments vom 10. März 2004 (noch nicht im Amtsblatt veröffentlicht).

in Erwägung nachstehender Gründe:

(1) Die Unionsbürgerschaft verleiht jedem Bürger der Union das elementare und persönliche Recht, sich im Hoheitsgebiet der Mitgliedstaaten vorbehaltlich der im Vertrag und in den Durchführungsvorschriften vorgesehenen Beschränkungen und Bedingungen frei zu bewegen und aufzuhalten.

(2) Die Freizügigkeit von Personen stellt eine der Grundfreiheiten des Binnenmarkts dar, der einen Raum ohne Binnengrenzen umfasst, in dem diese Freiheit gemäß den Bestimmungen des Vertrags[1)] gewährleistet ist.

(3) Die Unionsbürgerschaft sollte der grundsätzliche Status der Staatsangehörigen der Mitgliedstaaten sein, wenn sie ihr Recht auf Freizügigkeit und Aufenthalt wahrnehmen. Daher müssen die bestehenden Gemeinschaftsinstrumente, die Arbeitnehmer und Selbstständige sowie Studierende und andere beschäftigungslose Personen getrennt behandeln, kodifiziert und überarbeitet werden, um das Freizügigkeits- und Aufenthaltsrecht aller Unionsbürger zu vereinfachen und zu verstärken.

(4) Um diese bereichsspezifischen und fragmentarischen Ansätze des Freizügigkeits- und Aufenthaltsrechts zu überwinden und die Ausübung dieses Rechts zu erleichtern, ist ein einziger Rechtsakt erforderlich, in dem die Verordnung (EWG) Nr. 1612/68 des Rates vom 15. Oktober 1968 über die Freizügigkeit der Arbeitnehmer innerhalb der Gemeinschaft[2)] geändert und die folgenden Rechtsakte aufgehoben werden: die Richtlinie 68/360/EWG des Rates vom 15. Oktober 1968 zur Aufhebung der Reise- und Aufenthaltsbeschränkungen für Arbeitnehmer der Mitgliedstaaten und ihre Familienangehörigen innerhalb der Gemeinschaft[3)], die Richtlinie 73/148/EWG des Rates vom 21. Mai 1973 zur Aufhebung der Reise- und Aufenthaltsbeschränkungen für Staatsangehörige der Mitgliedstaaten innerhalb der Gemeinschaft auf dem Gebiet der Niederlassung und des Dienstleistungsverkehrs[4)], die Richtlinie 90/364/EWG des Rates vom 28. Juni 1990 über das Aufenthaltsrecht[5)], die Richtlinie 90/365/EWG des Rates vom 28. Juni 1990 über das Aufenthaltsrecht der aus dem Erwerbsleben ausgeschiedenen Arbeitnehmer und selbstständig Erwerbstätigen[6)] und die Richtlinie 93/96/EWG des Rates vom 29. Oktober 1993 über das Aufenthaltsrecht der Studenten[7)].

(5) Das Recht aller Unionsbürger, sich im Hoheitsgebiet der Mitgliedstaaten frei zu bewegen und aufzuhalten, sollte, wenn es unter objektiven Bedingungen in Freiheit und Würde ausgeübt werden soll, auch den Familienangehörigen ungeachtet ihrer Staatsangehörigkeit gewährt werden. Für die Zwecke dieser Richtlinie sollte der Begriff des Familienangehörigen auch den eingetragenen Lebenspartner umfassen, wenn nach den Rechtsvor-

---

[1)] Nunmehr Vertrag über die Arbeitsweise der Europäischen Union (Nr. **2**) durch Vertrag von Lissabon v. 13.12.2007 (ABl. C 306 S. 1).

[2)] **Amtl. Anm.:** ABl. L 257 vom 19.10.1968, S. 2. Zuletzt geändert durch die Verordnung (EWG) Nr. 2434/92 (ABl. L 245 vom 26.8.1992, S. 1).

[3)] **Amtl. Anm.:** ABl. L 257 vom 19.10.1968, S. 13. Zuletzt geändert durch die Beitrittsakte von 2003.

[4)] **Amtl. Anm.:** ABl. L 172 vom 28.6.1973, S. 14.

[5)] **Amtl. Anm.:** ABl. L 180 vom 13.7.1990, S. 26.

[6)] **Amtl. Anm.:** ABl. L 180 vom 13.7.1990, S. 28.

[7)] **Amtl. Anm.:** ABl. L 317 vom 18.12.1993, S. 59.

schriften des Aufnahmemitgliedstaats die eingetragene Partnerschaft der Ehe gleichgestellt wird.

(6) Um die Einheit der Familie im weiteren Sinne zu wahren und unbeschadet des Verbots der Diskriminierung aus Gründen der Staatsangehörigkeit sollte die Lage derjenigen Personen, die nicht als Familienangehörige im Sinne dieser Richtlinie gelten und die daher kein automatisches Einreise- und Aufenthaltsrecht im Aufnahmemitgliedstaat genießen, von dem Aufnahmemitgliedstaat auf der Grundlage seiner eigenen innerstaatlichen Rechtsvorschriften daraufhin geprüft werden, ob diesen Personen die Einreise und der Aufenthalt gestattet werden könnte, wobei ihrer Beziehung zu dem Unionsbürger sowie anderen Aspekten, wie ihre finanzielle oder physische Abhängigkeit von dem Unionsbürger, Rechnung zu tragen ist.

(7) Unbeschadet der für die Kontrollen an den nationalen Grenzen geltenden Vorschriften sollten die Formalitäten im Zusammenhang mit der Freizügigkeit von Unionsbürgern im Hoheitsgebiet der Mitgliedstaaten genau festgelegt werden.

(8) Um die Ausübung der Freizügigkeit für Familienangehörige, die nicht die Staatsangehörigkeit eines Mitgliedstaats besitzen, zu erleichtern, sollten Familienangehörige, die bereits im Besitz einer Aufenthaltskarte sind, von der Pflicht befreit werden, sich ein Einreisevisum gemäß der Verordnung (EG) Nr. 539/2001 des Rates vom 15. März 2001 zur Aufstellung der Liste der Drittländer, deren Staatsangehörige beim Überschreiten der Außengrenzen im Besitz eines Visums sein müssen, sowie der Liste der Drittländer, deren Staatsangehörige von dieser Visumpflicht befreit sind[1)], oder gegebenenfalls gemäß den geltenden einzelstaatlichen Rechtsvorschriften zu beschaffen.

(9) Die Unionsbürger sollten das Aufenthaltsrecht im Aufnahmemitgliedstaat für einen Zeitraum von bis zu drei Monaten haben, ohne jegliche Bedingungen oder Formalitäten außer der Pflicht, im Besitz eines gültigen Personalausweises oder Reisepasses zu sein, unbeschadet einer günstigeren Behandlung für Arbeitssuchende gemäß der Rechtsprechung des Gerichtshofs.

(10) Allerdings sollten Personen, die ihr Aufenthaltsrecht ausüben, während ihres ersten Aufenthalts die Sozialhilfeleistungen des Aufnahmemitgliedstaats nicht unangemessen in Anspruch nehmen. Daher sollte das Aufenthaltsrecht von Unionsbürgern und ihren Familienangehörigen für eine Dauer von über drei Monaten bestimmten Bedingungen unterliegen.

(11) Das elementare und persönliche Recht auf Aufenthalt in einem anderen Mitgliedstaat erwächst den Unionsbürgern unmittelbar aus dem Vertrag[2)] und hängt nicht von der Einhaltung von Verwaltungsverfahren ab.

(12) Für Aufenthalte von über drei Monaten sollten die Mitgliedstaaten die Möglichkeit haben, eine – durch eine Anmeldebescheinigung bestätigte – Anmeldung des Unionsbürgers bei der zuständigen Behörde des Aufenthaltsortes vorzuschreiben.

[1)] **Amtl. Anm.:** ABl. L 81 vom 21.3.2001, S. 1. Zuletzt geändert durch die Verordnung (EG) Nr. 453/2003 (ABl. L 69 vom 13.3.2003, S. 10).

[2)] Nunmehr Vertrag über die Arbeitsweise der Europäischen Union (Nr. **2**) durch Vertrag von Lissabon v. 13.12.2007 (ABl. C 306 S. 1).

(13) Für Aufenthalte von über drei Monaten sollte das Erfordernis der Aufenthaltskarte auf Familienangehörige von Unionsbürgern beschränkt werden, die nicht die Staatsangehörigkeit eines Mitgliedstaats besitzen.

(14) Um zu vermeiden, dass abweichende Verwaltungspraktiken oder Auslegungen die Ausübung des Aufenthaltsrechts der Unionsbürger und ihrer Familienangehörigen unangemessen behindern, sollte genau und abschließend festgelegt werden, welche Dokumente erforderlich sind, damit die zuständige Behörde eine Anmeldebescheinigung oder eine Aufenthaltskarte ausstellen kann.

(15) Ferner bedarf es eines rechtlichen Schutzes für die Familienangehörigen, wenn der Unionsbürger verstirbt, die Ehe geschieden oder aufgehoben oder die eingetragene Partnerschaft beendet wird. Daher sollten Maßnahmen getroffen werden, damit unter Achtung des Familienlebens und der menschlichen Würde, aber unter bestimmten Voraussetzungen zum Schutz vor Missbrauch sichergestellt ist, dass in solchen Fällen Familienangehörigen, die sich bereits im Hoheitsgebiet des Aufnahmemitgliedstaats aufhalten, das Aufenthaltsrecht ausschließlich auf persönlicher Grundlage erhalten bleibt.

(16) Solange die Aufenthaltsberechtigten die Sozialhilfeleistungen des Aufnahmemitgliedstaats nicht unangemessen in Anspruch nehmen, sollte keine Ausweisung erfolgen. Die Inanspruchnahme von Sozialhilfeleistungen sollte daher nicht automatisch zu einer Ausweisung führen. Der Aufnahmemitgliedstaat sollte prüfen, ob es sich bei dem betreffenden Fall um vorübergehende Schwierigkeiten handelt, und die Dauer des Aufenthalts, die persönlichen Umstände und den gewährten Sozialhilfebetrag berücksichtigen, um zu beurteilen, ob der Leistungsempfänger die Sozialhilfeleistungen unangemessen in Anspruch genommen hat, und in diesem Fall seine Ausweisung zu veranlassen. In keinem Fall sollte eine Ausweisungsmaßnahme gegen Arbeitnehmer, Selbstständige oder Arbeitssuchende in dem vom Gerichtshof definierten Sinne erlassen werden, außer aus Gründen der öffentlichen Ordnung oder Sicherheit.

(17) Wenn Unionsbürger, die beschlossen haben, sich dauerhaft in dem Aufnahmemitgliedstaat niederzulassen, das Recht auf Daueraufenthalt erhielten, würde dies ihr Gefühl der Unionsbürgerschaft verstärken und entscheidend zum sozialen Zusammenhalt – einem grundlegenden Ziel der Union – beitragen. Es gilt daher, für alle Unionsbürger und ihre Familienangehörigen, die sich gemäß den in dieser Richtlinie festgelegten Bedingungen fünf Jahre lang ununterbrochen in dem Aufnahmemitgliedstaat aufgehalten haben und gegen die keine Ausweisungsmaßnahme angeordnet wurde, ein Recht auf Daueraufenthalt vorzusehen.

(18) Um ein wirksames Instrument für die Integration in die Gesellschaft des Aufnahmemitgliedstaats darzustellen, in dem der Unionsbürger seinen Aufenthalt hat, sollte das einmal erlangte Recht auf Daueraufenthalt keinen Bedingungen unterworfen werden.

(19) Bestimmte für abhängig oder selbstständig erwerbstätige Unionsbürger und ihre Familienangehörigen geltende Vergünstigungen sollten aufrechterhalten werden, die diesen Personen gegebenenfalls gestatten, ein Recht auf Daueraufenthalt zu erwerben, bevor sie einen Aufenthalt von fünf Jahren in dem Aufnahmemitgliedstaat vollendet haben, da sie erworbene

Rechte aufgrund der Verordnung (EWG) Nr. 1251/70 der Kommission vom 29. Juni 1970 über das Recht der Arbeitnehmer, nach Beendigung einer Beschäftigung im Hoheitsgebiet eines Mitgliedstaats zu verbleiben[1], und der Richtlinie 75/34/EWG des Rates vom 17. Dezember 1974 über das Recht der Staatsangehörigen eines Mitgliedstaats, nach Beendigung der Ausübung einer selbstständigen Tätigkeit im Hoheitsgebiet eines anderen Mitgliedstaats zu verbleiben[2], darstellen.

(20) Das Verbot der Diskriminierung aus Gründen der Staatsangehörigkeit erfordert, dass alle Unionsbürger und ihre Familienangehörigen, die sich aufgrund dieser Richtlinie in einem Mitgliedstaat aufhalten, in diesem Mitgliedstaat in den Anwendungsbereichen des Vertrags[3] die gleiche Behandlung wie Inländer genießen; dies gilt vorbehaltlich spezifischer und ausdrücklich im Vertrag[3] und im abgeleiteten Recht vorgesehener Bestimmungen.

(21) Allerdings sollte es dem Aufnahmemitgliedstaat überlassen bleiben, zu bestimmen, ob er anderen Personen als Arbeitnehmern oder Selbstständigen, Personen, die diesen Status beibehalten, und ihren Familienangehörigen Sozialhilfe während der ersten drei Monate des Aufenthalts oder im Falle von Arbeitssuchenden für einen längeren Zeitraum gewährt oder vor Erwerb des Rechts auf Daueraufenthalt Unterhaltsbeihilfen für die Zwecke des Studiums, einschließlich einer Berufsausbildung, gewährt.

(22) Der Vertrags[3] sieht Beschränkungen des Rechts auf Freizügigkeit und Aufenthalt aus Gründen der öffentlichen Ordnung, Sicherheit oder Gesundheit vor. Um eine genauere Definition der Umstände und Verfahrensgarantien sicherzustellen, unter denen Unionsbürgern und ihren Familienangehörigen die Erlaubnis zur Einreise verweigert werden kann oder unter denen sie ausgewiesen werden können, sollte die vorliegende Richtlinie die Richtlinie 64/221/EWG des Rates vom 25. Februar 1964 zur Koordinierung der Sondervorschriften für die Einreise und den Aufenthalt von Ausländern, soweit sie aus Gründen der öffentlichen Ordnung, Sicherheit und Gesundheit gerechtfertigt sind[4], ersetzen.

(23) Die Ausweisung von Unionsbürgern und ihren Familienangehörigen aus Gründen der öffentlichen Ordnung oder Sicherheit ist eine Maßnahme, die Personen, die ihre Rechte und Freiheiten aus dem Vertrag[3] in Anspruch genommen haben und vollständig in den Aufnahmemitgliedstaat integriert sind, sehr schaden kann. Die Wirkung derartiger Maßnahmen sollte daher gemäß dem Verhältnismäßigkeitsprinzip begrenzt werden, damit der Grad der Integration der Betroffenen, die Dauer des Aufenthalts im Aufnahmemitgliedstaat, ihr Alter, ihr Gesundheitszustand, die familiäre und wirtschaftliche Situation und die Bindungen zum Herkunftsstaat berücksichtigt werden.

(24) Daher sollte der Schutz vor Ausweisung in dem Maße zunehmen, wie die Unionsbürger und ihre Familienangehörigen in den Aufnahmemitglied-

---

[1] **Amtl. Anm.:** ABl. L 142 vom 30.6.1970, S. 24.

[2] **Amtl. Anm.:** ABl. L 14 vom 20.1.1975, S. 10.

[3] Nunmehr Vertrag über die Arbeitsweise der Europäischen Union (Nr. **2**) durch Vertrag von Lissabon v. 13.12.2007 (ABl. C 306 S. 1).

[4] **Amtl. Anm.:** ABl. 56 vom 4.4.1964, S. 850. Zuletzt geändert durch die Richtlinie 75/35/EWG (ABl. L 14 vom 20.1.1975, S. 14).

staat stärker integriert sind. Gegen Unionsbürger, die sich viele Jahre im Hoheitsgebiet des Aufnahmemitgliedstaats aufgehalten haben, insbesondere in Fällen, in denen sie dort geboren sind und dort ihr ganzes Leben lang ihren Aufenthalt gehabt haben, sollte nur unter außergewöhnlichen Umständen aus zwingenden Gründen der öffentlichen Sicherheit eine Ausweisung verfügt werden. Gemäß dem Übereinkommen der Vereinten Nationen vom 20. November 1989 über die Rechte des Kindes sollten solche außergewöhnlichen Umstände zudem auch für Ausweisungsmaßnahmen gegen Minderjährige gelten, damit die familiären Bande unter Schutz stehen.

(25) Ferner sollten Verfahrensgarantien festgelegt werden, damit einerseits im Falle eines Verbots, in einen anderen Mitgliedstaat einzureisen oder sich dort aufzuhalten, ein hoher Schutz der Rechte des Unionsbürgers und seiner Familienangehörigen gewährleistet ist und andererseits der Grundsatz eingehalten wird, dass behördliche Handlungen ausreichend begründet sein müssen.

(26) Der Unionsbürger und seine Familienangehörigen, denen untersagt wird, in einen anderen Mitgliedstaat einzureisen oder sich dort aufzuhalten, müssen stets die Möglichkeit haben, den Rechtsweg zu beschreiten.

(27) Im Sinne der Rechtsprechung des Gerichtshofs, wonach die Mitgliedstaaten gegen die Begünstigten dieser Richtlinie kein Aufenthaltsverbot auf Lebenszeit verhängen dürfen, sollte bestätigt werden, dass ein Unionsbürger oder einer seiner Familienangehörigen, gegen den ein Mitgliedstaat ein Aufenthaltsverbot verhängt hat, nach einem angemessenen Zeitraum, in jedem Fall aber nach Ablauf von drei Jahren nach Vollstreckung des endgültigen Aufenthaltsverbots, einen neuen Antrag auf Aufhebung des Aufenthaltsverbots stellen kann.

(28) Zum Schutz gegen Rechtsmissbrauch oder Betrug, insbesondere Scheinehen oder andere Arten von Bindungen, die lediglich zum Zweck der Inanspruchnahme des Freizügigkeits- und Aufenthaltsrechts geschlossen wurden, sollten die Mitgliedstaaten die Möglichkeit zum Erlass der erforderlichen Maßnahmen haben.

(29) Diese Richtlinie sollte nicht die Anwendung günstigerer einzelstaatlicher Rechtsvorschriften berühren.

(30) Zur Untersuchung der Frage, wie die Ausübung des Freizügigkeits- und Aufenthaltsrechts weiter erleichtert werden kann, sollte von der Kommission ein Bericht erarbeitet werden, aufgrund dessen die Möglichkeit zur Vorlage etwaiger hierfür erforderlicher Vorschläge abschätzbar ist, insbesondere zur Verlängerung des Zeitraums des nicht an Bedingungen geknüpften Aufenthalts.

(31) Diese Richtlinie steht im Einklang mit den Grundrechten und -freiheiten und den Grundsätzen, die insbesondere mit der Charta der Grundrechte der Europäischen Union[1] anerkannt wurden. Dem in der Charta enthaltenen Diskriminierungsverbot zufolge sollten die Mitgliedstaaten diese Richtlinie ohne Diskriminierung zwischen den Begünstigten dieser Richtlinie etwa aufgrund des Geschlechts, der Rasse, der Hautfarbe, der eth-

[1] Nr. **8**.

nischen oder sozialen Herkunft, der genetischen Merkmale, der Sprache, der Religion oder Weltanschauung, der politischen oder sonstigen Anschauung, der Zugehörigkeit zu einer nationalen Minderheit, des Vermögens, der Geburt, einer Behinderung, des Alters oder der sexuellen Ausrichtung umsetzen –

HABEN FOLGENDE RICHTLINIE ERLASSEN:

Kapitel I. Allgemeine Bestimmungen

Art. 1 Gegenstand. Diese Richtlinie regelt

a) die Bedingungen, unter denen Unionsbürger und ihre Familienangehörigen das Recht auf Freizügigkeit und Aufenthalt innerhalb des Hoheitsgebiets der Mitgliedstaaten genießen;

b) das Recht auf Daueraufenthalt der Unionsbürger und ihrer Familienangehörigen im Hoheitsgebiet der Mitgliedstaaten;

c) die Beschränkungen der in den Buchstaben a) und b) genannten Rechte aus Gründen der öffentlichen Ordnung, Sicherheit oder Gesundheit.

Art. 2 Begriffsbestimmungen. Im Sinne dieser Richtlinie bezeichnet der Ausdruck

1. „Unionsbürger" jede Person, die die Staatsangehörigkeit eines Mitgliedstaats besitzt;

2. „Familienangehöriger"

   a) den Ehegatten;

   b) den Lebenspartner, mit dem der Unionsbürger auf der Grundlage der Rechtsvorschriften eines Mitgliedstaats eine eingetragene Partnerschaft eingegangen ist, sofern nach den Rechtsvorschriften des Aufnahmemitgliedstaats die eingetragene Partnerschaft der Ehe gleichgestellt ist und die in den einschlägigen Rechtsvorschriften des Aufnahmemitgliedstaats vorgesehenen Bedingungen erfüllt sind;

   c) die Verwandten in gerader absteigender Linie des Unionsbürgers und des Ehegatten oder des Lebenspartners im Sinne von Buchstabe b), die das 21. Lebensjahr noch nicht vollendet haben oder denen von diesen Unterhalt gewährt wird;

   d) die Verwandten in gerader aufsteigender Linie des Unionsbürgers und des Ehegatten oder des Lebenspartners im Sinne von Buchstabe b), denen von diesen Unterhalt gewährt wird;

3. „Aufnahmemitgliedstaat" den Mitgliedstaat, in den sich der Unionsbürger begibt, um dort sein Recht auf Freizügigkeit oder Aufenthalt auszuüben.

Art. 3 Berechtigte. (1) Diese Richtlinie gilt für jeden Unionsbürger, der sich in einen anderen als den Mitgliedstaat, dessen Staatsangehörigkeit er besitzt, begibt oder sich dort aufhält, sowie für seine Familienangehörigen im Sinne von Artikel 2 Nummer 2, die ihn begleiten oder ihm nachziehen.

(2) *[1]* Unbeschadet eines etwaigen persönlichen Rechts auf Freizügigkeit und Aufenthalt der Betroffenen erleichtert der Aufnahmemitgliedstaat nach

Maßgabe seiner innerstaatlichen Rechtsvorschriften die Einreise und den Aufenthalt der folgenden Personen:

a) jedes nicht unter die Definition in Artikel 2 Nummer 2 fallenden Familienangehörigen ungeachtet seiner Staatsangehörigkeit, dem der primär aufenthaltsberechtigte Unionsbürger im Herkunftsland Unterhalt gewährt oder der mit ihm im Herkunftsland in häuslicher Gemeinschaft gelebt hat, oder wenn schwerwiegende gesundheitliche Gründe die persönliche Pflege des Familienangehörigen durch den Unionsbürger zwingend erforderlich machen;

b) des Lebenspartners, mit dem der Unionsbürger eine ordnungsgemäß bescheinigte dauerhafte Beziehung eingegangen ist.

[2] Der Aufnahmemitgliedstaat führt eine eingehende Untersuchung der persönlichen Umstände durch und begründet eine etwaige Verweigerung der Einreise oder des Aufenthalts dieser Personen.

Kapitel II. Recht auf Ausreise und Einreise

Art. 4 Recht auf Ausreise. (1) Unbeschadet der für die Kontrollen von Reisedokumenten an den nationalen Grenzen geltenden Vorschriften haben alle Unionsbürger, die einen gültigen Personalausweis oder Reisepass mit sich führen, und ihre Familienangehörigen, die nicht die Staatsangehörigkeit eines Mitgliedstaats besitzen und die einen gültigen Reisepass mit sich führen, das Recht, das Hoheitsgebiet eines Mitgliedstaats zu verlassen und sich in einen anderen Mitgliedstaat zu begeben.

(2) Für die Ausreise von Personen gemäß Absatz 1 darf weder ein Visum noch eine gleichartige Formalität verlangt werden.

(3) Die Mitgliedstaaten stellen ihren Staatsangehörigen gemäß ihren Rechtsvorschriften einen Personalausweis oder einen Reisepass aus, der ihre Staatsangehörigkeit angibt, und verlängern diese Dokumente.

(4) [1] Der Reisepass muss zumindest für alle Mitgliedstaaten und die unmittelbar zwischen den Mitgliedstaaten liegenden Durchreiseländer gelten. [2] Sehen die Rechtsvorschriften eines Mitgliedstaats keinen Personalausweis vor, so ist der Reisepass mit einer Gültigkeit von mindestens fünf Jahren auszustellen oder zu verlängern.

Art. 5 Recht auf Einreise. (1) *[1]* Unbeschadet der für die Kontrollen von Reisedokumenten an den nationalen Grenzen geltenden Vorschriften gestatten die Mitgliedstaaten Unionsbürgern, die einen gültigen Personalausweis oder Reisepass mit sich führen, und ihren Familienangehörigen, die nicht die Staatsangehörigkeit eines Mitgliedstaats besitzen und die einen gültigen Reisepass mit sich führen, die Einreise.

[2] Für die Einreise von Unionsbürgern darf weder ein Visum noch eine gleichartige Formalität verlangt werden.

(2) *[1]* [1] Von Familienangehörigen, die nicht die Staatsangehörigkeit eines Mitgliedstaats besitzen, ist gemäß der Verordnung (EG) Nr. 539/2001 oder gegebenenfalls den einzelstaatlichen Rechtsvorschriften lediglich ein Einreisevisum zu fordern. [2] Für die Zwecke dieser Richtlinie entbindet der Besitz einer gültigen Aufenthaltskarte gemäß Artikel 10 diese Familienangehörigen von der Visumspflicht.

[2] [1]Die Mitgliedstaaten treffen alle erforderlichen Maßnahmen, um diesen Personen die Beschaffung der erforderlichen Visa zu erleichtern. [2]Die Visa werden so bald wie möglich nach einem beschleunigten Verfahren unentgeltlich erteilt.

(3) Der Aufnahmemitgliedstaat bringt im Reisepass eines Familienangehörigen, der nicht die Staatsangehörigkeit eines Mitgliedstaats besitzt, keinen Ein- reise- oder Ausreisestempel an, wenn der Betroffene die Aufenthaltskarte gemäß Artikel 10 mit sich führt.

(4) Verfügt ein Unionsbürger oder ein Familienangehöriger, der nicht die Staatsangehörigkeit eines Mitgliedstaats besitzt, nicht über die erforderlichen Reisedokumente oder gegebenenfalls die erforderlichen Visa, so gewährt der betreffende Mitgliedstaat dieser Person jede angemessene Möglichkeit, sich die erforderlichen Dokumente in einer angemessenen Frist zu beschaffen oder übermitteln zu lassen oder sich mit anderen Mitteln bestätigen zu lassen oder nachzuweisen, dass sie das Recht auf Freizügigkeit und Aufenthalt genießt, bevor er eine Zurückweisung verfügt.

(5) [1]Der Mitgliedstaat kann von dem Betroffenen verlangen, dass er seine Anwesenheit im Hoheitsgebiet dieses Mitgliedstaats innerhalb eines angemessenen und nicht diskriminierenden Zeitraums meldet. [2]Die Nichterfüllung dieser Meldepflicht kann mit verhältnismäßigen und nicht diskriminierenden Sanktionen geahndet werden.

Kapitel III. Aufenthaltsrecht

Art. 6 Recht auf Aufenthalt bis zu drei Monaten. (1) Ein Unionsbürger hat das Recht auf Aufenthalt im Hoheitsgebiet eines anderen Mitgliedstaats für einen Zeitraum von bis zu drei Monaten, wobei er lediglich im Besitz eines gültigen Personalausweises oder Reisepasses sein muss und ansonsten keine weiteren Bedingungen zu erfüllen oder Formalitäten zu erledigen braucht.

(2) Absatz 1 gilt auch für Familienangehörige im Besitz eines gültigen Reisepasses, die nicht die Staatsangehörigkeit eines Mitgliedstaats besitzen und die den Unionsbürger begleiten oder ihm nachziehen.

Art. 7 Recht auf Aufenthalt für mehr als drei Monate. (1) Jeder Unionsbürger hat das Recht auf Aufenthalt im Hoheitsgebiet eines anderen Mitgliedstaats für einen Zeitraum von über drei Monaten, wenn er

a) Arbeitnehmer oder Selbstständiger im Aufnahmemitgliedstaat ist oder

b) für sich und seine Familienangehörigen über ausreichende Existenzmittel verfügt, so dass sie während ihres Aufenthalts keine Sozialhilfeleistungen des Aufnahmemitgliedstaats in Anspruch nehmen müssen, und er und seine Familienangehörigen über einen umfassenden Krankenversicherungsschutz im Aufnahmemitgliedstaat verfügen oder

c) – bei einer privaten oder öffentlichen Einrichtung, die von dem Aufnahmemitgliedstaat aufgrund seiner Rechtsvorschriften oder seiner Verwaltungspraxis anerkannt oder finanziert wird, zur Absolvierung einer Ausbildung einschließlich einer Berufsausbildung als Hauptzweck eingeschrieben ist und

– über einen umfassenden Krankenversicherungsschutz im Aufnahmemitgliedstaat verfügt und der zuständigen nationalen Behörde durch eine Erklärung oder durch jedes andere gleichwertige Mittel seiner Wahl glaubhaft macht, dass er für sich und seine Familienangehörigen über ausreichende Existenzmittel verfügt, so dass sie während ihres Aufenthalts keine Sozialhilfeleistungen des Aufnahmemitgliedstaats in Anspruch nehmen müssen, oder

d) ein Familienangehöriger ist, der den Unionsbürger, der die Voraussetzungen des Buchstabens a), b) oder c) erfüllt, begleitet oder ihm nachzieht.

(2) Das Aufenthaltsrecht nach Absatz 1 gilt auch für Familienangehörige, die nicht die Staatsangehörigkeit eines Mitgliedstaats besitzen und die den Unionsbürger in den Aufnahmemitgliedstaat begleiten oder ihm nachziehen, sofern der Unionsbürger die Voraussetzungen des Absatzes 1 Buchstabe a), b) oder c) erfüllt.

(3) Für die Zwecke des Absatzes 1 Buchstabe a) bleibt die Erwerbstätigeneigenschaft dem Unionsbürger, der seine Erwerbstätigkeit als Arbeitnehmer oder Selbstständiger nicht mehr ausübt, in folgenden Fällen erhalten:

a) Er ist wegen einer Krankheit oder eines Unfalls vorübergehend arbeitsunfähig;

b) er stellt sich bei ordnungsgemäß bestätigter unfreiwilliger Arbeitslosigkeit nach mehr als einjähriger Beschäftigung dem zuständigen Arbeitsamt zur Verfügung;

c) er stellt sich bei ordnungsgemäß bestätigter unfreiwilliger Arbeitslosigkeit nach Ablauf seines auf weniger als ein Jahr befristeten Arbeitsvertrags oder bei im Laufe der ersten zwölf Monate eintretender unfreiwilliger Arbeitslosigkeit dem zuständigen Arbeitsamt zur Verfügung; in diesem Fall bleibt die Erwerbstätigeneigenschaft während mindestens sechs Monaten aufrechterhalten;

d) er beginnt eine Berufsausbildung; die Aufrechterhaltung der Erwerbstätigeneigenschaft setzt voraus, dass zwischen dieser Ausbildung und der früheren beruflichen Tätigkeit ein Zusammenhang besteht, es sei denn, der Betroffene hat zuvor seinen Arbeitsplatz unfreiwillig verloren.

(4) [1] Abweichend von Absatz 1 Buchstabe d) und Absatz 2 haben nur der Ehegatte, der eingetragene Lebenspartner im Sinne von Artikel 2 Nummer 2 Buchstabe b) und Kinder, denen Unterhalt gewährt wird, das Recht auf Aufenthalt als Familienangehörige eines Unionsbürgers, der die Voraussetzungen des Absatzes 1 Buchstabe c) erfüllt. [2] Artikel 3 Absatz 2 findet Anwendung auf die Verwandten in gerader aufsteigender Linie des Unionsbürgers und des Ehegatten oder eingetragenen Lebenspartners, denen Unterhalt gewährt wird.

Art. 8 Verwaltungsformalitäten für Unionsbürger. (1) Unbeschadet von Artikel 5 Absatz 5 kann der Aufnahmemitgliedstaat von Unionsbürgern für Aufenthalte von über drei Monaten verlangen, dass sie sich bei den zuständigen Behörden anmelden.

(2) [1] Die Frist für die Anmeldung muss mindestens drei Monate ab dem Zeitpunkt der Einreise betragen. [2] Eine Anmeldebescheinigung wird unverzüglich ausgestellt; darin werden Name und Anschrift der die Anmeldung vor-

nehmenden Person sowie der Zeitpunkt der Anmeldung angegeben. [3]Die Nichterfüllung der Anmeldepflicht kann mit verhältnismäßigen und nicht diskriminierenden Sanktionen geahndet werden.

(3) Für die Ausstellung der Anmeldebescheinigung dürfen die Mitgliedstaaten nur Folgendes verlangen:

- von einem Unionsbürger, auf den Artikel 7 Absatz 1 Buchstabe a) Anwendung findet, nur die Vorlage eines gültigen Personalausweises oder Reisepasses, einer Einstellungsbestätigung des Arbeitgebers oder einer Beschäftigungsbescheinigung oder eines Nachweises der Selbstständigkeit;
- von einem Unionsbürger, auf den Artikel 7 Absatz 1 Buchstabe b) Anwendung findet, nur die Vorlage eines gültigen Personalausweises oder Reisepasses sowie einen Nachweis, dass er die dort genannten Voraussetzungen erfüllt;
- von einem Unionsbürger, auf den Artikel 7 Absatz 1 Buchstabe c) Anwendung findet, nur die Vorlage eines gültigen Personalausweises oder Reisepasses, einer Bescheinigung über die Einschreibung bei einer anerkannten Einrichtung und über den umfassenden Krankenversicherungsschutz sowie einer Erklärung oder eines gleichwertigen Mittels nach Artikel 7 Absatz 1 Buchstabe c). Die Mitgliedstaaten dürfen nicht verlangen, dass sich diese Erklärung auf einen bestimmten Existenzmittelbetrag bezieht.

(4) [1]Die Mitgliedstaaten dürfen keinen festen Betrag für die Existenzmittel festlegen, die sie als ausreichend betrachten, sondern müssen die persönliche Situation des Betroffenen berücksichtigen. [2]Dieser Betrag darf in keinem Fall über dem Schwellenbetrag liegen, unter dem der Aufnahmemitgliedstaat seinen Staatsangehörigen Sozialhilfe gewährt, oder, wenn dieses Kriterium nicht anwendbar ist, über der Mindestrente der Sozialversicherung des Aufnahmemitgliedstaats.

(5) Für die Ausstellung der Anmeldebescheinigung an die Familienangehörigen des Unionsbürgers, die selbst Unionsbürger sind, können die Mitgliedstaaten die Vorlage folgender Dokumente verlangen:

a) gültiger Personalausweis oder Reisepass;

b) Bescheinigung über das Bestehen einer familiären Beziehung oder einer eingetragenen Partnerschaft;

c) gegebenenfalls die Anmeldebescheinigung des Unionsbürgers, den sie begleiten oder dem sie nachziehen;

d) in den Fällen des Artikels 2 Nummer 2 Buchstaben c) und d) der urkundliche Nachweis, dass die dort genannten Voraussetzungen vorliegen;

e) in den Fällen des Artikels 3 Absatz 2 Buchstabe a) ein durch die zuständige Behörde des Ursprungs- oder Herkunftslands ausgestelltes Dokument, aus dem hervorgeht, dass die Betroffenen vom Unionsbürger Unterhalt beziehen oder mit ihm in häuslicher Gemeinschaft gelebt haben, oder der Nachweis schwerwiegender gesundheitlicher Gründe, die die persönliche Pflege des Familienangehörigen durch den Unionsbürger zwingend erforderlich machen;

f) in den Fällen des Artikels 3 Absatz 2 Buchstabe b) der Nachweis über das Bestehen einer dauerhaften Beziehung mit dem Unionsbürger.

Art. 9 Verwaltungsformalitäten für Familienangehörige, die nicht die Staatsangehörigkeit eines Mitgliedstaats besitzen. (1) Die Mitgliedstaaten stellen den Familienangehörigen eines Unionsbürgers, die nicht die Staatsangehörigkeit eines Mitgliedstaats besitzen, eine Aufenthaltskarte aus, wenn ein Aufenthalt von über drei Monaten geplant ist.

(2) Die Frist für die Einreichung des Antrags auf Ausstellung der Aufenthaltskarte muss mindestens drei Monate ab dem Zeitpunkt der Einreise betragen.

(3) Die Nichterfüllung der Pflicht zur Beantragung einer Aufenthaltskarte kann mit verhältnismäßigen und nicht diskriminierenden Sanktionen geahndet werden.

Art. 10 Ausstellung der Aufenthaltskarte. (1) [1] Zum Nachweis des Aufenthaltsrechts der Familienangehörigen eines Unionsbürgers, die nicht die Staatsangehörigkeit eines Mitgliedstaats besitzen, wird spätestens sechs Monate nach Einreichung des betreffenden Antrags eine „Aufenthaltskarte für Familienangehörige eines Unionsbürgers" ausgestellt. [2] Eine Bescheinigung über die Einreichung des Antrags auf Ausstellung einer Aufenthaltskarte wird unverzüglich ausgestellt.

(2) Für die Ausstellung der Aufenthaltskarte verlangen die Mitgliedstaaten die Vorlage folgender Dokumente:

a) gültiger Reisepass;

b) Bescheinigung über das Bestehen einer familiären Beziehung oder einer eingetragenen Partnerschaft;

c) Anmeldebescheinigung des Unionsbürgers, den sie begleiten oder dem sie nachziehen, oder, wenn kein Anmeldesystem besteht, ein anderer Nachweis über den Aufenthalt des betreffenden Unionsbürgers im Aufnahmemitgliedstaat;

d) in den Fällen des Artikels 2 Nummer 2 Buchstaben c) und d) der urkundliche Nachweis, dass die dort genannten Voraussetzungen vorliegen;

e) in den Fällen des Artikels 3 Absatz 2 Buchstabe a) ein durch die zuständige Behörde des Ursprungs- oder Herkunftslands ausgestelltes Dokument, aus dem hervorgeht, dass die Betroffenen vom Unionsbürger Unterhalt beziehen oder mit ihm in häuslicher Gemeinschaft gelebt haben, oder der Nachweis schwerwiegender gesundheitlicher Gründe, die die persönliche Pflege des Familienangehörigen durch den Unionsbürger zwingend erforderlich machen;

f) in den Fällen des Artikels 3 Absatz 2 Buchstabe b) der Nachweis über das Bestehen einer dauerhaften Beziehung mit dem Unionsbürger.

Art. 11 Gültigkeit der Aufenthaltskarte. (1) Die Aufenthaltskarte gemäß Artikel 10 Absatz 1 gilt für fünf Jahre ab dem Zeitpunkt der Ausstellung oder für die geplante Aufenthaltsdauer des Unionsbürgers, wenn diese weniger als fünf Jahre beträgt.

(2) Die Gültigkeit der Aufenthaltskarte wird weder durch vorübergehende Abwesenheiten von bis zu sechs Monaten im Jahr, noch durch längere Abwesenheiten wegen der Erfüllung militärischer Pflichten, noch durch eine einzige Abwesenheit von höchstens zwölf aufeinander folgenden Monaten aus wichtigen Gründen wie Schwangerschaft und Niederkunft, schwere Krankheit, Stu-

dium oder Berufsausbildung oder berufliche Entsendung in einen anderen Mitgliedstaat oder einen Drittstaat berührt.

Art. 12 Aufrechterhaltung des Aufenthaltsrechts der Familienangehörigen bei Tod oder Wegzug des Unionsbürgers. (1) *[1]* Unbeschadet von Unterabsatz 2 berührt der Tod des Unionsbürgers oder sein Wegzug aus dem Aufnahmemitgliedstaat nicht das Aufenthaltsrecht seiner Familienangehörigen, die die Staatsangehörigkeit eines Mitgliedstaats besitzen.

[2] Bevor die Betroffenen das Recht auf Daueraufenthalt erwerben, müssen sie die Voraussetzungen des Artikels 7 Absatz 1 Buchstabe a), b), c) oder d) erfüllen.

(2) *[1]* Unbeschadet von Unterabsatz 2 führt der Tod des Unionsbürgers für Familienangehörige, die nicht die Staatsangehörigkeit eines Mitgliedstaats besitzen und die sich im Aufnahmemitgliedstaat als Familienangehörige vor dem Tod des Unionsbürgers mindestens ein Jahr lang aufgehalten haben, nicht zum Verlust des Aufenthaltsrechts.

[2] [1] Bevor die Betroffenen das Recht auf Daueraufenthalt erwerben, bleibt ihr Aufenthaltsrecht an die Voraussetzung geknüpft, dass sie nachweisen können, dass sie Arbeitnehmer oder Selbstständige sind oder für sich und ihre Familienangehörigen über ausreichende Existenzmittel verfügen, so dass sie während ihres Aufenthalts keine Sozialhilfeleistungen des Aufnahmemitgliedstaats in Anspruch nehmen müssen, und dass sie über einen umfassenden Krankenversicherungsschutz im Aufnahmemitgliedstaat verfügen oder dass sie bereits im Aufnahmemitgliedstaat als Familienangehörige einer Person gelten, die diese Voraussetzungen erfüllt. [2] Als ausreichende Existenzmittel gelten die in Artikel 8 Absatz 4 vorgesehenen Beträge.

[3] Die betreffenden Familienangehörigen behalten ihr Aufenthaltsrecht ausschließlich auf persönlicher Grundlage.

(3) Der Wegzug des Unionsbürgers aus dem Aufnahmemitgliedstaat oder sein Tod führt weder für seine Kinder noch für den Elternteil, der die elterliche Sorge für die Kinder tatsächlich wahrnimmt, ungeachtet ihrer Staatsangehörigkeit, bis zum Abschluss der Ausbildung zum Verlust des Aufenthaltsrechts, wenn sich die Kinder im Aufnahmemitgliedstaat aufhalten und in einer Bildungseinrichtung zu Ausbildungszwecken eingeschrieben sind.

Art. 13 Aufrechterhaltung des Aufenthaltsrechts der Familienangehörigen bei Scheidung oder Aufhebung der Ehe oder bei Beendigung der eingetragenen Partnerschaft. (1) *[1]* Unbeschadet von Unterabsatz 2 berührt die Scheidung oder Aufhebung der Ehe des Unionsbürgers oder die Beendigung seiner eingetragenen Partnerschaft im Sinne von Artikel 2 Nummer 2 Buchstabe b) nicht das Aufenthaltsrecht seiner Familienangehörigen, die die Staatsangehörigkeit eines Mitgliedstaats besitzen.

[2] Bevor die Betroffenen das Recht auf Daueraufenthalt erwerben, müssen sie die Voraussetzungen des Artikels 7 Absatz 1 Buchstabe a), b), c) oder d) erfüllen.

(2) *[1]* Unbeschadet von Unterabsatz 2 führt die Scheidung oder Aufhebung der Ehe oder die Beendigung der eingetragenen Partnerschaft im Sinne von Artikel 2 Nummer 2 Buchstabe b) für Familienangehörige eines Unionsbür-

gers, die nicht die Staatsangehörigkeit eines Mitgliedstaats besitzen, nicht zum Verlust des Aufenthaltsrechts, wenn

a) die Ehe oder die eingetragene Partnerschaft im Sinne von Artikel 2 Nummer 2 Buchstabe b) bis zur Einleitung des gerichtlichen Scheidungs- oder Aufhebungsverfahrens oder bis zur Beendigung der eingetragenen Partnerschaft mindestens drei Jahre bestanden hat, davon mindestens ein Jahr im Aufnahmemitgliedstaat, oder
b) dem Ehegatten oder dem Lebenspartner im Sinne von Artikel 2 Nummer 2 Buchstabe b), der nicht die Staatsangehörigkeit eines Mitgliedstaats besitzt, aufgrund einer Vereinbarung der Ehegatten oder der Lebenspartner oder durch gerichtliche Entscheidung das Sorgerecht für die Kinder des Unionsbürgers übertragen wird oder
c) es aufgrund besonders schwieriger Umstände erforderlich ist, wie etwa bei Opfern von Gewalt im häuslichen Bereich während der Ehe oder der eingetragenen Partnerschaft, oder
d) dem Ehegatten oder dem Lebenspartner im Sinne von Artikel 2 Nummer 2 Buchstabe b), der nicht die Staatsangehörigkeit eines Mitgliedstaats besitzt, aufgrund einer Vereinbarung der Ehegatten oder der Lebenspartner oder durch gerichtliche Entscheidung das Recht zum persönlichen Umgang mit dem minderjährigen Kind zugesprochen wird, sofern das Gericht zu der Auffassung gelangt ist, dass der Umgang – solange er für nötig erachtet wird – ausschließlich im Aufnahmemitgliedstaat erfolgen darf.

[2] [1] Bevor die Betroffenen das Recht auf Daueraufenthalt erwerben, bleibt ihr Aufenthaltsrecht an die Voraussetzung geknüpft, dass sie nachweisen können, dass sie Arbeitnehmer oder Selbstständige sind oder für sich und ihre Familienangehörigen über ausreichende Existenzmittel verfügen, so dass sie während ihres Aufenthalts keine Sozialhilfeleistungen des Aufnahmemitgliedstaats in Anspruch nehmen müssen, und dass sie über einen umfassenden Krankenversicherungsschutz im Aufnahmemitgliedstaat verfügen oder dass sie bereits im Aufnahmemitgliedstaat als Familienangehörige einer Person gelten, die diese Voraussetzungen erfüllt. [2] Als ausreichende Existenzmittel gelten die in Artikel 8 Absatz 4 vorgesehenen Beträge.

[3] Die betreffenden Familienangehörigen behalten ihr Aufenthaltsrecht ausschließlich auf persönlicher Grundlage.

Art. 14 Aufrechterhaltung des Aufenthaltsrechts. (1) Unionsbürgern und ihren Familienangehörigen steht das Aufenthaltsrecht nach Artikel 6 zu, solange sie die Sozialhilfeleistungen des Aufnahmemitgliedstaats nicht unangemessen in Anspruch nehmen.

(2) *[1]* Unionsbürgern und ihren Familienangehörigen steht das Aufenthaltsrecht nach den Artikeln 7, 12 und 13 zu, solange sie die dort genannten Voraussetzungen erfüllen.

[2] [1] In bestimmten Fällen, in denen begründete Zweifel bestehen, ob der Unionsbürger oder seine Familienangehörigen die Voraussetzungen der Artikeln 7, 12 und 13 erfüllen, können die Mitgliedstaaten prüfen, ob diese Voraussetzungen erfüllt sind. [2] Diese Prüfung wird nicht systematisch durchgeführt.

(3) Die Inanspruchnahme von Sozialhilfeleistungen durch einen Unionsbürger oder einen seiner Familienangehörigen im Aufnahmemitgliedstaat darf nicht automatisch zu einer Ausweisung führen.

(4) Abweichend von den Absätzen 1 und 2 und unbeschadet der Bestimmungen des Kapitels VI darf gegen Unionsbürger oder ihre Familienangehörigen auf keinen Fall eine Ausweisung verfügt werden, wenn

a) die Unionsbürger Arbeitnehmer oder Selbstständige sind oder

b) die Unionsbürger in das Hoheitsgebiet des Aufnahmemitgliedstaats eingereist sind, um Arbeit zu suchen. In diesem Fall dürfen die Unionsbürger und ihre Familienangehörigen nicht ausgewiesen werden, solange die Unionsbürger nachweisen können, dass sie weiterhin Arbeit suchen und dass sie eine begründete Aussicht haben, eingestellt zu werden.

Art. 15 Verfahrensgarantien. (1) Die Verfahren der Artikel 30 und 31 finden sinngemäß auf jede Entscheidung Anwendung, die die Freizügigkeit von Unionsbürgern und ihren Familienangehörigen beschränkt und nicht aus Gründen der öffentlichen Ordnung, Sicherheit oder Gesundheit erlassen wird.

(2) Wird der Personalausweis oder Reisepass, der die Einreise des Betroffenen in den Aufnahmemitgliedstaat sowie die Ausstellung der Anmeldebescheinigung oder der Aufenthaltskarte ermöglicht hat, ungültig, so rechtfertigt dies keine Ausweisung aus dem Aufnahmemitgliedstaat.

(3) Eine Entscheidung gemäß Absatz 1, mit der die Ausweisung verfügt wird, darf nicht mit einem Einreiseverbot des Aufnahmemitgliedstaats einhergehen.

Kapitel IV. Recht auf Daueraufenthalt

Abschnitt I. Erwerb

Art. 16 Allgemeine Regel für Unionsbürger und ihre Familienangehörigen. (1) [1]Jeder Unionsbürger, der sich rechtmäßig fünf Jahre lang ununterbrochen im Aufnahmemitgliedstaat aufgehalten hat, hat das Recht, sich dort auf Dauer aufzuhalten. [2]Dieses Recht ist nicht an die Voraussetzungen des Kapitels III geknüpft.

(2) Absatz 1 gilt auch für Familienangehörige, die nicht die Staatsangehörigkeit eines Mitgliedstaats besitzen und die sich rechtmäßig fünf Jahre lang ununterbrochen mit dem Unionsbürger im Aufnahmemitgliedstaat aufgehalten haben.

(3) Die Kontinuität des Aufenthalts wird weder durch vorübergehende Abwesenheiten von bis zu insgesamt sechs Monaten im Jahr, noch durch längere Abwesenheiten wegen der Erfüllung militärischer Pflichten, noch durch eine einzige Abwesenheit von höchstens zwölf aufeinander folgenden Monaten aus wichtigen Gründen wie Schwangerschaft und Niederkunft, schwere Krankheit, Studium oder Berufsausbildung oder berufliche Entsendung in einen anderen Mitgliedstaat oder einen Drittstaat berührt.

(4) Wenn das Recht auf Daueraufenthalt erworben wurde, führt nur die Abwesenheit vom Aufnahmemitgliedstaat, die zwei aufeinander folgende Jahre überschreitet, zu seinem Verlust.

Art. 17 Ausnahmeregelung für Personen, die im Aufnahmemitgliedstaat aus dem Erwerbsleben ausgeschieden sind, und ihre Familienangehörigen. (1) *[1]* Abweichend von Artikel 16 haben folgende Personen vor Ablauf des ununterbrochenen Zeitraums von fünf Jahren das Recht auf Daueraufenthalt im Aufnahmemitgliedstaat:

a) Arbeitnehmer oder Selbstständige, die zum Zeitpunkt des Ausscheidens aus dem Erwerbsleben das in dem betreffenden Mitgliedstaat für die Geltendmachung einer Altersrente gesetzlich vorgesehene Alter erreicht haben, oder Arbeitnehmer, die ihre abhängige Erwerbstätigkeit im Rahmen einer Vorruhestandsregelung beenden, sofern sie diese Erwerbstätigkeit in dem betreffenden Mitgliedstaat mindestens während der letzten zwölf Monate ausgeübt und sich dort seit mindestens drei Jahren ununterbrochen aufgehalten haben.
Haben bestimmte Kategorien von Selbstständigen nach den Rechtsvorschriften des Aufnahmemitgliedstaats keinen Anspruch auf eine Altersrente, so gilt die Altersvoraussetzung als erfüllt, wenn der Betroffene das 60. Lebensjahr vollendet hat.

b) Arbeitnehmer oder Selbstständige, die sich seit mindestens zwei Jahren ununterbrochen im Aufnahmemitgliedstaat aufgehalten haben und ihre Erwerbstätigkeit infolge einer dauernden Arbeitsunfähigkeit aufgeben.
Ist die Arbeitsunfähigkeit durch einen Arbeitsunfall oder eine Berufskrankheit eingetreten, aufgrund deren ein Anspruch auf eine Rente entsteht, die ganz oder teilweise zulasten eines Trägers des Aufnahmemitgliedstaats geht, entfällt die Voraussetzung der Aufenthaltsdauer.

c) Arbeitnehmer oder Selbstständige, die nach drei Jahren ununterbrochener Erwerbstätigkeit und ununterbrochenen Aufenthalts im Aufnahmemitgliedstaat eine abhängige oder selbstständige Erwerbstätigkeit in einem anderen Mitgliedstaat ausüben, ihren Wohnsitz jedoch im Aufnahmemitgliedstaat beibehalten und in der Regel jeden Tag oder mindestens einmal in der Woche dorthin zurückkehren.
Für den Erwerb der in den Buchstaben a) und b) genannten Rechte gelten die Zeiten der Erwerbstätigkeit in dem Mitgliedstaat, in dem der Betroffene seine Erwerbstätigkeit ausübt, als im Aufnahmemitgliedstaat abgeleistet.

[2] Zeiten unfreiwilliger Arbeitslosigkeit, die vom zuständigen Arbeitsamt ordnungsgemäß festgestellt werden, oder vom Willen des Betroffenen unabhängige Arbeitsunterbrechungen sowie krankheits- oder unfallbedingte Fehlzeiten oder Unterbrechungen gelten als Zeiten der Erwerbstätigkeit.

(2) Die Voraussetzungen der Dauer des Aufenthalts und der Dauer der Erwerbstätigkeit in Absatz 1 Buchstabe a) sowie der Aufenthaltsdauer in Absatz 1 Buchstabe b) entfallen, wenn der Ehegatte oder der Lebenspartner im Sinne von Artikel 2 Nummer 2 Buchstabe b) des Arbeitnehmers oder des Selbstständigen die Staatsangehörigkeit des Aufnahmemitgliedstaats besitzt oder die Staatsangehörigkeit jenes Mitgliedstaats durch Eheschließung mit dem Arbeitnehmer oder Selbstständigen verloren hat.

(3) Die Familienangehörigen eines Arbeitnehmers oder eines Selbstständigen, die sich mit ihm im Hoheitsgebiet des Aufnahmemitgliedstaats aufhalten, haben ungeachtet ihrer Staatsangehörigkeit das Recht auf Daueraufenthalt in diesem Mitgliedstaat, wenn der Arbeitnehmer oder Selbstständige für sich das Recht auf Daueraufenthalt gemäß Absatz 1 in diesem Mitgliedstaat erworben hat.

(4) Ist der Arbeitnehmer oder Selbstständige jedoch im Laufe seines Erwerbslebens verstorben, bevor er gemäß Absatz 1 das Recht auf Daueraufenthalt im Aufnahmemitgliedstaat erworben hat, so erwerben seine Familienangehörigen, die sich mit ihm in dem Aufnahmemitgliedstaat aufgehalten haben, das Recht, sich dort dauerhaft aufzuhalten, sofern

a) der Arbeitnehmer oder Selbstständige sich zum Zeitpunkt seines Todes seit zwei Jahren im Hoheitsgebiet dieses Mitgliedstaats ununterbrochen aufgehalten hat oder

b) der Tod infolge eines Arbeitsunfalls oder einer Berufskrankheit eingetreten ist oder

c) sein überlebender Ehegatte die Staatsangehörigkeit dieses Mitgliedstaats durch Eheschließung mit dem Arbeitnehmer oder dem Selbstständigen verloren hat.

Art. 18 Erwerb des Rechts auf Daueraufenthalt durch bestimmte Familienangehörige, die nicht die Staatsangehörigkeit eines Mitgliedstaats besitzen. Unbeschadet des Artikels 17 erwerben die Familienangehörigen eines Unionsbürgers, auf die Artikel 12 Absatz 2 und Artikel 13 Absatz 2 Anwendung finden und die die dort genannten Voraussetzungen erfüllen, das Recht auf Daueraufenthalt, wenn sie sich rechtmäßig fünf Jahre lang ununterbrochen im Aufnahmemitgliedstaat aufgehalten haben.

Abschnitt II. Verwaltungsformalitäten

Art. 19 Dokument für Unionsbürger zur Bescheinigung des Daueraufenthalts. (1) Auf Antrag stellen die Mitgliedstaaten den zum Daueraufenthalt berechtigten Unionsbürgern nach Überprüfung der Dauer ihres Aufenthalts ein Dokument zur Bescheinigung ihres Daueraufenthalts aus.

(2) Das Dokument zur Bescheinigung des Daueraufenthalts wird so bald wie möglich ausgestellt.

Art. 20 Daueraufenthaltskarte für Familienangehörige, die nicht die Staatsangehörigkeit eines Mitgliedstaats besitzen. (1) [1] Die Mitgliedstaaten stellen den Familienangehörigen, die nicht die Staatsangehörigkeit eines Mitgliedstaats besitzen und die zum Daueraufenthalt berechtigt sind, binnen sechs Monaten nach Einreichung des Antrags eine Daueraufenthaltskarte aus. [2] Die Daueraufenthaltskarte ist automatisch alle zehn Jahre verlängerbar.

(2) [1] Der Antrag auf Ausstellung einer Daueraufenthaltskarte muss vor Ablauf der Gültigkeit der Aufenthaltskarte gestellt werden. [2] Die Nichterfüllung der Pflicht zur Beantragung einer Daueraufenthaltskarte kann mit verhältnismäßigen und nicht diskriminierenden Sanktionen geahndet werden.

(3) Aufenthaltsunterbrechungen von bis zu zwei aufeinander folgenden Jahren berühren nicht die Gültigkeit der Daueraufenthaltskarte.

Art. 21 Kontinuität des Aufenthalts. [1] Für die Zwecke dieser Richtlinie wird die Kontinuität des Aufenthalts durch eines der im Aufenthaltsmitgliedstaat üblichen Beweismittel nachgewiesen. [2] Jede rechtmäßig vollstreckte Ausweisungsverfügung gegen den Betroffenen stellt eine Unterbrechung des Aufenthalts dar.

Kapitel V. Gemeinsame Bestimmungen über das Aufenthaltsrecht und das Recht auf Daueraufenthalt

Art. 22 Räumlicher Geltungsbereich. [1] Das Recht auf Aufenthalt und das Recht auf Daueraufenthalt erstrecken sich auf das gesamte Hoheitsgebiet des Aufnahmemitgliedstaats. [2] Die Mitgliedstaaten können das Aufenthaltsrecht und das Recht auf Daueraufenthalt nur in den Fällen räumlich beschränken, in denen sie dieselben Beschränkungen auch für ihre eigenen Staatsangehörigen vorsehen.

Art. 23 Verbundene Rechte. Die Familienangehörigen eines Unionsbürgers, die das Recht auf Aufenthalt oder das Recht auf Daueraufenthalt in einem Mitgliedstaat genießen, sind ungeachtet ihrer Staatsangehörigkeit berechtigt, dort eine Erwerbstätigkeit als Arbeitnehmer oder Selbstständiger aufzunehmen.

Art. 24 Gleichbehandlung. (1) [1] Vorbehaltlich spezifischer und ausdrücklich im Vertrag[1)] und im abgeleiteten Recht vorgesehener Bestimmungen genießt jeder Unionsbürger, der sich aufgrund dieser Richtlinie im Hoheitsgebiet des Aufnahmemitgliedstaats aufhält, im Anwendungsbereich des Vertrags die gleiche Behandlung wie die Staatsangehörigen dieses Mitgliedstaats. [2] Das Recht auf Gleichbehandlung erstreckt sich auch auf Familienangehörige, die nicht die Staatsangehörigkeit eines Mitgliedstaats besitzen und das Recht auf Aufenthalt oder das Recht auf Daueraufenthalt genießen.

(2) Abweichend von Absatz 1 ist der Aufnahmemitgliedstaat jedoch nicht verpflichtet, anderen Personen als Arbeitnehmern oder Selbstständigen, Personen, denen dieser Status erhalten bleibt, und ihren Familienangehörigen während der ersten drei Monate des Aufenthalts oder gegebenenfalls während des längeren Zeitraums nach Artikel 14 Absatz 4 Buchstabe b) einen Anspruch auf Sozialhilfe oder vor Erwerb des Rechts auf Daueraufenthalt Studienbeihilfen, einschließlich Beihilfen zur Berufsausbildung, in Form eines Stipendiums oder Studiendarlehens, zu gewähren.

Art. 25 Allgemeine Bestimmungen bezüglich der Aufenthaltsdokumente. (1) Die Ausübung eines Rechts oder die Erledigung von Verwaltungsformalitäten dürfen unter keinen Umständen vom Besitz einer Anmeldebescheinigung nach Artikel 8, eines Dokuments zur Bescheinigung des Daueraufenthalts, einer Bescheinigung über die Beantragung einer Aufenthaltskarte für Familienangehörige, einer Aufenthaltskarte oder einer Daueraufenthaltskarte abhängig gemacht werden, wenn das Recht durch ein anderes Beweismittel nachgewiesen werden kann.

(2) Alle in Absatz 1 genannten Dokumente werden unentgeltlich oder gegen Entrichtung eines Betrags ausgestellt, der die Gebühr für die Ausstellung entsprechender Dokumente an Inländer nicht übersteigt.

Art. 26 Kontrolle. [1] Die Mitgliedstaaten können kontrollieren, ob der sich gegebenenfalls aus ihren Rechtsvorschriften ergebenden Verpflichtung für

---

[1)] Nunmehr Vertrag über die Arbeitsweise der Europäischen Union (Nr. **2**) durch Vertrag von Lissabon v. 13.12.2007 (ABl. C 306 S. 1).

fremde Staatsangehörige nachgekommen wird, ständig die Anmeldebescheinigung oder die Aufenthaltskarte mit sich zu führen, sofern sie diese Verpflichtung ihren eigenen Staatsangehörigen in Bezug auf deren Personalausweis auferlegen. [2] Wird dieser Verpflichtung nicht nachgekommen, so können die Mitgliedstaaten die Sanktionen verhängen, die sie auch gegen ihre eigenen Staatsangehörigen verhängen, die ihren Personalausweis nicht mit sich führen.

Kapitel VI. Beschränkungen des Einreise- und Aufenthaltsrechts aus Gründen der öffentlichen Ordnung, Sicherheit oder Gesundheit

Art. 27 Allgemeine Grundsätze. (1) [1] Vorbehaltlich der Bestimmungen dieses Kapitels dürfen die Mitgliedstaaten die Freizügigkeit und das Aufenthaltsrecht eines Unionsbürgers oder seiner Familienangehörigen, ungeachtet ihrer Staatsangehörigkeit, aus Gründen der öffentlichen Ordnung, Sicherheit oder Gesundheit beschränken. [2] Diese Gründe dürfen nicht zu wirtschaftlichen Zwecken geltend gemacht werden.

(2) *[1]* [1] Bei Maßnahmen aus Gründen der öffentlichen Ordnung oder Sicherheit ist der Grundsatz der Verhältnismäßigkeit zu wahren und darf ausschließlich das persönliche Verhalten des Betroffenen ausschlaggebend sein. [2] Strafrechtliche Verurteilungen allein können ohne Weiteres diese Maßnahmen nicht begründen.

[2] [1] Das persönliche Verhalten muss eine tatsächliche, gegenwärtige und erhebliche Gefahr darstellen, die ein Grundinteresse der Gesellschaft berührt. [2] Vom Einzelfall losgelöste oder auf Generalprävention verweisende Begründungen sind nicht zulässig.

(3) [1] Um festzustellen, ob der Betroffene eine Gefahr für die öffentliche Ordnung oder Sicherheit darstellt, kann der Aufnahmemitgliedstaat bei der Ausstellung der Anmeldebescheinigung oder – wenn es kein Anmeldesystem gibt – spätestens drei Monate nach dem Zeitpunkt der Einreise des Betroffenen in das Hoheitsgebiet oder nach dem Zeitpunkt, zu dem der Betroffene seine Anwesenheit im Hoheitsgebiet gemäß Artikel 5 Absatz 5 gemeldet hat, oder bei Ausstellung der Aufenthaltskarte den Herkunftsmitgliedstaat und erforderlichenfalls andere Mitgliedstaaten um Auskünfte über das Vorleben des Betroffenen in strafrechtlicher Hinsicht ersuchen, wenn er dies für unerlässlich hält. [2] Diese Anfragen dürfen nicht systematisch erfolgen. [3] Der ersuchte Mitgliedstaat muss seine Antwort binnen zwei Monaten erteilen.

(4) Der Mitgliedstaat, der den Reisepass oder Personalausweis ausgestellt hat, lässt den Inhaber des Dokuments, der aus Gründen der öffentlichen Ordnung, Sicherheit oder Gesundheit aus einem anderen Mitgliedstaat ausgewiesen wurde, ohne jegliche Formalitäten wieder einreisen, selbst wenn der Personalausweis oder Reisepass ungültig geworden ist oder die Staatsangehörigkeit des Inhabers bestritten wird.

Art. 28 Schutz vor Ausweisung. (1) Bevor der Aufnahmemitgliedstaat eine Ausweisung aus Gründen der öffentlichen Ordnung oder Sicherheit verfügt, berücksichtigt er insbesondere die Dauer des Aufenthalts des Betroffenen im Hoheitsgebiet, sein Alter, seinen Gesundheitszustand, seine familiäre und wirtschaftliche Lage, seine soziale und kulturelle Integration im Aufnahmemitgliedstaat und das Ausmaß seiner Bindungen zum Herkunftsstaat.

(2) Der Aufnahmemitgliedstaat darf gegen Unionsbürger oder ihre Familienangehörigen, ungeachtet ihrer Staatsangehörigkeit, die das Recht auf Daueraufenthalt in seinem Hoheitsgebiet genießen, eine Ausweisung nur aus schwerwiegenden Gründen der öffentlichen Ordnung oder Sicherheit verfügen.

(3) Gegen Unionsbürger darf eine Ausweisung nicht verfügt werden, es sei denn, die Entscheidung beruht auf zwingenden Gründen der öffentlichen Sicherheit, die von den Mitgliedstaaten festgelegt wurden, wenn sie

a) ihren Aufenthalt in den letzten zehn Jahren im Aufnahmemitgliedstaat gehabt haben oder

b) minderjährig sind, es sei denn, die Ausweisung ist zum Wohl des Kindes notwendig, wie es im Übereinkommen der Vereinten Nationen vom 20. November 1989 über die Rechte des Kindes vorgesehen ist.

Art. 29 Öffentliche Gesundheit. (1) Als Krankheiten, die eine die Freizügigkeit beschränkende Maßnahme rechtfertigen, gelten ausschließlich die Krankheiten mit epidemischem Potenzial im Sinne der einschlägigen Rechtsinstrumente der Weltgesundheitsorganisation und sonstige übertragbare, durch Infektionserreger oder Parasiten verursachte Krankheiten, sofern gegen diese Krankheiten Maßnahmen zum Schutz der Staatsangehörigen des Aufnahmemitgliedstaats getroffen werden.

(2) Krankheiten, die nach Ablauf einer Frist von drei Monaten ab dem Zeitpunkt der Einreise auftreten, stellen keinen Ausweisungsgrund dar.

(3) [1] Wenn ernsthafte Anhaltspunkte dies rechtfertigen, können die Mitgliedstaaten für die Personen, die zum Aufenthalt berechtigt sind, binnen drei Monaten nach der Einreise eine kostenlose ärztliche Untersuchung anordnen, um feststellen zu lassen, dass sie nicht an einer Krankheit im Sinne von Absatz 1 leiden. [2] Diese ärztlichen Untersuchungen dürfen nicht systematisch angeordnet werden.

Art. 30 Mitteilung der Entscheidungen. (1) Entscheidungen nach Artikel 27 Absatz 1 müssen dem Betroffenen schriftlich in einer Weise mitgeteilt werden, dass er deren Inhalt und Wirkung nachvollziehen kann.

(2) Dem Betroffenen sind die Gründe der öffentlichen Ordnung, Sicherheit oder Gesundheit, die der ihn betreffenden Entscheidung zugrunde liegen, genau und umfassend mitzuteilen, es sei denn, dass Gründe der Sicherheit des Staates dieser Mitteilung entgegenstehen.

(3) [1] In der Mitteilung ist anzugeben, bei welchem Gericht oder bei welcher Verwaltungsbehörde der Betroffene einen Rechtsbehelf einlegen kann, innerhalb welcher Frist der Rechtsbehelf einzulegen ist und gegebenenfalls binnen welcher Frist er das Hoheitsgebiet des Mitgliedstaats zu verlassen hat. [2] Außer in ordnungsgemäß begründeten dringenden Fällen muss die Frist zum Verlassen des Hoheitsgebiets mindestens einen Monat, gerechnet ab dem Zeitpunkt der Mitteilung, betragen.

Art. 31 Verfahrensgarantien. (1) Gegen eine Entscheidung aus Gründen der öffentlichen Ordnung, Sicherheit oder Gesundheit müssen die Betroffenen einen Rechtsbehelf bei einem Gericht und gegebenenfalls bei einer Behörde des Aufnahmemitgliedstaats einlegen können.

(2) Wird neben dem Rechtsbehelf gegen die Entscheidung, mit der die Ausweisung verfügt wurde, auch ein Antrag auf vorläufigen Rechtsschutz gestellt, um die Vollstreckung dieser Entscheidung auszusetzen, so darf die Abschiebung aus dem Hoheitsgebiet nicht erfolgen, solange nicht über den Antrag auf vorläufigen Rechtsschutz entschieden wurde, es sei denn,

– die Entscheidung, mit der die Ausweisung verfügt wird, stützt sich auf eine frühere gerichtliche Entscheidung, oder
– die Betroffenen hatten bereits früher die Möglichkeit, eine gerichtliche Überprüfung zu beantragen, oder
– die Entscheidung, mit der die Ausweisung verfügt wird, beruht auf zwingenden Gründen der öffentlichen Sicherheit nach Artikel 28 Absatz 3.

(3) [1] Im Rechtsbehelfsverfahren sind die Rechtmäßigkeit der Entscheidung sowie die Tatsachen und die Umstände, auf denen die Entscheidung beruht, zu überprüfen. [2] Es gewährleistet, dass die Entscheidung insbesondere im Hinblick auf die Erfordernisse gemäß Artikel 28 nicht unverhältnismäßig ist.

(4) Die Mitgliedstaaten können dem Betroffenen verbieten, sich während des anhängigen Rechtsbehelfsverfahrens in ihrem Hoheitsgebiet aufzuhalten, dürfen ihn jedoch nicht daran hindern, sein Verfahren selbst zu führen, es sei denn, die öffentliche Ordnung oder Sicherheit können durch sein persönliches Erscheinen ernsthaft gestört werden oder der Rechtsbehelf richtet sich gegen die Verweigerung der Einreise in das Hoheitsgebiet.

Art. 32 Zeitliche Wirkung eines Aufenthaltsverbots. (1) *[1]* Personen, gegen die aus Gründen der öffentlichen Ordnung oder Sicherheit ein Aufenthaltsverbot verhängt worden ist, können nach einem entsprechend den Umständen angemessenen Zeitraum, in jedem Fall aber drei Jahre nach Vollstreckung des nach dem Gemeinschaftsrecht ordnungsgemäß erlassenen endgültigen Aufenthaltsverbots einen Antrag auf Aufhebung des Aufenthaltsverbots unter Hinweis darauf einreichen, dass eine materielle Änderung der Umstände eingetreten ist, die das Aufenthaltsverbot gerechtfertigt haben.

[2] Der betreffende Mitgliedstaat muss binnen sechs Monaten nach Einreichung des Antrags eine Entscheidung treffen.

(2) Die Personen gemäß Absatz 1 sind nicht berechtigt, während der Prüfung ihres Antrags in das Hoheitsgebiet des betreffenden Mitgliedstaats einzureisen.

Art. 33 Ausweisung als Strafe oder Nebenstrafe. (1) Der Aufnahmemitgliedstaat kann eine Ausweisungsverfügung als Strafe oder Nebenstrafe zu einer Freiheitsstrafe nur erlassen, wenn die Voraussetzungen der Artikel 27, 28 und 29 eingehalten werden.

(2) Wird eine Ausweisungsverfügung nach Absatz 1 mehr als zwei Jahre nach ihrem Erlass vollstreckt, so muss der Mitgliedstaat überprüfen, ob von dem Betroffenen eine gegenwärtige und tatsächliche Gefahr für die öffentliche Ordnung oder Sicherheit ausgeht, und beurteilen, ob seit dem Erlass der Ausweisungsverfügung eine materielle Änderung der Umstände eingetreten ist.

Kapitel VII. Schlussbestimmungen

Art. 34 Verbreitung von Informationen. Die Mitgliedstaaten verbreiten die Informationen hinsichtlich der Rechte und Pflichten der Unionsbürger und ihrer Familienangehörigen in den von dieser Richtlinie erfassten Bereichen, insbesondere durch Sensibilisierungskampagnen über nationale und lokale Medien und andere Kommunikationsmittel.

Art. 35 Rechtsmissbrauch. [1] Die Mitgliedstaaten können die Maßnahmen erlassen, die notwendig sind, um die durch diese Richtlinie verliehenen Rechte im Falle von Rechtsmissbrauch oder Betrug – wie z.B. durch Eingehung von Scheinehen – zu verweigern, aufzuheben oder zu widerrufen. [2] Solche Maßnahmen müssen verhältnismäßig sein und unterliegen den Verfahrensgarantien nach den Artikeln 30 und 31.

Art. 36 Sanktionen. [1] Die Mitgliedstaaten legen Bestimmungen über Sanktionen fest, die bei einem Verstoß gegen die einzelstaatlichen Vorschriften zur Umsetzung dieser Richtlinie zu verhängen sind, und treffen die zu ihrer Durchsetzung erforderlichen Maßnahmen. [2] Die Sanktionen müssen wirksam und verhältnismäßig sein. [3] Die Mitgliedstaaten teilen diese Bestimmungen der Kommission spätestens am 30. April 2004 und eventuelle spätere Änderungen so rasch wie möglich mit.

Art. 37 Günstigere innerstaatliche Rechtsvorschriften. Diese Richtlinie lässt Rechts- und Verwaltungsvorschriften der Mitgliedstaaten, die für die in den Anwendungsbereich dieser Richtlinie fallenden Personen günstiger sind, unberührt.

Art. 38 Aufhebung. (1) Die Artikel 10 und 11 der Verordnung (EWG) Nr. 1612/68 werden mit Wirkung vom 30. April 2006 aufgehoben.

(2) Die Richtlinien 64/221/EWG, 68/360/EWG, 72/194/EWG, 73/148/EWG, 75/34/EWG, 75/35/EWG, 90/364/EWG, 90/365/EWG und 93/96/EWG werden mit Wirkung vom 30. April 2006 aufgehoben.

(3) Bezugnahmen auf die aufgehobenen Bestimmungen oder Richtlinien gelten als Bezugnahmen auf die vorliegende Richtlinie.

Art. 39 Bericht. *[1]* Spätestens am 30. April 2008 erstattet die Kommission dem Europäischen Parlament und dem Rat Bericht über die Anwendung dieser Richtlinie und schlägt gegebenenfalls die erforderlichen Änderungen vor, insbesondere bezüglich der Möglichkeit, die Zeitspanne zu verlängern, während der Unionsbürger und ihre Familienangehörigen ohne weitere Bedingungen im Hoheitsgebiet des Aufnahmemitgliedstaats verbleiben können.

[2] Die Mitgliedstaaten teilen der Kommission die zur Erstellung des Berichts erforderlichen Informationen mit.

Art. 40 Umsetzung. (1) *[1]* Die Mitgliedstaaten setzen die Rechts- und Verwaltungsvorschriften in Kraft, die erforderlich sind, um dieser Richtlinie bis zum 30. April 2006 nachzukommen.

[2] [1] Wenn die Mitgliedstaaten diese Vorschriften erlassen, nehmen sie in den Vorschriften selbst oder durch einen Hinweis bei der amtlichen Veröffentlichung auf diese Richtlinie Bezug. [2] Die Mitgliedstaaten regeln die Einzelheiten der Bezugnahme.

(2) Die Mitgliedstaaten teilen der Kommission den Wortlaut der innerstaatlichen Rechtsvorschriften mit, die sie auf dem unter diese Richtlinie fallenden Gebiet erlassen und übermitteln ihr eine Entsprechungstabelle zwischen den Bestimmungen dieser Richtlinie und den von ihnen erlassenen innerstaatlichen Vorschriften.

Art. 41 Inkrafttreten. Diese Richtlinie tritt am Tag ihrer Veröffentlichung[1)] im *Amtsblatt der Europäischen Union* in Kraft.

Art. 42 Adressaten. Diese Richtlinie ist an die Mitgliedstaaten gerichtet.

[1)] Veröffentlicht am 29.6.2004.

10. Verordnung (EU) Nr. 492/2011 des Europäischen Parlaments und des Rates vom 5. April 2011 über die Freizügigkeit der Arbeitnehmer innerhalb der Union

(kodifizierter Text)
(Text von Bedeutung für den EWR)

(ABl. L 141 S. 1)

Celex-Nr. 3 2011 R 0492

zuletzt geänd. durch Art. 46 VO (EU) 2019/1149[1)] v. 20.6.2019 (ABl. L 186 S. 21)

Nichtamtliche Inhaltsübersicht

[1)] Die Art. 29–34 werden gemäß Art. 46 Nr. 1 iVm Art. 44 Abs. 1 der VO (EU) 2019/1149 mit Tätigkeitsbeginn der Europäischen Arbeitsmarktbehörde (ELA) aus Art. 1 Abs. 1 der VO (EU) 2019/1149 mit Ablauf des 16.10.2019 aufgehoben.

DAS EUROPÄISCHE PARLAMENT UND DER RAT DER EUROPÄISCHEN UNION –

gestützt auf den Vertrag über die Arbeitsweise der Europäischen Union[1)], insbesondere auf Artikel 46,

auf Vorschlag der Europäischen Kommission,

nach Zuleitung des Entwurfs des Gesetzgebungsakts an die nationalen Parlamente,

nach Stellungnahme des Europäischen Wirtschafts- und Sozialausschusses[2)],

gemäß dem ordentlichen Gesetzgebungsverfahren[3)],

in Erwägung nachstehender Gründe:

(1) Die Verordnung (EWG) Nr. 1612/68 des Rates vom 15. Oktober 1968 über die Freizügigkeit der Arbeitnehmer innerhalb der Gemeinschaft[4)] wurde mehrfach und erheblich geändert[5)]. Aus Gründen der Klarheit und der Übersichtlichkeit empfiehlt es sich, die genannte Verordnung zu kodifizieren.

(2) Die Freizügigkeit der Arbeitnehmer muss innerhalb der Union gewährleistet sein. Dies schließt die Abschaffung jeder auf der Staatsangehörigkeit beruhenden unterschiedlichen Behandlung der Arbeitnehmer der Mitgliedstaaten in Bezug auf Beschäftigung, Entlohnung und sonstige Arbeitsbedingungen ein sowie das Recht für diese Arbeitnehmer, sich vorbehaltlich der aus Gründen der öffentlichen Ordnung, Sicherheit und Gesundheit gerechtfertigten Beschränkungen innerhalb der Union zur Ausübung einer Beschäftigung im Lohn- oder Gehaltsverhältnis frei zu bewegen.

[1)] Nr. **2**.

[2)] **Amtl. Anm.:** ABl. C 44 vom 11.2.2011, S. 170.

[3)] **Amtl. Anm.:** Standpunkt des Europäischen Parlaments vom 7. September 2010 (noch nicht im Amtsblatt veröffentlicht) und Beschluss des Rates vom 21. März 2011.

[4)] **Amtl. Anm.:** ABl. L 257 vom 19.10.1968, S. 2.

[5)] **Amtl. Anm.:** Siehe Anhang I.

(3) Es sollten Bestimmungen festgelegt werden, mit denen die in den Artikeln 45 und 46 des Vertrags über die Arbeitsweise der Europäischen Union[1] auf dem Gebiet der Freizügigkeit festgelegten Ziele erreicht werden können.

(4) Die Freizügigkeit ist ein Grundrecht der Arbeitnehmer und ihrer Familien. Die Mobilität der Arbeitskräfte innerhalb der Union soll für den Arbeitnehmer eines der Mittel sein, die ihm die Möglichkeit einer Verbesserung der Lebens- und Arbeitsbedingungen garantieren und damit auch seinen sozialen Aufstieg erleichtern, wobei gleichzeitig der Bedarf der Wirtschaft der Mitgliedstaaten befriedigt wird. Allen Arbeitnehmern der Mitgliedstaaten sollte das Recht zuerkannt werden, eine von ihnen gewählte Tätigkeit innerhalb der Union auszuüben.

(5) Dieses Recht sollte gleichermaßen Dauerarbeitnehmern, Saisonarbeitern, Grenzarbeitnehmern oder Arbeitnehmern zustehen, die ihre Tätigkeit im Zusammenhang mit einer Dienstleistung ausüben.

(6) Damit das Recht auf Freizügigkeit nach objektiven Maßstäben in Freiheit und Menschenwürde wahrgenommen werden kann, muss sich die Gleichbehandlung tatsächlich und rechtlich auf alles erstrecken, was mit der eigentlichen Ausübung einer Tätigkeit im Lohn- oder Gehaltsverhältnis und mit der Beschaffung einer Wohnung im Zusammenhang steht; ferner müssen alle Hindernisse beseitigt werden, die sich der Mobilität der Arbeitnehmer entgegenstellen, insbesondere in Bezug auf die Bedingungen für die Integration der Familie des Arbeitnehmers im Aufnahmeland.

(7) Das Prinzip der Gleichbehandlung aller Arbeitnehmer der Union schließt ein, dass sämtlichen Staatsangehörigen der Mitgliedstaaten der gleiche Vorrang beim Zugang zu einer Beschäftigung zuerkannt wird wie den inländischen Arbeitnehmern.

(8) Die Zusammenführungs- und Ausgleichsverfahren und zwar insbesondere durch das Mittel der unmittelbaren Zusammenarbeit zwischen den zentralen Dienststellen wie auch den regionalen Dienststellen der Arbeitsverwaltungen sowie durch eine koordinierte Information gewährleisten ganz allgemein eine bessere Transparenz des Arbeitsmarktes. Die wanderungswilligen Arbeitnehmer sollten regelmäßig über die Lebens- und Arbeitsbedingungen unterrichtet werden.

(9) Zwischen der Freizügigkeit der Arbeitnehmer, der Beschäftigung und der Berufsausbildung, insbesondere soweit diese zum Ziel hat, die Arbeitnehmer in die Lage zu versetzen, sich auf konkrete Stellenangebote hin zu bewerben, die in anderen Gebieten der Union veröffentlicht worden sind, besteht ein enger Zusammenhang. Infolgedessen ist es notwendig, die Probleme, die sich in dieser Hinsicht stellen, nicht mehr getrennt, sondern in ihrer wechselseitigen Abhängigkeit zu prüfen und hierbei zugleich die Arbeitsmarktprobleme auf regionaler Ebene zu berücksichtigen. Es ist daher erforderlich, dass sich die Mitgliedstaaten bemühen, ihre Beschäftigungspolitik zu koordinieren –

HABEN FOLGENDE VERORDNUNG ERLASSEN:

---

[1] Nr. 2.

Kapitel I. Die Beschäftigung, die Gleichbehandlung und die Familienangehörigen der Arbeitnehmer

Abschnitt 1. Zugang zur Beschäftigung

Art. 1 [Aufnahme einer Tätigkeit] (1) Jeder Staatsangehörige eines Mitgliedstaats ist ungeachtet seines Wohnorts berechtigt, eine Tätigkeit im Lohn- oder Gehaltsverhältnis im Hoheitsgebiet eines anderen Mitgliedstaats nach den für die Arbeitnehmer dieses Staates geltenden Rechts- und Verwaltungsvorschriften aufzunehmen und auszuüben.

(2) Er hat insbesondere im Hoheitsgebiet eines anderen Mitgliedstaats mit dem gleichen Vorrang Anspruch auf Zugang zu den verfügbaren Stellen wie die Staatsangehörigen dieses Staates.

Art. 2 [Stellenangebote, Arbeitsgesuche, Arbeitsverträge] Jeder Staatsangehörige eines Mitgliedstaats und jeder Arbeitgeber, der eine Tätigkeit im Hoheitsgebiet eines Mitgliedstaats ausübt, können nach den geltenden Rechts- und Verwaltungsvorschriften ihre Stellenangebote und Arbeitsgesuche austauschen sowie Arbeitsverträge schließen und erfüllen, ohne dass sich Diskriminierungen daraus ergeben dürfen.

Art. 3 [Verbot diskriminierender Vorschriften] (1) *[1]* Die folgenden Rechts- und Verwaltungsvorschriften oder Verwaltungspraktiken eines Mitgliedstaats finden im Rahmen dieser Verordnung keine Anwendung:

a) Vorschriften, die das Stellenangebot und das Arbeitsgesuch, den Zugang zur Beschäftigung und deren Ausübung durch Ausländer einschränken oder von Bedingungen abhängig machen, die für Inländer nicht gelten; oder

b) Vorschriften, die, ohne auf die Staatsangehörigkeit abzustellen, ausschließlich oder hauptsächlich bezwecken oder bewirken, dass Angehörige der übrigen Mitgliedstaaten von der angebotenen Stelle ferngehalten werden.

[2] Unterabsatz 1 gilt nicht für Bedingungen, welche die in Anbetracht der Besonderheit der zu vergebenden Stelle erforderlichen Sprachkenntnisse betreffen.

(2) Zu den in Absatz 1 Unterabsatz 1 genannten Vorschriften oder Praktiken gehören insbesondere solche, die in einem Mitgliedstaat

a) ein besonderes Verfahren für die Anwerbung ausländischer Arbeitnehmer zwingend vorschreiben;

b) die Veröffentlichung eines Stellenangebots durch die Presse oder durch irgendwelche anderen Wege einschränken oder von anderen als den Bedingungen abhängig machen, die für den Arbeitgeber, der seine Tätigkeit im Hoheitsgebiet dieses Staates ausübt, gelten;

c) den Zugang zur Beschäftigung von Bedingungen abhängig machen, die sich auf die Einschreibung beim Arbeitsamt beziehen, oder die namentliche Anwerbung eines Arbeitnehmers hindern, soweit dadurch Personen betroffen sind, die nicht im Hoheitsgebiet dieses Mitgliedstaats wohnen.

Art. 4 [Zahlen- und anteilsmäßige Beschränkung] (1) Rechts- und Verwaltungsvorschriften der Mitgliedstaaten, durch welche die Beschäftigung von ausländischen Arbeitnehmern zahlen- oder anteilmäßig nach Unternehmen, Wirtschaftszweigen, Gebieten oder im gesamten Hoheitsgebiet beschränkt wird, finden auf Staatsangehörige der übrigen Mitgliedstaaten keine Anwendung.

(2) Wenn in einem Mitgliedstaat für Unternehmen vorgesehene Vergünstigungen von der Beschäftigung eines bestimmten Hundertsatzes von inländischen Arbeitnehmern abhängig gemacht werden, werden Staatsangehörige der anderen Mitgliedstaaten vorbehaltlich der Richtlinie 2005/36/EG des Europäischen Parlaments und des Rates vom 7. September 2005 über die Anerkennung von Berufsqualifikationen[1] als inländische Arbeitnehmer gezählt.

Art. 5 [Unterstützung durch die Arbeitsämter] Ein Staatsangehöriger eines Mitgliedstaats, der im Hoheitsgebiet eines anderen Mitgliedstaats eine Beschäftigung sucht, erhält dort die gleiche Hilfe, wie sie die Arbeitsämter dieses Staates den eigenen Staatsangehörigen gewähren, die eine Beschäftigung suchen.

Art. 6 [Analoge Maßstäbe] (1) Wird ein Staatsangehöriger eines Mitgliedstaats in einem anderen Mitgliedstaat eingestellt oder für eine Beschäftigung angeworben, so darf bei ihm hinsichtlich des Gesundheitszustands, des Berufes oder sonstiger Anforderungen aufgrund der Staatsangehörigkeit kein anderer Maßstab angelegt werden als bei den Arbeitnehmern, die Staatsangehörige des anderen Mitgliedstaats sind und die gleiche Beschäftigung ausüben wollen.

(2) Besitzt ein Staatsangehöriger eines Mitgliedstaats ein auf seinen Namen lautendes Stellenangebot eines Arbeitgebers aus einem anderen Mitgliedstaat als dem Staat, dessen Staatsangehöriger er ist, so darf er auf seine beruflichen Fähigkeiten hin geprüft werden, wenn der Arbeitgeber eine solche Prüfung bei Abgabe seines Stellenangebots ausdrücklich verlangt.

Abschnitt 2. Ausübung der Beschäftigung und Gleichbehandlung

Art. 7 [Arbeitsrechtliche Gleichstellung] (1) Ein Arbeitnehmer, der Staatsangehöriger eines Mitgliedstaats ist, darf aufgrund seiner Staatsangehörigkeit im Hoheitsgebiet der anderen Mitgliedstaaten hinsichtlich der Beschäftigungs- und Arbeitsbedingungen, insbesondere im Hinblick auf Entlohnung, Kündigung und, falls er arbeitslos geworden ist, im Hinblick auf berufliche Wiedereingliederung oder Wiedereinstellung, nicht anders behandelt werden als die inländischen Arbeitnehmer.

(2) Er genießt dort die gleichen sozialen und steuerlichen Vergünstigungen wie die inländischen Arbeitnehmer.

(3) Er kann mit dem gleichen Recht und unter den gleichen Bedingungen wie die inländischen Arbeitnehmer Berufsschulen und Umschulungszentren in Anspruch nehmen.

(4) Alle Bestimmungen in Tarif- oder Einzelarbeitsverträgen oder sonstigen Kollektivvereinbarungen betreffend Zugang zur Beschäftigung, Entlohnung und sonstige Arbeits- und Kündigungsbedingungen sind von Rechts wegen

---

[1] **Amtl. Anm.:** ABl. L 255 vom 30.9.2005, S. 22.

nichtig, soweit sie für Arbeitnehmer, die Staatsangehörige anderer Mitgliedstaaten sind, diskriminierende Bedingungen vorsehen oder zulassen.

Art. 8 [Mitbestimmung] *[1]* [1] Ein Arbeitnehmer, der die Staatsangehörigkeit eines Mitgliedstaats besitzt und im Hoheitsgebiet eines anderen Mitgliedstaats beschäftigt ist, hat Anspruch auf gleiche Behandlung hinsichtlich der Zugehörigkeit zu Gewerkschaften und der Ausübung gewerkschaftlicher Rechte, einschließlich des Wahlrechts sowie des Zugangs zur Verwaltung oder Leitung von Gewerkschaften. [2] Er kann von der Teilnahme an der Verwaltung von Körperschaften des öffentlichen Rechts und der Ausübung eines öffentlich-rechtlichen Amtes ausgeschlossen werden. [3] Er hat ferner das Recht auf Wählbarkeit zu den Organen der Arbeitnehmervertretungen in den Betrieben.

[2] Absatz 1 berührt nicht die Rechts- und Verwaltungsvorschriften, durch die in einigen Mitgliedstaaten weitergehende Rechte an Arbeitnehmer aus anderen Mitgliedstaaten eingeräumt werden.

Art. 9 [Wohnrecht] (1) Arbeitnehmer, die die Staatsangehörigkeit eines Mitgliedstaats besitzen und im Hoheitsgebiet eines anderen Mitgliedstaats beschäftigt sind, genießen hinsichtlich einer Wohnung, einschließlich der Erlangung des Eigentums an der von ihnen benötigten Wohnung, alle Rechte und Vergünstigungen wie inländische Arbeitnehmer.

(2) *[1]* Die Arbeitnehmer gemäß Absatz 1 können sich mit dem gleichen Recht wie die inländischen Arbeitnehmer in dem Gebiet, in dem sie beschäftigt sind, in die Listen der Wohnungssuchenden einschreiben, wo solche geführt werden, und so die gleichen Vergünstigungen und den gleichen Rang erlangen.

[2] Ihre im Herkunftsland verbliebene Familie wird zu diesem Zweck als in diesem Gebiet wohnend betrachtet, soweit auch für inländische Arbeitnehmer eine entsprechende Vermutung gilt.

Abschnitt 3. Familienangehörige der Arbeitnehmer

Art. 10 [Unterricht für Angehörige] *[1]* Die Kinder eines Staatsangehörigen eines Mitgliedstaats, der im Hoheitsgebiet eines anderen Mitgliedstaats beschäftigt ist oder beschäftigt gewesen ist, können, wenn sie im Hoheitsgebiet dieses Mitgliedstaats wohnen, unter den gleichen Bedingungen wie die Staatsangehörigen dieses Mitgliedstaats am allgemeinen Unterricht sowie an der Lehrlings- und Berufsausbildung teilnehmen.

[2] Die Mitgliedstaaten fördern die Bemühungen, durch die diesen Kindern ermöglicht werden soll, unter den besten Voraussetzungen am Unterricht teilzunehmen.

Kapitel II. Zusammenführung und Ausgleich von Stellenangeboten und Arbeitsgesuchen

Abschnitt 1. Zusammenarbeit zwischen den Mitgliedstaaten und mit der Kommission

Art. 11, 12[1] *(aufgehoben)*

Abschnitt 2. Ausgleichsverfahren

Art. 13[1] *(aufgehoben)*

Art. 14–16[1] *(aufgehoben)*

Abschnitt 3. Regulierende Maßnahmen zur Förderung des Gleichgewichts auf dem Arbeitsmarkt

Art. 17[1] *(aufgehoben)*

Abschnitt 4. Das Europäische Koordinierungsbüro

Art. 18–20[1] *(aufgehoben)*

Kapitel III. Organe zur Herbeiführung einer engen Zusammenarbeit zwischen den Mitgliedstaaten auf dem Gebiet der Freizügigkeit und der Beschäftigung der Arbeitnehmer

Abschnitt 1. Der Beratende Ausschuss

Art. 21 [Allgemeine Aufgabe] Der Beratende Ausschuss ist beauftragt, die Kommission bei der Prüfung der Fragen zu unterstützen, die sich aus der Anwendung des Vertrags über die Arbeitsweise der Europäischen Union[2] und der zu seiner Durchführung getroffenen Maßnahmen auf dem Gebiet der Freizügigkeit und der Beschäftigung der Arbeitnehmer ergeben.

Art. 22 [Untersuchung und Stellungnahmen] Der Beratende Ausschuss ist insbesondere beauftragt,

a) die Probleme der Freizügigkeit und der Beschäftigung im Rahmen der einzelstaatlichen Arbeitsmarktpolitik im Hinblick auf eine Koordinierung der Beschäftigungspolitik der Mitgliedstaaten auf Unionsebene zu prüfen, die zu einem weiteren Ausbau der Volkswirtschaften sowie zu einer ausgeglicheneren Arbeitsmarktlage beitragen soll;

b) allgemein die Auswirkungen der Durchführung dieser Verordnung und etwaiger ergänzender Bestimmungen zu untersuchen;

c) der Kommission gegebenenfalls mit Gründen versehene Vorschläge zur Änderung dieser Verordnung vorzulegen;

---

[1] Art. 11, 12, 13 Abs. 2, 14–16, 17 und 18–20 aufgeh. mWv 12.5.2016, Art. 13 Abs. 1 mWv 13.5. 2018 durch VO v. 13.4.2016 (ABl. L 107 S. 1); zur Neuregelung siehe den Anh. III mit Entsprechungstabelle aus der VO (EU) 2016/589 v. 13.4.2016 (ABl. L 107 S. 1).

[2] Nr. 2.

d) auf Ersuchen der Kommission oder von sich aus mit Gründen versehene Stellungnahmen zu allgemeinen oder grundsätzlichen Fragen abzugeben, insbesondere zum Informationsaustausch betreffend die Entwicklung auf dem Arbeitsmarkt, zur Zu- und Abwanderung von Arbeitnehmern zwischen den Mitgliedstaaten, zu den Programmen oder Maßnahmen, die geeignet sind, die Berufsberatung und die Berufsausbildung im Interesse einer größeren Freizügigkeit und besserer Beschäftigungsmöglichkeiten zu fördern, sowie zu jeder Form der Betreuung der Arbeitnehmer und ihrer Familienangehörigen, einschließlich der sozialen Betreuung und der Unterbringung der Arbeitnehmer.

Art. 23 [Zusammensetzung; Amtszeit] (1) Der Beratende Ausschuss besteht aus sechs Mitgliedern je Mitgliedstaat, und zwar zwei Regierungsvertretern, zwei Vertretern der Arbeitnehmerverbände und zwei Vertretern der Arbeitgeberverbände.

(2) Für jede der in Absatz 1 bezeichneten Gruppen wird ein Stellvertreter je Mitgliedstaat ernannt.

(3) *[1]* [1]Die Amtszeit der Mitglieder und der Stellvertreter beträgt zwei Jahre. [2]Ihre Wiederernennung ist zulässig.

[2] Nach Ablauf der Amtszeit bleiben die Mitglieder und die Stellvertreter im Amt, bis ihre Ersetzung oder ihre Wiederernennung vollzogen ist.

Art. 24 [Ernennung der Mitglieder; Veröffentlichung] *[1]* Die Mitglieder des Beratenden Ausschusses und ihre Stellvertreter werden vom Rat ernannt, der sich bei der Auswahl der Vertreter der Arbeitnehmer- und Arbeitgeberverbände um eine angemessene Vertretung der verschiedenen in Betracht kommenden Wirtschaftsbereiche bemüht.

[2] Die Liste der Mitglieder und der Stellvertreter wird vom Rat im *Amtsblatt der Europäischen Union* zur Unterrichtung veröffentlicht.

Art. 25 [Vorsitz und Sekretariat] *[1]* [1]Den Vorsitz im Beratenden Ausschuss führt ein Mitglied der Kommission oder dessen Vertreter. [2]Der Vorsitz nimmt an der Abstimmung nicht teil. [3]Der Ausschuss tritt mindestens zweimal im Jahr zusammen. [4]Er wird von seinem Vorsitz auf eigene Veranlassung oder auf Antrag von mindestens einem Drittel der Mitglieder einberufen.

[2] Die Sekretariatsgeschäfte werden von den Dienststellen der Kommission wahrgenommen.

Art. 26 [Beobachter, Sachverständige, Fachberater] (1) [1]Der Vorsitz kann Personen oder Vertreter von Einrichtungen, die über umfassende Erfahrungen auf dem Gebiet der Beschäftigung und dem Gebiet der Zu- und Abwanderung von Arbeitnehmern verfügen, als Beobachter oder Sachverständige zu den Sitzungen einladen. [2]Er kann Fachberater hinzuziehen.

(2) Die mit der Verordnung (EU) 2019/1149 des Europäischen Parlaments und des Rates(*) eingerichtete Europäische Arbeitsbehörde nimmt als Beobachterin an den Sitzungen des Beratenden Ausschusses teil und stellt bei Bedarf technischen Input und technisches Fachwissen bereit.

Art. 27 [Beschlussfassung] (1) Der Beratende Ausschuss ist beschlussfähig, wenn zwei Drittel seiner Mitglieder anwesend sind.

(2) Die Stellungnahmen sind mit Gründen zu versehen; sie werden mit der absoluten Mehrheit der gültig abgegebenen Stimmen beschlossen; ihnen ist eine Darstellung der Auffassungen der Minderheit beizufügen, wenn diese es beantragt.

Art. 28 [Geschäftsordnung] [1] Der Beratende Ausschuss legt seine Arbeitsmethoden in einer Geschäftsordnung fest, die in Kraft tritt, wenn der Rat sie nach Stellungnahme der Kommission genehmigt hat. [2] Die vom Beratenden Ausschuss eventuell beschlossenen Änderungen treten nach dem gleichen Verfahren in Kraft.

Abschnitt 2. Der Fachausschuss

Art. 29–34 *(aufgehoben)*

Kapitel IV. Schlussbestimmungen

Art. 35 [Weitergeltende Geschäftsordnungen] Die am 8. November 1968 geltende Geschäftsordnung des Beratenden Ausschusses wird weiter angewandt.

Art. 36 [Prioritäre Geltung der Verträge und früherer Abkommen]

(1) *[1]* Diese Verordnung berührt nicht die Bestimmungen des Vertrags zur Gründung der Europäischen Atomgemeinschaft über den Zugang zu qualifizierten Beschäftigungen auf dem Gebiet der Kernenergie und die Vorschriften zur Durchführung dieses Vertrags.

[2] Diese Verordnung gilt jedoch für die in Unterabsatz 1 genannte Gruppe von Arbeitnehmern sowie ihre Familienangehörigen, soweit deren Rechtsstellung in dem in Unterabsatz 1 genannten Vertrag oder den in Unterabsatz 1 genannten Vorschriften nicht geregelt ist.

(2) Diese Verordnung berührt nicht die gemäß Artikel 48 des Vertrags über die Arbeitsweise der Europäischen Union[1)] erlassenen Bestimmungen.

(3) *[1]* Diese Verordnung berührt nicht jene Verpflichtungen der Mitgliedstaaten, die sich aus besonderen Beziehungen zu einzelnen außereuropäischen Ländern oder Gebieten oder aus künftigen Abkommen mit diesen Ländern oder Gebieten aufgrund institutioneller Bindungen herleiten, die am 8. November 1968 bestanden haben oder die sich aus den am 8. November 1968

(*) **Amtl. Anm.:** Verordnung (EU) 2019/1149 des Europäischen Parlaments und des Rates vom 20. Juni 2019 zur Errichtung einer Europäischen Arbeitsbehörde und zur Änderung der Verordnungen (EG) Nr. 883/2004, (EU) Nr. 492/2011 und (EU) 2016/589 sowie zur Aufhebung des Beschlusses (EU) 2016/344 (ABl. L 186 vom 11.7.2019, S. 21).

1) Nr. **2**.

bestehenden Abkommen mit einzelnen außereuropäischen Ländern oder Gebieten aufgrund institutioneller Bindungen herleiten.

[2] Die Arbeitnehmer dieser Länder und Gebiete, die entsprechend der vorliegenden Vorschrift eine Tätigkeit im Lohn- oder Gehaltsverhältnis im Hoheitsgebiet eines der betreffenden Mitgliedstaaten ausüben, können sich im Hoheitsgebiet anderer Mitgliedstaaten nicht auf diese Verordnung berufen.

Art. 37 [Unterrichtung über Abkommen, Übereinkommen und Vereinbarungen] Die Mitgliedstaaten übermitteln der Kommission zur Unterrichtung den Wortlaut der zwischen ihnen auf dem Gebiet der Beschäftigung geschlossenen Abkommen, Übereinkommen oder Vereinbarungen, und zwar in der Zeit von der Unterzeichnung bis zum Inkrafttreten dieser Abkommen, Übereinkommen oder Vereinbarungen.

Art. 38 *(aufgehoben)*

Art. 39 [Verwaltungsausgaben] Die Verwaltungsausgaben des Beratenden Ausschusses werden im Gesamthaushaltsplan der Europäischen Union im Einzelplan der Kommission aufgeführt.

Art. 40 [Geltungsbereich] Diese Verordnung gilt für die Mitgliedstaaten und für deren Staatsangehörige, unbeschadet der Artikel 2 und 3.

Art. 41 [Aufhebung] *[1]* Die Verordnung (EWG) Nr. 1612/68 wird aufgehoben.

[2] Bezugnahmen auf die aufgehobene Verordnung gelten als Bezugnahmen auf die vorliegende Verordnung und sind nach Maßgabe der Entsprechungstabelle in Anhang II zu lesen.

Art. 42 [Inkrafttreten] Diese Verordnung tritt am zwanzigsten Tag nach ihrer Veröffentlichung[1] im *Amtsblatt der Europäischen Union* in Kraft.

Diese Verordnung ist in allen ihren Teilen verbindlich und gilt unmittelbar in jedem Mitgliedstaat.

Anhang I.
Aufgehobene Verordnung mit ihren nachfolgenden Änderungen

Verordnung (EWG) Nr. 1612/68 des Rates (ABl. L 257 vom 19.10.1968, S. 2)	
Verordnung (EWG) Nr. 312/76 des Rates (ABl. L 39 vom 14.2.1976, S. 2)	
Verordnung (EWG) Nr. 2434/92 des Rates (ABl. L 245 vom 26.8.1992, S. 1)	
Richtlinie 2004/38/EG[2] des Europäischen Parlaments und des Rates (ABl. L 158 vom 30.4.2004, S. 77)	Nur Artikel 38 Absatz 1

[1] Veröffentlicht am 27.5.2011.
[2] Nr. **9**.

Anhang II.
Entsprechungstabelle

Verordnung (EWG) Nr. 1612/68	Vorliegende Verordnung
Erster Teil	Kapitel I
Titel I	Abschnitt 1
Artikel 1	Artikel 1
Artikel 2	Artikel 2
Artikel 3 Absatz 1 Unterabsatz 1	Artikel 3 Absatz 1 Unterabsatz 1
Artikel 3 Absatz 1 Unterabsatz 1 erster Gedankenstrich	Artikel 3 Absatz 1 Unterabsatz 1 Buchstabe a
Artikel 3 Absatz 1 Unterabsatz 1 zweiter Gedankenstrich	Artikel 3 Absatz 1 Unterabsatz 1 Buchstabe b
Artikel 3 Absatz 1 Unterabsatz 2	Artikel 3 Absatz 1 Unterabsatz 2
Artikel 3 Absatz 2	Artikel 3 Absatz 2
Artikel 4	Artikel 4
Artikel 5	Artikel 5
Artikel 6	Artikel 6
Titel II	Abschnitt 2
Artikel 7	Artikel 7
Artikel 8 Absatz 1	Artikel 8
Artikel 9	Artikel 9
Titel III	Abschnitt 3
Artikel 12	Artikel 10
Zweiter Teil	Kapitel II
Titel I	Abschnitt 1
Artikel 13	Artikel 11
Artikel 14	Artikel 12
Titel II	Abschnitt 2
Artikel 15	Artikel 13
Artikel 16	Artikel 14
Artikel 17	Artikel 15
Artikel 18	Artikel 16
Titel III	Abschnitt 3
Artikel 19	Artikel 17
Titel IV	Abschnitt 4
Artikel 21	Artikel 18
Artikel 22	Artikel 19
Artikel 23	Artikel 20
Dritter Teil	Kapitel III

Verordnung (EWG) Nr. 1612/68	Vorliegende Verordnung
Titel I	Abschnitt 1
Artikel 24	Artikel 21
Artikel 25	Artikel 22
Artikel 26	Artikel 23
Artikel 27	Artikel 24
Artikel 28	Artikel 25
Artikel 29	Artikel 26
Artikel 30	Artikel 27
Artikel 31	Artikel 28
Titel II	Abschnitt 2
Artikel 32	Artikel 29
Artikel 33	Artikel 30
Artikel 34	Artikel 31
Artikel 35	Artikel 32
Artikel 36	Artikel 33
Artikel 37	Artikel 34
Vierter Teil	Kapitel IV
Titel I	–
Artikel 38	–
Artikel 39	Artikel 35
Artikel 40	–
Artikel 41	–
Titel II	–
Artikel 42 Absatz 1	Artikel 36 Absatz 1
Artikel 42 Absatz 2	Artikel 36 Absatz 2
Artikel 42 Absatz 3 Unterabsatz 1 erster und zweiter Gedankenstrich	Artikel 36 Absatz 3 Unterabsatz 1
Artikel 42 Absatz 3 Unterabsatz 2	Artikel 36 Absatz 3 Unterabsatz 2
Artikel 43	Artikel 37
Artikel 44	Artikel 38
Artikel 45	–
Artikel 46	Artikel 39
Artikel 47	Artikel 40
–	Artikel 41
Artikel 48	Artikel 42
–	Anhang I
–	Anhang II

Nichtamtlicher Anhang III.
Entsprechungstabelle aus VO (EU) 2016/589

Verordnung (EU) Nr. 492/2011	Verordnung (EU) Nr. 2016/589
Artikel 11 Absatz 1 Unterabsatz 1	Artikel 30 Absatz 1 Buchstabe a
Artikel 11 Absatz 1 Unterabsatz 2	Artikel 9 Absatz 2 Buchstaben b und d und Artikel 9 Absatz 3 und Artikel 13
Artikel 11 Absatz 2	Artikel 9 und 10
Artikel 12 Absatz 1	–
Artikel 12 Absatz 2	–
Artikel 12 Absatz 3 Unterabsatz 1	Artikel 9 Absatz 4
Artikel 12 Absatz 3 Unterabsatz 2	Artikel 18 Absätze 1 und 2
Artikel 13 Absatz 1	Artikel 12 Absatz 3 und Artikel 17 Absätze 1 bis 6
Artikel 13 Absatz 2	Artikel 17 Absätze 7 bis 8
Artikel 14 Absatz 1	–
Artikel 14 Absatz 2	–
Artikel 14 Absatz 3	–
Artikel 15 Absatz 1	Artikel 10 Absätze 1 und 2, Artikel 12 Absätze 1 bis 3 und Artikel 13
Artikel 15 Absatz 2	Artikel 9 Absatz 3 Buchstabe a und Artikel 10 Absatz 1
Artikel 16	–
Artikel 17 Absatz 1	Artikel 30
Artikel 17 Absatz 2	Artikel 16 Absatz 6
Artikel 17 Absatz 3	Artikel 33
Artikel 18	Artikel 7 Absatz 1 Buchstabe a
Artikel 19 Absatz 1	Artikel 8
Artikel 19 Absatz 2	–
Artikel 20	Artikel 8 Absatz 1 Buchstabe a Ziffern iii und v und Artikel 9 Absatz 3 Buchstabe b
Artikel 38	–

11. Richtlinie 2000/43/EG des Rates vom 29. Juni 2000 zur Anwendung des Gleichbehandlungsgrundsatzes ohne Unterschied der Rasse oder der ethnischen Herkunft

(ABl. L 180 S. 22)

Celex-Nr. 3 2000 L 0043

Nichtamtliche Inhaltsübersicht

DER RAT DER EUROPÄISCHEN UNION –

gestützt auf den Vertrag zur Gründung der Europäischen Gemeinschaft[1)], insbesondere auf Artikel 13[2)],

auf Vorschlag der Kommission[3)],

nach Stellungnahme des Europäischen Parlaments[4)],

nach Stellungnahme des Wirtschafts- und Sozialausschusses[5)],

nach Stellungnahme des Ausschusses der Regionen[6)],

in Erwägung nachstehender Gründe:

[1)] Nunmehr Vertrag über die Arbeitsweise der Europäischen Union (Nr. **2**) durch Vertrag von Lissabon v. 13.12.2007 (ABl. C 306 S. 1).

[2)] Nunmehr Art. 19 AEUV (Nr. **2**) durch Vertrag von Lissabon v. 13.12.2007 (ABl. C 306 S. 1).

[3)] **Amtl. Anm.:** Noch nicht im Amtsblatt veröffentlicht.

[4)] **Amtl. Anm.:** Stellungnahme vom 18. Mai 2000 (noch nicht im Amtsblatt veröffentlicht).

[5)] **Amtl. Anm.:** Stellungnahme vom 12. April 2000 (noch nicht im Amtsblatt veröffentlicht).

[6)] **Amtl. Anm.:** Stellungnahme vom 31. Mai 2000 (noch nicht im Amtsblatt veröffentlicht).

(1) Der Vertrag über die Europäische Union[1] markiert den Beginn einer neuen Etappe im Prozeß des immer engeren Zusammenwachsens der Völker Europas.

(2) Nach Artikel 6 des Vertrags über die Europäische Union[1] beruht die Europäische Union auf den Grundsätzen der Freiheit, der Demokratie, der Achtung der Menschenrechte und Grundfreiheiten sowie der Rechtsstaatlichkeit; diese Grundsätze sind den Mitgliedstaaten gemeinsam. Nach Artikel 6 EU-Vertrag[1] sollte die Union ferner die Grundrechte, wie sie in der Europäischen Konvention zum Schutze der Menschenrechte und Grundfreiheiten[2] gewährleistet sind und wie sie sich aus den gemeinsamen Verfassungsüberlieferungen als allgemeine Grundsätze des Gemeinschaftsrechts ergeben, achten.

(3) Die Gleichheit vor dem Gesetz und der Schutz aller Menschen vor Diskriminierung ist ein allgemeines Menschenrecht. Dieses Recht wurde in der Allgemeinen Erklärung der Menschenrechte, im VN-Übereinkommen über die Beseitigung aller Formen der Diskriminierung von Frauen, im Internationalen Übereinkommen zur Beseitigung jeder Form von Rassendiskriminierung, im Internationalen Pakt der VN über bürgerliche und politische Rechte sowie im Internationalen Pakt der VN über wirtschaftliche, soziale und kulturelle Rechte und in der Europäischen Konvention zum Schutz der Menschenrechte und der Grundfreiheiten[2] anerkannt, die von allen Mitgliedstaaten unterzeichnet wurden.

(4) Es ist wichtig, daß diese Grundrechte und Grundfreiheiten, einschließlich der Vereinigungsfreiheit, geachtet werden. Ferner ist es wichtig, daß im Zusammenhang mit dem Zugang zu und der Versorgung mit Gütern und Dienstleistungen der Schutz der Privatsphäre und des Familienlebens sowie der in diesem Kontext getätigten Geschäfte gewahrt bleibt.

(5) Das Europäische Parlament hat eine Reihe von Entschließungen zur Bekämpfung des Rassismus in der Europäischen Union angenommen.

(6) Die Europäische Union weist Theorien, mit denen versucht wird, die Existenz verschiedener menschlicher Rassen zu belegen, zurück. Die Verwendung des Begriffs „Rasse" in dieser Richtlinie impliziert nicht die Akzeptanz solcher Theorien.

(7) Auf seiner Tagung in Tampere vom 15. und 16. Oktober 1999 ersuchte der Europäische Rat die Kommission, so bald wie möglich Vorschläge zur Durchführung des Artikels 13 EG-Vertrag[3] im Hinblick auf die Bekämpfung von Rassismus und Fremdenfeindlichkeit vorzulegen.

(8) In den vom Europäischen Rat auf seiner Tagung vom 10. und 11. Dezember 1999 in Helsinki vereinbarten beschäftigungspolitischen Leitlinien für das Jahr 2000 wird die Notwendigkeit unterstrichen, günstigere Bedingungen für die Entstehung eines Arbeitsmarktes zu schaffen, der soziale Integration fördert; dies soll durch ein Bündel aufeinander abgestimmter Maßnahmen geschehen, die darauf abstellen, Diskriminierungen bestimmter gesellschaftlicher Gruppen, wie ethnischer Minderheiten, zu bekämpfen.

---

[1] Nr. **1**.
[2] Nr. **40**.
[3] Nunmehr Art. 19 AEUV (Nr. **2**) durch Vertrag von Lissabon v. 13.12.2007 (ABl. C 306 S. 1).

(9) Diskriminierungen aus Gründen der Rasse oder der ethnischen Herkunft können die Verwirklichung der im EG-Vertrag[1] festgelegten Ziele unterminieren, insbesondere die Erreichung eines hohen Beschäftigungsniveaus und eines hohen Maßes an sozialem Schutz, die Hebung des Lebensstandards und der Lebensqualität, den wirtschaftlichen und sozialen Zusammenhalt sowie die Solidarität. Ferner kann das Ziel der Weiterentwicklung der Europäischen Union zu einem Raum der Freiheit, der Sicherheit und des Rechts beeinträchtigt werden.

(10) Die Kommission legte im Dezember 1995 eine Mitteilung über Rassismus, Fremdenfeindlichkeit und Antisemitismus vor.

(11) Der Rat hat am 15. Juli 1996 die Gemeinsame Maßnahme 96/443/JI zur Bekämpfung von Rassismus und Fremdenfeindlichkeit[2] angenommen, mit der sich die Mitgliedstaaten verpflichten, eine wirksame justitielle Zusammenarbeit bei Vergehen, die auf rassistischen oder fremdenfeindlichen Verhaltensweisen beruhen, zu gewährleisten.

(12) Um die Entwicklung demokratischer und toleranter Gesellschaften zu gewährleisten, die allen Menschen – ohne Unterschied der Rasse oder der ethnischen Herkunft – eine Teilhabe ermöglichen, sollten spezifische Maßnahmen zur Bekämpfung von Diskriminierungen aus Gründen der Rasse oder der ethnischen Herkunft über die Gewährleistung des Zugangs zu unselbständiger und selbständiger Erwerbstätigkeit hinausgehen und auch Aspekte wie Bildung, Sozialschutz, einschließlich sozialer Sicherheit und der Gesundheitsdienste, soziale Vergünstigungen, Zugang zu und Versorgung mit Gütern und Dienstleistungen, mit abdecken.

(13) Daher sollte jede unmittelbare oder mittelbare Diskriminierung aus Gründen der Rasse oder der ethnischen Herkunft in den von der Richtlinie abgedeckten Bereichen gemeinschaftsweit untersagt werden. Dieses Diskriminierungsverbot sollte auch hinsichtlich Drittstaatsangehörigen angewandt werden, betrifft jedoch keine Ungleichbehandlungen aufgrund der Staatsangehörigkeit und läßt die Vorschriften über die Einreise und den Aufenthalt von Drittstaatsangehörigen und ihren Zugang zu Beschäftigung und Beruf unberührt.

(14) Bei der Anwendung des Grundsatzes der Gleichbehandlung ohne Ansehen der Rasse oder der ethnischen Herkunft sollte die Gemeinschaft im Einklang mit Artikel 3 Absatz 2 EG-Vertrag[3] bemüht sein, Ungleichheiten zu beseitigen und die Gleichstellung von Männern und Frauen zu fördern, zumal Frauen häufig Opfer mehrfacher Diskriminierungen sind.

(15) Die Beurteilung von Tatbeständen, die auf eine unmittelbare oder mittelbare Diskriminierung schließen lassen, obliegt den einzelstaatlichen gerichtlichen Instanzen oder anderen zuständigen Stellen nach den nationalen Rechtsvorschriften oder Gepflogenheiten. In diesen einzelstaatlichen Vorschriften kann insbesondere vorgesehen sein, daß mittelbare Diskriminierung mit allen Mitteln, einschließlich statistischer Beweise, festzustellen ist.

---

[1] Nunmehr Vertrag über die Arbeitsweise der Europäischen Union (Nr. **2**) durch Vertrag von Lissabon v. 13.12.2007 (ABl. C 306 S. 1).

[2] **Amtl. Anm.:** ABl. L 185 vom 24.7.1996, S. 5.

[3] Nunmehr Art. 8 AEUV (Nr. **2**) durch Vertrag von Lissabon v. 13.12.2007 (ABl. C 306 S. 1).

(16) Es ist wichtig, alle natürlichen Personen gegen Diskriminierung aus Gründen der Rasse oder der ethnischen Herkunft zu schützen. Die Mitgliedstaaten sollten auch, soweit es angemessen ist und im Einklang mit ihren nationalen Gepflogenheiten und Verfahren steht, den Schutz juristischer Personen vorsehen, wenn diese aufgrund der Rasse oder der ethnischen Herkunft ihrer Mitglieder Diskriminierungen erleiden.

(17) Das Diskriminierungsverbot sollte nicht der Beibehaltung oder dem Erlaß von Maßnahmen entgegenstehen, mit denen bezweckt wird, Benachteiligungen von Angehörigen einer bestimmten Rasse oder ethnischen Gruppe zu verhindern oder auszugleichen, und diese Maßnahmen können Organisation von Personen einer bestimmten Rasse oder ethnischen Herkunft gestatten, wenn deren Zweck hauptsächlich darin besteht, für die besonderen Bedürfnisse dieser Personen einzutreten.

(18) Unter sehr begrenzten Bedingungen kann eine unterschiedliche Behandlung gerechtfertigt sein, wenn ein Merkmal, das mit der Rasse oder ethnischen Herkunft zusammenhängt, eine wesentliche und entscheidende berufliche Anforderung darstellt, sofern es sich um einen legitimen Zweck und eine angemessene Anforderung handelt. Diese Bedingungen sollten in die Informationen aufgenommen werden, die die Mitgliedstaaten der Kommission übermitteln.

(19) Opfer von Diskriminierungen aus Gründen der Rasse oder der ethnischen Herkunft sollten über einen angemessenen Rechtsschutz verfügen. Um einen effektiveren Schutz zu gewährleisten, sollte auch die Möglichkeit bestehen, daß sich Verbände oder andere juristische Personen unbeschadet der nationalen Verfahrensordnung bezüglich der Vertretung und Verteidigung vor Gericht bei einem entsprechenden Beschluß der Mitgliedstaaten im Namen eines Opfers oder zu seiner Unterstützung an einem Verfahren beteiligen.

(20) Voraussetzungen für eine effektive Anwendung des Gleichheitsgrundsatzes sind ein angemessener Schutz vor Viktimisierung.

(21) Eine Änderung der Regeln für die Beweislastverteilung ist geboten, wenn ein glaubhafter Anschein einer Diskriminierung besteht. Zur wirksamen Anwendung des Gleichbehandlungsgrundsatzes ist eine Verlagerung der Beweislast auf die beklagte Partei erforderlich, wenn eine solche Diskriminierung nachgewiesen ist.

(22) Die Mitgliedstaaten können davon absehen, die Regeln für die Beweislastverteilung auf Verfahren anzuwenden, in denen die Ermittlung des Sachverhalts dem Gericht oder der zuständigen Stelle obliegt. Dies betrifft Verfahren, in denen die klagende Partei den Beweis des Sachverhalts, dessen Ermittlung dem Gericht oder der zuständigen Stelle obliegt, nicht anzutreten braucht.

(23) Die Mitgliedstaaten sollten den Dialog zwischen den Sozialpartnern und mit Nichtregierungsorganisationen fördern, mit dem Ziel, gegen die verschiedenen Formen von Diskriminierung anzugehen und diese zu bekämpfen.

(24) Der Schutz vor Diskriminierung aus Gründen der Rasse oder der ethnischen Herkunft würde verstärkt, wenn es in jedem Mitgliedstaat eine Stelle bzw. Stellen gäbe, die für die Analyse der mit Diskriminierungen

verbundenen Probleme, die Prüfung möglicher Lösungen und die Bereitstellung konkreter Hilfsangebote an die Opfer zuständig wäre.

(25) In dieser Richtlinie werden Mindestanforderungen festgelegt; den Mitgliedstaaten steht es somit frei, günstigere Vorschriften beizubehalten oder einzuführen. Die Umsetzung der Richtlinie darf nicht als Rechtfertigung für eine Absenkung des in den Mitgliedstaaten bereits bestehenden Schutzniveaus benutzt werden.

(26) Die Mitgliedstaaten sollten wirksame, verhältnismäßige und abschreckende Sanktionen für den Fall vorsehen, daß gegen die aus der Richtlinie erwachsenden Verpflichtungen verstoßen wird.

(27) Die Mitgliedstaaten können den Sozialpartnern auf deren gemeinsamen Antrag die Durchführung der Bestimmungen dieser Richtlinie übertragen, die in den Anwendungsbereich von Tarifverträgen fallen, sofern sie alle erforderlichen Maßnahmen treffen, um jederzeit gewährleisten zu können, daß die durch diese Richtlinie vorgeschriebenen Ergebnisse erzielt werden.

(28) Entsprechend dem in Artikel 5 EG-Vertrag[1] niedergelegten Subsidiaritäts- und Verhältnismäßigkeitsprinzip kann das Ziel dieser Richtlinie, nämlich ein einheitliches, hohes Niveau des Schutzes vor Diskriminierungen in allen Mitgliedstaaten zu gewährleisten, auf der Ebene der Mitgliedstaaten nicht ausreichend erreicht werden; es kann daher wegen des Umfangs und der Wirkung der vorgeschlagenen Maßnahme besser auf Gemeinschaftsebene verwirklicht werden. Diese Richtlinie geht nicht über das für die Erreichung dieser Ziele erforderliche Maß hinaus –

HAT FOLGENDE RICHTLINIE ERLASSEN:

Kapitel I. Allgemeine Bestimmungen

Art. 1 Zweck. Zweck dieser Richtlinie ist die Schaffung eines Rahmens zur Bekämpfung der Diskriminierung aufgrund der Rasse oder der ethnischen Herkunft im Hinblick auf die Verwirklichung des Grundsatzes der Gleichbehandlung in den Mitgliedstaaten.

Art. 2 Der Begriff „Diskriminierung“. (1) Im Sinne dieser Richtlinie bedeutet „Gleichbehandlungsgrundsatz“, daß es keine unmittelbare oder mittelbare Diskriminierung aus Gründen der Rasse oder der ethnischen Herkunft geben darf.

(2) Im Sinne von Absatz 1

a) liegt eine unmittelbare Diskriminierung vor, wenn eine Person aufgrund ihrer Rasse oder ethnischen Herkunft in einer vergleichbaren Situation eine weniger günstige Behandlung als eine andere Person erfährt, erfahren hat oder erfahren würde;

b) liegt eine mittelbare Diskriminierung vor, wenn dem Anschein nach neutrale Vorschriften, Kriterien oder Verfahren Personen, die einer Rasse oder ethnischen Gruppe angehören, in besonderer Weise benachteiligen können, es sei denn, die betreffenden Vorschriften, Kriterien oder Verfahren sind durch

[1] Nunmehr Art. 5 EUV (Nr. **1**) durch Vertrag von Lissabon v. 13.12.2007 (ABl. C 306 S. 1).

ein rechtmäßiges Ziel sachlich gerechtfertigt, und die Mittel sind zur Erreichung dieses Ziels angemessen und erforderlich.

(3) [1] Unerwünschte Verhaltensweisen, die im Zusammenhang mit der Rasse oder der ethnischen Herkunft einer Person stehen und bezwecken oder bewirken, daß die Würde der betreffenden Person verletzt und ein von Einschüchterungen, Anfeindungen, Erniedrigungen, Entwürdigungen oder Beleidigungen gekennzeichnetes Umfeld geschaffen wird, sind Belästigungen, die als Diskriminierung im Sinne von Absatz 1 gelten. [2] In diesem Zusammenhang können die Mitgliedstaaten den Begriff „Belästigung" im Einklang mit den einzelstaatlichen Rechtsvorschriften und Gepflogenheiten definieren.

(4) Die Anweisung zur Diskriminierung einer Person aus Gründen der Rasse oder der ethnischen Herkunft gilt als Diskriminierung im Sinne von Absatz 1.

Art. 3 Geltungsbereich. (1) Im Rahmen der auf die Gemeinschaft übertragenen Zuständigkeiten gilt diese Richtlinie für alle Personen in öffentlichen und privaten Bereichen, einschließlich öffentlicher Stellen, in bezug auf:

a) die Bedingungen – einschließlich Auswahlkriterien und Einstellungsbedingungen – für den Zugang zu unselbständiger und selbständiger Erwerbstätigkeit, unabhängig von Tätigkeitsfeld und beruflicher Position, sowie für den beruflichen Aufstieg;

b) den Zugang zu allen Formen und allen Ebenen der Berufsberatung, der Berufsausbildung, der beruflichen Weiterbildung und der Umschulung einschließlich der praktischen Berufserfahrung;

c) die Beschäftigungs- und Arbeitsbedingungen, einschließlich Entlassungsbedingungen und Arbeitsentgelt;

d) die Mitgliedschaft und Mitwirkung in einer Arbeitnehmer- oder Arbeitgeberorganisation oder einer Organisation, deren Mitglieder einer bestimmten Berufsgruppe angehören, einschließlich der Inanspruchnahme der Leistungen solcher Organisationen;

e) den Sozialschutz, einschließlich der sozialen Sicherheit und der Gesundheitsdienste;

f) die sozialen Vergünstigungen;

g) die Bildung;

h) den Zugang zu und die Versorgung mit Gütern und Dienstleistungen, die der Öffentlichkeit zur Verfügung stehen, einschließlich von Wohnraum.

(2) Diese Richtlinie betrifft nicht unterschiedliche Behandlungen aus Gründen der Staatsangehörigkeit und berührt nicht die Vorschriften und Bedingungen für die Einreise von Staatsangehörigen dritter Staaten oder staatenlosen Personen in das Hoheitsgebiet der Mitgliedstaaten oder deren Aufenthalt in diesem Hoheitsgebiet sowie eine Behandlung, die sich aus der Rechtsstellung von Staatsangehörigen dritter Staaten oder staatenlosen Personen ergibt.

Art. 4 Wesentliche und entscheidende berufliche Anforderungen.

Ungeachtet des Artikels 2 Absätze 1 und 2 können die Mitgliedstaaten vorsehen, daß eine Ungleichbehandlung aufgrund eines mit der Rasse oder der ethnischen Herkunft zusammenhängenden Merkmals keine Diskriminierung darstellt, wenn das betreffende Merkmal aufgrund der Art einer bestimmten beruflichen Tätigkeit oder der Rahmenbedingungen ihrer Ausübung eine wesentliche und entscheidende berufliche Voraussetzung darstellt und sofern es sich um einen rechtmäßigen Zweck und eine angemessene Anforderung handelt.

Art. 5 Positive Maßnahmen. Der Gleichbehandlungsgrundsatz hindert die Mitgliedstaaten nicht daran, zur Gewährleistung der vollen Gleichstellung in der Praxis spezifische Maßnahmen, mit denen Benachteiligungen aufgrund der Rasse oder ethnischen Herkunft verhindert oder ausgeglichen werden, beizubehalten oder zu beschließen.

Art. 6 Mindestanforderungen. (1) Es bleibt den Mitgliedstaaten unbenommen, Vorschriften einzuführen oder beizubehalten, die im Hinblick auf die Wahrung des Gleichbehandlungsgrundsatzes günstiger als die in dieser Richtlinie vorgesehenen Vorschriften sind.

(2) Die Umsetzung dieser Richtlinie darf keinesfalls als Rechtfertigung für eine Absenkung des von den Mitgliedstaaten bereits garantierten Schutzniveaus in bezug auf Diskriminierungen in den von der Richtlinie abgedeckten Bereichen benutzt werden.

Kapitel II. Rechtsbehelfe und Rechtsdurchsetzung

Art. 7 Rechtsschutz. (1) Die Mitgliedstaaten stellen sicher, daß alle Personen, die sich durch die Nichtanwendung des Gleichbehandlungsgrundsatzes in ihren Rechten für verletzt halten, ihre Ansprüche aus dieser Richtlinie auf dem Gerichts- und/oder Verwaltungsweg sowie, wenn die Mitgliedstaaten es für angezeigt halten, in Schlichtungsverfahren geltend machen können, selbst wenn das Verhältnis, während dessen die Diskriminierung vorgekommen sein soll, bereits beendet ist.

(2) Die Mitgliedstaaten stellen sicher, daß Verbände, Organisationen oder andere juristische Personen, die gemäß den in ihrem einzelstaatlichen Recht festgelegten Kriterien ein rechtmäßiges Interesse daran haben, für die Einhaltung der Bestimmungen dieser Richtlinie zu sorgen, sich entweder im Namen der beschwerten Person oder zu deren Unterstützung und mit deren Einwilligung an den in dieser Richtlinie zur Durchsetzung der Ansprüche vorgesehenen Gerichts- und/oder Verwaltungsverfahren beteiligen können.

(3) Die Absätze 1 und 2 lassen einzelstaatliche Regelungen über Fristen für die Rechtsverfolgung betreffend den Gleichbehandlungsgrundsatz unberührt.

Art. 8 Beweislast. (1) Die Mitgliedstaaten ergreifen im Einklang mit ihrem nationalen Gerichtswesen die erforderlichen Maßnahmen, um zu gewährleisten, daß immer dann, wenn Personen, die sich durch die Nichtanwendung des Gleichbehandlungsgrundsatzes für verletzt halten und bei einem Gericht oder einer anderen zuständigen Stelle Tatsachen glaubhaft machen, die das Vorliegen einer unmittelbaren oder mittelbaren Diskriminierung vermuten lassen, es dem Beklagten obliegt zu beweisen, daß keine Verletzung des Gleichbehandlungsgrundsatzes vorgelegen hat.

(2) Absatz 1 läßt das Recht der Mitgliedstaaten, eine für den Kläger günstigere Beweislastregelung vorzusehen, unberührt.

(3) Absatz 1 gilt nicht für Strafverfahren.

(4) Die Absätze 1, 2 und 3 gelten auch für Verfahren gemäß Artikel 7 Absatz 2.

(5) Die Mitgliedstaaten können davon absehen, Absatz 1 auf Verfahren anzuwenden, in denen die Ermittlung des Sachverhalts dem Gericht oder der zuständigen Stelle obliegt.

Art. 9 Viktimisierung. Die Mitgliedstaaten treffen im Rahmen ihrer nationalen Rechtsordnung die erforderlichen Maßnahmen, um den einzelnen vor Benachteiligungen zu schützen, die als Reaktion auf eine Beschwerde oder auf die Einleitung eines Verfahrens zur Durchsetzung des Gleichbehandlungsgrundsatzes erfolgen.

Art. 10 Unterrichtung. Die Mitgliedstaaten tragen dafür Sorge, daß die gemäß dieser Richtlinie getroffenen Maßnahmen sowie die bereits geltenden einschlägigen Vorschriften allen Betroffenen in geeigneter Form in ihrem Hoheitsgebiet bekanntgemacht werden.

Art. 11 Sozialer Dialog. (1) Die Mitgliedstaaten treffen im Einklang mit den nationalen Gepflogenheiten und Verfahren geeignete Maßnahmen zur Förderung des sozialen Dialogs zwischen Arbeitgebern und Arbeitnehmern, mit dem Ziel, die Verwirklichung des Gleichbehandlungsgrundsatzes durch Überwachung der betrieblichen Praxis, durch Tarifverträge, Verhaltenskodizes, Forschungsarbeiten oder durch einen Austausch von Erfahrungen und bewährten Lösungen voranzubringen.

(2) [1] Soweit vereinbar mit den nationalen Gepflogenheiten und Verfahren, fordern die Mitgliedstaaten Arbeitgeber und Arbeitnehmer ohne Eingriff in deren Autonomie auf, auf geeigneter Ebene Antidiskriminierungsvereinbarungen zu schließen, die die in Artikel 3 genannten Bereiche betreffen, soweit diese in den Verantwortungsbereich der Tarifparteien fallen. [2] Die Vereinbarungen müssen den in dieser Richtlinie festgelegten Mindestanforderungen sowie den einschlägigen nationalen Durchführungsbestimmungen entsprechen.

Art. 12 Dialog mit Nichtregierungsorganisationen. Die Mitgliedstaaten fördern den Dialog mit geeigneten Nichtregierungsorganisationen, die gemäß ihren nationalen Rechtsvorschriften und Gepflogenheiten ein rechtmäßiges Interesse daran haben, sich an der Bekämpfung von Diskriminierung aus Gründen der Rasse oder der ethnischen Herkunft zu beteiligen, um den Grundsatz der Gleichbehandlung zu fördern.

Kapitel III. Mit der Förderung der Gleichbehandlung befasste Stellen

Art. 13 [Zuständige Stellen] (1) [1] Jeder Mitgliedstaat bezeichnet eine oder mehrere Stellen, deren Aufgabe darin besteht, die Verwirklichung des Grundsatzes der Gleichbehandlung aller Personen ohne Diskriminierung aufgrund der Rasse oder der ethnischen Herkunft zu fördern. [2] Diese Stellen können Teil einer Einrichtung sein, die auf nationaler Ebene für den Schutz der Menschenrechte oder der Rechte des einzelnen zuständig ist.

(2) Die Mitgliedstaaten stellen sicher, daß es zu den Zuständigkeiten dieser Stellen gehört,

- unbeschadet der Rechte der Opfer und der Verbände, der Organisationen oder anderer juristischer Personen nach Artikel 7 Absatz 2 die Opfer von Diskriminierungen auf unabhängige Weise dabei zu unterstützen, ihrer Beschwerde wegen Diskriminierung nachzugehen;
- unabhängige Untersuchungen zum Thema der Diskriminierung durchzuführen;
- unabhängige Berichte zu veröffentlichen und Empfehlungen zu allen Aspekten vorzulegen, die mit diesen Diskriminierungen in Zusammenhang stehen.

Kapitel IV. Schlussbestimmungen

Art. 14 Einhaltung. Die Mitgliedstaaten treffen die erforderlichen Maßnahmen, um sicherzustellen,

a) daß sämtliche Rechts- und Verwaltungsvorschriften, die dem Gleichbehandlungsgrundsatz zuwiderlaufen, aufgehoben werden;

b) daß sämtliche mit dem Gleichbehandlungsgrundsatz nicht zu vereinbarenden Bestimmungen in Einzel- oder Kollektivverträgen oder -vereinbarungen, Betriebsordnungen, Statuten von Vereinigungen mit oder ohne Erwerbszweck sowie Statuten der freien Berufe und der Arbeitnehmer- und Arbeitgeberorganisationen für nichtig erklärt werden oder erklärt werden können oder geändert werden.

Art. 15 Sanktionen. [1] Die Mitgliedstaaten legen die Sanktionen fest, die bei einem Verstoß gegen die einzelstaatlichen Vorschriften zur Anwendung dieser Richtlinie zu verhängen sind, und treffen alle geeigneten Maßnahmen, um deren Durchsetzung zu gewährleisten. [2] Die Sanktionen, die auch Schadenersatzleistungen an die Opfer umfassen können, müssen wirksam, verhältnismäßig und abschreckend sein. [3] Die Mitgliedstaaten teilen der Kommission diese Bestimmungen bis zum 19. Juli 2003 mit und melden alle sie betreffenden Änderungen unverzüglich.

Art. 16 Umsetzung. *[1]* [1] Die Mitgliedstaaten erlassen die erforderlichen Rechts- und Verwaltungsvorschriften, um dieser Richtlinie bis zum 19. Juli 2003 nachzukommen, oder können den Sozialpartnern auf deren gemeinsamen Antrag die Durchführung der Bestimmungen dieser Richtlinie übertragen, die in den Anwendungsbereich von Tarifverträgen fallen. [2] In diesem Fall gewährleisten die Mitgliedstaaten, daß die Sozialpartner bis zum 19. Juli 2003 im Wege einer Vereinbarung die erforderlichen Maßnahmen getroffen haben; dabei haben die Mitgliedstaaten alle erforderlichen Maßnahmen zu treffen, um jederzeit gewährleisten zu können, daß die durch diese Richtlinie vorgeschriebenen Ergebnisse erzielt werden. [3] Sie setzen die Kommission unverzüglich davon in Kenntnis.

[2] [1] Wenn die Mitgliedstaaten derartige Vorschriften erlassen, nehmen sie in den Vorschriften selbst oder durch einen Hinweis bei der amtlichen Veröffentlichung auf diese Richtlinie Bezug. [2] Die Mitgliedstaaten regeln die Einzelheiten der Bezugnahme.

Art. 17 Bericht. (1) Bis zum 19. Juli 2005 und in der Folge alle fünf Jahre übermitteln die Mitgliedstaaten der Kommission sämtliche Informationen, die diese für die Erstellung eines dem Europäischen Parlament und dem Rat vorzulegenden Berichts über die Anwendung dieser Richtlinie benötigt.

(2) [1] Die Kommission berücksichtigt in ihrem Bericht in angemessener Weise die Ansichten der Europäischen Stelle zur Beobachtung von Rassismus und Fremdenfeindlichkeit sowie die Standpunkte der Sozialpartner und der einschlägigen Nichtregierungsorganisationen. [2] Im Einklang mit dem Grundsatz der Berücksichtigung geschlechterspezifischer Fragen wird ferner in dem Bericht die Auswirkung der Maßnahmen auf Frauen und Männer bewertet. [3] Unter Berücksichtigung der übermittelten Informationen enthält der Bericht gegebenenfalls auch Vorschläge für eine Änderung und Aktualisierung dieser Richtlinie.

Art. 18 Inkrafttreten. Diese Richtlinie tritt am Tag ihrer Veröffentlichung[1)] im *Amtsblatt der Europäischen Gemeinschaften* in Kraft.

Art. 19 Adressaten. Diese Richtlinie ist an die Mitgliedstaaten gerichtet.

[1)] Veröffentlicht am 19.7.2000.

12. Richtlinie 2000/78/EG des Rates vom 27. November 2000 zur Festlegung eines allgemeinen Rahmens für die Verwirklichung der Gleichbehandlung in Beschäftigung und Beruf

(ABl. L 303 S. 16)

Celex-Nr. 3 2000 L 0078

Nichtamtliche Inhaltsübersicht

DER RAT DER EUROPÄISCHEN UNION –

gestützt auf den Vertrag zur Gründung der Europäischen Gemeinschaft[1], insbesondere auf Artikel 13[2],

auf Vorschlag der Kommission[3],

nach Stellungnahme des Europäischen Parlaments[4],

nach Stellungnahme des Wirtschafts- und Sozialausschusses[5],

---

[1] Nunmehr Vertrag über die Arbeitsweise der Europäischen Union (Nr. **2**) durch Vertrag von Lissabon v. 13.12.2007 (ABl. C 306 S. 1).

[2] Nunmehr Art. 19 AEUV (Nr. **2**) durch Vertrag von Lissabon v. 13.12.2007 (ABl. C 306 S. 1).

[3] **Amtl. Anm.:** ABl. C 177 E vom 27.6.2000, S. 42.

[4] **Amtl. Anm.:** Stellungnahme vom 12. Oktober 2000 (noch nicht im Amtsblatt veröffentlicht).

[5] **Amtl. Anm.:** ABl. C 204 vom 18.7.2000, S. 82.

nach Stellungnahme des Ausschusses der Regionen[1)],

in Erwägung nachstehender Gründe:

(1) Nach Artikel 6 Absatz 2 des Vertrags über die Europäische Union[2)] beruht die Europäische Union auf den Grundsätzen der Freiheit, der Demokratie, der Achtung der Menschenrechte und Grundfreiheiten sowie der Rechtsstaatlichkeit; diese Grundsätze sind allen Mitgliedstaaten gemeinsam. Die Union achtet die Grundrechte, wie sie in der Europäischen Konvention zum Schutze der Menschenrechte und Grundfreiheiten gewährleistet sind und wie sie sich aus den gemeinsamen Verfassungsüberlieferungen der Mitgliedstaaten als allgemeine Grundsätze des Gemeinschaftsrechts ergeben.

(2) Der Grundsatz der Gleichbehandlung von Männern und Frauen wurde in zahlreichen Rechtsakten der Gemeinschaft fest verankert, insbesondere in der Richtlinie 76/207/EWG des Rates vom 9. Februar 1976 zur Verwirklichung des Grundsatzes der Gleichbehandlung von Männern und Frauen hinsichtlich des Zugangs zur Beschäftigung, zur Berufsbildung und zum beruflichen Aufstieg sowie in Bezug auf die Arbeitsbedingungen[3)].

(3) Bei der Anwendung des Grundsatzes der Gleichbehandlung ist die Gemeinschaft gemäß Artikel 3 Absatz 2 des EG-Vertrags[4)] bemüht, Ungleichheiten zu beseitigen und die Gleichstellung von Männern und Frauen zu fördern, zumal Frauen häufig Opfer mehrfacher Diskriminierung sind.

(4) Die Gleichheit aller Menschen vor dem Gesetz und der Schutz vor Diskriminierung ist ein allgemeines Menschenrecht; dieses Recht wurde in der Allgemeinen Erklärung der Menschenrechte, im VN-Übereinkommen zur Beseitigung aller Formen der Diskriminierung von Frauen, im Internationalen Pakt der VN über bürgerliche und politische Rechte, im Internationalen Pakt der VN über wirtschaftliche, soziale und kulturelle Rechte sowie in der Europäischen Konvention zum Schutze der Menschenrechte und Grundfreiheiten[5)] anerkannt, die von allen Mitgliedstaaten unterzeichnet wurden. Das Übereinkommen 111 der Internationalen Arbeitsorganisation untersagt Diskriminierungen in Beschäftigung und Beruf.

(5) Es ist wichtig, dass diese Grundrechte und Grundfreiheiten geachtet werden. Diese Richtlinie berührt nicht die Vereinigungsfreiheit, was das Recht jeder Person umfasst, zum Schutze ihrer Interessen Gewerkschaften zu gründen und Gewerkschaften beizutreten.

(6) In der Gemeinschaftscharta der sozialen Grundrechte der Arbeitnehmer wird anerkannt, wie wichtig die Bekämpfung jeder Art von Diskriminierung und geeignete Maßnahmen zur sozialen und wirtschaftlichen Eingliederung älterer Menschen und von Menschen mit Behinderung sind.

(7) Der EG-Vertrag[6)] nennt als eines der Ziele der Gemeinschaft die Förderung der Koordinierung der Beschäftigungspolitiken der Mitgliedstaa-

---

[1)] **Amtl. Anm.:** ABl. C 226 vom 8.8.2000, S. 1.

[2)] Nr. **1**.

[3)] **Amtl. Anm.:** ABl. L 39 vom 14.2.1976, S. 40.

[4)] Nunmehr Art. 8 AEUV (Nr. **2**) durch Vertrag von Lissabon v. 13.12.2007 (ABl. C 306 S. 1).

[5)] Nr. **40**.

[6)] Nunmehr Vertrag über die Arbeitsweise der Europäischen Union (Nr. **2**) durch Vertrag von Lissabon v. 13.12.2007 (ABl. C 306 S. 1).

ten. Zu diesem Zweck wurde in den EG-Vertrag[1] ein neues Beschäftigungskapitel eingefügt, das die Grundlage bildet für die Entwicklung einer koordinierten Beschäftigungsstrategie und für die Förderung der Qualifizierung, Ausbildung und Anpassungsfähigkeit der Arbeitnehmer.

(8) In den vom Europäischen Rat auf seiner Tagung am 10. und 11. Dezember 1999 in Helsinki vereinbarten beschäftigungspolitischen Leitlinien für 2000 wird die Notwendigkeit unterstrichen, einen Arbeitsmarkt zu schaffen, der die soziale Eingliederung fördert, indem ein ganzes Bündel aufeinander abgestimmter Maßnahmen getroffen wird, die darauf abstellen, die Diskriminierung von benachteiligten Gruppen, wie den Menschen mit Behinderung, zu bekämpfen. Ferner wird betont, dass der Unterstützung älterer Arbeitnehmer mit dem Ziel der Erhöhung ihres Anteils an der Erwerbsbevölkerung besondere Aufmerksamkeit gebührt.

(9) Beschäftigung und Beruf sind Bereiche, die für die Gewährleistung gleicher Chancen für alle und für eine volle Teilhabe der Bürger am wirtschaftlichen, kulturellen und sozialen Leben sowie für die individuelle Entfaltung von entscheidender Bedeutung sind.

(10) Der Rat hat am 29. Juni 2000 die Richtlinie 2000/43/EG[2][3] zur Anwendung des Gleichbehandlungsgrundsatzes ohne Unterschied der Rasse oder der ethnischen Herkunft angenommen, die bereits einen Schutz vor solchen Diskriminierungen in Beschäftigung und Beruf gewährleistet.

(11) Diskriminierungen wegen der Religion oder der Weltanschauung, einer Behinderung, des Alters oder der sexuellen Ausrichtung können die Verwirklichung der im EG-Vertrag[1] festgelegten Ziele unterminieren, insbesondere die Erreichung eines hohen Beschäftigungsniveaus und eines hohen Maßes an sozialem Schutz, die Hebung des Lebensstandards und der Lebensqualität, den wirtschaftlichen und sozialen Zusammenhalt, die Solidarität sowie die Freizügigkeit.

(12) Daher sollte jede unmittelbare oder mittelbare Diskriminierung wegen der Religion oder der Weltanschauung, einer Behinderung, des Alters oder der sexuellen Ausrichtung in den von der Richtlinie abgedeckten Bereichen gemeinschaftsweit untersagt werden. Dieses Diskriminierungsverbot sollte auch für Staatsangehörige dritter Länder gelten, betrifft jedoch nicht die Ungleichbehandlungen aus Gründen der Staatsangehörigkeit und lässt die Vorschriften über die Einreise und den Aufenthalt von Staatsangehörigen dritter Länder und ihren Zugang zu Beschäftigung und Beruf unberührt.

(13) Diese Richtlinie findet weder Anwendung auf die Sozialversicherungs- und Sozialschutzsysteme, deren Leistungen nicht einem Arbeitsentgelt in dem Sinne gleichgestellt werden, der diesem Begriff für die Anwendung des Artikels 141 des EG-Vertrags[4] gegeben wurde, noch auf Vergütungen jeder Art seitens des Staates, die den Zugang zu einer Beschäftigung oder die Aufrechterhaltung eines Beschäftigungsverhältnisses zum Ziel haben.

---

[1] Nunmehr Vertrag über die Arbeitsweise der Europäischen Union (Nr. **2**) durch Vertrag von Lissabon v. 13.12.2007 (ABl. C 306 S. 1).

[2] Nr. **11**.

[3] **Amtl. Anm.:** ABl. L 180 vom 19.7.2000, S. 22.

[4] Nunmehr Art. 157 AEUV (Nr. **2**) durch Vertrag von Lissabon v. 13.12.2007 (ABl. C 306 S. 1).

(14) Diese Richtlinie berührt nicht die einzelstaatlichen Bestimmungen über die Festsetzung der Altersgrenzen für den Eintritt in den Ruhestand.

(15) Die Beurteilung von Tatbeständen, die auf eine unmittelbare oder mittelbare Diskriminierung schließen lassen, obliegt den einzelstaatlichen gerichtlichen Instanzen oder anderen zuständigen Stellen nach den einzelstaatlichen Rechtsvorschriften oder Gepflogenheiten; in diesen einzelstaatlichen Vorschriften kann insbesondere vorgesehen sein, dass mittelbare Diskriminierung mit allen Mitteln, einschließlich statistischer Beweise, festzustellen ist.

(16) Maßnahmen, die darauf abstellen, den Bedürfnissen von Menschen mit Behinderung am Arbeitsplatz Rechnung zu tragen, spielen eine wichtige Rolle bei der Bekämpfung von Diskriminierungen wegen einer Behinderung.

(17) Mit dieser Richtlinie wird unbeschadet der Verpflichtung, für Menschen mit Behinderung angemessene Vorkehrungen zu treffen, nicht die Einstellung, der berufliche Aufstieg, die Weiterbeschäftigung oder die Teilnahme an Aus- und Weiterbildungsmaßnahmen einer Person vorgeschrieben, wenn diese Person für die Erfüllung der wesentlichen Funktionen des Arbeitsplatzes oder zur Absolvierung einer bestimmten Ausbildung nicht kompetent, fähig oder verfügbar ist.

(18) Insbesondere darf mit dieser Richtlinie den Streitkräften sowie der Polizei, den Haftanstalten oder den Notfalldiensten unter Berücksichtigung des rechtmäßigen Ziels, die Einsatzbereitschaft dieser Dienste zu wahren, nicht zur Auflage gemacht werden, Personen einzustellen oder weiter zu beschäftigen, die nicht den jeweiligen Anforderungen entsprechen, um sämtliche Aufgaben zu erfüllen, die ihnen übertragen werden können.

(19) Ferner können die Mitgliedstaaten zur Sicherung der Schlagkraft ihrer Streitkräfte sich dafür entscheiden, dass die eine Behinderung und das Alter betreffenden Bestimmungen dieser Richtlinie auf alle Streitkräfte oder einen Teil ihrer Streitkräfte keine Anwendung finden. Die Mitgliedstaaten, die eine derartige Entscheidung treffen, müssen den Anwendungsbereich dieser Ausnahmeregelung festlegen.

(20) Es sollten geeignete Maßnahmen vorgesehen werden, d.h. wirksame und praktikable Maßnahmen, um den Arbeitsplatz der Behinderung entsprechend einzurichten, z.B. durch eine entsprechende Gestaltung der Räumlichkeiten oder eine Anpassung des Arbeitsgeräts, des Arbeitsrhythmus, der Aufgabenverteilung oder des Angebots an Ausbildungs- und Einarbeitungsmaßnahmen.

(21) Bei der Prüfung der Frage, ob diese Maßnahmen zu übermäßigen Belastungen führen, sollten insbesondere der mit ihnen verbundene finanzielle und sonstige Aufwand sowie die Größe, die finanziellen Ressourcen und der Gesamtumsatz der Organisation oder des Unternehmens und die Verfügbarkeit von öffentlichen Mitteln oder anderen Unterstützungsmöglichkeiten berücksichtigt werden.

(22) Diese Richtlinie lässt die einzelstaatlichen Rechtsvorschriften über den Familienstand und davon abhängige Leistungen unberührt.

(23) Unter sehr begrenzten Bedingungen kann eine unterschiedliche Behandlung gerechtfertigt sein, wenn ein Merkmal, das mit der Religion oder

Weltanschauung, einer Behinderung, dem Alter oder der sexuellen Ausrichtung zusammenhängt, eine wesentliche und entscheidende berufliche Anforderung darstellt, sofern es sich um einen rechtmäßigen Zweck und eine angemessene Anforderung handelt. Diese Bedingungen sollten in die Informationen aufgenommen werden, die die Mitgliedstaaten der Kommission übermitteln.

(24) Die Europäische Union hat in ihrer der Schlussakte zum Vertrag von Amsterdam beigefügten Erklärung Nr. 11 zum Status der Kirchen und weltanschaulichen Gemeinschaften ausdrücklich anerkannt, dass sie den Status, den Kirchen und religiöse Vereinigungen oder Gemeinschaften in den Mitgliedstaaten nach deren Rechtsvorschriften genießen, achtet und ihn nicht beeinträchtigt und dass dies in gleicher Weise für den Status von weltanschaulichen Gemeinschaften gilt. Die Mitgliedstaaten können in dieser Hinsicht spezifische Bestimmungen über die wesentlichen, rechtmäßigen und gerechtfertigten beruflichen Anforderungen beibehalten oder vorsehen, die Voraussetzung für die Ausübung einer diesbezüglichen beruflichen Tätigkeit sein können.

(25) Das Verbot der Diskriminierung wegen des Alters stellt ein wesentliches Element zur Erreichung der Ziele der beschäftigungspolitischen Leitlinien und zur Förderung der Vielfalt im Bereich der Beschäftigung dar. Ungleichbehandlungen wegen des Alters können unter bestimmten Umständen jedoch gerechtfertigt sein und erfordern daher besondere Bestimmungen, die je nach der Situation der Mitgliedstaaten unterschiedlich sein können. Es ist daher unbedingt zu unterscheiden zwischen einer Ungleichbehandlung, die insbesondere durch rechtmäßige Ziele im Bereich der Beschäftigungspolitik, des Arbeitsmarktes und der beruflichen Bildung gerechtfertigt ist, und einer Diskriminierung, die zu verbieten ist.

(26) Das Diskriminierungsverbot sollte nicht der Beibehaltung oder dem Erlass von Maßnahmen entgegenstehen, mit denen bezweckt wird, Benachteiligungen von Personen mit einer bestimmten Religion oder Weltanschauung, einer bestimmten Behinderung, einem bestimmten Alter oder einer bestimmten sexuellen Ausrichtung zu verhindern oder auszugleichen, und diese Maßnahmen können die Einrichtung und Beibehaltung von Organisationen von Personen mit einer bestimmten Religion oder Weltanschauung, einer bestimmten Behinderung, einem bestimmten Alter oder einer bestimmten sexuellen Ausrichtung zulassen, wenn deren Zweck hauptsächlich darin besteht, die besonderen Bedürfnisse dieser Personen zu fördern.

(27) Der Rat hat in seiner Empfehlung 86/379/EWG vom 24. Juli 1986[1] zur Beschäftigung von Behinderten in der Gemeinschaft einen Orientierungsrahmen festgelegt, der Beispiele für positive Aktionen für die Beschäftigung und Berufsbildung von Menschen mit Behinderung anführt; in seiner Entschließung vom 17. Juni 1999 betreffend gleiche Beschäftigungschancen für behinderte Menschen[2] hat er bekräftigt, dass es wichtig ist, insbesondere der Einstellung, der Aufrechterhaltung des Beschäftigungsverhältnisses sowie der beruflichen Bildung und dem lebensbegleitenden

[1] **Amtl. Anm.:** ABl. L 225 vom 12.8.1986, S. 43.
[2] **Amtl. Anm.:** ABl. C 186 vom 2.7.1999, S. 3.

Lernen von Menschen mit Behinderung besondere Aufmerksamkeit zu widmen.

(28) In dieser Richtlinie werden Mindestanforderungen festgelegt; es steht den Mitgliedstaaten somit frei, günstigere Vorschriften einzuführen oder beizubehalten. Die Umsetzung dieser Richtlinie darf nicht eine Absenkung des in den Mitgliedstaaten bereits bestehenden Schutzniveaus rechtfertigen.

(29) Opfer von Diskriminierungen wegen der Religion oder Weltanschauung, einer Behinderung, des Alters oder der sexuellen Ausrichtung sollten über einen angemessenen Rechtsschutz verfügen. Um einen effektiveren Schutz zu gewährleisten, sollte auch die Möglichkeit bestehen, dass sich Verbände oder andere juristische Personen unbeschadet der nationalen Verfahrensordnung bezüglich der Vertretung und Verteidigung vor Gericht bei einem entsprechenden Beschluss der Mitgliedstaaten im Namen eines Opfers oder zu seiner Unterstützung an einem Verfahren beteiligen.

(30) Die effektive Anwendung des Gleichheitsgrundsatzes erfordert einen angemessenen Schutz vor Viktimisierung.

(31) Eine Änderung der Regeln für die Beweislast ist geboten, wenn ein glaubhafter Anschein einer Diskriminierung besteht. Zur wirksamen Anwendung des Gleichbehandlungsgrundsatzes ist eine Verlagerung der Beweislast auf die beklagte Partei erforderlich, wenn eine solche Diskriminierung nachgewiesen ist. Allerdings obliegt es dem Beklagten nicht, nachzuweisen, dass der Kläger einer bestimmten Religion angehört, eine bestimmte Weltanschauung hat, eine bestimmte Behinderung aufweist, ein bestimmtes Alter oder eine bestimmte sexuelle Ausrichtung hat.

(32) Die Mitgliedstaaten können davon absehen, die Regeln für die Beweislastverteilung auf Verfahren anzuwenden, in denen die Ermittlung des Sachverhalts dem Gericht oder der zuständigen Stelle obliegt. Dies betrifft Verfahren, in denen die klagende Partei den Beweis des Sachverhalts, dessen Ermittlung dem Gericht oder der zuständigen Stelle obliegt, nicht anzutreten braucht.

(33) Die Mitgliedstaaten sollten den Dialog zwischen den Sozialpartnern und im Rahmen der einzelstaatlichen Gepflogenheiten mit Nichtregierungsorganisationen mit dem Ziel fördern, gegen die verschiedenen Formen von Diskriminierung am Arbeitsplatz anzugehen und diese zu bekämpfen.

(34) In Anbetracht der Notwendigkeit, den Frieden und die Aussöhnung zwischen den wichtigsten Gemeinschaften in Nordirland zu fördern, sollten in diese Richtlinie besondere Bestimmungen aufgenommen werden.

(35) Die Mitgliedstaaten sollten wirksame, verhältnismäßige und abschreckende Sanktionen für den Fall vorsehen, dass gegen die aus dieser Richtlinie erwachsenden Verpflichtungen verstoßen wird.

(36) Die Mitgliedstaaten können den Sozialpartnern auf deren gemeinsamen Antrag die Durchführung der Bestimmungen dieser Richtlinie übertragen, die in den Anwendungsbereich von Tarifverträgen fallen, sofern sie alle erforderlichen Maßnahmen treffen, um jederzeit gewährleisten zu können, dass die durch diese Richtlinie vorgeschriebenen Ergebnisse erzielt werden.

(37) Im Einklang mit dem Subsidiaritätsprinzip nach Artikel 5 des EG-Vertrags[1] kann das Ziel dieser Richtlinie, nämlich die Schaffung gleicher Ausgangsbedingungen in der Gemeinschaft bezüglich der Gleichbehandlung in Beschäftigung und Beruf, auf der Ebene der Mitgliedstaaten nicht ausreichend erreicht werden und kann daher wegen des Umfangs und der Wirkung der Maßnahme besser auf Gemeinschaftsebene verwirklicht werden. Im Einklang mit dem Verhältnismäßigkeitsprinzip nach jenem Artikel geht diese Richtlinie nicht über das für die Erreichung dieses Ziels erforderliche Maß hinaus –

HAT FOLGENDE RICHTLINIE ERLASSEN:

Kapitel I. Allgemeine Bestimmungen

Art. 1 Zweck. Zweck dieser Richtlinie ist die Schaffung eines allgemeinen Rahmens zur Bekämpfung der Diskriminierung wegen der Religion oder der Weltanschauung, einer Behinderung, des Alters oder der sexuellen Ausrichtung in Beschäftigung und Beruf im Hinblick auf die Verwirklichung des Grundsatzes der Gleichbehandlung in den Mitgliedstaaten.

Art. 2 Der Begriff „Diskriminierung". (1) Im Sinne dieser Richtlinie bedeutet „Gleichbehandlungsgrundsatz", dass es keine unmittelbare oder mittelbare Diskriminierung wegen eines der in Artikel 1 genannten Gründe geben darf.

(2) Im Sinne des Absatzes 1

a) liegt eine unmittelbare Diskriminierung vor, wenn eine Person wegen eines der in Artikel 1 genannten Gründe in einer vergleichbaren Situation eine weniger günstige Behandlung erfährt, als eine andere Person erfährt, erfahren hat oder erfahren würde;

b) liegt eine mittelbare Diskriminierung vor, wenn dem Anschein nach neutrale Vorschriften, Kriterien oder Verfahren Personen mit einer bestimmten Religion oder Weltanschauung, einer bestimmten Behinderung, eines bestimmten Alters oder mit einer bestimmten sexuellen Ausrichtung gegenüber anderen Personen in besonderer Weise benachteiligen können, es sei denn:

   i) diese Vorschriften, Kriterien oder Verfahren sind durch ein rechtmäßiges Ziel sachlich gerechtfertigt, und die Mittel sind zur Erreichung dieses Ziels angemessen und erforderlich, oder

   ii) der Arbeitgeber oder jede Person oder Organisation, auf die diese Richtlinie Anwendung findet, ist im Falle von Personen mit einer bestimmten Behinderung aufgrund des einzelstaatlichen Rechts verpflichtet, geeignete Maßnahmen entsprechend den in Artikel 5 enthaltenen Grundsätzen vorzusehen, um die sich durch diese Vorschrift, dieses Kriterium oder dieses Verfahren ergebenden Nachteile zu beseitigen.

(3) [1]Unerwünschte Verhaltensweisen, die mit einem der Gründe nach Artikel 1 in Zusammenhang stehen und bezwecken oder bewirken, dass die Würde der betreffenden Person verletzt und ein von Einschüchterungen, Anfeindungen, Erniedrigungen, Entwürdigungen oder Beleidigungen gekenn-

---

[1] Nunmehr Art. 5 EUV (Nr. **1**) durch Vertrag von Lissabon v. 13.12.2007 (ABl. C 306 S. 1).

zeichnetes Umfeld geschaffen wird, sind Belästigungen, die als Diskriminierung im Sinne von Absatz 1 gelten. [2]In diesem Zusammenhang können die Mitgliedstaaten den Begriff „Belästigung" im Einklang mit den einzelstaatlichen Rechtsvorschriften und Gepflogenheiten definieren.

(4) Die Anweisung zur Diskriminierung einer Person wegen eines der Gründe nach Artikel 1 gilt als Diskriminierung im Sinne des Absatzes 1.

(5) Diese Richtlinie berührt nicht die im einzelstaatlichen Recht vorgesehenen Maßnahmen, die in einer demokratischen Gesellschaft für die Gewährleistung der öffentlichen Sicherheit, die Verteidigung der Ordnung und die Verhütung von Straftaten, zum Schutz der Gesundheit und zum Schutz der Rechte und Freiheiten anderer notwendig sind.

Art. 3 Geltungsbereich. (1) Im Rahmen der auf die Gemeinschaft übertragenen Zuständigkeiten gilt diese Richtlinie für alle Personen in öffentlichen und privaten Bereichen, einschließlich öffentlicher Stellen, in Bezug auf

a) die Bedingungen – einschließlich Auswahlkriterien und Einstellungsbedingungen – für den Zugang zu unselbständiger und selbständiger Erwerbstätigkeit, unabhängig von Tätigkeitsfeld und beruflicher Position, einschließlich des beruflichen Aufstiegs;
b) den Zugang zu allen Formen und allen Ebenen der Berufsberatung, der Berufsausbildung, der beruflichen Weiterbildung und der Umschulung, einschließlich der praktischen Berufserfahrung;
c) die Beschäftigungs- und Arbeitsbedingungen, einschließlich der Entlassungsbedingungen und des Arbeitsentgelts;
d) die Mitgliedschaft und Mitwirkung in einer Arbeitnehmer- oder Arbeitgeberorganisation oder einer Organisation, deren Mitglieder einer bestimmten Berufsgruppe angehören, einschließlich der Inanspruchnahme der Leistungen solcher Organisationen.

(2) Diese Richtlinie betrifft nicht unterschiedliche Behandlungen aus Gründen der Staatsangehörigkeit und berührt nicht die Vorschriften und Bedingungen für die Einreise von Staatsangehörigen dritter Länder oder staatenlosen Personen in das Hoheitsgebiet der Mitgliedstaaten oder deren Aufenthalt in diesem Hoheitsgebiet sowie eine Behandlung, die sich aus der Rechtsstellung von Staatsangehörigen dritter Länder oder staatenlosen Personen ergibt.

(3) Diese Richtlinie gilt nicht für Leistungen jeder Art seitens der staatlichen Systeme oder der damit gleichgestellten Systeme einschließlich der staatlichen Systeme der sozialen Sicherheit oder des sozialen Schutzes.

(4) Die Mitgliedstaaten können vorsehen, dass diese Richtlinie hinsichtlich von Diskriminierungen wegen einer Behinderung und des Alters nicht für die Streitkräfte gilt.

Art. 4 Berufliche Anforderungen. (1) Ungeachtet des Artikels 2 Absätze 1 und 2 können die Mitgliedstaaten vorsehen, dass eine Ungleichbehandlung wegen eines Merkmals, das im Zusammenhang mit einem der in Artikel 1 genannten Diskriminierungsgründe steht, keine Diskriminierung darstellt, wenn das betreffende Merkmal aufgrund der Art einer bestimmten beruflichen Tätigkeit oder der Bedingungen ihrer Ausübung eine wesentliche und entscheidende berufliche Anforderung darstellt, sofern es sich um einen rechtmäßigen Zweck und eine angemessene Anforderung handelt.

(2) *[1]* [1]Die Mitgliedstaaten können in Bezug auf berufliche Tätigkeiten innerhalb von Kirchen und anderen öffentlichen oder privaten Organisationen, deren Ethos auf religiösen Grundsätzen oder Weltanschauungen beruht, Bestimmungen in ihren zum Zeitpunkt der Annahme dieser Richtlinie geltenden Rechtsvorschriften beibehalten oder in künftigen Rechtsvorschriften Bestimmungen vorsehen, die zum Zeitpunkt der Annahme dieser Richtlinie bestehende einzelstaatliche Gepflogenheiten widerspiegeln und wonach eine Ungleichbehandlung wegen der Religion oder Weltanschauung einer Person keine Diskriminierung darstellt, wenn die Religion oder die Weltanschauung dieser Person nach der Art dieser Tätigkeiten oder der Umstände ihrer Ausübung eine wesentliche, rechtmäßige und gerechtfertigte berufliche Anforderung angesichts des Ethos der Organisation darstellt. [2]Eine solche Ungleichbehandlung muss die verfassungsrechtlichen Bestimmungen und Grundsätze der Mitgliedstaaten sowie die allgemeinen Grundsätze des Gemeinschaftsrechts beachten und rechtfertigt keine Diskriminierung aus einem anderen Grund.

[2] Sofern die Bestimmungen dieser Richtlinie im übrigen eingehalten werden, können die Kirchen und anderen öffentlichen oder privaten Organisationen, deren Ethos auf religiösen Grundsätzen oder Weltanschauungen beruht, im Einklang mit den einzelstaatlichen verfassungsrechtlichen Bestimmungen und Rechtsvorschriften von den für sie arbeitenden Personen verlangen, dass sie sich loyal und aufrichtig im Sinne des Ethos der Organisation verhalten.

Art. 5 Angemessene Vorkehrungen für Menschen mit Behinderung.

[1]Um die Anwendung des Gleichbehandlungsgrundsatzes auf Menschen mit Behinderung zu gewährleisten, sind angemessene Vorkehrungen zu treffen. [2]Das bedeutet, dass der Arbeitgeber die geeigneten und im konkreten Fall erforderlichen Maßnahmen ergreift, um den Menschen mit Behinderung den Zugang zur Beschäftigung, die Ausübung eines Berufes, den beruflichen Aufstieg und die Teilnahme an Aus- und Weiterbildungsmaßnahmen zu ermöglichen, es sei denn, diese Maßnahmen würden den Arbeitgeber unverhältnismäßig belasten. [3]Diese Belastung ist nicht unverhältnismäßig, wenn sie durch geltende Maßnahmen im Rahmen der Behindertenpolitik des Mitgliedstaates ausreichend kompensiert wird.

Art. 6 Gerechtfertigte Ungleichbehandlung wegen des Alters.

(1) *[1]* Ungeachtet des Artikels 2 Absatz 2 können die Mitgliedstaaten vorsehen, dass Ungleichbehandlungen wegen des Alters keine Diskriminierung darstellen, sofern sie objektiv und angemessen sind und im Rahmen des nationalen Rechts durch ein legitimes Ziel, worunter insbesondere rechtmäßige Ziele aus den Bereichen Beschäftigungspolitik, Arbeitsmarkt und berufliche Bildung zu verstehen sind, gerechtfertigt sind und die Mittel zur Erreichung dieses Ziels angemessen und erforderlich sind.

[2] Derartige Ungleichbehandlungen können insbesondere Folgendes einschließen:

a) die Festlegung besonderer Bedingungen für den Zugang zur Beschäftigung und zur beruflichen Bildung sowie besonderer Beschäftigungs- und Arbeitsbedingungen, einschließlich der Bedingungen für Entlassung und Entlohnung, um die berufliche Eingliederung von Jugendlichen, älteren Arbeitnehmern und Personen mit Fürsorgepflichten zu fördern oder ihren Schutz sicherzustellen;

b) die Festlegung von Mindestanforderungen an das Alter, die Berufserfahrung oder das Dienstalter für den Zugang zur Beschäftigung oder für bestimmte mit der Beschäftigung verbundene Vorteile;

c) die Festsetzung eines Höchstalters für die Einstellung aufgrund der spezifischen Ausbildungsanforderungen eines bestimmten Arbeitsplatzes oder aufgrund der Notwendigkeit einer angemessenen Beschäftigungszeit vor dem Eintritt in den Ruhestand.

(2) Ungeachtet des Artikels 2 Absatz 2 können die Mitgliedstaaten vorsehen, dass bei den betrieblichen Systemen der sozialen Sicherheit die Festsetzung von Altersgrenzen als Voraussetzung für die Mitgliedschaft oder den Bezug von Altersrente oder von Leistungen bei Invalidität einschließlich der Festsetzung unterschiedlicher Altersgrenzen im Rahmen dieser Systeme für bestimmte Beschäftigte oder Gruppen bzw. Kategorien von Beschäftigten und die Verwendung im Rahmen dieser Systeme von Alterskriterien für versicherungsmathematische Berechnungen keine Diskriminierung wegen des Alters darstellt, solange dies nicht zu Diskriminierungen wegen des Geschlechts führt.

Art. 7 Positive und spezifische Maßnahmen. (1) Der Gleichbehandlungsgrundsatz hindert die Mitgliedstaaten nicht daran, zur Gewährleistung der völligen Gleichstellung im Berufsleben spezifische Maßnahmen beizubehalten oder einzuführen, mit denen Benachteiligungen wegen eines in Artikel 1 genannten Diskriminierungsgrunds verhindert oder ausgeglichen werden.

(2) Im Falle von Menschen mit Behinderung steht der Gleichbehandlungsgrundsatz weder dem Recht der Mitgliedstaaten entgegen, Bestimmungen zum Schutz der Gesundheit und der Sicherheit am Arbeitsplatz beizubehalten oder zu erlassen, noch steht er Maßnahmen entgegen, mit denen Bestimmungen oder Vorkehrungen eingeführt oder beibehalten werden sollen, die einer Eingliederung von Menschen mit Behinderung in die Arbeitswelt dienen oder diese Eingliederung fördern.

Art. 8 Mindestanforderungen. (1) Die Mitgliedstaaten können Vorschriften einführen oder beibehalten, die im Hinblick auf die Wahrung des Gleichbehandlungsgrundsatzes günstiger als die in dieser Richtlinie vorgesehenen Vorschriften sind.

(2) Die Umsetzung dieser Richtlinie darf keinesfalls als Rechtfertigung für eine Absenkung des von den Mitgliedstaaten bereits garantierten allgemeinen Schutzniveaus in Bezug auf Diskriminierungen in den von der Richtlinie abgedeckten Bereichen benutzt werden.

Kapitel II. Rechtsbehelfe und Rechtsdurchsetzung

Art. 9 Rechtsschutz. (1) Die Mitgliedstaaten stellen sicher, dass alle Personen, die sich durch die Nichtanwendung des Gleichbehandlungsgrundsatzes in ihren Rechten für verletzt halten, ihre Ansprüche aus dieser Richtlinie auf dem Gerichts- und/oder Verwaltungsweg sowie, wenn die Mitgliedstaaten es für angezeigt halten, in Schlichtungsverfahren geltend machen können, selbst wenn das Verhältnis, während dessen die Diskriminierung vorgekommen sein soll, bereits beendet ist.

(2) Die Mitgliedstaaten stellen sicher, dass Verbände, Organisationen oder andere juristische Personen, die gemäß den in ihrem einzelstaatlichen Recht festgelegten Kriterien ein rechtmäßiges Interesse daran haben, für die Einhaltung der Bestimmungen dieser Richtlinie zu sorgen, sich entweder im Namen der beschwerten Person oder zu deren Unterstützung und mit deren Einwilligung an den in dieser Richtlinie zur Durchsetzung der Ansprüche vorgesehenen Gerichts- und/oder Verwaltungsverfahren beteiligen können.

(3) Die Absätze 1 und 2 lassen einzelstaatliche Regelungen über Fristen für die Rechtsverfolgung betreffend den Gleichbehandlungsgrundsatz unberührt.

Art. 10 Beweislast. (1) Die Mitgliedstaaten ergreifen im Einklang mit ihrem nationalen Gerichtswesen die erforderlichen Maßnahmen, um zu gewährleisten, dass immer dann, wenn Personen, die sich durch die Nichtanwendung des Gleichbehandlungsgrundsatzes für verletzt halten und bei einem Gericht oder einer anderen zuständigen Stelle Tatsachen glaubhaft machen, die das Vorliegen einer unmittelbaren oder mittelbaren Diskriminierung vermuten lassen, es dem Beklagten obliegt zu beweisen, dass keine Verletzung des Gleichbehandlungsgrundsatzes vorgelegen hat.

(2) Absatz 1 lässt das Recht der Mitgliedstaaten, eine für den Kläger günstigere Beweislastregelung vorzusehen, unberührt.

(3) Absatz 1 gilt nicht für Strafverfahren.

(4) Die Absätze 1, 2 und 3 gelten auch für Verfahren gemäß Artikel 9 Absatz 2.

(5) Die Mitgliedstaaten können davon absehen, Absatz 1 auf Verfahren anzuwenden, in denen die Ermittlung des Sachverhalts dem Gericht oder der zuständigen Stelle obliegt.

Art. 11 Viktimisierung. Die Mitgliedstaaten treffen im Rahmen ihrer nationalen Rechtsordnung die erforderlichen Maßnahmen, um die Arbeitnehmer vor Entlassung oder anderen Benachteiligungen durch den Arbeitgeber zu schützen, die als Reaktion auf eine Beschwerde innerhalb des betreffenden Unternehmens oder auf die Einleitung eines Verfahrens zur Durchsetzung des Gleichbehandlungsgrundsatzes erfolgen.

Art. 12 Unterrichtung. Die Mitgliedstaaten tragen dafür Sorge, dass die gemäß dieser Richtlinie getroffenen Maßnahmen sowie die bereits geltenden einschlägigen Vorschriften allen Betroffenen in geeigneter Form, zum Beispiel am Arbeitsplatz, in ihrem Hoheitsgebiet bekannt gemacht werden.

Art. 13 Sozialer Dialog. (1) Die Mitgliedstaaten treffen im Einklang mit den einzelstaatlichen Gepflogenheiten und Verfahren geeignete Maßnahmen zur Förderung des sozialen Dialogs zwischen Arbeitgebern und Arbeitnehmern mit dem Ziel, die Verwirklichung des Gleichbehandlungsgrundsatzes durch Überwachung der betrieblichen Praxis, durch Tarifverträge, Verhaltenskodizes, Forschungsarbeiten oder durch einen Austausch von Erfahrungen und bewährten Verfahren, voranzubringen.

(2) [1] Soweit vereinbar mit den einzelstaatlichen Gepflogenheiten und Verfahren, fordern die Mitgliedstaaten Arbeitgeber und Arbeitnehmer ohne Eingriff in deren Autonomie auf, auf geeigneter Ebene Antidiskriminierungsvereinbarungen zu schließen, die die in Artikel 3 genannten Bereiche betreffen, soweit diese in den Verantwortungsbereich der Tarifparteien fallen. [2] Die Vereinbarungen müssen den in dieser Richtlinie sowie den in den einschlägigen nationalen Durchführungsbestimmungen festgelegten Mindestanforderungen entsprechen.

Art. 14 Dialog mit Nichtregierungsorganisationen. Die Mitgliedstaaten fördern den Dialog mit den jeweiligen Nichtregierungsorganisationen, die gemäß den einzelstaatlichen Rechtsvorschriften und Gepflogenheiten ein rechtmäßiges Interesse daran haben, sich an der Bekämpfung von Diskriminierung wegen eines der in Artikel 1 genannten Gründe zu beteiligen, um die Einhaltung des Grundsatzes der Gleichbehandlung zu fördern.

Kapitel III. Besondere Bestimmungen

Art. 15 Nordirland. (1) Angesichts des Problems, dass eine der wichtigsten Religionsgemeinschaften Nordirlands im dortigen Polizeidienst unterrepräsentiert ist, gilt die unterschiedliche Behandlung bei der Einstellung der Bediensteten dieses Dienstes – auch von Hilfspersonal – nicht als Diskriminierung, sofern diese unterschiedliche Behandlung gemäß den einzelstaatlichen Rechtsvorschriften ausdrücklich gestattet ist.

(2) Um eine Ausgewogenheit der Beschäftigungsmöglichkeiten für Lehrkräfte in Nordirland zu gewährleisten und zugleich einen Beitrag zur Überwindung der historischen Gegensätze zwischen den wichtigsten Religionsgemeinschaften Nordirlands zu leisten, finden die Bestimmungen dieser Richtlinie über Religion oder Weltanschauung keine Anwendung auf die Einstellung von Lehrkräften in Schulen Nordirlands, sofern dies gemäß den einzelstaatlichen Rechtsvorschriften ausdrücklich gestattet ist.

Kapitel IV. Schlussbestimmungen

Art. 16 Einhaltung. Die Mitgliedstaaten treffen die erforderlichen Maßnahmen, um sicherzustellen, dass

a) die Rechts- und Verwaltungsvorschriften, die dem Gleichbehandlungsgrundsatz zuwiderlaufen, aufgehoben werden;

b) die mit dem Gleichbehandlungsgrundsatz nicht zu vereinbarenden Bestimmungen in Arbeits- und Tarifverträgen, Betriebsordnungen und Statuten der freien Berufe und der Arbeitgeber- und Arbeitnehmerorganisationen für nichtig erklärt werden oder erklärt werden können oder geändert werden.

Art. 17 Sanktionen. [1] Die Mitgliedstaaten legen die Sanktionen fest, die bei einem Verstoß gegen die einzelstaatlichen Vorschriften zur Anwendung dieser Richtlinie zu verhängen sind, und treffen alle erforderlichen Maßnahmen, um deren Durchführung zu gewährleisten. [2] Die Sanktionen, die auch Schadenersatzleistungen an die Opfer umfassen können, müssen wirksam, verhältnismäßig und abschreckend sein. [3] Die Mitgliedstaaten teilen diese Bestimmungen der Kommission spätestens am 2. Dezember 2003 mit und melden alle sie betreffenden späteren Änderungen unverzüglich.

Art. 18 Umsetzung der Richtlinie. *[1]* [1] Die Mitgliedstaaten erlassen die erforderlichen Rechts- und Verwaltungsvorschriften, um dieser Richtlinie spätestens zum 2. Dezember 2003 nachzukommen, oder können den Sozialpartnern auf deren gemeinsamen Antrag die Durchführung der Bestimmungen dieser Richtlinie übertragen, die in den Anwendungsbereich von Tarifverträgen fallen. [2] In diesem Fall gewährleisten die Mitgliedstaaten, dass die Sozialpartner spätestens zum 2. Dezember 2003 im Weg einer Vereinbarung die erforderlichen Maßnahmen getroffen haben; dabei haben die Mitgliedstaaten alle erforderlichen Maßnahmen zu treffen, um jederzeit gewährleisten zu können, dass die durch diese Richtlinie vorgeschriebenen Ergebnisse erzielt werden. [3] Sie setzen die Kommission unverzüglich davon in Kenntnis.

[2] [1] Um besonderen Bedingungen Rechnung zu tragen, können die Mitgliedstaaten erforderlichenfalls eine Zusatzfrist von drei Jahren ab dem 2. Dezember 2003, d.h. insgesamt sechs Jahre, in Anspruch nehmen, um die Bestimmungen dieser Richtlinie über die Diskriminierung wegen des Alters und einer Behinderung umzusetzen. [2] In diesem Fall setzen sie die Kommission unverzüglich davon in Kenntnis. [3] Ein Mitgliedstaat, der die Inanspruchnahme dieser Zusatzfrist beschließt, erstattet der Kommission jährlich Bericht über die von ihm ergriffenen Maßnahmen zur Bekämpfung der Diskriminierung wegen des Alters und einer Behinderung und über die Fortschritte, die bei der Umsetzung der Richtlinie erzielt werden konnten. [4] Die Kommission erstattet dem Rat jährlich Bericht.

[3] [1] Wenn die Mitgliedstaaten derartige Vorschriften erlassen, nehmen sie in den Vorschriften selbst oder durch einen Hinweis bei der amtlichen Veröffentlichung auf diese Richtlinie Bezug. [2] Die Mitgliedstaaten regeln die Einzelheiten der Bezugnahme.

Art. 19 Bericht. (1) Bis zum 2. Dezember 2005 und in der Folge alle fünf Jahre übermitteln die Mitgliedstaaten der Kommission sämtliche Informationen, die diese für die Erstellung eines dem Europäischen Parlament und dem Rat vorzulegenden Berichts über die Anwendung dieser Richtlinie benötigt.

(2) [1] Die Kommission berücksichtigt in ihrem Bericht in angemessener Weise die Standpunkte der Sozialpartner und der einschlägigen Nichtregierungsorganisationen. [2] Im Einklang mit dem Grundsatz der systematischen Berücksichtigung geschlechterspezifischer Fragen wird ferner in dem Bericht die Auswirkung der Maßnahmen auf Frauen und Männer bewertet. [3] Unter Berücksichtigung der übermittelten Informationen enthält der Bericht erforderlichenfalls auch Vorschläge für eine Änderung und Aktualisierung dieser Richtlinie.

Art. 20 Inkrafttreten. Diese Richtlinie tritt am Tag ihrer Veröffentlichung[1)] im *Amtsblatt der Europäischen Gemeinschaften* in Kraft.

Art. 21 Adressaten. Diese Richtlinie ist an die Mitgliedstaaten gerichtet.

[1)] Veröffentlicht am 2.12.2000.

13. Richtlinie 2004/113/EG des Rates vom 13. Dezember 2004 zur Verwirklichung des Grundsatzes der Gleichbehandlung von Männern und Frauen beim Zugang zu und bei der Versorgung mit Gütern und Dienstleistungen

(ABl. L 373 S. 37)

Celex-Nr. 3 2004 L 0113

Nichtamtliche Inhaltsübersicht

DER RAT DER EUROPÄISCHEN UNION –

gestützt auf den Vertrag zur Gründung der Europäischen Gemeinschaft[1], insbesondere auf Artikel 13 Absatz 1[2],

auf Vorschlag der Kommission,

nach Stellungnahme des Europäischen Parlaments[3],

nach Stellungnahme des Ausschusses der Regionen[4],

nach Stellungnahme des Europäischen Wirtschafts- und Sozialausschusses[5],

---

[1] Nunmehr Vertrag über die Arbeitsweise der Europäischen Union (Nr. **2**) durch Vertrag von Lissabon v. 13.12.2007 (ABl. C 306 S. 1).

[2] Nunmehr Art. 19 AEUV (Nr. **2**) durch Vertrag von Lissabon v. 13.12.2007 (ABl. C 306 S. 1).

[3] **Amtl. Anm.:** Stellungnahme vom 30. März 2004 (noch nicht im Amtsblatt veröffentlicht).

[4] **Amtl. Anm.:** ABl. C 121 vom 30.4.2004, S. 27.

[5] **Amtl. Anm.:** ABl. C 241 vom 28.9.2004, S. 44.

in Erwägung nachstehender Gründe:

(1) Nach Artikel 6 des Vertrags über die Europäische Union[1] beruht die Union auf den Grundsätzen der Freiheit, der Demokratie, der Achtung der Menschenrechte und Grundfreiheiten sowie der Rechtsstaatlichkeit; diese Grundsätze sind den Mitgliedstaaten gemeinsam; sie achtet ferner die Grundrechte, wie sie in der Europäischen Konvention zum Schutz der Menschenrechte und Grundfreiheiten[2] gewährleistet sind und wie sie sich aus den gemeinsamen Verfassungsüberlieferungen der Mitgliedstaaten als allgemeine Grundsätze des Gemeinschaftsrechts ergeben.

(2) Die Gleichheit aller Menschen vor dem Gesetz und der Schutz vor Diskriminierung ist ein allgemeines Menschenrecht; dieses Recht wurde in der Allgemeinen Erklärung der Menschenrechte, im Übereinkommen der Vereinten Nationen über die Beseitigung aller Formen der Diskriminierung von Frauen, im Internationalen Übereinkommen zur Beseitigung jeder Form von Rassendiskriminierung, im Internationalen Pakt der Vereinten Nationen über bürgerliche und politische Rechte, im Internationalen Pakt der Vereinten Nationen über wirtschaftliche, soziale und kulturelle Rechte und in der Europäischen Konvention zum Schutz der Menschenrechte und Grundfreiheiten[2] anerkannt, die von allen Mitgliedstaaten unterzeichnet wurden.

(3) Durch das Diskriminierungsverbot dürfen andere Grundrechte und Freiheiten nicht beeinträchtigt werden; hierzu gehören der Schutz des Privat- und Familienlebens und der in diesem Kontext stattfindenden Transaktionen sowie die Religionsfreiheit.

(4) Die Gleichstellung von Männern und Frauen ist ein grundlegendes Prinzip der Europäischen Union. Nach Artikel 21 und 23 der Charta der Grundrechte der Europäischen Union[3] ist jegliche Diskriminierung wegen des Geschlechts verboten und muss die Gleichheit von Männern und Frauen in allen Bereichen gewährleistet werden.

(5) Gemäß Artikel 2 des Vertrags zur Gründung der Europäischen Gemeinschaft[4] ist die Förderung der Gleichstellung von Männern und Frauen eine der Hauptaufgaben der Gemeinschaft. Außerdem muss die Gemeinschaft gemäß Artikel 3 Absatz 2 des Vertrags[5] bei all ihren Tätigkeiten darauf hinwirken, Ungleichheiten zu beseitigen und die Gleichstellung von Männern und Frauen zu fördern.

(6) In ihrer Mitteilung zur sozialpolitischen Agenda hat die Kommission ihre Absicht angekündigt, eine Richtlinie zur Diskriminierung aufgrund des Geschlechts vorzulegen, die über den Bereich des Arbeitsmarktes hinausgeht. Dieser Vorschlag steht in vollem Einklang mit der Entscheidung 2001/51/EG des Rates vom 20. Dezember 2000 über ein Aktionsprogramm der Gemeinschaft betreffend die Gemeinschaftsstrategie für die Gleichstellung von Frauen und Männern (2001–2005)[6], die sämtliche

---

[1] Nr. **1**.
[2] Nr. **40**.
[3] Nr. **8**.
[4] Nunmehr Art. 3 Abs. 3 UAbs. 2 EUV (Nr. **1**) durch Vertrag von Lissabon v. 13.12.2007 (ABl. C 306 S. 1).
[5] Nunmehr Art. 8 AEUV (Nr. **2**) durch Vertrag von Lissabon v. 13.12.2007 (ABl. C 306 S. 1).
[6] **Amtl. Anm.:** ABl. L 17 vom 19.1.2001, S. 22.

Gemeinschaftspolitiken umfasst und darauf abzielt, die Gleichstellung von Männern und Frauen durch eine Anpassung dieser Politiken und durch konkrete Maßnahmen zur Verbesserung der Stellung von Männern und Frauen in der Gesellschaft zu fördern.

(7) Auf seiner Tagung in Nizza am 7. und 9. Dezember 2000 hat der Europäische Rat die Kommission aufgefordert, die Gleichstellungsrechte durch Verabschiedung einer Richtlinie zur Förderung der Gleichbehandlung von Männern und Frauen in anderen Bereichen als der Beschäftigung und dem Erwerbsleben zu stärken.

(8) Die Gemeinschaft hat eine Reihe von Rechtsinstrumenten zur Verhütung und Bekämpfung geschlechtsbedingter Diskriminierungen am Arbeitsmarkt verabschiedet. Diese Instrumente haben den Nutzen von Rechtsvorschriften im Kampf gegen Diskriminierung deutlich gemacht.

(9) Diskriminierungen aufgrund des Geschlechts, einschließlich Belästigungen und sexuellen Belästigungen, gibt es auch in Bereichen außerhalb des Arbeitsmarktes. Solche Diskriminierungen können dieselben negativen Auswirkungen haben und ein Hindernis für eine vollständige, erfolgreiche Eingliederung von Männern und Frauen in das wirtschaftliche und soziale Leben darstellen.

(10) Besonders augenfällig sind die Probleme im Bereich des Zugangs zu und der Versorgung mit Gütern und Dienstleistungen. Daher sollte dafür gesorgt werden, dass Diskriminierungen aufgrund des Geschlechts in diesem Bereich verhindert bzw. beseitigt werden. Wie dies bei der Richtlinie 2000/43/EG[1] des Rates vom 29. Juni 2000 zur Anwendung des Gleichbehandlungsgrundsatzes ohne Unterschied der Rasse oder der ethnischen Herkunft[2] der Fall war, kann dieses Ziel im Wege gemeinschaftlicher Rechtsvorschriften besser erreicht werden.

(11) Diese Rechtsvorschriften sollten die Diskriminierung aus Gründen des Geschlechts beim Zugang zu und bei der Versorgung mit Gütern und Dienstleistungen verhindern. Unter Gütern sollten Güter im Sinne der den freien Warenverkehr betreffenden Bestimmungen des Vertrags zur Gründung der Europäischen Gemeinschaft[3] verstanden werden. Unter Dienstleistungen sollten Dienstleistungen im Sinne des Artikels 50 dieses Vertrags[4] verstanden werden.

(12) Um Diskriminierungen aus Gründen des Geschlechts zu verhindern, sollte diese Richtlinie sowohl für unmittelbare als auch für mittelbare Diskriminierungen gelten. Eine unmittelbare Diskriminierung liegt nur dann vor, wenn eine Person aufgrund ihres Geschlechts in einer vergleichbaren Situation eine weniger günstige Behandlung erfährt. Somit liegt beispielsweise bei auf körperliche Unterschiede bei Mann und Frau zurückzuführenden unterschiedlichen Gesundheitsdienstleistungen für Männer und Frauen keine Diskriminierung vor, weil es sich nicht um vergleichbare Situationen handelt.

---

[1] Nr. **11**.

[2] **Amtl. Anm.:** ABl. L 180 vom 19.7.2000, S. 22.

[3] Nunmehr Vertrag über die Arbeitsweise der Europäischen Union (Nr. **2**) durch Vertrag von Lissabon v. 13.12.2007 (ABl. C 306 S. 1).

[4] Nunmehr Art. 57 AEUV (Nr. **2**) durch Vertrag von Lissabon v. 13.12.2007 (ABl. C 306 S. 1).

(13) Das Diskriminierungsverbot sollte für Personen gelten, die Güter und Dienstleistungen liefern bzw. erbringen, die der Öffentlichkeit zur Verfügung stehen und die außerhalb des Bereichs des Privat- und Familienlebens und der in diesem Kontext stattfindenden Transaktionen angeboten werden. Nicht gelten sollte es dagegen für Medien- und Werbeinhalte sowie für das staatliche oder private Bildungswesen.

(14) Für jede Person gilt der Grundsatz der Vertragsfreiheit, der die freie Wahl des Vertragspartners für eine Transaktion einschließt. Eine Person, die Güter oder Dienstleistungen bereitstellt, kann eine Reihe von subjektiven Gründen für die Auswahl eines Vertragspartners haben. Diese Richtlinie sollte die freie Wahl des Vertragspartners durch eine Person solange nicht berühren, wie die Wahl des Vertragspartners nicht von dessen Geschlecht abhängig gemacht wird.

(15) Es bestehen bereits zahlreiche Rechtsinstrumente zur Verwirklichung des Grundsatzes der Gleichbehandlung von Männern und Frauen im Bereich Beschäftigung und Beruf. Diese Richtlinie sollte deshalb nicht für diesen Bereich gelten. Das Gleiche gilt für selbstständige Tätigkeiten, wenn sie von bestehenden Rechtsvorschriften erfasst werden. Diese Richtlinie sollte nur für private, freiwillige und von Beschäftigungsverhältnissen unabhängige Versicherungen und Rentensysteme gelten.

(16) Eine unterschiedliche Behandlung kann nur dann zulässig sein, wenn sie durch ein legitimes Ziel gerechtfertigt ist. Ein legitimes Ziel kann beispielsweise sein: der Schutz von Opfern sexueller Gewalt (wie die Einrichtung einer Zufluchtsstätte für Personen gleichen Geschlechts), der Schutz der Privatsphäre und des sittlichen Empfindens (wie etwa bei der Vermietung von Wohnraum durch den Eigentümer in der Wohnstätte, in der er selbst wohnt), die Förderung der Gleichstellung der Geschlechter oder der Interessen von Männern und Frauen (wie ehrenamtliche Einrichtungen, die nur den Angehörigen eines Geschlechts zugänglich sind), die Vereinsfreiheit (Mitgliedschaft in privaten Klubs die nur den Angehörigen eines Geschlechts zugänglich sind) und die Organisation sportlicher Tätigkeiten (z.B. Sportveranstaltungen, zu denen ausschließlich die Angehörigen eines Geschlechts zugelassen sind). Beschränkungen sollten jedoch im Einklang mit den in der Rechtsprechung des Gerichtshofs der Europäischen Gemeinschaften festgelegten Kriterien angemessen und erforderlich sein.

(17) Der Grundsatz der Gleichbehandlung beim Zugang zu Gütern und Dienstleistungen bedeutet nicht, dass Einrichtungen Männern und Frauen in jedem Fall zur gemeinsamen Nutzung bereitgestellt werden müssen, sofern dabei nicht Angehörige des einen Geschlechts besser gestellt sind als die des anderen.

(18) Die Anwendung geschlechtsspezifischer versicherungsmathematischer Faktoren ist im Bereich des Versicherungswesens und anderer verwandter Finanzdienstleistungen weit verbreitet. Zur Gewährleistung der Gleichbehandlung von Männern und Frauen sollte die Berücksichtigung geschlechtsspezifischer versicherungsmathematischer Faktoren nicht zu Unterschieden bei den Prämien und Leistungen führen. Damit es nicht zu einer abrupten Umstellung des Marktes kommen muss, sollte die Anwen-

dung dieser Regel nur für neue Verträge gelten, die nach dem Zeitpunkt der Umsetzung dieser Richtlinie abgeschlossen werden.

(19) Bestimmte Risikokategorien können bei Männern und Frauen unterschiedlich sein. In einigen Fällen ist das Geschlecht ein bestimmender Faktor bei der Beurteilung der versicherten Risiken, wenn auch nicht unbedingt der Einzige. Bei Verträgen, mit denen diese Arten von Risiken versichert werden, können die Mitgliedstaaten entscheiden, Ausnahmen von der Regel geschlechtsneutraler Prämien und Leistungen zuzulassen, sofern sie sicherstellen können, dass die zugrunde liegenden versicherungsmathematischen und statistischen Daten, auf die sich die Berechnungen stützen, verlässlich sind, regelmäßig aktualisiert werden und der Öffentlichkeit zugänglich sind. Ausnahmen sind nur dann zulässig, wenn das betreffende nationale Recht die Regel der Geschlechtsneutralität bisher noch nicht vorsah. Fünf Jahre nach der Umsetzung dieser Richtlinie sollten die Mitgliedstaaten prüfen, inwieweit diese Ausnahmen noch gerechtfertigt sind, wobei die neuesten versicherungsmathematischen und statistischen Daten sowie ein Bericht, den die Kommission drei Jahre nach der Umsetzung dieser Richtlinie vorlegen wird, zu berücksichtigen sind.

(20) Eine Schlechterstellung von Frauen aufgrund von Schwangerschaft oder Mutterschaft sollte als eine Form der direkten Diskriminierung aufgrund des Geschlechts angesehen und daher im Bereich der Versicherungsdienstleistungen und der damit zusammenhängenden Finanzdienstleistungen unzulässig sein. Mit den Risiken der Schwangerschaft und der Mutterschaft verbundene Kosten sollten daher nicht den Angehörigen eines einzigen Geschlechts zugeordnet werden.

(21) Opfer von Diskriminierungen aufgrund des Geschlechts sollten über einen angemessenen Rechtsschutz verfügen. Um einen effektiveren Schutz zu gewährleisten, sollten Verbände, Organisationen oder andere juristische Personen bei einem entsprechenden Beschluss der Mitgliedstaaten auch die Möglichkeit haben, sich unbeschadet der nationalen Verfahrensregeln bezüglich der Vertretung und Verteidigung vor Gericht im Namen eines Opfers oder zu seiner Unterstützung an einem Verfahren zu beteiligen.

(22) Die Beweislastregeln sollten für die Fälle, in denen der Anschein einer Diskriminierung besteht und zur wirksamen Anwendung des Grundsatzes der Gleichbehandlung, angepasst werden; die Beweislast sollte wieder auf die beklagte Partei verlagert werden, wenn eine solche Diskriminierung nachgewiesen ist.

(23) Voraussetzung für eine effektive Anwendung des Grundsatzes der Gleichbehandlung ist ein angemessener gerichtlicher Schutz vor Viktimisierung.

(24) Die Mitgliedstaaten sollten zur Förderung des Grundsatzes der Gleichbehandlung den Dialog zwischen den einschlägigen Interessengruppen unterstützen, die im Einklang mit den nationalen Rechtsvorschriften und Gepflogenheiten ein rechtmäßiges Interesse daran haben, sich an der Bekämpfung von Diskriminierungen aufgrund des Geschlechts im Bereich des Zugangs zu und der Versorgung mit Gütern und Dienstleistungen zu beteiligen.

(25) Der Schutz vor Diskriminierung aufgrund des Geschlechts sollte verstärkt werden, indem in jedem Mitgliedstaat eine oder mehrere Stellen vorgesehen werden, die für die Analyse der mit Diskriminierungen verbundenen

Probleme, die Prüfung möglicher Lösungen und die Bereitstellung konkreter Hilfsangebote für die Opfer zuständig wäre. Bei diesen Stellen kann es sich um dieselben Stellen handeln, die auf nationaler Ebene die Aufgabe haben, für den Schutz der Menschenrechte, für die Wahrung der Rechte des Einzelnen oder für die Verwirklichung des Grundsatzes der Gleichbehandlung einzutreten.

(26) In dieser Richtlinie werden Mindestanforderungen festgelegt; den Mitgliedstaaten steht es somit frei, günstigere Vorschriften einzuführen oder beizubehalten. Die Umsetzung dieser Richtlinie sollte nicht der Rechtfertigung einer Absenkung des in den Mitgliedstaaten bereits bestehenden Schutzniveaus dienen.

(27) Die Mitgliedstaaten sollten für die Verletzung der aus dieser Richtlinie erwachsenden Verpflichtungen wirksame, verhältnismäßige und abschreckende Sanktionen vorsehen.

(28) Da die Ziele dieser Richtlinie, nämlich die Gewährleistung eines einheitlichen, hohen Niveaus des Schutzes vor Diskriminierung in allen Mitgliedstaaten, auf Ebene der Mitgliedstaaten nicht ausreichend erreicht werden können und sich daher wegen des Umfangs und der Wirkung besser auf Gemeinschaftsebene zu erreichen sind, kann die Gemeinschaft im Einklang mit dem in Artikel 5 des Vertrags[1] niedergelegten Subsidiaritätsprinzip tätig werden. Entsprechend dem in demselben Artikel genannten Verhältnismäßigkeitsprinzip geht diese Richtlinie nicht über das für die Erreichung dieser Ziele erforderliche Maß hinaus.

(29) Entsprechend der Nummer 34 der Interinstitutionellen Vereinbarung über bessere Rechtsetzung[2] sollten die Mitgliedstaaten für ihre eigenen Zwecke und im Interesse der Gemeinschaft eigene Tabellen aufstellen, denen im Rahmen des Möglichen die Entsprechungen zwischen dieser Richtlinie und den Umsetzungsmaßnahmen zu entnehmen sind, und diese veröffentlichen –

HAT FOLGENDE RICHTLINIE ERLASSEN:

Kapitel I. Allgemeine Bestimmungen

Art. 1 Zweck. Zweck dieser Richtlinie ist die Schaffung eines Rahmens für die Bekämpfung geschlechtsspezifischer Diskriminierungen beim Zugang zu und der Versorgung mit Gütern und Dienstleistungen zur Umsetzung des Grundsatzes der Gleichbehandlung von Männern und Frauen in den Mitgliedstaaten.

Art. 2 Begriffsbestimmungen. Im Sinne dieser Richtlinie bezeichnet der Ausdruck

a) unmittelbare Diskriminierung: wenn eine Person aufgrund ihres Geschlechts in einer vergleichbaren Situation eine weniger günstige Behandlung erfährt, als eine andere Person erfährt, erfahren hat oder erfahren würde;

---

[1] Nunmehr Art. 5 EUV (Nr. **1**) durch Vertrag von Lissabon v. 13.12.2007 (ABl. C 306 S. 1).

[2] **Amtl. Anm.:** ABl. C 321 vom 31.12.2003, S. 1.

b) mittelbare Diskriminierung: wenn dem Anschein nach neutrale Vorschriften, Kriterien oder Verfahren Personen, die einem Geschlecht angehören, in besonderer Weise gegenüber Personen des anderen Geschlechts benachteiligen können, es sei denn, die betreffenden Vorschriften, Kriterien oder Verfahren sind durch ein rechtmäßiges Ziel sachlich gerechtfertigt und die Mittel sind zur Erreichung dieses Ziels angemessen und erforderlich;

c) Belästigung: wenn unerwünschte geschlechtsbezogene Verhaltensweisen gegenüber einer Person erfolgen, die bezwecken oder bewirken, dass die Würde der betreffenden Person verletzt und ein von Einschüchterungen, Anfeindungen, Erniedrigungen, Entwürdigungen oder Beleidigungen gekennzeichnetes Umfeld geschaffen wird;

d) sexuelle Belästigung: jede Form von unerwünschtem Verhalten sexueller Natur, das sich in verbaler, nichtverbaler oder physischer Form äußert und das bezweckt oder bewirkt, dass die Würde der betreffenden Person verletzt wird, insbesondere wenn ein von Einschüchterungen, Anfeindungen, Erniedrigungen, Entwürdigungen oder Beleidigungen gekennzeichnetes Umfeld geschaffen wird.

Art. 3 Geltungsbereich. (1) Im Rahmen der auf die Gemeinschaft übertragenen Zuständigkeiten gilt diese Richtlinie für alle Personen, die Güter und Dienstleistungen bereitstellen, die der Öffentlichkeit ohne Ansehen der Person zur Verfügung stehen, und zwar in öffentlichen und privaten Bereichen, einschließlich öffentlicher Stellen, und die außerhalb des Bereichs des Privat- und Familienlebens und der in diesem Kontext stattfindenden Transaktionen angeboten werden.

(2) Diese Richtlinie berührt nicht die freie Wahl des Vertragspartners durch eine Person, solange diese ihre Wahl nicht vom Geschlecht des Vertragspartners abhängig macht.

(3) Diese Richtlinie gilt weder für den Inhalt von Medien und Werbung noch im Bereich der Bildung.

(4) [1] Diese Richtlinie gilt nicht im Bereich Beschäftigung und Beruf. [2] Diese Richtlinie gilt nicht für selbstständige Tätigkeiten, soweit diese von anderen Rechtsvorschriften der Gemeinschaft erfasst werden.

Art. 4 Grundsatz der Gleichbehandlung. (1) Im Sinne dieser Richtlinie bedeutet der Grundsatz der Gleichbehandlung von Männern und Frauen,

a) dass keine unmittelbare Diskriminierung aufgrund des Geschlechts, auch keine Schlechterstellung von Frauen aufgrund von Schwangerschaft oder Mutterschaft, erfolgen darf;

b) dass keine mittelbare Diskriminierung aufgrund des Geschlechts erfolgen darf.

(2) Diese Richtlinie gilt unbeschadet günstigerer Bestimmungen zum Schutz der Frauen in Bezug auf Schwangerschaft oder Mutterschaft.

(3) [1] Belästigung und sexuelle Belästigung im Sinne dieser Richtlinie gelten als Diskriminierung aufgrund des Geschlechts und sind daher verboten. [2] Die Zurückweisung oder Duldung solcher Verhaltensweisen durch die betreffende

Person darf nicht als Grundlage für eine Entscheidung herangezogen werden, die diese Person berührt.

(4) Eine Anweisung zur unmittelbaren oder mittelbaren Diskriminierung aufgrund des Geschlechts gilt als Diskriminierung im Sinne dieser Richtlinie.

(5) Diese Richtlinie schließt eine unterschiedliche Behandlung nicht aus, wenn es durch ein legitimes Ziel gerechtfertigt ist, die Güter und Dienstleistungen ausschließlich oder vorwiegend für die Angehörigen eines Geschlechts bereitzustellen, und die Mittel zur Erreichung dieses Ziels angemessen und erforderlich sind.

Art. 5 Versicherungsmathematische Faktoren. (1) Die Mitgliedstaaten tragen dafür Sorge, dass spätestens bei den nach dem 21. Dezember 2007 neu abgeschlossenen Verträgen die Berücksichtigung des Faktors Geschlecht bei der Berechnung von Prämien und Leistungen im Bereich des Versicherungswesens und verwandter Finanzdienstleistungen nicht zu unterschiedlichen Prämien und Leistungen führt.

(2)[1)] *[1] Unbeschadet des Absatzes 1 können die Mitgliedstaaten vor dem 21. Dezember 2007 beschließen, proportionale Unterschiede bei den Prämien und Leistungen dann zuzulassen, wenn die Berücksichtigung des Geschlechts bei einer auf relevanten und genauen versicherungsmathematischen und statistischen Daten beruhenden Risikobewertung ein bestimmender Faktor ist. [2] Die betreffenden Mitgliedstaaten informieren die Kommission und stellen sicher, dass genaue Daten in Bezug auf die Berücksichtigung des Geschlechts als bestimmender versicherungsmathematischer Faktor erhoben, veröffentlicht und regelmäßig aktualisiert werden. [3] Diese Mitgliedstaaten überprüfen ihre Entscheidung fünf Jahre nach dem 21. Dezember 2007, wobei sie dem in Artikel 16 genannten Bericht der Kommission Rechnung tragen, und übermitteln der Kommission die Ergebnisse dieser Überprüfung.*

(3) *[1]* Kosten im Zusammenhang mit Schwangerschaft und Mutterschaft dürfen auf keinen Fall zu unterschiedlichen Prämien und Leistungen führen.

[2] [1] Die Mitgliedstaaten können die Durchführung der aufgrund dieses Absatzes erforderlichen Maßnahmen bis spätestens zwei Jahre nach dem 21. Dezember 2007 aufschieben. [2] In diesem Fall unterrichten die betreffenden Mitgliedstaaten unverzüglich die Kommission.

Art. 6 Positive Maßnahmen. Der Gleichbehandlungsgrundsatz hindert die Mitgliedstaaten nicht daran, zur Gewährleistung der vollen Gleichstellung von Männern und Frauen in der Praxis spezifische Maßnahmen, mit denen geschlechtsspezifische Benachteiligungen verhindert oder ausgeglichen werden, beizubehalten oder zu beschließen.

Art. 7 Mindestanforderungen. (1) Die Mitgliedstaaten können Vorschriften einführen oder beibehalten, die im Hinblick auf die Wahrung des Grundsatzes der Gleichbehandlung von Männern und Frauen günstiger sind, als die in dieser Richtlinie vorgesehenen Vorschriften.

(2) Die Umsetzung dieser Richtlinie darf keinesfalls der Rechtfertigung einer Absenkung des von den Mitgliedstaaten bereits garantierten Schutz-

---

1) Art. 5 Abs. 2 ist durch Urteil des EuGH v. 1.3.2011 (Rs. C-236/09) mWv 21.12.2012 für ungültig erklärt worden.

niveaus in Bezug auf Diskriminierungen in den von der Richtlinie erfassten Bereichen dienen.

Kapitel II. Rechtsbehelfe und Rechtsdurchsetzung

Art. 8 Rechtsschutz. (1) Die Mitgliedstaaten stellen sicher, dass alle Personen, die sich durch die Nichtanwendung des Grundsatzes der Gleichbehandlung in ihren Rechten für verletzt halten, ihre Ansprüche aus dieser Richtlinie auf dem Gerichts- und/oder Verwaltungsweg sowie, wenn die Mitgliedstaaten es für angezeigt halten, in Schlichtungsverfahren geltend machen können, selbst wenn das Verhältnis, während dessen die Diskriminierung vorgekommen sein soll, bereits beendet ist.

(2) [1] Die Mitgliedstaaten treffen im Rahmen ihrer nationalen Rechtsordnung die erforderlichen Maßnahmen, um sicherzustellen, dass der einer Person durch eine Diskriminierung im Sinne dieser Richtlinie entstandene Schaden gemäß den von den Mitgliedstaaten festzulegenden Modalitäten tatsächlich und wirksam ausgeglichen oder ersetzt wird, wobei dies auf eine abschreckende und dem erlittenen Schaden angemessene Art und Weise geschehen muss. [2] Die vorherige Festlegung einer Höchstgrenze schränkt diese Ausgleichs- oder Ersatzpflicht nicht ein.

(3) Die Mitgliedstaaten stellen sicher, dass Verbände, Organisationen oder andere juristische Personen, die gemäß den in ihrem nationalen Recht festgelegten Kriterien ein rechtmäßiges Interesse daran haben, für die Einhaltung der Bestimmungen dieser Richtlinie zu sorgen, sich im Namen der beschwerten Person oder zu deren Unterstützung und mit deren Einwilligung an den zur Durchsetzung der Ansprüche aus dieser Richtlinie vorgesehenen Gerichts- und/oder Verwaltungsverfahren beteiligen können.

(4) Die Absätze 1 und 3 lassen nationale Regelungen über Fristen für die Rechtsverfolgung in Fällen, in denen es um den Grundsatz der Gleichbehandlung geht, unberührt.

Art. 9 Beweislast. (1) Die Mitgliedstaaten ergreifen im Einklang mit ihrem nationalen Gerichtswesen die erforderlichen Maßnahmen, um zu gewährleisten, dass immer dann, wenn Personen, die sich durch die Nichtanwendung des Grundsatzes der Gleichbehandlung in ihren Rechten für verletzt halten und bei einem Gericht oder einer anderen zuständigen Behörde Tatsachen glaubhaft machen, die das Vorliegen einer unmittelbaren oder mittelbaren Diskriminierung vermuten lassen, es dem Beklagten obliegt zu beweisen, dass keine Verletzung des Grundsatzes der Gleichbehandlung vorgelegen hat.

(2) Absatz 1 lässt das Recht der Mitgliedstaaten, eine für die Kläger günstigere Beweislastregelung vorzusehen, unberührt.

(3) Absatz 1 gilt nicht für Strafverfahren.

(4) Die Absätze 1, 2 und 3 gelten auch für Verfahren gemäß Artikel 8 Absatz 3.

(5) Die Mitgliedstaaten können davon absehen, Absatz 1 auf Verfahren anzuwenden, in denen die Ermittlung des Sachverhalts dem Gericht oder anderen zuständigen Behörde obliegt.

Art. 10 Viktimisierung. Die Mitgliedstaaten treffen im Rahmen ihrer nationalen Rechtsordnung die erforderlichen Maßnahmen, um den Einzelnen vor Benachteiligungen zu schützen, die als Reaktion auf eine Beschwerde oder auf die Einleitung eines Verfahrens zur Durchsetzung des Grundsatzes der Gleichbehandlung erfolgen.

Art. 11 Dialog mit einschlägigen Interessengruppen. Zur Förderung des Grundsatzes der Gleichbehandlung unterstützen die Mitgliedstaaten den Dialog mit den einschlägigen Interessengruppen, die gemäß ihren nationalen Rechtsvorschriften und Gepflogenheiten ein rechtmäßiges Interesse daran haben, sich an der Bekämpfung von Diskriminierungen aufgrund des Geschlechts im Bereich des Zugangs zu und der Versorgung mit Gütern und Dienstleistungen zu beteiligen.

Kapitel III. Mit der Förderung der Gleichbehandlung befasste Stellen

Art. 12 (1) [1]Jeder Mitgliedstaat bezeichnet eine oder mehrere Stellen, deren Aufgabe darin besteht, die Verwirklichung der Gleichbehandlung aller Personen ohne Diskriminierung aufgrund des Geschlechts zu fördern, zu analysieren, zu beobachten und zu unterstützen und trifft die erforderlichen Vorkehrungen. [2]Diese Stellen können Teil von Einrichtungen sein, die auf nationaler Ebene die Aufgabe haben, für den Schutz der Menschenrechte, für die Wahrung der Rechte des Einzelnen oder für die Verwirklichung des Grundsatzes der Gleichbehandlung einzutreten.

(2) Die Mitgliedstaaten stellen sicher, dass es zu den Zuständigkeiten der in Absatz 1 genannten Stellen gehört,

a) unbeschadet der Rechte der Opfer und der Verbände, der Organisationen oder anderer juristischer Personen nach Artikel 8 Absatz 3 die Opfer von Diskriminierungen auf unabhängige Weise dabei zu unterstützen, ihrer Beschwerde wegen Diskriminierung nachzugehen;

b) unabhängige Untersuchungen zum Thema Diskriminierung durchzuführen;

c) unabhängige Berichte zu veröffentlichen und Empfehlungen zu allen Aspekten vorzulegen, die mit diesen Diskriminierungen in Zusammenhang stehen.

Kapitel IV. Schlussbestimmungen

Art. 13 Einhaltung. Die Mitgliedstaaten treffen die erforderlichen Maßnahmen, um sicherzustellen, dass der Grundsatz der Gleichbehandlung in Bezug auf den Zugang zu und die Versorgung mit Gütern und Dienstleistungen im Rahmen des Geltungsbereichs dieser Richtlinie beachtet wird; insbesondere ist sicherzustellen, dass

a) Rechts- und Verwaltungsvorschriften, die dem Grundsatz der Gleichbehandlung zuwiderlaufen, aufgehoben werden;

b) vertragliche Bestimmungen, Betriebsordnungen, Statuten von Vereinigungen mit oder ohne Erwerbszweck, die dem Grundsatz der Gleichbehandlung zuwiderlaufen, für nichtig erklärt werden oder erklärt werden können oder geändert werden.

Art. 14 Sanktionen. [1] Die Mitgliedstaaten legen die Sanktionen fest, die bei einem Verstoß gegen die nationalen Vorschriften zur Anwendung dieser Richtlinie zu verhängen sind, und treffen alle geeigneten Maßnahmen, um deren Durchsetzung zu gewährleisten. [2] Die Sanktionen, die auch Schadenersatzleistungen an die Opfer umfassen können, müssen wirksam, verhältnismäßig und abschreckend sein. [3] Die Mitgliedstaaten teilen der Kommission diese Bestimmungen bis spätestens zum 21. Dezember 2007 mit und melden alle sie betreffenden Änderungen unverzüglich.

Art. 15 Unterrichtung. Die Mitgliedstaaten tragen dafür Sorge, dass die gemäß dieser Richtlinie getroffenen Maßnahmen sowie die bereits geltenden einschlägigen Vorschriften allen Betroffenen in geeigneter Form in ihrem gesamten Hoheitsgebiet bekannt gemacht werden.

Art. 16 Berichte. (1) *[1]* Die Mitgliedstaaten übermitteln der Kommission spätestens am 21. Dezember 2009 und in der Folge alle fünf Jahre sämtliche verfügbaren Informationen über die Anwendung dieser Richtlinie.

[2] [1] Die Kommission erstellt einen zusammenfassenden Bericht, der eine Prüfung der aktuellen Praxis der Mitgliedstaaten im Zusammenhang mit Artikel 5 in Bezug auf die Berücksichtigung des Faktors Geschlecht bei der Berechnung von Prämien und Leistungen enthält. [2] Sie legt diesen Bericht dem Europäischen Parlament und dem Rat spätestens am 21. Dezember 2010 vor. [3] Erforderlichenfalls fügt die Kommission diesem Bericht Vorschläge zur Änderung der Richtlinie bei.

(2) Die Kommission berücksichtigt in ihrem Bericht die Standpunkte der einschlägigen Interessengruppen.

Art. 17 Umsetzung. (1) *[1]* [1] Die Mitgliedstaaten setzen die Rechts- und Verwaltungsvorschriften in Kraft, die erforderlich sind, um dieser Richtlinie spätestens am 21. Dezember 2007 nachzukommen. [2] Sie teilen der Kommission unverzüglich den Wortlaut dieser Rechtsvorschriften mit.

[2] [1] Wenn die Mitgliedstaaten diese Vorschriften erlassen, nehmen sie in den Vorschriften selbst oder durch einen Hinweis bei der amtlichen Veröffentlichung auf diese Richtlinie Bezug. [2] Die Mitgliedstaaten regeln die Einzelheiten der Bezugnahme.

(2) Die Mitgliedstaaten teilen der Kommission den Wortlaut der wichtigsten innerstaatlichen Rechtsvorschriften, die sie auf dem unter diese Richtlinie fallenden Gebiet erlassen, mit.

Art. 18 Inkrafttreten. Diese Richtlinie tritt am Tag ihrer Veröffentlichung[1)] im *Amtsblatt der Europäischen Union* in Kraft.

Art. 19 Adressaten. Diese Richtlinie ist an die Mitgliedstaaten gerichtet.

[1)] Veröffentlicht am 21.12.2004.

14. Verordnung (EG) Nr. 1049/2001 des Europäischen Parlaments und des Rates vom 30. Mai 2001 über den Zugang der Öffentlichkeit zu Dokumenten des Europäischen Parlaments, des Rates und der Kommission

(ABl. L 145 S. 43)

Celex-Nr. 3 2001 R 1049

Nichtamtliche Inhaltsübersicht

DAS EUROPÄISCHE PARLAMENT UND DER RAT DER EUROPÄISCHEN UNION –

gestützt auf den Vertrag zur Gründung der Europäischen Gemeinschaft [1], insbesondere auf Artikel 255 Absatz 2[2],

auf Vorschlag der Kommission[3],

gemäß dem Verfahren des Artikels 251 des Vertrags [4][5],

in Erwägung nachstehender Gründe:

(1) In Artikel 1 Absatz 2 des Vertrags über die Europäische Union[6], wonach der Vertrag eine neue Stufe bei der Verwirklichung einer immer engeren Union der Völker Europas darstellt, in der die Entscheidungen möglichst offen und möglichst bürgernah getroffen werden, ist das Prinzip der Transparenz verankert.

---

[1] Nunmehr Vertrag über die Arbeitsweise der Europäischen Union (Nr. **2**) durch Vertrag von Lissabon v. 13.12.2007 (ABl. C 306 S. 1).

[2] Nunmehr Art. 15 Abs. 3 UAbs. 2 AEUV (Nr. **2**) durch Vertrag von Lissabon v. 13.12.2007 (ABl. C 306 S. 1).

[3] **Amtl. Anm.:** ABl. C 177 E vom 27.6.2000, S. 70.

[4] Nunmehr Art. 294 AEUV (Nr. **2**) durch Vertrag von Lissabon v. 13.12.2007 (ABl. C 306 S. 1).

[5] **Amtl. Anm.:** Stellungnahme des Europäischen Parlaments vom 3. Mai 2001 und Beschluss des Rates vom 28. Mai 2001.

[6] Nr. **1**.

(2) Transparenz ermöglicht eine bessere Beteiligung der Bürger am Entscheidungsprozess und gewährleistet eine größere Legitimität, Effizienz und Verantwortung der Verwaltung gegenüber dem Bürger in einem demokratischen System. Transparenz trägt zur Stärkung der Grundsätze der Demokratie und der Achtung der Grundrechte bei, die in Artikel 6 des EU-Vertrags[1] und in der Charta der Grundrechte der Europäischen Union verankert sind.

(3) In den Schlussfolgerungen des Europäischen Rates von Birmingham, Edinburgh und Kopenhagen wurde die Notwendigkeit betont, die Arbeit der Organe der Union transparenter zu machen. Diese Verordnung konsolidiert die Initiativen, die die Organe bereits ergriffen haben, um die Transparenz des Entscheidungsprozesses zu verbessern.

(4) Diese Verordnung soll dem Recht auf Zugang der Öffentlichkeit zu Dokumenten größtmögliche Wirksamkeit verschaffen und gemäß Artikel 255 Absatz 2 des EG-Vertrags[2] die allgemeinen Grundsätze und Einschränkungen dafür festlegen.

(5) Da der Zugang zu Dokumenten im Vertrag über die Gründung der Europäischen Gemeinschaft für Kohle und Stahl[3] und im Vertrag zur Gründung der Europäischen Atomgemeinschaft nicht geregelt ist, sollten sich das Europäische Parlament, der Rat und die Kommission gemäß der Erklärung Nr. 41 zur Schlussakte des Vertrags von Amsterdam bei Dokumenten im Zusammenhang mit Tätigkeiten, die sich aus diesen beiden Verträgen ergeben, von dieser Verordnung leiten lassen.

(6) Ein umfassenderer Zugang zu Dokumenten sollte in den Fällen gewährt werden, in denen die Organe, auch im Rahmen übertragener Befugnisse, als Gesetzgeber tätig sind, wobei gleichzeitig die Wirksamkeit ihrer Entscheidungsprozesse zu wahren ist. Derartige Dokumente sollten in größtmöglichem Umfang direkt zugänglich gemacht werden.

(7) Gemäß Artikel 28[4] Absatz 1 und *Artikel 41*[5] *Absatz 1 des EU-Vertrags* gilt das Zugangsrecht auch für Dokumente aus den Bereichen der Gemeinsamen Außen- und Sicherheitspolitik sowie der polizeilichen und justiziellen Zusammenarbeit in Strafsachen. Jedes Organ sollte seine Sicherheitsbestimmungen beachten.

(8) Um die vollständige Anwendung dieser Verordnung auf alle Tätigkeiten der Union zu gewährleisten, sollten alle von den Organen geschaffenen Einrichtungen die in dieser Verordnung festgelegten Grundsätze anwenden.

(9) Bestimmte Dokumente sollten aufgrund ihres hochsensiblen Inhalts einer besonderen Behandlung unterliegen. Regelungen zur Unterrichtung des Europäischen Parlaments über den Inhalt derartiger Dokumente sollten durch interinstitutionelle Vereinbarung getroffen werden.

---

[1] Nr. **1**.
[2] Nunmehr Art. 15 Abs. 3 UAbs. 2 AEUV (Nr. **2**) durch Vertrag von Lissabon v. 13.12.2007 (ABl. C 306 S. 1).
[3] Auszugsweise abgedruckt unter Nr. **3**.
[4] Nunmehr Art. 41 EUV (Nr. **1**) durch Vertrag von Lissabon v. 13.12.2007 (ABl. C 306 S. 1).
[5] Aufgehoben durch Vertrag von Lissabon v. 13.12.2007 (ABl. C 306 S. 1).

(10) Um die Arbeit der Organe transparenter zu gestalten, sollten das Europäische Parlament, der Rat und die Kommission Zugang nicht nur zu Dokumenten gewähren, die von den Organen erstellt wurden, sondern auch zu Dokumenten, die bei ihnen eingegangen sind. In diesem Zusammenhang wird daran erinnert, dass ein Mitgliedstaat gemäß der Erklärung Nr. 35 zur Schlussakte des Vertrags von Amsterdam die Kommission oder den Rat ersuchen kann, ein aus dem betreffenden Mitgliedstaat stammendes Dokument nicht ohne seine vorherige Zustimmung an Dritte weiterzuleiten.

(11) Grundsätzlich sollten alle Dokumente der Organe für die Öffentlichkeit zugänglich sein. Der Schutz bestimmter öffentlicher und privater Interessen sollte jedoch durch Ausnahmen gewährleistet werden. Es sollte den Organen gestattet werden, ihre internen Konsultationen und Beratungen zu schützen, wo dies zur Wahrung ihrer Fähigkeit, ihre Aufgaben zu erfüllen, erforderlich ist. Bei der Beurteilung der Ausnahmen sollten die Organe in allen Tätigkeitsbereichen der Union die in den Rechtsvorschriften der Gemeinschaft verankerten Grundsätze über den Schutz personenbezogener Daten berücksichtigen.

(12) Alle Bestimmungen über den Zugang zu Dokumenten der Organe sollten mit dieser Verordnung in Einklang stehen.

(13) Um die uneingeschränkte Wahrung des Rechts auf Zugang zu gewährleisten, sollte ein Verwaltungsverfahren in zwei Phasen zur Anwendung kommen, mit der zusätzlichen Möglichkeit, den Rechtsweg zu beschreiten oder Beschwerde beim Bürgerbeauftragten einzulegen.

(14) Jedes Organ sollte die notwendigen Maßnahmen ergreifen, um die Öffentlichkeit über die neuen geltenden Rechtsvorschriften zu informieren und sein Personal entsprechend auszubilden und so die Bürger bei der Ausübung der ihnen durch diese Verordnung gewährten Rechte zu unterstützen. Um den Bürgern die Ausübung dieser Rechte zu erleichtern, sollte jedes Organ ein Dokumentenregister zugänglich machen.

(15) Diese Verordnung zielt weder auf eine Änderung des Rechts der Mitgliedstaaten über den Zugang zu Dokumenten ab, noch bewirkt sie eine solche Änderung; es versteht sich jedoch von selbst, dass die Mitgliedstaaten aufgrund des Prinzips der loyalen Zusammenarbeit, das für die Beziehungen zwischen den Organen und den Mitgliedstaaten gilt, dafür sorgen sollten, dass sie die ordnungsgemäße Anwendung dieser Verordnung nicht beeinträchtigen, und dass sie die Sicherheitsbestimmungen der Organe beachten sollten.

(16) Bestehende Rechte der Mitgliedstaaten sowie der Justiz- oder Ermittlungsbehörden auf Zugang zu Dokumenten werden von dieser Verordnung nicht berührt.

(17) Gemäß Artikel 255 Absatz 3 des EG-Vertrags[1)] legt jedes Organ in seiner Geschäftsordnung Sonderbestimmungen hinsichtlich des Zugangs zu seinen Dokumenten fest. Der Beschluss 93/731/EG des Rates vom 20. Dezember 1993 über den Zugang der Öffentlichkeit zu den Ratsdokumen-

---

[1)] Nunmehr Art. 15 Abs. 3 UAbs. 2 AEUV (Nr. **2**) durch Vertrag von Lissabon v. 13.12.2007 (ABl. C 306 S. 1).

ten[1], der Beschluss 94/90/EGKS, EG, Euratom der Kommission vom 8. Februar 1994 über den Zugang der Öffentlichkeit zu den der Kommission vorliegenden Dokumenten[2], der Beschluss 97/632/EG, EGKS, Euratom des Europäischen Parlaments vom 10. Juli 1997 über den Zugang der Öffentlichkeit zu den Dokumenten des Europäischen Parlaments[3] sowie die Bestimmungen über die vertrauliche Behandlung von Schengen-Dokumenten sollten daher nötigenfalls geändert oder aufgehoben werden –

HABEN FOLGENDE VERORDNUNG ERLASSEN:

Art. 1 Zweck. Zweck dieser Verordnung ist es:

a) die Grundsätze und Bedingungen sowie die aufgrund öffentlicher oder privater Interessen geltenden Einschränkungen für die Ausübung des in Artikel 255 des EG-Vertrags[4] niedergelegten Rechts auf Zugang zu Dokumenten des Europäischen Parlaments, des Rates und der Kommission (nachstehend „Organe" genannt) so festzulegen, dass ein größtmöglicher Zugang zu Dokumenten gewährleistet ist,

b) Regeln zur Sicherstellung einer möglichst einfachen Ausübung dieses Rechts aufzustellen, und

c) eine gute Verwaltungspraxis im Hinblick auf den Zugang zu Dokumenten zu fördern.

Art. 2 Zugangsberechtigte und Anwendungsbereich. (1) Jeder Unionsbürger sowie jede natürliche oder juristische Person mit Wohnsitz oder Sitz in einem Mitgliedstaat hat vorbehaltlich der in dieser Verordnung festgelegten Grundsätze, Bedingungen und Einschränkungen ein Recht auf Zugang zu Dokumenten der Organe.

(2) Die Organe können vorbehaltlich der gleichen Grundsätze, Bedingungen und Einschränkungen allen natürlichen oder juristischen Personen, die keinen Wohnsitz oder Sitz in einem Mitgliedstaat haben, Zugang zu Dokumenten gewähren.

(3) Diese Verordnung gilt für alle Dokumente eines Organs, das heißt Dokumente aus allen Tätigkeitsbereichen der Union, die von dem Organ erstellt wurden oder bei ihm eingegangen sind und sich in seinem Besitz befinden.

(4) [1]Unbeschadet der Artikel 4 und 9 werden Dokumente der Öffentlichkeit entweder auf schriftlichen Antrag oder direkt in elektronischer Form oder über ein Register zugänglich gemacht. [2]Insbesondere werden Dokumente, die im Rahmen eines Gesetzgebungsverfahrens erstellt wurden oder eingegangen sind, gemäß Artikel 12 direkt zugänglich gemacht.

(5) Sensible Dokumente im Sinne von Artikel 9 Absatz 1 unterliegen der besonderen Behandlung gemäß jenem Artikel.

---

[1] **Amtl. Anm.:** ABl. L 340 vom 31.12.1993, S. 43. Beschluss zuletzt geändert durch den Beschluss 2000/527/EG (ABl. L 212 vom 23.8.2000, S. 9).

[2] **Amtl. Anm.:** ABl. L 46 vom 18.2.1994, S. 58. Beschluss geändert durch den Beschluss 96/567/EG, EGKS, Euratom (ABl. L 247 vom 28.9.1996, S. 45).

[3] **Amtl. Anm.:** ABl. L 263 vom 25.9.1997, S. 27.

[4] Nunmehr Art. 15 AEUV (Nr. **2**) durch Vertrag von Lissabon v. 13.12.2007 (ABl. C 306 S. 1).

(6) Diese Verordnung berührt nicht das etwaige Recht auf Zugang der Öffentlichkeit zu Dokumenten im Besitz der Organe, das sich aus internationalen Übereinkünften oder aus Rechtsakten der Organe zu deren Durchführung ergibt.

Art. 3 Begriffsbestimmungen. Im Sinne dieser Verordnung bedeutet:

a) „Dokument“: Inhalte unabhängig von der Form des Datenträgers (auf Papier oder in elektronischer Form, Ton-, Bild- oder audiovisuelles Material), die einen Sachverhalt im Zusammenhang mit den Politiken, Maßnahmen oder Entscheidungen aus dem Zuständigkeitsbereich des Organs betreffen;

b) „Dritte“: alle natürlichen und juristischen Personen und Einrichtungen außerhalb des betreffenden Organs, einschließlich der Mitgliedstaaten, der anderen Gemeinschafts- oder Nicht-Gemeinschaftsorgane und -einrichtungen und der Drittländer.

Art. 4 Ausnahmeregelung. (1) Die Organe verweigern den Zugang zu einem Dokument, durch dessen Verbreitung Folgendes beeinträchtigt würde:

a) der Schutz des öffentlichen Interesses im Hinblick auf:
   - die öffentliche Sicherheit,
   - die Verteidigung und militärische Belange,
   - die internationalen Beziehungen,
   - die Finanz-, Währungs- oder Wirtschaftspolitik der Gemeinschaft oder eines Mitgliedstaats;

b) der Schutz der Privatsphäre und der Integrität des Einzelnen, insbesondere gemäß den Rechtsvorschriften der Gemeinschaft über den Schutz personenbezogener Daten.

(2) Die Organe verweigern den Zugang zu einem Dokument, durch dessen Verbreitung Folgendes beeinträchtigt würde:

- der Schutz der geschäftlichen Interessen einer natürlichen oder juristischen Person, einschließlich des geistigen Eigentums,
- der Schutz von Gerichtsverfahren und der Rechtsberatung,
- der Schutz des Zwecks von Inspektions-, Untersuchungs- und Audittätigkeiten,

es sei denn, es besteht ein überwiegendes öffentliches Interesse an der Verbreitung.

(3) *[1]* Der Zugang zu einem Dokument, das von einem Organ für den internen Gebrauch erstellt wurde oder bei ihm eingegangen ist und das sich auf eine Angelegenheit bezieht, in der das Organ noch keinen Beschluss gefasst hat, wird verweigert, wenn eine Verbreitung des Dokuments den Entscheidungsprozess des Organs ernstlich beeinträchtigen würde, es sei denn, es besteht ein überwiegendes öffentliches Interesse an der Verbreitung.

[2] Der Zugang zu einem Dokument mit Stellungnahmen zum internen Gebrauch im Rahmen von Beratungen und Vorgesprächen innerhalb des betreffenden Organs wird auch dann, wenn der Beschluss gefasst worden ist, verweigert, wenn die Verbreitung des Dokuments den Entscheidungsprozess

des Organs ernstlich beeinträchtigen würde, es sei denn, es besteht ein überwiegendes öffentliches Interesse an der Verbreitung.

(4) Bezüglich Dokumente Dritter konsultiert das Organ diese, um zu beurteilen, ob eine der Ausnahmeregelungen der Absätze 1 oder 2 anwendbar ist, es sei denn, es ist klar, dass das Dokument verbreitet werden muss bzw. nicht verbreitet werden darf.

(5) Ein Mitgliedstaat kann das Organ ersuchen, ein aus diesem Mitgliedstaat stammendes Dokument nicht ohne seine vorherige Zustimmung zu verbreiten.

(6) Wenn nur Teile des angeforderten Dokuments einer der Ausnahmen unterliegen, werden die übrigen Teile des Dokuments freigegeben.

(7) [1] Die Ausnahmen gemäß den Absätzen 1 bis 3 gelten nur für den Zeitraum, in dem der Schutz aufgrund des Inhalts des Dokuments gerechtfertigt ist. [2] Die Ausnahmen gelten höchstens für einen Zeitraum von 30 Jahren. [3] Im Falle von Dokumenten, die unter die Ausnahmeregelungen bezüglich der Privatsphäre oder der geschäftlichen Interessen fallen, und im Falle von sensiblen Dokumenten können die Ausnahmen erforderlichenfalls nach Ablauf dieses Zeitraums weiter Anwendung finden.

Art. 5 Dokumente in den Mitgliedstaaten. *[1]* Geht einem Mitgliedstaat ein Antrag auf ein in seinem Besitz befindliches Dokument zu, das von einem Organ stammt, so konsultiert der Mitgliedstaat – es sei denn, es ist klar, dass das Dokument verbreitet werden muss bzw. nicht verbreitet werden darf – das betreffende Organ, um eine Entscheidung zu treffen, die die Verwirklichung der Ziele dieser Verordnung nicht beeinträchtigt.

[2] Der Mitgliedstaat kann den Antrag stattdessen an das Organ weiterleiten.

Art. 6 Anträge. (1) [1] Anträge auf Zugang zu einem Dokument sind in schriftlicher, einschließlich elektronischer, Form in einer der in Artikel 314 des EG-Vertrags[1)] aufgeführten Sprachen zu stellen und müssen so präzise formuliert sein, dass das Organ das betreffende Dokument ermitteln kann. [2] Der Antragsteller ist nicht verpflichtet, Gründe für seinen Antrag anzugeben.

(2) Ist ein Antrag nicht hinreichend präzise, fordert das Organ den Antragsteller auf, den Antrag zu präzisieren, und leistet ihm dabei Hilfe, beispielsweise durch Informationen über die Nutzung der öffentlichen Dokumentenregister.

(3) Betrifft ein Antrag ein sehr umfangreiches Dokument oder eine sehr große Zahl von Dokumenten, so kann sich das Organ mit dem Antragsteller informell beraten, um eine angemessene Lösung zu finden.

(4) Die Organe informieren die Bürger darüber, wie und wo Anträge auf Zugang zu Dokumenten gestellt werden können, und leisten ihnen dabei Hilfe.

Art. 7 Behandlung von Erstanträgen. (1) [1] Ein Antrag auf Zugang zu einem Dokument wird unverzüglich bearbeitet. [2] Dem Antragsteller wird eine Empfangsbescheinigung zugesandt. [3] Binnen fünfzehn Arbeitstagen nach Registrierung des Antrags gewährt das Organ entweder Zugang zu dem angeforderten Dokument und macht es innerhalb dieses Zeitraums gemäß Artikel 10

[1)] Nunmehr im Wesentlichen Art. 55 EUV (Nr. **1**) durch Vertrag von Lissabon v. 13.12.2007 (ABl. C 306 S. 1).

zugänglich oder informiert den Antragsteller schriftlich über die Gründe für die vollständige oder teilweise Ablehnung und über dessen Recht, gemäß Absatz 2 dieses Artikels einen Zweitantrag zu stellen.

(2) Im Fall einer vollständigen oder teilweisen Ablehnung kann der Antragsteller binnen fünfzehn Arbeitstagen nach Eingang des Antwortschreibens des Organs einen Zweitantrag an das Organ richten und es um eine Überprüfung seines Standpunkts ersuchen.

(3) In Ausnahmefällen, beispielsweise bei einem Antrag auf Zugang zu einem sehr umfangreichen Dokument oder zu einer sehr großen Zahl von Dokumenten, kann die in Absatz 1 vorgesehene Frist um fünfzehn Arbeitstage verlängert werden, sofern der Antragsteller vorab informiert wird und eine ausführliche Begründung erhält.

(4) Antwortet das Organ nicht innerhalb der vorgeschriebenen Frist, so hat der Antragsteller das Recht, einen Zweitantrag einzureichen.

Art. 8 Behandlung von Zweitanträgen. (1) [1] Ein Zweitantrag ist unverzüglich zu bearbeiten. [2] Binnen fünfzehn Arbeitstagen nach Registrierung eines solchen Antrags gewährt das Organ entweder Zugang zu dem angeforderten Dokument und macht es innerhalb dieses Zeitraums gemäß Artikel 10 zugänglich oder teilt schriftlich die Gründe für die vollständige oder teilweise Ablehnung mit. [3] Verweigert das Organ den Zugang vollständig oder teilweise, so unterrichtet es den Antragsteller über mögliche Rechtsbehelfe, das heißt, Erhebung einer Klage gegen das Organ und/oder Einlegen einer Beschwerde beim Bürgerbeauftragten nach Maßgabe der Artikel 230[1)] bzw. 195[2)] des EG-Vertrags.

(2) In Ausnahmefällen, beispielsweise bei einem Antrag auf Zugang zu einem sehr umfangreichen Dokument oder zu einer sehr großen Zahl von Dokumenten, kann die in Absatz 1 vorgesehene Frist um fünfzehn Arbeitstage verlängert werden, sofern der Antragsteller vorab informiert wird und eine ausführliche Begründung erhält.

(3) Antwortet das Organ nicht innerhalb der vorgeschriebenen Frist, gilt dies als abschlägiger Bescheid und berechtigt den Antragsteller, nach Maßgabe der einschlägigen Bestimmungen des EG-Vertrags[3)] Klage gegen das Organ zu erheben und/oder Beschwerde beim Bürgerbeauftragten einzulegen.

Art. 9 Behandlung sensibler Dokumente. (1) Sensible Dokumente sind Dokumente, die von den Organen, den von diesen geschaffenen Einrichtungen, von den Mitgliedstaaten, Drittländern oder internationalen Organisationen stammen und gemäß den Bestimmungen der betreffenden Organe zum Schutz grundlegender Interessen der Europäischen Union oder eines oder mehrerer Mitgliedstaaten in den in Artikel 4 Absatz 1 Buchstabe a) genannten Bereichen, insbesondere öffentliche Sicherheit, Verteidigung und militärische Belange, als „TRÈS SECRET/TOP SECRET", „SECRET" oder „CONFIDENTIEL" eingestuft sind.

[1)] Nunmehr Art. 263 AEUV (Nr. **2**) durch Vertrag von Lissabon v. 13.12.2007 (ABl. C 306 S. 1).

[2)] Nunmehr Art. 228 AEUV durch Vertrag von Lissabon v. 13.12.2007 (ABl. C 306 S. 1).

[3)] Nunmehr Vertrag über die Arbeitsweise der Europäischen Union durch Vertrag von Lissabon v. 13.12.2007 (ABl. C 306 S. 1).

(2) [1] Anträge auf Zugang zu sensiblen Dokumenten im Rahmen der Verfahren der Artikel 7 und 8 werden ausschließlich von Personen bearbeitet, die berechtigt sind, Einblick in diese Dokumente zu nehmen. [2] Unbeschadet des Artikels 11 Absatz 2 entscheiden diese Personen außerdem darüber, welche Hinweise auf sensible Dokumente in das öffentliche Register aufgenommen werden können.

(3) Sensible Dokumente werden nur mit Zustimmung des Urhebers im Register aufgeführt oder freigegeben.

(4) Die Entscheidung eines Organs über die Verweigerung des Zugangs zu einem sensiblen Dokument ist so zu begründen, dass die durch Artikel 4 geschützten Interessen nicht beeinträchtigt werden.

(5) Die Mitgliedstaaten ergreifen geeignete Maßnahmen, um zu gewährleisten, dass bei der Bearbeitung von Anträgen auf Zugang zu sensiblen Dokumenten die in diesem Artikel und in Artikel 4 vorgesehenen Grundsätze beachtet werden.

(6) Die Bestimmungen der Organe über sensible Dokumente werden öffentlich gemacht.

(7) Die Kommission und der Rat unterrichten das Europäische Parlament hinsichtlich sensibler Dokumente gemäß den zwischen den Organen vereinbarten Regelungen.

Art. 10 Zugang im Anschluss an einen Antrag. (1) [1] Der Zugang zu den Dokumenten erfolgt je nach Wunsch des Antragstellers entweder durch Einsichtnahme vor Ort oder durch Bereitstellung einer Kopie, gegebenenfalls in elektronischer Form. [2] Die Kosten für die Anfertigung und Übersendung von Kopien können dem Antragsteller in Rechnung gestellt werden. [3] Diese Kosten dürfen die tatsächlichen Kosten für die Anfertigung und Übersendung der Kopien nicht überschreiten. [4] Die Einsichtnahme vor Ort, Kopien von weniger als 20 DIN-A4-Seiten und der direkte Zugang in elektronischer Form oder über das Register sind kostenlos.

(2) Ist ein Dokument bereits von dem betreffenden Organ freigegeben worden und für den Antragsteller problemlos zugänglich, kann das Organ seiner Verpflichtung zur Gewährung des Zugangs zu Dokumenten nachkommen, indem es den Antragsteller darüber informiert, wie er das angeforderte Dokument erhalten kann.

(3) Die Dokumente werden in einer vorliegenden Fassung und Form (einschließlich einer elektronischen oder anderen Form, beispielsweise Braille-Schrift, Großdruck oder Bandaufnahme) zur Verfügung gestellt, wobei die Wünsche des Antragstellers vollständig berücksichtigt werden.

Art. 11 Register. (1) [1] Im Hinblick auf die wirksame Ausübung der Rechte aus dieser Verordnung durch die Bürger macht jedes Organ ein Dokumentenregister öffentlich zugänglich. [2] Der Zugang zum Register sollte in elektronischer Form gewährt werden. [3] Hinweise auf Dokumente werden unverzüglich in das Register aufgenommen.

(2) [1] Das Register enthält für jedes Dokument eine Bezugsnummer (gegebenenfalls einschließlich der interinstitutionellen Bezugsnummer), den Gegenstand und/oder eine kurze Beschreibung des Inhalts des Dokuments sowie das Datum des Eingangs oder der Erstellung und der Aufnahme in das Register.

²Die Hinweise sind so abzufassen, dass der Schutz der in Artikel 4 aufgeführten Interessen nicht beeinträchtigt wird.

(3) Die Organe ergreifen unverzüglich die erforderlichen Maßnahmen zur Einrichtung eines Registers, das spätestens zum 3. Juni 2002 funktionsfähig ist.

Art. 12 Direkter Zugang in elektronischer Form oder über ein Register. (1) Die Organe machen, soweit möglich, die Dokumente direkt in elektronischer Form oder über ein Register gemäß den Bestimmungen des betreffenden Organs öffentlich zugänglich.

(2) Insbesondere legislative Dokumente, d.h. Dokumente, die im Laufe der Verfahren zur Annahme von Rechtsakten, die in den oder für die Mitgliedstaaten rechtlich bindend sind, erstellt wurden oder eingegangen sind, sollten vorbehaltlich der Artikel 4 und 9 direkt zugänglich gemacht werden.

(3) Andere Dokumente, insbesondere Dokumente in Verbindung mit der Entwicklung von Politiken oder Strategien, sollten soweit möglich direkt zugänglich gemacht werden.

(4) Wird der direkte Zugang nicht über das Register gewährt, wird im Register möglichst genau angegeben, wo das Dokument aufzufinden ist.

Art. 13 Veröffentlichung von Dokumenten im Amtsblatt. (1) Neben den Rechtsakten, auf die in Artikel 254 Absätze 1 und 2 des EG-Vertrags[1] und Artikel 163 Absatz 1 des Euratom-Vertrags Bezug genommen wird, werden vorbehaltlich der Artikel 4 und 9 der vorliegenden Verordnung folgende Dokumente im Amtsblatt veröffentlicht:

a) Vorschläge der Kommission;

b) Gemeinsame Standpunkte des Rates gemäß den in den Artikeln 251[2] und *252 des EG-Vertrags*[3] genannten Verfahren und ihre Begründung sowie die Standpunkte des Europäischen Parlaments in diesen Verfahren;

c) Rahmenbeschlüsse und Beschlüsse im Sinne des *Artikels 34 Absatz 2 des EU-Vertrags*[3];

d) vom Rat aufgrund des *Artikels 34 Absatz 2 des EU-Vertrags*[3] erstellte Übereinkommen;

e) zwischen den Mitgliedstaaten gemäß *Artikel 293 des EG-Vertrags*[3] unterzeichnete Übereinkommen;

f) von der Gemeinschaft oder gemäß Artikel 24 des EU-Vertrags[4] geschlossene internationale Übereinkünfte.

(2) Folgende Dokumente werden, soweit möglich, im Amtsblatt veröffentlicht:

a) dem Rat von einem Mitgliedstaat gemäß *Artikel 67 Absatz 1 des EG-Vertrags*[3] oder *Artikel 34 Absatz 2 des EU-Vertrags*[3] unterbreitete Initiativen;

---

[1] Nunmehr Art. 297 Abs. 1 und 2 AEUV (Nr. **2**) durch Vertrag von Lissabon v. 13.12.2007 (ABl. C 306 S. 1).

[2] Nunmehr Art. 294 AEUV durch Vertrag von Lissabon v. 13.12.2007 (ABl. C 306 S. 1).

[3] Aufgehoben durch Vertrag von Lissabon v. 13.12.2007 (ABl. C 306 S. 1).

[4] Nunmehr Art. 37 EUV (Nr. **1**) durch Vertrag von Lissabon v. 13.12.2007 (ABl. C 306 S. 1).

b) Gemeinsame Standpunkte im Sinne des *Artikels 34 Absatz 2 des EU-Vertrags*[1];

c) Richtlinien, die nicht unter Artikel 254 Absätze 1 und 2 des EG-Vertrags[2] fallen, Entscheidungen, die nicht unter Artikel 254 Absatz 1 des EG-Vertrags[2] fallen, sowie Empfehlungen und Stellungnahmen.

(3) Jedes Organ kann in seiner Geschäftsordnung festlegen, welche weiteren Dokumente im Amtsblatt veröffentlicht werden.

Art. 14 Information. (1) Jedes Organ ergreift die notwendigen Maßnahmen, um die Öffentlichkeit über die Rechte zu informieren, die sie gemäß dieser Verordnung hat.

(2) Die Mitgliedstaaten arbeiten mit den Organen bei der Bereitstellung von Informationen für die Bürger zusammen.

Art. 15 Verwaltungspraxis in den Organen. (1) Die Organe entwickeln eine gute Verwaltungspraxis, um die Ausübung des durch diese Verordnung gewährleisteten Rechts auf Zugang zu Dokumenten zu erleichtern.

(2) Die Organe errichten einen interinstitutionellen Ausschuss, der bewährte Praktiken prüft, mögliche Konflikte behandelt und künftige Entwicklungen im Bereich des Zugangs der Öffentlichkeit zu Dokumenten erörtert.

Art. 16 Vervielfältigung von Dokumenten. Diese Verordnung gilt unbeschadet geltender Urheberrechtsvorschriften, die das Recht Dritter auf Vervielfältigung oder Nutzung der freigegebenen Dokumente einschränken.

Art. 17 Berichte. (1) Jedes Organ legt jährlich einen Bericht über das Vorjahr vor, in dem die Zahl der Fälle aufgeführt ist, in denen das Organ den Zugang zu Dokumenten verweigert hat, sowie die Gründe für diese Verweigerungen und die Zahl der sensiblen Dokumente, die nicht in das Register aufgenommen wurden.

(2) Spätestens zum 31. Januar 2004 veröffentlicht die Kommission einen Bericht über die Anwendung der Grundsätze dieser Verordnung und legt Empfehlungen vor, gegebenenfalls mit Vorschlägen für die Überprüfung dieser Verordnung und für ein Aktionsprogramm für die von den Organen zu ergreifenden Maßnahmen.

Art. 18 Durchführungsmaßnahmen. (1) [1]Jedes Organ passt seine Geschäftsordnung an die Bestimmungen dieser Verordnung an. [2]Diese Anpassungen werden am 3. Dezember 2001 wirksam.

(2) Innerhalb von sechs Monaten nach Inkrafttreten dieser Verordnung prüft die Kommission die Vereinbarkeit der Verordnung (EWG, Euratom) Nr. 354/83 des Rates vom 1. Februar 1983 über die Freigabe der historischen Archive der Europäischen Wirtschaftsgemeinschaft und der Europäischen Atomgemein-

---

[1] Aufgehoben durch Vertrag von Lissabon v. 13.12.2007 (ABl. C 306 S. 1).

[2] Nunmehr Art. 297 AEUV durch Vertrag von Lissabon v. 13.12.2007 (ABl. C 306 S. 1).

schaft[1] mit dieser Verordnung, um zu gewährleisten, dass die Dokumente so umfassend wie möglich aufbewahrt und archiviert werden.

(3) Innerhalb von sechs Monaten nach Inkrafttreten dieser Verordnung prüft die Kommission die Vereinbarkeit der geltenden Vorschriften über den Zugang zu Dokumenten mit dieser Verordnung.

Art. 19 Inkrafttreten. *[1]* Diese Verordnung tritt am dritten Tag nach ihrer Veröffentlichung[2] im *Amtsblatt der Europäischen Gemeinschaften* in Kraft.

[2] Sie gilt ab dem 3. Dezember 2001.

Diese Verordnung ist in allen ihren Teilen verbindlich und gilt unmittelbar in jedem Mitgliedstaat.

---

[1] **Amtl. Anm.:** ABl. L 43 vom 15.2.1983, S. 1.

[2] Veröffentlicht am 31.5.2001.

15. Kodex für gute Verwaltungspraxis in den Beziehungen der Bediensteten der Europäischen Kommission zur Öffentlichkeit [1)2)]

Dienst von hoher Qualität

Die Kommission und ihre Bediensteten haben die Pflicht, dem Interesse der Gemeinschaft und hierdurch auch dem öffentlichen Interesse zu dienen.

Die Öffentlichkeit erwartet zu Recht eine offene, zugängliche Verwaltung, die effizient geführt wird und Dienste von hoher Qualität erbringt.

Hohe Qualität setzt voraus, dass sich die Kommission und ihre Bediensteten höflich, sachlich und unparteiisch verhalten.

Zweck

Um die Kommission in die Lage zu versetzen, ihrer Verpflichtung zu einer guten Verwaltungspraxis nachzukommen – insbesondere in Hinblick auf die Beziehungen der Kommission mit der Öffentlichkeit –, verpflichtet sich die Kommission, die in diesem Kodex niedergelegten Leitlinien einer guten Verwaltungspraxis zu beachten und sich durch sie in ihrer täglichen Arbeit leiten zu lassen.

Geltungsbereich

Der Kodex ist für das gesamte Personal verbindlich, auf welches das Statut der Beamten der Europäischen Gemeinschaften und die Beschäftigungsbedingungen für die sonstigen Bediensteten dieser Gemeinschaften (das Statut) oder andere Vorschriften zur Beziehung zwischen der Kommission und ihrem Personal, die sich auf Beamte bzw. sonstige Bedienstete der Europäischen Gemeinschaften beziehen, Anwendung finden. Personen mit privatrechtlichem Arbeitsvertrag, abgeordnete nationale Sachverständige oder Praktikanten, die für die Kommission arbeiten, sollten sich jedoch ebenfalls in ihrer täglichen Arbeit durch den Kodex leiten lassen.

Die Beziehungen der Kommission zu ihren Bediensteten werden ausschließlich durch das Statut geregelt.

1. Allgemeine Grundsätze guter Verwaltungspraxis

Die Kommission beachtet in ihren Beziehungen zur Öffentlichkeit die folgenden Grundsätze:

[1)] Dieser Text ist als Anh. der GO der Kommission v. 29.11.2000 (ABl. L 308 S. 26) veröffentlicht.

[2)] Die Verweise/Bezugnahmen auf Vorschriften des AEUV (Nr. **2**) sind bereits gemäß Art. 5 des Vertrags von Lissabon v. 13.12.2007 (ABl. C 306 S. 1) iVm der Übereinstimmungstabelle (Nr. **2a**) an die neue Nummerierung angepasst worden.

Rechtmäßigkeit

Die Kommission richtet sich in ihrem Handeln nach dem Recht und wendet die gemeinschaftsrechtlichen Vorschriften und Verfahren an.

Diskriminierungsverbot und Gleichbehandlung

Die Kommission befolgt den Grundsatz der Nichtdiskriminierung und garantiert insbesondere die Gleichbehandlung der Bürger unabhängig von ihrer Nationalität, Geschlechtszugehörigkeit, Rasse oder ethnischen Zugehörigkeit, Religion oder Weltanschauung, Behinderung, Alter oder sexuellen Ausrichtung. Somit muss jedwede Ungleichbehandlung ähnlicher Fälle durch die Umstände des Einzelfalls sachlich begründet sein.

Verhältnismäßigkeit

Die Kommission achtet darauf, dass die Maßnahmen in einem angemessenen Verhältnis zu den angestrebten Zielen stehen.

Insbesondere wird sie stets dafür Sorge tragen, dass bei der Anwendung dieses Kodexes der angestrebte Nutzen im konkreten Einzelfall nicht mit einem unvertretbaren Verwaltungsaufwand verbunden ist.

Kohärenz

Die Kommission achtet auf eine kohärente Verwaltungspraxis und wendet die gängigen Verwaltungsverfahren an. Abweichungen hiervon sind entsprechend sachlich zu begründen.

2. Leitlinien für gute Verwaltungspraxis

Objektivität und Unparteilichkeit

Bedienstete handeln stets objektiv und unparteiisch sowie im Interesse der Gemeinschaft und zum Wohl der Allgemeinheit. Innerhalb des von der Kommission festgelegten politischen Rahmens entscheiden sie in voller Unabhängigkeit, ohne sich von persönlichen oder nationalen Interessen leiten zu lassen oder politischem Druck nachzugeben.

Informationen über Verwaltungsverfahren

Ersuchen Bürger um Auskünfte über Verwaltungsverfahren der Kommission, so stellen die Bediensteten sicher, dass diese Auskünfte innerhalb der im jeweiligen Verfahren festgelegten Fristen erteilt werden.

3. Erteilung von Informationen über die Rechte der Beteiligten

Anhörung aller unmittelbar Beteiligten

Sieht das Gemeinschaftsrecht die Anhörung Beteiligter vor, so sorgen die Bediensteten dafür, dass ihnen die Möglichkeit zur Äußerung gegeben wird.

Begründungspflicht

Entscheidungen der Kommission sind zu begründen und den Betroffenen mitzuteilen.

Im Allgemeinen sollte eine vollständige Begründung erteilt werden. Soweit es nicht möglich ist, eine detaillierte Angabe der Entscheidungsgründe im Einzelfall vorzunehmen, zum Beispiel weil der Kreis derer, die von gleichartigen Entscheidungen betroffen sind, zu groß ist, dürfen Standardantworten erteilt werden. Diese Standardantworten sollten die wesentlichen Gründe enthalten, auf denen die Entscheidung basiert. Darüber hinaus ist Beteiligten auf ausdrückliches Ersuchen eine detaillierte Begründung zu übermitteln.

Informationspflicht über Rechtsbehelfe

Soweit das Gemeinschaftsrecht dies vorsieht, enthalten bekannt gegebene Entscheidungen Angaben zu deren Anfechtbarkeit; ebenso ist an zugeben, wie die Anfechtung vorgenommen werden kann (Name und Büroanschrift der Person, bzw. der Dienststelle, bei der dieser Rechtsbehelf eingelegt werden kann) und welche Frist zu beachten ist.

Gegebenenfalls weisen Entscheidungen auf die Möglichkeit der Einleitung eines Gerichtsverfahrens und/oder zur Anrufung des Europäischen Bürgerbeauftragten gemäß Artikel 263 bzw. 228 des Vertrags über die Arbeitsweise der Europäischen Union[1)] hin.

4. Behandlung von Anfragen

Die Kommission verpflichtet sich, Anfragen von Bürgern in angemessener Weise und so schnell wie möglich zu beantworten.

Anforderung von Dokumenten

Ist das angeforderte Dokument bereits veröffentlicht, so ist auf die Verkaufsstellen des Amtes für amtliche Veröffentlichungen der Europäischen Gemeinschaften sowie die Dokumentations- und Informationsstellen („Infopoints“, Europäische Dokumentationszentren, usw.) zu verweisen. Viele Dokumente sind auch elektronisch verfügbar.

Der Zugang zu Dokumenten der Kommission wird durch einschlägige Bestimmungen geregelt.

Schriftverkehr

Gemäß Artikel 24 des Vertrags über die Arbeitsweise der Europäischen Union[1)] sind Schreiben an die Kommission in der Sprache zu beantworten, in der sie verfasst wurden, sofern es sich um eine Amtssprache der Gemeinschaft handelt.

Die Antwort auf ein an die Kommission gerichtetes Schreiben ist innerhalb einer Frist von fünfzehn Arbeitstagen ab dem Tag des Eingangs bei der zuständigen Dienststelle abzusenden. Im Antwortschreiben ist der Name des zuständigen Bediensteten anzugeben. Ebenfalls ist anzugeben, wie dieser Bedienstete erreicht werden kann.

Kann ein Schreiben nicht innerhalb von fünfzehn Arbeitstagen beantwortet werden, so gibt der Bedienstete in einem vorläufigen Schreiben einen Zeitpunkt an, an dem mit einer Antwort zu rechnen ist; dies gilt auch für alle

---

[1)] Nr. **2**.

Fälle, in denen eine Kontaktaufnahme mit anderen Dienststellen erforderlich ist oder Übersetzungen vorzunehmen sind. Der Zeitpunkt für die endgültige Beantwortung bestimmt sich nach der relativen Dringlichkeit der Anfrage und der Komplexität der Materie.

Erfolgt die Beantwortung durch eine andere als die ursprünglich als Adressat bezeichnete Dienststelle, sind der Name und die Büroadresse des Bediensteten, an den die Anfrage weitergeleitet wurde, anzugeben.

Diese Bestimmungen gelten nicht bei Missbrauch, d.h. wenn immer wieder gleichlautende Schreiben mit beleidigendem Inhalt bzw. Äußerungen ohne erkennbaren Sinn und Zweck eingehen. In diesen Fällen behält sich die Kommission somit das Recht vor, den Schriftwechsel einzustellen.

Telefon

Bei der Annahme eines Telefongesprächs hat sich der Bedienstete mit seinem Namen oder der Angabe seiner Dienststelle zu melden. Rückrufe sind so rasch wie möglich vorzunehmen.

Auskunftsersuchen zu Fragen, die seinen unmittelbaren Zuständigkeitsbereich betreffen, beantwortet der Bedienstete selbst; ansonsten sollte er den Gesprächspartner an die zuständige Stelle verweisen. Falls erforderlich, verweist der Bedienstete seinen Gesprächspartner an seinen Vorgesetzten oder nimmt mit diesem Rücksprache, bevor er das Auskunftsersuchen beantwortet.

Fällt eine Anfrage in den unmittelbaren Zuständigkeitsbereich des Bediensteten, so holt er Auskünfte über die Person des Informationssuchenden ein und prüft vor der Weitergabe der Information, ob sie der Öffentlichkeit bereits zugänglich gemacht wurde. Wenn nicht, so kann der Bedienstete davon ausgehen, dass die Information im Interesse der Gemeinschaft nicht verbreitet werden darf. In diesen Fällen sollte er die Gründe hierfür erläutern und gegebenenfalls auf die ihm nach Artikel 17 des Beamtenstatuts auferlegte Schweigepflicht verweisen.

Der Bedienstete ersucht den Informationssuchenden gegebenenfalls, die telefonische Anfrage schriftlich zu bestätigen.

Elektronische Post

Der Bedienstete beantwortet elektronische Post unverzüglich unter Berücksichtigung der Leitlinien für Telefongespräche.

Sollte eine Anfrage durch elektronische Post aufgrund ihrer Komplexität einer schriftlichen Anfrage gleichzusetzen sein, so gelten jedoch die Leitlinien für den Schriftverkehr einschließlich der entsprechenden Fristen.

Anfragen der Medien

Der Presse- und Informationsdienst ist für die Beziehungen zu den Medien zuständig. Die Beantwortung fachspezifischer Fragen der Medien zu seinem eigenen Zuständigkeitsbereich kann jedoch der Bedienstete übernehmen.

5. Schutz persönlicher Daten und geheimer Informationen

Die Kommission und ihre Bediensteten beachten insbesondere:

– die Vorschriften über den Schutz der Privatsphäre und personenbezogener Daten;
– die Verpflichtungen gemäß Artikel 339 des Vertrags über die Arbeitsweise der Europäischen Union[1], insbesondere diejenige betreffend das Berufsgeheimnis;
– die Geheimhaltungsvorschriften im Zusammenhang mit strafrechtlichen Untersuchungen;
– die Geheimhaltungspflicht in Angelegenheiten, die im Rahmen der in Artikel 9 und der Anhänge II und III zum Statut vorgesehenen verschiedenen Ausschüsse behandelt werden.

6. Beschwerden

Europäische Kommission

Verstößt ein Bediensteter gegen die in diesem Kodex festgeschriebenen Verhaltensregeln, kann beim Generalsekretariat[2] der Europäischen Kommission Beschwerde dagegen eingelegt werden.

Der Generaldirektor bzw. der Leiter der Dienststelle unterrichtet den Beschwerdeführer binnen zwei Monaten schriftlich darüber, welche Maßnahmen zur weiteren Behandlung der Beschwerde getroffen wurden. Der Beschwerdeführer kann sich daraufhin binnen eines Monats an den Generalsekretär der Europäischen Kommission wenden und ihn bitten, das Ergebnis des Beschwerdeverfahrens zu überprüfen. Der Generalsekretär beantwortet dieses Überprüfungsersuchen innerhalb eines Monats.

Europäischer Bürgerbeauftragter

Beschwerden können nach Artikel 228 des Vertrags über die Arbeitsweise der Europäischen Union[1] und dem Statut des Europäischen Bürgerbeauftragten auch an letzteren gerichtet werden.

---

[1] Nr. 2.

[2] **Amtl. Anm.:** *Postanschrift:* Generalsekretariat der Europäischen Kommission, Referat SG/B/2 „Transparenz, Zugang zu Dokumenten und Beziehungen zur Zivilgesellschaft", Rue de la Loi/Wetstraat 200, B-1049 Brüssel (Fax: (32-2)-2967242).
Elektronische Adresse: SG-Code-de-bonne-conduite@cec.eu.int.

16. Sonderbestimmungen für den Zugang der Öffentlichkeit zu Dokumenten des Rates[1)]

Vom 1. Dezember 2009

(ABl. L 325 S. 35, ber. ABl. 2010 L 55 S. 83)

Celex-Nr. 3 2009 Q 1211 (01)

Art. 1 Anwendungsbereich. Jeder natürlichen oder juristischen Person wird vorbehaltlich der in der Verordnung (EG) Nr. 1049/2001[2)] festgelegten Grundsätze, Bedingungen und Einschränkungen und der in diesem Anhang festgelegten Sonderbestimmungen Zugang zu Dokumenten des Rates gewährt.

Art. 2 Konsultation bezüglich Dokumenten Dritter. (1) In Anwendung des Artikels 4 Absatz 5 und des Artikels 9 Absatz 3 der Verordnung (EG) Nr. 1049/2001[2)] ist – abgesehen von den Fällen, in denen nach Prüfung des Dokuments im Lichte des Artikels 4 Absätze 1, 2 und 3 der Verordnung (EG) Nr. 1049/2001 feststeht, dass das Dokument nicht verbreitet wird – der betreffende Dritte zu konsultieren, wenn

a) das Dokument ein sensibles Dokument gemäß Artikel 9 Absatz 1 der Verordnung (EG) Nr. 1049/2001 ist;

b) das Dokument aus einem Mitgliedstaat stammt und
   - dem Rat vor dem 3. Dezember 2001 vorgelegt wurde, oder
   - der betreffende Mitgliedstaat darum gebeten hat, es nicht ohne seine vorherige Zustimmung zu verbreiten.

(2) In allen anderen Fällen, in denen dem Rat ein Antrag auf Zugang zu einem in seinem Besitz befindlichen Dokument zugeht, das von Dritten erstellt wurde, konsultiert das Generalsekretariat in Anwendung des Artikels 4 Absatz 4 der Verordnung (EG) Nr. 1049/2001 den betreffenden Dritten, es sei denn, dass nach Prüfung des Dokuments in Anbetracht des Artikels 4 Absätze 1, 2 und 3 der Verordnung (EG) Nr. 1049/2001 feststeht, dass das Dokument verbreitet wird bzw. dass es nicht verbreitet wird.

(3) [1]Der Dritte wird schriftlich (einschließlich über E-Mail) konsultiert und erhält eine angemessene Antwortfrist unter Berücksichtigung der Frist nach Artikel 7 der Verordnung (EG) Nr. 1049/2001. [2]In den Fällen nach Absatz 1 wird der Dritte gebeten, schriftlich Stellung zu nehmen.

(4) *[1]* Fällt das Dokument nicht unter Absatz 1 Buchstabe a oder b und ist das Generalsekretariat aufgrund der ablehnenden Stellungnahme des Dritten nicht davon überzeugt, dass Artikel 4 Absatz 1 oder 2 der Verordnung (EG) Nr. 1049/2001 anzuwenden ist, so wird der Rat mit der Angelegenheit befasst.

[2] [1]Erwägt der Rat die Freigabe des Dokuments, so wird der Dritte unverzüglich schriftlich über die Absicht des Rates unterrichtet, das Dokument nach

---

[1)] Dieser Text ist der Anh. II zur GO des Rates die als Anh. zur VO 2009/937/EU v. 1.12.2009 (ABl. L 325 S. 35, ber. ABl. 2010 L 55 S. 83) veröffentlicht wurde.

[2)] Nr. **14**.

einem Zeitraum von mindestens zehn Arbeitstagen freizugeben. [2] Gleichzeitig wird der Dritte auf Artikel 279 des AEUV[1)] hingewiesen.

Art. 3 Konsultationsersuchen anderer Organe oder von Mitgliedstaaten. *[1]* Konsultationsersuchen eines anderen Organs oder eines Mitgliedstaats zu einem ein Ratsdokument betreffenden Antrag sind per E-Mail an access@consilium.europa.eu oder per Telefax unter der Nummer +32(0)2 281 63 61 an den Rat zu richten.

[2] Das Generalsekretariat gibt seine Stellungnahme im Namen des Rates unverzüglich unter Berücksichtigung einer im Hinblick auf eine Entscheidung des betreffenden Organs oder Mitgliedstaats einzuhaltenden Frist, spätestens aber binnen fünf Arbeitstagen ab.

Art. 4 Aus den Mitgliedstaaten stammende Dokumente. Ein Antrag eines Mitgliedstaats nach Artikel 4 Absatz 5 der Verordnung (EG) Nr. 1049/2001[2)] muss beim Generalsekretariat schriftlich eingereicht werden.

Art. 5 Weiterleitung von Anträgen durch Mitgliedstaaten. [1] Leitet ein Mitgliedstaat einen Antrag an den Rat weiter, so wird dieser Antrag gemäß den Artikeln 7 und 8 der Verordnung (EG) Nr. 1049/2001[2)] und den einschlägigen Bestimmungen dieses Anhangs bearbeitet. [2] Wird der Zugang ganz oder teilweise verweigert, so wird dem Antragsteller mitgeteilt, dass ein etwaiger Zweitantrag unmittelbar an den Rat zu richten ist.

Art. 6 Anschrift für die Einreichung von Anträgen. Anträge auf Zugang zu Dokumenten sind schriftlich zu richten an den Generalsekretär des Rates, Rue de la Loi/Wetstraat 175, B-1048 Brüssel oder per E-Mail an access@consilium.europa.eu oder per Telefax unter der Nummer +32(0)2 281 63 61.

Art. 7 Behandlung von Erstanträgen. Vorbehaltlich des Artikels 9 Absätze 2 und 3 der Verordnung (EG) Nr. 1049/2001[2)] werden Anträge auf Zugang zu einem Ratsdokument vom Generalsekretariat bearbeitet.

Art. 8 Behandlung von Zweitanträgen. Vorbehaltlich des Artikels 9 Absätze 2 und 3 der Verordnung (EG) Nr. 1049/2001[2)] wird über Zweitanträge vom Rat entschieden.

Art. 9 Gebühren. Die Gebühren für die Anfertigung und Übersendung von Kopien von Ratsdokumenten werden vom Generalsekretär festgesetzt.

Art. 10 Öffentliches Register der Ratsdokumente. (1) Das Generalsekretariat ist dafür verantwortlich, das Register der Ratsdokumente öffentlich zugänglich zu machen.

(2) [1] Zusätzlich zu den Verweisen auf Dokumente wird in dem Register vermerkt, welche nach dem 1. Juli 2000 erstellten Dokumente bereits freigegeben wurden. [2] Vorbehaltlich der Verordnung (EG) Nr. 45/2001 des Europäischen Parlaments und des Rates vom 18. Dezember 2000 zum Schutz natürli-

---

1) Nr. **2**.
2) Nr. **14**.

cher Personen bei der Verarbeitung personenbezogener Daten durch die Organe und Einrichtungen der Gemeinschaft und zum freien Datenverkehr[1)] und des Artikels 16 der Verordnung (EG) Nr. 1049/2001[2)] wird ihr Inhalt über das Internet zugänglich gemacht.

Art. 11 Direkt öffentlich zugängliche Dokumente. (1) Dieser Artikel gilt für alle Dokumente des Rates, sofern sie nicht als Verschlusssache eingestuft sind und unbeschadet der Möglichkeit, einen schriftlichen Antrag gemäß Artikel 6 der Verordnung (EG) Nr. 1049/2001[2)] zu stellen.

(2) Im Sinne dieses Artikels bezeichnet der Ausdruck

- „Verteilung" die Weitergabe der endgültigen Fassung eines Dokuments an die Mitglieder des Rates, ihre Vertreter oder Beauftragten;
- „legislative Dokumente" Dokumente, die im Laufe der Verfahren zur Annahme von Gesetzgebungsakten erstellt worden oder eingegangen sind.

(3) Das Generalsekretariat macht folgende Dokumente umgehend nach ihrer Verteilung der Öffentlichkeit zugänglich:

a) weder vom Rat noch von einem Mitgliedstaat verfasste Dokumente, die von ihrem Verfasser oder mit dessen Zustimmung veröffentlicht wurden;

b) vorläufige Tagesordnungen für Tagungen des Rates in seinen verschiedenen Zusammensetzungen;

c) alle Texte, die vom Rat angenommen worden sind und die im Amtsblatt veröffentlicht werden sollen.

(4) Das Generalsekretariat kann ferner folgende Dokumente umgehend nach ihrer Verteilung der Öffentlichkeit zugänglich machen, vorausgesetzt, dass sie eindeutig nicht unter eine der Ausnahmen gemäß Artikel 4 der Verordnung (EG) Nr. 1049/2001 fallen:

a) vorläufige Tagesordnungen für Ausschuss- oder Arbeitsgruppensitzungen;

b) andere Dokumente wie z.B. informatorische Vermerke, Berichte, Zwischenberichte und Berichte über den Stand der Beratungen im Rat oder in einem seiner Vorbereitungsgremien, in denen keine Standpunkte einzelner Delegationen wiedergegeben sind, mit Ausnahme von Gutachten und Beiträgen des Juristischen Dienstes.

(5) Zusätzlich zu den in den Absätzen 3 und 4 aufgeführten Dokumenten macht das Generalsekretariat folgende legislative Dokumente und andere Dokumente umgehend nach ihrer Verteilung der Öffentlichkeit zugänglich:

a) die Gesetzgebungsakte und in Artikel 8 Absatz 1 der Geschäftsordnung aufgeführte Dokumente betreffenden Übermittlungsvermerke und Kopien von an den Rat gerichteten Schreiben anderer Organe oder Einrichtungen der Europäischen Union oder – vorbehaltlich des Artikels 4 Absatz 5 der Verordnung (EG) Nr. 1049/2001 – eines Mitgliedstaats;

b) dem Rat vorgelegte Dokumente, die unter einem Tagesordnungspunkt aufgeführt sind, der im Teil „Beratungen über Gesetzgebungsakte" enthalten oder nach Artikel 8 der Geschäftsordnung mit den Worten „öffentliche Beratung" oder „öffentliche Aussprache" gekennzeichnet ist;

[1)] **Amtl. Anm.:** ABl. L 8 vom 12.1.2001, S. 1.
[2)] Nr. **14**.

c) dem AStV und/oder dem Rat vorgelegte Annahmevermerke (I/A- und A-Punkt-Vermerke), die Entwürfe von Gesetzgebungsakten und von in Artikel 8 Absatz 1 der Geschäftsordnung aufgeführten Dokumenten betreffen, sowie die Entwürfe von Gesetzgebungsakten und von in Artikel 8 Absatz 1 der Geschäftsordnung aufgeführten Dokumenten, auf die sie sich beziehen;

d) vom Rat im Laufe eines ordentlichen oder besonderen Gesetzgebungsverfahrens angenommene Gesetzgebungsakte und vom Vermittlungsausschuss im Rahmen des ordentlichen Gesetzgebungsverfahrens gebilligte gemeinsame Entwürfe.

(6) *[1]* Nach Annahme eines der in Absatz 5 Buchstabe d aufgeführten Akte oder der endgültigen Annahme des betreffenden Akts macht das Generalsekretariat alle mit diesem Akt zusammenhängenden Dokumente, die vor dem betreffenden Akt verfasst wurden und die nicht unter eine der Ausnahmen nach Artikel 4 Absätze 1 und 2 und Absatz 3 Unterabsatz 2 der Verordnung (EG) Nr. 1049/2001 fallen, wie informatorische Vermerke, Berichte, Zwischenberichte und Berichte über den Stand der Beratungen im Rat oder in einem seiner Vorbereitungsgremien („Beratungsergebnisse"), mit Ausnahme von Gutachten und Beiträgen des Juristischen Dienstes, der Öffentlichkeit zugänglich.

[2] Auf Verlangen eines Mitgliedstaats werden Dokumente, die unter Unterabsatz 1 fallen und den individuellen Standpunkt der Delegation dieses Mitgliedstaats im Rat wiedergeben, nicht der Öffentlichkeit zugänglich gemacht.

III. Nationale und europäische Politik

17. Protokoll über die Anwendung der Grundsätze der Subsidiarität und der Verhältnismäßigkeit[1)]

Vom 13. Dezember 2007

(ABl. C 306 S. 150)

Celex-Nr. 1 2007 L/PRO/A/02

DIE HOHEN VERTRAGSPARTEIEN –

IN DEM WUNSCH sicherzustellen, dass die Entscheidungen in der Union so bürgernah wie möglich getroffen werden,

ENTSCHLOSSEN, die Bedingungen für die Anwendung der in Artikel 5 des Vertrags über die Europäische Union[2)] verankerten Grundsätze der Subsidiarität und der Verhältnismäßigkeit festzulegen und ein System zur Kontrolle der Anwendung dieser Grundsätze zu schaffen –

SIND über folgende Bestimmungen ÜBEREINGEKOMMEN, die dem Vertrag über die Europäische Union[2)] und dem Vertrag über die Arbeitsweise der Europäischen Union[3)] beigefügt sind:

Art. 1 [Pflichten der Organe] Jedes Organ trägt stets für die Einhaltung der in Artikel 5 des Vertrags über die Europäische Union[2)] niedergelegten Grundsätze der Subsidiarität und der Verhältnismäßigkeit Sorge.

Art. 2 [Anhörungen] [1]Die Kommission führt umfangreiche Anhörungen durch, bevor sie einen Gesetzgebungsakt vorschlägt. [2]Dabei ist gegebenenfalls der regionalen und lokalen Bedeutung der in Betracht gezogenen Maßnahmen Rechnung zu tragen. [3]In außergewöhnlich dringenden Fällen führt die Kommission keine Konsultationen durch. [4]Sie begründet dies in ihrem Vorschlag.

Art. 3 [Definition des „Gesetzgebungsakts"] Im Sinne dieses Protokolls bezeichnet „Entwurf eines Gesetzgebungsakts" die Vorschläge der Kommission, die Initiativen einer Gruppe von Mitgliedstaaten, die Initiativen des Europäischen Parlaments, die Anträge des Gerichtshofs, die Empfehlungen der Europäischen Zentralbank und die Anträge der Europäischen Investitionsbank, die den Erlass eines Gesetzgebungsakts zum Ziel haben.

Art. 4 [Weiterleitung der Gesetzgebungsentwürfe] *[1]* Die Kommission leitet ihre Entwürfe für Gesetzgebungsakte und ihre geänderten Entwürfe den nationalen Parlamenten und dem Unionsgesetzgeber gleichzeitig zu.

---

1) Die Verweise/Bezugnahmen auf Vorschriften des EUV (Nr. **1**) und/oder AEUV (Nr. **2**) sind wie in der konsolidierten Fassung des Protokolls (ABl. 2016 C 202 S. 206) bereits gemäß Art. 5 des Vertrags von Lissabon v. 13.12.2007 (ABl. C 306 S. 1) iVm der Übereinstimmungstabellen (Nr. **1a** und **2a**) an die neue Nummerierung angepasst worden.

2) Nr. **1**.

3) Nr. **2**.

[2] Das Europäische Parlament leitet seine Entwürfe von Gesetzgebungsakten sowie seine geänderten Entwürfe den nationalen Parlamenten zu.

[3] Der Rat leitet die von einer Gruppe von Mitgliedstaaten, vom Gerichtshof, von der Europäischen Zentralbank oder von der Europäischen Investitionsbank vorgelegten Entwürfe von Gesetzgebungsakten sowie die geänderten Entwürfe den nationalen Parlamenten zu.

[4] Sobald das Europäische Parlament seine legislativen Entschließungen angenommen und der Rat seine Standpunkte festgelegt hat, leiten sie diese den nationalen Parlamenten zu.

Art. 5 [Anforderungen an die Entwürfe] [1]Die Entwürfe von Gesetzgebungsakten werden im Hinblick auf die Grundsätze der Subsidiarität und der Verhältnismäßigkeit begründet. [2]Jeder Entwurf eines Gesetzgebungsakts sollte einen Vermerk mit detaillierten Angaben enthalten, die es ermöglichen zu beurteilen, ob die Grundsätze der Subsidiarität und der Verhältnismäßigkeit eingehalten wurden. [3]Dieser Vermerk sollte Angaben zu den voraussichtlichen finanziellen Auswirkungen sowie im Fall einer Richtlinie zu den Auswirkungen auf die von den Mitgliedstaaten zu erlassenden Rechtsvorschriften, einschließlich gegebenenfalls der regionalen Rechtsvorschriften, enthalten. [4]Die Feststellung, dass ein Ziel der Union besser auf Unionsebene erreicht werden kann, beruht auf qualitativen und, soweit möglich, quantitativen Kriterien. [5]Die Entwürfe von Gesetzgebungsakten berücksichtigen dabei, dass die finanzielle Belastung und der Verwaltungsaufwand der Union, der nationalen Regierungen, der regionalen und lokalen Behörden, der Wirtschaftsteilnehmer und der Bürgerinnen und Bürger so gering wie möglich gehalten werden und in einem angemessenen Verhältnis zu dem angestrebten Ziel stehen müssen.

Art. 6 [Stellungnahme der nationalen Parlamente] *[1]* [1]Die nationalen Parlamente oder die Kammern eines dieser Parlamente können binnen acht Wochen nach dem Zeitpunkt der Übermittlung eines Entwurfs eines Gesetzgebungsakts in den Amtssprachen der Union in einer begründeten Stellungnahme an die Präsidenten des Europäischen Parlaments, des Rates und der Kommission darlegen, weshalb der Entwurf ihres Erachtens nicht mit dem Subsidiaritätsprinzip vereinbar ist. [2]Dabei obliegt es dem jeweiligen nationalen Parlament oder der jeweiligen Kammer eines nationalen Parlaments, gegebenenfalls die regionalen Parlamente mit Gesetzgebungsbefugnissen zu konsultieren.

[2] Wird der Entwurf eines Gesetzgebungsakts von einer Gruppe von Mitgliedstaaten vorgelegt, so übermittelt der Präsident des Rates die Stellungnahme den Regierungen dieser Mitgliedstaaten.

[3] Wird der Entwurf eines Gesetzgebungsakts vom Gerichtshof, von der Europäischen Zentralbank oder von der Europäischen Investitionsbank vorgelegt, so übermittelt der Präsident des Rates die Stellungnahme dem betreffenden Organ oder der betreffenden Einrichtung.

Art. 7 [Abstimmung über Stellungnahmen] (1) *[1]* Das Europäische Parlament, der Rat und die Kommission sowie gegebenenfalls die Gruppe von Mitgliedstaaten, der Gerichtshof, die Europäische Zentralbank oder die Europäische Investitionsbank, sofern der Entwurf eines Gesetzgebungsakts von ihnen vorgelegt wurde, berücksichtigen die begründeten Stellungnahmen der nationalen Parlamente oder einer der Kammern eines dieser Parlamente.

[2] [1] Jedes nationale Parlament hat zwei Stimmen, die entsprechend dem einzelstaatlichen parlamentarischen System verteilt werden. [2] In einem Zweikammersystem hat jede der beiden Kammern eine Stimme.

(2) *[1]* [1] Erreicht die Anzahl begründeter Stellungnahmen, wonach der Entwurf eines Gesetzgebungsakts nicht mit dem Subsidiaritätsprinzip im Einklang steht, mindestens ein Drittel der Gesamtzahl der den nationalen Parlamenten nach Absatz 1 Unterabsatz 2 zugewiesenen Stimmen, so muss der Entwurf überprüft werden. [2] Die Schwelle beträgt ein Viertel der Stimmen, wenn es sich um den Entwurf eines Gesetzgebungsakts auf der Grundlage des Artikels 76 des Vertrags über die Arbeitsweise der Europäischen Union[1)] betreffend den Raum der Freiheit, der Sicherheit und des Rechts handelt.

[2] [1] Nach Abschluss der Überprüfung kann die Kommission oder gegebenenfalls die Gruppe von Mitgliedstaaten, das Europäische Parlament, der Gerichtshof, die Europäische Zentralbank oder die Europäische Investitionsbank, sofern der Entwurf eines Gesetzgebungsakts von ihr beziehungsweise ihm vorgelegt wurde, beschließen, an dem Entwurf festzuhalten, ihn zu ändern oder ihn zurückzuziehen. [2] Dieser Beschluss muss begründet werden.

(3) *[1]* [1] Außerdem gilt im Rahmen des ordentlichen Gesetzgebungsverfahrens Folgendes: Erreicht die Anzahl begründeter Stellungnahmen, wonach der Vorschlag für einen Gesetzgebungsakt nicht mit dem Subsidiaritätsprinzip im Einklang steht, mindestens die einfache Mehrheit der Gesamtzahl der den nationalen Parlamenten nach Absatz 1 Unterabsatz 2 zugewiesenen Stimmen, so muss der Vorschlag überprüft werden. [2] Nach Abschluss dieser Überprüfung kann die Kommission beschließen, an dem Vorschlag festzuhalten, ihn zu ändern oder ihn zurückzuziehen.

[2] [1] Beschließt die Kommission, an dem Vorschlag festzuhalten, so hat sie in einer begründeten Stellungnahme darzulegen, weshalb der Vorschlag ihres Erachtens mit dem Subsidiaritätsprinzip im Einklang steht. [2] Die begründete Stellungnahme der Kommission wird zusammen mit den begründeten Stellungnahmen der nationalen Parlamente dem Unionsgesetzgeber vorgelegt, damit dieser sie im Rahmen des Verfahrens berücksichtigt:

a) Vor Abschluss der ersten Lesung prüft der Gesetzgeber (das Europäische Parlament und der Rat), ob der Gesetzgebungsvorschlag mit dem Subsidiaritätsprinzip im Einklang steht; hierbei berücksichtigt er insbesondere die angeführten Begründungen, die von einer Mehrheit der nationalen Parlamente unterstützt werden, sowie die begründete Stellungnahme der Kommission.

b) Ist der Gesetzgeber mit der Mehrheit von 55 % der Mitglieder des Rates oder einer Mehrheit der abgegebenen Stimmen im Europäischen Parlament der Ansicht, dass der Vorschlag nicht mit dem Subsidiaritätsprinzip im Einklang steht, wird der Gesetzgebungsvorschlag nicht weiter geprüft.

Art. 8 [EuGH-Zuständigkeit] *[1]* Der Gerichtshof der Europäischen Union ist für Klagen wegen Verstoßes eines Gesetzgebungsakts gegen das Subsidia-

---

[1)] Nr. **2**.

ritätsprinzip zuständig, die nach Maßgabe des Artikels 263 des Vertrags über die Arbeitsweise der Europäischen Union[1] von einem Mitgliedstaat erhoben oder entsprechend der jeweiligen innerstaatlichen Rechtsordnung von einem Mitgliedstaat im Namen seines nationalen Parlaments oder einer Kammer dieses Parlaments übermittelt werden.

[2] Nach Maßgabe des genannten Artikels können entsprechende Klagen in Bezug auf Gesetzgebungsakte, für deren Erlass die Anhörung des Ausschusses der Regionen nach dem Vertrag über die Arbeitsweise der Europäischen Union vorgeschrieben ist, auch vom Ausschuss der Regionen erhoben werden.

Art. 9 [Jahresbericht der Kommission] [1]Die Kommission legt dem Europäischen Rat, dem Europäischen Parlament, dem Rat und den nationalen Parlamenten jährlich einen Bericht über die Anwendung des Artikels 5 des Vertrags über die Europäische Union[2] vor. [2]Dieser Jahresbericht wird auch dem Wirtschafts- und Sozialausschuss und dem Ausschuss der Regionen zugeleitet.

---

[1] Nr. 2.
[2] Nr. 1.

18. Protokoll über die Rolle der nationalen Parlamente in der Europäischen Union[1)]

Vom 13. Dezember 2007
(ABl. C 306 S. 148)

Celex-Nr. 1 2007 L/PRO/A/01

DIE HOHEN VERTRAGSPARTEIEN –

EINGEDENK dessen, dass die Art der Kontrolle der Regierungen durch die nationalen Parlamente hinsichtlich der Tätigkeiten der Europäischen Union Sache der besonderen verfassungsrechtlichen Gestaltung und Praxis jedes Mitgliedstaats ist,

IN DEM WUNSCH, eine stärkere Beteiligung der nationalen Parlamente an den Tätigkeiten der Europäischen Union zu fördern und ihnen bessere Möglichkeiten zu geben, sich zu den Entwürfen von Gesetzgebungsakten der Europäischen Union sowie zu anderen Fragen, die für sie von besonderem Interesse sein können, zu äußern –

SIND über folgende Bestimmungen ÜBEREINGEKOMMEN, die dem Vertrag über die Europäische Union[2)], dem Vertrag über die Arbeitsweise der Europäischen Union[3)] und dem Vertrag zur Gründung der Europäischen Atomgemeinschaft beigefügt sind:

Titel I. Unterrichtung der nationalen Parlamente

Art. 1 [Weiterleitung von Dokumenten] [1] Die Konsultationsdokumente der Kommission (Grün- und Weißbücher sowie Mitteilungen) werden bei ihrer Veröffentlichung von der Kommission direkt den nationalen Parlamenten zugeleitet. [2] Ferner leitet die Kommission den nationalen Parlamenten gleichzeitig mit der Übermittlung an das Europäische Parlament und den Rat das jährliche Rechtsetzungsprogramm sowie alle weiteren Dokumente für die Ausarbeitung der Rechtsetzungsprogramme oder politischen Strategien zu.

Art. 2 [Weiterleitung von Gesetzgebungsakten] *[1]* Die an das Europäische Parlament und den Rat gerichteten Entwürfe von Gesetzgebungsakten werden den nationalen Parlamenten zugeleitet.

[2] Im Sinne dieses Protokolls bezeichnet „Entwurf eines Gesetzgebungsakts“ die Vorschläge der Kommission, die Initiativen einer Gruppe von Mitgliedstaaten, die Initiativen des Europäischen Parlaments, die Anträge des Gerichtshofs, die Empfehlungen der Europäischen Zentralbank und die Anträge der Europäischen Investitionsbank, die den Erlass eines Gesetzgebungsaktes zum Ziel haben.

[1)] Die Verweise/Bezugnahmen auf Vorschriften des EUV (Nr. **1**) und/oder AEUV (Nr. **2**) sind wie in der konsolidierten Fassung des Protokolls (ABl. 2016 C 202 S. 203) bereits gemäß Art. 5 des Vertrags von Lissabon v. 13.12.2007 (ABl. C 306 S. 1) iVm den Übereinstimmungstabellen (Nr. **1a** und **2a**) an die neue Nummerierung angepasst worden.

[2)] Nr. **1**.

[3)] Nr. **2**.

[3] Die von der Kommission vorgelegten Entwürfe von Gesetzgebungsakten werden von der Kommission gleichzeitig mit der Übermittlung an das Europäische Parlament und den Rat direkt den nationalen Parlamenten zugeleitet.

[4] Die vom Europäischen Parlament vorgelegten Entwürfe von Gesetzgebungsakten werden vom Europäischen Parlament direkt den nationalen Parlamenten zugeleitet.

[5] Die von einer Gruppe von Mitgliedstaaten, vom Gerichtshof, von der Europäischen Zentralbank oder von der Europäischen Investitionsbank vorgelegten Entwürfe von Gesetzgebungsakten werden vom Rat den nationalen Parlamenten zugeleitet.

Art. 3 [Subsidiaritätsprinzip] *[1]* Die nationalen Parlamente können nach dem im Protokoll über die Anwendung der Grundsätze der Subsidiarität und der Verhältnismäßigkeit vorgesehenen Verfahren eine begründete Stellungnahme zur Übereinstimmung eines Entwurfs eines Gesetzgebungsakts mit dem Subsidiaritätsprinzip an die Präsidenten des Europäischen Parlaments, des Rates und der Kommission richten.

[2] Wird der Entwurf eines Gesetzgebungsakts von einer Gruppe von Mitgliedstaaten vorgelegt, so übermittelt der Präsident des Rates die begründete Stellungnahme oder die begründeten Stellungnahmen den Regierungen dieser Mitgliedstaaten.

[3] Wird der Entwurf eines Gesetzgebungsakts vom Gerichtshof, von der Europäischen Zentralbank oder von der Europäischen Investitionsbank vorgelegt, so übermittelt der Präsident des Rates die begründete Stellungnahme oder die begründeten Stellungnahmen dem betreffenden Organ oder der betreffenden Einrichtung.

Art. 4 [Fristen] [1] Zwischen dem Zeitpunkt, zu dem ein Entwurf eines Gesetzgebungsakts den nationalen Parlamenten in den Amtssprachen der Union zugeleitet wird, und dem Zeitpunkt, zu dem er zwecks Erlass oder zur Festlegung eines Standpunkts im Rahmen eines Gesetzgebungsverfahrens auf die vorläufige Tagesordnung des Rates gesetzt wird, müssen acht Wochen liegen. [2] In dringenden Fällen, die in dem Rechtsakt oder dem Standpunkt des Rates begründet werden, sind Ausnahmen möglich. [3] Außer in ordnungsgemäß begründeten dringenden Fällen darf in diesen acht Wochen keine Einigung über den Entwurf eines Gesetzgebungsakts festgestellt werden. [4] Außer in ordnungsgemäß begründeten dringenden Fällen müssen zwischen der Aufnahme des Entwurfs eines Gesetzgebungsakts in die vorläufige Tagesordnung für die Tagung des Rates und der Festlegung eines Standpunkts zehn Tage liegen.

Art. 5 [Tagesordnungen des Rates] Den nationalen Parlamenten werden die Tagesordnungen für die Tagungen des Rates und die Ergebnisse dieser Tagungen, einschließlich der Protokolle der Tagungen, auf denen der Rat über Entwürfe von Gesetzgebungsakten berät, gleichzeitig mit der Übermittlung an die Regierungen der Mitgliedstaaten direkt zugeleitet.

Art. 6 [Vertragsänderungen] Beabsichtigt der Europäische Rat, Artikel 48 Absatz 7 Unterabsatz 1 oder Unterabsatz 2 des Vertrags über die Europäische

Union[1] in Anspruch zu nehmen, so werden die nationalen Parlamente mindestens sechs Monate vor dem Erlass eines Beschlusses von der Initiative des Europäischen Rates unterrichtet.

Art. 7 [Jahresbericht des Rechnungshofs] Der Rechnungshof übermittelt den nationalen Parlamenten gleichzeitig mit der Übermittlung an das Europäische Parlament und den Rat seinen Jahresbericht zur Unterrichtung.

Art. 8 [Zweikammersystem] Handelt es sich bei dem System des nationalen Parlaments nicht um ein Einkammersystem, so gelten die Artikel 1 bis 7 für jede der Kammern des Parlaments.

Titel II. Zusammenarbeit zwischen den Parlamenten

Art. 9 [Regelung der Zusammenarbeit] Das Europäische Parlament und die nationalen Parlamente legen gemeinsam fest, wie eine effiziente und regelmäßige Zusammenarbeit zwischen den Parlamenten innerhalb der Union gestaltet und gefördert werden kann.

Art. 10 [Konferenz der Europa-Ausschüsse] [1] Eine Konferenz der Europa-Ausschüsse der Parlamente kann jeden ihr zweckmäßig erscheinenden Beitrag dem Europäischen Parlament, dem Rat und der Kommission zur Kenntnis bringen. [2] Diese Konferenz fördert ferner den Austausch von Informationen und bewährten Praktiken zwischen den nationalen Parlamenten und dem Europäischen Parlament, einschließlich ihrer Fachausschüsse. [3] Sie kann auch interparlamentarische Konferenzen zu Einzelthemen organisieren, insbesondere zur Erörterung von Fragen der Gemeinsamen Außen- und Sicherheitspolitik, einschließlich der Gemeinsamen Sicherheits- und Verteidigungspolitik. [4] Die Beiträge der Konferenz binden nicht die nationalen Parlamente und greifen ihrem Standpunkt nicht vor.

---

[1] Nr. **1**.

19. Protokoll über die Ausübung der geteilten Zuständigkeit[1]

Vom 13. Dezember 2007
(ABl. C 306 S. 158)

Celex-Nr. 1 2007 L/PRO/A/08

DIE HOHEN VERTRAGSPARTEIEN –

SIND über folgende Bestimmungen ÜBEREINGEKOMMEN, die dem Vertrag über die Europäische Union[2] und dem Vertrag über die Arbeitsweise der Europäischen Union[3] beigefügt sind:

Einziger Artikel. [Ausübung der Zuständigkeit]

Ist die Union in einem bestimmten Bereich im Sinne des Artikels 2 Absatz 2 des Vertrags über die Arbeitsweise der Europäischen Union[3] betreffend die geteilte Zuständigkeit tätig geworden, so erstreckt sich die Ausübung der Zuständigkeit nur auf die durch den entsprechenden Rechtsakt der Union geregelten Elemente und nicht auf den gesamten Bereich.

---

[1] Die Verweise/Bezugnahmen auf Vorschriften des AEUV (Nr. **2**) sind wie in der konsolidierten Fassung des Protokolls (ABl. 2016 C 202 S. 306) bereits gemäß Art. 5 des Vertrags von Lissabon v. 13.12.2007 (ABl. C 306 S. 1) iVm der Übereinstimmungstabelle (Nr. **2a**) an die neue Nummerierung angepasst worden.

[2] Nr. **1**.

[3] Nr. **2**.

20. Grundgesetz für die Bundesrepublik Deutschland

Vom 23. Mai 1949
(BGBl. S. 1)

BGBl. III/FNA 100-1
zuletzt geänd. durch Art. 1 ÄndG (Art. 82) v. 19.12.2022 (BGBl. I S. 2478)

– Auszug –

Präambel

[1] Im Bewußtsein seiner Verantwortung vor Gott und den Menschen,

von dem Willen beseelt, als gleichberechtigtes Glied in einem vereinten Europa dem Frieden der Welt zu dienen, hat sich das Deutsche Volk kraft seiner verfassungsgebenden Gewalt dieses Grundgesetz gegeben.

(...)

II. Der Bund und die Länder

Art. 23 [Verwirklichung der Europäischen Union; Beteiligung des Bundesrates, der Bundesregierung] (1) [1] Zur Verwirklichung eines vereinten Europas wirkt die Bundesrepublik Deutschland bei der Entwicklung der Europäischen Union mit, die demokratischen, rechtsstaatlichen, sozialen und föderativen Grundsätzen und dem Grundsatz der Subsidiarität verpflichtet ist und einen diesem Grundgesetz im wesentlichen vergleichbaren Grundrechtsschutz gewährleistet. [2] Der Bund kann hierzu durch Gesetz mit Zustimmung des Bundesrates Hoheitsrechte übertragen. [3] Für die Begründung der Europäischen Union sowie für Änderungen ihrer vertraglichen Grundlagen und vergleichbare Regelungen, durch die dieses Grundgesetz seinem Inhalt nach geändert oder ergänzt wird oder solche Änderungen oder Ergänzungen ermöglicht werden, gilt Artikel 79 Abs. 2 und 3.

(1a) [1] Der Bundestag und der Bundesrat haben das Recht, wegen Verstoßes eines Gesetzgebungsakts der Europäischen Union gegen das Subsidiaritätsprinzip vor dem Gerichtshof der Europäischen Union Klage zu erheben. [2] Der Bundestag ist hierzu auf Antrag eines Viertels seiner Mitglieder verpflichtet. [3] Durch Gesetz, das der Zustimmung des Bundesrates bedarf, können für die Wahrnehmung der Rechte, die dem Bundestag und dem Bundesrat in den vertraglichen Grundlagen der Europäischen Union eingeräumt sind, Ausnahmen von Artikel 42 Abs. 2 Satz 1 und Artikel 52 Abs. 3 Satz 1 zugelassen werden.

(2) [1] In Angelegenheiten der Europäischen Union wirken der Bundestag und durch den Bundesrat die Länder mit. [2] Die Bundesregierung hat den Bundestag und den Bundesrat umfassend und zum frühestmöglichen Zeitpunkt zu unterrichten.

(3) [1] Die Bundesregierung gibt dem Bundestag Gelegenheit zur Stellungnahme vor ihrer Mitwirkung an Rechtsetzungsakten der Europäischen Union.

[2]Die Bundesregierung berücksichtigt die Stellungnahmen des Bundestages bei den Verhandlungen. [3]Das Nähere regelt ein Gesetz[1)].

(4) Der Bundesrat ist an der Willensbildung des Bundes zu beteiligen, soweit er an einer entsprechenden innerstaatlichen Maßnahme mitzuwirken hätte oder soweit die Länder innerstaatlich zuständig wären.

(5) [1]Soweit in einem Bereich ausschließlicher Zuständigkeiten des Bundes Interessen der Länder berührt sind oder soweit im übrigen der Bund das Recht zur Gesetzgebung hat, berücksichtigt die Bundesregierung die Stellungnahme des Bundesrates. [2]Wenn im Schwerpunkt Gesetzgebungsbefugnisse der Länder, die Einrichtung ihrer Behörden oder ihre Verwaltungsverfahren betroffen sind, ist bei der Willensbildung des Bundes insoweit die Auffassung des Bundesrates maßgeblich zu berücksichtigen; dabei ist die gesamtstaatliche Verantwortung des Bundes zu wahren. [3]In Angelegenheiten, die zu Ausgabenerhöhungen oder Einnahmeminderungen für den Bund führen können, ist die Zustimmung der Bundesregierung erforderlich.

(6) [1]Wenn im Schwerpunkt ausschließliche Gesetzgebungsbefugnisse der Länder auf den Gebieten der schulischen Bildung, der Kultur oder des Rundfunks betroffen sind, wird die Wahrnehmung der Rechte, die der Bundesrepublik Deutschland als Mitgliedstaat der Europäischen Union zustehen, vom Bund auf einen vom Bundesrat benannten Vertreter der Länder übertragen. [2]Die Wahrnehmung der Rechte erfolgt unter Beteiligung und in Abstimmung mit der Bundesregierung; dabei ist die gesamtstaatliche Verantwortung des Bundes zu wahren.

(7) Das Nähere zu den Absätzen 4 bis 6 regelt ein Gesetz[2)], das der Zustimmung des Bundesrates bedarf.

Art. 28 [Verfassung der Länder] (1) [1]Die verfassungsmäßige Ordnung in den Ländern muß den Grundsätzen des republikanischen, demokratischen und sozialen Rechtsstaates im Sinne dieses Grundgesetzes entsprechen. [2]In den Ländern, Kreisen und Gemeinden muß das Volk eine Vertretung haben, die aus allgemeinen, unmittelbaren, freien, gleichen und geheimen Wahlen hervorgegangen ist. [3]Bei Wahlen in Kreisen und Gemeinden sind auch Personen, die die Staatsangehörigkeit eines Mitgliedstaates der Europäischen Gemeinschaft[3)] besitzen, nach Maßgabe von Recht der Europäischen Gemeinschaft wahlberechtigt und wählbar. [4]In Gemeinden kann an die Stelle einer gewählten Körperschaft die Gemeindeversammlung treten.

(...)

III. Der Bundestag

Art. 45 [Ausschuss für die Angelegenheiten der Europäischen Union]

[1]Der Bundestag bestellt einen Ausschuß für die Angelegenheiten der Europäischen Union. [2]Er kann ihn ermächtigen, die Rechte des Bundestages gemäß

[1)] Siehe das Gesetz über die Zusammenarbeit von Bundesregierung und Deutschem Bundestag in Angelegenheiten der Europäischen Union (EUZBBG) (Nr. **22**).

[2)] Siehe das Gesetz über die Zusammenarbeit von Bund und Ländern in Angelegenheiten der Europäischen Union (EUZBLG) (Nr. **23**).

[3)] Die Bezeichnung „Gemeinschaft(en)" ist als „Union" zu verstehen (unter Einschluss der EAG).

Artikel 23 gegenüber der Bundesregierung wahrzunehmen. [3] Er kann ihn auch ermächtigen, die Rechte wahrzunehmen, die dem Bundestag in den vertraglichen Grundlagen der Europäischen Union eingeräumt sind.

IV. Der Bundesrat

Art. 50 [Aufgabe] Durch den Bundesrat wirken die Länder bei der Gesetzgebung und Verwaltung des Bundes und in Angelegenheiten der Europäischen Union mit[1)].

Art. 52 [Präsident; Beschlussfassung; Bildung einer Europakammer]

(...)

(3a) Für Angelegenheiten der Europäischen Union kann der Bundesrat eine Europakammer bilden[2)], deren Beschlüsse als Beschlüsse des Bundesrates gelten; die Anzahl der einheitlich abzugebenden Stimmen der Länder bestimmt sich nach Artikel 51 Abs. 2.

(...)

VII. Die Gesetzgebung des Bundes

Art. 76 [Gesetzesvorlagen] (1) Gesetzesvorlagen werden beim Bundestage durch die Bundesregierung, aus der Mitte des Bundestages oder durch den Bundesrat eingebracht.

(2) [1] Vorlagen der Bundesregierung sind zunächst dem Bundesrat zuzuleiten. [2] Der Bundesrat ist berechtigt, innerhalb von sechs Wochen zu diesen Vorlagen Stellung zu nehmen. [3] Verlangt er aus wichtigem Grunde, insbesondere mit Rücksicht auf den Umfang einer Vorlage, eine Fristverlängerung, so beträgt die Frist neun Wochen. [4] Die Bundesregierung kann eine Vorlage, die sie bei der Zuleitung an den Bundesrat ausnahmsweise als besonders eilbedürftig bezeichnet hat, nach drei Wochen oder, wenn der Bundesrat ein Verlangen nach Satz 3 geäußert hat, nach sechs Wochen dem Bundestag zuleiten, auch wenn die Stellungnahme des Bundesrates noch nicht bei ihr eingegangen ist; sie hat die Stellungnahme des Bundesrates unverzüglich nach Eingang dem Bundestag nachzureichen. [5] Bei Vorlagen zur Änderung dieses Grundgesetzes und zur Übertragung von Hoheitsrechten nach Artikel 23 oder Artikel 24 beträgt die Frist zur Stellungnahme neun Wochen; Satz 4 findet keine Anwendung.

(3) [1] Vorlagen des Bundesrates sind dem Bundestag durch die Bundesregierung innerhalb von sechs Wochen zuzuleiten. [2] Sie soll hierbei ihre Auffassung darlegen. [3] Verlangt sie aus wichtigem Grunde, insbesondere mit Rücksicht auf den Umfang einer Vorlage, eine Fristverlängerung, so beträgt die Frist neun Wochen. [4] Wenn der Bundesrat eine Vorlage ausnahmsweise als besonders eilbedürftig bezeichnet hat, beträgt die Frist drei Wochen oder, wenn die Bundesregierung ein Verlangen nach Satz 3 geäußert hat, sechs Wochen. [5] Bei Vorlagen zur Änderung dieses Grundgesetzes und zur Übertragung von Ho-

---

[1)] Siehe das Gesetz über die Zusammenarbeit von Bund und Ländern in Angelegenheiten der Europäischen Union (EUZBLG) (Nr. **23**).

[2)] Siehe hierzu die §§ 45b ff. der Geschäftsordnung des Bundesrates idF der Bek. v. 26.11.1993 (BGBl. I S. 2007), zuletzt geänd. durch Bek. v. 8.6.2007 (BGBl. I S. 1057).

heitsrechten nach Artikel 23 oder Artikel 24 beträgt die Frist neun Wochen; Satz 4 findet keine Anwendung. [6]Der Bundestag hat über die Vorlagen in angemessener Frist zu beraten und Beschluß zu fassen.

Art. 79 [Änderungen des Grundgesetzes]

(...)

(2) Ein solches Gesetz bedarf der Zustimmung von zwei Dritteln der Mitglieder des Bundestages und zwei Dritteln der Stimmen des Bundesrates.

(3) Eine Änderung dieses Grundgesetzes, durch welche die Gliederung des Bundes in Länder, die grundsätzliche Mitwirkung der Länder bei der Gesetzgebung oder die in den Artikeln 1 und 20 niedergelegten Grundsätze berührt werden, ist unzulässig.

VIII. Die Ausführung der Bundesgesetze und die Bundesverwaltung

Art. 88 [Bundesbank] [1]Der Bund errichtet eine Währungs- und Notenbank als Bundesbank[1)]. [2]Ihre Aufgaben und Befugnisse können im Rahmen der Europäischen Union der Europäischen Zentralbank übertragen werden, die unabhängig ist und dem vorrangigen Ziel der Sicherung der Preisstabilität verpflichtet.

X. Das Finanzwesen[2)]

Art. 104a [Ausgabenverteilung; Lastenverteilung] (1) Der Bund und die Länder tragen gesondert die Ausgaben, die sich aus der Wahrnehmung ihrer Aufgaben ergeben, soweit dieses Grundgesetz nichts anderes bestimmt.

(...)

(6) [1]Bund und Länder tragen nach der innerstaatlichen Zuständigkeits- und Aufgabenverteilung die Lasten einer Verletzung von supranationalen oder völkerrechtlichen Verpflichtungen Deutschlands. [2]In Fällen länderübergreifender Finanzkorrekturen der Europäischen Union tragen Bund und Länder diese Lasten im Verhältnis 15 zu 85. [3]Die Ländergesamtheit trägt in diesen Fällen solidarisch 35 vom Hundert der Gesamtlasten entsprechend einem allgemeinen Schlüssel; 50 vom Hundert der Gesamtlasten tragen die Länder, die die Lasten verursacht haben, anteilig entsprechend der Höhe der erhaltenen Mittel. [4]Das Nähere regelt ein Bundesgesetz, das der Zustimmung des Bundesrates bedarf.

[1)] Siehe hierzu das G über die Deutsche Bundesbank idF der Bek. v. 22.10.1992 (BGBl. I S. 1782), zuletzt geänd. durch G v. 4.7.2013 (BGBl. I S. 1981).

[2)] Zur Geltung der Finanzverfassung siehe für die Zeit nach der Herstellung der Einheit Deutschlands Art. 7 EVertr v. 31.8.1990 (BGBl. II S. 885, 889), zuletzt geänd. durch G v. 8.7.2016 (BGBl. I S. 1594).

Art. 106 [Verteilung des Steueraufkommens und des Ertrages der Finanzmonopole] (1) Der Ertrag der Finanzmonopole und das Aufkommen der folgenden Steuern stehen dem Bund zu:

(...)

7. Abgaben im Rahmen der Europäischen Gemeinschaften[1].

(...)

Art. 108 [Finanzverwaltung] (1) [1] Zölle, Finanzmonopole, die bundesgesetzlich geregelten Verbrauchsteuern einschließlich der Einfuhrumsatzsteuer, die Kraftfahrzeugsteuer und sonstige auf motorisierte Verkehrsmittel bezogene Verkehrsteuern ab dem 1. Juli 2009 sowie die Abgaben im Rahmen der Europäischen Gemeinschaften werden durch Bundesfinanzbehörden verwaltet. [2] Der Aufbau dieser Behörden wird durch Bundesgesetz[2] geregelt. [3] Soweit Mittelbehörden eingerichtet sind, werden deren Leiter im Benehmen mit den Landesregierungen bestellt.

(...)

Art. 109 [Haushaltswirtschaft in Bund und Ländern] (1) Bund und Länder sind in ihrer Haushaltswirtschaft selbständig und voneinander unabhängig.

(...)

(5) [1] Sanktionsmaßnahmen der Europäischen Gemeinschaft[1] im Zusammenhang mit den Bestimmungen in Artikel 104 des Vertrags zur Gründung der Europäischen Gemeinschaft[3] zur Einhaltung der Haushaltsdisziplin tragen Bund und Länder im Verhältnis 65 zu 35. [2] Die Ländergesamtheit trägt solidarisch 35 vom Hundert der auf die Länder entfallenden Lasten entsprechend ihrer Einwohnerzahl; 65 vom Hundert der auf die Länder entfallenden Lasten tragen die Länder entsprechend ihrem Verursachungsbeitrag. [3] Das Nähere regelt ein Bundesgesetz, das der Zustimmung des Bundesrates bedarf.

---

[1] Die Bezeichnung „Gemeinschaft(en)" ist als „Union" zu verstehen (unter Einschluss der EAG).

[2] Siehe das FinanzverwaltungsG idF der Bek. v. 4.4.2006 (BGBl. I S. 846, ber. S. 1202), zuletzt geänd. durch G v. 21.12.2019 (BGBl. I S. 2875).

[3] Siehe Art. 126 des Vertrags über die Arbeitsweise der Europäischen Union (Nr. **2**).

21. Gesetz über die Wahrnehmung der Integrationsverantwortung des Bundestages und des Bundesrates in Angelegenheiten der Europäischen Union (Integrationsverantwortungsgesetz – IntVG)[1]

Vom 22. September 2009
(BGBl. I S. 3022)

FNA 170-9

geänd. durch Art. 1 G zur Umsetzung der GGÄnderungen für die Ratifizierung des Vertrags von Lissabon v. 1.12.2009 (BGBl. I S. 3822)

§ 1 Integrationsverantwortung. (1) Der Bundestag und der Bundesrat nehmen in Angelegenheiten der Europäischen Union ihre Integrationsverantwortung insbesondere nach Maßgabe der folgenden Bestimmungen wahr.

(2) Der Bundestag und der Bundesrat sollen über Vorlagen nach diesem Gesetz in angemessener Frist beraten und Beschluss fassen und dabei die für die Beschlussfassung auf der Ebene der Europäischen Union maßgeblichen Fristvorgaben berücksichtigen.

§ 2 Vereinfachtes Vertragsänderungsverfahren. Eine Zustimmung der Bundesrepublik Deutschland zu einem Beschluss des Europäischen Rates gemäß Artikel 48 Absatz 6 Unterabsatz 2 und 3 des Vertrags über die Europäische Union[2] erfolgt durch ein Gesetz gemäß Artikel 23 Absatz 1 des Grundgesetzes[3].

§ 3 Besondere Vertragsänderungsverfahren. (1) Eine Zustimmung der Bundesrepublik Deutschland zu einem Beschluss des Rates gemäß Artikel 218 Absatz 8 Unterabsatz 2 Satz 2 oder gemäß Artikel 311 Absatz 3 des Vertrags über die Arbeitsweise der Europäischen Union[4] erfolgt durch ein Gesetz gemäß Artikel 23 Absatz 1 des Grundgesetzes[3].

(2) Absatz 1 gilt auch für Bestimmungen, die der Rat gemäß Artikel 25 Absatz 2, Artikel 223 Absatz 1 Unterabsatz 2 oder Artikel 262 des Vertrags über die Arbeitsweise der Europäischen Union erlässt.

(3) [1]Der deutsche Vertreter im Europäischen Rat darf einem Beschlussvorschlag gemäß Artikel 42 Absatz 2 Unterabsatz 1 Satz 2 des Vertrags über die Europäische Union[2] nur zustimmen oder sich bei einer Beschlussfassung enthalten, nachdem der Bundestag hierzu einen Beschluss gefasst hat. [2]Einen entsprechenden Antrag im Bundestag kann auch die Bundesregierung stellen. [3]Ohne einen solchen Beschluss des Bundestages muss der deutsche Vertreter im Europäischen Rat den Beschlussvorschlag ablehnen. [4]Nachdem ein Beschluss des Europäischen Rates gemäß Artikel 42 Absatz 2 Unterabsatz 1 Satz 2

---

[1] Verkündet als Art. 1 des G v. 22.9.2009 (BGBl. I S. 3022); Inkrafttreten gem. Art. 4 dieses G am 25.9.2009.

[2] Nr. **1**.

[3] Nr. **20**.

[4] Nr. **2**.

des Vertrags über die Europäische Union gefasst worden ist, erfolgt eine Zustimmung der Bundesrepublik Deutschland durch ein Gesetz gemäß Artikel 23 Absatz 1 des Grundgesetzes.

§ 4 Brückenklauseln. (1) [1]Der deutsche Vertreter im Europäischen Rat darf einem Beschlussvorschlag gemäß Artikel 48 Absatz 7 Unterabsatz 1 Satz 1 oder Unterabsatz 2 des Vertrags über die Europäische Union[1)] nur zustimmen oder sich bei einer Beschlussfassung enthalten, nachdem hierzu ein Gesetz gemäß Artikel 23 Absatz 1 des Grundgesetzes[2)] in Kraft getreten ist. [2]Ohne ein solches Gesetz muss der deutsche Vertreter im Europäischen Rat den Beschlussvorschlag ablehnen.

(2) [1]Der deutsche Vertreter im Rat darf einem Beschlussvorschlag gemäß Artikel 81 Absatz 3 Unterabsatz 2 des Vertrags über die Arbeitsweise der Europäischen Union[3)] nur zustimmen oder sich bei einer Beschlussfassung enthalten, nachdem hierzu ein Gesetz gemäß Artikel 23 Absatz 1 des Grundgesetzes in Kraft getreten ist. [2]Ohne ein solches Gesetz muss der deutsche Vertreter im Rat den Beschlussvorschlag ablehnen.

§ 5 Zustimmung im Europäischen Rat bei besonderen Brückenklauseln. (1) [1]Der deutsche Vertreter im Europäischen Rat darf einem Beschlussvorschlag gemäß Artikel 31 Absatz 3 des Vertrags über die Europäische Union[1)] oder gemäß Artikel 312 Absatz 2 Unterabsatz 2 des Vertrags über die Arbeitsweise der Europäischen Union[3)] nur zustimmen oder sich bei einer Beschlussfassung enthalten, nachdem der Bundestag hierzu einen Beschluss gefasst hat. [2]Einen entsprechenden Antrag im Bundestag kann auch die Bundesregierung stellen. [3]Ohne einen solchen Beschluss des Bundestages muss der deutsche Vertreter im Europäischen Rat den Beschlussvorschlag ablehnen.

(2) Zusätzlich zu dem Beschluss des Bundestages muss der Bundesrat einen entsprechenden Beschluss gefasst haben, wenn Gebiete betroffen sind,

1. für welche eine Gesetzgebungszuständigkeit des Bundes nicht besteht,
2. für welche die Länder gemäß Artikel 72 Absatz 2 des Grundgesetzes das Recht zur Gesetzgebung haben,
3. für welche die Länder gemäß Artikel 72 Absatz 3 oder Artikel 84 Absatz 1 des Grundgesetzes abweichende Regelungen treffen können oder
4. deren Regelung durch ein Bundesgesetz der Zustimmung des Bundesrates bedarf.

§ 6 Zustimmung im Rat bei besonderen Brückenklauseln. (1) [1]Der deutsche Vertreter im Rat darf einem Beschlussvorschlag gemäß Artikel 153 Absatz 2 Unterabsatz 4, Artikel 192 Absatz 2 Unterabsatz 2 oder Artikel 333 Absatz 1 oder Absatz 2 des Vertrags über die Arbeitsweise der Europäischen Union[3)] nur zustimmen oder sich bei einer Beschlussfassung enthalten, nachdem der Bundestag hierzu einen Beschluss gefasst hat. [2]§ 5 Absatz 1 Satz 2 und 3 gilt entsprechend.

(2) § 5 Absatz 2 gilt entsprechend.

---

1) Nr. **1**.
2) Nr. **20**.
3) Nr. **2**.

§ 7 Kompetenzerweiterungsklauseln. (1) [1]Der deutsche Vertreter im Rat darf einem Beschlussvorschlag gemäß Artikel 83 Absatz 1 Unterabsatz 3 oder Artikel 86 Absatz 4 des Vertrags über die Arbeitsweise der Europäischen Union[1)] nur zustimmen oder sich bei einer Beschlussfassung enthalten, nachdem hierzu ein Gesetz gemäß Artikel 23 Absatz 1 des Grundgesetzes[2)] in Kraft getreten ist. [2]Ohne ein solches Gesetz muss der deutsche Vertreter im Rat den Beschlussvorschlag ablehnen.

(2) Absatz 1 gilt entsprechend für Satzungsänderungen gemäß Artikel 308 Absatz 3 des Vertrags über die Arbeitsweise der Europäischen Union.

§ 8[3)] Flexibilitätsklausel. [1]Der deutsche Vertreter im Rat darf einem Vorschlag zum Erlass von Vorschriften gemäß Artikel 352 des Vertrags über die Arbeitsweise der Europäischen Union[1)] nur zustimmen oder sich bei einer Beschlussfassung enthalten, nachdem hierzu ein Gesetz gemäß Artikel 23 Absatz 1 des Grundgesetzes[2)] in Kraft getreten ist. [2]Ohne ein solches Gesetz muss der deutsche Vertreter im Rat den Vorschlag zum Erlass von Vorschriften ablehnen.

§ 9 Notbremsemechanismus. (1) Der deutsche Vertreter im Rat muss in den Fällen des Artikels 48 Absatz 2 Satz 1, des Artikels 82 Absatz 3 Unterabsatz 1 Satz 1 und des Artikels 83 Absatz 3 Unterabsatz 1 Satz 1 des Vertrags über die Arbeitsweise der Europäischen Union[1)] beantragen, den Europäischen Rat zu befassen, wenn der Bundestag ihn hierzu durch einen Beschluss angewiesen hat.

(2) Wenn im Schwerpunkt Gebiete im Sinne des § 5 Absatz 2 betroffen sind, muss der deutsche Vertreter im Rat einen Antrag nach Absatz 1 auch dann stellen, wenn ein entsprechender Beschluss des Bundesrates vorliegt.

§ 10 Ablehnungsrecht bei Brückenklauseln. (1) Für die Ablehnung einer Initiative des Europäischen Rates gemäß Artikel 48 Absatz 7 Unterabsatz 3 des Vertrags über die Europäische Union[4)] gilt:

1. Wenn bei einer Initiative im Schwerpunkt ausschließliche Gesetzgebungszuständigkeiten des Bundes betroffen sind, kann der Bundestag die Ablehnung der Initiative beschließen.
2. In allen anderen Fällen kann der Bundestag oder der Bundesrat die Ablehnung der Initiative beschließen.

(2) Der Präsident des Bundestages oder der Präsident des Bundesrates unterrichtet die Präsidenten der zuständigen Organe der Europäischen Union über die Ablehnung der Initiative und setzt die Bundesregierung darüber in Kenntnis.

(3) Die Absätze 1 und 2 gelten entsprechend für einen Vorschlag der Europäischen Kommission für einen Beschluss des Rates gemäß Artikel 81 Absatz 3 Unterabsatz 3 des Vertrags über die Arbeitsweise der Europäischen Union[1)].

[1)] Nr. **2**.
[2)] Nr. **20**.
[3)] Siehe hierzu ua: Brexit EU-Haushalt Durchführungs- und Finanzierungsgesetz v. 20.6.2019 (BGBl. II S. 498).
[4)] Nr. **1**.

§ 11 Subsidiaritätsrüge. (1) Der Bundestag und der Bundesrat können in ihren Geschäftsordnungen regeln, wie eine Entscheidung über die Abgabe einer begründeten Stellungnahme gemäß Artikel 6 des Protokolls über die Anwendung der Grundsätze der Subsidiarität und der Verhältnismäßigkeit[1] herbeizuführen ist.

(2) Der Präsident des Bundestages oder der Präsident des Bundesrates übermittelt die begründete Stellungnahme an die Präsidenten der zuständigen Organe der Europäischen Union und setzt die Bundesregierung darüber in Kenntnis.

§ 12 Subsidiaritätsklage. (1) [1]Auf Antrag eines Viertels seiner Mitglieder ist der Bundestag verpflichtet, eine Klage gemäß Artikel 8 des Protokolls über die Anwendung der Grundsätze der Subsidiarität und der Verhältnismäßigkeit[1] zu erheben. [2]Auf Antrag eines Viertels seiner Mitglieder, die die Erhebung der Klage nicht stützen, ist deren Auffassung in der Klageschrift deutlich zu machen.

(2) Der Bundesrat kann in seiner Geschäftsordnung regeln, wie ein Beschluss über die Erhebung einer Klage gemäß Absatz 1 herbeizuführen ist.

(3) Die Bundesregierung übermittelt die Klage im Namen des Organs, das über ihre Erhebung gemäß Absatz 1 oder gemäß Absatz 2 beschlossen hat, unverzüglich an den Gerichtshof der Europäischen Union.

(4) Das Organ, das die Erhebung der Klage gemäß Absatz 1 oder gemäß Absatz 2 beschlossen hat, übernimmt die Prozessführung vor dem Gerichtshof der Europäischen Union.

(5) Wird im Bundestag oder im Bundesrat ein Antrag zur Erhebung einer Klage gemäß Absatz 1 oder gemäß Absatz 2 gestellt, so kann das andere Organ eine Stellungnahme abgeben.

§ 13 Unterrichtung. (1) [1]Die Bundesregierung hat den Bundestag und den Bundesrat in Angelegenheiten dieses Gesetzes umfassend, zum frühestmöglichen Zeitpunkt, fortlaufend und in der Regel schriftlich zu unterrichten. [2]Einzelheiten der Unterrichtungspflichten aufgrund des Gesetzes über die Zusammenarbeit von Bundesregierung und Deutschem Bundestag in Angelegenheiten der Europäischen Union[2] vom 12. März 1993 (BGBl. I S. 311), das durch Artikel 2 Absatz 1 des Gesetzes vom 17. November 2005 (BGBl. I S. 3178) geändert worden ist, des Gesetzes über die Zusammenarbeit von Bund und Ländern in Angelegenheiten der Europäischen Union[3] vom 12. März 1993 (BGBl. I S. 313, 1780), das zuletzt durch Artikel 2 des Gesetzes vom 5. September 2006 (BGBl. I S. 2098) geändert worden ist, und anderer Regelungen bleiben unberührt.

(2) [1]Die Bundesregierung unterrichtet den Bundestag und den Bundesrat, wenn der Rat in Vorbereitung einer Initiative des Europäischen Rates nach Artikel 48 Absatz 7 des Vertrags über die Europäische Union[4] befasst wird. [2]Das Gleiche gilt, wenn der Europäische Rat eine derartige Initiative ergriffen

---

[1] Nr. **17**.
[2] Nr. **22**.
[3] Nr. **23**.
[4] Nr. **1**.

hat. [3] Die Bundesregierung unterrichtet den Bundestag und den Bundesrat über einen Vorschlag der Europäischen Kommission nach Artikel 81 Absatz 3 Unterabsatz 2 des Vertrags über die Arbeitsweise der Europäischen Union[1)].

(3) [1] Die Bundesregierung übermittelt dem Bundestag und dem Bundesrat binnen zwei Wochen nach Zuleitung von Initiativen, Vorschlägen oder Beschlüssen, auf die sich die vorstehenden Bestimmungen beziehen, eine ausführliche Erläuterung der Folgen für die vertraglichen Grundlagen der Europäischen Union sowie eine Bewertung der integrationspolitischen Notwendigkeit und Auswirkungen. [2] Ferner erläutert die Bundesregierung,

1. ob es zur Mitwirkung des Bundestages und des Bundesrates eines Gesetzes gemäß Artikel 23 Absatz 1 Satz 2 oder 3 des Grundgesetzes[2)] bedarf;
2. wenn das Verfahren nach § 9 in Betracht kommt, ob Entwürfe zu Gesetzgebungsakten gemäß
   a) Artikel 48 Absatz 1 des Vertrags über die Arbeitsweise der Europäischen Union wichtige Aspekte des deutschen Systems der sozialen Sicherheit, insbesondere dessen Geltungsbereich, Kosten oder Finanzstruktur, verletzen oder dessen finanzielles Gleichgewicht beeinträchtigen würden,
   b) Artikel 82 Absatz 2 oder Artikel 83 Absatz 1 oder 2 des Vertrags über die Arbeitsweise der Europäischen Union grundlegende Aspekte der deutschen Strafrechtsordnung berühren würden.

(4) [1] Bei eilbedürftigen Vorlagen verkürzt sich die Frist des Absatzes 3 so, dass eine der Integrationsverantwortung angemessene Behandlung in Bundestag und Bundesrat gewährleistet ist. [2] Ist eine besonders umfangreiche Bewertung erforderlich, kann die Frist verlängert werden.

(5) [1] Über einen Antrag eines anderen Mitgliedstaates im Rat gemäß Artikel 48 Absatz 2 Satz 1, Artikel 82 Absatz 3 Unterabsatz 1 Satz 1 oder Artikel 83 Absatz 3 Unterabsatz 1 Satz 1 des Vertrags über die Arbeitsweise der Europäischen Union unterrichtet die Bundesregierung den Bundestag und den Bundesrat unverzüglich schriftlich. [2] Diese Unterrichtung umfasst die Gründe des Antragstellers.

(6) [1] Zu Vorschlägen für Gesetzgebungsakte der Europäischen Union übermittelt die Bundesregierung binnen zwei Wochen nach Überweisung an die Ausschüsse des Bundestages, spätestens jedoch zu Beginn der Beratungen in den Ratsgremien, eine umfassende Bewertung. [2] Sie enthält Angaben zur Zuständigkeit der Europäischen Union zum Erlass des vorgeschlagenen Gesetzgebungsaktes und zu dessen Vereinbarkeit mit den Grundsätzen der Subsidiarität und Verhältnismäßigkeit.

(7) [1] Die Bundesregierung unterrichtet Bundestag und Bundesrat zum frühestmöglichen Zeitpunkt über den Abschluss eines Gesetzgebungsverfahrens der Europäischen Union. [2] Diese Unterrichtung enthält auch eine Bewertung, ob die Bundesregierung den Gesetzgebungsakt mit den Grundsätzen der Subsidiarität und der Verhältnismäßigkeit für vereinbar hält.

---

1) Nr. **2**.
2) Nr. **20**.

22. Gesetz über die Zusammenarbeit von Bundesregierung und Deutschem Bundestag in Angelegenheiten der Europäischen Union (EUZBBG)

Vom 4. Juli 2013
(BGBl. I S. 2170)

FNA 170-10

Der Bundestag hat das folgende Gesetz beschlossen:

§ 1 Mitwirkung des Bundestages. (1) [1]In Angelegenheiten der Europäischen Union wirkt der Bundestag an der Willensbildung des Bundes mit und hat das Recht zur Stellungnahme. [2]Die Bundesregierung hat ihn umfassend und zum frühestmöglichen Zeitpunkt zu unterrichten.

(2) [1]Angelegenheiten der Europäischen Union im Sinne von Artikel 23 des Grundgesetzes[1)] sind insbesondere Vertragsänderungen und entsprechende Änderungen auf der Ebene des Primärrechts sowie Rechtsetzungsakte der Europäischen Union. [2]Um eine Angelegenheit der Europäischen Union handelt es sich auch bei völkerrechtlichen Verträgen und intergouvernementalen Vereinbarungen, wenn sie in einem Ergänzungs- oder sonstigen besonderen Näheverhältnis zum Recht der Europäischen Union stehen.

§ 2 Ausschuss für die Angelegenheiten der Europäischen Union. [1]Der Bundestag bestellt einen Ausschuss für die Angelegenheiten der Europäischen Union. [2]Der Bundestag kann den Ausschuss ermächtigen, für ihn Stellungnahmen abzugeben. [3]Er kann ihn ermächtigen, die Rechte des Bundestages gemäß Artikel 23 des Grundgesetzes[1)] gegenüber der Bundesregierung wahrzunehmen. [4]Er kann ihn auch ermächtigen, die Rechte wahrzunehmen, die dem Bundestag in den vertraglichen Grundlagen der Europäischen Union eingeräumt sind.

§ 3 Grundsätze der Unterrichtung. (1) [1]Die Bundesregierung unterrichtet den Bundestag in Angelegenheiten der Europäischen Union umfassend, zum frühestmöglichen Zeitpunkt und fortlaufend. [2]Diese Unterrichtung erfolgt grundsätzlich schriftlich durch die Weiterleitung von Dokumenten oder die Abgabe von eigenen Berichten der Bundesregierung, darüber hinaus mündlich. [3]Der mündlichen Unterrichtung kommt lediglich eine ergänzende und erläuternde Funktion zu. [4]Die Bundesregierung stellt sicher, dass diese Unterrichtung die Befassung des Bundestages ermöglicht.

(2) [1]Die Unterrichtung erstreckt sich insbesondere auf die Willensbildung der Bundesregierung, die Vorbereitung und den Verlauf der Beratungen innerhalb der Organe der Europäischen Union, die Stellungnahmen des Europäischen Parlaments, der Europäischen Kommission und der anderen Mitgliedstaaten der Europäischen Union sowie die getroffenen Entscheidungen. [2]Dies gilt auch für alle vorbereitenden Gremien und Arbeitsgruppen.

[1)] Nr. **20**.

(3) [1]Die Pflicht zur Unterrichtung umfasst auch die Vorbereitung und den Verlauf der Beratungen der informellen Ministertreffen, des Eurogipfels, der Eurogruppe sowie vergleichbarer Institutionen, die auf Grund völkerrechtlicher Verträge und sonstiger Vereinbarungen, die in einem Ergänzungs- oder sonstigen besonderen Näheverhältnis zum Recht der Europäischen Union stehen, zusammentreten. [2]Dies gilt auch für alle vorbereitenden Gremien und Arbeitsgruppen.

(4) Der Kernbereich exekutiver Eigenverantwortung der Bundesregierung bleibt von den Unterrichtungspflichten unberührt.

(5) Der Bundestag kann auf einzelne Unterrichtungen verzichten, es sei denn, dass eine Fraktion oder fünf Prozent der Mitglieder des Bundestages widersprechen.

§ 4 Übersendung von Dokumenten und Berichtspflichten. (1) [1]Die Unterrichtung des Bundestages nach § 3 erfolgt insbesondere durch Übersendung von allen bei der Bundesregierung eingehenden

1. Dokumenten
   a) der Organe der Europäischen Union, der informellen Ministertreffen, des Ausschusses der Ständigen Vertreter und sonstiger Ausschüsse und Arbeitsgruppen des Rates,
   b) des Eurogipfels, der Eurogruppe und vergleichbarer Institutionen, die auf der Grundlage von völkerrechtlichen Verträgen und sonstigen Vereinbarungen, die in einem Ergänzungs- oder sonstigen besonderen Näheverhältnis zum Recht der Europäischen Union stehen, zusammentreten,
   c) aller die Institutionen nach den Buchstaben a und b vorbereitenden Gremien und Arbeitsgruppen;
2. Berichten der Ständigen Vertretung der Bundesrepublik Deutschland bei der Europäischen Union beziehungsweise der Bundesregierung zu
   a) Sitzungen der in Nummer 1 genannten Institutionen,
   b) Sitzungen des Europäischen Parlaments und seiner Ausschüsse,
   c) Einberufungen, Verhandlungen und Ergebnissen von Trilogen,
   d) Beschlüssen der Europäischen Kommission.

[2]Der Bundestag muss bereits im Voraus und so rechtzeitig informiert werden, dass er sich über den Gegenstand der Sitzungen sowie die Position der Bundesregierung eine Meinung bilden und auf die Verhandlungslinie und das Abstimmungsverhalten der Bundesregierung Einfluss nehmen kann. [3]Berichte über Sitzungen müssen zumindest die von der Bundesregierung und von anderen Staaten vertretenen Positionen, den Verlauf der Verhandlungen und Zwischen- und Endergebnisse darstellen sowie über eingelegte Parlamentsvorbehalte unterrichten.

(2) [1]Die Bundesregierung übersendet dem Bundestag zudem

1. Dokumente und Informationen über Initiativen, Stellungnahmen, Konsultationsbeiträge, Programmentwürfe und Erläuterungen der Bundesregierung für Organe der Europäischen Union, informelle Ministertreffen sowie den Eurogipfel, die Eurogruppe und vergleichbare Institutionen auf der Grundlage von völkerrechtlichen Verträgen und sonstigen Vereinbarungen, die in

einem Ergänzungs- oder sonstigen besonderen Näheverhältnis zum Recht der Europäischen Union stehen,
2. entsprechende Initiativen, Stellungnahmen, Konsultationsbeiträge und Erläuterungen der Regierungen von Mitgliedstaaten der Europäischen Union,
3. entsprechende Initiativen, Stellungnahmen, Konsultationsbeiträge und Erläuterungen des Bundesrates und der Länder sowie
4. Sammelweisungen für den deutschen Vertreter im Ausschuss der Ständigen Vertreter.

[2] Dies gilt auch für alle vorbereitenden Gremien und Arbeitsgruppen.

(3) Die Bundesregierung gibt Auskunft über ihr vorliegende inoffizielle Dokumente zu Angelegenheiten der Europäischen Union und stellt diese auf Anforderung frühestmöglich zur Verfügung.

(4) [1] Vor Tagungen des Europäischen Rates, des Rates, der informellen Ministertreffen, des Eurogipfels, der Eurogruppe und vergleichbarer Institutionen auf der Grundlage von völkerrechtlichen Verträgen und sonstigen Vereinbarungen, die in einem Ergänzungs- oder sonstigen besonderen Näheverhältnis zum Recht der Europäischen Union stehen, unterrichtet die Bundesregierung den Bundestag schriftlich und mündlich zu jedem Beratungsgegenstand. [2] Diese Unterrichtung umfasst die Grundzüge des Sach- und Verhandlungsstandes sowie die Verhandlungslinie der Bundesregierung sowie deren Initiativen. [3] Nach den Tagungen unterrichtet die Bundesregierung schriftlich und mündlich über die Ergebnisse.

(5) Die Bundesregierung übersendet dem Bundestag regelmäßig, mindestens vierteljährlich, Frühwarnberichte über aktuelle politische Entwicklungen in Angelegenheiten der Europäischen Union.

(6) Die Bundesregierung unterrichtet den Bundestag ferner
1. über die Einleitung von Vertragsverletzungsverfahren nach den Artikeln 258 und 260 des Vertrags über die Arbeitsweise der Europäischen Union[1)] durch Übermittlung von Mahnschreiben und mit Gründen versehenen Stellungnahmen sowie erläuternden Informationen und Dokumenten, insbesondere der Antwortschreiben der Bundesregierung, soweit diese Verfahren die ausgebliebene, unvollständige oder fehlerhafte Umsetzung von Richtlinien durch den Bund betreffen,
2. über Verfahren vor dem Gerichtshof der Europäischen Union, bei denen die Bundesrepublik Deutschland Verfahrensbeteiligte ist. Zu Verfahren, an denen sich die Bundesregierung beteiligt, übermittelt sie die entsprechenden Dokumente, und
3. auf Anforderung über weitere Verfahren vor dem Gerichtshof der Europäischen Union und übermittelt die entsprechenden Dokumente, soweit sie ihr vorliegen.

§ 5 Vorhaben der Europäischen Union. (1) Vorhaben der Europäischen Union (Vorhaben) im Sinne dieses Gesetzes sind insbesondere
1. Vorschläge und Initiativen für Beschlüsse zur Aufnahme von Verhandlungen zu Änderungen der vertraglichen Grundlagen der Europäischen Union,

---

[1)] Nr. **2**.

2. Vorschläge und Initiativen für Beschlüsse zur Aufnahme von Verhandlungen zur Vorbereitung von Beitritten zur Europäischen Union,
3. Vorschläge und Initiativen für Beschlüsse gemäß Artikel 140 Absatz 2 des Vertrages über die Arbeitsweise der Europäischen Union[1] zur Einführung des Euro,
4. Vorschläge für Gesetzgebungsakte der Europäischen Union,
5. Verhandlungsmandate für die Europäische Kommission zu Verhandlungen über völkerrechtliche Verträge der Europäischen Union,
6. Beratungsgegenstände, Initiativen sowie Verhandlungsmandate und Verhandlungsrichtlinien für die Europäische Kommission im Rahmen der gemeinsamen Handelspolitik und der Welthandelsrunden,
7. Mitteilungen, Stellungnahmen, Grün- und Weißbücher sowie Empfehlungen der Europäischen Kommission,
8. Berichte, Aktionspläne und Politische Programme der Organe der Europäischen Union,
9. Interinstitutionelle Vereinbarungen der Organe der Europäischen Union,
10. Haushalts- und Finanzplanung der Europäischen Union,
11. Entwürfe zu völkerrechtlichen Verträgen und sonstigen Vereinbarungen, wenn sie in einem Ergänzungs- oder sonstigen besonderen Näheverhältnis zum Recht der Europäischen Union stehen,
12. Beratungsgegenstände, Vorschläge und Initiativen, die im Rahmen von völkerrechtlichen Verträgen und Vereinbarungen im Sinne von Nummer 11 behandelt werden.

(2) Vorhaben im Sinne dieses Gesetzes sind auch Vorschläge und Initiativen der Europäischen Union, bei denen eine Mitwirkung des Bundestages nach dem Integrationsverantwortungsgesetz[2] vom 22. September 2009 (BGBl. I S. 3022) in der jeweils geltenden Fassung erforderlich ist.

(3) Für Angelegenheiten

1. des Europäischen Stabilitätsmechanismus gelten unbeschadet der §§ 1 bis 4 die Bestimmungen des ESM-Finanzierungsgesetzes vom 13. September 2012 (BGBl. I S. 1918) in der jeweils geltenden Fassung,
2. der Europäischen Finanzstabilisierungsfazilität gelten unbeschadet der §§ 1 bis 4 die Bestimmungen des Stabilisierungsmechanismusgesetzes vom 22. Mai 2010 (BGBl. I S. 627) in der jeweils geltenden Fassung,
3. der Gemeinsamen Außen- und Sicherheitspolitik und der Gemeinsamen Sicherheits- und Verteidigungspolitik gilt § 7.

§ 6 Förmliche Zuleitung, Berichtsbogen und Umfassende Bewertung, Abschluss von EU-Gesetzgebungsverfahren. (1) [1]Die Bundesregierung übersendet dem Bundestag alle Vorhaben mit einem Zuleitungsschreiben (förmliche Zuleitung). [2]Das Zuleitungsschreiben enthält auf der Grundlage des zuzuleitenden Dokuments die folgenden Hinweise:

1. den wesentlichen Inhalt und die Zielsetzung des Vorhabens,

---

[1] Nr. **2**.
[2] Nr. **21**.

2. das Datum des Erscheinens des betreffenden Dokuments in deutscher Sprache,
3. die Rechtsgrundlage,
4. das anzuwendende Verfahren und
5. die Benennung des federführenden Bundesministeriums.

(2) [1] Die Bundesregierung übermittelt binnen zwei Wochen nach förmlicher Zuleitung eines Vorhabens einen Bericht gemäß der Anlage (Berichtsbogen). [2] Dieser enthält insbesondere die Bewertung des Vorhabens hinsichtlich seiner Vereinbarkeit mit den Grundsätzen der Subsidiarität und der Verhältnismäßigkeit.

(3) [1] Zu Vorschlägen für Gesetzgebungsakte der Europäischen Union übermittelt die Bundesregierung zudem binnen zwei Wochen nach Überweisung an die Ausschüsse des Bundestages, spätestens jedoch zu Beginn der Beratungen in den Ratsgremien, eine Umfassende Bewertung. [2] Neben Angaben zur Zuständigkeit der Europäischen Union zum Erlass des vorgeschlagenen Gesetzgebungsaktes und zu dessen Vereinbarkeit mit den Grundsätzen der Subsidiarität und Verhältnismäßigkeit enthält diese Bewertung im Rahmen einer umfassenden Abschätzung der Folgen für die Bundesrepublik Deutschland Aussagen insbesondere in rechtlicher, wirtschaftlicher, finanzieller, sozialer und ökologischer Hinsicht zu Regelungsinhalt, Alternativen, Kosten, Verwaltungsaufwand und Umsetzungsbedarf. [3] Zu anderen Vorhaben im Sinne von § 5 Absatz 1 erfolgt die Erstellung einer entsprechenden Umfassenden Bewertung nur auf Anforderung.

(4) [1] Bei eilbedürftigen Vorhaben verkürzen sich die Fristen der Absätze 2 und 3 so, dass eine rechtzeitige Unterrichtung und die Gelegenheit zur Stellungnahme nach § 8 Absatz 1 Satz 1 für den Bundestag gewährleistet sind. [2] Ist eine besonders umfangreiche Bewertung erforderlich, kann die Frist verlängert werden.

(5) Darüber hinaus erstellt die Bundesregierung zu besonders komplexen oder bedeutsamen Vorhaben auf Anforderung vertiefende Berichte.

(6) Die Bundesregierung unterrichtet den Bundestag über den Abschluss eines Gesetzgebungsverfahrens der Europäischen Union; diese Unterrichtung enthält auch eine Bewertung, ob die Bundesregierung den Gesetzgebungsakt mit den Grundsätzen der Subsidiarität und Verhältnismäßigkeit für vereinbar hält; bei Richtlinien informiert die Bundesregierung über die zu berücksichtigenden Fristen für die innerstaatliche Umsetzung und den Umsetzungsbedarf.

§ 7 Gemeinsame Außen- und Sicherheitspolitik und Gemeinsame Sicherheits- und Verteidigungspolitik. (1) [1] Im Bereich der Gemeinsamen Außen- und Sicherheitspolitik und der Gemeinsamen Sicherheits- und Verteidigungspolitik unterrichtet die Bundesregierung umfassend, fortlaufend und zum frühestmöglichen Zeitpunkt. [2] Die Unterrichtung erfolgt in der Regel schriftlich. [3] Sie umfasst die Zuleitung einer Übersicht der absehbar zur Beratung anstehenden Rechtsakte, deren Bewertung und eine Einschätzung über den weiteren Beratungsverlauf. [4] Über Tagungen des Europäischen Rates und des Rates, die Beschlüsse und Schlussfolgerungen im Bereich der Gemeinsamen Außen- und Sicherheitspolitik und der Gemeinsamen Sicherheits- und Verteidigungspolitik zum Gegenstand haben, gilt § 4 Absatz 4 entsprechend.

(2) [1] Ergänzend leitet die Bundesregierung dem Bundestag auf Anforderung Dokumente von grundsätzlicher Bedeutung nach Maßgabe des § 6 Absatz 1 zu. [2] § 6 Absatz 2 gilt entsprechend.

(3) Zudem unterrichtet die Bundesregierung fortlaufend und zeitnah mündlich über alle relevanten Entwicklungen im Bereich der Gemeinsamen Außen- und Sicherheitspolitik und der Gemeinsamen Sicherheits- und Verteidigungspolitik.

(4) Über die Sitzungen des Politischen und Sicherheitspolitischen Komitees unterrichtet die Bundesregierung die zuständigen Ausschüsse des Bundestages mündlich.

§ 8 Stellungnahmen des Bundestages. (1) [1] Vor ihrer Mitwirkung an Vorhaben gibt die Bundesregierung dem Bundestag Gelegenheit zur Stellungnahme. [2] Hierzu übermittelt die Bundesregierung dem Bundestag fortlaufend aktualisierte Informationen über den Beratungsablauf, die es ermöglichen, den für eine Stellungnahme geeigneten Zeitpunkt zu bestimmen, und teilt mit, bis zu welchem Zeitpunkt auf Grund des Beratungsverlaufs eine Stellungnahme angemessen erscheint.

(2) [1] Gibt der Bundestag eine Stellungnahme ab, legt die Bundesregierung diese ihren Verhandlungen zugrunde. [2] Die Bundesregierung unterrichtet fortlaufend über die Berücksichtigung der Stellungnahme in den Verhandlungen.

(3) [1] Der Bundestag kann seine Stellungnahme im Verlauf der Beratung des Vorhabens anpassen und ergänzen. [2] Absatz 2 Satz 1 gilt entsprechend.

(4) [1] Macht der Bundestag von der Gelegenheit zur Stellungnahme gemäß Artikel 23 Absatz 3 Satz 1 des Grundgesetzes[1)] Gebrauch, legt die Bundesregierung in den Verhandlungen einen Parlamentsvorbehalt ein, wenn der Beschluss des Bundestages in einem seiner wesentlichen Belange nicht durchsetzbar ist. [2] Die Bundesregierung unterrichtet den Bundestag in einem gesonderten Bericht unverzüglich darüber. [3] Dieser Bericht muss der Form und dem Inhalt nach angemessen sein, um eine Beratung in den Gremien des Bundestages zu ermöglichen. [4] Vor der abschließenden Entscheidung bemüht sich die Bundesregierung, Einvernehmen mit dem Bundestag herzustellen. [5] Dies gilt auch dann, wenn der Bundestag bei Vorhaben der Europäischen Union zu Fragen der kommunalen Daseinsvorsorge Stellung nimmt. [6] Das Recht der Bundesregierung, in Kenntnis der Stellungnahme des Bundestages aus wichtigen außen- oder integrationspolitischen Gründen abweichende Entscheidungen zu treffen, bleibt unberührt.

(5) [1] Nach der abschließenden Beschlussfassung unterrichtet die Bundesregierung den Bundestag unverzüglich schriftlich, insbesondere über die Durchsetzung seiner Stellungnahme. [2] Sollten nicht alle Belange der Stellungnahme berücksichtigt worden sein, benennt die Bundesregierung auch die Gründe hierfür. [3] Auf Verlangen eines Viertels der Mitglieder des Bundestages erläutert die Bundesregierung diese Gründe im Rahmen einer Plenardebatte.

§ 9 Aufnahme von Verhandlungen über Beitritte und Vertragsänderungen. (1) Mit der Unterrichtung über Vorschläge und Initiativen für Beschlüsse zur Aufnahme von Verhandlungen

---

[1)] Nr. **20**.

1. zur Vorbereitung eines Beitritts zur Europäischen Union oder
2. zu Änderungen der vertraglichen Grundlagen der Europäischen Union

weist die Bundesregierung den Bundestag auf sein Recht zur Stellungnahme nach § 8 hin.

(2) [1] Vor der abschließenden Entscheidung im Rat oder im Europäischen Rat soll die Bundesregierung Einvernehmen mit dem Bundestag herstellen. [2] Das Recht der Bundesregierung, in Kenntnis der Stellungnahme des Bundestages aus wichtigen außen- oder integrationspolitischen Gründen abweichende Entscheidungen zu treffen, bleibt unberührt.

§ 9a Einführung des Euro in einem Mitgliedstaat. (1) Mit der Unterrichtung über Vorschläge und Initiativen für Beschlüsse des Rates gemäß Artikel 140 Absatz 2 des Vertrages über die Arbeitsweise der Europäischen Union[1)] zur Einführung des Euro in einem weiteren Mitgliedstaat weist die Bundesregierung den Bundestag auf sein Recht zur Stellungnahme nach § 8 hin.

(2) [1] Vor der abschließenden Entscheidung im Rat soll die Bundesregierung mit dem Bundestag Einvernehmen herstellen. [2] Das Recht der Bundesregierung, in Kenntnis der Stellungnahme des Bundestages aus wichtigen außen- oder integrationspolitischen Gründen abweichende Entscheidungen zu treffen, bleibt unberührt.

§ 10 Zugang zu Datenbanken, vertrauliche Behandlung von Dokumenten. (1) Die Bundesregierung eröffnet dem Bundestag im Rahmen der Datenschutzvorschriften Zugang zu Dokumentendatenbanken der Europäischen Union, die ihr zugänglich sind.

(2) [1] Die Dokumente der Europäischen Union werden grundsätzlich offen weitergegeben. [2] Die Sicherheitseinstufung der Organe der Europäischen Union über eine besondere Vertraulichkeit wird vom Bundestag beachtet. [3] Eine für diese Dokumente oder für andere im Rahmen dieses Gesetzes an den Bundestag zu übermittelnden Informationen, Berichte und Mitteilungen eventuell erforderliche nationale Einstufung als vertraulich wird vor Versendung von der Bundesregierung vorgenommen und vom Bundestag beachtet. [4] Die Gründe für die Einstufung sind auf Anforderung zu erläutern.

(3) Dem besonderen Schutzbedürfnis laufender vertraulicher Verhandlungen trägt der Bundestag durch eine vertrauliche Behandlung Rechnung.

§ 11 Verbindungsbüro des Bundestages. (1) [1] Der Bundestag kann über ein Verbindungsbüro unmittelbare Kontakte zu Einrichtungen der Europäischen Union pflegen, soweit dies der Wahrnehmung seiner Mitwirkungsrechte in Angelegenheiten der Europäischen Union dient. [2] Die Fraktionen des Bundestages entsenden Vertreter in das Verbindungsbüro.

(2) Die Bundesregierung unterstützt über die Ständige Vertretung der Bundesrepublik Deutschland bei der Europäischen Union und die bilaterale Botschaft der Bundesrepublik Deutschland beim Königreich Belgien das Verbindungsbüro des Bundestages im Hinblick auf seine fachlichen Aufgaben.

[1)] Nr. **2**.

§ 12 Inkrafttreten, Außerkrafttreten. [1]Dieses Gesetz tritt am Tag nach der Verkündung[1)] in Kraft. [2]Gleichzeitig tritt das Gesetz über die Zusammenarbeit von Bundesregierung und Deutschem Bundestag in Angelegenheiten der Europäischen Union vom 12. März 1993 (BGBl. I S. 311, 1780), das zuletzt durch Artikel 2 des Gesetzes vom 13. September 2012 (BGBl. 2012 II S. 1006) geändert worden ist, außer Kraft.

Anlage
(zu § 6 Absatz 2)

Berichtsbogen

Thema:
Sachgebiet:
Rats-Dok.-Nr.:
KOM.-Nr.:
Nr. des interinstitutionellen Dossiers:
Nr. der Bundesratsdrucksache:
Nachweis der Zulässigkeit für europäische Regelungen:
(Prüfung der Rechtsgrundlage)
Subsidiaritätsprüfung:
Verhältnismäßigkeitsprüfung:
Zielsetzung:
Inhaltliche Schwerpunkte:
Politische Bedeutung:
Was ist das besondere deutsche Interesse?
Bisherige Position des Bundestages:
Position des Bundesrates:
Position des Europäischen Parlaments:
Bisherige Position der Bundesregierung:
Meinungsstand im Rat:
Verfahrensstand (Stand der Befassung) und Zeitplan:
Finanzielle Auswirkungen:
Zeitplan für die Behandlung im
a) Bundesrat:
b) Europäischen Parlament:
c) Rat:

1) Verkündet am 12.7.2013.

23. Gesetz über die Zusammenarbeit von Bund und Ländern in Angelegenheiten der Europäischen Union

Vom 12. März 1993
(BGBl. I S. 313)

FNA 170-3

zuletzt geänd. durch Art. 1 ÄndG v. 22.9.2009 (BGBl. I S. 3031)

Der Bundestag hat mit Zustimmung des Bundesrates das folgende Gesetz beschlossen:

§ 1 [Mitwirkung durch Bundesrat] In Angelegenheiten der Europäischen Union wirken die Länder durch den Bundesrat mit.

§ 2 [Umfassende und frühzeitige Unterrichtung des Bundesrates] Die Bundesregierung unterrichtet den Bundesrat unbeschadet des Artikels 2 des Gesetzes zu den Verträgen vom 25. März 1957 zur Gründung der Europäischen Wirtschaftsgemeinschaft und der Europäischen Atomgemeinschaft vom 27. Juli 1957 (BGBl. II S. 753) umfassend und zum frühestmöglichen Zeitpunkt über alle Vorhaben im Rahmen der Europäischen Union, die für die Länder von Interesse sein könnten.

§ 3 [Gelegenheit zur Stellungnahme] Vor der Festlegung der Verhandlungsposition zu einem Vorhaben der Europäischen Union gibt die Bundesregierung dem Bundesrat rechtzeitig Gelegenheit zur Stellungnahme binnen angemessener Frist, soweit Interessen der Länder berührt sind.

§ 4 [Beteiligung von Ländervertretern an Beratungen der Bundesregierung] (1) Soweit der Bundesrat an einer entsprechenden innerstaatlichen Maßnahme mitzuwirken hätte oder soweit die Länder innerstaatlich zuständig wären, beteiligt die Bundesregierung vom Bundesrat benannte Vertreter der Länder an Beratungen zur Festlegung der Verhandlungsposition zu dem Vorhaben.

(2) [1] Gegenstand der Beratungen nach Absatz 1 ist auch die Anwendung der §§ 5 und 6 auf das Vorhaben. [2] Dabei ist zwischen Bund und Ländern ein Einvernehmen anzustreben.

§ 5 [Berücksichtigung der Stellungnahme des Bundesrates] (1) Soweit in einem Bereich ausschließlicher Zuständigkeiten des Bundes Interessen der Länder berührt sind oder soweit im übrigen der Bund das Recht zur Gesetzgebung hat, berücksichtigt die Bundesregierung die Stellungnahme des Bundesrates bei der Festlegung der Verhandlungsposition zu dem Vorhaben.

(2) [1] Wenn bei einem Vorhaben im Schwerpunkt Gesetzgebungsbefugnisse der Länder betroffen sind und der Bund kein Recht zur Gesetzgebung hat oder ein Vorhaben im Schwerpunkt die Einrichtung der Behörden der Länder oder ihre Verwaltungsverfahren betrifft, ist insoweit bei Festlegung der Verhandlungsposition durch die Bundesregierung die Stellungnahme des Bundesrates

maßgeblich zu berücksichtigen; im übrigen gilt Absatz 1. [2]Die gesamtstaatliche Verantwortung des Bundes, einschließlich außen-, verteidigungs- und integrationspolitisch zu bewertender Fragen, ist zu wahren. [3]Stimmt die Auffassung der Bundesregierung nicht mit der Stellungnahme des Bundesrates überein, ist ein Einvernehmen anzustreben. [4]Zur Herbeiführung dieses Einvernehmens erfolgt erneute Beratung der Bundesregierung mit Vertretern der Länder. [5]Kommt ein Einvernehmen nicht zustande und bestätigt der Bundesrat daraufhin seine Auffassung mit einem mit zwei Dritteln seiner Stimmen gefaßten Beschluß, so ist die Auffassung des Bundesrates maßgebend. [6]Die Zustimmung der Bundesregierung ist erforderlich, wenn Entscheidungen zu Ausgabenerhöhungen oder Einnahmeminderungen für den Bund führen können.

§ 6 [Beteiligung von Ländervertretern an Verhandlungen in Beratungsgremien der Kommission und des Rates] (1) [1]Bei einem Vorhaben, bei dem der Bundesrat an einer entsprechenden innerstaatlichen Maßnahme mitzuwirken hätte oder bei dem die Länder innerstaatlich zuständig wären oder das sonst wesentliche Interessen der Länder berührt, zieht die Bundesregierung auf Verlangen Vertreter der Länder zu den Verhandlungen in den Beratungsgremien der Kommission und des Rates hinzu, soweit ihr dies möglich ist. [2]Die Verhandlungsführung liegt bei der Bundesregierung; Vertreter der Länder können mit Zustimmung der Verhandlungsführung Erklärungen abgeben.

(2) [1]Wenn im Schwerpunkt ausschließliche Gesetzgebungsbefugnisse der Länder auf den Gebieten der schulischen Bildung, der Kultur oder des Rundfunks betroffen sind, überträgt die Bundesregierung die Verhandlungsführung in den Beratungsgremien der Kommission und des Rates und bei Ratstagungen in der Zusammensetzung der Minister auf einen Vertreter der Länder. [2]Für diese Ratstagungen kann vom Bundesrat nur ein Mitglied einer Landesregierung im Ministerrang benannt werden. [3]Die Ausübung der Rechte durch den Vertreter der Länder erfolgt unter Teilnahme von und in Abstimmung mit dem Vertreter der Bundesregierung. [4]Die Abstimmung der Verhandlungsposition mit dem Vertreter der Bundesregierung im Hinblick auf eine sich ändernde Verhandlungslage erfolgt entsprechend den für die interne Willensbildung geltenden Regeln und Kriterien. [5]Der Bundesrat kann für Ratstagungen in der Zusammensetzung der Minister, bei denen Vorhaben behandelt werden, die nicht im Schwerpunkt ausschließliche Gesetzgebungsbefugnisse der Länder in den Bereichen schulische Bildung, Kultur oder Rundfunk, jedoch sonstige ausschließliche Gesetzgebungsbefugnisse der Länder betreffen, als Vertreter der Länder Mitglieder von Landesregierungen im Ministerrang benennen, die berechtigt sind, in Abstimmung mit dem Vertreter der Bundesregierung Erklärungen abzugeben. [6]Betrifft ein Vorhaben ausschließliche Gesetzgebungsbefugnisse der Länder, jedoch nicht im Schwerpunkt die Bereiche schulische Bildung, Kultur oder Rundfunk, so übt die Bundesregierung die Verhandlungsführung in den Beratungsgremien der Kommission und des Rates und bei Ratstagungen in der Zusammensetzung der Minister in Abstimmung mit dem Vertreter der Länder aus.

(3) [1]Absatz 2 gilt nicht für Rechte, die der Bundesrepublik Deutschland als Vorsitz im Rat zustehen. [2]Bei der Ausübung dieser Rechte setzt sich die Bundesregierung, soweit Vorhaben im Sinne des Absatzes 2 Satz 1 betroffen sind, mit dem Vertreter der Länder ins Benehmen.

(4) Auf Tagesordnungspunkte der Ratstagungen, die der Rat ohne Aussprache genehmigt, findet Absatz 2 keine Anwendung, wenn diese Behandlung mit dem Vertreter der Länder abgestimmt worden ist.

§ 7 [Klageerhebung im Interesse der Länder] (1) [1] Die Bundesregierung macht auf Verlangen des Bundesrates unbeschadet eigener Klagerechte der Länder von dem im Vertrag über die Europäische Union vorgesehenen Klagemöglichkeiten Gebrauch, soweit die Länder durch ein Handeln oder Unterlassen von Organen der Union in Bereichen ihrer Gesetzgebungsbefugnisse betroffen sind und der Bund kein Recht zur Gesetzgebung hat. [2] Dabei ist die gesamtstaatliche Verantwortung des Bundes, einschließlich außen-, verteidigungs- und integrationspolitisch zu bewertender Fragen, zu wahren.

(2) Absatz 1 gilt entsprechend, wenn die Bundesregierung im Verfahren vor dem Europäischen Gerichtshof Gelegenheit zur Stellungnahme hat.

(3) Hinsichtlich der Prozeßführung vor dem Europäischen Gerichtshof stellt die Bundesregierung in den in den Absätzen 1 und 2 genannten Fällen sowie für Vertragsverletzungsverfahren, in denen die Bundesrepublik Deutschland Partei ist, mit dem Bundesrat Einvernehmen her, soweit Gesetzgebungsbefugnisse der Länder betroffen sind und der Bund kein Recht zur Gesetzgebung hat.

(4) [1] Über die Einlegung des zulässigen Rechtsmittels beim Europäischen Gerichtshof gegen eine länderübergreifende Finanzkorrektur der Europäischen Gemeinschaften stellt die Bundesregierung mit den betroffenen Ländern Einvernehmen her. [2] Wird das Einvernehmen nicht erzielt, ist die Bundesregierung auf ausdrückliches Verlangen betroffener Länder zur Einlegung des Rechtsmittels verpflichtet. [3] In diesem Fall werden die Kosten des Rechtsmittelverfahrens von den Ländern getragen, welche die Einlegung des Rechtsmittels verlangt haben.

§ 8 [Befugnisse und Status der Länderbüros] [1] Die Länder können unmittelbar zu Einrichtungen der Europäischen Union ständige Verbindungen unterhalten, soweit dies zur Erfüllung ihrer staatlichen Befugnisse und Aufgaben nach dem Grundgesetz dient. [2] Die Länderbüros erhalten keinen diplomatischen Status. [3] Stellung und Aufgaben der Ständigen Vertretung in Brüssel als Vertretung der Bundesrepublik Deutschland bei den Europäischen Gemeinschaften gelten uneingeschränkt auch in den Fällen, in denen die Wahrnehmung der Rechte, die der Bundesrepublik Deutschland als Mitgliedstaat der Europäischen Union zustehen, auf einen Vertreter der Länder übertragen wird.

§ 9 [Vereinbarung zwischen Bund und Ländern] [1] Einzelheiten der Unterrichtung und Beteiligung der Länder nach diesem Gesetz sowie nach dem Integrationsverantwortungsgesetz[1)] vom 22. September 2009 (BGBl. I S. 3022) sind in der Anlage geregelt. [2] Weitere Einzelheiten bleiben einer Vereinbarung zwischen Bund und Ländern vorbehalten.

---

1) Nr. **21**.

§ 10 [Wahrung der Rechte von Gemeinden und Gemeindeverbänden]

(1) Bei Vorhaben der Europäischen Union ist das Recht der Gemeinden und Gemeindeverbände zur Regelung der Angelegenheiten der örtlichen Gemeinschaft zu wahren und sind ihre Belange zu schützen.

(2) [1] Nimmt der Bundesrat bei Vorhaben der Europäischen Union zu Fragen der kommunalen Daseinsvorsorge Stellung, ist die Stellungnahme von der Bundesregierung unter den Voraussetzungen des § 5 zu berücksichtigen. [2] Die Beteiligungsrechte des Bundesrates gemäß § 5 Absatz 2 bleiben unberührt.

§ 11 [Geltungsbereich] Dieses Gesetz gilt nicht für der Bereich der Gemeinsamen Außen- und Sicherheitspolitik der Europäischen Union.

§ 12 [Geltungsbereich] Dieses Gesetz gilt auch für Vorhaben, die auf Beschlüsse des Rates und der im Rat vereinigten Vertreter der Regierungen der Mitgliedstaaten gerichtet sind.

§ 13 [Erweiterte Mitwirkungsbefugnisse] Die in § 9 genannte Vereinbarung kann weitere Fälle vorsehen, in denen die Länder entsprechend diesem Gesetz mitwirken.

§ 14 [Ländervertreter, Gemeindevertreter] (1) [1] Vor der Zustimmung zu einem Beschluss über die Zusammensetzung des Ausschusses der Regionen nach Artikel 305 Absatz 2 des Vertrags über die Arbeitsweise der Europäischen Union[1)] stellt die Bundesregierung das Einvernehmen mit dem Bundesrat her. [2] Die gesamtstaatliche Verantwortung des Bundes ist zu wahren.

(2) [1] Die Bundesregierung schlägt dem Rat als Mitglieder des Ausschusses der Regionen und deren Stellvertreter die von den Ländern benannten Vertreter vor. [2] Die Länder regeln ein Beteiligungsverfahren für die Gemeinden und Gemeindeverbände, das sichert, daß diese auf Vorschlag der kommunalen Spitzenverbände mit drei gewählten Vertretern im Regionalausschuß vertreten sind.

§ 15 [Außerkrafttreten] Artikel 2 des Gesetzes vom 19. Dezember 1986 zur Einheitlichen Europäischen Akte vom 28. Februar 1986 (BGBl. II S. 1102) tritt mit Inkrafttreten dieses Gesetzes außer Kraft.

§ 16 [Inkrafttreten] [1] Dieses Gesetz tritt mit dem Tage der Gründung der Europäischen Union in Kraft.[2)] [2] Dieser Tag ist im Bundesgesetzblatt bekanntzugeben. [3] Abweichend von Satz 1 tritt § 5 Abs. 3 am 1. Januar 1993 in Kraft.

[1)] Nr. 2.

[2)] Inkrafttreten gemäß Bek. v. 25.10.1993 (BGBl. I S. 1780) am 1.11.1993.

Anlage
(zu § 9)

[Einzelheiten der Unterrichtung und Beteiligung der Länder]

I. Allgemeine Bestimmungen

1. Die Regierungen von Bund und Ländern stellen durch geeignete institutionelle und organisatorische Vorkehrungen sicher, dass die Handlungsfähigkeit der Bundesrepublik Deutschland und eine flexible Verhandlungsführung in Angelegenheiten der Europäischen Union gewährleistet sind. Bund und Länder setzen sich bei Gesprächen auf Ebene der Europäischen Union nicht in Widerspruch zu abgestimmten Positionen. Im Sinne einer Frühwarnung unterrichten Bund und Länder einander über Entwicklungen in Angelegenheiten der Europäischen Union, die in beidseitigem Interesse liegen.
2. Die Informations- und Mitwirkungsrechte der Länder im Hinblick auf Vorhaben der Europäischen Union beschränken sich nicht auf rechtsverbindliche Handlungsinstrumente der Europäischen Union, sondern erstrecken sich auch auf Grünbücher, Weißbücher, Aktionsprogramme, Mitteilungen und Empfehlungen. Vorhaben sind auch so genannte Gemischte Beschlüsse und die Vorbereitung und der Abschluss völkerrechtlicher Abkommen.
3. Unterrichtet die Bundesregierung den Bundestag oder die deutschen Mitglieder des Europäischen Parlaments schriftlich über Vorhaben der Europäischen Union in Bereichen, in denen die Länder die Verhandlungsführung haben, erfolgt diese Unterrichtung in Absprache mit den vom Bundesrat benannten Vertretern der Länder.

II. Unterrichtung des Bundesrates

1. Die Bundesregierung unterrichtet den Bundesrat nach Maßgabe dieses Gesetzes umfassend, zum frühestmöglichen Zeitpunkt, fortlaufend und in der Regel schriftlich über alle Vorhaben, die für die Länder von Interesse sein könnten. Dies geschieht insbesondere durch Übersendung von der Bundesregierung vorliegenden
   a) Dokumenten
      aa) der Europäischen Kommission, soweit sie an den Rat gerichtet oder der Bundesregierung auf sonstige Weise offiziell zugänglich gemacht worden sind. Die Bundesregierung trägt dafür Sorge, dass bei Vorhaben, die ausschließliche Gesetzgebungsmaterien der Länder betreffen oder deren wesentliche Interessen berühren, dem Bundesrat auch der Bundesregierung vorliegende vorbereitende Papiere der Kommission zur Verfügung gestellt werden, die für die Meinungsbildung des Bundesrates von Bedeutung sein können. Dies gilt auch für inoffizielle Dokumente (so genannte „non papers“);
      bb) des Europäischen Rates, des Rates, der informellen Ministertreffen und der Ratsgremien.
   b) Berichten und Mitteilungen von Organen der Europäischen Union über Sitzungen
      aa) des Europäischen Rates, des Rates und der informellen Ministertreffen;
      bb) des Ausschusses der Ständigen Vertreter und sonstiger Ausschüsse oder Arbeitsgruppen des Rates;
      cc) der Beratungsgremien bei der Europäischen Kommission.
   c) Berichten der Ständigen Vertretung der Bundesrepublik Deutschland bei der Europäischen Union über
      aa) Sitzungen des Rates und der Ratsgruppen (einschließlich der Berichte über Sitzungen der Freunde der Präsidentschaft sowie der Antici-Gruppe), der informellen Ministertreffen und des Ausschusses der Ständigen Vertreter;
      bb) Sitzungen des Europäischen Parlaments und seiner Ausschüsse;
      cc) Entscheidungen der Europäischen Kommission;
      dd) geplante Rechtsakte.

      Die Empfänger haben dafür Sorge zu tragen, dass diese Berichte nur an einen begrenzten Personenkreis in den jeweils zuständigen obersten Landesbehörden weitergeleitet werden.
   d) Dokumenten und Informationen über Initiativen, Stellungnahmen und Erläuterungen der Bundesregierung für Organe der Europäischen Union, einschließlich der Sammelweisung für den

deutschen Vertreter im Ausschuss der Ständigen Vertreter sowie Initiativen der Regierungen von Mitgliedstaaten der Europäischen Union gegenüber Rat und Europäischer Kommission, die der Bundesregierung offiziell zugänglich gemacht werden und die für die Meinungsbildung der Länder von Bedeutung sind.
Die Unterrichtung umfasst auch Vorhaben, die auf Beschlüsse der im Rat vereinigten Vertreter der Regierungen der Mitgliedstaaten gerichtet sind.
Im Übrigen erfolgt die Unterrichtung mündlich.

2. Mit der Unterrichtung nach § 2 und nach dieser Anlage übermittelt die Bundesregierung dem Bundesrat die Angaben der Europäischen Kommission und die ihr vorliegenden Angaben der Mitgliedstaaten im Rahmen der Gesetzesfolgenabschätzung zu den Folgen des Vorhabens insbesondere in rechtlicher, wirtschaftlicher, finanzieller, sozialer und ökologischer Hinsicht.

3. Die Berichtsbögen zu Vorhaben der Europäischen Union und die Umfassenden Bewertungen zu Gesetzgebungsakten, die dem Bundestag nach § 7 des Gesetzes über die Zusammenarbeit von Bundesregierung und Deutschem Bundestag in Angelegenheiten der Europäischen Union übermittelt werden, lässt die Bundesregierung dem Bundesrat gleichzeitig zukommen.

4. Die Ministerien des Bundes und der Länder eröffnen sich untereinander und dem Bundesrat im Rahmen der geltenden Datenschutzvorschriften Zugang zu ressortübergreifenden Dokumentendatenbanken zu Vorhaben im Rahmen der Europäischen Union. Die Bundesregierung wird sich bemühen, dass Dokumentendatenbanken der Europäischen Union, die den Regierungen der Mitgliedstaaten zugänglich sind, auch dem Bundesrat und den Regierungen der Länder zugänglich gemacht werden. Einzelheiten müssen gesondert geregelt werden.

5. Die Dokumente der Europäischen Union werden grundsätzlich offen weitergegeben. Die Sicherheitseinstufung der Organe der Europäischen Union über eine besondere Vertraulichkeit wird vom Bundesrat beachtet. Eine für diese Dokumente oder für andere im Rahmen dieses Gesetzes an den Bundesrat zu übermittelnde Informationen, Berichte und Mitteilungen eventuell erforderliche nationale Einstufung als vertraulich wird vor Versendung von der Bundesregierung vorgenommen und vom Bundesrat beachtet. Die Gründe für die Einstufung sind auf Anforderung zu erläutern.

III. Vorbereitende Beratungen

1. Die Bundesregierung lädt die Ländervertreter zu Beratungen zur Festlegung der Verhandlungsposition zu Vorhaben ein, soweit der Bundesrat an einer entsprechenden innerstaatlichen Maßnahme mitzuwirken hätte oder soweit die Länder innerstaatlich zuständig wären. Dabei soll auch Einvernehmen über die Anwendung von den §§ 5 und 6 auf ein Vorhaben angestrebt werden.

2. Bei der Einordnung eines Vorhabens unter die Regelungen dieses Gesetzes ist auf den konkreten Inhalt der Vorlage der Europäischen Union abzustellen. Die Zuordnung der Zuständigkeit des Bundes oder der Länder folgt aus der innerstaatlichen Kompetenzordnung.
Bei Beurteilung der Frage, ob bei einem Vorhaben der Bund im nationalen Bereich das Recht zur Gesetzgebung hat, ist in den in Artikel 72 Absatz 2 des Grundgesetzes genannten Gebieten der konkurrierenden Gesetzgebung auch darauf abzustellen, ob eine Erforderlichkeit bundesgesetzlicher Regelung im Sinne von Artikel 72 Absatz 2 des Grundgesetzes bestehen würde.
In den Bereichen, in denen die Länder das Recht der Abweichungsgesetzgebung nach Artikel 72 Absatz 3 des Grundgesetzes haben, berücksichtigt die Bundesregierung die Stellungnahme des Bundesrates bei der Festlegung der Verhandlungsposition. Stimmt die Auffassung der Bundesregierung nicht mit der Stellungnahme des Bundesrates überein, unterrichtet die Bundesregierung den Bundesrat und lädt die vom Bundesrat benannten Ländervertreter zur Beratung ein, um eine übereinstimmende Haltung anzustreben.
Hinsichtlich des Regelungsschwerpunkts des Vorhabens ist darauf abzustellen, ob eine Materie im Mittelpunkt des Vorhabens steht oder ganz überwiegend Regelungsgegenstand ist. Das ist nicht nur quantitativ bestimmbar, sondern auch das Ergebnis einer qualitativen Beurteilung.
Stimmt die Auffassung der Bundesregierung darüber, ob bei einem Vorhaben der Europäischen Union im Schwerpunkt Gesetzgebungsbefugnisse der Länder, die Einrichtung ihrer Behörden oder ihre Verwaltungsverfahren betroffen sind, nicht mit der Haltung des Bundesrates überein, unterrichtet die Bundesregierung den Bundesrat und lädt unverzüglich die vom Bundesrat benannten Ländervertreter zur Beratung ein, um eine übereinstimmende Haltung zu erzielen.

3. In den Fällen, in denen innerstaatlich eine Zusammenarbeit von Bund und Ländern vorgesehen ist, ist bei der Festlegung der Verhandlungsposition – auch auf Ebene der Europäischen Union – ein gemeinsames Vorgehen anzustreben; Bund und Länder streben im Bereich der Forschungspolitik entsprechend der Regelung des Artikels 91b des Grundgesetzes auch im Rahmen der Europäischen

Union ein gemeinsames Vorgehen an. Entsprechend wird bei Festlegung der Verhandlungsposition verfahren, wenn der Regelungsschwerpunkt des Vorhabens nur schwer feststellbar ist.

4. Bund und Länder nutzen regelmäßige Sitzungen des Ausschusses für Fragen der Europäischen Union des Bundesrates – bei Bedarf beziehungsweise Verlangen einer Seite auch in politischer Besetzung – zu einem frühzeitigen Austausch über aktuelle Entwicklungen auf Ebene der Europäischen Union. Die Willensbildung der Länder bleibt dem Bundesratsverfahren vorbehalten. Ein neuer Sachstand auf Ebene der Europäischen Union kann eine erneute Befassung erforderlich machen.

IV. Stellungnahme des Bundesrates

1. Um die rechtzeitige Abgabe einer Stellungnahme zu ermöglichen, informiert die Bundesregierung den Bundesrat bei allen Vorhaben, die Interessen der Länder berühren, über den zeitlichen Rahmen der Behandlung in den Ratsgremien.
   Je nach Verhandlungslage teilt die Bundesregierung dem Bundesrat auch mit, bis zu welchem Zeitpunkt eine Stellungnahme wegen der sich aus dem Verfahrensablauf der Europäischen Union ergebenden zeitlichen Vorgaben noch berücksichtigt werden kann.
   Ist aus Sicht der Bundesregierung bereits im Vorfeld von Vorhaben der Europäischen Union die Einbringung einer deutschen Position angezeigt, fordert die Bundesregierung den Bundesrat auf, Stellung zu nehmen.
2. Der Bundesrat kann seine Stellungnahme im Verlauf der Beratung des Vorhabens in den Gremien der Europäischen Union anpassen und ergänzen. Zu diesem Zweck unterrichtet die Bundesregierung den Bundesrat durch ständige Kontakte – in einer der Sache jeweils angemessenen Form – und weist darauf hin, wenn sich die Beschlussgrundlage wesentlich geändert hat und deshalb eine aktualisierte Stellungnahme des Bundesrates erforderlich ist.
3. Stimmt in den Fällen von § 5 Absatz 2 die Auffassung der Bundesregierung nicht mit der Stellungnahme des Bundesrates überein, unterrichtet sie den Bundesrat und lädt unverzüglich die vom Bundesrat benannten Ländervertreter zur erneuten Beratung ein, um möglichst Einvernehmen zu erzielen. Die Länder weisen darauf hin, dass das Einvernehmen gegebenenfalls unter den Vorbehalt einer Beschlussfassung des Bundesrates zu stellen ist. Kommt dieses Einvernehmen nicht zustande, beschließt der Bundesrat unverzüglich darüber, ob seine Stellungnahme aufrechterhalten wird.
4. Weicht die Bundesregierung von einer Stellungnahme des Bundesrates ab, so teilt sie auf Verlangen des Bundesrates nach Abschluss eines Vorhabens die maßgeblichen Gründe mit.

V. Umsetzung von Recht der Europäischen Union

1. Die Bundesregierung nimmt im Interesse einer rechtzeitigen Ergreifung der erforderlichen Verfahrensschritte für Rechtsakte der Europäischen Union, für deren Umsetzung ausschließlich die Länder zuständig sind, sowie für Rechtsakte der Europäischen Union, die von Bund und Ländern durch jeweils eigene Umsetzungsmaßnahmen gemeinsam umzusetzen sind, frühzeitig Kontakt mit den Ländern auf. Die Bundesregierung lässt die Listen mit dem aktuellen Stand der umzusetzenden Rechtsakte, die sie dem Bundestag übermittelt, dem Bundesrat gleichzeitig zukommen.
2. Die Bundesregierung unterrichtet den Bundesrat über die Einleitung von Vertragsverletzungsverfahren nach den Artikeln 258, 260 des Vertrags über die Arbeitsweise der Europäischen Union[1] durch Übermittlung von Mahnschreiben und mit Gründen versehenen Stellungnahmen, soweit diese Verfahren die Nichtumsetzung von Richtlinien durch ein Land oder mehrere Länder betreffen. In diesen Fällen fertigt die Bundesregierung ihre Stellungnahmen in Abstimmung mit den betroffenen Ländern.

VI. Verfahren vor den Europäischen Gerichten

1. Im Hinblick auf die hier zu wahrenden Verfahrensfristen unterrichtet die Bundesregierung den Bundesrat unverzüglich von allen Dokumenten und Informationen über Verfahren vor dem Europäischen Gerichtshof und dem Gericht erster Instanz, an denen die Bundesregierung beteiligt ist. Dies gilt auch für Urteile zu Verfahren, an denen sich die Bundesregierung beteiligt.

---

[1] Nr. 2.

2. Macht die Bundesregierung bei Vorliegen der Voraussetzungen von § 7 Absatz 1 auf Beschluss des Bundesrates von den im Vertrag über die Europäische Union und im Vertrag über die Arbeitsweise der Europäischen Union vorgesehenen Klagemöglichkeiten Gebrauch, so fertigt sie die Klageschrift in Abstimmung mit den Ländern. Von den Ländern wird hierfür rechtzeitig eine ausführliche Stellungnahme zur Sache zur Verfügung gestellt. Die Prozessführung erfolgt in Abstimmung mit den Ländern.
   Entsprechendes gilt, wenn die Bundesregierung das zulässige Rechtsmittel beim Europäischen Gerichtshof gegen eine länderübergreifende Finanzkorrektur der Europäischen Union im Einvernehmen mit den betroffenen Ländern oder auf ausdrückliches Verlangen betroffener Länder nach § 7 Absatz 4 einlegt. Bei Vertragsverletzungsverfahren gegen die Bundesrepublik Deutschland, bei denen eine Haftung eines oder mehrerer Länder gegenüber dem Bund nach Artikel 104a Absatz 6 Satz 1 des Grundgesetzes[1] in Betracht kommt, erfolgt die Prozessführung insoweit ebenfalls in Abstimmung mit den Ländern.
3. Nummer 2 gilt entsprechend, wenn die Bundesregierung in Verfahren vor dem Europäischen Gerichtshof Gelegenheit zur Stellungnahme hat.

VII. Vertragsrevision, Beitritt und Assoziierungsverhandlungen der Europäischen Union

1. Hinsichtlich des Artikels 48 des Vertrags über die Europäische Union[2] gilt: Beabsichtigt der Rat, einen Beschluss zur Aufnahme von Verhandlungen zu Änderungen der vertraglichen Grundlagen der Europäischen Union zu fassen, informiert die Bundesregierung den Bundesrat und unterrichtet über ihre Willensbildung.
   Der Bundesrat wird über die Verhandlungen unterrichtet, soweit Länderinteressen betroffen sein könnten. Das gilt auch für den Fall, dass die Verhandlungen wiederum von Persönlichen Beauftragten geführt werden sollten.
   Die Bundesregierung berücksichtigt die Stellungnahme des Bundesrates bei den Verhandlungen in entsprechender Anwendung von § 5.
   Die Länder können mit einem Beobachter – maximal zwei Beobachtern, falls ausschließliche Länderkompetenzen betroffen sind – an Ressortgesprächen zur Vorbereitung der Regierungskonferenzen sowie – soweit möglich von Fall zu Fall – an den Regierungskonferenzen selbst teilnehmen.
2. Hinsichtlich des Artikels 49 des Vertrags über die Europäische Union gilt: Beabsichtigt der Rat, einen Beschluss zur Aufnahme von Verhandlungen zur Vorbereitung von Beitritten zur Europäischen Union zu fassen, informiert die Bundesregierung den Bundesrat und unterrichtet über ihre Willensbildung.
   Der Bundesrat wird über die Verhandlungen unterrichtet, soweit Länderinteressen betroffen sein könnten. Die Bundesregierung informiert auf Wunsch den Ausschuss für Fragen der Europäischen Union des Bundesrates über die Entwicklung von Beitrittsverhandlungen.
   Die Bundesregierung berücksichtigt die Stellungnahme des Bundesrates bei den Verhandlungen in entsprechender Anwendung von § 5.
   Die Länder können mit einem Ländervertreter an Ressortabstimmungen der Verhandlungsposition sowie – soweit möglich – an der Ratsarbeitsgruppe „Erweiterung“ teilnehmen, wenn der konkret zu behandelnde Fragenbereich die ausschließliche Gesetzgebungskompetenz der Länder oder deren wesentliche Interessen berührt.
3. Hinsichtlich des Artikels 217 des Vertrags über die Arbeitsweise der Europäischen Union[3] sowie für die Abkommen nach Artikel 207 Absatz 3 des Vertrags über die Arbeitsweise der Europäischen Union gelten die Regelungen dieses Gesetzes mit der Ausnahme, dass sich die Teilnahme des Ländervertreters auf die Verhandlungen in der Ratsgruppe zur Aushandlung des Mandats für die Kommission beschränkt.

---

[1] Nr. **20**.
[2] Nr. **1**.
[3] Nr. **2**.

IV. Europäisches Parlament

24. Beschluss und Akt zur Einführung allgemeiner unmittelbarer Wahlen der Mitglieder des Europäischen Parlaments [1][2]

Vom 20. September 1976[3]

(ABl. L 278 S. 5, ber. ABl. 1976 L 326 S. 32)

Beschluss: Celex-Nr. 4 1976 D 0787

Akt: Celex-Nr. 4 1976 X 1008 (01)

zuletzt geänd. durch Art. 1 ÄndB (EU, Euratom) 2018/994[4] v. 13.7.2018 (ABl. L 178 S. 1, ber. L 310 S. 44)

DER RAT –

in der Zusammensetzung der Vertreter der Mitgliedstaaten und mit Einstimmigkeit,

gestützt auf Artikel 21 Absatz 3 des Vertrages über die Gründung der Europäischen Gemeinschaft für Kohle und Stahl,

gestützt auf Artikel 14 Absatz 3 des Vertrages über die Europäische Union[5],

gestützt auf Artikel 108 Absatz 3 des Vertrages zur Gründung der Europäischen Atomgemeinschaft,

nach Kenntnisnahme des Entwurfs der Versammlung,

in Erwägung nachstehender Gründe:

in der Absicht, die Schlußfolgerungen des Europäischen Rates vom 1. und 2. Dezember 1975 in Rom in die Tat umzusetzen, damit die Wahl zur Versammlung zu einem einheitlichen Zeitpunkt in den Monaten Mai-Juni 1978 abgehalten wird –

hat die diesem Beschluß beigefügten Bestimmungen erlassen, deren Annahme nach ihren jeweiligen verfassungsrechtlichen Vorschriften er den Mitgliedstaaten empfiehlt.

Dieser Beschluß und die ihm beigefügten Bestimmungen werden im Amtsblatt der Europäischen Gemeinschaften veröffentlicht. Die Mitgliedstaaten teilen dem Generalsekretär des Rates der Europäischen Gemeinschaften unverzüglich den Abschluß der Verfahren mit, die nach ihren jeweiligen verfassungsrechtlichen Vorschriften für die Annahme der diesem Beschluß beigefügten

---

[1] Aus „Versammlung" wurde „Europäisches Parlament" durch Art. 3 Einheitliche Europäische Akte v. 28.2.1986 (ABl. L 169 S. 1).

[2] Die Verweise/Bezugnahmen auf Vorschriften des EUV (Nr. **1**) und/oder AEUV (Nr. **2**) sind bereits gemäß Art. 5 des Vertrags von Lissabon v. 13.12.2007 (ABl. C 306 S. 1) iVm den Übereinstimmungstabellen (Nr. **1a** und **2a**) an die neue Nummerierung angepasst worden.

[3] Ratifiziert durch G v. 4.8.1977 (BGBl. II S. 733).

[4] Die Änderungen durch Beschluss v. 13.7.2018 (ABl. L 178 S. 1, ber. Nr. L 310 S. 44) treten **mit unbestimmtem Datum** in Kraft und sind im Text noch nicht berücksichtigt.

[5] Nr. **1**.

Bestimmungen erforderlich sind. Dieser Beschluß tritt am Tag der Veröffentlichung[1] im Amtsblatt der Europäischen Gemeinschaften in Kraft.

Geschehen zu Brüssel am zwanzigsten September neunzehnhundertsechsundsiebzig.[2]

Akt zur Einführung allgemeiner unmittelbarer Wahlen der Mitglieder des Europäischen Parlaments

Art. 1 [Wahlsystem] (1) In jedem Mitgliedstaat werden die Mitglieder des Europäischen Parlaments nach dem Verhältniswahlsystem auf der Grundlage von Listen oder von übertragbaren Einzelstimmen gewählt.

(2) Die Mitgliedstaaten können Vorzugsstimmen auf der Grundlage von Listen nach den von ihnen festgelegten Modalitäten zulassen.

(3) Die Wahl erfolgt allgemein, unmittelbar, frei und geheim.

Art. 2 [Angemessene Vertretung der Völker] Entsprechend ihren nationalen Besonderheiten können die Mitgliedstaaten für die Wahl des Europäischen Parlaments Wahlkreise einrichten oder ihre Wahlgebiete auf andere Weise unterteilen, ohne das Verhältniswahlsystem insgesamt in Frage zu stellen.

Art. 3 [Einzugshürde] [1] Für die Sitzvergabe können die Mitgliedstaaten eine Mindestschwelle festlegen. [2] Diese Schwelle darf jedoch landesweit nicht mehr als 5 % der abgegebenen Stimmen betragen.

Art. 4 [Wahlkampfkosten] Jeder Mitgliedstaat kann eine Obergrenze für die Wahlkampfkosten der Wahlbewerber festlegen.

Art. 5 [Wahlperiode] (1) *[1]* Der Fünfjahreszeitraum, für den die Mitglieder des Europäischen Parlaments gewählt werden, beginnt mit der Eröffnung der ersten Sitzung nach jeder Wahl.

[2] Sie wird nach Maßgabe von Artikel 10 Absatz 2 Unterabsatz 2 verlängert oder verkürzt.

(2) Das Mandat eines Mitglieds des Europäischen Parlaments beginnt und endet zu gleicher Zeit wie der in Absatz 1 genannte Zeitraum.

Art. 6 [Rechte und Pflichten der MdEP] (1) [1] Die Mitglieder des Europäischen Parlaments geben ihre Stimmen einzeln und persönlich ab. [2] Sie sind weder an Aufträge noch an Weisungen gebunden.

(2) Die Mitglieder des Europäischen Parlaments genießen die Vorrechte und Befreiungen, die nach dem Protokoll vom 8. April 1965 über die Vorrechte und Befreiungen der Europäischen Gemeinschaften für sie gelten.

Art. 7 [MdEP entgegenstehende Mitgliedschaften] (1) Die Mitgliedschaft im Europäischen Parlament ist unvereinbar mit der Eigenschaft als

---

[1] Veröffentlicht am 8.10.1976.

[2] Die Unterschriften sind nicht wiedergegeben.

– Mitglied der Regierung eines Mitgliedstaats;
– Mitglied der Kommission der Europäischen Gemeinschaften;
– Richter, Generalanwalt oder Kanzler des Gerichtshofs der Europäischen Gemeinschaften oder des Gerichts erster Instanz;
– Mitglied des Direktoriums der Europäischen Zentralbank;
– Mitglied des Rechnungshofs der Europäischen Gemeinschaften;
– Mitglied des Ausschusses der Regionen;
– Bürgerbeauftragter der Europäischen Gemeinschaften;
– Mitglied des beratenden Ausschusses der Europäischen Gemeinschaft für Kohle und Stahl oder Mitglied des Wirtschafts- und Sozialausschusses der Europäischen Wirtschaftsgemeinschaft und der Europäischen Atomgemeinschaft;
– Mitglied von Ausschüssen und Gremien, die auf Grund der Verträge zur Gründung der Europäischen Wirtschaftsgemeinschaft und der Europäischen Atomgemeinschaft Mittel der Gemeinschaften verwalten oder eine dauernde unmittelbare Verwaltungsaufgabe wahrnehmen;
– Mitglied des Verwaltungsrats oder des Direktoriums oder Bediensteter der Europäischen Investitionsbank;
– im aktiven Dienst stehender Beamter oder Bediensteter der Organe der Europäischen Gemeinschaften oder der ihnen angegliederten Einrichtungen, Ämter, Agenturen und Gremien oder der Europäischen Zentralbank.

(2) *[1]* Ab der Wahl zum Europäischen Parlament im Jahr 2004 ist die Mitgliedschaft im Europäischen Parlament unvereinbar mit der Eigenschaft als Abgeordneter eines nationalen Parlaments.

[2] Abweichend von dieser Regel und unbeschadet des Absatzes 3
– können die Abgeordneten des nationalen irischen Parlaments, die in einer folgenden Wahl in das Europäische Parlament gewählt werden, bis zur nächsten Wahl zum nationalen irischen Parlament ein Doppelmandat ausüben; ab diesem Zeitpunkt ist Unterabsatz 1 anwendbar;
– können die Abgeordneten des nationalen Parlaments des Vereinigten Königreichs, die während des Fünfjahreszeitraums vor der Wahl zum Europäischen Parlament im Jahr 2004 auch Mitglieder des Europäischen Parlaments sind, bis zu den Wahlen zum Europäischen Parlament im Jahr 2009 ein Doppelmandat ausüben; ab diesem Zeitpunkt ist Unterabsatz 1 anwendbar.

(3) Ferner kann jeder Mitgliedstaat nach Artikel 7 innerstaatlich geltende Unvereinbarkeiten ausweiten.

(4) Die Mitglieder des Europäischen Parlaments, auf die im Laufe der in Artikel 3 festgelegten fünfjährigen Wahlperiode die Absätze 1, 2 und 3 Anwendung finden, werden nach Artikel 12 ersetzt.

Art. 8 [Wahlverfahren] *[1]* Vorbehaltlich der Vorschriften dieses Akts bestimmt sich das Wahlverfahren in jedem Mitgliedstaat nach den innerstaatlichen Vorschriften.

[2] Diese innerstaatlichen Vorschriften, die gegebenenfalls den Besonderheiten in den Mitgliedstaaten Rechnung tragen können, dürfen das Verhältniswahlsystem insgesamt nicht in Frage stellen.

Art. 9 [Wählerstimme] Bei der Wahl der Mitglieder des Europäischen Parlaments kann jeder Wähler nur einmal wählen.

Art. 10 [Wahltermin] (1) Die Wahl zum Europäischen Parlament findet zu dem von jedem Mitgliedstaat festgelegten Termin und zu den von ihm festgelegten Uhrzeiten statt, wobei der Termin in einen für alle Mitgliedstaaten gleichen Zeitraum von Donnerstagmorgen bis zu dem unmittelbar nachfolgenden Sonntag fällt.

(2) Ein Mitgliedstaat darf das ihn betreffende Wahlergebnis erst dann amtlich bekannt geben, wenn die Wahl in dem Mitgliedstaat, dessen Wähler innerhalb des in Absatz 1 genannten Zeitraums als letzte wählen, abgeschlossen ist.

Art. 11 [Wahlzeitraum] (1) Der Zeitraum, in dem die Wahlen stattfinden, wird für die erste Wahl vom Rat nach Anhörung des Europäischen Parlaments einstimmig näher bestimmt.

(2) *[1]* Die folgenden Wahlen finden in dem entsprechenden Zeitraum des letzten Jahres der in Artikel 3 genannten fünfjährigen Wahlperiode statt.

[2] Erweist es sich als unmöglich, die Wahlen während dieses Zeitraums in der Gemeinschaft abzuhalten, so setzt der Rat mindestens ein Jahr vor Ablauf des in Artikel 3 genannten Fünfjahreszeitraums nach Anhörung des Europäischen Parlaments einstimmig einen anderen Zeitraum fest, der frühestens zwei Monate vor und spätestens einen Monat nach dem sich aus vorstehendem Unterabsatz ergebenden Zeitraum liegen darf.

(3) Unbeschadet des Artikels 229 des Vertrags über die Arbeitsweise der Europäischen Union[1)] und des Artikels 109 des Vertrages zur Gründung der Europäischen Atomgemeinschaft tritt das Europäische Parlament, ohne daß es einer Einberufung bedarf, am ersten Dienstag nach Ablauf eines Monats ab dem Ende des Zeitraums, in dem die Wahlen stattgefunden haben, zusammen.

(4) Die Befugnisse des scheidenden Europäischen Parlaments enden mit der ersten Sitzung des neuen Europäischen Parlaments.

Art. 12 [Prüfung der Parlamentsmandate] [1] Das Europäische Parlament prüft die Mandate seiner Mitglieder. [2] Zu diesem Zweck nimmt das Europäische Parlament die von den Mitgliedstaaten amtlich bekanntgegebenen Wahlergebnisse zur Kenntnis und befindet über die Anfechtungen, die gegebenenfalls aufgrund der Vorschriften dieses Akts – mit Ausnahme der innerstaatlichen Vorschriften, auf die darin verwiesen wird – vorgebracht werden könnten.

Art. 13 [Freiwerdende Mandate] (1) Ein Sitz wird frei, wenn das Mandat eines Mitglieds des Europäischen Parlaments im Falle seines Rücktritts oder seines Todes oder des Entzugs erlischt.

(2) Vorbehaltlich der sonstigen Vorschriften dieses Akts legt jeder Mitgliedstaat für den Fall des Freiwerdens eines Sitzes die geeigneten Verfahren fest, um diesen Sitz für den Rest des in Artikel 3 genannten Fünfjahreszeitraums zu besetzen.

(3) [1] Ist in den Rechtsvorschriften eines Mitgliedstaats ausdrücklich der Entzug des Mandats eines Mitglieds des Europäischen Parlaments vorgesehen, so

---

[1)] Nr. 2.

erlischt sein Mandat entsprechend diesen Rechtsvorschriften. [2]Die zuständigen einzelstaatlichen Behörden setzen das Europäische Parlament davon in Kenntnis.

(4) Wird ein Sitz durch Rücktritt oder Tod frei, so setzt der Präsident des Europäischen Parlaments die zuständigen Behörden des betreffenden Mitgliedstaates unverzüglich davon in Kenntnis.

Art. 14 [Durchführungsmaßnahmen] Sollte es sich als erforderlich erweisen, Maßnahmen zur Durchführung dieses Akts zu treffen, so trifft der Rat diese Maßnahmen einstimmig auf Vorschlag des Europäischen Parlaments und nach Anhörung der Kommission, nachdem er sich in einem Konzertierungsausschuß, dem der Rat sowie Vertreter des Europäischen Parlaments angehören, um ein Einvernehmen mit dem Europäischen Parlaments bemüht hat.

Art. 15 [Verbindlicher Wortlaut] *[1]* Dieser Akt ist in dänischer, deutscher, englischer, finnischer, französischer, griechischer, irischer, italienischer, niederländischer, portugiesischer, schwedischer und spanischer Sprache abgefasst, wobei jeder Wortlaut gleichermaßen verbindlich ist.

[2] Die Anhänge II und III[1] sind Bestandteile dieses Akts.

Art. 16 [Inkrafttreten] Die Bestimmungen dieses Akts treten an dem ersten Tag des Monats in Kraft[2], der auf den Erhalt der letzten in dem Beschluß genannten Mitteilungen folgt.

GESCHEHEN zu Brüssel am zwanzigsten September neunzehnhundertsechsundsiebzig[3]

Anhang I. [Sonderregelung für das Vereinigte Königreich]

(vom Abdruck wurde abgesehen)

Anhang II. Erklärung zu Artikel 13

In bezug auf das Verfahren, das im Konzertierungsausschuß anzuwenden ist, wird vereinbart, die Nummern 5, 6 und 7 des Verfahrens heranzuziehen, das durch die gemeinsame Erklärung des Europäischen Parlaments, des Rates und der Kommission vom 4. März 1975[4] festgelegt worden ist.

[1] Richtig wohl: „Anhänge I und II".
[2] Inkrafttreten gemäß Mitteilung v. 29.6.1978 (ABl. L 173 S. 30) am 1.7.1978.
[3] Die Unterschriften sind nicht wiedergegeben, (ber. ABl. 1976 Nr. L 326 S. 32).
[4] **Amtl. Anm.:** ABl. Nr. C 89 vom 22.4.1975, S. 1.

25. Beschluss des Europäischen Parlaments vom 28. September 2005 zur Annahme des Abgeordnetenstatuts des Europäischen Parlaments[1)]

(2005/684/EG, Euratom)

(ABl. L 262 S. 1)

Celex-Nr. 3 2005 Q 0684

Nichtamtliche Inhaltsübersicht

[1)] Die Verweise/Bezugnahmen auf Vorschriften des EUV (Nr. **1**) und/oder AEUV (Nr. **2**) sind bereits gemäß Art. 5 des Vertrags von Lissabon v. 13.12.2007 (ABl. C 306 S. 1, ber. ABl. 2008 C 111 S. 56, ABl. 2009 C 290 S. 1, ABl. 2010 C 81 S. 1, ABl. 2016 L 150 S. 1) iVm den Übereinstimmungstabellen (Nr. **1a** und **2a**) an die neue Nummerierung angepasst worden.

DAS EUROPÄISCHE PARLAMENT –

gestützt auf den Vertrag über die Arbeitsweise der Europäischen Union[1], insbesondere auf Artikel 223 Absatz 5,

gestützt auf den Vertrag zur Gründung der Europäischen Atomgemeinschaft, insbesondere auf Artikel 108 Absatz 4,

nach Anhörung der Kommission[2],

mit Zustimmung des Rates[3],

in Erwägung nachstehender Gründe:

(1) Das Parlament besteht aus „Vertretern der Völker der in der Gemeinschaft zusammengeschlossenen Staaten". Diese Vertreter sind nach *Artikel 190 Absatz 1 EG-Vertrag*[4] die „Abgeordneten der Völker der in der Gemeinschaft vereinigten Staaten". Diese Bezeichnung wird auch in *Artikel 190 Absatz 2 EG-Vertrag*[4] (Zahl der in jedem Mitgliedstaat gewählten Abgeordneten) und in *Artikel 190 Absatz 3 EG-Vertrag*[4] („Die Abgeordneten werden auf fünf Jahre gewählt.") verwendet. Diese Bestimmungen, nach denen die Abgeordneten die Repräsentanten der Völker sind, legen es nahe, im Statut die Bezeichnung „Abgeordneter" zu verwenden.

(2) Das Parlament hat gemäß Artikel 232 Absatz 1 des Vertrags über die Arbeitsweise der Europäischen Union[1] das Recht, seine internen Angelegenheiten in seiner Geschäftsordnung unter Beachtung dieses Statuts zu regeln.

(3) Artikel 1 des Statuts nimmt den Begriff „Abgeordneter" auf und stellt klar, dass es nicht um dessen Rechte und Pflichten geht, sondern um die Regelungen und allgemeinen Bedingungen für die Wahrnehmung des Mandats.

(4) Die in Artikel 2 geschützte Freiheit und Unabhängigkeit der Abgeordneten ist regelungsbedürftig und in keinem Text des Primärrechts erwähnt. Erklärungen, in denen sich Abgeordnete verpflichten, das Mandat zu einem bestimmten Zeitpunkt niederzulegen, oder Blanko-Erklärungen über die Niederlegung des Mandats, deren sich eine Partei nach Belieben bedienen kann, sind mit der Freiheit und Unabhängigkeit des Abgeordneten unvereinbar und können daher rechtlich nicht verbindlich sein.

(5) Artikel 3 Absatz 1 greift den Wortlaut des Artikels 6 Absatz 1 des Akts vom 20. September 1976 zur Einführung allgemeiner unmittelbarer Wahlen der Mitglieder des Europäischen Parlaments[5] auf.

(6) Das Initiativrecht nach Artikel 5 ist das Königsrecht eines jeden Abgeordneten des Parlaments. Dieses Recht darf durch die Geschäftsordnung des Parlaments nicht ausgehöhlt werden.

---

[1] Nr. **2**.

[2] **Amtl. Anm.:** Stellungnahme der Kommission vom 3. Juni 2003, bestätigt durch die Vizepräsidentin Wallström in der Sitzung des Europäischen Parlaments vom 22. Juni 2005.

[3] **Amtl. Anm.:** Schreiben des Rates vom 19. Juli 2005.

[4] Aufgehoben durch Vertrag von Lissabon v. 13.12.2007 (ABl. C 306 S. 1). Im Wesentlichen ersetzt durch Artikel 14 Absätze 1 bis 3 EUV (Nr. **1**) und Art. 223 AEUV (Nr. **2**). Nach Art. 14 Abs. 2 EUV setzt sich das Europäische Parlament aus Vertretern der Unionsbürgerinnen und Unionsbürgern zusammen. Die Bezeichnung „Abgeordneter" wird in den Verträgen nicht mehr verwendet.

[5] Nr. **24**.

(7) Das in Artikel 6 geregelte Recht auf Akteneinsicht, das sich schon bisher aus der Geschäftsordnung des Parlaments ergab, betrifft einen wesentlichen Aspekt der Ausübung des Mandats und ist deshalb im Statut zu verankern.

(8) Artikel 7 soll sicherstellen, dass trotz gegenteiliger Bestrebungen die Sprachenvielfalt effektiv erhalten bleibt. Jede Diskriminierung irgendeiner der offiziellen Amtssprachen sollte ausgeschlossen werden. Dieses Prinzip sollte auch nach einer Erweiterung der Europäischen Union gelten.

(9) Der Abgeordnete erhält nach Maßgabe der Artikel 9 und 10 eine Entschädigung für die Ausübung seines Amtes. Zur Höhe dieser Entschädigung hat eine vom Europäischen Parlament berufene Expertengruppe im Mai 2000 eine Studie vorgelegt, auf deren Grundlage eine Entschädigung von 38,5 % der Grundbezüge eines Richters am Gerichtshof der Europäischen Gemeinschaften gerechtfertigt ist.

(10) Da die Entschädigungen, das Übergangsgeld sowie das Ruhegehalt und die Hinterbliebenenversorgung aus dem Gesamthaushaltsplan der Europäischen Union finanziert werden, sollten sie einer Steuer zugunsten der Gemeinschaften unterliegen.

(11) Aufgrund der besonderen Situation der Abgeordneten, insbesondere der fehlenden Verpflichtung, an den Arbeitsorten des Parlaments einen Wohnsitz zu begründen, und ihrer besonderen Bindungen an den Staat, in dem sie gewählt wurden, sollten die Mitgliedstaaten die Möglichkeit haben, ihre nationalen steuerrechtlichen Bestimmungen auf die Entschädigungen, das Übergangsgeld sowie das Ruhegehalt und die Hinterbliebenenversorgung anzuwenden.

(12) Artikel 9 Absatz 3 ist erforderlich, weil Parteien häufig erwarten, dass ein Teil der in Artikel 9 Absätze 1 und 2 erwähnten Leistungen für ihre Zwecke verwendet wird. Diese Form der Parteienfinanzierung ist zu verurteilen.

(13) Das in Artikel 9 Absatz 2 und in Artikel 13 vorgesehene Übergangsgeld soll insbesondere die Zeit zwischen dem Ende des Mandats und einem beruflichen Neuanfang überbrücken. Bei Übernahme eines anderen Mandats oder eines öffentlichen Amtes entfällt dieser Zweck.

(14) Angesichts der Entwicklung auf dem Gebiet der Ruhegehälter in den Mitgliedstaaten erscheint es angezeigt, dass ein ehemaliger Abgeordneter mit Vollendung des 63. Lebensjahres Anspruch auf das Ruhegehalt hat. Die Regelung des Artikels 14 berührt nicht die Befugnis der Mitgliedstaaten, das Ruhegehalt bei der Ermittlung der Höhe von Ruhegehältern gemäß innerstaatlichem Recht in Anrechnung zu bringen.

(15) Die Bestimmungen über die Hinterbliebenenversorgung folgen im Wesentlichen dem geltenden Recht in der Europäischen Gemeinschaft. Der Anspruch des wiederverheirateten hinterbliebenen Ehegatten beruht auf dem modernen Gedanken, dass er auf einer eigenen Leistung beruht und nicht nur der „Versorgung" dient. Der Anspruch ist auch nicht ausgeschlossen, wenn der hinterbliebene Ehegatte auf Grund eigener Einkünfte oder eigenen Vermögens „versorgt" ist.

(16) Die Regelung des Artikels 18 ist erforderlich, weil mit dem Statut die Leistungen der Mitgliedstaaten wie Erstattung der Krankheitskosten, Bei-

hilfe oder Zuschuss zu den Krankenversicherungsbeiträgen entfallen. Diese Leistungen werden vielfach über das Ende des Mandats hinaus gewährt.

(17) Die Bestimmungen über die Erstattung von Kosten müssen die Grundsätze beachten, die der Gerichtshof der Europäischen Gemeinschaften in seinem Urteil Lord Bruce entwickelt hat[1]. Danach kann das Parlament Erstattungen in Fällen, in denen dies angemessen ist, aufgrund einer pauschalen Regelung vornehmen, um die Verwaltungsaufwendungen, die mit einem System der Überprüfung jeder Einzelausgabe verbunden sind, zu verringern. Dies entspricht einer geordneten Verwaltung.

(18) Am 28. Mai 2003 hat das Präsidium des Parlaments eine Reihe neuer Regelungen über die Zahlung von Kosten und Entschädigungen der Abgeordneten auf Grundlage der realen Kosten gebilligt, die zusammen mit diesem Statut in Kraft treten sollen.

(19) Die Mitgliedstaaten sollten sicherstellen, dass die Regelungen, durch die Abgeordnete des Europäischen Parlaments bei der Wahrnehmung ihres Mandats in ihrem Mitgliedstaat den nationalen Abgeordneten gleichgestellt werden, beibehalten werden. Eine europäische Lösung dieses Problems ist im Hinblick auf eine Vielzahl höchst unterschiedlicher Regelungen in den Mitgliedstaaten nicht möglich. Die Ausübung des Mandats der Abgeordneten des Europäischen Parlaments in dem Mitgliedstaat, in dem sie gewählt wurden, wäre ohne solche Regelungen erheblich erschwert oder gar unmöglich. Eine effektive Wahrnehmung des Mandats liegt auch im Interesse der Mitgliedstaaten.

(20) Die Regelung des Artikels 25 Absatz 1 ist erforderlich, weil die höchst unterschiedlichen nationalen Regelungen, denen die Abgeordneten bisher unterliegen, eine europäische Lösung all der Probleme, die mit dem Übergang von einem alten zu einem neuen europäischen System verbunden sind, unmöglich machen. Ein Wahlrecht der Abgeordneten schließt die Beeinträchtigung von Rechten oder wirtschaftliche Nachteile bei diesem Übergang aus. Die Regelung des Artikels 25 Absatz 2 ist die Konsequenz aus der nach Artikel 25 Absatz 1 getroffenen Entscheidung.

(21) Die wirtschaftlichen Unterschiede zwischen den Mitgliedstaaten werden in Artikel 29 behandelt, der es den Mitgliedstaaten gestattet, vorübergehend eine Ausnahmeregelung zu den Bestimmungen dieses Statuts vorzusehen. Diese Unterschiede rechtfertigen auch, dass den Mitgliedstaaten die Möglichkeit gegeben wird, die Gleichbehandlung der Abgeordneten des Europäischen Parlaments und der Mitglieder der nationalen Parlamente beizubehalten.

BESCHLIESST:

---

[1] **Amtl. Anm.:** Urteil des Gerichtshofes vom 15. September 1981, Bruce of Donington gegen Eric Gordon Aspden, Rechtssache 208/80; Slg. 1981, S. 2205.

Titel I. Regelungen und Allgemeine Bedingungen für die Wahrnehmung der Aufgaben der Abgeordneten des Europäischen Parlaments

Art. 1 [Regelungsumfang] In diesem Statut werden die Regelungen und allgemeinen Bedingungen für die Wahrnehmung der Aufgaben der Abgeordneten des Europäischen Parlaments festgelegt.

Art. 2 [Unabhängigkeit] (1) Die Abgeordneten sind frei und unabhängig.

(2) Vereinbarungen über die Niederlegung des Mandats vor Ablauf oder zum Ende einer Wahlperiode sind nichtig.

Art. 3 [Abstimmung] (1) [1]Die Abgeordneten geben ihre Stimmen einzeln und persönlich ab. [2]Sie sind weder an Aufträge noch an Weisungen gebunden.

(2) Vereinbarungen über die Art und Weise der Ausübung des Mandats sind nichtig.

Art. 4 [Abgeordnetenschriftstücke] Schriftstücke und elektronische Aufzeichnungen, die ein Abgeordneter empfangen, verfasst oder verschickt hat, sind Dokumenten des Parlaments nicht gleichgestellt, es sei denn, sie wurden gemäß der Geschäftsordnung eingereicht.

Art. 5 [Initiativrecht] (1) Jeder Abgeordnete hat das Recht, im Rahmen des Initiativrechts des Parlaments einen Vorschlag für einen Gemeinschaftsakt einzubringen.

(2) Das Parlament legt in seiner Geschäftsordnung die Bedingungen für die Ausübung dieses Rechts fest.

Art. 6 [Akteneinsicht] (1) Die Abgeordneten haben das Recht auf Einsicht in alle Akten, die sich im Besitz des Parlaments befinden.

(2) Absatz 1 gilt nicht für persönliche Akten oder Abrechnungen.

(3) Rechtsakte der Europäischen Union und Vereinbarungen der Institutionen über den Zugang zu Dokumenten bleiben von Absatz 1 unberührt.

(4) Das Parlament legt die Bedingungen für die Ausübung dieses Rechts fest.

Art. 7 [Amtssprachen] (1) Die Dokumente des Parlaments werden in alle Amtssprachen übersetzt.

(2) Die Redebeiträge werden simultan in alle anderen Amtssprachen gedolmetscht.

(3) Das Parlament legt die Bedingungen für die Durchführung dieses Artikels fest.

Art. 8 [Fraktionen] (1) Die Abgeordneten können sich zu Fraktionen zusammenschließen.

(2) Das Parlament legt die Bedingungen für die Ausübung dieses Rechts in seiner Geschäftsordnung fest.

Art. 9 [Aufwandsentschädigung] (1) Die Abgeordneten haben Anspruch auf eine angemessene Entschädigung, die ihre Unabhängigkeit sichert.

(2) Sie haben nach Ende des Mandats Anspruch auf ein Übergangsgeld und ein Ruhegehalt.

(3) Vereinbarungen über die Verwendung der Entschädigung, des Übergangsgeldes und des Ruhegehaltes zu anderen als privaten Zwecken sind unwirksam.

(4) Die Hinterbliebenen von Abgeordneten oder ehemaligen Abgeordneten haben Anspruch auf Hinterbliebenenversorgung.

Art. 10 [Höhe der Entschädigung] Die Entschädigung beläuft sich auf jeweils 38,5 % der Grundbezüge eines Richters am Gerichtshof der Europäischen Gemeinschaften.

Art. 11 [Entschädigungsverrechnung] Die Entschädigung, die ein Abgeordneter für die Wahrnehmung eines Mandats in einem anderen Parlament erhält, wird auf die Entschädigung angerechnet.

Art. 12 [Gemeinschaftssteuer] (1) Die Entschädigung nach Artikel 9 unterliegt der Gemeinschaftssteuer unter den gleichen Bedingungen, wie sie auf der Grundlage von Artikel 13 des Protokolls über die Vorrechte und Befreiungen der Gemeinschaften für die Beamten und übrigen Bediensteten der Europäischen Gemeinschaften festgelegt worden sind.

(2) Die Abzüge für berufliche und persönliche Kosten sowie Familienzulagen oder Beihilfen aus sozialen Gründen gemäß Artikel 3 Absätze 2 bis 4 der Verordnung (EWG, Euratom, EGKS) Nr. 260/68 des Rates vom 29. Februar 1968 zur Festlegung der Bestimmungen und des Verfahrens für die Erhebung der Steuer zugunsten der Europäischen Gemeinschaften[1)] finden keine Anwendung.

(3) Absatz 1 berührt nicht die Befugnis der Mitgliedstaaten, auf die Entschädigung die Bestimmungen des nationalen Steuerrechts anzuwenden, sofern jegliche Doppelbesteuerung vermieden wird.

(4) Die Mitgliedstaaten sind befugt, die Entschädigung bei der Festsetzung des Steuersatzes für andere Einkommen zu berücksichtigen.

(5) Dieser Artikel findet auch Anwendung auf das Übergangsgeld sowie das Ruhegehalt und die Hinterbliebenenversorgung nach den Artikeln 13, 14, 15 und 17.

(6) Die Leistungen nach den Artikeln 18, 19 und 20 und die Beiträge zum Pensionsfonds nach Artikel 27 unterliegen keiner Steuer.

Art. 13 [Übergangsgeld] (1) Die Abgeordneten haben nach Ende des Mandats Anspruch auf ein Übergangsgeld in Höhe der Entschädigung nach Artikel 10.

(2) Dieser Anspruch besteht für jedes Jahr der Ausübung des Mandats für einen Monat, mindestens jedoch für sechs und höchstens für 24 Monate.

[1)] **Amtl. Anm.:** ABl. L 56 vom 4.3.1968, S. 8. Verordnung zuletzt geändert durch die Verordnung (EG, Euratom) Nr. 723/2004 (ABl. L 124 vom 27.4.2004, S. 1).

(3) Der Anspruch besteht nicht bei Übernahme eines Mandats in einem anderen Parlament oder eines öffentlichen Amtes.

(4) Im Fall des Todes wird das Übergangsgeld letztmals in dem Monat gezahlt, in dem der ehemalige Abgeordnete verstorben ist.

Art. 14 [Ruhegehalt] (1) Die ehemaligen Abgeordneten haben mit Vollendung des 63. Lebensjahres Anspruch auf ein Ruhegehalt.

(2) Dieses Ruhegehalt beträgt für jedes volle Jahr der Ausübung des Mandats 3,5 % der Entschädigung nach Artikel 10 und für jeden weiteren vollen Monat ein Zwölftel, insgesamt jedoch nicht mehr als 70 %.

(3) Der Anspruch auf Ruhegehalt besteht unabhängig von jedem anderen Ruhegehalt.

(4) Artikel 11 findet entsprechende Anwendung.

Art. 15 [Ruhegehalt bei Invalidität] (1) Die Abgeordneten haben im Fall einer Invalidität, die während des Mandats entstanden ist, Anspruch auf ein Ruhegehalt.

(2) [1]Artikel 14 Absatz 2 findet entsprechende Anwendung. [2]Die Höhe des Ruhegehaltes beträgt jedoch mindestens 35 % der Entschädigung nach Artikel 10.

(3) Der Anspruch entsteht mit der Niederlegung des Mandats.

(4) Das Parlament legt die Bedingungen für die Wahrnehmung dieses Anspruchs fest.

(5) Artikel 11 findet entsprechende Anwendung.

Art. 16 [Wahl der Vergütung] Hat ein ehemaliger Abgeordneter gleichzeitig Anspruch auf die Zahlung von Übergangsgeld nach Artikel 13 und von Ruhegehalt nach den Artikeln 14 oder 15, so wird die Regelung angewandt, für die er sich entscheidet.

Art. 17 [Todesfall] (1) Der Ehegatte und die unterhaltsberechtigten Kinder haben im Fall des Todes eines Abgeordneten oder eines ehemaligen Abgeordneten, der zum Zeitpunkt seines Todes Anspruch oder eine Anwartschaft auf ein Ruhegehalt nach den Artikeln 14 oder 15 hatte, einen Anspruch auf Versorgung.

(2) Der Gesamtbetrag der Versorgung darf nicht höher sein als das Ruhegehalt, auf das der Abgeordnete am Ende der Wahlperiode Anspruch gehabt hätte oder das dem ehemaligen Abgeordneten zustand oder zugestanden hätte.

(3) [1]Der hinterbliebene Ehegatte erhält 60 % des in Absatz 2 genannten Betrages, mindestens jedoch 30 % der Entschädigung nach Artikel 10. [2]Der Anspruch wird durch eine Wiederverheiratung nicht berührt. [3]Der Anspruch besteht nicht, wenn die Umstände des Einzelfalles keinen vernünftigen Zweifel daran lassen, dass die Ehe nur zu Versorgungszwecken geschlossen wurde.

(4) Ein unterhaltsberechtigtes Kind erhält 20 % des in Absatz 2 genannten Betrages.

(5) Erforderlichenfalls wird der Höchstbetrag der zu zahlenden Versorgung im Verhältnis der in den Absätzen 3 und 4 vorgesehenen Prozentsätze zwischen dem Ehegatten und den Kindern aufgeteilt.

(6) Die Versorgung wird von dem ersten Tag des auf den Tod folgenden Monats gezahlt.

(7) Bei Tod des Ehegatten erlischt dessen Anspruch am Ende des Monats, in dem der Todesfall eingetreten ist.

(8) [1] Der Anspruch eines Kindes erlischt mit Ende des Monats, an dem es das 21. Lebensjahr vollendet. [2] Er besteht jedoch für die Dauer der Berufsausbildung fort, höchstens jedoch bis zum Ende des Monats, in dem es das 25. Lebensjahr vollendet. [3] Er besteht auch fort, solange das Kind wegen einer Krankheit oder eines Gebrechens außerstande ist, seinen Lebensunterhalt zu bestreiten.

(9) Partner aus in den Mitgliedstaaten anerkannten Lebensgemeinschaften werden Ehegatten gleichgestellt.

(10) Das Parlament legt die Bedingungen für die Wahrnehmung dieses Anspruchs fest.

Art. 18 [Krankengeld] (1) Die Abgeordneten und die ehemaligen Abgeordneten, die ein Ruhegehalt beziehen, sowie die versorgungsberechtigten Hinterbliebenen haben Anspruch auf Erstattung von zwei Dritteln der Kosten, die ihnen durch Krankheit, Schwangerschaft oder die Geburt eines Kindes entstehen.

(2) Das Parlament legt die Bedingungen für die Wahrnehmung dieses Anspruchs fest.

Art. 19 [Versicherungsschutz] (1) Die Abgeordneten haben Anspruch auf Versicherungsschutz zur Deckung der Risiken, die mit der Ausübung des Mandats verbunden sind.

(2) [1] Das Parlament legt die Bedingungen für die Wahrnehmung dieses Anspruchs fest. [2] Die Abgeordneten tragen ein Drittel der anfallenden Versicherungsprämien.

Art. 20 [Kostenerstattung] (1) Die Abgeordneten haben Anspruch auf Erstattung der Kosten, die ihnen durch die Ausübung des Mandats entstehen.

(2) Für Reisen zu und von den Arbeitsorten und für sonstige Dienstreisen erstattet das Parlament die tatsächlich entstandenen Kosten.

(3) Die übrigen mandatsbedingten Aufwendungen können pauschal erstattet werden.

(4) Das Parlament legt die Bedingungen für die Wahrnehmung dieses Anspruchs fest.

(5) Artikel 9 Absatz 3 findet entsprechende Anwendung.

Art. 21 [Mitarbeiterauswahl] (1) Die Abgeordneten haben Anspruch auf Unterstützung durch persönliche Mitarbeiter, die frei von ihnen ausgewählt werden.

(2) Das Parlament trägt die durch ihre Beschäftigung tatsächlich anfallenden Kosten.

(3) Das Parlament legt die Bedingungen für die Wahrnehmung dieses Anspruchs fest.

Art. 22 [Büro- und Kommunikationseinrichtungen] (1) Die Abgeordneten haben Anspruch auf Nutzung der Büro- und Kommunikationseinrichtungen sowie der Dienstfahrzeuge des Parlaments.

(2) Das Parlament legt die Bedingungen für die Wahrnehmung dieses Anspruchs fest.

Art. 23 [Herkunft der Gelder] (1) Sämtliche Zahlungen werden aus dem Haushalt der Europäischen Union geleistet.

(2) [1] Die fälligen Zahlungen nach den Artikeln 10, 13, 14, 15 und 17 erfolgen monatlich in Euro oder wahlweise in der Währung desjenigen Mitgliedstaats, in dem der Abgeordnete seinen Wohnsitz hat. [2] Das Parlament legt die Bedingungen fest, unter denen die Zahlungen erfolgen.

Art. 24 [Durchführungsbeschlüsse] Die Beschlüsse zur Durchführung dieses Statutes treten nach ihrer Veröffentlichung im *Amtsblatt der Europäischen Union* in Kraft.

Titel II. Übergangsbestimmungen

Art. 25 [Versorgungswahlrecht] (1) Die Abgeordneten, die vor Inkrafttreten des Statuts dem Parlament bereits angehörten und wiedergewählt wurden, können sich hinsichtlich der Entschädigung, des Übergangsgeldes, des Ruhegehaltes und der Hinterbliebenenversorgung für die gesamte Dauer ihrer Tätigkeit für das bisherige nationale System entscheiden.

(2) Diese Zahlungen werden aus dem Haushalt des Mitgliedstaates geleistet.

Art. 26 [Wahlmitteilung] (1) Die Abgeordneten, die gemäß Artikel 25 Absatz 1 im bisherigen nationalen System bleiben wollen, teilen diese Entscheidung dem Präsidenten des Europäischen Parlaments innerhalb von 30 Tagen nach Inkrafttreten des Statuts schriftlich mit.

(2) Die Entscheidung ist endgültig und unwiderruflich.

(3) Liegt eine solche Mitteilung innerhalb der Frist nicht vor, gelten die Bestimmungen dieses Statuts.

Art. 27 [Freiwilliger Pensionsfond] (1) Der vom Europäischen Parlament eingerichtete freiwillige Pensionsfonds wird nach Inkrafttreten dieses Statuts für die Abgeordneten oder ehemaligen Abgeordneten, die in diesem Fonds bereits Rechte oder Anwartschaften erworben haben, weitergeführt.

(2) [1] Die erworbenen Rechte und Anwartschaften bleiben in vollem Umfang erhalten. [2] Das Parlament kann Voraussetzungen und Bedingungen für den Erwerb neuer Rechte oder Anwartschaften festlegen.

(3) Abgeordnete, die die Entschädigung nach Artikel 10 erhalten, können in dem freiwilligen Pensionsfonds keine neuen Rechte oder Anwartschaften mehr erwerben.

(4) Der Fonds steht den Abgeordneten, die nach dem Inkrafttreten dieses Statuts erstmals in das Parlament gewählt werden, nicht zur Verfügung.

(5) Artikel 9 Absatz 3 und Artikel 14 Absatz 3 finden entsprechende Anwendung.

Art. 28 [Erhalt des Ruhegehaltsanspruch] (1) Ein Anspruch auf Ruhegehalt, den ein Abgeordneter zum Zeitpunkt der Anwendung dieses Statuts nach einzelstaatlichen Regelungen erworben hat, bleibt in vollem Umfang erhalten.

(2) [1] Wenn die Dauer der Mandatsausübung im Europäischen Parlament oder in einem nationalen Parlament nach den einzelstaatlichen Regelungen nicht ausreicht, um einen Anspruch auf Ruhegehalt auszulösen, werden diese Zeiten bei der Berechnung des Ruhegehaltes auf der Grundlage dieses Statuts berücksichtigt. [2] Das Parlament kann mit den zuständigen Stellen der Mitgliedstaaten Vereinbarungen über die Übertragung erworbener Anwartschaften schließen.

Art. 29 [Mitgliedstaatliche Regelung] (1) Jeder Mitgliedstaat kann für die Abgeordneten, die in ihm gewählt wurden, eine von den Bestimmungen dieses Statuts abweichende Regelung über die Entschädigung, das Übergangsgeld, das Ruhegehalt und die Hinterbliebenenversorgung für eine Übergangszeit beschließen, die die Dauer von zwei Wahlperioden des Europäischen Parlaments nicht überschreiten darf.

(2) Die Abgeordneten sind durch eine solche Regelung den Abgeordneten der jeweiligen nationalen Parlamente zumindest gleichzustellen.

(3) Sämtliche Zahlungen werden aus dem Haushalt des jeweiligen Mitgliedstaats geleistet.

(4) Die Ansprüche der Abgeordneten nach den Artikeln 18 bis 22 dieses Statuts werden durch eine solche Regelung nicht berührt.

Titel III. Schlussbestimmung

Art. 30 [Inkrafttreten] Dieses Statut tritt am ersten Tag der im Jahre 2009 beginnenden Wahlperiode des Europäischen Parlaments in Kraft.

26. Gesetz über die Wahl der Abgeordneten des Europäischen Parlaments aus der Bundesrepublik Deutschland (Europawahlgesetz – EuWG)[1]

In der Fassung der Bekanntmachung vom 8. März 1994[2]
(BGBl. I S. 424, ber. S. 555)

FNA 111-5

zuletzt geänd. durch Art. 1 Sechstes G zur Änd. des EuropawahlG v. 11.1.2023 (BGBl. 2023 I Nr. 11)

Nichtamtliche Inhaltsübersicht

Erster Abschnitt. Wahl der Abgeordneten des Europäischen Parlaments aus der Bundesrepublik Deutschland

Zweiter Abschnitt. Erwerb und Verlust der Mitgliedschaft im Europäischen Parlament

Dritter Abschnitt. Schlußbestimmungen

---

[1] Siehe auch den Beschluss und Akt über die Einführung allgemeiner unmittelbarer Wahlen der Mitglieder des Europäischen Parlaments (Nr. **24**) und die Europawahlordnung (EuWO) idF der Bek. v. 2.5.1994 (BGBl. I S. 957, ber. ; 2023 I Nr. 145), zuletzt geänd. durch VO v. 11.8.2023 (BGBl. 2023 I Nr. 215).

[2] Neubekanntmachung des EuWG v. 16.6.1978 (BGBl. I S. 709) in der ab 13.3.1994 geltenden Fassung.

Erster Abschnitt. Wahl der Abgeordneten des Europäischen Parlaments aus der Bundesrepublik Deutschland

§ 1 Allgemeine Wahlrechtsgrundsätze. [1] Auf die Bundesrepublik Deutschland entfallen 96 Abgeordnete des Europäischen Parlaments. [2] Sie werden in allgemeiner, unmittelbarer, freier, gleicher und geheimer Wahl für fünf Jahre gewählt.

§ 2 Wahlsystem, Sitzverteilung. (1) [1] Die Wahl erfolgt nach den Grundsätzen der Verhältniswahl mit Listenwahlvorschlägen. [2] Listenwahlvorschläge können für ein Land oder als gemeinsame Liste für alle Länder aufgestellt werden. [3] Jeder Wähler hat eine Stimme.

(2) [1] Für die Sitzverteilung werden die für jeden Wahlvorschlag abgegebenen Stimmen zusammengezählt. [2] Listen für einzelne Länder desselben Wahlvorschlagsberechtigten gelten dabei als verbunden, soweit nicht erklärt wird, daß eine oder mehrere beteiligte Listen von der Listenverbindung ausgeschlossen sein sollen. [3] Verbundene Listen gelten bei der Sitzverteilung im Verhältnis zu den übrigen Wahlvorschlägen als ein Wahlvorschlag.

(3) [1] Die zu besetzenden Sitze werden auf die Wahlvorschläge wie folgt verteilt. [2] Jeder Wahlvorschlag erhält so viele Sitze, wie sich nach Teilung seiner gesamten Stimmen im Wahlgebiet durch einen Zuteilungsdivisor ergeben. [3] Zahlenbruchteile unter 0,5 werden auf die darunter liegende ganze Zahl abgerundet, solche über 0,5 werden auf die darüber liegende ganze Zahl aufgerundet. [4] Zahlenbruchteile, die gleich 0,5 sind, werden so aufgerundet oder abgerundet, dass die Gesamtzahl der zu vergebenden Sitze eingehalten wird; ergeben sich dabei mehrere mögliche Sitzzuteilungen, so entscheidet das vom Bundeswahlleiter zu ziehende Los. [5] Der Zuteilungsdivisor ist so zu bestimmen, dass insgesamt so viele Sitze auf die Landeslisten entfallen, wie Sitze zu vergeben sind. [6] Dazu wird zunächst die Gesamtzahl der Stimmen, die alle zu berücksichtigenden Wahlvorschläge erhalten haben, durch die Gesamtzahl der Sitze geteilt. [7] Entfallen danach mehr Sitze auf die Wahlvorschläge, als Sitze zu vergeben sind, ist der Zuteilungsdivisor so heraufzusetzen, dass sich bei der Berechnung die zu vergebende Sitzzahl ergibt; entfallen zu wenig Sitze auf die Wahlvorschläge, ist der Zuteilungsdivisor entsprechend herunterzusetzen.

(4) [1] Erhält bei der Verteilung der Sitze nach Absatz 3 ein Wahlvorschlag, auf den mehr als die Hälfte der Gesamtzahl der Stimmen aller zu berücksichtigenden Wahlvorschläge entfallen ist, nicht mehr als die Hälfte der zu vergebenden Sitze, werden ihm abweichend von Absatz 3 Satz 2 bis 7 weitere Sitze zugeteilt, bis auf ihn ein Sitz mehr als die Hälfte der zu vergebenden Sitze entfällt. [2] Die verbleibenden zu vergebenden Sitze werden nach Absatz 3 Satz 2 bis 7 den übrigen Wahlvorschlägen zugeteilt.

(5) [1] Die auf die Wahlvorschläge entfallenden Sitze werden in der dort festgelegten Reihenfolge besetzt. [2] Bewerber, die auf zwei Listen für einzelne Länder (§ 9 Absatz 3 Satz 3) gewählt sind, bleiben auf der Liste unberücksichtigt, auf der sie an späterer Stelle benannt sind; bei Benennung auf den Listen an gleicher Stelle entscheidet das vom Bundeswahlleiter zu ziehende Los,

auf welcher Liste sie gewählt sind. [3] Entfallen auf einen Wahlvorschlag mehr Sitze als Bewerber benannt sind, so bleiben diese Sitze unbesetzt.

(6) [1] Die auf eine Listenverbindung entfallenden Sitze werden auf die beteiligten Listen für die einzelnen Länder entsprechend Absatz 3 Satz 2 bis 7 verteilt. [2] Absatz 5 gilt entsprechend.

(7)[1] Bei der Verteilung der Sitze auf die Wahlvorschläge werden nur Wahlvorschläge berücksichtigt, die mindestens 3 Prozent der im Wahlgebiet abgegebenen gültigen Stimmen erhalten haben.

§ 3 Gliederung des Wahlgebietes. (1) Wahlgebiet ist das Gebiet der Bundesrepublik Deutschland.

(2) Das Wahlgebiet wird für die Stimmabgabe in Wahlbezirke eingeteilt.

§ 4 Geltung des Bundeswahlgesetzes. Soweit in diesem Gesetz nichts anderes bestimmt ist, gelten für die Wahl der Abgeordneten die Vorschriften der Abschnitte zwei bis sieben des Bundeswahlgesetzes über die Wahlorgane, das Wahlrecht, die Vorbereitung der Wahl, die Wahlhandlung, die Feststellung des Wahlergebnisses und die Nach- und Wiederholungswahlen sowie die Vorschriften des § 49a des Bundeswahlgesetzes über Ordnungswidrigkeiten und die Vorschrift des § 54 des Bundeswahlgesetzes über Fristen und Termine in der jeweils geltenden Fassung entsprechend.

§ 5 Wahlorgane. (1) Wahlorgane sind

- der Bundeswahlleiter und der Bundeswahlausschuß für das Wahlgebiet,
- ein Landeswahlleiter und ein Landeswahlausschuß für jedes Land,
- ein Kreiswahlleiter und ein Kreiswahlausschuß für jeden Kreis und für jede kreisfreie Stadt ein Stadtwahlleiter und Stadtwahlausschuß,
- ein Wahlvorsteher und ein Wahlvorstand für jeden Wahlbezirk und
- mindestens ein Wahlvorsteher und ein Wahlvorstand für jeden Kreis und für jede kreisfreie Stadt zur Feststellung des Briefwahlergebnisses. Wieviel Briefwahlvorstände zu bilden sind, um das Ergebnis der Briefwahl noch am Wahltage feststellen zu können, bestimmt der Kreiswahlleiter oder der Stadtwahlleiter.

(2) Zur Feststellung des Briefwahlergebnisses können Wahlvorsteher und Wahlvorstände statt für jeden Kreis für einzelne oder mehrere kreisangehörige Gemeinden eingesetzt werden; die Anordnung trifft die Landesregierung oder die von ihr bestimmte Stelle.

(3) [1] Die Wahlvorstände bestehen aus dem Wahlvorsteher als Vorsitzendem, seinem Stellvertreter und weiteren drei bis sieben vom Wahlvorsteher berufenen Wahlberechtigten als Beisitzern; die Landesregierung oder die von ihr bestimmte Stelle kann anordnen, daß die Gemeindebehörde die Beisitzer des Wahlvorstandes und der Kreiswahlleiter oder der Stadtwahlleiter, im Falle einer Anordnung nach Absatz 2 die Gemeindebehörde die Beisitzer des Wahlvorstandes zur Feststellung des Briefwahlergebnisses allein oder im Einvernehmen mit dem Wahlvorsteher berufen. [2] Bei Berufung der Beisitzer sind die in dem jeweiligen Bezirk vertretenen Parteien nach Möglichkeit zu berücksichtigen.

---

[1] Durch Urt. des BVerfG v. 26.2.2014 (BGBl. I S. 271) ist § 2 Abs. 7 idF des G v. 7.10.2013 (BGBl I S. 3749) mit Artikel 3 Abs. 1 GG unvereinbar und daher nichtig.

(4) § 49a Abs. 3 des Bundeswahlgesetzes gilt entsprechend mit der Maßgabe, daß Verwaltungsbehörde im Sinne des § 36 Abs. 1 Nr. 1 des Gesetzes über Ordnungswidrigkeiten der Stadtwahlleiter ist, wenn ein Wahlberechtigter das Amt eines Wahlvorstehers, stellvertretenden Wahlvorstehers oder eines Beisitzers im Wahlvorstand oder im Stadtwahlausschuß einer kreisfreien Stadt unberechtigt ablehnt oder sich ohne genügende Entschuldigung den Pflichten eines solchen Amtes entzieht.

§ 6 Wahlrecht, Ausübung des Wahlrechts. (1) [1] Wahlberechtigt sind alle Deutschen im Sinne des Artikels 116 Abs. 1 des Grundgesetzes, die am Wahltage

1. das sechzehnte Lebensjahr vollendet haben,
2. seit mindestens drei Monaten
   a) in der Bundesrepublik Deutschland oder
   b) in den übrigen Mitgliedstaaten der Europäischen Union

   eine Wohnung innehaben oder sich sonst gewöhnlich aufhalten,
3. nicht nach § 6a Abs. 1 vom Wahlrecht ausgeschlossen sind.

[2] Die Voraussetzungen nach Satz 1 Nr. 2 sind auch bei einem dreimonatigen aufeinanderfolgenden Aufenthalt in den in Satz 1 Nr. 2 Buchstabe a und b genannten Gebieten erfüllt.

(2) Wahlberechtigt sind auch die nach § 12 Abs. 2 des Bundeswahlgesetzes zum Deutschen Bundestag wahlberechtigten Deutschen.

(3) [1] Wahlberechtigt sind auch alle Staatsangehörigen der übrigen Mitgliedstaaten der Europäischen Union (Unionsbürger), die in der Bundesrepublik Deutschland eine Wohnung innehaben oder sich sonst gewöhnlich aufhalten und die am Wahltage

1. das sechzehnte Lebensjahr vollendet haben,
2. seit mindestens drei Monaten
   a) in der Bundesrepublik Deutschland oder
   b) in den übrigen Mitgliedstaaten der Europäischen Union

   eine Wohnung innehaben oder sich sonst gewöhnlich aufhalten,
3. nicht nach § 6a Abs. 2 vom Wahlrecht ausgeschlossen sind.

[2] Die Voraussetzungen nach Satz 1 Nr. 2 sind auch bei einem dreimonatigen aufeinanderfolgenden Aufenthalt in den in Satz 1 Nr. 2 Buchstabe a und b genannten Gebieten erfüllt.

(4) [1] Das Wahlrecht darf nur einmal und nur persönlich ausgeübt werden. [2] Das gilt auch für Wahlberechtigte, die zugleich in einem anderen Mitgliedstaat der Europäischen Union zum Europäischen Parlament wahlberechtigt sind. [3] Eine Ausübung des Wahlrechts durch einen Vertreter anstelle des Wahlberechtigten ist unzulässig.

(4a) [1] Ein Wahlberechtigter, der des Lesens unkundig oder wegen einer Behinderung an der Abgabe seiner Stimme gehindert ist, kann sich hierzu der Hilfe einer anderen Person bedienen. [2] Die Hilfeleistung ist auf technische Hilfe bei der Kundgabe einer vom Wahlberechtigten selbst getroffenen und geäußerten Wahlentscheidung beschränkt. [3] Unzulässig ist eine Hilfeleistung, die unter missbräuchlicher Einflussnahme erfolgt, die selbstbestimmte Willensbildung oder Entscheidung des Wahlberechtigten ersetzt oder verändert oder wenn ein Interessenkonflikt der Hilfsperson besteht.

(5) Wer einen Wahlschein hat, kann an der Wahl in dem Kreis oder in der kreisfreien Stadt, in dem der Wahlschein ausgestellt ist,

a) durch Stimmabgabe in einem beliebigen Wahlbezirk oder
b) durch Briefwahl

teilnehmen.

§ 6a Ausschluss vom Wahlrecht. (1) Ein Deutscher ist vom Wahlrecht ausgeschlossen, wenn er infolge Richterspruchs das Wahlrecht nicht besitzt.

(2) Ein Unionsbürger ist vom Wahlrecht ausgeschlossen, wenn

1. er infolge Richterspruchs das Wahlrecht nicht besitzt oder
2. er in dem Mitgliedstaat der Europäischen Union, dessen Staatsangehörigkeit er besitzt (Herkunfts-Mitgliedstaat), infolge einer zivil- oder strafrechtlichen Einzelfallentscheidung das Wahlrecht zum Europäischen Parlament nicht besitzt.

§ 6b Wählbarkeit. (1) Wählbar ist, wer am Wahltage

1. Deutscher im Sinne des Artikels 116 Abs. 1 des Grundgesetzes ist und
2. das achtzehnte Lebensjahr vollendet hat.

(2) Wählbar ist auch ein Unionsbürger, der in der Bundesrepublik Deutschland eine Wohnung innehat oder sich sonst gewöhnlich aufhält und der am Wahltage

1. die Staatsangehörigkeit eines Mitgliedstaates der Europäischen Union besitzt und
2. das achtzehnte Lebensjahr vollendet hat.

(3) Nicht wählbar ist ein Deutscher, der

1. nach § 6a Abs. 1 vom Wahlrecht ausgeschlossen ist, oder
2. infolge Richterspruchs die Wählbarkeit oder die Fähigkeit zur Bekleidung öffentlicher Ämter nicht besitzt.

(4) Nicht wählbar ist ein Unionsbürger, der

1. nach § 6a Abs. 2 Nr. 1 in der Bundesrepublik Deutschland vom Wahlrecht ausgeschlossen ist,
2. nach § 6a Abs. 2 Nr. 2 im Herkunfts-Mitgliedstaat vom Wahlrecht ausgeschlossen ist,
3. infolge Richterspruchs in der Bundesrepublik Deutschland die Wählbarkeit oder die Fähigkeit zur Bekleidung öffentlicher Ämter nicht besitzt oder
4. infolge einer Einzelfallentscheidung im Sinne von Artikel 6 Absatz 1 der Richtlinie 93/109/EG des Rates vom 6. Dezember 1993 über die Einzelheiten der Ausübung des aktiven und passiven Wahlrechts bei den Wahlen zum Europäischen Parlament für Unionsbürger mit Wohnsitz in einem Mitgliedstaat, dessen Staatsangehörigkeit sie nicht besitzen (ABl. L 329 vom 30.12.1993, S. 34), die zuletzt durch die Richtlinie 2013/1/EU (ABl. L 26 vom 26.1.2013, S. 27) geändert worden ist, im Herkunfts-Mitgliedstaat die Wählbarkeit nicht besitzt.

§ 6c Verbot der mehrfachen Bewerbung zur Wahl. Niemand kann sich gleichzeitig in der Bundesrepublik Deutschland und in einem anderen Mitgliedstaat der Europäischen Union zur Wahl bewerben.

§ 7 Wahltag. [1] Die Bundesregierung bestimmt nach Maßgabe der Festsetzung des Wahlzeitpunktes durch den Rat der Europäischen Union und im Rahmen der in den Artikeln 10 und 11 des Aktes zur Einführung allgemeiner unmittelbarer Wahlen der Mitglieder des Europäischen Parlaments[1)] (BGBl. 1977 II S. 733), zuletzt geändert durch Beschluß des Rates der Europäischen Gemeinschaften vom 25. Juni 2002 und 23. September 2002 (BGBl. 2003 II S. 810), festgelegten Zeitspanne den Tag der Hauptwahl (Wahltag). [2] Der Wahltag ist im Bundesgesetzblatt bekanntzugeben.

§ 8 Wahlvorschlagsrecht. (1) Wahlvorschläge können nach Maßgabe des § 9 Abs. 5 von Parteien und von sonstigen mitgliedschaftlich organisierten, auf Teilnahme an der politischen Willensbildung und Mitwirkung in Volksvertretungen ausgerichteten Vereinigungen mit Sitz, Geschäftsleitung, Tätigkeit und Mitgliederbestand in den Gebieten der Mitgliedstaaten der Europäischen Union (sonstige politische Vereinigungen) eingereicht werden.

(2) [1] Eine Partei oder eine sonstige politische Vereinigung kann entweder Listen für einzelne Länder, und zwar in jedem Land nur eine Liste, oder eine gemeinsame Liste für alle Länder einreichen. [2] Die Entscheidung über die Einreichung einer gemeinsamen Liste für alle Länder oder von Listen für einzelne Länder trifft der Vorstand des Bundesverbandes oder, wenn ein Bundesverband nicht besteht, die Vorstände der nächstniedrigen Gebietsverbände im Wahlgebiet gemeinsam, oder eine andere in der Satzung des Wahlvorschlagsberechtigten hierfür vorgesehene Stelle.

§ 9 Inhalt und Form der Wahlvorschläge. (1) [1] Wahlvorschläge von Parteien müssen den Namen der einreichenden Partei und, sofern sie eine Kurzbezeichnung verwendet, auch diese enthalten. [2] Wahlvorschläge von sonstigen politischen Vereinigungen müssen deren Namen und, sofern sie ein Kennwort verwenden, auch dieses enthalten. [3] Der Bezeichnung ihres Wahlvorschlages kann eine Partei den Namen und die Kurzbezeichnung ihres europäischen Zusammenschlusses und eine sonstige politische Vereinigung den Namen und die Kurzbezeichnung ihrer Mitgliedsvereinigung im Wahlgebiet anfügen.

(2) [1] In dem Wahlvorschlag müssen die Namen der Bewerber in erkennbarer Reihenfolge aufgeführt sein. [2] Neben jedem Bewerber kann ein Ersatzbewerber aufgeführt werden.

(3) [1] Ein Deutscher kann als Bewerber oder Ersatzbewerber in einem Wahlvorschlag nur benannt werden, wenn er nicht gleichzeitig in einem anderen Mitgliedstaat der Europäischen Union als Bewerber benannt ist. [2] Ein Bewerber oder Ersatzbewerber in einer gemeinsamen Liste für alle Länder kann nur in einem Wahlvorschlag benannt werden; dabei kann ein Bewerber zugleich als Ersatzbewerber benannt werden. [3] Ein Bewerber in einer Liste für ein Land kann auch noch als Bewerber in einer Liste desselben Wahlvorschlagsberechtigten für ein weiteres Land benannt werden; sofern er nur in einem Wahlvorschlag benannt ist, kann er in diesem zugleich als Ersatzbewerber benannt

---

[1)] Nr. **24**.

werden. [4]Ein Ersatzbewerber kann in einem Wahlvorschlag nicht mehrfach als solcher benannt werden. [5]Bewerber und Ersatzbewerber können nur vorgeschlagen werden, wenn sie ihre Zustimmung dazu schriftlich erteilt haben; die Zustimmung ist unwiderruflich.

(4) [1]Listen für einzelne Länder von Parteien müssen von den Vorständen der Landesverbände oder, wenn Landesverbände nicht bestehen, von den Vorständen der nächstniedrigen Gebietsverbände, die im Bereich des Landes liegen, unterzeichnet sein. [2]Gemeinsame Listen für alle Länder müssen von den Vorständen der Bundesverbände der Parteien oder, wenn Bundesverbände nicht bestehen, von den Vorständen der nächstniedrigen Gebietsverbände, die im Wahlgebiet liegen, unterzeichnet sein. [3]Die Sätze 1 und 2 gelten sinngemäß auch für Wahlvorschläge von sonstigen politischen Vereinigungen.

(5) [1]Listen für einzelne Länder von Parteien und sonstigen politischen Vereinigungen, die nicht im Europäischen Parlament, im Deutschen Bundestag oder einem Landtag seit deren letzter Wahl auf Grund eigener Wahlvorschläge im Wahlgebiet ununterbrochen mit mindestens fünf Abgeordneten vertreten sind, müssen außerdem von 1 vom Tausend der Wahlberechtigten des betreffenden Landes bei der letzten Wahl zum Europäischen Parlament, jedoch höchstens 2000 Wahlberechtigten, persönlich und handschriftlich unterzeichnet sein. [2]Gemeinsame Listen für alle Länder von Wahlvorschlagsberechtigten im Sinne des Satzes 1 müssen außerdem von 4000 Wahlberechtigten persönlich und handschriftlich unterzeichnet sein. [3]Die Wahlberechtigung muß im Zeitpunkt der Unterzeichnung gegeben sein und ist bei Einreichung des Wahlvorschlages nachzuweisen.

(6) [1]In jedem Wahlvorschlag sollen eine Vertrauensperson und eine stellvertretende Vertrauensperson bezeichnet werden. [2]Fehlt diese Bezeichnung, so gilt die Person, die als erste unterzeichnet hat, als Vertrauensperson, und diejenige, die als zweite unterzeichnet hat, als stellvertretende Vertrauensperson.

§ 10 Aufstellung der Wahlvorschläge. (1) Als Bewerber oder als Ersatzbewerber kann in einem Wahlvorschlag nur benannt werden, wer nicht Mitglied einer anderen Partei ist und in einer besonderen oder allgemeinen Vertreterversammlung der Partei oder in einer Mitgliederversammlung zur Wahl der Bewerber hierzu gewählt worden ist.

(2) [1]Besondere Vertreterversammlung ist eine Versammlung von Parteivertretern, die für die Aufstellung der Bewerber gewählt worden ist. [2]Allgemeine Vertreterversammlung ist eine Versammlung von Parteivertretern, die nach der Satzung der Partei allgemein für bevorstehende Wahlen gewählt worden ist. [3]Die Vertreter in der besonderen oder allgemeinen Vertreterversammlung müssen unmittelbar aus der Mitte einer oder mehrerer Mitgliederversammlungen oder aus der Mitte von Vertreterversammlungen gewählt worden sein, die ihrerseits entweder aus der Mitte einer oder mehrerer Mitgliederversammlungen oder aus der Mitte einer oder mehrerer dazwischen geschalteter Vertreterversammlungen hervorgegangen sind. [4]Mitgliederversammlung zur Wahl der Bewerber für eine gemeinsame Liste für alle Länder und der Vertreter für eine Vertreterversammlung ist eine Versammlung der Mitglieder der Partei, die im Zeitpunkt ihres Zusammentritts zum Europäischen Parlament wahlberechtigt sind. [5]Mitgliederversammlung zur Wahl der Bewerber für eine Liste für ein Land und der Vertreter für eine Vertreterversammlung ist eine Versammlung der Mitglieder der Partei, die im Zeitpunkt ihres Zusammentritts in dem

betreffenden Land, unabhängig von späteren Grenzveränderungen zwischen den Ländern, zum Europäischen Parlament wahlberechtigt sind.

(3) [1] Die Vertreter für die Vertreterversammlungen und die Bewerber werden in geheimer Abstimmung gewählt; dies gilt auch für die Festlegung der Reihenfolge der Bewerber in dem Wahlvorschlag. [2] Jeder stimmberechtigte Teilnehmer der Versammlung ist hierbei vorschlagsberechtigt. [3] Den Bewerbern ist Gelegenheit zu geben, sich und ihr Programm der Versammlung in angemessener Zeit vorzustellen. [4] Die Wahlen der Vertreter für die Vertreterversammlungen dürfen nicht früher als zwölf Monate, die Wahlen der Bewerber nicht früher als neun Monate vor Beginn des Jahres durchgeführt werden, in dem die Wahl des Europäischen Parlaments ansteht.

(4) [1] Der Vorstand des Bundesverbandes oder, wenn ein Bundesverband nicht besteht, die Vorstände der nächstniedrigen Gebietsverbände im Wahlgebiet gemeinsam, oder eine andere in der Satzung der Partei hierfür vorgesehene Stelle können gegen den Beschluß einer Mitglieder- oder Vertreterversammlung über die Bewerberaufstellung für eine gemeinsame Liste für alle Länder Einspruch erheben. [2] Bei einem Beschluß einer Mitglieder- oder Vertreterversammlung über die Bewerberaufstellung für eine Liste für ein Land können der Vorstand des Landesverbandes oder, wenn Landesverbände nicht bestehen, die Vorstände der nächstniedrigen Gebietsverbände, die im Bereich des Landes liegen, gemeinsam oder eine andere in der Satzung der Partei hierfür vorgesehene Stelle Einspruch erheben. [3] Auf einen solchen Einspruch ist die Abstimmung zu wiederholen. [4] Ihr Ergebnis ist endgültig.

(5) Das Nähere über die Wahl der Vertreter für die Vertreterversammlungen, über die Einberufung und Beschlußfähigkeit der Mitglieder- oder Vertreterversammlungen sowie über das Verfahren für die Wahl der Bewerber regeln die Parteien durch ihre Satzungen.

(6) Über die Versammlung zur Aufstellung des Wahlvorschlages ist eine Niederschrift mit Angaben über Ort und Zeit der Versammlung, Form der Einladung, Zahl der erschienenen Mitglieder oder Vertreter und Ergebnis der Abstimmung anzufertigen; sie ist von dem Leiter der Versammlung und zwei von dieser bestimmten Teilnehmern zu unterzeichnen.

(7) Die Absätze 1 bis 6 gelten für sonstige politische Vereinigungen sinngemäß.

§ 11 Einreichung der Wahlvorschläge, Erklärung über die Verbindung von Listen für einzelne Länder. (1) Listen für ein Land und gemeinsame Listen für alle Länder sind dem Bundeswahlleiter spätestens am dreiundachtzigsten Tage vor der Wahl bis 18 Uhr schriftlich einzureichen.

(2) [1] Mit dem Wahlvorschlag sind dem Bundeswahlleiter vorzulegen:

1. die Zustimmungserklärungen der in den Wahlvorschlag aufgenommenen Bewerber und Ersatzbewerber (§ 9 Abs. 3 Satz 4),

1a. für Deutsche die Bescheinigungen der zuständigen Gemeindebehörden über die Wählbarkeit der vorgeschlagenen Bewerber und Ersatzbewerber,

1b. für Unionsbürger die Bescheinigungen der zuständigen deutschen Gemeindebehörden, daß sie dort eine Wohnung innehaben oder ihren sonstigen gewöhnlichen Aufenthalt haben und nicht gemäß § 6b Abs. 4 Nr. 1 oder 3 von der Wählbarkeit ausgeschlossen sind,

1c. für Unionsbürger die Versicherungen an Eides statt über die Staatsangehörigkeit, das Geburtsdatum und den Geburtsort, die letzte Anschrift im Herkunfts-Mitgliedstaat, die Anschrift in der Bundesrepublik Deutschland, die Gebietskörperschaft oder den Wahlkreis des Herkunfts-Mitgliedstaates, in dem sie zuletzt eingetragen waren, sowie darüber, dass sie sich nicht gleichzeitig in einem anderen Mitgliedstaat der Europäischen Union zur Wahl bewerben und dass sie im Herkunfts-Mitgliedstaat nicht von der Wählbarkeit ausgeschlossen sind (§ 6b Absatz 4 Nummer 2 und 4),

1d. *(aufgehoben)*

2. eine Ausfertigung der Niederschrift über die Aufstellung des Wahlvorschlages (§ 10 Abs. 6), wobei der Leiter der Versammlung und zwei von dieser bestimmte Teilnehmer gegenüber dem Wahlleiter an Eides statt zu versichern haben, dass die Anforderungen gemäß § 10 Abs. 3 Satz 1 bis 3 beachtet worden sind,

3. in den Fällen des § 9 Abs. 5 die erforderlichen gültigen Unterschriften mit dem Nachweis der Wahlberechtigung der Unterzeichner,

4. die schriftliche Satzung, das Programm, die Namen und Anschriften der Vorstandsmitglieder (§ 9 Abs. 4) sowie der Nachweis, daß die Mitglieder des Vorstandes demokratisch gewählt sind, sofern die Partei oder die sonstige politische Vereinigung nicht im Europäischen Parlament, im Deutschen Bundestag oder in einem Landtag seit deren letzter Wahl auf Grund eigener Wahlvorschläge im Wahlgebiet ununterbrochen mit mindestens fünf Abgeordneten vertreten ist.

[2]Der Bundeswahlleiter ist zur Abnahme von Versicherungen an Eides statt zuständig; er gilt als Behörde im Sinne des § 156 des Strafgesetzbuches. [3]Auf die Aufnahme der Versicherungen an Eides statt findet § 27 des Verwaltungsverfahrensgesetzes Anwendung.

(3) Soll eine Liste oder sollen mehrere Listen für einzelne Länder von der Listenverbindung ausgeschlossen sein (§ 2 Abs. 2 Satz 2) haben die Vertrauensperson des Wahlvorschlages und die stellvertretende Vertrauensperson dies durch gemeinsame schriftliche Erklärung dem Bundeswahlleiter spätestens am dreiundachtzigsten Tage vor der Wahl bis 18 Uhr mitzuteilen.

§ 12 Änderung und Zurücknahme von Wahlvorschlägen. (1) [1]Ein Wahlvorschlag kann nach Ablauf der Einreichungsfrist nur durch gemeinsame schriftliche Erklärung der Vertrauensperson und der stellvertretenden Vertrauensperson und nur dann geändert werden, wenn ein Bewerber oder Ersatzbewerber stirbt oder die Wählbarkeit verliert. [2]Das Verfahren nach § 10 braucht nicht eingehalten zu werden; der Unterschriften nach § 9 Abs. 5 bedarf es nicht. [3]Nach der Entscheidung über die Zulassung eines Wahlvorschlages (§ 14) ist jede Änderung ausgeschlossen.

(2) [1]Ein Wahlvorschlag kann durch gemeinsame schriftliche Erklärung der Vertrauensperson und der stellvertretenden Vertrauensperson zurückgenommen werden, solange nicht über seine Zulassung (§ 14) entschieden ist. [2]In den Fällen des § 9 Abs. 5 kann auch die Mehrheit der Unterzeichner durch eine von ihnen persönlich und handschriftlich vollzogene Erklärung den Wahlvorschlag zurücknehmen.

(3) Wenn ein Bewerber nach der Zulassung des Wahlvorschlages, aber noch vor der Wahl stirbt oder die Wählbarkeit verliert, tritt an seine Stelle der Ersatzbewerber, sofern ein solcher für ihn benannt ist.

§ 13 Beseitigung von Mängeln. (1) [1]Der Bundeswahlleiter hat die Wahlvorschläge unverzüglich nach Eingang zu prüfen. [2]Stellt er bei einem Wahlvorschlag Mängel fest, so benachrichtigt er sofort die Vertrauensperson des Wahlvorschlages und fordert sie auf, behebbare Mängel rechtzeitig zu beseitigen.

(2) [1]Nach Ablauf der Einreichungsfrist können nur noch Mängel an sich gültiger Wahlvorschläge behoben werden. [2]Ein gültiger Wahlvorschlag liegt nicht vor, wenn

1. die Bezeichnung des Wahlvorschlagsberechtigten nach § 9 Abs. 1 fehlt,
2. die nach § 9 Abs. 4 und 5 erforderlichen gültigen Unterschriften mit dem Nachweis der Wahlberechtigung der Unterzeichner nach Absatz 5 dieser Vorschrift fehlen, es sei denn, der Nachweis kann infolge von Umständen, die der Wahlvorschlagsberechtigte nicht zu vertreten hat, nicht rechtzeitig vorgelegt werden,
3. die nach § 11 Abs. 1 erforderliche Form oder Frist nicht gewahrt ist,
4. die nach § 11 Abs. 2 Nr. 1, 1a, 1b, 1c, 2 und 4 erforderlichen Erklärungen, Niederschriften, Versicherungen oder Unterlagen nicht vorgelegt oder abgegeben sind.

(3) Nach der Entscheidung über die Zulassung eines Wahlvorschlages (§ 14) ist jede Mängelbeseitigung ausgeschlossen.

(4) Gegen Verfügungen des Bundeswahlleiters im Mängelbeseitigungsverfahren kann die Vertrauensperson des Wahlvorschlages den Bundeswahlausschuss anrufen.

§ 14 Zulassung der Wahlvorschläge, Entscheidung über die Verbindung von Listen für einzelne Länder. (1) [1]Der Bundeswahlausschuss entscheidet am zweiundsiebzigsten Tage vor der Wahl für alle Wahlorgane verbindlich über alle Voraussetzungen für die Zulassung der Listen für einzelne Länder und der gemeinsamen Listen für alle Länder. [2]Zu der Sitzung sind die Vertrauenspersonen der Wahlvorschläge zu laden.

(2) [1]Der Bundeswahlausschuss hat Wahlvorschläge zurückzuweisen, wenn sie

1. verspätet eingereicht sind oder
2. den Anforderungen nicht entsprechen, die durch dieses Gesetz und die dazu erlassene Wahlordnung aufgestellt sind, es sei denn, daß in diesen Vorschriften etwas anderes bestimmt ist.

[2]Sind die Anforderungen nur hinsichtlich einzelner Bewerber oder Ersatzbewerber nicht erfüllt, so werden ihre Namen aus dem Wahlvorschlag gestrichen. [3]Teilt ein anderer Mitgliedstaat der Europäischen Union die Wahlbewerbung eines Deutschen in diesem Mitgliedstaat oder bezüglich eines seiner Staatsangehörigen dessen fehlendes Wahlrecht (§ 6b Absatz 4 Nummer 2) oder dessen fehlende Wählbarkeit (§ 6b Absatz 4 Nummer 4) in diesem Mitgliedstaat mit, so ist dessen Name aus dem Wahlvorschlag zu streichen. [4]An die Stelle eines gestrichenen Bewerbers tritt dessen Ersatzbewerber, sofern ein solcher

benannt ist. [5] Vor der Entscheidung sind die erschienenen Vertrauenspersonen der betroffenen Wahlvorschläge zu hören.

(3) Die Entscheidung über die Zulassung der Wahlvorschläge ist in der Sitzung des Wahlausschusses bekanntzugeben.

(4) [1] Weist der Bundeswahlausschuss einen Wahlvorschlag ganz oder teilweise zurück, so kann binnen vier Tagen nach Bekanntgabe der Entscheidung Beschwerde beim Bundeswahlausschuss eingelegt werden. [2] Beschwerdeberechtigt sind die Vertrauensperson des Wahlvorschlages und der Bundeswahlleiter. [3] Der Bundeswahlleiter kann auch gegen eine Entscheidung, durch die ein Wahlvorschlag zugelassen wird, Beschwerde erheben. [4] In der Beschwerdeverhandlung sind die erschienenen Beteiligten zu hören. [5] Die Entscheidung über die Beschwerde muß spätestens am zweiundfünfzigsten Tage vor der Wahl getroffen werden.

(4a) [1] Soweit der Bundeswahlausschuss einen Wahlvorschlag wegen fehlenden Wahlvorschlagsrechts nach § 8 Absatz 1 zurückweist, kann eine Partei oder Vereinigung binnen vier Tagen nach Bekanntgabe der Entscheidung Beschwerde zum Bundesverfassungsgericht erheben. [2] Die Vorschriften der §§ 96a bis 96d des Gesetzes über das Bundesverfassungsgericht gelten mit Ausnahme des § 96a Absatz 1 entsprechend. [3] Im Falle einer Beschwerde zum Bundesverfassungsgericht ist die Wirksamkeit der Entscheidung des Bundeswahlausschusses bis zu einer Entscheidung des Bundesverfassungsgerichts, längstens bis zum Ablauf des zweiundfünfzigsten Tages vor der Wahl gehemmt; der Bundeswahlausschuss ist berechtigt, der Beschwerde durch Abänderung seiner Entscheidung abzuhelfen.

(5) Der Bundeswahlleiter macht die zugelassenen Wahlvorschläge (Listen für die einzelnen Länder und gemeinsame Listen für alle Länder) spätestens am achtundvierzigsten Tage vor der Wahl öffentlich bekannt.

(6) [1] Der Bundeswahlausschuß entscheidet am zweiundsiebzigsten Tage vor der Wahl über Erklärungen nach § 11 Abs. 3. [2] Absatz 2 Satz 1 gilt entsprechend. [3] Die Entscheidung ist in der Sitzung des Bundeswahlausschusses bekanntzugeben. [4] Absatz 4 gilt entsprechend. [5] Der Bundeswahlleiter macht im Rahmen seiner Bekanntmachung nach Absatz 5 die Listenverbindungen und die Listen, für die rechtswirksam eine Erklärung nach § 11 Abs. 3 abgegeben wurde, öffentlich bekannt.

§ 15 Stimmzettel. (1) Die Stimmzettel und die zugehörigen Umschläge für die Briefwahl werden für jedes Land amtlich hergestellt.

(2) [1] Der Stimmzettel enthält

1. die Überschrift „Wahl der Abgeordneten des Europäischen Parlaments“,
2. die Namen der Parteien und, sofern sie eine Kurzbezeichnung verwenden, auch diese, bei sonstigen politischen Vereinigungen deren Namen und, sofern sie ein Kennwort verwenden, auch dieses,
3. die Bezeichnung der Wahlvorschläge als Listen für einzelne Länder oder gemeinsame Listen für alle Länder sowie bei Listen für einzelne Länder die Angabe des Landes, für das der Wahlvorschlag aufgestellt ist, und
4. die ersten zehn Bewerber der zugelassenen Wahlvorschläge mit Vor- und Familiennamen, Beruf oder Stand, Ort der Wohnung (Hauptwohnung) sowie bei Bewerbern für gemeinsame Listen für alle Länder zusätzlich die Abkürzung des Landes, in dem der Ort der Wohnung liegt.

[2] § 9 Abs. 1 Satz 3 gilt entsprechend.

(3) [1] Die Reihenfolge der Wahlvorschläge auf den Stimmzetteln richtet sich in den einzelnen Ländern nach der Zahl der Stimmen, die die Parteien und sonstigen politischen Vereinigungen bei der letzten Wahl zum Europäischen Parlament mit ihrem Wahlvorschlag in dem betreffenden Land erreicht haben. [2] Die übrigen Wahlvorschläge schließen sich in alphabetischer Reihenfolge der Namen der Wahlvorschlagsberechtigten an.

§ 16 Stimmabgabe. (1) Gewählt wird mit amtlichen Stimmzetteln.

(2) [1] Der Wähler gibt seine Stimme in der Weise ab, daß er durch ein auf den Stimmzettel gesetztes Kreuz oder auf andere Weise eindeutig kenntlich macht, welchem Wahlvorschlag sie gelten soll. [2] Der Wähler faltet daraufhin den Stimmzettel in der Weise, dass seine Stimmabgabe nicht erkennbar ist, und wirft ihn in die Wahlurne.

§ 17 Wahlgeräte. Zur Erleichterung der Abgabe und Zählung der Stimmen können an Stelle von Stimmzetteln und Wahlurnen Wahlgeräte benutzt werden, deren Bauart und Verwendung nach der Bundeswahlgeräteverordnung durch das Bundesministerium des Innern, für Bau und Heimat zugelassen ist.

§ 18 Feststellung des Wahlergebnisses. (1) [1] Nach Beendigung der Wahlhandlung stellt der Wahlvorstand fest, wieviel Stimmen im Wahlbezirk auf die einzelnen Wahlvorschläge abgegeben worden sind. [2] Der für die Briefwahl eingesetzte Wahlvorstand stellt fest, wieviel durch Briefwahl abgegebene Stimmen auf die einzelnen Wahlvorschläge entfallen.

(2) [1] Die Kreiswahl- und Stadtwahlausschüsse stellen fest, wieviel Stimmen in den Kreisen und kreisfreien Städten für die einzelnen Wahlvorschläge abgegeben worden sind. [2] Sie haben das Recht der Nachprüfung der Feststellungen der Wahlvorstände.

(3) Die Landeswahlausschüsse stellen fest, wieviel Stimmen in den Ländern für die einzelnen Wahlvorschläge abgegeben worden sind.

(4) Der Bundeswahlausschuß stellt fest, wieviel Stimmen für die einzelnen Wahlvorschläge insgesamt abgegeben worden sind, wieviel Sitze auf die einzelnen Wahlvorschläge entfallen und welche Bewerber gewählt sind.

§ 19 Benachrichtigung der gewählten Bewerber. Der Bundeswahlleiter benachrichtigt die gewählten Bewerber und weist sie darauf hin, dass sie nach der abschließenden Feststellung des Ergebnisses für das Wahlgebiet durch den Bundeswahlausschuss (§ 18 Abs. 4) die Mitgliedschaft im Europäischen Parlament mit Eröffnung der ersten Sitzung nach der Wahl erlangen.

§ 20 Unterrichtung über das Wahlergebnis. [1] Nach Ablauf der gesetzlichen Frist (§ 19) teilt der Bundeswahlleiter dem Präsidenten des Deutschen Bundestages unverzüglich die Namen der in das Europäische Parlament gewählten und der auf den Wahlvorschlägen verbliebenen Bewerber und Ersatzbewerber mit. [2] Der Präsident des Deutschen Bundestages übermittelt das Wahlergebnis insgesamt unverzüglich dem Präsidenten des Europäischen Parlaments.

Zweiter Abschnitt. Erwerb und Verlust der Mitgliedschaft im Europäischen Parlament

§ 21 Erwerb der Mitgliedschaft im Europäischen Parlament. (1) [1] Ein gewählter Bewerber erwirbt die Mitgliedschaft im Europäischen Parlament nach abschließender Feststellung des Ergebnisses für das Wahlgebiet durch den Bundeswahlausschuss (§ 18 Abs. 4) mit der Eröffnung der ersten Sitzung des Europäischen Parlaments nach der Wahl. [2] Eine Ablehnung des Erwerbs der Mitgliedschaft muss vor der ersten Sitzung gegenüber dem Bundeswahlleiter schriftlich erfolgen. [3] Eine Erklärung unter Vorbehalt gilt als Ablehnung. [4] Die Erklärung kann nicht widerrufen werden.

(2) [1] Bei einer Listennachfolge (§ 24) oder Wiederholungswahl (§ 4 in Verbindung mit § 44 des Bundeswahlgesetzes) wird die Mitgliedschaft im Europäischen Parlament mit dem frist- und formgerechten Eingang der auf die Benachrichtigung erfolgenden Annahmeerklärung beim Bundeswahlleiter erworben, jedoch nicht vor Ausscheiden des ursprünglich gewählten Abgeordneten. [2] Gibt der Listennachfolger oder durch Wiederholungswahl Gewählte bis zum Ablauf der Frist keine oder keine formgerechte Erklärung ab, so gilt die Nachfolge oder Wahl zu diesem Zeitpunkt als angenommen. [3] Absatz 1 Satz 3 und 4 gilt entsprechend.

§ 22 Ende und Verlust der Mitgliedschaft im Europäischen Parlament.

(1) Die Mitgliedschaft im Europäischen Parlament endet mit der Eröffnung der ersten Sitzung des neu gewählten Parlaments.

(2) Ein Abgeordneter verliert die Mitgliedschaft im Europäischen Parlament bei

1. Ungültigkeit des Erwerbs der Mitgliedschaft,
1a. Fehlen der Wählbarkeit eines Unionsbürgers am Wahltag im Herkunfts-Mitgliedstaat infolge einer Einzelfallentscheidung im Sinne von Artikel 6 Absatz 1 der Richtlinie 93/109/EG des Rates vom 6. Dezember 1993 über die Einzelheiten der Ausübung des aktiven und passiven Wahlrechts bei den Wahlen zum Europäischen Parlament für Unionsbürger mit Wohnsitz in einem Mitgliedstaat, dessen Staatsangehörigkeit sie nicht besitzen (ABl. L 329 vom 30.12.1993, S. 34), die zuletzt durch die Richtlinie 2013/1/EU (ABl. L 26 vom 26.1.2013, S. 27) geändert worden ist,
2. Neufeststellung des Wahlergebnisses,
3. Wegfall einer Voraussetzung seiner jederzeitigen Wählbarkeit,
4. Verzicht,
5. Feststellung der Verfassungswidrigkeit der Partei oder der Teilorganisation einer Partei, der er angehört, durch das Bundesverfassungsgericht nach Artikel 21 Abs. 2 Satz 2 des Grundgesetzes,
6. rechtskräftigem Verbot der politischen Vereinigung, der er angehört, im Wahlgebiet,
7. Annahme der Wahl zum Bundespräsidenten,
8. Ernennung zum Richter des Bundesverfassungsgerichts,
9. Ernennung zum Parlamentarischen Staatssekretär,
10. Ernennung zum Wehrbeauftragten des Deutschen Bundestages,
11. Ernennung zum Bundesbeauftragten für den Datenschutz,

11a. *(aufgehoben)*
12. Annahme der Wahl oder Ernennung zum Mitglied einer Landesregierung,
13. Berufung in eine der in Artikel 7 Abs. 1 oder Abs. 2 des Aktes zur Einführung allgemeiner unmittelbarer Wahlen der Abgeordneten des Europäischen Parlaments[1] (BGBl. 1977 II S. 733), zuletzt geändert durch Beschluss des Rates der Europäischen Gemeinschaften vom 25. Juni 2002 und 23. September 2002 (BGBl. 2003 II S. 810), genannten Funktionen,
14. Berufung in eine Funktion, die nach anderen gesetzlichen Vorschriften mit der Mitgliedschaft im Europäischen Parlament unvereinbar ist, sowie
15. Übernahme des Amtes des Staatsoberhauptes, eines Richters des Verfassungsgerichts, des Mitglieds einer mit einer deutschen Landesregierung vergleichbaren Regierung sowie Übernahme des einem Parlamentarischen Staatssekretär in der Bundesrepublik Deutschland vergleichbaren Amtes in einem anderen Mitgliedstaat der Europäischen Union.

(3) [1] Der Verzicht ist nur wirksam, wenn er zur Niederschrift des Präsidenten des Europäischen Parlaments, eines Notars, der seinen Sitz in der Bundesrepublik Deutschland hat, oder eines zur Vornahme von Beurkundungen ermächtigten Bediensteten einer Auslandsvertretung der Bundesrepublik Deutschland erklärt wird. [2] Die notarielle oder bei einer Auslandsvertretung abgegebene Verzichtserklärung hat der Abgeordnete dem Präsidenten des Europäischen Parlaments zu übermitteln. [3] Der Verzicht kann nicht widerrufen werden. [4] Der Bundeswahlleiter ist vom Verzichtenden durch Übersendung einer Ausfertigung der Verzichtserklärung zu unterrichten.

(4) [1] Wird eine Partei oder die Teilorganisation einer Partei durch das Bundesverfassungsgericht nach Artikel 21 Abs. 2 Satz 2 des Grundgesetzes für verfassungswidrig erklärt, verlieren die Abgeordneten ihre Mitgliedschaft im Europäischen Parlament und die Listennachfolger ihre Anwartschaft, sofern sie dieser Partei oder Teilorganisation in der Zeit zwischen der Antragstellung (§ 43 des Gesetzes über das Bundesverfassungsgericht) und der Verkündung der Entscheidung (§ 46 des Gesetzes über das Bundesverfassungsgericht) angehört haben. [2] Die Sitze dieser Abgeordneten bleiben unbesetzt.

(5) Absatz 4 gilt entsprechend, wenn eine sonstige politische Vereinigung auf Grund des Vereinsgesetzes im Wahlgebiet rechtskräftig verboten worden ist.

§ 23 Entscheidung über den Verlust der Mitgliedschaft. (1) Über den Verlust der Mitgliedschaft nach § 22 Abs. 2 wird entschieden
1. im Falle der Nummer 1 im Wahlprüfungsverfahren,
2. im Fall der Nummern 1a, 2, 5, 6, 14 und 15 durch den Ältestenrat des Deutschen Bundestages,
3. im Fall der Nummer 3, wenn der Verlust der Wählbarkeit durch rechtskräftigen Richterspruch eingetreten ist, durch Beschluss des Ältestenrates des Deutschen Bundestages, im Übrigen im Wahlprüfungsverfahren,
4. im Fall der Nummern 7 bis 12 durch den Präsidenten des Deutschen Bundestages,
5. im Falle der Nummern 4 und 13 vom Europäischen Parlament, indem es das Freiwerden des Sitzes feststellt.

---

[1] Nr. **24**.

(2) Wird über den Verlust der Mitgliedschaft im Wahlprüfungsverfahren entschieden, so scheidet der Abgeordnete mit der Rechtskraft der Entscheidung aus dem Europäischen Parlament aus.

(3) [1] Entscheidet der Ältestenrat oder der Präsident des Deutschen Bundestages über den Verlust der Mitgliedschaft, so scheidet der Abgeordnete mit der Zustellung der Entscheidung aus dem Europäischen Parlament aus. [2] Die Entscheidung ist unverzüglich von Amts wegen zu treffen. [3] Innerhalb von zwei Wochen nach Zustellung der Entscheidung kann der Betroffene die Entscheidung des Deutschen Bundestages über den Verlust der Mitgliedschaft im Wahlprüfungsverfahren beantragen. [4] Die Zustellung erfolgt nach den Vorschriften des Verwaltungszustellungsgesetzes.

(4) Entscheidet das Europäische Parlament über den Verlust der Mitgliedschaft, so scheidet der Abgeordnete mit der Verkündung der Entscheidung über das Freiwerden des Sitzes aus dem Europäischen Parlament aus.

(5) Der Präsident des Deutschen Bundestages unterrichtet den Präsidenten des Europäischen Parlaments unverzüglich über den Grund und den Zeitpunkt des Verlustes der Mitgliedschaft, wenn darüber im Wahlprüfungsverfahren oder durch den Ältestenrat oder den Präsidenten des Deutschen Bundestages entschieden worden ist.

§ 24 Berufung von Listennachfolgern. (1) [1] Wenn ein gewählter Bewerber stirbt oder dem Bundeswahlleiter schriftlich die Ablehnung der Wahl erklärt oder wenn ein Abgeordneter stirbt oder sonst nachträglich aus dem Europäischen Parlament ausscheidet, so wird der Sitz durch seinen Ersatzbewerber besetzt. [2] Ist ein Ersatzbewerber nicht benannt oder ist dieser vorher ausgeschieden oder scheidet er später aus, so wird der Sitz durch den nächsten noch nicht für gewählt erklärten Bewerber aus dem Wahlvorschlag besetzt, für den der Ausgeschiedene bei der Wahl aufgetreten ist. [3] Bei der Nachfolge bleiben diejenigen Bewerber und Ersatzbewerber unberücksichtigt, die seit dem Zeitpunkt der Aufstellung des Wahlvorschlages aus dieser Partei oder politischen Vereinigung ausgeschieden oder Mitglied einer anderen Partei oder politischen Vereinigung geworden sind. [4] Unberücksichtigt bleiben ebenso Ersatzbewerber, die als gewählte Bewerber ihre Wahl abgelehnt oder als Abgeordnete auf ihre Mitgliedschaft im Europäischen Parlament verzichtet haben. [5] Ist die Liste erschöpft, so bleibt der Sitz unbesetzt.

(2) [1] Ein noch nicht für gewählt erklärter Bewerber oder ein Ersatzbewerber verliert seine Anwartschaft als Listennachfolger, wenn er dem Bundeswahlleiter schriftlich seinen Verzicht erklärt. [2] Der Verzicht kann nicht widerrufen werden.

(3) [1] Die Feststellung, wer als Listennachfolger eintritt, trifft der Bundeswahlleiter. [2] Die §§ 20 und 21 gelten entsprechend. [3] Er benachrichtigt den Listennachfolger und fordert ihn auf, binnen einer Woche schriftlich zu erklären, ob er die Nachfolge annimmt.

Dritter Abschnitt. Schlußbestimmungen

§ 25 Wahlkosten, Wahlordnung. (1) § 50 des Bundeswahlgesetzes gilt entsprechend.

(2) [1] Das Bundesministerium des Innern, für Bau und Heimat erläßt zur Durchführung dieses Gesetzes durch Rechtsverordnung, die nicht der Zustim-

mung des Bundesrates bedarf, eine Wahlordnung. [2]Es wird ermächtigt, die Bundeswahlordnung und die Bundeswahlgeräteverordnung für entsprechend anwendbar zu erklären und in der Wahlordnung besondere Vorschriften zu treffen insbesondere über

1. die Wahlorgane,
2. die Vorbereitung der Wahl, einschließlich Inhalt und Form der Wahlvorschläge nebst der dazugehörigen Unterlagen, ihrer Einreichung, Überprüfung, Mängelbeseitigung und Zulassung sowie Form und Inhalt des Stimmzettels und des Wahlumschlages,
3. die Wahlbeteiligung von Wahlberechtigten, die in den Gebieten der übrigen Mitgliedstaaten der Europäischen Union leben,

3a. die Vorbereitung der Wahl für Unionsbürger,

4. die Briefwahl,
5. die Abgabe und Aufnahme von Versicherungen an Eides statt,
6. die Wahlzeit,
7. die Ermittlung und die Feststellung des Wahlergebnisses,
8. die Benachrichtigung der gewählten Bewerber,
9. die Überprüfung der Wahl,
10. die Berufung von Listennachfolgern,
11. die Durchführung von Nach- und Wiederholungswahlen.

§ 26 Wahlprüfung und Anfechtung. (1) Über die Gültigkeit der Wahl und die Verletzung von Rechten bei der Vorbereitung oder Durchführung der Wahl wird im Wahlprüfungsverfahren entschieden.

(2) Für das Wahlprüfungsverfahren gelten die Bestimmungen des Wahlprüfungsgesetzes mit Ausnahme des § 6 Abs. 3 Buchstabe e, des § 14 Satz 2 und des § 16 Abs. 2 und 3 in der jeweils geltenden Fassung entsprechend.

(3) [1]Gegen die Entscheidung des Deutschen Bundestages im Wahlprüfungsverfahren ist die Beschwerde an das Bundesverfassungsgericht zulässig. [2]Die Beschwerde kann der Abgeordnete, dessen Mitgliedschaft bestritten ist, eine wahlberechtigte Person oder eine Gruppe von wahlberechtigten Personen, deren Einspruch vom Deutschen Bundestag verworfen worden ist, oder eine Gruppe von wenigstens acht Abgeordneten des Europäischen Parlaments aus der Bundesrepublik Deutschland binnen einer Frist von zwei Monaten seit der Beschlußfassung des Deutschen Bundestages beim Bundesverfassungsgericht erheben; die Beschwerde ist innerhalb dieser Frist zu begründen. [3]Für die Beschwerde an das Bundesverfassungsgericht gelten die Vorschriften des Gesetzes über das Bundesverfassungsgericht entsprechend.

(4) Im übrigen können Entscheidungen und Maßnahmen, die sich unmittelbar auf das Wahlverfahren beziehen, nur mit den in diesem Gesetz sowie in der Wahlordnung vorgesehenen Rechtsbehelfen angefochten werden.

§ 27 (Änderung des Strafgesetzbuches)

§ 28 Staatliche Mittel für sonstige politische Vereinigungen. (1) [1]Sonstige politische Vereinigungen, die sich im Wahlgebiet an der Wahl der Abgeordneten des Europäischen Parlaments mit eigenen Wahlvorschlägen beteiligt und nach dem endgültigen Wahlergebnis mindestens 0,5 vom Hundert der im Wahlgebiet abgegebenen gültigen Stimmen erzielt haben, erhalten für jede erzielte gültige Stimme jährlich den in § 18 Absatz 3 Satz 1 Nummer 1 des Parteiengesetzes genannten und nach § 18 Absatz 3 Satz 3 des Parteiengesetzes erhöhten Betrag. [2]Abweichend von Satz 1 erhalten sie für bis zu 4 Millionen Stimmen den in § 18 Absatz 3 Satz 2 des Parteiengesetzes genannten und nach § 18 Absatz 3 Satz 3 des Parteiengesetzes erhöhten Betrag je Stimme. [3]Die Mittel sind im Bundeshaushaltsplan auszubringen.

(2) [1]Die Vorschriften des Parteiengesetzes über die Pflicht zur öffentlichen Rechenschaftslegung gelten entsprechend. [2]Die Pflicht zur Rechenschaftslegung beginnt mit dem Jahr, in dem die Wahl stattfindet, und endet mit dem Jahr, in dem der letzte aus dem Wahlvorschlag der sonstigen politischen Vereinigung gewählte Bewerber aus dem Europäischen Parlament ausgeschieden ist.

(3) Die Vorschriften des Parteiengesetzes über die absolute Obergrenze finden keine Anwendung; die Vorschriften über die relative Obergrenze gelten entsprechend.

(4) Die Vorschriften des Parteiengesetzes über das Auszahlungsverfahren und die Abschlagszahlungen gelten entsprechend.

§ 29 Übergangsregelung. Ausschlüsse vom Wahlrecht und Ausschlüsse von der Wählbarkeit, die nicht auf einem Richterspruch im Sinne von § 6a Absatz 1 in der ab dem 1. Juli 2019 geltenden Fassung oder § 6a Absatz 2 Nummer 1 in der ab dem 1. Juli 2019 geltenden Fassung oder auf § 6a Absatz 2 Nummer 2 oder § 6b Absatz 3 Nummer 2 oder § 6b Absatz 4 Nummer 3 oder Nummer 4 beruhen, sind nicht nach § 3 Absatz 2 Nummer 1a des Bundesmeldegesetzes im Melderegister zu speichern.

§ 30 (Inkrafttreten)

V. Gerichtsbarkeit der Europäischen Union

27. Protokoll über die Satzung des Gerichtshofs der Europäischen Union[1)]

Vom 26. Februar 2001

(ABl. C 80 S. 53)

Celex-Nr. 1 2001 C/PRO/02

zuletzt geänd. durch Art. 1 ÄndVO (EU, Euratom) 2019/629 v. 17.4.2019 (ABl. L 111 S. 1)

Nichtamtliche Inhaltsübersicht

[1)] Die Verweise/Bezugnahmen auf Vorschriften des AEUV (Nr. **2**) sind wie in der konsolidierten Fassung des Protokolls (ABl. 2016 C 202 S. 210) bereits gemäß Art. 5 des Vertrags von Lissabon v. 13.12.2007 (ABl. C 306 S. 1) iVm der Übereinstimmungstabelle (Nr. **2a**) an die neue Nummerierung angepasst worden.

DIE HOHEN VERTRAGSPARTEIEN –

IN DEM WUNSCH, die in Artikel 281 des Vertrags über die Arbeitsweise der Europäischen Union[1] vorgesehene Satzung des Gerichtshofs der Europäischen Union festzulegen –

SIND über folgende Bestimmungen ÜBEREINGEKOMMEN, die dem Vertrag über die Europäische Union[2] und dem Vertrag über die Arbeitsweise der Europäischen Union[1] beigefügt sind

[1] Nr. **2**.
[2] Nr. **1**.

Art. 1 [Vertragliche Grundlagen] Für die Errichtung und die Tätigkeit des Gerichtshofs der Europäischen Union gelten die Bestimmungen der Verträge, des Vertrags zur Gründung der Europäischen Atomgemeinschaft (EAG-Vertrag) und dieser Satzung.

Titel I. Die Richter und die Generalanwälte

Art. 2 [Eidesleistung] Jeder Richter leistet vor Aufnahme seiner Amtstätigkeit vor dem in öffentlicher Sitzung tagenden Gerichtshof den Eid, sein Amt unparteiisch und gewissenhaft auszuüben und das Beratungsgeheimnis zu wahren.

Art. 3 [Immunität] *[1]* [1] Die Richter sind keiner Gerichtsbarkeit unterworfen. [2] Hinsichtlich ihrer in amtlicher Eigenschaft vorgenommenen Handlungen, einschließlich ihrer mündlichen und schriftlichen Äußerungen, steht ihnen diese Befreiung auch nach Abschluss ihrer Amtstätigkeit zu.

[2] [1] Der Gerichtshof kann die Befreiung durch Plenarentscheidung aufheben. [2] Betrifft die Entscheidung ein Mitglied des Gerichts oder eines Fachgerichts, so entscheidet der Gerichtshof nach Anhörung des betreffenden Gerichts.

[3] Wird nach Aufhebung der Befreiung ein Strafverfahren gegen einen Richter eingeleitet, so darf dieser in jedem Mitgliedstaat nur vor ein Gericht gestellt werden, das für Verfahren gegen Richter der höchsten Gerichte dieses Mitgliedstaats zuständig ist.

[4] Die Artikel 11 bis 14 und Artikel 17 des Protokolls über die Vorrechte und Befreiungen der Europäischen Union finden auf die Richter, die Generalanwälte, den Kanzler und die Hilfsberichterstatter des Gerichtshofs der Europäischen Union Anwendung; die Bestimmungen der Absätze 1 bis 3 betreffend die Befreiung der Richter von der Gerichtsbarkeit bleiben hiervon unberührt.

Art. 4 [Verbot der Nebentätigkeit] *[1]* Die Richter dürfen weder ein politisches Amt noch ein Amt in der Verwaltung ausüben.

[2] Sie dürfen keine entgeltliche oder unentgeltliche Berufstätigkeit ausüben, es sei denn, dass der Rat mit einfacher Mehrheit ausnahmsweise von dieser Vorschrift Befreiung erteilt.

[3] Bei der Aufnahme ihrer Tätigkeit übernehmen sie die feierliche Verpflichtung, während der Ausübung und nach Ablauf ihrer Amtstätigkeit die sich aus ihrem Amt ergebenden Pflichten zu erfüllen, insbesondere die Pflicht, bei der Annahme bestimmter Tätigkeiten oder Vorteile nach Ablauf dieser Tätigkeit ehrenhaft und zurückhaltend zu sein.

[4] [1] Im Zweifelsfalle entscheidet der Gerichtshof. [2] Betrifft die Entscheidung ein Mitglied des Gerichts oder eines Fachgerichts, so entscheidet der Gerichtshof nach Anhörung des betreffenden Gerichts.

Art. 5 [Beendigung des Richteramtes] *[1]* Abgesehen von den regelmäßigen Neubesetzungen und von Todesfällen endet das Amt eines Richters durch Rücktritt.

[2] [1]Bei Rücktritt eines Richters ist das Rücktrittsschreiben an den Präsidenten des Gerichtshofs zur Weiterleitung an den Präsidenten des Rates zu richten. [2]Mit der Benachrichtigung des Letzteren wird der Sitz frei.

[3] Mit Ausnahme der Fälle, in denen Artikel 6 Anwendung findet, bleibt jeder Richter bis zum Amtsantritt seines Nachfolgers im Amt.

Art. 6 [Amtsenthebung] *[1]* [1]Ein Richter kann nur dann seines Amtes enthoben oder seiner Ruhegehaltsansprüche oder anderer an ihrer Stelle gewährter Vergünstigungen für verlustig erklärt werden, wenn er nach einstimmigem Urteil der Richter und Generalanwälte des Gerichtshofs nicht mehr die erforderlichen Voraussetzungen erfüllt oder den sich aus seinem Amt ergebenden Verpflichtungen nicht mehr nachkommt. [2]Der Betroffene wirkt bei der Beschlussfassung nicht mit. [3]Ist der Betroffene ein Mitglied des Gerichts oder eines Fachgerichts, so entscheidet der Gerichtshof nach Anhörung des betreffenden Gerichts.

[2] Der Kanzler bringt den Präsidenten des Europäischen Parlaments und der Kommission die Entscheidung des Gerichtshofs zur Kenntnis und übermittelt sie dem Präsidenten des Rates.

[3] Wird durch eine solche Entscheidung ein Richter seines Amtes enthoben, so wird sein Sitz mit der Benachrichtigung des Präsidenten des Rates frei.

Art. 7 [Füllung außerplanmäßiger Vakanzen] Endet das Amt eines Richters vor Ablauf seiner Amtszeit, so wird es für die verbleibende Amtszeit neu besetzt.

Art. 8 [Entsprechende Anwendung für Generalanwälte] Die Artikel 2 bis 7 finden auf die Generalanwälte Anwendung.

Titel II. Organisation des Gerichtshofs

Art. 9 [Neubesetzung der Richterstellen] *[1]* [1]Bei der alle drei Jahre stattfindenden teilweisen Neubesetzung der Richterstellen wird die Hälfte der Richterstellen neu besetzt. [2]Ist die Zahl der Richterstellen ungerade, so ist die Zahl der neu zu besetzenden Richterstellen abwechselnd die Zahl, die direkt über bzw. direkt unter der Hälfte der Anzahl der Richterstellen liegt.

[2] Absatz 1 gilt auch für die alle drei Jahre stattfindende teilweise Neubesetzung der Stellen der Generalanwälte.

Art. 9a [Wahl der Präsidenten] *[1]* [1]Die Richter wählen aus ihrer Mitte den Präsidenten und den Vizepräsidenten des Gerichtshofs für die Dauer von drei Jahren. [2]Die Wiederwahl ist zulässig.

[2] [1]Der Vizepräsident unterstützt den Präsidenten nach Maßgabe der Verfahrensordnung[1)]. [2]Er vertritt den Präsidenten, wenn dieser verhindert oder sein Amt unbesetzt ist.

---

1) Nr. **28**.

Art. 10 [Vereidigung des Kanzlers] Der Kanzler leistet vor dem Gerichtshof den Eid, sein Amt unparteiisch und gewissenhaft auszuüben und das Beratungsgeheimnis zu wahren.

Art. 11 [Vertretung des Kanzlers] Der Gerichtshof regelt die Vertretung des Kanzlers für den Fall seiner Verhinderung.

Art. 12 [Personal des Gerichtshofs] 1 Dem Gerichtshof werden Beamte und sonstige Bedienstete beigegeben, um ihm die Erfüllung seiner Aufgaben zu ermöglichen. 2 Sie unterstehen dem Kanzler unter Aufsicht des Präsidenten.

Art. 13 [Hilfsberichterstatter] *[1]* 1 Das Europäische Parlament und der Rat können gemäß dem ordentlichen Gesetzgebungsverfahren auf Antrag des Gerichtshofs die Ernennung von Hilfsberichterstattern vorsehen und ihre Stellung bestimmen. 2 Die Hilfsberichterstatter können nach Maßgabe der Verfahrensordnung[1] berufen werden, an der Bearbeitung der beim Gerichtshof anhängigen Sachen teilzunehmen und mit dem Berichterstatter zusammenzuarbeiten.

[2] 1 Zu Hilfsberichterstattern sind Persönlichkeiten auszuwählen, die jede Gewähr für Unabhängigkeit bieten und die erforderlichen juristischen Befähigungsnachweise erbringen; sie werden vom Rat mit einfacher Mehrheit ernannt. 2 Sie leisten vor dem Gerichtshof den Eid, ihr Amt unparteiisch und gewissenhaft auszuüben und das Beratungsgeheimnis zu wahren.

Art. 14 [Residenzpflicht] Die Richter, die Generalanwälte und der Kanzler sind verpflichtet, am Sitz des Gerichtshofs zu wohnen.

Art. 15 [Gerichtsferien] 1 Der Gerichtshof übt seine Tätigkeit ständig aus. 2 Die Dauer der Gerichtsferien wird vom Gerichtshof unter Berücksichtigung der dienstlichen Erfordernisse festgesetzt.

Art. 16 [Plenum und Kammern] *[1]* 1 Der Gerichtshof bildet aus seiner Mitte Kammern mit drei und mit fünf Richtern. 2 Die Richter wählen aus ihrer Mitte die Präsidenten der Kammern. 3 Die Präsidenten der Kammern mit fünf Richtern werden für drei Jahre gewählt. 4 Einmalige Wiederwahl ist zulässig.

[2] 1 Die Große Kammer ist mit fünfzehn Richtern besetzt. 2 Den Vorsitz führt der Präsident des Gerichtshofs. 3 Der Großen Kammer gehören außerdem der Vizepräsident des Gerichtshofs sowie nach Maßgabe der Verfahrensordnung[1] drei der Präsidenten der Kammern mit fünf Richtern und weitere Richter an.

[3] Der Gerichtshof tagt als Große Kammer, wenn ein am Verfahren beteiligter Mitgliedstaat oder ein am Verfahren beteiligtes Unionsorgan dies beantragt.

[4] Der Gerichthof tagt als Plenum, wenn er gemäß Artikel 228 Absatz 2, Artikel 245 Absatz 2, Artikel 247 oder Artikel 286 Absatz 6 AEUV[2] befasst wird.

---

[1] Nr. **28**.
[2] Nr. **2**.

[5] Außerdem kann der Gerichtshof, wenn er zu der Auffassung gelangt, dass eine Rechtssache, mit der er befasst ist, von außergewöhnlicher Bedeutung ist, nach Anhörung des Generalanwalts entscheiden, diese Rechtssache an das Plenum zu verweisen.

Art. 17 [Quorum, Mehrheiten] *[1]* Der Gerichtshof kann nur in der Besetzung mit einer ungeraden Zahl von Richtern rechtswirksam entscheiden.

[2] Die Entscheidungen der Kammern mit drei oder fünf Richtern sind nur dann gültig, wenn sie von drei Richtern getroffen werden.

[3] Die Entscheidungen der Großen Kammer sind nur dann gültig, wenn elf Richter anwesend sind.

[4] Die vom Plenum getroffenen Entscheidungen des Gerichtshofs sind nur dann gültig, wenn siebzehn Richter anwesend sind.

[5] Bei Verhinderung eines Richters einer Kammer kann nach Maßgabe der Verfahrensordnung[1)] ein Richter einer anderen Kammer herangezogen werden.

Art. 18 [Befangenheit und Ablehnung von Richtern] *[1]* Die Richter und Generalanwälte dürfen nicht an der Erledigung einer Sache teilnehmen, in der sie vorher als Bevollmächtigte, Beistände oder Anwälte einer der Parteien tätig gewesen sind oder über die zu befinden sie als Mitglied eines Gerichts, eines Untersuchungsausschusses oder in anderer Eigenschaft berufen waren.

[2] [1] Glaubt ein Richter oder Generalanwalt, bei der Entscheidung oder Untersuchung einer bestimmten Sache aus einem besonderen Grund nicht mitwirken zu können, so macht er davon dem Präsidenten Mitteilung. [2] Hält der Präsident die Teilnahme eines Richters oder Generalanwalts an der Verhandlung oder Entscheidung einer bestimmten Sache aus einem besonderen Grund für unangebracht, so setzt er diesen hiervon in Kenntnis.

[3] Ergibt sich bei der Anwendung dieses Artikels eine Schwierigkeit, so entscheidet der Gerichtshof.

[4] Eine Partei kann den Antrag auf Änderung der Zusammensetzung des Gerichtshofs oder einer seiner Kammern weder mit der Staatsangehörigkeit eines Richters noch damit begründen, dass dem Gerichtshof oder einer seiner Kammern kein Richter ihrer Staatsangehörigkeit angehört.

Titel III. Verfahren vor dem Gerichtshof

Art. 19 [Postulationsfähigkeit] *[1]* Die Mitgliedstaaten sowie die Unionsorgane werden vor dem Gerichtshof durch einen Bevollmächtigten vertreten, der für jede Sache bestellt wird; der Bevollmächtigte kann sich der Hilfe eines Beistands oder eines Anwalts bedienen.

[2] Die Vertragsstaaten des Abkommens über den Europäischen Wirtschaftsraum, die nicht Mitgliedstaaten sind, und die in jenem Abkommen genannte EFTA-Überwachungsbehörde werden in der gleichen Weise vertreten.

[3] Die anderen Parteien müssen durch einen Anwalt vertreten sein.

[1)] Nr. **28**.

[4] Nur ein Anwalt, der berechtigt ist, vor einem Gericht eines Mitgliedstaats oder eines anderen Vertragsstaats des Abkommens über den Europäischen Wirtschaftsraum aufzutreten, kann vor dem Gerichtshof als Vertreter oder Beistand einer Partei auftreten.

[5] Die vor dem Gerichtshof auftretenden Bevollmächtigten, Beistände und Anwälte genießen nach Maßgabe der Verfahrensordnung[1] die zur unabhängigen Ausübung ihrer Aufgaben erforderlichen Rechte und Sicherheiten.

[6] Der Gerichtshof hat nach Maßgabe der Verfahrensordnung gegenüber den vor ihm auftretenden Beiständen und Anwälten die den Gerichten üblicherweise zuerkannten Befugnisse.

[7] Hochschullehrer, die Angehörige von Mitgliedstaaten sind, deren Rechtsordnung ihnen gestattet, vor Gericht als Vertreter einer Partei aufzutreten, haben vor dem Gerichtshof die durch diesen Artikel den Anwälten eingeräumte Rechtsstellung.

Art. 20 [Schriftliches und mündliches Verfahren] *[1]* Das Verfahren vor dem Gerichtshof gliedert sich in ein schriftliches und ein mündliches Verfahren.

[2] Das schriftliche Verfahren umfasst die Übermittlung der Klageschriften, Schriftsätze, Klagebeantwortungen und Erklärungen und gegebenenfalls der Repliken sowie aller zur Unterstützung vorgelegten Belegstücke und Urkunden oder ihrer beglaubigten Abschriften an die Parteien sowie an diejenigen Unionsorgane, deren Entscheidungen Gegenstand des Verfahrens sind.

[3] Die Übermittlung obliegt dem Kanzler in der Reihenfolge und innerhalb der Fristen, die die Verfahrensordnung[1] bestimmt.

[4] Das mündliche Verfahren umfasst die Anhörung der Bevollmächtigten, Beistände und Anwälte und der Schlussanträge des Generalanwalts durch den Gerichtshof sowie gegebenenfalls die Vernehmung von Zeugen und Sachverständigen.

[5] Ist der Gerichtshof der Auffassung, dass eine Rechtssache keine neue Rechtsfrage aufwirft, so kann er nach Anhörung des Generalanwalts beschließen, dass ohne Schlussanträge des Generalanwalts über die Sache entschieden wird.

Art. 21 [Klageerhebung] *[1]* [1] Die Klageerhebung bei dem Gerichtshof erfolgt durch Einreichung einer an den Kanzler zu richtenden Klageschrift. [2] Die Klageschrift muss Namen und Wohnsitz des Klägers, die Stellung des Unterzeichnenden, die Partei oder die Parteien, gegen die die Klage erhoben wird, und den Streitgegenstand angeben sowie die Anträge und eine kurze Darstellung der Klagegründe enthalten.

[2] [1] Ihr ist gegebenenfalls der Rechtsakt beizufügen, dessen Nichtigerklärung beantragt wird, oder in dem in Artikel 265 AEUV[2] geregelten Fall eine Unterlage, aus der sich der Zeitpunkt der in den genannten Artikeln vorgesehenen Aufforderung ergibt. [2] Sind der Klageschrift diese Unterlagen nicht beigefügt, so fordert der Kanzler den Kläger auf, sie innerhalb einer angemessenen Frist beizubringen; die Klage kann nicht deshalb zurückgewiesen werden,

---

[1] Nr. **28**.
[2] Nr. **2**.

weil die Beibringung erst nach Ablauf der für die Klageerhebung vorgeschriebenen Frist erfolgt.

Art. 22 [Rechtsmitteleinlegung nach Art. 18 EAG-Vertrag] *[1]* [1] In den Fällen nach Artikel 18 des EAG-Vertrags erfolgt die Klageerhebung bei dem Gerichtshof durch Einreichung einer an den Kanzler zu richtenden Klageschrift. [2] Die Klageschrift muss Namen und Wohnsitz des Klägers, die Stellung des Unterzeichnenden, die Entscheidung, gegen die Klage erhoben wird, die Gegenparteien und den Streitgegenstand angeben sowie die Anträge und eine kurze Darstellung der Klagegründe enthalten.

[2] Eine beglaubigte Abschrift der angefochtenen Entscheidung des Schiedsausschusses ist beizufügen.

[3] Weist der Gerichtshof die Klage ab, so wird die Entscheidung des Schiedsausschusses rechtskräftig.

[4] [1] Hebt der Gerichtshof die Entscheidung des Schiedsausschusses auf, so kann das Verfahren gegebenenfalls auf Betreiben einer Prozesspartei vor dem Schiedsausschuss wieder aufgenommen werden. [2] Dieser ist an die vom Gerichtshof gegebene rechtliche Beurteilung gebunden.

Art. 23 [Vorabentscheidungsverfahren] *[1]* [1] In den Fällen nach Artikel 267 AEUV[1)] obliegt es dem Gericht des Mitgliedstaats, das ein Verfahren aussetzt und den Gerichtshof anruft, diese Entscheidung dem Gerichtshof zu übermitteln. [2] Der Kanzler des Gerichtshofs stellt diese Entscheidung den beteiligten Parteien, den Mitgliedstaaten und der Kommission zu und außerdem den Organen, Einrichtungen und sonstigen Stellen der Union, von denen die Handlung, deren Gültigkeit oder Auslegung streitig ist, ausgegangen ist.

[2] Binnen zwei Monaten nach dieser Zustellung können die Parteien, die Mitgliedstaaten, die Kommission und gegebenenfalls die Organe, Einrichtungen oder sonstigen Stellen der Union, von denen die Handlung, deren Gültigkeit oder Auslegung streitig ist, ausgegangen ist, beim Gerichtshof Schriftsätze einreichen oder schriftliche Erklärungen abgeben.

[3] In den Fällen nach Artikel 267 AEUV stellt der Kanzler des Gerichtshofs die Entscheidung des Gerichts des Mitgliedstaats darüber hinaus den Vertragsstaaten des Abkommens über den Europäischen Wirtschaftsraum, die nicht Mitgliedstaaten sind, und der in jenem Abkommen genannten EFTA-Überwachungsbehörde zu, die binnen zwei Monaten nach der Zustellung beim Gerichtshof Schriftsätze einreichen oder schriftliche Erklärungen abgeben können, wenn einer der Anwendungsbereiche des Abkommens betroffen ist.

[4] Sieht ein vom Rat mit einem oder mehreren Drittstaaten über einen bestimmten Bereich geschlossenes Abkommen vor, dass diese Staaten Schriftsätze einreichen oder schriftliche Erklärungen abgeben können, wenn ein Gericht eines Mitgliedstaats dem Gerichtshof eine in den Anwendungsbereich des Abkommens fallende Frage zur Vorabentscheidung vorgelegt hat, so wird die Entscheidung des Gerichts des Mitgliedstaats, die eine solche Frage enthält, auch den betreffenden Drittstaaten zugestellt, die binnen zwei Monaten nach der Zustellung beim Gerichtshof Schriftsätze einreichen oder schriftliche Erklärungen abgeben können.

---

1) Nr. 2.

Art. 23a [Beschleunigtes Verfahren] *[1]* In der Verfahrensordnung[1] können ein beschleunigtes Verfahren und für Vorabentscheidungsersuchen zum Raum der Freiheit, der Sicherheit und des Rechts ein Eilverfahren vorgesehen werden.

[2] Diese Verfahren können vorsehen, dass für die Einreichung von Schriftsätzen oder schriftlichen Erklärungen eine kürzere Frist als die des Artikels 23 gilt und dass abweichend von Artikel 20 Absatz 4 keine Schlussanträge des Generalanwalts gestellt werden.

[3] Das Eilverfahren kann außerdem eine Beschränkung der in Artikel 23 bezeichneten Parteien und sonstigen Beteiligten, die Schriftsätze einreichen oder schriftliche Erklärungen abgeben können, und in Fällen äußerster Dringlichkeit das Entfallen des schriftlichen Verfahrens vorsehen.

Art. 24 [Urkundenvorlage- und Auskunftserteilungsverlangen]

[1] [1] Der Gerichtshof kann von den Parteien die Vorlage aller Urkunden und die Erteilung aller Auskünfte verlangen, die er für wünschenswert hält. [2] Im Falle einer Weigerung stellt der Gerichtshof diese ausdrücklich fest.

[2] Der Gerichtshof kann ferner von den Mitgliedstaaten und den Organen, Einrichtungen und sonstigen Stellen, die nicht Parteien in einem Rechtsstreit sind, alle Auskünfte verlangen, die er zur Regelung dieses Rechtsstreits für erforderlich erachtet.

Art. 25 [Einholung von Gutachten] Der Gerichtshof kann jederzeit Personen, Personengemeinschaften, Dienststellen, Ausschüsse oder Einrichtungen seiner Wahl mit der Abgabe von Gutachten betrauen.

Art. 26 [Zeugenvernehmung] Zeugen können nach Maßgabe der Verfahrensordnung[1] vernommen werden.

Art. 27 [Zwangsmittel gegen ausbleibende Zeugen] Nach Maßgabe der Verfahrensordnung[1] kann der Gerichtshof gegenüber ausbleibenden Zeugen die den Gerichten allgemein zuerkannten Befugnisse ausüben und Geldbußen verhängen.

Art. 28 [Verteidigung von Zeugen und Sachverständigen] Zeugen und Sachverständige können unter Benutzung der in der Verfahrensordnung[1] vorgeschriebenen Eidesformel oder in der in der Rechtsordnung ihres Landes vorgesehenen Weise eidlich vernommen werden.

Art. 29 [Vernehmung durch Wohnsitzgericht] *[1]* Der Gerichtshof kann anordnen, dass ein Zeuge oder Sachverständiger von dem Gericht seines Wohnsitzes vernommen wird.

[2] [1] Diese Anordnung ist gemäß den Bestimmungen der Verfahrensordnung[1] zur Ausführung an das zuständige Gericht zu richten. [2] Die in Ausführung des Rechtshilfeersuchens abgefassten Schriftstücke werden dem Gerichtshof nach denselben Bestimmungen übermittelt.

---

[1] Nr. **28**.

[3] Der Gerichtshof übernimmt die anfallenden Auslagen; er erlegt sie gegebenenfalls den Parteien auf.

Art. 30 [Strafrechtliche Ahndung von Eidesverletzungen] [1]Jeder Mitgliedstaat behandelt die Eidesverletzung eines Zeugen oder Sachverständigen wie eine vor seinen eigenen in Zivilsachen zuständigen Gerichten begangene Straftat. [2]Auf Anzeige des Gerichtshofs verfolgt er den Täter vor seinen zuständigen Gerichten.

Art. 31 [Öffentlichkeit der Verhandlung] Die Verhandlung ist öffentlich, es sei denn, dass der Gerichtshof von Amts wegen oder auf Antrag der Parteien aus wichtigen Gründen anders beschließt.

Art. 32 [Vernehmung während der mündlichen Verhandlung] [1]Der Gerichtshof kann während der Verhandlung Sachverständige, Zeugen sowie die Parteien selbst vernehmen. [2]Für die Letzteren können jedoch nur ihre bevollmächtigten Vertreter mündlich verhandeln.

Art. 33 [Protokoll] Über jede mündliche Verhandlung ist ein vom Präsidenten und vom Kanzler zu unterschreibendes Protokoll aufzunehmen.

Art. 34 [Terminliste] Die Terminliste wird vom Präsidenten festgelegt.

Art. 35 [Beratungsgeheimnis] Die Beratungen des Gerichtshofs sind und bleiben geheim.

Art. 36 [Begründung der Urteile] [1]Die Urteile sind mit Gründen zu versehen. [2]Sie enthalten die Namen der Richter, die bei der Entscheidung mitgewirkt haben.

Art. 37 [Unterzeichnung und Verlesung] [1]Die Urteile sind vom Präsidenten und vom Kanzler zu unterschreiben. [2]Sie werden in öffentlicher Sitzung verlesen.

Art. 38 [Kostenentscheid] Der Gerichtshof entscheidet über die Kosten.

Art. 39 [Abgekürztes Verfahren] *[1]* Der Präsident des Gerichtshofs kann in einem abgekürzten Verfahren, das erforderlichenfalls von einzelnen Bestimmungen dieser Satzung abweichen kann und in der Verfahrensordnung[1)] geregelt ist, über Anträge auf Aussetzung gemäß Artikel 278 AEUV[2)] und Artikel 157 EAG-Vertrag, auf Erlass einstweiliger Anordnungen gemäß Artikel 279 AEUV oder auf Aussetzung der Zwangsvollstreckung gemäß Artikel 299 Absatz 4 AEUV oder Artikel 164 Absatz 3 EAG-Vertrag entscheiden.

[2] Die in Absatz 1 genannten Befugnisse können nach Maßgabe der Verfahrensordnung vom Vizepräsidenten des Gerichtshofs ausgeübt werden.

[3] Bei Verhinderung des Präsidenten und des Vizepräsidenten werden diese durch einen anderen Richter nach Maßgabe der Verfahrensordnung vertreten.

---

1) Nr. **28**.
2) Nr. **2**.

[4] Die von dem Präsidenten oder seinem Vertreter getroffene Anordnung stellt eine einstweilige Regelung dar und greift der Entscheidung des Gerichtshofs in der Hauptsache nicht vor.

Art. 40 [Beitritt zum Verfahren] *[1]* Die Mitgliedstaaten und die Unionsorgane können einem bei dem Gerichtshof anhängigen Rechtsstreit beitreten.

[2] [1] Dasselbe gilt für die Einrichtungen und sonstigen Stellen der Union sowie alle anderen Personen, sofern sie ein berechtigtes Interesse am Ausgang eines bei dem Gerichtshof anhängigen Rechtsstreits glaubhaft machen können. [2] Natürliche oder juristische Personen können Rechtssachen zwischen Mitgliedstaaten, zwischen Organen der Union oder zwischen Mitgliedstaaten und Organen der Union nicht beitreten.

[3] Unbeschadet des Absatzes 2 können die Vertragsstaaten des Abkommens über den Europäischen Wirtschaftsraum, die nicht Mitgliedstaaten sind, und die in jenem Abkommen genannte EFTA-Überwachungsbehörde einem bei dem Gerichtshof anhängigen Rechtsstreit beitreten, wenn dieser einen der Anwendungsbereiche jenes Abkommens betrifft.

[4] Mit den aufgrund des Beitritts gestellten Anträgen können nur die Anträge einer Partei unterstützt werden.

Art. 41 [Versäumnisurteil] [1] Stellt der ordnungsmäßig geladene Beklagte keine schriftlichen Anträge, so ergeht gegen ihn Versäumnisurteil. [2] Gegen dieses Urteil kann binnen einem Monat nach Zustellung Einspruch eingelegt werden. [3] Der Einspruch hat keine Aussetzung der Vollstreckung aus dem Versäumnisurteil zur Folge, es sei denn, dass der Gerichtshof anders beschließt.

Art. 42 [Drittwiderspruch] Mitgliedstaaten, Organe, Einrichtungen oder sonstige Stellen der Union und alle sonstigen natürlichen und juristischen Personen können nach Maßgabe der Verfahrensordnung[1)] in den dort genannten Fällen Drittwiderspruch gegen ein Urteil erheben, wenn dieses Urteil ihre Rechte beeinträchtigt und in einem Rechtsstreit erlassen worden ist, an dem sie nicht teilgenommen haben.

Art. 43 [Auslegungsurteil] Bestehen Zweifel über Sinn und Tragweite eines Urteils, so ist der Gerichtshof zuständig, dieses Urteil auf Antrag einer Partei oder eines Unionsorgans auszulegen, wenn diese ein berechtigtes Interesse hieran glaubhaft machen.

Art. 44 [Wiederaufnahme] *[1]* Die Wiederaufnahme des Verfahrens kann beim Gerichtshof nur dann beantragt werden, wenn eine Tatsache von entscheidender Bedeutung bekannt wird, die vor Verkündung des Urteils dem Gerichtshof und der die Wiederaufnahme beantragenden Partei unbekannt war.

[2] Das Wiederaufnahmeverfahren wird durch eine Entscheidung des Gerichtshofs eröffnet, die das Vorliegen der neuen Tatsache ausdrücklich feststellt, ihr die für die Eröffnung des Wiederaufnahmeverfahrens erforderlichen Merkmale zuerkennt und deshalb den Antrag für zulässig erklärt.

[1)] Nr. **28**.

[3] Nach Ablauf von zehn Jahren nach Erlass des Urteils kann kein Wiederaufnahmeantrag mehr gestellt werden.

Art. 45 [Festlegung von Fristen] *[1]* In der Verfahrensordnung[1] sind besondere, den Entfernungen Rechnung tragende Fristen festzulegen.

[2] Der Ablauf von Fristen hat keinen Rechtsnachteil zur Folge, wenn der Betroffene nachweist, dass ein Zufall oder ein Fall höherer Gewalt vorliegt.

Art. 46 [Verjährung der Ansprüche aus außervertraglicher Haftung]

[1] [1] Die aus außervertraglicher Haftung der Union hergeleiteten Ansprüche verjähren in fünf Jahren nach Eintritt des Ereignisses, das ihnen zugrunde liegt. [2] Die Verjährung wird durch Einreichung der Klageschrift beim Gerichtshof oder dadurch unterbrochen, dass der Geschädigte seinen Anspruch vorher gegenüber dem zuständigen Unionsorgan geltend macht. [3] In letzterem Fall muss die Klage innerhalb der in Artikel 263 AEUV[2] vorgesehenen Frist von zwei Monaten erhoben werden; gegebenenfalls findet Artikel 265 Absatz 2 AEUV Anwendung.

[2] Dieser Artikel gilt auch für Ansprüche, die aus außervertraglicher Haftung der Europäischen Zentralbank hergeleitet werden.

Titel IV. Das Gericht[3]

Art. 47 [Entsprechende Anwendung von Vorschriften der Titel I und II] *[1]* Artikel 9 Absatz 1, Artikel 9a, Artikel 14 und 15, Artikel 17 Absätze 1, 2, 4 und 5 sowie Artikel 18 finden auf das Gericht und dessen Mitglieder Anwendung.

[2] Artikel 3 Absatz 4 sowie die Artikel 10, 11 und 14 finden auf den Kanzler des Gerichts entsprechende Anwendung.

Art. 48 [Anzahl der Richter] Das Gericht besteht

a) ab dem 25. Dezember 2015 aus 40 Mitgliedern,

b) ab dem 1. September 2016 aus 47 Mitgliedern,

c) ab dem 1. September 2019 aus zwei Mitgliedern je Mitgliedstaat.

Art. 49 [Bestellung zum Generalanwalt] *[1]* Die Mitglieder des Gerichts können dazu bestellt werden, die Tätigkeit eines Generalanwalts auszuüben.

[2] Der Generalanwalt hat in völliger Unparteilichkeit und Unabhängigkeit begründete Schlussanträge zu bestimmten dem Gericht unterbreiteten Rechtssachen öffentlich zu stellen, um das Gericht bei der Erfüllung seiner Aufgaben zu unterstützen.

---

[1] Nr. **28**.

[2] Nr. **2**.

[3] In der Diskussion befindet sich eine Änderung verschiedener Satzungsbestimmungen zum Gericht. Zentral ist der Vorschlag, Vorlagen zu Fragen des gemeinsamen Mehrwertsteuersystems, den Verbrauchsteuern, des Zollkodexes und der zolltariflichen Einreihung von Waren in die Kombinierte Nomenklatur, der Ausgleichs- und Unterstützungsleistungen für Fahr- und Fluggäste sowie des Systems für den Handel mit Treibhausgasemissionszertifikaten vom EuGH an das EuG zu übertragen (neuer Art. 50b).

[3] Die Kriterien für die Bestimmung solcher Rechtssachen sowie die Einzelheiten für die Bestellung der Generalanwälte werden in der Verfahrensordnung des Gerichts[1] festgelegt.

[4] Ein in einer Rechtssache zum Generalanwalt bestelltes Mitglied darf bei der Entscheidung dieser Rechtssache nicht mitwirken.

Art. 50 [Zusammensetzung der Spruchkörper] *[1]* [1]Das Gericht tagt in Kammern mit drei oder mit fünf Richtern. [2]Die Richter wählen aus ihrer Mitte die Präsidenten der Kammern. [3]Die Präsidenten der Kammern mit fünf Richtern werden für drei Jahre gewählt. [4]Einmalige Wiederwahl ist zulässig.

[2] [1]Die Besetzung der Kammern und die Zuweisung der Rechtssachen an sie richten sich nach der Verfahrensordnung[2]. [2]In bestimmten in der Verfahrensordnung festgelegten Fällen kann das Gericht als Plenum oder als Einzelrichter tagen.

[3] Die Verfahrensordnung kann auch vorsehen, dass das Gericht in den Fällen und unter den Bedingungen, die in der Verfahrensordnung festgelegt sind, als Große Kammer tagt.

Art. 50a [Zuständigkeit; gütliche Streitbeilegung] (1) Das Gericht ist für die Entscheidung im ersten Rechtszug über Rechtsstreitigkeiten zwischen der Union und deren Bediensteten gemäß Artikel 270 des Vertrags über die Arbeitsweise der Europäischen Union[3] zuständig, einschließlich der Rechtsstreitigkeiten zwischen den Organen, Einrichtungen und sonstigen Stellen einerseits und deren Bediensteten andererseits, für die der Gerichtshof der Europäischen Union zuständig ist.

(2) Das Gericht kann in jedem Verfahrensstadium, auch bereits ab der Einreichung der Klageschrift, die Möglichkeiten für eine gütliche Beilegung des Rechtsstreits prüfen und versuchen, eine solche Beilegung zu erleichtern.

Art. 51 [Abweichung von Art. 256 Abs. 1 AEUV] Abweichend von der in Artikel 256 Absatz 1 AEUV[3] vorgesehenen Regelung sind dem Gerichtshof vorbehalten:

a) die Klagen gemäß den Artikeln 263 und 265 AEUV, die von einem Mitgliedstaat erhoben werden

   i) gegen einen Gesetzgebungsakt, eine Handlung des Europäischen Parlaments, des Europäischen Rates oder des Rates oder wegen unterlassener Beschlussfassung eines oder mehrerer dieser Organe, mit Ausnahme

      – der Beschlüsse des Rates gemäß Artikel 108 Absatz 2 Unterabsatz 3 AEUV;

      – der Rechtsakte, die der Rat aufgrund einer Verordnung des Rates über handelspolitische Schutzmaßnahmen im Sinne von Artikel 207 AEUV erlässt;

      – der Handlungen des Rates, mit denen dieser gemäß Artikel 291 Absatz 2 AEUV Durchführungsbefugnisse ausübt;

---

[1] Nr. **30**.
[2] Nr. **28**.
[3] Nr. **2**.

ii) gegen eine Handlung oder wegen unterlassener Beschlussfassung der Kommission gemäß Artikel 331 Absatz 1 AEUV;

b) die Klagen gemäß den Artikeln 263 und 265 AEUV, die von einem Unionsorgan gegen einen Gesetzgebungsakt, eine Handlung des Europäischen Parlaments, des Europäischen Rates, des Rates, der Kommission oder der Europäischen Zentralbank oder wegen unterlassener Beschlussfassung eines oder mehrerer dieser Organe erhoben werden;

c) die Klagen gemäß Artikel 263 AEUV, die von einem Mitgliedstaat erhoben werden und die gegen eine Handlung der Kommission wegen einer fehlenden Durchführung eines Urteils gerichtet sind, das der Gerichtshof gemäß Artikel 260 Absatz 2 Unterabsatz 2 oder Absatz 3 Unterabsatz 2 AEUV erlassen hat.

Art. 52 [Personalressourcen] [1] Der Präsident des Gerichtshofs und der Präsident des Gerichts legen einvernehmlich fest, in welcher Weise Beamte und sonstige Bedienstete, die dem Gerichtshof beigegeben sind, dem Gericht Dienste leisten, um ihm die Erfüllung seiner Aufgaben zu ermöglichen. [2] Einzelne Beamte oder sonstige Bedienstete unterstehen dem Kanzler des Gerichts unter Aufsicht des Präsidenten des Gerichts.

Art. 53 [Verfahrensregeln] *[1]* Das Verfahren vor dem Gericht bestimmt sich nach Titel III.

[2] [1] Das Verfahren vor dem Gericht wird, soweit dies erforderlich ist, durch seine Verfahrensordnung[1)] im Einzelnen geregelt und ergänzt. [2] Die Verfahrensordnung kann von Artikel 40 Absatz 4 und Artikel 41 abweichen, um den Besonderheiten der Rechtsstreitigkeiten auf dem Gebiet des geistigen Eigentums Rechnung zu tragen.

[3] Abweichend von Artikel 20 Absatz 4 kann der Generalanwalt seine begründeten Schlussanträge schriftlich stellen.

Art. 54 [Verweisung, Aussetzung des Verfahrens] *[1]* Wird eine Klageschrift oder ein anderer Schriftsatz, die an das Gericht gerichtet sind, irrtümlich beim Kanzler des Gerichtshofs eingereicht, so übermittelt dieser sie unverzüglich an den Kanzler des Gerichts; wird eine Klageschrift oder ein anderer Schriftsatz, die an den Gerichtshof gerichtet sind, irrtümlich beim Kanzler des Gerichts eingereicht, so übermittelt dieser sie unverzüglich an den Kanzler des Gerichtshofs.

[2] Stellt das Gericht fest, dass es für eine Klage nicht zuständig ist, die in die Zuständigkeit des Gerichtshofs fällt, so verweist es den Rechtsstreit an den Gerichtshof; stellt der Gerichtshof fest, dass eine Klage in die Zuständigkeit des Gerichts fällt, so verweist er den Rechtsstreit an das Gericht, das sich dann nicht für unzuständig erklären kann.

[3] [1] Sind bei dem Gerichtshof und dem Gericht Rechtssachen anhängig, die den gleichen Gegenstand haben, die gleiche Auslegungsfrage aufwerfen oder die Gültigkeit desselben Rechtsaktes betreffen, so kann das Gericht nach Anhörung der Parteien das Verfahren bis zum Erlass des Urteils des Gerichts-

---

1) Nr. **28**.

hofs aussetzen, oder, wenn es sich um Klagen gemäß Artikel 263 AEUV[1] handelt, sich für nicht zuständig erklären, damit der Gerichtshof über diese Klagen entscheidet. [2]Unter den gleichen Voraussetzungen kann auch der Gerichtshof die Aussetzung des bei ihm anhängigen Verfahrens beschließen; in diesem Fall wird das Verfahren vor dem Gericht fortgeführt.

[4] Fechten ein Mitgliedstaat und ein Unionsorgan denselben Rechtsakt an, so erklärt sich das Gericht für nicht zuständig, damit der Gerichtshof über diese Klagen entscheidet.

Art. 55 [Entscheidungsübermittlung] Der Kanzler des Gerichts übermittelt jeder Partei sowie allen Mitgliedstaaten und den Unionsorganen, auch wenn diese vor dem Gericht der Rechtssache nicht als Streithelfer beigetreten sind, die Endentscheidungen des Gerichts und die Entscheidungen, die über einen Teil des Streitgegenstands ergangen sind oder die einen Zwischenstreit beenden, der eine Einrede wegen Unzuständigkeit oder Unzulässigkeit zum Gegenstand hat.

Art. 56 [Rechtsmittel] *[1]* Gegen die Endentscheidungen des Gerichts und gegen die Entscheidungen, die über einen Teil des Streitgegenstands ergangen sind oder die einen Zwischenstreit beenden, der eine Einrede der Unzuständigkeit oder Unzulässigkeit zum Gegenstand hat, kann ein Rechtsmittel beim Gerichtshof eingelegt werden; die Rechtsmittelfrist beträgt zwei Monate und beginnt mit der Zustellung der angefochtenen Entscheidung.

[2] [1]Dieses Rechtsmittel kann von einer Partei eingelegt werden, die mit ihren Anträgen ganz oder teilweise unterlegen ist. [2]Andere Streithelfer als Mitgliedstaaten oder Unionsorgane können dieses Rechtsmittel jedoch nur dann einlegen, wenn die Entscheidung des Gerichts sie unmittelbar berührt.

[3] [1]Mit Ausnahme von Fällen, die sich auf Streitsachen zwischen der Union und ihren Bediensteten beziehen, kann dieses Rechtsmittel auch von den Mitgliedstaaten und den Gemeinschaftsorganen eingelegt werden, die dem Rechtsstreit vor dem Gericht nicht beigetreten sind. [2]In diesem Fall befinden sie sich in derselben Stellung wie Mitgliedstaaten und Organe, die dem Rechtsstreit im ersten Rechtszug beigetreten sind.

Art. 57 [Rechtsmittel bei Ablehnung als Streithelfer] *[1]* Wird ein Antrag auf Zulassung als Streithelfer von dem Gericht abgelehnt, so kann der Antragsteller binnen zwei Wochen nach Zustellung der ablehnenden Entscheidung ein Rechtsmittel beim Gerichtshof einlegen.

[2] Gegen die aufgrund des Artikels 278, des Artikels 279 oder des Artikels 299 Absatz 4 AEUV[1] oder aufgrund des Artikels 157 oder des Artikels 164 Absatz 3 EAG-Vertrags ergangenen Entscheidungen des Gerichts können die Parteien des Verfahrens binnen zwei Monaten nach Zustellung ein Rechtsmittel beim Gerichtshof einlegen.

[3] Die Entscheidung über gemäß den Absätzen 1 und 2 eingelegte Rechtsmittel ergeht nach Maßgabe des Artikels 39.

---

[1] Nr. **2**.

Art. 58 [Rechtsmittelgründe] *[1]* ¹Das beim Gerichtshof eingelegte Rechtsmittel ist auf Rechtsfragen beschränkt. ²Es kann nur auf die Unzuständigkeit des Gerichts, auf einen Verfahrensfehler, durch den die Interessen des Rechtsmittelführers beeinträchtigt werden, sowie auf eine Verletzung des Unionsrechts durch das Gericht gestützt werden.

[2] Ein Rechtsmittel nur gegen die Kostenentscheidung oder gegen die Kostenfestsetzung ist unzulässig.

Art. 58a [Zulassung von Rechtsmitteln in bereits vom EuG und einer unabhängigen Beschwerdekammer geprüften Rechtssachen] *[1]* Werden gegen eine Entscheidung des Gerichts, die eine Entscheidung einer unabhängigen Beschwerdekammer einer der folgenden sonstigen Stellen der Union betrifft, Rechtsmittel eingelegt, so entscheidet der Gerichtshof vorab über deren Zulassung:

a) Amt der Europäischen Union für geistiges Eigentum;

b) Gemeinschaftliches Sortenamt;

c) Europäische Chemikalienagentur;

d) Agentur der Europäischen Union für Flugsicherheit.

[2] Das in Absatz 1 genannte Verfahren gilt auch für Rechtsmittel gegen Entscheidungen des Gerichts, die eine Entscheidung einer unabhängigen Beschwerdekammer betreffen, die nach dem 1. Mai 2019 innerhalb einer sonstigen Stelle der Union eingerichtet wurde und die anzurufen ist, bevor eine Klage vor dem Gericht eingereicht werden kann.

[3] Ein Rechtsmittel wird nach den in der Verfahrensordnung[1)] im Einzelnen festgelegten Modalitäten ganz oder in Teilen nur dann zugelassen, wenn damit eine für die Einheit, die Kohärenz oder die Entwicklung des Unionsrechts bedeutsame Frage aufgeworfen wird.

[4] Der Beschluss über die Zulassung oder Nichtzulassung des Rechtsmittels ist mit Gründen zu versehen und zu veröffentlichen.

Art. 59 [Verfahren vor Gericht] ¹Wird gegen eine Entscheidung des Gerichts ein Rechtsmittel eingelegt, so besteht das Verfahren vor dem Gerichtshof aus einem schriftlichen und einem mündlichen Verfahren. ²Unter den in der Verfahrensordnung[1)] festgelegten Voraussetzungen kann der Gerichtshof nach Anhörung des Generalanwalts und der Parteien ohne mündliches Verfahren entscheiden.

Art. 60 [Aufschiebende Wirkung] *[1]* Unbeschadet der Artikel 278 und 279 AEUV[2)] oder des Artikels 157 EAG-Vertrag haben Rechtsmittel keine aufschiebende Wirkung.

[2] Abweichend von Artikel 280 AEUV werden die Entscheidungen des Gerichts, in denen eine Verordnung für nichtig erklärt wird, erst nach Ablauf der in Artikel 56 Absatz 1 dieser Satzung vorgesehenen Frist oder, wenn innerhalb dieser Frist ein Rechtsmittel eingelegt worden ist, nach dessen Zurückweisung wirksam; ein Beteiligter kann jedoch gemäß den Artikeln 278

---

1) Nr. **28**.
2) Nr. **2**.

und 279 AEUV oder des Artikels 157 EAG-Vertrag beim Gerichtshof die Aussetzung der Wirkungen der für nichtig erklärten Verordnung oder sonstige einstweilige Anordnungen beantragen.

Art. 61 [Rechtsmittelentscheidung] *[1]* [1] Ist das Rechtsmittel begründet, so hebt der Gerichtshof die Entscheidung des Gerichts auf. [2] Er kann sodann den Rechtsstreit selbst endgültig entscheiden, wenn dieser zur Entscheidung reif ist, oder die Sache zur Entscheidung an das Gericht zurückverweisen.

[2] Im Falle der Zurückverweisung ist das Gericht an die rechtliche Beurteilung in der Entscheidung des Gerichtshofs gebunden.

[3] Ist das von einem Mitgliedstaat oder einem Unionsorgan, die dem Rechtsstreit vor dem Gericht nicht beigetreten sind, eingelegte Rechtsmittel begründet, so kann der Gerichtshof, falls er dies für notwendig hält, diejenigen Wirkungen der aufgehobenen Entscheidung des Gerichts bezeichnen, die für die Parteien des Rechtsstreits als fortgeltend zu betrachten sind.

Art. 62 [Vorschlag auf Urteilsüberprüfung durch Generalanwalt]

[1] Wenn in Fällen nach Artikel 256 Absätze 2 und 3 AEUV[1)] der Erste Generalanwalt der Auffassung ist, dass die ernste Gefahr einer Beeinträchtigung der Einheit oder der Kohärenz des Unionsrechts besteht, so kann er dem Gerichtshof vorschlagen, die Entscheidung des Gerichts zu überprüfen.

[2] [1] Der Vorschlag muss innerhalb eines Monats nach Verkündung der Entscheidung des Gerichts erfolgen. [2] Der Gerichtshof entscheidet innerhalb eines Monats nach Vorlage des Vorschlags durch den Ersten Generalanwalt, ob die Entscheidung zu überprüfen ist oder nicht.

Art. 62a [Entscheidungsgrundlagen] *[1]* Der Gerichtshof entscheidet über die Fragen, die Gegenstand der Überprüfung sind, im Wege eines Eilverfahrens auf der Grundlage der ihm vom Gericht übermittelten Akten.

[2] Die in Artikel 23 dieses Statuts bezeichneten Beteiligten sowie – in den Fällen des Artikels 256 Absatz 2 AEUV[1)] – die Parteien des Verfahrens vor dem Gericht können zu den Fragen, die Gegenstand der Überprüfung sind, beim Gerichtshof innerhalb einer hierfür bestimmten Frist Schriftsätze einreichen oder schriftliche Erklärungen abgeben.

[3] Der Gerichtshof kann beschließen, vor einer Entscheidung das mündliche Verfahren zu eröffnen.

Art. 62b [Überprüfung; Verweisung; Fristen] *[1]* [1] In den Fällen des Artikels 256 Absatz 2 AEUV[1)] haben unbeschadet der Artikel 278 und 279 AEUV der Vorschlag einer Überprüfung und die Entscheidung, das Überprüfungsverfahren zu eröffnen, keine aufschiebende Wirkung. [2] Stellt der Gerichtshof fest, dass die Entscheidung des Gerichts die Einheit oder die Kohärenz des Unionsrechts beeinträchtigt, verweist er die Sache an das Gericht zurück, das an die rechtliche Beurteilung durch den Gerichtshof gebunden ist; der Gerichtshof kann die Wirkungen der Entscheidung des Gerichts bezeichnen, die für die Parteien des Rechtsstreits als endgültig zu betrachten sind. [3] Ergibt sich jedoch der Ausgang des Rechtsstreits unter Berücksichtigung des Ergeb-

---

1) Nr. 2.

nisses der Überprüfung aus den Tatsachenfeststellungen, auf denen die Entscheidung des Gerichts beruht, so entscheidet der Gerichtshof endgültig.

[2] [1] In den Fällen des Artikels 256 Absatz 3 AEUV werden, sofern ein Überprüfungsvorschlag oder eine Entscheidung zur Eröffnung des Überprüfungsverfahrens nicht vorliegt, die Antwort oder die Antworten des Gerichts auf die ihm unterbreiteten Fragen nach Ablauf der hierzu in Artikel 62 Absatz 2 vorgesehenen Fristen wirksam. [2] Im Fall der Eröffnung eines Überprüfungsverfahrens werden die Antwort oder die Antworten, die Gegenstand der Überprüfung sind, am Ende dieses Verfahrens wirksam, es sei denn, dass der Gerichtshof anders beschließt. [3] Stellt der Gerichtshof fest, dass die Entscheidung des Gerichts die Einheit oder die Kohärenz des Unionsrechts beeinträchtigt, so ersetzt die Antwort des Gerichtshofs auf die Fragen, die Gegenstand der Überprüfung waren, die Antwort des Gerichts.

Titel IVa. Die Fachgerichte

Art. 62c [Zuschnitt der Fachgerichte] Die Bestimmungen über die Zuständigkeiten, die Zusammensetzung, die Organisation und das Verfahren von gemäß Artikel 257 des Vertrags über die Arbeitsweise der Europäischen Union[1] errichteten Fachgerichten werden in einem Anhang dieser Satzung aufgeführt.

Titel V. Schlussbestimmungen

Art. 63 [Ergänzung und Konkretisierung durch Verfahrensordnungen] Die Verfahrensordnungen des Gerichtshofs[2] und des Gerichts[3] enthalten alle Bestimmungen, die für die Anwendung dieser Satzung und erforderlichenfalls für ihre Ergänzung notwendig sind.

Art. 64 [Sprachenfrage] *[1]* [1] Die Vorschriften über die Regelung der Sprachenfrage für den Gerichtshof der Europäischen Union werden in einer vom Rat einstimmig erlassenen Verordnung festgelegt. [2] Diese Verordnung wird entweder auf Antrag des Gerichtshofs nach Anhörung der Kommission und des Europäischen Parlaments oder auf Vorschlag der Kommission nach Anhörung des Gerichtshofs und des Europäischen Parlaments erlassen.

[2] [1] Bis zum Erlass dieser Vorschriften gelten die Bestimmungen der Verfahrensordnung des Gerichtshofs[2] und der Verfahrensordnung des Gerichts[3], die die Regelung der Sprachenfrage betreffen, fort. [2] Abweichend von den Artikeln 253 und 254 AEUV[1] bedürfen Änderungen der genannten Bestimmungen oder deren Aufhebung der einstimmigen Genehmigung durch den Rat.

Anhang I. *(aufgehoben)*

---

[1] Nr. **2**.
[2] Nr. **28**.
[3] Nr. **30**.

28. Verfahrensordnung des Gerichtshofs

Vom 25. September 2012

(ABl. L 265 S. 1)

Celex-Nr. 3 2012 Q 0929 (01)

zuletzt geänd. durch Art. 1 EuGHVfO-Änd. v. 26.11.2019 (ABl. L 316 S. 103)

Inhaltsverzeichnis[1)]

[1)] Seitenzahlen der Originalveröffentlichung hier nicht wiedergegeben; die Inhaltsübersicht wurde redaktionell an die Änderungen v. 19.7.2016 (ABl. L 217 S. 69), v. 9.4.2019 (ABl. L 111 S. 73) und v. 26.11.2019 (ABl. L 316 S. 103) angepasst.

Siebtes Kapitel. Spruchkörper

Erster Abschnitt. Besetzung der Spruchkörper

Zweiter Abschnitt. Beratungen

Achtes Kapitel. Sprachenregelung

Zweiter Titel. Allgemeine Verfahrensbestimmungen

Erstes Kapitel. Rechte und Pflichten der Bevollmächtigten, Beistände und Anwälte

Zweites Kapitel. Zustellungen

Drittes Kapitel. Fristen

Viertes Kapitel. Die verschiedenen Arten der Behandlung der Rechtssachen

Fünftes Kapitel. Schriftliches Verfahren

Sechstes Kapitel. Vorbericht und Verweisung an die Spruchkörper

Siebtes Kapitel. Prozessleitende Maßnahmen und Beweisaufnahme

Erster Abschnitt. Prozessleitende Maßnahmen

DER GERICHTSHOF –

aufgrund des Vertrags über die Europäische Union[1)], insbesondere seines Artikels 19,

aufgrund des Vertrags über die Arbeitsweise der Europäischen Union[2)], insbesondere seines Artikels 253 Absatz 6,

aufgrund des Vertrags zur Gründung der Europäischen Atomgemeinschaft, insbesondere seines Artikels 106a Absatz 1,

aufgrund des Protokolls über die Satzung des Gerichtshofs der Europäischen Union[3)], insbesondere seiner Artikel 63 und 64 Absatz 2,

in Erwägung nachstehender Gründe:

(1) Obwohl die Verfahrensordnung des Gerichtshofs im Lauf der Jahre mehrfach geändert wurde, hat sich ihre Struktur seit ihrem ursprünglichen Erlass am 4. März 1953 nicht grundlegend verändert. Die derzeit geltende Verfahrensordnung vom 19. Juni 1991 spiegelt immer noch das anfängliche Überwiegen der Klageverfahren wider, während in Wirklichkeit heute das Gericht für die meisten Klageverfahren zuständig ist und die Vorabentscheidungsersuchen der

---

[1)] Nr. **1**.
[2)] Nr. **2**.
[3)] Nr. **27**.

Gerichte der Mitgliedstaaten quantitativ die Hauptkategorie der Rechtssachen beim Gerichtshof ausmachen. Dieser Wirklichkeit ist Rechnung zu tragen, so dass Struktur und Inhalt der Verfahrensordnung des Gerichtshofs der Entwicklung der von ihr geregelten Streitsachen anzupassen sind.

(2) Außer dass den Vorlagen zur Vorabentscheidung in der Verfahrensordnung der ihnen zukommende Platz eingeräumt wird, ist in dieser auch klarer zwischen den für alle Verfahrensarten geltenden Vorschriften und den spezifischen Bestimmungen für jede einzelne Verfahrensart zu unterscheiden, indem diese Bereiche in separaten Titeln geregelt werden. Der Klarheit halber sind deshalb in einem vorangestellten Titel die allgemeinen Verfahrensbestimmungen für alle Verfahren beim Gerichtshof zusammenzuziehen.

(3) Im Licht der Erfahrungen mit der Durchführung der verschiedenen Verfahren erscheint es zudem geboten, die jeweils für sie geltenden Vorschriften zu vervollständigen oder für den Einzelnen wie für die nationalen Gerichte klarer zu gestalten. Diese Vorschriften betreffen insbesondere die Begriffe der Partei des Ausgangsrechtsstreits, der Streithilfepartei und der Partei des Verfahrens vor dem Gericht oder, in Vorlagesachen, die Vorschriften über die Befassung des Gerichtshofs und über den Inhalt der Vorlageentscheidung. Hinsichtlich der Rechtsmittel gegen die Entscheidungen des Gerichts ist zudem klarer zwischen Rechtsmitteln und nach deren Zustellung eingelegten Anschlussrechtsmitteln zu unterscheiden.

(4) Umgekehrt hat die Durchführung mancher Verfahren wie des Überprüfungsverfahrens gezeigt, dass diese zu komplex sind. Sie sind deshalb zu vereinfachen, indem u.a. vorgesehen wird, dass für die Dauer eines Jahres eine Kammer mit fünf Richtern für die Entscheidung sowohl über den Überprüfungsvorschlag des Ersten Generalanwalts als auch über die Fragen, die Gegenstand der Überprüfung sind, bestimmt wird.

(5) In der gleichen Perspektive sind die Verfahrensmodalitäten für die Behandlung der Gutachten zu entschlacken, indem sie den für die übrigen Sachen geltenden Verfahrensmodalitäten angepasst werden und folglich vorgesehen wird, dass nur ein Generalanwalt an der Behandlung des Antrags auf Gutachten beteiligt ist. Der besseren Lesbarkeit halber sind ferner alle besonderen Verfahrensarten, die zurzeit über mehrere verschiedene Titel und Kapitel der Verfahrensordnung verstreut sind, in einem einzigen Titel zusammenzuführen.

(6) Zur Wahrung der Fähigkeit des mit immer mehr Rechtssachen konfrontierten Gerichtshofs, die Sachen, mit denen er befasst wird, in einem angemessenen Zeitraum zu erledigen, müssen außerdem die Bemühungen um eine Verkürzung der Dauer der vor ihm geführten Verfahren fortgesetzt werden, insbesondere durch die Ausweitung der Möglichkeiten für den Gerichtshof, durch mit Gründen versehenen Beschluss zu entscheiden, durch die Vereinfachung der Vorschriften über den Streitbeitritt der in Artikel 40 Absätze 1 und 3 der Satzung[1)] bezeichneten Staaten und Organe und dadurch, dass für den Gerichtshof die Möglichkeit vorgesehen wird, ohne mündliche Verhandlung zu entscheiden, wenn er sich durch den gesamten in einer Rechtssache eingegangenen Schriftverkehr für ausreichend unterrichtet hält.

[1)] Nr. **27**.

(7) Zur besseren Lesbarkeit der vom Gerichtshof angewandten Regeln ist es schließlich erforderlich, bestimmte obsolete oder nicht angewandte Vorschriften abzuschaffen, alle Absätze der Artikel dieser Verfahrensordnung zu nummerieren, alle Artikel mit einem eigenen Titel, der summarisch ihren Inhalt beschreibt, zu versehen und eine sprachliche Harmonisierung vorzunehmen;

mit Genehmigung des Rates, die am 24. September 2012 erteilt worden ist,
– ERLÄSST FOLGENDE VERFAHRENSORDNUNG:

Eingangsbestimmungen

Art. 1 Definitionen (1) In dieser Verfahrensordnung werden bezeichnet:

a) die Bestimmungen des Vertrags über die Europäische Union (EU-Vertrag)[1)] mit der Nummer des betreffenden Artikels dieses Vertrags, gefolgt von dem Kürzel „EUV";

b) die Bestimmungen des Vertrags über die Arbeitsweise der Europäischen Union (AEU-Vertrag)[2)] mit der Nummer des betreffenden Artikels dieses Vertrags, gefolgt von dem Kürzel „AEUV";

c) die Bestimmungen des Vertrags zur Gründung der Europäischen Atomgemeinschaft (EAG-Vertrag) mit der Nummer des betreffenden Artikels dieses Vertrags, gefolgt von dem Kürzel „EAGV";

d) das Protokoll über die Satzung des Gerichtshofs der Europäischen Union[3)] als „Satzung";

e) das Abkommen über den Europäischen Wirtschaftsraum[4)] als „EWR-Abkommen";

f) die Verordnung Nr. 1 des Rates vom 15. April 1958 zur Regelung der Sprachenfrage für die Europäische Wirtschaftsgemeinschaft[5)] als „Verordnung Nr. 1 des Rates".

(2) In dieser Verfahrensordnung bezeichnet:

a) der Ausdruck „Organe" die in Artikel 13 Absatz 1 EUV genannten Organe der Union und die Einrichtungen oder sonstigen Stellen, die durch die Verträge oder einen zu deren Durchführung erlassenen Rechtsakt geschaffen worden sind und die in Verfahren vor dem Gerichtshof Partei sein können;

b) der Ausdruck „EFTA-Überwachungsbehörde" die im EWR-Abkommen genannte Überwachungsbehörde;

c) die Wendung „in Artikel 23 der Satzung bezeichnete Beteiligte" alle Parteien, Staaten, Organe, Einrichtungen und Stellen, die nach jenem Artikel berechtigt sind, im Rahmen eines Vorlageverfahrens Schriftsätze einzureichen oder Erklärungen abzugeben.

Art. 2 Regelungszweck der Verfahrensordnung. Mit den Bestimmungen dieser Verfahrensordnung werden die einschlägigen Bestimmungen des EU-Ver-

---

1) Nr. **1**.
2) Nr. **2**.
3) Nr. **27**.
4) **Amtl. Anm.:** ABl. L 1 vom 3.1.1994, S. 27.
5) **Amtl. Anm.:** ABl. 17 vom 6.10.1958, S. 385.

trags[1], des AEU-Vertrags[2] und des EAG-Vertrags sowie der Satzung[3] umgesetzt und, soweit erforderlich, ergänzt.

Erster Titel. Organisation des Gerichtshofs

Erstes Kapitel. Richter und Generalanwälte

Art. 3 Beginn der Amtszeit der Richter und der Generalanwälte.

[1] Die Amtszeit eines Richters oder eines Generalanwalts beginnt mit dem im Ernennungsakt dafür bestimmten Tag. [2] Wird in diesem Akt der Tag des Beginns der Amtszeit nicht bestimmt, so beginnt die Amtszeit mit dem Tag der Veröffentlichung des Ernennungsakts im *Amtsblatt der Europäischen Union.*

Art. 4 Eidesleistung. Die Richter und die Generalanwälte leisten vor Aufnahme ihrer Amtstätigkeit in der ersten öffentlichen Sitzung des Gerichtshofs, an der sie nach ihrer Ernennung teilnehmen, folgenden Eid gemäß Artikel 2 der Satzung[3]: „Ich schwöre, dass ich mein Amt unparteiisch und gewissenhaft ausüben und das Beratungsgeheimnis wahren werde."

Art. 5 Feierliche Verpflichtung. Unmittelbar nach der Eidesleistung unterzeichnen die Richter und die Generalanwälte eine Erklärung, in der sie die in Artikel 4 Absatz 3 der Satzung[3] vorgesehene feierliche Verpflichtung übernehmen.

Art. 6 Amtsenthebung eines Richters oder Generalanwalts. (1) Hat der Gerichtshof nach Artikel 6 der Satzung[3] darüber zu entscheiden, ob ein Richter oder Generalanwalt die erforderlichen Voraussetzungen nicht mehr erfüllt oder den sich aus seinem Amt ergebenden Verpflichtungen nicht mehr nachkommt, so fordert der Präsident den Betroffenen auf, sich hierzu zu äußern.

(2) Bei der Entscheidung des Gerichtshofs ist der Kanzler nicht zugegen.

Art. 7 Dienstaltersrang. (1) Das Dienstalter der Richter und der Generalanwälte wird ohne Unterschied beginnend mit der Aufnahme ihrer Amtstätigkeit berechnet.

(2) Bei gleichem Dienstalter bestimmt sich der Dienstaltersrang nach dem Lebensalter.

(3) Richter und Generalanwälte, die wiederernannt werden, behalten ihren bisherigen Rang.

Zweites Kapitel. Präsidentschaft des Gerichtshofs, Bildung der Kammern und Wahl des Ersten Generalanwalts

Art. 8 Wahl des Präsidenten und des Vizepräsidenten des Gerichtshofs.

(1) Die Richter wählen sogleich nach der teilweisen Neubesetzung von Richterstellen gemäß Artikel 253 Absatz 2 AEUV[2] aus ihrer Mitte den Präsidenten des Gerichtshofs für die Dauer von drei Jahren.

---

[1] Nr. **1**.
[2] Nr. **2**.
[3] Nr. **27**.

(2) Endet die Amtszeit des Präsidenten des Gerichtshofs vor ihrem regelmäßigen Ablauf, so wird das Amt für die verbleibende Zeit neu besetzt.

(3) [1] Die in diesem Artikel vorgesehenen Wahlen sind geheim. [2] Gewählt ist der Richter, der die Stimmen von mehr als der Hälfte der Richter des Gerichtshofs erhält. [3] Erreicht keiner der Richter diese Mehrheit, so finden weitere Wahlgänge statt, bis sie erreicht wird.

(4) [1] Die Richter wählen sodann gemäß dem Verfahren des Absatzes 3 aus ihrer Mitte den Vizepräsidenten des Gerichtshofs für die Dauer von drei Jahren. [2] Endet dessen Amtszeit vor ihrem regelmäßigen Ablauf, so findet Absatz 2 Anwendung.

(5) Die Namen des Präsidenten und des Vizepräsidenten, die gemäß diesem Artikel gewählt worden sind, werden im *Amtsblatt der Europäischen Union* veröffentlicht.

Art. 9 Zuständigkeit des Präsidenten des Gerichtshofs. (1) Der Präsident vertritt den Gerichtshof.

(2) [1] Der Präsident leitet die Tätigkeit des Gerichtshofs. [2] Er führt den Vorsitz in den Sitzungen der Generalversammlung der Mitglieder des Gerichtshofs sowie in den mündlichen Verhandlungen und bei den Beratungen des Plenums und der Großen Kammer.

(3) Der Präsident sorgt für einen ordnungsgemäßen Arbeitsgang der Dienststellen des Organs.

Art. 10 Zuständigkeit des Vizepräsidenten des Gerichtshofs. (1) Der Vizepräsident steht dem Präsidenten des Gerichtshofs bei der Erfüllung seiner Aufgaben zur Seite und vertritt ihn, wenn dieser verhindert ist.

(2) Er vertritt ihn auf dessen Aufforderung bei der Erfüllung der Aufgaben gemäß Artikel 9 Absätze 1 und 3.

(3) [1] Der Gerichtshof legt durch Beschluss die Voraussetzungen fest, unter denen der Vizepräsident den Präsidenten des Gerichtshofs bei der Erfüllung seiner richterlichen Aufgaben vertritt. [2] Der Beschluss wird im *Amtsblatt der Europäischen Union* veröffentlicht.

Art. 11 Bildung der Kammern. (1) Der Gerichtshof bildet aus seiner Mitte gemäß Artikel 16 der Satzung[1)] Kammern mit fünf und mit drei Richtern und teilt ihnen die Richter zu.

(2) Der Gerichtshof bestimmt die Kammern mit fünf Richtern, die für die Dauer eines Jahres mit den in Artikel 107 sowie in den Artikeln 193 und 194 genannten Rechtssachen betraut sind.

(3) Für die Rechtssachen, die gemäß Artikel 60 an einen Spruchkörper verwiesen worden sind, bezeichnet der Ausdruck „Gerichtshof" in dieser Verfahrensordnung diesen Spruchkörper.

(4) In den Rechtssachen, die an eine Kammer mit fünf oder mit drei Richtern verwiesen worden sind, übt der Kammerpräsident die Befugnisse des Präsidenten des Gerichtshofs aus.

(5) Die Zuteilung der Richter zu den Kammern und die Bestimmung der Kammern, die mit den in Artikel 107 sowie in den Artikeln 193 und 194

1) Nr. **27**.

genannten Rechtssachen betraut sind, werden im *Amtsblatt der Europäischen Union* veröffentlicht.

Art. 12 Wahl der Kammerpräsidenten. (1) Die Richter wählen sogleich nach der Wahl des Präsidenten und des Vizepräsidenten des Gerichtshofs die Präsidenten der Kammern mit fünf Richtern für die Dauer von drei Jahren.

(2) Die Richter wählen sodann für die Dauer eines Jahres die Präsidenten der Kammern mit drei Richtern.

(3) Artikel 8 Absätze 2 und 3 findet Anwendung.

(4) Die Namen der Kammerpräsidenten, die gemäß diesem Artikel gewählt worden sind, werden im *Amtsblatt der Europäischen Union* veröffentlicht.

Art. 13 Verhinderung des Präsidenten und des Vizepräsidenten des Gerichtshofs. Sind der Präsident und der Vizepräsident des Gerichtshofs verhindert, so wird das Amt des Präsidenten gemäß der in Artikel 7 festgelegten Rangordnung von einem der Präsidenten der Kammern mit fünf Richtern oder in Ermangelung dessen von einem der Präsidenten der Kammern mit drei Richtern oder in Ermangelung dessen von einem der übrigen Richter wahrgenommen.

Art. 14 Wahl des Ersten Generalanwalts. (1) Die Generalanwälte wählen sogleich nach der teilweisen Neubesetzung der Stellen der Generalanwälte gemäß Artikel 253 Absatz 2 AEUV[1)] aus ihrer Mitte den Ersten Generalanwalt für die Dauer von drei Jahren.

(2) Endet die Amtszeit des Ersten Generalanwalts vor ihrem regelmäßigen Ablauf, so wird das Amt für die verbleibende Zeit neu besetzt.

(3) [1] Die in diesem Artikel vorgesehenen Wahlen sind geheim. [2] Gewählt ist der Generalanwalt, der die Stimmen von mehr als der Hälfte der Generalanwälte des Gerichtshofs erhält. [3] Erreicht keiner der Generalanwälte diese Mehrheit, so finden weitere Wahlgänge statt, bis sie erreicht wird.

(4) Der Name des gemäß diesem Artikel gewählten Ersten Generalanwalts wird im *Amtsblatt der Europäischen Union* veröffentlicht.

Drittes Kapitel. Zuweisung der Rechtssachen an die Berichterstatter und die Generalanwälte

Art. 15 Bestimmung des Berichterstatters. (1) Der Präsident des Gerichtshofs bestimmt nach Eingang des verfahrenseinleitenden Schriftstücks so bald wie möglich den Berichterstatter für die Rechtssache.

(2) [1] Der Berichterstatter für die in Artikel 107 sowie in den Artikeln 193 und 194 genannten Rechtssachen wird unter den Richtern der nach Artikel 11 Absatz 2 bestimmten Kammer auf Vorschlag des Präsidenten dieser Kammer ausgewählt. [2] Entscheidet die Kammer gemäß Artikel 109, die Vorlage nicht dem Eilverfahren zu unterwerfen, kann der Präsident des Gerichtshofs die Rechtssache einem einer anderen Kammer zugeteilten Berichterstatter neu zuweisen.

(3) Der Präsident des Gerichtshofs trifft bei Verhinderung eines Berichterstatters die erforderlichen Maßnahmen.

[1)] Nr. 2.

Art. 16 Bestimmung des Generalanwalts. (1) Der Erste Generalanwalt entscheidet über die Zuweisung der Rechtssachen an die Generalanwälte.

(2) Der Erste Generalanwalt trifft bei Verhinderung eines Generalanwalts die erforderlichen Maßnahmen.

Viertes Kapitel. Hilfsberichterstatter

Art. 17 Hilfsberichterstatter. (1) Der Gerichtshof schlägt gemäß Artikel 13 der Satzung[1)] die Ernennung von Hilfsberichterstattern vor, wenn er dies für die Bearbeitung und Untersuchung der bei ihm anhängigen Rechtssachen für erforderlich hält.

(2) Die Hilfsberichterstatter werden insbesondere damit beauftragt,

a) den Präsidenten des Gerichtshofs im Verfahren des vorläufigen Rechtsschutzes zu unterstützen,

b) die Berichterstatter bei der Erfüllung ihrer Aufgaben zu unterstützen.

(3) Die Hilfsberichterstatter unterstehen bei der Ausübung ihres Amtes dem Präsidenten des Gerichtshofs, dem Präsidenten einer Kammer oder einem Berichterstatter.

(4) Vor Aufnahme ihrer Amtstätigkeit leisten die Hilfsberichterstatter vor dem Gerichtshof den in Artikel 4 vorgesehenen Eid.

Fünftes Kapitel. Kanzlei

Art. 18 Ernennung des Kanzlers. (1) Der Gerichtshof ernennt den Kanzler.

(2) [1] Ist die Stelle des Kanzlers unbesetzt, wird eine Anzeige im *Amtsblatt der Europäischen Union* veröffentlicht. [2] Interessenten werden aufgefordert, innerhalb einer Frist von mindestens drei Wochen ihre Bewerbung einzureichen, die genaue Angaben über ihre Staatsangehörigkeit, akademischen Grade, Sprachkenntnisse, gegenwärtige und frühere Tätigkeit und etwaigen gerichtlichen und internationalen Erfahrungen enthalten muss.

(3) Die Abstimmung, an der die Richter und die Generalanwälte teilnehmen, erfolgt nach dem Verfahren des Artikels 8 Absatz 3.

(4) [1] Der Kanzler wird für die Dauer von sechs Jahren ernannt. [2] Wiederernennung ist zulässig. [3] Der Gerichtshof kann entscheiden, die Amtszeit des amtierenden Kanzlers zu verlängern, ohne von dem in Absatz 2 vorgesehenen Verfahren Gebrauch zu machen.

(5) Der Kanzler leistet den in Artikel 4 vorgesehenen Eid und unterzeichnet die in Artikel 5 vorgesehene Erklärung.

(6) [1] Der Kanzler kann seines Amtes nur enthoben werden, wenn er die erforderlichen Voraussetzungen nicht mehr erfüllt oder den sich aus seinem Amt ergebenden Verpflichtungen nicht mehr nachkommt. [2] Der Gerichtshof entscheidet, nachdem er dem Kanzler Gelegenheit zur Äußerung gegeben hat.

(7) Endet die Amtszeit des Kanzlers vor ihrem regelmäßigen Ablauf, so ernennt der Gerichtshof einen neuen Kanzler für die Dauer von sechs Jahren.

(8) Der Name des gemäß diesem Artikel gewählten Kanzlers wird im *Amtsblatt der Europäischen Union* veröffentlicht.

---

1) Nr. **27**.

Art. 19 Beigeordneter Kanzler. Der Gerichtshof kann nach dem für die Ernennung des Kanzlers geltenden Verfahren einen Beigeordneten Kanzler ernennen, der den Kanzler unterstützt und ihn bei Verhinderung vertritt.

Art. 20 Zuständigkeit des Kanzlers. (1) Der Kanzler ist unter der Aufsicht des Präsidenten des Gerichtshofs mit der Entgegennahme, Übermittlung und Aufbewahrung aller Schriftstücke sowie mit den Zustellungen, die mit der Anwendung dieser Verfahrensordnung verbunden sind, beauftragt.

(2) Der Kanzler steht den Mitgliedern des Gerichtshofs bei allen Amtshandlungen zur Seite.

(3) [1] Der Kanzler verwahrt die Siegel und ist für das Archiv verantwortlich. [2] Er sorgt für die Veröffentlichungen des Gerichtshofs, insbesondere der Sammlung der Rechtsprechung.

(4) [1] Der Kanzler leitet unter der Aufsicht des Präsidenten des Gerichtshofs die Dienststellen des Organs. [2] Er ist für die Leitung des Personals und der Verwaltung sowie für die Vorbereitung und Ausführung des Haushaltsplans verantwortlich.

Art. 21 Registerführung. (1) Die Kanzlei führt unter der Verantwortung des Kanzlers ein Register, in das fortlaufend und in der Reihenfolge ihres Eingangs alle Verfahrensschriftstücke sowie die zur Unterstützung eingereichten Belegstücke und Unterlagen einzutragen sind.

(2) Der Kanzler vermerkt die Eintragung in das Register auf dem Original und, auf Antrag der Parteien, auf den von ihnen zu diesem Zweck vorgelegten Kopien.

(3) Die Eintragung in das Register und die im vorstehenden Absatz vorgesehenen Vermerke stellen öffentliche Urkunden dar.

(4) Im *Amtsblatt der Europäischen Union* wird eine Mitteilung veröffentlicht, die den Tag der Eintragung des verfahrenseinleitenden Schriftsatzes, die Namen der Parteien oder gegebenenfalls die diese Namen ersetzenden Initialen, die Anträge und die Angabe der geltend gemachten Gründe und wesentlichen Argumente enthält.

(5) In den Fällen des Dritten Titels enthält die im *Amtsblatt der Europäischen Union* veröffentlichte Mitteilung den Tag des Eingangs des Vorabentscheidungsersuchens, die Angabe des vorlegenden Gerichts, die Namen der Parteien des Ausgangsrechtsstreits oder gegebenenfalls die diese Namen ersetzenden Initialen und die dem Gerichtshof unterbreiteten Vorlagefragen.

Art. 22 Konsultation des Registers, der Urteile und der Beschlüsse.

(1) Jeder kann das Register bei der Kanzlei einsehen und nach Maßgabe der vom Gerichtshof auf Vorschlag des Kanzlers erlassenen Gebührenordnung der Kanzlei Kopien oder Auszüge daraus erhalten.

(2) Jede Partei kann nach Maßgabe der Gebührenordnung der Kanzlei Ausfertigungen der Verfahrensschriftstücke erhalten.

(3) Außerdem kann jeder nach Maßgabe der Gebührenordnung der Kanzlei Ausfertigungen der Urteile und der Beschlüsse erhalten.

Sechstes Kapitel. Geschäftsgang des Gerichtshofs

Art. 23 Ort der Sitzungen des Gerichtshofs. Der Gerichtshof kann einzelne Sitzungen an einem anderen Ort als seinem Sitz abhalten.

Art. 24 Arbeitskalender des Gerichtshofs. (1) Das Gerichtsjahr beginnt am 7. Oktober des Kalenderjahrs und endet am 6. Oktober des darauffolgenden Jahres.

(2) Die Gerichtsferien werden vom Gerichtshof festgesetzt.

(3) Während der Gerichtsferien kann der Präsident die Richter und die Generalanwälte in dringenden Fällen einberufen.

(4) Der Gerichtshof hält die am Ort seines Sitzes geltenden gesetzlichen Feiertage ein.

(5) Der Gerichtshof kann den Richtern und den Generalanwälten in begründeten Fällen Urlaub gewähren.

(6) Die Daten der Gerichtsferien und das Verzeichnis der gesetzlichen Feiertage werden jährlich im *Amtsblatt der Europäischen Union* veröffentlicht.

Art. 25 Generalversammlung. [1] Die Entscheidungen über Verwaltungsfragen oder über die Vorschläge, die in dem Vorbericht gemäß Artikel 59 enthalten sind, werden vom Gerichtshof in der Generalversammlung getroffen, an der alle Richter und Generalanwälte mit beschließender Stimme teilnehmen. [2] Der Kanzler ist zugegen, sofern der Gerichtshof nichts anderes bestimmt.

Art. 26 Protokollaufnahme. Tagt der Gerichtshof in Abwesenheit des Kanzlers, so beauftragt er den im Sinne des Artikels 7 dienstjüngsten Richter mit der Aufnahme eines etwa erforderlichen Protokolls, das vom Präsidenten und von dem genannten Richter unterzeichnet wird.

Siebtes Kapitel. Spruchkörper

Erster Abschnitt. Besetzung der Spruchkörper

Art. 27 Besetzung der Großen Kammer. (1) [1] Die Große Kammer ist für jede Rechtssache mit dem Präsidenten und dem Vizepräsidenten des Gerichtshofs, drei Präsidenten einer Kammer mit fünf Richtern, dem Berichterstatter und der für die Erreichung der Zahl fünfzehn erforderlichen Zahl von Richtern besetzt. [2] Letztere und die drei Präsidenten einer Kammer mit fünf Richtern werden anhand der in den Absätzen 3 und 4 genannten Listen in der dort festgelegten Reihenfolge bestimmt. [3] Ausgangspunkt auf jeder dieser Listen ist für jede an die Große Kammer verwiesene Rechtssache der Name des Richters, der unmittelbar auf den Richter folgt, der für die zuvor an diesen Spruchkörper verwiesene Rechtssache als Letzter anhand der betreffenden Liste bestimmt worden ist.

(2) Nach der Wahl des Präsidenten und des Vizepräsidenten des Gerichtshofs sowie danach der Präsidenten der Kammern mit fünf Richtern werden im Hinblick auf die Besetzung der Großen Kammer eine Liste der Präsidenten der Kammern mit fünf Richtern und eine Liste der übrigen Richter erstellt.

(3) Die Liste der Präsidenten der Kammern mit fünf Richtern wird gemäß der in Artikel 7 festgelegten Rangordnung erstellt.

(4) Die Liste der übrigen Richter wird erstellt, indem abwechselnd der in Artikel 7 festgelegten Rangordnung und deren Umkehrung gefolgt wird: Der erste Richter in dieser Liste ist der erste nach der in Artikel 7 festgelegten Rangordnung, der zweite Richter in der Liste ist der letzte nach dieser Rangordnung, der dritte Richter ist der zweite nach dieser Rangordnung, der vierte Richter ist der vorletzte nach dieser Rangordnung und so fort.

(5) Die in den Absätzen 3 und 4 genannten Listen werden im *Amtsblatt der Europäischen Union* veröffentlicht.

(6) [1] In Rechtssachen, die vom Beginn eines Kalenderjahrs, in dem eine teilweise Neubesetzung der Richterstellen stattfindet, bis zur tatsächlichen Neubesetzung an die Große Kammer verwiesen werden, können zwei Ergänzungsrichter bestimmt werden, um den Spruchkörper zu ergänzen, solange Ungewissheit über das Erreichen der gemäß Artikel 17 Absatz 3 der Satzung[1)] für die Beschlussfähigkeit erforderlichen Zahl von Richtern besteht. [2] Als Ergänzungsrichter fungieren die beiden Richter, die auf der in Absatz 4 genannten Liste unmittelbar nach dem Richter geführt werden, der als Letzter für die Besetzung der Großen Kammer in der Rechtssache bestimmt worden ist.

(7) Die Ergänzungsrichter ersetzen in der Reihenfolge der in Absatz 4 genannten Liste die Richter, die gegebenenfalls nicht an der Entscheidung der Rechtssache mitwirken können.

Art. 28 Besetzung der Kammern mit fünf und mit drei Richtern.

(1) [1] Die Kammern mit fünf und mit drei Richtern sind für jede Rechtssache mit dem Kammerpräsidenten, dem Berichterstatter und der für die Erreichung der Zahl von fünf oder drei Richtern erforderlichen Zahl von Richtern besetzt. [2] Letztere werden anhand der in den Absätzen 2 und 3 genannten Listen in der dort festgelegten Reihenfolge bestimmt. [3] Ausgangspunkt auf diesen Listen ist für jede an eine Kammer verwiesene Rechtssache der Name des Richters, der unmittelbar auf den Richter folgt, der für die zuvor an diese Kammer verwiesene Rechtssache als Letzter anhand der Liste bestimmt worden ist.

(2) [1] Für die Besetzung der Kammern mit fünf Richtern werden nach der Wahl der Präsidenten dieser Kammern Listen erstellt, in denen sämtliche Richter, die der jeweiligen Kammer zugeteilt sind, mit Ausnahme des Kammerpräsidenten aufgeführt sind. [2] Die Listen werden in derselben Weise erstellt wie die in Artikel 27 Absatz 4 genannte Liste.

(3) [1] Für die Besetzung der Kammern mit drei Richtern werden nach der Wahl der Präsidenten dieser Kammern Listen erstellt, in denen sämtliche Richter, die der jeweiligen Kammer zugeteilt sind, mit Ausnahme des Kammerpräsidenten aufgeführt sind. [2] Die Listen werden gemäß der in Artikel 7 festgelegten Rangordnung erstellt.

(4) Die in den Absätzen 2 und 3 genannten Listen werden im *Amtsblatt der Europäischen Union* veröffentlicht.

Art. 29 Besetzung der Kammern bei Zusammenhang oder Abgabe.

(1) Ist der Gerichtshof der Auffassung, dass mehrere Rechtssachen zusammen von demselben Spruchkörper zu entscheiden sind, so entspricht dessen Besetzung

---

[1)] Nr. **27**.

derjenigen, die für die Rechtssache festgelegt wurde, deren Vorbericht zuerst geprüft wurde.

(2) Regt eine Kammer, an die eine Rechtssache verwiesen worden ist, beim Gerichtshof an, die Rechtssache nach Artikel 60 Absatz 3 an einen größeren Spruchkörper zu verweisen, so umfasst dieser Spruchkörper die Mitglieder der abgebenden Kammer.

Art. 30 Verhinderung eines Kammerpräsidenten. (1) Ist der Präsident einer Kammer mit fünf Richtern verhindert, so werden die Aufgaben des Kammerpräsidenten von einem Präsidenten einer Kammer mit drei Richtern wahrgenommen, gegebenenfalls gemäß der in Artikel 7 festgelegten Rangordnung, oder, wenn kein Präsident einer Kammer mit drei Richtern dem Spruchkörper angehört, von einem der übrigen Richter gemäß der in Artikel 7 festgelegten Rangordnung.

(2) Ist der Präsident einer Kammer mit drei Richtern verhindert, so werden die Aufgaben des Kammerpräsidenten von einem Richter des Spruchkörpers gemäß der in Artikel 7 festgelegten Rangordnung wahrgenommen.

Art. 31 Verhinderung eines Mitglieds des Spruchkörpers. (1) Ist ein Mitglied der Großen Kammer verhindert, so wird es durch einen anderen Richter in der Reihenfolge ersetzt, die in der Liste nach Artikel 27 Absatz 4 festgelegt ist.

(2) [1] Ist ein Mitglied einer Kammer mit fünf Richtern verhindert, so wird es durch einen anderen Richter derselben Kammer in der Reihenfolge ersetzt, die in der Liste nach Artikel 28 Absatz 2 festgelegt ist. [2] Ist eine Ersetzung des verhinderten Richters durch einen Richter derselben Kammer nicht möglich, so benachrichtigt der Kammerpräsident den Präsidenten des Gerichtshofs, der einen anderen Richter bestimmen kann, durch den die Kammer ergänzt wird.

(3) [1] Ist ein Mitglied einer Kammer mit drei Richtern verhindert, so wird es durch einen anderen Richter derselben Kammer in der Reihenfolge ersetzt, die in der Liste nach Artikel 28 Absatz 3 festgelegt ist. [2] Ist eine Ersetzung des verhinderten Richters durch einen Richter derselben Kammer nicht möglich, so benachrichtigt der Kammerpräsident den Präsidenten des Gerichtshofs, der einen anderen Richter bestimmen kann, durch den die Kammer ergänzt wird.

Zweiter Abschnitt. Beratungen

Art. 32 Beratungsmodalitäten. (1) Die Beratungen des Gerichtshofs sind und bleiben geheim.

(2) Hat eine mündliche Verhandlung stattgefunden, nehmen an der Beratung nur die an der Verhandlung beteiligten Richter und gegebenenfalls der Hilfsberichterstatter für die Rechtssache teil.

(3) Jeder Richter, der an der Beratung teilnimmt, trägt seine Auffassung vor und begründet sie.

(4) Das Ergebnis, auf das sich die Mehrheit der Richter nach der abschließenden Erörterung geeinigt hat, ist für die Entscheidung des Gerichtshofs maßgebend.

Art. 33 Zahl der an der Beratung teilnehmenden Richter. [1] Ergibt sich infolge Verhinderung eine gerade Zahl von Richtern, so nimmt der im Sinne des

Artikels 7 dienstjüngste Richter an der Beratung nicht teil, es sei denn, er ist Berichterstatter. [2] Im letzten Fall nimmt der Richter mit dem nächstniedrigen Dienstaltersrang an der Beratung nicht teil.

Art. 34 Beschlussfähigkeit der Großen Kammer. (1) Kann für eine an die Große Kammer verwiesene Rechtssache die gemäß Artikel 17 Absatz 3 der Satzung[1)] für die Beschlussfähigkeit erforderliche Zahl von Richtern nicht erreicht werden, so bestimmt der Präsident des Gerichtshofs einen oder mehrere andere Richter in der Reihenfolge, die in der Liste nach Artikel 27 Absatz 4 festgelegt ist.

(2) Hat eine mündliche Verhandlung stattgefunden, bevor der oder die anderen Richter bestimmt werden, so werden die Parteien mit ihren mündlichen Ausführungen und der Generalanwalt mit seinen Schlussanträgen erneut gehört.

Art. 35 Beschlussfähigkeit der Kammern mit fünf und mit drei Richtern. (1) [1] Ist für eine an eine Kammer mit fünf oder mit drei Richtern verwiesene Rechtssache ein Erreichen der gemäß Artikel 17 Absatz 2 der Satzung[1)] für die Beschlussfähigkeit erforderlichen Zahl von Richtern nicht möglich, bestimmt der Präsident des Gerichtshofs einen oder mehrere andere Richter in der Reihenfolge, die in den Listen nach Artikel 28 Absätze 2 und 3 festgelegt ist. [2] Ist eine Ersetzung des verhinderten Richters durch einen Richter derselben Kammer nicht möglich, so benachrichtigt der Kammerpräsident sogleich den Präsidenten des Gerichtshofs, der einen anderen Richter bestimmt, durch den die Kammer ergänzt wird.

(2) Artikel 34 Absatz 2 findet auf die Kammern mit fünf und mit drei Richtern entsprechende Anwendung.

Achtes Kapitel. Sprachenregelung

Art. 36 [Verfahrenssprachen] Die Verfahrenssprachen sind Bulgarisch, Dänisch, Deutsch, Englisch, Estnisch, Finnisch, Französisch, Griechisch, Irisch, Italienisch, Kroatisch, Lettisch, Litauisch, Maltesisch, Niederländisch, Polnisch, Portugiesisch, Rumänisch, Schwedisch, Slowakisch, Slowenisch, Spanisch, Tschechisch und Ungarisch.

Art. 37 Bestimmung der Verfahrenssprache. (1) In Klageverfahren wählt der Kläger vorbehaltlich der nachstehenden Bestimmungen die Verfahrenssprache:

a) Ist die Klage gegen einen Mitgliedstaat gerichtet, so ist die Amtssprache dieses Staates Verfahrenssprache; gibt es mehrere Amtssprachen, so ist der Kläger berechtigt, eine von ihnen zu wählen.
b) Auf gemeinsamen Antrag der Parteien kann eine andere der in Artikel 36 genannten Sprachen ganz oder teilweise zugelassen werden.
c) Auf Antrag einer Partei kann nach Anhörung der Gegenpartei und des Generalanwalts abweichend von den Buchstaben a und b eine andere der in Artikel 36 genannten Sprachen ganz oder teilweise als Verfahrenssprache zugelassen werden; dieser Antrag kann nicht von einem der Organe der Europäischen Union gestellt werden.

[1)] Nr. **27**.

(2) Unbeschadet des vorstehenden Absatzes Buchstaben b und c sowie des Artikels 38 Absätze 4 und 5

a) ist bei Rechtsmitteln gegen die Entscheidungen des Gerichts nach den Artikeln 56 und 57 der Satzung[1)] Verfahrenssprache diejenige Sprache, die für die mit dem Rechtsmittel angefochtene Entscheidung des Gerichts Verfahrenssprache war;

b) ist bei Entscheidungen des Gerichtshofs gemäß Artikel 62 Absatz 2 der Satzung, eine Entscheidung des Gerichts zu überprüfen, Verfahrenssprache diejenige Sprache, die für die Entscheidung des Gerichts, die Gegenstand der Überprüfung ist, Verfahrenssprache war;

c) ist bei Streitigkeiten über die erstattungsfähigen Kosten, Einsprüchen gegen Versäumnisurteile, Drittwidersprüchen und Anträgen auf Auslegung, auf Wiederaufnahme oder auf Abhilfe gegen Unterlassen einer Entscheidung Verfahrenssprache diejenige Sprache, die für die Entscheidung, auf die sich diese Anträge oder Streitigkeiten beziehen, Verfahrenssprache war.

(3) [1] In Vorabentscheidungsverfahren ist die Sprache des vorlegenden Gerichts Verfahrenssprache. [2] Auf gebührend begründeten Antrag einer Partei des Ausgangsrechtsstreits kann nach Anhörung der Gegenpartei des Ausgangsrechtsstreits und des Generalanwalts eine andere der in Artikel 36 genannten Sprachen für das mündliche Verfahren zugelassen werden. [3] Wird die Zulassung dieser anderen Sprache erteilt, so gilt sie für alle in Artikel 23 der Satzung bezeichneten Beteiligten.

(4) Die Entscheidung über die vorgenannten Anträge kann vom Präsidenten gefasst werden; dieser kann die Entscheidung dem Gerichtshof übertragen; will er den Anträgen ohne Einverständnis aller Parteien stattgeben, so muss er sie dem Gerichtshof übertragen.

Art. 38 Verwendung der Verfahrenssprache. (1) Die Verfahrenssprache ist insbesondere in den Schriftsätzen und bei den mündlichen Ausführungen der Parteien, einschließlich der vorgelegten oder beigefügten Belegstücke und Unterlagen, sowie in den Protokollen und Entscheidungen des Gerichtshofs zu verwenden.

(2) Vorgelegten oder beigefügten Belegstücken und Unterlagen, die in einer anderen Sprache abgefasst sind, ist eine Übersetzung in der Verfahrenssprache beizugeben.

(3) [1] Bei umfangreichen Belegstücken und Unterlagen können jedoch auszugsweise Übersetzungen vorgelegt werden. [2] Der Gerichtshof kann jederzeit von Amts wegen oder auf Antrag einer Partei eine ausführlichere oder vollständige Übersetzung verlangen.

(4) [1] Abweichend von den vorstehenden Bestimmungen können sich die Mitgliedstaaten ihrer eigenen Amtssprache bedienen, wenn sie sich an einem Vorabentscheidungsverfahren beteiligen, einem beim Gerichtshof anhängigen Rechtsstreit als Streithelfer beitreten oder den Gerichtshof nach Artikel 259 AEUV[2)] anrufen. [2] Dies gilt sowohl für Schriftstücke als auch für mündliche

---

1) Nr. 27.
2) Nr. 2.

Erklärungen. [3]Der Kanzler veranlasst in jedem Fall die Übersetzung in die Verfahrenssprache.

(5) [1]Den Vertragsstaaten des EWR-Abkommens, die nicht Mitgliedstaaten sind, und der EFTA-Überwachungsbehörde ist es gestattet, sich statt der Verfahrenssprache einer anderen der in Artikel 36 genannten Sprachen zu bedienen, wenn sie sich an einem Vorabentscheidungsverfahren beteiligen oder einem beim Gerichtshof anhängigen Rechtsstreit als Streithelfer beitreten. [2]Dies gilt sowohl für Schriftstücke als auch für mündliche Erklärungen. [3]Der Kanzler veranlasst in jedem Fall die Übersetzung in die Verfahrenssprache.

(6) [1]Den Drittstaaten, die sich gemäß Artikel 23 Absatz 4 der Satzung[1)] an einem Vorabentscheidungsverfahren beteiligen, ist es gestattet, sich statt der Verfahrenssprache einer anderen der in Artikel 36 genannten Sprachen zu bedienen. [2]Dies gilt sowohl für Schriftstücke als auch für mündliche Erklärungen. [3]Der Kanzler veranlasst in jedem Fall die Übersetzung in die Verfahrenssprache.

(7) [1]Erklären Zeugen oder Sachverständige, dass sie sich nicht hinlänglich in einer der in Artikel 36 genannten Sprachen ausdrücken können, so kann ihnen der Gerichtshof gestatten, ihre Erklärungen in einer anderen Sprache abzugeben. [2]Der Kanzler veranlasst die Übersetzung in die Verfahrenssprache.

(8) [1]Der Präsident und der Vizepräsident des Gerichtshofs sowie die Kammerpräsidenten können sich bei der Leitung der Verhandlung statt der Verfahrenssprache einer anderen der in Artikel 36 genannten Sprachen bedienen; die gleiche Befugnis haben die Richter und die Generalanwälte für ihre Fragen und die Generalanwälte für ihre Schlussanträge. [2]Der Kanzler veranlasst die Übersetzung in die Verfahrenssprache.

Art. 39 Verantwortlichkeit des Kanzlers in sprachlichen Angelegenheiten. (1) Der Kanzler veranlasst die Übersetzung der während des schriftlichen Verfahrens eingereichten Verfahrensschriftstücke in die Verfahrenssprache und gegebenenfalls in eine andere in Artikel 36 genannte Sprache.

(2) Der Kanzler sorgt auch dafür, dass die Verdolmetschung der in der mündlichen Verhandlung getätigten Äußerungen in die Verfahrenssprache sowie in die anderen in Artikel 36 genannten Sprachen gewährleistet ist, deren sich die in der mündlichen Verhandlung anwesenden Parteien bedienen oder die als für den ordnungsgemäßen Ablauf der mündlichen Verhandlung erforderlich erachtet werden.

Art. 40 Sprachenregelung für die Veröffentlichungen des Gerichtshofs.

Die Veröffentlichungen des Gerichtshofs erscheinen in den in Artikel 1 der Verordnung Nr. 1 des Rates genannten Sprachen.

Art. 41 Verbindliche Fassungen. Verbindlich ist die Fassung in der Verfahrenssprache oder, falls der Gerichtshof gemäß den Artikeln 37 oder 38 eine andere Sprache zugelassen hat, die Fassung in dieser Sprache.

Art. 42 Sprachendienst des Gerichtshofs. Der Gerichtshof richtet einen Sprachendienst ein, dessen Angehörige eine angemessene juristische Ausbildung

---

[1)] Nr. **27**.

und gründliche Kenntnisse in mehreren Amtssprachen der Union aufweisen müssen.

Zweiter Titel. Allgemeine Verfahrensbestimmungen

Erstes Kapitel. Rechte und Pflichten der Bevollmächtigten, Beistände und Anwälte

Art. 43 Vorrechte, Befreiungen und Erleichterungen. (1) Die Bevollmächtigten, Beistände und Anwälte, die vor dem Gerichtshof oder vor einem von diesem um Rechtshilfe ersuchten Gericht erscheinen, können wegen mündlicher und schriftlicher Äußerungen, die sich auf die Sache oder auf die Parteien beziehen, nicht gerichtlich verfolgt werden.

(2) Die Bevollmächtigten, Beistände und Anwälte genießen ferner folgende Vorrechte und Erleichterungen:

a) Schriftstücke und Urkunden, die sich auf das Verfahren beziehen, dürfen weder durchsucht noch beschlagnahmt werden. Im Streitfall können die Zoll- oder Polizeibeamten die betreffenden Schriftstücke und Urkunden versiegeln, die dann dem Gerichtshof zum Zwecke der Untersuchung im Beisein des Kanzlers und des Beteiligten umgehend übermittelt werden.
b) Die Bevollmächtigten, Beistände und Anwälte genießen die zur Erfüllung ihrer Aufgaben erforderliche Reisefreiheit.

Art. 44 Vertretereigenschaft. (1) Um die im vorstehenden Artikel genannten Vorrechte, Befreiungen und Erleichterungen in Anspruch nehmen zu können, weisen zuvor ihre Eigenschaft nach

a) die Bevollmächtigten durch eine von ihrem Vollmachtgeber ausgestellte amtliche Urkunde, die Letzterer dem Kanzler umgehend in Kopie übermittelt;
b) die Anwälte durch einen Ausweis, mit dem ihre Berechtigung, vor einem Gericht eines Mitgliedstaats oder eines anderen Vertragsstaats des EWR-Abkommens aufzutreten, bescheinigt wird, und, wenn die von ihnen vertretene Partei eine juristische Person des Privatrechts ist, durch eine Vollmacht dieser Partei;
c) die Beistände durch eine Vollmacht der Partei, der sie beistehen.

(2) [1] Der Kanzler des Gerichtshofs stellt ihnen erforderlichenfalls ein Berechtigungspapier aus. [2] Dessen Gültigkeit ist auf eine bestimmte Zeit begrenzt; sie kann je nach der Dauer des Verfahrens verlängert oder verkürzt werden.

Art. 45 Aufhebung der Befreiung von gerichtlicher Verfolgung.

(1) Die in Artikel 43 genannten Vorrechte, Befreiungen und Erleichterungen werden ausschließlich im Interesse des Verfahrens gewährt.

(2) Der Gerichtshof kann die Befreiung von gerichtlicher Verfolgung aufheben, wenn dies nach seiner Auffassung dem Interesse des Verfahrens nicht zuwiderläuft.

Art. 46 Ausschluss vom Verfahren. (1) [1] Ist der Gerichtshof der Auffassung, dass das Verhalten eines Bevollmächtigten, Beistands oder Anwalts gegenüber dem Gerichtshof mit der Würde des Gerichtshofs oder mit den Erfordernissen einer geordneten Rechtspflege unvereinbar ist oder dass ein Bevollmächtigter, Beistand oder Anwalt seine Befugnisse missbraucht, so unterrichtet er den Betroffenen davon. [2]Unterrichtet der Gerichtshof die zuständigen Stellen, denen der Betroffene untersteht, davon, so wird Letzterem eine Kopie des an diese Stellen gerichteten Schreibens übermittelt.

(2) [1]Aus denselben Gründen kann der Gerichtshof nach Anhörung des Betroffenen und des Generalanwalts jederzeit durch mit Gründen versehenen Beschluss entscheiden, einen Bevollmächtigten, Beistand oder Anwalt vom Verfahren auszuschließen. [2]Der Beschluss ist sofort vollziehbar.

(3) Wird ein Bevollmächtigter, Beistand oder Anwalt vom Verfahren ausgeschlossen, so wird das Verfahren bis zum Ablauf einer Frist ausgesetzt, die der Präsident der betroffenen Partei zur Bestimmung eines anderen Bevollmächtigten, Beistands oder Anwalts setzt.

(4) Die gemäß diesem Artikel getroffenen Entscheidungen können wieder aufgehoben werden.

Art. 47 Hochschullehrer und Parteien des Ausgangsrechtsstreits.

(1) Die Bestimmungen dieses Kapitels finden Anwendung auf Hochschullehrer, die gemäß Artikel 19 der Satzung[1)] das Recht haben, vor dem Gerichtshof aufzutreten.

(2) In Vorlageverfahren finden sie auch Anwendung auf die Parteien des Ausgangsrechtsstreits, wenn diese nach den anwendbaren nationalen Verfahrensvorschriften berechtigt sind, ohne den Beistand eines Anwalts vor Gericht aufzutreten, sowie auf die Personen, die nach diesen Vorschriften zu ihrer Vertretung berechtigt sind.

Zweites Kapitel. Zustellungen

Art. 48 Zustellungsarten. (1) [1]Der Kanzler veranlasst die in dieser Verfahrensordnung vorgesehenen Zustellungen an die Zustellungsanschrift des Adressaten durch Übersendung einer Kopie des zuzustellenden Schriftstücks per Einschreiben mit Rückschein oder durch Übergabe der Kopie gegen Empfangsbestätigung. [2]Die Kopien des zuzustellenden Originals werden vom Kanzler ausgefertigt und beglaubigt, es sei denn, dass sie gemäß Artikel 57 Absatz 2 von den Parteien eingereicht werden.

(2) Hat sich der Adressat damit einverstanden erklärt, dass Zustellungen an ihn mittels Telefax oder sonstiger technischer Kommunikationsmittel erfolgen, so kann jedes Verfahrensschriftstück einschließlich der Urteile und Beschlüsse des Gerichtshofs durch Übermittlung einer Kopie auf diesem Wege zugestellt werden.

(3) [1]Ist eine solche Übermittlung aus technischen Gründen oder wegen der Art oder des Umfangs des Schriftstücks nicht möglich, so wird dieses dem Adressaten, wenn er keine Zustellungsanschrift angegeben hat, gemäß dem Verfahren des Absatzes 1 an seine Anschrift zugestellt. [2]Der Adressat wird davon mittels Telefax oder sonstiger technischer Kommunikationsmittel benachrichtigt. [3]Ein Einschreiben gilt dann am zehnten Tag nach der Aufgabe zur Post am Ort des Sitzes des Gerichtshofs als dem Adressaten übergeben, sofern nicht durch den

---

[1)] Nr. **27**.

Rückschein nachgewiesen wird, dass der Zugang zu einem anderen Zeitpunkt erfolgt ist, oder der Adressat den Kanzler innerhalb von drei Wochen nach der Benachrichtigung mittels Telefax oder sonstiger technischer Kommunikationsmittel davon unterrichtet, dass ihm das zuzustellende Schriftstück nicht zugegangen ist.

(4) [1]Der Gerichtshof kann durch Beschluss die Voraussetzungen festlegen, unter denen ein Verfahrensschriftstück elektronisch zugestellt werden kann. [2]Der Beschluss wird im *Amtsblatt der Europäischen Union* veröffentlicht.

Drittes Kapitel. Fristen

Art. 49 Fristberechnung. (1) Die in den Verträgen, in der Satzung[1)] und in dieser Verfahrensordnung vorgesehenen Verfahrensfristen werden wie folgt berechnet:

a) Ist eine nach Tagen, Wochen, Monaten oder Jahren bemessene Frist von dem Zeitpunkt an zu berechnen, zu dem ein Ereignis eintritt oder eine Handlung vorgenommen wird, so wird der Tag, an dem das Ereignis eintritt oder die Handlung vorgenommen wird, nicht mitgerechnet.

b) Eine nach Wochen, Monaten oder Jahren bemessene Frist endet mit Ablauf des Tages, der in der letzten Woche, im letzten Monat oder im letzten Jahr dieselbe Bezeichnung oder dieselbe Zahl wie der Tag trägt, an dem das Ereignis eingetreten oder die Handlung vorgenommen worden ist, von denen an die Frist zu berechnen ist. Fehlt bei einer nach Monaten oder Jahren bemessenen Frist im letzten Monat der für ihren Ablauf maßgebende Tag, so endet die Frist mit Ablauf des letzten Tages dieses Monats.

c) Ist eine Frist nach Monaten und nach Tagen bemessen, so werden zunächst die vollen Monate und dann die Tage berücksichtigt.

d) Die Fristen umfassen die Samstage, die Sonntage und die gesetzlichen Feiertage im Sinne des Artikels 24 Absatz 6.

e) Der Fristlauf wird durch die Gerichtsferien nicht gehemmt.

(2) Fällt das Fristende auf einen Samstag, Sonntag oder gesetzlichen Feiertag, so endet die Frist mit dem Ablauf des nächstfolgenden Werktags.

Art. 50 Klage gegen eine Handlung eines Organs. Beginnt eine Frist für die Erhebung einer Klage gegen eine Handlung eines Organs mit der Veröffentlichung der Handlung, so ist diese Frist im Sinne von Artikel 49 Absatz 1 Buchstabe a vom Ablauf des vierzehnten Tages nach der Veröffentlichung der Handlung im *Amtsblatt der Europäischen Union* an zu berechnen.

Art. 51 Entfernungsfrist. Die Verfahrensfristen werden um eine pauschale Entfernungsfrist von zehn Tagen verlängert.

Art. 52 Fristsetzung und Fristverlängerung. (1) Die vom Gerichtshof gemäß dieser Verfahrensordnung gesetzten Fristen können verlängert werden.

(2) Der Präsident und die Kammerpräsidenten können dem Kanzler die Zeichnungsbefugnis übertragen, bestimmte Fristen, die sie aufgrund dieser Verfahrensordnung anzuordnen haben, festzusetzen oder deren Verlängerung zu gewähren.

[1)] Nr. **27**.

Viertes Kapitel. Die verschiedenen Arten der Behandlung der Rechtssachen

Art. 53 Arten der Behandlung der Rechtssachen. (1) Unbeschadet besonderer Bestimmungen der Satzung[1] oder dieser Verfahrensordnung umfasst das Verfahren vor dem Gerichtshof ein schriftliches und ein mündliches Verfahren.

(2) Ist der Gerichtshof für die Entscheidung über eine Rechtssache offensichtlich unzuständig oder ist ein Ersuchen oder eine Klage offensichtlich unzulässig, so kann er nach Anhörung des Generalanwalts jederzeit die Entscheidung treffen, durch mit Gründen versehenen Beschluss zu entscheiden, ohne das Verfahren fortzusetzen.

(3) Der Präsident kann in Anbetracht besonderer Umstände entscheiden, dass eine Rechtssache mit Vorrang entschieden wird.

(4) Eine Rechtssache kann unter den in dieser Verfahrensordnung vorgesehenen Voraussetzungen einem beschleunigten Verfahren unterworfen werden.

(5) Eine Vorlage zur Vorabentscheidung kann unter den in dieser Verfahrensordnung vorgesehenen Voraussetzungen einem Eilverfahren unterworfen werden.

Art. 54 Verbindung. (1) Mehrere gleichartige Rechtssachen, die den gleichen Gegenstand haben, können jederzeit wegen Zusammenhangs zu gemeinsamem schriftlichen oder mündlichen Verfahren oder zu gemeinsamem Endurteil verbunden werden.

(2) [1] Die Verbindung wird vom Präsidenten nach Anhörung des Berichterstatters und des Generalanwalts, falls die betreffende Rechtssache bereits zugewiesen worden ist, und – außer in Vorlageverfahren – nach Anhörung auch der Parteien beschlossen. [2] Der Präsident kann die Entscheidung hierüber dem Gerichtshof übertragen.

(3) Die Verbindung von Rechtssachen kann nach Maßgabe des Absatzes 2 wieder aufgehoben werden.

Art. 55 Aussetzung des Verfahrens. (1) Das Verfahren kann ausgesetzt werden:

a) in den in Artikel 54 Absatz 3 der Satzung[1] vorgesehenen Fällen durch Beschluss des Gerichtshofs nach Anhörung des Generalanwalts;

b) in allen übrigen Fällen durch Entscheidung des Präsidenten nach Anhörung des Berichterstatters und des Generalanwalts sowie – außer in Vorlageverfahren – der Parteien.

(2) Die Fortsetzung des Verfahrens kann nach demselben Verfahren beschlossen oder entschieden werden.

(3) Die in den vorstehenden Absätzen vorgesehenen Beschlüsse oder Entscheidungen werden den Parteien oder in Artikel 23 der Satzung bezeichneten Beteiligten zugestellt.

(4) Die Aussetzung des Verfahrens wird zu dem in dem Aussetzungsbeschluss oder der Aussetzungsentscheidung angegebenen Zeitpunkt oder, wenn ein sol-

---

[1] Nr. **27**.

cher nicht angegeben ist, zu dem Zeitpunkt dieses Beschlusses oder dieser Entscheidung wirksam.

(5) Während der Aussetzung läuft keine Verfahrensfrist gegenüber den Parteien oder in Artikel 23 der Satzung bezeichneten Beteiligten ab.

(6) Ist in dem Aussetzungsbeschluss oder der Aussetzungsentscheidung das Ende der Aussetzung nicht festgelegt, so endet die Aussetzung zu dem in dem Beschluss oder der Entscheidung über die Fortsetzung des Verfahrens angegebenen Zeitpunkt oder, wenn ein solcher nicht angegeben ist, zu dem Zeitpunkt des Beschlusses oder der Entscheidung über die Fortsetzung.

(7) An die Stelle der unterbrochenen Verfahrensfristen treten ab dem Zeitpunkt der Fortsetzung des Verfahrens nach einer Aussetzung neue Fristen, die zu dem Zeitpunkt der Fortsetzung zu laufen beginnen.

Art. 56 Zurückstellung der Entscheidung einer Rechtssache. Der Präsident kann nach Anhörung des Berichterstatters, des Generalanwalts und der Parteien in Anbetracht besonderer Umstände von Amts wegen oder auf Antrag einer Partei entscheiden, dass eine Rechtssache zu späterer Entscheidung zurückgestellt wird.

Fünftes Kapitel. Schriftliches Verfahren

Art. 57 Einreichung der Verfahrensschriftstücke. (1) Das Original jedes Verfahrensschriftstücks muss von dem Bevollmächtigten oder Anwalt der Partei oder, wenn es sich um im Rahmen eines Vorabentscheidungsverfahrens eingereichte Erklärungen handelt und die für den Ausgangsrechtsstreit geltenden nationalen Verfahrensvorschriften es zulassen, von der Partei des Ausgangsrechtsstreits oder ihrem Vertreter handschriftlich unterzeichnet sein.

(2) [1] Mit diesem Schriftstück und allen darin erwähnten Anlagen sind fünf Kopien für den Gerichtshof und, wenn es sich um andere Verfahren als Vorabentscheidungsverfahren handelt, je eine Kopie für jede andere am Rechtsstreit beteiligte Partei einzureichen. [2] Die Kopien sind von der Partei, die sie einreicht, zu beglaubigen.

(3) [1] Die Organe haben außerdem innerhalb der vom Gerichtshof festgesetzten Fristen von jedem Verfahrensschriftstück Übersetzungen in den anderen in Artikel 1 der Verordnung Nr. 1 des Rates genannten Sprachen vorzulegen. [2] Der vorstehende Absatz findet Anwendung.

(4) Den Verfahrensschriftstücken ist ein Aktenstück beizufügen, das die zur Unterstützung herangezogenen Belegstücke und Unterlagen zusammen mit einem Verzeichnis dieser Belegstücke und Unterlagen enthält.

(5) Werden dem Schriftstück von einem Belegstück oder einer Unterlage mit Rücksicht auf deren Umfang nur Auszüge beigefügt, so ist das gesamte Belegstück, die gesamte Unterlage oder eine vollständige Kopie bei der Kanzlei einzureichen.

(6) [1] Jedes Verfahrensschriftstück ist mit Datum zu versehen. [2] Für die Berechnung der Verfahrensfristen sind allein der Tag und die Uhrzeit des Eingangs des Originals bei der Kanzlei maßgebend.

(7) [1] Unbeschadet der Absätze 1 bis 6 sind für die Wahrung der Verfahrensfristen der Tag und die Uhrzeit des Eingangs einer Kopie des unterzeichneten Originals eines Verfahrensschriftstücks einschließlich des in Absatz 4 genannten

Verzeichnisses der Belegstücke und Unterlagen mittels Telefax oder sonstiger beim Gerichtshof vorhandener technischer Kommunikationsmittel bei der Kanzlei maßgebend, sofern das unterzeichnete Original des Schriftstücks zusammen mit den in Absatz 2 genannten Anlagen und Kopien spätestens zehn Tage danach bei der Kanzlei eingereicht wird. [2]Artikel 51 findet auf die letztgenannte Frist keine Anwendung.

(8) [1]Unbeschadet der Absätze 3 bis 6 kann der Gerichtshof durch Beschluss die Voraussetzungen festlegen, unter denen ein der Kanzlei elektronisch übermitteltes Verfahrensschriftstück als Original dieses Schriftstücks gilt. [2]Der Beschluss wird im *Amtsblatt der Europäischen Union* veröffentlicht.

Art. 58 Länge der Verfahrensschriftstücke. [1]Unbeschadet besonderer Bestimmungen dieser Verfahrensordnung kann der Gerichtshof durch Beschluss die maximale Länge der Schriftsätze oder Erklärungen festlegen, die bei ihm eingereicht werden. [2]Der Beschluss wird im *Amtsblatt der Europäischen Union* veröffentlicht.

Sechstes Kapitel. Vorbericht und Verweisung an die Spruchkörper

Art. 59 Vorbericht. (1) Wenn das schriftliche Verfahren abgeschlossen ist, bestimmt der Präsident den Zeitpunkt, zu dem der Berichterstatter der Generalversammlung des Gerichtshofs einen Vorbericht vorzulegen hat.

(2) [1]Der Vorbericht enthält Vorschläge zu der Frage, ob besondere prozessleitende Maßnahmen, eine Beweisaufnahme oder gegebenenfalls ein Klarstellungsersuchen an das vorlegende Gericht erforderlich sind, sowie dazu, an welchen Spruchkörper die Rechtssache verwiesen werden sollte. [2]Der Vorbericht enthält ferner den Vorschlag des Berichterstatters zu einem etwaigen Absehen von der mündlichen Verhandlung und zu einem etwaigen Absehen von Schlussanträgen des Generalanwalts gemäß Artikel 20 Absatz 5 der Satzung[1)].

(3) Der Gerichtshof entscheidet nach Anhörung des Generalanwalts über die Vorschläge des Berichterstatters.

Art. 60 Verweisung an die Spruchkörper. (1) Der Gerichtshof verweist alle bei ihm anhängigen Rechtssachen an die Kammern mit fünf oder mit drei Richtern, sofern nicht die Schwierigkeit oder die Bedeutung der Rechtssache oder besondere Umstände eine Verweisung an die Große Kammer erfordern, es sei denn, eine solche Verweisung ist gemäß Artikel 16 Absatz 3 der Satzung[1)] von einem am Verfahren beteiligten Mitgliedstaat oder Unionsorgan beantragt worden.

(2) [1]Der Gerichtshof tagt als Plenum, wenn er gemäß Artikel 16 Absatz 4 der Satzung befasst wird. [2]Er kann eine Rechtssache an das Plenum verweisen, wenn er gemäß Artikel 16 Absatz 5 der Satzung zu der Auffassung gelangt, dass die Rechtssache von außergewöhnlicher Bedeutung ist.

(3) Der Spruchkörper, an den eine Rechtssache verwiesen worden ist, kann in jedem Verfahrensstadium beim Gerichtshof anregen, die Rechtssache an einen größeren Spruchkörper zu verweisen.

---

1) Nr. **27**.

(4) Wird das mündliche Verfahren ohne Beweisaufnahme eröffnet, so bestimmt der Präsident des Spruchkörpers den Termin dafür.

Siebtes Kapitel. Prozessleitende Maßnahmen und Beweisaufnahme

Erster Abschnitt. Prozessleitende Maßnahmen

Art. 61 Vom Gerichtshof beschlossene prozessleitende Maßnahmen.

(1) [1] Außer den Maßnahmen, die gemäß Artikel 24 der Satzung[1)] beschlossen werden können, kann der Gerichtshof die Parteien oder die in Artikel 23 der Satzung bezeichneten Beteiligten zur schriftlichen Beantwortung bestimmter Fragen innerhalb der von ihm gesetzten Frist oder zu deren Beantwortung in der mündlichen Verhandlung auffordern. [2] Die schriftlichen Antworten werden den anderen Parteien oder den in Artikel 23 der Satzung bezeichneten Beteiligten übermittelt.

(2) Wenn eine mündliche Verhandlung durchgeführt wird, fordert der Gerichtshof, wann immer möglich, die Teilnehmer an dieser Verhandlung auf, ihre mündlichen Ausführungen auf eine oder mehrere festgelegte Fragen zu konzentrieren.

Art. 62 Vom Berichterstatter oder vom Generalanwalt beschlossene prozessleitende Maßnahmen. (1) [1] Der Berichterstatter oder der Generalanwalt können die Parteien oder die in Artikel 23 der Satzung[1)] bezeichneten Beteiligten auffordern, innerhalb einer bestimmten Frist von ihnen für relevant erachtete Auskünfte zum Sachverhalt, Schriftstücke oder sonstige Angaben zu übermitteln. [2] Die erhaltenen Antworten und Schriftstücke werden den anderen Parteien oder den in Artikel 23 der Satzung bezeichneten Beteiligten übermittelt.

(2) Der Berichterstatter oder der Generalanwalt können den Parteien oder den in Artikel 23 der Satzung bezeichneten Beteiligten ferner Fragen zur Beantwortung in der mündlichen Verhandlung übermitteln lassen.

Zweiter Abschnitt. Beweisaufnahme

Art. 63 Entscheidung über die Beweisaufnahme. (1) Der Gerichtshof entscheidet in Generalversammlung, ob eine Beweisaufnahme durchzuführen ist.

(2) Ist die Rechtssache bereits an einen Spruchkörper verwiesen worden, so entscheidet dieser.

Art. 64 Festlegung der Beweisaufnahme. (1) Der Gerichtshof bestimmt nach Anhörung des Generalanwalts die Beweismittel durch Beschluss, der die zu beweisenden Tatsachen bezeichnet.

(2) Unbeschadet der Artikel 24 und 25 der Satzung[1)] sind folgende Beweismittel zulässig:

a) persönliches Erscheinen der Parteien;

b) Einholung von Auskünften und Aufforderung zur Vorlage von Urkunden;

c) Zeugenbeweis;

d) Sachverständigengutachten;

e) Einnahme des Augenscheins.

[1)] Nr. **27**.

(3) Gegenbeweis und Erweiterung der Beweisangebote bleiben vorbehalten.

Art. 65 Teilnahme an der Beweisaufnahme. (1) Führt der Spruchkörper die Beweisaufnahme nicht selbst durch, so beauftragt er den Berichterstatter damit.

(2) Der Generalanwalt nimmt an der Beweisaufnahme teil.

(3) Die Parteien können der Beweisaufnahme beiwohnen.

Art. 66 Zeugenbeweis. (1) Der Gerichtshof beschließt die Vernehmung von Zeugen über bestimmte Tatsachen nach Anhörung des Generalanwalts von Amts wegen oder auf Antrag einer Partei.

(2) In dem Antrag einer Partei auf Vernehmung eines Zeugen sind die Tatsachen, über die der Zeuge vernommen werden soll, und die Gründe, die dessen Vernehmung rechtfertigen, genau zu bezeichnen.

(3) [1] Über einen Antrag im Sinne des vorstehenden Absatzes entscheidet der Gerichtshof durch mit Gründen versehenen Beschluss. [2] Wird dem Antrag stattgegeben, sind in dem Beschluss die Tatsachen zu bezeichnen, über die Beweis zu erheben ist, und die Zeugen zu benennen, die zu den einzelnen Tatsachen vernommen werden sollen.

(4) Die Zeugen werden vom Gerichtshof geladen, gegebenenfalls nach Hinterlegung des Vorschusses gemäß Artikel 73 Absatz 1.

Art. 67 Zeugenvernehmung. (1) Der Präsident weist die Zeugen nach Feststellung ihrer Identität darauf hin, dass sie die Richtigkeit ihrer Aussagen nach den Bestimmungen dieser Verfahrensordnung zu versichern haben.

(2) [1] Die Zeugen werden vom Gerichtshof vernommen; die Parteien werden hierzu geladen. [2] Der Präsident kann nach Beendigung der Aussage auf Antrag einer Partei oder von Amts wegen Fragen an die Zeugen richten.

(3) Die gleiche Befugnis steht den einzelnen Richtern und dem Generalanwalt zu.

(4) Die Vertreter der Parteien können unter der Aufsicht des Präsidenten Fragen an die Zeugen richten.

Art. 68 Beeidigung der Zeugen. (1) Der Zeuge leistet nach Beendigung seiner Aussage folgenden Eid:„Ich schwöre, dass ich die Wahrheit, die ganze Wahrheit und nichts als die Wahrheit gesagt habe."

(2) Der Gerichtshof kann nach Anhörung der Parteien auf die Beeidigung des Zeugen verzichten.

Art. 69 Geldbußen. (1) Zeugen, die ordnungsgemäß geladen sind, haben der Ladung Folge zu leisten und in der mündlichen Verhandlung zu erscheinen.

(2) Erscheint ein ordnungsgemäß geladener Zeuge ohne berechtigten Grund nicht vor dem Gerichtshof, so kann dieser eine Geldbuße von bis zu 5 000 Euro gegen ihn verhängen und die erneute Ladung des Zeugen auf dessen Kosten beschließen.

(3) Die gleiche Sanktion kann gegen einen Zeugen verhängt werden, der ohne berechtigten Grund die Aussage oder die Eidesleistung verweigert.

Art. 70 Sachverständigengutachten. (1) [1]Der Gerichtshof kann die Einholung eines Sachverständigengutachtens beschließen. [2]In dem Beschluss, der den Sachverständigen ernennt, ist dessen Auftrag genau zu umschreiben und eine Frist für die Abgabe des Gutachtens zu bestimmen.

(2) [1]Nach Abgabe des Gutachtens und seiner Zustellung an die Parteien kann der Gerichtshof die Anhörung des Sachverständigen beschließen; die Parteien werden hierzu geladen. [2]Der Präsident kann auf Antrag einer Partei oder von Amts wegen Fragen an den Sachverständigen richten.

(3) Die gleiche Befugnis steht den einzelnen Richtern und dem Generalanwalt zu.

(4) Die Vertreter der Parteien können unter der Aufsicht des Präsidenten Fragen an den Sachverständigen richten.

Art. 71 Beeidigung des Sachverständigen. (1) Der Sachverständige leistet nach Abgabe des Gutachtens folgenden Eid:„Ich schwöre, dass ich meinen Auftrag nach bestem Wissen und Gewissen und unparteiisch erfüllt habe."

(2) Der Gerichtshof kann nach Anhörung der Parteien auf die Beeidigung des Sachverständigen verzichten.

Art. 72 Ablehnung von Zeugen oder Sachverständigen. (1) Lehnt eine Partei einen Zeugen oder Sachverständigen wegen Unfähigkeit, Unwürdigkeit oder aus sonstigen Gründen ab oder verweigert ein Zeuge oder Sachverständiger die Aussage, die Erstattung des Gutachtens oder die Eidesleistung, so entscheidet der Gerichtshof.

(2) Die Ablehnung eines Zeugen oder Sachverständigen ist innerhalb von zwei Wochen nach Zustellung des Beschlusses, durch den der Zeuge geladen oder der Sachverständige ernannt worden ist, mit Schriftsatz zu erklären, der die Ablehnungsgründe und die Beweisangebote enthalten muss.

Art. 73 Kosten der Zeugen und der Sachverständigen. (1) Beschließt der Gerichtshof die Vernehmung von Zeugen oder die Einholung eines Sachverständigengutachtens, so kann er von den Parteien oder von einer Partei die Hinterlegung eines Vorschusses zur Deckung der Kosten der Zeugen und der Sachverständigen verlangen.

(2) [1]Zeugen und Sachverständige haben Anspruch auf Erstattung ihrer Reise- und Aufenthaltskosten. [2]Die Kasse des Gerichtshofs kann ihnen einen Vorschuss auf diese Kosten gewähren.

(3) [1]Zeugen haben Anspruch auf Entschädigung für Verdienstausfall, Sachverständige auf Vergütung ihrer Tätigkeit. [2]Diese Leistungen werden den Zeugen und Sachverständigen von der Kasse des Gerichtshofs nach Erfüllung ihrer Pflicht oder ihres Auftrags gezahlt.

Art. 74 Protokoll der Beweistermine. (1) [1]Der Kanzler nimmt über jeden Beweistermin ein Protokoll auf. [2]Das Protokoll wird vom Präsidenten und vom Kanzler unterzeichnet. [3]Es stellt eine öffentliche Urkunde dar.

(2) [1]Handelt es sich um einen Termin zur Vernehmung von Zeugen oder Anhörung von Sachverständigen, wird das Protokoll vom Präsidenten oder von dem mit der Vernehmung oder Anhörung beauftragten Berichterstatter sowie vom Kanzler unterzeichnet. [2]Vor dieser Unterzeichnung ist dem Zeugen oder

Sachverständigen Gelegenheit zu geben, den Inhalt des Protokolls zu überprüfen und es zu unterzeichnen.

(3) Das Protokoll wird den Parteien zugestellt.

Art. 75 Eröffnung des mündlichen Verfahrens nach Beweisaufnahme.

(1) Nach Abschluss der Beweisaufnahme bestimmt der Präsident den Termin für die Eröffnung des mündlichen Verfahrens, es sei denn, der Gerichtshof entscheidet, den Parteien eine Frist zur schriftlichen Stellungnahme zu setzen.

(2) Ist eine Frist zur schriftlichen Stellungnahme gesetzt, so bestimmt der Präsident den Termin für die Eröffnung des mündlichen Verfahrens nach Ablauf dieser Frist.

Achtes Kapitel. Mündliches Verfahren

Art. 76 Mündliche Verhandlung. (1) [1] Etwaige mit Gründen versehene Anträge auf mündliche Verhandlung sind innerhalb von drei Wochen, nachdem die Bekanntgabe des Abschlusses des schriftlichen Verfahrens an die Parteien oder die in Artikel 23 der Satzung[1)] bezeichneten Beteiligten erfolgt ist, zu stellen. [2] Diese Frist kann vom Präsidenten verlängert werden.

(2) Der Gerichtshof kann auf Vorschlag des Berichterstatters und nach Anhörung des Generalanwalts entscheiden, keine mündliche Verhandlung abzuhalten, wenn er sich durch die im schriftlichen Verfahren eingereichten Schriftsätze oder Erklärungen für ausreichend unterrichtet hält, um eine Entscheidung zu erlassen.

(3) Der vorstehende Absatz findet keine Anwendung, wenn ein mit Gründen versehener Antrag auf mündliche Verhandlung von einem in Artikel 23 der Satzung bezeichneten Beteiligten, der nicht am schriftlichen Verfahren teilgenommen hat, gestellt worden ist.

Art. 77 Gemeinsame mündliche Verhandlung. Wenn die zwischen mehreren gleichartigen Rechtssachen bestehenden Gemeinsamkeiten es zulassen, kann der Gerichtshof entscheiden, eine gemeinsame mündliche Verhandlung für diese Rechtssachen durchzuführen.

Art. 78 Leitung der Verhandlung. Der Präsident eröffnet und leitet die Verhandlung; ihm obliegt die Aufrechterhaltung der Ordnung in der Sitzung.

Art. 79 Ausschluss der Öffentlichkeit. (1) Der Gerichtshof kann aus wichtigen Gründen, insbesondere solchen der Sicherheit der Mitgliedstaaten oder des Schutzes Minderjähriger, die Öffentlichkeit ausschließen.

(2) Mit der Entscheidung über den Ausschluss der Öffentlichkeit geht das Verbot einer Veröffentlichung der Verhandlung einher.

Art. 80 Fragen. Die Mitglieder des Spruchkörpers und der Generalanwalt können in der mündlichen Verhandlung Fragen an die Bevollmächtigten, Beistände oder Anwälte der Parteien und unter den Umständen des Artikels 47 Absatz 2 an die Parteien des Ausgangsrechtsstreits oder deren Vertreter richten.

[1)] Nr. **27**.

Art. 81 Schließung der mündlichen Verhandlung. Der Präsident erklärt nach Anhörung der mündlichen Ausführungen der Parteien oder der in Artikel 23 der Satzung[1] bezeichneten Beteiligten die mündliche Verhandlung für geschlossen.

Art. 82 Stellung der Schlussanträge des Generalanwalts. (1) Findet eine mündliche Verhandlung statt, so werden die Schlussanträge des Generalanwalts nach deren Schließung gestellt.

(2) Der Präsident erklärt nach der Stellung der Schlussanträge des Generalanwalts das mündliche Verfahren für abgeschlossen.

Art. 83 Eröffnung oder Wiedereröffnung des mündlichen Verfahrens. Der Gerichtshof kann jederzeit nach Anhörung des Generalanwalts die Eröffnung oder Wiedereröffnung des mündlichen Verfahrens beschließen, insbesondere wenn er sich für unzureichend unterrichtet hält, wenn eine Partei nach Abschluss des mündlichen Verfahrens eine neue Tatsache unterbreitet hat, die von entscheidender Bedeutung für die Entscheidung des Gerichtshofs ist, oder wenn ein zwischen den Parteien oder den in Artikel 23 der Satzung[1] bezeichneten Beteiligten nicht erörtertes Vorbringen entscheidungserheblich ist.

Art. 84 Protokoll der mündlichen Verhandlungen. (1) [1] Der Kanzler nimmt über jede mündliche Verhandlung ein Protokoll auf. [2] Das Protokoll wird vom Präsidenten und vom Kanzler unterzeichnet. [3] Es stellt eine öffentliche Urkunde dar.

(2) Die Parteien und die in Artikel 23 der Satzung[1] bezeichneten Beteiligten können die Protokolle bei der Kanzlei einsehen und Kopien davon erhalten.

Art. 85 Aufzeichnung der mündlichen Verhandlung. Der Präsident kann den Parteien oder den in Artikel 23 der Satzung[1] bezeichneten Beteiligten, die am schriftlichen oder mündlichen Verfahren teilgenommen haben, auf gebührend begründeten Antrag gestatten, die Tonaufzeichnung der mündlichen Verhandlung in der vom Vortragenden in der Verhandlung verwendeten Sprache in den Räumen des Gerichtshofs anzuhören.

Neuntes Kapitel. Urteile und Beschlüsse

Art. 86 Termin der Urteilsverkündung. Die Parteien oder die in Artikel 23 der Satzung[1] bezeichneten Beteiligten werden vom Termin der Urteilsverkündung benachrichtigt.

Art. 87 Inhalt der Urteile. Das Urteil enthält:

a) die Angabe, dass es vom Gerichtshof erlassen ist;
b) die Bezeichnung des Spruchkörpers;
c) das Datum der Verkündung;
d) die Namen des Präsidenten und der Richter, die bei der Beratung mitgewirkt haben, unter Bezeichnung des Berichterstatters;
e) den Namen des Generalanwalts;

[1] Nr. **27**.

f) den Namen des Kanzlers;
g) die Bezeichnung der Parteien oder der in Artikel 23 der Satzung[1] bezeichneten Beteiligten, die am Verfahren teilgenommen haben;
h) die Namen ihrer Vertreter;
i) in Klage- und in Rechtsmittelverfahren die Anträge der Parteien;
j) gegebenenfalls das Datum der mündlichen Verhandlung;
k) den Hinweis, dass der Generalanwalt gehört worden ist, und gegebenenfalls das Datum seiner Schlussanträge;
l) eine kurze Darstellung des Sachverhalts;
m) die Entscheidungsgründe;
n) die Urteilsformel, gegebenenfalls einschließlich der Entscheidung über die Kosten.

Art. 88 Verkündung und Zustellung der Urteile. (1) Das Urteil wird in öffentlicher Sitzung verkündet.

(2) Der Präsident, die Richter, die an der Beratung mitgewirkt haben, und der Kanzler unterzeichnen die Urschrift des Urteils, die sodann mit einem Siegel versehen und in der Kanzlei hinterlegt wird; den Parteien und gegebenenfalls dem vorlegenden Gericht, den in Artikel 23 der Satzung[1] bezeichneten Beteiligten und dem Gericht wird eine Ausfertigung der Urschrift zugestellt.

Art. 89 Inhalt der Beschlüsse. (1) Der Beschluss enthält:
a) die Angabe, dass er vom Gerichtshof erlassen ist;
b) die Bezeichnung des Spruchkörpers;
c) das Datum des Erlasses;
d) die Angabe der Rechtsgrundlage, auf der er beruht;
e) den Namen des Präsidenten und gegebenenfalls die Namen der Richter, die bei der Beratung mitgewirkt haben, unter Bezeichnung des Berichterstatters;
f) den Namen des Generalanwalts;
g) den Namen des Kanzlers;
h) die Bezeichnung der Parteien oder der in Artikel 23 der Satzung[1] bezeichneten Beteiligten, die am Verfahren teilgenommen haben;
i) die Namen ihrer Vertreter;
j) den Hinweis, dass der Generalanwalt gehört worden ist;
k) die Beschlussformel, gegebenenfalls einschließlich der Entscheidung über die Kosten.

(2) Ist ein Beschluss nach dieser Verfahrensordnung mit Gründen zu versehen, so enthält er ferner:
a) in Klage- und in Rechtsmittelverfahren die Anträge der Parteien;
b) eine kurze Darstellung des Sachverhalts;
c) die Entscheidungsgründe.

---

[1] Nr. **27**.

Art. 90 Unterzeichnung und Zustellung der Beschlüsse. Der Präsident und der Kanzler unterzeichnen die Urschrift des Beschlusses, die sodann mit einem Siegel versehen und in der Kanzlei hinterlegt wird; den Parteien und gegebenenfalls dem vorlegenden Gericht, den in Artikel 23 der Satzung[1)] bezeichneten Beteiligten und dem Gericht wird eine Ausfertigung der Urschrift zugestellt.

Art. 91 Rechtskraft der Urteile und der Beschlüsse. (1) Das Urteil wird mit dem Tag seiner Verkündung rechtskräftig.

(2) Der Beschluss wird mit dem Tag seiner Zustellung rechtskräftig.

Art. 92 Veröffentlichung im Amtsblatt der Europäischen Union.

Eine Mitteilung, die das Datum und die Urteils- oder Beschlussformel der Endurteile und der das Verfahren beendenden Beschlüsse des Gerichtshofs enthält, wird im *Amtsblatt der Europäischen Union* veröffentlicht.

Dritter Titel. Vorlagen zur Vorabentscheidung

Erstes Kapitel. Allgemeine Bestimmungen

Art. 93 Anwendungsbereich. Die Bestimmungen dieses Titels gelten für das Verfahren

a) in den in Artikel 23 der Satzung[1)] genannten Fällen;

b) im Fall von Vorlagen, die in Abkommen vorgesehen werden können, bei denen die Union oder Mitgliedstaaten Vertragsparteien sind.

Art. 94 Inhalt des Vorabentscheidungsersuchens. Das Vorabentscheidungsersuchen muss außer den dem Gerichtshof zur Vorabentscheidung vorgelegten Fragen enthalten:

a) eine kurze Darstellung des Streitgegenstands und des maßgeblichen Sachverhalts, wie er vom vorlegenden Gericht festgestellt worden ist, oder zumindest eine Darstellung der tatsächlichen Umstände, auf denen die Fragen beruhen;

b) den Wortlaut der möglicherweise auf den Fall anwendbaren nationalen Vorschriften und gegebenenfalls die einschlägige nationale Rechtsprechung;

c) eine Darstellung der Gründe, aus denen das vorlegende Gericht Zweifel bezüglich der Auslegung oder der Gültigkeit bestimmter Vorschriften des Unionsrechts hat, und den Zusammenhang, den es zwischen diesen Vorschriften und dem auf den Ausgangsrechtsstreit anwendbaren nationalen Recht herstellt.

Art. 95 Anonymität. (1) Ist vom vorlegenden Gericht Anonymität gewährt worden, so wahrt der Gerichtshof diese Anonymität in dem bei ihm anhängigen Verfahren.

(2) Der Gerichtshof kann außerdem auf Ersuchen des vorlegenden Gerichts, auf Antrag einer Partei des Ausgangsrechtsstreits oder von Amts wegen eine oder mehrere Personen oder Einrichtungen, die von dem Rechtsstreit betroffen sind, anonymisieren.

[1)] Nr. **27**.

Art. 96 Beteiligung am Vorabentscheidungsverfahren. (1) Gemäß Artikel 23 der Satzung[1)] können vor dem Gerichtshof Erklärungen abgeben

a) die Parteien des Ausgangsrechtsstreits;

b) die Mitgliedstaaten;

c) die Europäische Kommission;

d) das Organ, von dem die Handlung, deren Gültigkeit oder Auslegung streitig ist, ausgegangen ist;

e) die Vertragsstaaten des EWR-Abkommens, die nicht Mitgliedstaaten sind, und die EFTA-Überwachungsbehörde, wenn dem Gerichtshof eine Frage zur Vorabentscheidung vorgelegt wird, die einen der Anwendungsbereiche des genannten Abkommens betrifft;

f) Drittstaaten, die Vertragsstaaten eines vom Rat über einen bestimmten Bereich geschlossenen Abkommens sind, wenn dieses Abkommen die Möglichkeit der Abgabe von Erklärungen vorsieht und wenn ein Gericht eines Mitgliedstaats dem Gerichtshof eine Frage zur Vorabentscheidung vorlegt, die in den Anwendungsbereich des betreffenden Abkommens fällt.

(2) Die Nichtteilnahme am schriftlichen Verfahren hindert nicht an der Teilnahme am mündlichen Verfahren.

Art. 97 Parteien des Ausgangsrechtsstreits. (1) Parteien des Ausgangsrechtsstreits sind diejenigen, die vom vorlegenden Gericht gemäß den nationalen Verfahrensvorschriften als solche bezeichnet werden.

(2) [1] Unterrichtet das vorlegende Gericht den Gerichtshof von der Zulassung einer neuen Partei im Ausgangsrechtsstreit, während das Verfahren vor dem Gerichtshof bereits anhängig ist, so muss diese Partei das Verfahren in der Lage annehmen, in der es sich zum Zeitpunkt der Unterrichtung befindet. [2] Der Partei werden alle den in Artikel 23 der Satzung[1)] bezeichneten Beteiligten bereits zugestellten Verfahrensschriftstücke übermittelt.

(3) [1] Hinsichtlich der Vertretung und des persönlichen Erscheinens der Parteien des Ausgangsrechtsstreits trägt der Gerichtshof den vor dem vorlegenden Gericht geltenden Verfahrensvorschriften Rechnung. [2] Bestehen Zweifel, ob eine Person eine Partei des Ausgangsrechtsstreits nach dem nationalen Recht vertreten kann, so kann sich der Gerichtshof beim vorlegenden Gericht über die anwendbaren Verfahrensvorschriften kundig machen.

Art. 98 Übersetzung und Zustellung des Vorabentscheidungsersuchens.

(1) [1] Die Vorabentscheidungsersuchen im Sinne dieses Titels werden den Mitgliedstaaten in der Originalfassung zusammen mit einer Übersetzung in der Amtssprache des Empfängerstaats zugestellt. [2] Sofern dies aufgrund der Länge des Ersuchens angebracht ist, wird diese Übersetzung durch die Übersetzung einer Zusammenfassung des Ersuchens in der Amtssprache des Empfängerstaats ersetzt, die dann als Grundlage für die Stellungnahme dieses Staates dient. [3] Die Zusammenfassung enthält den vollständigen Wortlaut der zur Vorabentscheidung vorgelegten Frage(n). [4] Sie umfasst insbesondere, soweit das Vorabentscheidungsersuchen diese Angaben enthält, den Gegenstand des Ausgangsrechtsstreits, die wesentlichen Argumente der Parteien des Ausgangsrechtsstreits, eine kurze Dar-

---

[1)] Nr. **27**.

stellung der Begründung der Vorlage sowie die angeführte Rechtsprechung und die angeführten Vorschriften des nationalen Rechts und des Unionsrechts.

(2) In den in Artikel 23 Absatz 3 der Satzung[1)] bezeichneten Fällen werden die Vorabentscheidungsersuchen den Vertragsstaaten des EWR-Abkommens, die nicht Mitgliedstaaten sind, und der EFTA-Überwachungsbehörde in der Originalfassung zusammen mit einer Übersetzung des Ersuchens, gegebenenfalls einer Zusammenfassung, in einer der in Artikel 36 genannten Sprachen zugestellt, die vom Empfänger zu wählen ist.

(3) Kann sich ein Drittstaat gemäß Artikel 23 Absatz 4 der Satzung an einem Vorabentscheidungsverfahren beteiligen, so wird ihm das Vorabentscheidungsersuchen in der Originalfassung zusammen mit einer Übersetzung des Ersuchens, gegebenenfalls einer Zusammenfassung, in einer der in Artikel 36 genannten Sprachen zugestellt, die von dem betreffenden Drittstaat zu wählen ist.

Art. 99 Antwort durch mit Gründen versehenen Beschluss. Wenn eine zur Vorabentscheidung vorgelegte Frage mit einer Frage übereinstimmt, über die der Gerichtshof bereits entschieden hat, wenn die Antwort auf eine solche Frage klar aus der Rechtsprechung abgeleitet werden kann oder wenn die Beantwortung der zur Vorabentscheidung vorgelegten Frage keinen Raum für vernünftige Zweifel lässt, kann der Gerichtshof auf Vorschlag des Berichterstatters und nach Anhörung des Generalanwalts jederzeit die Entscheidung treffen, durch mit Gründen versehenen Beschluss zu entscheiden.

Art. 100 Befassung des Gerichtshofs. (1) [1] Der Gerichtshof bleibt mit einem Vorabentscheidungsersuchen befasst, solange das vorlegende Gericht es nicht zurückgenommen hat. [2] Die Rücknahme eines Ersuchens kann bis zur Bekanntgabe des Termins der Urteilsverkündung an die in Artikel 23 der Satzung[1)] bezeichneten Beteiligten berücksichtigt werden.

(2) Der Gerichtshof kann jedoch jederzeit feststellen, dass die Voraussetzungen für seine Zuständigkeit nicht mehr erfüllt sind.

Art. 101 Ersuchen um Klarstellung. (1) Unbeschadet der in dieser Verfahrensordnung vorgesehenen prozessleitenden Maßnahmen und Beweisaufnahme kann der Gerichtshof nach Anhörung des Generalanwalts das vorlegende Gericht um Klarstellungen innerhalb einer von ihm festgesetzten Frist ersuchen.

(2) Die Antwort des vorlegenden Gerichts auf ein solches Ersuchen wird den in Artikel 23 der Satzung[1)] bezeichneten Beteiligten zugestellt.

Art. 102 Kosten des Vorabentscheidungsverfahrens. Die Entscheidung über die Kosten des Vorabentscheidungsverfahrens ist Sache des vorlegenden Gerichts.

Art. 103 Berichtigung von Urteilen und Beschlüssen. (1) Schreib- oder Rechenfehler und offenbare Unrichtigkeiten in Urteilen und Beschlüssen können vom Gerichtshof von Amts wegen oder auf Antrag eines in Artikel 23 der Satzung[1)] bezeichneten Beteiligten, vorausgesetzt, ein solcher wird innerhalb von

---

[1)] Nr. **27**.

zwei Wochen nach Verkündung des Urteils oder Zustellung des Beschlusses gestellt, berichtigt werden.

(2) Der Gerichtshof entscheidet nach Anhörung des Generalanwalts.

(3) [1] Die Urschrift des Beschlusses, der die Berichtigung ausspricht, wird mit der Urschrift der berichtigten Entscheidung verbunden. [2] Ein Hinweis auf den Beschluss ist am Rande der Urschrift der berichtigten Entscheidung anzubringen.

Art. 104 Auslegung von Vorabentscheidungen. (1) Artikel 158 über die Auslegung von Urteilen und Beschlüssen findet keine Anwendung auf Entscheidungen, die in Beantwortung eines Vorabentscheidungsersuchens ergehen.

(2) Es ist Sache der nationalen Gerichte, zu beurteilen, ob sie sich durch eine Vorabentscheidung für hinreichend unterrichtet halten oder ob es ihnen erforderlich erscheint, den Gerichtshof erneut anzurufen.

Zweites Kapitel. Beschleunigtes Vorabentscheidungsverfahren

Art. 105 Beschleunigtes Verfahren. (1) Der Präsident des Gerichtshofs kann auf Antrag des vorlegenden Gerichts oder ausnahmsweise von Amts wegen, nach Anhörung des Berichterstatters und des Generalanwalts, entscheiden, eine Vorlage zur Vorabentscheidung einem beschleunigten Verfahren unter Abweichung von den Bestimmungen dieser Verfahrensordnung zu unterwerfen, wenn die Art der Rechtssache ihre rasche Erledigung erfordert.

(2) In diesem Fall bestimmt der Präsident umgehend den Termin für die mündliche Verhandlung, der den in Artikel 23 der Satzung[1)] bezeichneten Beteiligten mit der Zustellung des Vorabentscheidungsersuchens mitgeteilt wird.

(3) [1] Die im vorstehenden Absatz genannten Beteiligten können innerhalb einer vom Präsidenten gesetzten Frist von mindestens 15 Tagen Schriftsätze oder schriftliche Erklärungen einreichen. [2] Der Präsident kann diese Beteiligten auffordern, ihre Schriftsätze oder schriftlichen Erklärungen auf die wesentlichen mit dem Vorabentscheidungsersuchen aufgeworfenen Rechtsfragen zu beschränken.

(4) Die etwaigen Schriftsätze oder schriftlichen Erklärungen werden allen in Artikel 23 der Satzung bezeichneten Beteiligten vor der mündlichen Verhandlung übermittelt.

(5) Der Gerichtshof entscheidet nach Anhörung des Generalanwalts.

Art. 106 Übermittlung der Verfahrensschriftstücke. (1) [1] Die im vorstehenden Artikel vorgesehenen Verfahrensschriftstücke gelten mit der Übermittlung einer Kopie des unterzeichneten Originals sowie der zur Unterstützung herangezogenen Belegstücke und Unterlagen mit dem in Artikel 57 Absatz 4 genannten Verzeichnis mittels Telefax oder sonstiger beim Gerichtshof vorhandener technischer Kommunikationsmittel an die Kanzlei als eingereicht. [2] Das Original des Schriftstücks und die vorstehend genannten Anlagen sind der Kanzlei umgehend zu übermitteln.

(2) Die im vorstehenden Artikel vorgesehenen Zustellungen und Übermittlungen können durch Übersendung einer Kopie des Schriftstücks mittels Telefax oder sonstiger beim Gerichtshof und beim Empfänger vorhandener technischer Kommunikationsmittel bewirkt werden.

[1)] Nr. **27**.

Drittes Kapitel. Eilvorabentscheidungsverfahren

Art. 107 Anwendungsbereich des Eilvorabentscheidungsverfahrens.

(1) Eine Vorlage zur Vorabentscheidung, die eine oder mehrere Fragen zu den von Titel V des Dritten Teils des AEU-Vertrags erfassten Bereichen aufwirft, kann auf Antrag des vorlegenden Gerichts oder ausnahmsweise von Amts wegen einem Eilverfahren unter Abweichung von den Bestimmungen dieser Verfahrensordnung unterworfen werden.

(2) Das vorlegende Gericht stellt die rechtlichen und tatsächlichen Umstände dar, aus denen sich die Dringlichkeit ergibt und die die Anwendung dieses abweichenden Verfahrens rechtfertigen, und gibt, soweit möglich, an, welche Antwort es auf die zur Vorabentscheidung vorgelegten Fragen vorschlägt.

(3) Hat das vorlegende Gericht keinen Antrag auf Durchführung des Eilverfahrens gestellt, so kann der Präsident des Gerichtshofs, wenn die Anwendung dieses Verfahrens dem ersten Anschein nach geboten ist, die in Artikel 108 bezeichnete Kammer zur Prüfung der Frage auffordern, ob es erforderlich ist, die Vorlage dem Eilverfahren zu unterwerfen.

Art. 108 Entscheidung über die Dringlichkeit. (1) [1] Die Entscheidung, eine Vorlage dem Eilverfahren zu unterwerfen, wird von der für Eilverfahren bestimmten Kammer auf Vorschlag des Berichterstatters und nach Anhörung des Generalanwalts getroffen. [2] Die Besetzung der Kammer wird, wenn die Anwendung des Eilverfahrens vom vorlegenden Gericht beantragt wird, am Tag der Zuweisung der Rechtssache an den Berichterstatter oder, wenn die Anwendung dieses Verfahrens auf Aufforderung durch den Präsidenten des Gerichtshofs geprüft wird, am Tag des Ergehens dieser Aufforderung gemäß Artikel 28 Absatz 2 bestimmt.

(2) [1] Weist die Rechtssache einen Zusammenhang mit einer anhängigen Rechtssache auf, die einem Berichterstatter zugewiesen ist, der nicht der für Eilverfahren bestimmten Kammer angehört, so kann diese Kammer dem Präsidenten des Gerichtshofs vorschlagen, die Rechtssache jenem Berichterstatter zuzuweisen. [2] Im Fall einer Neuzuweisung der Rechtssache an diesen Berichterstatter nimmt die Kammer mit fünf Richtern, der er angehört, für diese Rechtssache die Aufgaben der für Eilverfahren bestimmten Kammer wahr. [3] Artikel 29 Absatz 1 findet Anwendung.

Art. 109 Schriftlicher Abschnitt des Eilverfahrens. (1) Wenn das vorlegende Gericht die Anwendung des Eilverfahrens beantragt hat oder der Präsident die für Eilverfahren bestimmte Kammer zur Prüfung der Frage aufgefordert hat, ob es erforderlich ist, die Vorlage dem Eilverfahren zu unterwerfen, so veranlasst der Kanzler sogleich die Zustellung des Vorabentscheidungsersuchens an die Parteien des Ausgangsrechtsstreits, den Mitgliedstaat des vorlegenden Gerichts, die Europäische Kommission und das Organ, von dem die Handlung, deren Gültigkeit oder Auslegung streitig ist, ausgegangen ist.

(2) [1] Die Entscheidung, die Vorlage zur Vorabentscheidung dem Eilverfahren zu unterwerfen oder nicht zu unterwerfen, wird dem vorlegenden Gericht sowie den im vorstehenden Absatz bezeichneten Parteien, dem dort genannten Mitgliedstaat und den dort angeführten Organen umgehend zugestellt. [2] In der Entscheidung, die Vorlage dem Eilverfahren zu unterwerfen, wird die Frist festgesetzt, innerhalb deren sie Schriftsätze oder schriftliche Erklärungen einreichen

können. [3]In der Entscheidung kann festgelegt werden, auf welche Rechtsfragen sich die Schriftsätze und schriftlichen Erklärungen beziehen sollen und welche Länge sie höchstens haben dürfen.

(3) Nimmt ein Vorabentscheidungsersuchen Bezug auf ein in einem anderen Mitgliedstaat als dem des vorlegenden Gerichts geführtes Verwaltungs- oder Gerichtsverfahren, so kann der Gerichtshof diesen Mitgliedstaat auffordern, schriftlich oder in der mündlichen Verhandlung alle sachdienlichen Angaben zu machen.

(4) Sogleich nach der in Absatz 1 genannten Zustellung wird das Vorabentscheidungsersuchen außerdem den in Artikel 23 der Satzung[1)] bezeichneten Beteiligten, die nicht Adressaten dieser Zustellung sind, übermittelt, und die Entscheidung, die Vorlage dem Eilverfahren zu unterwerfen oder nicht zu unterwerfen, wird diesen Beteiligten sogleich nach der in Absatz 2 genannten Zustellung übermittelt.

(5) Die in Artikel 23 der Satzung bezeichneten Beteiligten werden so bald wie möglich vom voraussichtlichen Termin der mündlichen Verhandlung benachrichtigt.

(6) Wird die Vorlage nicht dem Eilverfahren unterworfen, bestimmt sich das Verfahren nach Artikel 23 der Satzung und den anwendbaren Vorschriften dieser Verfahrensordnung.

Art. 110 Zustellungen und Mitteilungen nach Abschluss des schriftlichen Verfahrens. (1) [1]Wird eine Vorlage zur Vorabentscheidung dem Eilverfahren unterworfen, so werden das Vorabentscheidungsersuchen und die eingereichten Schriftsätze oder schriftlichen Erklärungen den in Artikel 23 der Satzung[1)] bezeichneten Beteiligten, die nicht zu den in Artikel 109 Absatz 1 genannten Parteien und Beteiligten zählen, zugestellt. [2]Dem Vorabentscheidungsersuchen wird eine Übersetzung, gegebenenfalls nach Maßgabe des Artikels 98 eine Zusammenfassung, beigefügt.

(2) Die eingereichten Schriftsätze oder schriftlichen Erklärungen werden außerdem den in Artikel 109 Absatz 1 genannten Parteien und sonstigen Beteiligten zugestellt.

(3) Der Termin für die mündliche Verhandlung wird den in Artikel 23 der Satzung bezeichneten Beteiligten mit den Zustellungen nach den vorstehenden Absätzen mitgeteilt.

Art. 111 Absehen vom schriftlichen Verfahren. Die für Eilverfahren bestimmte Kammer kann in Fällen äußerster Dringlichkeit entscheiden, von dem in Artikel 109 Absatz 2 vorgesehenen schriftlichen Verfahren abzusehen.

Art. 112 Entscheidung in der Sache. Die für Eilverfahren bestimmte Kammer entscheidet nach Anhörung des Generalanwalts.

Art. 113 Spruchkörper. (1) [1]Die für Eilverfahren bestimmte Kammer kann entscheiden, mit drei Richtern zu tagen. [2]Sie ist in diesem Fall mit dem Kammerpräsidenten, dem Berichterstatter und dem ersten oder gegebenenfalls den ersten

---

[1)] Nr. **27**.

beiden Richtern besetzt, die bei der Besetzung dieser Kammer nach Artikel 108 Absatz 1 anhand der in Artikel 28 Absatz 2 genannten Liste bestimmt werden.

(2) [1]Die für Eilverfahren bestimmte Kammer kann auch beim Gerichtshof anregen, die Rechtssache an einen größeren Spruchkörper zu verweisen. [2]Das Eilverfahren wird vor dem neuen Spruchkörper fortgeführt, gegebenenfalls nach Wiedereröffnung des mündlichen Verfahrens.

Art. 114 Übermittlung der Verfahrensschriftstücke. Die Übermittlung der Verfahrensschriftstücke erfolgt entsprechend Artikel 106.

Viertes Kapitel. Prozesskostenhilfe

Art. 115 Antrag auf Bewilligung von Prozesskostenhilfe. (1) Ist eine Partei des Ausgangsrechtsstreits außerstande, die Kosten des Verfahrens ganz oder teilweise zu bestreiten, so kann sie jederzeit die Bewilligung von Prozesskostenhilfe beantragen.

(2) Dem Antrag sind alle Auskünfte und Belege beizufügen, die eine Beurteilung der wirtschaftlichen Lage des Antragstellers ermöglichen, wie etwa eine Bescheinigung einer zuständigen nationalen Stelle über die wirtschaftliche Lage.

(3) Hat der Antragsteller bereits Prozesskostenhilfe vor dem vorlegenden Gericht bezogen, so hat er den Beschluss dieses Gerichts vorzulegen und genau anzugeben, was von den bereits bewilligten Beträgen gedeckt ist.

Art. 116 Entscheidung über die Bewilligung von Prozesskostenhilfe.

(1) Der Präsident weist den Antrag auf Bewilligung von Prozesskostenhilfe sogleich nach dessen Einreichung dem Berichterstatter für die Rechtssache zu, in der der Antrag gestellt worden ist.

(2) [1]Die Kammer mit drei Richtern, der der Berichterstatter zugeteilt ist, entscheidet auf dessen Vorschlag und nach Anhörung des Generalanwalts, ob die Prozesskostenhilfe ganz oder teilweise bewilligt oder ob sie versagt wird. [2]Der Spruchkörper ist in diesem Fall mit dem Kammerpräsidenten, dem Berichterstatter und dem ersten oder gegebenenfalls den ersten beiden Richtern besetzt, die anhand der in Artikel 28 Absatz 3 genannten Liste zu dem Zeitpunkt bestimmt werden, zu dem die Kammer vom Berichterstatter mit dem Antrag auf Bewilligung von Prozesskostenhilfe befasst wird.

(3) [1]Gehört der Berichterstatter keiner Kammer mit drei Richtern an, so entscheidet die Kammer mit fünf Richtern, der er zugeteilt ist, unter denselben Voraussetzungen. [2]Der Spruchkörper ist neben dem Berichterstatter mit vier Richtern besetzt, die anhand der in Artikel 28 Absatz 2 genannten Liste zu dem Zeitpunkt bestimmt werden, zu dem die Kammer vom Berichterstatter mit dem Antrag auf Bewilligung von Prozesskostenhilfe befasst wird.

(4) [1]Der Spruchkörper entscheidet durch Beschluss. [2]Wird die Bewilligung von Prozesskostenhilfe ganz oder teilweise versagt, so ist die Versagung in dem Beschluss zu begründen.

Art. 117 Im Rahmen der Prozesskostenhilfe zu zahlende Beträge.

[1]Wird die Prozesskostenhilfe bewilligt, so trägt die Kasse des Gerichtshofs – gegebenenfalls in den vom Spruchkörper festgesetzten Grenzen – die Kosten der Unterstützung und der Vertretung des Antragstellers vor dem Gerichtshof. [2]Auf

Antrag des Antragstellers oder seines Vertreters kann ein Vorschuss auf diese Kosten ausbezahlt werden.

Art. 118 Entziehung der Prozesskostenhilfe. Der Spruchkörper, der über den Antrag auf Bewilligung von Prozesskostenhilfe entschieden hat, kann diese jederzeit von Amts wegen oder auf Antrag entziehen, wenn sich die Voraussetzungen, unter denen sie bewilligt wurde, im Laufe des Verfahrens ändern.

Vierter Titel. Klageverfahren

Erstes Kapitel. Vertretung der Parteien

Art. 119 Vertretungszwang. (1) Die Parteien können nur durch ihren Bevollmächtigten oder Anwalt vertreten werden.

(2) Die Bevollmächtigten und Anwälte haben bei der Kanzlei eine amtliche Urkunde oder eine Vollmacht der Partei, die sie vertreten, zu hinterlegen.

(3) Anwälte, die als Beistand oder Vertreter einer Partei auftreten, haben bei der Kanzlei außerdem einen Ausweis zu hinterlegen, mit dem ihre Berechtigung, vor einem Gericht eines Mitgliedstaats oder eines anderen Vertragsstaats des EWR-Abkommens aufzutreten, bescheinigt wird.

(4) [1] Werden diese Papiere nicht hinterlegt, so setzt der Kanzler der betroffenen Partei eine angemessene Frist zur Beibringung der Papiere. [2] In Ermangelung einer fristgemäßen Beibringung entscheidet der Präsident nach Anhörung des Berichterstatters und des Generalanwalts, ob die Nichtbeachtung dieser Förmlichkeit die formale Unzulässigkeit der Klageschrift oder des Schriftsatzes zur Folge hat. [3] Der Präsident kann die Entscheidung, wenn er dies für erforderlich erachtet, dem Gerichtshof übertragen.

Zweites Kapitel. Schriftliches Verfahren

Art. 120 Inhalt der Klageschrift. Die Klageschrift im Sinne von Artikel 21 der Satzung[1)] muss enthalten:

a) Namen und Wohnsitz des Klägers;

b) die Bezeichnung des Beklagten;

c) den Streitgegenstand, die geltend gemachten Klagegründe und Argumente sowie eine kurze Darstellung der Klagegründe;

d) die Anträge des Klägers;

e) gegebenenfalls die Beweise und Beweisangebote.

Art. 121 Angaben für Zustellungen. (1) [1] Die Klageschrift muss für die Zwecke des Verfahrens eine Zustellungsanschrift enthalten. [2] Dazu ist der Name einer Person anzugeben, die ermächtigt ist und sich bereit erklärt hat, die Zustellungen entgegenzunehmen.

(2) Zusätzlich zu oder statt der in Absatz 1 genannten Zustellungsanschrift kann in der Klageschrift angegeben werden, dass sich der Anwalt oder Bevollmächtigte damit einverstanden erklärt, dass Zustellungen an ihn mittels Telefax oder sonstiger technischer Kommunikationsmittel bewirkt werden.

---

1) Nr. **27**.

(3) [1]Entspricht die Klageschrift nicht den Voraussetzungen des Absatzes 1 oder 2, so erfolgen bis zur Behebung dieses Mangels alle Zustellungen an die betreffende Partei für die Zwecke des Verfahrens durch Einschreiben an den Bevollmächtigten oder Anwalt der Partei. [2]Abweichend von Artikel 48 gilt dann die ordnungsgemäße Zustellung mit der Aufgabe des Einschreibens zur Post am Ort des Sitzes des Gerichtshofs als bewirkt.

Art. 122 Anlagen zur Klageschrift. (1) Der Klageschrift sind gegebenenfalls die in Artikel 21 Absatz 2 der Satzung[1)] bezeichneten Unterlagen beizufügen.

(2) Bei Klagen gemäß Artikel 273 AEUV[2)] ist der Klageschrift eine Ausfertigung des zwischen den beteiligten Mitgliedstaaten abgeschlossenen Schiedsvertrags beizufügen.

(3) [1]Entspricht die Klageschrift nicht den in Absatz 1 oder 2 genannten Voraussetzungen, so setzt der Kanzler dem Kläger eine angemessene Frist zur Beibringung der vorstehend genannten Unterlagen. [2]Bei Ausbleiben dieser Mängelbehebung entscheidet der Präsident nach Anhörung des Berichterstatters und des Generalanwalts, ob die Nichtbeachtung dieser Voraussetzungen die formale Unzulässigkeit der Klageschrift zur Folge hat. [3]Der Präsident kann die Entscheidung, wenn er dies für erforderlich erachtet, dem Gerichtshof übertragen.

Art. 123 Zustellung der Klageschrift. [1]Die Klageschrift wird dem Beklagten zugestellt. [2]In den Fällen der Artikel 119 Absatz 4 und 122 Absatz 3 erfolgt die Zustellung sogleich nach der Mängelbehebung oder nachdem der Präsident oder der Gerichtshof in Anbetracht der in diesen beiden Artikeln aufgeführten Voraussetzungen die Zulässigkeit bejaht hat.

Art. 124 Inhalt der Klagebeantwortung. (1) [1]Innerhalb von zwei Monaten nach Zustellung der Klageschrift hat der Beklagte eine Klagebeantwortung einzureichen. [2]Diese muss enthalten:

a) Namen und Wohnsitz des Beklagten;
b) die geltend gemachten Verteidigungsgründe und -argumente;
c) die Anträge des Beklagten;
d) gegebenenfalls die Beweise und Beweisangebote.

(2) Artikel 121 findet auf die Klagebeantwortung Anwendung.

(3) Der Präsident kann die in Absatz 1 vorgesehene Frist auf gebührend begründeten Antrag des Beklagten ausnahmsweise verlängern.

Art. 125 Übermittlung von Schriftsätzen. Sind das Europäische Parlament, der Rat oder die Europäische Kommission nicht Partei einer Rechtssache, so übermittelt ihnen der Gerichtshof eine Kopie der Klageschrift und der Klagebeantwortung mit Ausnahme der diesen Schriftsätzen beigefügten Anlagen, damit sie feststellen können, ob im Sinne des Artikels 277 AEUV[2)] die Unanwendbarkeit eines ihrer Rechtsakte geltend gemacht wird.

---

1) Nr. **27**.
2) Nr. **2**.

Art. 126 Erwiderung und Gegenerwiderung. (1) Die Klageschrift und die Klagebeantwortung können durch eine Erwiderung des Klägers und eine Gegenerwiderung des Beklagten ergänzt werden.

(2) [1] Der Präsident bestimmt die Fristen für die Einreichung dieser Verfahrensschriftstücke. [2] Er kann festlegen, auf welche Punkte sich die Erwiderung und die Gegenerwiderung beziehen sollten.

Drittes Kapitel. Klage- und Verteidigungsgründe, Beweise

Art. 127 Neue Klage- und Verteidigungsgründe. (1) Das Vorbringen neuer Klage- und Verteidigungsgründe im Laufe des Verfahrens ist unzulässig, es sei denn, dass sie auf rechtliche oder tatsächliche Gesichtspunkte gestützt werden, die erst während des Verfahrens zutage getreten sind.

(2) Unbeschadet der späteren Entscheidung über die Zulässigkeit des Klage- oder Verteidigungsgrundes kann der Präsident der Gegenpartei auf Vorschlag des Berichterstatters und nach Anhörung des Generalanwalts eine Frist zur Erwiderung auf diesen Klage- oder Verteidigungsgrund setzen.

Art. 128 Beweise und Beweisangebote. (1) [1] Die Parteien können für ihr Vorbringen noch in der Erwiderung oder in der Gegenerwiderung Beweise oder Beweisangebote vorlegen. [2] Sie haben die Verspätung der Vorlage zu begründen.

(2) [1] Ausnahmsweise können die Parteien noch nach Abschluss des schriftlichen Verfahrens Beweise oder Beweisangebote vorlegen. [2] Sie haben die Verspätung der Vorlage zu begründen. [3] Der Präsident kann der Gegenpartei auf Vorschlag des Berichterstatters und nach Anhörung des Generalanwalts eine Frist zur Stellungnahme zu diesen Beweisen oder Beweisangeboten setzen.

Viertes Kapitel. Streithilfe

Art. 129 Gegenstand und Wirkungen der Streithilfe. (1) [1] Die Streithilfe kann nur die völlige oder teilweise Unterstützung der Anträge einer Partei zum Gegenstand haben. [2] Sie verleiht nicht die gleichen Verfahrensrechte, wie sie den Parteien zustehen, und insbesondere nicht das Recht, eine mündliche Verhandlung zu beantragen.

(2) [1] Die Streithilfe ist akzessorisch zum Rechtsstreit zwischen den Hauptparteien. [2] Sie wird gegenstandslos, wenn die Rechtssache im Register des Gerichtshofs nach Klagerücknahme oder nach einer Vereinbarung zwischen diesen Parteien gestrichen wird oder wenn die Klage für unzulässig erklärt wird.

(3) Der Streithelfer muss den Rechtsstreit in der Lage annehmen, in der dieser sich zum Zeitpunkt des Streitbeitritts befindet.

(4) [1] Ein Antrag auf Zulassung zur Streithilfe, der nach Ablauf der in Artikel 130 bezeichneten Frist, aber vor der in Artikel 60 Absatz 4 vorgesehenen Entscheidung über die Eröffnung des mündlichen Verfahrens gestellt wird, kann berücksichtigt werden. [2] In diesem Fall kann der Streithelfer, wenn der Präsident die Streithilfe zulässt, in der mündlichen Verhandlung Stellung nehmen, wenn eine solche stattfindet.

Art. 130 Antrag auf Zulassung zur Streithilfe. (1) Anträge auf Zulassung zur Streithilfe müssen innerhalb von sechs Wochen nach der Veröffentlichung im Sinne des Artikels 21 Absatz 4 gestellt werden.

(2) Der Antrag auf Zulassung zur Streithilfe muss enthalten:

a) die Bezeichnung der Rechtssache;

b) die Bezeichnung der Hauptparteien;

c) Namen und Wohnsitz des Antragstellers;

d) die Anträge, zu deren Unterstützung der Antragsteller beitreten möchte;

e) die Darstellung der Umstände, aus denen sich das Recht zum Streitbeitritt ergibt, wenn der Antrag gemäß Artikel 40 Absatz 2 oder 3 der Satzung[1)] gestellt wird.

(3) Der Streithelfer muss gemäß Artikel 19 der Satzung vertreten werden.

(4) Die Artikel 119, 121 und 122 finden Anwendung.

Art. 131 Entscheidung über den Antrag auf Zulassung zur Streithilfe.

(1) Der Antrag auf Zulassung zur Streithilfe wird den Parteien zugestellt, um ihre etwaige schriftliche oder mündliche Stellungnahme zu diesem Antrag einzuholen.

(2) [1] Wird der Antrag gemäß Artikel 40 Absatz 1 der Satzung[1)] gestellt, so wird die Streithilfe durch Entscheidung des Präsidenten zugelassen und dem Streithelfer sind alle den Parteien zugestellten Verfahrensschriftstücke zu übermitteln, es sei denn, die Parteien haben innerhalb von zehn Tagen nach der Zustellung im Sinne von Absatz 1 geheime oder vertrauliche Belegstücke oder Unterlagen, deren Übermittlung an den Streithelfer ihnen zum Nachteil gereichen kann, bezeichnet. [2] In diesem Fall entscheidet der Präsident über den Antrag auf Zulassung zur Streithilfe nach Anhörung des Berichterstatters und des Generalanwalts durch Beschluss, und dem Streithelfer sind alle den Parteien zugestellten Verfahrensschriftstücke zu übermitteln, mit Ausnahme gegebenenfalls der geheimen oder vertraulichen Belegstücke oder Dokumente, die von der Übermittlung ausgenommen sind.

(3) [1] Wird der Antrag gemäß Artikel 40 Absatz 2 der Satzung gestellt, so entscheidet der Präsident über den Antrag auf Zulassung zur Streithilfe nach Anhörung des Berichterstatters und des Generalanwalts durch Beschluss oder überträgt die Entscheidung dem Gerichtshof. [2] Wird dem Antrag auf Zulassung zur Streithilfe stattgegeben, so sind dem Streithelfer alle den Parteien zugestellten Verfahrensschriftstücke zu übermitteln, mit Ausnahme gegebenenfalls der geheimen oder vertraulichen Belegstücke oder Dokumente, die von der Übermittlung ausgenommen sind.

(4) [1] Wird der Antrag gemäß Artikel 40 Absatz 3 der Satzung gestellt, so wird die Streithilfe durch Entscheidung des Präsidenten zugelassen und dem Streithelfer sind alle den Parteien zugestellten Verfahrensschriftstücke zu übermitteln, es sei denn, die Parteien haben innerhalb von zehn Tagen nach der Zustellung im Sinne von Absatz 1 zu dem Antrag auf Zulassung zur Streithilfe Stellung genommen oder innerhalb derselben Frist geheime oder vertrauliche Belegstücke oder Unterlagen, deren Übermittlung an den Streithelfer ihnen zum Nachteil gereichen kann, bezeichnet. [2] In diesem Fall entscheidet der Präsident über den Antrag auf Zulassung zur Streithilfe nach Anhörung des Berichterstatters und des Generalanwalts durch Beschluss, und dem Streithelfer sind alle den Parteien zu-

---

[1)] Nr. **27**.

gestellten Verfahrensschriftstücke zu übermitteln, mit Ausnahme gegebenenfalls der geheimen oder vertraulichen Belegstücke oder Dokumente, die von der Übermittlung ausgenommen sind.

Art. 132 Einreichung der Schriftsätze. (1) [1] Der Streithelfer kann innerhalb eines Monats nach Übermittlung der im vorstehenden Artikel bezeichneten Verfahrensschriftstücke einen Streithilfeschriftsatz einreichen. [2] Diese Frist kann vom Präsidenten auf gebührend begründeten Antrag des Streithelfers verlängert werden.

(2) Der Streithilfeschriftsatz muss enthalten:

a) die Anträge des Streithelfers, die der vollständigen oder teilweisen Unterstützung der Anträge einer Partei zu dienen bestimmt sind;

b) die vom Streithelfer geltend gemachten Gründe und Argumente;

c) gegebenenfalls die Beweise und Beweisangebote.

(3) Nach Einreichung des Streithilfeschriftsatzes setzt der Präsident den Parteien gegebenenfalls eine Frist, innerhalb deren sie sich zu diesem Schriftsatz äußern können.

Fünftes Kapitel. Beschleunigtes Verfahren

Art. 133 Entscheidung über das beschleunigte Verfahren. (1) Der Präsident des Gerichtshofs kann auf Antrag des Klägers oder des Beklagten und nach Anhörung der Gegenpartei, des Berichterstatters und des Generalanwalts entscheiden, eine Rechtssache einem beschleunigten Verfahren unter Abweichung von den Bestimmungen dieser Verfahrensordnung zu unterwerfen, wenn die Art der Rechtssache ihre rasche Erledigung erfordert.

(2) Der Antrag, eine Rechtssache dem beschleunigten Verfahren zu unterwerfen, ist mit gesondertem Schriftsatz gleichzeitig mit der Klageschrift oder der Klagebeantwortung einzureichen.

(3) Der Präsident kann eine solche Entscheidung ausnahmsweise auch von Amts wegen nach Anhörung der Parteien, des Berichterstatters und des Generalanwalts treffen.

Art. 134 Schriftliches Verfahren. (1) Wird ein beschleunigtes Verfahren durchgeführt, so können die Klageschrift und die Klagebeantwortung nur dann durch eine Erwiderung und eine Gegenerwiderung ergänzt werden, wenn der Präsident dies nach Anhörung des Berichterstatters und des Generalanwalts für erforderlich hält.

(2) Streithelfer können einen Streithilfeschriftsatz nur dann einreichen, wenn der Präsident dies nach Anhörung des Berichterstatters und des Generalanwalts für erforderlich hält.

Art. 135 Mündliches Verfahren. (1) [1] Der Präsident bestimmt sogleich nach Eingang der Klagebeantwortung oder, wenn die Entscheidung, die Rechtssache einem beschleunigten Verfahren zu unterwerfen, erst nach Eingang dieses Schriftsatzes ergeht, sogleich nach dieser Entscheidung den Termin für die mündliche Verhandlung, der umgehend den Parteien mitgeteilt wird. [2] Er kann den Termin für die mündliche Verhandlung verschieben, wenn eine Beweisaufnahme durchzuführen ist oder prozessleitende Maßnahmen es gebieten.

(2) [1] Unbeschadet der Artikel 127 und 128 können die Parteien im mündlichen Verfahren ihr Vorbringen ergänzen und Beweise oder Beweisangebote vorlegen. [2] Sie haben die Verspätung des Vorbringens oder der Vorlage zu begründen.

Art. 136 Entscheidung in der Sache. Der Gerichtshof entscheidet nach Anhörung des Generalanwalts.

Sechstes Kapitel. Kosten

Art. 137 Entscheidung über die Kosten. Über die Kosten wird im Endurteil oder in dem das Verfahren beendenden Beschluss entschieden.

Art. 138 Allgemeine Kostentragungsregeln. (1) Die unterliegende Partei ist auf Antrag zur Tragung der Kosten zu verurteilen.

(2) Unterliegen mehrere Parteien, so entscheidet der Gerichtshof über die Verteilung der Kosten.

(3) [1] Wenn jede Partei teils obsiegt, teils unterliegt, trägt jede Partei ihre eigenen Kosten. [2] Der Gerichtshof kann jedoch entscheiden, dass eine Partei außer ihren eigenen Kosten einen Teil der Kosten der Gegenpartei trägt, wenn dies in Anbetracht der Umstände des Einzelfalls gerechtfertigt erscheint.

Art. 139 Ohne angemessenen Grund oder böswillig verursachte Kosten.

Der Gerichtshof kann auch der obsiegenden Partei die Kosten auferlegen, die sie der Gegenpartei ohne angemessenen Grund oder böswillig verursacht hat.

Art. 140 Kosten der Streithelfer. (1) Die Mitgliedstaaten und die Organe, die dem Rechtsstreit als Streithelfer beigetreten sind, tragen ihre eigenen Kosten.

(2) Die Vertragsstaaten des EWR-Abkommens, die nicht Mitgliedstaaten sind, und die EFTA-Überwachungsbehörde tragen ebenfalls ihre eigenen Kosten, wenn sie dem Rechtsstreit als Streithelfer beigetreten sind.

(3) Der Gerichtshof kann entscheiden, dass ein anderer Streithelfer als die in den vorstehenden Absätzen genannten seine eigenen Kosten trägt.

Art. 141 Kosten bei Klage- oder Antragsrücknahme. (1) Nimmt eine Partei die Klage oder einen Antrag zurück, so wird sie zur Tragung der Kosten verurteilt, wenn die Gegenpartei dies in ihrer Stellungnahme zu der Rücknahme beantragt.

(2) Die Kosten werden jedoch auf Antrag der Partei, die die Rücknahme erklärt, der Gegenpartei auferlegt, wenn dies wegen des Verhaltens dieser Partei gerechtfertigt erscheint.

(3) Einigen sich die Parteien über die Kosten, so wird gemäß der Vereinbarung entschieden.

(4) Werden keine Kostenanträge gestellt, so trägt jede Partei ihre eigenen Kosten.

Art. 142 Kosten bei Erledigung der Hauptsache. Erklärt der Gerichtshof die Hauptsache für erledigt, so entscheidet er über die Kosten nach freiem Ermessen.

Art. 143 Verfahrenskosten. Das Verfahren vor dem Gerichtshof ist vorbehaltlich der nachstehenden Bestimmungen kostenfrei:

a) Der Gerichtshof kann nach Anhörung des Generalanwalts Kosten, die vermeidbar gewesen wären, der Partei auferlegen, die sie veranlasst hat.

b) Kosten für Schreib- und Übersetzungsarbeiten, die nach Ansicht des Kanzlers das gewöhnliche Maß überschreiten, hat die Partei, die diese Arbeiten beantragt hat, nach Maßgabe der in Artikel 22 bezeichneten Gebührenordnung der Kanzlei zu erstatten.

Art. 144 Erstattungsfähige Kosten. Unbeschadet des vorstehenden Artikels gelten als erstattungsfähige Kosten:

a) Leistungen an Zeugen und Sachverständige gemäß Artikel 73;

b) Aufwendungen der Parteien, die für das Verfahren notwendig waren, insbesondere Reise- und Aufenthaltskosten sowie die Vergütung der Bevollmächtigten, Beistände oder Anwälte.

Art. 145 Streitigkeiten über die erstattungsfähigen Kosten. (1) [1] Bei Streitigkeiten über die erstattungsfähigen Kosten entscheidet die Kammer mit drei Richtern, der der für die Rechtssache zuständige Berichterstatter zugeteilt ist, auf Antrag einer Partei und nach Anhörung der Gegenpartei sowie des Generalanwalts durch Beschluss. [2] Der Spruchkörper ist in diesem Fall mit dem Kammerpräsidenten, dem Berichterstatter und dem ersten oder gegebenenfalls den ersten beiden Richtern besetzt, die anhand der in Artikel 28 Absatz 3 genannten Liste zu dem Zeitpunkt bestimmt werden, zu dem die Kammer vom Berichterstatter mit der Streitigkeit befasst wird.

(2) [1] Gehört der Berichterstatter keiner Kammer mit drei Richtern an, so entscheidet die Kammer mit fünf Richtern, der er zugeteilt ist, unter denselben Voraussetzungen. [2] Der Spruchkörper ist neben dem Berichterstatter mit vier Richtern besetzt, die anhand der in Artikel 28 Absatz 2 genannten Liste zu dem Zeitpunkt bestimmt werden, zu dem die Kammer vom Berichterstatter mit der Streitigkeit befasst wird.

(3) Die Parteien können eine Ausfertigung des Beschlusses zum Zweck der Vollstreckung beantragen.

Art. 146 Zahlungsmodalitäten. (1) Die Kasse des Gerichtshofs und dessen Schuldner leisten ihre Zahlungen in Euro.

(2) Sind die zu erstattenden Auslagen in einer anderen Währung als dem Euro entstanden oder sind die Handlungen, deretwegen die Zahlung geschuldet wird, in einem Land vorgenommen worden, dessen Währung nicht der Euro ist, so ist der Umrechnung der am Zahlungstag geltende Referenzwechselkurs der Europäischen Zentralbank zugrunde zu legen.

Siebtes Kapitel. Gütliche Einigung, Klagerücknahme, Erledigung der Hauptsache und Zwischenstreit

Art. 147 Gütliche Einigung. (1) Einigen sich die Parteien auf eine Lösung zur Beilegung des Rechtsstreits, bevor der Gerichtshof entschieden hat, und erklären sie gegenüber dem Gerichtshof, dass sie auf die Geltendmachung ihrer Ansprüche verzichten, so beschließt der Präsident durch Beschluss die Streichung der Rechtssache im Register und entscheidet gemäß Artikel 141 über die Kosten, gegebenenfalls unter Berücksichtigung der insoweit von den Parteien gemachten Vorschläge.

(2) Absatz 1 findet keine Anwendung auf Klagen im Sinne der Artikel 263 AEUV[1] und 265 AEUV.

Art. 148 Klagerücknahme. Erklärt der Kläger gegenüber dem Gerichtshof schriftlich oder in der mündlichen Verhandlung die Rücknahme der Klage, so beschließt der Präsident die Streichung der Rechtssache im Register und entscheidet gemäß Artikel 141 über die Kosten.

Art. 149 Erledigung der Hauptsache. [1] Stellt der Gerichtshof fest, dass die Klage gegenstandslos geworden und die Hauptsache erledigt ist, so kann er auf Vorschlag des Berichterstatters und nach Anhörung der Parteien und des Generalanwalts jederzeit von Amts wegen die Entscheidung treffen, durch mit Gründen versehenen Beschluss zu entscheiden. [2] Er entscheidet über die Kosten.

Art. 150 Unverzichtbare Prozessvoraussetzungen. Der Gerichtshof kann auf Vorschlag des Berichterstatters und nach Anhörung der Parteien und des Generalanwalts jederzeit von Amts wegen die Entscheidung treffen, durch mit Gründen versehenen Beschluss darüber zu entscheiden, ob unverzichtbare Prozessvoraussetzungen fehlen.

Art. 151 Prozesshindernde Einreden und Zwischenstreit. (1) Will eine Partei vorab eine Entscheidung des Gerichtshofs über eine prozesshindernde Einrede oder einen Zwischenstreit herbeiführen, so hat sie dies mit gesondertem Schriftsatz zu beantragen.

(2) Die Antragsschrift muss eine Darstellung der sie tragenden Gründe und Argumente, die Anträge und als Anlage die zur Unterstützung herangezogenen Belegstücke und Unterlagen enthalten.

(3) Sogleich nach Eingang der Antragsschrift setzt der Präsident der Gegenpartei eine Schriftsatzfrist zur Einreichung ihrer Gründe und Anträge.

(4) Über den Antrag wird mündlich verhandelt, sofern der Gerichtshof nichts anderes bestimmt.

(5) Nach Anhörung des Generalanwalts entscheidet der Gerichtshof so bald wie möglich über den Antrag oder behält die Entscheidung dem Endurteil vor, wenn besondere Umstände dies rechtfertigen.

(6) Weist der Gerichtshof den Antrag zurück oder behält er die Entscheidung dem Endurteil vor, so bestimmt der Präsident neue Fristen für die Fortsetzung des Verfahrens.

Achtes Kapitel. Versäumnisurteil

Art. 152 Versäumnisurteil. (1) Reicht der Beklagte, gegen den ordnungsgemäß Klage erhoben ist, seine Klagebeantwortung nicht form- und fristgerecht ein, so kann der Kläger beim Gerichtshof Versäumnisurteil beantragen.

---

[1] Nr. 2.

(2) [1]Der Antrag wird dem Beklagten zugestellt. [2]Der Gerichtshof kann entscheiden, das mündliche Verfahren über den Antrag zu eröffnen.

(3) [1]Vor Erlass eines Versäumnisurteils prüft der Gerichtshof nach Anhörung des Generalanwalts, ob die Klage zulässig ist, ob die Formerfordernisse ordnungsgemäß erfüllt worden sind und ob die Anträge des Klägers begründet erscheinen. [2]Er kann prozessleitende Maßnahmen ergreifen oder eine Beweisaufnahme beschließen.

(4) [1]Das Versäumnisurteil ist vollstreckbar. [2]Der Gerichtshof kann jedoch die Vollstreckung aussetzen, bis er über einen gemäß Artikel 156 eingelegten Einspruch entschieden hat, oder sie von der Leistung einer Sicherheit abhängig machen, deren Höhe und Art nach Maßgabe der Umstände festzusetzen sind; wird kein Einspruch eingelegt oder wird der Einspruch zurückgewiesen, so ist die Sicherheit freizugeben.

Neuntes Kapitel. Anträge und Rechtsbehelfe in Bezug auf Urteile und Beschlüsse

Art. 153 Zuständiger Spruchkörper. (1) Anträge und Rechtsbehelfe im Sinne dieses Kapitels mit Ausnahme der Anträge gemäß Artikel 159 werden dem Berichterstatter für die Rechtssache, auf die sich der Antrag oder Rechtsbehelf bezieht, zugewiesen und an den Spruchkörper verwiesen, der in dieser Rechtssache entschieden hat.

(2) Bei Verhinderung des Berichterstatters weist der Präsident des Gerichtshofs den Antrag oder Rechtsbehelf im Sinne dieses Kapitels einem Richter zu, der dem Spruchkörper angehörte, der in der von dem Antrag oder Rechtsbehelf betroffenen Rechtssache entschieden hat.

(3) Ist ein Erreichen der gemäß Artikel 17 der Satzung[1)] für die Beschlussfähigkeit erforderlichen Zahl von Richtern nicht mehr möglich, so wird der Antrag oder Rechtsbehelf vom Gerichtshof auf Vorschlag des Berichterstatters und nach Anhörung des Generalanwalts an einen neuen Spruchkörper verwiesen.

Art. 154 Berichtigung. (1) Unbeschadet der Bestimmungen über die Auslegung von Urteilen und Beschlüssen können Schreib- oder Rechenfehler und offenbare Unrichtigkeiten vom Gerichtshof von Amts wegen oder auf Antrag einer Partei, vorausgesetzt, ein solcher wird innerhalb von zwei Wochen nach Verkündung des Urteils oder Zustellung des Beschlusses gestellt, berichtigt werden.

(2) Bezieht sich ein Berichtigungsantrag auf die Entscheidungsformel oder einen sie tragenden Entscheidungsgrund, so können die Parteien, die vom Kanzler ordnungsgemäß benachrichtigt werden, innerhalb einer vom Präsidenten gesetzten Frist schriftlich Stellung nehmen.

(3) Der Gerichtshof entscheidet nach Anhörung des Generalanwalts.

(4) [1]Die Urschrift des Beschlusses, der die Berichtigung ausspricht, wird mit der Urschrift der berichtigten Entscheidung verbunden. [2]Ein Hinweis auf den Beschluss ist am Rande der Urschrift der berichtigten Entscheidung anzubringen.

[1)] Nr. **27**.

Art. 155 Unterlassen einer Entscheidung. (1) Hat der Gerichtshof eine Entscheidung über einen einzelnen Punkt der Anträge oder die Kostenentscheidung unterlassen, so hat die Partei, die dies geltend machen möchte, ihn innerhalb eines Monats nach Zustellung der Entscheidung durch Antragsschrift anzurufen.

(2) Die Antragsschrift wird der Gegenpartei zugestellt, der vom Präsidenten eine Frist zur schriftlichen Stellungnahme gesetzt wird.

(3) Nach Eingang dieser Stellungnahme entscheidet der Gerichtshof nach Anhörung des Generalanwalts zugleich über die Zulässigkeit und die Begründetheit des Antrags.

Art. 156 Einspruch. (1) Gegen das Versäumnisurteil kann gemäß Artikel 41 der Satzung[1)] Einspruch eingelegt werden.

(2) Der Einspruch ist innerhalb eines Monats nach Zustellung des Urteils einzulegen; für ihn gelten die Formvorschriften der Artikel 120 bis 122.

(3) Nach der Zustellung des Einspruchs setzt der Präsident der Gegenpartei eine Frist zur schriftlichen Stellungnahme.

(4) Auf das weitere Verfahren finden die Artikel 59 bis 92 Anwendung.

(5) Der Gerichtshof entscheidet durch Urteil, gegen das weiterer Einspruch nicht zulässig ist.

(6) [1]Die Urschrift dieses Urteils wird mit der Urschrift des Versäumnisurteils verbunden. [2]Ein Hinweis auf das Urteil über den Einspruch ist am Rande der Urschrift des Versäumnisurteils anzubringen.

Art. 157 Drittwiderspruch. (1) Auf den Drittwiderspruch nach Artikel 42 der Satzung[1)] finden die Artikel 120 bis 122 Anwendung; er muss ferner enthalten:

a) die Bezeichnung des angefochtenen Urteils oder Beschlusses;

b) die Angabe, in welchen Punkten die angefochtene Entscheidung die Rechte des Dritten beeinträchtigt;

c) die Gründe, aus denen der Dritte nicht in der Lage war, sich an dem Rechtsstreit zu beteiligen.

(2) Der Drittwiderspruch ist gegen sämtliche Parteien des Rechtsstreits zu richten.

(3) Der Drittwiderspruch muss innerhalb von zwei Monaten nach der Veröffentlichung der Entscheidung im *Amtsblatt der Europäischen Union* eingelegt werden.

(4) [1]Auf Antrag des Dritten kann die Aussetzung der Vollstreckung der angefochtenen Entscheidung beschlossen werden. [2]Die Bestimmungen des Zehnten Kapitels dieses Titels finden Anwendung.

(5) Die angefochtene Entscheidung wird insoweit geändert, als dem Drittwiderspruch stattgegeben wird.

(6) [1]Die Urschrift des Urteils über den Drittwiderspruch wird mit der Urschrift der angefochtenen Entscheidung verbunden. [2]Ein Hinweis auf das Urteil über den Drittwiderspruch ist am Rande der Urschrift der angefochtenen Entscheidung anzubringen.

---

1) Nr. **27**.

Art. 158 Auslegung. (1) Der Gerichtshof ist nach Artikel 43 der Satzung[1] bei Zweifeln über Sinn und Tragweite eines Urteils oder Beschlusses zuständig, das Urteil oder den Beschluss auf Antrag einer Partei oder eines Organs der Union auszulegen, wenn die Partei oder das Organ ein Interesse hieran glaubhaft macht.

(2) Der Auslegungsantrag ist innerhalb von zwei Jahren nach dem Tag der Verkündung des Urteils oder der Zustellung des Beschlusses zu stellen.

(3) [1] Auf den Auslegungsantrag finden die Artikel 120 bis 122 Anwendung. [2] Er muss ferner bezeichnen:

a) die auszulegende Entscheidung;

b) die Stellen, deren Auslegung beantragt wird.

(4) Er ist gegen sämtliche Parteien des Rechtsstreits zu richten, in dem die Entscheidung, deren Auslegung beantragt wird, ergangen ist.

(5) Der Gerichtshof entscheidet, nachdem er den Parteien Gelegenheit zur Stellungnahme gegeben hat, nach Anhörung des Generalanwalts.

(6) [1] Die Urschrift der auslegenden Entscheidung wird mit der Urschrift der ausgelegten Entscheidung verbunden. [2] Ein Hinweis auf die auslegende Entscheidung ist am Rande der Urschrift der ausgelegten Entscheidung anzubringen.

Art. 159 Wiederaufnahme. (1) Die Wiederaufnahme des Verfahrens kann nach Artikel 44 der Satzung[1] beim Gerichtshof nur beantragt werden, wenn eine Tatsache von entscheidender Bedeutung bekannt wird, die vor Verkündung des Urteils oder Zustellung des Beschlusses dem Gerichtshof und der die Wiederaufnahme beantragenden Partei unbekannt war.

(2) Unbeschadet der in Artikel 44 Absatz 3 der Satzung vorgesehenen Frist von zehn Jahren ist die Wiederaufnahme innerhalb von drei Monaten nach dem Tag zu beantragen, an dem der Antragsteller Kenntnis von der Tatsache erhalten hat, auf die er seinen Wiederaufnahmeantrag stützt.

(3) [1] Auf den Wiederaufnahmeantrag finden die Artikel 120 bis 122 Anwendung. [2] Er muss ferner enthalten:

a) die Bezeichnung des angefochtenen Urteils oder Beschlusses;

b) die Angabe der Punkte, in denen die Entscheidung angefochten wird;

c) die Bezeichnung der Tatsachen, auf die der Antrag gestützt wird;

d) die Benennung der Beweismittel für das Vorliegen der Tatsachen, die die Wiederaufnahme rechtfertigen, und für die Wahrung der in Absatz 2 genannten Fristen.

(4) Der Wiederaufnahmeantrag ist gegen sämtliche Parteien des Verfahrens zu richten, dessen Wiederaufnahme beantragt wird.

(5) Der Gerichtshof entscheidet nach Anhörung des Generalanwalts in Ansehung der schriftlichen Stellungnahmen der Parteien durch Beschluss über die Zulässigkeit des Antrags, ohne der Entscheidung in der Sache vorzugreifen.

(6) Erklärt der Gerichtshof den Antrag für zulässig, so fährt er mit der Prüfung in der Sache fort und entscheidet durch Urteil gemäß den Bestimmungen dieser Verfahrensordnung.

---

[1] Nr. **27**.

(7) [1]Die Urschrift des abändernden Urteils wird mit der Urschrift der abgeänderten Entscheidung verbunden. [2]Ein Hinweis auf das abändernde Urteil ist am Rande der Urschrift der abgeänderten Entscheidung anzubringen.

Art. 159a Offensichtlich unzulässige oder offensichtlich unbegründete Anträge und Rechtsbehelfe. Ist ein Antrag oder ein Rechtsbehelf im Sinne dieses Kapitels ganz oder teilweise offensichtlich unzulässig oder offensichtlich unbegründet, so kann der Gerichtshof ihn jederzeit nach Anhörung des Berichterstatters und des Generalanwalts ganz oder teilweise durch mit Gründen versehenen Beschluss zurückweisen.

Zehntes Kapitel. Vorläufiger Rechtsschutz: Aussetzung und sonstige einstweilige Anordnungen

Art. 160 Anträge auf Aussetzung oder einstweilige Anordnungen.

(1) Anträge auf Aussetzung der Vollziehung von Handlungen eines Organs im Sinne der Artikel 278 AEUV[1)] und Artikel 157 EAGV sind nur zulässig, wenn der Antragsteller die betreffende Handlung durch Klage beim Gerichtshof angefochten hat.

(2) Anträge auf sonstige einstweilige Anordnungen im Sinne des Artikels 279 AEUV sind nur zulässig, wenn sie von einer Partei eines beim Gerichtshof anhängigen Rechtsstreits gestellt werden und sich auf diesen beziehen.

(3) Die in den vorstehenden Absätzen genannten Anträge müssen den Streitgegenstand bezeichnen und die Umstände, aus denen sich die Dringlichkeit ergibt, sowie die den Erlass der beantragten einstweiligen Anordnung dem ersten Anschein nach rechtfertigenden Sach- und Rechtsgründe anführen.

(4) Der Antrag ist mit gesondertem Schriftsatz und nach Maßgabe der Artikel 120 bis 122 einzureichen.

(5) Die Antragsschrift wird der Gegenpartei zugestellt, der vom Präsidenten eine kurze Frist zur schriftlichen oder mündlichen Stellungnahme gesetzt wird.

(6) Der Präsident beurteilt, ob es angebracht ist, eine Beweisaufnahme zu beschließen.

(7) [1]Der Präsident kann dem Antrag stattgeben, bevor die Stellungnahme der Gegenpartei eingeht. [2]Die betreffende Anordnung kann später, auch von Amts wegen, abgeändert oder wieder aufgehoben werden.

Art. 161 Entscheidung über den Antrag. (1) Der Präsident entscheidet selbst oder überträgt die Entscheidung umgehend dem Gerichtshof.

(2) Bei Verhinderung des Präsidenten finden die Artikel 10 und 13 Anwendung.

(3) Wird die Entscheidung dem Gerichtshof übertragen, so entscheidet dieser, nach Anhörung des Generalanwalts, umgehend.

Art. 162 Beschluss über die Aussetzung der Vollziehung oder über einstweilige Anordnungen. (1) [1]Die Entscheidung über den Antrag ergeht durch mit Gründen versehenen und unanfechtbaren Beschluss. [2]Der Beschluss wird den Parteien umgehend zugestellt.

---

1) Nr. 2.

(2) Die Vollstreckung des Beschlusses kann von der Leistung einer Sicherheit durch den Antragsteller abhängig gemacht werden, deren Höhe und Art nach Maßgabe der Umstände festzusetzen sind.

(3) [1] In dem Beschluss kann ein Zeitpunkt festgesetzt werden, zu dem die Anordnung außer Kraft tritt. [2] Geschieht dies nicht, tritt die Anordnung mit der Verkündung des Endurteils außer Kraft.

(4) Der Beschluss ist nur einstweiliger Natur und greift der Entscheidung des Gerichtshofs zur Hauptsache nicht vor.

Art. 163 Änderung der Umstände. Auf Antrag einer Partei kann der Beschluss jederzeit infolge einer Änderung der Umstände abgeändert oder wieder aufgehoben werden.

Art. 164 Neuer Antrag. Die Zurückweisung eines Antrags auf einstweilige Anordnung hindert den Antragsteller nicht, einen weiteren, auf neue Tatsachen gestützten Antrag zu stellen.

Art. 165 Anträge gemäß den Artikeln 280 AEUV und 299 AEUV sowie 164 EAGV. (1) Für Anträge gemäß den Artikeln 280 AEUV[1)] und 299 AEUV sowie 164 EAGV auf Aussetzung der Zwangsvollstreckung von Entscheidungen des Gerichtshofs oder von Rechtsakten des Rates, der Kommission oder der Europäischen Zentralbank gelten die Bestimmungen dieses Kapitels.

(2) In dem Beschluss, mit dem dem Antrag stattgegeben wird, wird gegebenenfalls der Zeitpunkt festgesetzt, zu dem die einstweilige Anordnung außer Kraft tritt.

Art. 166 Anträge gemäß Artikel 81 EAGV. (1) Der Antrag im Sinne des Artikels 81 Absätze 3 und 4 EAGV muss enthalten:

a) Namen und Wohnsitz bzw. Sitz der Personen oder Unternehmen, die der Überwachungsmaßnahme unterworfen werden sollen;

b) die Angabe von Gegenstand und Zweck der Überwachungsmaßnahme.

(2) [1] Der Präsident entscheidet durch Beschluss. [2] Artikel 162 findet Anwendung.

(3) Bei Verhinderung des Präsidenten finden die Artikel 10 und 13 Anwendung.

Fünfter Titel. Rechtsmittel gegen Entscheidungen des Gerichts

Erstes Kapitel. Form des Rechtsmittels, Inhalt und Anträge der Rechtsmittelschrift

Art. 167 Einreichung der Rechtsmittelschrift. (1) [1] Das Rechtsmittel wird durch Einreichung einer Rechtsmittelschrift bei der Kanzlei des Gerichtshofs oder des Gerichts eingelegt. [2] Wird die Rechtsmittelschrift bei der Kanzlei des Gerichts eingereicht, so wird sie sogleich der Kanzlei des Gerichtshofs übermittelt.

---

1) Nr. 2.

(2) Sogleich nach ihrer Unterrichtung vom Vorliegen eines Rechtsmittels übermittelt die Kanzlei des Gerichts der Kanzlei des Gerichtshofs die erstinstanzlichen Akten und gegebenenfalls die Verfahrensakten der Beschwerdekammer, die dem Gericht gemäß den Bestimmungen von dessen Verfahrensordnung über die Rechtsstreitigkeiten betreffend die Rechte des geistigen Eigentums übermittelt worden sind.

Art. 168 Inhalt der Rechtsmittelschrift. (1) Die Rechtsmittelschrift muss enthalten:

a) Namen und Wohnsitz des Rechtsmittelführers;

b) die Bezeichnung der angefochtenen Entscheidung des Gerichts;

c) die Bezeichnung der anderen Parteien der betreffenden Rechtssache vor dem Gericht;

d) die geltend gemachten Rechtsgründe und -argumente sowie eine kurze Darstellung dieser Gründe;

e) die Anträge des Rechtsmittelführers.

(2) Die Artikel 119, 121 und 122 Absatz 1 finden auf die Rechtsmittelschrift Anwendung.

(3) Es ist zu vermerken, an welchem Tag die angefochtene Entscheidung dem Rechtsmittelführer zugestellt worden ist.

(4) [1] Entspricht die Rechtsmittelschrift nicht den Absätzen 1 bis 3, so setzt der Kanzler dem Rechtsmittelführer eine angemessene Frist zur Mängelbehebung. [2] In Ermangelung einer fristgemäßen Mängelbehebung entscheidet der Präsident nach Anhörung des Berichterstatters und des Generalanwalts, ob die Nichtbeachtung dieser Förmlichkeit die formale Unzulässigkeit der Rechtsmittelschrift zur Folge hat. [3] Der Präsident kann die Entscheidung, wenn er dies für erforderlich erachtet, dem Gerichtshof übertragen.

Art. 169 Rechtsmittelanträge, -gründe und -argumente. (1) Die Rechtsmittelanträge müssen auf die vollständige oder teilweise Aufhebung der Entscheidung des Gerichts in der Gestalt der Entscheidungsformel gerichtet sein.

(2) Die geltend gemachten Rechtsgründe und -argumente müssen die beanstandeten Punkte der Begründung der Entscheidung des Gerichts genau bezeichnen.

Art. 170 Anträge für den Fall der Stattgabe des Rechtsmittels. (1) [1] Die Rechtsmittelanträge müssen für den Fall, dass das Rechtsmittel für begründet erklärt werden sollte, darauf gerichtet sein, dass den erstinstanzlichen Anträgen vollständig oder teilweise stattgegeben wird; neue Anträge sind nicht zulässig. [2] Das Rechtsmittel kann den vor dem Gericht verhandelten Streitgegenstand nicht verändern.

(2) Beantragt der Rechtsmittelführer für den Fall der Aufhebung der angefochtenen Entscheidung, dass die Rechtssache an das Gericht zurückverwiesen wird, so hat er die Gründe darzulegen, aus denen der Rechtsstreit nicht zur Entscheidung durch den Gerichtshof reif ist.

Kapitel 1a. Vorherige Zulassung von Rechtsmitteln gemäß Artikel 58a der Satzung

Art. 170a Antrag auf Zulassung des Rechtsmittels. (1) [1] In den Fällen des Artikels 58a Absätze 1 und 2 der Satzung[1)] hat der Rechtsmittelführer seiner Rechtsmittelschrift einen Antrag auf Zulassung des Rechtsmittels als Anlage beizufügen, in dem er die für die Einheit, die Kohärenz oder die Entwicklung des Unionsrechts bedeutsame Frage darlegt, die mit dem Rechtsmittel aufgeworfen wird, und der sämtliche Angaben enthalten muss, die erforderlich sind, um es dem Gerichtshof zu ermöglichen, über diesen Antrag zu entscheiden. [2] Fehlt es an einem solchen Antrag, so erklärt der Vizepräsident des Gerichtshofs das Rechtsmittel für unzulässig.

(2) Der Antrag auf Zulassung des Rechtsmittels darf sieben Seiten nicht überschreiten, die unter Berücksichtigung sämtlicher formeller Vorschriften der Praktischen Anweisungen für die Parteien in den Rechtssachen vor dem Gerichtshof, die auf der Grundlage dieser Verfahrensordnung erlassen worden sind, abzufassen sind.

(3) [1] Entspricht der Antrag auf Zulassung des Rechtsmittels nicht den im vorstehenden Absatz genannten Anforderungen, so setzt der Kanzler dem Rechtsmittelführer eine kurze Frist zur Mängelbehebung. [2] In Ermangelung einer fristgemäßen Mängelbehebung entscheidet der Vizepräsident des Gerichtshofs auf Vorschlag des Berichterstatters nach Anhörung des Generalanwalts, ob die Nichtbeachtung dieser Förmlichkeit die formale Unzulässigkeit des Rechtsmittels zur Folge hat.

Art. 170b Entscheidung über den Antrag auf Zulassung des Rechtsmittels. (1) Der Gerichtshof entscheidet über den Antrag auf Zulassung des Rechtsmittels so rasch wie möglich.

(2) Die Entscheidung über den Antrag wird auf Vorschlag des Berichterstatters nach Anhörung des Generalanwalts durch eine speziell zu diesem Zweck eingerichtete Kammer getroffen, deren Präsident der Vizepräsident des Gerichtshofs ist und die darüber hinaus den Berichterstatter und den Präsidenten der Kammer mit drei Richtern umfasst, der der Berichterstatter zum Zeitpunkt der Antragstellung zugeteilt ist.

(3) Über den Antrag auf Zulassung des Rechtsmittels ist durch mit Gründen versehenen Beschluss zu entscheiden.

(4) [1] Wird das Rechtsmittel im Hinblick auf die in Artikel 58a Absatz 3 der Satzung[1)] angeführten Kriterien ganz oder teilweise zugelassen, so wird das Verfahren gemäß den Artikeln 171 bis 190a fortgesetzt. [2] Der Beschluss gemäß vorstehendem Absatz wird den Parteien der betreffenden Rechtssache vor dem Gericht mit der Rechtsmittelschrift zugestellt; wird das Rechtsmittel teilweise zugelassen, so sind in diesem Beschluss die Gründe oder Teile des Rechtsmittels anzuführen, auf die sich die Rechtsmittelbeantwortung beziehen muss.

(5) Der Kanzler benachrichtigt sogleich das Gericht und, sofern sie nicht Partei der betreffenden Rechtssache vor dem Gericht waren, die Mitgliedstaaten, das Europäische Parlament, den Rat und die Europäische Kommission von der Entscheidung, das Rechtsmittel zuzulassen.

[1)] Nr. **27**.

Zweites Kapitel. Rechtsmittelbeantwortung, Erwiderung und Gegenerwiderung

Art. 171 Zustellung der Rechtsmittelschrift. (1) Die Rechtsmittelschrift wird den anderen Parteien der betreffenden Rechtssache vor dem Gericht zugestellt.

(2) Im Fall des Artikels 168 Absatz 4 erfolgt die Zustellung sogleich nach der Mängelbehebung oder nachdem der Präsident oder der Gerichtshof in Anbetracht der in dem genannten Artikel bezeichneten formalen Voraussetzungen die Zulässigkeit bejaht hat.

Art. 172 Parteien, die eine Rechtsmittelbeantwortung einreichen können. [1] Jede Partei der betreffenden Rechtssache vor dem Gericht, die ein Interesse an der Stattgabe oder der Zurückweisung des Rechtsmittels hat, kann innerhalb von zwei Monaten nach Zustellung der Rechtsmittelschrift eine Rechtsmittelbeantwortung einreichen. [2] Eine Verlängerung der Beantwortungsfrist ist nicht möglich.

Art. 173 Inhalt der Rechtsmittelbeantwortung. (1) Die Rechtsmittelbeantwortung muss enthalten:

a) Namen und Wohnsitz der Partei, die sie einreicht;

b) das Datum, an dem dieser die Rechtsmittelschrift zugestellt worden ist;

c) die geltend gemachten Rechtsgründe und -argumente;

d) die Anträge.

(2) Die Artikel 119 und 121 finden auf die Rechtsmittelbeantwortung Anwendung.

Art. 174 Anträge der Rechtsmittelbeantwortung. Die Anträge der Rechtsmittelbeantwortung müssen auf die vollständige oder teilweise Stattgabe oder Zurückweisung des Rechtsmittels gerichtet sein.

Art. 175 Erwiderung und Gegenerwiderung. (1) Die Rechtsmittelschrift und die Rechtsmittelbeantwortung können nur dann durch eine Erwiderung und eine Gegenerwiderung ergänzt werden, wenn der Präsident dies auf einen entsprechenden, innerhalb von sieben Tagen nach Zustellung der Rechtsmittelbeantwortung gestellten und gebührend begründeten Antrag des Rechtsmittelführers nach Anhörung des Berichterstatters und des Generalanwalts für erforderlich hält, insbesondere damit der Rechtsmittelführer zu einer Unzulässigkeitseinrede oder zu in der Rechtsmittelbeantwortung geltend gemachten neuen Gesichtspunkten Stellung nehmen kann.

(2) [1] Der Präsident bestimmt die Frist für die Einreichung der Erwiderung und anlässlich der Zustellung dieses Schriftsatzes die Frist für die Einreichung der Gegenerwiderung. [2] Er kann die Seitenzahl und den Gegenstand der Schriftsätze begrenzen.

Drittes Kapitel. Form des Anschlussrechtsmittels, Inhalt und Anträge der Anschlussrechtsmittelschrift

Art. 176 Anschlussrechtsmittel. (1) Die in Artikel 172 bezeichneten Parteien können innerhalb der gleichen Frist, wie sie für die Einreichung der Rechtsmittelbeantwortung gilt, Anschlussrechtsmittel einlegen.

(2) Das Anschlussrechtsmittel ist mit gesondertem, von der Rechtsmittelbeantwortung getrenntem Schriftsatz einzulegen.

Art. 177 Inhalt der Anschlussrechtsmittelschrift. (1) Die Anschlussrechtsmittelschrift muss enthalten:

a) Namen und Wohnsitz der Partei, die das Anschlussrechtsmittel einlegt;

b) das Datum, an dem dieser die Rechtsmittelschrift zugestellt worden ist;

c) die geltend gemachten Rechtsgründe und -argumente;

d) die Anträge.

(2) Die Artikel 119, 121 und 122 Absätze 1 und 3 finden auf die Anschlussrechtsmittelschrift Anwendung.

Art. 178 Anschlussrechtsmittelanträge, -gründe und -argumente.

(1) Die Anschlussrechtsmittelanträge müssen auf die vollständige oder teilweise Aufhebung der Entscheidung des Gerichts gerichtet sein.

(2) Sie können auch auf die Aufhebung einer ausdrücklichen oder stillschweigenden Entscheidung über die Zulässigkeit der Klage vor dem Gericht gerichtet sein.

(3) [1] Die geltend gemachten Rechtsgründe und -argumente müssen die beanstandeten Punkte der Begründung der Entscheidung des Gerichts genau bezeichnen. [2] Sie müssen sich von den in der Rechtsmittelbeantwortung geltend gemachten Gründen und Argumenten unterscheiden.

Viertes Kapitel. Auf das Anschlussrechtsmittel folgende Schriftsätze

Art. 179 Anschlussrechtsmittelbeantwortung. [1] Wird Anschlussrechtsmittel eingelegt, so kann der Rechtsmittelführer oder jede andere Partei der betreffenden Rechtssache vor dem Gericht, die ein Interesse an der Stattgabe oder der Zurückweisung des Anschlussrechtsmittels hat, innerhalb von zwei Monaten nach Zustellung der Anschlussrechtsmittelschrift eine Beantwortung einreichen, deren Gegenstand auf die mit dem Anschlussrechtsmittel geltend gemachten Gründe zu begrenzen ist. [2] Eine Verlängerung der Frist ist nicht möglich.

Art. 180 Erwiderung und Gegenerwiderung nach Anschlussrechtsmittel. (1) Die Anschlussrechtsmittelschrift und ihre Beantwortung können nur dann durch eine Erwiderung und eine Gegenerwiderung ergänzt werden, wenn der Präsident dies auf einen entsprechenden, innerhalb von sieben Tagen nach Zustellung der Anschlussrechtsmittelbeantwortung gestellten und gebührend begründeten Antrag des Anschlussrechtsmittelführers nach Anhörung des Berichterstatters und des Generalanwalts für erforderlich hält, insbesondere damit der Anschlussrechtsmittelführer zu einer Unzulässigkeitseinrede oder zu in der Anschlussrechtsmittelbeantwortung geltend gemachten neuen Gesichtspunkten Stellung nehmen kann.

(2) [1] Der Präsident bestimmt die Frist für die Einreichung der Erwiderung und anlässlich der Zustellung dieses Schriftsatzes die Frist für die Einreichung der Gegenerwiderung. [2] Er kann die Seitenzahl und den Gegenstand der Schriftsätze begrenzen.

Fünftes Kapitel. Durch Beschluss erledigte Rechtsmittel

Art. 181 Offensichtlich unzulässiges oder offensichtlich unbegründetes Rechtsmittel oder Anschlussrechtsmittel. Ist das Rechtsmittel oder Anschlussrechtsmittel ganz oder teilweise offensichtlich unzulässig oder offensichtlich unbegründet, so kann der Gerichtshof es jederzeit auf Vorschlag des Berichterstatters und nach Anhörung des Generalanwalts ganz oder teilweise durch mit Gründen versehenen Beschluss zurückweisen.

Art. 182 Offensichtlich begründetes Rechtsmittel oder Anschlussrechtsmittel. Hat der Gerichtshof bereits über eine oder mehrere Rechtsfragen entschieden, die mit den durch die Rechtsmittel- oder Anschlussrechtsmittelgründe aufgeworfenen übereinstimmen, und hält er das Rechtsmittel oder Anschlussrechtsmittel für offensichtlich begründet, so kann er es auf Vorschlag des Berichterstatters und nach Anhörung der Parteien und des Generalanwalts durch mit Gründen versehenen Beschluss, der einen Verweis auf die einschlägige Rechtsprechung enthält, für offensichtlich begründet erklären.

Sechstes Kapitel. Folgen der Streichung des Rechtsmittels für das Anschlussrechtsmittel

Art. 183 Folgen einer Rücknahme oder offensichtlichen Unzulässigkeit des Rechtsmittels für das Anschlussrechtsmittel. Das Anschlussrechtsmittel gilt als gegenstandslos,

a) wenn der Rechtsmittelführer sein Rechtsmittel zurücknimmt;

b) wenn das Rechtsmittel wegen Nichteinhaltung der Rechtsmittelfrist für offensichtlich unzulässig erklärt wird;

c) wenn das Rechtsmittel allein deshalb für offensichtlich unzulässig erklärt wird, weil es nicht gegen eine Endentscheidung des Gerichts oder gegen eine Entscheidung im Sinne des Artikels 56 Absatz 1 der Satzung[1)] gerichtet ist, die über einen Teil des Streitgegenstands ergangen ist oder die einen Zwischenstreit über eine Einrede der Unzuständigkeit oder Unzulässigkeit beendet.

Siebtes Kapitel. Kosten und Prozesskostenhilfe in Rechtsmittelverfahren

Art. 184 Kostenentscheidung in Rechtsmittelverfahren. (1) Vorbehaltlich der nachstehenden Bestimmungen finden die Artikel 137 bis 146 auf das Verfahren vor dem Gerichtshof, das ein Rechtsmittel gegen eine Entscheidung des Gerichts zum Gegenstand hat, entsprechende Anwendung.

(2) Wenn das Rechtsmittel unbegründet ist oder wenn das Rechtsmittel begründet ist und der Gerichtshof den Rechtsstreit selbst endgültig entscheidet, so entscheidet er über die Kosten.

(3) Ist ein Rechtsmittel eines dem Rechtsstreit vor dem Gericht nicht beigetretenen Mitgliedstaats oder Organs der Union begründet, so kann der Gerichtshof

1) Nr. **27**.

die Kosten zwischen den Parteien teilen oder dem obsiegenden Rechtsmittelführer die Kosten auferlegen, die das Rechtsmittel einer unterliegenden Partei verursacht hat.

(4) [1] Hat eine erstinstanzliche Streithilfepartei das Rechtsmittel nicht selbst eingelegt, so können ihr im Rechtsmittelverfahren Kosten nur dann auferlegt werden, wenn sie am schriftlichen oder mündlichen Verfahren vor dem Gerichtshof teilgenommen hat. [2] Nimmt eine solche Partei am Verfahren teil, so kann der Gerichtshof ihr ihre eigenen Kosten auferlegen.

Art. 185 Prozesskostenhilfe in Rechtsmittelverfahren. (1) Ist eine Partei außerstande, die Kosten des Verfahrens ganz oder teilweise zu bestreiten, so kann sie jederzeit die Bewilligung von Prozesskostenhilfe beantragen.

(2) Dem Antrag sind alle Auskünfte und Belege beizufügen, die eine Beurteilung der wirtschaftlichen Lage des Antragstellers ermöglichen, wie eine Bescheinigung einer zuständigen nationalen Stelle über die wirtschaftliche Lage.

Art. 186 Vorabantrag auf Bewilligung von Prozesskostenhilfe. (1) Wird der Antrag vor dem vom Antragsteller beabsichtigten Rechtsmittel eingereicht, so ist darin der Gegenstand des Rechtsmittels kurz darzustellen.

(2) Der Antrag unterliegt nicht dem Anwaltszwang.

(3) Die Einreichung eines Antrags auf Bewilligung von Prozesskostenhilfe hemmt für den Antragsteller den Lauf der Rechtsmittelfrist bis zum Zeitpunkt der Zustellung des Beschlusses, mit dem über diesen Antrag entschieden wird.

(4) Der Präsident weist den Antrag sogleich nach Eingang einem Berichterstatter zu, der rasch einen Vorschlag für eine Entscheidung über den Antrag vorlegt.

Art. 187 Entscheidung über die Bewilligung von Prozesskostenhilfe.

(1) [1] Die Kammer mit drei Richtern, der der Berichterstatter zugeteilt ist, entscheidet auf dessen Vorschlag und nach Anhörung des Generalanwalts, ob die Prozesskostenhilfe ganz oder teilweise bewilligt oder ob sie versagt wird. [2] Der Spruchkörper ist in diesem Fall mit dem Kammerpräsidenten, dem Berichterstatter und dem ersten oder gegebenenfalls den ersten beiden Richtern besetzt, die anhand der in Artikel 28 Absatz 3 genannten Liste zu dem Zeitpunkt bestimmt werden, zu dem die Kammer vom Berichterstatter mit dem Antrag auf Bewilligung von Prozesskostenhilfe befasst wird. [3] Gegebenenfalls prüft sie, ob das Rechtsmittel nicht offensichtlich unbegründet erscheint.

(2) [1] Gehört der Berichterstatter keiner Kammer mit drei Richtern an, so entscheidet die Kammer mit fünf Richtern, der er zugeteilt ist, unter denselben Voraussetzungen. [2] Der Spruchkörper ist neben dem Berichterstatter mit vier Richtern besetzt, die anhand der in Artikel 28 Absatz 2 genannten Liste zu dem Zeitpunkt bestimmt werden, zu dem die Kammer vom Berichterstatter mit dem Antrag auf Bewilligung von Prozesskostenhilfe befasst wird.

(3) [1] Der Spruchkörper entscheidet durch Beschluss. [2] Wird die Bewilligung von Prozesskostenhilfe ganz oder teilweise versagt, so ist die Versagung in dem Beschluss zu begründen.

Art. 188 Im Rahmen der Prozesskostenhilfe zu zahlende Beträge.

(1) [1] Wird die Prozesskostenhilfe bewilligt, so trägt die Kasse des Gerichtshofs – gegebenenfalls in den vom Spruchkörper festgesetzten Grenzen – die Kosten der Unterstützung und der Vertretung des Antragstellers vor dem Gerichtshof. [2] Auf Antrag des Antragstellers oder seines Vertreters kann ein Vorschuss auf diese Kosten ausbezahlt werden.

(2) In der Kostenentscheidung kann die Einziehung der als Prozesskostenhilfe gezahlten Beträge zugunsten der Kasse des Gerichtshofs ausgesprochen werden.

(3) Der Kanzler veranlasst die Einziehung dieser Beträge von der Partei, die zu ihrer Erstattung verurteilt worden ist.

Art. 189 Entziehung der Prozesskostenhilfe. Der Spruchkörper, der über den Antrag auf Bewilligung von Prozesskostenhilfe entschieden hat, kann diese jederzeit von Amts wegen oder auf Antrag entziehen, wenn sich die Voraussetzungen, unter denen sie bewilligt wurde, im Laufe des Verfahrens ändern.

Achtes Kapitel. Sonstige in Rechtsmittelverfahren anwendbare Vorschriften

Art. 190 Sonstige in Rechtsmittelverfahren anwendbare Vorschriften.

(1) Die Artikel 127, 129 bis 136, 147 bis 150, 153 bis 155 und 157 bis 166 finden auf das Verfahren vor dem Gerichtshof, das ein Rechtsmittel gegen eine Entscheidung des Gerichts zum Gegenstand hat, Anwendung.

(2) Abweichend von Artikel 130 Absatz 1 müssen Anträge auf Zulassung zur Streithilfe jedoch innerhalb eines Monats nach der Veröffentlichung im Sinne des Artikels 21 Absatz 4 gestellt werden.

(3) Artikel 95 findet auf das Verfahren vor dem Gerichtshof, das ein Rechtsmittel gegen eine Entscheidung des Gerichts zum Gegenstand hat, entsprechende Anwendung.

Art. 190a Behandlung der vor dem Gericht nach Artikel 105 seiner Verfahrensordnung vorgelegten Auskünfte oder Unterlagen. (1) Wird gegen eine Entscheidung des Gerichts, die im Rahmen eines Verfahrens erlassen worden ist, in dem von einer Hauptpartei nach Artikel 105 der Verfahrensordnung des Gerichts[1)] Auskünfte oder Unterlagen vorgelegt und der anderen Hauptpartei nicht bekannt gegeben wurden, ein Rechtsmittel eingelegt, so stellt die Kanzlei des Gerichts diese Auskünfte oder Unterlagen dem Gerichtshof nach Maßgabe des in Absatz 11 dieser Vorschrift genannten Beschlusses zur Verfügung.

(2) Die Auskünfte oder Unterlagen nach Absatz 1 werden den Parteien des Verfahrens vor dem Gerichtshof nicht bekannt gegeben.

(3) Der Gerichtshof stellt sicher, dass die in den Auskünften oder Unterlagen nach Absatz 1 enthaltenen vertraulichen Informationen weder in der das Verfahren beendenden Entscheidung noch, gegebenenfalls, in den Schlussanträgen des Generalanwalts offengelegt werden.

(4) [1] Die Auskünfte oder Unterlagen nach Absatz 1 werden der Partei, die sie dem Gericht vorgelegt hat, sogleich nach der Zustellung der das Verfahren vor dem Gerichtshof beendenden Entscheidung zurückgegeben, es sei denn, die

---

[1)] Nr. **30**.

Sache wird an das Gericht zurückverwiesen. [2] Im letztgenannten Fall werden die betreffenden Auskünfte oder Unterlagen nach Maßgabe des in Absatz 5 genannten Beschlusses wieder dem Gericht zur Verfügung gestellt.

(5) [1] Der Gerichtshof erlässt durch Beschluss die Sicherheitsvorschriften zum Schutz der Auskünfte oder Unterlagen nach Absatz 1. [2] Der Beschluss wird im Amtsblatt der Europäischen Union veröffentlicht.

Sechster Titel. Überprüfung von Entscheidungen des Gerichts

Art. 191 Überprüfungskammer. Für die Entscheidung nach Maßgabe der Artikel 193 und 194, ob eine Entscheidung des Gerichts gemäß Artikel 62 der Satzung[1)] zu überprüfen ist, wird eine Kammer mit fünf Richtern für die Dauer eines Jahres bestimmt.

Art. 192 Anzeige und Übermittlung der Entscheidungen, die Gegenstand einer Überprüfung sein können. (1) Sobald der Termin für die Verkündung oder Unterzeichnung einer Entscheidung im Sinne des Artikels 256 Absatz 2 oder 3 AEUV[2)] bestimmt ist, zeigt die Kanzlei des Gerichts dies der Kanzlei des Gerichtshofs an.

(2) Sie übermittelt ihr die Entscheidung sogleich nach deren Verkündung oder Unterzeichnung sowie die Verfahrensakten, die sogleich dem Ersten Generalanwalt zur Verfügung gestellt werden.

Art. 193 Überprüfung von Rechtsmittelentscheidungen. (1) [1] Der Vorschlag des Ersten Generalanwalts, eine Entscheidung des Gerichts im Sinne des Artikels 256 Absatz 2 AEUV[2)] zu überprüfen, wird dem Präsidenten des Gerichtshofs und dem Präsidenten der Überprüfungskammer übermittelt. [2] Gleichzeitig wird der Kanzler von der Übermittlung unterrichtet.

(2) Sogleich nach seiner Unterrichtung vom Vorliegen eines Vorschlags übermittelt der Kanzler den Mitgliedern der Überprüfungskammer die Akten des Verfahrens vor dem Gericht.

(3) [1] Der Präsident des Gerichtshofs bestimmt unter den Richtern der Überprüfungskammer auf Vorschlag des Präsidenten dieser Kammer sogleich nach Erhalt des Überprüfungsvorschlags den Berichterstatter. [2] Die Besetzung des Spruchkörpers wird am Tag der Zuweisung der Rechtssache an den Berichterstatter gemäß Artikel 28 Absatz 2 bestimmt.

(4) [1] Diese Kammer entscheidet auf Vorschlag des Berichterstatters, ob die Entscheidung des Gerichts zu überprüfen ist. [2] In der Entscheidung, die Entscheidung des Gerichts zu überprüfen, sind nur die Fragen anzugeben, die Gegenstand der Überprüfung sind.

(5) Der Kanzler benachrichtigt sogleich das Gericht, die Parteien des Verfahrens vor dem Gericht und die sonstigen in Artikel 62a Absatz 2 der Satzung[1)] bezeichneten Beteiligten von der Entscheidung des Gerichtshofs, die Entscheidung des Gerichts zu überprüfen.

[1)] Nr. **27**.
[2)] Nr. **2**.

(6) Eine Mitteilung, die das Datum der Entscheidung, die Entscheidung des Gerichts zu überprüfen, und die Fragen, die Gegenstand der Überprüfung sind, enthält, wird im *Amtsblatt der Europäischen Union* veröffentlicht.

Art. 194 Überprüfung von Vorabentscheidungen. (1) [1] Der Vorschlag des Ersten Generalanwalts, eine Entscheidung des Gerichts im Sinne des Artikels 256 Absatz 3 AEUV[1)] zu überprüfen, wird dem Präsidenten des Gerichtshofs und dem Präsidenten der Überprüfungskammer übermittelt. [2] Gleichzeitig wird der Kanzler von der Übermittlung unterrichtet.

(2) Sogleich nach seiner Unterrichtung vom Vorliegen eines Vorschlags übermittelt der Kanzler den Mitgliedern der Überprüfungskammer die Akten des Verfahrens vor dem Gericht.

(3) Der Kanzler benachrichtigt auch das Gericht, das vorlegende Gericht, die Parteien des Ausgangsrechtsstreits und die sonstigen in Artikel 62a Absatz 2 der Satzung[2)] bezeichneten Beteiligten vom Vorliegen eines Überprüfungsvorschlags.

(4) [1] Der Präsident des Gerichtshofs bestimmt unter den Richtern der Überprüfungskammer auf Vorschlag des Präsidenten dieser Kammer sogleich nach Erhalt des Überprüfungsvorschlags den Berichterstatter. [2] Die Besetzung des Spruchkörpers wird am Tag der Zuweisung der Rechtssache an den Berichterstatter gemäß Artikel 28 Absatz 2 bestimmt.

(5) [1] Diese Kammer entscheidet auf Vorschlag des Berichterstatters, ob die Entscheidung des Gerichts zu überprüfen ist. [2] In der Entscheidung, die Entscheidung des Gerichts zu überprüfen, sind nur die Fragen anzugeben, die Gegenstand der Überprüfung sind.

(6) Der Kanzler benachrichtigt sogleich das Gericht und das vorlegende Gericht, die Parteien des Ausgangsrechtsstreits und die sonstigen in Artikel 62a Absatz 2 der Satzung bezeichneten Beteiligten von der Entscheidung des Gerichtshofs, die Entscheidung des Gerichts zu überprüfen oder nicht zu überprüfen.

(7) Eine Mitteilung, die das Datum der Entscheidung, die Entscheidung des Gerichts zu überprüfen, und die Fragen, die Gegenstand der Überprüfung sind, enthält, wird im *Amtsblatt der Europäischen Union* veröffentlicht.

Art. 195 Urteil in der Sache nach Überprüfungsentscheidung. (1) [1] Die Entscheidung, eine Entscheidung des Gerichts zu überprüfen, wird den Parteien und den sonstigen in Artikel 62a Absatz 2 der Satzung[2)] bezeichneten Beteiligten zugestellt. [2] Die Zustellung an die Mitgliedstaaten, an die Vertragsstaaten des EWR-Abkommens, die nicht Mitgliedstaaten sind, und an die EFTA-Überwachungsbehörde erfolgt unter Beifügung einer Übersetzung der Entscheidung des Gerichtshofs nach Maßgabe des Artikels 98. [3] Die Entscheidung des Gerichtshofs wird außerdem dem Gericht und gegebenenfalls dem vorlegenden Gericht übermittelt.

(2) Innerhalb eines Monats nach der Zustellung im Sinne von Absatz 1 können die Parteien und die sonstigen Beteiligten, denen die Entscheidung des Gerichtshofs zugestellt worden ist, Schriftsätze oder schriftliche Erklärungen zu den Fragen einreichen, die Gegenstand der Überprüfung sind.

[1)] Nr. **2**.
[2)] Nr. **27**.

(3) Sogleich nach der Entscheidung, eine Entscheidung des Gerichts zu überprüfen, weist der Erste Generalanwalt die Überprüfung einem Generalanwalt zu.

(4) Nach Anhörung des Generalanwalts entscheidet die Überprüfungskammer in der Sache.

(5) Sie kann jedoch beim Gerichtshof anregen, die Rechtssache an einen größeren Spruchkörper zu verweisen.

(6) Ist die Entscheidung des Gerichts, die Gegenstand der Überprüfung ist, nach Artikel 256 Absatz 2 AEUV[1)] ergangen, entscheidet der Gerichtshof über die Kosten.

Siebter Titel. Gutachtenanträge

Art. 196 Schriftliches Verfahren. (1) Ein Antrag auf Gutachten kann gemäß Artikel 218 Absatz 11 AEUV[1)] von einem Mitgliedstaat, dem Europäischen Parlament, dem Rat oder der Europäischen Kommission gestellt werden.

(2) Der Antrag auf Gutachten kann sich sowohl auf die Vereinbarkeit der beabsichtigten Übereinkunft mit den Verträgen als auch auf die Zuständigkeit der Union oder eines ihrer Organe für den Abschluss der Übereinkunft beziehen.

(3) Er wird den Mitgliedstaaten und den in Absatz 1 bezeichneten Organen zugestellt, denen vom Präsidenten eine Frist zur schriftlichen Stellungnahme gesetzt wird.

Art. 197 Bestimmung des Berichterstatters und des Generalanwalts. Sogleich nach Eingang des Antrags auf Gutachten bestimmt der Präsident den Berichterstatter und weist der Erste Generalanwalt die Sache einem Generalanwalt zu.

Art. 198 Mündliche Verhandlung. Der Gerichtshof kann entscheiden, dass das Verfahren vor ihm auch eine mündliche Verhandlung umfasst.

Art. 199 Zeitraum, innerhalb dessen das Gutachten erstattet wird. Der Gerichtshof erstattet sein Gutachten, nach Anhörung des Generalanwalts, so rasch wie möglich.

Art. 200 Bekanntgabe des Gutachtens. (1) Das Gutachten wird vom Präsidenten, den Richtern, die an der Beratung mitgewirkt haben, und dem Kanzler unterzeichnet und in öffentlicher Sitzung bekannt gegeben.

(2) Es wird allen Mitgliedstaaten und den in Artikel 196 Absatz 1 bezeichneten Organen zugestellt.

Achter Titel. Besondere Verfahrensarten

Art. 201 Rechtsmittel gegen Entscheidungen des Schiedsausschusses. (1) Der Schriftsatz, mit dem das in Artikel 18 Absatz 2 EAGV bezeichnete Rechtsmittel eingelegt wird, muss enthalten:

a) Namen und Wohnsitz des Rechtsmittelführers;

[1)] Nr. 2.

b) die Stellung des Unterzeichneten;
c) die Bezeichnung der angefochtenen Entscheidung des Schiedsausschusses;
d) die Bezeichnung der Gegenparteien;
e) eine kurze Darstellung des Sachverhalts;
f) die geltend gemachten Gründe und Argumente sowie eine kurze Darstellung der Gründe;
g) die Anträge des Rechtsmittelführers.

(2) Die Artikel 119 und 121 finden auf dieses Rechtsmittel Anwendung.

(3) Der Rechtsmittelschrift ist außerdem eine beglaubigte Kopie der angefochtenen Entscheidung beizufügen.

(4) Der Kanzler des Gerichtshofs ersucht sogleich nach Eingang der Rechtsmittelschrift die Kanzlei des Schiedsausschusses um Übermittlung der Akten der Sache an den Gerichtshof.

(5) [1] Auf das weitere Verfahren finden die Artikel 123 und 124 Anwendung. [2] Der Gerichtshof kann entscheiden, dass das Verfahren vor ihm auch eine mündliche Verhandlung umfasst.

(6) [1] Der Gerichtshof entscheidet durch Urteil. [2] Hebt er die Entscheidung des Ausschusses auf, so verweist er die Sache gegebenenfalls an den Ausschuss zurück.

Art. 202 Verfahren im Sinne des Artikels 103 EAGV. (1) [1] In dem in Artikel 103 Absatz 3 EAGV bezeichneten Fall ist die Antragsschrift in vier Ausfertigungen einzureichen. [2] Ihr sind der Entwurf des betreffenden Abkommens oder der in Rede stehenden Vereinbarung, die Einwendungen der Europäischen Kommission gegenüber dem betroffenen Staat und alle sonstigen Belegunterlagen beizufügen.

(2) [1] Die Antragsschrift und ihre Anlagen werden der Europäischen Kommission zugestellt, die nach Zustellung über eine Frist von zehn Tagen zur schriftlichen Stellungnahme verfügt. [2] Die Frist kann vom Präsidenten nach Anhörung des betroffenen Staates verlängert werden.

(3) Nach Eingang dieser Stellungnahme, die dem betroffenen Staat zugestellt wird, entscheidet der Gerichtshof rasch nach Anhörung des Generalanwalts und, falls beantragt, des betroffenen Staates und der Europäischen Kommission.

Art. 203 Verfahren im Sinne der Artikel 104 EAGV und 105 EAGV. [1] Für Anträge im Sinne von Artikel 104 Absatz 3 EAGV und Artikel 105 Absatz 2 EAGV gelten die Bestimmungen der Titel II und IV. [2] Sie werden auch dem Staat zugestellt, dem die Personen oder Unternehmen, gegen die der Antrag gerichtet ist, angehören.

Art. 204 Verfahren gemäß Artikel 111 Absatz 3 EWR-Abkommen. (1) [1] In dem in Artikel 111 Absatz 3 EWR-Abkommen bezeichneten Fall wird der Gerichtshof durch ein Ersuchen der an dem Streit beteiligten Vertragsparteien angerufen. [2] Das Ersuchen wird den anderen Vertragsparteien, der Europäischen Kommission, der EFTA-Überwachungsbehörde und gegebenenfalls den anderen Beteiligten zugestellt, denen ein Vorabentscheidungsersuchen, das die gleiche Frage nach der Auslegung des Unionsrechts aufwirft, zugestellt würde.

(2) Der Präsident setzt den Vertragsparteien und den anderen Beteiligten, denen das Ersuchen zugestellt wird, eine Frist zur schriftlichen Stellungnahme.

(3) [1] Das Ersuchen ist in einer der in Artikel 36 genannten Sprachen einzureichen. [2] Artikel 38 findet Anwendung. [3] Artikel 98 findet entsprechende Anwendung.

(4) [1] Sogleich nach Eingang des Ersuchens im Sinne von Absatz 1 bestimmt der Präsident den Berichterstatter. [2] Der Erste Generalanwalt weist das Ersuchen sogleich danach einem Generalanwalt zu.

(5) Der Gerichtshof erlässt nach Anhörung des Generalanwalts eine mit Gründen versehene Entscheidung über das Ersuchen.

(6) Die Entscheidung des Gerichtshofs wird vom Präsidenten, den Richtern, die an der Beratung mitgewirkt haben, und dem Kanzler unterzeichnet und den Vertragsparteien sowie den sonstigen in den Absätzen 1 und 2 bezeichneten Beteiligten zugestellt.

Art. 205 *(aufgehoben)*

Art. 206 Anträge im Sinne von Artikel 269 AEUV. (1) [1] In dem in Artikel 269 AEUV[1)] bezeichneten Fall ist die Antragsschrift in vier Ausfertigungen einzureichen. [2] Ihr sind alle einschlägigen Unterlagen und insbesondere gegebenenfalls die gemäß Artikel 7 EUV[2)] abgegebenen Stellungnahmen und Empfehlungen beizufügen.

(2) [1] Die Antragsschrift und ihre Anlagen werden je nach Lage des Falles dem Europäischen Rat oder dem Rat zugestellt, der nach Zustellung über eine nicht verlängerbare Frist von zehn Tagen zur schriftlichen Stellungnahme verfügt. [2] Artikel 51 findet auf diese Frist keine Anwendung.

(3) Die Antragsschrift und ihre Anlagen werden auch den anderen Mitgliedstaaten als dem betroffenen Staat sowie dem Europäischen Parlament und der Europäischen Kommission übermittelt.

(4) [1] Nach Eingang der in Absatz 2 bezeichneten Stellungnahme, die dem betroffenen Mitgliedstaat sowie den in Absatz 3 bezeichneten Staaten und Organen zugestellt wird, entscheidet der Gerichtshof nach Anhörung des Generalanwalts innerhalb eines Monats nach Eingang der Antragsschrift. [2] Der Gerichtshof kann auf Antrag des betroffenen Mitgliedstaats, des Europäischen Rates oder des Rates oder von Amts wegen entscheiden, dass das Verfahren vor ihm auch eine mündliche Verhandlung umfasst, zu der alle in diesem Artikel bezeichneten Staaten und Organe geladen werden.

Schlussbestimmungen

Art. 207 Zusätzliche Verfahrensordnung. Vorbehaltlich des Artikels 253 AEUV[1)] erlässt der Gerichtshof im Benehmen mit den beteiligten Regierungen für sich eine zusätzliche Verfahrensordnung mit Vorschriften über

a) Rechtshilfeersuchen;

b) Prozesskostenhilfe;

[1)] Nr. **2**.
[2)] Nr. **1**.

c) Anzeigen des Gerichtshofs wegen Eidesverletzungen von Zeugen und Sachverständigen gemäß Artikel 30 der Satzung[1)].

Art. 208 Durchführungsbestimmungen. Der Gerichtshof kann durch gesonderten Rechtsakt praktische Durchführungsbestimmungen[2)] zu dieser Verfahrensordnung erlassen.

Art. 209 Aufhebung. Diese Verfahrensordnung tritt an die Stelle der Verfahrensordnung des Gerichtshofs der Europäischen Gemeinschaften vom 19. Juni 1991 in ihrer zuletzt am 24. Mai 2011 geänderten Fassung (*Amtsblatt der Europäischen Union*, L 162 vom 22. Juni 2011, Seite 17).

Art. 210 Veröffentlichung und Inkrafttreten der vorliegenden Verfahrensordnung. Diese in den in Artikel 36 genannten Sprachen verbindliche Verfahrensordnung wird im *Amtsblatt der Europäischen Union* veröffentlicht und tritt am ersten Tag des zweiten Monats nach ihrer Veröffentlichung[3)] in Kraft.

[1)] Nr. **27**.
[2)] Siehe hierzu ua: EuGH Klage-Anweisungen v. 10.12.2019 (ABl. 2020 L 42 I S. 1).
[3)] Veröffentlicht am 29.9.2012.

29. Zusätzliche Verfahrensordnung des Gerichtshofs

1.2.2014

(ABl. L 32 S. 37)

Celex-Nr. 3 2014 Q 0201(01)

DER GERICHTSHOF –

aufgrund des Artikels 207 der Verfahrensordnung[1)2)],

aufgrund des Artikels 46 Absatz 3 der Akte über die Bedingungen des Beitritts der Republik Bulgarien und Rumäniens und die Anpassungen der Verträge, auf denen die Europäische Union beruht[3)],

aufgrund des Artikels 45 der Akte über die Bedingungen des Beitritts der Republik Kroatien und die Anpassungen des Vertrags über die Europäische Union, des Vertrags über die Arbeitsweise der Europäischen Union und des Vertrags zur Gründung der Europäischen Atomgemeinschaft[4)],

in Erwägung nachstehender Gründe:

(1) Der Gerichtshof hat am 25. September 2012 eine neue Verfahrensordnung[1)] erlassen, die mehrere inhaltliche und redaktionelle Änderungen gegenüber der von ihr aufgehobenen vorherigen Verfahrensordnung enthält. Diese Änderungen betreffen u.a. die in der neuen Verfahrensordnung verwendete Terminologie und das Verfahren zur Bewilligung von Prozesskostenhilfe. Sie sollten daher in den Text der Zusätzlichen Verfahrensordnung übernommen werden.

(2) Nach der Benennung neuer für die Behandlung der in den Artikeln 2, 4 und 6 der Zusätzlichen Verfahrensordnung geregelten Angelegenheiten zuständiger Stellen durch mehrere Mitgliedstaaten und dem Beitritt zur Europäischen Union der Republik Bulgarien und Rumäniens am 1. Januar 2007 sowie der Republik Kroatien am 1. Juli 2013 ist außerdem eine Aktualisierung der in den drei Anlagen zur Zusätzlichen Verfahrensordnung enthaltenen Listen erforderlich;

mit Genehmigung des Rates, die am 17. Dezember 2013 erteilt worden ist –

ERLÄSST FOLGENDE ZUSÄTZLICHE VERFAHRENSORDNUNG:

Kapitel I. Rechtshilfeersuchen

Art. 1 [Inhalt des Rechtshilfeersuchens] (1) Das Rechtshilfeersuchen ergeht durch Beschluss; dieser Beschluss muss enthalten: Namen, Vornamen, Stellung und Anschrift der Zeugen oder Sachverständigen, die Bezeichnung der Tatsachen, über die die Zeugen oder Sachverständigen zu vernehmen sind, die Bezeichnung der Parteien, ihrer Bevollmächtigten, Anwälte oder Beistände

---

1) Nr. **28**.

2) **Amtl. Anm.:** ABl. L 265 vom 29.9.2012, S. 1, in der Fassung vom 18. Juni 2013 (ABl. L 173 vom 26.6.2013, S. 65).

3) **Amtl. Anm.:** ABl. L 157 vom 21.6.2005, S. 203.

4) **Amtl. Anm.:** ABl. L 112 vom 24.4.2012, S. 21.

und ihrer Zustellungsanschrift sowie eine kurze Darstellung des Streitgegenstands.

(2) Der Kanzler stellt den Beschluss den Parteien zu.

Art. 2 [Beschlussübermittlung] (1) [1] Der Kanzler übermittelt den Beschluss der in Anlage I genannten zuständigen Stelle desjenigen Mitgliedstaats, in dessen Gebiet die Vernehmung der Zeugen oder Sachverständigen stattfinden soll. [2] Er fügt dem Rechtshilfeersuchen gegebenenfalls eine Übersetzung in die Sprache oder die Sprachen dieses Mitgliedstaats bei.

(2) Die in Absatz 1 bezeichnete Stelle leitet den Beschluss an das nach innerstaatlichem Recht zuständige Gericht weiter.

(3) [1] Das Gericht erledigt das Rechtshilfeersuchen nach den Vorschriften seines innerstaatlichen Rechts. [2] Nach Erledigung des Rechtshilfeersuchens gibt das ersuchte Gericht das Rechtshilfeersuchen und die im Zuge der Erledigung angefallenen Vorgänge mit einer Aufstellung der entstandenen Kosten an die in Absatz 1 bezeichnete Stelle zurück. [3] Diese Unterlagen werden dem Kanzler des Gerichtshofs übermittelt.

(4) Der Kanzler veranlasst die Übersetzung der betreffenden Schriftstücke in die Verfahrenssprache.

Art. 3 [Rechtshilfekosten] Der Gerichtshof übernimmt die durch die Rechtshilfe anfallenden Kosten; er kann sie gegebenenfalls den Parteien auferlegen.

Kapitel II. Prozesskostenhilfe

Art. 4 [Zuweisung eines Anwalts] (1) Der Gerichtshof bestimmt in dem Beschluss, mit dem er die Prozesskostenhilfe bewilligt, dass dem Antragsteller ein Anwalt beizuordnen ist.

(2) Schlägt der Antragsteller nicht selbst einen Anwalt vor oder hält es der Gerichtshof für untunlich, dem Vorschlag des Antragstellers zu folgen, so übermittelt der Kanzler eine Ausfertigung des Beschlusses und eine Kopie des Antrags auf Bewilligung von Prozesskostenhilfe der zuständigen Stelle des betroffenen Staates, die in Anlage II genannt ist.

(3) Unter Berücksichtigung der von dieser Stelle übermittelten Vorschläge bestimmt der Gerichtshof von Amts wegen den Anwalt, der dem Antragsteller beizuordnen ist.

Art. 5 [Kosten und Vergütung] Der Gerichtshof setzt die Kosten und Vergütung des Anwalts fest; auf Antrag kann ein Vorschuss auf diese Kosten und Vergütung ausbezahlt werden.

Kapitel III. Anzeigen wegen Eidesverletzungen von Zeugen und Sachverständigen

Art. 6 [Falschaussage] Hat ein Zeuge oder Sachverständiger vor dem Gerichtshof unter Eid falsch ausgesagt, so kann der Gerichtshof nach Anhörung des Generalanwalts beschließen, dies der in Anlage III genannten zuständigen

Stelle des Mitgliedstaats anzuzeigen, dessen Gerichte für eine Strafverfolgung zuständig sind.

Art. 7 [Inhalt und Zustellung des Beschlusses] [1]Der Kanzler veranlasst die Zustellung des Beschlusses des Gerichtshofs. [2]In diesem Beschluss sind die Tatsachen und Umstände anzugeben, auf denen die Anzeige beruht.

Schlussbestimmungen

Art. 8 [Aufhebung] Diese Zusätzliche Verfahrensordnung tritt an die Stelle der Zusätzlichen Verfahrensordnung vom 4. Dezember 1974 (ABl. L 350 vom 28.12.1974, S. 29) in ihrer zuletzt am 21. Februar 2006 geänderten Fassung (ABl. L 72 vom 11.3.2006, S. 1).

Art. 9 [Sprachen, Veröffentlichung; Inkrafttreten] (1) [1]Diese Zusätzliche Verfahrensordnung ist in den in Artikel 36 der Verfahrensordnung[1)] genannten Sprachen verbindlich. [2]Sie wird im *Amtsblatt der Europäischen Union* veröffentlicht.

(2) Sie tritt mit dem Tag ihrer Veröffentlichung[2)] in Kraft.

Anlage I.
Liste gemäß Artikel 2 Absatz 1

Belgien
Service public fédéral Justice – Federale Overheidsdienst Justitie

Bulgarien
Министър на правосъдието

Tschechische Republik
Ministr spravedlnosti

Dänemark
Justitsministeriet

Deutschland
Bundesministerium der Justiz

Estland
Justiitsministeerium

Irland
Minister for Justice and Equality

Griechenland
Υπουργείο Δικαιοσύνης, Διαφάνειας και Ανθρωπίνων Δικαιωμάτων

Spanien
Ministerio de Justicia

Frankreich
Ministère de la justice

Kroatien
Ministarstvo pravosuđa

Italien
Ministero della Giustizia

Zypern
Υπουργός Δικαιοσύνης και Δημόσιας Τάξεως

Lettland
Latvijas Republikas Tieslietu ministrija

Litauen
Lietuvos Respublikos teisingumo ministerija

Luxemburg
Parquet général

Ungarn
Közigazgatási és Igazságügyi Minisztérium

Malta
Avukat Ġenerali

Niederlande
Minister van Veiligheid en Justitie

Österreich
Bundesministerium für Justiz

Polen
Ministerstwo Sprawiedliwości

Portugal
Ministro da Justiça

---

1) Nr. **28**.
2) Veröffentlicht am 1.2.2014.

Rumänien
Ministerul Justiției
Slowenien
Ministrstvo za pravosodje
Slowakei
Minister spravodlivosti
Finnland
Oikeusministeriö
Schweden
Regeringskansliet Justitiedepartementet
Vereinigtes Königreich[1)]
Secretary of State for the Home Department

Anlage II.
Liste gemäß Artikel 4 Absatz 2

Belgien
Service public fédéral Justice – Federale Overheidsdienst Justitie
Bulgarien
Министър на правосъдието
Tschechische Republik
Česká advokátní komora
Dänemark
Justitsministeriet
Deutschland
Bundesrechtsanwaltskammer
Estland
Justiitsministeerium
Irland
Minister for Justice and Equality
Griechenland
Υπουργείο Δικαιοσύνης, Διαφάνειας και Ανθρωπίνων Δικαιωμάτων
Spanien
Consejo General de la Abogacía Española
Frankreich
Ministère de la justice
Kroatien
Ministarstvo pravosuđa
Italien
Ministero della Giustizia
Zypern
Υπουργός Δικαιοσύνης και Δημόσιας Τάξεως
Lettland
Latvijas Republikas Tieslietu ministrija
Litauen
Lietuvos Respublikos teisingumo ministerija
Luxemburg
Ministère de la justice
Ungarn
Közigazgatási és Igazságügyi Minisztérium
Malta
Segretarju Parlamentari għall-Gustizzja
Niederlande
Algemene Raad van de Nederlandse Orde van Advocaten
Österreich
Bundesministerium für Justiz
Polen
Ministerstwo Sprawiedliwości
Portugal
Ministro da Justiça
Rumänien
Uniunea Națională a Barourilor din România
Slowenien
Ministrstvo za pravosodje
Slowakei
Slovenská advokátska komora
Finnland
Oikeusministeriö
Schweden
Sveriges advokatsamfund
Vereinigtes Königreich[1)]
The Law Society, London (for applicants residing in England or Wales)
The Law Society of Scotland, Edinburgh (for applicants residing in Scotland)
The Law Society of Northern Ireland, Belfast (for applicants residing in Northern Ireland)

[1)] Seit dem 1.2.2020 ist das Vereinigte Königreich aus der Europäischen Union ausgetreten und ist seitdem ein Drittland (Nicht-EU-Land).

Anlage III.
Liste gemäß Artikel 6

Belgien
Service public fédéral Justice – Federale Overheidsdienst Justitie

Bulgarien
Върховна касационна прокуратура на Република България

Tschechische Republik
Nejvyšší státní zastupitelství

Dänemark
Justitsministeriet

Deutschland
Bundesministerium der Justiz

Estland
Riigiprokuratuur

Irland
The Office of the Attorney General

Griechenland
Υπουργείο Δικαιοσύνης, Διαφάνειας και Ανθρωπίνων Δικαιωμάτων

Spanien
Consejo General del Poder Judicial

Frankreich
Ministère de la justice

Kroatien
Zamjenik Glavnog državnog odvjetnika

Italien
Ministero della Giustizia

Zypern
Γενικός Εισαγγελέας της Δημοκρατίας

Lettland
Latvijas Republikas Ģenerālprokuratūra

Litauen
Lietuvos Respublikos generalinė prokuratūra

Luxemburg
Parquet général

Ungarn
Közigazgatási és Igazságügyi Minisztérium

Malta
Avukat Ġenerali

Niederlande
Minister van Veiligheid en Justitie

Österreich
Bundesministerium für Justiz

Polen
Ministerstwo Sprawiedliwości

Portugal
Ministro da Justiça

Rumänien
Parchetul de pe lângă Înalta Curte de Casaţie şi Justiţie

Slowenien
Ministrstvo za pravosodje

Slowakei
Minister spravodlivosti

Finnland
Keskusrikospoliisi

Schweden
Åklagarmyndigheten

Vereinigtes Königreich[1]
Her Majesty's Attorney General (for witnesses or experts residing in England or Wales)
Her Majesty's Advocate General (for witnesses or experts residing in Scotland)
Her Majesty's Attorney General (for witnesses or experts residing in Northern Ireland)

---

[1] Seit dem 1.2.2020 ist das Vereinigte Königreich aus der Europäischen Union ausgetreten und ist seitdem ein Drittland (Nicht-EU-Land).

30. Verfahrensordnung des Gerichts

Vom 4. März 2015

(ABl. L 105 S. 1)

Celex-Nr. 3 2015 Q 0423 (01)

zuletzt geänd. durch Art. 1 EuGVfOÄnd. v. 30.11.2022 (ABl. 2023 L 44 S. 8)

Inhalt[1]

---

[1] Redaktionelle Inhaltsübersicht, Seitenzahlen der Originalveröffentlichung hier nicht wiedergegeben.

Schlussbestimmungen

VERFAHRENSORDNUNG DES GERICHTS

DAS GERICHT –

aufgrund des Vertrags über die Europäische Union[1], insbesondere seines Artikels 19,

aufgrund des Vertrags über die Arbeitsweise der Europäischen Union[2], insbesondere seines Artikels 254 Absatz 5,

aufgrund des Vertrags zur Gründung der Europäischen Atomgemeinschaft, insbesondere seines Artikels 106a Absatz 1,

aufgrund des Protokolls über die Satzung des Gerichtshofs der Europäischen Union[3], insbesondere seines Artikels 19 Absatz 6, seines Artikels 63 und seines Artikels 64 Absatz 2,

in Erwägung nachstehender Gründe:

(1) Die Verfahrensordnung vom 2. Mai 1991 ist wiederholt geändert worden, um dem Gericht schrittweise Vorschriften an die Hand zu geben, die es ihm ermöglichen, Rechtssachen unterschiedlicher Art aus Bereichen mit einer immer größer werdenden Vielfalt unter den bestmöglichen Voraussetzungen zu bearbeiten.

(2) Eine vollständige Überarbeitung der Verfahrensordnung ist notwendig, um dieser Gesamtheit von Vorschriften eine neue Kohärenz zu geben, die Einheitlichkeit des verfahrensrechtlichen Instrumentariums zu fördern, mit dem die Streitsachen geregelt werden, die vor die Gerichte der Europäischen Union gebracht werden, die Fähigkeit des Gerichts zu erhalten, innerhalb eines angemessenen Zeitraums zu entscheiden, die den Parteien zuerkannten Rechte zu klären, die Erwartungen des Gerichts gegenüber den Vertretern der Parteien näher darzulegen und eine Reihe von Bestimmungen anzupassen, um bestimmten, auch technischen, Entwicklungen Rechnung zu tragen, was die Einreichung und die Zustellung von Verfahrensschriftstücken und Schwierigkeiten betrifft, die bei ihrer Anwendung zutage getreten sind.

(3) Für die auf dem Gebiet des geistigen Eigentums erhobenen Klagen und die gegen die Entscheidungen des Gerichts für den öffentlichen Dienst der Europäischen Union eingelegten Rechtsmittel müssen aufgrund ihrer spezifischen Besonderheiten spezielle, in besondere Titel aufzunehmende Verfahrensvorschriften, darüber hinaus jedoch die für Klageverfahren vorgesehenen Verfahrensbestimmungen, gelten. Somit bilden die Vorschriften für Klageverfahren, für Klagen auf dem Gebiet des geistigen Eigentums und für Rechtsmittel das Gerüst dieser Verfahrensordnung.

(4) Im Licht der Erfahrungen erscheint es zudem geboten, die jeweils für diese Verfahren geltenden Vorschriften zu vervollständigen oder für den Einzel-

---

[1] Nr. **1**.
[2] Nr. **2**.
[3] Nr. **27**.

nen klarer zu gestalten. Diese Vorschriften betreffen u.a. den Umfang der den Hauptparteien eingeräumten Rechte und den Umfang der den Streithelfern zuerkannten Rechte bzw., bei den Rechtssachen des geistigen Eigentums, den Erwerb der Eigenschaft als Streithelfer und den Umfang der diesem zustehenden Rechte. Die Achtung des Grundsatzes des kontradiktorischen Verfahrens und die Notwendigkeit, in bestimmten Situationen die Vertraulichkeit sensibler Informationen zu wahren, die für die Entscheidung des Rechtsstreits von Bedeutung sind, sind Gegenstand spezieller Bestimmungen. Was die Rechtsmittel gegen die Entscheidungen des Gerichts für den öffentlichen Dienst betrifft, ist zudem klarer zwischen Rechtsmitteln und nach deren Zustellung eingelegten Anschlussrechtsmitteln zu unterscheiden. Desgleichen ist bei Rechtssachen auf dem Gebiet des geistigen Eigentums zwischen Klage und vom Streithelfer nach Zustellung der das Verfahren einleitenden Klageschrift erhobener Anschlussklage zu unterscheiden.

(5) Die Durchführung mancher Verfahren hat gezeigt, dass diese zu komplex sind. Sie sind deshalb zu vereinfachen. Insoweit stellen die Vorschriften zur Bestimmung der Verfahrenssprache in den Rechtssachen des geistigen Eigentums sicher, dass die Betroffenen die Situationen besser einschätzen können und die Bearbeitung durch das Gericht vereinfacht wird. Die Vorschriften über das Versäumnisverfahren sollen eine raschere Erledigung der Rechtssache im Interesse des Klägers ermöglichen, der, wenn er obsiegt, dem Risiko eines Einspruchs des unterlegenen Beklagten ausgesetzt ist.

(6) Der besseren Lesbarkeit halber sind ferner alle Anträge, die sich auf Urteile oder Beschlüsse beziehen und gegenwärtig über mehrere verschiedene Titel und Kapitel der Verfahrensordnung verstreut sind, im Titel über Klageverfahren zusammenzuführen. Um die Lesbarkeit des Textes zu erhöhen, werden auch die Verfahren nach einer Zurückverweisung durch den Gerichtshof – sei es nach einer Aufhebung, sei es nach einer Überprüfung – in einem einzigen Titel dargestellt.

(7) Obgleich das Gericht immer mehr Streitsachen zu bewältigen hat, muss es seine Entscheidungen weiterhin in angemessener Zeit erlassen. Es ist daher wesentlich, die Bemühungen um eine Verkürzung der Dauer der vor ihm geführten Verfahren fortzusetzen, indem insbesondere das schriftliche Verfahren in den Rechtssachen des geistigen Eigentums auf einen einzigen Schriftsatzwechsel beschränkt wird, indem ein Rahmen für Anträge auf Anpassung der Anträge in der Klageschrift geschaffen wird, indem bestimmte gesetzliche Fristen verkürzt werden, indem die für die Streithilfe geltende Regelung dadurch vereinfacht wird, dass die Möglichkeit der Zulassung zur Streithilfe nach Ablauf der gesetzlichen Frist nach der Veröffentlichung im *Amtsblatt der Europäischen Union* beseitigt wird, indem das Gericht die Möglichkeit erhält, in Klageverfahren ohne mündliches Verfahren zu entscheiden, wenn keine der Hauptparteien die Durchführung einer mündlichen Verhandlung beantragt und es sich durch die Aktenstücke der Rechtssache für ausreichend unterrichtet hält, sowie die Möglichkeit, über ein Rechtsmittel ohne ein mündliches Verfahren zu entscheiden, indem die Entscheidungsbefugnisse der Kammerpräsidenten erweitert werden, und schließlich, indem die Zahl der Fälle erhöht wird, in denen durch einfachen Beschluss entschieden wird.

(8) Aus diesem Grund wurde auch der Titel über die Organisation des Gerichts um Vorschriften erweitert, mit denen u.a. die Fälle, in denen eine Rechtssache neu zugewiesen werden kann, genau bezeichnet werden und die eine Erweiterung der Zuständigkeit des Einzelrichters bezwecken, um ihm die Entscheidung in Rechtssachen des geistigen Eigentums zu ermöglichen.

(9) Die Durchführung des Verfahrens unter Achtung des Grundsatzes des kontradiktorischen Verfahrens wird dadurch bekräftigt, dass diesem Grundsatz ein eigener Artikel gewidmet ist und dass die Fälle, in denen die Wahrung der Vertraulichkeit bestimmter, von einer Hauptpartei erteilter Informationen, die für die Entscheidung über den Rechtsstreit unerlässlich sind, es rechtfertigt, diese Informationen ausnahmsweise nicht der anderen Hauptpartei bekannt zu geben, in einen engen rechtlichen Rahmen eingefasst werden. Neue Bestimmungen geben dem Gericht auch einen formalen Rahmen für die Fälle der Selbstablehnung eines Richters oder dessen Entbindung an die Hand. Außerdem soll die Reform Vorschriften auf die Ebene der Verfahrensordnung anheben, die zuvor in den Praktischen Anweisungen für die Parteien enthalten waren, wie diejenige zur Länge der Schriftsätze, oder in der Dienstanweisung für den Kanzler des Gerichts, wie diejenige zur Anonymität und diejenige, mit der die Voraussetzungen näher geregelt werden, unter denen ein Dritter die Akten der Rechtssache einsehen darf.

(10) Schließlich wird die Lesbarkeit des Textes dadurch erleichtert, dass bestimmte obsolete oder nicht angewandte Vorschriften entfallen, alle Absätze der Artikel dieser Verfahrensordnung nummeriert werden, jedem Artikel eine Überschrift gegeben wird und Begriffe vereinheitlicht werden.

im Einvernehmen mit dem Gerichtshof,

mit Genehmigung des Rates, die am 10. Februar 2015 erteilt worden ist –

ERLÄSST FOLGENDE VERFAHRENSORDNUNG:

Eingangsbestimmungen

Art. 1 Definitionen (1) In dieser Verfahrensordnung werden bezeichnet:

a) die Bestimmungen des Vertrags über die Europäische Union (EU-Vertrag)[1] mit der Nummer des betreffenden Artikels dieses Vertrags, gefolgt von dem Kürzel „EUV“;

b) die Bestimmungen des Vertrags über die Arbeitsweise der Europäischen Union (AEU-Vertrag)[2] mit der Nummer des betreffenden Artikels dieses Vertrags, gefolgt von dem Kürzel „AEUV“;

c) die Bestimmungen des Vertrags zur Gründung der Europäischen Atomgemeinschaft (EAG-Vertrag) mit der Nummer des betreffenden Artikels dieses Vertrags, gefolgt von dem Kürzel „EAGV“;

d) das Protokoll über die Satzung des Gerichtshofs der Europäischen Union[3] als „Satzung“;

---

[1] Nr. **1**.
[2] Nr. **2**.
[3] Nr. **27**.

e) das Abkommen über den Europäischen Wirtschaftsraum[1] als „EWR-Abkommen";

f) die Verordnung Nr. 1 des Rates vom 15. April 1958 zur Regelung der Sprachenfrage für die Europäische Wirtschaftsgemeinschaft[2] als „Verordnung Nr. 1 des Rates".

(2) In dieser Verfahrensordnung bezeichnen:

a) der Begriff „Gericht" bei den Rechtssachen, die einer Kammer zugewiesen oder an diese verwiesen worden sind, diese Kammer und bei Rechtssachen, die dem Einzelrichter übertragen oder zugewiesen worden sind, den Einzelrichter;

b) der Begriff „Präsident" ohne weitere Angabe
   – bei Rechtssachen, die noch keinem Spruchkörper zugewiesen worden sind, den Präsidenten des Gerichts;
   – bei Rechtssachen, die Kammern zugewiesen worden sind, den Präsidenten der Kammer, der die Rechtssache zugewiesen worden ist;
   – bei Rechtssachen, die dem Einzelrichter übertragen oder zugewiesen worden sind, den Einzelrichter;

c) die Begriffe „Partei" und „Parteien" ohne weitere Angabe jeden am Verfahren Beteiligten, einschließlich der Streithelfer;

d) die Begriffe „Hauptpartei" und „Hauptparteien" je nach Fall den Kläger oder den Beklagten oder beide bzw. den Rechtsmittelführer oder den Rechtsmittelgegner oder beide;

e) der Ausdruck „Vertreter der Parteien" Anwälte und Bevollmächtigte – Letztere gegebenenfalls unterstützt von einem Beistand oder einem Anwalt –, die die Parteien gemäß Artikel 19 der Satzung vor dem das Gericht vertreten;

f) die Begriffe „Organ" und „Organe" die in Artikel 13 Absatz 1 EUV genannten Organe der Union und die Einrichtungen oder sonstigen Stellen, die durch die Verträge oder einen zu deren Durchführung erlassenen Rechtsakt geschaffen worden sind und die in Verfahren vor dem Gericht Partei sein können;

g) der Begriff „Amt" je nach Fall das Amt der Europäischen Union für geistiges Eigentum oder das Sortenamt der Gemeinschaft;

h) der Ausdruck „EFTA-Überwachungsbehörde" die im EWR-Abkommen genannte Überwachungsbehörde der Europäischen Freihandelsassoziation;

i) der Begriff „Klageverfahren" Klagen auf der Grundlage der Artikel 263 AEUV, 265 AEUV, 268 AEUV, 270 AEUV und 272 AEUV;

j) der Begriff „Beamtenstatut" die Verordnung zur Festlegung des Statuts der Beamten der Europäischen Union und der Beschäftigungsbedingungen für die sonstigen Bediensteten der Union;

k) der Begriff „e-Curia" die Informatikanwendung des Gerichtshofs der Europäischen Union, die die Einreichung und Zustellung von Verfahrensschriftstücken auf elektronischem Weg ermöglicht.

---

[1] **Amtl. Anm.:** ABl. L 1 vom 3.1.1994, S. 3.
[2] **Amtl. Anm.:** ABl. 17 vom 6.10.1958, S. 385/58.

Art. 2 Regelungszweck der Verfahrensordnung. Mit den Bestimmungen dieser Verfahrensordnung werden die einschlägigen Bestimmungen des EU-Vertrags[1], des AEU-Vertrags[2] und des EAG-Vertrags sowie der Satzung[3] umgesetzt und, soweit erforderlich, ergänzt.

Erster Titel. Organisation des Gerichts

Erstes Kapitel. Mitglieder des Gerichts

Art. 3 Tätigkeit als Richter und Tätigkeit als Generalanwalt. (1) Jedes Mitglied des Gerichts übt grundsätzlich die Tätigkeit eines Richters aus.

(2) Die Mitglieder des Gerichts werden im Folgenden „Richter" genannt.

(3) Mit Ausnahme des Präsidenten und der Kammerpräsidenten des Gerichts kann jeder Richter in einer bestimmten Rechtssache nach Maßgabe der Artikel 30 und 31 die Tätigkeit eines Generalanwalts ausüben.

(4) Die Bezugnahmen auf den Generalanwalt in dieser Verfahrensordnung gelten nur für die Fälle, in denen ein Richter zum Generalanwalt bestellt worden ist.

Art. 4 Beginn der Amtszeit der Richter. [1]Die Amtszeit eines Richters beginnt mit dem im Ernennungsakt dafür bestimmten Tag. [2]Wird in diesem Akt der Tag des Beginns der Amtszeit nicht bestimmt, so beginnt die Amtszeit mit dem Tag der Veröffentlichung des Ernennungsakts im *Amtsblatt der Europäischen Union.*

Art. 5 Eidesleistung. Die Richter leisten vor Aufnahme ihrer Amtstätigkeit vor dem Gerichtshof folgenden Eid gemäß Artikel 2 der Satzung[3]:

„Ich schwöre, dass ich mein Amt unparteiisch und gewissenhaft ausüben und das Beratungsgeheimnis wahren werde."

Art. 6 Feierliche Verpflichtung. Unmittelbar nach der Eidesleistung unterzeichnen die Richter eine Erklärung, in der sie die in Artikel 4 Absatz 3 der Satzung[3] vorgesehene feierliche Verpflichtung übernehmen.

Art. 7 Amtsenthebung eines Richters. (1) Hat der Gerichtshof nach Artikel 6 der Satzung[3] nach Stellungnahme des Gerichts darüber zu entscheiden, ob ein Richter die erforderlichen Voraussetzungen nicht mehr erfüllt oder den sich aus seinem Amt ergebenden Verpflichtungen nicht mehr nachkommt, so fordert der Präsident des Gerichts den Betroffenen auf, sich hierzu zu äußern; dabei ist der Kanzler nicht zugegen.

(2) Die Stellungnahme des Gerichts ist mit Gründen zu versehen.

(3) [1]Für eine Stellungnahme, durch die festgestellt wird, dass ein Richter nicht mehr die für sein Amt erforderlichen Voraussetzungen erfüllt oder den sich aus diesem Amt ergebenden Verpflichtungen nicht mehr nachkommt, sind mindestens die Stimmen der Mehrheit der Richter erforderlich, aus denen das Gericht nach Artikel 48 der Satzung besteht. [2]In diesem Fall ist das zahlenmäßige Abstimmungsergebnis dem Gerichtshof mitzuteilen.

---

[1] Nr. **1**.
[2] Nr. **2**.
[3] Nr. **27**.

(4) Die Abstimmung, bei der der Kanzler nicht zugegen ist, ist geheim; der Betroffene wirkt bei der Beschlussfassung nicht mit.

Art. 8 Dienstaltersrang. (1) Das Dienstalter der Richter wird beginnend mit der Aufnahme ihrer Amtstätigkeit berechnet.

(2) Bei gleichem Dienstalter bestimmt sich der Dienstaltersrang nach dem Lebensalter.

(3) Richter, die wiederernannt werden, behalten ihren bisherigen Dienstaltersrang.

Zweites Kapitel. Präsidentschaft des Gerichts

Art. 9 Wahl des Präsidenten und des Vizepräsidenten des Gerichts.

(1) Die Richter wählen sogleich nach der teilweisen Neubesetzung von Richterstellen gemäß Artikel 254 Absatz 2 AEUV[1)] aus ihrer Mitte den Präsidenten des Gerichts für die Dauer von drei Jahren.

(2) Endet die Amtszeit des Präsidenten des Gerichts vor ihrem regelmäßigen Ablauf, so wird das Amt für die verbleibende Zeit neu besetzt.

(3) [1] Die in diesem Artikel vorgesehenen Wahlen sind geheim. [2] Gewählt ist der Richter, der die Stimmen von mehr als der Hälfte der Richter erhält, die gemäß Artikel 48 der Satzung[2)] das Gericht bilden. [3] Erreicht keiner der Richter diese Mehrheit, so finden weitere Wahlgänge statt, bis sie erreicht wird.

(4) [1] Die Richter wählen sodann gemäß dem Verfahren des Absatzes 3 aus ihrer Mitte den Vizepräsidenten des Gerichts für die Dauer von drei Jahren. [2] Endet dessen Amtszeit vor ihrem regelmäßigen Ablauf, so findet Absatz 2 Anwendung.

(5) Die Namen des Präsidenten und des Vizepräsidenten des Gerichts, die gemäß diesem Artikel gewählt worden sind, werden im *Amtsblatt der Europäischen Union* veröffentlicht.

Art. 10 Zuständigkeit des Präsidenten des Gerichts. (1) Der Präsident des Gerichts vertritt das Gericht.

(2) Der Präsident des Gerichts leitet die Tätigkeit und die Dienststellen des Gerichts.

(3) Der Präsident des Gerichts führt den Vorsitz in der Vollversammlung nach Artikel 42.

(4) [1] Der Präsident des Gerichts führt den Vorsitz in der Großen Kammer. [2] In diesem Fall findet Artikel 19 Anwendung.

(5) [1] Ist der Präsident des Gerichts einer Kammer zugeteilt, so führt er den Vorsitz in dieser Kammer. [2] In diesem Fall findet Artikel 19 Anwendung.

(6) In den Rechtssachen, die noch keinem Spruchkörper zugewiesen worden sind, kann der Präsident des Gerichts prozessleitende Maßnahmen gemäß Artikel 89 treffen und ist befugt, die Entscheidungen nach den Artikeln 66 und 66a zu treffen.

---

1) Nr. **2**.
2) Nr. **27**.

Art. 11 Zuständigkeit des Vizepräsidenten des Gerichts. (1) Der Vizepräsident des Gerichts steht dem Präsidenten des Gerichts bei der Erfüllung seiner Aufgaben zur Seite und vertritt ihn, wenn dieser verhindert ist.

(2) Er vertritt ihn auf dessen Aufforderung bei der Erfüllung der Aufgaben gemäß Artikel 10 Absätze 1 und 2.

(3) [1] Das Gericht legt durch Beschluss die Voraussetzungen fest, unter denen der Vizepräsident des Gerichts den Präsidenten des Gerichts bei der Erfüllung seiner richterlichen Aufgaben vertritt. [2] Der Beschluss wird im *Amtsblatt der Europäischen Union* veröffentlicht.

(4) [1] Ist der Vizepräsident des Gerichts einer Kammer zugeteilt, so führt er vorbehaltlich des Artikels 10 Absatz 5 den Vorsitz in dieser Kammer. [2] In diesem Fall findet Artikel 19 Anwendung.

Art. 12 Verhinderung des Präsidenten und des Vizepräsidenten des Gerichts. Sind der Präsident und der Vizepräsident des Gerichts gleichzeitig verhindert, so wird das Amt des Präsidenten gemäß der in Artikel 8 festgelegten Rangordnung von einem der Kammerpräsidenten oder in Ermangelung dessen von einem der übrigen Richter wahrgenommen.

Drittes Kapitel. Kammern und Spruchkörper

Abschnitt 1. Bildung der Kammern und Besetzung der Spruchkörper

Art. 13 Bildung der Kammern. (1) Das Gericht bildet aus seiner Mitte Kammern, die mit drei Richtern und mit fünf Richtern tagen.

(2) Das Gericht beschließt auf Vorschlag des Präsidenten des Gerichts über die Zuteilung der Richter zu den Kammern.

(3) Die gemäß diesem Artikel getroffenen Beschlüsse werden im *Amtsblatt der Europäischen Union* veröffentlicht.

Art. 14 Zuständiger Spruchkörper. (1) Die Rechtssachen, mit denen das Gericht befasst ist, werden von den gemäß Artikel 13 mit drei Richtern oder mit fünf Richtern tagenden Kammern entschieden.

(2) Die Rechtssachen können nach Maßgabe des Artikels 28 von der Großen Kammer entschieden werden.

(3) Die Rechtssachen können vom Einzelrichter entschieden werden, wenn sie ihm nach Maßgabe des Artikels 29 zugewiesen worden sind.

Art. 15 Besetzung der Großen Kammer. (1) Die Große Kammer ist mit 15 Richtern besetzt.

(2) [1] Das Gericht beschließt, auf welche Weise die Richter bestimmt werden, mit denen die Große Kammer besetzt wird. [2] Der Beschluss wird im *Amtsblatt der Europäischen Union* veröffentlicht.

Art. 16 Selbstablehnung eines Richters und Entbindung. (1) Glaubt ein Richter, gemäß Artikel 18 Absätze 1 und 2 der Satzung bei der Erledigung einer Rechtssache nicht mitwirken zu können, so teilt er dies dem Präsidenten mit, der ihn von der Mitwirkung freistellt.

(2) Ist der Präsident des Gerichts der Ansicht, dass ein Richter gemäß Artikel 18 Absätze 1 und 2 der Satzung bei der Erledigung einer Rechtssache

nicht mitwirken kann, so teilt er dies dem betroffenen Richter mit und gibt ihm Gelegenheit zur Stellungnahme, bevor er eine Entscheidung trifft.

(3) [1] Ergibt sich bei der Anwendung dieses Artikels eine Schwierigkeit gemäß Artikel 18 Absatz 3 der Satzung[1)], so überträgt der Präsident des Gerichts die Entscheidungen nach den Absätzen 1 und 2 der Vollversammlung. [2] In diesem Fall findet eine geheime Abstimmung statt, nachdem dem betroffenen Richter, der an der Beschlussfassung nicht mitwirkt, Gelegenheit zur Stellungnahme gegeben wurde; der Kanzler ist bei der Abstimmung nicht zugegen.

Art. 17 Verhinderung eines Mitglieds des Spruchkörpers. (1) Wird in der Großen Kammer infolge einer vor der Eröffnung der mündlichen Verhandlung oder der Beratung eingetretenen Verhinderung eines Richters die in Artikel 15 vorgesehene Zahl von Richtern nicht erreicht, so wird diese Kammer zur Wiederherstellung der vorgesehenen Richterzahl durch einen vom Präsidenten des Gerichts bestimmten Richter ergänzt.

(2) [1] Wird in einer mit drei Richtern oder mit fünf Richtern tagenden Kammer infolge einer vor der Eröffnung der mündlichen Verhandlung oder der Beratung eingetretenen Verhinderung eines Richters die vorgesehene Zahl von Richtern nicht erreicht, so bestimmt der Präsident dieser Kammer einen anderen Richter derselben Kammer, um den verhinderten Richter zu ersetzen. [2] Ist eine Ersetzung des verhinderten Richters durch einen Richter derselben Kammer nicht möglich, so benachrichtigt der Präsident der betreffenden Kammer den Präsidenten des Gerichts, der zur Wiederherstellung der vorgesehenen Richterzahl nach den vom Gericht beschlossenen Kriterien einen anderen Richter bestimmt. [3] Der Beschluss über diese Kriterien wird im *Amtsblatt der Europäischen Union* veröffentlicht.

(3) Ist der Richter, dem die Rechtssache als Einzelrichter übertragen oder zugewiesen worden ist, verhindert, so bestimmt der Präsident des Gerichts einen anderen Richter, der ihn ersetzt.

Abschnitt 2. Kammerpräsidenten

Art. 18 Wahl der Kammerpräsidenten. (1) Die Richter wählen aus ihrer Mitte gemäß Artikel 9 Absatz 3 die Präsidenten der mit drei Richtern und der mit fünf Richtern tagenden Kammern.

(2) [1] Die Präsidenten der mit fünf Richtern tagenden Kammern werden jeweils für drei Jahre gewählt. [2] Einmalige Wiederwahl ist zulässig.

(3) Die Präsidenten der mit drei Richtern tagenden Kammern werden für einen bestimmten Zeitraum gewählt.

(4) Die Präsidenten der mit fünf Richtern tagenden Kammern werden sogleich nach der gemäß Artikel 9 erfolgten Wahl des Vizepräsidenten des Gerichts gewählt.

(5) Endet die Amtszeit eines Kammerpräsidenten vor ihrem regelmäßigen Ablauf, so wird das Amt für die verbleibende Zeit neu besetzt.

(6) Die Namen der Kammerpräsidenten, die gemäß diesem Artikel gewählt worden sind, werden im *Amtsblatt der Europäischen Union* veröffentlicht.

[1)] Nr. **27**.

Art. 19 Befugnisse des Kammerpräsidenten. (1) Der Kammerpräsident übt die ihm durch diese Verfahrensordnung übertragenen Befugnisse nach Anhörung des Berichterstatters aus.

(2) Der Kammerpräsident kann jede in seine Zuständigkeit fallende Entscheidung auf die Kammer übertragen.

Art. 20 Verhinderung des Kammerpräsidenten. Ist der Kammerpräsident verhindert, so werden seine Aufgaben unbeschadet des Artikels 10 Absatz 5 und des Artikels 11 Absatz 4 von einem Richter des Spruchkörpers gemäß der in Artikel 8 festgelegten Rangordnung wahrgenommen.

Abschnitt 3. Beratungen

Art. 21 Beratungsmodalitäten. (1) Die Beratungen des Gerichts sind und bleiben geheim.

(2) Hat eine mündliche Verhandlung stattgefunden, nehmen an der Beratung nur die an der Verhandlung beteiligten Richter teil.

(3) Jeder Richter, der an der Beratung teilnimmt, trägt seine Auffassung vor und begründet sie.

(4) [1] Das Ergebnis, auf das sich die Mehrheit der Richter nach der abschließenden Erörterung geeinigt hat, ist für die Entscheidung des Gerichts maßgebend. [2] Die Richter stimmen in der umgekehrten Reihenfolge der in Artikel 8 festgelegten Rangordnung ab, mit Ausnahme des Berichterstatters, der seine Stimme als Erster abgibt, und des Präsidenten, der seine Stimme zuletzt abgibt.

Art. 22 Zahl der an der Beratung teilnehmenden Richter. [1] Ergibt sich infolge einer Verhinderung eine gerade Zahl von Richtern, so nimmt der im Sinne des Artikels 8 dienstjüngste Richter an der Beratung nicht teil, es sei denn, dieser Richter ist Präsident oder Berichterstatter. [2] Im letzten Fall nimmt der Richter mit dem nächstniedrigen Dienstaltersrang an der Beratung nicht teil.

Art. 23 Beschlussfähigkeit der Großen Kammer. (1) Die Entscheidungen der Großen Kammer sind nur dann gültig, wenn elf Richter anwesend sind.

(2) Wird diese für die Beschlussfähigkeit erforderliche Zahl von Richtern infolge einer Verhinderung nicht erreicht, so bestimmt der Präsident des Gerichts einen anderen Richter, mit dem die für die Beschlussfähigkeit der Großen Kammer erforderliche Zahl von Richtern erreicht wird.

(3) [1] Wird die für die Beschlussfähigkeit erforderliche Zahl von Richtern nicht mehr erreicht, nachdem die mündliche Verhandlung stattgefunden hat, so erfolgt eine Ersetzung nach Maßgabe des Absatzes 2; auf Antrag einer Hauptpartei ist eine erneute mündliche Verhandlung durchzuführen. [2] Das Gericht kann eine erneute mündliche Verhandlung auch von Amts wegen durchführen. [3] Eine erneute mündliche Verhandlung ist zwingend durchzuführen, wenn eine Beweisaufnahme nach Artikel 91 Buchstaben a und d sowie nach Artikel 96 Absatz 2 durchgeführt worden ist. [4] Wird keine erneute mündliche Verhandlung durchgeführt, so findet Artikel 21 Absatz 2 keine Anwendung.

Art. 24 Beschlussfähigkeit der mit drei Richtern oder mit fünf Richtern tagenden Kammern. (1) Die Entscheidungen der mit drei Richtern oder mit fünf Richtern tagenden Kammern sind nur dann gültig, wenn drei Richter anwesend sind.

(2) [1] Wird in einer der mit drei Richtern oder mit fünf Richtern tagenden Kammern die für die Beschlussfähigkeit erforderliche Zahl von Richtern infolge einer Verhinderung nicht erreicht, so bestimmt der Präsident dieser Kammer einen anderen Richter derselben Kammer, um den verhinderten Richter zu ersetzen. [2] Ist eine Ersetzung des verhinderten Richters durch einen Richter derselben Kammer nicht möglich, so benachrichtigt der Präsident der betreffenden Kammer den Präsidenten des Gerichts, der nach den vom Gericht beschlossenen Kriterien einen anderen Richter bestimmt, damit die für die Beschlussfähigkeit der Kammer erforderliche Zahl von Richtern erreicht wird. [3] Der Beschluss über diese Kriterien wird im *Amtsblatt der Europäischen Union* veröffentlicht.

(3) [1] Wird die für die Beschlussfähigkeit erforderliche Zahl von Richtern nicht mehr erreicht, nachdem die mündliche Verhandlung stattgefunden hat, so erfolgt eine Ersetzung nach Maßgabe des Absatzes 2; auf Antrag einer Hauptpartei ist eine erneute mündliche Verhandlung durchzuführen. [2] Das Gericht kann eine erneute mündliche Verhandlung auch von Amts wegen durchführen. [3] Eine erneute mündliche Verhandlung ist zwingend durchzuführen, wenn eine Beweisaufnahme nach Artikel 91 Buchstaben a und d sowie nach Artikel 96 Absatz 2 durchgeführt worden ist. [4] Eine erneute mündliche Verhandlung ist zwingend durchzuführen, wenn die Verhinderung mehr als einen an der ursprünglichen mündlichen Verhandlung beteiligten Richter betrifft. [5] Wird keine erneute mündliche Verhandlung durchgeführt, so findet Artikel 21 Absatz 2 keine Anwendung.

Viertes Kapitel. Zuweisung und Neuzuweisung der Rechtssachen, Bestimmung der Berichterstatter, Verweisung an die Spruchkammern und Übertragung auf den Einzelrichter

Art. 25 Kriterien für die Zuweisung. (1) [1] Das Gericht legt die Kriterien fest, nach denen sich die Verteilung der Rechtssachen auf die Kammern richtet. [2] Das Gericht kann eine oder mehrere Kammern mit der Entscheidung von Rechtssachen in speziellen Sachgebieten beauftragen.

(2) Der Beschluss wird im *Amtsblatt der Europäischen Union* veröffentlicht.

Art. 26 Zuweisung einer Rechtssache nach Eingang und Bestimmung des Berichterstatters. (1) Der Präsident des Gerichts weist die Rechtssache nach Eingang des verfahrenseinleitenden Schriftstücks so bald wie möglich gemäß den vom Gericht nach Artikel 25 festgelegten Kriterien einer Kammer zu.

(2) [1] Der Kammerpräsident schlägt dem Präsidenten des Gerichts für jede der Kammer zugewiesene Rechtssache die Bestimmung eines Berichterstatters vor. [2] Der Präsident des Gerichts entscheidet.

(3) Sind einer mit drei Richtern oder mit fünf Richtern tagenden Kammer mehr als drei oder fünf Richter zugeteilt, so bestimmt der Kammerpräsident die Richter, die an der Entscheidung der Rechtssache mitwirken sollen.

Art. 27 Bestimmung eines neuen Berichterstatters und Neuzuweisung einer Rechtssache. (1) [1]Bei Verhinderung des Berichterstatters benachrichtigt der Präsident des zuständigen Spruchkörpers den Präsidenten des Gerichts, der einen neuen Berichterstatter bestimmt. [2]Ist dieser nicht der Kammer zugeteilt, der die Rechtssache ursprünglich zugewiesen war, so wird die Rechtssache von der Kammer entschieden, der der neue Berichterstatter angehört.

(2) [1]Um dem Sachzusammenhang zwischen bestimmten Rechtssachen Rechnung zu tragen, kann der Präsident des Gerichts durch mit Gründen versehene Entscheidung und nach Anhörung der betroffenen Berichterstatter Rechtssachen neu zuweisen, um die Vorbereitung aller betroffenen Rechtssachen durch denselben Berichterstatter zu ermöglichen. [2]Ist der Berichterstatter, dem die Rechtssachen neu zugewiesen werden, nicht der Kammer zugeteilt, der die Rechtssachen ursprünglich zugewiesen waren, so werden die Rechtssachen von der Kammer entschieden, der der neue Berichterstatter angehört.

(3) [1]Im Interesse einer geordneten Rechtspflege kann der Präsident des Gerichts ausnahmsweise vor der Vorlage des Vorberichts gemäß Artikel 87 durch eine mit Gründen versehene Entscheidung und nach Anhörung der betroffenen Richter einen anderen Berichterstatter bestimmen. [2]Ist dieser nicht der Kammer zugeteilt, der die Rechtssache ursprünglich zugewiesen war, so wird die Rechtssache von der Kammer entschieden, der der neue Berichterstatter angehört.

(4) Bevor der Präsident des Gerichts die Bestimmungen nach den Absätzen 1 bis 3 trifft, holt er die Stellungnahmen der betroffenen Kammerpräsidenten ein.

(5) Bei einer Neubesetzung der Kammern infolge eines Beschlusses des Gerichts über die Zuteilung der Richter an die Kammern wird die Rechtssache von der Kammer entschieden, der der Berichterstatter aufgrund dieser Entscheidung angehört, sofern nicht bereits über die Rechtssache beraten wird oder das mündliche Verfahren eröffnet wurde.

(6) Unbeschadet des Absatzes 5 wird, wenn eine Rechtssache zu einem speziellen Sachgebiet im Sinne des Artikels 25 gehört und das schriftliche Verfahren bei Erlass des Beschlusses des Gerichts über die Zuteilung der Richter zu den Kammern nicht abgeschlossen ist, ein neuer Berichterstatter in einer Kammer bestimmt, die auf diesem Sachgebiet zu entscheiden hat, wenn der ursprüngliche Berichterstatter einer Kammer zugeteilt wird, die nicht auf diesem Sachgebiet entscheidet.

Art. 28 Verweisung an eine mit einer anderen Richterzahl tagende Kammer. (1) Sofern die rechtliche Schwierigkeit oder die Bedeutung der Rechtssache oder besondere Umstände es rechtfertigen, kann eine Rechtssache an die Große Kammer oder an eine mit einer anderen Richterzahl tagende Kammer verwiesen werden.

(2) Die mit der Rechtssache befasste Kammer kann der Vollversammlung in jedem Verfahrensstadium von Amts wegen oder auf Antrag einer Hauptpartei eine Verweisung nach Absatz 1 vorschlagen.

(3) Der Präsident des Gerichts oder der Vizepräsident des Gerichts können der Vollversammlung bis zum Abschluss des mündlichen Verfahrens oder, im Fall des Artikels 106 Absatz 3, vor der Entscheidung der mit der Rechtssache

befassten Kammer, ohne mündliches Verfahren zu entscheiden, eine Verweisung nach Absatz 1 vorschlagen.

(4) Über die Verweisung einer Rechtssache an eine mit einer höheren Richterzahl tagende Kammer entscheidet die Vollversammlung.

(5) Über die Verweisung einer Rechtssache an eine mit einer geringeren Richterzahl tagende Kammer entscheidet die Vollversammlung nach Anhörung der Hauptparteien.

(6) Die Rechtssache wird von einer mit mindestens fünf Richtern tagenden Kammer entschieden, wenn ein Mitgliedstaat oder ein Organ der Union als Partei dies beantragt.

Art. 29 Übertragung auf den Einzelrichter. (1) Die nachstehend bezeichneten Rechtssachen, die einer mit drei Richtern tagenden Kammer zugewiesen sind, können vom Berichterstatter als Einzelrichter entschieden werden, wenn sie sich wegen fehlender Schwierigkeit der aufgeworfenen Tatsachen- und Rechtsfragen, begrenzter Bedeutung der Rechtssache und des Fehlens anderer besonderer Umstände dazu eignen und nach Maßgabe dieses Artikels übertragen worden sind:

a) die in Artikel 171 bezeichneten Rechtssachen;

b) Rechtssachen, die aufgrund des Artikels 263 Absatz 4 AEUV[1], des Artikels 265 Absatz 3 AEUV, des Artikels 268 AEUV und des Artikels 270 AEUV anhängig gemacht worden sind und die ausschließlich Fragen aufwerfen, die bereits durch eine gesicherte Rechtsprechung geklärt sind, oder zu einer Reihe von Rechtssachen gehören, die den gleichen Gegenstand haben und von denen eine bereits rechtskräftig entschieden ist;

c) Rechtssachen, die aufgrund des Artikels 272 AEUV anhängig gemacht worden sind.

(2) Die Übertragung auf den Einzelrichter ist ausgeschlossen

a) bei Nichtigkeitsklagen gegen Handlungen mit allgemeiner Geltung oder bei Rechtssachen, in denen ausdrücklich eine Einrede der Rechtswidrigkeit gegen eine Handlung mit allgemeiner Geltung erhoben worden ist;

b) bei Klagen gemäß Artikel 270 AEUV, in denen ausdrücklich eine Einrede der Rechtswidrigkeit gegen einen Rechtsakt mit allgemeiner Geltung erhoben worden ist, es sei denn, über die mit dieser Einrede aufgeworfenen Fragen ist vom Gerichtshof oder vom Gericht bereits entschieden worden;

c) bei Rechtssachen betreffend die Durchführung
   - der Wettbewerbsregeln oder der Vorschriften über die Kontrolle von Unternehmenszusammenschlüssen,
   - der Vorschriften über staatliche Beihilfen,
   - der Vorschriften über handelspolitische Schutzmaßnahmen,
   - der Vorschriften über die gemeinsame Organisation der Agrarmärkte mit Ausnahme von Rechtssachen, die zu einer Reihe von Rechtssachen gehören, die den gleichen Gegenstand haben und von denen eine bereits rechtskräftig entschieden ist.

---

[1] Nr. 2.

(3) [1]Die Entscheidung über die Übertragung einer Rechtssache auf den Einzelrichter trifft die mit drei Richtern tagende Kammer, bei der die Rechtssache anhängig ist, nach Anhörung der Hauptparteien. [2]Widerspricht ein Mitgliedstaat oder ein Organ der Union als Partei der Entscheidung der Rechtssache durch den Einzelrichter, so bleibt die Kammer, der der Berichterstatter angehört, mit der Rechtssache befasst.

(4) Der Einzelrichter verweist die Rechtssache an die Kammer zurück, wenn er feststellt, dass die Voraussetzungen für die Übertragung nicht mehr erfüllt sind.

Fünftes Kapitel. Bestellung der Generalanwälte

Art. 30 Bestellung eines Generalanwalts. Das Gericht kann von einem Generalanwalt unterstützt werden, wenn die rechtliche Schwierigkeit oder die Komplexität des Sachverhalts der Rechtssache dies nach Ansicht des Gerichts gebietet.

Art. 31 Modalitäten der Bestellung eines Generalanwalts. (1) Die Entscheidung über die Bestellung eines Generalanwalts für eine bestimmte Rechtssache wird auf Antrag der Kammer, der die Rechtssache zugewiesen oder an die diese verwiesen worden ist, von der Vollversammlung getroffen.

(2) Der Präsident des Gerichts bestimmt den Richter, der in dieser Rechtssache die Tätigkeit eines Generalanwalts ausübt.

(3) Ist diese Bestimmung erfolgt, so wird der Generalanwalt gehört, bevor die Entscheidungen nach den Artikeln 16, 28, 45, 68, 70, 83, 87, 90, 92, 98, 103, 105, 106, 113, 126 bis 132, 144, 151, 165, 168 und 169 ergehen.

Sechstes Kapitel. Kanzlei

Abschnitt 1. Kanzler

Art. 32 Ernennung des Kanzlers. (1) Das Gericht ernennt den Kanzler.

(2) [1]Ist die Stelle des Kanzlers unbesetzt, wird eine Anzeige im *Amtsblatt der Europäischen Union* veröffentlicht. [2]Interessenten werden aufgefordert, innerhalb einer Frist von mindestens drei Wochen ihre Bewerbung einzureichen, die genaue Angaben über ihre Staatsangehörigkeit, akademischen Grade, Sprachkenntnisse, gegenwärtige und frühere berufliche Tätigkeit und etwaigen gerichtlichen und internationalen Erfahrungen enthalten muss.

(3) Die Abstimmung erfolgt nach dem Verfahren des Artikels 9 Absatz 3.

(4) [1]Der Kanzler wird für die Dauer von sechs Jahren ernannt. [2]Wiederernennung ist zulässig. [3]Das Gericht kann entscheiden, die Amtszeit des amtierenden Kanzlers zu verlängern, ohne von dem in Absatz 2 vorgesehenen Verfahren Gebrauch zu machen. [4]In diesem Fall findet Absatz 3 Anwendung.

(5) Der Kanzler leistet den in Artikel 5 vorgesehenen Eid und unterzeichnet die in Artikel 6 vorgesehene Erklärung.

(6) [1]Der Kanzler kann seines Amtes nur enthoben werden, wenn er die erforderlichen Voraussetzungen nicht mehr erfüllt oder den sich aus seinem Amt ergebenden Verpflichtungen nicht mehr nachkommt. [2]Das Gericht entscheidet, ohne dass der Kanzler dabei zugegen ist, nachdem es diesem Gelegenheit zur Äußerung gegeben hat.

(7) Endet die Amtszeit des Kanzlers vor ihrem regelmäßigen Ablauf, so ernennt das Gericht einen neuen Kanzler für die Dauer von sechs Jahren.

(8) Der Name des gemäß diesem Artikel gewählten Kanzlers wird im *Amtsblatt der Europäischen Union* veröffentlicht.

Art. 33 Beigeordneter Kanzler. Das Gericht kann nach dem für die Ernennung des Kanzlers geltenden Verfahren einen oder mehrere Beigeordnete Kanzler ernennen, die den Kanzler unterstützen und ihn bei Verhinderung vertreten.

Art. 34 Verhinderung des Kanzlers und des Beigeordneten Kanzlers. Sind der Kanzler und gegebenenfalls der Beigeordnete Kanzler verhindert, so beauftragt der Präsident des Gerichts Beamte oder sonstige Bedienstete mit der Wahrnehmung der Geschäfte des Kanzlers.

Art. 35 Zuständigkeit des Kanzlers. (1) Der Kanzler ist unter der Aufsicht des Präsidenten des Gerichts mit der Entgegennahme, Übermittlung und Aufbewahrung aller Schriftstücke sowie mit den Zustellungen, die mit der Anwendung dieser Verfahrensordnung verbunden sind, beauftragt.

(2) Der Kanzler steht den Mitgliedern des Gerichts bei allen Amtshandlungen zur Seite.

(3) [1] Der Kanzler verwahrt die Siegel und ist für das Archiv verantwortlich. [2] Er sorgt unter Beachtung der vom Gericht festgelegten Kriterien für die Veröffentlichungen des Gerichts, insbesondere der Sammlung der Rechtsprechung, und die Verbreitung der das Gericht betreffenden Dokumente über das Internet.

(4) Der Kanzler nimmt die Aufgaben der Verwaltung, der Finanzverwaltung und der Buchführung unter der Aufsicht des Präsidenten des Gerichts wahr; dabei stehen ihm die Dienststellen des Gerichtshofs der Europäischen Union zur Seite.

(5) Soweit in dieser Verfahrensordnung nichts anderes bestimmt ist, ist der Kanzler bei allen Sitzungen des Gerichts zugegen.

Art. 36 Registerführung. (1) Die Kanzlei führt unter der Verantwortung des Kanzlers ein Register, in das fortlaufend und in der Reihenfolge ihres Eingangs alle Verfahrensschriftstücke einzutragen sind.

(2) Der Kanzler vermerkt die Eintragung in das Register auf den zu den Akten der Rechtssache gegebenen Verfahrensschriftstücken und, auf Antrag der Parteien, auf den von ihnen zu diesem Zweck vorgelegten Kopien.

(3) Die Eintragung in das Register und die in Absatz 2 vorgesehenen Vermerke stellen öffentliche Urkunden dar.

Art. 37 Einsichtnahme in das Register. Jeder kann das Register bei der Kanzlei einsehen und nach Maßgabe der vom Gericht auf Vorschlag des Kanzlers erlassenen Gebührenordnung der Kanzlei Kopien oder Auszüge daraus erhalten.

Art. 38 Einsichtnahme in die Akten der Rechtssache. (1) Vorbehaltlich des Artikels 68 Absatz 4, der Artikel 103 bis 105 und des Artikels 144 Absatz 7 kann jede Partei Einsicht in die Akten der Rechtssache erhalten und gemäß der in Artikel 37 genannten Gebührenordnung der Kanzlei Kopien der Verfahrensschriftstücke sowie Ausfertigungen von Beschlüssen und Urteilen erhalten.

(2) [1]Kein Dritter, sei es mit privatrechtlichem oder öffentlich-rechtlichem Status, kann ohne ausdrückliche, nach Anhörung der Parteien vom Präsidenten des Gerichts erteilte Genehmigung Einsicht in die Akten einer Rechtssache erhalten. [2]Diese Genehmigung kann, umfassend oder eingeschränkt, nur auf schriftlichen Antrag erteilt werden, dem eine eingehende Begründung für das berechtigte Interesse an der Einsichtnahme in die betreffenden Akten beizufügen ist.

Abschnitt 2. Dienststellen

Art. 39 Beamte und sonstige Bedienstete. (1) [1]Die Beamten und die sonstigen Bediensteten, die den Präsidenten, die Richter und den Kanzler unmittelbar unterstützen, werden nach Maßgabe des Beamtenstatuts ernannt. [2]Sie unterstehen dem Kanzler unter der Aufsicht des Präsidenten des Gerichts.

(2) Sie leisten vor dem Präsidenten des Gerichts in Gegenwart des Kanzlers einen der beiden folgenden Eide:

„Ich schwöre, dass ich das mir vom Gericht anvertraute Amt pflichtgetreu, verschwiegen und gewissenhaft ausüben werde."

oder

„Ich verspreche feierlich, dass ich das mir vom Gericht anvertraute Amt pflichtgetreu, verschwiegen und gewissenhaft ausüben werde."

Siebtes Kapitel. Geschäftsgang des Gerichts

Art. 40 Ort der Sitzungen des Gerichts. Das Gericht kann einzelne Sitzungen an einem anderen Ort als seinem Sitz abhalten.

Art. 41 Arbeitskalender des Gerichts. (1) Das Gerichtsjahr beginnt am 1. September des Kalenderjahrs und endet am 31. August des darauffolgenden Jahres.

(2) Die Gerichtsferien werden vom Gericht festgesetzt.

(3) Während der Gerichtsferien können der Präsident des Gerichts und die Kammerpräsidenten in dringenden Fällen die Richter und gegebenenfalls den Generalanwalt einberufen.

(4) Das Gericht hält die am Ort seines Sitzes geltenden gesetzlichen Feiertage ein.

(5) Das Gericht kann den Richtern in begründeten Fällen Urlaub gewähren.

(6) Die Daten der Gerichtsferien werden jährlich im *Amtsblatt der Europäischen Union* veröffentlicht.

Art. 42 Vollversammlung. (1) [1]Die Entscheidungen über Verwaltungsfragen sowie die in den Artikeln 7, 9, 11, 13, 15, 16, 18, 25, 28, 31 bis 33, 41, 56a und 224 genannten Entscheidungen werden vom Gericht in der Vollversammlung getroffen, an der alle Richter mit beschließender Stimme teilnehmen, soweit in dieser Verfahrensordnung nichts anderes bestimmt ist. [2]Der Kanzler ist zugegen, sofern das Gericht nichts anderes bestimmt.

(2) Erweist es sich nach Einberufung der Vollversammlung, dass die in Artikel 17 Absatz 4 der Satzung[1] genannte Zahl von Richtern, die für die Beschlussfähigkeit erforderlich ist, nicht erreicht wird, so vertagt der Präsident des Gerichts die Sitzung bis zu dem Zeitpunkt, zu dem diese Richterzahl erreicht ist.

Art. 43 Protokollaufnahme. (1) Tagt das Gericht in Anwesenheit des Kanzlers, so nimmt dieser ein etwa erforderliches Protokoll auf, das je nach Fall vom Präsidenten des Gerichts oder vom Kammerpräsidenten und vom Kanzler unterzeichnet wird.

(2) Tagt das Gericht in Abwesenheit des Kanzlers, so beauftragt es den im Sinne des Artikels 8 dienstjüngsten Richter mit der Aufnahme eines etwa erforderlichen Protokolls, das je nach Fall vom Präsidenten des Gerichts oder vom Kammerpräsidenten und von dem genannten Richter unterzeichnet wird.

Zweiter Titel. Sprachenregelung

Art. 44 Verfahrenssprachen. Die Verfahrenssprachen sind Bulgarisch, Dänisch, Deutsch, Englisch, Estnisch, Finnisch, Französisch, Griechisch, Irisch, Italienisch, Kroatisch, Lettisch, Litauisch, Maltesisch, Niederländisch, Polnisch, Portugiesisch, Rumänisch, Schwedisch, Slowakisch, Slowenisch, Spanisch, Tschechisch und Ungarisch.

Art. 45 Bestimmung der Verfahrenssprache. (1) Bei Klageverfahren im Sinne des Artikels 1 wählt der Kläger vorbehaltlich der nachstehenden Bestimmungen die Verfahrenssprache:

a) Ist die Klage gegen einen Mitgliedstaat gerichtet, so ist die Amtssprache dieses Staates Verfahrenssprache; gibt es mehrere Amtssprachen, so ist der Kläger berechtigt, eine von ihnen zu wählen.

b) Wird eine Klage von einem Organ aufgrund einer Schiedsklausel eingereicht, die in einem von der Union oder für ihre Rechnung abgeschlossenen öffentlich-rechtlichen oder privatrechtlichen Vertrag gemäß Artikel 272 AEUV[2] enthalten ist, so ist die Vertragssprache Verfahrenssprache; wurde der Vertrag in mehreren Sprachen abgefasst, so ist der Kläger berechtigt, eine von ihnen zu wählen.

c) Auf gemeinsamen Antrag der Hauptparteien kann eine andere der in Artikel 44 genannten Sprachen ganz oder teilweise zugelassen werden.

d) Auf Antrag einer Partei kann nach Anhörung der anderen Parteien abweichend von den Buchstaben a bis c eine andere der in Artikel 44 genannten Sprachen ganz oder teilweise als Verfahrenssprache zugelassen werden; dieser Antrag kann nicht von einem der Organe gestellt werden.

(2) Die Entscheidung über die vorgenannten Anträge wird vom Präsidenten getroffen; dieser muss, will er den Anträgen ohne Einverständnis aller Parteien stattgeben, die Entscheidung dem Gericht übertragen.

(3) Unbeschadet des Absatzes 1 Buchstaben c und d

a) *(aufgehoben)*

---

[1] Nr. **27**.
[2] Nr. **2**.

b) ist bei Berichtigungsanträgen, Anträgen auf Abhilfe gegen das Unterlassen einer Entscheidung, Einsprüchen gegen Versäumnisurteile, Drittwidersprüchen sowie bei Anträgen auf Auslegung und auf Wiederaufnahme oder bei Streitigkeiten über die erstattungsfähigen Kosten Verfahrenssprache diejenige Sprache, die für die Entscheidung, auf die sich diese Anträge oder Streitigkeiten beziehen, Verfahrenssprache war.

(4) Unbeschadet des Absatzes 1 Buchstaben c und d gilt bei Klagen gegen die Entscheidungen der Beschwerdekammern des in Artikel 1 bezeichneten Amtes, die die Anwendung der Vorschriften im Rahmen einer Regelung über das geistige Eigentum betreffen:

a) Der Kläger wählt die Verfahrenssprache, wenn er einziger Beteiligter im Verfahren vor der Beschwerdekammer des Amtes war.
b) Die vom Kläger aus den in Artikel 44 genannten Sprachen mit der Klageschrift gewählte Sprache wird Verfahrenssprache, wenn kein anderer im Verfahren vor der Beschwerdekammer des Amtes Beteiligter innerhalb der vom Kanzler nach Eingang der Klageschrift hierfür gesetzten Frist widerspricht.
c) Im Fall des Widerspruchs eines anderen im Verfahren vor der Beschwerdekammer des Amtes Beteiligten als des Klägers gegen die Sprache der Klageschrift wird die Sprache der beim Gericht angefochtenen Entscheidung Verfahrenssprache; in diesem Fall veranlasst der Kanzler die Übersetzung der Klageschrift in die Verfahrenssprache.

Art. 46 Verwendung der Verfahrenssprache. (1) Die Verfahrenssprache ist insbesondere in den Schriftsätzen und bei den mündlichen Ausführungen der Parteien, einschließlich der beigefügten Unterlagen, sowie in den Protokollen und Entscheidungen des Gerichts zu verwenden.

(2) [1] Liegt Unterlagen, die einem Verfahrensschriftstück beigefügt sind, keine Übersetzung in die Verfahrenssprache bei, so fordert der Kanzler die betreffende Partei auf, diesen Mangel zu beheben, wenn der Präsident von Amts wegen oder auf Antrag einer Partei entscheidet, dass die Übersetzung für den ordnungsgemäßen Ablauf des Verfahrens erforderlich ist. [2] Bei Ausbleiben einer Mängelbehebung werden die betreffenden Anlagen aus den Akten der Rechtssache entfernt.

(3) [1] Bei umfangreichen Unterlagen können auszugsweise Übersetzungen vorgelegt werden. [2] Der Präsident kann jederzeit von Amts wegen oder auf Antrag einer Partei eine ausführlichere oder vollständige Übersetzung verlangen.

(4) [1] Abweichend von den vorstehenden Bestimmungen können sich die Mitgliedstaaten ihrer eigenen Amtssprache bedienen, wenn sie einem beim Gericht anhängigen Rechtsstreit als Streithelfer beitreten. [2] Dies gilt sowohl für Schriftstücke als auch für mündliche Erklärungen. [3] Der Kanzler veranlasst jeweils die Übersetzung in die Verfahrenssprache.

(5) [1] Die Vertragsstaaten des EWR-Abkommens, die nicht Mitgliedstaaten sind, und die EFTA-Überwachungsbehörde können sich statt der Verfahrenssprache einer anderen der in Artikel 44 genannten Sprachen bedienen, wenn sie einem beim Gericht anhängigen Rechtsstreit als Streithelfer beitreten. [2] Dies gilt sowohl für Schriftstücke als auch für mündliche Erklärungen. [3] Der Kanzler veranlasst jeweils die Übersetzung in die Verfahrenssprache.

(6) [1]Erklären Zeugen oder Sachverständige, dass sie sich nicht hinlänglich in einer der in Artikel 44 genannten Sprachen ausdrücken können, so kann ihnen der Präsident gestatten, ihre Erklärungen in einer anderen Sprache abzugeben. [2]Der Kanzler veranlasst die Übersetzung in die Verfahrenssprache.

(7) [1]Der Präsident kann sich bei der Leitung der Verhandlung statt der Verfahrenssprache einer anderen der in Artikel 44 genannten Sprachen bedienen; die gleiche Befugnis haben die Richter und gegebenenfalls der Generalanwalt für ihre Fragen und der Generalanwalt für seine Schlussanträge. [2]Der Kanzler veranlasst die Übersetzung in die Verfahrenssprache.

Art. 47 Verantwortlichkeit des Kanzlers in sprachlichen Angelegenheiten. (1) Der Kanzler veranlasst die Übersetzung der Verfahrensschriftstücke in die Verfahrenssprache und gegebenenfalls in eine andere in Artikel 44 genannte Sprache.

(2) Der Kanzler sorgt dafür, dass die Verdolmetschung der in der mündlichen Verhandlung getätigten Äußerungen in die Verfahrenssprache sowie in die anderen in Artikel 44 genannten Sprachen gewährleistet ist, deren sich die in der mündlichen Verhandlung anwesenden Parteien bedienen oder die als für den ordnungsgemäßen Ablauf der mündlichen Verhandlung erforderlich erachtet werden.

Art. 48 Sprachenregelung für die Veröffentlichungen des Gerichts. Die Veröffentlichungen des Gerichts erscheinen in den in Artikel 1 der Verordnung Nr. 1 des Rates genannten Sprachen.

Art. 49 Verbindliche Fassungen. Verbindlich ist die Fassung in der Verfahrenssprache oder, falls das Gericht gemäß den Artikeln 45 und 46 eine andere Sprache zugelassen hat, die Fassung in dieser Sprache.

Dritter Titel. Klageverfahren

Art. 50 Anwendungsbereich. Die Bestimmungen dieses Titels finden auf Klageverfahren im Sinne des Artikels 1 Anwendung.

Erstes Kapitel. Allgemeine Bestimmungen

Abschnitt 1. Vertretung der Parteien

Art. 51 Vertretungszwang. (1) Die Parteien müssen nach Maßgabe des Artikels 19 der Satzung[1)] durch einen Bevollmächtigten oder einen Anwalt vertreten sein.

(2) Anwälte, die als Vertreter oder Beistand einer Partei auftreten, haben bei der Kanzlei den Ausweis zu hinterlegen, mit dem ihre Berechtigung, vor einem Gericht eines Mitgliedstaats oder eines anderen Vertragsstaats des EWR-Abkommens aufzutreten, bescheinigt wird, sofern der betreffende Ausweis nicht bereits für die Eröffnung eines Zugangskontos zu e-Curia hinterlegt wurde.

(3) Anwälte, die eine juristische Person des Privatrechts als Partei vertreten, haben bei der Kanzlei eine Vollmacht dieser Partei zu hinterlegen.

---

1) Nr. **27**.

(4) [1]Wird das in Absatz 2 oder das in Absatz 3 genannte Papier nicht hinterlegt, so setzt der Kanzler der betroffenen Partei eine angemessene Frist zur Beibringung des Papiers. [2]Bei Ausbleiben einer fristgemäßen Beibringung entscheidet das Gericht, ob die Nichtbeachtung der betreffenden Förmlichkeit die formale Unzulässigkeit der Klageschrift oder des Schriftsatzes zur Folge hat oder ob sie dazu führt, dass der Anwalt nicht als Vertreter oder Beistand der betreffenden Partei gilt.

Abschnitt 2. Rechte und Pflichten der Parteivertreter

Art. 52 Vorrechte, Befreiungen und Erleichterungen. (1) Die Bevollmächtigten, Beistände und Anwälte, die vor dem Gericht oder vor einem von diesem um Rechtshilfe ersuchten Gericht erscheinen, können wegen mündlicher und schriftlicher Äußerungen, die sich auf die Sache oder auf die Parteien beziehen, nicht gerichtlich verfolgt werden.

(2) Die Bevollmächtigten, Beistände und Anwälte genießen ferner folgende Vorrechte und Erleichterungen:

a) Schriftstücke und Urkunden, die sich auf das Verfahren beziehen, dürfen weder durchsucht noch beschlagnahmt werden. Im Streitfall können die Zoll- oder Polizeibeamten die betreffenden Schriftstücke und Urkunden versiegeln, die dann dem Gericht zum Zwecke der Untersuchung im Beisein des Kanzlers und des Beteiligten umgehend übermittelt werden.
b) Die Bevollmächtigten, Beistände und Anwälte genießen die zur Erfüllung ihrer Aufgaben erforderliche Reisefreiheit.

Art. 53 Vertretereigenschaft. (1) Um die in Artikel 52 genannten Vorrechte, Befreiungen und Erleichterungen in Anspruch nehmen zu können, weisen zuvor ihre Eigenschaft nach

a) die Bevollmächtigten durch eine von ihrem Vollmachtgeber ausgestellte amtliche Urkunde, die Letzterer dem Kanzler umgehend in Kopie übermittelt;
b) die Anwälte durch einen Ausweis, mit dem ihre Berechtigung, vor einem Gericht eines Mitgliedstaats oder eines anderen Vertragsstaats des EWR-Abkommens aufzutreten, bescheinigt wird, und, wenn die von ihnen vertretene Partei eine juristische Person des Privatrechts ist, durch eine Vollmacht dieser Partei;
c) die Beistände durch eine Vollmacht der Partei, der sie beistehen.

(2) [1]Der Kanzler stellt ihnen erforderlichenfalls ein Berechtigungspapier aus. [2]Dessen Gültigkeit ist auf eine bestimmte Zeit begrenzt. [3]Sie kann je nach der Dauer des Verfahrens verlängert oder verkürzt werden.

Art. 54 Aufhebung der Befreiung von gerichtlicher Verfolgung.

(1) Die in Artikel 52 genannten Vorrechte, Befreiungen und Erleichterungen werden ausschließlich im Interesse des Verfahrens gewährt.

(2) Das Gericht kann die Befreiung von gerichtlicher Verfolgung aufheben, wenn dies nach seiner Auffassung dem Interesse des Verfahrens nicht zuwiderläuft.

Art. 55 Ausschluss vom Verfahren. (1) [1]Ist das Gericht der Auffassung, dass das Verhalten eines Bevollmächtigten, Beistands oder Anwalts gegenüber dem Gericht, dem Präsidenten, einem Richter oder dem Kanzler mit der Würde des Gerichts oder mit den Erfordernissen einer geordneten Rechtspflege unvereinbar ist oder dass ein Bevollmächtigter, Beistand oder Anwalt seine Befugnisse missbraucht, so unterrichtet es den Betroffenen davon. [2]Das Gericht kann die zuständigen Stellen, denen der Betroffene untersteht, davon unterrichten. [3]Letzterem wird eine Kopie des an diese Stellen gerichteten Schreibens übermittelt.

(2) [1]Aus denselben Gründen kann das Gericht nach Anhörung des Betroffenen jederzeit durch mit Gründen versehenen Beschluss entscheiden, einen Bevollmächtigten, Beistand oder Anwalt vom Verfahren auszuschließen. [2]Der Beschluss ist sofort vollziehbar.

(3) Wird ein Bevollmächtigter, Beistand oder Anwalt vom Verfahren ausgeschlossen, so wird das Verfahren bis zum Ablauf einer Frist ausgesetzt, die der Präsident der betroffenen Partei zur Bestimmung eines anderen Bevollmächtigten, Beistands oder Anwalts setzt.

(4) Die gemäß diesem Artikel getroffenen Entscheidungen können wieder aufgehoben werden.

Art. 56 Hochschullehrer. Die Bestimmungen dieses Abschnitts finden Anwendung auf die in Artikel 19 Absatz 7 der Satzung[1)] bezeichneten Hochschullehrer.

Abschnitt 2a. Kommunikation mit den Vertretern der Parteien mittels e-Curia

Art. 56a e-Curia. (1) Unbeschadet der in Artikel 57 Absatz 2, Artikel 72 Absatz 4, Artikel 80 Absatz 1, Artikel 105 Absätze 1 und 2, Artikel 147 Absatz 6, Artikel 148 Absatz 9 und Artikel 178 Absätze 2 und 3 genannten Fälle ist jedes Verfahrensschriftstück mittels e-Curia einzureichen und hat jede Zustellung mittels e-Curia zu erfolgen.

(2) [1]Die Voraussetzungen für die Einreichung und die Zustellung eines Verfahrensschriftstücks mittels e-Curia werden in einem vom Gericht zu erlassenden Beschluss im Einzelnen festgelegt. [2]Der Beschluss wird im *Amtsblatt der Europäischen Union* veröffentlicht.

(3) Voraussetzung für die Nutzung von e-Curia ist die Eröffnung eines Zugangskontos gemäß den in dem Beschluss nach Absatz 2 genannten Voraussetzungen.

(4) [1]Wird ein Verfahrensschriftstück mittels e-Curia eingereicht, bevor die für die Validierung des Zugangskontos erforderlichen Belege vorgelegt wurden, so müssen diese Belege in Papierform innerhalb einer Frist von zehn Tagen nach der Einreichung des Verfahrensschriftstücks bei der Kanzlei des Gerichts eingehen. [2]Diese Frist kann nicht verlängert werden; Artikel 60 findet keine Anwendung. [3]Bei nicht fristgemäßem Eingang der Belege erklärt das Gericht das mittels e-Curia eingereichte Verfahrensschriftstück für unzulässig.

(5) [1]Erweist sich die Verwendung von e-Curia als technisch unmöglich, so kann ein Verfahrensschriftstück auf jede geeignete, verfügbare Art und Weise eingereicht oder zugestellt werden; Artikel 45 Absatz 2 der Satzung[1)] bleibt

[1)] Nr. **27**.

unberührt. [2]Die in einem solchen Fall zu befolgenden Schritte werden in dem Beschluss nach Absatz 2 im Einzelnen festgelegt.

Abschnitt 3. Zustellungen

Art. 57 Zustellungsarten. (1) Unbeschadet des Artikels 80 Absatz 1, des Artikels 148 Absatz 9 und des Artikels 178 Absätze 2 und 3 veranlasst der Kanzler die in der Satzung[1)] und in dieser Verfahrensordnung vorgesehenen Zustellungen mittels e-Curia.

(2) [1]Ist eine Zustellung gemäß Absatz 1 wegen der Art des Schriftstücks nicht möglich, so erfolgt die Zustellung an die Anschrift des Vertreters der betroffenen Partei durch Übersendung einer Kopie des zuzustellenden Schriftstücks per Einschreiben mit Rückschein oder durch Übergabe der Kopie gegen Empfangsbestätigung. [2]Der Adressat wird davon mittels e-Curia benachrichtigt. [3]Ein Einschreiben gilt dann am zehnten Tag nach der Aufgabe zur Post am Ort des Sitzes des Gerichts als dem Adressaten übergeben, sofern nicht durch den Rückschein nachgewiesen wird, dass der Zugang zu einem anderen Zeitpunkt erfolgt ist, oder der Adressat den Kanzler innerhalb von drei Wochen nach der mittels e-Curia erfolgten Benachrichtigung davon unterrichtet, dass ihm das zuzustellende Schriftstück nicht zugegangen ist.

(3) Die Kopien des gemäß Absatz 2 zuzustellenden Originals werden vom Kanzler unbeschadet des Artikels 72 Absatz 4 ausgefertigt und beglaubigt.

Abschnitt 4. Fristen

Art. 58 Fristberechnung. (1) Die in den Verträgen, in der Satzung[1)] und in dieser Verfahrensordnung vorgesehenen Verfahrensfristen werden wie folgt berechnet:

a) Ist eine nach Tagen, Wochen, Monaten oder Jahren bemessene Frist von dem Zeitpunkt an zu berechnen, zu dem ein Ereignis eintritt oder eine Handlung vorgenommen wird, so wird der Tag, an dem das Ereignis eintritt oder die Handlung vorgenommen wird, nicht mitgerechnet.
b) Eine nach Wochen, Monaten oder Jahren bemessene Frist endet mit Ablauf des Tages, der in der letzten Woche, im letzten Monat oder im letzten Jahr dieselbe Bezeichnung oder dieselbe Zahl wie der Tag trägt, an dem das Ereignis eingetreten oder die Handlung vorgenommen worden ist, von denen an die Frist zu berechnen ist. Fehlt bei einer nach Monaten oder Jahren bemessenen Frist im letzten Monat der für ihren Ablauf maßgebende Tag, so endet die Frist mit Ablauf des letzten Tages dieses Monats.
c) Ist eine Frist nach Monaten und nach Tagen bemessen, so werden zunächst die vollen Monate und dann die Tage berücksichtigt.
d) Die Fristen umfassen die Samstage, die Sonntage und die gesetzlichen Feiertage.
e) Der Fristlauf wird durch die Gerichtsferien nicht gehemmt.

(2) Fällt das Fristende auf einen Samstag, Sonntag oder gesetzlichen Feiertag, so endet die Frist mit dem Ablauf des nächstfolgenden Werktags.

(3) Das vom Gerichtshof aufgestellte und im *Amtsblatt der Europäischen Union* veröffentlichte Verzeichnis der gesetzlichen Feiertage gilt auch für das Gericht.

[1)] Nr. **27**.

Art. 59 Klage gegen eine im Amtsblatt der Europäischen Union veröffentlichte Handlung eines Organs. Beginnt eine Frist für die Erhebung einer Klage gegen eine Handlung eines Organs mit der Veröffentlichung der Handlung im *Amtsblatt der Europäischen Union,* so ist diese Frist im Sinne von Artikel 58 Absatz 1 Buchstabe a vom Ablauf des vierzehnten Tages nach dieser Veröffentlichung an zu berechnen.

Art. 60 Entfernungsfrist. Die Verfahrensfristen werden um eine pauschale Entfernungsfrist von zehn Tagen verlängert.

Art. 61 Fristsetzung und Fristverlängerung. (1) Aufgrund dieser Verfahrensordnung festgesetzte Fristen können von der fristsetzenden Stelle verlängert werden.

(2) Der Präsident kann dem Kanzler die Zeichnungsbefugnis übertragen, bestimmte Fristen, die er aufgrund dieser Verfahrensordnung anzuordnen hat, festzusetzen oder deren Verlängerung zu gewähren.

Art. 62 Nicht fristgemäß eingereichte Verfahrensschriftstücke. Ein Verfahrensschriftstück, das bei der Kanzlei nach Ablauf der vom Präsidenten oder vom Kanzler gemäß dieser Verfahrensordnung gesetzten Frist eingeht, kann nur aufgrund einer entsprechenden Entscheidung des Präsidenten berücksichtigt werden.

Abschnitt 5. Verfahrensablauf und Behandlung der Rechtssachen

Art. 63 Verfahrensablauf. Unbeschadet besonderer Bestimmungen der Satzung[1)] oder dieser Verfahrensordnung umfasst das Verfahren vor dem Gericht ein schriftliches und ein mündliches Verfahren.

Art. 64 Kontradiktorisches Verfahren. Vorbehaltlich des Artikels 68 Absatz 4, des Artikels 104, des Artikels 105 Absatz 8 und des Artikels 144 Absatz 7 berücksichtigt das Gericht nur Verfahrensschriftstücke und Unterlagen, von denen die Vertreter der Parteien Kenntnis nehmen konnten und zu denen sie Stellung nehmen konnten.

Art. 65 Zustellung der Verfahrensschriftstücke und der im Laufe des Verfahrens getroffenen Entscheidungen. (1) Vorbehaltlich des Artikels 68 Absatz 4, der Artikel 103 bis 105 und des Artikels 144 Absatz 7 werden zu den Akten der Rechtssache gegebene Verfahrensschriftstücke und Unterlagen den Parteien zugestellt.

(2) Entscheidungen, die im Laufe des Verfahrens getroffen und zu den Akten der Rechtssache gegeben werden, werden den Parteien auf Veranlassung des Kanzlers bekannt gegeben.

Art. 66 Weglassen von personenbezogenen Daten natürlicher Personen gegenüber der Öffentlichkeit. (1) Das Gericht kann in laufenden Verfahren von Amts wegen oder auf mit gesondertem Schriftsatz gestellten Antrag einer Partei entscheiden, die Namen und Vornamen natürlicher Personen, unabhängig davon, ob es sich um Parteien oder um Dritte handelt, sowie alle anderen personenbezogenen Daten dieser natürlichen Personen, die

[1)] Nr. **27**.

in öffentlich zugänglichen Dokumenten und Informationen betreffend die Rechtssache genannt werden, wegzulassen.

(2) Absatz 1 findet auf den Streithilfeantragsteller Anwendung.

Art. 66a Weglassen von anderen Daten als personenbezogenen Daten natürlicher Personen gegenüber der Öffentlichkeit. (1) Das Gericht kann in laufenden Verfahren von Amts wegen oder auf mit gesondertem Schriftsatz gestellten begründeten Antrag einer Partei entscheiden, andere Daten als personenbezogene Daten natürlicher Personen, die in öffentlich zugänglichen Dokumenten und Informationen genannt werden, wegzulassen, wenn berechtigte Gründe es rechtfertigen, dass diese Daten nicht öffentlich verbreitet werden.

(2) Absatz 1 findet auf den Streithilfeantragsteller Anwendung.

Art. 67 Reihenfolge der Behandlung der Rechtssachen. (1) Das Gericht erledigt die bei ihm anhängigen Rechtssachen in der Reihenfolge, in der sie zur Entscheidung reif sind.

(2) Der Präsident kann in Anbetracht besonderer Umstände entscheiden, dass eine Rechtssache mit Vorrang entschieden wird.

Art. 68 Verbindung. (1) Mehrere Rechtssachen, die den gleichen Gegenstand haben, können jederzeit von Amts wegen oder auf Antrag einer Hauptpartei wegen Zusammenhangs alternativ oder kumulativ zu gemeinsamem schriftlichen oder mündlichen Verfahren oder zu gemeinsamer das Verfahren beendender Entscheidung verbunden werden.

(2) [1] Über die Verbindung entscheidet der Präsident. [2] Vor dieser Entscheidung setzt der Präsident den Hauptparteien eine Frist zur Stellungnahme zu einer möglichen Verbindung, sofern sie sich hierzu nicht bereits geäußert haben.

(3) Die Verbindung von Rechtssachen kann nach Maßgabe des Absatzes 2 aufgehoben werden.

(4) [1] Die zu den Akten der verbundenen Rechtssachen gegebenen Verfahrensschriftstücke werden den Parteien auf Antrag mittels e-Curia zugestellt. [2] Der Präsident kann jedoch auf Antrag einer Partei durch Beschluss bestimmte Angaben in den Akten der Rechtssache, deren vertraulicher Charakter geltend gemacht wurde, von der Zustellung ausnehmen.

Art. 69 Fälle der Aussetzung. Unbeschadet des Artikels 163 kann ein anhängiges Verfahren ausgesetzt werden:

a) in den in Artikel 54 Absatz 3 der Satzung[1)] vorgesehenen Fällen;

b) wenn beim Gerichtshof ein Rechtsmittel gegen eine Entscheidung des Gerichts eingelegt wird, die über einen Teil des Streitgegenstands ergangen ist, die einen Zwischenstreit über eine Einrede der Unzuständigkeit oder Unzulässigkeit beendet oder mit der ein Streitbeitritt abgelehnt wird;

c) auf Antrag einer Hauptpartei mit der ausdrücklichen Zustimmung der anderen Hauptpartei;

[1)] Nr. **27**.

d) in sonstigen besonderen Fällen, wenn eine geordnete Rechtspflege es erfordert.

Art. 70 Aussetzungsentscheidung und Entscheidung über die Fortsetzung des Verfahrens. (1) [1]Die Entscheidung über die Aussetzung des Verfahrens trifft der Präsident. [2]Vor dieser Entscheidung setzt der Präsident den Hauptparteien eine Frist zur Stellungnahme zu einer möglichen Aussetzung des Verfahrens, sofern sie sich hierzu nicht bereits geäußert haben.

(2) Die Entscheidung über die Fortsetzung des Verfahrens vor dem Ende der Aussetzung oder gemäß Artikel 71 Absatz 3 wird nach Maßgabe des Absatzes 1 getroffen.

Art. 71 Dauer und Wirkungen der Aussetzung. (1) Die Aussetzung des Verfahrens wird zu dem in der Aussetzungsentscheidung angegebenen Zeitpunkt oder, wenn ein solcher nicht angegeben ist, zum Zeitpunkt dieser Entscheidung wirksam.

(2) Die Aussetzung unterbricht alle Verfahrensfristen; dies gilt nicht für die in Artikel 143 Absatz 1 vorgesehene Streithilfefrist.

(3) Ist in der Aussetzungsentscheidung das Ende der Aussetzung nicht festgelegt, so endet die Aussetzung zu dem in der Entscheidung über die Fortsetzung des Verfahrens angegebenen Zeitpunkt oder, wenn ein solcher nicht angegeben ist, zum Zeitpunkt der Entscheidung über die Fortsetzung.

(4) An die Stelle der unterbrochenen Verfahrensfristen treten ab dem Zeitpunkt der Fortsetzung des Verfahrens nach einer Aussetzung neue Fristen, die zu dem Zeitpunkt der Fortsetzung zu laufen beginnen.

Art. 71a Pilotrechtssachen. (1) Werfen mehrere beim Gericht anhängige Rechtssachen die gleiche Rechtsfrage auf und ist das Gericht der Auffassung, dass es im Interesse einer geordneten Rechtspflege liegt, eine parallele Behandlung dieser Rechtssachen zu vermeiden, kann das Verfahren gemäß den Artikeln 69 Buchstabe c oder d, 70 und 71 bis zur Erledigung der Rechtssache, die sich unter diesen Rechtssachen am besten für die Prüfung der betreffenden Frage eignet und als Pilotrechtssache ausgemacht wird, ausgesetzt werden.

(2) Vor der Entscheidung über die Aussetzung fordert der Präsident die Hauptparteien der Rechtssachen, in denen eine Aussetzung des Verfahrens in Betracht kommt, unter Angabe der betreffenden Rechtsfrage sowie der Rechtssache, die als Pilotrechtssache ausgemacht werden könnte, gemäß Artikel 70 Absatz 1 zur Stellungnahme zu einer möglichen Aussetzung auf.

(3) Der Präsident der Kammer, der die Pilotrechtssache zugewiesen ist, lässt diese Rechtssache gemäß Artikel 67 Absatz 2 mit Vorrang entscheiden.

(4) Bei der Fortsetzung des Verfahrens erhalten die Parteien in den ausgesetzten Rechtssachen Gelegenheit, zu der in der Pilotrechtssache ergangenen Entscheidung und zu den Folgen dieser Entscheidung für den Rechtsstreit Stellung zu nehmen.

Zweites Kapitel. Verfahrensschriftstücke

Art. 72 Gemeinsame Regeln für die Einreichung von Verfahrensschriftstücken mittels e-Curia. (1) Mit Ausnahme der Einreichungen nach

Artikel 105 Absätze 1 und 2 und Artikel 147 Absatz 6 ist jedes Verfahrensschriftstück bei der Kanzlei mittels e-Curia einzureichen.

(2) [1]Jedes Verfahrensschriftstück ist mit Datum zu versehen. [2]Für die Berechnung der Verfahrensfristen sind ausschließlich Tag und Uhrzeit des Eingangs bei der Kanzlei nach der im Großherzogtum Luxemburg geltenden Zeit maßgebend.

(3) Den Verfahrensschriftstücken sind die zur Unterstützung herangezogenen Unterlagen und ein Verzeichnis dieser Unterlagen beizufügen.

(4) [1]Kann eine Anlage zu einem Verfahrensschriftstück ihrer Art nach nicht mittels e-Curia eingereicht werden, so ist die betreffende Anlage getrennt über den Postweg zu übermitteln oder der Kanzlei zu übergeben. [2]Von dieser Anlage sind ein Exemplar für das Gericht und je ein Exemplar für jede andere am Rechtsstreit beteiligte Partei einzureichen. [3]Die Übereinstimmung dieser Exemplare mit dem Original ist von der Partei, die sie einreicht, zu bestätigen.

(5) Die Organe haben innerhalb der vom Präsidenten festgesetzten Fristen Übersetzungen sämtlicher Verfahrensschriftstücke in den anderen in Artikel 1 der Verordnung Nr. 1 genannten Sprachen vorzulegen.

Art. 73, 74 *(aufgehoben)*

Art. 75 Länge der Schriftsätze. (1) Das Gericht legt gemäß Artikel 224 die maximale Länge der Schriftsätze fest, die im Rahmen dieses Titels eingereicht werden.

(2) Eine Überschreitung der maximalen Länge der Schriftsätze kann der Präsident nur in Fällen genehmigen, die in rechtlicher oder tatsächlicher Hinsicht besonders komplex sind.

Drittes Kapitel. Schriftliches Verfahren

Art. 76 Inhalt der Klageschrift. Die Klageschrift im Sinne von Artikel 21 der Satzung[1)] muss enthalten:

a) Namen und Wohnsitz des Klägers;

b) die Angabe der Stellung und der Anschrift des Vertreters des Klägers;

c) die Bezeichnung der Hauptpartei, gegen die sich die Klage richtet;

d) den Streitgegenstand, die geltend gemachten Klagegründe und Argumente sowie eine kurze Darstellung der Klagegründe;

e) die Anträge des Klägers;

f) gegebenenfalls die Beweise und Beweisangebote.

Art. 77 *(aufgehoben)*

Art. 78 Anlagen zur Klageschrift. (1) Der Klageschrift sind gegebenenfalls die in Artikel 21 Absatz 2 der Satzung[1)] bezeichneten Unterlagen beizufügen.

(2) Klagen gemäß Artikel 270 AEUV[2)] ist gegebenenfalls die Beschwerde im Sinne von Artikel 90 Absatz 2 des Beamtenstatuts und die Entscheidung über die Beschwerde mit Angabe des Datums der Einreichung der Beschwerde und der Mitteilung der Entscheidung beizufügen.

[1)] Nr. **27**.
[2)] Nr. **2**.

(3) Wird gemäß Artikel 272 AEUV eine Klage aufgrund einer Schiedsklausel erhoben, die in einem von der Union oder für ihre Rechnung abgeschlossenen öffentlich-rechtlichen oder privatrechtlichen Vertrag enthalten ist, so ist mit der Klageschrift eine Ausfertigung des diese Klausel enthaltenden Vertrags einzureichen.

(4) Ist der Kläger eine juristische Person des Privatrechts, so hat er mit der Klageschrift einen Nachweis für seine Rechtspersönlichkeit einzureichen (Handelsregisterauszug, Vereinsregisterauszug oder eine andere amtliche Urkunde).

(5) Der Klageschrift sind die in Artikel 51 Absätze 2 und 3 genannten Papiere beizufügen.

(6) [1] Entspricht die Klageschrift nicht den in den Absätzen 1 bis 5 genannten Voraussetzungen, so setzt der Kanzler dem Kläger eine angemessene Frist zur Beibringung der vorstehend genannten Unterlagen. [2] Bei Ausbleiben einer fristgemäßen Mängelbehebung entscheidet das Gericht, ob die Nichtbeachtung dieser Voraussetzungen die formale Unzulässigkeit der Klageschrift zur Folge hat.

Art. 79 Mitteilung im Amtsblatt der Europäischen Union. Im *Amtsblatt der Europäischen Union* wird eine Mitteilung veröffentlicht, die den Tag des Eingangs des verfahrenseinleitenden Schriftsatzes, die Namen der Hauptparteien, die Anträge und die Angabe der geltend gemachten Gründe und wesentlichen Argumente enthält; die Artikel 66 und 66a bleiben unberührt.

Art. 80 Zustellung der Klageschrift. (1) [1] Die Klageschrift wird dem Beklagten mittels e-Curia zugestellt, wenn er über ein Zugangskonto zu e-Curia verfügt. [2] Andernfalls wird die Klageschrift dem Beklagten durch Übersendung einer beglaubigten Kopie der Klageschrift per Einschreiben mit Rückschein oder durch Übergabe der Kopie gegen Empfangsbestätigung zugestellt.

(2) In den Fällen des Artikels 78 Absatz 6 erfolgt die Zustellung sogleich nach der Mängelbehebung oder nachdem das Gericht in Anbetracht der in dem genannten Artikel aufgeführten Voraussetzungen die Zulässigkeit bejaht hat.

Art. 81 Klagebeantwortung. (1) [1] Innerhalb von zwei Monaten nach Zustellung der Klageschrift hat der Beklagte eine Klagebeantwortung einzureichen. [2] Diese muss enthalten:

a) Namen und Wohnsitz des Beklagten;

b) Angabe der Stellung und der Anschrift des Vertreters des Beklagten;

c) die geltend gemachten Verteidigungsgründe und -argumente;

d) die Anträge des Beklagten;

e) gegebenenfalls die Beweise und Beweisangebote.

(2) Artikel 78 Absätze 4 bis 6 findet auf die Klagebeantwortung Anwendung.

(3) Der Präsident kann die in Absatz 1 vorgesehene Frist bei Vorliegen außergewöhnlicher Umstände auf begründeten Antrag des Beklagten verlängern.

Art. 82 Übermittlung von Schriftsätzen. Sind das Europäische Parlament, der Rat oder die Europäische Kommission nicht Partei einer Rechtssache, so übermittelt ihnen das Gericht eine Kopie der Klageschrift und der Klagebeantwortung oder gegebenenfalls der Einrede der Unzuständigkeit oder der Unzulässigkeit mit Ausnahme der diesen Schriftsätzen beigefügten Anlagen, damit sie feststellen können, ob im Sinne des Artikels 277 AEUV[1] die Unanwendbarkeit eines ihrer Rechtsakte geltend gemacht wird.

Art. 83 Erwiderung und Gegenerwiderung. (1) Klageschrift und Klagebeantwortung können durch eine Erwiderung des Klägers und eine Gegenerwiderung des Beklagten ergänzt werden, es sei denn, das Gericht entscheidet, dass ein zweiter Schriftsatzwechsel nicht erforderlich ist, weil der Inhalt der Akten der Rechtssache hinreichend vollständig ist.

(2) Entscheidet das Gericht, dass ein zweiter Schriftsatzwechsel nicht erforderlich ist, so kann es den Hauptparteien noch gestatten, die Akten der Rechtssache zu ergänzen, wenn der Kläger innerhalb von zwei Wochen nach Zustellung dieser Entscheidung einen dahin gehenden begründeten Antrag stellt.

(3) [1]Der Präsident bestimmt die Fristen für die Einreichung dieser Verfahrensschriftstücke. [2]Er kann festlegen, auf welche Punkte sich die Erwiderung und die Gegenerwiderung beziehen sollten.

Viertes Kapitel. Klage- und Verteidigungsgründe, Beweise und Anpassung der Klageschrift

Art. 84 Neue Klage- und Verteidigungsgründe. (1) Das Vorbringen neuer Klage- und Verteidigungsgründe im Laufe des Verfahrens ist unzulässig, es sei denn, dass sie auf rechtliche oder tatsächliche Gesichtspunkte gestützt werden, die erst während des Verfahrens zutage getreten sind.

(2) [1]Neue Klage- und Verteidigungsgründe sind gegebenenfalls im zweiten Schriftsatzwechsel vorzubringen und als solche kenntlich zu machen. [2]Werden die rechtlichen oder tatsächlichen Gesichtspunkte, die ein Vorbringen neuer Klage- und Verteidigungsgründe rechtfertigen, nach dem zweiten Schriftsatzwechsel oder nachdem entschieden wurde, dass ein solcher Schriftsatzwechsel nicht zugelassen wird, bekannt, so hat die betreffende Hauptpartei die neuen Klage- und Verteidigungsgründe vorzubringen, sobald sie von diesen Gesichtspunkten Kenntnis erlangt.

(3) Unbeschadet der späteren Entscheidung des Gerichts über die Zulässigkeit der neuen Klage- oder Verteidigungsgründe gibt der Präsident den anderen Parteien Gelegenheit, zu diesen Klage- oder Verteidigungsgründen Stellung zu nehmen.

Art. 85 Beweise und Beweisangebote. (1) Beweise und Beweisangebote sind im Rahmen des ersten Schriftsatzwechsels vorzulegen.

(2) Die Hauptparteien können für ihr Vorbringen noch in der Erwiderung oder in der Gegenerwiderung Beweise oder Beweisangebote vorlegen, sofern die Verspätung der Vorlage gerechtfertigt ist.

(3) Sofern die Verspätung der Vorlage gerechtfertigt ist, können die Hauptparteien ausnahmsweise noch vor Abschluss des mündlichen Verfahrens oder

---

[1] Nr. **2**.

vor einer Entscheidung des Gerichts, ohne mündliches Verfahren zu entscheiden, Beweise oder Beweisangebote vorlegen.

(4) Unbeschadet der späteren Entscheidung des Gerichts über die Zulässigkeit der gemäß den Absätzen 2 und 3 vorgebrachten Beweise oder Beweisangebote gibt der Präsident den anderen Parteien Gelegenheit, hierzu Stellung zu nehmen.

Art. 86 Anpassung der Klageschrift. (1) Wird ein Rechtsakt, dessen Nichtigerklärung beantragt wird, durch einen anderen Rechtsakt mit demselben Gegenstand ersetzt oder geändert, so kann der Kläger vor Abschluss des mündlichen Verfahrens oder vor der Entscheidung des Gerichts, ohne mündliches Verfahren zu entscheiden, die Klageschrift anpassen, um diesem neuen Umstand Rechnung zu tragen.

(2) Die Anpassung der Klageschrift muss mit gesondertem Schriftsatz und innerhalb der in Artikel 263 Absatz 6 AEUV[1)] vorgesehenen Frist erfolgen, innerhalb deren die Nichtigerklärung des die Anpassung der Klageschrift rechtfertigenden Rechtsakts beantragt werden kann.

(3) Bei Rechtssachen, die aufgrund des Artikels 270 AEUV anhängig gemacht worden sind, muss die Anpassung der Klageschrift mit gesondertem Schriftsatz und, abweichend von Absatz 2, innerhalb der in Artikel 91 Absatz 3 des Beamtenstatuts vorgesehenen Frist erfolgen, innerhalb deren die Nichtigerklärung des die Anpassung der Klageschrift rechtfertigenden Rechtsakts beantragt werden kann.

(4) Der Anpassungsschriftsatz muss enthalten:

a) die angepassten Anträge;

b) erforderlichenfalls die angepassten Klagegründe und Argumente;

c) erforderlichenfalls die mit der Anpassung der Anträge in Zusammenhang stehenden Beweise und Beweisangebote.

(5) [1] Dem Anpassungsschriftsatz ist der die Anpassung der Klageschrift rechtfertigende Rechtsakt beizufügen. [2] Wird dieser Rechtsakt nicht vorgelegt, so setzt der Kanzler dem Kläger eine angemessene Frist zur Vorlage. [3] Bei Ausbleiben einer fristgemäßen Mängelbehebung entscheidet das Gericht, ob die Nichtbeachtung dieses Erfordernisses die Unzulässigkeit des Schriftsatzes zur Anpassung der Klageschrift zur Folge hat.

(6) Unbeschadet der späteren Entscheidung des Gerichts über die Zulässigkeit des Schriftsatzes zur Anpassung der Klageschrift setzt der Präsident dem Beklagten eine Frist zur Erwiderung auf den Anpassungsschriftsatz.

(7) [1] Der Präsident setzt gegebenenfalls den Streithelfern eine Frist zur Ergänzung ihrer Streithilfeschriftsätze im Licht des Schriftsatzes zur Anpassung der Klageschrift und des Erwiderungsschriftsatzes. [2] Zu diesem Zweck werden diese Schriftsätze den Streithelfern gleichzeitig zugestellt.

Fünftes Kapitel. Vorbericht

Art. 87 Vorbericht. (1) Wenn das schriftliche Verfahren abgeschlossen ist, bestimmt der Präsident den Zeitpunkt, zu dem der Berichterstatter dem Gericht einen Vorbericht vorzulegen hat.

[1)] Nr. 2.

(2) Der Vorbericht enthält eine Prüfung der relevanten Tatsachen- und Rechtsfragen, die die Klage aufwirft, sowie Vorschläge zu der Frage, ob prozessleitende Maßnahmen oder eine Beweisaufnahme erforderlich sind, zur Durchführung des mündlichen Verfahrens sowie zu einer etwaigen Verweisung der Rechtssache an die Große Kammer oder an eine mit einer anderen Richterzahl tagende Kammer und zu einer möglichen Übertragung der Rechtssache auf den Einzelrichter.

(3) Das Gericht entscheidet über die Vorschläge des Berichterstatters und gegebenenfalls über die Eröffnung des mündlichen Verfahrens.

Sechstes Kapitel. Prozessleitende Maßnahmen und Beweisaufnahme

Art. 88 Allgemeines. (1) Prozessleitende Maßnahmen und Maßnahmen der Beweisaufnahme können in jedem Verfahrensstadium von Amts wegen oder auf Antrag einer Hauptpartei getroffen oder abgeändert werden.

(2) [1] In dem Antrag nach Absatz 1 sind der Gegenstand der beantragten Maßnahmen und die sie rechtfertigenden Gründe genau zu bezeichnen. [2] Wird der Antrag nach dem ersten Schriftsatzwechsel gestellt, so hat die antragstellende Partei die Gründe darzulegen, aus denen ihr eine frühere Antragstellung unmöglich war.

(3) Bei einem Antrag auf prozessleitende Maßnahmen oder Maßnahmen der Beweisaufnahme gibt der Präsident den anderen Parteien Gelegenheit, hierzu Stellung zu nehmen.

Abschnitt 1. Prozessleitende Maßnahmen

Art. 89 Gegenstand. (1) Prozessleitende Maßnahmen sollen die Vorbereitung der Entscheidungen, den Ablauf der Verfahren und die Beilegung der Rechtsstreitigkeiten unter den bestmöglichen Bedingungen gewährleisten.

(2) Prozessleitende Maßnahmen haben insbesondere zum Ziel,

a) den ordnungsgemäßen Ablauf des schriftlichen oder des mündlichen Verfahrens zu gewährleisten und die Beweiserhebung zu erleichtern;
b) die Punkte zu bestimmen, zu denen die Parteien ihr Vorbringen ergänzen sollen oder die eine Beweisaufnahme erfordern;
c) die Tragweite der Anträge sowie der Gründe und Argumente der Parteien zu verdeutlichen und die zwischen den Parteien streitigen Punkte zu klären;
d) die gütliche Beilegung der Rechtsstreitigkeiten zu erleichtern.

(3) Zu den prozessleitenden Maßnahmen, die beschlossen werden können, gehören unter anderem:

a) Fragen an die Parteien;
b) die Aufforderung an die Parteien, schriftlich oder mündlich zu bestimmten Aspekten des Rechtsstreits Stellung zu nehmen;
c) Auskunftsverlangen an die Parteien oder Dritte gemäß Artikel 24 Absatz 2 der Satzung[1];
d) die Aufforderung an die Parteien, mit der Rechtssache im Zusammenhang stehende Unterlagen vorzulegen;
e) die Ladung der Parteien zu Sitzungen.

---

[1] Nr. **27**.

(4) Wenn eine mündliche Verhandlung durchgeführt wird, fordert das Gericht, wann immer möglich, die Parteien auf, ihre mündlichen Ausführungen auf eine oder mehrere festgelegte Fragen zu konzentrieren.

Art. 90 Verfahren. (1) Prozessleitende Maßnahmen werden vom Gericht beschlossen.

(2) Beschließt das Gericht prozessleitende Maßnahmen, die es nicht selbst durchführt, so beauftragt es den Berichterstatter mit ihrer Durchführung.

Abschnitt 2. Beweisaufnahme

Art. 91 Gegenstand. Unbeschadet der Artikel 24 und 25 der Satzung[1] sind folgende Beweismittel zulässig:

a) persönliches Erscheinen der Parteien;

b) die Einholung von Auskünften bei einer Partei oder die Aufforderung an eine Partei, mit der Rechtssache im Zusammenhang stehende Unterlagen vorzulegen;

c) die Aufforderung zur Vorlage von Schriftstücken, in die ein Organ die Einsicht verweigert hat, in einem Verfahren zur Prüfung der Rechtmäßigkeit dieser Verweigerung;

d) Zeugenbeweis;

e) Sachverständigengutachten;

f) Einnahme des Augenscheins.

Art. 92 Verfahren. (1) Das Gericht bestimmt die Beweismittel durch Beschluss, der die zu beweisenden Tatsachen bezeichnet.

(2) Bevor das Gericht die Beweiserhebungen nach Artikel 91 Buchstaben d bis f beschließt, werden die Parteien gehört.

(3) [1] Eine Beweiserhebung nach Artikel 91 Buchstabe b kann erst beschlossen werden, wenn die von der Beweiserhebung betroffene Partei einer zuvor zu diesem Zweck erlassenen prozessleitenden Maßnahme nicht nachgekommen ist oder wenn die von der Beweiserhebung betroffene Partei eine solche Beweiserhebung ausdrücklich beantragt, wobei sie nachzuweisen hat, dass für diese Beweiserhebung ein Beweisbeschluss erforderlich ist. [2] Der Beweisbeschluss kann vorsehen, dass die Vertreter der Parteien die Auskünfte und Unterlagen, die das Gericht aufgrund dieses Beschlusses erhält, ausschließlich bei der Kanzlei einsehen dürfen und dass keine Kopien angefertigt werden dürfen.

(4) Beschließt das Gericht eine Beweisaufnahme, die nicht vor ihm selbst stattfinden soll, so beauftragt es den Berichterstatter mit ihrer Durchführung.

(5) Der Generalanwalt nimmt an der Beweisaufnahme teil.

(6) Die Parteien können der Beweisaufnahme beiwohnen.

(7) Gegenbeweis und Erweiterung der Beweisangebote bleiben vorbehalten.

Art. 93 Ladung von Zeugen. (1) Zeugen, deren Vernehmung für erforderlich erachtet wird, werden aufgrund eines Beschlusses nach Artikel 92 Absatz 1 geladen; der Beschluss muss enthalten:

a) Namen, Stellung und Anschrift der Zeugen;

---

[1] Nr. **27**.

b) Termin und Ort der Vernehmung;
c) die Benennung der Tatsachen, über die Beweis zu erheben ist, und der Zeugen, die zu den einzelnen Tatsachen vernommen werden sollen.

(2) Die Zeugen werden vom Gericht geladen, gegebenenfalls nach Hinterlegung des Vorschusses gemäß Artikel 100 Absatz 1.

Art. 94 Zeugenvernehmung. (1) Der Präsident weist die Zeugen nach Feststellung ihrer Identität darauf hin, dass sie die Richtigkeit ihrer Aussagen nach den Bestimmungen des Absatzes 5 und des Artikels 97 zu versichern haben.

(2) [1] Die Zeugen werden vom Gericht vernommen; die Parteien sind hierzu zu laden. [2] Der Präsident kann nach Beendigung der Aussage auf Antrag der Parteien oder von Amts wegen Fragen an die Zeugen richten.

(3) Die gleiche Befugnis steht den einzelnen Richtern und dem Generalanwalt zu.

(4) Die Vertreter der Parteien können unter der Aufsicht des Präsidenten Fragen an die Zeugen richten.

(5) Vorbehaltlich des Artikels 97 leistet der Zeuge nach Beendigung seiner Aussage folgenden Eid:

„Ich schwöre, dass ich die Wahrheit, die ganze Wahrheit und nichts als die Wahrheit gesagt habe."

(6) Das Gericht kann nach Anhörung der Hauptparteien auf die Beeidigung des Zeugen verzichten.

Art. 95 Pflichten der Zeugen. (1) Zeugen, die ordnungsgemäß geladen sind, haben der Ladung Folge zu leisten und zur Vernehmung zu erscheinen.

(2) Erscheint ein ordnungsgemäß geladener Zeuge ohne berechtigten Grund nicht vor dem Gericht, so kann dieses eine Geldbuße von bis zu 5 000 Euro gegen ihn verhängen und die erneute Ladung des Zeugen auf dessen Kosten beschließen.

(3) Die gleiche Sanktion kann gegen einen Zeugen verhängt werden, der ohne berechtigten Grund die Aussage oder die Eidesleistung verweigert.

Art. 96 Sachverständigengutachten. (1) In dem Beschluss, der den Sachverständigen ernennt, ist dessen Auftrag genau zu umschreiben und eine Frist für die Abgabe des Gutachtens zu bestimmen.

(2) [1] Nach Abgabe des Gutachtens und seiner Zustellung an die Parteien kann das Gericht die Anhörung des Sachverständigen beschließen; die Parteien werden hierzu geladen. [2] Der Präsident kann auf Antrag einer Partei oder von Amts wegen Fragen an den Sachverständigen richten.

(3) Die gleiche Befugnis steht den einzelnen Richtern und dem Generalanwalt zu.

(4) Die Vertreter der Parteien können unter der Aufsicht des Präsidenten Fragen an den Sachverständigen richten.

(5) Vorbehaltlich des Artikels 97 leistet der Sachverständige nach Abgabe des Gutachtens folgenden Eid:

„Ich schwöre, dass ich meinen Auftrag nach bestem Wissen und Gewissen und unparteiisch erfüllt habe."

(6) Das Gericht kann nach Anhörung der Hauptparteien auf die Beeidigung des Sachverständigen verzichten.

Art. 97 Eidesleistung von Zeugen und Sachverständigen. (1) Wer als Zeuge oder Sachverständiger vor dem Gericht zur Eidesleistung aufgefordert wird, wird vom Präsidenten ermahnt, seine Aussage wahrheitsgemäß zu machen bzw. seinen Auftrag nach bestem Wissen und Gewissen und unparteiisch zu erfüllen, und wird von ihm über die nach dem Recht seines Heimatstaats vorgesehenen strafrechtlichen Folgen einer Verletzung dieser Pflicht belehrt.

(2) Zeugen und Sachverständige leisten den Eid entweder gemäß Artikel 94 Absatz 5 bzw. Artikel 96 Absatz 5 oder in den nach dem Recht ihres Heimatstaats vorgesehenen Formen.

Art. 98 Eidesverletzung durch Zeugen und Sachverständige. (1) Hat ein Zeuge oder Sachverständiger vor dem Gericht unter Eid falsch ausgesagt, so kann das Gericht entscheiden, dies der in der Zusätzlichen Verfahrensordnung des Gerichtshofs genannten zuständigen Stelle des Mitgliedstaats anzuzeigen, dessen Gerichte für eine Strafverfolgung zuständig sind.

(2) [1]Der Kanzler veranlasst die Zustellung der Entscheidung des Gerichts. [2]In dieser Entscheidung sind die Tatsachen und Umstände anzugeben, auf denen die Anzeige beruht.

Art. 99 Ablehnung von Zeugen oder Sachverständigen. (1) Lehnt eine Partei einen Zeugen oder Sachverständigen wegen Unfähigkeit, Unwürdigkeit oder aus sonstigen Gründen ab oder verweigert ein Zeuge oder Sachverständiger die Aussage, die Erstattung des Gutachtens oder die Eidesleistung, so entscheidet das Gericht.

(2) Die Ablehnung eines Zeugen oder Sachverständigen ist innerhalb von zwei Wochen nach Zustellung des Beschlusses, durch den der Zeuge geladen oder der Sachverständige ernannt worden ist, mit Schriftsatz zu erklären, der die Ablehnungsgründe und die Beweisangebote enthalten muss.

Art. 100 Kosten der Zeugen und Sachverständigen. (1) Beschließt das Gericht die Vernehmung von Zeugen oder die Einholung eines Sachverständigengutachtens, so kann es von den Hauptparteien oder von einer Hauptpartei die Hinterlegung eines Vorschusses zur Deckung der Kosten der Zeugen und der Sachverständigen verlangen.

(2) [1]Zeugen und Sachverständige haben Anspruch auf Erstattung ihrer Reise- und Aufenthaltskosten. [2]Die Kasse des Gerichts kann ihnen einen Vorschuss auf diese Kosten gewähren.

(3) [1]Zeugen haben Anspruch auf Entschädigung für Verdienstausfall, Sachverständige auf Vergütung ihrer Tätigkeit. [2]Diese Leistungen werden den Zeugen und Sachverständigen von der Kasse des Gerichts nach Erfüllung ihrer Pflicht oder ihres Auftrags gezahlt.

Art. 101 Rechtshilfeersuchen. (1) Das Gericht kann auf Antrag der Hauptparteien oder von Amts wegen Rechtshilfeersuchen zur Vernehmung von Zeugen oder Sachverständigen stellen.

(2) [1]Das Rechtshilfeersuchen ergeht durch Beschluss. [2]Dieser Beschluss muss enthalten: Namen, Stellung und Anschrift der Zeugen oder Sachverständigen, die Bezeichnung der Tatsachen, über die die Zeugen oder Sachverstän-

digen zu vernehmen sind, die Bezeichnung der Parteien, ihrer Vertreter und ihrer Anschrift sowie eine kurze Darstellung des Streitgegenstands.

(3) [1] Der Kanzler übermittelt den Beschluss der in der Zusätzlichen Verfahrensordnung des Gerichtshofs genannten zuständigen Stelle desjenigen Mitgliedstaats, in dessen Gebiet die Vernehmung der Zeugen oder Sachverständigen stattfinden soll. [2] Er fügt dem Rechtshilfeersuchen gegebenenfalls eine Übersetzung in die Amtssprache oder -sprachen dieses Mitgliedstaats bei.

(4) Die in Absatz 3 bezeichnete Stelle leitet den Beschluss an das nach innerstaatlichem Recht zuständige Gericht weiter.

(5) [1] Das ersuchte Gericht erledigt das Rechtshilfeersuchen nach den Vorschriften seines innerstaatlichen Rechts. [2] Nach Erledigung des Rechtshilfeersuchens gibt das ersuchte Gericht das Rechtshilfeersuchen und die im Zuge der Erledigung angefallenen Vorgänge mit einer Aufstellung der entstandenen Kosten an die in Absatz 3 bezeichnete Stelle zurück. [3] Diese Unterlagen werden dem Kanzler übermittelt.

(6) Der Kanzler veranlasst die Übersetzung der betreffenden Unterlagen in die Verfahrenssprache.

(7) Das Gericht übernimmt die anfallenden Auslagen; es erlegt sie gegebenenfalls den Hauptparteien auf.

Art. 102 Protokoll der Beweistermine. (1) [1] Der Kanzler nimmt über jeden Beweistermin ein Protokoll auf. [2] Das Protokoll wird vom Präsidenten und vom Kanzler unterzeichnet. [3] Es stellt eine öffentliche Urkunde dar.

(2) [1] Handelt es sich um einen Termin zur Vernehmung von Zeugen oder Anhörung von Sachverständigen, wird das Protokoll vom Präsidenten oder von dem mit der Vernehmung oder Anhörung beauftragten Berichterstatter sowie vom Kanzler unterzeichnet. [2] Vor dieser Unterzeichnung ist dem Zeugen oder Sachverständigen Gelegenheit zu geben, den Inhalt des Protokolls zu überprüfen und es zu unterzeichnen.

(3) Das Protokoll wird den Parteien zugestellt.

Abschnitt 3. Behandlung vertraulicher Auskünfte, Belegstücke und Unterlagen, die im Rahmen der Beweisaufnahme erteilt und vorgelegt werden

Art. 103 Behandlung vertraulicher Auskünfte und Unterlagen.

(1) Hat das Gericht auf der Grundlage rechtlicher und tatsächlicher Gesichtspunkte, die von einer Hauptpartei geltend gemacht werden, den gegenüber der anderen Hauptpartei vertraulichen Charakter bestimmter Auskünfte oder Unterlagen, die ihm im Rahmen einer Beweiserhebung nach Artikel 91 Buchstabe b vorgelegt worden sind und die für die Entscheidung über den Rechtsstreit erheblich sein können, zu prüfen, so werden diese Auskünfte oder Unterlagen dieser anderen Partei in der Phase dieser Prüfung nicht bekannt gegeben.

(2) Gelangt das Gericht bei der Prüfung nach Absatz 1 zu dem Ergebnis, dass bestimmte ihm vorgelegte Auskünfte oder Unterlagen für die Entscheidung über den Rechtsstreit erheblich sind und gegenüber der anderen Hauptpartei vertraulich zu behandeln sind, so wägt es den vertraulichen Charakter und die Erfordernisse, die mit dem Recht auf effektiven gerichtlichen Rechtsschutz, insbesondere der Einhaltung des Grundsatzes des kontradiktorischen Verfahrens, verbunden sind, gegeneinander ab.

(3) Nach der Abwägung gemäß Absatz 2 kann das Gericht entscheiden, der anderen Hauptpartei die vertraulichen Auskünfte oder Unterlagen zur Kenntnis zu bringen, gegebenenfalls, indem es deren Offenlegung von der Unterzeichnung besonderer Verpflichtungen abhängig macht, oder entscheiden, sie nicht bekannt zu geben und durch mit Gründen versehenen Beschluss die Modalitäten klarzustellen, die es dieser anderen Hauptpartei ermöglichen, so weitgehend wie möglich Stellung zu nehmen, indem insbesondere die Vorlage einer nichtvertraulichen Fassung oder einer nichtvertraulichen Zusammenfassung der Auskünfte oder Unterlagen, die deren wesentlichen Inhalt wiedergibt, angeordnet wird.

(4) Die in diesem Artikel enthaltene Verfahrensregelung findet auf die in Artikel 105 bezeichneten Fälle keine Anwendung.

Art. 104 Schriftstücke, in die ein Organ die Einsicht verweigert hat.

Ist ein Schriftstück, in das ein Organ die Einsicht verweigert hat, dem Gericht infolge einer Beweiserhebung nach Artikel 91 Buchstabe c in einem Verfahren zur Prüfung der Rechtmäßigkeit dieser Verweigerung vorgelegt worden, so wird es den übrigen Parteien nicht bekannt gegeben.

Siebtes Kapitel. Auskünfte oder Unterlagen, die die Sicherheit der Union oder eines oder mehrerer ihrer Mitgliedstaaten oder die Gestaltung ihrer internationalen Beziehungen berühren

Art. 105 Behandlung von Auskünften oder Unterlagen, die die Sicherheit der Union oder eines oder mehrerer ihrer Mitgliedstaaten oder die Gestaltung ihrer internationalen Beziehungen berühren.

(1) [1]Möchte eine Hauptpartei ihre Ansprüche entgegen dem in Artikel 64 genannten Grundsatz des kontradiktorischen Verfahrens, aus dem sich ergibt, dass sämtliche Auskünfte und Unterlagen den Parteien in vollem Umfang bekannt zu geben sind, auf bestimmte Auskünfte oder Unterlagen stützen, bezüglich deren sie geltend macht, dass ihre Bekanntgabe die Sicherheit der Union oder eines oder mehrerer ihrer Mitgliedstaaten oder die Gestaltung ihrer internationalen Beziehungen verletzen würde, so legt sie diese Auskünfte oder Unterlagen mit gesondertem Schriftsatz vor. [2]Mit dieser Vorlage ist ein Antrag auf vertrauliche Behandlung dieser Auskünfte oder Unterlagen einzureichen, in dem die zwingenden Gründe angeführt werden, die in dem Umfang, den die Situation unbedingt erfordert, die Wahrung ihres vertraulichen Charakters rechtfertigen und der Bekanntgabe an die andere Hauptpartei entgegenstehen. [3]Der Antrag auf vertrauliche Behandlung ist ebenfalls mit gesondertem Schriftsatz einzureichen und darf keine vertraulichen Angaben enthalten. [4]Wurden die Auskünfte oder Unterlagen, deren vertrauliche Behandlung beantragt wird, der Hauptpartei von einem oder von mehreren Mitgliedstaaten übermittelt, so können die von der Hauptpartei zur Rechtfertigung ihrer vertraulichen Behandlung vorgetragenen zwingenden Gründe die von dem oder den betreffenden Mitgliedstaaten vorgebrachten zwingenden Gründe einschließen.

(2) [1]Das Gericht kann die Vorlage von Auskünften oder Unterlagen, deren vertraulicher Charakter auf die in Absatz 1 genannten Erwägungen gestützt wird, durch eine Maßnahme der Beweisaufnahme verlangen. [2]Im Fall einer Weigerung stellt das Gericht diese ausdrücklich fest. [3]Abweichend von Arti-

kel 103 gilt für diese infolge einer Maßnahme der Beweisaufnahme vorgelegten Auskünfte oder Unterlagen die Verfahrensregelung dieses Artikels.

(3) Im Stadium der Prüfung, ob die von einer Hauptpartei gemäß den Absätzen 1 oder 2 vorgelegten Auskünfte oder Unterlagen für die Entscheidung über den Rechtsstreit erheblich sind und ob sie vertraulichen Charakter gegenüber der anderen Hauptpartei haben, werden diese Auskünfte oder Unterlagen der anderen Hauptpartei nicht bekannt gegeben.

(4) [1] Entscheidet das Gericht nach der Prüfung gemäß Absatz 3, dass die ihm vorgelegten Auskünfte oder Unterlagen für die Entscheidung über den Rechtsstreit erheblich sind und für das Verfahren vor dem Gericht keinen vertraulichen Charakter aufweisen, so ersucht es die betroffene Partei um die Genehmigung zur Bekanntgabe dieser Auskünfte oder Unterlagen an die andere Hauptpartei. [2] Widerspricht die Partei innerhalb einer vom Präsidenten gesetzten Frist der Bekanntgabe oder antwortet sie bis zum Ende dieser Frist nicht, so werden diese Auskünfte oder Unterlagen bei der Entscheidung über die Rechtssache nicht berücksichtigt und an sie zurückgegeben.

(5) [1] Entscheidet das Gericht nach der Prüfung gemäß Absatz 3, dass die ihm vorgelegten Auskünfte oder Unterlagen für die Entscheidung über den Rechtsstreit erheblich sind und gegenüber der anderen Hauptpartei einen vertraulichen Charakter aufweisen, so gibt es sie dieser Hauptpartei nicht bekannt. [2] Sodann wägt es die Erfordernisse, die mit dem Recht auf effektiven gerichtlichen Rechtsschutz, insbesondere der Einhaltung des Grundsatzes des kontradiktorischen Verfahrens, verbunden sind, und die Erfordernisse der Sicherheit der Union oder eines oder mehrerer ihrer Mitgliedstaaten oder der Gestaltung ihrer internationalen Beziehungen gegeneinander ab.

(6) Nach der Abwägung gemäß Absatz 5 erlässt das Gericht einen mit Gründen versehenen Beschluss, in dem die Modalitäten eindeutig bezeichnet werden, nach denen die in Absatz 5 bezeichneten Erfordernisse miteinander in Einklang gebracht werden können, wie die Vorlage einer nichtvertraulichen Fassung oder einer nichtvertraulichen Zusammenfassung der Auskünfte oder Unterlagen – die deren wesentlichen Inhalt wiedergibt und es der anderen Hauptpartei ermöglicht, so weitgehend wie möglich Stellung zu nehmen – durch die betroffene Partei zur späteren Bekanntgabe an die andere Hauptpartei.

(7) [1] Die Auskünfte oder Unterlagen, die gegenüber der anderen Hauptpartei einen vertraulichen Charakter aufweisen, können von der Hauptpartei, die sie nach den Absätzen 1 oder 2 vorgelegt hat, innerhalb von zwei Wochen nach Zustellung der Entscheidung nach Absatz 5 ganz oder teilweise zurückgezogen werden. [2] Die zurückgezogenen Auskünfte oder Unterlagen werden bei der Entscheidung über die Rechtssache nicht berücksichtigt und an die betreffende Hauptpartei zurückgegeben.

(8) [1] Hält das Gericht die Auskünfte oder Unterlagen, die aufgrund ihres vertraulichen Charakters der anderen Hauptpartei nicht gemäß den in Absatz 6 bezeichneten Modalitäten bekannt gegeben worden sind, für die Entscheidung über den Rechtsstreit für unerlässlich, so kann es abweichend von Artikel 64 und unter Beschränkung auf das unbedingt Erforderliche seine Entscheidung auf diese Auskünfte oder Unterlagen stützen. [2] Bei der Würdigung dieser Auskünfte oder Unterlagen trägt das Gericht dem Umstand Rechnung, dass eine

Hauptpartei zu diesen Auskünften oder Unterlagen nicht hat Stellung nehmen können.

(9) Das Gericht stellt sicher, dass die in den von einer Hauptpartei nach den Absätzen 1 oder 2 vorgelegten Auskünften oder Unterlagen enthaltenen vertraulichen Informationen, die der anderen Hauptpartei nicht bekannt gegeben wurden, weder in dem nach Absatz 6 erlassenen Beschluss noch in der das Verfahren beendenden Entscheidung offengelegt werden.

(10) [1] Die Auskünfte oder Unterlagen im Sinne von Absatz 5, die von der Hauptpartei, die sie vorgelegt hat, nicht nach Absatz 7 zurückgezogen worden sind, werden der betroffenen Partei sogleich nach Ablauf der in Artikel 56 Absatz 1 der Satzung[1)] genannten Frist zurückgegeben, es sei denn, innerhalb dieser Frist wurde ein Rechtsmittel gegen die Entscheidung des Gerichts eingelegt. [2] Wurde ein Rechtsmittel eingelegt, so werden diese Auskünfte oder Unterlagen dem Gerichtshof nach Maßgabe des in Absatz 11 genannten Beschlusses zur Verfügung gestellt.

(11) [1] Das Gericht legt durch Beschluss die Sicherheitsvorschriften für die Zwecke des Schutzes der je nach Fall gemäß Absatz 1 oder Absatz 2 vorgelegten Auskünfte oder Unterlagen fest. [2] Der Beschluss wird im *Amtsblatt der Europäischen Union* veröffentlicht.

Achtes Kapitel. Mündliches Verfahren

Art. 106 Mündliches Verfahren. (1) Das Verfahren vor dem Gericht umfasst im Rahmen des mündlichen Verfahrens eine mündliche Verhandlung, die entweder von Amts wegen oder auf Antrag einer Hauptpartei durchgeführt wird.

(2) [1] In dem von einer Hauptpartei gestellten Antrag auf mündliche Verhandlung sind die Gründe anzugeben, aus denen diese Hauptpartei gehört werden möchte. [2] Der Antrag ist innerhalb von drei Wochen, nachdem die Bekanntgabe des Abschlusses des schriftlichen Verfahrens an die Parteien erfolgt ist, zu stellen. [3] Diese Frist kann vom Präsidenten verlängert werden.

(3) [1] Wird kein Antrag nach Absatz 2 gestellt, so kann das Gericht, wenn es sich für durch die Aktenstücke der Rechtssache hinreichend unterrichtet hält, beschließen, über die Klage ohne mündliches Verfahren zu entscheiden. [2] In diesem Fall kann es gleichwohl später beschließen, das mündliche Verfahren zu eröffnen.

Art. 106a Gemeinsame mündliche Verhandlung. Wenn die zwischen mehreren Rechtssachen bestehenden Gemeinsamkeiten es zulassen, kann das Gericht entscheiden, eine gemeinsame mündliche Verhandlung für diese Rechtssachen durchzuführen.

Art. 107 Termin der mündlichen Verhandlung. (1) Beschließt das Gericht die Eröffnung des mündlichen Verfahrens, so bestimmt der Präsident den Termin für die mündliche Verhandlung.

(2) Bei Vorliegen außergewöhnlicher Umstände kann der Präsident von Amts wegen oder auf begründeten Antrag einer Hauptpartei den Termin für die mündliche Verhandlung verschieben.

[1)] Nr. **27**.

Art. 107a Teilnahme an einer mündlichen Verhandlung per Videokonferenz.

1. Wenn Gesundheitsgründe, Sicherheitsgründe oder andere triftige Gründe den Vertreter einer Partei daran hindern, physisch an einer mündlichen Verhandlung teilzunehmen, kann ihm gestattet werden, per Videokonferenz an der mündlichen Verhandlung teilzunehmen.
2. Der Antrag auf Teilnahme an der mündlichen Verhandlung per Videokonferenz ist mit gesondertem Schriftsatz unter genauer Angabe der Art der Verhinderung zu stellen, sobald der Grund für die Verhinderung bekannt ist.
3. Der Präsident entscheidet über den Antrag so bald wie möglich.
4. Der Einsatz von Videokonferenzen ist ausgeschlossen, wenn eine Entscheidung des Gerichts über den Ausschluss der Öffentlichkeit gemäß Artikel 109 ergangen ist.
5. Die technischen Voraussetzungen, die für die Teilnahme an einer mündlichen Verhandlung per Videokonferenz erfüllt sein müssen, werden in den praktischen Durchführungsbestimmungen nach Artikel 224 im Einzelnen festgelegt.

Art. 108 Nichterscheinen der Parteien in der mündlichen Verhandlung. (1) Teilt eine Partei dem Gericht mit, dass sie an der mündlichen Verhandlung nicht teilnehmen werde, oder stellt das Gericht in der mündlichen Verhandlung das ungerechtfertigte Nichterscheinen einer ordnungsgemäß geladenen Partei fest, so wird die mündliche Verhandlung in Abwesenheit der betreffenden Partei durchgeführt.

(2) Teilen die Hauptparteien dem Gericht mit, dass sie an der mündlichen Verhandlung nicht teilnehmen werden, so entscheidet der Präsident, ob das mündliche Verfahren geschlossen werden kann.

Art. 109 Ausschluss der Öffentlichkeit. (1) Nach Anhörung der Parteien kann das Gericht gemäß Artikel 31 der Satzung[1)] die Öffentlichkeit ausschließen.

(2) Ein von einer Partei eingereichter Antrag auf Ausschluss der Öffentlichkeit muss die Gründe angeben, auf die er gestützt wird, und die Angabe enthalten, ob er sich auf die Verhandlung insgesamt oder auf einen Teil derselben bezieht.

(3) Mit der Entscheidung über den Ausschluss der Öffentlichkeit geht das Verbot einer Veröffentlichung der Verhandlung einher.

Art. 110 Ablauf der mündlichen Verhandlung. (1) Der Präsident eröffnet und leitet die Verhandlung; ihm obliegt die Aufrechterhaltung der Ordnung in der Sitzung.

(2) Die Parteien können nur durch ihren Vertreter verhandeln.

(3) Die Mitglieder des Spruchkörpers und der Generalanwalt können in der mündlichen Verhandlung Fragen an die Vertreter der Parteien richten.

(4) Bei Rechtssachen, die aufgrund des Artikels 270 AEUV[2)] anhängig gemacht worden sind, können die Mitglieder des Spruchkörpers und der

---

1) Nr. **27**.
2) Nr. **2**.

Generalanwalt in der mündlichen Verhandlung die Parteien selbst auffordern, zu bestimmten Aspekten des Rechtsstreits Stellung zu nehmen.

Art. 111 Schließung des mündlichen Verfahrens. Ist in einer Rechtssache kein Generalanwalt bestellt worden, so erklärt der Präsident am Ende der Verhandlung das mündliche Verfahren für abgeschlossen.

Art. 112 Stellung der Schlussanträge des Generalanwalts. (1) Ist in einer Rechtssache ein Generalanwalt bestellt worden und stellt er seine Schlussanträge schriftlich, so übergibt er sie der Kanzlei, die sie den Parteien übermittelt.

(2) Der Präsident erklärt nach dem Vortrag oder dem Eingang der Schlussanträge des Generalanwalts das mündliche Verfahren für abgeschlossen.

Art. 113 Wiedereröffnung des mündlichen Verfahrens. (1) Das Gericht beschließt die Wiedereröffnung des mündlichen Verfahrens, wenn die in Artikel 23 Absatz 3 oder in Artikel 24 Absatz 3 genannten Voraussetzungen vorliegen.

(2) Das Gericht kann die Wiedereröffnung des mündlichen Verfahrens beschließen,

a) wenn es sich für unzureichend unterrichtet hält;

b) wenn ein zwischen den Parteien nicht erörtertes Vorbringen entscheidungserheblich ist;

c) wenn eine Hauptpartei dies beantragt und sich dabei auf Tatsachen stützt, die für die Entscheidung des Gerichts von maßgeblicher Bedeutung sind und die sie vor Abschluss des mündlichen Verfahrens nicht geltend machen konnte.

Art. 114 Protokoll der mündlichen Verhandlung. (1) [1]Der Kanzler nimmt über jede mündliche Verhandlung ein Protokoll auf. [2]Das Protokoll wird vom Präsidenten und vom Kanzler unterzeichnet. [3]Es stellt eine öffentliche Urkunde dar.

(2) Das Protokoll wird den Parteien zugestellt.

Art. 115 Aufzeichnung der mündlichen Verhandlung. Der Präsident des Gerichts kann den Parteien, die am schriftlichen oder mündlichen Verfahren teilgenommen haben, auf gebührend begründeten Antrag gestatten, die Tonaufzeichnung der mündlichen Verhandlung in der von den Vortragenden in der Verhandlung verwendeten Sprache in den Räumen des Gerichts anzuhören.

Neuntes Kapitel. Urteile und Beschlüsse

Art. 116 Termin der Urteilsverkündung. Die Parteien werden vom Termin der Urteilsverkündung benachrichtigt.

Art. 117 Inhalt der Urteile. Das Urteil enthält

a) die Angabe, dass es vom Gericht erlassen ist;

b) die Bezeichnung des Spruchkörpers;

c) das Datum der Verkündung;

d) die Namen des Präsidenten und der Richter, die bei der Beratung mitgewirkt haben, unter Bezeichnung des Berichterstatters;
e) gegebenenfalls den Namen des Generalanwalts;
f) den Namen des Kanzlers;
g) die Bezeichnung der Parteien;
h) die Namen ihrer Vertreter;
i) die Anträge der Parteien;
j) gegebenenfalls das Datum der mündlichen Verhandlung;
k) erforderlichenfalls den Hinweis, dass der Generalanwalt gehört worden ist, und gegebenenfalls das Datum seiner Schlussanträge;
l) eine kurze Darstellung des Sachverhalts;
m) die Entscheidungsgründe;
n) die Urteilsformel einschließlich der Entscheidung über die Kosten.

Art. 118 Verkündung und Zustellung der Urteile. (1) Das Urteil wird in öffentlicher Sitzung verkündet.

(2) [1]Der Präsident, die Richter, die an der Beratung mitgewirkt haben, und der Kanzler unterzeichnen die Urschrift des Urteils, die sodann mit einem Siegel versehen und in der Kanzlei hinterlegt wird. [2]Den Parteien wird eine Kopie zugestellt.

Art. 119 Inhalt der Beschlüsse. Jeder Beschluss, der mit einem Rechtsmittel nach Artikel 56 oder Artikel 57 der Satzung[1)] angefochten werden kann, enthält

a) die Angabe, dass er, je nach Fall, vom Gericht, vom Präsidenten oder von dem für die Gewährung vorläufigen Rechtsschutzes zuständigen Richter erlassen ist;
b) gegebenenfalls die Bezeichnung des Spruchkörpers;
c) das Datum des Erlasses;
d) die Angabe der Rechtsgrundlage, auf der er beruht;
e) den Namen des Präsidenten und gegebenenfalls die Namen der Richter, die bei der Beratung mitgewirkt haben, unter Bezeichnung des Berichterstatters;
f) gegebenenfalls den Namen des Generalanwalts;
g) den Namen des Kanzlers;
h) die Bezeichnung der Parteien;
i) die Namen ihrer Vertreter;
j) die Anträge der Parteien;
k) erforderlichenfalls den Hinweis, dass der Generalanwalt gehört worden ist;
l) eine kurze Darstellung des Sachverhalts;
m) die Entscheidungsgründe;
n) die Beschlussformel einschließlich der Entscheidung über die Kosten.

Art. 120 Unterzeichnung und Zustellung der Beschlüsse. [1]Der Präsident und der Kanzler unterzeichnen die Urschrift jedes Beschlusses, die

---

[1)] Nr. **27**.

sodann mit einem Siegel versehen und in der Kanzlei hinterlegt wird. ²Den Parteien und gegebenenfalls dem Gerichtshof wird eine Kopie zugestellt.

Art. 121 Wirksamwerden der Urteile und der Beschlüsse. (1) Urteile werden vorbehaltlich des Artikels 60 der Satzung[1)] mit dem Tag ihrer Verkündung wirksam.

(2) Beschlüsse werden vorbehaltlich des Artikels 60 der Satzung mit dem Tag ihrer Zustellung wirksam.

Art. 122 Veröffentlichung im *Amtsblatt der Europäischen Union*. Eine Mitteilung, die das Datum und die Urteils- oder Beschlussformel der Endurteile und der das Verfahren beendenden Beschlüsse des Gerichts enthält, wird im *Amtsblatt der Europäischen Union* veröffentlicht; dies gilt nicht in den Fällen, in denen die Entscheidung vor Zustellung der Klageschrift an den Beklagten erlassen wird.

Zehntes Kapitel. Versäumnisurteil

Art. 123 Versäumnisurteil. (1) Stellt das Gericht fest, dass der Beklagte, gegen den ordnungsgemäß Klage erhoben ist, seine Klagebeantwortung nicht gemäß der in Artikel 81 vorgeschriebenen Form und Frist eingereicht hat, so kann der Kläger innerhalb einer vom Präsidenten gesetzten Frist beim Gericht Versäumnisurteil beantragen; Artikel 45 Absatz 2 der Satzung[1)] bleibt unberührt.

(2) Der säumige Beklagte ist am Versäumnisverfahren nicht beteiligt, und mit Ausnahme der das Verfahren beendenden Entscheidung werden ihm keine Verfahrensschriftstücke zugestellt.

(3) Das Gericht gibt den Anträgen des Klägers mit einem Versäumnisurteil statt, es sei denn, es ist für die Entscheidung über die Klage offensichtlich unzuständig oder die Klage ist offensichtlich unzulässig oder ihr fehlt offensichtlich jede rechtliche Grundlage.

(4) ¹Das Versäumnisurteil ist vollstreckbar. ²Das Gericht kann jedoch die Vollstreckung aussetzen, bis es über einen gemäß Artikel 166 eingelegten Einspruch entschieden hat, oder sie von der Leistung einer Sicherheit abhängig machen, deren Höhe und Art nach Maßgabe der Umstände festzusetzen sind. ³Wird kein Einspruch eingelegt oder wird der Einspruch zurückgewiesen, so ist die Sicherheit freizugeben.

Elftes Kapitel. Gütliche Einigung und Klagerücknahme

Art. 124 Gütliche Einigung. (1) Einigen sich die Hauptparteien außergerichtlich auf eine Lösung zur Beilegung des Rechtsstreits, bevor das Gericht entschieden hat, und erklären sie gegenüber dem Gericht, dass sie auf die Geltendmachung ihrer Ansprüche verzichten, so beschließt der Präsident die Streichung der Rechtssache im Register und entscheidet gemäß den Artikeln 136 und 138 über die Kosten, gegebenenfalls unter Berücksichtigung der insoweit von den Parteien gemachten Vorschläge.

---

1) Nr. **27**.

(2) Absatz 1 findet keine Anwendung auf Klagen im Sinne der Artikel 263 AEUV[1] und 265 AEUV.

Art. 125 Klagerücknahme. Erklärt der Kläger gegenüber dem Gericht schriftlich oder in der mündlichen Verhandlung die Rücknahme der Klage, so beschließt der Präsident die Streichung der Rechtssache im Register und entscheidet gemäß den Artikeln 136 und 138 über die Kosten.

Elftes Kapitel a. Vom Gericht in Rechtssachen, die aufgrund von Artikel 270 AEUV anhängig gemacht worden sind, initiiertes Verfahren zur gütlichen Beilegung

Art. 125a Modalitäten. (1) Das Gericht kann in jedem Verfahrensstadium die Möglichkeiten für eine gütliche, auch teilweise Beilegung des Streites zwischen den Hauptparteien prüfen.

(2) Das Gericht beauftragt den Berichterstatter, sich um die gütliche Beilegung des Rechtsstreits zu bemühen, wobei ihm der Kanzler zur Seite steht.

(3) [1] Der Berichterstatter kann eine oder mehrere Lösungen zur Beendigung des Rechtsstreits vorschlagen, die Maßnahmen treffen, die geeignet sind, seine gütliche Beilegung zu erleichtern, und die Maßnahmen durchführen, die er zu diesem Zweck beschlossen hat. [2] Er kann insbesondere

a) die Hauptparteien auffordern, Informationen oder Auskünfte zu erteilen;
b) die Hauptparteien auffordern, Unterlagen vorzulegen;
c) die Vertreter der Hauptparteien, die Hauptparteien selbst oder Beamte oder Bedienstete des Organs, die zur Aushandlung einer etwaigen Vereinbarung ermächtigt sind, zu Güteverhandlungen laden;
d) anlässlich der in Buchstabe c genannten Güteverhandlungen mit jeder Hauptpartei getrennt in Kontakt treten, sofern die Hauptparteien damit einverstanden sind.

(4) Die Absätze 1 bis 3 finden auch im Rahmen von Verfahren des vorläufigen Rechtsschutzes Anwendung.

Art. 125b Wirkung der Einigung zwischen den Hauptparteien.

(1) [1] Einigen sich die Hauptparteien vor dem Berichterstatter auf eine Lösung zur Beendigung des Rechtsstreits, können sie verlangen, dass der Inhalt dieser Einigung in einer Urkunde festgehalten wird, die vom Berichterstatter sowie vom Kanzler unterzeichnet wird. [2] Diese Urkunde wird den Hauptparteien zugestellt und stellt eine öffentliche Urkunde dar.

(2) [1] Die Streichung der Rechtssache im Register erfolgt durch mit Gründen versehenen Beschluss des Präsidenten. [2] Der Inhalt der Einigung, zu der die Hauptparteien gelangt sind, wird auf Antrag einer Hauptpartei mit Zustimmung der anderen Hauptpartei im Streichungsbeschluss schriftlich niedergelegt.

(3) [1] Der Präsident entscheidet über die Kosten nach Maßgabe der Einigung oder, in Ermangelung einer Einigung, nach freiem Ermessen. [2] Gegebenenfalls entscheidet er gemäß Artikel 138 über die Kosten des Streithelfers.

---

[1] Nr. 2.

Art. 125c Gesondertes Register und gesonderte Akte. (1) Die im Rahmen des Verfahrens zur gütlichen Beilegung im Sinne von Artikel 125a vorgelegten Unterlagen
- werden in ein gesondertes Register eingetragen, das nicht der Regelung der Artikel 36 und 37 unterliegt;
- werden in einer von der Akte der Rechtssache gesonderten Akte abgelegt.

(2) Die im Rahmen des Verfahrens zur gütlichen Beilegung im Sinne von Artikel 125a vorgelegten Unterlagen werden den Hauptparteien bekannt gegeben, mit Ausnahme der Unterlagen, die eine von ihnen dem Berichterstatter anlässlich eines getrennten Kontakts nach Artikel 125a Absatz 3 Buchstabe d übermittelt hat.

(3) Die Hauptparteien erhalten Zugang zu den Unterlagen in der von der Akte der Rechtssache gesonderten Akte im Sinne von Absatz 1, mit Ausnahme der Unterlagen, die eine von ihnen dem Berichterstatter anlässlich eines getrennten Kontakts nach Artikel 125a Absatz 3 Buchstabe d übermittelt hat.

(4) Der Streithelfer erhält keinen Zugang zu den Unterlagen in der von der Akte der Rechtssache gesonderten Akte im Sinne von Absatz 1.

(5) Die Parteien können das gesonderte Register im Sinne von Absatz 1 bei der Kanzlei einsehen.

Art. 125d Gütliche Beilegung und gerichtliches Verfahren. Das Gericht und die Hauptparteien dürfen die Ansichten, Vorschläge, Angebote, Zugeständnisse oder Unterlagen, die für die Zwecke der gütlichen Beilegung geäußert, gemacht oder erstellt worden sind, im gerichtlichen Verfahren nicht verwerten.

Zwölftes Kapitel. Klagen und verfahrensrelevante Vorkommnisse, über die durch Beschluss entschieden wird

Art. 126 Offensichtlich abzuweisende Klage. Ist das Gericht für die Entscheidung über eine Klage offensichtlich unzuständig oder ist eine Klage offensichtlich unzulässig oder fehlt ihr offensichtlich jede rechtliche Grundlage, so kann es auf Vorschlag des Berichterstatters jederzeit die Entscheidung treffen, durch mit Gründen versehenen Beschluss zu entscheiden, ohne das Verfahren fortzusetzen.

Art. 127 Verweisung einer Rechtssache an den Gerichtshof. Über eine Verweisung nach Artikel 54 Absatz 2 der Satzung[1)] entscheidet das Gericht auf Vorschlag des Berichterstatters durch mit Gründen versehenen Beschluss.

Art. 128 Abgabe. Abgabeentscheidungen gemäß Artikel 54 Absatz 3 der Satzung[1)] erlässt das Gericht auf Vorschlag des Berichterstatters durch mit Gründen versehenen Beschluss.

Art. 129 Unverzichtbare Prozessvoraussetzungen. Das Gericht kann auf Vorschlag des Berichterstatters und nach Anhörung der Hauptparteien jederzeit von Amts wegen die Entscheidung treffen, durch mit Gründen versehenen

[1)] Nr. 27.

Beschluss darüber zu entscheiden, ob unverzichtbare Prozessvoraussetzungen fehlen.

Art. 130 Prozesshindernde Einreden und Zwischenstreit. (1) Will der Beklagte vorab eine Entscheidung des Gerichts über die Unzulässigkeit oder die Unzuständigkeit herbeiführen, so hat er dies mit gesondertem Schriftsatz innerhalb der in Artikel 81 genannten Frist zu beantragen.

(2) Der Antrag einer Partei auf Feststellung durch das Gericht, dass die Klage gegenstandslos geworden und die Hauptsache erledigt ist oder auf eine Entscheidung des Gerichts über einen anderen Zwischenstreit ist mit gesondertem Schriftsatz zu stellen.

(3) Die Antragsschriften nach den Absätzen 1 und 2 müssen eine Darstellung der sie tragenden Argumente, die Anträge und als Anlage die zur Unterstützung herangezogenen Unterlagen enthalten.

(4) Sogleich nach Eingang der Antragsschrift nach Absatz 1 setzt der Präsident dem Kläger eine Frist zur schriftlichen Einreichung seiner Gründe und Anträge.

(5) Sogleich nach Eingang der Antragsschrift nach Absatz 2 setzt der Präsident den anderen Parteien eine Frist für eine schriftliche Stellungnahme zu diesem Antrag.

(6) [1] Das Gericht kann beschließen, das mündliche Verfahren über die Anträge nach den Absätzen 1 und 2 zu eröffnen. [2] Artikel 106 findet keine Anwendung.

(7) [1] Das Gericht entscheidet so bald wie möglich über den Antrag oder behält die Entscheidung dem Endurteil vor, wenn besondere Umstände dies rechtfertigen. [2] Es verweist die Rechtssache an den Gerichtshof, wenn sie in dessen Zuständigkeit fällt.

(8) Weist das Gericht den Antrag zurück oder behält es die Entscheidung dem Endurteil vor, so bestimmt der Präsident neue Fristen für die Fortsetzung des Verfahrens.

Art. 131 Feststellung der Erledigung der Hauptsache von Amts wegen. (1) Stellt das Gericht fest, dass die Klage gegenstandslos geworden und die Hauptsache erledigt ist, so kann es auf Vorschlag des Berichterstatters und nach Anhörung der Parteien jederzeit von Amts wegen die Entscheidung treffen, durch mit Gründen versehenen Beschluss zu entscheiden.

(2) Das Gericht kann, wenn der Kläger auf seine Ersuchen nicht mehr reagiert, auf Vorschlag des Berichterstatters nach Anhörung der Parteien von Amts wegen die Erledigung der Hauptsache feststellen.

Art. 132 Offensichtlich begründete Klage. Hat der Gerichtshof oder das Gericht bereits über eine oder mehrere Rechtsfragen entschieden, die mit den durch die Klagegründe aufgeworfenen übereinstimmen, und stellt das Gericht fest, dass der Sachverhalt erwiesen ist, so kann es die Klage nach Abschluss des schriftlichen Verfahrens auf Vorschlag des Berichterstatters und nach Anhörung der Parteien durch mit Gründen versehenen Beschluss, der einen Verweis auf die einschlägige Rechtsprechung enthält, für offensichtlich begründet erklären.

Dreizehntes Kapitel. Parteikosten und Verfahrenskosten

Art. 133 Entscheidung über die Kosten. Über die Kosten wird im Endurteil oder in dem das Verfahren beendenden Beschluss entschieden.

Art. 134 Allgemeine Kostentragungsregeln. (1) Die unterliegende Partei ist auf Antrag zur Tragung der Kosten zu verurteilen.

(2) Unterliegen mehrere Parteien, so entscheidet das Gericht über die Verteilung der Kosten.

(3) [1] Wenn jede Partei teils obsiegt, teils unterliegt, trägt jede Partei ihre eigenen Kosten. [2] Das Gericht kann jedoch entscheiden, dass eine Partei außer ihren eigenen Kosten einen Teil der Kosten der Gegenpartei trägt, wenn dies in Anbetracht der Umstände des Einzelfalls gerechtfertigt erscheint.

Art. 135 Billigkeit und ohne angemessenen Grund oder böswillig verursachte Kosten. (1) Das Gericht kann aus Gründen der Billigkeit entscheiden, dass eine unterliegende Partei neben ihren eigenen Kosten nur einen Teil der Kosten der Gegenpartei trägt oder gar nicht zur Tragung dieser Kosten zu verurteilen ist.

(2) Das Gericht kann auch eine obsiegende Partei zur Tragung eines Teils der Kosten oder sämtlicher Kosten verurteilen, wenn dies wegen ihres Verhaltens, auch vor Klageerhebung, gerechtfertigt erscheint; dies gilt insbesondere für Kosten, die sie der Gegenpartei nach Ansicht des Gerichts ohne angemessenen Grund oder böswillig verursacht hat.

Art. 136 Kosten bei Klage- oder Antragsrücknahme. (1) Nimmt eine Partei die Klage oder einen Antrag zurück, so wird sie zur Tragung der Kosten verurteilt, wenn die Gegenpartei dies in ihrer Stellungnahme zu der Rücknahme beantragt.

(2) Die Kosten werden jedoch auf Antrag der Partei, die die Rücknahme erklärt, der Gegenpartei auferlegt, wenn dies wegen des Verhaltens dieser Partei gerechtfertigt erscheint.

(3) Einigen sich die Parteien über die Kosten, so wird gemäß der Vereinbarung entschieden.

(4) Werden keine Kostenanträge gestellt, so trägt jede Partei ihre eigenen Kosten.

Art. 137 Kosten bei Erledigung der Hauptsache. Erklärt das Gericht die Hauptsache für erledigt, so entscheidet es über die Kosten nach freiem Ermessen.

Art. 138 Kosten der Streithelfer. (1) Die Mitgliedstaaten und die Organe, die dem Rechtsstreit als Streithelfer beigetreten sind, tragen ihre eigenen Kosten.

(2) Die Vertragsstaaten des EWR-Abkommens, die nicht Mitgliedstaaten sind, und die EFTA-Überwachungsbehörde tragen ebenfalls ihre eigenen Kosten, wenn sie dem Rechtsstreit als Streithelfer beigetreten sind.

(3) Das Gericht kann entscheiden, dass ein anderer Streithelfer als die in den Absätzen 1 und 2 genannten seine eigenen Kosten trägt.

Art. 139 Verfahrenskosten. Das Verfahren vor dem Gericht ist vorbehaltlich der nachstehenden Bestimmungen kostenfrei:

a) Das Gericht kann Kosten, die vermeidbar gewesen wären, insbesondere im Fall einer offensichtlich missbräuchlichen Klage, der Partei auferlegen, die sie veranlasst hat.

b) Bei Kosten für Schreibarbeiten, die nach Ansicht des Kanzlers das gewöhnliche Maß überschreiten, verlangt dieser von der Partei, die diese Arbeiten beantragt hat, die Erstattung der betreffenden Kosten nach Maßgabe der in Artikel 37 bezeichneten Gebührenordnung der Kanzlei.

c) Bei wiederholten, eine Aufforderung zur Mängelbehebung erfordernden Verstößen gegen die Bestimmungen dieser Verfahrensordnung oder der praktischen Durchführungsbestimmungen nach Artikel 224 verlangt der Kanzler von der betreffenden Partei die Erstattung der mit der erforderlichen Bearbeitung durch das Gericht verbundenen Kosten nach Maßgabe der in Artikel 37 bezeichneten Gebührenordnung der Kanzlei.

Art. 140 Erstattungsfähige Kosten. Unbeschadet des Artikels 139 gelten als erstattungsfähige Kosten:

a) Leistungen an Zeugen und Sachverständige gemäß Artikel 100;

b) Aufwendungen der Parteien, die für das Verfahren notwendig waren, insbesondere Reise- und Aufenthaltskosten sowie die Vergütung der Bevollmächtigten, Beistände oder Anwälte.

Art. 141 Zahlungsmodalitäten. (1) Die Kasse des Gerichts und dessen Schuldner leisten ihre Zahlungen in Euro.

(2) Sind die zu erstattenden Auslagen in einer anderen Währung als dem Euro entstanden oder sind die Handlungen, derentwegen die Zahlung geschuldet wird, in einem Land vorgenommen worden, dessen Währung nicht der Euro ist, so ist der Umrechnung der am Zahlungstag geltende Referenzwechselkurs der Europäischen Zentralbank zugrunde zu legen.

Vierzehntes Kapitel. Streithilfe

Art. 142 Gegenstand und Wirkungen der Streithilfe. (1) [1] Die Streithilfe kann nur die völlige oder teilweise Unterstützung der Anträge einer Hauptpartei zum Gegenstand haben. [2] Sie verleiht nicht die gleichen Verfahrensrechte, wie sie den Hauptparteien zustehen, und insbesondere nicht das Recht, eine mündliche Verhandlung zu beantragen.

(2) [1] Die Streithilfe ist akzessorisch zum Rechtsstreit zwischen den Hauptparteien. [2] Sie wird gegenstandslos, wenn die Rechtssache im Register des Gerichts nach Klagerücknahme oder nach einer Vereinbarung zwischen diesen Hauptparteien gestrichen wird oder wenn die Klage für unzulässig erklärt wird.

(3) Der Streithelfer muss den Rechtsstreit in der Lage annehmen, in der dieser sich zum Zeitpunkt des Streitbeitritts befindet.

Art. 143 Antrag auf Zulassung zur Streithilfe. (1) Anträge auf Zulassung zur Streithilfe müssen innerhalb von sechs Wochen nach der Veröffentlichung im Sinne des Artikels 79 gestellt werden.

(2) Der Antrag auf Zulassung zur Streithilfe muss enthalten:

a) die Bezeichnung der Rechtssache;
b) die Bezeichnung der Hauptparteien;
c) Namen und Wohnsitz des Antragstellers;
d) die Angabe der Stellung und der Anschrift des Vertreters des Antragstellers;
e) die Anträge, zu deren Unterstützung der Antragsteller beitreten möchte;
f) die Darstellung der Umstände, aus denen sich das Recht zum Streitbeitritt ergibt, wenn der Antrag gemäß Artikel 40 Absatz 2 oder 3 der Satzung[1)] gestellt wird.

(3) Der Antragsteller muss gemäß Artikel 19 der Satzung vertreten werden.

(4) Artikel 78 Absätze 4 bis 6 und Artikel 139 finden auf den Antrag auf Zulassung zur Streithilfe Anwendung.

Art. 144 Entscheidung über den Antrag auf Zulassung zur Streithilfe.

(1) Der Antrag auf Zulassung zur Streithilfe wird den Hauptparteien zugestellt.

(2) Der Präsident gibt den Hauptparteien Gelegenheit, zu dem Antrag auf Zulassung zur Streithilfe schriftlich oder mündlich Stellung zu nehmen und erforderlichenfalls zu beantragen, dass bestimmte, in den Akten der Rechtssache enthaltene Angaben, die vertraulich sind, von der Übermittlung an einen Streithelfer ausgenommen sind.

(3) Erhebt der Beklagte nach Artikel 130 Absatz 1 eine Einrede der Unzulässigkeit oder der Unzuständigkeit, so wird über den Antrag auf Zulassung zur Streithilfe erst entschieden, nachdem die Einrede zurückgewiesen wurde oder die Entscheidung darüber dem Endurteil vorbehalten wurde.

(4) Wird der Antrag gemäß Artikel 40 Absatz 1 der Satzung[1)] gestellt und haben die Hauptparteien keine in den Akten der Rechtssache enthaltenen vertraulichen Angaben bezeichnet, deren Übermittlung an den Streithelfer ihnen zum Nachteil gereichen kann, so wird die Streithilfe durch Entscheidung des Präsidenten zugelassen.

(5) In den übrigen Fällen entscheidet der Präsident so bald wie möglich durch Beschluss über den Antrag auf Zulassung zur Streithilfe und gegebenenfalls über die Übermittlung der Angaben, deren vertraulicher Charakter geltend gemacht wurde, an den Streithelfer.

(6) Wird der Antrag auf Zulassung zur Streithilfe zurückgewiesen, so ist der Beschluss nach Absatz 5 mit Gründen zu versehen und muss eine Entscheidung gemäß den Artikeln 134, 135 und 138 über die im Zusammenhang mit dem Antrag auf Zulassung zur Streithilfe entstandenen Kosten, einschließlich der Kosten des Antragstellers, enthalten.

(7) Wird dem Antrag auf Zulassung zur Streithilfe stattgegeben, so sind dem Streithelfer alle den Hauptparteien zugestellten Verfahrensschriftstücke zu übermitteln, gegebenenfalls mit Ausnahme der vertraulichen Angaben, die nach Absatz 5 von der Übermittlung ausgenommen sind.

(8) Wird der Antrag auf Zulassung zur Streithilfe zurückgenommen, so beschließt der Präsident die Streichung des Antragstellers bezüglich der Rechtssache und entscheidet gemäß Artikel 136 über die Kosten, einschließlich der Kosten des Antragstellers.

[1)] Nr. **27**.

(9) Wird der Streitbeitritt zurückgenommen, so beschließt der Präsident die Streichung des Streithelfers bezüglich der Rechtssache und entscheidet gemäß den Artikeln 136 und 138 über die Kosten.

(10) [1] Wird das Verfahren in der Hauptsache beendet, bevor über den Antrag auf Zulassung zur Streithilfe entschieden wurde, so tragen der Antragsteller und die Hauptparteien jeweils ihre eigenen im Zusammenhang mit dem Antrag auf Zulassung zur Streithilfe entstandenen Kosten. [2] Dem Antragsteller wird eine Kopie des das Verfahren beendenden Beschlusses übermittelt.

Art. 145 Einreichung der Schriftsätze. (1) Der Streithelfer kann innerhalb der vom Präsidenten festgesetzten Frist einen Streithilfeschriftsatz einreichen.

(2) Der Streithilfeschriftsatz muss enthalten:

a) die Anträge des Streithelfers, die der vollständigen oder teilweisen Unterstützung der Anträge einer Hauptpartei zu dienen bestimmt sind;

b) die vom Streithelfer geltend gemachten Gründe und Argumente;

c) gegebenenfalls die Beweise und Beweisangebote.

(3) Nach Einreichung des Streithilfeschriftsatzes setzt der Präsident den Hauptparteien eine Frist, innerhalb deren sie sich zu diesem Schriftsatz äußern können.

Fünfzehntes Kapitel. Prozesskostenhilfe

Art. 146 Allgemeines. (1) Personen, die aufgrund ihrer wirtschaftlichen Lage vollständig oder teilweise außerstande sind, die Kosten des Verfahrens zu tragen, haben Anspruch auf Prozesskostenhilfe.

(2) Die Bewilligung von Prozesskostenhilfe wird abgelehnt, wenn das Gericht für die Rechtsverfolgung, für die sie beantragt ist, offensichtlich unzuständig ist oder wenn diese Rechtsverfolgung offensichtlich unzulässig oder offensichtlich jeder rechtlichen Grundlage entbehrend erscheint.

Art. 147 Antrag auf Bewilligung von Prozesskostenhilfe. (1) Die Bewilligung von Prozesskostenhilfe kann vor Erhebung der Klage beantragt werden oder solange diese anhängig ist.

(2) [1] Der Antrag auf Bewilligung von Prozesskostenhilfe ist mittels eines im *Amtsblatt der Europäischen Union* veröffentlichten Formulars zu stellen, das auf der Internetseite des Gerichtshofs der Europäischen Union abrufbar ist. [2] Ein nicht mittels dieses Formulars gestellter Antrag auf Bewilligung von Prozesskostenhilfe wird nicht berücksichtigt.

(3) Dem Antrag auf Bewilligung von Prozesskostenhilfe sind alle Auskünfte und Belege beizufügen, die eine Beurteilung der wirtschaftlichen Lage des Antragstellers ermöglichen, wie etwa eine Bescheinigung einer zuständigen nationalen Stelle über die wirtschaftliche Lage.

(4) [1] Wird der Antrag auf Bewilligung von Prozesskostenhilfe vor Klageerhebung eingereicht, so hat der Antragsteller den Gegenstand der beabsichtigten Klage, den Sachverhalt und das Vorbringen zur Stützung der Klage kurz darzulegen. [2] Mit dem Antrag sind entsprechende Belege einzureichen.

(5) [1] Dem Antrag auf Bewilligung von Prozesskostenhilfe sind erforderlichenfalls die in Artikel 51 Absätze 2 und 3 und Artikel 78 Absatz 4 bezeichne-

ten Unterlagen beizufügen. [2]In diesem Fall finden Artikel 51 Absatz 4 und Artikel 78 Absatz 6 Anwendung.

(6) [1]Ist der Antragsteller nicht anwaltlich vertreten, so ist das Original des Antrags auf Bewilligung von Prozesskostenhilfe bei der Kanzlei in Papierform einzureichen. [2]Das Original des Antrags muss vom Antragsteller handschriftlich unterzeichnet sein.

(7) Die Einreichung eines Antrags auf Bewilligung von Prozesskostenhilfe hemmt für den Antragsteller den Lauf der Klagefrist bis zu dem Zeitpunkt, zu dem der Beschluss, mit dem über diesen Antrag entschieden wird, oder, in den Fällen des Artikels 148 Absatz 6, der Beschluss, in dem der mit der Vertretung des Antragstellers beauftragte Anwalt bestimmt wird, zugestellt wird.

Art. 148 Entscheidung über die Bewilligung von Prozesskostenhilfe.

(1) Bevor das Gericht über den Antrag auf Bewilligung von Prozesskostenhilfe entscheidet, setzt der Präsident der anderen Hauptpartei eine Frist zur schriftlichen Stellungnahme, sofern nicht bereits aus den gemachten Angaben hervorgeht, dass die Voraussetzungen nach Artikel 146 Absatz 1 nicht erfüllt oder die Voraussetzungen nach Artikel 146 Absatz 2 erfüllt sind.

(2) Der Präsident entscheidet durch Beschluss über den Antrag auf Bewilligung von Prozesskostenhilfe.

(3) Der Beschluss, mit dem die Bewilligung von Prozesskostenhilfe abgelehnt wird, ist mit Gründen zu versehen.

(4) In dem Beschluss, mit dem die Prozesskostenhilfe bewilligt wird, kann ein Anwalt zur Vertretung des Antragstellers bestimmt werden, wenn dieser Anwalt vom Antragsteller in seinem Antrag auf Bewilligung von Prozesskostenhilfe vorgeschlagen wurde und zugestimmt hat, den Antragsteller vor dem Gericht zu vertreten.

(5) [1]Hat der Antragsteller in seinem Antrag auf Bewilligung von Prozesskostenhilfe oder infolge des Beschlusses, mit dem die Prozesskostenhilfe bewilligt wird, nicht selbst einen Anwalt vorgeschlagen oder ist es untunlich, seinem Vorschlag zu folgen, so übermittelt der Kanzler der in der Zusätzlichen Verfahrensordnung des Gerichtshofs bezeichneten zuständigen Stelle des betroffenen Staates den Beschluss, mit dem die Prozesskostenhilfe bewilligt wird, und eine Kopie des Antrags. [2]Hat der Antragsteller keinen Wohnsitz oder Sitz in der Union, so übermittelt der Kanzler den Beschluss, mit dem die Prozesskostenhilfe bewilligt wird, der zuständigen Stelle des Staates, in dem der Gerichtshof der Europäischen Union seinen Sitz hat.

(6) Unbeschadet des Absatzes 4 wird der mit der Vertretung des Antragstellers beauftragte Anwalt durch Beschluss bestimmt, je nach Fall unter Berücksichtigung der Vorschläge des Antragstellers oder der Vorschläge der in Absatz 5 bezeichneten Stelle.

(7) [1]In dem Beschluss, mit dem die Prozesskostenhilfe bewilligt wird, kann ein Betrag festgesetzt werden, der dem mit der Vertretung des Antragstellers beauftragten Anwalt zu zahlen ist, oder eine Obergrenze festgelegt werden, die die Auslagen und Gebühren des Anwalts grundsätzlich nicht überschreiten dürfen. [2]Der Beschluss kann eine Beteiligung des Antragstellers an den in Artikel 149 Absatz 1 genannten Kosten unter Berücksichtigung seiner wirtschaftlichen Lage vorsehen.

(8) Die nach diesem Artikel erlassenen Beschlüsse sind unanfechtbar.

(9) [1] Ist der Antragsteller nicht anwaltlich vertreten, so erfolgen Zustellungen an ihn durch Übersendung einer beglaubigten Kopie des zuzustellenden Schriftstücks per Einschreiben mit Rückschein oder durch Übergabe der Kopie gegen Empfangsbestätigung. [2] Zustellungen an die anderen Parteien erfolgen auf die in Artikel 80 Absatz 1 vorgesehene Weise.

Art. 149 Vorschüsse und Tragung der Kosten. (1) [1] Wird die Prozesskostenhilfe bewilligt, so trägt die Kasse des Gerichts – gegebenenfalls in den festgesetzten Grenzen – die Kosten der Unterstützung und der Vertretung des Antragstellers vor dem Gericht. [2] Der Präsident kann auf Antrag des gemäß Artikel 148 bestimmten Anwalts entscheiden, dass diesem ein Vorschuss gewährt wird.

(2) Hat der Empfänger der Prozesskostenhilfe aufgrund der das Verfahren beendenden Entscheidung seine eigenen Kosten zu tragen, so setzt der Präsident durch mit Gründen versehenen, unanfechtbaren Beschluss diejenigen Auslagen und Gebühren des Anwalts fest, die von der Kasse des Gerichts getragen werden.

(3) Hat das Gericht in der das Verfahren beendenden Entscheidung die Kosten des Empfängers der Prozesskostenhilfe einer anderen Partei auferlegt, so hat diese andere Partei der Kasse des Gerichts die als Prozesskostenhilfe vorgestreckten Beträge zu erstatten.

(4) Der Kanzler veranlasst die Einziehung der in Absatz 3 genannten Beträge von der Partei, die zu ihrer Erstattung verurteilt worden ist.

(5) Unterliegt der Empfänger der Prozesskostenhilfe, so kann das Gericht in der das Verfahren beendenden Entscheidung im Rahmen der Kostenentscheidung aus Gründen der Billigkeit entscheiden, dass eine oder mehrere andere Parteien ihre eigenen Kosten tragen oder dass diese vollständig oder zum Teil von der Kasse des Gerichts als Prozesskostenhilfe getragen werden.

Art. 150 Entziehung der Prozesskostenhilfe. (1) Ändern sich die Voraussetzungen, unter denen die Prozesskostenhilfe bewilligt wurde, im Laufe des Verfahrens, so kann der Präsident von Amts wegen oder auf Antrag nach Anhörung des Betroffenen die Prozesskostenhilfe entziehen.

(2) Der Beschluss, mit dem die Prozesskostenhilfe entzogen wird, ist mit Gründen zu versehen und ist unanfechtbar.

Sechzehntes Kapitel. Eilverfahren

Abschnitt 1. Beschleunigtes Verfahren

Art. 151 Entscheidung über das beschleunigte Verfahren. (1) [1] Das Gericht kann in Anbetracht der besonderen Dringlichkeit und der Umstände der Rechtssache auf Antrag des Klägers oder des Beklagten nach Anhörung der anderen Hauptpartei beschließen, im beschleunigten Verfahren zu entscheiden. [2] Der Beschluss ergeht so bald wie möglich.

(2) Auf Vorschlag des Berichterstatters kann das Gericht bei Vorliegen außergewöhnlicher Umstände nach Anhörung der Hauptparteien von Amts wegen beschließen, im beschleunigten Verfahren zu entscheiden.

(3) Der Beschluss des Gerichts, im beschleunigten Verfahren zu entscheiden, kann mit Bedingungen hinsichtlich des Umfangs und der Präsentation der Schriftsätze der Hauptparteien, des weiteren Verfahrensablaufs oder der dem

Gericht zur Entscheidung unterbreiteten Gründe und Argumente verbunden werden.

(4) [1]Erfüllt eine der Hauptparteien eine der in Absatz 3 genannten Bedingungen nicht, so kann der Beschluss, im beschleunigten Verfahren zu entscheiden, aufgehoben werden. [2]Das Verfahren wird dann als gewöhnliches Verfahren fortgesetzt.

Art. 152 Antrag auf Durchführung des beschleunigten Verfahrens.

(1) Der Antrag auf Durchführung des beschleunigten Verfahrens ist mit gesondertem Schriftsatz gleichzeitig mit der Klageschrift oder der Klagebeantwortung einzureichen und muss eine Begründung enthalten, in der die besondere Dringlichkeit der Rechtssache und die sonstigen relevanten Umstände dargelegt werden.

(2) In dem Antrag auf Durchführung des beschleunigten Verfahrens kann angegeben werden, dass bestimmte Gründe oder Argumente oder bestimmte Abschnitte der Klageschrift oder Klagebeantwortung nur für den Fall vorgetragen werden, dass nicht im beschleunigten Verfahren entschieden wird, insbesondere, indem dem Antrag eine Kurzfassung der Klageschrift sowie ein Verzeichnis der Anlagen und die Anlagen beigefügt werden, die bei der Entscheidung im beschleunigten Verfahren allein zu berücksichtigen sind.

Art. 153 Vorrangige Behandlung. Abweichend von Artikel 67 Absatz 1 werden Rechtssachen, in denen das Gericht eine Entscheidung im beschleunigten Verfahren beschlossen hat, mit Vorrang entschieden.

Art. 154 Schriftliches Verfahren. (1) [1]Hat der Kläger beantragt, im beschleunigten Verfahren zu entscheiden, so beträgt die Frist für die Einreichung der Klagebeantwortung abweichend von Artikel 81 Absatz 1 einen Monat. [2]Diese Frist kann nach Artikel 81 Absatz 3 verlängert werden.

(2) Beschließt das Gericht, einem Antrag auf Durchführung des beschleunigten Verfahrens nicht stattzugeben, so wird dem Beklagten eine zusätzliche Frist von einem Monat für die Einreichung oder gegebenenfalls Ergänzung der Klagebeantwortung gewährt.

(3) Im beschleunigten Verfahren können die in den Artikeln 83 Absatz 1 und 145 Absätze 1 und 3 genannten Schriftsätze nur eingereicht werden, wenn das Gericht dies im Rahmen prozessleitender Maßnahmen gemäß den Artikeln 88 bis 90 gestattet.

(4) Im beschleunigten Verfahren berücksichtigt der Präsident bei der Festsetzung der in dieser Verfahrensordnung vorgesehenen Fristen die besondere Dringlichkeit der Entscheidung über die Klage.

Art. 155 Mündliches Verfahren. (1) [1]Wurde die Durchführung des beschleunigten Verfahrens beschlossen, so entscheidet das Gericht nach Abgabe des Vorberichts durch den Berichterstatter so bald wie möglich über die Eröffnung des mündlichen Verfahrens. [2]Das Gericht kann jedoch beschließen, ohne mündliches Verfahren zu entscheiden, wenn die Hauptparteien auf eine Teilnahme an der mündlichen Verhandlung verzichten und das Gericht sich für durch die Aktenstücke der Rechtssache hinreichend unterrichtet hält.

(2) Unbeschadet der Artikel 84 und 85 können die Hauptparteien ihr Vorbringen im mündlichen Verfahren ergänzen und Beweisangebote vorlegen, sofern die verspätete Vorlage dieser Beweisangebote gerechtfertigt ist.

Abschnitt 2. Vorläufiger Rechtsschutz: Aussetzung und sonstige einstweilige Anordnungen

Art. 156 Anträge auf Aussetzung oder sonstige einstweilige Anordnungen. (1) Anträge auf Aussetzung der Vollziehung von Handlungen eines Organs im Sinne der Artikel 278 AEUV[1)] und 157 EAGV sind nur zulässig, wenn der Antragsteller die betreffende Handlung durch Klage beim Gericht angefochten hat.

(2) Anträge auf sonstige einstweilige Anordnungen im Sinne des Artikels 279 AEUV sind nur zulässig, wenn sie von einer Hauptpartei eines beim Gericht anhängigen Rechtsstreits gestellt werden und sich auf diesen beziehen.

(3) Bei Rechtssachen, die aufgrund des Artikels 270 AEUV anhängig gemacht worden sind, können die in den Absätzen 1 und 2 genannten Anträge ab Einreichung der Beschwerde nach Artikel 90 Absatz 2 des Beamtenstatuts unter den in Artikel 91 Absatz 4 des Beamtenstatuts festgelegten Voraussetzungen gestellt werden.

(4) [1] Die in den Absätzen 1 und 2 genannten Anträge müssen den Streitgegenstand bezeichnen und die Umstände, aus denen sich die Dringlichkeit ergibt, sowie die den Erlass der beantragten einstweiligen Anordnung dem ersten Anschein nach rechtfertigenden Sach- und Rechtsgründe anführen. [2] Sie müssen sämtliche verfügbaren Beweise und Beweisangebote enthalten, die dazu bestimmt sind, den Erlass dieser einstweiligen Anordnungen zu rechtfertigen.

(5) Der Antrag ist mit gesondertem Schriftsatz und nach Maßgabe der Artikel 76 und 78 einzureichen.

Art. 157 Verfahren. (1) Die Antragsschrift wird der Gegenpartei zugestellt, der vom Präsidenten des Gerichts eine kurze Frist zur schriftlichen oder mündlichen Stellungnahme gesetzt wird.

(2) [1] Der Präsident des Gerichts kann dem Antrag stattgeben, bevor die Stellungnahme der Gegenpartei eingeht. [2] Die betreffende Anordnung kann später, auch von Amts wegen, abgeändert oder wieder aufgehoben werden.

(3) Der Präsident des Gerichts entscheidet gegebenenfalls über prozessleitende Maßnahmen und Maßnahmen der Beweisaufnahme.

(4) Ist der Präsident des Gerichts verhindert, so finden die Artikel 11 und 12 Anwendung.

Art. 158 Entscheidung über den Antrag. (1) [1] Der Präsident des Gerichts entscheidet über den Antrag durch mit Gründen versehenen Beschluss. [2] Der Beschluss wird den Parteien umgehend zugestellt.

(2) Die Vollstreckung des Beschlusses kann von der Leistung einer Sicherheit durch den Antragsteller abhängig gemacht werden, deren Höhe und Art nach Maßgabe der Umstände festzusetzen sind.

[1)] Nr. 2.

(3) [1] In dem Beschluss kann ein Zeitpunkt festgesetzt werden, zu dem die Anordnung außer Kraft tritt. [2] Geschieht dies nicht, tritt die Anordnung mit der Verkündung des Endurteils außer Kraft.

(4) Der Beschluss ist nur einstweiliger Natur und greift der Entscheidung des Gerichts zur Hauptsache nicht vor.

(5) [1] In dem Beschluss, der das Verfahren der einstweiligen Anordnung beendet, wird bestimmt, dass die Kostenentscheidung der Entscheidung des Gerichts zur Hauptsache vorbehalten bleibt. [2] Erscheint es jedoch in Anbetracht der Umstände des Einzelfalls gerechtfertigt, so wird in dem Beschluss gemäß den Artikeln 134 bis 138 über die Kosten des Verfahrens des vorläufigen Rechtsschutzes entschieden.

Art. 159 Änderung der Umstände. Auf Antrag einer Partei kann der Beschluss jederzeit infolge einer Änderung der Umstände abgeändert oder wieder aufgehoben werden.

Art. 160 Neuer Antrag. Die Zurückweisung eines Antrags auf einstweilige Anordnung hindert die antragstellende Hauptpartei nicht, einen weiteren, auf neue Tatsachen gestützten Antrag zu stellen.

Art. 161 Anträge gemäß den Artikeln 280 AEUV, 299 AEUV und 164 EAGV. (1) Für Anträge gemäß den Artikeln 280 AEUV[1)], 299 AEUV und 164 EAGV auf Aussetzung der Zwangsvollstreckung von Entscheidungen des Gerichts oder von Rechtsakten des Rates, der Kommission oder der Europäischen Zentralbank gelten die Bestimmungen dieses Abschnitts.

(2) In dem Beschluss, mit dem dem Antrag stattgegeben wird, wird gegebenenfalls der Zeitpunkt festgesetzt, zu dem die einstweilige Anordnung außer Kraft tritt.

Siebzehntes Kapitel. Anträge in Bezug auf Urteile und Beschlüsse

Art. 162 Zuweisung der Anträge. (1) Anträge nach diesem Kapitel werden dem Spruchkörper zugewiesen, der die Entscheidung erlassen hat, auf die sich der Antrag bezieht.

(2) [1] Ist ein Erreichen der gemäß den Artikeln 23 und 24 für die Beschlussfähigkeit erforderlichen Zahl von Richtern nicht mehr möglich, so wird der Antrag einem anderen, mit derselben Richterzahl tagenden Spruchkörper zugewiesen. [2] Wurde die Entscheidung von einem Richter als Einzelrichter erlassen und ist dieser Richter verhindert, so wird der Antrag einem anderen Richter zugewiesen.

Art. 163 Aussetzung des Verfahrens. Beziehen sich ein Rechtsmittel vor dem Gerichtshof und einer der in diesem Kapitel bezeichneten Anträge, mit Ausnahme der in den Artikeln 164 und 165 bezeichneten Anträge, auf dieselbe Entscheidung des Gerichts, so kann der Präsident nach Anhörung der Parteien beschließen, das Verfahren auszusetzen, bis der Gerichtshof über das Rechtsmittel entschieden hat.

---

1) Nr. 2.

Art. 164 Berichtigung von Urteilen und Beschlüssen. (1) Unbeschadet der Bestimmungen über die Auslegung von Urteilen und Beschlüssen können Schreib- oder Rechenfehler und offenbare Unrichtigkeiten vom Gericht von Amts wegen oder auf Antrag einer Partei berichtigt werden.

(2) Der Berichtigungsantrag ist innerhalb von zwei Wochen nach Verkündung des Urteils oder Zustellung des Beschlusses zu stellen.

(3) Bezieht sich die Berichtigung auf die Entscheidungsformel oder einen sie tragenden Entscheidungsgrund, so können die Parteien innerhalb der vom Präsidenten festgesetzten Frist schriftlich Stellung nehmen.

(4) Das Gericht entscheidet durch Beschluss.

(5) [1] Die Urschrift des Beschlusses, der die Berichtigung ausspricht, wird mit der Urschrift der berichtigten Entscheidung verbunden. [2] Ein Hinweis auf den Beschluss ist am Rande der Urschrift der berichtigten Entscheidung anzubringen.

Art. 165 Unterlassen einer Entscheidung. (1) Hat das Gericht eine Entscheidung über einen einzelnen Punkt der Anträge oder die Kostenentscheidung unterlassen, so hat die Partei, die dies geltend machen möchte, das Gericht durch Antragsschrift anzurufen.

(2) Der Antrag ist innerhalb eines Monats nach der Verkündung des Urteils oder der Zustellung des Beschlusses zu stellen.

(3) Der Antrag wird den anderen Parteien zugestellt, die innerhalb der vom Präsidenten festgesetzten Frist schriftlich Stellung nehmen können.

(4) Nachdem den Parteien Gelegenheit zur Stellungnahme gegeben wurde, entscheidet das Gericht durch Beschluss zugleich über die Zulässigkeit und die Begründetheit des Antrags.

Art. 166 Einspruch gegen ein Versäumnisurteil. (1) Gegen das Versäumnisurteil kann gemäß Artikel 41 der Satzung[1)] Einspruch eingelegt werden.

(2) [1] Der unterliegende Beklagte hat den Einspruch innerhalb eines Monats nach Zustellung des Versäumnisurteils einzulegen. [2] Für den Einspruch gelten die Formvorschriften der Artikel 76 und 78.

(3) Nach der Zustellung des Einspruchs setzt der Präsident der Gegenpartei eine Frist zur schriftlichen Stellungnahme.

(4) Auf das weitere Verfahren finden, je nach Fall, die Bestimmungen des Dritten Titels oder des Vierten Titels Anwendung.

(5) Das Gericht entscheidet durch Urteil, gegen das weiterer Einspruch nicht zulässig ist.

(6) [1] Die Urschrift dieses Urteils wird mit der Urschrift des Versäumnisurteils verbunden. [2] Ein Hinweis auf das Urteil über den Einspruch ist am Rande der Urschrift des Versäumnisurteils anzubringen.

Art. 167 Drittwiderspruch. (1) Auf den Drittwiderspruch nach Artikel 42 der Satzung[1)] finden die Artikel 76 und 78 Anwendung; er muss ferner enthalten:

a) die Bezeichnung des angefochtenen Urteils oder Beschlusses;

[1)] Nr. **27**.

b) die Angabe, in welchen Punkten das angefochtene Urteil oder der angefochtene Beschluss die Rechte des Dritten beeinträchtigt;
c) die Gründe, aus denen der Dritte nicht in der Lage war, sich an dem Rechtsstreit vor dem Gericht zu beteiligen.

(2) Der Drittwiderspruch muss innerhalb von zwei Monaten nach der in Artikel 122 genannten Veröffentlichung eingelegt werden.

(3) [1] Auf Antrag des Dritten kann die Aussetzung der Vollstreckung des angefochtenen Urteils oder Beschlusses beschlossen werden. [2] Die Artikel 156 bis 161 finden Anwendung.

(4) Die Drittwiderspruchsschrift wird den Parteien zugestellt, die innerhalb der vom Präsidenten festgesetzten Frist schriftlich Stellung nehmen können.

(5) Nachdem den Parteien Gelegenheit zur Stellungnahme gegeben wurde, entscheidet das Gericht.

(6) Das angefochtene Urteil oder der angefochtene Beschluss wird insoweit geändert, als dem Drittwiderspruch stattgegeben wird.

(7) [1] Die Urschrift der Entscheidung über den Drittwiderspruch wird mit der Urschrift des angefochtenen Urteils oder Beschlusses verbunden. [2] Ein Hinweis auf die Entscheidung über den Drittwiderspruch ist am Rande der Urschrift des angefochtenen Urteils oder Beschlusses anzubringen.

Art. 168 Auslegung von Urteilen und Beschlüssen. (1) Das Gericht ist nach Artikel 43 der Satzung[1)] bei Zweifeln über Sinn und Tragweite eines Urteils oder Beschlusses zuständig, das Urteil oder den Beschluss auf Antrag einer Partei oder eines Organs der Union auszulegen, wenn die Partei oder das Organ ein Interesse hieran glaubhaft macht.

(2) Der Auslegungsantrag ist innerhalb von zwei Jahren nach dem Tag der Verkündung des Urteils oder der Zustellung des Beschlusses zu stellen.

(3) [1] Für den Auslegungsantrag gelten die Formvorschriften der Artikel 76 und 78. [2] Er muss ferner bezeichnen:
a) das auszulegende Urteil oder den auszulegenden Beschluss;
b) die Stellen, deren Auslegung beantragt wird.

(4) Der Auslegungsantrag wird den anderen Parteien zugestellt, die innerhalb der vom Präsidenten festgesetzten Frist schriftlich Stellung nehmen können.

(5) Nachdem den Parteien Gelegenheit zur Stellungnahme gegeben wurde, entscheidet das Gericht.

(6) [1] Die Urschrift der auslegenden Entscheidung wird mit der Urschrift der ausgelegten Entscheidung verbunden. [2] Ein Hinweis auf die auslegende Entscheidung ist am Rande der Urschrift der ausgelegten Entscheidung anzubringen.

Art. 169 Wiederaufnahme. (1) Die Wiederaufnahme des Verfahrens kann nach Artikel 44 der Satzung[1)] beim Gericht nur beantragt werden, wenn eine Tatsache von entscheidender Bedeutung bekannt wird, die vor Verkündung des Urteils oder Zustellung des Beschlusses dem Gericht und der die Wiederaufnahme beantragenden Partei unbekannt war.

[1)] Nr. **27**.

(2) Unbeschadet der in Artikel 44 Absatz 3 der Satzung vorgesehenen Frist von zehn Jahren ist die Wiederaufnahme innerhalb von drei Monaten nach dem Tag zu beantragen, an dem der Antragsteller Kenntnis von der Tatsache erhalten hat, auf die er seinen Wiederaufnahmeantrag stützt.

(3) Auf den Wiederaufnahmeantrag finden die Artikel 76 und 78 Anwendung; er muss ferner enthalten:

a) die Bezeichnung des angefochtenen Urteils oder Beschlusses;
b) die Angabe der Punkte, in denen das Urteil oder der Beschluss angefochten wird;
c) die Bezeichnung der Tatsachen, auf die der Antrag gestützt wird;
d) die Benennung der Beweismittel für das Vorliegen der Tatsachen, die die Wiederaufnahme rechtfertigen, und für die Wahrung der in Absatz 2 genannten Fristen.

(4) Der Wiederaufnahmeantrag wird den anderen Parteien zugestellt, die innerhalb der vom Präsidenten festgesetzten Frist schriftlich Stellung nehmen können.

(5) Nachdem den Parteien Gelegenheit zur Stellungnahme gegeben wurde, entscheidet das Gericht durch Beschluss über die Zulässigkeit des Antrags, ohne der Entscheidung in der Sache vorzugreifen.

(6) Erklärt das Gericht den Antrag für zulässig, so entscheidet es in der Sache gemäß den Bestimmungen dieser Verfahrensordnung.

(7) [1] Die Urschrift der abändernden Entscheidung wird mit der Urschrift der abgeänderten Entscheidung verbunden. [2] Ein Hinweis auf die abändernde Entscheidung ist am Rande der Urschrift der abgeänderten Entscheidung anzubringen.

Art. 170 Streitigkeiten über die erstattungsfähigen Kosten. (1) [1] Bei Streitigkeiten über die erstattungsfähigen Kosten stellt die betroffene Partei beim Gericht einen Antrag. [2] Für diesen Antrag gelten die Formvorschriften der Artikel 76 und 78.

(2) Der Antrag wird der Partei, die von diesem Antrag betroffen ist, zugestellt, die innerhalb der vom Präsidenten festgesetzten Frist schriftlich Stellung nehmen kann.

(3) Nachdem der von dem Antrag betroffenen Partei Gelegenheit zur Stellungnahme gegeben wurde, entscheidet das Gericht durch unanfechtbaren Beschluss.

(4) Die Parteien können eine Ausfertigung des Beschlusses zum Zweck der Vollstreckung beantragen.

Vierter Titel. Rechtsstreitigkeiten betreffend die Rechte des geistigen Eigentums

Art. 171 Anwendungsbereich. Die Bestimmungen dieses Titels gelten für Klagen gegen die Entscheidungen der Beschwerdekammern des in Artikel 1 bezeichneten Amtes, die die Anwendung der Vorschriften im Rahmen einer Regelung über das geistige Eigentum betreffen.

Erstes Kapitel. Parteien des Verfahrens

Art. 172 Beklagter. Die Klage wird gegen das Amt als Beklagten erhoben, zu dem die Beschwerdekammer gehört, die die angefochtene Entscheidung erlassen hat.

Art. 173 Stellung der anderen im Verfahren vor der Beschwerdekammer Beteiligten vor dem Gericht. (1) Ein Beteiligter im Verfahren vor der Beschwerdekammer mit Ausnahme des Klägers kann sich als Streithelfer am Verfahren vor dem Gericht beteiligen, indem er form- und fristgerecht eine Klagebeantwortung einreicht.

(2) [1] Ein Beteiligter im Verfahren vor der Beschwerdekammer mit Ausnahme des Klägers wird vor Ablauf der für die Einreichung der Klagebeantwortung vorgesehenen Frist mit der Einreichung eines Verfahrensschriftstücks als Streithelfer Partei des Verfahrens vor dem Gericht. [2] Er verliert seine Stellung als Streithelfer vor dem Gericht, wenn er nicht form- und fristgerecht eine Klagebeantwortung einreicht. [3] In diesem Fall trägt der Streithelfer seine eigenen, mit den von ihm eingereichten Verfahrensschriftstücken in Zusammenhang stehenden Kosten.

(3) [1] Der in den Absätzen 1 und 2 bezeichnete Streithelfer verfügt über dieselben prozessualen Rechte wie die Hauptparteien. [2] Er kann die Anträge einer Hauptpartei unterstützen sowie Anträge stellen und Gründe vorbringen, die gegenüber denen der Hauptparteien eigenständig sind.

(4) Ein Beteiligter im Verfahren vor der Beschwerdekammer – mit Ausnahme des Klägers –, der nach den Absätzen 1 und 2 die Eigenschaft als Partei vor dem Gericht erlangt, muss gemäß Artikel 19 der Satzung[1)] vertreten werden.

(5) Artikel 78 Absätze 4 bis 6 findet auf die in Absatz 2 bezeichneten Verfahrensschriftstücke Anwendung.

(6) Abweichend von Artikel 123 gelten die Bestimmungen über das Versäumnisverfahren nicht, wenn ein in den Absätzen 1 und 2 bezeichneter Streithelfer die Klageschrift form- und fristgerecht beantwortet hat.

Art. 174 Ersetzung einer Partei. Ist das von dem Rechtsstreit betroffene Recht des geistigen Eigentums von einem im Verfahren vor der Beschwerdekammer des Amtes Beteiligten auf einen Dritten übertragen worden, so kann der Rechtsnachfolger beantragen, an die Stelle der ursprünglichen Partei im Verfahren vor dem Gericht zu treten.

Art. 175 Ersetzungsantrag. (1) [1] Der Ersetzungsantrag ist mit gesondertem Schriftsatz einzureichen. [2] Er kann in jedem Verfahrensstadium gestellt werden.

(2) Der Antrag muss enthalten:

a) die Bezeichnung der Rechtssache;

b) die Bezeichnung der Parteien der Rechtssache und der Partei, an deren Stelle der Antragsteller treten möchte;

c) Namen und Wohnsitz des Antragstellers;

d) die Angabe der Stellung und der Anschrift des Vertreters des Antragstellers;

[1)] Nr. **27**.

e) die Darstellung der die Ersetzung rechtfertigenden Umstände unter Beifügung von Nachweisen.

(3) Der Antragsteller muss gemäß Artikel 19 der Satzung[1)] vertreten werden.

(4) Artikel 78 Absätze 4 bis 6 und Artikel 139 finden auf den Ersetzungsantrag Anwendung.

Art. 176 Entscheidung über den Ersetzungsantrag. (1) Der Ersetzungsantrag wird den Parteien zugestellt.

(2) Der Präsident gibt den Parteien Gelegenheit, schriftlich oder mündlich zu dem Ersetzungsantrag Stellung zu nehmen.

(3) Die Entscheidung über den Ersetzungsantrag ergeht durch mit Gründen versehenen Beschluss des Präsidenten oder in der das Verfahren beendenden Entscheidung.

(4) Wird der Ersetzungsantrag zurückgewiesen, so ist gemäß den Artikeln 134 und 135 über die im Zusammenhang mit dem Antrag entstandenen Kosten einschließlich der Kosten des Antragstellers zu entscheiden.

(5) [1] Wird dem Ersetzungsantrag stattgegeben, so muss der Rechtsnachfolger den Rechtsstreit in der Lage annehmen, in der dieser sich zum Zeitpunkt der Ersetzung befindet. [2] Er ist an die Verfahrensschriftstücke gebunden, die von der Partei eingereicht wurden, an deren Stelle er tritt.

Zweites Kapitel. Klageschrift und Klagebeantwortungen

Art. 177 Klageschrift. (1) Die Klageschrift muss enthalten:

a) Namen und Wohnsitz des Klägers;
b) die Angabe der Stellung und der Anschrift des Vertreters des Klägers;
c) die Bezeichnung des Amtes, gegen das die Klage erhoben wird;
d) den Streitgegenstand, die geltend gemachten Klagegründe und Argumente sowie eine kurze Darstellung der Klagegründe;
e) die Anträge des Klägers.

(2) War der Kläger nicht der einzige Beteiligte im Verfahren vor der Beschwerdekammer des Amtes, so muss die Klageschrift außerdem die Namen aller Beteiligten dieses Verfahrens und die Anschriften enthalten, die diese Beteiligten für Zustellungszwecke angegeben haben.

(3) [1] Die angefochtene Entscheidung der Beschwerdekammer ist der Klageschrift beizufügen. [2] Das Datum der Zustellung dieser Entscheidung an den Kläger ist anzugeben.

(4) Ist der Kläger eine juristische Person des Privatrechts, so hat er mit der Klageschrift einen Nachweis für seine Rechtspersönlichkeit einzureichen (Handelsregisterauszug, Vereinsregisterauszug oder eine andere amtliche Urkunde).

(5) Der Klageschrift sind die in Artikel 51 Absätze 2 und 3 genannten Schriftstücke beizufügen.

(6) [1] Entspricht die Klageschrift nicht Absatz 2, so kann der Kanzler dem Kläger eine angemessene Frist zur Behebung des Mangels setzen, wenn die Umstände es rechtfertigen. [2] Entspricht die Klageschrift nicht den Absätzen 3

---

1) Nr. **27**.

bis 5, so setzt der Kanzler dem Kläger eine angemessene Frist zur Behebung des Mangels. [3] Bei Ausbleiben einer fristgemäßen Mängelbehebung entscheidet das Gericht, ob die Nichtbeachtung der Förmlichkeit die formale Unzulässigkeit der Klageschrift zur Folge hat.

Art. 178 Zustellung der Klageschrift. (1) [1] Der Kanzler benachrichtigt den Beklagten und alle im Verfahren vor der Beschwerdekammer Beteiligten in der in Artikel 80 Absatz 1 vorgesehenen Art und Weise von der Einreichung der Klageschrift. [2] Nach Bestimmung der Verfahrenssprache gemäß Artikel 45 Absatz 4 stellt er die Klageschrift und gegebenenfalls die Übersetzung der Klageschrift in die Verfahrenssprache zu.

(2) [1] Die Klageschrift wird dem Beklagten mittels e-Curia zugestellt, wenn er über ein Zugangskonto zu e-Curia verfügt. [2] Andernfalls wird die Klageschrift dem Beklagten durch Übersendung einer beglaubigten Kopie der Klageschrift per Einschreiben mit Rückschein oder durch Übergabe der Kopie gegen Empfangsbestätigung zugestellt.

(3) [1] Die Zustellung der Klageschrift an einen im Verfahren vor der Beschwerdekammer Beteiligten erfolgt mittels e-Curia, wenn er gemäß Artikel 173 Absatz 2 Partei des Verfahrens vor dem Gericht geworden ist. [2] Handelt es sich bei dem im Verfahren vor der Beschwerdekammer Beteiligten um ein Organ, das über ein Zugangskonto zu e-Curia verfügt, so erfolgt die Zustellung der Klageschrift mittels e-Curia. [3] Andernfalls wird die Klageschrift durch Übersendung einer beglaubigten Kopie der Klageschrift per Einschreiben mit Rückschein oder durch Übergabe der Kopie gegen Empfangsbestätigung an die gemäß Artikel 177 Absatz 2 angegebene Anschrift oder, wenn diese Anschrift nicht angegeben worden ist, an die in der angefochtenen Entscheidung der Beschwerdekammer angegebene Anschrift zugestellt.

(4) In den Fällen des Artikels 177 Absatz 6 erfolgt die Zustellung sogleich nach der Mängelbehebung oder nachdem das Gericht in Anbetracht der in dem genannten Artikel aufgeführten Voraussetzungen die Zulässigkeit bejaht hat.

(5) Unmittelbar nach Zustellung der Klageschrift übermittelt der Beklagte dem Gericht die Akten des Verfahrens vor der Beschwerdekammer.

Art. 179 Parteien, die eine Klagebeantwortung einreichen können. [1] Der Beklagte und die Beteiligten im Verfahren vor der Beschwerdekammer mit Ausnahme des Klägers reichen innerhalb einer Frist von zwei Monaten nach Zustellung der Klageschrift Klagebeantwortungen ein. [2] Der Präsident kann diese Frist bei Vorliegen außergewöhnlicher Umstände auf begründeten Antrag der betreffenden Partei verlängern.

Art. 180 Klagebeantwortung. (1) Die Klagebeantwortung muss enthalten:

a) Namen und Wohnsitz der Partei, die die Klagebeantwortung einreicht;

b) Angabe der Stellung und der Anschrift des Vertreters der Partei;

c) die geltend gemachten Verteidigungsgründe und -argumente;

d) die Anträge der Partei, die die Klagebeantwortung einreicht.

(2) Artikel 177 Absätze 4 bis 6 findet auf die Klagebeantwortung Anwendung.

Art. 181 Abschluss des schriftlichen Verfahrens. Unbeschadet der Bestimmungen des Dritten Kapitels wird das schriftliche Verfahren nach der Einreichung der Klagebeantwortung des Beklagten und, gegebenenfalls, des Streithelfers im Sinne des Artikels 173 abgeschlossen.

Drittes Kapitel. Anschlussklage

Art. 182 Anschlussklage. (1) Die Beteiligten im Verfahren vor der Beschwerdekammer mit Ausnahme des Klägers können innerhalb der gleichen Frist, wie sie für die Einreichung der Klagebeantwortung gilt, Anschlussklage erheben.

(2) Die Anschlussklage ist mit gesondertem, von der Klagebeantwortung getrenntem Schriftsatz zu erheben.

Art. 183 Inhalt der Anschlussklageschrift. Die Anschlussklageschrift muss enthalten:

a) Namen und Wohnsitz der Partei, die die Anschlussklage erhebt;

b) Angabe der Stellung und der Anschrift des Vertreters der Partei;

c) die geltend gemachten Klagegründe und -argumente;

d) die Anträge.

Art. 184 Anschlussklageanträge, -gründe und -argumente. (1) Die Anschlussklageanträge müssen auf Aufhebung oder Abänderung der Entscheidung der Beschwerdekammer in einem in der Klageschrift nicht geltend gemachten Punkt gerichtet sein.

(2) Die geltend gemachten Gründe und Argumente müssen die beanstandeten Punkte der Begründung der angefochtenen Entscheidung genau bezeichnen.

Art. 185 Anschlussklagebeantwortung. [1] Wird eine Anschlussklage erhoben, so können die anderen Parteien innerhalb von zwei Monaten nach Zustellung der Anschlussklageschrift einen Schriftsatz einreichen, der auf die Beantwortung der mit der Anschlussklage geltend gemachten Anträge, Gründe und Argumente zu begrenzen ist. [2] Der Präsident kann diese Frist bei Vorliegen außergewöhnlicher Umstände auf begründeten Antrag der betreffenden Partei verlängern.

Art. 186 Abschluss des schriftlichen Verfahrens. Wurde Anschlussklage erhoben, so wird das schriftliche Verfahren nach der Einreichung der letzten Klagebeantwortung zu dieser Anschlussklage abgeschlossen.

Art. 187 Verhältnis zwischen Klage und Anschlussklage. Die Anschlussklage gilt als gegenstandslos,

a) wenn der Kläger seine Klage zurücknimmt;

b) wenn die Klage für offensichtlich unzulässig erklärt wird.

Viertes Kapitel. Andere Aspekte des Verfahrens

Art. 188 Gegenstand des Rechtsstreits vor dem Gericht. Die im Rahmen des Verfahrens vor dem Gericht eingereichten Schriftsätze der Parteien können den vor der Beschwerdekammer verhandelten Streitgegenstand nicht ändern.

Art. 189 Länge der Schriftsätze. (1) Das Gericht legt gemäß Artikel 224 die maximale Länge der Schriftsätze fest, die im Rahmen dieses Titels eingereicht werden.

(2) Eine Überschreitung der maximalen Länge der Schriftsätze kann der Präsident nur in Fällen genehmigen, die in rechtlicher oder tatsächlicher Hinsicht besonders komplex sind.

Art. 190 Kostenentscheidung. (1) Wird einer Klage gegen eine Entscheidung einer Beschwerdekammer stattgegeben, so kann das Gericht beschließen, dass der Beklagte nur seine eigenen Kosten trägt.

(2) Die Aufwendungen der Parteien, die für das Verfahren vor der Beschwerdekammer notwendig waren, gelten als erstattungsfähige Kosten.

Art. 191 Sonstige anwendbare Vorschriften. Vorbehaltlich der besonderen Vorschriften dieses Titels finden auf die von diesem Titel erfassten Verfahren die Vorschriften des Dritten Titels Anwendung.

Fünfter Titel. Rechtsmittel gegen die Entscheidungen des Gerichts für den öffentlichen Dienst

Art. 192–214 *(aufgehoben)*

Sechster Titel. Verfahren nach Aufhebung in der Rechtsmittelinstanz und Zurückverweisung

Erstes Kapitel. Entscheidungen des Gerichts nach Aufhebung und Zurückverweisung

Art. 215 Aufhebung und Zurückverweisung durch den Gerichtshof.

Hebt der Gerichtshof ein Urteil oder einen Beschluss des Gerichts auf und verweist er die Sache zur Entscheidung an das Gericht zurück, so wird die Sache durch die zurückverweisende Entscheidung beim Gericht anhängig.

Art. 216 Zuweisung der Rechtssache. (1) Hebt der Gerichtshof ein Urteil oder einen Beschluss einer Kammer auf, so kann der Präsident des Gerichts die Sache einer anderen, mit der gleichen Richterzahl tagenden Kammer zuweisen.

(2) Hebt der Gerichtshof ein Urteil oder einen Beschluss der Großen Kammer des Gerichts auf, so wird die Sache diesem Spruchkörper zugewiesen.

(3) Hebt der Gerichtshof ein Urteil oder einen Beschluss eines Richters auf, der als Einzelrichter entschieden hat, so kann der Präsident des Gerichts die Sache dem Einzelrichter zuweisen; diesem bleibt es unbenommen, die Sache an die Kammer zu verweisen, der er angehört.

Art. 217 Ablauf des Verfahrens. (1) [1] Ist die später vom Gerichtshof aufgehobene Entscheidung ergangen, nachdem das schriftliche Verfahren zur Sache vor dem Gericht bereits abgeschlossen war, so können die am Verfahren vor dem Gericht beteiligten Parteien innerhalb einer Frist von zwei Monaten nach Zustellung der Entscheidung des Gerichtshofs schriftlich Stellung dazu nehmen, welche Schlussfolgerungen aus der Entscheidung des Gerichtshofs für die Entscheidung des Rechtsstreits zu ziehen sind. [2]Diese Frist kann nicht verlängert werden.

(2) Ist die später vom Gerichtshof aufgehobene Entscheidung ergangen, als das schriftliche Verfahren zur Sache vor dem Gericht noch nicht abgeschlossen war, so wird es in dem Stadium fortgesetzt, in dem es sich befand.

(3) Wenn die Umstände es rechtfertigen, kann der Präsident die Einreichung zusätzlicher Schriftsätze gestatten.

Art. 218 Anwendbare Verfahrensbestimmungen. Vorbehaltlich des Artikels 217 finden auf das Verfahren, je nach Fall, die Bestimmungen des Dritten Titels oder des Vierten Titels Anwendung.

Art. 219 Kosten. Das Gericht entscheidet über die Kosten des Rechtsstreits vor dem Gericht und über die Kosten des Rechtsmittelverfahrens vor dem Gerichtshof.

Zweites Kapitel. Entscheidungen des Gerichts nach Überprüfung und Zurückverweisung

Art. 220-223 *(aufgehoben)*

Schlussbestimmungen

Art. 224 Durchführungsbestimmungen. Das Gericht erlässt durch gesonderten Rechtsakt praktische Durchführungsbestimmungen[1)] zu dieser Verfahrensordnung.

Art. 225 Zwangsvollstreckung. Auf die Zwangsvollstreckung der nach dieser Verfahrensordnung verhängten Sanktionen oder sonstigen Maßnahmen finden die Artikel 280 AEUV[2)], 299 AEUV und 164 EAGV entsprechende Anwendung.

Art. 226 Aufhebung. Diese Verfahrensordnung tritt an die Stelle der Verfahrensordnung des Gerichts vom 2. Mai 1991 in ihrer zuletzt am 19. Juni 2013 geänderten Fassung.

Art. 227 Veröffentlichung und Inkrafttreten dieser Verfahrensordnung. (1) Diese in den in Artikel 44 genannten Sprachen verbindliche Verfahrensordnung wird im *Amtsblatt der Europäischen Union* veröffentlicht.

(2) Diese Verfahrensordnung tritt am ersten Tag des dritten Monats nach ihrer Veröffentlichung[3)] in Kraft.

(3) Artikel 105 findet erst Anwendung, wenn der Beschluss nach Artikel 105 Absatz 11 in Kraft getreten ist.

[1)] Siehe hierzu ua: Praktische Durchführungsbestimmungen zur Verfahrensordnung des Gerichts v. 20.5.2015 (ABl. L 152 S. 1), zuletzt geänd. durch Änderungen v. 1.2.2023 (ABl. Nr. L 73 S. 58).

[2)] Nr. **2**.

[3)] Veröffentlicht am 23.4.2015.

(4) Artikel 45 Absatz 4, Artikel 139 Buchstabe c und Artikel 181 finden nur auf nach dem Inkrafttreten dieser Verfahrensordnung beim Gericht eingereichte Klagen Anwendung.

(5) Die Artikel 106 und 207 finden nur auf Rechtssachen Anwendung, in denen das schriftliche Verfahren im Zeitpunkt des Inkrafttretens dieser Verfahrensordnung noch nicht abgeschlossen ist.

(6) Artikel 115 Absatz 1, Artikel 116 Absatz 6, Artikel 131 und Artikel 135 Absatz 2 der Verfahrensordnung des Gerichts vom 2. Mai 1991 in ihrer zuletzt am 19. Juni 2013 geänderten Fassung finden auf vor dem Inkrafttreten dieser Verfahrensordnung beim Gericht eingereichte Klagen weiterhin Anwendung.

(7) Die Artikel 135a und 146 der Verfahrensordnung des Gerichts vom 2. Mai 1991 in ihrer zuletzt am 19. Juni 2013 geänderten Fassung finden auf beim Gericht anhängige Klagen, bei denen das schriftliche Verfahren vor dem Inkrafttreten dieser Verfahrensordnung abgeschlossen wurde, weiterhin Anwendung.

VI. Europäisches Zivilverfahrensrecht

31. Verordnung (EU) Nr. 1215/2012 des Europäischen Parlaments und des Rates vom 12. Dezember 2012 über die gerichtliche Zuständigkeit und die Anerkennung und Vollstreckung von Entscheidungen in Zivil- und Handelssachen

(Neufassung)

(ABl. L 351 S. 1, ber. 2016 L 264 S. 43)

Celex-Nr. 3 2012 R 1215

zuletzt geänd. durch Art. 1 ÄndVO (EU) 2015/281 v. 26.11.2014 (ABl. 2015 L 54 S. 1)

Nichtamtliche Inhaltsübersicht

DAS EUROPÄISCHE PARLAMENT UND DER RAT DER EUROPÄISCHEN UNION –

gestützt auf den Vertrag über die Arbeitsweise der Europäischen Union[1)], insbesondere auf Artikel 67 Absatz 4 und Artikel 81 Absatz 2 Buchstaben a, c und e,

auf Vorschlag der Europäischen Kommission,

nach Zuleitung des Entwurfs des Gesetzgebungsakts an die nationalen Parlamente,

nach Stellungnahme des Europäischen Wirtschafts- und Sozialausschusses[2)],

gemäß dem ordentlichen Gesetzgebungsverfahren[3)],

in Erwägung nachstehender Gründe:

[1)] Nr. **2**.
[2)] **Amtl. Anm.:** ABl. C 218 vom 23.7.2011, S. 78.
[3)] **Amtl. Anm.:** Standpunkt des Europäischen Parlaments vom 20. November 2012 (noch nicht im Amtsblatt veröffentlicht) und Beschluss des Rates vom 6. Dezember 2012.

(1) Am 21. April 2009 hat die Kommission einen Bericht über die Anwendung der Verordnung (EG) Nr. 44/2001 des Rates vom 22. Dezember 2000 über die gerichtliche Zuständigkeit und die Anerkennung und Vollstreckung von Entscheidungen in Zivil- und Handelssachen[1] angenommen. Dem Bericht zufolge herrscht allgemein Zufriedenheit mit der Funktionsweise der genannten Verordnung, doch könnten die Anwendung bestimmter Vorschriften, der freie Verkehr gerichtlicher Entscheidungen sowie der Zugang zum Recht noch weiter verbessert werden. Da einige weitere Änderungen erfolgen sollen, sollte die genannte Verordnung aus Gründen der Klarheit neu gefasst werden.

(2) Der Europäische Rat hat auf seiner Tagung vom 10./11. Dezember 2009 in Brüssel ein neues mehrjähriges Programm mit dem Titel „Das Stockholmer Programm – Ein offenes und sicheres Europa im Dienste und zum Schutz der Bürger"[2] angenommen. Im Stockholmer Programm vertritt der Europäische Rat die Auffassung, dass der Prozess der Abschaffung aller zwischengeschalteten Maßnahmen (Exequaturverfahren) während des von dem Programm abgedeckten Zeitraums fortgeführt werden sollte. Gleichzeitig sollte die Abschaffung der Exequaturverfahren von einer Reihe von Schutzvorkehrungen begleitet werden.

(3) Die Union hat sich zum Ziel gesetzt, einen Raum der Freiheit, der Sicherheit und des Rechts zu erhalten und weiterzuentwickeln, indem unter anderem der Zugang zum Recht, insbesondere durch den Grundsatz der gegenseitigen Anerkennung gerichtlicher und außergerichtlicher Entscheidungen in Zivilsachen, erleichtert wird. Zum schrittweisen Aufbau eines solchen Raums hat die Union im Bereich der justiziellen Zusammenarbeit in Zivilsachen, die einen grenzüberschreitenden Bezug aufweisen, Maßnahmen zu erlassen, insbesondere wenn dies für das reibungslose Funktionieren des Binnenmarkts erforderlich ist.

(4) Die Unterschiede zwischen bestimmten einzelstaatlichen Vorschriften über die gerichtliche Zuständigkeit und die Anerkennung von Entscheidungen erschweren das reibungslose Funktionieren des Binnenmarkts. Es ist daher unerlässlich, Bestimmungen zu erlassen, um die Vorschriften über die internationale Zuständigkeit in Zivil- und Handelssachen zu vereinheitlichen und eine rasche und unkomplizierte Anerkennung und Vollstreckung von Entscheidungen zu gewährleisten, die in einem Mitgliedstaat ergangen sind.

(5) Diese Bestimmungen fallen in den Bereich der justiziellen Zusammenarbeit in Zivilsachen im Sinne von Artikel 81 des Vertrags über die Arbeitsweise der Europäischen Union (AEUV)[3].

(6) Um den angestrebten freien Verkehr der Entscheidungen in Zivil- und Handelssachen zu verwirklichen, ist es erforderlich und angemessen, dass die Vorschriften über die gerichtliche Zuständigkeit und die Anerkennung und Vollstreckung von Entscheidungen im Wege eines Unionsrechtsakts festgelegt werden, der verbindlich und unmittelbar anwendbar ist.

---

[1] **Amtl. Anm.:** ABl. L 12 vom 16.1.2001, S. 1.
[2] **Amtl. Anm.:** ABl. C 115 vom 4.5.2010, S. 1.
[3] Nr. 2.

(7) Am 27. September 1968 schlossen die seinerzeitigen Mitgliedstaaten der Europäischen Gemeinschaften auf der Grundlage von Artikel 220 vierter Gedankenstrich des Vertrags zur Gründung der Europäischen Wirtschaftsgemeinschaft das Übereinkommen von Brüssel über die gerichtliche Zuständigkeit und die Vollstreckung gerichtlicher Entscheidungen in Zivil- und Handelssachen, dessen Fassung danach durch die Übereinkommen über den Beitritt neuer Mitgliedstaaten zu diesem Übereinkommen[1] geändert wurde („Brüsseler Übereinkommen von 1968"). Am 16. September 1988 schlossen die seinerzeitigen Mitgliedstaaten der Europäischen Gemeinschaften und bestimmte EFTA-Staaten das Übereinkommen von Lugano über die gerichtliche Zuständigkeit und die Vollstreckung gerichtlicher Entscheidungen in Zivil- und Handelssachen[2] („Übereinkommen von Lugano von 1988"), das ein Parallelübereinkommen zu dem Brüsseler Übereinkommen von 1968 darstellt. Am 1. Februar 2000 wurde das Übereinkommen von Lugano von 1988 auf Polen anwendbar.

(8) Am 22. Dezember 2000 nahm der Rat die Verordnung (EG) Nr. 44/2001 an, die das Brüsseler Übereinkommen von 1968 im Verhältnis der Mitgliedstaaten zueinander mit Ausnahme Dänemarks hinsichtlich der Hoheitsgebiete der Mitgliedstaaten ersetzt, die in den Anwendungsbereich des AEUV[3] fallen. Mit dem Beschluss 2006/325/EG des Rates[4] schloss die Gemeinschaft mit Dänemark ein Abkommen über die Anwendung der Bestimmungen der Verordnung (EG) Nr. 44/2001 in Dänemark. Das Übereinkommen von Lugano von 1988 wurde durch das am 30. Oktober 2007 von der Gemeinschaft, Dänemark, Island, Norwegen und der Schweiz in Lugano unterzeichnete Übereinkommen über die gerichtliche Zuständigkeit und die Anerkennung und Vollstreckung von Entscheidungen in Zivil- und Handelssachen[5] („Übereinkommen von Lugano von 2007") geändert.

(9) Das Brüsseler Übereinkommen von 1968 gilt weiter hinsichtlich der Hoheitsgebiete der Mitgliedstaaten, die in seinen territorialen Anwendungsbereich fallen und die aufgrund der Anwendung von Artikel 355 AEUV[3] von der vorliegenden Verordnung ausgeschlossen sind.

(10) Der sachliche Anwendungsbereich dieser Verordnung sollte sich, von einigen genau festgelegten Rechtsgebieten abgesehen, auf den wesentlichen Teil des Zivil- und Handelsrechts erstrecken; aufgrund der Annahme der Verordnung (EG) Nr. 4/2009 des Rates vom 18. Dezember 2008 über die Zuständigkeit, das anwendbare Recht, die Anerkennung und Vollstreckung von Entscheidungen und die Zusammenarbeit in Unterhaltssachen[6] sollten insbesondere die Unterhaltspflichten vom Anwendungsbereich dieser Verordnung ausgenommen werden.

---

[1] **Amtl. Anm.:** ABl. L 299 vom 31.12.1972, S. 32; ABl. L 304 vom 30.10.1978, S. 1; ABl. L 388 vom 31.12.1982, S. 1; ABl. L 285 vom 3.10.1989, S. 1; ABl. C 15 vom 15.1.1997, S. 1. Siehe konsolidierte Fassung in ABl. C 27 vom 26.1.1998, S. 1.

[2] **Amtl. Anm.:** ABl. L 319 vom 25.11.1988, S. 9.

[3] Nr. **2**.

[4] **Amtl. Anm.:** ABl. L 120 vom 5.5.2006, S. 22.

[5] **Amtl. Anm.:** ABl. L 147 vom 10.6.2009, S. 5.

[6] **Amtl. Anm.:** ABl. L 7 vom 10.1.2009, S. 1.

(11) Für die Zwecke dieser Verordnung sollten zu den Gerichten der Mitgliedstaaten auch gemeinsame Gerichte mehrerer Mitgliedstaaten gehören, wie der Benelux-Gerichtshof, wenn er seine Zuständigkeit in Angelegenheiten ausübt, die in den Anwendungsbereich dieser Verordnung fallen. Daher sollten Entscheidungen dieser Gerichte gemäß dieser Verordnung anerkannt und vollstreckt werden.

(12) Diese Verordnung sollte nicht für die Schiedsgerichtsbarkeit gelten. Sie sollte die Gerichte eines Mitgliedstaats nicht daran hindern, die Parteien gemäß dem einzelstaatlichen Recht an die Schiedsgerichtsbarkeit zu verweisen, das Verfahren auszusetzen oder einzustellen oder zu prüfen, ob die Schiedsvereinbarung hinfällig, unwirksam oder nicht erfüllbar ist, wenn sie wegen eines Streitgegenstands angerufen werden, hinsichtlich dessen die Parteien eine Schiedsvereinbarung getroffen haben.
Entscheidet ein Gericht eines Mitgliedstaats, ob eine Schiedsvereinbarung hinfällig, unwirksam oder nicht erfüllbar ist, so sollte diese Entscheidung ungeachtet dessen, ob das Gericht darüber in der Hauptsache oder als Vorfrage entschieden hat, nicht den Vorschriften dieser Verordnung über die Anerkennung und Vollstreckung unterliegen.
Hat hingegen ein nach dieser Verordnung oder nach einzelstaatlichem Recht zuständiges Gericht eines Mitgliedstaats festgestellt, dass eine Schiedsvereinbarung hinfällig, unwirksam oder nicht erfüllbar ist, so sollte die Entscheidung des Gerichts in der Hauptsache dennoch gemäß dieser Verordnung anerkannt oder vollstreckt werden können. Hiervon unberührt bleiben sollte die Zuständigkeit der Gerichte der Mitgliedstaaten, über die Anerkennung und Vollstreckung von Schiedssprüchen im Einklang mit dem am 10. Juni 1958 in New York unterzeichneten Übereinkommen über die Anerkennung und Vollstreckung ausländischer Schiedssprüche („Übereinkommen von New York von 1958") zu entscheiden, das Vorrang vor dieser Verordnung hat.
Diese Verordnung sollte nicht für Klagen oder Nebenverfahren insbesondere im Zusammenhang mit der Bildung eines Schiedsgerichts, den Befugnissen von Schiedsrichtern, der Durchführung eines Schiedsverfahrens oder sonstigen Aspekten eines solchen Verfahrens oder für eine Klage oder eine Entscheidung in Bezug auf die Aufhebung, die Überprüfung, die Anfechtung, die Anerkennung oder die Vollstreckung eines Schiedsspruchs gelten.

(13) Zwischen den Verfahren, die unter diese Verordnung fallen, und dem Hoheitsgebiet der Mitgliedstaaten muss ein Anknüpfungspunkt bestehen. Gemeinsame Zuständigkeitsvorschriften sollten demnach grundsätzlich dann Anwendung finden, wenn der Beklagte seinen Wohnsitz in einem Mitgliedstaat hat.

(14) Beklagte ohne Wohnsitz in einem Mitgliedstaat sollten im Allgemeinen den einzelstaatlichen Zuständigkeitsvorschriften unterliegen, die im Hoheitsgebiet des Mitgliedstaats gelten, in dem sich das angerufene Gericht befindet. Allerdings sollten einige Zuständigkeitsvorschriften in dieser Verordnung unabhängig vom Wohnsitz des Beklagten gelten, um den Schutz der Verbraucher und der Arbeitnehmer zu gewährleisten, um die Zuständigkeit der Gerichte der Mitgliedstaaten in Fällen zu schützen, in denen sie ausschließlich zuständig sind, und um die Parteiautonomie zu achten.

(15) Die Zuständigkeitsvorschriften sollten in hohem Maße vorhersehbar sein und sich grundsätzlich nach dem Wohnsitz des Beklagten richten. Diese Zuständigkeit sollte stets gegeben sein außer in einigen genau festgelegten Fällen, in denen aufgrund des Streitgegenstands oder der Vertragsfreiheit der Parteien ein anderes Anknüpfungskriterium gerechtfertigt ist. Der Sitz juristischer Personen muss in der Verordnung selbst definiert sein, um die Transparenz der gemeinsamen Vorschriften zu stärken und Kompetenzkonflikte zu vermeiden.

(16) Der Gerichtsstand des Wohnsitzes des Beklagten sollte durch alternative Gerichtsstände ergänzt werden, die entweder aufgrund der engen Verbindung zwischen Gericht und Rechtsstreit oder im Interesse einer geordneten Rechtspflege zuzulassen sind. Das Erfordernis der engen Verbindung soll Rechtssicherheit schaffen und verhindern, dass die Gegenpartei vor einem Gericht eines Mitgliedstaats verklagt werden kann, mit dem sie vernünftigerweise nicht rechnen konnte. Dies ist besonders wichtig bei Rechtsstreitigkeiten, die außervertragliche Schuldverhältnisse infolge der Verletzung der Privatsphäre oder der Persönlichkeitsrechte einschließlich Verleumdung betreffen.

(17) Der Eigentümer eines Kulturguts im Sinne des Artikels 1 Nummer 1 der Richtlinie 93/7/EWG des Rates vom 15. März 1993 über die Rückgabe von unrechtmäßig aus dem Hoheitsgebiet eines Mitgliedstaats verbrachten Kulturgütern[1)] sollte eine auf Eigentum gestützte Zivilklage gemäß dieser Verordnung zur Wiedererlangung dieses Gutes vor dem Gericht des Ortes, an dem sich das Kulturgut zum Zeitpunkt der Anrufung des Gerichts befindet, erheben können. Solche Klagen sollten nach der Richtlinie 93/7/EWG eingeleitete Verfahren unberührt lassen.

(18) Bei Versicherungs-, Verbraucher- und Arbeitsverträgen sollte die schwächere Partei durch Zuständigkeitsvorschriften geschützt werden, die für sie günstiger sind als die allgemeine Regelung.

(19) Vorbehaltlich der in dieser Verordnung festgelegten ausschließlichen Zuständigkeiten sollte die Vertragsfreiheit der Parteien hinsichtlich der Wahl des Gerichtsstands, außer bei Versicherungs-, Verbraucher- und Arbeitsverträgen, wo nur eine begrenztere Vertragsfreiheit zulässig ist, gewahrt werden.

(20) Stellt sich die Frage, ob eine Gerichtsstandsvereinbarung zugunsten eines Gerichts oder der Gerichte eines Mitgliedstaats materiell nichtig ist, so sollte sie nach dem Recht einschließlich des Kollisionsrechts des Mitgliedstaats des Gerichts oder der Gerichte entschieden werden, die in der Vereinbarung bezeichnet sind.

(21) Im Interesse einer abgestimmten Rechtspflege müssen Parallelverfahren so weit wie möglich vermieden werden, damit nicht in verschiedenen Mitgliedstaaten miteinander unvereinbare Entscheidungen ergehen. Es sollte eine klare und wirksame Regelung zur Klärung von Fragen der Rechtshängigkeit und der im Zusammenhang stehenden Verfahren sowie zur Verhinderung von Problemen vorgesehen werden, die sich aus der einzelstaatlich unterschiedlichen Festlegung des Zeitpunkts ergeben, von dem an

---

[1)] **Amtl. Anm.:** ABl. L 74 vom 27.3.1993, S. 74.

ein Verfahren als rechtshängig gilt. Für die Zwecke dieser Verordnung sollte dieser Zeitpunkt autonom festgelegt werden.

(22) Um allerdings die Wirksamkeit von ausschließlichen Gerichtsstandsvereinbarungen zu verbessern und missbräuchliche Prozesstaktiken zu vermeiden, ist es erforderlich, eine Ausnahme von der allgemeinen Rechtshängigkeitsregel vorzusehen, um eine befriedigende Regelung in einem Sonderfall zu erreichen, in dem es zu Parallelverfahren kommen kann. Dabei handelt es sich um den Fall, dass ein Verfahren bei einem Gericht, das nicht in einer ausschließlichen Gerichtsstandsvereinbarung vereinbart wurde, anhängig gemacht wird und später das vereinbarte Gericht wegen desselben Anspruchs zwischen denselben Parteien angerufen wird. In einem solchen Fall muss das zuerst angerufene Gericht das Verfahren aussetzen, sobald das vereinbarte Gericht angerufen wurde, und zwar so lange, bis das letztere Gericht erklärt, dass es gemäß der ausschließlichen Gerichtsstandsvereinbarung nicht zuständig ist. Hierdurch soll in einem solchen Fall sichergestellt werden, dass das vereinbarte Gericht vorrangig über die Gültigkeit der Vereinbarung und darüber entscheidet, inwieweit die Vereinbarung auf den bei ihm anhängigen Rechtsstreit Anwendung findet. Das vereinbarte Gericht sollte das Verfahren unabhängig davon fortsetzen können, ob das nicht vereinbarte Gericht bereits entschieden hat, das Verfahren auszusetzen.

Diese Ausnahmeregelung sollte nicht für Fälle gelten, in denen die Parteien widersprüchliche ausschließliche Gerichtsstandsvereinbarungen geschlossen haben oder in denen ein in einer ausschließlichen Gerichtsstandsvereinbarung vereinbartes Gericht zuerst angerufen wurde. In solchen Fällen sollte die allgemeine Rechtshängigkeitsregel dieser Verordnung Anwendung finden.

(23) Diese Verordnung sollte eine flexible Regelung enthalten, die es den Gerichten der Mitgliedstaaten ermöglicht, vor den Gerichten von Drittstaaten anhängige Verfahren zu berücksichtigen, wobei insbesondere die Frage, ob eine in einem Drittstaat ergangene Entscheidung in dem betreffenden Mitgliedstaat nach dem Recht dieses Mitgliedstaats anerkannt und vollstreckt werden kann, sowie die geordnete Rechtspflege zu berücksichtigen sind.

(24) Bei der Berücksichtigung der geordneten Rechtspflege sollte das Gericht des betreffenden Mitgliedstaats alle Umstände des bei ihm anhängigen Falles prüfen. Hierzu können Verbindungen des Streitgegenstands und der Parteien zu dem betreffenden Drittstaat zählen wie auch die Frage, wie weit das Verfahren im Drittstaat zu dem Zeitpunkt, an dem ein Verfahren vor dem Gericht des Mitgliedstaats eingeleitet wird, bereits fortgeschritten ist, sowie die Frage, ob zu erwarten ist, dass das Gericht des Drittstaats innerhalb einer angemessenen Frist eine Entscheidung erlassen wird.

Dabei kann auch die Frage geprüft werden, ob das Gericht des Drittstaats unter Umständen, unter denen ein Gericht eines Mitgliedstaats ausschließlich zuständig wäre, im betreffenden Fall ausschließlich zuständig ist.

(25) Unter den Begriff einstweilige Maßnahmen einschließlich Sicherungsmaßnahmen sollten zum Beispiel Anordnungen zur Beweiserhebung oder Beweissicherung im Sinne der Artikel 6 und 7 der Richtlinie 2004/48/EG des Europäischen Parlaments und des Rates vom 29. April 2004 zur

Durchsetzung der Rechte des geistigen Eigentums[1] fallen. Nicht mit eingeschlossen sein sollten Maßnahmen, die nicht auf Sicherung gerichtet sind, wie Anordnungen zur Zeugenvernehmung. Die Anwendung der Verordnung (EG) Nr. 1206/2001 des Rates vom 28. Mai 2001 über die Zusammenarbeit zwischen den Gerichten der Mitgliedstaaten auf dem Gebiet der Beweisaufnahme in Zivil- oder Handelssachen[2] sollte hiervon unberührt bleiben.

(26) Das gegenseitige Vertrauen in die Rechtspflege innerhalb der Union rechtfertigt den Grundsatz, dass eine in einem Mitgliedstaat ergangene Entscheidung in allen Mitgliedstaaten anerkannt wird, ohne dass es hierfür eines besonderen Verfahrens bedarf. Außerdem rechtfertigt die angestrebte Reduzierung des Zeit- und Kostenaufwands bei grenzüberschreitenden Rechtsstreitigkeiten die Abschaffung der Vollstreckbarerklärung, die der Vollstreckung im ersuchten Mitgliedstaat bisher vorausgehen musste. Eine von den Gerichten eines Mitgliedstaats erlassene Entscheidung sollte daher so behandelt werden, als sei sie im ersuchten Mitgliedstaat ergangen.

(27) Für die Zwecke des freien Verkehrs von gerichtlichen Entscheidungen sollte eine in einem Mitgliedstaat ergangene Entscheidung in einem anderen Mitgliedstaat selbst dann anerkannt und vollstreckt werden, wenn sie gegen eine Person ohne Wohnsitz in einem Mitgliedstaat ergangen ist.

(28) Enthält eine Entscheidung eine Maßnahme oder Anordnung, die im Recht des ersuchten Mitgliedstaats nicht bekannt ist, so wird diese Maßnahme oder Anordnung, einschließlich des in ihr bezeichneten Rechts, soweit möglich an eine Maßnahme oder Anordnung angepasst, mit der nach dem Recht dieses Mitgliedstaats vergleichbare Wirkungen verbunden sind und die ähnliche Ziele verfolgt. Wie und durch wen diese Anpassung zu erfolgen hat, sollte durch die einzelnen Mitgliedstaaten bestimmt werden.

(29) Die unmittelbare Vollstreckung ohne Vollstreckbarerklärung einer in einem anderen Mitgliedstaat ergangenen Entscheidung im ersuchten Mitgliedstaat sollte nicht die Achtung der Verteidigungsrechte beeinträchtigen. Deshalb sollte der Schuldner die Versagung der Anerkennung oder der Vollstreckung einer Entscheidung beantragen können, wenn er der Auffassung ist, dass einer der Gründe für die Versagung der Anerkennung vorliegt. Hierzu sollte der Grund gehören, dass ihm nicht die Gelegenheit gegeben wurde, seine Verteidigung vorzubereiten, wenn die Entscheidung in einer Zivilklage innerhalb eines Strafverfahrens in Abwesenheit ergangen ist. Auch sollten hierzu die Gründe gehören, die auf der Grundlage eines Abkommens zwischen dem ersuchten Mitgliedstaat und einem Drittstaat geltend gemacht werden könnten, das nach Artikel 59 des Brüsseler Übereinkommens von 1968 geschlossen wurde.

(30) Eine Partei, die die Vollstreckung einer in einem anderen Mitgliedstaat ergangenen Entscheidung anficht, sollte so weit wie möglich im Einklang mit dem Rechtssystem des ersuchten Mitgliedstaats in der Lage sein, im selben Verfahren außer den in dieser Verordnung genannten Versagungsgründen auch die im einzelstaatlichen Recht vorgesehenen Versagungs-

---

[1] **Amtl. Anm.:** ABl. L 157 vom 30.4.2004, S. 45.
[2] **Amtl. Anm.:** ABl. L 174 vom 27.6.2001, S. 1.

gründe innerhalb der nach diesem Recht vorgeschriebenen Fristen geltend zu machen. Allerdings sollte die Anerkennung einer Entscheidung nur versagt werden, wenn mindestens einer der in dieser Verordnung genannten Versagungsgründe gegeben ist.

(31) Solange ein Verfahren zur Anfechtung der Vollstreckung einer Entscheidung anhängig ist, sollten die Gerichte des ersuchten Mitgliedstaats während des gesamten Verfahrens aufgrund einer solchen Anfechtung, einschließlich dagegen gerichteter Rechtsbehelfe, den Fortgang der Vollstreckung unter der Voraussetzung zulassen können, dass die Vollstreckung einer Beschränkung unterliegt oder eine Sicherheit geleistet wird.

(32) Um den Schuldner über die Vollstreckung einer in einem anderen Mitgliedstaat ergangenen Entscheidung zu unterrichten, sollte die gemäß dieser Verordnung ausgestellte Bescheinigung – erforderlichenfalls zusammen mit der Entscheidung – dem Schuldner innerhalb einer angemessenen Frist vor der ersten Vollstreckungsmaßnahme zugestellt werden. In diesem Zusammenhang sollte als erste Vollstreckungsmaßnahme die erste Vollstreckungsmaßnahme nach einer solchen Zustellung gelten.

(33) Werden einstweilige Maßnahmen, einschließlich Sicherungsmaßnahmen, von einem Gericht angeordnet, das in der Hauptsache zuständig ist, so sollte ihr freier Verkehr nach dieser Verordnung gewährleistet sein. Allerdings sollten einstweilige Maßnahmen, einschließlich Sicherungsmaßnahmen, die angeordnet wurden, ohne dass der Beklagte vorgeladen wurde, nicht gemäß dieser Verordnung anerkannt und vollstreckt werden, es sei denn, die die Maßnahme enthaltende Entscheidung ist dem Beklagten vor der Vollstreckung zugestellt worden. Dies sollte die Anerkennung und Vollstreckung solcher Maßnahmen gemäß einzelstaatlichem Recht nicht ausschließen. Werden einstweilige Maßnahmen, einschließlich Sicherungsmaßnahmen, von einem Gericht eines Mitgliedstaats angeordnet, das für die Entscheidung in der Hauptsache nicht zuständig ist, sollte die Wirkung dieser Maßnahmen auf das Hoheitsgebiet des betreffenden Mitgliedstaats gemäß dieser Verordnung beschränkt werden.

(34) Um die Kontinuität zwischen dem Brüsseler Übereinkommen von 1968, der Verordnung (EG) Nr. 44/2001 und dieser Verordnung zu wahren, sollten Übergangsvorschriften vorgesehen werden. Dies gilt auch für die Auslegung des Brüsseler Übereinkommens von 1968 und der es ersetzenden Verordnungen durch den Gerichtshof der Europäischen Union.

(35) Um die internationalen Verpflichtungen, die die Mitgliedstaaten eingegangen sind, zu wahren, darf sich diese Verordnung nicht auf von den Mitgliedstaaten geschlossene Übereinkommen in besonderen Rechtsgebieten auswirken.

(36) Unbeschadet der Pflichten der Mitgliedstaaten nach den Verträgen sollte diese Verordnung nicht die Anwendung der bilateralen Übereinkünfte und Vereinbarungen berühren, die vor dem Inkrafttreten der Verordnung (EG) Nr. 44/2001 zwischen einem Drittstaat und einem Mitgliedstaat geschlossen wurden und in dieser Verordnung geregelte Angelegenheiten betreffen.

(37) Um sicherzustellen, dass die im Zusammenhang mit der Anerkennung oder Vollstreckung von Entscheidungen, öffentlichen Urkunden und gerichtlichen Vergleichen nach dieser Verordnung zu verwendenden Be-

scheinigungen stets auf dem neuesten Stand sind, sollte der Kommission die Befugnis übertragen werden, gemäß Artikel 290 AEUV[1] Rechtsakte hinsichtlich Änderungen der Anhänge I und II dieser Verordnung zu erlassen. Es ist besonders wichtig, dass die Kommission bei ihren vorbereitenden Arbeiten angemessene Konsultationen auch auf Expertenebene durchführt. Bei der Vorbereitung und Ausarbeitung delegierter Rechtsakte sollte die Kommission dafür sorgen, dass die einschlägigen Dokumente dem Europäischen Parlament und dem Rat gleichzeitig, rechtzeitig und auf angemessene Weise übermittelt werden.

(38) Diese Verordnung steht im Einklang mit den Grundrechten und Grundsätzen, die mit der Charta der Grundrechte der Europäischen Union[2] anerkannt wurden, insbesondere mit dem in Artikel 47 der Charta[2] verbürgten Recht auf einen wirksamen Rechtsbehelf und ein unparteiisches Gericht.

(39) Da das Ziel dieser Verordnung auf der Ebene der Mitgliedstaaten nicht hinreichend verwirklicht werden kann und besser auf Unionsebene zu erreichen ist, kann die Union im Einklang mit dem Subsidiaritätsprinzip nach Artikel 5 des Vertrags über die Europäische Union (EUV)[3] tätig werden. In Übereinstimmung mit dem in demselben Artikel genannten Grundsatz der Verhältnismäßigkeit geht diese Verordnung nicht über das zur Erreichung dieses Ziels erforderliche Maß hinaus.

(40) Das Vereinigte Königreich und Irland[4] haben sich gemäß Artikel 3 des dem EUV[3] und dem seinerzeitigen Vertrag zur Gründung der Europäischen Gemeinschaft beigefügten Protokolls über die Position des Vereinigten Königreichs und Irlands an der Annahme und Anwendung der Verordnung (EG) Nr. 44/2001 beteiligt. Gemäß Artikel 3 des dem EUV und dem AEUV[1] beigefügten Protokolls Nr. 21 über die Position des Vereinigten Königreichs und Irlands hinsichtlich des Raums der Freiheit, der Sicherheit und des Rechts haben das Vereinigte Königreich und Irland[4] mitgeteilt, dass sie sich an der Annahme und Anwendung dieser Verordnung beteiligen möchten.

(41) Gemäß den Artikeln 1 und 2 des dem EUV[3] und dem AEUV[1] beigefügten Protokolls Nr. 22 über die Position Dänemarks beteiligt sich Dänemark nicht an der Annahme dieser Verordnung und ist weder durch diese Verordnung gebunden noch zu ihrer Anwendung verpflichtet; dabei steht es Dänemark jedoch gemäß Artikel 3 des Abkommens vom 19. Oktober 2005 zwischen der Europäischen Gemeinschaft und dem Königreich Dänemark über die gerichtliche Zuständigkeit und die Anerkennung und Vollstreckung von Entscheidungen in Zivil- und Handelssachen[5] frei, die Änderungen der Verordnung (EG) Nr. 44/2001 anzuwenden –

HABEN FOLGENDE VERORDNUNG ERLASSEN:

---

[1] Nr. **2**.
[2] Nr. **8**.
[3] Nr. **1**.
[4] Seit dem 1.2.2020 ist das Vereinigte Königreich aus der Europäischen Union ausgetreten und ist seitdem ein Drittland (Nicht-EU-Land).
[5] **Amtl. Anm.:** ABl. L 299 vom 16.11.2005, S. 62.

Kapitel I. Anwendungsbereich und Begriffsbestimmungen

Art. 1 [Anwendungsbereich] (1) [1] Diese Verordnung ist in Zivil- und Handelssachen anzuwenden, ohne dass es auf die Art der Gerichtsbarkeit ankommt. [2] Sie gilt insbesondere nicht für Steuer- und Zollsachen sowie verwaltungsrechtliche Angelegenheiten oder die Haftung des Staates für Handlungen oder Unterlassungen im Rahmen der Ausübung hoheitlicher Rechte *(acta iure imperii)*.

(2) Sie ist nicht anzuwenden auf:

a) den Personenstand, die Rechts- und Handlungsfähigkeit sowie die gesetzliche Vertretung von natürlichen Personen, die ehelichen Güterstände oder Güterstände aufgrund von Verhältnissen, die nach dem auf diese Verhältnisse anzuwendenden Recht mit der Ehe vergleichbare Wirkungen entfalten,

b) Konkurse, Vergleiche und ähnliche Verfahren,

c) die soziale Sicherheit,

d) die Schiedsgerichtsbarkeit,

e) Unterhaltspflichten, die auf einem Familien-, Verwandtschafts- oder eherechtlichen Verhältnis oder auf Schwägerschaft beruhen,

f) das Gebiet des Testaments- und Erbrechts, einschließlich Unterhaltspflichten, die mit dem Tod entstehen.

Art. 2 [Begriffsbestimmungen] Für die Zwecke dieser Verordnung bezeichnet der Ausdruck

a) „Entscheidung" jede von einem Gericht eines Mitgliedstaats erlassene Entscheidung ohne Rücksicht auf ihre Bezeichnung wie Urteil, Beschluss, Zahlungsbefehl oder Vollstreckungsbescheid, einschließlich des Kostenfestsetzungsbeschlusses eines Gerichtsbediensteten.
Für die Zwecke von Kapitel III umfasst der Ausdruck „Entscheidung" auch einstweilige Maßnahmen einschließlich Sicherungsmaßnahmen, die von einem nach dieser Verordnung in der Hauptsache zuständigen Gericht angeordnet wurden. Hierzu gehören keine einstweiligen Maßnahmen einschließlich Sicherungsmaßnahmen, die von einem solchen Gericht angeordnet wurden, ohne dass der Beklagte vorgeladen wurde, es sei denn, die Entscheidung, welche die Maßnahme enthält, wird ihm vor der Vollstreckung zugestellt;

b) „gerichtlicher Vergleich" einen Vergleich, der von einem Gericht eines Mitgliedstaats gebilligt oder vor einem Gericht eines Mitgliedstaats im Laufe eines Verfahrens geschlossen worden ist;

c) „öffentliche Urkunde" ein Schriftstück, das als öffentliche Urkunde im Ursprungsmitgliedstaat förmlich errichtet oder eingetragen worden ist und dessen Beweiskraft
   i) sich auf die Unterschrift und den Inhalt der öffentlichen Urkunde bezieht und
   ii) durch eine Behörde oder eine andere hierzu ermächtigte Stelle festgestellt worden ist;

d) „Ursprungsmitgliedstaat" den Mitgliedstaat, in dem die Entscheidung ergangen, der gerichtliche Vergleich gebilligt oder geschlossen oder die öffentliche Urkunde förmlich errichtet oder eingetragen worden ist;

e) „ersuchter Mitgliedstaat" den Mitgliedstaat, in dem die Anerkennung der Entscheidung geltend gemacht oder die Vollstreckung der Entscheidung, des gerichtlichen Vergleichs oder der öffentlichen Urkunde beantragt wird;

f) „Ursprungsgericht" das Gericht, das die Entscheidung erlassen hat, deren Anerkennung geltend gemacht oder deren Vollstreckung beantragt wird.

Art. 3 [Begriff „Gericht"] Für die Zwecke dieser Verordnung umfasst der Begriff „Gericht" die folgenden Behörden, soweit und sofern sie für eine in den Anwendungsbereich dieser Verordnung fallende Angelegenheit zuständig sind:

a) in Ungarn, bei summarischen Mahnverfahren (fizetési meghagyásos eljárás), den Notar (közjegyző),

b) in Schweden, bei summarischen Mahnverfahren (betalningsföreläggande) und Beistandsverfahren (handräckning), das Amt für Beitreibung (Kronofogdemyndigheten).

Kapitel II. Zuständigkeit

Abschnitt 1. Allgemeine Bestimmungen

Art. 4 [Allgemeiner internationaler Gerichtsstand] (1) Vorbehaltlich der Vorschriften dieser Verordnung sind Personen, die ihren Wohnsitz im Hoheitsgebiet eines Mitgliedstaats haben, ohne Rücksicht auf ihre Staatsangehörigkeit vor den Gerichten dieses Mitgliedstaats zu verklagen.

(2) Auf Personen, die nicht dem Mitgliedstaat, in dem sie ihren Wohnsitz haben, angehören, sind die für Staatsangehörige dieses Mitgliedstaats maßgebenden Zuständigkeitsvorschriften anzuwenden.

Art. 5 [Keine exorbitanten Gerichtsstände] (1) Personen, die ihren Wohnsitz im Hoheitsgebiet eines Mitgliedstaats haben, können vor den Gerichten eines anderen Mitgliedstaats nur gemäß den Vorschriften der Abschnitte 2 bis 7 dieses Kapitels verklagt werden.

(2) Gegen die in Absatz 1 genannten Personen können insbesondere nicht die innerstaatlichen Zuständigkeitsvorschriften, welche die Mitgliedstaaten der Kommission gemäß Artikel 76 Absatz 1 Buchstabe a notifizieren, geltend gemacht werden.

Art. 6 [Beklagte ohne Wohnsitz im Hoheitsgebiet eines Mitgliedstaates] (1) Hat der Beklagte keinen Wohnsitz im Hoheitsgebiet eines Mitgliedstaats, so bestimmt sich vorbehaltlich des Artikels 18 Absatz 1, des Artikels 21 Absatz 2 und der Artikel 24 und 25 die Zuständigkeit der Gerichte eines jeden Mitgliedstaats nach dessen eigenem Recht.

(2) Gegenüber einem Beklagten, der keinen Wohnsitz im Hoheitsgebiet eines Mitgliedstaats hat, kann sich unabhängig von ihrer Staatsangehörigkeit jede Person, die ihren Wohnsitz im Hoheitsgebiet eines Mitgliedstaats hat, in

diesem Mitgliedstaat auf die dort geltenden Zuständigkeitsvorschriften, insbesondere auf diejenigen, welche die Mitgliedstaaten der Kommission gemäß Artikel 76 Absatz 1 Buchstabe a notifizieren, wie ein Staatsangehöriger dieses Mitgliedstaats berufen.

Abschnitt 2. Besondere Zuständigkeiten

Art. 7 [Besondere Gerichtsstände] Eine Person, die ihren Wohnsitz im Hoheitsgebiet eines Mitgliedstaats hat, kann in einem anderen Mitgliedstaat verklagt werden:

1. a) wenn ein Vertrag oder Ansprüche aus einem Vertrag den Gegenstand des Verfahrens bilden, vor dem Gericht des Ortes, an dem die Verpflichtung erfüllt worden ist oder zu erfüllen wäre;
   b) im Sinne dieser Vorschrift – und sofern nichts anderes vereinbart worden ist – ist der Erfüllungsort der Verpflichtung
   – für den Verkauf beweglicher Sachen der Ort in einem Mitgliedstaat, an dem sie nach dem Vertrag geliefert worden sind oder hätten geliefert werden müssen;
   – für die Erbringung von Dienstleistungen der Ort in einem Mitgliedstaat, an dem sie nach dem Vertrag erbracht worden sind oder hätten erbracht werden müssen;
   c) ist Buchstabe b nicht anwendbar, so gilt Buchstabe a;
2. wenn eine unerlaubte Handlung oder eine Handlung, die einer unerlaubten Handlung gleichgestellt ist, oder wenn Ansprüche aus einer solchen Handlung den Gegenstand des Verfahrens bilden, vor dem Gericht des Ortes, an dem das schädigende Ereignis eingetreten ist oder einzutreten droht;
3. wenn es sich um eine Klage auf Schadenersatz oder auf Wiederherstellung des früheren Zustands handelt, die auf eine mit Strafe bedrohte Handlung gestützt wird, vor dem Strafgericht, bei dem die öffentliche Klage erhoben ist, soweit dieses Gericht nach seinem Recht über zivilrechtliche Ansprüche erkennen kann;
4. wenn es sich um einen auf Eigentum gestützten zivilrechtlichen Anspruch zur Wiedererlangung eines Kulturguts im Sinne des Artikels 1 Nummer 1 der Richtlinie 93/7/EWG handelt, der von der Person geltend gemacht wurde, die das Recht auf Wiedererlangung eines solchen Gutes für sich in Anspruch nimmt, vor dem Gericht des Ortes, an dem sich das Kulturgut zum Zeitpunkt der Anrufung des Gerichts befindet;
5. wenn es sich um Streitigkeiten aus dem Betrieb einer Zweigniederlassung, einer Agentur oder einer sonstigen Niederlassung handelt, vor dem Gericht des Ortes, an dem sich diese befindet;
6. wenn es sich um eine Klage gegen einen Begründer, Trustee oder Begünstigten eines Trust handelt, der aufgrund eines Gesetzes oder durch schriftlich vorgenommenes oder schriftlich bestätigtes Rechtsgeschäft errichtet worden ist, vor den Gerichten des Mitgliedstaats, in dessen Hoheitsgebiet der Trust seinen Sitz hat;
7. wenn es sich um eine Streitigkeit wegen der Zahlung von Berge- und Hilfslohn handelt, der für Bergungs- oder Hilfeleistungsarbeiten gefordert wird, die zugunsten einer Ladung oder einer Frachtforderung erbracht worden

sind, vor dem Gericht, in dessen Zuständigkeitsbereich diese Ladung oder die entsprechende Frachtforderung

a) mit Arrest belegt worden ist, um die Zahlung zu gewährleisten, oder

b) mit Arrest hätte belegt werden können, jedoch dafür eine Bürgschaft oder eine andere Sicherheit geleistet worden ist;

diese Vorschrift ist nur anzuwenden, wenn behauptet wird, dass der Beklagte Rechte an der Ladung oder an der Frachtforderung hat oder zur Zeit der Bergungs- oder Hilfeleistungsarbeiten hatte.

Art. 8 [Gerichtsstand des Sachzusammenhangs] Eine Person, die ihren Wohnsitz im Hoheitsgebiet eines Mitgliedstaats hat, kann auch verklagt werden:

1. wenn mehrere Personen zusammen verklagt werden, vor dem Gericht des Ortes, an dem einer der Beklagten seinen Wohnsitz hat, sofern zwischen den Klagen eine so enge Beziehung gegeben ist, dass eine gemeinsame Verhandlung und Entscheidung geboten erscheint, um zu vermeiden, dass in getrennten Verfahren widersprechende Entscheidungen ergehen könnten;
2. wenn es sich um eine Klage auf Gewährleistung oder um eine Interventionsklage handelt, vor dem Gericht des Hauptprozesses, es sei denn, dass die Klage nur erhoben worden ist, um diese Person dem für sie zuständigen Gericht zu entziehen;
3. wenn es sich um eine Widerklage handelt, die auf denselben Vertrag oder Sachverhalt wie die Klage selbst gestützt wird, vor dem Gericht, bei dem die Klage selbst anhängig ist;
4. wenn ein Vertrag oder Ansprüche aus einem Vertrag den Gegenstand des Verfahrens bilden und die Klage mit einer Klage wegen dinglicher Rechte an unbeweglichen Sachen gegen denselben Beklagten verbunden werden kann, vor dem Gericht des Mitgliedstaats, in dessen Hoheitsgebiet die unbewegliche Sache belegen ist.

Art. 9 [Besonderer Gerichtsstand in Seehaftungssachen] Ist ein Gericht eines Mitgliedstaats nach dieser Verordnung zur Entscheidung in Verfahren wegen einer Haftpflicht aufgrund der Verwendung oder des Betriebs eines Schiffes zuständig, so entscheidet dieses oder ein anderes an seiner Stelle durch das Recht dieses Mitgliedstaats bestimmtes Gericht auch über Klagen auf Beschränkung dieser Haftung.

Abschnitt 3. Zuständigkeit für Versicherungssachen

Art. 10 [Zuständigkeit] Für Klagen in Versicherungssachen bestimmt sich die Zuständigkeit unbeschadet des Artikels 6 und des Artikels 7 Nummer 5 nach diesem Abschnitt.

Art. 11 [Gerichtsstände für Klagen gegen den Versicherer] (1) Ein Versicherer, der seinen Wohnsitz im Hoheitsgebiet eines Mitgliedstaats hat, kann verklagt werden:

a) vor den Gerichten des Mitgliedstaats, in dem er seinen Wohnsitz hat,

b) in einem anderen Mitgliedstaat bei Klagen des Versicherungsnehmers, des Versicherten oder des Begünstigten vor dem Gericht des Ortes, an dem der Kläger seinen Wohnsitz hat, oder

c) falls es sich um einen Mitversicherer handelt, vor dem Gericht eines Mitgliedstaats, bei dem der federführende Versicherer verklagt wird.

(2) Hat der Versicherer im Hoheitsgebiet eines Mitgliedstaats keinen Wohnsitz, besitzt er aber in einem Mitgliedstaat eine Zweigniederlassung, Agentur oder sonstige Niederlassung, so wird er für Streitigkeiten aus ihrem Betrieb so behandelt, wie wenn er seinen Wohnsitz im Hoheitsgebiet dieses Mitgliedstaats hätte.

Art. 12 [Gerichtsstand am Ort des schädigenden Ereignisses] [1] Bei der Haftpflichtversicherung oder bei der Versicherung von unbeweglichen Sachen kann der Versicherer außerdem vor dem Gericht des Ortes, an dem das schädigende Ereignis eingetreten ist, verklagt werden. [2] Das Gleiche gilt, wenn sowohl bewegliche als auch unbewegliche Sachen in ein und demselben Versicherungsvertrag versichert und von demselben Schadensfall betroffen sind.

Art. 13 [Gerichtsstand bei Haftpflichtklagen] (1) Bei der Haftpflichtversicherung kann der Versicherer auch vor das Gericht, bei dem die Klage des Geschädigten gegen den Versicherten anhängig ist, geladen werden, sofern dies nach dem Recht des angerufenen Gerichts zulässig ist.

(2) Auf eine Klage, die der Geschädigte unmittelbar gegen den Versicherer erhebt, sind die Artikel 10, 11 und 12, anzuwenden, sofern eine solche unmittelbare Klage zulässig ist.

(3) Sieht das für die unmittelbare Klage maßgebliche Recht die Streitverkündung gegen den Versicherungsnehmer oder den Versicherten vor, so ist dasselbe Gericht auch für diese Personen zuständig.

Art. 14 [Gerichtsstand für Klage des Versicherers; Widerklage]

(1) Vorbehaltlich der Bestimmungen des Artikels 13 Absatz 3 kann der Versicherer nur vor den Gerichten des Mitgliedstaats klagen, in dessen Hoheitsgebiet der Beklagte seinen Wohnsitz hat, ohne Rücksicht darauf, ob dieser Versicherungsnehmer, Versicherter oder Begünstigter ist.

(2) Die Vorschriften dieses Abschnitts lassen das Recht unberührt, eine Widerklage vor dem Gericht zu erheben, bei dem die Klage selbst gemäß den Bestimmungen dieses Abschnitts anhängig ist.

Art. 15 [Zulässige Gerichtsstandsvereinbarung] Von den Vorschriften dieses Abschnitts kann im Wege der Vereinbarung nur abgewichen werden,

1. wenn die Vereinbarung nach der Entstehung der Streitigkeit getroffen wird,
2. wenn sie dem Versicherungsnehmer, Versicherten oder Begünstigten die Befugnis einräumt, andere als die in diesem Abschnitt angeführten Gerichte anzurufen,
3. wenn sie zwischen einem Versicherungsnehmer und einem Versicherer, die zum Zeitpunkt des Vertragsabschlusses ihren Wohnsitz oder gewöhnlichen Aufenthalt in demselben Mitgliedstaat haben, getroffen ist, um die Zuständigkeit der Gerichte dieses Mitgliedstaats auch für den Fall zu begründen,

dass das schädigende Ereignis im Ausland eintritt, es sei denn, dass eine solche Vereinbarung nach dem Recht dieses Mitgliedstaats nicht zulässig ist,

4. wenn sie von einem Versicherungsnehmer geschlossen ist, der seinen Wohnsitz nicht in einem Mitgliedstaat hat, ausgenommen soweit sie eine Versicherung, zu deren Abschluss eine gesetzliche Verpflichtung besteht, oder die Versicherung von unbeweglichen Sachen in einem Mitgliedstaat betrifft, oder
5. wenn sie einen Versicherungsvertrag betrifft, soweit dieser eines oder mehrere der in Artikel 16 aufgeführten Risiken deckt.

Art. 16 [Abweichende Risiken] Die in Artikel 15 Nummer 5 erwähnten Risiken sind die folgenden:

1. sämtliche Schäden
   a) an Seeschiffen, Anlagen vor der Küste und auf hoher See oder Luftfahrzeugen aus Gefahren, die mit ihrer Verwendung zu gewerblichen Zwecken verbunden sind,
   b) an Transportgütern, ausgenommen Reisegepäck der Passagiere, wenn diese Güter ausschließlich oder zum Teil mit diesen Schiffen oder Luftfahrzeugen befördert werden;
2. Haftpflicht aller Art mit Ausnahme der Haftung für Personenschäden an Passagieren oder Schäden an deren Reisegepäck,
   a) aus der Verwendung oder dem Betrieb von Seeschiffen, Anlagen oder Luftfahrzeugen gemäß Nummer 1 Buchstabe a, es sei denn, dass – was die letztgenannten betrifft – nach den Rechtsvorschriften des Mitgliedstaats, in dem das Luftfahrzeug eingetragen ist, Gerichtsstandsvereinbarungen für die Versicherung solcher Risiken untersagt sind,
   b) für Schäden, die durch Transportgüter während einer Beförderung im Sinne von Nummer 1 Buchstabe b verursacht werden;
3. finanzielle Verluste im Zusammenhang mit der Verwendung oder dem Betrieb von Seeschiffen, Anlagen oder Luftfahrzeugen gemäß Nummer 1 Buchstabe a, insbesondere Fracht- oder Charterverlust;
4. irgendein zusätzliches Risiko, das mit einem der unter den Nummern 1 bis 3 genannten Risiken in Zusammenhang steht;
5. unbeschadet der Nummern 1 bis 4 alle „Großrisiken“ entsprechend der Begriffsbestimmung in der Richtlinie 2009/138/EG des Europäischen Parlaments und des Rates vom 25. November 2009 betreffend die Aufnahme und Ausübung der Versicherungs- und der Rückversicherungstätigkeit (Solvabilität II)[1].

Abschnitt 4. Zuständigkeit bei Verbrauchersachen

Art. 17 [Begriff der Verbrauchersache] (1) Bilden ein Vertrag oder Ansprüche aus einem Vertrag, den eine Person, der Verbraucher, zu einem Zweck geschlossen hat, der nicht der beruflichen oder gewerblichen Tätigkeit dieser Person zugerechnet werden kann, den Gegenstand des Verfahrens, so bestimmt

[1] **Amtl. Anm.:** ABl. L 335 vom 17.12.2009, S. 1.

sich die Zuständigkeit unbeschadet des Artikels 6 und des Artikels 7 Nummer 5 nach diesem Abschnitt,

a) wenn es sich um den Kauf beweglicher Sachen auf Teilzahlung handelt,

b) wenn es sich um ein in Raten zurückzuzahlendes Darlehen oder ein anderes Kreditgeschäft handelt, das zur Finanzierung eines Kaufs derartiger Sachen bestimmt ist, oder

c) in allen anderen Fällen, wenn der andere Vertragspartner in dem Mitgliedstaat, in dessen Hoheitsgebiet der Verbraucher seinen Wohnsitz hat, eine berufliche oder gewerbliche Tätigkeit ausübt oder eine solche auf irgendeinem Wege auf diesen Mitgliedstaat oder auf mehrere Staaten, einschließlich dieses Mitgliedstaats, ausrichtet und der Vertrag in den Bereich dieser Tätigkeit fällt.

(2) Hat der Vertragspartner des Verbrauchers im Hoheitsgebiet eines Mitgliedstaats keinen Wohnsitz, besitzt er aber in einem Mitgliedstaat eine Zweigniederlassung, Agentur oder sonstige Niederlassung, so wird er für Streitigkeiten aus ihrem Betrieb so behandelt, wie wenn er seinen Wohnsitz im Hoheitsgebiet dieses Mitgliedstaats hätte.

(3) Dieser Abschnitt ist nicht auf Beförderungsverträge mit Ausnahme von Reiseverträgen, die für einen Pauschalpreis kombinierte Beförderungs- und Unterbringungsleistungen vorsehen, anzuwenden.

Art. 18 [Gerichtsstände für Klagen des Verbrauchers und seines Vertragspartners] (1) Die Klage eines Verbrauchers gegen den anderen Vertragspartner kann entweder vor den Gerichten des Mitgliedstaats erhoben werden, in dessen Hoheitsgebiet dieser Vertragspartner seinen Wohnsitz hat, oder ohne Rücksicht auf den Wohnsitz des anderen Vertragspartners vor dem Gericht des Ortes, an dem der Verbraucher seinen Wohnsitz hat.

(2) Die Klage des anderen Vertragspartners gegen den Verbraucher kann nur vor den Gerichten des Mitgliedstaats erhoben werden, in dessen Hoheitsgebiet der Verbraucher seinen Wohnsitz hat.

(3) Die Vorschriften dieses Artikels lassen das Recht unberührt, eine Widerklage vor dem Gericht zu erheben, bei dem die Klage selbst gemäß den Bestimmungen dieses Abschnitts anhängig ist.

Art. 19 [Zulässige Gerichtsstandsvereinbarungen] Von den Vorschriften dieses Abschnitts kann im Wege der Vereinbarung nur abgewichen werden,

1. wenn die Vereinbarung nach der Entstehung der Streitigkeit getroffen wird,
2. wenn sie dem Verbraucher die Befugnis einräumt, andere als die in diesem Abschnitt angeführten Gerichte anzurufen, oder
3. wenn sie zwischen einem Verbraucher und seinem Vertragspartner, die zum Zeitpunkt des Vertragsabschlusses ihren Wohnsitz oder gewöhnlichen Aufenthalt in demselben Mitgliedstaat haben, getroffen ist und die Zuständigkeit der Gerichte dieses Mitgliedstaats begründet, es sei denn, dass eine solche Vereinbarung nach dem Recht dieses Mitgliedstaats nicht zulässig ist.

Abschnitt 5. Zuständigkeit für individuelle Arbeitsverträge

Art. 20 [Anwendungsbereich] (1) Bilden ein individueller Arbeitsvertrag oder Ansprüche aus einem individuellen Arbeitsvertrag den Gegenstand des Verfahrens, so bestimmt sich die Zuständigkeit unbeschadet des Artikels 6, des Artikels 7 Nummer 5 und, wenn die Klage gegen den Arbeitgeber erhoben wurde, des Artikels 8 Nummer 1 nach diesem Abschnitt.

(2) Hat der Arbeitgeber, mit dem der Arbeitnehmer einen individuellen Arbeitsvertrag geschlossen hat, im Hoheitsgebiet eines Mitgliedstaats keinen Wohnsitz, besitzt er aber in einem Mitgliedstaat eine Zweigniederlassung, Agentur oder sonstige Niederlassung, so wird er für Streitigkeiten aus ihrem Betrieb so behandelt, wie wenn er seinen Wohnsitz im Hoheitsgebiet dieses Mitgliedstaats hätte.

Art. 21 [Gerichtsstände für Klagen gegen Arbeitgeber] (1) Ein Arbeitgeber, der seinen Wohnsitz im Hoheitsgebiet eines Mitgliedstaats hat, kann verklagt werden:

a) vor den Gerichten des Mitgliedstaats, in dem er seinen Wohnsitz hat, oder
b) in einem anderen Mitgliedstaat
   i) vor dem Gericht des Ortes, an dem oder von dem aus der Arbeitnehmer gewöhnlich seine Arbeit verrichtet oder zuletzt gewöhnlich verrichtet hat, oder
   ii) wenn der Arbeitnehmer seine Arbeit gewöhnlich nicht in ein und demselben Staat verrichtet oder verrichtet hat, vor dem Gericht des Ortes, an dem sich die Niederlassung, die den Arbeitnehmer eingestellt hat, befindet oder befand.

(2) Ein Arbeitgeber, der seinen Wohnsitz nicht im Hoheitsgebiet eines Mitgliedstaats hat, kann vor dem Gericht eines Mitgliedstaats gemäß Absatz 1 Buchstabe b verklagt werden.

Art. 22 [Gerichtsstände für Klagen gegen Arbeitnehmer; Widerklage]

(1) Die Klage des Arbeitgebers kann nur vor den Gerichten des Mitgliedstaats erhoben werden, in dessen Hoheitsgebiet der Arbeitnehmer seinen Wohnsitz hat.

(2) Die Vorschriften dieses Abschnitts lassen das Recht unberührt, eine Widerklage vor dem Gericht zu erheben, bei dem die Klage selbst gemäß den Bestimmungen dieses Abschnitts anhängig ist.

Art. 23 [Zulässige Gerichtsstandsvereinbarungen] Von den Vorschriften dieses Abschnitts kann im Wege der Vereinbarung nur abgewichen werden,

1. wenn die Vereinbarung nach der Entstehung der Streitigkeit getroffen wird oder
2. wenn sie dem Arbeitnehmer die Befugnis einräumt, andere als die in diesem Abschnitt angeführten Gerichte anzurufen.

Abschnitt 6. Ausschließliche Zuständigkeiten

Art. 24 [Ausschließliche Gerichtszuständigkeiten] Ohne Rücksicht auf den Wohnsitz der Parteien sind folgende Gerichte eines Mitgliedstaats ausschließlich zuständig:

1. für Verfahren, welche dingliche Rechte an unbeweglichen Sachen sowie die Miete oder Pacht von unbeweglichen Sachen zum Gegenstand haben, die Gerichte des Mitgliedstaats, in dem die unbewegliche Sache belegen ist.
   Jedoch sind für Verfahren betreffend die Miete oder Pacht unbeweglicher Sachen zum vorübergehenden privaten Gebrauch für höchstens sechs aufeinander folgende Monate auch die Gerichte des Mitgliedstaats zuständig, in dem der Beklagte seinen Wohnsitz hat, sofern es sich bei dem Mieter oder Pächter um eine natürliche Person handelt und der Eigentümer sowie der Mieter oder Pächter ihren Wohnsitz in demselben Mitgliedstaat haben;
2. für Verfahren, welche die Gültigkeit, die Nichtigkeit oder die Auflösung einer Gesellschaft oder juristischen Person oder die Gültigkeit der Beschlüsse ihrer Organe zum Gegenstand haben, die Gerichte des Mitgliedstaats, in dessen Hoheitsgebiet die Gesellschaft oder juristische Person ihren Sitz hat. Bei der Entscheidung darüber, wo der Sitz sich befindet, wendet das Gericht die Vorschriften seines Internationalen Privatrechts an;
3. für Verfahren, welche die Gültigkeit von Eintragungen in öffentliche Register zum Gegenstand haben, die Gerichte des Mitgliedstaats, in dessen Hoheitsgebiet die Register geführt werden;
4. für Verfahren, welche die Eintragung oder die Gültigkeit von Patenten, Marken, Mustern und Modellen sowie ähnlicher Rechte, die einer Hinterlegung oder Registrierung bedürfen, zum Gegenstand haben, unabhängig davon, ob die Frage im Wege der Klage oder der Einrede aufgeworfen wird, die Gerichte des Mitgliedstaats, in dessen Hoheitsgebiet die Hinterlegung oder Registrierung beantragt oder vorgenommen worden ist oder aufgrund eines Unionsrechtsakts oder eines zwischenstaatlichen Übereinkommens als vorgenommen gilt.
   Unbeschadet der Zuständigkeit des Europäischen Patentamts nach dem am 5. Oktober 1973 in München unterzeichneten Übereinkommen über die Erteilung europäischer Patente sind die Gerichte eines jeden Mitgliedstaats für alle Verfahren ausschließlich zuständig, welche die Erteilung oder die Gültigkeit eines europäischen Patents zum Gegenstand haben, das für diesen Mitgliedstaat erteilt wurde;
5. für Verfahren, welche die Zwangsvollstreckung aus Entscheidungen zum Gegenstand haben, die Gerichte des Mitgliedstaats, in dessen Hoheitsgebiet die Zwangsvollstreckung durchgeführt werden soll oder durchgeführt worden ist.

Abschnitt 7. Vereinbarung über die Zuständigkeit

Art. 25 [Zulässigkeit und Form von Gerichtsstandsvereinbarungen]

(1) [1] Haben die Parteien unabhängig von ihrem Wohnsitz vereinbart, dass ein Gericht oder die Gerichte eines Mitgliedstaats über eine bereits entstandene Rechtsstreitigkeit oder über eine künftige aus einem bestimmten Rechtsverhältnis entspringende Rechtsstreitigkeit entscheiden sollen, so sind dieses Gericht oder die Gerichte dieses Mitgliedstaats zuständig, es sei denn, die Ver-

einbarung ist nach dem Recht dieses Mitgliedstaats materiell ungültig. [2]Dieses Gericht oder die Gerichte dieses Mitgliedstaats sind ausschließlich zuständig, sofern die Parteien nichts anderes vereinbart haben. [3]Die Gerichtsstandsvereinbarung muss geschlossen werden:

a) schriftlich oder mündlich mit schriftlicher Bestätigung,

b) in einer Form, welche den Gepflogenheiten entspricht, die zwischen den Parteien entstanden sind, oder

c) im internationalen Handel in einer Form, die einem Handelsbrauch entspricht, den die Parteien kannten oder kennen mussten und den Parteien von Verträgen dieser Art in dem betreffenden Geschäftszweig allgemein kennen und regelmäßig beachten.

(2) Elektronische Übermittlungen, die eine dauerhafte Aufzeichnung der Vereinbarung ermöglichen, sind der Schriftform gleichgestellt.

(3) Ist in schriftlich niedergelegten Trust-Bedingungen bestimmt, dass über Klagen gegen einen Begründer, Trustee oder Begünstigten eines Trust ein Gericht oder die Gerichte eines Mitgliedstaats entscheiden sollen, so ist dieses Gericht oder sind diese Gerichte ausschließlich zuständig, wenn es sich um Beziehungen zwischen diesen Personen oder ihre Rechte oder Pflichten im Rahmen des Trust handelt.

(4) Gerichtsstandsvereinbarungen und entsprechende Bestimmungen in Trust-Bedingungen haben keine rechtliche Wirkung, wenn sie den Vorschriften der Artikel 15, 19 oder 23 zuwiderlaufen oder wenn die Gerichte, deren Zuständigkeit abbedungen wird, aufgrund des Artikels 24 ausschließlich zuständig sind.

(5) *[1]* Eine Gerichtsstandsvereinbarung, die Teil eines Vertrags ist, ist als eine von den übrigen Vertragsbestimmungen unabhängige Vereinbarung zu behandeln.

[2] Die Gültigkeit der Gerichtsstandsvereinbarung kann nicht allein mit der Begründung in Frage gestellt werden, dass der Vertrag nicht gültig ist.

Art. 26 [Zuständigkeit infolge rügeloser Einlassung] (1) [1]Sofern das Gericht eines Mitgliedstaats nicht bereits nach anderen Vorschriften dieser Verordnung zuständig ist, wird es zuständig, wenn sich der Beklagte vor ihm auf das Verfahren einlässt. [2]Dies gilt nicht, wenn der Beklagte sich einlässt, um den Mangel der Zuständigkeit geltend zu machen oder wenn ein anderes Gericht aufgrund des Artikels 24 ausschließlich zuständig ist.

(2) In Streitigkeiten nach den Abschnitten 3, 4 oder 5, in denen der Beklagte Versicherungsnehmer, Versicherter, Begünstigter eines Versicherungsvertrags, Geschädigter, Verbraucher oder Arbeitnehmer ist, stellt das Gericht, bevor es sich nach Absatz 1 für zuständig erklärt, sicher, dass der Beklagte über sein Recht, die Unzuständigkeit des Gerichts geltend zu machen, und über die Folgen der Einlassung oder Nichteinlassung auf das Verfahren belehrt wird.

Abschnitt 8. Prüfung der Zuständigkeit und der Zulässigkeit des Verfahrens

Art. 27 [Erklärung der Unzuständigkeit in Fällen des Art. 24] Das Gericht eines Mitgliedstaats hat sich von Amts wegen für unzuständig zu erklären, wenn es wegen einer Streitigkeit angerufen wird, für die das Gericht eines anderen Mitgliedstaats aufgrund des Artikels 24 ausschließlich zuständig ist.

Art. 28 [Erklärung der Unzuständigkeit von Amts wegen in sonstigen Fällen] (1) Lässt sich der Beklagte, der seinen Wohnsitz im Hoheitsgebiet eines Mitgliedstaats hat und der vor dem Gericht eines anderen Mitgliedstaats verklagt wird, auf das Verfahren nicht ein, so hat sich das Gericht von Amts wegen für unzuständig zu erklären, wenn seine Zuständigkeit nicht nach dieser Verordnung begründet ist.

(2) Das Gericht hat das Verfahren so lange auszusetzen, bis festgestellt ist, dass es dem Beklagten möglich war, das verfahrenseinleitende Schriftstück oder ein gleichwertiges Schriftstück so rechtzeitig zu empfangen, dass er sich verteidigen konnte oder dass alle hierzu erforderlichen Maßnahmen getroffen worden sind.

(3) An die Stelle von Absatz 2 tritt Artikel 19 der Verordnung (EG) Nr. 1393/2007 des Europäischen Parlaments und des Rates vom 13. November 2007 über die Zustellung gerichtlicher und außergerichtlicher Schriftstücke in Zivil- oder Handelssachen in den Mitgliedstaaten (Zustellung von Schriftstücken)[1], wenn das verfahrenseinleitende Schriftstück oder ein gleichwertiges Schriftstück nach der genannten Verordnung von einem Mitgliedstaat in einen anderen zu übermitteln war.

(4) Ist die Verordnung (EG) Nr. 1393/2007 nicht anwendbar, so gilt Artikel 15 des Haager Übereinkommens vom 15. November 1965 über die Zustellung gerichtlicher und außergerichtlicher Schriftstücke im Ausland in Zivil- und Handelssachen, wenn das verfahrenseinleitende Schriftstück oder ein gleichwertiges Schriftstück nach dem genannten Übereinkommen im Ausland zu übermitteln war.

Abschnitt 9. Anhängigkeit und im Zusammenhang stehende Verfahren

Art. 29 [Konkurrierende Rechtshängigkeit] (1) Werden bei Gerichten verschiedener Mitgliedstaaten Klagen wegen desselben Anspruchs zwischen denselben Parteien anhängig gemacht, so setzt das später angerufene Gericht unbeschadet des Artikels 31 Absatz 2 das Verfahren von Amts wegen aus, bis die Zuständigkeit des zuerst angerufenen Gerichts feststeht.

(2) In den in Absatz 1 genannten Fällen teilt das angerufene Gericht auf Antrag eines anderen angerufenen Gerichts diesem unverzüglich mit, wann es gemäß Artikel 32 angerufen wurde.

(3) Sobald die Zuständigkeit des zuerst angerufenen Gerichts feststeht, erklärt sich das später angerufene Gericht zugunsten dieses Gerichts für unzuständig.

Art. 30 [Im Zusammenhang stehende Verfahren] (1) Sind bei Gerichten verschiedener Mitgliedstaaten Verfahren, die im Zusammenhang stehen, anhängig, so kann jedes später angerufene Gericht das Verfahren aussetzen.

(2) Ist das beim zuerst angerufenen Gericht anhängige Verfahren in erster Instanz anhängig, so kann sich jedes später angerufene Gericht auf Antrag einer Partei auch für unzuständig erklären, wenn das zuerst angerufene Gericht für

---

[1] **Amtl. Anm.:** ABl. L 324 vom 10.12.2007, S. 79.

die betreffenden Verfahren zuständig ist und die Verbindung der Verfahren nach seinem Recht zulässig ist.

(3) Verfahren stehen im Sinne dieses Artikels im Zusammenhang, wenn zwischen ihnen eine so enge Beziehung gegeben ist, dass eine gemeinsame Verhandlung und Entscheidung geboten erscheint, um zu vermeiden, dass in getrennten Verfahren widersprechende Entscheidungen ergehen könnten.

Art. 31 [Priorität bei ausschließlicher Zuständigkeit] (1) Ist für die Verfahren die ausschließliche Zuständigkeit mehrerer Gerichte gegeben, so hat sich das zuletzt angerufene Gericht zugunsten des zuerst angerufenen Gerichts für unzuständig zu erklären.

(2) Wird ein Gericht eines Mitgliedstaats angerufen, das gemäß einer Vereinbarung nach Artikel 25 ausschließlich zuständig ist, so setzt das Gericht des anderen Mitgliedstaats unbeschadet des Artikels 26 das Verfahren so lange aus, bis das auf der Grundlage der Vereinbarung angerufene Gericht erklärt hat, dass es gemäß der Vereinbarung nicht zuständig ist.

(3) Sobald das in der Vereinbarung bezeichnete Gericht die Zuständigkeit gemäß der Vereinbarung festgestellt hat, erklären sich die Gerichte des anderen Mitgliedstaats zugunsten dieses Gerichts für unzuständig.

(4) Die Absätze 2 und 3 gelten nicht für Streitigkeiten, die in den Abschnitten 3, 4 oder 5 genannt werden, wenn der Kläger Versicherungsnehmer, Versicherter, Begünstigter des Versicherungsvertrags, Geschädigter, Verbraucher oder Arbeitnehmer ist und die Vereinbarung nach einer in den genannten Abschnitten enthaltenen Bestimmung nicht gültig ist.

Art. 32 [Anrufung eines Gerichts] (1) *[1]* Für die Zwecke dieses Abschnitts gilt ein Gericht als angerufen:

a) zu dem Zeitpunkt, zu dem das verfahrenseinleitende Schriftstück oder ein gleichwertiges Schriftstück bei Gericht eingereicht worden ist, vorausgesetzt, dass der Kläger es in der Folge nicht versäumt hat, die ihm obliegenden Maßnahmen zu treffen, um die Zustellung des Schriftstücks an den Beklagten zu bewirken, oder

b) falls die Zustellung an den Beklagten vor Einreichung des Schriftstücks bei Gericht zu bewirken ist, zu dem Zeitpunkt, zu dem die für die Zustellung verantwortliche Stelle das Schriftstück erhalten hat, vorausgesetzt, dass der Kläger es in der Folge nicht versäumt hat, die ihm obliegenden Maßnahmen zu treffen, um das Schriftstück bei Gericht einzureichen.

[2] Die für die Zustellung verantwortliche Stelle im Sinne von Buchstabe b ist die Stelle, die die zuzustellenden Schriftstücke zuerst erhält.

(2) Das Gericht oder die für die Zustellung verantwortliche Stelle gemäß Absatz 1 vermerkt das Datum der Einreichung des verfahrenseinleitenden Schriftstücks oder gleichwertigen Schriftstücks beziehungsweise das Datum des Eingangs der zuzustellenden Schriftstücke.

Art. 33 [Aussetzung/Einstellung eines Verfahrens wegen desselben Anspruchs] (1) Beruht die Zuständigkeit auf Artikel 4 oder auf den Artikeln 7, 8 oder 9 und ist bei Anrufung eines Gerichts eines Mitgliedstaats wegen desselben Anspruchs zwischen denselben Parteien ein Verfahren vor dem Gericht eines Drittstaats anhängig, so kann das Gericht des Mitgliedstaats das Verfahren aussetzen, wenn

a) zu erwarten ist, dass das Gericht des Drittstaats eine Entscheidung erlassen wird, die in dem betreffenden Mitgliedstaat anerkannt und gegebenenfalls vollstreckt werden kann, und

b) das Gericht des Mitgliedstaats davon überzeugt ist, dass eine Aussetzung des Verfahrens im Interesse einer geordneten Rechtspflege erforderlich ist.

(2) Das Gericht des Mitgliedstaats kann das Verfahren jederzeit fortsetzen, wenn

a) das Verfahren vor dem Gericht des Drittstaats ebenfalls ausgesetzt oder eingestellt wurde,

b) das Gericht des Mitgliedstaats es für unwahrscheinlich hält, dass das vor dem Gericht des Drittstaats anhängige Verfahren innerhalb einer angemessenen Frist abgeschlossen wird, oder

c) die Fortsetzung des Verfahrens im Interesse einer geordneten Rechtspflege erforderlich ist.

(3) Das Gericht des Mitgliedstaats stellt das Verfahren ein, wenn das vor dem Gericht des Drittstaats anhängige Verfahren abgeschlossen ist und eine Entscheidung ergangen ist, die in diesem Mitgliedstaat anerkannt und gegebenenfalls vollstreckt werden kann.

(4) Das Gericht des Mitgliedstaats wendet diesen Artikel auf Antrag einer der Parteien oder, wenn dies nach einzelstaatlichem Recht möglich ist, von Amts wegen an.

Art. 34 [Aussetzung/Einstellung bei in Zusammenhang stehenden Verfahren] (1) Beruht die Zuständigkeit auf Artikel 4 oder auf den Artikeln 7, 8 oder 9 und ist bei Anrufung eines Gerichts eines Mitgliedstaats vor einem Gericht eines Drittstaats ein Verfahren anhängig, das mit dem Verfahren vor dem Gericht des Mitgliedstaats in Zusammenhang steht, so kann das Gericht des Mitgliedstaats das Verfahren aussetzen, wenn

a) eine gemeinsame Verhandlung und Entscheidung der in Zusammenhang stehenden Verfahren geboten erscheint, um zu vermeiden, dass in getrennten Verfahren widersprechende Entscheidungen ergehen könnten,

b) zu erwarten ist, dass das Gericht des Drittstaats eine Entscheidung erlassen wird, die in dem betreffenden Mitgliedstaat anerkannt und gegebenenfalls vollstreckt werden kann, und

c) das Gericht des Mitgliedstaats davon überzeugt ist, dass die Aussetzung im Interesse einer geordneten Rechtspflege erforderlich ist.

(2) Das Gericht des Mitgliedstaats kann das Verfahren jederzeit fortsetzen, wenn

a) das Gericht des Mitgliedstaats es für wahrscheinlich hält, dass die Gefahr widersprechender Entscheidungen nicht mehr besteht,

b) das Verfahren vor dem Gericht des Drittstaats ebenfalls ausgesetzt oder eingestellt wurde,

c) das Gericht des Mitgliedstaats es für unwahrscheinlich hält, dass das vor dem Gericht des Drittstaats anhängige Verfahren innerhalb einer angemessenen Frist abgeschlossen wird, oder

d) die Fortsetzung des Verfahrens im Interesse einer geordneten Rechtspflege erforderlich ist.

(3) Das Gericht des Mitgliedstaats kann das Verfahren einstellen, wenn das vor dem Gericht des Drittstaats anhängige Verfahren abgeschlossen ist und eine Entscheidung ergangen ist, die in diesem Mitgliedstaat anerkannt und gegebenenfalls vollstreckt werden kann.

(4) Das Gericht des Mitgliedstaats wendet diesen Artikel auf Antrag einer der Parteien oder, wenn dies nach einzelstaatlichem Recht möglich ist, von Amts wegen an.

Abschnitt 10. Einstweilige Maßnahmen einschließlich Sicherungsmaßnahmen

Art. 35 [Einstweilige Maßnahmen] Die im Recht eines Mitgliedstaats vorgesehenen einstweiligen Maßnahmen einschließlich Sicherungsmaßnahmen können bei den Gerichten dieses Mitgliedstaats auch dann beantragt werden, wenn für die Entscheidung in der Hauptsache das Gericht eines anderen Mitgliedstaats zuständig ist.

Kapitel III. Anerkennung und Vollstreckung

Abschnitt 1. Anerkennung

Art. 36 [Anerkennung einer Entscheidung] (1) Die in einem Mitgliedstaat ergangenen Entscheidungen werden in den anderen Mitgliedstaaten anerkannt, ohne dass es hierfür eines besonderen Verfahrens bedarf.

(2) Jeder Berechtigte kann gemäß dem Verfahren nach Abschnitt 3 Unterabschnitt 2 die Feststellung beantragen, dass keiner der in Artikel 45 genannten Gründe für eine Versagung der Anerkennung gegeben ist.

(3) Wird die Anerkennung in einem Rechtsstreit vor dem Gericht eines Mitgliedstaats, dessen Entscheidung von der Versagung der Anerkennung abhängt, verlangt, so kann dieses Gericht über die Anerkennung entscheiden.

Art. 37 [Vorlegung der Entscheidung und der Bescheinigung]

(1) Eine Partei, die in einem Mitgliedstaat eine in einem anderen Mitgliedstaat ergangene Entscheidung geltend machen will, hat Folgendes vorzulegen:

a) eine Ausfertigung der Entscheidung, die die für ihre Beweiskraft erforderlichen Voraussetzungen erfüllt, und

b) die nach Artikel 53 ausgestellte Bescheinigung.

(2) [1] Das Gericht oder die Behörde, bei dem oder der eine in einem anderen Mitgliedstaat ergangene Entscheidung geltend gemacht wird, kann die Partei, die sie geltend macht, gegebenenfalls auffordern, eine Übersetzung oder eine Transliteration des Inhalts der in Absatz 1 Buchstabe b genannten Bescheinigung nach Artikel 57 zur Verfügung zu stellen. [2] Kann das Gericht oder die Behörde das Verfahren ohne eine Übersetzung der eigentlichen Entscheidung

nicht fortsetzen, so kann es oder sie die Partei auffordern, eine Übersetzung der Entscheidung statt der Übersetzung des Inhalts der Bescheinigung zur Verfügung zu stellen.

Art. 38 [Aussetzung des Verfahrens] Das Gericht oder die Behörde, bei dem bzw. der eine in einem anderen Mitgliedstaat ergangene Entscheidung geltend gemacht wird, kann das Verfahren ganz oder teilweise aussetzen, wenn

a) die Entscheidung im Ursprungsmitgliedstaat angefochten wird oder

b) die Feststellung, dass keiner der in Artikel 45 genannten Gründe für eine Versagung der Anerkennung gegeben ist, oder die Feststellung, dass die Anerkennung aus einem dieser Gründe zu versagen ist, beantragt worden ist.

Abschnitt 2. Vollstreckung

Art. 39 [Vollstreckbarkeit] Eine in einem Mitgliedstaat ergangene Entscheidung, die in diesem Mitgliedstaat vollstreckbar ist, ist in den anderen Mitgliedstaaten vollstreckbar, ohne dass es einer Vollstreckbarerklärung bedarf.

Art. 40 [Sicherungsmaßnahmen] Eine vollstreckbare Entscheidung umfasst von Rechts wegen die Befugnis, jede Sicherungsmaßnahme zu veranlassen, die im Recht des ersuchten Mitgliedstaats vorgesehen ist.

Art. 41 [Recht des ersuchten Mitgliedstaats] (1) [1]Vorbehaltlich der Bestimmungen dieses Abschnitts gilt für das Verfahren zur Vollstreckung der in einem anderen Mitgliedstaat ergangenen Entscheidungen das Recht des ersuchten Mitgliedstaats. [2]Eine in einem Mitgliedstaat ergangene Entscheidung, die im ersuchten Mitgliedstaat vollstreckbar ist, wird dort unter den gleichen Bedingungen vollstreckt wie eine im ersuchten Mitgliedstaat ergangene Entscheidung.

(2) Ungeachtet des Absatzes 1 gelten die im Recht des ersuchten Mitgliedstaats für die Verweigerung oder Aussetzung der Vollstreckung vorgesehenen Gründe, soweit sie nicht mit den in Artikel 45 aufgeführten Gründen unvereinbar sind.

(3) [1]Von der Partei, die die Vollstreckung einer in einem anderen Mitgliedstaat ergangenen Entscheidung beantragt, kann nicht verlangt werden, dass sie im ersuchten Mitgliedstaat über eine Postanschrift verfügt. [2]Es kann von ihr auch nicht verlangt werden, dass sie im ersuchten Mitgliedstaat über einen bevollmächtigten Vertreter verfügt, es sei denn, ein solcher Vertreter ist ungeachtet der Staatsangehörigkeit oder des Wohnsitzes der Parteien vorgeschrieben.

Art. 42 [Vorlegung der Entscheidung und der Bescheinigung]

(1) Soll in einem Mitgliedstaat eine in einem anderen Mitgliedstaat ergangene Entscheidung vollstreckt werden, hat der Antragsteller der zuständigen Vollstreckungsbehörde Folgendes vorzulegen:

a) eine Ausfertigung der Entscheidung, die die für ihre Beweiskraft erforderlichen Voraussetzungen erfüllt, und

b) die nach Artikel 53 ausgestellte Bescheinigung, mit der bestätigt wird, dass die Entscheidung vollstreckbar ist, und die einen Auszug aus der Entscheidung sowie gegebenenfalls relevante Angaben zu den erstattungsfähigen Kosten des Verfahrens und der Berechnung der Zinsen enthält.

(2) Soll in einem Mitgliedstaat eine in einem anderen Mitgliedstaat ergangene Entscheidung vollstreckt werden, mit der eine einstweilige Maßnahme einschließlich einer Sicherungsmaßnahme angeordnet wird, hat der Antragsteller der zuständigen Vollstreckungsbehörde Folgendes vorzulegen:

a) eine Ausfertigung der Entscheidung, die die für ihre Beweiskraft erforderlichen Voraussetzungen erfüllt,

b) die nach Artikel 53 ausgestellte Bescheinigung, die eine Beschreibung der Maßnahme enthält und mit der bestätigt wird, dass

   i) das Gericht in der Hauptsache zuständig ist,

   ii) die Entscheidung im Ursprungsmitgliedstaat vollstreckbar ist, und

c) wenn die Maßnahme ohne Vorladung des Beklagten angeordnet wurde, den Nachweis der Zustellung der Entscheidung.

(3) Die zuständige Vollstreckungsbehörde kann gegebenenfalls vom Antragsteller gemäß Artikel 57 eine Übersetzung oder Transliteration des Inhalts der Bescheinigung verlangen.

(4) Die zuständige Vollstreckungsbehörde darf vom Antragsteller eine Übersetzung der Entscheidung nur verlangen, wenn sie das Verfahren ohne eine solche Übersetzung nicht fortsetzen kann.

Art. 43 [Zustellung der Bescheinigung; Übersetzung] (1) [1]Soll eine in einem anderen Mitgliedstaat ergangene Entscheidung vollstreckt werden, so wird die gemäß Artikel 53 ausgestellte Bescheinigung dem Schuldner vor der ersten Vollstreckungsmaßnahme zugestellt. [2]Der Bescheinigung wird die Entscheidung beigefügt, sofern sie dem Schuldner noch nicht zugestellt wurde.

(2) *[1]* Hat der Schuldner seinen Wohnsitz in einem anderen Mitgliedstaat als dem Ursprungsmitgliedstaat, so kann er eine Übersetzung der Entscheidung verlangen, um ihre Vollstreckung anfechten zu können, wenn die Entscheidung nicht in einer der folgenden Sprachen abgefasst ist oder ihr keine Übersetzung in einer der folgenden Sprachen beigefügt ist:

a) einer Sprache, die er versteht, oder

b) der Amtssprache des Mitgliedstaats, in dem er seinen Wohnsitz hat, oder, wenn es in diesem Mitgliedstaat mehrere Amtssprachen gibt, in der Amtssprache oder einer der Amtssprachen des Ortes, an dem er seinen Wohnsitz hat.

[2] Wird die Übersetzung der Entscheidung gemäß Unterabsatz 1 verlangt, so darf die Zwangsvollstreckung nicht über Sicherungsmaßnahmen hinausgehen, solange der Schuldner die Übersetzung nicht erhalten hat.

[3] Dieser Absatz gilt nicht, wenn die Entscheidung dem Schuldner bereits in einer der in Unterabsatz 1 genannten Sprachen oder zusammen mit einer Übersetzung in eine dieser Sprachen zugestellt worden ist.

(3) Dieser Artikel gilt nicht für die Vollstreckung einer in einer Entscheidung enthaltenen Sicherungsmaßnahme oder wenn der Antragsteller Sicherungsmaßnahmen gemäß Artikel 40 erwirkt.

Art. 44 [Antrag auf Versagung der Vollstreckung] (1) Wurde eine Versagung der Vollstreckung einer Entscheidung gemäß Abschnitt 3 Unterabschnitt 2 beantragt, so kann das Gericht im ersuchten Mitgliedstaat auf Antrag des Schuldners

a) das Vollstreckungsverfahren auf Sicherungsmaßnahmen beschränken,
b) die Vollstreckung von der Leistung einer vom Gericht zu bestimmenden Sicherheit abhängig machen oder
c) das Vollstreckungsverfahren insgesamt oder teilweise aussetzen.

(2) Die zuständige Behörde des ersuchten Mitgliedstaats setzt das Vollstreckungsverfahren auf Antrag des Schuldners aus, wenn die Vollstreckbarkeit der Entscheidung im Ursprungsmitgliedstaat ausgesetzt ist.

Abschnitt 3. Versagung der Anerkennung und Vollstreckung

Unterabschnitt 1. Versagung der Anerkennung

Art. 45 [Antrag auf Versagung der Anerkennung] (1) Die Anerkennung einer Entscheidung wird auf Antrag eines Berechtigten versagt, wenn

a) die Anerkennung der öffentlichen Ordnung (ordre public) des ersuchten Mitgliedstaats offensichtlich widersprechen würde;
b) dem Beklagten, der sich auf das Verfahren nicht eingelassen hat, das verfahrenseinleitende Schriftstück oder ein gleichwertiges Schriftstück nicht so rechtzeitig und in einer Weise zugestellt worden ist, dass er sich verteidigen konnte, es sei denn, der Beklagte hat gegen die Entscheidung keinen Rechtsbehelf eingelegt, obwohl er die Möglichkeit dazu hatte;
c) die Entscheidung mit einer Entscheidung unvereinbar ist, die zwischen denselben Parteien im ersuchten Mitgliedstaat ergangen ist;
d) die Entscheidung mit einer früheren Entscheidung unvereinbar ist, die in einem anderen Mitgliedstaat oder in einem Drittstaat in einem Rechtsstreit wegen desselben Anspruchs zwischen denselben Parteien ergangen ist, sofern die frühere Entscheidung die notwendigen Voraussetzungen für ihre Anerkennung im ersuchten Mitgliedstaat erfüllt, oder
e) die Entscheidung unvereinbar ist
   i) mit Kapitel II Abschnitte 3, 4 oder 5, sofern der Beklagte Versicherungsnehmer, Versicherter, Begünstigter des Versicherungsvertrags, Geschädigter, Verbraucher oder Arbeitnehmer ist, oder
   ii) mit Kapitel II Abschnitt 6.

(2) Das mit dem Antrag befasste Gericht ist bei der Prüfung, ob eine der in Absatz 1 Buchstabe e angeführten Zuständigkeiten gegeben ist, an die tatsächlichen Feststellungen gebunden, aufgrund deren das Ursprungsgericht seine Zuständigkeit angenommen hat.

(3) [1] Die Zuständigkeit des Ursprungsgerichts darf, unbeschadet des Absatzes 1 Buchstabe e, nicht nachgeprüft werden. [2] Die Vorschriften über die Zuständigkeit gehören nicht zur öffentlichen Ordnung (ordre public) im Sinne des Absatzes 1 Buchstabe a.

(4) Der Antrag auf Versagung der Anerkennung ist gemäß den Verfahren des Unterabschnitts 2 und gegebenenfalls des Abschnitts 4 zu stellen.

Unterabschnitt 2. Versagung der Vollstreckung

Art. 46 [Versagung] Die Vollstreckung einer Entscheidung wird auf Antrag des Schuldners versagt, wenn festgestellt wird, dass einer der in Artikel 45 genannten Gründe gegeben ist.

Art. 47 [Gerichtliche Zuständigkeit; angewendetes Recht] (1) Der Antrag auf Versagung der Vollstreckung ist an das Gericht zu richten, das der Kommission von dem betreffenden Mitgliedstaat gemäß Artikel 75 Buchstabe a mitgeteilt wurde.

(2) Für das Verfahren zur Versagung der Vollstreckung ist, soweit es nicht durch diese Verordnung geregelt ist, das Recht des ersuchten Mitgliedstaats maßgebend.

(3) *[1]* Der Antragsteller legt dem Gericht eine Ausfertigung der Entscheidung und gegebenenfalls eine Übersetzung oder Transliteration der Entscheidung vor.

[2] [1] Das Gericht kann auf die Vorlage der in Unterabsatz 1 genannten Schriftstücke verzichten, wenn ihm die Schriftstücke bereits vorliegen oder wenn es das Gericht für unzumutbar hält, vom Antragsteller die Vorlage der Schriftstücke zu verlangen. [2] Im letztgenannten Fall kann das Gericht von der anderen Partei verlangen, diese Schriftstücke vorzulegen.

(4) [1] Von der Partei, die die Versagung der Vollstreckung einer in einem anderen Mitgliedstaat ergangenen Entscheidung beantragt, kann nicht verlangt werden, dass sie im ersuchten Mitgliedstaat über eine Postanschrift verfügt. [2] Es kann von ihr auch nicht verlangt werden, dass sie im ersuchten Mitgliedstaat über einen bevollmächtigten Vertreter verfügt, es sei denn, ein solcher Vertreter ist ungeachtet der Staatsangehörigkeit oder des Wohnsitzes der Parteien vorgeschrieben.

Art. 48 [Unverzügliche Entscheidung] Das Gericht entscheidet unverzüglich über den Antrag auf Versagung der Vollstreckung.

Art. 49 [Rechtsbehelf] (1) Gegen die Entscheidung über den Antrag auf Versagung der Vollstreckung kann jede Partei einen Rechtsbehelf einlegen.

(2) Der Rechtsbehelf ist bei dem Gericht einzulegen, das der Kommission von dem betreffenden Mitgliedstaat gemäß Artikel 75 Buchstabe b mitgeteilt wurde.

Art. 50 [Weiterer Rechtsbehelf] Gegen die Entscheidung, die über den Rechtsbehelf ergangen ist, kann nur ein Rechtsbehelf eingelegt werden, wenn der betreffende Mitgliedstaat der Kommission gemäß Artikel 75 Buchstabe c mitgeteilt hat, bei welchen Gerichten ein weiterer Rechtsbehelf einzulegen ist.

Art. 51 [Aussetzung des Verfahrens] (1) [1] Das mit einem Antrag auf Verweigerung der Vollstreckung befasste Gericht oder das nach Artikel 49 oder Artikel 50 mit einem Rechtsbehelf befasste Gericht kann das Verfahren aussetzen, wenn gegen die Entscheidung im Ursprungsmitgliedstaat ein ordentlicher Rechtsbehelf eingelegt wurde oder die Frist für einen solchen Rechtsbehelf noch nicht verstrichen ist. [2] Im letztgenannten Fall kann das Gericht eine Frist bestimmen, innerhalb derer der Rechtsbehelf einzulegen ist.

(2) Ist die Entscheidung in Irland, Zypern oder im Vereinigten Königreich[1] ergangen, so gilt jeder im Ursprungsmitgliedstaat statthafte Rechtsbehelf als ordentlicher Rechtsbehelf im Sinne des Absatzes 1.

Abschnitt 4. Gemeinsame Vorschriften

Art. 52 [Keine Nachprüfung in der Sache selbst] Eine in einem Mitgliedstaat ergangene Entscheidung darf im ersuchten Mitgliedstaat keinesfalls in der Sache selbst nachgeprüft werden.

Art. 53 [Ausstellung der Bescheinigung] Das Ursprungsgericht stellt auf Antrag eines Berechtigten die Bescheinigung unter Verwendung des Formblatts in Anhang I aus.

Art. 54 [Anpassung; Übersetzung] (1) *[1]* Enthält eine Entscheidung eine Maßnahme oder Anordnung, die im Recht des ersuchten Mitgliedstaats nicht bekannt ist, so ist diese Maßnahme oder Anordnung soweit möglich an eine im Recht dieses Mitgliedstaats bekannte Maßnahme oder Anordnung anzupassen, mit der vergleichbare Wirkungen verbunden sind und die ähnliche Ziele und Interessen verfolgt.

[2] Eine solche Anpassung darf nicht dazu führen, dass Wirkungen entstehen, die über die im Recht des Ursprungsmitgliedstaats vorgesehenen Wirkungen hinausgehen.

(2) Jede Partei kann die Anpassung der Maßnahme oder Anordnung vor einem Gericht anfechten.

(3) Die Partei, die die Entscheidung geltend macht oder deren Vollstreckung beantragt, kann erforderlichenfalls aufgefordert werden, eine Übersetzung oder Transliteration der Entscheidung zur Verfügung zu stellen.

Art. 55 [Zwangsgeld] In einem Mitgliedstaat ergangene Entscheidungen, die auf Zahlung eines Zwangsgelds lauten, sind im ersuchten Mitgliedstaat nur vollstreckbar, wenn die Höhe des Zwangsgelds durch das Ursprungsgericht endgültig festgesetzt ist.

Art. 56 [Keine Sicherheitsleistung wegen Ausländereigenschaft] Der Partei, die in einem Mitgliedstaat eine in einem anderen Mitgliedstaat ergangene Entscheidung vollstrecken will, darf wegen ihrer Eigenschaft als Ausländer oder wegen Fehlens eines Wohnsitzes oder Aufenthalts im ersuchten Mitgliedstaat eine Sicherheitsleistung oder Hinterlegung, unter welcher Bezeichnung es auch sei, nicht auferlegt werden.

Art. 57 [Übersetzung/Transliteration] (1) Ist nach dieser Verordnung eine Übersetzung oder Transliteration erforderlich, so erfolgt die Übersetzung oder Transliteration in die Amtssprache des betreffenden Mitgliedstaats oder, wenn es in diesem Mitgliedstaat mehrere Amtssprachen gibt, nach Maßgabe des Rechts dieses Mitgliedstaats in die oder in eine der Verfahrenssprachen des

---

[1] Seit dem 1.2.2020 ist das Vereinigte Königreich aus der Europäischen Union ausgetreten und ist seitdem ein Drittland (Nicht-EU-Land).

Ortes, an dem eine in einem anderen Mitgliedstaat ergangene Entscheidung geltend gemacht oder ein Antrag gestellt wird.

(2) Bei den in den Artikeln 53 und 60 genannten Formblättern kann eine Übersetzung oder Transliteration auch in eine oder mehrere andere Amtssprachen der Organe der Union erfolgen, die der betreffende Mitgliedstaat für diese Formblätter zugelassen hat.

(3) Eine Übersetzung aufgrund dieser Verordnung ist von einer Person zu erstellen, die zur Anfertigung von Übersetzungen in einem der Mitgliedstaaten befugt ist.

Kapitel IV. Öffentliche Urkunden und gerichtliche Vergleiche

Art. 58 [Öffentliche Urkunden] (1) *[1]* [1] Öffentliche Urkunden, die im Ursprungsmitgliedstaat vollstreckbar sind, sind in den anderen Mitgliedstaaten vollstreckbar, ohne dass es einer Vollstreckbarerklärung bedarf. [2] Die Zwangsvollstreckung aus der öffentlichen Urkunde kann nur versagt werden, wenn sie der öffentlichen Ordnung (ordre public) des ersuchten Mitgliedstaats offensichtlich widersprechen würde.

[2] Die Vorschriften des Kapitels III Abschnitt 2, des Abschnitts 3 Unterabschnitt 2 und des Abschnitts 4 sind auf öffentlichen Urkunden sinngemäß anzuwenden.

(2) Die vorgelegte öffentliche Urkunde muss die Voraussetzungen für ihre Beweiskraft erfüllen, die im Ursprungsmitgliedstaat erforderlich sind.

Art. 59 [Gerichtliche Vergleiche] Gerichtliche Vergleiche, die im Ursprungsmitgliedstaat vollstreckbar sind, werden in den anderen Mitgliedstaaten unter denselben Bedingungen wie öffentliche Urkunden vollstreckt.

Art. 60 [Bescheinigung über eine öffentliche Urkunde] Die zuständige Behörde oder das Gericht des Ursprungsmitgliedstaats stellt auf Antrag eines Berechtigten die Bescheinigung mit einer Zusammenfassung der in der öffentlichen Urkunde beurkundeten vollstreckbaren Verpflichtung oder der in dem gerichtlichen Vergleich beurkundeten Parteivereinbarung unter Verwendung des Formblatts in Anhang II aus.

Kapitel V. Allgemeine Vorschriften

Art. 61 [Anerkennung von Urkunden] Im Rahmen dieser Verordnung bedarf es hinsichtlich Urkunden, die in einem Mitgliedstaat ausgestellt werden, weder der Legalisation noch einer ähnlichen Förmlichkeit.

Art. 62 [Bestimmung des Wohnsitzes] (1) Ist zu entscheiden, ob eine Partei im Hoheitsgebiet des Mitgliedstaats, dessen Gerichte angerufen sind, einen Wohnsitz hat, so wendet das Gericht sein Recht an.

(2) Hat eine Partei keinen Wohnsitz in dem Mitgliedstaat, dessen Gerichte angerufen sind, so wendet das Gericht, wenn es zu entscheiden hat, ob die Partei einen Wohnsitz in einem anderen Mitgliedstaat hat, das Recht dieses Mitgliedstaats an.

Art. 63 [Bestimmung des Gesellschaftssitzes] (1) Gesellschaften und juristische Personen haben für die Anwendung dieser Verordnung ihren Wohnsitz an dem Ort, an dem sich

a) ihr satzungsmäßiger Sitz,

b) ihre Hauptverwaltung oder

c) ihre Hauptniederlassung befindet.

(2) Im Falle Irlands, Zyperns und des Vereinigten Königreichs[1)] ist unter dem Ausdruck „satzungsmäßiger Sitz" das *registered office* oder, wenn ein solches nirgendwo besteht, der *place of incorporation* (Ort der Erlangung der Rechtsfähigkeit) oder, wenn ein solcher nirgendwo besteht, der Ort, nach dessen Recht die *formation* (Gründung) erfolgt ist, zu verstehen.

(3) Um zu bestimmen, ob ein Trust seinen Sitz in dem Mitgliedstaat hat, bei dessen Gerichten die Klage anhängig ist, wendet das Gericht sein Internationales Privatrecht an.

Art. 64 [Besonderheiten von Adhäsionsverfahren] [1]Unbeschadet günstigerer innerstaatlicher Vorschriften können Personen, die ihren Wohnsitz im Hoheitsgebiet eines Mitgliedstaats haben und die vor den Strafgerichten eines anderen Mitgliedstaats, dessen Staatsangehörigkeit sie nicht besitzen, wegen einer fahrlässig begangenen Straftat verfolgt werden, sich von hierzu befugten Personen vertreten lassen, selbst wenn sie persönlich nicht erscheinen. [2]Das Gericht kann jedoch das persönliche Erscheinen anordnen; wird diese Anordnung nicht befolgt, so braucht die Entscheidung, die über den Anspruch aus einem Rechtsverhältnis des Zivilrechts ergangen ist, ohne dass sich der Angeklagte verteidigen konnte, in den anderen Mitgliedstaaten weder anerkannt noch vollstreckt zu werden.

Art. 65 [Streitverkündung statt Regressklage] (1) [1]Die in Artikel 8 Nummer 2 und Artikel 13 für eine Gewährleistungs- oder Interventionsklage vorgesehene Zuständigkeit kann in den Mitgliedstaaten, die in der von der Kommission nach Artikel 76 Absatz 1 Buchstabe b und Artikel 76 Absatz 2 festgelegten Liste aufgeführt sind, nur geltend gemacht werden, soweit das einzelstaatliche Recht dies zulässt. [2]Eine Person, die ihren Wohnsitz in einem anderen Mitgliedstaat hat, kann aufgefordert werden, nach den Vorschriften über die Streitverkündung gemäß der genannten Liste einem Verfahren vor einem Gericht dieser Mitgliedstaaten beizutreten.

(2) [1]Entscheidungen, die in einem Mitgliedstaat aufgrund des Artikels 8 Nummer 2 oder des Artikels 13 ergangen sind, werden nach Kapitel III in allen anderen Mitgliedstaaten anerkannt und vollstreckt. [2]Die Wirkungen, welche die Entscheidungen, die in den in der Liste nach Absatz 1 aufgeführten Mitgliedstaaten ergangen sind, gemäß dem Recht dieser Mitgliedstaaten infolge der Anwendung von Absatz 1 gegenüber Dritten haben, werden in *den allen*[2)] Mitgliedstaaten anerkannt.

[1)] Seit dem 1.2.2020 ist das Vereinigte Königreich aus der Europäischen Union ausgetreten und ist seitdem ein Drittland (Nicht-EU-Land).

[2)] Amtliche Formulierung.

(3) Die in der Liste nach Absatz 1 aufgeführten Mitgliedstaaten übermitteln im Rahmen des durch die Entscheidung 2001/470/EG des Rates[1] errichteten Europäischen Justiziellen Netzes für Zivil- und Handelssachen („Europäisches Justizielles Netz“) Informationen darüber, wie nach Maßgabe ihres innerstaatlichen Rechts die in Absatz 2 Satz 2 genannten Wirkungen der Entscheidungen bestimmt werden können.

Kapitel VI. Übergangsvorschriften

Art. 66 [Übergangsvorschriften] (1) Diese Verordnung ist nur auf Verfahren, öffentliche Urkunden oder gerichtliche Vergleiche anzuwenden, die am 10. Januar 2015 oder danach eingeleitet, förmlich errichtet oder eingetragen bzw. gebilligt oder geschlossen worden sind.

(2) Ungeachtet des Artikels 80 gilt die Verordnung (EG) Nr. 44/2001 weiterhin für Entscheidungen, die in vor dem 10. Januar 2015 eingeleiteten gerichtlichen Verfahren ergangen sind, für vor diesem Zeitpunkt förmlich errichtete oder eingetragene öffentliche Urkunden sowie für vor diesem Zeitpunkt gebilligte oder geschlossene gerichtliche Vergleiche, sofern sie in den Anwendungsbereich der genannten Verordnung fallen.

Kapitel VII. Verhältnis zu anderen Rechtsinstrumenten

Art. 67 [Rechtsakte für besondere Rechtsgebiete] Diese Verordnung berührt nicht die Anwendung der Bestimmungen, die für besondere Rechtsgebiete die gerichtliche Zuständigkeit oder die Anerkennung und Vollstreckung von Entscheidungen regeln und in Unionsrechtsakten oder in dem in Ausführung dieser Rechtsakte harmonisierten einzelstaatlichen Recht enthalten sind.

Art. 68 [Verhältnis zu EuGVÜ] (1) Diese Verordnung tritt im Verhältnis zwischen den Mitgliedstaaten an die Stelle des Brüsseler Übereinkommens von 1968, außer hinsichtlich der Hoheitsgebiete der Mitgliedstaaten, die in den territorialen Anwendungsbereich des genannten Übereinkommens fallen und aufgrund der Anwendung von Artikel 355 AEUV[2] von dieser Verordnung ausgeschlossen sind.

(2) Soweit diese Verordnung die Bestimmungen des Brüsseler Übereinkommens von 1968 zwischen den Mitgliedstaaten ersetzt, gelten Verweise auf dieses Übereinkommen als Verweise auf die vorliegende Verordnung.

Art. 69 [Ersetzung von Übereinkünften] [1] Diese Verordnung ersetzt unbeschadet der Artikel 70 und 71 im Verhältnis zwischen den Mitgliedstaaten die Übereinkünfte, die sich auf dieselben Rechtsgebiete erstrecken wie diese Verordnung. [2] Ersetzt werden insbesondere die Übereinkünfte, die in der von der Kommission nach Artikel 76 Absatz 1 Buchstabe c und Artikel 76 Absatz 2 festgelegten Liste aufgeführt sind.

---

[1] **Amtl. Anm.:** ABl. L 174 vom 27.6.2001, S. 25.
[2] Nr. **2**.

Art. 70 [Fortgeltung außerhalb des Anwendungsbereichs der EuGVVO] (1) Die in Artikel 69 genannten Übereinkünfte behalten ihre Wirksamkeit für die Rechtsgebiete, auf die diese Verordnung nicht anzuwenden ist.

(2) Sie bleiben auch weiterhin für die Entscheidungen, öffentlichen Urkunden und gerichtlichen Vergleiche wirksam, die vor dem Inkrafttreten der Verordnung (EG) Nr. 44/2001 ergangen, förmlich errichtet oder eingetragen bzw. gebilligt oder geschlossen worden sind.

Art. 71 [Fortgeltung von Übereinkünften für besondere Rechtsgebiete] (1) Diese Verordnung lässt Übereinkünfte unberührt, denen die Mitgliedstaaten angehören und die für besondere Rechtsgebiete die gerichtliche Zuständigkeit, die Anerkennung oder die Vollstreckung von Entscheidungen regeln.

(2) *[1]* Um eine einheitliche Auslegung des Absatzes 1 zu sichern, wird er in folgender Weise angewandt:

a) Diese Verordnung schließt nicht aus, dass ein Gericht eines Mitgliedstaats, der Vertragspartei einer Übereinkunft über ein besonderes Rechtsgebiet ist, seine Zuständigkeit auf eine solche Übereinkunft stützt, und zwar auch dann, wenn der Beklagte seinen Wohnsitz im Hoheitsgebiet eines Mitgliedstaats hat, der nicht Vertragspartei einer solchen Übereinkunft ist. In jedem Fall wendet dieses Gericht Artikel 28 dieser Verordnung an.

b) Entscheidungen, die in einem Mitgliedstaat von einem Gericht erlassen worden sind, das seine Zuständigkeit auf eine Übereinkunft über ein besonderes Rechtsgebiet gestützt hat, werden in den anderen Mitgliedstaaten nach dieser Verordnung anerkannt und vollstreckt.

[2] [1] Sind der Ursprungsmitgliedstaat und der ersuchte Mitgliedstaat Vertragsparteien einer Übereinkunft über ein besonderes Rechtsgebiet, welche die Voraussetzungen für die Anerkennung und Vollstreckung von Entscheidungen regelt, so gelten diese Voraussetzungen. [2] In jedem Fall können die Bestimmungen dieser Verordnung über die Anerkennung und Vollstreckung von Entscheidungen angewandt werden.

Art. 71a [Gemeinsames Gericht] (1) Für die Zwecke dieser Verordnung gilt ein gemeinsames Gericht mehrerer Mitgliedstaaten gemäß Absatz 2 („gemeinsames Gericht“) als ein Gericht eines Mitgliedstaats, wenn das gemeinsame Gericht gemäß der zu seiner Errichtung geschlossenen Übereinkunft eine gerichtliche Zuständigkeit in Angelegenheiten ausübt, die in den Anwendungsbereich dieser Verordnung fallen.

(2) Jedes der folgenden Gerichte ist für die Zwecke dieser Verordnung ein gemeinsames Gericht:

a) das mit dem am 19. Februar 2013 unterzeichneten Übereinkommen zur Schaffung eines Einheitlichen Patentgerichts („EPG-Übereinkommen“) errichtete Einheitliche Patentgericht und

b) der mit dem Vertrag vom 31. März 1965 über die Gründung und die Satzung des Benelux-Gerichtshofs (im Folgenden „Benelux-Gerichtshof-Vertrag“) errichtete Benelux-Gerichtshof.

Art. 71b [Zuständigkeit eines gemeinsamen Gerichts] Die Zuständigkeit eines gemeinsamen Gerichts wird wie folgt bestimmt:

1. Ein gemeinsames Gericht ist zuständig, wenn die Gerichte eines Mitgliedstaats, der Partei der Übereinkunft zur Errichtung des gemeinsamen Gerichts ist, nach Maßgabe dieser Verordnung in einem unter die betreffende Übereinkunft fallenden Rechtsgebiet zuständig wären.
2. In Fällen, in denen der Beklagte seinen Wohnsitz nicht in einem Mitgliedstaat hat und diese Verordnung die ihn betreffende gerichtliche Zuständigkeit nicht anderweitig begründet, findet Kapitel II, soweit einschlägig, ungeachtet des Wohnsitzes des Beklagten Anwendung.
   Einstweilige Maßnahmen einschließlich Sicherungsmaßnahmen können bei einem gemeinsamen Gericht auch dann beantragt werden, wenn für die Entscheidung in der Hauptsache die Gerichte eines Drittstaats zuständig sind.
3. Ist ein gemeinsames Gericht hinsichtlich eines Beklagten nach Nummer 2 in einem Rechtsstreit über eine Verletzung eines Europäischen Patents, die zu einem Schaden innerhalb der Union geführt hat, zuständig, kann dieses Gericht seine Zuständigkeit auch hinsichtlich eines aufgrund einer solchen Verletzung außerhalb der Union entstandenen Schadens ausüben.
   Diese Zuständigkeit kann nur begründet werden, wenn dem Beklagten gehörendes Vermögen in einem Mitgliedstaat belegen ist, der Vertragspartei der Übereinkunft zur Errichtung des gemeinsamen Gerichts ist und der Rechtsstreit einen hinreichenden Bezug zu einem solchen Mitgliedstaat aufweist.

Art. 71c [Konkurrierende Rechtshängigkeit] (1) Die Artikel 29 bis 32 finden Anwendung, wenn ein gemeinsames Gericht und ein Gericht eines Mitgliedstaats, der nicht Vertragspartei der Übereinkunft zur Errichtung des gemeinsamen Gerichts ist, angerufen werden.

(2) Die Artikel 29 bis 32 finden Anwendung, wenn während des Übergangszeitraums gemäß Artikel 83 des EPG-Übereinkommens das Einheitliche Patentgericht und ein Gericht eines Mitgliedstaats angerufen werden, der Vertragspartei des EPG-Übereinkommens ist.

Art. 71d [Anerkennung und Vollstreckung] *[1]* Diese Verordnung findet Anwendung auf die Anerkennung und Vollstreckung von

a) Entscheidungen eines gemeinsamen Gerichts, die in einem Mitgliedstaat, der nicht Vertragspartei der Übereinkunft zur Errichtung des gemeinsamen Gerichts ist, anerkannt und vollstreckt werden müssen, und
b) Entscheidungen der Gerichte eines Mitgliedstaats, der nicht Vertragspartei der Übereinkunft zur Errichtung des gemeinsamen Gerichts ist, die in einem Mitgliedstaat, der Vertragspartei dieser Übereinkunft ist, anerkannt und vollstreckt werden müssen.

[2] Wird die Anerkennung und Vollstreckung einer Entscheidung eines gemeinsamen Gerichts jedoch in einem Mitgliedstaat beantragt, der Vertragspartei der Übereinkunft zur Errichtung des gemeinsamen Gerichts ist, gelten anstelle dieser Verordnung alle die Anerkennung und Vollstreckung betreffenden Bestimmungen der Übereinkunft.

Art. 72 [Fortgelten von Vereinbarungen nach Art. 59 des Brüsseler Übereinkommens] Diese Verordnung lässt Vereinbarungen unberührt, durch die sich die Mitgliedstaaten vor Inkrafttreten der Verordnung (EG) Nr. 44/2001 nach Artikel 59 des Brüsseler Übereinkommens von 1968 verpflichtet haben, Entscheidungen der Gerichte eines anderen Vertragsstaats des genannten Übereinkommens gegen Beklagte, die ihren Wohnsitz oder gewöhnlichen Aufenthalt im Hoheitsgebiet eines Drittstaats haben, nicht anzuerkennen, wenn die Entscheidungen in den Fällen des Artikels 4 des genannten Übereinkommens nur in einem der in Artikel 3 Absatz 2 des genannten Übereinkommens angeführten Gerichtsstände ergehen können.

Art. 73 [Unberührte Übereinkommen] (1) Diese Verordnung lässt die Anwendung des Übereinkommens von Lugano von 2007 unberührt.

(2) Diese Verordnung lässt die Anwendung des Übereinkommens von New York von 1958 unberührt.

(3) Diese Verordnung lässt die Anwendung der bilateralen Übereinkünfte und Vereinbarungen zwischen einem Drittstaat und einem Mitgliedstaat unberührt, die vor dem Inkrafttreten der Verordnung (EG) Nr. 44/2001 geschlossen wurden und in dieser Verordnung geregelte Angelegenheiten betreffen.

Kapitel VIII. Schlussvorschriften

Art. 74 [Übermittlung einzelstaatlicher Vollstreckungsvorschriften und -verfahren] *[1]* Die Mitgliedstaaten übermitteln im Rahmen des Europäischen Justiziellen Netzes für Zivil- und Handelssachen eine Beschreibung der einzelstaatlichen Vollstreckungsvorschriften und -verfahren, einschließlich Angaben über die Vollstreckungsbehörden, sowie Informationen über alle Vollstreckungsbeschränkungen, insbesondere über Schuldnerschutzvorschriften und Verjährungsfristen, im Hinblick auf die Bereitstellung dieser Informationen für die Öffentlichkeit.

[2] Die Mitgliedstaaten halten diese Informationen stets auf dem neuesten Stand.

Art. 75[1)] [Mitteilung der zuständigen Gerichte] *[1]* Die Mitgliedstaaten teilen der Kommission bis zum 10. Januar 2014 mit,

a) an welches Gericht der Antrag auf Versagung der Vollstreckung gemäß Artikel 47 Absatz 1 zu richten ist;
b) bei welchen Gerichten der Rechtsbehelf gegen die Entscheidung über den Antrag auf Versagung der Vollstreckung gemäß Artikel 49 Absatz 2 einzulegen ist;
c) bei welchen Gerichten ein weiterer Rechtsbehelf gemäß Artikel 50 einzulegen ist und
d) welche Sprachen für die Übersetzung der Formblätter nach Artikel 57 Absatz 2 zugelassen sind.

---

1) Beachte zum Inkrafttreten Art. 81 Abs. 2.

[2] Die Angaben werden von der Kommission in geeigneter Weise, insbesondere über das Europäische Justizielle Netz für Zivil- und Handelssachen, der Öffentlichkeit zur Verfügung gestellt.

Art. 76[1] **[Notifizierung]** (1) Die Mitgliedstaaten notifizieren der Kommission

a) die Zuständigkeitsvorschriften nach Artikel 5 Absatz 2 und Artikel 6 Absatz 2,

b) die Regeln für die Streitverkündung nach Artikel 65 und

c) die Übereinkünfte nach Artikel 69.

(2) Die Kommission legt anhand der in Absatz 1 genannten Notifizierungen der Mitgliedstaaten die jeweiligen Listen fest.

(3) [1] Die Mitgliedstaaten notifizieren der Kommission alle späteren Änderungen, die an diesen Listen vorgenommen werden müssen. [2] Die Kommission passt diese Listen entsprechend an.

(4) Die Kommission veröffentlicht die Listen und alle späteren Änderungen dieser Listen im *Amtsblatt der Europäischen Union*.[2]

(5) Die Kommission stellt der Öffentlichkeit alle nach den Absätzen 1 und 3 notifizierten Informationen auf andere geeignete Weise, insbesondere über das Europäische Justizielle Netz, zur Verfügung.

Art. 77 [Änderungen] Der Kommission wird die Befugnis übertragen, gemäß Artikel 78 in Bezug auf die Änderung der Anhänge I und II delegierte Rechtsakte zu erlassen.

Art. 78 [Erlass delegierter Rechtsakte] (1) Die der Kommission übertragene Befugnis zum Erlass delegierter Rechtsakte unterliegt den Bedingungen dieses Artikels.

(2) Die Befugnis zum Erlass delegierter Rechtsakte gemäß Artikel 77 wird der Kommission auf unbestimmte Zeit ab dem 9. Januar 2013 übertragen.

(3) [1] Die Befugnisübertragung gemäß Artikel 77 kann vom Europäischen Parlament oder vom Rat jederzeit widerrufen werden. [2] Der Beschluss über den Widerruf beendet die Übertragung der darin genannten Befugnisse. [3] Der Beschluss tritt am Tag nach Veröffentlichung des Beschlusses im *Amtsblatt der Europäischen Union* oder zu einem späteren, in dem Beschluss festgelegten Zeitpunkt in Kraft. [4] Er berührt nicht die Gültigkeit bereits in Kraft getretener delegierter Rechtsakte.

(4) Sobald die Kommission einen delegierten Rechtsakt erlässt, übermittelt sie ihn gleichzeitig dem Europäischen Parlament und dem Rat.

(5) [1] Ein gemäß Artikel 77 erlassener delegierter Rechtsakt tritt nur in Kraft, wenn weder das Europäische Parlament noch der Rat innerhalb einer Frist von zwei Monaten nach Übermittlung dieses Rechtsakts an das Europäische Parlament und den Rat Einwände erhoben hat oder wenn vor Ablauf dieser Frist sowohl das Europäische Parlament als auch der Rat der Kommission mitgeteilt haben, dass sie keine Einwände zu erheben beabsichtigen. [2] Diese Frist wird auf

---

[1] Beachte zum Inkrafttreten Art. 81 Abs. 2.

[2] Siehe hierzu ua die Notifizierung 2015/C 4/02 v. 9.1.2015 (ABl. C 4 S. 2).

Initiative des Europäischen Parlaments oder des Rates um zwei Monate verlängert.

Art. 79 [Bericht] [1]Die Kommission legt dem Europäischen Parlament, dem Rat und dem Europäischen Wirtschafts- und Sozialausschuss bis zum 11. Januar 2022 einen Bericht über die Anwendung dieser Verordnung vor. [2]Dieser Bericht enthält auch eine Bewertung der Frage, ob die Zuständigkeitsvorschriften weiter ausgedehnt werden sollten auf Beklagte, die ihren Wohnsitz nicht in einem Mitgliedstaat haben, wobei der Funktionsweise dieser Verordnung und möglichen Entwicklungen auf internationaler Ebene Rechnung zu tragen ist. [3]Dem Bericht wird gegebenenfalls ein Vorschlag zur Änderung dieser Verordnung beigefügt.

Art. 80 [Aufhebung] [1]Die Verordnung (EG) Nr. 44/2001 wird durch diese Verordnung aufgehoben. [2]Bezugnahmen auf die aufgehobene Verordnung gelten als Bezugnahmen auf die vorliegende Verordnung und sind nach Maßgabe der Entsprechungstabelle in Anhang III zu lesen.

Art. 81 [Inkrafttreten] *[1]* Diese Verordnung tritt am zwanzigsten Tag nach ihrer Veröffentlichung[1)] im *Amtsblatt der Europäischen Union* in Kraft.

[2] Sie gilt ab dem 10. Januar 2015, mit Ausnahme der Artikel 75 und 76, die ab dem 10. Januar 2014 gelten.

Diese Verordnung ist in allen ihren Teilen verbindlich und gilt gemäß den Verträgen unmittelbar in den Mitgliedstaaten.

Anhang I.
Bescheinigung über eine Entscheidung in Zivil- und Handelssachen

Artikel 53 der Verordnung (EU) Nr. 1215/2012 des Europäischen Parlaments und des Rates über die gerichtliche Zuständigkeit und die Anerkennung und Vollstreckung von Entscheidungen in Zivil- und Handelssachen

1. Ursprungsgericht

1.1. Bezeichnung:

1.2. Anschrift:

1.2.1. Straße und Hausnummer/Postfach:

1.2.2. PLZ und Ort:

1.2.3. Mitgliedstaat:
AT □ BE □ BG □ CY □ CZ □ DK□ DE □ EE □ EL □ ES □ FI □ FR □ HR□ HU □ IE □ IT □ LT □ LU □ LV □ MT □ NL □ PL □ PT □ RO □ SE □ SI □ SK □ UK □

1.3. Telefon:

1.4. Fax:

1.5. E-Mail (falls verfügbar):

2. Kläger*[1]

[1)] Veröffentlicht am 20.12.2012.

2.1. Name, Vorname/Name der Firma oder Organisation:

2.2. Identifizierungsnummer (falls vorhanden und falls verfügbar):

2.3. Geburtsdatum (TT/MM/JJJJ) und Geburtsort oder, bei juristischen Personen, Datum der Gründung/Erlangung der Rechtsfähigkeit/Registrierung (falls relevant und falls verfügbar):

2.4. Anschrift:

2.4.1. Straße und Hausnummer/Postfach:

2.4.2. PLZ und Ort:

2.4.3. Land:
AT □ BE □ BG □ CY □ CZ □ DK □ DE □ EE □ EL □ ES □ FI □ FR □ HR□ HU □ IE □ IT □ LT □ LU □ LV □ MT □ NL □ PL □ PT □ RO □ SE □ SI □ SK □ UK □ Sonstige (bitte angeben (ISO-Code)) □

2.5. E-Mail (falls verfügbar):

3. Beklagte(r)*2

3.1. Name, Vorname/Name der Firma oder Organisation:

3.2. Identifizierungsnummer (falls vorhanden und falls verfügbar):

3.3. Geburtsdatum (TT/MM/JJJJ) und Geburtsort oder, bei juristischen Personen, Datum der Gründung/Erlangung der Rechtsfähigkeit/Registrierung (falls relevant und falls verfügbar):

3.4. Anschrift:

3.4.1. Straße und Hausnummer/Postfach:

3.4.2. PLZ und Ort:

3.4.3. Land:
AT □ BE □ BG □ CY □ CZ □ DK□ DE □ EE □ EL □ ES □ FI □ FR □HR □ HU □ IE □ IT □ LT □ LU □ LV □ MT □ NL □ PL □ PT □ RO □ SE □ SI □ SK □ UK □ Sonstige (bitte angeben (ISO-Code)) □

3.5. E-Mail (falls verfügbar):

4. Entscheidung

4.1. Datum (TT/MM/JJJJ) der Entscheidung:

4.2. Aktenzeichen der Entscheidung:

4.3. Ist die Entscheidung ergangen, ohne dass sich der Beklagte auf das Verfahren eingelassen hat?

4.3.1. □ Nein

4.3.2. □ Ja (bitte das Datum (TT/MM/JJJJ) angeben, zu dem das verfahrenseinleitende Schriftstück oder ein gleichwertiges Schriftstück dem Beklagten zugestellt wurde):

4.4. Die Entscheidung ist im Ursprungsmitgliedstaat vollstreckbar, ohne dass weitere Bedingungen erfüllt sein müssen:

4.4.1. □ Ja (bitte gegebenenfalls das Datum (TT/MM/JJJJ) angeben, zu dem die Entscheidung für vollstreckbar erklärt wurde):

4.4.2. □ Ja, aber nur gegenüber folgender/folgenden Person(en) (bitte angeben):

4.4.3. □ Ja, aber nur für einen Teil/Teile der Entscheidung (bitte angeben):

4.4.4. □ Die Entscheidung enthält keine vollstreckbare Verpflichtung.

4.5. War die Entscheidung dem/den Beklagten zum Zeitpunkt der Ausstellung der Bescheinigung bereits zugestellt worden?

4.5.1. □ Ja (bitte das Datum der Zustellung (TT/MM/JJJJ) angeben, falls bekannt):

4.5.1.1. Die Entscheidung wurde in der/den folgenden Sprache(n) zugestellt:
BG □ ES □ CS □ DK□ DE □ ET □ EL □ EN □ FR □ HR□ GA □ IT □ LV □ LT □ HU □ MT □ NL □ PL □ PT □ RO □ SK □ SL □ FI □ SV □ Sonstige (bitte angeben (ISO-Code)) □

4.5.2. □ Dem Gericht nicht bekannt.

4.6. Tenor der Entscheidung und zugesprochene Zinszahlung

4.6.1. Entscheidung über eine Geldforderung*3

4.6.1.1. Kurzdarstellung des Streitgegenstands:

4.6.1.2. Das Gericht hat:
.... (Name, Vorname(n)/Name der Firma oder Organisation)*4
angewiesen, eine Zahlung zu leisten an:
.... (Name, Vorname(n)/Name der Firma oder Organisation)

4.6.1.2.1. Wurde mehr als eine Person bezeichnet, die für den Anspruch haftet, kann jede der bezeichneten Personen für den gesamten Betrag in Anspruch genommen werden:

4.6.1.2.1.1. □ Ja

4.6.1.2.1.2. □ Nein

4.6.1.3. Währung:
□ Euro (EUR) □ bulgarischer Lew (BGN) □ tschechische Krone (CZK) □ dänische Krone (DKK) □ kroatische Kuna (HRK) □ ungarischer Forint (HUF) □ polnischer Zloty (PLN) □ Pfund Sterling (GBP) □ rumänischer Leu (RON) □ schwedische Krone (SEK) □ Sonstige (bitte angeben (ISO-Code)):

4.6.1.4. Hauptforderung:

4.6.1.4.1. □ Einmalzahlung

4.6.1.4.2. □ Ratenzahlung*5

Fälligkeit (TT/MM/JJJJ)	Betrag

4.6.1.4.3. □ Regelmäßige Zahlung

4.6.1.4.3.1. □ Täglich

4.6.1.4.3.2. □ Wöchentlich

4.6.1.4.3.3. □ Sonstige (bitte Häufigkeit angeben):

4.6.1.4.3.4. Ab Datum (TT/MM/JJJJ) oder Ereignis:

4.6.1.4.3.5. Falls zutreffend, bis (Datum (TT/MM/JJJJ) oder Ereignis):

4.6.1.5. Zinsen (falls zutreffend):

4.6.1.5.1. Zinsen:

4.6.1.5.1.1. □ Nicht in der Entscheidung angegeben

4.6.1.5.1.2. □ Ja, in der Entscheidung folgendermaßen angegeben:

4.6.1.5.1.2.1. Betrag:
oder:

4.6.1.5.1.2.2. Zinssatz … %

4.6.1.5.1.2.3. Zinsen sind fällig ab .... (Datum (TT/MM/JJJJ) oder Ereignis) bis .... (Datum (TT/MM/JJJJ) oder Ereignis)*6

4.6.1.5.2. □ Gesetzliche Zinsen (falls zutreffend), zu berechnen gemäß (bitte entsprechendes Gesetz angeben):

4.6.1.5.2.1. Zinsen sind fällig ab .... (Datum (TT/MM/JJJJ) oder Ereignis) bis .... (Datum (TT/MM/JJJJ) oder Ereignis)*6

4.6.1.5.3. □ Kapitalisierung der Zinsen (falls zutreffend, bitte angeben):

4.6.2. Entscheidung über die Anordnung einer einstweiligen Maßnahme, einschließlich Sicherungsmaßnahme:

4.6.2.1. Kurzdarstellung des Streitgegenstands und der angeordneten Maßnahme:

4.6.2.2. Die Maßnahme wurde von einem Gericht angeordnet, das in der Hauptsache zuständig ist

4.6.2.2.1. □ Ja

4.6.3. Sonstige Entscheidungsarten:

4.6.3.1. Kurzdarstellung des Streitgegenstands und der Entscheidung des Gerichts:

4.7. Kosten*7:

4.7.1. Währung:

□ Euro (EUR) □ bulgarischer Lew (BGN) □ tschechische Krone (CZK) □ dänische Krone (DKK) □ kroatische Kuna (HRK) □ ungarischer Forint (HUF) □ polnischer Zloty (PLN) □ Pfund Sterling (GBP) □ rumänischer Leu (RON) □ schwedische Krone (SEK) □ Sonstige (bitte angeben (ISO-Code)):

4.7.2. Dem/den folgenden Schuldner(n) wurden die Kosten aufgegeben:

4.7.2.1. Name, Vorname/Name der Firma oder Organisation:*8

4.7.2.2. Wurden mehr als einer Person die Kosten aufgegeben, kann jede der bezeichneten Personen für den gesamten Betrag in Anspruch genommen werden:

4.7.2.2.1. □ Ja

4.7.2.2.2. □ Nein

4.7.3. Folgende Kosten werden geltend gemacht:*9:

4.7.3.1. □ Die Kosten wurden in der Entscheidung in Form eines Gesamtbetrags festgesetzt (bitte Betrag angeben):

4.7.3.2. □ Die Kosten wurden in der Entscheidung in Form eines Prozentsatzes der Gesamtkosten festgesetzt (bitte Prozentsatz der Gesamtkosten angeben):

4.7.3.3. □ Die Haftung für die Kosten wurde in der Entscheidung festgelegt, und es handelt sich um folgende Beträge:

4.7.3.3.1. □ Gerichtsgebühren:

4.7.3.3.2. □ Rechtsanwaltsgebühren:

4.7.3.3.3. □ Zustellungskosten:

4.7.3.3.4. □ Sonstige Kosten:

4.7.3.4. □ Sonstige (bitte angeben):

4.7.4. Zinsen auf Kosten:

4.7.4.1. □ Nicht zutreffend

4.7.4.2. □ In der Entscheidung angegebene Zinsen

4.7.4.2.1. □ Betrag:

oder

4.7.4.2.2. □ Zinssatz … %

4.7.4.2.2.1. Zinsen sind fällig ab ……… (Datum (TT/MM/JJJJ) oder Ereignis) bis ……… (Datum (TT/MM/JJJJ) oder Ereignis)*6

4.7.4.3. □ Gesetzliche Zinsen (falls zutreffend), zu berechnen gemäß (bitte entsprechendes Gesetz angeben):

4.7.4.3.1. Zinsen sind fällig ab ……… (Datum (TT/MM/JJJJ) oder Ereignis) bis ……… (Datum (TT/MM/JJJJ) oder Ereignis)*6

4.7.4.4. □ Kapitalisierung der Zinsen (falls zutreffend, bitte angeben):

Geschehen zu: ...

Unterschrift und/oder Dienstsiegel des Ursprungsgerichts:

---

*1 **Amtl. Anm.:** Betrifft die Entscheidung mehr als einen Kläger, sind die betreffenden Angaben für sämtliche Kläger einzutragen.

*2 **Amtl. Anm.:** Betrifft die Entscheidung mehr als einen Beklagten, sind die betreffenden Angaben für sämtliche Beklagten einzutragen.

*3 **Amtl. Anm.:** Betrifft die Entscheidung allein eine Kostenfeststellung im Zusammenhang mit einem Anspruch, der Gegenstand einer vorherigen Entscheidung war, ist Ziffer 4.6.1 nicht auszufüllen und zu Ziffer 4.7 überzugehen.

*4 **Amtl. Anm.:** Wurde mehr als eine Person angewiesen, eine Zahlung zu leisten, sind die betreffenden Angaben für sämtliche Personen einzutragen.

*5 **Amtl. Anm.:** Es sind die betreffenden Angaben für die einzelnen Ratenzahlungen einzutragen.

*6 **Amtl. Anm.:** Bei mehr als einem Zinszeitraum sind die betreffenden Angaben für sämtliche Zinszeiträume einzutragen.

*7 **Amtl. Anm.:** Dieser Punkt betrifft auch Fälle, in denen die Kosten in einer gesonderten Entscheidung zugesprochen werden.

*8 **Amtl. Anm.:** Bei mehr als einer Person sind die betreffenden Angaben für sämtliche Personen einzutragen.

*9 **Amtl. Anm.:** Falls mehrere Personen für die Kosten in Anspruch genommen werden können, ist die Aufschlüsselung für jede Person gesondert einzutragen.

Anhang II.
Bescheinigung über eine öffentliche Urkunde/einen gerichtlichen Vergleich*1 in einer Zivil- oder Handelssache

Artikel 60 der Verordnung (EU) Nr. 1215/2012 des Europäischen Parlaments und des Rates über die gerichtliche Zuständigkeit und die Anerkennung und Vollstreckung von Entscheidungen in Zivil- und Handelssachen

1. Gericht oder sonst befugte Stelle, das/die die Bescheinigung ausstellt

1.1. Bezeichnung:

1.2. Anschrift:

1.2.1. Straße und Hausnummer/Postfach:

1.2.2. PLZ und Ort:

1.2.3. Mitgliedstaat:
AT □ BE □ BG □ CY □ CZ □ DK □ DE □ EE □ EL □ ES □ FI □ FR □ HR □ HU □ IE □ IT □ LT □ LU □ LV □ MT □ NL □ PL □ PT □ RO □ SE □ SI □ SK □ UK □

1.3. Telefon:

1.4. Fax:

1.5. E-Mail (falls verfügbar):

2. Öffentliche Urkunde

2.1. Stelle, die die öffentliche Urkunde errichtet hat (wenn dies eine andere Stelle als diejenige ist, die die Bescheinigung ausstellt)

2.1.1. Name und Bezeichnung dieser Stelle:

2.1.2. Anschrift:

2.2. Datum (TT/MM/JJJJ), zu dem die öffentliche Urkunde durch die unter Ziffer 2.1 genannte Stelle errichtet wurde:

2.3. Nummer der öffentlichen Urkunde (falls zutreffend):

2.4. Datum (TT/MM/JJJJ), zu dem die öffentliche Urkunde in dem Ursprungsmitgliedstaat eingetragen wurde (nur auszufüllen, wenn das Datum der Eintragung für die Rechtswirkung der Urkunde maßgeblich ist und dieses Datum ein anderes als das unter Ziffer 2.2 angegebene Datum ist):

2.4.1. Nummer der Eintragung (falls zutreffend):

3. Gerichtlicher Vergleich

3.1. Gericht, das den gerichtlichen Vergleich gebilligt hat oder vor dem der gerichtliche Vergleich geschlossen wurde (wenn dies ein anderes Gericht als dasjenige ist, das die Bescheinigung ausstellt)

3.1.1. Bezeichnung des Gerichts:

3.1.2. Anschrift:

3.2. Datum (TT/MM/JJJJ) des gerichtlichen Vergleichs:

3.3. Aktenzeichen des gerichtlichen Vergleichs:

4. Parteien der öffentlichen Urkunde/des gerichtlichen Vergleichs:

4.1. Name(n) des/der Gläubiger(s) (Name, Vorname(n)/Name der Firma oder Organisation)[*2]:

4.1.1. Identifizierungsnummer (falls vorhanden und falls verfügbar):

4.1.2. Geburtsdatum (TT/MM/JJJJ) und Geburtsort oder, bei juristischen Personen, Datum der Gründung/Erlangung der Rechtsfähigkeit/Registrierung (falls relevant und falls verfügbar):

4.2. Name(n) des/der Schuldner(s) (Name, Vorname(n)/Name der Firma oder Organisation)[*3]:

4.2.1. Identifizierungsnummer (falls vorhanden und falls verfügbar):

4.2.2. Geburtsdatum (TT/MM/JJJJ) und Geburtsort oder, bei juristischen Personen, Datum der Gründung/Erlangung der Rechtsfähigkeit/Registrierung (falls relevant und falls verfügbar):

4.3. Ggf. Name der anderen Parteien (Name, Vorname(n)/Name der Firma oder Organisation)[*4]:

4.3.1. Identifizierungsnummer (falls vorhanden und falls verfügbar):

4.3.2. Geburtsdatum (TT/MM/JJJJ) und Geburtsort oder, bei juristischen Personen, Datum der Gründung/Erlangung der Rechtsfähigkeit/Registrierung (falls relevant und falls verfügbar):

5. Vollstreckbarkeit der öffentlichen Urkunde/des gerichtlichen Vergleichs im Ursprungsmitgliedstaat

5.1. Die öffentliche Urkunde/der gerichtliche Vergleich ist im Ursprungsmitgliedstaat vollstreckbar:

5.1.1. □ Ja

5.2. Inhalt der öffentlichen Urkunde/des gerichtlichen Vergleichs und Zinsen

5.2.1 Öffentliche Urkunde/gerichtlicher Vergleich über eine Geldforderung

5.2.1.1. Kurzdarstellung des Gegenstands:

5.2.1.2. Gemäß der öffentlichen Urkunde/dem gerichtlichen Vergleich muss:
.... (Name, Vorname(n)/Name der Firma oder Organisation)*[5]
eine Zahlung leisten an:
.... (Name, Vorname(n)/Name der Firma oder Organisation)

5.2.1.2.1. Wurde mehr als eine Person bezeichnet, die für den Anspruch haftet, kann jede der bezeichneten Personen für den gesamten Betrag in Anspruch genommen werden:

5.2.1.2.1.1. □ Ja

5.2.1.2.1.2. □ Nein

5.2.1.3. Währung:
□ Euro (EUR) □ bulgarischer Lew (BGN) □ tschechische Krone (CZK) □ dänische Krone (DKK) □ kroatische Kuna (HRK) □ ungarischer Forint (HUF) □ polnischer Zloty (PLN) □ Pfund Sterling (GBP) □ rumänischer Leu (RON) □ schwedische Krone (SEK) □ Sonstige (bitte angeben (ISO-Code)):

5.2.1.4. Hauptforderung:

5.2.1.4.1. □ Einmalzahlung

5.2.1.4.2. □ Ratenzahlung*[6]

Fälligkeit (TT/MM/JJJJ)	Betrag

5.2.1.4.3. □ Regelmäßige Zahlung

5.2.1.4.3.1. □ Täglich

5.2.1.4.3.2. □ Wöchentlich

5.2.1.4.3.3. □ Sonstige (bitte Häufigkeit angeben):

5.2.1.4.3.4. Ab (Datum (TT/MM/JJJJ) oder Ereignis):

5.2.1.4.3.5. Gegebenenfalls bis ....(Datum (TT/MM/JJJJ) oder Ereignis)

5.2.1.5. Zinsen (falls zutreffend)

5.2.1.5.1. Zinsen:

5.2.1.5.1.1. □ Nicht in der öffentlichen Urkunde/dem gerichtlichen Vergleich angegeben

5.2.1.5.1.2. □ Ja, in der öffentlichen Urkunde/dem gerichtlichen Vergleich folgendermaßen angegeben:

5.2.1.5.1.2.1. Betrag:
oder

5.2.1.5.1.2.2. Zinssatz … %

5.2.1.5.1.2.3. Zinsen sind fällig ab ……… (Datum (TT/MM/JJJJ) oder Ereignis) bis ……… (Datum (TT/MM/JJJJ) oder Ereignis)*[7]

5.2.1.5.2. □ Gesetzliche Zinsen (falls zutreffend), zu berechnen gemäß (bitte entsprechendes Gesetz angeben):

5.2.1.5.2.1. Zinsen sind fällig ab ……… (Datum (TT/MM/JJJJ) oder Ereignis) bis ……… (Datum (TT/MM/JJJJ) oder Ereignis)*[7]

5.2.1.5.3. □ Kapitalisierung der Zinsen (falls zutreffend, bitte angeben):

5.2.2. Öffentliche Urkunde/gerichtlicher Vergleich über eine nichtmonetäre vollstreckbare Verpflichtung:

5.2.2.1. Kurzdarstellung der vollstreckbaren Verpflichtung

5.2.2.2. Die unter Ziffer 5.2.2.1 genannte Verpflichtung ist vollstreckbar gegen die folgende (n) Person(en)*8 (Name, Vorname(n)/Name der Firma oder Organisation):

Geschehen zu: …

Stempel und/oder Unterschrift des Gerichts oder *zuständigen Behörde*[1)], welche die Bescheinigung ausstellt:

*1 **Amtl. Anm.:** Unzutreffendes in der gesamten Bescheinigung jeweils streichen.
*2 **Amtl. Anm.:** Bei mehreren Gläubigern sind die betreffenden Angaben für sämtliche Gläubiger einzutragen.
*3 **Amtl. Anm.:** Bei mehreren Schuldnern sind die betreffenden Angaben für sämtliche Schuldner einzutragen.
*4 **Amtl. Anm.:** Ggf. sind die betreffenden Angaben für sämtliche anderen Parteien einzutragen.
*5 **Amtl. Anm.:** Wurde mehr als eine Person angewiesen, eine Zahlung zu leisten, sind die betreffenden Angaben für sämtliche Personen einzutragen.
*6 **Amtl. Anm.:** Es sind die betreffenden Angaben für die einzelnen Ratenzahlungen einzutragen.
*7 **Amtl. Anm.:** Bei mehr als einem Zinszeitraum sind die betreffenden Angaben für sämtliche Zinszeiträume einzutragen.
*8 **Amtl. Anm.:** Bei mehr als einer Person sind die betreffenden Angaben für sämtliche Personen einzutragen.

Anhang III.
Entsprechungstabelle

Verordnung (EG) Nr. 44/2001	Diese Verordnung
Artikel 1 Absatz 1	Artikel 1 Absatz 1
Artikel 1 Absatz 2 Einleitung	Artikel 1 Absatz 2 Einleitung
Artikel 1 Absatz 2 Buchstabe a	Artikel 1 Absatz 2 Buchstaben a und f
Artikel 1 Absatz 2 Buchstaben b bis d	Artikel 1 Absatz 2 Buchstaben b bis d
–	Artikel 1 Absatz 2 Buchstabe e
Artikel 1 Absatz 3	–
–	Artikel 2
Artikel 2	Artikel 4
Artikel 3	Artikel 5
Artikel 4	Artikel 6
Artikel 5, einleitende Worte	Artikel 7, einleitende Worte
Artikel 5 Nummer 1	Artikel 7 Nummer 1
Artikel 5 Nummer 2	–
Artikel 5 Nummern 3 und 4	Artikel 7 Nummern 2 und 3
–	Artikel 7 Nummer 4
Artikel 5 Nummern 5 bis 7	Artikel 7 Nummern 5 bis 7
Artikel 6	Artikel 8
Artikel 7	Artikel 9
Artikel 8	Artikel 10
Artikel 9	Artikel 11

1) Richtig wohl: „der zuständigen Behörde“.

Verordnung (EG) Nr. 44/2001	Diese Verordnung
Artikel 10	Artikel 12
Artikel 11	Artikel 13
Artikel 12	Artikel 14
Artikel 13	Artikel 15
Artikel 14	Artikel 16
Artikel 15	Artikel 17
Artikel 16	Artikel 18
Artikel 17	Artikel 19
Artikel 18	Artikel 20
Artikel 19 Nummern 1 und 2	Artikel 21 Absatz 1
–	Artikel 21 Absatz 2
Artikel 20	Artikel 22
Artikel 21	Artikel 23
Artikel 22	Artikel 24
Artikel 23 Absätze 1 und 2	Artikel 25 Absätze 1 und 2
Artikel 23 Absatz 3	–
Artikel 23 Absätze 4und 5	Artikel 25 Absätze 3 und 4
–	Artikel 25 Absatz 5
Artikel 24	Artikel 26 Absatz 1
–	Artikel 26 Absatz 2
Artikel 25	Artikel 27
Artikel 26	Artikel 28
Artikel 27 Absatz 1	Artikel 29 Absatz 1
–	Artikel 29 Absatz 2
Artikel 27 Absatz 2	Artikel 29 Absatz 3
Artikel 28	Artikel 30
Artikel 29	Artikel 31 Absatz 1
–	Artikel 31 Absatz 2
–	Artikel 31 Absatz 3
–	Artikel 31 Absatz 4
Artikel 30	Artikel 32 Absatz 1 Buchstaben a und b
–	Artikel 32 Absatz 1 Unterabsatz 2
–	Artikel 32 Absatz 2
–	Artikel 33
–	Artikel 34
Artikel 31	Artikel 35
Artikel 32	Artikel 2 Buchstabe a
Artikel 33	Artikel 36
–	Artikel 37
–	Artikel 39
–	Artikel 40
–	Artikel 41
–	Artikel 42
–	Artikel 43
–	Artikel 44
Artikel 34	Artikel 45 Absatz 1 Buchstaben a bis d

Verordnung (EG) Nr. 44/2001	Diese Verordnung
Artikel 35 Absatz 1	Artikel 45 Absatz 1 Buchstabe e
Artikel 35 Absatz 2	Artikel 45 Absatz 2
Artikel 35 Absatz 3	Artikel 45 Absatz 3
	Artikel 45 Absatz 4
Artikel 36	Artikel 52
Artikel 37 Absatz 1	Artikel 38 Buchstabe a
Artikel 38	–
Artikel 39	–
Artikel 40	–
Artikel 41	–
Artikel 42	–
Artikel 43	–
Artikel 44	–
Artikel 45	–
Artikel 46	–
Artikel 47	–
Artikel 48	–
–	Artikel 46
–	Artikel 47
–	Artikel 48
–	Artikel 49
–	Artikel 50
–	Artikel 51
–	Artikel 54
Artikel 49	Artikel 55
Artikel 50	–
Artikel 51	Artikel 56
Artikel 52	–
Artikel 53	–
Artikel 54	Artikel 53
Artikel 55 Absatz 1	–
Artikel 55 Absatz 2	Artikel 37 Absatz 2, Artikel 47 Absatz 3 und Artikel 57
Artikel 56	Artikel 61
Artikel 57 Absatz 1	Artikel 58 Absatz 1
Artikel 57 Absatz 2	–
Artikel 57 Absatz 3	Artikel 58 Absatz 2
Artikel 57 Absatz 4	Artikel 60
Artikel 58	Artikel 59 und Artikel 60
Artikel 59	Artikel 62
Artikel 60	Artikel 63
Artikel 61	Artikel 64
Artikel 62	Artikel 3
Artikel 63	–
Artikel 64	–
Artikel 65	Artikel 65 Absätze 1 und 2

Verordnung (EG) Nr. 44/2001	Diese Verordnung
–	Artikel 65 Absatz 3
Artikel 66	Artikel 66
Artikel 67	Artikel 67
Artikel 68	Artikel 68
Artikel 69	Artikel 69
Artikel 70	Artikel 70
Artikel 71	Artikel 71
Artikel 72	Artikel 72
–	Artikel 73
Artikel 73	Artikel 79
Artikel 74 Absatz 1	Artikel 75 Absatz 1 Buchstaben a, b und c und Artikel 76 Absatz 1 Buchstabe a
Artikel 74 Absatz 2	Artikel 77
–	Artikel 78
–	Artikel 80
Artikel 75	–
Artikel 76	Artikel 81
Anhang I	Artikel 76 Absatz 1 Buchstabe a
Anhang II	Artikel 75 Buchstabe a
Anhang III	Artikel 75 Buchstabe b
Anhang IV	Artikel 75 Buchstabe c
Anhang V	Anhang I und Anhang II
Anhang VI	Anhang II
–	Anhang III

32. Gesetz zur Ausführung zwischenstaatlicher Verträge und zur Durchführung von Abkommen der Europäischen Union auf dem Gebiet der Anerkennung und Vollstreckung in Zivil- und Handelssachen (Anerkennungs- und Vollstreckungsausführungsgesetz – AVAG)

In der Fassung der Bekanntmachung vom 30. November 2015[1)]
(BGBl. I S. 2146)

FNA 319-101

geänd. durch Art. 1 G zur Durchführung des Haager Übereinkommens über die Anerkennung und Vollstreckung ausländischer Entscheidungen in Zivil- und Handelssachen sowie zur Änd. der ZPO, des BGB, des WohnungseigentumsG und des G zur Modernisierung des Strafverfahrens v. 7.11.2022 (BGBl. I S. 1982; 2023 I Nr. 216)

Inhaltsübersicht

[1)] Neufassung des AVAG idF der Bek. v. 3.12.2009 (BGBl. I S. 3830) in der ab 1.10.2015 geltenden Fassung.

Teil 1. Allgemeines

Abschnitt 1. Anwendungsbereich; Begriffsbestimmungen

§ 1 Anwendungsbereich. (1) Diesem Gesetz unterliegen

1. die Ausführung folgender zwischenstaatlicher Verträge (Anerkennungs- und Vollstreckungsverträge):
   a) Übereinkommen vom 27. September 1968 über die gerichtliche Zuständigkeit und die Vollstreckung gerichtlicher Entscheidungen in Zivil- und Handelssachen (BGBl. 1972 II S. 773);
   b) Übereinkommen vom 16. September 1988 über die gerichtliche Zuständigkeit und die Vollstreckung gerichtlicher Entscheidungen in Zivil- und Handelssachen (BGBl. 1994 II S. 2658);
   c) Vertrag vom 17. Juni 1977 zwischen der Bundesrepublik Deutschland und dem Königreich Norwegen über die gegenseitige Anerkennung und Vollstreckung gerichtlicher Entscheidungen und anderer Schuldtitel in Zivil- und Handelssachen (BGBl. 1981 II S. 341);
   d) Vertrag vom 20. Juli 1977 zwischen der Bundesrepublik Deutschland und dem Staat Israel über die gegenseitige Anerkennung und Vollstreckung gerichtlicher Entscheidungen in Zivil- und Handelssachen (BGBl. 1980 II S. 925);
   e) Vertrag vom 14. November 1983 zwischen der Bundesrepublik Deutschland und Spanien über die Anerkennung und Vollstreckung von gerichtlichen Entscheidungen und Vergleichen sowie vollstreckbaren öffentlichen Urkunden in Zivil- und Handelssachen (BGBl. 1987 II S. 34);
2. die Durchführung folgender Abkommen der Europäischen Union:
   a) Übereinkommen vom 30. Oktober 2007 über die gerichtliche Zuständigkeit und die Anerkennung und Vollstreckung von Entscheidungen in Zivil- und Handelssachen;
   b) Haager Übereinkommen vom 30. Juni 2005 über Gerichtsstandsvereinbarungen;
   c) Haager Übereinkommen vom 2. Juli 2019 über die Anerkennung und Vollstreckung ausländischer Entscheidungen in Zivil- und Handelssachen.

(2) [1] Abkommen nach Absatz 1 Nummer 2 werden als unmittelbar geltendes Recht der Europäischen Union durch die Durchführungsbestimmungen dieses Gesetzes nicht berührt. [2] Unberührt bleiben auch die Regelungen der Anerkennungs- und Vollstreckungsverträge; dies gilt insbesondere für die Regelungen über

1. den sachlichen Anwendungsbereich,
2. die Art der Entscheidungen und sonstigen Titel, die im Inland anerkannt oder zur Zwangsvollstreckung zugelassen werden können,
3. das Erfordernis der Rechtskraft der Entscheidungen,
4. die Art der Urkunden, die im Verfahren vorzulegen sind, und
5. die Gründe, die zur Versagung der Anerkennung oder Zulassung der Zwangsvollstreckung führen.

(3) Der Anwendungsbereich des Auslandsunterhaltsgesetzes vom 23. Mai 2011 (BGBl. I S. 898) bleibt unberührt.

§ 2 Begriffsbestimmungen. Im Sinne dieses Gesetzes ist

1. Mitgliedstaat jeder Mitgliedstaat der Europäischen Union,
2. Titel jede Entscheidung, jeder gerichtliche Vergleich und jede öffentliche Urkunde, auf die oder den der jeweils auszuführende Anerkennungs- und Vollstreckungsvertrag nach § 1 Absatz 1 Nummer 1 oder das jeweils durchzuführende Abkommen nach § 1 Absatz 1 Nummer 2 Anwendung findet, und
3. Vertragsstaat jeder Staat, mit dem die Bundesrepublik Deutschland einen Anerkennungs- und Vollstreckungsvertrag nach § 1 Absatz 1 Nummer 1 abgeschlossen hat.

Abschnitt 2. Zulassung der Zwangsvollstreckung aus ausländischen Titeln

§ 3 Zuständigkeit. (1) Für die Vollstreckbarerklärung von Titeln aus einem anderen Staat ist das Landgericht ausschließlich zuständig.

(2) [1] Örtlich zuständig ist ausschließlich das Gericht, in dessen Bezirk der Verpflichtete seinen Wohnsitz hat, oder, wenn er im Inland keinen Wohnsitz hat, das Gericht, in dessen Bezirk die Zwangsvollstreckung durchgeführt werden soll. [2] Der Sitz von Gesellschaften und juristischen Personen steht dem Wohnsitz gleich.

(3) Über den Antrag auf Erteilung der Vollstreckungsklausel entscheidet der Vorsitzende einer Zivilkammer.

§ 4 Antragstellung. (1) Der in einem anderen Staat vollstreckbare Titel wird dadurch zur Zwangsvollstreckung zugelassen, dass er auf Antrag mit der Vollstreckungsklausel versehen wird.

(2) Der Antrag auf Erteilung der Vollstreckungsklausel kann bei dem zuständigen Gericht schriftlich eingereicht oder mündlich zu Protokoll der Geschäftsstelle erklärt werden.

(3) Ist der Antrag entgegen § 184 des Gerichtsverfassungsgesetzes nicht in deutscher Sprache abgefasst, so kann das Gericht dem Antragsteller aufgeben, eine Übersetzung des Antrags beizubringen, deren Richtigkeit von einer

1. in einem Mitgliedstaat der Europäischen Union oder in einem anderen Vertragsstaat des Abkommens über den Europäischen Wirtschaftsraum oder
2. in einem Vertragsstaat des jeweils auszuführenden Anerkennungs- und Vollstreckungsvertrags

hierzu befugten Person bestätigt worden ist.

(4) Der Ausfertigung des Titels, der mit der Vollstreckungsklausel versehen werden soll, und seiner Übersetzung, soweit eine solche vorgelegt wird, sollen zwei Abschriften beigefügt werden.

§ 5 Zustellungsempfänger. (1) Hat die antragstellende Person in dem Antrag keinen Zustellungsbevollmächtigten im Sinn des § 184 Absatz 1 Satz 1 der Zivilprozessordnung benannt, so können bis zur nachträglichen Benennung alle Zustellungen an sie durch Aufgabe zur Post (§ 184 Absatz 1 Satz 2 und Absatz 2 der Zivilprozessordnung) bewirkt werden.

(2) Absatz 1 gilt nicht, wenn die antragstellende Person einen Verfahrensbevollmächtigten für das Verfahren bestellt hat, an den im Inland zugestellt werden kann.

§ 6 Verfahren. (1) Das Gericht entscheidet ohne Anhörung des Verpflichteten.

(2) [1]Die Entscheidung ergeht ohne mündliche Verhandlung. [2]Jedoch kann eine mündliche Erörterung mit dem Antragsteller oder seinem Bevollmächtigten stattfinden, wenn der Antragsteller oder der Bevollmächtigte hiermit einverstanden ist und die Erörterung der Beschleunigung dient.

(3) Im ersten Rechtszug ist die Vertretung durch einen Rechtsanwalt nicht erforderlich.

§ 7 Vollstreckbarkeit ausländischer Titel in Sonderfällen. (1) [1]Hängt die Zwangsvollstreckung nach dem Inhalt des Titels von einer dem Berechtigten obliegenden Sicherheitsleistung, dem Ablauf einer Frist oder dem Eintritt einer anderen Tatsache ab oder wird die Vollstreckungsklausel zugunsten eines anderen als des in dem Titel bezeichneten Berechtigten oder gegen einen anderen als den darin bezeichneten Verpflichteten beantragt, so ist die Frage, inwieweit die Zulassung der Zwangsvollstreckung von dem Nachweis besonderer Voraussetzungen abhängig oder ob der Titel für oder gegen den anderen vollstreckbar ist, nach dem Recht des Staates zu entscheiden, in dem der Titel errichtet ist. [2]Der Nachweis ist durch Urkunden zu führen, es sei denn, dass die Tatsachen bei dem Gericht offenkundig sind.

(2) [1]Kann der Nachweis durch Urkunden nicht geführt werden, so ist auf Antrag des Berechtigten der Verpflichtete zu hören. [2]In diesem Falle sind alle Beweismittel zulässig. [3]Das Gericht kann auch die mündliche Verhandlung anordnen.

§ 8 Entscheidung. (1) [1]Ist die Zwangsvollstreckung aus dem Titel zuzulassen, so beschließt das Gericht, dass der Titel mit der Vollstreckungsklausel zu versehen ist. [2]In dem Beschluss ist die zu vollstreckende Verpflichtung in deutscher Sprache wiederzugeben. [3]Zur Begründung des Beschlusses genügt in der Regel die Bezugnahme auf das durchzuführende Abkommen der Europäischen Union oder den auszuführenden Anerkennungs- und Vollstreckungsvertrag sowie auf von dem Antragsteller vorgelegte Urkunden. [4]Auf die Kosten des Verfahrens ist § 788 der Zivilprozessordnung entsprechend anzuwenden.

(2) [1]Ist der Antrag nicht zulässig oder nicht begründet, so lehnt ihn das Gericht durch mit Gründen versehenen Beschluss ab. [2]Die Kosten sind dem Antragsteller aufzuerlegen.

§ 9 Vollstreckungsklausel. (1) [1]Auf Grund des Beschlusses nach § 8 Absatz 1 erteilt der Urkundsbeamte der Geschäftsstelle die Vollstreckungsklausel in folgender Form:

„Vollstreckungsklausel nach § 4 des Anerkennungs- und Vollstreckungsausführungsgesetzes. Gemäß dem Beschluss des ……… (Bezeichnung des Gerichts und des Beschlusses) ist die Zwangsvollstreckung aus ……… (Bezeichnung des Titels) zugunsten ……… (Bezeichnung des Berechtigten) gegen ……… (Bezeichnung des Verpflichteten) zulässig.

Die zu vollstreckende Verpflichtung lautet:
.... (Angabe der dem Verpflichteten aus dem ausländischen Titel obliegenden Verpflichtung in deutscher Sprache; aus dem Beschluss nach § 8 Absatz 1 zu übernehmen).
Die Zwangsvollstreckung darf über Maßregeln zur Sicherung nicht hinausgehen, bis der Gläubiger eine gerichtliche Anordnung oder ein Zeugnis vorlegt, dass die Zwangsvollstreckung unbeschränkt stattfinden darf."
[2]Lautet der Titel auf Leistung von Geld, so ist der Vollstreckungsklausel folgender Zusatz anzufügen:
„Solange die Zwangsvollstreckung über Maßregeln zur Sicherung nicht hinausgehen darf, kann der Schuldner die Zwangsvollstreckung durch Leistung einer Sicherheit in Höhe von .... (Angabe des Betrages, wegen dessen der Berechtigte vollstrecken darf) abwenden."

(2) Wird die Zwangsvollstreckung nur für einen oder mehrere der durch die ausländische Entscheidung zuerkannten oder in einem anderen ausländischen Titel niedergelegten Ansprüche oder nur für einen Teil des Gegenstands der Verpflichtung zugelassen, so ist die Vollstreckungsklausel als „Teil-Vollstreckungsklausel nach § 4 des Anerkennungs- und Vollstreckungsausführungsgesetzes" zu bezeichnen.

(3) [1]Die Vollstreckungsklausel ist von dem Urkundsbeamten der Geschäftsstelle zu unterschreiben und mit dem Gerichtssiegel zu versehen. [2]Sie ist entweder auf die Ausfertigung des Titels oder auf ein damit zu verbindendes Blatt zu setzen. [3]Falls eine Übersetzung des Titels vorliegt, ist sie mit der Ausfertigung zu verbinden.

§ 10 Bekanntgabe der Entscheidung. (1) Im Falle des § 8 Absatz 1 sind dem Verpflichteten eine beglaubigte Abschrift des Beschlusses, eine beglaubigte Abschrift des mit der Vollstreckungsklausel versehenen Titels und gegebenenfalls seiner Übersetzung sowie der gemäß § 8 Absatz 1 Satz 3 in Bezug genommenen Urkunden von Amts wegen zuzustellen.

(2) [1]Muss die Zustellung an den Verpflichteten im Ausland oder durch öffentliche Bekanntmachung erfolgen und hält das Gericht die Beschwerdefrist nach § 11 Absatz 3 Satz 1 nicht für ausreichend, so bestimmt es in dem Beschluss nach § 8 Absatz 1 oder nachträglich durch besonderen Beschluss, der ohne mündliche Verhandlung ergeht, eine längere Beschwerdefrist. [2]Die Bestimmungen über den Beginn der Beschwerdefrist bleiben auch im Falle der nachträglichen Festsetzung unberührt.

(3) [1]Dem Antragsteller sind eine beglaubigte Abschrift des Beschlusses nach § 8, im Falle des § 8 Absatz 1 ferner die mit der Vollstreckungsklausel versehene Ausfertigung des Titels und eine Bescheinigung über die bewirkte Zustellung, zu übersenden. [2]In den Fällen des Absatzes 2 ist die festgesetzte Frist für die Einlegung der Beschwerde auf der Bescheinigung über die bewirkte Zustellung zu vermerken.

Abschnitt 3. Beschwerde, Vollstreckungsabwehrklage

§ 11 Einlegung der Beschwerde; Beschwerdefrist. (1) [1]Die Beschwerde gegen die im ersten Rechtszug ergangene Entscheidung über den Antrag auf Erteilung der Vollstreckungsklausel wird bei dem Beschwerdegericht durch Einreichen einer Beschwerdeschrift oder durch Erklärung zu Protokoll der

Geschäftsstelle eingelegt. [2]Beschwerdegericht ist das Oberlandesgericht. [3]Der Beschwerdeschrift soll die für ihre Zustellung erforderliche Zahl von Abschriften beigefügt werden.

(2) Die Zulässigkeit der Beschwerde wird nicht dadurch berührt, dass sie statt bei dem Beschwerdegericht bei dem Gericht des ersten Rechtszuges eingelegt wird; die Beschwerde ist unverzüglich von Amts wegen an das Beschwerdegericht abzugeben.

(3) [1]Die Beschwerde des Verpflichteten gegen die Zulassung der Zwangsvollstreckung ist innerhalb eines Monats, im Falle des § 10 Absatz 2 Satz 1 innerhalb der nach dieser Vorschrift bestimmten längeren Frist einzulegen. [2]Die Beschwerdefrist beginnt mit der Zustellung nach § 10 Absatz 1. [3]Sie ist eine Notfrist.

(4) Die Beschwerde ist dem Beschwerdegegner von Amts wegen zuzustellen.

§ 12 Einwendungen gegen den zu vollstreckenden Anspruch im Beschwerdeverfahren. (1) Der Verpflichtete kann mit der Beschwerde, die sich gegen die Zulassung der Zwangsvollstreckung aus einer Entscheidung richtet, auch Einwendungen gegen den Anspruch selbst insoweit geltend machen, als die Gründe, auf denen sie beruhen, erst nach dem Erlass der Entscheidung entstanden sind.

(2) Mit der Beschwerde, die sich gegen die Zulassung der Zwangsvollstreckung aus einem gerichtlichen Vergleich oder einer öffentlichen Urkunde richtet, kann der Verpflichtete die Einwendungen gegen den Anspruch selbst ungeachtet der in Absatz 1 enthaltenen Beschränkung geltend machen.

§ 13 Verfahren und Entscheidung über die Beschwerde. (1) [1]Das Beschwerdegericht entscheidet durch Beschluss, der mit Gründen zu versehen ist und ohne mündliche Verhandlung ergehen kann. [2]Der Beschwerdegegner ist vor der Entscheidung zu hören.

(2) [1]Solange eine mündliche Verhandlung nicht angeordnet ist, können zu Protokoll der Geschäftsstelle Anträge gestellt und Erklärungen abgegeben werden. [2]Wird die mündliche Verhandlung angeordnet, so gilt für die Ladung § 215 der Zivilprozessordnung.

(3) Eine vollständige Ausfertigung des Beschlusses ist dem Berechtigten und dem Verpflichteten auch dann von Amts wegen zuzustellen, wenn der Beschluss verkündet worden ist.

(4) [1]Soweit nach dem Beschluss des Beschwerdegerichts die Zwangsvollstreckung aus dem Titel erstmals zuzulassen ist, erteilt der Urkundsbeamte der Geschäftsstelle des Beschwerdegerichts die Vollstreckungsklausel. [2]§ 8 Absatz 1 Satz 2 und 4, §§ 9 und 10 Absatz 1 und 3 Satz 1 sind entsprechend anzuwenden. [3]Ein Zusatz, dass die Zwangsvollstreckung über Maßregeln zur Sicherung nicht hinausgehen darf, ist nur aufzunehmen, wenn das Beschwerdegericht eine Anordnung nach diesem Gesetz (§ 22 Absatz 2, § 40 Absatz 1 Nummer 1 oder § 45 Absatz 1 Nummer 1) erlassen hat. [4]Der Inhalt des Zusatzes bestimmt sich nach dem Inhalt der Anordnung.

§ 14 Vollstreckungsabwehrklage. (1) Ist die Zwangsvollstreckung aus einem Titel zugelassen, so kann der Verpflichtete Einwendungen gegen den Anspruch selbst in einem Verfahren nach § 767 der Zivilprozessordnung nur geltend machen, wenn die Gründe, auf denen seine Einwendungen beruhen, erst

1. nach Ablauf der Frist, innerhalb deren er die Beschwerde hätte einlegen können, oder
2. falls die Beschwerde eingelegt worden ist, nach Beendigung dieses Verfahrens

entstanden sind.

(2) [1]Die Klage nach § 767 der Zivilprozessordnung ist bei dem Gericht zu erheben, das über den Antrag auf Erteilung der Vollstreckungsklausel entschieden hat. [2]Soweit die Klage einen Unterhaltstitel zum Gegenstand hat, ist das Familiengericht zuständig; für die örtliche Zuständigkeit gelten die Vorschriften des Gesetzes über das Verfahren in Familiensachen und in den Angelegenheiten der freiwilligen Gerichtsbarkeit für Unterhaltssachen.

Abschnitt 4. Rechtsbeschwerde

§ 15 Statthaftigkeit und Frist. (1) Gegen den Beschluss des Beschwerdegerichts findet die Rechtsbeschwerde nach Maßgabe des § 574 Absatz 1 Nummer 1, Absatz 2 der Zivilprozessordnung statt.

(2) Die Rechtsbeschwerde ist innerhalb eines Monats einzulegen.

(3) Die Rechtsbeschwerdefrist ist eine Notfrist und beginnt mit der Zustellung des Beschlusses (§ 13 Absatz 3).

§ 16 Einlegung und Begründung. (1) Die Rechtsbeschwerde wird durch Einreichen der Beschwerdeschrift bei dem Bundesgerichtshof eingelegt.

(2) [1]Die Rechtsbeschwerde ist zu begründen. [2]§ 575 Absatz 2 bis 4 der Zivilprozessordnung ist entsprechend anzuwenden. [3]Soweit die Rechtsbeschwerde darauf gestützt wird, dass das Beschwerdegericht von einer Entscheidung des Gerichtshofs der Europäischen Union abgewichen sei, muss die Entscheidung, von der der angefochtene Beschluss abweicht, bezeichnet werden.

(3) Mit der Beschwerdeschrift soll eine Ausfertigung oder beglaubigte Abschrift des Beschlusses, gegen den sich die Rechtsbeschwerde richtet, vorgelegt werden.

§ 17 Verfahren und Entscheidung. (1) [1]Der Bundesgerichtshof kann nur überprüfen, ob der Beschluss auf einer Verletzung des Rechts der Europäischen Union, eines Anerkennungs- und Vollstreckungsvertrags, sonstigen Bundesrechts oder einer anderen Vorschrift beruht, deren Geltungsbereich sich über den Bezirk eines Oberlandesgerichts hinaus erstreckt. [2]Er darf nicht prüfen, ob das Gericht seine örtliche Zuständigkeit zu Unrecht angenommen hat.

(2) [1]Der Bundesgerichtshof kann über die Rechtsbeschwerde ohne mündliche Verhandlung entscheiden. [2]Auf das Verfahren über die Rechtsbeschwerde sind § 574 Absatz 4, § 576 Absatz 3 und § 577 der Zivilprozessordnung entsprechend anzuwenden.

(3) [1]Soweit die Zwangsvollstreckung aus dem Titel erstmals durch den Bundesgerichtshof zugelassen wird, erteilt der Urkundsbeamte der Geschäftsstelle dieses Gerichts die Vollstreckungsklausel. [2]§ 8 Absatz 1 Satz 2 und 4, §§ 9 und 10 Absatz 1 und 3 Satz 1 gelten entsprechend. [3]Ein Zusatz über die Beschränkung der Zwangsvollstreckung entfällt.

Abschnitt 5. Beschränkung der Zwangsvollstreckung auf Sicherungsmaßregeln und unbeschränkte Fortsetzung der Zwangsvollstreckung

§ 18 Beschränkung kraft Gesetzes. Die Zwangsvollstreckung ist auf Sicherungsmaßregeln beschränkt, solange die Frist zur Einlegung der Beschwerde noch läuft und solange über die Beschwerde noch nicht entschieden ist.

§ 19 Prüfung der Beschränkung. Einwendungen des Verpflichteten, dass bei der Zwangsvollstreckung die Beschränkung auf Sicherungsmaßregeln nach dem auszuführenden Anerkennungs- und Vollstreckungsvertrag, nach § 18 dieses Gesetzes oder auf Grund einer auf diesem Gesetz beruhenden Anordnung (§ 22 Absatz 2, §§ 40, 45) nicht eingehalten werde, oder Einwendungen des Berechtigten, dass eine bestimmte Maßnahme der Zwangsvollstreckung mit dieser Beschränkung vereinbar sei, sind im Wege der Erinnerung nach § 766 der Zivilprozessordnung bei dem Vollstreckungsgericht (§ 764 der Zivilprozessordnung) geltend zu machen.

§ 20 Sicherheitsleistung durch den Verpflichteten. (1) Solange die Zwangsvollstreckung aus einem Titel, der auf Leistung von Geld lautet, nicht über Maßregeln der Sicherung hinausgehen darf, ist der Verpflichtete befugt, die Zwangsvollstreckung durch Leistung einer Sicherheit in Höhe des Betrages abzuwenden, wegen dessen der Berechtigte vollstrecken darf.

(2) Die Zwangsvollstreckung ist einzustellen und bereits getroffene Vollstreckungsmaßregeln sind aufzuheben, wenn der Verpflichtete durch eine öffentliche Urkunde die zur Abwendung der Zwangsvollstreckung erforderliche Sicherheitsleistung nachweist.

§ 21 Versteigerung beweglicher Sachen. Ist eine bewegliche Sache gepfändet und darf die Zwangsvollstreckung nicht über Maßregeln zur Sicherung hinausgehen, so kann das Vollstreckungsgericht auf Antrag anordnen, dass die Sache versteigert und der Erlös hinterlegt werde, wenn sie der Gefahr einer beträchtlichen Wertminderung ausgesetzt ist oder wenn ihre Aufbewahrung unverhältnismäßige Kosten verursachen würde.

§ 22 Unbeschränkte Fortsetzung der Zwangsvollstreckung; besondere gerichtliche Anordnungen. (1) Weist das Beschwerdegericht die Beschwerde des Verpflichteten gegen die Zulassung der Zwangsvollstreckung zurück oder lässt es auf die Beschwerde des Berechtigten die Zwangsvollstreckung aus dem Titel zu, so kann die Zwangsvollstreckung über Maßregeln zur Sicherung hinaus fortgesetzt werden.

(2) [1] Auf Antrag des Verpflichteten kann das Beschwerdegericht anordnen, dass bis zum Ablauf der Frist zur Einlegung der Rechtsbeschwerde (§ 15) oder bis zur Entscheidung über diese Beschwerde die Zwangsvollstreckung nicht oder nur gegen Sicherheitsleistung über Maßregeln zur Sicherung hinausgehen darf. [2] Die Anordnung darf nur erlassen werden, wenn glaubhaft gemacht wird, dass die weitergehende Vollstreckung dem Verpflichteten einen nicht zu ersetzenden Nachteil bringen würde. [3] § 713 der Zivilprozessordnung ist entsprechend anzuwenden.

(3) [1] Wird Rechtsbeschwerde eingelegt, so kann der Bundesgerichtshof auf Antrag des Verpflichteten eine Anordnung nach Absatz 2 erlassen. [2] Der Bun-

desgerichtshof kann auf Antrag des Berechtigten eine nach Absatz 2 erlassene Anordnung des Beschwerdegerichts abändern oder aufheben.

§ 23 Unbeschränkte Fortsetzung der durch das Gericht des ersten Rechtszuges zugelassenen Zwangsvollstreckung. (1) Die Zwangsvollstreckung aus dem Titel, den der Urkundsbeamte der Geschäftsstelle des Gerichts des ersten Rechtszuges mit der Vollstreckungsklausel versehen hat, ist auf Antrag des Berechtigten über Maßregeln zur Sicherung hinaus fortzusetzen, wenn das Zeugnis des Urkundsbeamten der Geschäftsstelle dieses Gerichts vorgelegt wird, dass die Zwangsvollstreckung unbeschränkt stattfinden darf.

(2) Das Zeugnis ist dem Berechtigten auf seinen Antrag zu erteilen,

1. wenn der Verpflichtete bis zum Ablauf der Beschwerdefrist keine Beschwerdeschrift eingereicht hat,
2. wenn das Beschwerdegericht die Beschwerde des Verpflichteten zurückgewiesen und keine Anordnung nach § 22 Absatz 2 erlassen hat,
3. wenn der Bundesgerichtshof die Anordnung des Beschwerdegerichts nach § 22 Absatz 2 aufgehoben hat (§ 22 Absatz 3 Satz 2) oder
4. wenn der Bundesgerichtshof den Titel zur Zwangsvollstreckung zugelassen hat.

(3) Aus dem Titel darf die Zwangsvollstreckung, selbst wenn sie auf Maßregeln der Sicherung beschränkt ist, nicht mehr stattfinden, sobald ein Beschluss des Beschwerdegerichts, dass der Titel zur Zwangsvollstreckung nicht zugelassen werde, verkündet oder zugestellt ist.

§ 24 Unbeschränkte Fortsetzung der durch das Beschwerdegericht zugelassenen Zwangsvollstreckung. (1) Die Zwangsvollstreckung aus dem Titel, zu dem der Urkundsbeamte der Geschäftsstelle des Beschwerdegerichts die Vollstreckungsklausel mit dem Zusatz erteilt hat, dass die Zwangsvollstreckung auf Grund der Anordnung des Gerichts nicht über Maßregeln zur Sicherung hinausgehen darf (§ 13 Absatz 4 Satz 3), ist auf Antrag des Berechtigten über Maßregeln zur Sicherung hinaus fortzusetzen, wenn das Zeugnis des Urkundsbeamten der Geschäftsstelle dieses Gerichts vorgelegt wird, dass die Zwangsvollstreckung unbeschränkt stattfinden darf.

(2) Das Zeugnis ist dem Berechtigten auf seinen Antrag zu erteilen,

1. wenn der Verpflichtete bis zum Ablauf der Frist zur Einlegung der Rechtsbeschwerde (§ 15 Absatz 2) keine Beschwerdeschrift eingereicht hat,
2. wenn der Bundesgerichtshof die Anordnung des Beschwerdegerichts nach § 22 Absatz 2 aufgehoben hat (§ 22 Absatz 3 Satz 2) oder
3. wenn der Bundesgerichtshof die Rechtsbeschwerde des Verpflichteten zurückgewiesen hat.

Abschnitt 6. Feststellung der Anerkennung einer ausländischen Entscheidung

§ 25 Verfahren und Entscheidung in der Hauptsache. (1) Auf das Verfahren, das die Feststellung zum Gegenstand hat, ob eine Entscheidung aus einem anderen Staat anzuerkennen ist, sind die §§ 3 bis 6, 8 Absatz 2, die §§ 10 bis 12, § 13 Absatz 1 bis 3, die §§ 15 und 16 sowie § 17 Absatz 1 und 2 entsprechend anzuwenden.

(2) Ist der Antrag auf Feststellung begründet, so beschließt das Gericht, dass die Entscheidung anzuerkennen ist.

§ 26 Kostenentscheidung. [1] In den Fällen des § 25 Absatz 2 sind die Kosten dem Antragsgegner aufzuerlegen. [2] Dieser kann die Beschwerde (§ 11) auf die Entscheidung über den Kostenpunkt beschränken. [3] In diesem Falle sind die Kosten dem Antragsteller aufzuerlegen, wenn der Antragsgegner nicht durch sein Verhalten zu dem Antrag auf Feststellung Veranlassung gegeben hat.

Abschnitt 7. Aufhebung oder Änderung der Beschlüsse über die Zulassung der Zwangsvollstreckung oder die Anerkennung

§ 27 Verfahren nach Aufhebung oder Änderung des für vollstreckbar erklärten ausländischen Titels im Ursprungsstaat. (1) Wird der Titel in dem Staat, in dem er errichtet worden ist, aufgehoben oder geändert und kann der Verpflichtete diese Tatsache in dem Verfahren der Zulassung der Zwangsvollstreckung nicht mehr geltend machen, so kann er die Aufhebung oder Änderung der Zulassung in einem besonderen Verfahren beantragen.

(2) Für die Entscheidung über den Antrag ist das Gericht ausschließlich zuständig, das im ersten Rechtszug über den Antrag auf Erteilung der Vollstreckungsklausel entschieden hat.

(3) [1] Der Antrag kann bei dem Gericht schriftlich oder durch Erklärung zu Protokoll der Geschäftsstelle gestellt werden. [2] Über den Antrag kann ohne mündliche Verhandlung entschieden werden. [3] Vor der Entscheidung, die durch Beschluss ergeht, ist der Berechtigte zu hören. [4] § 13 Absatz 2 und 3 gilt entsprechend.

(4) [1] Der Beschluss unterliegt der Beschwerde nach den §§ 567 bis 577 der Zivilprozessordnung. [2] Die Notfrist für die Einlegung der sofortigen Beschwerde beträgt einen Monat.

(5) [1] Für die Einstellung der Zwangsvollstreckung und die Aufhebung bereits getroffener Vollstreckungsmaßregeln sind die §§ 769 und 770 der Zivilprozessordnung entsprechend anzuwenden. [2] Die Aufhebung einer Vollstreckungsmaßregel ist auch ohne Sicherheitsleistung zulässig.

§ 28 Schadensersatz wegen ungerechtfertigter Vollstreckung. (1) [1] Wird die Zulassung der Zwangsvollstreckung auf die Beschwerde (§ 11) oder die Rechtsbeschwerde (§ 15) aufgehoben oder abgeändert, so ist der Berechtigte zum Ersatz des Schadens verpflichtet, der dem Verpflichteten durch die Vollstreckung des Titels oder durch eine Leistung zur Abwendung der Vollstreckung entstanden ist. [2] Das Gleiche gilt, wenn die Zulassung der Zwangsvollstreckung nach § 27 aufgehoben oder abgeändert wird, sofern die zur Zwangsvollstreckung zugelassene Entscheidung zum Zeitpunkt der Zulassung nach dem Recht des Staats, in dem sie ergangen ist, noch mit einem ordentlichen Rechtsmittel angefochten werden konnte.

(2) Für die Geltendmachung des Anspruchs ist das Gericht ausschließlich zuständig, das im ersten Rechtszug über den Antrag, den Titel mit der Vollstreckungsklausel zu versehen, entschieden hat.

§ 29 Aufhebung oder Änderung ausländischer Entscheidungen, deren Anerkennung festgestellt ist. Wird die Entscheidung in dem Staat, in dem sie ergangen ist, aufgehoben oder abgeändert und kann die davon begünstigte

Partei diese Tatsache nicht mehr in dem Verfahren über den Antrag auf Feststellung der Anerkennung (§ 25) geltend machen, so ist § 27 Absatz 1 bis 4 entsprechend anzuwenden.

Abschnitt 8. Vorschriften für Entscheidungen deutscher Gerichte und für das Mahnverfahren

§ 30 Vervollständigung inländischer Entscheidungen zur Verwendung im Ausland. (1) [1] Will eine Partei ein Versäumnis- oder Anerkenntnisurteil, das nach § 313b der Zivilprozessordnung in verkürzter Form abgefasst worden ist, in einem anderen Vertrags- oder Mitgliedstaat geltend machen, so ist das Urteil auf ihren Antrag zu vervollständigen. [2] Der Antrag kann bei dem Gericht schriftlich oder durch Erklärung zu Protokoll der Geschäftsstelle gestellt werden. [3] Über den Antrag wird ohne mündliche Verhandlung entschieden.

(2) Zur Vervollständigung des Urteils sind der Tatbestand und die Entscheidungsgründe nachträglich abzufassen, von den Richtern besonders zu unterschreiben und der Geschäftsstelle zu übergeben; der Tatbestand und die Entscheidungsgründe können auch von Richtern unterschrieben werden, die bei dem Urteil nicht mitgewirkt haben.

(3) [1] Für die Berichtigung des nachträglich abgefassten Tatbestands gilt § 320 der Zivilprozessordnung entsprechend. [2] Jedoch können bei der Entscheidung über einen Antrag auf Berichtigung auch solche Richter mitwirken, die bei dem Urteil oder der nachträglichen Anfertigung des Tatbestands nicht mitgewirkt haben.

(4) Die vorstehenden Absätze gelten entsprechend für die Vervollständigung von Arrestbefehlen, einstweiligen Anordnungen und einstweiligen Verfügungen, die in einem anderen Vertrags- oder Mitgliedstaat geltend gemacht werden sollen und nicht mit einer Begründung versehen sind.

§ 31 Vollstreckungsklausel zur Verwendung im Ausland. Vollstreckungsbescheide, Arrestbefehle und einstweilige Verfügungen oder einstweilige Anordnungen, deren Zwangsvollstreckung in einem anderen Vertrags- oder Mitgliedstaat betrieben werden soll, sind auch dann mit der Vollstreckungsklausel zu versehen, wenn dies für eine Zwangsvollstreckung im Inland nach § 796 Absatz 1, § 929 Absatz 1 und § 936 der Zivilprozessordnung oder nach § 53 Absatz 1 und § 119 des Gesetzes über das Verfahren in Familiensachen und in den Angelegenheiten der freiwilligen Gerichtsbarkeit nicht erforderlich wäre.

§ 32 Mahnverfahren mit Zustellung im Ausland. (1) [1] Das Mahnverfahren findet auch statt, wenn die Zustellung des Mahnbescheids in einem anderen Vertrags- oder Mitgliedstaat erfolgen muss. [2] In diesem Falle kann der Anspruch auch die Zahlung einer bestimmten Geldsumme in ausländischer Währung zum Gegenstand haben.

(2) Macht der Antragsteller geltend, dass das Gericht auf Grund einer Gerichtsstandsvereinbarung zuständig sei, so hat er dem Mahnantrag die erforderlichen Schriftstücke über die Vereinbarung beizufügen.

(3) Die Widerspruchsfrist (§ 692 Absatz 1 Nummer 3 der Zivilprozessordnung) beträgt einen Monat.

Abschnitt 9. Verhältnis zu besonderen Anerkennungsverfahren; Konzentrationsermächtigung

§ 33 (weggefallen)

§ 34 Konzentrationsermächtigung. (1) [1]Die Landesregierungen werden für die Durchführung dieses Gesetzes ermächtigt, durch Rechtsverordnung die Entscheidung über Anträge auf Erteilung der Vollstreckungsklausel zu ausländischen Titeln in Zivil- und Handelssachen, über Anträge auf Aufhebung oder Abänderung dieser Vollstreckungsklausel und über Anträge auf Feststellung der Anerkennung einer ausländischen Entscheidung für die Bezirke mehrerer Landgerichte einem von ihnen zuzuweisen, sofern dies der sachlichen Förderung oder schnelleren Erledigung der Verfahren dient. [2]Von der Ermächtigung kann für jeden der in § 1 Absatz 1 Nummer 1 Buchstabe a und b genannten Anerkennungs- und Vollstreckungsverträge und für jedes der in § 1 Absatz 1 Nummer 2 genannten Abkommen der Europäischen Union einzeln Gebrauch gemacht werden.

(2) Die Landesregierungen können die Ermächtigung durch Rechtsverordnung auf die Landesjustizverwaltungen übertragen.

Teil 2. Besonderes

Abschnitt 1. Übereinkommen über die gerichtliche Zuständigkeit und die Vollstreckung gerichtlicher Entscheidungen in Zivil- und Handelssachen vom 27. September 1968 und vom 16. September 1988

§ 35 Sonderregelungen über die Beschwerdefrist. [1]Die Frist für die Beschwerde des Verpflichteten gegen die Entscheidung über die Zulassung der Zwangsvollstreckung beträgt zwei Monate und beginnt von dem Tage an zu laufen, an dem die Entscheidung dem Verpflichteten entweder in Person oder in seiner Wohnung zugestellt worden ist, wenn der Verpflichtete seinen Wohnsitz oder seinen Sitz in einem anderen Vertragsstaat dieser Übereinkommen hat. [2]Eine Verlängerung dieser Frist wegen weiter Entfernung ist ausgeschlossen. [3]§ 10 Absatz 2 und 3 Satz 2 sowie § 11 Absatz 3 Satz 1 und 2 finden in diesen Fällen keine Anwendung.

§ 36 Aussetzung des Beschwerdeverfahrens. (1) [1]Das Oberlandesgericht kann auf Antrag des Verpflichteten seine Entscheidung über die Beschwerde gegen die Zulassung der Zwangsvollstreckung aussetzen, wenn gegen die Entscheidung im Ursprungsstaat ein ordentliches Rechtsmittel eingelegt oder die Frist hierfür noch nicht verstrichen ist; im letzteren Falle kann das Oberlandesgericht eine Frist bestimmen, innerhalb deren das Rechtsmittel einzulegen ist. [2]Das Gericht kann die Zwangsvollstreckung auch von einer Sicherheitsleistung abhängig machen.

(2) Absatz 1 ist im Verfahren auf Feststellung der Anerkennung einer Entscheidung (§§ 25 und 26) entsprechend anzuwenden.

Abschnitt 2. (weggefallen)

§§ 37–39 (weggefallen)

Abschnitt 3. Vertrag vom 17. Juni 1977 zwischen der Bundesrepublik Deutschland und dem Königreich Norwegen über die gegenseitige Anerkennung und Vollstreckung gerichtlicher Entscheidungen und anderer Schuldtitel in Zivil- und Handelssachen

§ 40 Abweichungen von § 22. (1) Weist das Oberlandesgericht die Beschwerde des Verpflichteten gegen die Zulassung der Zwangsvollstreckung zurück oder lässt es auf die Beschwerde des Berechtigten die Zwangsvollstreckung aus dem Titel zu, so entscheidet es abweichend von § 22 Absatz 1 zugleich darüber, ob die Zwangsvollstreckung über Maßregeln zur Sicherung hinaus fortgesetzt werden kann:

1. Ist bei einer auf eine bestimmte Geldsumme lautenden Entscheidung der Nachweis, dass die Entscheidung rechtskräftig ist, nicht geführt, so ordnet das Oberlandesgericht an, dass die Vollstreckung erst nach Vorlage einer norwegischen Rechtskraftbescheinigung nebst Übersetzung (Artikel 14 Absatz 1 Nummer 2 und 6 und Absatz 2 des Vertrags) unbeschränkt stattfinden kann.
2. Ist der Nachweis, dass die Entscheidung rechtskräftig ist, geführt oder ist der Titel ein gerichtlicher Vergleich, so ordnet das Oberlandesgericht an, dass die Zwangsvollstreckung unbeschränkt stattfinden darf.

(2) § 22 Absatz 2 und 3 bleibt unberührt.

§ 41 Abweichungen von § 23. (1) Die Zwangsvollstreckung aus dem Titel, den der Urkundsbeamte der Geschäftsstelle des Landgerichts mit der Vollstreckungsklausel versehen hat, ist auf Antrag des Berechtigten auch dann über Maßregeln zur Sicherung hinaus fortzusetzen (§ 23 Absatz 1), wenn eine gerichtliche Anordnung nach § 40 Absatz 1 Nummer 1 oder § 22 Absatz 2 und 3 vorgelegt wird und die darin bestimmten Voraussetzungen erfüllt sind.

(2) [1] Ein Zeugnis gemäß § 23 Absatz 1 ist dem Berechtigten auf seinen Antrag abweichend von § 23 Absatz 2 Nummer 1 nur zu erteilen, wenn der Verpflichtete bis zum Ablauf der Beschwerdefrist keine Beschwerdeschrift eingereicht hat und wenn

1. der Berechtigte bei einer auf eine bestimmte Geldsumme lautenden Entscheidung nachweist, dass die Entscheidung rechtskräftig ist (Artikel 14 Absatz 1 Nummer 2 und 6 und Absatz 2 des Vertrags),
2. die Entscheidung nicht auf eine bestimmte Geldsumme lautet oder
3. der Titel ein gerichtlicher Vergleich ist.

[2] § 23 Absatz 2 Nummer 2 bis 4 findet keine Anwendung.

(3) § 23 Absatz 3 bleibt unberührt.

§ 42 Abweichungen von § 24. [1] Die Zwangsvollstreckung aus dem Titel, zu dem der Urkundsbeamte der Geschäftsstelle des Oberlandesgerichts die Vollstreckungsklausel erteilt hat, ist abweichend von § 24 Absatz 1 auf Antrag des Berechtigten nur im Rahmen einer gerichtlichen Anordnung nach § 40 oder § 22 Absatz 2 und 3 fortzusetzen. [2] Eines besonderen Zeugnisses des Urkundsbeamten der Geschäftsstelle bedarf es nicht.

§ 43 Folgeregelungen für das Rechtsbeschwerdeverfahren. (1) Auf das Verfahren über die Rechtsbeschwerde sind neben den in § 17 Absatz 2 Satz 2 aufgeführten Vorschriften auch die §§ 40 und 42 sinngemäß anzuwenden.

(2) [1]Hat der Bundesgerichtshof eine Anordnung nach Absatz 1 in Verbindung mit § 40 Absatz 1 Nummer 1 erlassen, so ist in Abweichung von § 17 Absatz 3 Satz 3 ein Zusatz aufzunehmen, dass die Zwangsvollstreckung über Maßregeln zur Sicherung nicht hinausgehen darf. [2]Der Inhalt des Zusatzes bestimmt sich nach dem Inhalt der Anordnung.

§ 44 Weitere Sonderregelungen. (1) Hat der Verpflichtete keinen Wohnsitz im Inland, so ist für die Vollstreckbarerklärung von Entscheidungen und gerichtlichen Vergleichen auch das Landgericht örtlich zuständig, in dessen Bezirk der Verpflichtete Vermögen hat.

(2) Ist die Entscheidung auf die Leistung einer bestimmten Geldsumme gerichtet, so bedarf es für die Zulassung zur Zwangsvollstreckung nicht des Nachweises, dass die Entscheidung rechtskräftig ist (Artikel 10 Absatz 2 und Artikel 17 Absatz 1 Satz 2 des Vertrags).

(3) [1]Auf das Verfahren über die Beschwerde des Verpflichteten gegen die Zulassung der Zwangsvollstreckung findet § 12 Absatz 2 keine Anwendung. [2]§ 12 Absatz 1 gilt für die Beschwerde, die sich gegen die Zulassung der Zwangsvollstreckung aus einem gerichtlichen Vergleich richtet, sinngemäß.

(4) Die Vorschriften über die Feststellung der Anerkennung einer Entscheidung (§§ 25 und 26) und über die Aufhebung oder Änderung dieser Feststellung (§ 29 in Verbindung mit § 27) finden keine Anwendung.

Abschnitt 4. Vertrag vom 20. Juli 1977 zwischen der Bundesrepublik Deutschland und dem Staat Israel über die gegenseitige Anerkennung und Vollstreckung gerichtlicher Entscheidungen in Zivil- und Handelssachen

§ 45 Abweichungen von § 22. (1) Weist das Oberlandesgericht die Beschwerde des Verpflichteten gegen die Zulassung der Zwangsvollstreckung zurück oder lässt es auf die Beschwerde des Berechtigten die Zwangsvollstreckung aus dem Titel zu, so entscheidet es abweichend von § 22 Absatz 1 zugleich darüber, ob die Zwangsvollstreckung über Maßregeln zur Sicherung hinaus fortgesetzt werden kann:

1. Ist der Nachweis, dass die Entscheidung rechtskräftig ist, nicht geführt, so ordnet das Oberlandesgericht an, dass die Vollstreckung erst nach Vorlage einer israelischen Rechtskraftbescheinigung nebst Übersetzung (Artikel 15 Absatz 1 Nummer 2 und 7 des Vertrags) unbeschränkt stattfinden darf.
2. Ist der Nachweis, dass die Entscheidung rechtskräftig ist, erbracht oder hat die Entscheidung eine Unterhaltspflicht zum Gegenstand oder ist der Titel ein gerichtlicher Vergleich, so ordnet das Oberlandesgericht an, dass die Zwangsvollstreckung unbeschränkt stattfinden darf.

(2) § 22 Absatz 2 und 3 bleibt unberührt.

§ 46 Abweichungen von § 23. (1) Die Zwangsvollstreckung aus dem Titel, den der Urkundsbeamte der Geschäftsstelle des Landgerichts mit der Vollstreckungsklausel versehen hat, ist auf Antrag des Berechtigten auch dann über Maßregeln zur Sicherung hinaus fortzusetzen (§ 23 Absatz 1), wenn eine gerichtliche Anordnung nach § 45 Absatz 1 Nummer 1 oder § 22 Absatz 2 und 3 vorgelegt wird und die darin bestimmten Voraussetzungen erfüllt sind.

(2) [1] Ein Zeugnis gemäß § 23 Absatz 1 ist dem Berechtigten auf seinen Antrag abweichend von § 23 Absatz 2 Nummer 1 nur zu erteilen, wenn der Verpflichtete bis zum Ablauf der Beschwerdefrist keine Beschwerdeschrift eingereicht hat und wenn

1. der Berechtigte den Nachweis führt, dass die Entscheidung rechtskräftig ist (Artikel 21 des Vertrags),
2. die Entscheidung eine Unterhaltspflicht zum Gegenstand hat (Artikel 20 des Vertrags) oder
3. der Titel ein gerichtlicher Vergleich ist.

[2] § 23 Absatz 2 Nummer 2 bis 4 findet keine Anwendung.

(3) § 23 Absatz 3 bleibt unberührt.

§ 47 Abweichungen von § 24. [1] Die Zwangsvollstreckung aus dem Titel, zu dem der Urkundsbeamte der Geschäftsstelle des Oberlandesgerichts die Vollstreckungsklausel erteilt hat, ist abweichend von § 24 Absatz 1 auf Antrag des Berechtigten nur im Rahmen einer gerichtlichen Anordnung nach § 45 oder § 22 Absatz 2 und 3 fortzusetzen. [2] Eines besonderen Zeugnisses des Urkundsbeamten der Geschäftsstelle bedarf es nicht.

§ 48 Folgeregelungen für das Rechtsbeschwerdeverfahren. (1) Auf das Verfahren über die Rechtsbeschwerde sind neben den in § 17 Absatz 2 Satz 2 aufgeführten Vorschriften auch die §§ 45 und 47 sinngemäß anzuwenden.

(2) [1] Hat der Bundesgerichtshof eine Anordnung nach Absatz 1 in Verbindung mit § 45 Absatz 1 Nummer 1 erlassen, so ist in Abweichung von § 17 Absatz 3 Satz 3 ein Zusatz aufzunehmen, dass die Zwangsvollstreckung über Maßregeln zur Sicherung nicht hinausgehen darf. [2] Der Inhalt des Zusatzes bestimmt sich nach dem Inhalt der Anordnung.

§ 49 Weitere Sonderregelungen. (1) Hat der Verpflichtete keinen Wohnsitz im Inland, so ist für die Vollstreckbarerklärung von Entscheidungen und gerichtlichen Vergleichen auch das Landgericht örtlich zuständig, in dessen Bezirk der Verpflichtete Vermögen hat.

(2) [1] Auf das Verfahren über die Beschwerde des Verpflichteten gegen die Zulassung der Zwangsvollstreckung findet § 12 Absatz 2 keine Anwendung. [2] § 12 Absatz 1 gilt für die Beschwerde, die sich gegen die Zulassung der Zwangsvollstreckung aus einem gerichtlichen Vergleich richtet, sinngemäß.

Abschnitt 5. (weggefallen)

§§ 50–54 (weggefallen)

Abschnitt 6. Übereinkommen vom 30. Oktober 2007 über die gerichtliche Zuständigkeit und die Anerkennung und Vollstreckung von Entscheidungen in Zivil- und Handelssachen

§ 55 Abweichungen von Vorschriften des Allgemeinen Teils; ergänzende Regelungen. (1) Die §§ 3, 6 Absatz 1, § 7 Absatz 1 Satz 2 und Absatz 2, § 10 Absatz 2 und 3 Satz 2, § 11 Absatz 1 Satz 2 und Absatz 3 Satz 1 und 2 sowie die §§ 12, 14 und 18 finden keine Anwendung.

(2) [1]Die Beschwerde gegen die Zulassung der Zwangsvollstreckung ist einzulegen

1. innerhalb eines Monats nach Zustellung, wenn der Verpflichtete seinen Wohnsitz im Inland hat;
2. innerhalb von zwei Monaten nach Zustellung, wenn der Verpflichtete seinen Wohnsitz im Ausland hat.

[2]Die Frist beginnt mit dem Tag, an dem die Vollstreckbarerklärung dem Verpflichteten entweder persönlich oder in seiner Wohnung zugestellt worden ist. [3]Eine Verlängerung dieser Frist wegen weiter Entfernung ist ausgeschlossen.

(3) [1]In einem Verfahren, das die Vollstreckbarerklärung einer notariellen Urkunde zum Gegenstand hat, kann diese Urkunde auch von einem Notar für vollstreckbar erklärt werden. [2]Die Vorschriften für das Verfahren der Vollstreckbarerklärung durch ein Gericht gelten sinngemäß.

§ 56 Sonderregelungen für die Vollstreckungsabwehrklage. (1) [1]Ist die Zwangsvollstreckung aus einem Titel zugelassen, so kann der Verpflichtete Einwendungen gegen den Anspruch selbst in einem Verfahren nach § 767 der Zivilprozessordnung oder, wenn der Titel eine Unterhaltssache betrifft, in einem Verfahren nach § 120 Absatz 1 des Gesetzes über das Verfahren in Familiensachen und in den Angelegenheiten der freiwilligen Gerichtsbarkeit in Verbindung mit § 767 der Zivilprozessordnung geltend machen. [2]Handelt es sich bei dem Titel um eine gerichtliche Entscheidung, so gilt dies nur, soweit die Gründe, auf denen die Einwendungen beruhen, erst nach dem Erlass der Entscheidung entstanden sind.

(2) [1]Die Klage nach § 767 der Zivilprozessordnung und der Antrag nach § 120 Absatz 1 des Gesetzes über das Verfahren in Familiensachen und in den Angelegenheiten der freiwilligen Gerichtsbarkeit in Verbindung mit § 767 der Zivilprozessordnung sind bei dem Gericht zu erheben, das über den Antrag auf Erteilung der Vollstreckungsklausel entschieden hat. [2]Soweit der Antrag einen Unterhaltstitel zum Gegenstand hat, ist das Familiengericht zuständig; für die örtliche Zuständigkeit gelten die Vorschriften des Gesetzes über das Verfahren in Familiensachen und in den Angelegenheiten der freiwilligen Gerichtsbarkeit für Unterhaltssachen.

§ 57 Bescheinigungen zu inländischen Titeln. [1]Die Bescheinigungen nach den Artikeln 54, 57 und 58 des Übereinkommens vom 30. Oktober 2007 über die gerichtliche Zuständigkeit und die Anerkennung und Vollstreckung von Entscheidungen in Zivil- und Handelssachen werden von dem Gericht, der Behörde oder der mit öffentlichem Glauben versehenen Person ausgestellt, der die Erteilung einer vollstreckbaren Ausfertigung des Titels obliegt. [2]Soweit danach die Gerichte für die Ausstellung der Bescheinigung zuständig sind, wird diese von dem Gericht des ersten Rechtszuges und, wenn das Verfahren bei einem höheren Gericht anhängig ist, von diesem Gericht ausgestellt. [3]Funktionell zuständig ist die Stelle, der die Erteilung einer vollstreckbaren Ausfertigung des Titels obliegt. [4]Für die Anfechtbarkeit der Entscheidung über die Ausstellung der Bescheinigung gelten die Vorschriften über die Anfechtbarkeit der Entscheidung über die Erteilung der Vollstreckungsklausel sinngemäß.

Abschnitt 7. Haager Übereinkommen vom 30. Juni 2005 über Gerichtsstandsvereinbarungen

§ 58 Bescheinigungen zu inländischen Titeln. (1) Bescheinigungen nach Artikel 13 Absatz 1 Buchstabe e und Absatz 3 des Haager Übereinkommens vom 30. Juni 2005 über Gerichtsstandsvereinbarungen werden von dem Gericht ausgestellt, dem die Erteilung einer vollstreckbaren Ausfertigung des Titels obliegt.

(2) [1] Die Entscheidung über die Ausstellung einer Bescheinigung nach Artikel 13 Absatz 1 Buchstabe e oder Absatz 3 des Haager Übereinkommens vom 30. Juni 2005 über Gerichtsstandsvereinbarungen ist anfechtbar. [2] Hierfür gelten die Vorschriften über die Anfechtbarkeit der Entscheidung über die Erteilung der Vollstreckungsklausel sinngemäß.

Abschnitt 8. Haager Übereinkommen vom 2. Juli 2019 über die Anerkennung und Vollstreckung ausländischer Entscheidungen in Zivil- und Handelssachen

§ 59 Bescheinigungen zu inländischen Titeln. (1) Bescheinigungen nach Artikel 12 Absatz 1 Buchstabe d und Absatz 3 des Haager Übereinkommens vom 2. Juli 2019 über die Anerkennung und Vollstreckung ausländischer Entscheidungen in Zivil- und Handelssachen werden von dem Gericht ausgestellt, dem die Erteilung einer vollstreckbaren Ausfertigung des Titels obliegt.

(2) [1] Die Entscheidung über die Ausstellung der Bescheinigung nach Artikel 12 Absatz 1 Buchstabe d oder Absatz 3 des Haager Übereinkommens vom 2. Juli 2019 über die Anerkennung und Vollstreckung ausländischer Entscheidungen in Zivil- und Handelssachen ist anfechtbar. [2] Hierfür gelten die Vorschriften über die Anfechtbarkeit der Entscheidung über die Erteilung der Vollstreckungsklausel sinngemäß.

VII. Währungsunion

33. Protokoll über die Satzung des Europäischen Systems der Zentralbanken und der Europäischen Zentralbank[1)]

Vom 7. Februar 1992

(ABl. C 191 S. 68)

Celex-Nr. 1 1992 M/PRO/SEBC/00

zuletzt geänd. durch Art. 1 Abs. 4 Buchst. b, Abs. 5 Buchst. a, Abs. 6 Buchst. a, Abs. 8 Buchst. b, Abs. 11 Protokoll Nr. 1 zum Vertrag von Lissabon v. 13.12.2007 (ABl. C 306 S. 165, ber. 2008 C 111 S. 56 und 2009 C 290 S. 1)

Nichtamtliche Inhaltsübersicht

[1)] Die Verweise/Bezugnahmen auf Vorschriften des EUV (Nr. **1**) und/oder AEUV (Nr. **2**) sind bereits gemäß Art. 5 des Vertrags von Lissabon iVm der Übereinstimmungstabelle (Nr. **1a** und **2a**) an die neue Nummerierung angepasst worden; die Artikelfolge des Protokoll ist gemäß Art. 2 Abs. 1 des Protokolls Nr. 1 zum Vertrag von Lissabon iVm der Übereinstimmungstabelle im Anhang zum Protokoll Nr. 1 an die neue Nummerierung angepasst worden.

DIE HOHEN VERTRAGSPARTEIEN –

IN DEM WUNSCH, die in Artikel 129 Absatz 2 des Vertrages über die Arbeitsweise der Europäischen Union[1)] vorgesehene Satzung des Europäischen Systems der Zentralbanken und der Europäischen Zentralbank festzulegen,

SIND über folgende Bestimmungen ÜBEREINGEKOMMEN, die dem Vertrag über die Europäische Union[2)] und dem Vertrag über die Arbeitsweise der Europäischen Union[1)] beigefügt sind:

Kapitel I. Das Europäische System der Zentralbanken

Art. 1 Das Europäische System der Zentralbanken. *[1]* [1]Die Europäische Zentralbank (EZB) und die nationalen Zentralbanken bilden nach Artikel 282 Absatz 1 des Vertrags über die Arbeitsweise der Europäischen Union[1)] das Europäische System der Zentralbanken (ESZB). [2]Die EZB und die nationalen Zentralbanken der Mitgliedstaaten, deren Währung der Euro ist, bilden das Eurosystem.

[2] Das ESZB und die EZB nehmen ihre Aufgaben und ihre Tätigkeit nach Maßgabe der Verträge und dieser Satzung wahr.

---

1) Nr. **2**.
2) Nr. **1**.

Kapitel II. Ziele und Aufgaben des ESZB

Art. 2 Ziele. [1] Nach Artikel 127 Absatz 1 und Artikel 282 Absatz 2 des Vertrags über die Arbeitsweise der Europäischen Union[1)] ist es das vorrangige Ziel des ESZB, die Preisstabilität zu gewährleisten. [2] Soweit dies ohne Beeinträchtigung des Zieles der Preisstabilität möglich ist, unterstützt das ESZB die allgemeine Wirtschaftspolitik in der Union, um zur Verwirklichung der in Artikel 3 des Vertrags über die Europäische Union[2)] festgelegten Ziele der Union beizutragen. [3] Das ESZB handelt im Einklang mit dem Grundsatz einer offenen Marktwirtschaft mit freiem Wettbewerb, wodurch ein effizienter Einsatz der Ressourcen gefördert wird, und hält sich dabei an die in Artikel 119 des Vertrags über die Arbeitsweise der Europäischen Union genannten Grundsätze.

Art. 3 Aufgaben. 3.1. Nach Artikel 127 Absatz 2 des Vertrags über die Arbeitsweise der Europäischen Union[1)] bestehen die grundlegenden Aufgaben des ESZB darin,
- die Geldpolitik der Union festzulegen und auszuführen,
- Devisengeschäfte im Einklang mit Artikel 219 des genannten Vertrags durchzuführen,
- die offiziellen Währungsreserven der Mitgliedstaaten zu halten und zu verwalten,
- das reibungslose Funktionieren der Zahlungssysteme zu fördern.

3.2. Nach Artikel 127 Absatz 3 des genannten Vertrags berührt Artikel 3.1 dritter Gedankenstrich nicht die Haltung und Verwaltung von Arbeitsguthaben in Fremdwährungen durch die Regierungen der Mitgliedstaaten.

3.3. Das ESZB trägt nach Artikel 127 Absatz 5 des genannten Vertrags zur reibungslosen Durchführung der von den zuständigen Behörden auf dem Gebiet der Aufsicht über die Kreditinstitute und der Stabilität des Finanzsystems ergriffenen Maßnahmen bei.

Art. 4 Beratende Funktionen. Nach Artikel 127 Absatz 4 des Vertrags über die Arbeitsweise der Europäischen Union[1)]

a) wird die EZB gehört
   - zu allen Vorschlägen für Rechtsakte der Union im Zuständigkeitsbereich der EZB;
   - von den nationalen Behörden zu allen Entwürfen für Rechtsvorschriften im Zuständigkeitsbereich der EZB, und zwar innerhalb der Grenzen und unter den Bedingungen, die der Rat nach dem Verfahren des Artikels 41 festlegt;

b) kann die EZB gegenüber den Organen, Einrichtungen oder sonstigen Stellen der Union und gegenüber den nationalen Behörden Stellungnahmen zu in ihren Zuständigkeitsbereich fallenden Fragen abgeben.

[1)] Nr. **2**.
[2)] Nr. **1**.

Art. 5 Erhebung von statistischen Daten. 5.1. [1]Zur Wahrnehmung der Aufgaben des ESZB holt die EZB mit Unterstützung der nationalen Zentralbanken die erforderlichen statistischen Daten entweder von den zuständigen nationalen Behörden oder unmittelbar von den Wirtschaftssubjekten ein. [2]Zu diesem Zweck arbeitet sie mit den Organen, Einrichtungen oder sonstigen Stellen der Union und den zuständigen Behörden der Mitgliedstaaten oder dritter Länder sowie mit internationalen Organisationen zusammen.

5.2. Die in Artikel 5.1 bezeichneten Aufgaben werden soweit wie möglich von den nationalen Zentralbanken ausgeführt.

5.3. Soweit erforderlich, fördert die EZB die Harmonisierung der Bestimmungen und Gepflogenheiten auf dem Gebiet der Erhebung, Zusammenstellung und Weitergabe von statistischen Daten in den in ihre Zuständigkeit fallenden Bereichen.

5.4. Der Kreis der berichtspflichtigen natürlichen und juristischen Personen, die Bestimmungen über die Vertraulichkeit sowie die geeigneten Vorkehrungen zu ihrer Durchsetzung werden vom Rat nach dem Verfahren des Artikel 41 festgelegt.

Art. 6 Internationale Zusammenarbeit. 6.1. Im Bereich der internationalen Zusammenarbeit, die die dem ESZB übertragenen Aufgaben betrifft, beschließt die EZB, wie das ESZB vertreten wird.

6.2. Die EZB und, soweit diese zustimmt, die nationalen Zentralbanken sind befugt, sich an internationalen Währungseinrichtungen zu beteiligen.

6.3. Die Artikel 6.1 und 6.2 finden unbeschadet des Artikels 138 des Vertrags über die Arbeitsweise der Europäischen Union[1)] Anwendung.

Kapitel III. Organisation des ESZB

Art. 7 Unabhängigkeit. [1]Nach Artikel 130 des Vertrags über die Arbeitsweise der Europäischen Union[1)] darf bei der Wahrnehmung der ihnen durch die Verträge und diese Satzung übertragenen Befugnisse, Aufgaben und Pflichten weder die EZB noch eine nationale Zentralbank noch ein Mitglied ihrer Beschlußorgane Weisungen von Organen, Einrichtungen oder sonstigen Stellen der Union, Regierungen der Mitgliedstaaten oder anderen Stellen einholen oder entgegennehmen. [2]Die Organe, Einrichtungen oder sonstigen Stellen der Union sowie die Regierungen der Mitgliedstaaten verpflichten sich, diesen Grundsatz zu beachten und nicht zu versuchen, die Mitglieder der Beschlußorgane der EZB oder der nationalen Zentralbanken bei der Wahrnehmung ihrer Aufgaben zu beeinflussen.

Art. 8 Allgemeiner Grundsatz. Das ESZB wird von den Beschlußorganen der EZB geleitet.

Art. 9 Die Europäische Zentralbank. 9.1. Die EZB, die nach Artikel 282 Absatz 3 *dieses Vertrags*[2)] mit Rechtspersönlichkeit ausgestattet ist, besitzt in

[1)] Nr. **2**.

[2)] Berichtigung vmtl. fehlerhaft: es ist der Vertrag über die Arbeitsweise der Europäischen Union (Nr. **2**) gemeint.

jedem Mitgliedstaat die weitestgehende Rechts- und Geschäftsfähigkeit, die juristischen Personen nach dessen Rechtsvorschriften zuerkannt ist; sie kann insbesondere bewegliches und unbewegliches Vermögen erwerben und veräußern sowie vor Gericht stehen.

9.2. Die EZB stellt sicher, daß die dem ESZB nach Artikel 127 Absätze 2, 3 und 5 des genannten Vertrags übertragenen Aufgaben entweder durch ihre eigene Tätigkeit nach Maßgabe dieser Satzung oder durch die nationalen Zentralbanken nach den Artikeln 12.1 und 14 erfüllt werden.

9.3. Die Beschlußorgane der EZB sind nach Artikel 129 Absatz 3 des genannten Vertrags der EZB-Rat und das Direktorium.

Art. 10 Der EZB-Rat. 10.1. Nach Artikel 283 Absatz 1 des Vertrags über die Arbeitsweise der Europäischen Union[1] besteht der EZB-Rat aus den Mitgliedern des Direktoriums der EZB und den Präsidenten der nationalen Zentralbanken der Mitgliedstaaten, deren Währung der Euro ist.

10.2. *[1]* [1]Jedes Mitglied des EZB-Rates hat eine Stimme. [2]Ab dem Zeitpunkt, zu dem die Anzahl der Mitglieder des EZB-Rates 21 übersteigt, hat jedes Mitglied des Direktoriums eine Stimme und beträgt die Anzahl der stimmberechtigten Präsidenten der nationalen Zentralbanken 15. [3]Die Verteilung und Rotation dieser Stimmrechte erfolgt wie im Folgenden dargelegt:

- Ab dem Zeitpunkt, zu dem die Anzahl der Präsidenten der nationalen Zentralbanken 15 übersteigt, und bis zu dem Zeitpunkt, zu dem diese 22 beträgt, werden die Präsidenten der nationalen Zentralbanken aufgrund der Position des Mitgliedstaats ihrer jeweiligen nationalen Zentralbank, die sich aus der Größe des Anteils des Mitgliedstaats ihrer jeweiligen nationalen Zentralbank am aggregierten Bruttoinlandsprodukt zu Marktpreisen und an der gesamten aggregierten Bilanz der monetären Finanzinstitute der Mitgliedstaaten, deren Währung der Euro ist, ergibt, in zwei Gruppen eingeteilt. Die Gewichtung der Anteile am aggregierten Bruttoinlandsprodukt zu Marktpreisen und an der gesamten aggregierten Bilanz der monetären Finanzinstitute beträgt $\frac{5}{6}$ bzw. $\frac{1}{6}$. Die erste Gruppe besteht aus fünf Präsidenten der nationalen Zentralbanken und die zweite Gruppe aus den übrigen Präsidenten der nationalen Zentralbanken. Die Präsidenten der nationalen Zentralbanken, die in die erste Gruppe eingeteilt werden, sind nicht weniger häufig stimmberechtigt als die Präsidenten der nationalen Zentralbanken der zweiten Gruppe. Vorbehaltlich des vorstehenden Satzes werden der ersten Gruppe vier Stimmrechte und der zweiten Gruppe elf Stimmrechte zugeteilt.
- Ab dem Zeitpunkt, zu dem die Anzahl der Präsidenten der nationalen Zentralbanken 22 beträgt, werden die Präsidenten der nationalen Zentralbanken nach Maßgabe der sich aufgrund der oben genannten Kriterien ergebenden Position in drei Gruppen eingeteilt. Die erste Gruppe, der vier Stimmrechte zugeteilt werden, besteht aus fünf Präsidenten der nationalen Zentralbanken. Die zweite Gruppe, der acht Stimmrechte zugeteilt werden, besteht aus der Hälfte aller Präsidenten der nationalen Zentralbanken, wobei jeder Bruchteil auf die nächste ganze Zahl aufgerundet wird. Die dritte Gruppe, der drei Stimmrechte zugeteilt werden, besteht aus den übrigen Präsidenten der nationalen Zentralbanken.

---

[1] Nr. **2**.

– Innerhalb jeder Gruppe sind die Präsidenten der nationalen Zentralbanken für gleich lange Zeiträume stimmberechtigt.
– Artikel 29.2 gilt für die Berechnung der Anteile am aggregierten Bruttoinlandsprodukt zu Marktpreisen. Die gesamte aggregierte Bilanz der monetären Finanzinstitute wird gemäß dem zum Zeitpunkt der Berechnung in der Europäischen Union geltenden statistischen Berichtsrahmen berechnet.
– Bei jeder Anpassung des aggregierten Bruttoinlandsprodukts zu Marktpreisen gemäß Artikel 29.3 oder bei jeder Erhöhung der Anzahl der Präsidenten der nationalen Zentralbanken wird die Größe und/oder die Zusammensetzung der Gruppen nach den oben genannten Grundsätzen angepasst.
– Der EZB-Rat trifft mit einer Mehrheit von zwei Dritteln seiner stimmberechtigten und nicht stimmberechtigten Mitglieder alle zur Durchführung der oben genannten Grundsätze erforderlichen Maßnahmen und kann beschließen, den Beginn des Rotationssystems bis zu dem Zeitpunkt zu verschieben, zu dem die Anzahl der Präsidenten der nationalen Zentralbanken 18 übersteigt.

[2] [1]Das Stimmrecht wird persönlich ausgeübt. [2]Abweichend von dieser Bestimmung kann in der in Artikel 12.3 genannten Geschäftsordnung vorgesehen werden, dass Mitglieder des EZB-Rates im Wege einer Telekonferenz an der Abstimmung teilnehmen können. [3]In der Geschäftsordnung wird ferner vorgesehen, dass ein für längere Zeit an der Teilnahme an Sitzungen des EZB-Rates verhindertes Mitglied einen Stellvertreter als Mitglied des EZB-Rates benennen kann.

[3] Die Stimmrechte aller stimmberechtigten und nicht stimmberechtigten Mitglieder des EZB-Rates gemäß den Artikeln 10.3, 40.2 und 40.3 bleiben von den Bestimmungen der vorstehenden Absätze unberührt.

[4] [1]Soweit in dieser Satzung nichts anderes bestimmt ist, beschließt der EZB-Rat mit einfacher Mehrheit seiner stimmberechtigten Mitglieder. [2]Bei Stimmengleichheit gibt die Stimme des Präsidenten den Ausschlag.

[5] [1]Der EZB-Rat ist beschlussfähig, wenn mindestens zwei Drittel seiner stimmberechtigten Mitglieder an der Abstimmung teilnehmen. [2]Ist der EZB-Rat nicht beschlussfähig, so kann der Präsident eine außerordentliche Sitzung einberufen, bei der für die Beschlussfähigkeit die Mindestteilnahmequote nicht erforderlich ist.

10.3. [1]Für alle Beschlüsse im Rahmen der Artikel 28, 29, 30, 32 und 33 werden die Stimmen im EZB-Rat nach den Anteilen der nationalen Zentralbank am gezeichneten Kapital der EZB gewogen. [2]Die Stimmen der Mitglieder des Direktoriums werden mit Null gewogen. [3]Ein Beschluß, der die qualifizierte Mehrheit der Stimmen erfordert, gilt als angenommen, wenn die abgegebenen Ja-Stimmen mindestens zwei Drittel des gezeichneten Kapitals der EZB und mindestens die Hälfte der Anteilseigner vertreten. [4]Bei Verhinderung eines Präsidenten einer nationalen Zentralbank kann dieser einen Stellvertreter zur Abgabe seiner gewogenen Stimme benennen.

10.4. [1]Die Aussprachen in den Ratssitzungen sind vertraulich. [2]Der EZB-Rat kann beschließen, das Ergebnis seiner Beratungen zu veröffentlichen.

10.5. Der EZB-Rat tritt mindestens zehnmal im Jahr zusammen.

Art. 11 Das Direktorium. 11.1. [1] Nach Artikel 283 Absatz 2 Buchstabe a des Vertrags über die Arbeitsweise der Europäischen Union[1)] besteht das Direktorium aus dem Präsidenten, dem Vizepräsidenten und vier weiteren Mitgliedern. [2] Die Mitglieder erfüllen ihre Pflichten hauptamtlich. [3] Ein Mitglied darf weder entgeltlich noch unentgeltlich einer anderen Beschäftigung nachgehen, es sei denn, der EZB-Rat erteilt hierzu ausnahmsweise seine Zustimmung.

11.2. *[1]* Nach Artikel 283 Absatz 2 Buchstabe b des genannten Vertrags werden der Präsident, der Vizepräsident und die weiteren Mitglieder des Direktoriums vom Europäischen Rat auf Empfehlung des Rates, der hierzu das Europäische Parlament und den EZB-Rat anhört, aus dem Kreis der in Währungs- oder Bankfragen anerkannten und erfahrenen Persönlichkeiten mit qualifizierter Mehrheit ernannt.

[2] Ihre Amtszeit beträgt acht Jahre; Wiederernennung ist nicht zulässig.

[3] Nur Staatsangehörige der Mitgliedstaaten können Mitglieder des Direktoriums sein.

11.3. [1] Die Beschäftigungsbedingungen für die Mitglieder des Direktoriums, insbesondere ihre Gehälter und Ruhegehälter sowie andere Leistungen der sozialen Sicherheit, sind Gegenstand von Verträgen mit der EZB und werden vom EZB-Rat auf Vorschlag eines Ausschusses festgelegt, der aus drei vom EZB-Rat und drei vom Rat ernannten Mitgliedern besteht. [2] Die Mitglieder des Direktoriums haben in den in diesem Absatz bezeichneten Angelegenheiten kein Stimmrecht.

11.4. Ein Mitglied des Direktoriums, das die Voraussetzungen für die Ausübung seines Amtes nicht mehr erfüllt oder eine schwere Verfehlung begangen hat, kann auf Antrag des EZB-Rates oder des Direktoriums durch den Gerichtshof seines Amtes enthoben werden.

11.5. [1] Jedes persönlich anwesende Mitglied des Direktoriums ist berechtigt, an Abstimmungen teilzunehmen, und hat zu diesem Zweck eine Stimme. [2] Soweit nichts anderes bestimmt ist, beschließt das Direktorium mit der einfachen Mehrheit der abgegebenen Stimmen. [3] Bei Stimmengleichheit gibt die Stimme des Präsidenten den Ausschlag. [4] Die Abstimmungsmodalitäten werden in der in Artikel 12.3 bezeichneten Geschäftsordnung geregelt.

11.6. Das Direktorium führt die laufenden Geschäfte der EZB.

11.7. Freiwerdende Sitze im Direktorium sind durch Ernennung eines neuen Mitglieds nach Artikel 11.2 zu besetzen.

Art. 12 Aufgaben der Beschlußorgane. 12.1. *[1]* [1] Der EZB-Rat erläßt die Leitlinien und Beschlüsse, die notwendig sind, um die Erfüllung der dem ESZB nach den Verträgen und dieser Satzung übertragenen Aufgaben zu gewährleisten. [2] Der EZB-Rat legt die Geldpolitik der Union fest, gegebenenfalls einschließlich von Beschlüssen in Bezug auf geldpolitische Zwischenziele, Leitzinssätze und die Bereitstellung von Zentralbankgeld im ESZB, und erläßt die für ihre Ausführung notwendigen Leitlinien.

[2] [1] Das Direktorium führt die Geldpolitik gemäß den Leitlinien und Beschlüssen des EZB-Rates aus. [2] Es erteilt hierzu den nationalen Zentralbanken

---

[1)] Nr. **2**.

die erforderlichen Weisungen. [3] Ferner können dem Direktorium durch Beschluß des EZB-Rates bestimmte Befugnisse übertragen werden.

[3] Unbeschadet dieses Artikels nimmt die EZB die nationalen Zentralbanken zur Durchführung von Geschäften, die zu den Aufgaben des ESZB gehören, in Anspruch, soweit dies möglich und sachgerecht erscheint.

12.2. Die Vorbereitung der Sitzungen des EZB-Rates obliegt dem Direktorium.

12.3. Der EZB-Rat beschließt eine Geschäftsordnung, die die interne Organisation der EZB und ihrer Beschlußorgane regelt.

12.4. Der EZB-Rat nimmt die in Artikel 4 genannten beratenden Funktionen wahr.

12.5. Der EZB-Rat trifft die Beschlüsse nach Artikel 6.

Art. 13 Der Präsident. 13.1. Den Vorsitz im EZB-Rat und im Direktorium der EZB führt der Präsident oder, bei seiner Verhinderung, der Vizepräsident.

13.2. Unbeschadet des Artikels 38 vertritt der Präsident oder eine von ihm benannte Person die EZB nach außen.

Art. 14 Nationale Zentralbanken. 14.1. Nach Artikel 131 des Vertrags über die Arbeitsweise der Europäischen Union[1)] stellt jeder Mitgliedstaat sicher, daß seine innerstaatlichen Rechtsvorschriften einschließlich der Satzung seiner Zentralbank mit den Verträgen und dieser Satzung im Einklang stehen.

14.2. *[1]* In den Satzungen der nationalen Zentralbanken ist insbesondere vorzusehen, daß die Amtszeit des Präsidenten der jeweiligen nationalen Zentralbank mindestens fünf Jahre beträgt.

[2] [1] Der Präsident einer nationalen Zentralbank kann aus seinem Amt nur entlassen werden, wenn er die Voraussetzungen für die Ausübung seines Amtes nicht mehr erfüllt oder eine schwere Verfehlung begangen hat. [2] Gegen einen entsprechenden Beschluss kann der betreffende Präsident einer nationalen Zentralbank oder der EZB-Rat wegen Verletzung der Verträge oder einer bei ihrer Durchführung anzuwendenden Rechtsnorm den Gerichtshof anrufen. [3] Solche Klagen sind binnen zwei Monaten zu erheben; diese Frist läuft je nach Lage des Falles von der Bekanntgabe des betreffenden Beschlusses, ihrer Mitteilung an den Kläger oder in Ermangelung dessen von dem Zeitpunkt an, zu dem der Kläger von diesem Beschluss Kenntnis erlangt hat.

14.3. [1] Die nationalen Zentralbanken sind integraler Bestandteil des ESZB und handeln gemäß den Leitlinien und Weisungen der EZB. [2] Der EZB-Rat trifft die notwendigen Maßnahmen, um die Einhaltung der Leitlinien und Weisungen der EZB sicherzustellen, und kann verlangen, daß ihm hierzu alle erforderlichen Informationen zur Verfügung gestellt werden.

14.4. [1] Die nationalen Zentralbanken können andere als die in dieser Satzung bezeichneten Aufgaben wahrnehmen, es sei denn, der EZB-Rat stellt mit Zweidrittelmehrheit der abgegebenen Stimmen fest, daß diese Aufgaben nicht mit den Zielen und Aufgaben des ESZB vereinbar sind. [2] Derartige Aufgaben werden von den nationalen Zentralbanken in eigener Verantwortung und auf eigene Rechnung wahrgenommen und gelten nicht als Aufgaben des ESZB.

[1)] Nr. 2.

Art. 15 Berichtspflichten. 15.1. Die EZB erstellt und veröffentlicht mindestens vierteljährlich Berichte über die Tätigkeit des ESZB.

15.2. Ein konsolidierter Ausweis des ESZB wird wöchentlich veröffentlicht.

15.3. Nach Artikel 284 Absatz 3 des Vertrags über die Arbeitsweise der Europäischen Union[1)] unterbreitet die EZB dem Europäischen Parlament, dem Rat und der Kommission sowie auch dem Europäischen Rat einen Jahresbericht über die Tätigkeit des ESZB und die Geld- und Währungspolitik im vergangenen und im laufenden Jahr.

15.4. Die in diesem Artikel bezeichneten Berichte und Ausweise werden Interessenten kostenlos zur Verfügung gestellt.

Art. 16 Banknoten. *[1]* [1]Nach Artikel 128 Absatz 1 des Vertrags über die Arbeitsweise der Europäischen Union[1)] hat der EZB-Rat das ausschließliche Recht, die Ausgabe von Euro-Banknoten innerhalb der Union zu genehmigen. [2]Die EZB und die nationalen Zentralbanken sind zur Ausgabe dieser Banknoten berechtigt. [3]Die von der EZB und den nationalen Zentralbanken ausgegebenen Banknoten sind die einzigen Banknoten, die in der Union als gesetzliches Zahlungsmittel gelten.

[2] Die EZB berücksichtigt so weit wie möglich die Gepflogenheiten bei der Ausgabe und der Gestaltung von Banknoten.

Kapitel IV. Währungspolitische Aufgaben und Operationen des ESZB

Art. 17 Konten bei der EZB und den nationalen Zentralbanken.

Zur Durchführung ihrer Geschäfte können die EZB und die nationalen Zentralbanken für Kreditinstitute, öffentliche Stellen und andere Marktteilnehmer Konten eröffnen und Vermögenswerte, einschließlich Schuldbuchforderungen, als Sicherheit hereinnehmen.

Art. 18 Offenmarkt- und Kreditgeschäfte. 18.1. Zur Erreichung der Ziele des ESZB und zur Erfüllung seiner Aufgaben können die EZB und die nationalen Zentralbanken

– auf den Finanzmärkten tätig werden, indem sie auf Euro oder sonstige Währungen lautende Forderungen und börsengängige Wertpapiere sowie Edelmetalle endgültig (per Kasse oder Termin) oder im Rahmen von Rückkaufsvereinbarungen kaufen und verkaufen oder entsprechende Darlehensgeschäfte tätigen;
– Kreditgeschäfte mit Kreditinstituten und anderen Marktteilnehmern abschließen, wobei für die Darlehen ausreichende Sicherheiten zu stellen sind.

18.2. Die EZB stellt allgemeine Grundsätze für ihre eigenen Offenmarkt- und Kreditgeschäfte und die der nationalen Zentralbanken auf; hierzu gehören auch die Grundsätze für die Bekanntmachung der Bedingungen, zu denen sie bereit sind, derartige Geschäfte abzuschließen.

[1)] Nr. **2**.

Art. 19 Mindestreserven. 19.1. [1]Vorbehaltlich des Artikels 2 kann die EZB zur Verwirklichung der geldpolitischen Ziele verlangen, daß die in den Mitgliedstaaten niedergelassenen Kreditinstitute Mindestreserven auf Konten bei der EZB und den nationalen Zentralbanken unterhalten. [2]Verordnungen über die Berechnung und Bestimmung des Mindestreservesolls können vom EZB-Rat erlassen werden. [3]Bei Nichteinhaltung kann die EZB Strafzinsen erheben und sonstige Sanktionen mit vergleichbarer Wirkung verhängen.

19.2. Zum Zwecke der Anwendung dieses Artikels legt der Rat nach dem Verfahren des Artikels 41 die Basis für die Mindestreserven und die höchstzulässigen Relationen zwischen diesen Mindestreserven und ihrer Basis sowie die angemessenen Sanktionen fest, die bei Nichteinhaltung anzuwenden sind.

Art. 20 Sonstige geldpolitische Instrumente. *[1]* Der EZB-Rat kann mit der Mehrheit von zwei Dritteln der abgegebenen Stimmen über die Anwendung anderer Instrumente der Geldpolitik entscheiden, die er bei Beachtung des Artikels 2 für zweckmäßig hält.

[2] Der Rat legt nach dem Verfahren des Artikels 41 den Anwendungsbereich solcher Instrumente fest, wenn sie Verpflichtungen für Dritte mit sich bringen.

Art. 21 Geschäfte mit öffentlichen Stellen. 21.1. Nach Artikel 123 des Vertrags über die Arbeitsweise der Europäischen Union[1)] sind Überziehungs- oder andere Kreditfazilitäten bei der EZB oder den nationalen Zentralbanken für Organe, Einrichtungen oder sonstige Stellen der Union, Zentralregierungen, regionale oder lokale Gebietskörperschaften oder andere öffentlich-rechtliche Körperschaften, sonstige Einrichtungen des öffentlichen Rechts oder öffentliche Unternehmen der Mitgliedstaaten ebenso verboten wie der unmittelbare Erwerb von Schuldtiteln von diesen durch die EZB oder die nationalen Zentralbanken.

21.2. Die EZB und die nationalen Zentralbanken können als Fiskalagent für die in Artikel 21.1 bezeichneten Stellen tätig werden.

21.3. Die Bestimmungen dieses Artikels gelten nicht für Kreditinstitute in öffentlichem Eigentum; diese werden von der jeweiligen nationalen Zentralbank und der EZB, was die Bereitstellung von Zentralbankgeld betrifft, wie private Kreditinstitute behandelt.

Art. 22 Verrechnungs- und Zahlungssysteme. Die EZB und die nationalen Zentralbanken können Einrichtungen zur Verfügung stellen und die EZB kann Verordnungen erlassen, um effiziente und zuverlässige Verrechnungs- und Zahlungssysteme innerhalb der Union und im Verkehr mit dritten Ländern zu gewährleisten.

Art. 23 Geschäfte mit dritten Ländern und internationalen Organisationen. Die EZB und die nationalen Zentralbanken sind befugt,

– mit Zentralbanken und Finanzinstituten in dritten Ländern und, soweit zweckdienlich, mit internationalen Organisationen Beziehungen aufzunehmen;

[1)] Nr. **2**.

– alle Arten von Devisen und Edelmetalle per Kasse und per Termin zu kaufen und zu verkaufen; der Begriff „Devisen" schließt Wertpapiere und alle sonstigen Vermögenswerte, die auf beliebige Währungen oder Rechnungseinheiten lauten, unabhängig von deren Ausgestaltung ein;
– die in diesem Artikel bezeichneten Vermögendwerte zu halten und zu verwalten;
– alle Arten von Bankgeschäften, einschließlich der Aufnahme und Gewährung von Krediten, im Verkehr mit dritten Ländern sowie internationalen Organisationen zu tätigen.

Art. 24 Sonstige Geschäfte. Die EZB und die nationalen Zentralbanken sind befugt, außer den mit ihren Aufgaben verbundenen Geschäften auch Geschäfte für ihren eigenen Betrieb und für ihre Bediensteten zu tätigen.

Kapitel V. Aufsicht

Art. 25 Aufsicht. 25.1. Die EZB kann den Rat, die Kommission und die zuständigen Behörden der Mitgliedstaaten in Fragen des Geltungsbereichs und der Anwendung der Rechtsvorschriften der Union hinsichtlich der Aufsicht über die Kreditinstitute sowie die Stabilität des Finanzsystems beraten und von diesen konsultiert werden.

25.2. Aufgrund von Verordnungen des Rates nach Artikel 127 Absatz 6 des Vertrags über die Arbeitsweise der Europäischen Union[1] kann die EZB besondere Aufgaben im Zusammenhang mit der Aufsicht über die Kreditinstitute und sonstige Finanzinstitute mit Ausnahme von Versicherungsunternehmen wahrnehmen.

Kapitel VI. Finanzvorschriften des ESZB

Art. 26 Jahresabschlüsse. 26.1. Das Geschäftsjahr der EZB und der nationalen Zentralbanken beginnt am 1. Januar und endet am 31. Dezember.

26.2. [1] Der Jahresabschluß der EZB wird vom Direktorium nach den vom EZB-Rat aufgestellten Grundsätzen erstellt. [2] Der Jahresabschluß wird vom EZB-Rat festgestellt und sodann veröffentlicht.

26.3. Für Analyse- und Geschäftsführungszwecke erstellt das Direktorium eine konsolidierte Bilanz des ESZB, in der die zum ESZB gehörenden Aktiva und Passiva der nationalen Zentralbanken ausgewiesen werden.

26.4. Zur Anwendung dieses Artikel erläßt der EZB-Rat die notwendigen Vorschriften für die Standardisierung der buchmäßigen Erfassung und der Meldung der Geschäfte der nationalen Zentralbanken.

Art. 27 Rechnungsprüfung. 27.1 [1] Die Jahresabschlüsse der EZB und der nationalen Zentralbanken werden von unabhängigen externen Rechnungsprüfern, die vom EZB-Rat empfohlen und vom Rat anerkannt wurden, geprüft. [2] Die Rechnungsprüfer sind befugt, alle Bücher und Konten der EZB und der

---

[1] Nr. **2**.

nationalen Zentralbanken zu prüfen und alle Auskünfte über deren Geschäfte zu verlangen.

27.2. Artikel 287 des Vertrags über die Arbeitsweise der Europäischen Union[1)] ist nur auf eine Prüfung der Effizienz der Verwaltung der EZB anwendbar.

Art. 28 Kapital der EZB. 28.1. [1]Das Kapital der EZB beträgt 5 Milliarden Euro. [2]Das Kapital kann durch einen Beschluß des EZB-Rates mit der in Artikel 10.3 vorgesehenen qualifizierten Mehrheit innerhalb der Grenzen und unter den Bedingungen, die der Rat nach dem Verfahren des Artikels 41 festgelegt, erhöht werden.

28.2. [1]Die nationalen Zentralbanken sind alleinige Zeichner und Inhaber des Kapitals der EZB. [2]Die Zeichnung des Kapitals erfolgt nach dem gemäß Artikel 29 festgelegten Schlüssel.

28.3. Der EZB-Rat bestimmt mit der in Artikel 10.3 vorgesehenen qualifizierten Mehrheit, in welcher Höhe und welcher Form das Kapital einzuzahlen ist.

28.4. Vorbehaltlich des Artikels 28.5 können die Anteile der nationalen Zentralbanken am gezeichneten Kapital der EZB nicht übertragen, verpfändet oder gepfändet werden.

28.5. [1]Im Falle einer Anpassung des in Artikel 29 bezeichneten Schlüssels sorgen die nationalen Zentralbanken durch Übertragungen von Kapitalanteilen untereinander dafür, daß die Verteilung der Kapitalanteile dem angepaßten Schlüssel entspricht. [2]Die Bedingungen für derartige Übertragungen werden vom EZB-Rat festgelegt.

Art. 29 Schlüssel für die Kapitalzeichnung. 29.1. *[1]* Der Schlüssel für die Zeichnung des Kapitals der EZB, der 1998 bei der Errichtung des ESZB erstmals festgelegt wurde, wird festgelegt, indem jede nationale Zentralbank in diesem Schlüssel einen Gewichtsanteil, der der Summe folgender Prozentsätze entspricht, erhält:

– 50 % des Anteils des jeweiligen Mitgliedstaats an der Bevölkerung der Union im vorletzten Jahr vor der Errichtung des ESZB;
– 50 % des Anteils des jeweiligen Mitgliedstaats am Bruttoinlandsprodukt der Union zu Marktpreisen in den fünf Jahren vor dem vorletzten Jahr vor der Errichtung des ESZB.

[2] Die Prozentsätze werden zum nächsten Vielfachen von 0,0001 Prozentpunkten ab- oder aufgerundet.

29.2. Die zur Anwendung dieses Artikels zu verwendenden statistischen Daten werden von der Kommission nach den Regeln bereitgestellt, die der Rat nach dem Verfahren des Artikels 41 festlegt.

29.3. [1]Die den nationalen Zentralbanken zugeteilten Gewichtsanteile werden nach Errichtung des ESZB alle fünf Jahre unter sinngemäßer Anwendung der Bestimmungen des Artikels 29.1 angepaßt. [2]Der neue Schlüssel gilt jeweils vom ersten Tag des folgenden Jahres an.

[1)] Nr. 2.

29.4. Der EZB-Rat trifft alle weiteren Maßnahmen, die zur Anwendung dieses Artikels erforderlich sind.

Art. 30 Übertragung von Währungsreserven auf die EZB. 30.1. [1] Unbeschadet des Artikels 28 wird die EZB von den nationalen Zentralbanken mit Währungsreserven, die jedoch nicht aus Währungen der Mitgliedstaaten, Euro, IWF-Reservepositionen und SZR gebildet werden dürfen, bis zu einem Gegenwert von 50 Milliarden Euro ausgestattet. [2] Der EZB-Rat entscheidet über den von der EZB nach ihrer Errichtung einzufordernden Teil sowie die zu späteren Zeitpunkten einzufordernden Beträge. [3] Die EZB hat das uneingeschränkte Recht, die ihr übertragenen Währungsreserven zu halten und zu verwalten sowie für die in dieser Satzung genannten Zwecke zu verwenden.

30.2. Die Beiträge der einzelnen nationalen Zentralbanken werden entsprechend ihrem jeweiligen Anteil am gezeichneten Kapital der EZB bestimmt.

30.3. [1] Die EZB schreibt jeder nationalen Zentralbank eine ihrem Beitrag entsprechende Forderung gut. [2] Der EZB-Rat entscheidet über die Denominierung und Verzinsung dieser Forderungen.

30.4. Die EZB kann nach Artikel 30.2 über den in Artikel 30.1 festgelegten Betrag hinaus innerhalb der Grenzen und unter den Bedingungen, die der Rat nach dem Verfahren des Artikels 41 festlegt, die Einzahlung weiterer Währungsreserven fordern.

30.5. Die EZB kann IWF-Reservepositionen und SZR halten und verwalten sowie die Zusammenlegung solcher Aktiva vorsehen.

30.6. Der EZB-Rat trifft alle weiteren Maßnahmen, die zur Anwendung dieses Artikels erforderlich sind.

Art. 31 Währungsreserven der nationalen Zentralbanken. 31.1. Die nationalen Zentralbanken sind befugt, zur Erfüllung ihrer Verpflichtungen gegenüber internationalen Organisationen nach Artikel 23 Geschäfte abzuschließen.

31.2. Alle sonstigen Geschäfte mit den Währungsreserven, die den nationalen Zentralbanken nach den in Artikel 30 genannten Übertragungen verbleiben, sowie von Mitgliedstaaten ausgeführte Transaktionen mit ihren Arbeitsguthaben in Fremdwährungen bedürfen oberhalb eines bestimmten, im Rahmen des Artikels 31.3 festzulegenden Betrags der Zustimmung der EZB, damit Übereinstimmung mit der Wechselkurs- und der Währungspolitik der Union gewährleistet ist.

31.3. Der EZB-Rat erläßt Richtlinien mit dem Ziel, derartige Geschäfte zu erleichtern.

Art. 32 Verteilung der monetären Einkünfte der nationalen Zentralbanken. 32.1. Die Einkünfte, die den nationalen Zentralbanken aus der Erfüllung der währungspolitischen Aufgaben des ESZB zufließen (im folgenden als „monetäre Einkünfte" bezeichnet), werden am Ende eines jeden Geschäftsjahrs nach diesem Artikel verteilt.

32.2. [1] Der Betrag der monetären Einkünfte einer jeden nationalen Zentralbank entspricht ihren jährlichen Einkünften aus Vermögenswerten, die sie als Gegenposten zum Bargeldumlauf und zu ihren Verbindlichkeiten aus Einlagen der Kreditinstitute hält. [2] Diese Vermögenswerte werden von den nationalen

Zentralbanken gemäß den vom EZB-Rat zu erlassenden Richtlinien gesondert erfaßt.

32.3. Wenn nach der Einführung des Euro die Bilanzstrukturen der nationalen Zentralbanken nach Auffassung des EZB-Rates die Anwendung des Artikels 32.2 nicht gestatten, kann der EZB-Rat mit qualifizierter Mehrheit beschließen, daß die monetären Einkünfte für einen Zeitraum von höchstens fünf Jahren abweichend von Artikel 32.2 nach einem anderen Verfahren bemessen werden.

32.4. *[1]* Der Betrag der monetären Einkünfte einer jeden nationalen Zentralbank vermindert sich um den Betrag etwaiger Zinsen, die von dieser Zentralbank auf ihre Verbindlichkeiten aus Einlagen der Kreditinstitute nach Artikel 19 gezahlt werden.

[2] [1] Der EZB-Rat kann beschließen, daß die nationalen Zentralbanken für Kosten in Verbindung mit der Ausgabe von Banknoten oder unter außergewöhnlichen Umständen für spezifische Verluste aus für das ESZB unternommenen währungspolitischen Operationen entschädigt werden. [2] Die Entschädigung erfolgt in einer Form, die der EZB-Rat für angemessen hält; diese Beträge können mit den monetären Einkünften der nationalen Zentralbanken verrechnet werden.

32.5. Die Summe der monetären Einkünfte der nationalen Zentralbanken wird vorbehaltlich etwaiger Beschlüsse des EZB-Rates nach Artikel 33.2 unter den nationalen Zentralbanken entsprechend ihren eingezahlten Anteilen am Kapital der EZB verteilt.

32.6. Die Verrechnung und den Ausgleich der Salden aus der Verteilung der monetären Einkünfte nimmt die EZB gemäß den Richtlinien des EZB-Rates vor.

32.7. Der EZB-Rat trifft alle weiteren Maßnahmen, die zur Anwendung dieses Artikels erforderlich sind.

Art. 33 Verteilung der Nettogewinne und Verluste der EZB. 33.1. Der Nettogewinn der EZB wird in der folgenden Reihenfolge verteilt:

a) Ein vom EZB-Rat zu bestimmender Betrag, der 20 % des Nettogewinns nicht übersteigen darf, wird dem allgemeinen Reservefonds bis zu einer Obergrenze von 100 % des Kapitals zugeführt;

b) der verbleibende Nettogewinn wird an die Anteilseigner der EZB entsprechend ihren eingezahlten Anteilen ausgeschüttet.

33.2. Falls die EZB einen Verlust erwirtschaftet, kann der Fehlbetrag aus dem allgemeinen Reservefonds der EZB und erforderlichenfalls nach einem entsprechenden Beschluß des EZB-Rates aus den monetären Einkünften des betreffenden Geschäftsjahrs im Verhältnis und bis in Höhe der Beträge gezahlt werden, die nach Artikel 32.5 an die nationalen Zentralbanken verteilt werden.

Kapitel VII. Allgemeine Bestimmungen

Art. 34 Rechtsakte. 34.1. Nach Artikel 132 des Vertrags über die Arbeitsweise der Europäischen Union[1)] werden von der EZB

[1)] Nr. 2.

– Verordnungen erlassen, insoweit dies für die Erfüllung der in Artikel 3.1 erster Gedankenstrich, Artikel 19.1, Artikel 22 oder Artikel 25.2 festgelegten Aufgaben erforderlich ist; sie erläßt Verordnungen ferner in den Fällen, die in den Rechtsakten des Rates nach Artikel 41 vorgesehen werden,
– die Beschlüsse erlassen, die zur Erfüllung der dem ESZB nach den Verträgen und dieser Satzung übertragenen Aufgaben erforderlich sind,
– Empfehlungen und Stellungnahmen abgegeben.

34.2 Die EZB kann die Veröffentlichung ihrer Entscheidungen, Empfehlungen und Stellungnahmen beschließen.

34.3. Innerhalb der Grenzen und unter den Bedingungen, die der Rat nach dem Verfahren des Artikels 41 festlegt, ist die EZB befugt, Unternehmen bei Nichteinhaltung der Verpflichtungen, die sich aus ihren Verordnungen und Beschlüssen ergeben, mit Geldbußen oder in regelmäßigen Abständen zu zahlenden Strafgeldern zu belegen.

Art. 35 Gerichtliche Kontrolle und damit verbundene Angelegenheiten. 35.1. [1]Die Handlungen und Unterlassungen der EZB unterliegen in den Fällen und unter den Bedingungen, die in den Verträgen vorgesehen sind, der Überprüfung und Auslegung durch den Gerichtshof der Europäischen Union. [2]Die EZB ist in den Fällen und unter den Bedingungen, die in den Verträgen vorgesehen sind, klageberechtigt.

35.2. Über Rechtsstreitigkeiten zwischen der EZB einerseits und ihren Gläubigern, Schuldnern oder dritten Personen andererseits entscheiden die zuständigen Gerichte der einzelnen Staaten vorbehaltlich der Zuständigkeiten, die dem Gerichtshof der Europäischen Union zuerkannt sind.

35.3. [1]Die EZB unterliegt der Haftungsregelung des Artikels 340 des Vertrags über die Arbeitsweise der Europäischen Union[1)]. [2]Die Haftung der nationalen Zentralbanken richtet sich nach dem jeweiligen innerstaatlichen Recht.

35.4. Der Gerichtshof der Europäischen Union ist für Entscheidungen aufgrund einer Schiedsklausel zuständig, die in einem von der EZB oder für ihre Rechnung abgeschlossenen öffentlich-rechtlichen oder privatrechtlichen Vertrag enthalten ist.

35.5. Für einen Beschluß der EZB, den Gerichtshof der Europäischen Union anzurufen, ist der EZB-Rat zuständig.

35.6. [1]Der Gerichtshof der Europäischen Union ist für Streitsachen zuständig, die die Erfüllung der Verpflichtungen aus den Verträgen und dieser Satzung durch eine nationale Zentralbank betreffen. [2]Ist die EZB der Auffassung, daß eine nationale Zentralbank einer Verpflichtung aus den Verträgen und dieser Satzung nicht nachgekommen ist, so legt sie in der betreffenden Sache eine mit Gründen versehene Stellungnahme vor, nachdem sie der nationalen Zentralbank Gelegenheit zur Vorlage von Bemerkungen gegeben hat. [3]Entspricht die nationale Zentralbank nicht innerhalb der von der EZB gesetzten Frist deren Stellungnahme, so kann die EZB den Gerichtshof der Europäischen Union anrufen.

[1)] Nr. **2**.

Art. 36 Personal. 36.1. Der EZB-Rat legt auf Vorschlag des Direktoriums die Beschäftigungsbedingungen für das Personal der EZB fest.

36.2. Der Gerichtshof der Europäischen Union ist für alle Streitsachen zwischen der EZB und deren Bediensteten innerhalb der Grenzen und unter den Bedingungen zuständig, die sich aus den Beschäftigungsbedingungen ergeben.

Art. 37 Geheimhaltung. 37.1. Die Mitglieder der Leitungsgremien und des Personals der EZB und der nationalen Zentralbanken dürfen auch nach Beendigung ihres Dienstverhältnisses keine der Geheimhaltungspflicht unterliegenden Informationen weitergeben.

37.2. Auf Personen mit Zugang zu Daten, die unter Unionsvorschriften fallen, die eine Verpflichtung zur Geheimhaltung vorsehen, finden diese Unionsvorschriften Anwendung.

Art. 38 Unterschriftsberechtigte. Die EZB wird Dritten gegenüber durch den Präsidenten oder zwei Direktoriumsmitglieder oder durch die Unterschriften zweier vom Präsidenten zur Zeichnung im Namen der EZB gehörig ermächtigter Bediensteter der EZB rechtswirksam verpflichtet.

Art. 39 Vorrechte und Befreiungen. Die EZB genießt im Hoheitsgebiet der Mitgliedstaaten die zur Erfüllung ihrer Aufgabe erforderlichen Vorrechte und Befreiungen nach Maßgabe des Protokolls über die Vorrechte und Befreiungen der Europäischen Union[1)].

Kapitel VIII. Änderung der Satzung und ergänzende Rechtsvorschriften

Art. 40 Vereinfachtes Änderungsverfahren. 40.1. Nach Artikel 129 Absatz 5 des Vertrags über die Arbeitsweise der Europäischen Union[2)] können das Europäische Parlament und der Rat gemäß dem ordentlichen Gesetzgebungsverfahren die Artikel 5.1, 5.2, 5.3, 17, 18, 19.1, 22, 23, 24, 26, 32.2, 32.3, 32.4, 32.6, 33.1.a und 36 dieser Satzung entweder auf Empfehlung der EZB nach Anhörung der Kommission oder auf Vorschlag der Kommission nach Anhörung der EZB ändern.

40.2. [1]Artikel 10.2 kann durch einen Beschluss des Europäischen Rates entweder auf Empfehlung der Europäischen Zentralbank nach Anhörung des Europäischen Parlaments und der Kommission oder auf Empfehlung der Kommission nach Anhörung des Europäischen Parlaments und der Europäischen Zentralbank einstimmig geändert werden. [2]Diese Änderungen treten erst nach Zustimmung der Mitgliedstaaten im Einklang mit ihren jeweiligen verfassungsrechtlichen Vorschriften in Kraft.

[1)] S. hierzu auch das Abkommen zwischen der Regierung der Bundesrepublik Deutschland und der Europäischen Zentralbank über den Sitz der Europäischen Zentralbank v. 18.9.1998 (BGBl. II S. 2995, 2996), das mit Ausnahme seiner Art. 4, 6, und 14 Abs. 3 seit dem 9.12.1998 vorläufig angewendet wird (Bek. v. 12.1.1999 , BGBl. II S. 81) und am 4.3.1999 in Kraft getreten ist (Bek. v. 18.3.1999, BGBl. II S. 367).

[2)] Nr. **2**.

40.3. Eine Empfehlung der EZB nach diesem Artikel erfordert einen einstimmigen Beschluß des EZB-Rates.

Art. 41 Ergänzende Rechtsvorschriften. Nach Artikel 129 Absatz 6 des Vertrags über die Arbeitsweise der Europäischen Union[1] erläßt der Rat entweder auf Vorschlag der Kommission nach Anhörung des Europäischen Parlaments und der EZB oder auf Empfehlung der EZB nach Anhörung des Europäischen Parlaments und der Kommission die in den Artikeln 4, 5.4, 19.2, 20, 28.1, 29.2, 30.4 und 34.3 dieser Satzung genannten Bestimmungen.

Kapitel IX. Übergangsbestimmungen und sonstige Bestimmungen für das ESZB

Art. 42 Allgemeine Bestimmungen. 42.1. Eine Ausnahmeregelung nach Artikel 139 des Vertrags über die Arbeitsweise der Europäischen Union[1] bewirkt, daß folgende Artikel diese Satzung für den betreffenden Mitgliedstaat keinerlei Rechte oder Verpflichtungen entstehen lassen: Artikel 3, 6, 9.2, 12.1, 14.3, 16, 18, 19, 20, 22, 23, 26.2, 27, 30, 31, 32, 33, 34 und 49.

42.2. Die Zentralbanken der Mitgliedstaaten, für die eine Ausnahmeregelung nach Artikel 139 des genannten Vertrags gilt, behalten ihre währungspolitischen Befugnisse nach innerstaatlichem Recht.

42.3. In den Artikeln 3, 11.2 und 19 bezeichnet der Ausdruck „Mitgliedstaaten“ gemäß Artikel 139 des genannten Vertrags die „Mitgliedstaaten, deren Währung der Euro ist“.

42.4. In den Artikeln 9.2, 10.2, 10.3, 12.1, 16, 17, 18, 22, 23, 27, 30, 31, 32, 33.2 und 49 dieser Satzung ist der Ausdruck „nationale Zentralbanken“ im Sinne von „Zentralbanken der Mitgliedstaaten, deren Währung der Euro ist“ zu verstehen.

42.5. In den Artikeln 10.3 und 33.1 bezeichnet der Ausdruck „Anteilseigner“ die „Zentralbanken der Mitgliedstaaten, deren Währung der Euro ist“.

42.6. In den Artikeln 10.3 und 30.2 ist der Ausdruck „gezeichnetes Kapital der EZB“ im Sinne von „Kapital der EZB, das von den Zentralbanken der Mitgliedstaaten gezeichnet wurde, deren Währung der Euro ist“ zu verstehen.

Art. 43 Vorübergehende Aufgaben der EZB. *[1]* Die EZB übernimmt die in Artikel 141 Absatz 2 des Vertrags über die Arbeitsweise der Europäischen Union[1] genannten früheren Aufgaben des EWI, die infolge der für einen oder mehrere Mitgliedstaaten geltenden Ausnahmeregelungen nach Einführung des Euro noch erfüllt werden müssen.

[2] Bei der Vorbereitung der Aufhebung der Ausnahmeregelungen nach Artikel 140 des genannen Vertrags nimmt die EZB eine beratende Funktion wahr.

Art. 44 Der Erweiterte Rat der EZB. 44.1. Unbeschadet des Artikels 129 Absatz 3 des Vertrags über die Arbeitsweise der Europäischen Union[1] wird der Erweiterte Rat als drittes Beschlußorgan der EZB eingesetzt.

---

[1] Nr. **2**.

44.2. [1]Der Erweiterte Rat besteht aus dem Präsidenten und dem Vizepräsidenten der EZB sowie den Präsidenten der nationalen Zentralbanken. [2]Die weiteren Mitglieder des Direktoriums können an den Sitzungen des Erweiterten Rates teilnehmen, besitzen aber kein Stimmrecht.

44.3. Die Verantwortlichkeiten des Erweiterten Rates sind in Artikel 46 dieser Satzung vollständig aufgeführt.

Art. 45 Geschäftsordnung des Erweiterten Rates. 45.1. Der Präsident oder bei seiner Verhinderung der Vizepräsident der EZB führt den Vorsitz im Erweiterten Rat der EZB.

45.2. Der Präsident des Rates und ein Mitglied der Kommission können an den Sitzungen des Erweiterten Rates teilnehmen, besitzen aber kein Stimmrecht.

45.3. Der Präsident bereitet die Sitzungen des Erweiterten Rates vor.

45.4. Abweichend von Artikel 12.3 gibt sich der Erweiterte Rat eine Geschäftsordnung.

45.5. Das Sekretariat des Erweiterten Rates wird von der EZB gestellt.

Art. 46 Verantwortlichkeiten des Erweiterten Rates. 46.1. Der Erweiterte Rat

- nimmt die in Artikel 43 aufgeführten Aufgaben wahr,
- wirkt bei der Erfüllung der Beratungsfunktionen nach den Artikeln 4 und 25.1 mit.

46.2. Der Erweiterte Rat wirkt auch mit bei

- der Erhebung der statistischen Daten im Sinne von Artikel 5;
- den Berichtstätigkeiten der EZB im Sinne von Artikel 15;
- der Festlegung der erforderlichen Regeln für die Anwendung von Artikel 26 gemäß Artikel 26.4;
- allen sonstigen erforderlichen Maßnahmen zur Anwendung von Artikel 29 gemäß Artikel 29.4;
- der Festlegung der Beschäftigungsbedingungen für das Personal der EZB gemäß Artikel 36.

46.3. Der Erweiterte Rat trägt zu den Vorarbeiten bei, die erforderlich sind, um für die Währungen der Mitgliedstaaten, für die eine Ausnahmeregelung gilt, die Wechselkurse gegenüber dem Euro gemäß Artikel 140 Absatz 3 des Vertrags über die Arbeitsweise der Europäischen Union[1)] unwiderruflich festzulegen.

46.4. Der Erweiterte Rat wird vom Präsidenten der EZB über die Beschlüsse des EZB-Rates unterrichtet.

Art. 47 Übergangsbestimmungen für das Kapital der EZB. [1]Nach Artikel 29.1 wird jeder nationalen Zentralbank ein Gewichtsanteil in dem Schlüssel für die Zeichnung des Kapitals der EZB zugeteilt. [2]Abweichend von Artikel 28.3 zahlen Zentralbanken von Mitgliedstaaten, für die eine Ausnahme-

---

[1)] Nr. 2.

regelung gilt, das von ihnen gezeichnete Kapital nicht ein, es sei denn, daß der Erweiterte Rat mit der Mehrheit von mindestens zwei Dritteln des gezeichneten Kapitals der EZB und zumindest der Hälfte der Anteilseigner beschließt, daß als Beitrag zu den Betriebskosten der EZB ein Mindestprozentsatz eingezahlt werden muß.

Art. 48 Zurückgestellte Einzahlungen von Kapital, Reserven und Rückstellungen der EZB. 48.1. [1]Die Zentralbank eines Mitgliedstaats, dessen Ausnahmeregelung aufgehoben wurde, zahlt den von ihr gezeichneten Anteil am Kapital der EZB im selben Verhältnis wie die Zentralbanken von anderen Mitgliedstaaten ein, deren Währung der Euro ist, und überträgt der EZB Währungsreserven gemäß Artikel 30.1. [2]Die Höhe der Übertragungen bestimmt sich durch Multiplikation des in Euro zum jeweiligen Wechselkurs ausgedrückten Wertes der Währungsreserven, die der EZB schon gemäß Artikel 30.1 übertragen wurden, mit dem Faktor, der das Verhältnis zwischen der Anzahl der von der betreffenden nationalen Zentralbank gezeichneten Anteile und der Anzahl der von den anderen nationalen Zentralbanken bereits eingezahlten Anteile ausdrückt.

48.2. [1]Zusätzlich zu der Einzahlung nach Artikel 48.1 leistet die betreffende Zentralbank einen Beitrag zu den Reserven der EZB und zu den diesen Reserven gleichwertigen Rückstellungen sowie zu dem Betrag, der gemäß dem Saldo der Gewinn- und Verlustrechnung zum 31. Dezember des Jahres vor der Aufhebung der Ausnahmeregelung noch für die Reserven und Rückstellungen bereitzustellen ist. [2]Die Höhe des zu leistenden Beitrags bestimmt sich durch Multiplikation des in der genehmigten Bilanz der EZB ausgewiesenen Betrags der Reserven im Sinne der obigen Definition mit dem Faktor, der das Verhältnis zwischen der Anzahl der von der betreffenden Zentralbank gezeichneten Anteile und der Anzahl der von den anderen Zentralbanken bereits eingezahlten Anteile ausdrückt.

48.3. [1]Wenn ein Land oder mehrere Länder Mitgliedstaaten werden und ihre jeweiligen nationalen Zentralbanken sich dem ESZB anschließen, erhöht sich automatisch das gezeichnete Kapital der EZB und der Höchstbetrag der Währungsreserven, die der EZB übertragen werden können. [2]Die Erhöhung bestimmt sich durch Multiplikation der dann jeweils geltenden Beträge mit dem Faktor, der das Verhältnis zwischen dem Gewichtsanteil der betreffenden beitretenden nationalen Zentralbanken und dem Gewichtsanteil der nationalen Zentralbanken, die bereits Mitglied des ESZB sind, im Rahmen des erweiterten Schlüssels für die Zeichnung des Kapitals ausdrückt. [3]Der Gewichtsanteil jeder nationalen Zentralbank am Schlüssel für die Zeichnung des Kapitals wird analog zu Artikel 29.1 und nach Maßgabe des Artikels 29.2 berechnet. [4]Die Bezugszeiträume für die statistischen Daten entsprechen denjenigen, die für die letzte der alle fünf Jahre vorzunehmenden Anpassungen der Gewichtsanteile nach Artikel 29.3 herangezogen wurden.

Art. 49 Umtausch von auf Währungen der Mitgliedstaaten lautenden Banknoten. Im Anschluß an die unwiderrufliche Festlegung der Wechselkurse nach Artikel 140 Absatz 3 des Vertrags über die Arbeitsweise der Europäischen Union[1)] ergreift der EZB-Rat die erforderlichen Maßnahmen, um sicherzustel-

---

[1)] Nr. 2.

len, daß Banknoten, die auf Währungen mit unwiderruflich festgelegten Wechselkursen lauten, von den nationalen Zentralbanken zu ihrer jeweiligen Parität umgetauscht werden.

Art. 50 Anwendbarkeit der Übergangsbestimmungen. Sofern und solange es Mitgliedstaaten gibt, für die eine Ausnahmeregelung gilt, sind die Artikel 42 bis 47 anwendbar.

34. Protokoll über die Konvergenzkriterien[1)]

Vom 7. Februar 1992
(ABl. C 191 S. 85)

Celex-Nr. 1 1992 M/PRO/CC/00

geänd. durch Art. 1 Abs. 5 Buchst. c, Abs. 6 Buchst. c, Abs. 15 Protokol Nr. 1 zum Vertrag von Lissabon v. 13.12.2007 (ABl. C 306 S. 163, ber. ABl. 2008 C 111 S. 56)

DIE HOHEN VERTRAGSPARTEIEN –

IN DEM WUNSCH, die in Konvergenzkriterien, welche die Union bei den Beschlüssen nach Artikel 140 des Vertrags über die Arbeitsweise der Europäischen Union[2)] über die Aufhebung der Ausnahmeregelungen für die Mitgliedstaaten, für die eine Ausnahmeregelung gilt leiten sollen, näher festzulegen –

SIND über folgende Bestimmungen ÜBEREINGEKOMMEN, die dem Vertrag über die Europäische Union[3)] und dem Vertrag über die Arbeitsweise der Europäischen Union[2)] beigefügt sind:

Art. 1 [Preisstabilität] [1]Das in Artikel 140 Absatz 1 erster Gedankenstrich des Vertrags über die Arbeitsweise der Europäischen Union[2)] genannte Kriterium der Preisstabilität bedeutet, daß ein Mitgliedstaat eine anhaltende Preisstabilität und eine während des letzten Jahres vor der Prüfung gemessene durchschnittliche Inflationsrate aufweisen muß, die um nicht mehr als 1½ Prozentpunkte über der Inflationsrate jener – höchstens drei – Mitgliedstaaten liegt, die auf dem Gebiet der Preisstabilität das beste Ergebnis erzielt haben. [2]Die Inflation wird anhand des Verbraucherpreisindexes auf vergleichbarer Grundlage unter Berücksichtigung der unterschiedlichen Definitionen in den einzelnen Mitgliedstaaten gemessen.

Art. 2 [Finanzlage der öffentlichen Hand] Das in Artikel 140 Absatz 1 zweiter Gedankenstrich des genannten Vertrags genannte Kriterium der Finanzlage der öffentlichen Hand bedeutet, daß zum Zeitpunkt der Prüfung kein Beschluss des Rates nach Artikel 126 Absatz 6 des genannten Vertrags vorliegt, wonach in dem betreffenden Mitgliedstaat ein übermäßiges Defizit besteht.

Art. 3 [Wechselkursmechanismus] [1]Das in Artikel 140 Absatz 1 dritter Gedankenstrich des genannten Vertrags genannte Kriterium der Teilnahme am Wechselkursmechanismus des Europäischen Währungssystems bedeutet, daß ein Mitgliedstaat die im Rahmen des Wechselkursmechanismus des Europäischen Währungssystems vorgesehenen normalen Bandbreiten zumindest in den letzten zwei Jahren vor der Prüfung ohne starke Spannungen eingehalten haben muß. [2]Insbesondere darf er den bilateralen Leitkurs seiner Währung innerhalb des gleichen Zeitraums gegenüber dem Euro nicht von sich aus abgewertet haben.

[1)] Die Verweise/Bezugnahmen auf Vorschriften des AEUV (Nr. **2**) sind wie in der konsolidierten Fassung des Protokolls (ABl. 2016 C 202 S. 281) bereits gemäß Art. 5 des Vertrags von Lissabon iVm der Übereinstimmungstabelle (Nr. **2a**) an die neue Nummerierung angepasst worden.

[2)] Nr. **2**.

[3)] Nr. **1**.

Art. 4 [Konvergenz der Zinssätze] [1]Das in Artikel 140 Absatz 1 vierter Gedankenstrich des genannten Vertrags genannte Kriterium der Konvergenz der Zinssätze bedeutet, daß im Verlauf von einem Jahr vor der Prüfung in einem Mitgliedstaat der durchschnittliche langfristige Nominalzinssatz um nicht mehr als 2 Prozentpunkte über dem entsprechenden Satz in jenen – höchstens drei – Mitgliedstaaten liegt, die auf dem Gebiet der Preisstabilität das beste Ergebnis erzielt haben. [2]Die Zinssätze werden anhand langfristiger Staatsschuldverschreibungen oder vergleichbarer Wertpapiere unter Berücksichtigung der unterschiedlichen Definitionen in den einzelnen Mitgliedstaaten gemessen.

Art. 5 [Statistischen Daten] Die zur Anwendung dieses Protokolls erforderlichen statistischen Daten werden von der Kommission zur Verfügung gestellt.

Art. 6 [Festlegung der Einzelheiten] Der Rat erlässt auf Vorschlag der Kommission und nach Anhörung des Europäischen Parlaments und der EZB sowie des in Artikel 134 des Vertrags über die Arbeitsweise der Europäischen Union[1)] genannten Ausschusses einstimmig geeignete Vorschriften zur Festlegung der Einzelheiten der in Artikel 140 des genannten Vertrags genannten Konvergenzkriterien, die dann an die Stelle dieses Protokolls treten.

---

1) Nr. 2.

35. Protokoll über das Verfahren bei einem übermäßigen Defizit [1][2]

Vom 7. Februar 1992
(ABl. C 191 S. 84)

Celex-Nr. 1 1992 M/PRO/DE/00

geänd. durch Art. 1 Abs. 4 Buchst. c, Abs. 5 Buchst. b, Abs. 6 Buchst. b, Abs. 24 Protokoll Nr. 1 zum Vertrag von Lissabon v. 13.12.2007 (ABl. C 306 S. 165)

DIE HOHEN VERTRAGSPARTEIEN –

IN DEM WUNSCH, die Einzelheiten des in Artikel 126 des Vertrags über die Arbeitsweise der Europäischen Union[3] genannten Verfahrens bei einem übermäßigen Defizit festzulegen –

SIND über folgende Bestimmungen ÜBEREINGEKOMMEN, die dem Vertrag über die Europäische Union[4] und dem Vertrag über die Arbeitsweise der Europäischen Union[3] beigefügt sind:

Art. 1 [Referenzwerte] Die in Artikel 126 Absatz 2 des Vertrags über die Arbeitsweise der Europäischen Union[3] genannten Referenzwerte sind:
- 3 % für das Verhältnis zwischen dem geplanten oder tatsächlichen öffentlichen Defizit und dem Bruttoinlandsprodukt zu Marktpreisen,
- 60 % für das Verhältnis zwischen dem öffentlichen Schuldenstand und dem Bruttoinlandsprodukt zu Marktpreisen.

Art. 2 [Definitionen] In Artikel 126 des genannten Vertrags und in diesem Protokoll bedeutet
- „öffentlich" zum Staat, d.h. zum Zentralstaat (Zentralregierung), zu regionalen oder lokalen Gebietskörperschaften oder Sozialversicherungseinrichtungen gehörig, mit Ausnahme von kommerziellen Transaktionen, im Sinne des Europäischen Systems volkswirtschaftlicher Gesamtrechnungen;
- „Defizit" das Finanzierungsdefizit im Sinne des Europäischen Systems volkswirtschaftlicher Gesamtrechnungen;
- „Investitionen" die Brutto-Anlageinvestitionen im Sinne des Europäischen Systems volkswirtschaftlicher Gesamtrechnungen;
- „Schuldenstand" den Brutto-Gesamtschuldenstand zum Nominalwert am Jahresende nach Konsolidierung innerhalb und zwischen den einzelnen Bereichen des Staatssektors im Sinne des ersten Gedankenstrichs.

Art. 3 [Wirksamkeit des Verfahrens] [1] Um die Wirksamkeit des Verfahrens bei einem übermäßigen Defizit zu gewährleisten, sind die Regierungen der

---

[1] In Kraft mWv 1.11.1993 durch Art. 52 Abs. 2 Vertrag über die Europäische Union (Nr. **1**).

[2] Die Verweise/Bezugnahmen auf Vorschriften des AEUV (Nr. **2**) sind wie bereits in der konsolidierten Fassung des Protokolls (ABl. 2016 C 202 S. 279) bereits gemäß Art. 5 des Vertrags von Lissabon iVm der Übereinstimmungstabelle (Nr. **2a**) an die neue Nummerierung angepasst worden.

[3] Nr. **2**.

[4] Nr. **1**.

Mitgliedstaaten im Rahmen dieses Verfahrens für die Defizite des Staatssektors im Sinne von Artikel 2 erster Gedankenstrich verantwortlich. [2]Die Mitgliedstaaten gewährleisten, daß die innerstaatlichen Verfahren im Haushaltsbereich sie in die Lage versetzen, ihre sich aus diesen Verträgen ergebenden Verpflichtungen in diesem Bereich zu erfüllen. [3]Die Mitgliedstaaten müssen ihre geplanten und tatsächlichen Defizite und die Höhe ihres Schuldenstands der Kommission unverzüglich und regelmäßig mitteilen.

Art. 4 [Statistischen Daten] Die zur Anwendung dieses Protokolls erforderlichen statistischen Daten werden von der Kommission zur Verfügung gestellt.

36. Entschließung des Europäischen Rates über den Stabilitäts- und Wachstumspakt[1] Amsterdam, 17. Juni 1997

(97/C 236/1)

Vom 17. Juni 1997
(ABl. C 236 S. 1)

Celex-Nr. 3 1997 Y 0802 (01)

I. Auf seiner Tagung in Madrid im Dezember 1995 hat der Europäische Rat bekräftigt, daß die Wahrung der Haushaltsdisziplin in der dritten Stufe der Wirtschafts- und Währungsunion (WWU) von entscheidender Bedeutung ist. Sechs Monate später hat der Europäische Rat in Florenz diese Auffassung erneut geäußert, und in Dublin hat er sich im Dezember 1996 über die Hauptbestandteile des Stabilitäts- und Wachstumspaktes geeinigt. In der dritten Stufe der WWU müssen die Mitgliedstaaten übermäßige öffentliche Defizite vermeiden: Dies ist eine eindeutige Verpflichtung nach dem Vertrag. Der Europäische Rat unterstreicht die Bedeutung der Gewährleistung gesunder Staatsfinanzen als Mittel zur Verbesserung der Voraussetzungen für Preisstabilität und für ein starkes, nachhaltiges und der Schaffung von Arbeitsplätzen förderliches Wachstum. Ferner ist sicherzustellen, daß die nationalen Haushaltspolitiken stabilitätsorientierte Geldpolitiken unterstützen. Das Festhalten an dem Ziel eines soliden, nahezu ausgeglichenen oder einen Überschuß aufweisenden Haushalts wird es allen Mitgliedstaaten ermöglichen, die normalen Konjunkturschwankungen zu bewältigen und dabei das öffentliche Defizit im Rahmen des Referenzwerts von 3 % des BIP zu halten.

II. Auf seiner Tagung in Dublin im Dezember 1996 hat der Europäische Rat gefordert, daß ein Stabilitäts- und Wachstumspakt ausgearbeitet wird, der im Einklang mit den Grundsätzen und Verfahren des Vertrags zu verwirklichen ist. Dieser Stabilitäts- und Wachstumspakt ändert in keiner Weise die Voraussetzungen für die Teilnahme an der dritten Stufe der WWU, und zwar weder für die erste Gruppe noch zu einem späteren Zeitpunkt. Die Mitgliedstaaten sind vorbehaltlich der Bestimmungen des Vertrags weiterhin für ihre nationalen Haushaltspolitiken verantwortlich; sie ergreifen die erforderlichen Maßnahmen, um ihrer Verantwortung entsprechend diesen Bestimmungen nachzukommen.

III. Der Stabilitäts- und Wachstumspakt, der sowohl vorbeugende als auch abschreckende Maßnahmen vorsieht, umfaßt diese Entschließung sowie zwei Verordnungen des Rates: eine Verordnung über den Ausbau der haushaltspolitischen Überwachung und der Überwachung und Koordinierung der

[1] Die Verweise/Bezugnahmen auf Vorschriften des AEUV (Nr. **2**) sind wie in der konsolidierten Fassung des Protokolls (ABl. 2016 C 202 S. 279) bereits gemäß Art. 5 des Vertrags von Lissabon iVm der Übereinstimmungstabelle (Nr. **2a**) an die neue Nummerierung angepasst worden.

Wirtschaftspolitiken sowie eine Verordnung über die Beschleunigung und Klärung des Verfahrens bei einem übermäßigen Defizit[1].

IV. Der Europäische Rat ersucht nachdrücklich alle Parteien, nämlich die Mitgliedstaaten, den Rat der Europäischen Union und die Kommission der Europäischen Gemeinschaften, den Vertrag und den Stabilitäts- und Wachstumspakt strikt und fristgerecht umzusetzen. Diese Entschließung gibt den Parteien, die den Stabilitäts- und Wachstumspakt umsetzen werden, feste politische Leitlinien an die Hand. Zu diesem Zweck hat der Europäische Rat sich auf folgende Leitlinien verständigt:

Die Mitgliedstaaten

1. verpflichten sich, das in ihren Stabilitäts- oder Konvergenzprogrammen festgelegte mittelfristige Haushaltsziel eines nahezu ausgeglichenen oder einen Überschuß aufweisenden Haushalts einzuhalten und die haushaltspolitischen Korrekturmaßnahmen, die ihres Erachtens zur Erreichung der Ziele ihrer Stabilitäts- oder Konvergenzprogramme erforderlich sind, zu ergreifen, wenn es Anzeichen für eine tatsächliche oder erwartete erhebliche Abweichung von diesen Zielen gibt;
2. werden ersucht, die gemäß Artikel 121 Absatz 4[2] an sie gerichteten Empfehlungen des Rates von sich aus zu veröffentlichen;
3. verpflichten sich, die von ihnen zur Erreichung der Ziele ihrer Stabilitäts- oder Konvergenzprogramme für erforderlich erachteten haushaltspolitischen Korrekturmaßnahmen zu ergreifen, sobald sie eine Frühwarnung in Form einer Empfehlung des Rates gemäß Artikel 121 Absatz 4 erhalten;
4. werden unverzüglich die von ihnen für erforderlich erachteten haushaltspolitischen Korrekturmaßnahmen ergreifen, sobald es Anzeichen für das Risiko eines übermäßigen Defizits gibt;
5. werden übermäßige Defizite nach ihrem Auftreten so rasch wie möglich beseitigen; die Korrektur des übermäßigen Defizits sollte spätestens in dem Jahr, das auf dessen Feststellung folgt, abgeschlossen werden, sofern nicht besondere Umstände vorliegen;
6. werden ersucht, die gemäß Artikel 126 Absatz 7 gegebenen Empfehlungen von sich aus zu veröffentlichen;
7. verpflichten sich, sich nur dann auf Artikel 2 Absatz 3 der Verordnung des Rates über die Beschleunigung und Klärung des Verfahrens bei einem übermäßigen Defizit[1] zu berufen, wenn sie sich in einer schweren Rezession befinden; die Mitgliedstaaten werden bei der Prüfung der Frage, ob der Wirtschaftsrückgang schwerwiegend ist, in der Regel als Referenzpunkt einen Rückgang des realen BIP um mindestens 0,75 % auf Jahresbasis zugrunde legen.

Die Kommission

1. wird ihr Inititativrecht nach dem Vertrag in einer Weise ausüben, die das strikte, zeitgerechte und wirksame Funktionieren des Stabilitäts- und Wachstumspaktes erleichtert;

---

[1] Nr. **38**.
[2] Nr. **2**.

2. wird unverzüglich die erforderlichen Berichte, Stellungnahmen und Empfehlungen vorlegen, damit Beschlüsse des Rates gemäß den Artikeln 121 und 126[1] angenommen werden können; dies wird das wirksame Funktionieren des Frühwarnsystems und die rasche Einleitung und strikte Anwendung des Verfahrens bei einem übermäßigen Defizit erleichtern;
3. verpflichtet sich, einen Bericht gemäß Artikel 126 Absatz 3 auszuarbeiten, wenn das Risiko eines übermäßigen Defizits besteht oder das geplante oder tatsächliche öffentliche Defizit den Referenzwert von 3 % des BIP übersteigt, wodurch das Verfahren gemäß Artikel 126 Absatz 3 ausgelöst wird;
4. verpflichtet sich, dem Rat ihren Standpunkt schriftlich zu begründen, wenn sie abweichend von der Auffassung des Wirtschafts- und Finanzausschusses der Ansicht ist, daß ein Defizit von mehr als 3 % des BIP nicht übermäßig ist;
5. verpflichtet sich, in der Regel eine Empfehlung für einen Beschluß des Rates über die Frage abzugeben, ob ein übermäßiges Defizit gemäß Artikel 126 Absatz 6 besteht, wenn der Rat sie gemäß Artikel 135 darum ersucht.

Der Rat

1. ist einer strikten und rechtzeitigen Durchführung aller in seinen Zuständigkeitsbereich fallenden Bestandteile des Stabilitäts- und Wachstumspaktes verpflichtet; er wird die erforderlichen Beschlüsse gemäß den Artikeln 121 und 126[1] so rasch wie möglich fassen;
2. wird aufgefordert, die Fristen für die Anwendung des Verfahrens bei einem übermäßigen Defizit als Höchstgrenzen zu betrachten; insbesondere empfiehlt der Rat gemäß Artikel 126 Absatz 7, ein übermäßiges Defizit so rasch wie möglich nach seinem Auftreten, spätestens aber im Jahr nach seiner Feststellung, zu beseitigen, es sei denn, es liegen besondere Umstände vor;
3. wird ersucht, immer Sanktionen zu verhängen, wenn ein teilnehmender Mitgliedstaat nicht, wie vom Rat empfohlen, die zur Behebung des übermäßigen Defizits erforderlichen Schritte unternimmt;
4. wird aufgefordert, immer die Hinterlegung einer unverzinslichen Einlage zu verlangen, wenn der Rat beschließt, Sanktionen gegen einen teilnehmenden Mitgliedstaat gemäß Artikel 126 Absatz 11 zu verhängen;
5. wird aufgefordert, eine Einlage zwei Jahre nach dem Beschluß, Sanktionen gemäß Artikel 126 Absatz 11 zu verhängen, immer in eine Geldbuße umzuwandeln, es sei denn, das übermäßige Defizit ist nach Ansicht des Rates beseitigt worden;
6. wird ersucht, für den Fall, daß er in einem Stadium des Verfahrens bei einem übermäßigen Defizit oder des Verfahrens zur Überwachung des Haushalts nicht auf eine Empfehlung der Kommission hin tätig werden sollte, immer die Gründe dafür, daß er nicht tätig wird, schriftlich darzulegen und das Votum eines jeden Mitgliedstaats zu veröffentlichen.

---

[1] Nr. **2**.

37. Verordnung (EG) Nr. 1466/97 des Rates vom 7. Juli 1997 über den Ausbau der haushaltspolitischen Überwachung und der Überwachung und Koordinierung der Wirtschaftspolitiken

(ABl. L 209 S. 1)

Celex-Nr. 3 1997 R 1466

zuletzt geänd. durch Art. 1 ÄndVO (EU) 1175/2011 v. 16.11.2011 (ABl. L 306 S. 12)

Nichtamtliche Inhaltsübersicht

DER RAT DER EUROPÄISCHEN UNION –

gestützt auf den Vertrag zur Gründung der Europäischen Gemeinschaft[1)], insbesondere auf Artikel 121 Absatz 5,

auf Vorschlag der Kommission[2)],

---

1) Nunmehr Vertrag über die Arbeitsweise der Europäischen Union (Nr. **2**) durch Vertrag von Lissabon v. 13.12.2007 (ABl. C 306 S. 1).

2) **Amtl. Anm.:** ABl. Nr. C 368 vom 6.12.1996, S. 9.

gemäß dem Verfahren des Artikels 189c des Vertrags[1)2)],

in Erwägung nachstehender Gründe:

(1) Der Stabilitäts- und Wachstumspakt beruht auf dem Ziel einer gesunden öffentlichen Finanzlage als Mittel zur Verbesserung der Voraussetzungen für Preisstabilität und ein starkes, nachhaltiges Wachstum, das der Schaffung von Arbeitsplätzen förderlich ist.

(2) Der Stabilitäts- und Wachstumspakt besteht aus dieser Verordnung mit dem Ziel des Ausbaus der haushaltspolitischen Überwachung und der Überwachung und Koordinierung der Wirtschaftspolitiken, der Verordnung (EG) Nr. 1467/97[3)] des Rates[4)], mit dem Ziel einer Beschleunigung und Klärung des Verfahrens bei einem übermäßigen Defizit und der Entschließung des Europäischen Rates vom 17. Juni 1997 über den Stabilitäts- und Wachstumspakt[5)], in der im Einklang mit Artikel D des Vertrags über die Europäische Union[6)] feste politische Vorgaben gemacht werden, damit der Stabilitäts- und Wachstumspakt strikt und fristgerecht umgesetzt werden kann und insbesondere das mittelfristige Ziel eines nahezu ausgeglichenen Haushalts oder einen Überschuß aufweisenden Haushalts, wozu sich alle Mitgliedstaaten verpflichtet haben, eingehalten und die haushaltspolitischen Korrekturmaßnahmen, die ihres Erachtens zur Erreichung der Ziele ihrer Stabilitäts- und Konvergenzprogramme erforderlich sind, ergriffen werden können, wenn es Anzeichen für eine tatsächliche oder zu erwartende erhebliche Abweichung von dem mittelfristigen Haushaltsziel gibt.

(3) In der dritten Stufe der Wirtschafts- und Währungsunion (WWU) besteht für die Mitgliedstaaten nach Artikel 104c[7)] eine klare Verpflichtung aufgrund des Vertrags zur Vermeidung übermäßiger öffentlicher Defizite. Nach Nummer 5 des dem Vertrag beigefügten Protokolls Nr. 11 über einige Bestimmungen betreffend das Vereinigte Königreich Großbritannien und Nordirland[8)] gilt Artikel 104c Absatz 1[7)] für das Vereinigte Königreich erst, wenn es in die dritte Stufe eintritt. Die Verpflichtung nach Artikel 109e Absatz 4[9)], sich um eine Vermeidung übermäßiger öffentlicher Defizite zu bemühen, gilt für das Vereinigte Königreich weiterhin.

[1)] Art. 189c EGV-Maastricht später Art. 252 EGV-Nizza aufgehoben durch Vertrag von Lissabon v. 13.12.2007 (ABl. C 306 S. 1)

[2)] **Amtl. Anm.:** Stellungnahme des Europäischen Parlaments vom 28. November 1996 (ABl. Nr. C 380 vom 16.12.1996, S. 28), gemeinsamer Standpunkt des Rates vom 14. April 1997 (ABl. Nr. C 146 vom 30.5.1997, S. 26) und Beschluß des Europäischen Parlaments vom 29. Mai 1997 (ABl. Nr. C 182 vom 16.6.1997).

[3)] Nr. **38**.

[4)] **Amtl. Anm.:** Siehe Seite 6 dieses Amtsblatts. *[Red. Anm.: ABl. 1997 L 209.]*

[5)] **Amtl. Anm.:** ABl. Nr. C 236 vom 2.8.1997, S. 1.

[6)] Nunmehr Artikel 15 des EUV (Nr. **1**) durch Vertrag von Lissabon v. 13.12.2007 (ABl. C 306 S. 1).

[7)] Nunmehr Art. 126 AEUV (Nr. **2**) durch Vertrag von Lissabon v. 13.12.2007 (ABl. C 306 S. 1).

[8)] Seit dem 1.2.2020 ist das Vereinigte Königreich aus der Europäischen Union ausgetreten und ist seitdem ein Drittland (Nicht-EU-Land).

[9)] Art. 109e Abs. 4 EGV-Maastricht später Art. 116 Abs. 4 EGV-Nizza bezieht sich auf die zweite (Übergangs-)Stufe der Wirtschafts- und Währungsunion, hat damit heute keine Bedeutung mehr und wurde deswegen nicht in den AEUV (Nr. **2**) übernommen. Die Norm lautet: „In der zweiten Stufe sind die Mitgliedstaaten bemüht, übermäßige öffentliche Defizite zu vermeiden."

(4) Indem die Mitgliedstaaten an dem mittelfristigen Ziel eines nahezu ausgeglichenen Haushalts oder eines Haushaltsüberschusses festhalten, können sie normale Konjunkturschwankungen bewältigen und zugleich bewirken, daß das Defizit des öffentlichen Haushalts innerhalb des Referenzwerts von 3 % des BIP gehalten wird.

(5) Das Verfahren der multilateralen Überwachung nach Artikel 121 Absätze 3 und 4 sollte durch ein Frühwarnsystem ergänzt werden, in dessen Rahmen der Rat einen Mitgliedstaat frühzeitig darauf aufmerksam macht, daß die erforderlichen Maßnahmen zur Korrektur des Haushalts ergriffen werden müssen, damit kein übermäßiges öffentliches Defizit entsteht.

(6) Das Verfahren der multilateralen Überwachung nach Artikel 121 Absätze 3 und 4 sollte weiterhin zur Beobachtung der ganzen Breite der wirtschaftlichen Entwicklung in den einzelnen Mitgliedstaaten und in der Gemeinschaft insgesamt sowie der Vereinbarkeit der Wirtschaftspolitik mit den wirtschaftspolitischen Grundzügen gemäß Artikel 121 Absatz 2 benutzt werden. Für die Beobachtung dieser Entwicklung ist die Vorlage von Informationen in Form von Stabilitäts- und Konvergenzprogrammen angezeigt.

(7) An die wertvollen Erfahrungen aus den ersten beiden Stufen der Wirtschafts- und Währungsunion mit Konvergenzprogrammen ist anzuknüpfen.

(8) Die Mitgliedstaaten, die die einheitliche Währung einführen, nachstehend „teilnehmende Mitgliedstaaten“ genannt, werden nach Artikel 109j[1)] einen hohen Grad an dauerhafter Konvergenz und insbesondere eine auf Dauer tragbare Finanzlage der öffentlichen Hand erreicht haben. Die Wahrung einer gesunden Finanzlage in den genannten Mitgliedstaaten ist erforderlich, um die Preisstabilität zu fördern und die Bedingungen für anhaltendes Wachstum von Produktion und Beschäftigung zu verbessern. Es ist notwendig, daß die teilnehmenden Mitgliedstaaten mittelfristige Programme, nachstehend „Stabilitätsprogramme“ genannt, vorlegen. Darüber hinaus müssen die wichtigsten Angaben, die derartige Programme zu enthalten haben, festgelegt werden.

(9) Die Mitgliedstaaten, die die einheitliche Währung nicht einführen, nachstehend „nicht teilnehmende Mitgliedstaaten“ genannt, sind weiterhin zu einer Politik verpflichtet, die auf einen hohen Grad an dauerhafter Konvergenz abzielt. Diese Mitgliedstaaten müssen mittelfristige Programme, nachstehend „Konvergenzprogramme“ genannt, vorlegen. Die wichtigsten Angaben, die derartige Konvergenzprogramme zu enthalten haben, müssen festgelegt werden.

(10) In seiner Entschließung vom 16. Juni 1997 über die Einführung eines Wechselkursmechanismus in der dritten Stufe der Wirtschafts- und Währungsunion hat der Europäische Rat feste politische Vorgaben formuliert, wonach in der dritten Stufe der WWU ein Wechselkursmechanismus, nachstehend „WKM2“ genannt, geschaffen wird. Für die Währungen der nicht teilnehmenden Mitgliedstaaten, die dem WKM2 beitreten, wird es einen Leitkurs gegenüber dem Euro geben, womit ein Bezugspunkt ge-

---

[1)] Art. 109j EGV-Maastricht später Art. 121 Abs. 2-4 EGV-Nizza aufgehoben durch Vertrag von Lissabon v. 13.12.2007 (ABl. C 306 S. 1).

schaffen wird, der beurteilen hilft, ob ihre Politiken angemessen sind. Der WKM2 wird ferner dazu beitragen, diese Mitgliedstaaten und die Mitgliedstaaten, die den Euro einführen, vor ungerechtfertigtem Druck auf den Devisenmärkten zu schützen. Die Mitgliedstaaten, die sich außerhalb des WKM2 befinden, werden nichtsdestoweniger, um eine angemessene Überwachung im Rat zu ermöglichen, entsprechende Politiken in ihren stabilitätsorientierten Konvergenzprogrammen vorlegen, damit Verzerrungen der realen Wechselkurse und übermäßige Schwankungen der nominalen Wechselkurse vermieden werden.

(11) Voraussetzung für auf Dauer stabile Wechselkurse ist die anhaltende Konvergenz der wirtschaftlichen Eckdaten.

(12) Für die Vorlage von Stabilitätsprogrammen und Konvergenzprogrammen und deren aktualisierten Fassungen muß ein Zeitplan festgesetzt werden.

(13) Im Interesse der Transparenz und einer wohlinformierten Öffentlichkeit ist es erforderlich, daß die Mitgliedstaaten ihre Stabilitäts- und Konvergenzprogramme veröffentlichen.

(14) Der Rat sollte bei der Prüfung und Überwachung der Umsetzung der Stabilitäts- und Konvergenzprogramme, vor allem ihrer mittelfristigen Haushaltsziele oder des angestrebten Anpassungspfads, auf dem diese Ziele erreicht werden sollen, die jeweiligen konjunkturellen und strukturellen Merkmale der Wirtschaft eines jeden Mitgliedstaats berücksichtigen.

(15) In diesem Zusammenhang sollte erheblichen Abweichungen von den Haushaltszielen eines nahezu ausgeglichenen Haushalts oder eines Überschusses besondere Aufmerksamkeit gelten. Damit ein öffentliches Defizit in einem Mitgliedstaat nicht übermäßig wird, sollte der Rat frühzeitig eine Warnung an diesen richten. Bei einem anhaltenden Abweichen vom vorgegebenen Haushaltsziel sollte der Rat seine Empfehlung verschärfen und veröffentlichen. An nicht teilnehmende Mitgliedstaaten kann der Rat Empfehlungen für Maßnahmen zur Umsetzung ihrer Konvergenzprogramme richten.

(16) Sowohl Konvergenz- als auch Stabilitätsprogramme führen zu der Erfüllung der Voraussetzungen für die wirtschaftliche Konvergenz nach Maßgabe des Artikels 104c des Vertrags[1)] –

HAT FOLGENDE VERORDNUNG ERLASSEN:

Abschnitt 1. Zweck der Verordnung und Begriffsbestimmungen

Art. 1 [Anwendungsbereich] In dieser Verordnung werden die Regeln für den Inhalt, die Vorlage und die Prüfung der Stabilitätsprogramme und Konvergenzprogramme und für die Beobachtung von deren Umsetzung im Rahmen der multilateralen Überwachung durch den Rat und die Kommission festgelegt, um das Entstehen übermäßiger öffentlicher Defizite bereits in einem frühen Stadium zu verhindern, die Überwachung und Koordinierung der Wirtschaftspolitik zu fördern und dadurch die Erreichung der Ziele der Union für Wachstum und Beschäftigung zu unterstützen.

[1)] Nunmehr Art. 126 AEUV (Nr. **2**) durch Vertrag von Lissabon v. 13.12.2007 (ABl. C 306 S. 1).

Art. 2 [Definitionen] Für die Zwecke dieser Verordnung bezeichnet der Ausdruck:

a) „teilnehmende Mitgliedstaaten" die Mitgliedstaaten, deren Währung der Euro ist;

b) „nicht teilnehmende Mitgliedstaaten" alle anderen Mitgliedstaaten.

Abschnitt 1-A. Europäisches Semester für die wirtschaftspolitische Koordinierung

Art. 2-a [Wirtschaftspolitische Koordinierung]. (1) Um eine engere Koordinierung der Wirtschaftspolitik und eine dauerhafte Konvergenz der Wirtschaftsleistung der Mitgliedstaaten zu gewährleisten, führt der Rat die multilaterale Überwachung als integralen Bestandteil des Europäischen Semesters für die wirtschaftspolitische Koordinierung im Einklang mit den im Vertrag über die Arbeitsweise der Europäischen Union (AEUV)[1] festgelegten Zielen und Anforderungen durch.

(2) Dieses Europäische Semester umfasst:

a) die Bestimmung und Überwachung der Umsetzung der Grundzüge der Wirtschaftspolitik der Mitgliedstaaten und der Union (Grundzüge der Wirtschaftspolitik) nach Maßgabe des Artikel 121 Absatz 2 AEUV;

b) die Bestimmung und Prüfung der Umsetzung der von den Mitgliedstaaten gemäß Artikel 148 Absatz 2 AEUV zu berücksichtigenden beschäftigungspolitischen Leitlinien (beschäftigungspolitische Leitlinien);

c) die Übermittlung und Bewertung der Stabilitäts- oder Konvergenzprogramme der Mitgliedstaaten nach dieser Verordnung;

d) die Übermittlung und Bewertung der nationalen Reformprogramme der Mitgliedstaaten zur Unterstützung der Strategie der Union für Wachstum und Beschäftigung, die gemäß den Leitlinien der Buchstaben a und b und den für die Mitgliedstaaten von der Kommission und vom Europäischen Rat zu Beginn des jährlichen Überwachungszyklus aufgestellten allgemeinen Leitlinien erarbeitet wurden;

e) die Überwachung zur Vermeidung und Korrektur makroökonomischer Ungleichgewichte gemäß Verordnung (EU) Nr. 1176/2011 des Europäischen Parlaments und des Rates vom 16. November 2011 über die Vermeidung und Korrektur makroökonomischer Ungleichgewichte[2].

(3) *[1]* Im Sinne einer rechtzeitigen und integrierten politischen Beratung im Hinblick auf makrofinanzpolitische und makrostrukturpolitische Vorhaben erstellt der Rat im Verlauf des Europäischen Semesters nach Bewertung dieser Programme auf der Grundlage der Empfehlungen der Kommission unter Nutzung der Rechtsinstrumente gemäß Artikel 121 und 148 AEUV und dieser Verordnung sowie der Verordnung (EU) Nr. 1176/2011 in der Regel Leitlinien für die Mitgliedstaaten.

[2] [1]Die Mitgliedstaaten berücksichtigen die an sie gerichteten Leitlinien bei der Entwicklung ihrer Wirtschafts-, Beschäftigungs- und Haushaltspolitik ge-

---

[1] Nr. 2.

[2] **Amtl. Anm.:** ABl. L 306 vom 23.11.2011, S. 25.

bührend, ehe sie die wesentlichen Beschlüsse über die nationalen Haushalte für die kommenden Jahre fassen. [2] Die entsprechenden Fortschritte werden von der Kommission kontrolliert.

[3] Handelt ein Mitgliedstaat nicht entsprechend den an ihn gerichteten Leitlinien, so kann dies folgende Maßnahmen nach sich ziehen:

a) weiteren Empfehlungen für spezifische Maßnahmen;

b) einer Verwarnung durch die Kommission gemäß Artikel 212 Absatz 4 AEUV;

c) Maßnahmen gemäß dieser Verordnung, der Verordnung (EG) Nr. 1467/97[1)] oder der Verordnung (EU) Nr. 1176/2011.

[4] Die Umsetzung dieser Maßnahmen wird von der Kommission verstärkt überwacht und kann Überwachungsmissionen gemäß Artikel -11 dieser Verordnung einschließen.

(4) *[1]* [1] Das Europäische Parlament wird in das Europäische Semester umfassend eingebunden, um die Transparenz, die Eigenverantwortung und die Rechenschaftspflicht für die getroffenen Entscheidungen zu steigern, insbesondere über den Wirtschaftlichen Dialog gemäß Artikel 2-ab dieser Verordnung. [2] Der Wirtschafts- und Finanzausschuss, der Ausschuss für Wirtschaftspolitik, der Beschäftigungsausschuss und der Ausschuss für Sozialschutz werden gegebenenfalls im Rahmen des Europäischen Semesters konsultiert. [3] Die einschlägigen Beteiligten, insbesondere die Sozialpartner, werden im Rahmen des Europäischen Semesters gegebenenfalls in Bezug auf die zentralen politischen Fragen gemäß den Bestimmungen des AEUV und der nationalen rechtlichen und politischen Regelungen eingebunden.

[2] [1] Der Präsident des Rates und die Kommission gemäß Artikel 121 AEUV sowie gegebenenfalls der Präsident der Euro-Gruppe erstatten dem Europäischen Parlament und dem Europäischen Rat jährlich Bericht über die Ergebnisse der multilateralen Überwachung. [2] Diese Berichte sollten Bestandteil des Wirtschaftlichen Dialogs gemäß Artikel 2-ab dieser Verordnung sein.

Abschnitt 1-Aa. Wirtschaftlicher Dialog

Art. 2-ab [Wirtschaftlicher Dialog]. (1) Zur Verbesserung des Dialogs zwischen den Organen der Union, insbesondere zwischen dem Europäischen Parlament, dem Rat und der Kommission und um ein höheres Maß an Transparenz und Rechenschaftspflicht zu gewährleisten, kann der zuständige Ausschuss des Europäischen Parlaments den Präsidenten des Rates, die Kommission und gegebenenfalls den Präsidenten des Europäischen Rates oder den Präsidenten der Euro-Gruppe einladen, vor dem Ausschuss zu erscheinen, um Folgendes zu erörtern:

a) die dem Ausschuss vom Rat übermittelten Informationen über die Grundzüge der Wirtschaftspolitik gemäß Artikel 121 Absatz 2 AEUV[2)];

b) die von der Kommission zu Beginn des jährlichen Zyklus der Überwachung an die Adresse der Mitgliedstaaten gerichteten allgemeinen Leitlinien;

---

1) Nr. **38**.
2) Nr. **2**.

c) die Schlussfolgerungen des Europäischen Rates über die Grundzüge der Wirtschaftspolitik im Rahmen des Europäischen Semesters;

d) die Ergebnisse der gemäß dieser Verordnung durchgeführten multilateralen Überwachung;

e) die Schlussfolgerungen des Europäischen Rates zu den Leitlinien für die multilaterale Überwachung und zu deren Ergebnissen;

f) die Überprüfungen der Durchführung der multilateralen Überwachung am Ende des Europäischen Semesters;

g) die Empfehlungen des Rates an die Mitgliedstaaten gemäß Artikel 121 Absatz 4 AEUV bei erheblichen Abweichungen und den Bericht des Rates an den Europäischen Rat gemäß Artikel 6 Absatz 2 und Artikel 10 Absatz 2 dieser Verordnung.

(2) Vom Rat wird grundsätzlich erwartet, den Empfehlungen und Vorschlägen der Kommission zu folgen oder aber seine Haltung öffentlich zu erläutern.

(3) Der zuständige Ausschuss des Europäischen Parlaments kann einem Mitgliedstaat, an den eine Empfehlung des Rates gemäß Artikel 6 Absatz 2 oder Artikel 10 Absatz 2 gerichtet wurde, die Gelegenheit bieten, an einer Aussprache teilzunehmen.

(4) Der Rat und die Kommission unterrichten das Europäische Parlament regelmäßig über die Anwendung dieser Verordnung.

Abschnitt 1a. Mittelfristige Haushaltsziele

Art. 2a [Differenzierte länderspezifische Haushaltsziele] *[1]* [1]Jeder Mitgliedstaat setzt sich ein differenziertes mittelfristiges Haushaltsziel für seine Haushaltslage. [2]Diese länderspezifischen mittelfristigen Haushaltsziele können von der Anforderung eines nahezu ausgeglichenen oder einen Überschuss aufweisenden Haushalts abweichen und gleichzeitig eine Sicherheitsmarge im Hinblick auf die öffentliche Defizitquote von 3 % des BIP vorsehen. [3]Diese mittelfristigen Haushaltsziele gewährleisten tragfähige öffentliche Finanzen oder einen raschen Fortschritt in Richtung auf eine solche Tragfähigkeit und eröffnen gleichzeitig einen haushaltspolitischen Spielraum, wobei insbesondere der Notwendigkeit von öffentlichen Investitionen Rechnung getragen wird.

[2] Unter Berücksichtigung dieser Faktoren bewegen sich die länderspezifischen mittelfristigen Haushaltsziele für die teilnehmenden Mitgliedstaaten und für die Mitgliedstaaten, die am WKM2 teilnehmen innerhalb einer konkreten Spanne, die konjunkturbereinigt und ohne Anrechnung einmaliger und befristeter Maßnahmen zwischen -1 % des BIP und einem ausgeglichenen oder einen Überschuss aufweisenden Haushalt liegt.

[3] [1]Das mittelfristige Haushaltsziel wird alle drei Jahre überprüft. [2]Das mittelfristige Haushaltsziel eines Mitgliedstaats kann weiter angepasst werden, wenn eine strukturelle Reform mit erheblichen Auswirkungen auf die Tragfähigkeit der öffentlichen Finanzen umgesetzt wird.

[4] Die Einhaltung des mittelfristigen Haushaltsziels wird gemäß Kapitel IV der Richtlinie 2011/85/EU vom 8. November 2011 des Rates über die An-

forderungen an die haushaltspolitischen Rahmen der Mitgliedstaaten[1] in den nationalen mittelfristigen Haushaltsrahmen aufgenommen.

Abschnitt 2. Stabilitätsprogramme

Art. 3 [Inhalte der Stabilitätsprogramme] (1) Jeder teilnehmende Mitgliedstaat legt dem Rat und der Kommission die zur regelmäßigen multilateralen Überwachung im Sinne von Artikel 121 AEUV[2] erforderlichen Angaben in Form eines Stabilitätsprogramms vor, das eine wesentliche Grundlage für die Tragfähigkeit der öffentlichen Finanzen bildet, welche der Preisstabilität, starkem, nachhaltigem Wachstum und der Schaffung von Arbeitsplätzen förderlich ist.

(2) Stabilitätsprogramme liefern folgende Angaben:

a) das mittelfristige Haushaltsziel sowie den Anpassungspfad in Richtung auf dieses Ziel für den gesamtstaatlichen Haushaltssaldo in Prozent des BIP, die voraussichtliche Entwicklung der öffentlichen Schuldenquote, den bei den Staatsausgaben – einschließlich der entsprechenden Ausgaben für Bruttoanlageinvestitionen – geplanten Wachstumspfad, insbesondere unter Berücksichtigung der Bedingungen und Kriterien für die Feststellung des Ausgabenwachstums gemäß Artikel 5 Absatz 1, den bei den Staatseinnahmen geplanten Wachstumspfad bei unveränderter Politik sowie eine Quantifizierung der auf der Einnahmenseite geplanten diskretionären Maßnahmen;

aa) Informationen über implizite Verbindlichkeiten im Zusammenhang mit der Bevölkerungsalterung sowie Eventualverbindlichkeiten wie staatliche Bürgschaften mit möglicherweise erheblichen Auswirkungen auf den gesamtstaatlichen Haushalt;

ab) Informationen zur Vereinbarkeit des Stabilitätsprogramms mit den Grundzügen der Wirtschaftspolitik und dem nationalen Reformprogramm;

b) die Hauptannahmen über die voraussichtliche wirtschaftliche Entwicklung und über wichtige ökonomische Variablen, die für die Erreichung des Stabilitätsprogramms von Belang sind, wie Ausgaben für öffentliche Investitionen, reales BIP-Wachstum, Beschäftigung und Inflation;

c) eine quantitative Bewertung der haushaltspolitischen und sonstigen wirtschaftspolitischen Maßnahmen, die zur Erreichung der Programmziele unternommen oder vorgeschlagen werden, darunter eine Kosten-Nutzen-Analyse für größere Strukturreformen, die – auch durch Steigerung des potentiellen nachhaltigen Wachstums – direkte langfristige positive Auswirkungen auf den Haushalt haben;

d) eine Untersuchung der Auswirkungen von Änderungen bei den wichtigsten ökonomischen Annahmen auf die Haushalts- und Verschuldenslage;

e) gegebenenfalls die Gründe für eine Abweichung von dem geforderten Anpassungspfad in Richtung auf das mittelfristige Haushaltsziel.

(2a) *[1]* [1] Das Stabilitätsprogramm muss auf dem wahrscheinlichsten makrobudgetären Szenario oder auf einem vorsichtigeren Szenario basieren. [2] Die

---

[1] **Amtl. Anm.:** ABl. L 306 vom 23.11.2011, S. 41.
[2] Nr. **2**.

makroökonomischen und haushaltspolitischen Prognosen werden mit den aktuellsten Prognosen der Kommission und gegebenenfalls denjenigen anderer unabhängiger Gremien verglichen. [3]Erhebliche Abweichungen zwischen dem gewählten makrobudgetären Szenario und den Prognosen der Kommission müssen begründet werden, insbesondere wenn der Umfang oder die Höhe der externen Annahmen erheblich von den Angaben in den Prognosen der Kommission abweichen.

[2] Die genaue Art der Angaben in Absatz 2 Buchstaben a, aa, b, c und d wird von der Kommission in Zusammenarbeit mit den Mitgliedstaaten in einem harmonisierten Rahmen dargelegt.

(3) Die Angaben zur Entwicklung von gesamtstaatlichem Haushaltsaldo und gesamtstaatlicher Schuldenquote, zum Wachstum der Staatsausgaben, zu dem bei den Staatseinnahmen geplanten Wachstumspfad bei unveränderter Politik, zu den auf der Einnahmenseite geplanten, angemessen quantifizierten diskretionären Maßnahmen sowie den in Absatz 2 Buchstaben a und b genannten wichtigsten ökonomischen Annahmen werden auf Jahresbasis erstellt und beziehen sich auf das Vorjahr, das laufende Jahr und mindestens die drei folgenden Jahre.

(4) Jedes Programm enthält Informationen über seinen Status im Rahmen der nationalen Verfahren und insbesondere darüber, ob das Programm dem nationalen Parlament vorgelegt wurde und ob das nationale Parlament die Möglichkeit hatte, die Stellungnahme des Rates zu dem vorhergehenden Programm oder gegebenenfalls Empfehlungen oder Verwarnungen zu erörtern, und ob das Programm vom Parlament gebilligt wurde.

Art. 4 [Fristen der Stabilitätsprogramme] (1) Stabilitätsprogramme sind alljährlich im April, vorzugsweise bis Mitte April und spätestens am 30. April, vorzulegen.

(2) Die Mitgliedstaaten veröffentlichen ihre Stabilitätsprogramme.

Art. 5 [Prüfung durch den Rat und die Kommission] (1) *[1]* Auf der Grundlage von Bewertungen der Kommission und des Wirtschafts- und Finanzausschusses prüft der Rat im Rahmen der multilateralen Überwachung nach Artikel 121 AEUV[1] das von dem betreffenden Mitgliedstaat angegebene mittelfristige Haushaltsziel nach den Angaben in seinem Stabilitätsprogramm; ferner bewertet er, ob die ökonomischen Annahmen, auf denen das Programm beruht, plausibel sind, ob der Anpassungspfad in Richtung auf das mittelfristige Haushaltsziel angemessen ist – einschließlich der Prüfung des begleitenden Pfades für die Schuldenquote – und ob die laufenden oder vorgeschlagenen Maßnahmen zur Einhaltung dieses Anpassungspfads ausreichen, um das mittelfristige Haushaltsziel im Laufe des Konjunkturzyklus zu erreichen.

[2] [1]Der Rat und die Kommission prüfen bei der Beurteilung des Anpassungspfads in Richtung auf das mittelfristige Haushaltsziel, ob der betreffende Mitgliedstaat eine zur Erreichung dieses mittelfristigen Haushaltsziels angemessene jährliche Verbesserung seines konjunkturbereinigten Haushaltssaldos ohne Anrechnung einmaliger und sonstiger befristeter Maßnahmen verfolgt, wobei ein Richtwert von 0,5 % des BIP zugrunde gelegt wird. [2]Bei Mitgliedstaaten

---

[1] Nr. **2**.

mit einem Schuldenstand von über 60 % des BIP oder mit ausgeprägten Risiken hinsichtlich der Tragfähigkeit ihrer Gesamtschulden prüfen der Rat und die Kommission, ob die jährliche Verbesserung des konjunkturbereinigten Haushaltssaldos ohne einmalige und sonstige befristete Maßnahmen über 0,5 % des BIP hinausgeht. [3]Der Rat und die Kommission berücksichtigen dabei, ob in Zeiten guter wirtschaftlicher Entwicklung stärkere Anpassungsanstrengungen unternommen werden, während die Anstrengungen in Zeiten schlechter wirtschaftlicher Entwicklung geringer ausfallen könnten. [4]Insbesondere sind unerwartete Mehr- und Mindereinnahmen zu berücksichtigen.

[3] [1]Ausreichende Fortschritte in Richtung auf das mittelfristige Haushaltsziel werden auf der Grundlage einer Gesamtbewertung evaluiert, bei der der strukturelle Haushaltsaldo als Referenz dient, einschließlich einer Analyse der Ausgaben ohne Anrechnung diskretionärer einnahmenseitiger Maßnahmen. [2]Hierzu prüfen der Rat und die Kommission, ob das Wachstum der Staatsausgaben bei gleichzeitiger Berücksichtigung der einnahmenseitig getroffenen oder geplanten Maßnahmen im Einklang mit den folgenden Bedingungen steht:

a) bei Mitgliedstaaten, die das mittelfristige Haushaltsziel erreicht haben, geht das jährliche Ausgabenwachstum nicht über eine mittelfristige Referenzrate des potenziellen BIP-Wachstums hinaus, es sei denn, eine Überschreitung wird durch diskretionäre einnahmenseitige Maßnahmen in gleicher Höhe ausgeglichen;

b) bei Mitgliedstaaten, die ihr mittelfristiges Haushaltsziel noch nicht erreicht haben, liegt das jährliche Ausgabenwachstum unterhalb einer mittelfristigen Referenzrate des potenziellen BIP-Wachstums, es sei denn, eine Überschreitung wird durch diskretionäre einnahmenseitige Maßnahmen in gleicher Höhe ausgeglichen; der Abstand der Staatsausgaben-Wachstumsrate zu einer mittelfristigen Referenzrate des potenziellen BIP-Wachstums wird so festgesetzt, dass eine angemessene Korrektur in Richtung des mittelfristigen Haushaltsziels sichergestellt ist;

c) bei Mitgliedstaaten, die ihr mittelfristiges Haushaltsziel noch nicht erreicht haben, wird jede diskretionäre Senkung der Staatseinnahmen entweder durch Ausgabenkürzungen oder durch eine diskretionäre Erhöhung anderer Staatseinnahmen in gleicher Höhe oder durch beides ausgeglichen.

[4] Die Gesamtausgaben dürfen keine Zinszahlungen, keine Ausgaben für Unionsprogramme, die vollständig durch Einnahmen aus Fonds der Union ausgeglichen werden, und keine nicht-diskretionären Änderungen der Ausgaben für Arbeitslosenunterstützung beinhalten.

[5] Ein Ausgabenwachstum, das über die mittelfristige Referenzrate hinausgeht, darf nicht als Verletzung des Richtwerts betrachtet werden, insofern es vollständig durch gesetzlich vorgeschriebene Einnahmensteigerungen ausgeglichen wird.

[6] [1]Die mittelfristige Referenzrate des potenziellen BIP-Wachstums wird auf der Grundlage vorwärts gerichteter Projektionen und rückwärts gerichteter Schätzungen bestimmt. [2]Die Projektionen werden regelmäßig aktualisiert. [3]Die Kommission veröffentlicht die Berechnungsmethode für diese Projektionen und die daraus abgeleitete mittelfristige Referenzrate des potenziellen BIP-Wachstums.

[7] Bei der Festlegung des Anpassungspfads zur Erreichung des mittelfristigen Haushaltsziels für Mitgliedstaaten, die dieses Ziel noch nicht erreicht haben, und wenn Mitgliedstaaten, die es bereits erreicht haben, eine befristete Abweichung von diesem Ziel eingeräumt wird, sofern eine angemessene Sicherheitsmarge zum Defizit-Referenzwert beibehalten und erwartet wird, dass die Haushaltslage im Programmzeitraum wieder zum mittelfristigen Haushaltsziel zurückkehrt, tragen der Rat und die Kommission größeren Strukturreformen Rechnung, die – auch durch Steigerung des nachhaltigen Potenzialwachstums – direkte langfristige positive Auswirkungen auf den Haushalt und mithin nachprüfbare Auswirkungen auf die langfristige Tragfähigkeit der öffentlichen Finanzen haben.

[8] [1] Besondere Aufmerksamkeit gilt Rentenreformen, durch die ein Mehrsäulensystem mit einer gesetzlichen, vollständig kapitalgedeckten Säule eingeführt wird. [2] Mitgliedstaaten, die solche Reformen durchführen, dürfen vom Anpassungspfad in Richtung auf ihr mittelfristiges Haushaltsziel oder von dem Ziel selbst mit der Maßgabe abweichen, dass die Abweichung der Höhe der unmittelbaren zusätzlichen Auswirkungen der Reform auf den gesamtstaatlichen Haushaltsaldo entspricht und vorausgesetzt, eine angemessene Sicherheitsmarge zum Defizit-Referenzwert wird beibehalten.

[9] Der Rat und die Kommission prüfen ferner, ob das Stabilitätsprogramm die Erreichung dauerhafter und echter Konvergenz im Euro-Währungsgebiet und eine engere Koordinierung der Wirtschaftspolitik erleichtert und ob die Wirtschaftspolitik des betreffenden Mitgliedstaats mit den Grundzügen der Wirtschaftspolitik und den beschäftigungspolitischen Leitlinien der Mitgliedstaaten und der Union vereinbar ist.

[10] Bei einem außergewöhnlichen Ereignis, das sich der Kontrolle des betreffenden Mitgliedstaats entzieht und erhebliche Auswirkungen auf die Lage der öffentlichen Finanzen hat, oder bei einem schweren Konjunkturabschwung im Euro-Währungsgebiet oder in der Union insgesamt kann den Mitgliedstaaten gestattet werden, vorübergehend von dem Anpassungspfad in Richtung auf das mittelfristige Haushaltsziel gemäß Unterabsatz 3 abzuweichen, vorausgesetzt, dies gefährdet nicht die mittelfristige Tragfähigkeit der öffentlichen Finanzen.

(2) [1] Der Rat und die Kommission prüfen das Stabilitätsprogramm innerhalb von höchstens drei Monaten nach Vorlage des Programms. [2] Der Rat nimmt auf Empfehlung der Kommission und nach Anhörung des Wirtschafts- und Finanzausschusses bei Bedarf eine Stellungnahme zu dem Programm an. [3] Gelangt der Rat gemäß Artikel 121 AEUV zu der Auffassung, dass die Ziele und Inhalte des Programms mit besonderem Verweis auf den Anpassungspfad in Richtung auf das mittelfristige Haushaltsziel anspruchsvoller formuliert werden sollten, fordert er den betreffenden Mitgliedstaat in seiner Stellungnahme zur Anpassung des Programms auf.

Art. 6 [Beobachtung der teilnehmenden Mitgliedstaaten] (1) Im Rahmen der multilateralen Überwachung gemäß Artikel 121 Absatz 3 AEUV[1)] überwachen der Rat und die Kommission anhand von Angaben der teilnehmenden Mitgliedstaaten sowie von Bewertungen der Kommission und des

---

[1)] Nr. **2**.

Wirtschafts- und Finanzausschusses die Umsetzung der Stabilitätsprogramme, um dabei insbesondere tatsächliche oder erwartete erhebliche Abweichungen der Haushaltslage vom mittelfristigen Haushaltsziel oder von einem angemessenen Anpassungspfad in Richtung auf dieses Ziel zu ermitteln.

(2) *[1]* Bei einer festgestellten erheblichen Abweichung vom Anpassungspfad in Richtung auf das mittelfristige Haushaltsziel im Sinne von Artikel 5 Absatz 1 Unterabsatz 3 richtet die Kommission zur Vermeidung eines übermäßigen Defizits eine Verwarnung an den betreffenden Mitgliedstaat gemäß Artikel 121 Absatz 4 AEUV.

[2] [1]Der Rat prüft innerhalb eines Monats nach dem Zeitpunkt der Annahme der Verwarnung gemäß Unterabsatz 1 die Lage und nimmt auf der Grundlage einer Empfehlung der Kommission gemäß Artikel 121 Absatz 4 AEUV eine Empfehlung über die erforderlichen politischen Maßnahmen an. [2]In der Empfehlung wird eine Frist von höchstens fünf Monaten für die Behebung der Abweichung festgelegt. [3]Die Frist wird auf drei Monate verkürzt, wenn die Kommission in ihrer Verwarnung zu der Auffassung gelangt, dass die Lage besonders ernst ist und dringende Maßnahmen erfordert. [4]Der Rat macht seine Empfehlung auf Vorschlag der Kommission öffentlich.

[3] Der betreffende Mitgliedstaat erstattet dem Rat innerhalb der Frist, die der Rat in der Empfehlung gemäß Artikel 121 Absatz 4 AEUV festlegt, Bericht über die auf die Empfehlung hin ergriffenen Maßnahmen.

[4] [1]Ergreift der betreffende Mitgliedstaat nicht innerhalb der Frist, die in einer Empfehlung des Rates im Sinne von Unterabsatz 2 festgesetzt wurde, angemessene Maßnahmen, so empfiehlt die Kommission dem Rat unverzüglich, mit qualifizierter Mehrheit einen Beschluss mit der Feststellung anzunehmen, dass keine wirksamen Maßnahmen ergriffen wurden. [2]Gleichzeitig kann die Kommission dem Rat vorschlagen, eine überarbeitete Empfehlung über die erforderlichen politischen Maßnahmen gemäß Artikel 121 Absatz 4 AEUV anzunehmen.

[5] [1]Nimmt der Rat nicht auf Empfehlung der Kommission den Beschluss an, dass keine wirksamen Maßnahmen ergriffen wurden, und unterlässt es der betreffende Mitgliedstaat weiterhin, geeignete Maßnahmen zu ergreifen, so empfiehlt die Kommission einen Monat nach ihrer früheren Empfehlung dem Rat, den Beschluss anzunehmen, dass keine wirksamen Maßnahmen ergriffen wurden. [2]Wird der Beschluss nicht innerhalb von zehn Tagen nach der Annahme durch die Kommission vom Rat mit einfacher Mehrheit abgelehnt, so gilt er als vom Rat angenommen. [3]Gleichzeitig kann die Kommission dem Rat vorschlagen, eine überarbeitete Empfehlung über die erforderlichen politischen Maßnahmen gemäß Artikel 121 Absatz 4 AEUV anzunehmen.

[6] An der Abstimmung über den Beschluss über die Nichteinhaltung gemäß den Unterabsätzen 4 und 5 nehmen nur die Mitglieder des Rates teil, die teilnehmende Mitgliedstaaten vertreten, und der Rat beschließt ohne Berücksichtigung der Stimme des den betreffenden Mitgliedstaat vertretenden Mitglieds des Rates.

[7] Der Rat legt dem Europäischen Rat einen förmlichen Bericht über die so gefassten Beschlüsse vor.

(3) *[1]* Eine Abweichung von dem mittelfristigen Haushaltsziel oder von dem angemessenen Anpassungspfad in Richtung auf dieses Ziel wird auf der Grundlage einer Gesamtbewertung evaluiert, bei der der strukturelle Haushalts-

saldo als Referenz dient, einschließlich einer Analyse der Ausgaben ohne Anrechnung diskretionärer einnahmenseitiger Maßnahmen, wie in Artikel 5 Absatz 1 festgelegt.

[2] Für die Bewertung, ob die Abweichung erheblich ist, werden insbesondere folgende Kriterien herangezogen:

a) Bei Mitgliedstaaten, die das mittelfristige Haushaltsziel nicht erreicht haben, bei der Beurteilung der Veränderung des strukturellen Haushaltssaldos, ob die Abweichung in einem Jahr mindestens 0,5 % des BIP oder in zwei aufeinanderfolgenden Jahren im Durchschnitt mindestens 0,25 % des BIP jährlich beträgt;

b) bei der Beurteilung der Ausgabenentwicklung ohne Anrechnung diskretionärer einnahmenseitiger Maßnahmen, ob die Abweichung eine Gesamtauswirkung auf den Haushaltssaldo von mindestens 0,5 % des BIP in einem Jahr oder kumulativ in zwei aufeinanderfolgenden Jahren hat.

[3] Die Abweichung der Ausgabenentwicklung gilt nicht als erheblich, wenn der betreffende Mitgliedstaat sein mittelfristiges Haushaltsziel übertroffen hat, wobei der Möglichkeit erheblicher unerwarteter Mehreinnahmen Rechnung getragen wird, und wenn die im Stabilitätsprogramm dargelegten Haushaltspläne dieses Ziel im Programmzeitraum nicht gefährden.

[4] Ebenfalls unberücksichtigt bleiben kann eine solche Abweichung bei einem außergewöhnlichen Ereignis, das sich der Kontrolle des betreffenden Mitgliedstaats entzieht und die Lage der öffentlichen Finanzen erheblich beeinträchtigt, oder bei einem schweren Konjunkturabschwung im Euro-Währungsgebiet oder in der Union insgesamt, vorausgesetzt, dies gefährdet nicht die mittelfristige Tragfähigkeit der öffentlichen Finanzen.

Abschnitt 3. Konvergenzprogramme

Art. 7 [Inhalte der Konvergenzprogramme] (1) Jeder nicht teilnehmende Mitgliedstaat legt dem Rat und der Kommission die zur regelmäßigen multilateralen Überwachung im Sinne von Artikel 121 AEUV[1] erforderlichen Angaben in Form eines Konvergenzprogramms vor, das eine wesentliche Grundlage für die Tragfähigkeit der öffentlichen Finanzen bildet, welche der Preisstabilität, starkem, nachhaltigem Wachstum und der Schaffung von Arbeitsplätzen förderlich ist.

(2) Konvergenzprogramme liefern folgende Angaben, insbesondere zu den im Zusammenhang mit den Konvergenzkriterien stehenden Variablen:

a) das mittelfristige Haushaltsziel sowie den Anpassungspfad in Richtung auf dieses Ziel für den gesamtstaatlichen Haushaltssaldo in Prozent des BIP, die voraussichtliche Entwicklung der öffentlichen Schuldenquote, den bei den Staatsausgaben – einschließlich der entsprechenden Ausgaben für Bruttoanlageinvestitionen – geplanten Wachstumspfad, insbesondere unter Berücksichtigung der Bedingungen und Kriterien für die Feststellung des Ausgabenwachstums gemäß Artikel 9 Absatz 1, den bei den Staatseinnahmen geplanten Wachstumspfad bei unveränderter Politik sowie eine Quantifizierung der auf der Einnahmenseite geplanten diskretionären Maßnahmen, die

[1] Nr. 2.

mittelfristigen geldpolitischen Ziele und die Beziehung dieser Ziele zur Preis- und Wechselkursstabilität sowie zur Erreichung dauerhafter Konvergenz;

aa) Informationen über implizite Verbindlichkeiten im Zusammenhang mit der Bevölkerungsalterung sowie Eventualverbindlichkeiten, wie staatliche Bürgschaften mit möglicherweise erheblichen Auswirkungen auf den gesamtstaatlichen Haushalt;

ab) Informationen zur Vereinbarkeit des Konvergenzprogramms mit den Grundzügen der Wirtschaftspolitik und dem nationalen Reformprogramm;

b) die Hauptannahmen über die voraussichtliche wirtschaftliche Entwicklung und über wichtige ökonomische Variablen, die für die Erreichung des Konvergenzprogramms von Belang sind, wie Ausgaben für öffentliche Investitionen, reales BIP-Wachstum, Beschäftigung und Inflation;

c) eine quantitative Bewertung der haushaltspolitischen und sonstigen wirtschaftspolitischen Maßnahmen, die zur Erreichung der Programmziele unternommen oder vorgeschlagen werden, darunter eine Kosten-Nutzen-Analyse für größere Strukturreformen, die – auch durch Steigerung des potentiellen nachhaltigen Wachstums – direkte langfristige positive Auswirkungen auf den Haushalt haben;

d) eine Untersuchung der Auswirkungen von Änderungen bei den wichtigsten ökonomischen Annahmen auf die Haushalts- und Verschuldungslage;

e) gegebenenfalls die Gründe für eine Abweichung von dem geforderten Anpassungspfad in Richtung auf das mittelfristige Haushaltsziel.

(2a) *[1]* [1] Das Konvergenzprogramm muss auf dem wahrscheinlichsten makrobudgetären Szenario oder auf einem vorsichtigeren Szenario basieren. [2] Die makroökonomischen und haushaltspolitischen Prognosen werden mit den aktuellsten Prognosen der Kommission und gegebenenfalls denjenigen anderer unabhängiger Gremien verglichen. [3] Erhebliche Abweichungen zwischen dem gewählten makrobudgetären Szenario und den Prognosen der Kommission müssen begründet werden, insbesondere wenn der Umfang oder die Höhe der externen Annahmen erheblich von den Angaben in den Prognosen der Kommission abweichen.

[2] Die genaue Art der Angaben in Absatz 2 Buchstaben a, aa, b, c und d wird von der Kommission in Zusammenarbeit mit den Mitgliedstaaten in einem harmonisierten Rahmen dargelegt.

(3) Die Angaben zur Entwicklung von gesamtstaatlichem Haushaltssaldo und gesamtstaatlicher Schuldenquote, zum Wachstum der Staatsausgaben, zu dem bei den Staatseinnahmen geplanten Wachstumspfad bei unveränderter Politik, zu den auf der Einnahmenseite geplanten, angemessen quantifizierten diskretionären Maßnahmen sowie den in Absatz 2 Buchstaben a und b genannten wichtigsten ökonomischen Annahmen werden auf Jahresbasis erstellt und beziehen sich auf das Vorjahr, das laufende Jahr und mindestens die drei folgenden Jahre.

(4) Jedes Programm enthält Informationen über seinen Status im Rahmen der nationalen Verfahren und insbesondere darüber, ob das Programm dem nationalen Parlament vorgelegt wurde und ob das nationale Parlament die Möglichkeit hatte, die Stellungnahme des Rates zu dem vorhergehenden Pro-

gramm oder gegebenenfalls Empfehlungen oder Verwarnungen zu erörtern, und ob das Programm vom Parlament gebilligt wurde.

Art. 8 [Fristen der Konvergenzprogramme] (1) Konvergenzprogramme sind alljährlich im April, vorzugsweise bis Mitte April und spätestens am 30. April, vorzulegen.

(2) Die Mitgliedstaaten veröffentlichen ihre Konvergenzprogramme.

Art. 9 [Prüfung durch den Rat] (1) *[1]* Auf der Grundlage von Bewertungen der Kommission und des Wirtschafts- und Finanzausschusses prüft der Rat im Rahmen der multilateralen Überwachung nach Artikel 121 AEUV[1]) die von den betreffenden Mitgliedstaaten in ihren Konvergenzprogrammen angegebenen mittelfristigen Haushaltsziele; ferner bewertet er, ob die ökonomischen Annahmen, auf denen das Programm beruht, plausibel sind, ob der Anpassungspfad in Richtung auf das mittelfristige Haushaltsziel angemessen ist – einschließlich der Prüfung des begleitenden Pfades für die Schuldenquote – und ob die laufenden oder vorgeschlagenen Maßnahmen zur Einhaltung dieses Anpassungspfads ausreichen, um das mittelfristige Ziel im Laufe des Konjunkturzyklus sowie nachhaltige Konvergenz zu erreichen.

[2] [1] Der Rat und die Kommission berücksichtigen bei der Beurteilung des Anpassungspfads in Richtung auf das mittelfristige Haushaltsziel, ob in Zeiten guter wirtschaftlicher Entwicklung stärkere Anpassungsanstrengungen unternommen werden, während die Anstrengungen in Zeiten schlechter wirtschaftlicher Entwicklung geringer ausfallen könnten. [2] Insbesondere sind unerwartete Mehr- und Mindereinnahmen zu berücksichtigen. [3] Bei Mitgliedstaaten mit einem Schuldenstand von über 60 % des BIP oder mit ausgeprägten Risiken hinsichtlich der Tragfähigkeit ihrer Gesamtschulden prüfen der Rat und die Kommission, ob die jährliche Verbesserung des konjunkturbereinigten Haushaltssaldos ohne einmalige und sonstige befristete Maßnahmen erheblich über 0,5 % des BIP hinausgeht. [4] Bei Mitgliedstaaten, die am WKM2 teilnehmen, prüfen der Rat und die Kommission, ob der betreffende Mitgliedstaat eine zur Erreichung seines mittelfristigen Haushaltsziels angemessene jährliche Verbesserung seines konjunkturbereinigten Haushaltssaldos ohne Anrechnung einmaliger und sonstiger befristeter Maßnahmen verfolgt, wobei ein Richtwert von 0,5 % des BIP zugrunde gelegt wird.

[3] [1] Ausreichende Fortschritte in Richtung auf das mittelfristige Haushaltsziel werden auf der Grundlage einer Gesamtbewertung evaluiert, bei der der strukturelle Haushaltssaldo als Referenz dient, einschließlich einer Analyse der Ausgaben ohne Anrechnung diskretionärer einnahmenseitiger Maßnahmen. [2] Hierzu prüfen der Rat und die Kommission, ob das Wachstum der Staatsausgaben bei gleichzeitiger Berücksichtigung der einnahmenseitig getroffenen oder geplanten Maßnahmen im Einklang mit den folgenden Bedingungen steht:

a) bei Mitgliedstaaten, die das mittelfristige Haushaltsziel erreicht haben, geht das jährliche Ausgabenwachstum nicht über eine mittelfristige Referenzrate des potenziellen BIP-Wachstums hinaus, es sei denn, eine Überschreitung

---

1) Nr. 2.

wird durch diskretionäre einnahmenseitige Maßnahmen in gleicher Höhe ausgeglichen;

b) bei Mitgliedstaaten, die ihr mittelfristiges Haushaltsziel noch nicht erreicht haben, liegt das jährliche Ausgabenwachstum unterhalb einer mittelfristigen Referenzrate des potenziellen BIP-Wachstums, es sei denn, eine Überschreitung wird durch diskretionäre einnahmenseitige Maßnahmen in gleicher Höhe ausgeglichen; der Abstand der Staatsausgaben-Wachstumsrate zu einer mittelfristigen Referenzrate des potenziellen BIP-Wachstums wird so festgesetzt, dass eine angemessene Korrektur in Richtung des mittelfristigen Haushaltsziels sichergestellt ist;

c) bei Mitgliedstaaten, die ihr mittelfristiges Haushaltsziel noch nicht erreicht haben, wird jede diskretionäre Senkung der Staatseinnahmen entweder durch Ausgabenkürzungen oder durch eine diskretionäre Erhöhung anderer Staatseinnahmen in gleicher Höhe oder durch beides ausgeglichen.

[4] Die Gesamtausgaben dürfen keine Zinszahlungen, keine Ausgaben für Unionsprogramme, die vollständig durch Einnahmen aus Fonds der Union ausgeglichen werden, und keine nicht-diskretionären Änderungen der Ausgaben für Arbeitslosenunterstützung beinhalten.

[5] Ein Ausgabenwachstum, das über die mittelfristige Referenzrate hinausgeht, darf nicht als Verletzung des Richtwerts betrachtet werden, insofern es vollständig durch gesetzlich vorgeschriebene Einnahmensteigerungen ausgeglichen wird.

[6] [1]Die mittelfristige Referenzrate des potenziellen BIP-Wachstums wird auf der Grundlage vorwärts gerichteter Projektionen und rückwärts gerichteter Schätzungen bestimmt. [2]Die Projektionen werden regelmäßig aktualisiert. [3]Die Kommission veröffentlicht die Berechnungsmethode für diese Projektionen und die daraus abgeleitete mittelfristige Referenzrate des potenziellen BIP-Wachstums.

[7] Bei der Festlegung des Anpassungspfads zur Erreichung des mittelfristigen Haushaltsziels für Mitgliedstaaten, die dieses Ziel noch nicht erreicht haben, und wenn Mitgliedstaaten, die es bereits erreicht haben, eine befristete Abweichung von diesem Ziel eingeräumt wird, sofern eine angemessene Sicherheitsmarge zum Defizit-Referenzwert beibehalten und erwartet wird, dass die Haushaltslage im Programmzeitraum wieder zum mittelfristigen Haushaltsziel zurückkehrt, tragen der Rat und die Kommission größeren Strukturreformen Rechnung, die – auch durch Steigerung des nachhaltigen Potenzialwachstums – direkte langfristige positive Auswirkungen auf den Haushalt und mithin nachprüfbare Auswirkungen auf die langfristige Tragfähigkeit der öffentlichen Finanzen haben.

[8] [1]Besondere Aufmerksamkeit gilt Rentenreformen, durch die ein Mehrsäulensystem mit einer gesetzlichen, vollständig kapitalgedeckten Säule eingeführt wird. [2]Mitgliedstaaten, die solche Reformen durchführen, dürfen vom Anpassungspfad in Richtung auf ihr mittelfristiges Haushaltsziel oder von dem Ziel selbst mit der Maßgabe abweichen, dass die Abweichung der Höhe der unmittelbaren zusätzlichen Auswirkungen der Reform auf den gesamtstaatlichen Haushaltssaldo entspricht und vorausgesetzt, eine angemessene Sicherheitsmarge zum Defizit-Referenzwert wird beibehalten.

[9] [1]Der Rat und die Kommission prüfen ferner, ob das Konvergenzprogramm die Erreichung dauerhafter und echter Konvergenz sowie die engere Koordinierung der Wirtschaftspolitik erleichtert und ob die Wirtschaftspolitik des betreffenden Mitgliedstaats mit den Grundzügen der Wirtschaftspolitik und den beschäftigungspolitischen Leitlinien der Mitgliedstaaten und der Union vereinbar ist. [2]Bei Mitgliedstaaten, die am WKM2 teilnehmen, prüft der Rat außerdem, ob das Konvergenzprogramm eine reibungslose Teilnahme am Wechselkursmechanismus gewährleistet.

[10] Bei einem außergewöhnlichen Ereignis, das sich der Kontrolle des betreffenden Mitgliedstaats entzieht und erhebliche Auswirkungen auf die Lage der öffentlichen Finanzen hat, oder bei einem schweren Konjunkturabschwung im Euro-Währungsgebiet oder in der Union insgesamt kann den Mitgliedstaaten gestattet werden, vorübergehend von dem Anpassungspfad in Richtung auf das mittelfristige Haushaltsziel gemäß Unterabsatz 3 abzuweichen, vorausgesetzt dies gefährdet nicht die mittelfristige Tragfähigkeit der öffentlichen Finanzen.

(2) [1]Der Rat und die Kommission prüfen das Konvergenzprogramm innerhalb von höchstens drei Monaten nach seiner Vorlage. [2]Der Rat nimmt auf Empfehlung der Kommission und nach Anhörung des Wirtschafts- und Finanzausschusses bei Bedarf eine Stellungnahme zu dem Programm an. [3]Gelangt der Rat gemäß Artikel 121 AEUV zu der Auffassung, dass die Ziele und Inhalte des Programms mit besonderem Verweis auf den Anpassungspfad in Richtung auf das mittelfristige Haushaltsziel anspruchsvoller formuliert werden sollten, fordert er den betreffenden Mitgliedstaat in seiner Stellungnahme zur Anpassung des Programms auf.

Art. 10 [Beobachtung der nicht teilnehmenden Mitgliedstaaten]

(1) *[1]* Im Rahmen der multilateralen Überwachung gemäß Artikel 121 Absatz 3 AEUV[1] überwachen der Rat und die Kommission anhand von Angaben der Mitgliedstaaten mit Ausnahmeregelung sowie von Bewertungen der Kommission und des Wirtschafts- und Finanzausschusses die Umsetzung der Konvergenzprogramme, um dabei insbesondere tatsächliche oder erwartete erhebliche Abweichungen der Haushaltslage vom mittelfristigen Haushaltsziel oder von einem angemessenen Anpassungspfad in Richtung auf dieses Ziel zu ermitteln.

[2] Außerdem überwachen der Rat und die Kommission die Wirtschaftspolitik der nicht teilnehmenden Staaten unter Berücksichtigung der im Konvergenzprogramm vorgegebenen Ziele, um zu gewährleisten, dass deren Politik auf Stabilität und folglich auf die Vermeidung von Verzerrungen der realen Wechselkurse und von übermäßigen Schwankungen der nominalen Wechselkurse abzielt.

(2) *[1]* Bei einer festgestellten erheblichen Abweichung vom Anpassungspfad in Richtung auf das mittelfristige Haushaltsziel im Sinne von Artikel 9 Absatz 1 Unterabsatz 3 dieser Verordnung richtet die Kommission zur Vermeidung eines übermäßigen Defizits eine Verwarnung gemäß Artikel 121 Absatz 4 AEUV an den betreffenden Mitgliedstaat.

---

[1] Nr. **2**.

[2] [1]Der Rat prüft innerhalb eines Monats nach dem Zeitpunkt der Annahme der Verwarnung gemäß Unterabsatz 1 die Lage und nimmt auf der Grundlage einer Empfehlung der Kommission gemäß Artikel 121 Absatz 4 eine Empfehlung über die erforderlichen politischen Maßnahmen an. [2]In der Empfehlung wird eine Frist von höchstens fünf Monaten für die Behebung der Abweichung festgelegt. [3]Die Frist wird auf drei Monate verkürzt, wenn die Kommission in ihrer Verwarnung zu der Auffassung gelangt, dass die Lage besonders ernst ist und dringende Maßnahmen erfordert. [4]Der Rat macht seine Empfehlung auf Vorschlag der Kommission öffentlich.

[3] Der betreffende Mitgliedstaat erstattet dem Rat innerhalb der Frist, die der Rat in der Empfehlung gemäß Artikel 121 Absatz 4 AEUV festlegt, Bericht über die auf die Empfehlung hin ergriffenen Maßnahmen.

[4] [1]Ergreift der betreffende Mitgliedstaat nicht innerhalb der Frist, die in einer Empfehlung des Rates im Sinne von Unterabsatz 2 festgesetzt wurde, angemessene Maßnahmen, so empfiehlt die Kommission dem Rat unverzüglich, mit qualifizierter Mehrheit einen Beschluss mit der Feststellung anzunehmen, dass keine wirksamen Maßnahmen ergriffen wurden. [2]Gleichzeitig kann die Kommission dem Rat vorschlagen, eine überarbeitete Empfehlung über die erforderlichen politischen Maßnahmen gemäß Artikel 121 Absatz 4 AEUV anzunehmen.

[5] [1]Nimmt der Rat nicht zur Empfehlung der Kommission den Beschluss an, dass keine wirksamen Maßnahmen ergriffen wurden, und unterlässt es der betreffende Mitgliedstaat weiterhin, geeignete Maßnahmen zu ergreifen, so empfiehlt die Kommission einen Monat nach ihrer früheren Empfehlung dem Rat, den Beschluss anzunehmen, dass keine wirksamen Maßnahmen ergriffen wurden. [2]Wird der Beschluss nicht innerhalb von zehn Tagen nach der Annahme durch die Kommission vom Rat mit einfacher Mehrheit abgelehnt, so gilt er als vom Rat angenommen. [3]Gleichzeitig kann die Kommission dem Rat vorschlagen, eine überarbeitete Empfehlung über die erforderlichen politischen Maßnahmen gemäß Artikel 121 Absatz 4 AEUV anzunehmen.

[6] Bei der Abstimmung über den Beschluss über die Nichteinhaltung gemäß den Unterabsätzen 4 und 5 beschließt der Rat ohne Berücksichtigung der Stimme des den betreffenden Mitgliedstaat vertretenden Mitglieds des Rates.

[7] Der Rat legt dem Europäischen Rat einen förmlichen Bericht über die so getroffenen Beschlüsse vor.

(3) *[1]* Eine Abweichung von dem mittelfristigen Haushaltsziel oder von dem angemessenen Anpassungspfad in Richtung auf dieses Ziel wird auf der Grundlage einer Gesamtbewertung evaluiert, bei der der strukturelle Haushaltssaldo als Referenz dient, einschließlich einer Analyse der Ausgaben ohne Anrechnung diskretionärer einnahmenseitiger Maßnahmen, wie in Artikel 9 Absatz 1 festgelegt.

[2] Für die Bewertung, ob die Abweichung erheblich ist, werden insbesondere folgende Kriterien herangezogen:

a) Bei Mitgliedstaaten, die das mittelfristige Haushaltsziel nicht erreicht haben, bei der Beurteilung der Veränderung des strukturellen Haushaltssaldos, ob die Abweichung in einem Jahr mindestens 0,5 % des BIP oder in zwei aufeinanderfolgenden Jahren im Durchschnitt mindestens 0,25 % des BIP jährlich beträgt;

b) bei der Beurteilung der Ausgabenentwicklung ohne Anrechnung diskretionärer einnahmenseitiger Maßnahmen, ob die Abweichung eine Gesamtauswirkung auf den Haushaltssaldo von mindestens 0,5 % des BIP in einem Jahr oder kumulativ in zwei aufeinanderfolgenden Jahren hat.

[3] Die Abweichung der Ausgabenentwicklung gilt nicht als erheblich, wenn der betreffende Mitgliedstaat sein mittelfristiges Haushaltsziel übertroffen hat, wobei der Möglichkeit erheblicher unerwarteter Mehreinnahmen Rechnung getragen wird, und wenn die im Konvergenzprogramm dargelegten Haushaltspläne dieses Ziel im Programmzeitraum nicht gefährden.

[4] Ebenfalls unberücksichtigt bleiben kann eine solche Abweichung bei einem außergewöhnlichen Ereignis, das sich der Kontrolle des betreffenden Mitgliedstaats entzieht und die staatliche Finanzlage erheblich beeinträchtigt, oder bei einem schweren Konjunkturabschwung im Euro-Währungsgebiet oder in der Union insgesamt, vorausgesetzt dies gefährdet nicht die mittelfristige Tragfähigkeit der öffentlichen Finanzen.

Abschnitt 3A. Prinzip der Unabhängigkeit der statistischen Stellen

Art. 10a [Fachliche Unabhängigkeit der statistischer Stellen] [1] Um sicherzustellen, dass die multilaterale Überwachung auf der Grundlage fundierter und unabhängiger Statistiken erfolgt, gewährleisten die Mitgliedstaaten die fachliche Unabhängigkeit der einzelstaatlichen statistischen Stellen, die mit dem in der Verordnung (EG) Nr. 223/2009 des Europäischen Parlaments und des Rates vom 11. März 2009 über europäischen Statistiken[1)] festgelegten Verhaltenskodex für europäische Statistiken im Einklang stehen. [2] Dies erfordert mindestens

a) transparente Einstellungs- und Entlassungsprozesse, die ausschließlich auf fachlichen Kriterien beruhen;

b) die Zuweisung von Haushaltsmitteln auf jährlicher oder mehrjährlicher Grundlage;

c) das Datum der Veröffentlichung zentraler statistischer Informationen, das rechtzeitig im Voraus zu bestimmen ist.

Abschnitt 4. Gemeinsame Bestimmungen

Art. 11 [Gesamtbewertung] Im Rahmen der multilateralen Überwachung nach dieser Verordnung nimmt der Rat die Gesamtbewertung nach Artikel 121 Absatz 3 AEUV[2)] vor.

Art. -11 [Überwachungsmissionen] (1) [1] Die Kommission gewährleistet gemäß den Zielen dieser Verordnung einen ständigen Dialog mit den zuständigen Behörden der Mitgliedstaaten. [2] Zu diesem Zweck führt die Kommission insbesondere Missionen zum Zwecke der Bewertung der wirtschaftlichen Lage in dem Mitgliedstaat und der Ermittlung von Risiken oder Schwierigkeiten bei der Verwirklichung der Ziele dieser Verordnung durch.

[1)] **Amtl. Anm.:** ABl. L 87 vom 31.3.2009, S. 164.
[2)] Nr. **2**.

(2) [1] Die Kommission kann zum Zwecke der Überwachung vor Ort Missionen verstärkter Überwachung für Mitgliedstaaten durchführen, die Gegenstand von Empfehlungen gemäß Artikel 6 Absatz 2 oder Artikel 10 Absatz 2 AEUV[1)] sind. [2] Die betreffenden Mitgliedstaaten stellen sämtliche Informationen zur Verfügung, die zur Vorbereitung und Durchführung solcher Missionen erforderlich sind.

(3) Handelt es sich bei dem betroffenen Mitgliedstaat um einen teilnehmenden Mitgliedstaat oder um einen Mitgliedstaat, der am WKM2 teilnimmt, kann die Kommission gegebenenfalls Vertreter der Europäischen Zentralbank einladen, an den Überwachungsmissionen teilzunehmen.

(4) Die Kommission erstattet dem Rat über das Ergebnis der Missionen gemäß Absatz 2 Bericht und kann gegebenenfalls beschließen, ihre Befunde öffentlich zu machen.

(5) Bei der organisatorischen Vorbereitung der Missionen gemäß Absatz 2 übermittelt die Kommission den betreffenden Mitgliedstaaten ihre vorläufigen Befunde, damit diese Anmerkungen dazu formulieren können.

Art. 12 [Bericht an das Europäische Parlament] Gemäß Artikel 121 Absatz 4 Unterabsatz 2 AEUV[1)] nehmen der Präsident des Rates und die Kommission die Ergebnisse der nach dieser Verordnung durchgeführten multilateralen Überwachung in ihre Berichte an das Europäische Parlament auf.

Art. 12a [Berichtsveröffentlichung] (1) *[1]* Bis vom 14. Dezember 2014 und danach alle fünf Jahre veröffentlicht die Kommission einen Bericht über die Anwendung dieser Verordnung.

[2] In diesem Bericht wird unter anderem Folgendes bewertet:

a) die Wirksamkeit dieser Verordnung, insbesondere ob sich die Bestimmungen über die Beschlussfassung als ausreichend robust erwiesen haben;

b) die Fortschritte bei der Gewährleistung einer engeren Koordinierung der Wirtschaftspolitik und einer dauerhaften Konvergenz der Wirtschaftsleistungen der Mitgliedstaaten entsprechend dem AEUV[1)].

(2) Dem Bericht wird gegebenenfalls ein Vorschlag zur Änderung dieser Verordnung, einschließlich der Bestimmungen über die Beschlussfassung, beigefügt.

(3) Der Bericht wird dem Europäischen Parlament und dem Rat übermittelt.

Art. 13 [Inkrafttreten] Diese Verordnung tritt am 1. Juli 1998 in Kraft.

Diese Verordnung ist in allen ihren Teilen verbindlich und gilt unmittelbar in jedem Mitgliedstaat.

[1)] Nr. **2**.

38. Verordnung (EG) Nr. 1467/97 des Rates vom 7. Juli 1997 über die Beschleunigung und Klärung des Verfahrens bei einem übermäßigen Defizit[1)]

(ABl. L 209 S. 6)

Celex-Nr. 3 1997 R 1467

zuletzt geänd. durch Art. 1 ÄndVO (EU) 1177/2011 v. 8.11.2011 (ABl. L 306 S. 33)

Nichtamtliche Inhaltsübersicht

DER RAT DER EUROPÄISCHEN UNION –

gestützt auf den Vertrag über die Arbeitsweise der Europäischen Union[2)], insbesondere auf Artikel 126 Absatz 14,

---

[1)] Die Verweise/Bezugnahmen auf Vorschriften des EUV (Nr. **1**) und/oder AEUV (Nr. **2**) sind, soweit sie nicht schon durch Änderungen bereinigt wurden, bereits gemäß Art. 5 des Vertrags von Lissabon v. 13.12.2007 (ABl. C 306 S. 1) iVm den Übereinstimmungstabellen (Nr. **1a** und **2a**) an die neue Nummerierung angepasst worden.

[2)] Nr. **2**.

auf Vorschlag der Kommission[1)],

nach Stellungnahme des Europäischen Parlaments[2)],

nach Stellungnahme des Europäischen Währungsinstituts,

in Erwägung nachstehender Gründe:

(1) Das nach Artikel 126 AEUV[3)] vorgesehene Verfahren bei einem übermäßigen Defizit muß beschleunigt und geklärt werden, damit übermäßige staatliche Defizite vermieden werden und, sollten sie doch eintreten, umgehend korrigiert werden können. Die Bestimmungen dieser Verordnung, die hierzu nach Artikel 126 Absatz 14 Unterabsatz 2 erlassen werden, bilden zusammen mit den Bestimmungen des Protokolls Nr. 5 zum Vertrag[4)] ein neues geschlossenes Regelwerk für die Anwendung des Artikel 126.

(2) Der Stabilitäts- und Wachstumspakt beruht auf dem Ziel einer gesunden öffentlichen Finanzlage als Mittel zur Verbesserung der Voraussetzungen für Preisstabilität und ein solides dauerhaftes Wachstum, das der Schaffung von Arbeitsplätzen förderlich ist.

(3) Der Stabilitäts- und Wachstumspakt besteht aus dieser Verordnung, der Verordnung (EG) Nr. 1466/97[5)] des Rates[6)] über den Ausbau der haushaltspolitischen Überwachung und der Überwachung und Koordinierung der Wirtschaftspolitiken und der Entschließung des Europäischen Rates vom 17. Juni 1997 über den Stabilitäts- und Wachstumspakt[7)][8)], in der im Einklang mit Artikel 4 des Vertrags über die Europäische Union[9)] feste politische Vorgaben gemacht werden, damit der Stabilitäts- und Wachstumspakt strikt und fristgerecht umgesetzt werden kann und insbesondere das mittelfristige Ziel eines nahezu ausgeglichenen oder einen Überschuß aufweisenden Haushalts, wozu sich alle Mitgliedstaaten verpflichtet haben, eingehalten und die haushaltspolitischen Korrekturmaßnahmen, die ihres Erachtens zur Erreichung der Ziele ihrer Stabilitäts- oder Konvergenzprogramme erforderlich sind, ergriffen werden können, wenn es Anzeichen für eine tatsächliche oder zu erwartende erhebliche Abweichung von dem mittelfristigen Haushaltsziel gibt.

(4) In der dritten Stufe der Wirtschafts- und Währungsunion (WWU) besteht für die Mitgliedstaaten nach Artikel 126 eine klare vertragliche Verpflichtung zur Vermeidung übermäßiger öffentlicher Defizite. Nach Nummer 3 des Protokolls Nr. 15 zum Vertrag gilt Artikel 126 Absätze 1, 9 und 11 für das Vereinigte Königreich[10)] erst, wenn es in die dritte Stufe eintritt. Die

---

[1)] **Amtl. Anm.:** ABl. Nr. C 368 vom 6.12.1996, S. 12.

[2)] **Amtl. Anm.:** ABl. Nr. C 380 vom 16.12.1996, S. 29.

[3)] Nr. **2**.

[4)] Nr. **35**.

[5)] Nr. **37**.

[6)] **Amtl. Anm.:** Siehe Seite 1 dieses Amtsblatts. *[**Red. Anm.:** ABl. 1997 L 209.]*

[7)] Nr. **36**.

[8)] **Amtl. Anm.:** ABl. Nr. C 236 vom 2.8.1997, S. 1.

[9)] Art. 4 EUV-Nizza aufgehoben und im Wesentlichen ersetzt durch Art. 15 EUV (Nr. **1**) durch den Vertrag von Lissabon v. 13.12.2007 (ABl. C 306 S. 1).

[10)] Seit dem 1.2.2020 ist das Vereinigte Königreich aus der Europäischen Union ausgetreten und ist seitdem ein Drittland (Nicht-EU-Land).

Verpflichtung nach Artikel 116 Absatz 4[1], sich um eine Vermeidung übermäßiger öffentlicher Defizite zu bemühen, gilt für das Vereinigte Königreich[2] weiterhin.

(5) Dänemark hat unter Bezugnahme auf Nummer 1 des Protokolls Nr. 16 zum Vertrag im Zusammenhang mit dem Edinburgh-Beschluß vom 12. Dezember 1992 notifiziert, daß es an der dritten Stufe nicht teilnehmen wird. Nach Nummer 2 dieses Protokolls gilt Artikel 126 Absätze 9 und 11 daher nicht für Dänemark.

(6) In der dritten Stufe der WWU sind die Mitgliedstaaten vorbehaltlich der Bestimmungen des Vertrages weiterhin für ihre nationalen Haushaltspolitiken verantwortlich. Die Mitgliedstaaten ergreifen die erforderlichen Maßnahmen, um ihrer Verantwortung entsprechend den Vertragsbestimmungen nachzukommen.

(7) Indem die Mitgliedstaaten an dem mittelfristigen Ziel eines nahezu ausgeglichenen Haushalts oder eines Haushaltsüberschusses festhalten, wozu sich alle Mitgliedstaaten verpflichtet haben, wird ein Beitrag dazu geleistet, daß die geeigneten Voraussetzungen für Preisstabilität und für ein nachhaltiges Wachstum, das der Schaffung von Arbeitsplätzen förderlich ist, in allen Mitgliedstaaten herbeigeführt werden; ferner können die Mitgliedstaaten damit normale Konjunkturschwankungen bewältigen und zugleich bewirken, daß das öffentliche Defizit innerhalb des Referenzwerts von 3 % des BIP gehalten wird.

(8) Damit die WWU reibungslos funktioniert, ist es erforderlich, daß die Konvergenz der Wirtschafts- und Haushaltsleistungen der Mitgliedstaaten, die die einheitliche Währung eingeführt haben – nachstehend „teilnehmende Mitgliedstaaten" genannt – stabil und dauerhaft ist. Haushaltsdisziplin ist in der dritten Stufe der WWU eine Voraussetzung für die Sicherung der Preisstabilität.

(9) Nach Artikel 109k Absatz 3 des Vertrags[3] ist Artikel 126 Absätze 9 und 11 nur auf die teilnehmenden Mitgliedstaaten anwendbar.

(10) Für das in Artikel 126 Absatz 2 Buchstabe a) genannte Kriterium, daß der Referenzwert nur ausnahmsweise und vorübergehend überschritten wird, ist eine Begriffsbestimmung notwendig. In diesem Zusammenhang sollte der Rat unter anderem die mehrjährigen Haushaltsvorausschätzungen der Kommission berücksichtigen.

(11) In einem Bericht der Kommission nach Artikel 126 Absatz 3 wird berücksichtigt, ob das öffentliche Defizit die öffentlichen Ausgaben für Investitionen übertrifft; berücksichtigt werden ferner alle sonstigen einschlägigen Faktoren, einschließlich der mittelfristigen Wirtschafts- und Haushaltslage des Mitgliedstaats.

---

[1] Art. 116 EGV-Nizza bezieht sich auf die zweite (Übergangs-)Stufe der Wirtschafts- und Währungsunion, hat damit heute keine Bedeutung mehr und wurde deswegen nicht in den AEUV (Nr. **2**) übernommen. Die Norm lautet: „In der zweiten Stufe sind die Mitgliedstaaten bemüht, übermäßige öffentliche Defizite zu vermeiden.".

[2] Seit dem 1.2.2020 ist das Vereinigte Königreich aus der Europäischen Union ausgetreten und ist seitdem ein Drittland (Nicht-EU-Land).

[3] Art. 109 k Abs. 3 EGV-Maastricht später Art. 122 Abs. 3 EGV-Nizza aufgehoben durch Vertrag von Lissabon v. 13. 12. 2007 (ABl. Nr. C 306 S. 1).

(12) Für die Anwendung des Verfahrens bei einem übermäßigen Defizit müssen Fristen gesetzt werden, damit eine zügige und wirksame Anwendung gewährleistet ist. In diesem Zusammenhang ist zu berücksichtigen, daß das Haushaltsjahr im Vereinigten Königreich[1] nicht mit dem Kalenderjahr übereinstimmt.

(13) Es muß festgelegt werden, auf welche Weise die in Artikel 126 AEUV[2] vorgesehenen Sanktionen verhängt werden können, damit die wirksame Anwendung des Verfahrens bei einem übermäßigen Defizit gewährleistet ist.

(14) Die verstärkte Überwachung gemäß der Verordnung (EG) Nr. 1466/97[3] des Rates sollte zusammen mit der Überwachung der Entwicklung der Haushaltslage durch die Kommission gemäß Artikel 126 Absatz 2 die wirksame und rasche Anwendung des Verfahrens bei einem übermäßigen Defizit erleichtern.

(15) Dementsprechend erscheint für den Fall, daß es ein teilnehmender Mitgliedstaat unterläßt, wirksame Maßnahmen zur Korrektur eines übermäßigen Defizits zu ergreifen, ein Gesamtzeitraum von höchstens zehn Monaten ab dem Tag der Mitteilung der Haushaltsdaten, die ein übermäßiges Defizit belegen, bis zum etwaigen Beschluß zur Auferlegung von Sanktionen sowohl möglich als auch angemessen, um Druck auf den betreffenden teilnehmenden Mitgliedstaat auszuüben, damit er entsprechende Maßnahmen ergreift. Somit könnten bei einem im März anlaufenden Verfahren Sanktionen noch im Kalenderjahr des Verfahrensbeginns verhängt werden.

(16) Die Empfehlung des Rates zur Korrektur eines übermäßigen Defizits oder die späteren Schritte des Verfahrens bei einem übermäßigen Defizit sollten für den betreffenden Mitgliedstaat absehbar sein, da er frühzeitig gewarnt worden ist. Der Ernst der Lage bei einem übermäßigen Defizit in der dritten Stufe gebietet, daß alle Beteiligten umgehend handeln.

(17) Das Verfahren bei einem übermäßigen Defizit sollte ruhen, wenn der betreffende Mitgliedstaat geeignete Maßnahmen aufgrund einer Empfehlung nach Artikel 126 Absatz 7 oder einer Inverzugsetzung nach Artikel 126 Absatz 9 ergreift, damit die Mitgliedstaaten einen Anreiz erhalten, entsprechend zu handeln. Der Zeitraum, während dessen das Verfahren ruht, sollte nicht in den Zeitraum von höchstens zehn Monaten zwischen dem Zeitpunkt der Meldung eines übermäßigen Defizits und der Auferlegung von Sanktionen einbezogen werden. Das Verfahren sollte unverzüglich wiederaufgenommen werden, wenn die in Aussicht genommene Maßnahme nicht umgesetzt wird oder wenn sich die umgesetzte Maßnahme als unangemessen erweist.

(18) Damit das Verfahren bei einem übermäßigen Defizit einen ausreichenden Abschreckungseffekt besitzt, sollte bei einem Sanktionsbeschluß des Rates von dem betreffenden teilnehmenden Mitgliedstaat eine unverzinsliche Einlage in angemessener Höhe verlangt werden.

---

[1] Seit dem 1.2.2020 ist das Vereinigte Königreich aus der Europäischen Union ausgetreten und ist seitdem ein Drittland (Nicht-EU-Land).

[2] Nr. **2**.

[3] Nr. **37**.

(19) Die Festlegung von Sanktionen nach einer festen Berechnungsregel dient der Rechtssicherheit. Der zu hinterlegende Betrag sollte an das BIP des betreffenden teilnehmenden Mitgliedstaats geknüpft werden.

(20) Veranlaßt die Auferlegung einer unverzinslichen Einlage den betreffenden teilnehmenden Mitgliedstaat nicht, das übermäßige Defizit rechtzeitig zu korrigieren, so sollten die Sanktionen verschärft werden. Die Einlage sollte dann in eine Geldbuße umgewandelt werden.

(21) Geeignete Maßnahmen des betreffenden teilnehmenden Mitgliedstaats zur Korrektur seines übermäßigen Defizits sind der erste Schritt zu einer Aufhebung der Sanktionen. Werden bei der Korrektur des übermäßigen Defizits erhebliche Fortschritte erzielt, so sollten Sanktionen nach Artikel 126 Absatz 12 aufgehoben werden können. Die Aufhebung aller Sanktionen sollte erst dann erfolgen, wenn das übermäßige Defizit vollständig korrigiert worden ist.

(22) Die Verordnung (EG) Nr. 3605/93 des Rates vom 22. November 1993 über die Anwendung des dem Vertrag über die Arbeitsweise der Europäischen Union[1] beigefügten Protokolls über das Verfahren bei einem übermäßigen Defizit[2)3)] enthält ausführliche Regeln für die Mitteilung von Haushaltsdaten durch die Mitgliedstaaten.

(23) Nach Artikel 117 Absatz 8[4] ist in den Fällen, in denen der Vertrag eine beratende Funktion für die Europäische Zentralbank (EZB) vorsieht, vor der Errichtung der EZB unter dieser das Europäische Währungsinstitut zu verstehen –

HAT FOLGENDE VERORDNUNG ERLASSEN:

Abschnitt 1. Begriffsbestimmungen und Bewertungen

Art. 1 [Anwendungsbereich] (1) [1]Diese Verordnung legt die Bestimmungen zur Beschleunigung und Klärung des Verfahrens bei einem übermäßigen Defizit fest. [2]Mit diesem Verfahren wird das Ziel verfolgt, übermäßige öffentliche Defizite möglichst zu vermeiden und gegebenenfalls auftretende Defizite unverzüglich zu korrigieren, wobei die Einhaltung der Haushaltsdisziplin anhand der Kriterien des öffentlichen Defizits und des öffentlichen Schuldenstands geprüft wird.

(2) Für die Zwecke dieser Verordnung bezeichnet der Ausdruck „teilnehmende Mitgliedstaaten" die Mitgliedstaaten, deren Währung der Euro ist.

Art. 2 [Referenzwertüberschreitung] (1) *[1]* Überschreitet ein öffentliches Defizit den Referenzwert, so gilt der Referenzwert als ausnahmsweise überschritten im Sinne von Artikel 126 Absatz 2 Buchstabe a zweiter Gedankenstrich des Vertrags über die Arbeitsweise der Europäischen Union (AEUV)[1],

---

[1] Nr. **2**.

[2] Nr. **35**.

[3] **Amtl. Anm.:** ABl. Nr. L 332 vom 31.12.1993, S. 7.

[4] Art. 117 Abs. 8 EGV-Nizza bezieht sich auf die zweite (Übergangs-)Stufe der Wirtschafts- und Währungsunion, hat damit heute keine Bedeutung und wurde deswegen nicht in den AEUV (Nr. **2**) übernommen. Die Norm lautet: „Für die Dauer der zweiten Stufe bezeichnet der Ausdruck ‚EZB' in den Artikeln 230, 232, 233, 234, 237 und 288 das EWI.".

wenn dies auf ein außergewöhnliches Ereignis, das sich der Kontrolle des betreffenden Mitgliedstaats entzieht und die Lage der öffentlichen Finanzen erheblich beeinträchtigt, oder auf einen schwerwiegenden Wirtschaftsabschwung zurückzuführen ist.

[2] Darüber hinaus gilt der Referenzwert dann als vorübergehend überschritten, wenn die Haushaltsvorausschätzungen der Kommission darauf hindeuten, daß das Defizit unter den Referenzwert sinken wird, wenn das außergewöhnliche Ereignis nicht mehr vorliegt oder der schwerwiegende Wirtschaftsabschwung beendet ist.

(1a) *[1]* Wenn das Verhältnis des öffentlichen Schuldenstands zum Bruttoinlandsprodukt (BIP) den Referenzwert überschreitet, so kann davon ausgegangen werden, dass das Verhältnis im Sinne von Artikel 126 Absatz 2 Buchstabe b AEUV hinreichend rückläufig ist und sich rasch genug dem Referenzwert nähert, wenn sich als Richtwert der Abstand zum Referenzwert in den letzten drei Jahren jährlich durchschnittlich um ein Zwanzigstel verringert hat, bezogen auf die Veränderungen während der letzten drei Jahre, für die die Angaben verfügbar sind.

[2] [1] Die Anforderung des Schuldenstandskriteriums gilt ebenfalls als erfüllt, wenn die Haushaltsvorausschätzungen der Kommission darauf hindeuten, dass die geforderte Verringerung des Abstands im Zeitraum von drei Jahren einschließlich der zwei Jahre eintritt, die auf das letzte Jahr, für das die Daten verfügbar sind, folgen. [2] Bei einem Mitgliedstaat, gegen den am 8. November 2011 ein Verfahren wegen eines übermäßigen Defizits läuft, gilt für einen Zeitraum von drei Jahren ab der Korrektur des übermäßigen Defizits die Anforderung des Schuldenstandskriteriums als erfüllt, wenn der betreffende Mitgliedstaat gemäß der Stellungnahme des Rates zu seinem Stabilitäts- oder Konvergenzprogramm genügend Fortschritte bei der Einhaltung der Anforderung erzielt hat.

[3] Bei der Umsetzung des Schuldenquotenanpassungsrichtwerts sollte der Einfluss der Konjunktur auf das Tempo des Schuldenabbaus berücksichtigt werden.

(2) Bei der Bewertung und Entscheidung nach Artikel 126 Absätze 3 bis 6 AEUV, ob ein übermäßiges Defizit besteht, können die Kommission und der Rat den Referenzwert im Fall einer Überschreitung aufgrund eines schwerwiegenden Wirtschaftsabschwungs als ausnahmsweise überschritten im Sinne des Artikels 126 Absatz 2 Buchstabe a zweiter Gedankenstrich einstufen, wenn sich die Überschreitung des Referenzwerts aus einer negativen jährlichen Wachstumsrate des BIP-Volumens oder einem Produktionsrückstand über einen längeren Zeitraum mit einem am Potenzial gemessen äußerst geringen jährlichen Wachstum des BIP-Volumens ergibt.

(3) *[1]* [1] Bei der Erstellung eines Berichts nach Artikel 126 Absatz 3 AEUV berücksichtigt die Kommission alle einschlägigen Faktoren, die in jenem Artikel vorgesehen sind, sofern sie die Prüfung der Befolgung der Defizit- und Schuldenkriterien durch den betreffenden Mitgliedstaat in erheblichem Maße betreffen. [2] Der Bericht spiegelt Folgendes in angemessener Weise wider:

a) die mittelfristige Wirtschaftsentwicklung, insbesondere Potenzialwachstum einschließlich der verschiedenen Beiträge von Arbeit, Kapitalbildung und der totalen Faktorproduktivität, der Konjunkturentwicklungen und des Finanzierungssaldos des privaten Sektors;

b) die mittelfristige Entwicklung der öffentlichen Haushalte einschließlich insbesondere den Fortschritt im Hinblick auf die Anpassung an das mittelfristige Haushaltsziel, die Höhe des Primärsaldos und die Entwicklungen bei den Primärausgaben in der laufenden Rechnung und in der Kapitalrechnung, die Umsetzung von politischen Maßnahmen im Rahmen der Vorbeugung und Korrektur übermäßiger makroökonomischer Ungleichgewichte, die Umsetzung politischer Maßnahmen im Rahmen der gemeinsamen Wachstumsstrategie der Union und der Qualität der öffentlichen Finanzen insgesamt, insbesondere die Wirksamkeit des nationalen haushaltspolitischen Rahmens;

c) die mittelfristige Entwicklung der Schuldenstandsquote, ihre Dynamik und Tragfähigkeit, einschließlich insbesondere Risikofaktoren, wie die Fälligkeitsstruktur und Währungszusammensetzung der Schulden, sowie Bestandsanpassungen und deren Zusammensetzung, kumulierte Rücklagen und andere Vermögenswerte des Staates, Garantien, insbesondere solche gegenüber dem Finanzsektor, und implizite Verbindlichkeiten im Zusammenhang mit der Bevölkerungsalterung und der privaten Verschuldung, insoweit diese implizite Eventualverbindlichkeiten für den Gesamtstaat darstellen kann.

[2] [1] Die Kommission schenkt allen sonstigen Faktoren gebührende und ausführliche Beachtung, die aus Sicht des betreffenden Mitgliedstaats von Bedeutung sind, um die Einhaltung der Defizit- und Schuldenkriterien in umfassender Weise zu beurteilen, und die der Mitgliedstaat dem Rat und der Kommission vorgelegt hat. [2] In diesem Zusammenhang werden insbesondere finanzielle Beiträge zur Förderung der internationalen Solidarität und zur Erreichung der politischen Ziele der Union, die Schulden aufgrund der bilateralen und multilateralen Unterstützung zwischen den Mitgliedstaaten im Kontext der Wahrung der Finanzstabilität und die Schulden im Zusammenhang mit Maßnahmen zur Stabilisierung der Finanzen bei größeren finanziellen Störungen berücksichtigt.

(4) *[1]* [1] Der Rat und die Kommission nehmen eine ausgewogene Gesamtbewertung aller einschlägigen Faktoren vor und bewerten dabei insbesondere, inwieweit diese sich bei der Bewertung der Einhaltung des Defizit- und/oder des Schuldenstandskriteriums als erschwerende oder erleichternde Faktoren erweisen. [2] Wenn das Verhältnis des öffentlichen Schuldenstands zum BIP den Referenzwert überschreitet, so werden bei der Bewertung der Einhaltung des Defizitkriteriums diese Faktoren in den in Artikel 126 Absätze 4, 5 und 6 AEUV vorgesehenen Verfahrensschritten, die zur Feststellung eines übermäßigen Defizits führen, nur dann berücksichtigt, wenn die doppelte Bedingung des Leitgrundsatzes – dass vor einer Berücksichtigung der einschlägigen Faktoren das gesamtstaatliche Defizit in der Nähe des Referenzwertes bleibt und der Referenzwert nur vorübergehend überschritten wird – vollständig erfüllt ist.

[2] Allerdings werden diese Faktoren in den Verfahrensschritten, die zur Feststellung eines übermäßigen Defizits führen, bei der Bewertung der Einhaltung des Schuldenstandskriteriums berücksichtigt.

(5) [1] Bei der Bewertung der Einhaltung des Defizit- und des Schuldenstandskriteriums und in den nachfolgenden Schritten des Verfahrens bei einem übermäßigen Defizit berücksichtigen der Rat und die Kommission angemessen die Umsetzung von Rentenreformen, bei denen ein Mehrsäulen-System eingeführt wird, zu dem eine gesetzliche, vollständig kapitalgedeckte Säule gehört, und die Nettokosten der von der öffentlichen Hand finanzierten Säule. [2] Besonders zu berücksichtigen sind die Merkmale des im Zuge der Reform

geschaffenen Altersvorsorgesystems und insbesondere die Frage, ob es zur langfristigen Tragfähigkeit beiträgt, ohne dabei die Risiken für die mittelfristige Haushaltslage zu erhöhen.

(6) [1]Beschließt der Rat gemäß Artikel 126 Absatz 6 AEUV, dass in einem Mitgliedstaat ein übermäßiges Defizit besteht, so berücksichtigen der Rat und die Kommission in den folgenden Verfahrensschritten des Artikels 126 Absatz 6 AEUV die in Absatz 3 des vorliegenden Artikels genannten einschlägigen Faktoren, insoweit sie die Lage des betreffenden Mitgliedstaates beeinflussen, einschließlich wie in Artikel 3 Absatz 5 und Artikel 5 Absatz 2 dieser Verordnung ausgeführt, insbesondere bei der Festlegung einer Frist für die Beseitigung des übermäßigen Defizits und bei der möglichen Verlängerung dieser Frist. [2]Für den Beschluss des Rates nach Artikel 126 Absatz 12 AEUV über die Aufhebung einiger oder sämtlicher seiner Beschlüsse nach Artikel 126 Absätze 6 bis 9 und 11 AEUV werden diese einschlägigen Faktoren jedoch nicht berücksichtigt.

(7) [1]Im Fall von Mitgliedstaaten, in denen das Defizit den Referenzwert überschreitet und in denen dies die Umsetzung einer Rentenreform, bei der ein Mehrsäulen-System eingeführt wird, zu dem eine gesetzliche, vollständig kapitalgedeckte Säule gehört, widerspiegelt, berücksichtigen der Rat und die Kommission bei der Beurteilung der Entwicklungen der Defizitzahlen im Rahmen des Verfahrens bei einem übermäßigen Defizit auch die Kosten der Reform, solange das Defizit einen Wert, der als in der Nähe des Referenzwerts liegend betrachtet werden kann, nicht wesentlich überschreitet und die Schuldenstandsquote den Referenzwert nicht überschreitet, vorausgesetzt, dass die langfristige Tragfähigkeit der öffentlichen Finanzen insgesamt aufrechterhalten wird. [2]Die Nettokosten werden auch bei dem Beschluss des Rates nach Artikel 126 Absatz 12 AEUV über die Aufhebung einiger oder sämtlicher Beschlüsse des Rates nach Artikel 126 Absätze 6 bis 9 und 11 AEUV berücksichtigt, wenn das Defizit erheblich und stetig zurückgegangen ist und einen Wert in der Nähe des Referenzwerts erreicht hat.

Abschnitt 1a. Wirtschaftlicher Dialog

Art. 2a [Wirtschaftlicher Dialog] (1) *[1]* Zur Förderung des Dialogs zwischen den Organen der Union, insbesondere zwischen dem Rat, dem Europäischen Parlament und der Kommission, und im Hinblick auf die Gewährleistung eines höheren Maßes an Transparenz und Rechenschaft kann der zuständige Ausschuss des Europäischen Parlaments den Vorsitzenden des Rates, die Kommission und gegebenenfalls den Präsidenten des Europäischen Rates oder den Vorsitzenden der Eurogruppe einladen, vor dem Ausschuss zu erscheinen, um den Beschluss des Rates gemäß Artikel 126 Absatz 6 AEUV[1)], die Empfehlung gemäß Artikel 126 Absatz 7 AEUV, die Inverzugsetzung gemäß Artikel 126 Absatz 9 AEUV und die Beschlüsse des Rates gemäß Artikel 126 Absatz 11 AEUV zu erörtern.

[2] Grundsätzlich wird davon ausgegangen, dass der Rat die Empfehlungen und Vorschläge der Kommission übernimmt oder seinen Standpunkt öffentlich darlegt.

[1)] Nr. **2**.

[3] Der zuständige Ausschuss des Europäischen Parlaments kann dem von solchen Beschlüssen, Empfehlungen oder Inverzugsetzungen betroffenen Mitgliedstaat die Möglichkeit anbieten, an einer Aussprache teilzunehmen.

(2) Der Rat und die Kommission unterrichten das Europäische Parlament regelmäßig über die Anwendung dieser Verordnung.

Abschnitt 2. Beschleunigung des Verfahrens bei einem übermäßigen Defizit

Art. 3 [Kommissionsbericht] (1) Hat die Kommission einen Bericht gemäß Artikel 126 Absatz 3 angenommen, so gibt der Wirtschafts- und Finanzausschuß gemäß Artikel 126 Absatz 4 innerhalb von zwei Wochen eine Stellungnahme ab.

(2) Ist die Kommission der Auffassung, dass ein übermäßiges Defizit besteht, so legt sie unter vollständiger Berücksichtigung der Stellungnahme nach Absatz 1 dem Rat gemäß Artikel 126 Absätze 5 und 6 AEUV[1)] eine Stellungnahme und einen Vorschlag vor und unterrichtet hiervon das Europäische Parlament.

(3) [1]Der Rat entscheidet gemäß Artikel 126 Absatz 6 AEUV in der Regel innerhalb von vier Monaten nach den in Artikel 3 Absätze 2 und 3 der Verordnung (EG) Nr. 479/2009 festgelegten Meldeterminen, ob ein übermäßiges Defizit besteht. [2]Entscheidet der Rat, dass ein übermäßiges Defizit besteht, so richtet er gleichzeitig nach Artikel 126 Absatz 7 AEUV Empfehlungen an den betreffenden Mitgliedstaat.

(4) [1]In der Empfehlung des Rates nach Artikel 126 Absatz 7 AEUV wird dem betreffenden Mitgliedstaat eine Frist von höchstens sechs Monaten für die Ergreifung wirksamer Maßnahmen gesetzt. [2]Wenn der Ernst der Lage es erfordert, kann die Frist für wirksame Maßnahmen drei Monate betragen. [3]In der Empfehlung des Rates wird ferner eine Frist für die Korrektur des übermäßigen Defizits gesetzt; diese Korrektur muss, sofern keine besonderen Umstände vorliegen, in dem Jahr erreicht werden, das auf die Feststellung eines übermäßigen Defizits folgt. [4]In der Empfehlung ersucht der Rat den Mitgliedstaat, jährliche Haushaltsziele zu erfüllen, die auf der Grundlage der die Empfehlung untermauernden Prognose mit einer als Richtwert dienenden jährlichen Mindestverbesserung des konjunkturbereinigten Saldos ohne Anrechnung einmaliger und befristeter Maßnahmen um mindestens 0,5 % des BIP vereinbar sind, um die Korrektur des übermäßigen Defizits innerhalb der in der Empfehlung gesetzten Frist zu gewährleisten.

(4a) [1]Der betreffende Mitgliedstaat erstattet dem Rat und der Kommission innerhalb der in Absatz 4 vorgesehenen Frist Bericht über Maßnahmen, die er aufgrund der Empfehlung des Rates gemäß Artikel 126 Absatz 7 AEUV ergriffen hat. [2]Dieser Bericht enthält die mit der Empfehlung des Rates in Einklang stehenden Ziele für die Staatsausgaben und Staatseinnahmen und für die diskretionären Maßnahmen sowohl auf der Ausgabenseite als auch auf der Einnahmenseite sowie Informationen über bereits ergriffene Maßnahmen und die Art der zur Erreichung der Ziele geplanten Maßnahmen. [3]Die Mitgliedstaaten veröffentlichen diesen Bericht.

---

1) Nr. **2**.

(5) [1] Sind in Befolgung einer Empfehlung nach Artikel 126 Absatz 7 AEUV wirksame Maßnahmen ergriffen worden und treten nach der Annahme der Empfehlung unerwartete nachteilige wirtschaftliche Ereignisse mit sehr ungünstigen Auswirkungen auf die öffentlichen Finanzen ein, so kann der Rat auf Empfehlung der Kommission eine geänderte Empfehlung nach Artikel 126 Absatz 7 AEUV aussprechen. [2] In der geänderten Empfehlung kann unter Berücksichtigung der in Artikel 2 Absatz 3 dieser Verordnung genannten einschlägigen Faktoren insbesondere die Frist für die Korrektur des übermäßigen Defizits um in der Regel ein Jahr verlängert werden. [3] Der Rat beurteilt unter Zugrundelegung der in seiner Empfehlung enthaltenen Wirtschaftsprognose, ob unerwartete nachteilige wirtschaftliche Ereignisse mit sehr ungünstigen Auswirkungen auf die öffentlichen Finanzen vorliegen. [4] Bei einem schweren Konjunkturabschwung im Euro-Währungsgebiet oder in der Union insgesamt kann der Rat auf Empfehlung der Kommission ferner beschließen, eine geänderte Empfehlung nach Artikel 126 Absatz 7 AEUV auszusprechen, vorausgesetzt, dies gefährdet nicht die mittelfristige Tragfähigkeit der öffentlichen Finanzen.

Art. 4 [Maßnahmen des Mitgliedstaates] (1) Jeder Beschluss des Rates nach Artikel 126 Absatz 8 AEUV[1)], seine Empfehlungen zu veröffentlichen, in denen festgestellt wird, dass keine wirksamen Maßnahmen getroffen wurden, ergeht unmittelbar nach Ablauf der gemäß Artikel 3 Absatz 4 dieser Verordnung gesetzten Frist.

(2) *[1]* Bei der Prüfung, ob aufgrund seiner Empfehlungen nach Artikel 126 Absatz 7 AEUV wirksame Maßnahmen getroffen wurden, stützt sich der Rat auf den vom betreffenden Mitgliedstaat gemäß Artikel 3 Absatz 4a dieser Verordnung übermittelten Bericht und dessen Umsetzung sowie jegliche weiteren öffentlich bekanntgegebenen Beschlüsse der Regierung des betreffenden Mitgliedstaats.

[2] Stellt der Rat gemäß Artikel 126 Absatz 8 AEUV fest, dass der betreffende Mitgliedstaat keine wirksamen Maßnahmen getroffen hat, so erstattet er dem Europäischen Rat darüber entsprechend Bericht.

Art. 5 [Beschlussfrist] (1) [1] Beschließt der Rat, den betreffenden teilnehmenden Mitgliedstaat gemäß Artikel 126 Absatz 9 AEUV[1)] mit der Maßgabe in Verzug zu setzen, Maßnahmen zum Defizitabbau zu treffen, so ergeht dieser Beschluss innerhalb von zwei Monaten, nachdem der Rat durch Beschluss gemäß Artikel 126 Absatz 8 AEUV festgestellt hat, dass keine wirksamen Maßnahmen ergriffen wurden. [2] In der Inverzugsetzung ersucht der Rat den Mitgliedstaat, jährliche Haushaltsziele zu erfüllen, die auf der Grundlage der die Empfehlung untermauernden Prognose mit einer als Richtwert dienenden jährlichen Mindestverbesserung des konjunkturbereinigten Saldos ohne Anrechnung einmaliger und befristeter Maßnahmen von mindestens 0,5 % des BIP vereinbar sind, um die Korrektur des übermäßigen Defizits innerhalb der in der Inverzugsetzung gesetzten Frist zu gewährleisten. [3] Der Rat gibt zudem Maßnahmen an, die der Erfüllung dieser Ziele förderlich sind.

(1a) [1] Nach der Inverzugsetzung durch den Rat gemäß Artikel 126 Absatz 9 AEUV erstattet der betreffende Mitgliedstaat dem Rat und der Kommission

---

[1)] Nr. 2.

über die Maßnahmen Bericht, die er aufgrund der Inverzugsetzung durch den Rat ergriffen hat. [2]Dieser Bericht enthält die Ziele für die Staatsausgaben und die Staatseinnahmen und für die diskretionären Maßnahmen sowohl auf der Ausgabenseite als auch auf der Einnahmenseite sowie Informationen über die aufgrund der konkreten Empfehlungen des Rates ergriffenen Maßnahmen, um es dem Rat zu ermöglichen, erforderlichenfalls einen Beschluss gemäß Artikel 6 Absatz 2 dieser Verordnung zu erlassen. [3]Die Mitgliedstaaten veröffentlichen den Bericht.

(2) [1]Sind in Befolgung einer Inverzugsetzung nach Artikel 126 Absatz 9 AEUV wirksame Maßnahmen ergriffen worden und treten nach der Annahme dieser Inverzugsetzung unerwartete nachteilige wirtschaftliche Ereignisse mit sehr ungünstigen Auswirkungen auf die öffentlichen Finanzen ein, so kann der Rat auf Empfehlung der Kommission die Inverzugsetzung nach Artikel 126 Absatz 9 AEUV ändern. [2]In der geänderten Inverzugsetzung kann unter Berücksichtigung der in Artikel 2 Absatz 3 dieser Verordnung genannten einschlägigen Faktoren insbesondere die Frist für die Korrektur des übermäßigen Defizits um in der Regel ein Jahr verlängert werden. [3]Der Rat beurteilt unter Zugrundelegung der in der Inverzugsetzung enthaltenen Wirtschaftsprognose, ob unerwartete nachteilige wirtschaftliche Ereignisse mit sehr ungünstigen Auswirkungen auf die öffentlichen Finanzen vorliegen. [4]Bei einem schweren Konjunkturabschwung im Euro-Währungsgebiet oder in der Union insgesamt kann der Rat auf Empfehlung der Kommission ferner beschließen, die Inverzugsetzung nach Artikel 126 Absatz 9 AEUV zu ändern, vorausgesetzt, dies gefährdet nicht die mittelfristige Tragfähigkeit der öffentlichen Finanzen.

Art. 6 [Sanktionen] (1) [1]Bei der Prüfung, ob aufgrund der Inverzugsetzung nach Artikel 126 Absatz 9 AEUV[1)] wirksame Maßnahmen getroffen wurden, stützt sich der Rat auf den vom betreffenden Mitgliedstaat gemäß Artikel 5 Absatz 1a dieser Verordnung übermittelten Bericht und dessen Umsetzung sowie jegliche weiteren öffentlich bekannt gegebenen Beschlüsse der Regierung des betreffenden Mitgliedstaats. [2]Das Ergebnis der von der Kommission gemäß Artikel 10a der vorliegenden Verordnung durchgeführten Überwachungsbesuche wird berücksichtigt.

(2) [1]Sind die Voraussetzungen für eine Anwendung des Artikels 126 Absatz 11 AEUV erfüllt, so verhängt der Rat Sanktionen gemäß dem genannten Artikel. [2]Ein entsprechender Beschluss ergeht innerhalb von vier Monaten nach dem Beschluss des Rates gemäß Artikel 126 Absatz 9 AEUV, den betreffenden teilnehmenden Mitgliedstaat mit der Maßgabe in Verzug zu setzen, Maßnahmen zum Defizitabbau zu treffen.

Art. 7 [Sanktionsfristen] [1]Kommt ein teilnehmender Mitgliedstaat den aufeinander folgenden Akten des Rates gemäß Artikel 126 Absätze 7 und 9 AEUV[1)] nicht nach, so fasst der Rat den Beschluss, gemäß Artikel 126 Absatz 11 AEUV Sanktionen zu verhängen, in der Regel innerhalb von sechzehn Monaten nach den in Artikel 3 Absätze 2 und 3 der Verordnung (EG) Nr. 479/2009 niedergelegten Meldeterminen. [2]Im Falle der Anwendung von Artikel 3 Absatz 5 oder von Artikel 5 Absatz 2 dieser Verordnung wird die Frist von sechzehn Monaten entsprechend angepasst. [3]Bei einem bewusst geplanten

---

[1)] Nr. 2.

Defizit, das nach Feststellung des Rates übermäßig ist, wird ein Eilverfahren angewandt.

Art. 8 [Verschärfung der Sanktionen] [1]Beschließt der Rat, Sanktionen gemäß Artikel 126 Absatz 11 AEUV[1)] zu verschärfen, so ergeht dieser Beschluss innerhalb von zwei Monaten nach den Meldeterminen gemäß der Verordnung (EG) Nr. 479/2009. [2]Beschließt der Rat gemäß Artikel 126 Absatz 12 AEUV, einige oder sämtliche seiner Beschlüsse aufzuheben, so ergeht dieser Beschluss so bald wie möglich und auf jeden Fall innerhalb von zwei Monaten nach den Meldeterminen gemäß der Verordnung (EG) Nr. 479/2009.

Abschnitt 3. Ruhen des Verfahrens und Überwachung

Art. 9 [Ruhen des Verfahrens] (1) Das Verfahren bei einem übermäßigen Defizit ruht,
- wenn der betreffende Mitgliedstaat gemäß den Empfehlungen nach Artikel 126 Absatz 7 tätig wird;
- wenn der betreffende teilnehmende Mitgliedstaat aufgrund einer Inverzugsetzung nach Artikel 126 Absatz 9 tätig wird.

(2) Der Zeitraum, für dessen Dauer das Verfahren ruht, wird weder in die Frist gemäß Artikel 6 noch in die Frist gemäß Artikel 7 der vorliegenden Verordnung einbezogen.

(3) [1]Nach Ablauf der Frist nach Artikel 3 Absatz 4 Satz 1 und der Frist nach Artikel 6 Absatz 2 Satz 2 der vorliegenden Verordnung teilt die Kommission dem Rat mit, ob sie die getroffenen Maßnahmen – sofern sie vollständig umgesetzt werden und die Wirtschaftsentwicklung den Prognosen entspricht – für ausreichend hält, um innerhalb der vom Rat gesetzten Fristen angemessene Fortschritte in Richtung auf die Korrektur des übermäßigen Defizits zu gewährleisten. [2]Die Stellungnahme der Kommission wird veröffentlicht.

Art. 10 [Überwachung der Maßnahmen] (1) Der Rat und die Kommission überwachen regelmäßig die Durchführung der Maßnahmen:
- die der betreffende Mitgliedstaat aufgrund der Empfehlungen nach Artikel 126 Absatz 7 ergreift;
- die der betreffende teilnehmende Mitgliedstaat aufgrund einer Inverzugsetzung nach Artikel 126 Absatz 9 ergreift.

(2) Werden von einem teilnehmenden Mitgliedstaat keine Maßnahmen durchgeführt oder erweisen sie sich nach Auffassung des Rates als unangemessen, so trifft der Rat unverzüglich einen Beschluß nach Artikel 126 Absatz 9 bzw. Artikel 126 Absatz 11.

(3) Geht aus den gemäß der Verordnung (EG) Nr. 479/2009 ermittelten Daten über die tatsächliche Entwicklung hervor, daß ein übermäßiges Defizit von einem teilnehmenden Mitgliedstaat nicht innerhalb der in den Empfehlungen nach Artikel 126 Absatz 7 oder der in einer Inverzugsetzung nach Artikel 126 Absatz 9 festgelegten Frist korrigiert worden ist, so trifft der Rat

---

1) Nr. 2.

unverzüglich einen Beschluß nach Artikel 126 Absatz 9 bzw. Artikel 126 Absatz 11.

Art. 10a [Prüfung der aktuellen Wirtschaftslage] (1) [1]Die Kommission gewährleistet einen ständigen Dialog mit den Behörden der Mitgliedstaaten im Einklang mit den Zielen dieser Verordnung. [2]Dazu führt die Kommission insbesondere Besuche zur Prüfung der aktuellen Wirtschaftslage im Mitgliedstaat und zur Ermittlung möglicher Risiken oder Probleme im Zusammenhang mit der Umsetzung der Ziele dieser Verordnung durch.

(2) [1]Eine verstärkte Überwachung zum Zwecke der Beobachtung vor Ort kann für Mitgliedstaaten vorgesehen werden, die Gegenstand von Empfehlungen und Inverzugsetzungen aufgrund eines Beschlusses gemäß Artikel 126 Absatz 8 AEUV[1)] oder von Beschlüssen nach Artikel 126 Absatz 11 AEUV sind. [2]Die betreffenden Mitgliedstaaten stellen alle zur Vorbereitung und zur Durchführung der Besuche erforderlichen Informationen zur Verfügung.

(3) Die Kommission kann gegebenenfalls Vertreter der Europäischen Zentralbank einladen, an Überwachungsbesuchen in einen Mitgliedstaat, dessen Währung der Euro ist oder der am Abkommen vom 16. März 2006 zwischen der Europäischen Zentralbank und den nationalen Zentralbanken der nicht dem Euro-Währungsgebiet angehörenden Mitgliedstaaten über die Funktionsweise eines Wechselkursmechanismus in der dritten Stufe der Wirtschafts- und Währungsunion[2)] (WKM II) teilnimmt, teilzunehmen.

(4) Die Kommission erstattet dem Rat über die Ergebnisse dieser in Absatz 2 genannten Besuche Bericht und kann beschließen, ihre Befunde zu veröffentlichen.

(5) Bei der organisatorischen Vorbereitung der in Absatz 2 genannten Überwachungsbesuche übermittelt die Kommission den betreffenden Mitgliedstaaten ihre vorläufigen Befunde, damit diese Bemerkungen dazu formulieren können.

Abschnitt 4. Sanktionen

Art. 11 [Verhängung einer Geldbuße] [1]Beschließt der Rat gemäß Artikel 126 Absatz 11 AEUV[1)] Maßnahmen gegen einen teilnehmenden Mitgliedstaat anzuwenden, so wird in der Regel eine Geldbuße verhängt. [2]Der Rat kann beschließen, diese Geldbuße durch andere in Artikel 126 Absatz 11 AEUV vorgesehene Maßnahmen zu ergänzen.

Art. 12 [Zusammensetzung der Geldbuße] (1) [1]Der Betrag der Geldbuße setzt sich aus einer festen Komponente in Höhe von 0,2 % des BIP und einer variablen Komponente zusammen. [2]Die variable Komponente beläuft sich auf ein Zehntel des absoluten Werts des Unterschieds zwischen dem als Prozentsatz des BIP des vergangenen Jahres ausgedrückten Haushaltssaldo und entweder dem Referenzwert des staatlichen Haushaltssaldos oder, wenn die Nichteinhaltung der Haushaltsdisziplin auch das Schuldenstandskriterium betrifft, dem als Prozentsatz des BIP ausgedrückten staatlichen Haushaltssaldo, der

---

1) Nr. **2**.
2) **Amtl. Anm.:** ABl. C 73 vom 25.3.2006, S. 21.

im gleichen Jahr gemäß der Inverzugsetzung nach Artikel 126 Absatz 9 AEUV[1] erreicht werden musste.

(2) [1] In jedem Jahr, das auf das Jahr folgt, in dem die Geldbuße verhängt worden ist, bis zur Aufhebung des Beschlusses über das Vorliegen eines übermäßigen Defizits beurteilt der Rat, ob der betreffende teilnehmende Mitgliedstaat aufgrund einer Inverzugsetzung durch den Rat nach Artikel 126 Absatz 9 AEUV wirksame Maßnahmen getroffen hat. [2] Im Rahmen dieser jährlichen Beurteilung beschließt der Rat nach Artikel 126 Absatz 11 AEUV, die Sanktionen zu verschärfen, es sei denn, der teilnehmende Mitgliedstaat ist der Mitteilung durch den Rat nachgekommen. [3] Beschließt der Rat, eine zusätzliche Geldbuße zu verhängen, so wird diese auf die gleiche Art berechnet wie die variable Komponente der in Absatz 1 genannten Geldbuße.

(3) Eine einzelne Geldbuße nach den Absätzen 1 und 2 darf 0,5 % des BIP nicht überschreiten.

Art. 13 *(aufgehoben)*

Art. 14 [Schrittweise Aufhebung der Sanktionen] Gemäß Artikel 126 Absatz 12 hebt der Rat die in Artikel 126 Absatz 11 erster und zweiter Gedankenstrich genannten Sanktionen in dem Maße auf, wie der betreffende teilnehmende Mitgliedstaat bei der Korrektur des übermäßigen Defizits Fortschritte erzielt hat.

Art. 15 [Vollständige Aufhebung der Sanktionen] [1] Nach Artikel 126 Absatz 12 hebt der Rat sämtliche Sanktionen auf, wenn der Beschluß über das Vorliegen eines übermäßigen Defizits aufgehoben worden ist. [2] Sind nach Artikel 12 dieser Verordnung Geldbußen verhängt worden, so werden die entsprechenden Beträge nicht an den betreffenden teilnehmenden Mitgliedstaat rücküberwiesen.

Art. 16 [Verwendung der Geldbußen] [1] Die Geldbußen nach Artikel 12 stellen sonstige Einnahmen im Sinne von Artikel 311 AEUV[1] dar und werden der Europäischen Finanzstabilisierungsfazilität zugewiesen. [2] Sobald die teilnehmenden Mitgliedstaaten einen anderen Stabilitätsmechanismus für die Bereitstellung von Finanzhilfen zur Wahrung der Stabilität des Euro-Währungsgebiets insgesamt einrichten, wird der Betrag der Geldbußen diesem Mechanismus zugewiesen.

Abschnitt 5. Übergangs- und Schlussbestimmungen

Art. 17 [Haushaltsjahr in GB] Solange das Haushaltsjahr im Vereinigten Königreich[2] nicht mit dem Kalenderjahr übereinstimmt, werden die Bestimmungen der Abschnitte 2, 3 und 4 im Rahmen dieser Verordnung entsprechend den Bestimmungen im Anhang auf das Vereinigte Königreich[2] angewandt.

---

[1] Nr. **2**.

[2] Seit dem 1.2.2020 ist das Vereinigte Königreich aus der Europäischen Union ausgetreten und ist seitdem ein Drittland (Nicht-EU-Land).

Art. 17a [Berichtsveröffentlichung] (1) *[1]* Bis 14. Dezember 2014 und danach alle fünf Jahre veröffentlicht die Kommission einen Bericht über die Anwendung dieser Verordnung.

[2] In diesem Bericht wird unter anderem Folgendes bewertet:

a) die Wirksamkeit der Verordnung;

b) die Fortschritte bei der Sicherstellung einer engeren Koordination der Wirtschaftspolitik und einer nachhaltigen Konvergenz der Wirtschaftsleistung der Mitgliedstaaten nach Maßgabe des AEUV[1].

(2) Dem in Absatz 1 genannten Bericht wird gegebenenfalls ein Vorschlag zur Änderung dieser Verordnung beigefügt.

(3) Der Bericht wird dem Europäischen Parlament und dem Rat übermittelt.

Art. 18 [Inkrafttreten] Diese Verordnung tritt am 1. Januar 1999 in Kraft.

Diese Verordnung ist in allen ihren Teilen verbindlich und gilt unmittelbar in jedem Mitgliedstaat.

Anhang. Für das Vereinigte Königreich geltende Fristen

(vom Abdruck wurde abgesehen)

---

[1] Nr. **2**.

VIII. Europarat und Menschenrechte

39. Satzung des Europarates [1)2)]

Vom 5. Mai 1949

(BGBl. 1950 I S. 263)[3)]

SEV[4)] 001

zuletzt geänd. durch ÄndBek. v. 17.2.2016 (BGBl. II S. 292)

Nichtamtliche Inhaltsübersicht

---

1) Siehe das G über den Beitritt der Bundesrepublik Deutschland zum Europarat v. 8.7.1950 (BGBl. S. 263). Die Wahl der Vertreter der Bundesrepublik Deutschland zur Parlamentarischen Versammlung des Europarats erfolgt gem. EuRatWahlG v. 6.12.1990 (BGBl. I S. 2586). Gem. Bek. v. 16.9.1953 (BGBl. II S. 558) ist die Bundesrepublik Deutschland am 13.7.1950 assoziiertes Mitglied und am 2.5.1951 Vollmitglied geworden.

2) Zu den übrigen Geltungsbereichen siehe die Übersicht in der nichtamtlichen Anlage.

3) Internationale Quelle: UNTS Bd. 87 S. 103, Bd. 604 S. 296, Bd. 777 S. 322 u. Bd. 793 S. 350.

4) **S**ammlung der **E**uropäischen **V**erträge des Europarates.

Amtliche Übersetzung Deutschlands

Die Regierungen des Königreichs Belgien, des Königreichs Dänemark, der Französischen Republik, der Irischen Republik, der Italienischen Republik, des Großherzogtums Luxemburg, des Königreichs der Niederlande, des Königreichs Norwegen, des Königreichs Schweden und des Vereinigten Königreichs von Großbritannien und Nordirland,

sind überzeugt, daß die Festigung des Friedens auf der Grundlage der Gerechtigkeit und internationalen Zusammenarbeit für die Erhaltung der menschlichen Gesellschaft und der Zivilisation von lebenswichtiger Bedeutung ist;

bestätigen ihre unerschütterliche Verbundenheit mit den geistigen und sittlichen Werten, die das gemeinsame Erbe ihrer Völker und von jeher die Quelle für Freiheit der Einzelperson, politische Freiheit und Herrschaft des Rechts sind, jene Prinzipien, welche die Grundlage jeder wahren Demokratie bilden;

glauben, daß für den Schutz und die weitere Verwirklichung dieser Ideale sowie zur Förderung des wirtschaftlichen und sozialen Fortschritts ein engerer Zusammenschluß aller gleichgesinnten Völker Europas notwendig ist;

sind der Meinung, daß es entsprechend diesem Bedürfnis und den ausdrücklichen Wünschen ihrer Völker notwendig ist, unverzüglich eine Organisation zu schaffen, die alle europäischen Staaten enger zusammenschließt,

haben deshalb beschlossen, einen Europarat, bestehend aus einem Ausschuß von Regierungsvertretern und einer Beratenden Versammlung zu errichten und ihm die folgende Satzung gegeben:

Kapitel I. Aufgabe des Europarats

Art. 1 [Aufgabenbereich] (a) Der Europarat hat die Aufgabe, einen engeren Zusammenschluß unter seinen Mitgliedern zu verwirklichen, um die Ideale und Grundsätze, die ihr gemeinsames Erbe sind, zu schützen und zu fördern und um ihren wirtschaftlichen und sozialen Fortschritt zu begünstigen.

(b) Dieses Ziel wird mit Hilfe der Organe des Rates erstrebt durch die Prüfung von Fragen gemeinsamen Interesses, durch den Abschluß von Abkommen[1)] und durch gemeinsames Handeln auf den Gebieten der Wirtschaft, des sozialen Lebens, der Kultur, der Wissenschaft, der Rechtspflege und der Verwaltung sowie durch Schutz und Weiterentwicklung der Menschenrechte und Grundfreiheiten.

(c) Die Beteiligung der Mitglieder an den Arbeiten des Europarats darf ihre Mitwirkung am Werk der Vereinigten Nationen und der anderen Organisationen oder internationalen Vereinigungen, denen sie angehören, nicht beeinträchtigen.

(d) Die Fragen der nationalen Verteidigung gehören nicht zur Zuständigkeit des Europarats.

Kapitel II. Zusammensetzung

Art. 2 [Vertragspartner] Die Mitglieder des Europarats sind die Vertragspartner der vorliegenden Satzung.

Art. 3 [Pflichten der Mitglieder] [1]Jedes Mitglied des Europarats erkennt den Grundsatz vom Vorrange des Rechts und den Grundsatz an, wonach jeder, der seiner Jurisdiktion unterliegt, der Menschenrechte und Grundfreiheiten teilhaftig werden solle. [2]Es verpflichtet sich, aufrichtig und tatkräftig an der Verfolgung des in Kapitel I gekennzeichneten Zieles mitzuarbeiten.

Art. 4 [Beitritt] [1]Jeder europäische Staat, der für fähig und gewillt befunden wird, die Bestimmungen des Artikels 3 zu erfüllen, kann durch das Minister-Komitee aufgefordert werden, Mitglied des Europarats zu werden. [2]Jeder derart eingeladene Staat erwirbt die Mitgliedschaft, sobald in seinem Namen eine Urkunde über den Eintritt zu dieser Satzung dem Generalsekretär übergeben wird.

Art. 5 [Assoziierte Mitgliedschaft] (a) [1]Unter besonderen Umständen kann ein europäisches Land, das für fähig und gewillt befunden wird, die Bestimmungen des Artikels 3 zu erfüllen, vom Minister-Komitee aufgefordert werden, Assoziiertes Mitglied des Europarats zu werden. [2]Jedes derart eingeladene Land erwirbt die Eigenschaft eines Assoziierten Mitglieds, sobald in seinem Namen eine Urkunde der Annahme der vorliegenden Satzung dem Generalsekretär übergeben wird. [3]Die Assoziierten Mitglieder dürfen nur in der Beratenden Versammlung vertreten sein.

(b) Der in dieser Satzung verwandte Ausdruck "Mitglied" gilt in gleicher Weise für die Assoziierten Mitglieder, soweit es sich nicht um die Vertretung im Minister-Komitee handelt.

[1)] Beachte hierzu insbesondere: Konvention zum Schutze der Menschenrechte und Grundfreiheiten (Nr. **40**).

Art. 6 [Sitzfestsetzung; finanzieller Beitrag] Bevor die in den Artikeln 4 oder 5 vorgesehene Einladung ergeht, setzt das Minister-Komitee die Zahl der Sitze in der Beratenden Versammlung, auf die das künftige Mitglied Anspruch hat, sowie die Höhe seines Geldbeitrages fest.

Art. 7 [Austritt] [1] Jedes Mitglied des Europarats kann aus diesem austreten, indem es seinen Entschluß dem Generalsekretär förmlich anzeigt. [2] Die Anzeige wird mit Ablauf des laufenden Rechnungsjahres wirksam, wenn sie innerhalb der ersten 9 Monate dieses Jahres erfolgt ist, und bei Ablauf des folgenden Rechnungsjahres, wenn sie während der letzten drei Monate erfolgt ist.

Art. 8 [Suspendierung wegen Grundsatzverletzung] [1] Jedem Mitglied des Europarats, das sich eines schweren Verstoßes gegen die Bestimmungen des Artikels 3 schuldig macht, kann sein Recht auf Vertretung vorläufig abgesprochen und es kann vom Minister-Komitee aufgefordert werden, gemäß den Bestimmungen des Artikels 7 auszutreten. [2] Wird dieser Aufforderung nicht Folge geleistet, so kann das Minister-Komitee beschließen, daß das betreffende Mitglied, von einem durch das Komitee selbst bestimmten Zeitpunkt ab, dem Europarat nicht mehr angehört.

Art. 9 [Suspendierung wegen Zahlungsverzugs] Wenn ein Mitglied seinen finanziellen Verpflichtungen nicht nachkommt, kann das Minister-Komitee dessen Recht auf Vertretung im Komitee und in der Beratenden Versammlung solange aufheben, als es seinen Verpflichtungen nicht nachgekommen ist.

Kapitel III. Allgemeine Bestimmungen

Art. 10 [Organe] *[1]* Die Organe des Europarats sind:

i) Das Minister-Komitee

ii) Die Beratende Versammlung.

[2] Diesen beiden Organen steht das Sekretariat des Europarats zur Seite.

Art. 11 [Sitz] Der Sitz des Europarats ist Straßburg.

Art. 12 [Amtssprachen] [1] Die amtlichen Sprachen des Europarats sind Französisch und Englisch. [2] Die Geschäftsordnungen des Minister-Komitees und der Beratenden Versammlung haben Umstände und Voraussetzungen zu bestimmen, unter denen andere Sprachen gebraucht werden dürfen.

Kapitel IV. Das Minister-Komitee

Art. 13 [Handlungsorgan] Das Minister-Komitee ist das Organ, das dafür zuständig ist, im Namen des Europarats entsprechend den Artikeln 15 und 16 zu handeln.

Art. 14 [Vertreter] [1] Jedes Mitglied hat im Minister-Komitee einen Vertreter; jeder Vertreter hat eine Stimme. [2] Vertreter im Komitee sind die Außenminister. [3] Kann ein Außenminister an den Sitzungen nicht teilnehmen, oder lassen andere Umstände es wünschenswert erscheinen, so kann ein Beauftragter bestellt werden, der für ihn tätig wird. [4]Der Beauftragte soll, wenn irgend möglich, ein Mitglied der Regierung seines Landes sein.

Art. 15 [Prüfung der Maßnahmen] (a) [1]Auf Empfehlung der Beratenden Versammlung oder auf eigene Veranlassung prüft das Minister-Komitee die Maßnahmen, die geeignet sind, die Aufgaben des Europarats zu verwirklichen, einschließlich des Abschlusses von Abkommen und Vereinbarungen und der Annahme einer gemeinsamen Politik durch die Regierungen bei bestimmten Fragen. [2]Seine Beschlüsse werden durch den Generalsekretär den Mitgliedern mitgeteilt.

(b) [1]Die Beschlüsse des Minister-Komitees können gegebenenfalls in die Form von Empfehlungen an die Regierungen gekleidet werden. [2]Das Komitee kann diese ersuchen, ihm mitzuteilen, was sie auf diese Empfehlungen hin veranlaßt haben.

Art. 16 [Organisation und innerer Dienst] [1]Vorbehaltlich der in den Artikeln 24, 28, 30, 32, 33 und 35 genannten Vollmachten der Beratenden Versammlung, regelt das Minister-Komitee mit bindender Kraft alle Fragen, die sich auf die Organisation und die inneren Angelegenheiten des Europarats beziehen. [2]Es erläßt zu diesem Zweck die erforderlichen Finanz- und Verwaltungsanordnungen.

Art. 17 [Komitees und Ausschüsse] Das Minister-Komitee kann zu jedem ihm wünschenswert erscheinenden Zwecke beratende oder technische Komitees oder Ausschüsse einsetzen.

Art. 18 [Geschäftsordnung] Das Minister-Komitee gibt sich seine Geschäftsordnung; diese bestimmt insbesondere:

i) die zur Beschlußfähigkeit notwendige Mitgliederzahl;

ii) die Art der Ernennung des Präsidenten und dessen Amtsdauer;

iii) das Verfahren für Aufstellung der Tagesordnung und für die Einbringung von Vorschlägen zwecks Beschlußfassung; und

iv) die Bedingungen, unter denen die Ernennung von Stellvertretern gemäß Artikel 14 mitgeteilt werden muß.

Art. 19 [Tätigkeitsbericht] Das Minister-Komitee hat der Beratenden Versammlung bei jeder ihrer Tagungen Tätigkeitsberichte mit den dazugehörigen Unterlagen vorzulegen.

Art. 20 [Mehrheitsverhältnisse] (a) Mehrheit der Vertreter, die Anspruch auf einen Sitz im Minister-Komitee haben, und Einstimmigkeit der abgegebenen Stimmen sind für Beschlüsse des Komitees über folgende wichtige Fragen erforderlich:

i) die Empfehlungen gemäß Artikel 15 (b);

ii) die Fragen, die sich auf den Artikel 19 beziehen;

iii) die Fragen, die sich auf den Artikel 21 (a) i und b beziehen;

iv) die Fragen, die sich auf den Artikel 33 beziehen;

v) die Empfehlungen, die Abänderungen der Artikel 1 (d), 7, 15, 20 und 22 betreffen und

vi) jede andere Frage, die das Komitee mit Rücksicht auf deren Bedeutung durch eine gemäß dem nachstehenden Absatz d gefaßte Entschließung der Vorschrift der Einstimmigkeit unterwerfen will.

(b) Die Fragen, die zur Geschäftsordnung oder zu den Haushalts- und Verwaltungsanordnungen gehören, können mit einfacher Stimmenmehrheit der Vertreter entschieden werden, die Anspruch auf einen Sitz im Komitee haben.

(c) Die Beschlüsse des Komitees, die gemäß den Artikeln 4 und 5 gefaßt werden, erfordern Zweidrittel-Mehrheit der Vertreter, die Anspruch auf einen Sitz im Komitee haben.

(d) [1] Alle anderen Beschlüsse des Komitees erfordern Zweidrittel-Mehrheit der abgegebenen Stimmen und einfache Mehrheit der Vertreter, die Anspruch auf einen Sitz im Komitee haben. [2] Hierunter fallen insbesondere die Beschlüsse über die Annahme des Haushaltsplans, die Geschäftsordnung, die Finanz- und Verwaltungsanordnungen, die Empfehlungen für Abänderung der im obigen Absatz a.v nicht erwähnten Artikel dieses Statuts, sowie darüber, welcher Absatz dieses Artikels im Zweifelsfalle anzuwenden ist.

Art. 21 [Nichtöffentliche Beratungen; Zusammentreten] (a) Sofern das Minister-Komitee nicht anders beschließt, finden seine Sitzungen:

i) unter Ausschluß der Öffentlichkeit und

ii) am Sitze des Rates statt.

(b) Das Komitee entscheidet über die Veröffentlichung von Mitteilungen über Aussprachen, die unter Ausschluß der Öffentlichkeit stattfanden, und über die dabei gefaßten Beschlüsse.

(c) Das Komitee muß vor Eröffnung der Tagungen der Beratenden Versammlung und zu Beginn dieser Tagung zusammentreten, außerdem jedes Mal, wenn es dies für erforderlich hält.

Kapitel V. Die Beratende Versammlung

Art. 22 [Beratendes Organ] [1] Die Beratende Versammlung ist das beratende Organ des Europarates. [2] Sie erörtert Fragen, die nach dieser Satzung zu ihrer Zuständigkeit gehören; sie übermittelt ihre Beschlüsse dem Minister-Komitee in Form von Empfehlungen.

Art. 23[1)] [Aufgaben] (a) Die Beratende Versammlung kann über alle Fragen, die nach den Begriffsbestimmungen des Kapitels I der Aufgabe des Europarates entsprechen und in dessen Zuständigkeit fallen, beraten und Empfehlungen ausarbeiten; sie berät ferner über jede Frage, die ihr vom Ministerkomitee zur Stellungnahme unterbreitet wird, und kann dazu Empfehlungen ausarbeiten.

(b) Die Versammlung setzt ihre Tagesordnung im Einklang mit den Bestimmungen des vorstehenden Absatzes a und unter Berücksichtigung der Tätigkeit

[1)] **Amtl. Anm.:** Geändert im Mai 1951.

der anderen europäischen zwischenstaatlichen Organisationen, denen einige oder alle Mitglieder des Rates angehören, fest.

(c) Der Präsident der Versammlung entscheidet im Zweifelsfalle, ob eine im Laufe einer Sitzungsperiode aufgeworfene Frage auf die Tagesordnung der Versammlung gehört.

Art. 24 [Komitees und Ausschüsse] Die Beratende Versammlung kann unter Beachtung der Bestimmungen des Artikels 38 (d) Komitees oder Ausschüsse einsetzen, die beauftragt sind, alle Fragen zu prüfen, die zu ihrer Zuständigkeit nach Artikel 23 gehören, Berichte vorzulegen, die auf ihre Tagesordnung gesetzten Angelegenheiten zu bearbeiten und Gutachten über jede Verfahrensfrage abzugeben.

Art. 25 [Zusammensetzung] (a) *[1]* [1]Die Beratende Versammlung besteht aus Vertretern jedes Mitglieds, die von dessen Parlament aus seiner Mitte gewählt oder nach einem vom Parlament bestimmten Verfahren aus seiner Mitte ernannt werden; jedoch kann die Regierung eines jeden Mitglieds ergänzende Ernennungen vornehmen, wenn das Parlament nicht tagt und das in diesem Fall anzuwendende Verfahren nicht bestimmt hat. [2]Jeder Vertreter muß Staatsangehöriger des von ihm vertretenen Mitglieds sein und darf nicht gleichzeitig Mitglied des Ministerkomitees sein.

[2] Die Amtszeit der auf diese Weise ernannten Vertreter beginnt mit der Eröffnung der auf ihre Ernennung folgenden ordentlichen Sitzungsperiode; sie endet mit der Eröffnung der darauffolgenden oder einer späteren ordentlichen Sitzungsperiode; jedoch können Mitglieder nach Parlamentswahlen neue Ernennungen vornehmen

[3] Nimmt ein Mitglied, weil ein Sitz durch Tod oder Rücktritt verwaist ist, oder infolge von Parlamentswahlen Neuernennungen vor, so beginnt die Amtszeit der neuen Vertreter mit der ersten auf die Ernennung folgenden Sitzung der Versammlung.

(b) Kein Vertreter kann im Laufe einer Sitzungsperiode der Versammlung ohne deren Zustimmung seines Mandates enthoben werden.

(c) [1]Jeder Vertreter kann einen Ersatzmann haben, der im Falle der Abwesenheit des Vertreters berechtigt ist, an seiner Stelle an den Sitzungen teilzunehmen, das Wort zu ergreifen und abzustimmen. [2]Die Bestimmungen des vorstehenden Absatzes (a) finden auch auf die Bezeichnung der Ersatzleute Anwendung.

Art. 26[1)] [Anzahl der Sitze] Die Mitglieder haben Anspruch auf die nachstehend angegebene Zahl von Sitzen:

Albanien	4	Bulgarien	6
Andorra	2	Kroatien	5
Armenien	4	Zypern	3
Österreich	6	Tschechische Republik	7
Aserbaidschan	6	Dänemark	5
Belgien	7	Estland	3
Bosnien und Herzegowina	5	Finnland	5

1) Die Reihenfolge der Staatennamen richtet sich nach der englischen Version.

Frankreich	18	Polen	12
Georgien	5	Portugal	7
Deutschland	18	Rumänien	10
Griechenland	7	Russische Föderation	18
Ungarn	7	San Marino	2
Island	3	Serbien	7
Irland	4	Slowakische Republik	5
Italien	18	Slowenien	3
Lettland	3	Spanien	12
Liechtenstein	2	Schweden	6
Litauen	4	Schweiz	6
Luxemburg	3	„die ehemalige jugoslawische Republik Mazedonien“	3
Malta	3	Türkei	18
Moldau, Republik	5	Ukraine	12
Monaco	2	Vereinigtes Königreich Großbritannien und Nordirland	18
Montenegro	3		
Niederlande	7		
Norwegen	5		

Art. 27[1)] **[Teilnahme- und Rederecht]** Die Bedingungen, unter denen das Ministerkomitee insgesamt bei den Aussprachen der Beratenden Versammlung vertreten sein kann, und diejenigen, unter denen die Vertreter im Komitee und ihre Beauftragten einzeln das Wort vor der Versammlung ergreifen können, unterliegen den einschlägigen Bestimmungen der Geschäftsordnung, die nach Anhörung der Versammlung vom Komitee beschlossen werden können.

Art. 28 [Geschäftsordnung] (a) [1] Die Beratende Versammlung gibt sich ihre Geschäftsordnung. [2] Sie wählt aus dem Kreis ihrer Mitglieder ihren Präsidenten, der bis zur folgenden ordentlichen Tagung im Amte bleibt.

(b) [1] Der Präsident leitet die Verhandlungen, nimmt jedoch weder an den Aussprachen noch an der Abstimmung teil. [2] Der Stellvertreter des Präsidenten ist befugt, an dessen Stelle den Sitzungen beizuwohnen, das Wort zu ergreifen und abzustimmen.

(c) Die Geschäftsordnung bestimmt insbesondere:

i) die zur Beschlußfähigkeit notwendige Mitgliederzahl (das Quorum);
ii) das Verfahren der Wahl und die Amtsdauer des Präsidenten und der anderen Mitglieder des Büros;
iii) das Verfahren für die Aufstellung der Tagesordnung und für deren Mitteilung an die Vertreter;
iv) den Zeitpunkt und die Art und Weise für die Bekanntgabe der Namen der Vertreter und ihrer Stellvertreter.

Art. 29 [Zweidrittelmehrheit] Vorbehaltlich der Bestimmungen des Artikels 30 müssen alle Beschlüsse der Beratenden Versammlung mit Zweidrittel-

---

1) **Amtl. Anm.:** Geändert im Mai 1951.

Mehrheit der abgegebenen Stimmen gefaßt werden, einschließlich derjenigen, die folgende Gegenstände behandeln:

i) Empfehlungen an das Minister-Komitee;

ii) Vorschläge an das Komitee betreffend Fragen, die auf die Tagesordnung der Versammlung gesetzt werden sollen;

iii) Bildung von Komitees oder Ausschüssen;

iv) Festsetzung des Zeitpunktes für die Eröffnung der Tagungen;

v) Bestimmung der für die Beschlüsse verlangten Mehrheit, soweit diese nicht unter die vorstehenden Absätze i–iv fallen oder in Zweifelsfällen, die Festlegung einer angemessenen Mehrheit.

Art. 30 [Innerer Geschäftsgang] Die Beschlüsse der Beratenden Versammlung über die Art und Weise des inneren Geschäftsganges, hauptsächlich hinsichtlich der Auswahl der Mitglieder des Büros, der Benennung der Komitee- und Ausschußmitglieder und der Annahme der Geschäftsordnung werden mit einer von der Versammlung gemäß Artikel 29, Ziffer v, zu bestimmenden Mehrheit gefaßt.

Art. 31 [Tagesordnung] Aussprachen über Vorschläge, die an das Minister-Komitee zwecks Aufnahme einer Frage in die Tagesordnung der Beratenden Versammlung gerichtet werden sollen, dürfen sich, nach genauer Bezeichnung des Gegenstandes, nur auf die Gründe erstrecken, die für oder gegen diese Aufnahme sprechen.

Art. 32 [Ordentliche Sitzungsperioden] [1] Die Beratende Versammlung hält jedes Jahr eine ordentliche Tagung ab, deren Zeitpunkt und Dauer von der Versammlung so festgesetzt werden müssen, daß – soweit möglich – jede Überschneidung mit den Parlamentstagungen und mit den Tagungen der Generalversammlung der Vereinigten Nationen vermieden wird. [2] Die Dauer der ordentlichen Tagungen darf einen Monat nicht überschreiten, sofern nicht die Versammlung und das Minister-Komitee in beiderseitigem Einvernehmen etwas anderes beschließen.

Art. 33 [Ort der ordentlichen Sitzungsperioden] Die ordentlichen Tagungen der Beratenden Versammlung finden am Sitze des Rates statt, sofern nicht die Versammlung und das Minister-Komitee in beiderseitigem Einvernehmen etwas anderes beschließen.

Art. 34[1)] [Außerordentliche Sitzungsperioden] Die Beratende Versammlung kann auf Vorschlag des Ministerkomitees oder des Präsidenten der Versammlung nach einem zwischen ihnen erzielten diesbezüglichen Einvernehmen, das sich auch auf den Zeitpunkt und den Ort bezieht, zu einer außerordentlichen Sitzungsperiode einberufen werden.

Art. 35 [Öffentlichkeit] Die Aussprachen der Beratenden Versammlung sind öffentlich, sofern diese nicht etwas anderes beschließt.

[1)] **Amtl. Anm.:** Geändert im Mai 1951.

Kapitel VI. Sekretariat

Art. 36 [Zusammensetzung; Generalsekretär] (a) Das Sekretariat besteht aus einem Generalsekretär, einem Stellvertretenden Generalsekretär und dem erforderlichen Personal.

(b) Der Generalsekretär und der Stellvertretende Generalsekretär werden auf Empfehlung des Minister-Komitees von der Beratenden Versammlung ernannt.

(c) Die anderen Mitglieder des Sekretariats werden vom Generalsekretär, entsprechend der Verwaltungsordnung, ernannt.

(d) Kein Mitglied des Sekretariats darf ein von einer Regierung bezahltes Amt innehaben, Mitglied der Beratenden Versammlung oder eines Länderparlaments sein oder mit seinen Pflichten unvereinbare Tätigkeiten ausüben.

(e) [1] Jedes Mitglied des Personals des Sekretariats muß durch eine feierliche Erklärung seine Verbundenheit mit dem Europarat versichern und seine Entschlossenheit bekunden, seine Amtspflichten gewissenhaft zu erfüllen, ohne sich durch irgendwelche Rücksichten nationaler Art beeinflussen zu lassen. [2] Es muß dabei seinen Willen zum Ausdruck bringen, daß es bei Ausübung des Dienstes weder von einer Regierung noch von irgendeiner außerhalb des Rates stehenden Stelle Weisungen einholen oder entgegennehmen wird und daß es sich jeder Handlung enthalten wird, die mit seiner Stellung als internationaler, ausschließlich dem Rate gegenüber verantwortlicher Beamter unvereinbar ist. [3] Der Generalsekretär und der Stellvertretende Generalsekretär haben diese Erklärung vor dem Komitee, alle anderen Mitglieder des Personals vor dem Generalsekretär abzugeben.

(f) Jedes Mitglied hat den ausschließlich internationalen Charakter der Obliegenheiten des Generalsekretärs und des Personals des Sekretariats zu achten und sich jeder Beeinflussung dieser Personen bei der Ausübung ihrer Amtstätigkeit zu enthalten.

Art. 37 [Sitz, Verantwortlichkeit] (a) Das Sekretariat wird am Sitze des Rates gebildet.

(b) [1] Der Generalsekretär ist dem Minister-Komitee für die Arbeit des Sekretariats verantwortlich. [2] Unter Vorbehalt der Bestimmungen des Artikels 38d hat er insbesondere der Beratenden Versammlung die von ihr benötigten verwaltungstechnischen und sonstigen Dienste zur Verfügung zu stellen.

Kapitel VII. Finanzen

Art. 38[1] [Finanzierung] (a) Jeder Mitgliedstaat trägt die Kosten seiner eigenen Vertretung im Minister-Komitee und in der Beratenden Versammlung.

(b) Die Kosten des Sekretariats und alle anderen gemeinsamen Ausgaben werden in dem Verhältnis auf die Mitgliedstaaten verteilt, das vom Minister-Komitee entsprechend der Bevölkerungszahl der einzelnen Mitgliedstaaten festgesetzt wird.

---

[1] **Amtl. Anm.:** Artikel 38e wurde im Mai 1951 angefügt.

Der Beitrag eines jeden Assoziierten Mitgliedes wird vom Minister-Komitee festgesetzt.

(c) Der Haushalt des Europarats wird jedes Jahr vom Generalsekretär gemäß den durch die Finanzordnung festgelegten Bestimmungen dem Minister-Komitee zur Billigung vorgelegt.

(d) Der Generalsekretär legt dem Minister-Komitee die Anträge der Versammlung vor, die Ausgaben zur Folge haben könnten, welche die Höhe der bereits im Haushaltsplan für die Versammlung und ihre Arbeiten enthaltenen Kredite überschreiten.

(e) [1] Der Generalsekretär unterbreitet dem Ministerkomitee ferner einen Voranschlag der Ausgaben, die mit der Durchführung jeder der dem Komitee vorgelegten Empfehlungen verbunden sind. [2] Ein Beschluß, dessen Durchführung zusätzliche Ausgaben verursacht, gilt erst dann als vom Ministerkomitee angenommen, wenn dieses die darauf bezüglichen zusätzlichen Kostenvoranschläge genehmigt hat.

Art. 39 [Beiträge] [1] Der Generalsekretär teilt jährlich den Regierungen der Mitgliedstaaten die Höhe ihres Beitrages mit. [2] Die Beiträge gelten als am Tage dieser Mitteilung fällig; sie sind spätestens innerhalb von 6 Monaten zu Händen des Generalsekretärs zu entrichten.

Kapitel VIII. Privilegien und Immunitäten

Art. 40 [Immunitäten und Vorrechte] (a) [1] Der Europarat, die Vertreter der Mitgliedstaaten und des Sekretariats genießen in den Gebieten der Mitgliedstaaten die für die Ausübung ihrer Amtstätigkeit erforderlichen Immunitäten und Privilegien. [2] Insbesondere können die Vertreter der Beratenden Versammlung auf Grund dieser Immunität innerhalb der Hoheitsgebiete aller Mitgliedstaaten wegen der von ihnen im Laufe der Verhandlungen in der Versammlung, in ihren Komitees oder Ausschüssen geäußerten Meinungen oder abgegebenen Stimmen weder verhaftet noch strafrechtlich belangt werden.

(b) [1] Die Mitglieder verpflichten sich, sobald wie möglich ein Abkommen zur wirksamen Durchführung der im vorstehenden Absatz a enthaltenen Bestimmungen abzuschließen. [2] Zu diesem Zweck wird das Minister-Komitee den Regierungen der Mitgliedstaaten den Abschluß eines Abkommens empfehlen, das die in den Hoheitsgebieten der Mitgliedstaaten anerkannten Privilegien und Immunitäten genau umschreibt. [3] Außerdem wird ein Sonderabkommen mit der Regierung der Französischen Republik über die Privilegien und Immunitäten abgeschlossen werden, die der Rat an seinem Sitze genießen soll.

Kapitel IX. Satzungsänderungen

Art. 41 [Änderungsvorschläge] (a) Vorschläge zur Änderung der vorliegenden Satzung können beim Minister-Komitee oder, unter den in Artikel 23 vorgesehenen Bedingungen, bei der Beratenden Versammlung eingebracht werden.

(b) Das Komitee empfiehlt die Abänderungen der Satzung, die es für wünschenswert hält, und veranlaßt ihre Eintragung in ein Protokoll.

(c) Jedes Änderungsprotokoll tritt nach Unterzeichnung und Ratifizierung durch zwei Drittel der Mitgliedstaaten in Kraft.

(d) [1] Unbeschadet der Bestimmungen der vorstehenden Absätze dieses Artikels treten Satzungsänderungen zu den Artikeln 23 bis 35, 38 und 39 nach Zustimmung des Minister-Komitees und der Versammlung mit dem Tage der Beurkundung in Kraft, die vom Generalsekretär durchgeführt und den Regierungen der Mitgliedstaaten mitgeteilt wird und die die Billigung der Abänderungsvorschläge enthält. [2] Die Bestimmungen dieses Absatzes können erst nach Ablauf der zweiten ordentlichen Tagung der Versammlung angewandt werden.

Kapitel X. Schlußbestimmungen

Art. 42 [Ratifizierung; Inkrafttreten] (a) [1] Die vorliegende Satzung bedarf der Ratifizierung. [2] Die Ratifikations-Urkunden sind bei der Regierung des Vereinigten Königreichs von Großbritannien und Nordirland zu hinterlegen.

(b) [1] Die vorliegende Satzung tritt in Kraft, sobald sieben Ratifikations-Urkunden hinterlegt worden sind. [2] Die Regierung des Vereinigten Königreichs wird allen Regierungen, die diese Satzung unterzeichnet haben, ihr Inkrafttreten und die Namen der dem Europarat zu diesem Zeitpunkt angehörenden Staaten bekanntgeben.[1)]

(c) Für die Folgezeit wird jeder andere Unterzeichner am Tage der Hinterlegung seiner Ratifikations-Urkunde Vertragspartner der vorliegenden Satzung.

Zu Urkund dessen haben die für diesen Zweck gehörig bevollmächtigten Unterzeichner die vorliegende Satzung unterschrieben.

Geschehen zu London am 5. Mai 1949 in französischer und englischer Sprache, wobei beide Fassungen gleichermaßen authentisch sind, in einem einzigen Exemplar, das in den Archiven der Regierung des Vereinigten Königreichs hinterlegt wird; diese übersendet beglaubigte Abschriften den anderen Regierungen der Unterzeichnerstaaten.

(Es folgen die Unterschriften für Belgien, Dänemark, Frankreich, Italien, Luxemburg, Niederlande, Norwegen, Schweden, Vereinigtes Königreich.)

Nichtamltiche Anlage. Geltungsbereich[2)]

Mitgliedstaaten	in Kraft am	BGBl. Jg.	S.
Albanien	13. 7. 1995	95 II	767
Andorra	10. 11. 1994	95 II	131
Armenien	25. 1. 2001	03 II	398
Aserbaidschan	25. 1. 2001	03 II	398
Belgien	8. 8. 1949	69 II	1926
Bosnien und Herzegowina	24. 4. 2002	03 II	398
Bulgarien	7. 5. 1992	92 II	506

[1)] Zum Geltungsbereich siehe die Übersicht in der nichtamtlichen Anlage.

[2)] Nach FNB Stand 31.12.2014, redaktionell fortgeführt.

Mitgliedstaaten	in Kraft am	BGBl. Jg.	S.
Dänemark	3. 8. 1949	69 II	1926
Estland	14. 5. 1993	93 II	1890
Finnland	5. 5. 1989	89 II	552
Frankreich	4. 8. 1949	69 II	1926
Georgien	27. 4. 1999	03 II	398
Griechenland*1)	28. 11. 1974	75 II	163
Irland	3. 8. 1949	69 II	1926
Island	7. 3. 1950	69 II	1926
Italien	3. 8. 1949	69 II	1926
Kroatien	6. 11. 1996	97 II	159
Lettland	10. 2. 1995	95 II	415
Liechtenstein	23. 11. 1978	79 II	57
Litauen	14. 5. 1993	93 II	1890
Luxemburg	3. 8. 1949	69 II	1926
Malta	29. 4. 1965	69 II	1926
Moldau, Republik	13. 7. 1995	95 II	767
Monaco	5. 10. 2004	08 II	129
Montenegro	11. 5. 2007	08 II	129
Niederlande	5. 8. 1949	69 II	1926
Nordmazedonien	9. 11. 1995	96 II	34
Norwegen	3. 8. 1949	69 II	1926
Österreich	16. 4. 1956	69 II	1926
Polen	26. 11. 1991	92 II	285
Portugal	22. 9. 1976	76 II	1923
Rumänien	7. 10. 1993	93 II	2037
Russische Föderation	28. 2. 1996	96 II	479
San Marino	16. 11. 1988	89 II	23
Schweden	3. 8. 1949	69 II	1926
Schweiz	6. 5. 1963	69 II	1926
Serbien	3. 4. 2003	03 II	703
Slowakei	30. 6. 1993	93 II	1890
Slowenien	14. 5. 1993	93 II	1890
Spanien	24. 11. 1977	78 II	260
Tschechische Republik	30. 6. 1993	93 II	1890
Tschechoslowakei, ehemalige	21. 2. 1991	91 II	763
Türkei	13. 4. 1950	69 II	1926
Ukraine	9. 11. 1995	96 II	34
Ungarn	6. 11. 1990	90 II	1695
Vereinigtes Königreich	3. 8. 1949	69 II	1926
Zypern	24. 5. 1961	69 II	1926

*1) **Amtl. Anm.:** Griechenland war bereits in der Zeit vom 9.8.1949 bis 31.12.1970 Mitglied des Europarats – 1969 II 1926; 1972 II 841

40. Konvention zum Schutz der Menschenrechte und Grundfreiheiten

In der Fassung vom 22. Oktober 2010[1) 2)]
(BGBl. 2010 II S. 1198)[3)]

SEV[4)] 005

geänd. durch 15. EMRK-Protokoll v. 24.6.2013[5)] (BGBl. 2014 II S. 1034, 1035)

Nichtamtliche Inhaltsübersicht

[1)] Neubekanntmachung der Europäischen Menschenrechtskonvention v. 4.11.1950 (BGBl. 1952 II S. 685, ber. S. 953) nach Art. 2 G v. 21.2.2006 (BGBl. 2006 II S. 138) in einer sprachlich überarbeiteten deutschen Übersetzung in der ab 1.6.2010 geltenden Fassung.

[2)] Zum Geltungsbereich siehe die Übersicht in der nichtamtlichen Anlage.

[3)] Internationale Quelle: UNTS Bd. 213 S. 221.

[4)] **S**ammlung der **E**uropäischen **V**erträge des Europarates.

[5)] Das Protokoll Nr. 15 wurde für die Bundesrepublik Deutschland durch G v. 2.12.2014 (BGBl. II S. 1034) ratifiziert und trat gem. Bek. v. 3.5.2021 (BGBl. II S. 522) für die Bundesrepublik Deutschland am **1.8.2021** in Kraft.

(Übersetzung)

Die Unterzeichnerregierungen, Mitglieder des Europarats –

in Anbetracht der Allgemeinen Erklärung der Menschenrechte, die am 10. Dezember 1948 von der Generalversammlung der Vereinten Nationen verkündet worden ist;

in der Erwägung, dass diese Erklärung bezweckt, die universelle und wirksame Anerkennung und Einhaltung der in ihr aufgeführten Rechte zu gewährleisten;

in der Erwägung, dass es das Ziel des Europarats ist, eine engere Verbindung zwischen seinen Mitgliedern herzustellen, und dass eines der Mittel zur Erreichung dieses Zieles die Wahrung und Fortentwicklung der Menschenrechte und Grundfreiheiten ist;

in Bekräftigung ihres tiefen Glaubens an diese Grundfreiheiten, welche die Grundlage von Gerechtigkeit und Frieden in der Welt bilden und die am besten durch eine wahrhaft demokratische politische Ordnung sowie durch ein gemeinsames Verständnis und eine gemeinsame Achtung der diesen Grundfreiheiten zugrunde liegenden Menschenrechte gesichert werden;

entschlossen, als Regierungen europäischer Staaten, die vom gleichen Geist beseelt sind und ein gemeinsames Erbe an politischen Überlieferungen, Idealen, Achtung der Freiheit und Rechtsstaatlichkeit besitzen, die ersten Schritte auf dem Weg zu einer kollektiven Garantie bestimmter in der Allgemeinen Erklärung aufgeführter Rechte zu unternehmen;

in Bekräftigung dessen, dass es nach dem Grundsatz der Subsidiarität in erster Linie Aufgabe der Hohen Vertragsparteien ist, die Achtung der in dieser Konvention und den Protokollen dazu bestimmten Rechte und Freiheiten zu gewährleisten, und dass sie dabei über einen Ermessensspielraum verfügen, welcher der Kontrolle des durch diese Konvention errichteten Europäischen Gerichtshofs für Menschenrechte untersteht –

haben Folgendes vereinbart:

Art. 1 Verpflichtung zur Achtung der Menschenrechte. Die Hohen Vertragsparteien sichern allen ihrer Hoheitsgewalt unterstehenden Personen die in Abschnitt I bestimmten Rechte und Freiheiten zu.

Abschnitt I. Rechte und Freiheiten

Art. 2 Recht auf Leben. (1) [1]Das Recht jedes Menschen auf Leben wird gesetzlich geschützt. [2]Niemand darf absichtlich getötet werden, außer durch Vollstreckung eines Todesurteils, das ein Gericht wegen eines Verbrechens verhängt hat, für das die Todesstrafe gesetzlich vorgesehen ist.

(2) Eine Tötung wird nicht als Verletzung dieses Artikels betrachtet, wenn sie durch eine Gewaltanwendung verursacht wird, die unbedingt erforderlich ist, um

a) jemanden gegen rechtswidrige Gewalt zu verteidigen;
b) jemanden rechtmäßig festzunehmen oder jemanden, dem die Freiheit rechtmäßig entzogen ist, an der Flucht zu hindern;
c) einen Aufruhr oder Aufstand rechtmäßig niederzuschlagen.

Art. 3 Verbot der Folter. Niemand darf der Folter oder unmenschlicher oder erniedrigender Behandlung oder Strafe unterworfen werden.

Art. 4 Verbot der Sklaverei und der Zwangsarbeit. (1) Niemand darf in Sklaverei oder Leibeigenschaft gehalten werden.

(2) Niemand darf gezwungen werden, Zwangs- oder Pflichtarbeit zu verrichten.

(3) Nicht als Zwangs- oder Pflichtarbeit im Sinne dieses Artikels gilt:

a) eine Arbeit, die üblicherweise von einer Person verlangt wird, der unter den Voraussetzungen des Artikels 5 die Freiheit entzogen oder die bedingt entlassen worden ist;
b) eine Dienstleistung militärischer Art oder eine Dienstleistung, die an die Stelle des im Rahmen der Wehrpflicht zu leistenden Dienstes tritt, in Ländern, wo die Dienstverweigerung aus Gewissensgründen anerkannt ist;
c) eine Dienstleistung, die verlangt wird, wenn Notstände oder Katastrophen das Leben oder das Wohl der Gemeinschaft bedrohen;
d) eine Arbeit oder Dienstleistung, die zu den üblichen Bürgerpflichten gehört.

Art. 5 Recht auf Freiheit und Sicherheit. (1) [1]Jede Person hat das Recht auf Freiheit und Sicherheit. [2]Die Freiheit darf nur in den folgenden Fällen und nur auf die gesetzlich vorgeschriebene Weise entzogen werden:

a) rechtmäßige Freiheitsentziehung[1)] nach Verurteilung durch ein zuständiges Gericht;

[1)] Österreich und Schweiz: rechtmäßiger Freiheitsentzug.

b) rechtmäßige Festnahme oder Freiheitsentziehung[1)] wegen Nichtbefolgung einer rechtmäßigen gerichtlichen Anordnung oder zur Erzwingung der Erfüllung einer gesetzlichen Verpflichtung;

c) rechtmäßige Festnahme oder Freiheitsentziehung[1)] zur Vorführung vor die zuständige Gerichtsbehörde, wenn hinreichender Verdacht besteht, dass die betreffende Person eine Straftat begangen hat, oder wenn begründeter Anlass zu der Annahme besteht, dass es notwendig ist, sie an der Begehung einer Straftat oder an der Flucht nach Begehung einer solchen zu hindern;

d) rechtmäßige Freiheitsentziehung[1)] bei Minderjährigen zum Zweck überwachter Erziehung oder zur Vorführung vor die zuständige Behörde;

e) rechtmäßige Freiheitsentziehung[1)] mit dem Ziel, eine Verbreitung ansteckender Krankheiten zu verhindern, sowie bei psychisch Kranken, Alkohol- oder Rauschgiftsüchtigen und Landstreichern;

f) rechtmäßige Festnahme oder Freiheitsentziehung[1)] zur Verhinderung der unerlaubten Einreise sowie bei Personen, gegen die ein Ausweisungs- oder Auslieferungsverfahren im Gange ist.

(2) Jeder festgenommenen Person muss innerhalb möglichst kurzer Frist in einer ihr verständlichen Sprache mitgeteilt werden, welches die Gründe für ihre Festnahme sind und welche Beschuldigungen gegen sie erhoben werden.

(3) [1]Jede Person, die nach Absatz 1 Buchstabe c von Festnahme oder Freiheitsentziehung[2)] betroffen ist, muss unverzüglich einem Richter oder einer anderen gesetzlich zur Wahrnehmung richterlicher Aufgaben ermächtigten Person vorgeführt werden; sie hat Anspruch auf ein Urteil innerhalb angemessener Frist oder auf Entlassung während des Verfahrens. [2]Die Entlassung kann von der Leistung einer Sicherheit für das Erscheinen vor Gericht abhängig gemacht werden.

(4) Jede Person, die festgenommen oder der die Freiheit entzogen ist, hat das Recht zu beantragen, dass ein Gericht innerhalb kurzer Frist über die Rechtmäßigkeit der Freiheitsentziehung[3)] entscheidet und ihre Entlassung anordnet, wenn die Freiheitsentziehung[4)] nicht rechtmäßig ist.

(5) Jede Person, die unter Verletzung dieses Artikels von Festnahme oder Freiheitsentziehung[2)] betroffen ist, hat Anspruch auf Schadensersatz.

Art. 6 Recht auf ein faires Verfahren. (1) [1]Jede Person hat ein Recht darauf, dass über Streitigkeiten in Bezug auf ihre zivilrechtlichen Ansprüche und Verpflichtungen oder über eine gegen sie erhobene strafrechtliche Anklage von einem unabhängigen und unparteiischen, auf Gesetz beruhenden Gericht in einem fairen Verfahren, öffentlich und innerhalb angemessener Frist verhandelt wird. [2]Das Urteil muss öffentlich verkündet werden; Presse und Öffentlichkeit können jedoch während des ganzen oder eines Teiles des Verfahrens ausgeschlossen werden, wenn dies im Interesse der Moral, der öffentlichen Ordnung oder der nationalen Sicherheit in einer demokratischen Gesellschaft liegt, wenn die Interessen von Jugendlichen oder der Schutz des Privatlebens der Prozessparteien es verlangen oder – soweit das Gericht es für

---

[1)] Österreich und Schweiz: rechtmäßiger Freiheitsentzug.
[2)] Österreich und Schweiz: Freiheitsentzug.
[3)] Österreich und Schweiz: des Freiheitsentzuges.
[4)] Österreich und Schweiz: der Freiheitsentzug.

unbedingt erforderlich hält – wenn unter besonderen Umständen eine öffentliche Verhandlung die Interessen der Rechtspflege beeinträchtigen würde.

(2) Jede Person, die einer Straftat angeklagt ist, gilt bis zum gesetzlichen Beweis ihrer Schuld als unschuldig.

(3) Jede angeklagte Person hat mindestens[1)] folgende Rechte:

a) innerhalb möglichst kurzer Frist in einer ihr verständlichen Sprache in allen Einzelheiten über Art und Grund der gegen sie erhobenen Beschuldigung unterrichtet zu werden;
b) ausreichende Zeit und Gelegenheit zur Vorbereitung ihrer Verteidigung zu haben;
c) sich selbst zu verteidigen, sich durch einen Verteidiger ihrer Wahl verteidigen zu lassen oder, falls ihr die Mittel zur Bezahlung fehlen, unentgeltlich den Beistand eines Verteidigers zu erhalten, wenn dies im Interesse der Rechtspflege erforderlich ist;
d) Fragen an Belastungszeugen zu stellen oder stellen zu lassen und die Ladung und Vernehmung von Entlastungszeugen unter denselben Bedingungen zu erwirken, wie sie für Belastungszeugen gelten;
e) unentgeltliche Unterstützung durch einen Dolmetscher zu erhalten, wenn sie die Verhandlungssprache des Gerichts nicht versteht oder spricht.

Art. 7 Keine Strafe ohne Gesetz. (1) [1] Niemand darf wegen einer Handlung oder Unterlassung verurteilt werden, die zur Zeit ihrer Begehung nach innerstaatlichem oder internationalem Recht nicht strafbar war. [2] Es darf auch keine schwerere als die zur Zeit der Begehung angedrohte Strafe verhängt werden.

(2)[2)] Dieser Artikel schließt nicht aus, dass jemand wegen einer Handlung oder Unterlassung verurteilt oder bestraft wird, die zur Zeit ihrer Begehung nach den von den zivilisierten Völkern anerkannten allgemeinen Rechtsgrundsätzen strafbar war.

Art. 8 Recht auf Achtung des Privat- und Familienlebens. (1) Jede Person hat das Recht auf Achtung ihres Privat- und Familienlebens, ihrer Wohnung und ihrer Korrespondenz.

(2) Eine Behörde darf in die Ausübung dieses Rechts nur eingreifen, soweit der Eingriff gesetzlich vorgesehen und in einer demokratischen Gesellschaft notwendig ist für die nationale oder öffentliche Sicherheit, für das wirtschaftliche Wohl des Landes, zur Aufrechterhaltung der Ordnung, zur Verhütung von Straftaten, zum Schutz der Gesundheit oder der Moral oder zum Schutz der Rechte und Freiheiten anderer.

Art. 9 Gedanken-, Gewissens- und Religionsfreiheit. (1) Jede Person hat das Recht auf Gedanken-, Gewissens- und Religionsfreiheit; dieses Recht umfasst die Freiheit, seine Religion oder Weltanschauung zu wechseln, und die Freiheit, seine Religion oder Weltanschauung einzeln oder gemeinsam mit

---

[1)] Der Wortlaut der englischen Fassung ist: „minimum rights“; in der franz. Sprachfassung heißt es: „notamment“.

[2)] Bezüglich Art. 7 Abs. 2 hat die Bundesregierung mit Zustimmung des Bundestages und des Bundesrates den nach Art. 57 der Konvention zulässigen Vorbehalt gemacht, dass auf jeden Fall die Grenzen von Art. 103 Abs. 2 GG gewahrt werden, siehe hierzu die Bek. v. 15.12.1953 (BGBl. 1954 II S. 14).

anderen öffentlich oder privat durch Gottesdienst, Unterricht oder Praktizieren von Bräuchen und Riten zu bekennen.

(2) Die Freiheit, seine Religion oder Weltanschauung zu bekennen, darf nur Einschränkungen unterworfen werden, die gesetzlich vorgesehen und in einer demokratischen Gesellschaft notwendig sind für die öffentliche Sicherheit, zum Schutz der öffentlichen Ordnung, Gesundheit oder Moral oder zum Schutz der Rechte und Freiheiten anderer.

Art. 10 Freiheit der Meinungsäußerung. (1) [1]Jede Person hat das Recht auf freie Meinungsäußerung. [2]Dieses Recht schließt die Meinungsfreiheit und die Freiheit ein, Informationen und Ideen ohne behördliche Eingriffe und ohne Rücksicht auf Staatsgrenzen zu empfangen und weiterzugeben. [3]Dieser Artikel hindert die Staaten nicht, für Hörfunk-[1)], Fernseh- oder Kinounternehmen eine Genehmigung vorzuschreiben.

(2) Die Ausübung dieser Freiheiten ist mit Pflichten und Verantwortung verbunden; sie kann daher Formvorschriften, Bedingungen, Einschränkungen oder Strafdrohungen unterworfen werden, die gesetzlich vorgesehen und in einer demokratischen Gesellschaft notwendig sind für die nationale Sicherheit, die territoriale Unversehrtheit oder die öffentliche Sicherheit, zur Aufrechterhaltung der Ordnung oder zur Verhütung von Straftaten, zum Schutz der Gesundheit oder der Moral, zum Schutz des guten Rufes oder der Rechte anderer, zur Verhinderung der Verbreitung vertraulicher Informationen oder zur Wahrung der Autorität und der Unparteilichkeit der Rechtsprechung.

Art. 11 Versammlungs- und Vereinigungsfreiheit. (1) Jede Person hat das Recht, sich frei und friedlich mit anderen zu versammeln und sich frei mit anderen zusammenzuschließen; dazu gehört auch das Recht, zum Schutz seiner Interessen Gewerkschaften zu gründen und Gewerkschaften beizutreten.

(2) [1]Die Ausübung dieser Rechte darf nur Einschränkungen unterworfen werden, die gesetzlich vorgesehen und in einer demokratischen Gesellschaft notwendig sind für die nationale oder öffentliche Sicherheit, zur Aufrechterhaltung der Ordnung oder zur Verhütung von Straftaten, zum Schutz der Gesundheit oder der Moral oder zum Schutz der Rechte und Freiheiten anderer. [2]Dieser Artikel steht rechtmäßigen Einschränkungen der Ausübung dieser Rechte für Angehörige der Streitkräfte, der Polizei oder der Staatsverwaltung nicht entgegen.

Art. 12 Recht auf Eheschließung. Männer und Frauen im heiratsfähigen Alter haben das Recht, nach den innerstaatlichen Gesetzen, welche die Ausübung dieses Rechts regeln, eine Ehe einzugehen und eine Familie zu gründen.

Art. 13 Recht auf wirksame Beschwerde. Jede Person, die in ihren in dieser Konvention anerkannten Rechten oder Freiheiten verletzt worden ist, hat das Recht, bei einer innerstaatlichen Instanz eine wirksame Beschwerde zu erheben, auch wenn die Verletzung von Personen begangen worden ist, die in amtlicher Eigenschaft gehandelt haben.

[1)] Schweiz und Liechtenstein: Radio.

Art. 14 Diskriminierungsverbot. Der Genuss der in dieser Konvention anerkannten Rechte und Freiheiten ist ohne Diskriminierung insbesondere wegen des Geschlechts, der Rasse, der Hautfarbe, der Sprache, der Religion, der politischen oder sonstigen Anschauung, der nationalen oder sozialen Herkunft, der Zugehörigkeit zu einer nationalen Minderheit, des Vermögens, der Geburt oder eines sonstigen Status zu gewährleisten.

Art. 15 Abweichen im Notstandsfall. (1) Wird das Leben der Nation durch Krieg oder einen anderen öffentlichen Notstand bedroht, so kann jede Hohe Vertragspartei Maßnahmen treffen, die von den in dieser Konvention vorgesehenen Verpflichtungen abweichen, jedoch nur, soweit es die Lage unbedingt erfordert und wenn die Maßnahmen nicht in Widerspruch zu den sonstigen völkerrechtlichen Verpflichtungen der Vertragspartei stehen.

(2) Aufgrund des Absatzes 1 darf von Artikel 2 nur bei Todesfällen infolge rechtmäßiger Kriegshandlungen und von Artikel 3, Artikel 4 Absatz 1 und Artikel 7 in keinem Fall abgewichen werden.

(3) [1] Jede Hohe Vertragspartei, die dieses Recht auf Abweichung ausübt, unterrichtet den Generalsekretär des Europarats umfassend über die getroffenen Maßnahmen und deren Gründe. [2] Sie unterrichtet den Generalsekretär des Europarats auch über den Zeitpunkt, zu dem diese Maßnahmen außer Kraft getreten sind und die Konvention wieder volle Anwendung findet.

Art. 16 Beschränkungen der politischen Tätigkeit ausländischer Personen. Die Artikel 10, 11 und 14 sind nicht so auszulegen, als untersagten sie den Hohen Vertragsparteien, die politische Tätigkeit ausländischer Personen zu beschränken.

Art. 17 Verbot des Missbrauchs der Rechte. Diese Konvention ist nicht so auszulegen, als begründe sie für einen Staat, eine Gruppe oder eine Person das Recht, eine Tätigkeit auszuüben oder eine Handlung vorzunehmen, die darauf abzielt, die in der Konvention festgelegten Rechte und Freiheiten abzuschaffen oder sie stärker einzuschränken, als es in der Konvention vorgesehen ist.

Art. 18 Begrenzung der Rechtseinschränkungen. Die nach dieser Konvention zulässigen Einschränkungen der genannten Rechte und Freiheiten dürfen nur zu den vorgesehenen Zwecken erfolgen.

Abschnitt II. Europäischer Gerichtshof für Menschenrechte

Art. 19 Errichtung des Gerichtshofs. [1] Um die Einhaltung der Verpflichtungen sicherzustellen, welche die Hohen Vertragsparteien in dieser Konvention und den Protokollen dazu übernommen haben, wird ein Europäischer Gerichtshof für Menschenrechte, im Folgenden als „Gerichtshof" bezeichnet, errichtet. [2] Er nimmt seine Aufgaben als ständiger Gerichtshof wahr.

Art. 20 Zahl der Richter. Die Zahl der Richter des Gerichtshofs entspricht derjenigen der Hohen Vertragsparteien.

Art. 21[1)] Voraussetzungen für das Amt. (1) Die Richter müssen hohes sittliches Ansehen genießen und entweder die für die Ausübung hoher richterlicher Ämter erforderlichen Voraussetzungen erfüllen oder Rechtsgelehrte von anerkanntem Ruf sein.

(2) Die Kandidaten dürfen zu dem Zeitpunkt, zu dem die Liste von drei Kandidaten nach Artikel 22 bei der Parlamentarischen Versammlung eingehen soll, das 65. Lebensjahr nicht vollendet haben.

(3) Die Richter gehören dem Gerichtshof in ihrer persönlichen Eigenschaft an.

(4) Während ihrer Amtszeit dürfen die Richter keine Tätigkeit ausüben, die mit ihrer Unabhängigkeit, ihrer Unparteilichkeit oder mit den Erfordernissen der Vollzeitbeschäftigung in diesem Amt unvereinbar ist; alle Fragen, die sich aus der Anwendung dieses Absatzes ergeben, werden vom Gerichtshof entschieden.

Art. 22 Wahl der Richter. Die Richter werden von der Parlamentarischen Versammlung für jede Hohe Vertragspartei mit der Mehrheit der abgegebenen Stimmen aus einer Liste von drei Kandidaten gewählt, die von der Hohen Vertragspartei vorgeschlagen werden.

Art. 23[1)] Amtszeit und Entlassung. (1) [1]Die Richter werden für neun Jahre gewählt. [2]Ihre Wiederwahl ist nicht zulässig.

(2) [1]Die Richter bleiben bis zum Amtsantritt ihrer Nachfolger im Amt. [2]Sie bleiben jedoch in den Rechtssachen tätig, mit denen sie bereits befasst sind.

(3) Ein Richter kann nur entlassen werden, wenn die anderen Richter mit Zweidrittelmehrheit entscheiden, dass er die erforderlichen Voraussetzungen nicht mehr erfüllt.

Art. 24 Kanzlei und Berichterstatter. (1) Der Gerichtshof hat eine Kanzlei, deren Aufgaben und Organisation in der Verfahrensordnung des Gerichtshofs festgelegt werden.

(2) [1]Wenn der Gerichtshof in Einzelrichterbesetzung tagt, wird er von Berichterstattern unterstützt, die ihre Aufgaben unter der Aufsicht des Präsidenten des Gerichtshofs ausüben. [2]Sie gehören der Kanzlei des Gerichtshofs an.

Art. 25 Plenum des Gerichtshofs. Das Plenum des Gerichtshofs

a) wählt seinen Präsidenten und einen oder zwei Vizepräsidenten für drei Jahre; ihre Wiederwahl ist zulässig;
b) bildet Kammern für einen bestimmten Zeitraum;
c) wählt die Präsidenten der Kammern des Gerichtshofs; ihre Wiederwahl ist zulässig;
d) beschließt die Verfahrensordnung des Gerichtshofs;
e) wählt den Kanzler und einen oder mehrere stellvertretende Kanzler;
f) stellt Anträge nach Artikel 26 Absatz 2.

[1)] Die Änderungen der Art. 21 und 23 durch Art. 2 des 15. EMRK-Protokolls v. 24.6.2013 (BGBl. 2014 II S. 1034, 1035; 2021 II S. 522) gelten nur für Kandidaten auf Listen, die nach dem 1.8. 2021 der Parlamentarischen Versammlung gemäß Artikel 22 der Konvention vorgelegt werden; siehe Art. 8 Abs. 1 des Protokolls.

Art. 26 Einzelrichterbesetzung, Ausschüsse, Kammern und Große Kammer. (1) [1] Zur Prüfung der Rechtssachen, die bei ihm anhängig gemacht werden, tagt der Gerichtshof in Einzelrichterbesetzung, in Ausschüssen mit drei Richtern, in Kammern mit sieben Richtern und in einer Großen Kammer mit siebzehn Richtern. [2] Die Kammern des Gerichtshofs bilden die Ausschüsse für einen bestimmten Zeitraum.

(2) Auf Antrag des Plenums des Gerichtshofs kann die Anzahl der Richter je Kammer für einen bestimmten Zeitraum durch einstimmigen Beschluss des Ministerkomitees auf fünf herabgesetzt werden.

(3) Ein Richter, der als Einzelrichter tagt, prüft keine Beschwerde gegen die Hohe Vertragspartei, für die er gewählt worden ist.

(4) [1] Der Kammer und der Großen Kammer gehört von Amts wegen der für eine als Partei beteiligte Hohe Vertragspartei gewählte Richter an. [2] Wenn ein solcher nicht vorhanden ist oder er an den Sitzungen nicht teilnehmen kann, nimmt eine Person in der Eigenschaft eines Richters an den Sitzungen teil, die der Präsident des Gerichtshofs aus einer Liste auswählt, welche ihm die betreffende Vertragspartei vorab unterbreitet hat.

(5) [1] Der Großen Kammer gehören ferner der Präsident des Gerichtshofs, die Vizepräsidenten, die Präsidenten der Kammern und andere nach der Verfahrensordnung des Gerichtshofs ausgewählte Richter an. [2] Wird eine Rechtssache nach Artikel 43 an die Große Kammer verwiesen, so dürfen Richter der Kammer, die das Urteil gefällt hat, der Großen Kammer nicht angehören; das gilt nicht für den Präsidenten der Kammer und den Richter, welcher in der Kammer für die als Partei beteiligte Hohe Vertragspartei mitgewirkt hat.

Art. 27 Befugnisse des Einzelrichters. (1) Ein Einzelrichter kann eine nach Artikel 34 erhobene Beschwerde für unzulässig erklären oder im Register streichen, wenn eine solche Entscheidung ohne weitere Prüfung getroffen werden kann.

(2) Die Entscheidung ist endgültig.

(3) Erklärt der Einzelrichter eine Beschwerde nicht für unzulässig und streicht er sie auch nicht im Register des Gerichtshofs, so übermittelt er sie zur weiteren Prüfung an einen Ausschuss oder eine Kammer.

Art. 28 Befugnisse der Ausschüsse. (1) Ein Ausschuss, der mit einer nach Artikel 34 erhobenen Beschwerde befasst wird, kann diese durch einstimmigen Beschluss

a) für unzulässig erklären oder im Register streichen, wenn eine solche Entscheidung ohne weitere Prüfung getroffen werden kann; oder
b) für zulässig erklären und zugleich ein Urteil über die Begründetheit fällen, sofern die der Rechtssache zugrunde liegende Frage der Auslegung oder Anwendung dieser Konvention oder der Protokolle dazu Gegenstand einer gefestigten Rechtsprechung des Gerichtshofs ist.

(2) Die Entscheidungen und Urteile nach Absatz 1 sind endgültig.

(3) Ist der für die als Partei beteiligte Hohe Vertragspartei gewählte Richter nicht Mitglied des Ausschusses, so kann er von Letzterem jederzeit während des Verfahrens eingeladen werden, den Sitz eines Mitglieds im Ausschuss einzunehmen; der Ausschuss hat dabei alle erheblichen Umstände einschließlich

der Frage, ob diese Vertragspartei der Anwendung des Verfahrens nach Absatz 1 Buchstabe b entgegengetreten ist, zu berücksichtigen.

Art. 29 Entscheidungen der Kammern über die Zulässigkeit und Begründetheit. (1) [1] Ergeht weder eine Entscheidung nach Artikel 27 oder 28 noch ein Urteil nach Artikel 28, so entscheidet eine Kammer über die Zulässigkeit und Begründetheit der nach Artikel 34 erhobenen Beschwerden. [2] Die Entscheidung über die Zulässigkeit kann gesondert ergehen.

(2) [1] Eine Kammer entscheidet über die Zulässigkeit und Begründetheit der nach Artikel 33 erhobenen Staatenbeschwerden. [2] Die Entscheidung über die Zulässigkeit ergeht gesondert, sofern der Gerichtshof in Ausnahmefällen nicht anders entscheidet.

Art. 30[1)] Abgabe der Rechtssache an die Große Kammer. Wirft eine bei einer Kammer anhängige Rechtssache eine schwerwiegende Frage der Auslegung dieser Konvention oder der Protokolle dazu auf oder kann die Entscheidung einer ihr vorliegenden Frage zu einer Abweichung von einem früheren Urteil des Gerichtshofs führen, so kann die Kammer diese Sache jederzeit, bevor sie ihr Urteil gefällt hat, an die Große Kammer abgeben.

Art. 31 Befugnisse der Großen Kammer. Die Große Kammer

a) entscheidet über nach Artikel 33 oder Artikel 34 erhobene Beschwerden, wenn eine Kammer die Rechtssache nach Artikel 30 an sie abgegeben hat oder wenn die Sache nach Artikel 43 an sie verwiesen worden ist,
b) entscheidet über Fragen, mit denen der Gerichtshof durch das Ministerkomitee nach Artikel 46 Absatz 4 befasst wird, und
c) behandelt Anträge nach Artikel 47 auf Erstattung von Gutachten.

Art. 32 Zuständigkeit des Gerichtshofs. (1) Die Zuständigkeit des Gerichtshofs umfasst alle die Auslegung und Anwendung dieser Konvention und der Protokolle dazu betreffenden Angelegenheiten, mit denen er nach den Artikeln 33, 34, 46 und 47 befasst wird.

(2) Besteht Streit über die Zuständigkeit des Gerichtshofs, so entscheidet der Gerichtshof.

Art. 33 Staatenbeschwerden. Jede Hohe Vertragspartei kann den Gerichtshof wegen jeder behaupteten Verletzung dieser Konvention und der Protokolle dazu durch eine andere Hohe Vertragspartei anrufen.

Art. 34 Individualbeschwerden. [1] Der Gerichtshof kann von jeder natürlichen Person, nichtstaatlichen Organisation oder Personengruppe, die behauptet, durch eine der Hohen Vertragsparteien in einem der in dieser Konvention oder den Protokollen dazu anerkannten Rechte verletzt zu sein, mit einer Beschwerde befasst werden. [2] Die Hohen Vertragsparteien verpflichten sich, die wirksame Ausübung dieses Rechts nicht zu behindern.

[1)] Die Änderung des Art. 30 durch Art. 3 des 15. EMRK-Protokolls v. 24.6.2013 (BGBl. 2014 II S. 1034, 1035; 2021 II S. 522) gilt nicht für anhängige Rechtssachen, bei denen eine der Parteien vor dem 1.8.2001 dem Vorschlag einer Kammer des Gerichtshofs widersprochen hat, die Rechtssache an die Große Kammer abzugeben; siehe Art. 8 Abs. 2 des Protokolls.

Art. 35 Zulässigkeitsvoraussetzungen. (1)[1] Der Gerichtshof kann sich mit einer Angelegenheit erst nach Erschöpfung aller innerstaatlichen Rechtsbehelfe[2] in Übereinstimmung mit den allgemein anerkannten Grundsätzen des Völkerrechts und nur innerhalb einer Frist von vier Monaten nach der endgültigen innerstaatlichen Entscheidung befassen.

(2) Der Gerichtshof befasst sich nicht mit einer nach Artikel 34 erhobenen Individualbeschwerde, die

a) anonym ist oder

b) im Wesentlichen mit einer schon vorher vom Gerichtshof geprüften Beschwerde übereinstimmt oder schon einer anderen internationalen Untersuchungs- oder Vergleichsinstanz unterbreitet worden ist und keine neuen Tatsachen enthält.

(3) Der Gerichtshof erklärt eine nach Artikel 34 erhobene Individualbeschwerde für unzulässig,

a) wenn er sie für unvereinbar mit dieser Konvention oder den Protokollen dazu, für offensichtlich unbegründet oder für missbräuchlich hält oder

b) wenn er der Ansicht ist, dass dem Beschwerdeführer kein erheblicher Nachteil entstanden ist, es sei denn, die Achtung der Menschenrechte, wie sie in dieser Konvention und den Protokollen dazu anerkannt sind, erfordert eine Prüfung der Begründetheit der Beschwerde.

(4) [1]Der Gerichtshof weist eine Beschwerde zurück, die er nach diesem Artikel für unzulässig hält. [2]Er kann dies in jedem Stadium des Verfahrens tun.

Art. 36 Beteiligung Dritter. (1) In allen bei einer Kammer oder der Großen Kammer anhängigen Rechtssachen ist die Hohe Vertragspartei, deren Staatsangehörigkeit der Beschwerdeführer besitzt, berechtigt, schriftliche Stellungnahmen abzugeben und an den mündlichen Verhandlungen teilzunehmen.

(2) Im Interesse der Rechtspflege kann der Präsident des Gerichtshofs jeder Hohen Vertragspartei, die in dem Verfahren nicht Partei ist, oder jeder betroffenen Person, die nicht Beschwerdeführer ist, Gelegenheit geben, schriftlich Stellung zu nehmen oder an den mündlichen Verhandlungen teilzunehmen.

(3) In allen bei einer Kammer oder der Großen Kammer anhängigen Rechtssachen kann der Kommissar für Menschenrechte des Europarats schriftliche Stellungnahmen abgeben und an den mündlichen Verhandlungen teilnehmen.

Art. 37 Streichung von Beschwerden. (1) [1]Der Gerichtshof kann jederzeit während des Verfahrens entscheiden, eine Beschwerde in seinem Register zu streichen, wenn die Umstände Grund zur Annahme geben, dass

a) der Beschwerdeführer seine Beschwerde nicht weiterzuverfolgen beabsichtigt;

b) die Streitigkeit einer Lösung zugeführt worden ist oder

---

[1] Die Änderung des Art. 35 Abs. 1 durch Art. 4 des 15. EMRK-Protokolls v. 24.6.2013 (BGBl. 2014 II S. 1034, 1035; 2021 II S. 522) gilt nicht für Beschwerden, bei denen die endgültige Entscheidung im Sinne des Art. 35 Abs. 1 der Konvention vor dem 1.2.2022 ergangen ist; siehe Art. 8 Abs. 3 des Protokolls.

[2] Vorbehalt Österreichs, „Rechtsmittel" zu setzen.

c) eine weitere Prüfung der Beschwerde aus anderen vom Gerichtshof festgestellten Gründen nicht gerechtfertigt ist.

[2]Der Gerichtshof setzt jedoch die Prüfung der Beschwerde fort, wenn die Achtung der Menschenrechte, wie sie in dieser Konvention und den Protokollen dazu anerkannt sind, dies erfordert.

(2) Der Gerichtshof kann die Wiedereintragung einer Beschwerde in sein Register anordnen, wenn er dies den Umständen nach für gerechtfertigt hält.

Art. 38 Prüfung der Rechtssache. Der Gerichtshof prüft die Rechtssache mit den Vertretern der Parteien und nimmt, falls erforderlich, Ermittlungen vor; die betreffenden Hohen Vertragsparteien haben alle zur wirksamen Durchführung der Ermittlungen erforderlichen Erleichterungen zu gewähren.

Art. 39 Gütliche Einigung. (1) Der Gerichtshof kann sich jederzeit während des Verfahrens zur Verfügung der Parteien halten mit dem Ziel, eine gütliche Einigung auf der Grundlage der Achtung der Menschenrechte, wie sie in dieser Konvention und den Protokollen dazu anerkannt sind, zu erreichen.

(2) Das Verfahren nach Absatz 1 ist vertraulich.

(3) Im Fall einer gütlichen Einigung streicht der Gerichtshof durch eine Entscheidung, die sich auf eine kurze Angabe des Sachverhalts und der erzielten Lösung beschränkt, die Rechtssache in seinem Register.

(4) Diese Entscheidung ist dem Ministerkomitee zuzuleiten; dieses überwacht die Durchführung der gütlichen Einigung, wie sie in der Entscheidung festgehalten wird.

Art. 40 Öffentliche Verhandlung und Akteneinsicht. (1) Die Verhandlung ist öffentlich, soweit nicht der Gerichtshof auf Grund besonderer Umstände anders entscheidet.

(2) Die beim Kanzler verwahrten Schriftstücke sind der Öffentlichkeit zugänglich, soweit nicht der Präsident des Gerichtshofs anders entscheidet.

Art. 41 Gerechte Entschädigung. Stellt der Gerichtshof fest, dass diese Konvention oder die Protokolle dazu verletzt worden sind, und gestattet das innerstaatliche Recht der Hohen Vertragspartei nur eine unvollkommene Wiedergutmachung für die Folgen dieser Verletzung, so spricht der Gerichtshof der verletzten Partei eine gerechte Entschädigung zu, wenn dies notwendig ist.

Art. 42 Urteile der Kammern. Urteile der Kammern werden nach Maßgabe des Artikels 44 Absatz 2 endgültig.

Art. 43 Verweisung an die Große Kammer. (1) Innerhalb von drei Monaten nach dem Datum des Urteils der Kammer kann jede Partei in Ausnahmefällen die Verweisung der Rechtssache an die Große Kammer beantragen.

(2) Ein Ausschuss von fünf Richtern der Großen Kammer nimmt den Antrag an, wenn die Rechtssache eine schwerwiegende Frage der Auslegung oder Anwendung dieser Konvention oder der Protokolle dazu oder eine schwerwiegende Frage von allgemeiner Bedeutung aufwirft.

(3) Nimmt der Ausschuss den Antrag an, so entscheidet die Große Kammer die Sache durch Urteil.

Art. 44 Endgültige Urteile. (1) Das Urteil der Großen Kammer ist endgültig.

(2) Das Urteil einer Kammer wird endgültig,

a) wenn die Parteien erklären, dass sie die Verweisung der Rechtssache an die Große Kammer nicht beantragen werden;
b) drei Monate nach dem Datum des Urteils, wenn nicht die Verweisung der Rechtssache an die Große Kammer beantragt worden ist; oder
c) wenn der Ausschuss der Großen Kammer den Antrag auf Verweisung nach Artikel 43 abgelehnt hat.

(3) Das endgültige Urteil wird veröffentlicht.

Art. 45 Begründung der Urteile und Entscheidungen. (1) Urteile sowie Entscheidungen, mit denen Beschwerden für zulässig oder für unzulässig erklärt werden, werden begründet.

(2) Bringt ein Urteil ganz oder teilweise nicht die übereinstimmende Meinung der Richter zum Ausdruck, so ist jeder Richter berechtigt, seine abweichende Meinung darzulegen.

Art. 46 Verbindlichkeit und Durchführung[1] der Urteile. (1) Die Hohen Vertragsparteien verpflichten sich, in allen Rechtssachen, in denen sie Partei sind, das endgültige Urteil des Gerichtshofs zu befolgen.

(2) Das endgültige Urteil des Gerichtshofs ist dem Ministerkomitee zuzuleiten; dieses überwacht seine Durchführung.

(3) [1] Wird die Überwachung der Durchführung eines endgültigen Urteils nach Auffassung des Ministerkomitees durch eine Frage betreffend die Auslegung dieses Urteils behindert, so kann das Ministerkomitee den Gerichtshof anrufen, damit er über diese Auslegungsfrage entscheidet. [2] Der Beschluss des Ministerkomitees, den Gerichtshof anzurufen, bedarf der Zweidrittelmehrheit der Stimmen der zur Teilnahme an den Sitzungen des Komitees berechtigten Mitglieder.

(4) Weigert sich eine Hohe Vertragspartei nach Auffassung des Ministerkomitees, in einer Rechtssache, in der sie Partei ist, ein endgültiges Urteil des Gerichtshofs zu befolgen, so kann das Ministerkomitee, nachdem es die betreffende Partei gemahnt hat, durch einen mit Zweidrittelmehrheit der Stimmen der zur Teilnahme an den Sitzungen des Komitees berechtigten Mitglieder gefassten Beschluss den Gerichtshof mit der Frage befassen, ob diese Partei ihrer Verpflichtung nach Absatz 1 nachgekommen ist.

(5) [1] Stellt der Gerichtshof eine Verletzung des Absatzes 1 fest, so weist er die Rechtssache zur Prüfung der zu treffenden Maßnahmen an das Ministerkomitee zurück. [2] Stellt der Gerichtshof fest, dass keine Verletzung des Absatzes 1 vorliegt, so weist er die Rechtssache an das Ministerkomitee zurück; dieses beschließt die Einstellung seiner Prüfung.

Art. 47 Gutachten. (1) Der Gerichtshof kann auf Antrag des Ministerkomitees Gutachten über Rechtsfragen erstatten, welche die Auslegung dieser Konvention und der Protokolle dazu betreffen.

---

[1] Schweiz: Vollzug.

(2) Diese Gutachten dürfen keine Fragen zum Gegenstand haben, die sich auf den Inhalt oder das Ausmaß der in Abschnitt I dieser Konvention und in den Protokollen dazu anerkannten Rechte und Freiheiten beziehen, noch andere Fragen, über die der Gerichtshof oder das Ministerkomitee auf Grund eines nach dieser Konvention eingeleiteten Verfahrens zu entscheiden haben könnte.

(3) Der Beschluss des Ministerkomitees, ein Gutachten beim Gerichtshof zu beantragen, bedarf der Mehrheit der Stimmen der zur Teilnahme an den Sitzungen des Komitees berechtigten Mitglieder.

Art. 48 Gutachterliche Zuständigkeit des Gerichtshofs. Der Gerichtshof entscheidet, ob ein vom Ministerkomitee gestellter Antrag auf Erstattung eines Gutachtens in seine Zuständigkeit nach Artikel 47 fällt.

Art. 49 Begründung der Gutachten. (1) Die Gutachten des Gerichtshofs werden begründet.

(2) Bringt das Gutachten ganz oder teilweise nicht die übereinstimmende Meinung der Richter zum Ausdruck, so ist jeder Richter berechtigt, seine abweichende Meinung darzulegen.

(3) Die Gutachten des Gerichtshofs werden dem Ministerkomitee übermittelt.

Art. 50 Kosten des Gerichtshofs. Die Kosten des Gerichtshofs werden vom Europarat getragen.

Art. 51 Vorrechte[1] und Immunitäten der Richter. Die Richter genießen bei der Ausübung ihres Amtes die Vorrechte[1] und Immunitäten, die in Artikel 40 der Satzung des Europarats[2] und den auf Grund jenes Artikels geschlossenen Übereinkünften vorgesehen sind.

Abschnitt III. Verschiedene Bestimmungen

Art. 52 Anfragen des Generalsekretärs. Auf Anfrage des Generalsekretärs des Europarats erläutert jede Hohe Vertragspartei, auf welche Weise die wirksame Anwendung aller Bestimmungen dieser Konvention in ihrem innerstaatlichen Recht gewährleistet wird.

Art. 53 Wahrung anerkannter Menschenrechte. Diese Konvention ist nicht so auszulegen, als beschränke oder beeinträchtige sie Menschenrechte und Grundfreiheiten, die in den Gesetzen einer Hohen Vertragspartei oder in einer anderen Übereinkunft, deren Vertragspartei sie ist, anerkannt werden.

Art. 54 Befugnisse des Ministerkomitees. Diese Konvention berührt nicht die dem Ministerkomitee durch die Satzung des Europarats[2] übertragenen Befugnisse.

Art. 55 Ausschluss anderer Verfahren zur Streitbeilegung. Die Hohen Vertragsparteien kommen überein, dass sie sich vorbehaltlich besonderer Vereinbarungen nicht auf die zwischen ihnen geltenden Verträge, sonstigen Über-

[1] Österreich und Schweiz: Privilegien.
[2] Nr. **39**.

einkünfte oder Erklärungen berufen werden, um eine Streitigkeit über die Auslegung oder Anwendung dieser Konvention einem anderen als dem in der Konvention vorgesehenen Beschwerdeverfahren zur Beilegung zu unterstellen.

Art. 56 Räumlicher Geltungsbereich. (1) Jeder Staat kann bei der Ratifikation oder jederzeit danach durch eine an den Generalsekretär des Europarats gerichtete Notifikation erklären, dass diese Konvention vorbehaltlich des Absatzes 4 auf alle oder einzelne Hoheitsgebiete Anwendung findet, für deren internationale Beziehungen er verantwortlich ist.

(2) Die Konvention findet auf jedes in der Erklärung bezeichnete Hoheitsgebiet ab dem dreißigsten Tag nach Eingang der Notifikation beim Generalsekretär des Europarats Anwendung.

(3) In den genannten Hoheitsgebieten wird diese Konvention unter Berücksichtigung der örtlichen Notwendigkeiten angewendet.

(4) Jeder Staat, der eine Erklärung nach Absatz 1 abgegeben hat, kann jederzeit danach für eines oder mehrere der in der Erklärung bezeichneten Hoheitsgebiete erklären, dass er die Zuständigkeit des Gerichtshofs für die Entgegennahme von Beschwerden von natürlichen Personen, nichtstaatlichen Organisationen oder Personengruppen nach Artikel 34 anerkennt.

Art. 57 Vorbehalte. (1) [1]Jeder Staat kann bei der Unterzeichnung dieser Konvention oder bei der Hinterlegung seiner Ratifikationsurkunde einen Vorbehalt zu einzelnen Bestimmungen der Konvention anbringen, soweit ein zu dieser Zeit in seinem Hoheitsgebiet geltendes Gesetz mit der betreffenden Bestimmung nicht übereinstimmt.[1)] [2]Vorbehalte allgemeiner Art sind nach diesem Artikel nicht zulässig.

(2) Jeder nach diesem Artikel angebrachte Vorbehalt muss mit einer kurzen Darstellung des betreffenden Gesetzes verbunden sein.

Art. 58 Kündigung. (1) Eine Hohe Vertragspartei kann diese Konvention frühestens fünf Jahre nach dem Tag, an dem sie Vertragspartei geworden ist, unter Einhaltung einer Kündigungsfrist von sechs Monaten durch eine an den Generalsekretär des Europarats gerichtete Notifikation kündigen; dieser unterrichtet die anderen Hohen Vertragsparteien.

(2) Die Kündigung befreit die Hohe Vertragspartei nicht von ihren Verpflichtungen aus dieser Konvention in Bezug auf Handlungen, die sie vor dem Wirksamwerden der Kündigung vorgenommen hat und die möglicherweise eine Verletzung dieser Verpflichtungen darstellen.

(3) Mit derselben Maßgabe scheidet eine Hohe Vertragspartei, deren Mitgliedschaft im Europarat endet, als Vertragspartei dieser Konvention aus.

(4) Die Konvention kann in Bezug auf jedes Hoheitsgebiet, auf das sie durch eine Erklärung nach Artikel 56 anwendbar geworden ist, nach den Absätzen 1 bis 3 gekündigt werden.

Art. 59 Unterzeichnung und Ratifikation. (1) [1]Diese Konvention liegt für die Mitglieder des Europarats zur Unterzeichnung auf. [2]Sie bedarf der Ratifikation. [3]Die Ratifikationsurkunden werden beim Generalsekretär des Europarats hinterlegt.

[1)] Zum Vorbehalt der Bundesrepublik Deutschland v. 5.12.1952 siehe Fußnote zu Art. 7 Abs. 2.

(2) Die Europäische Union kann dieser Konvention beitreten.

(3) Diese Konvention tritt nach Hinterlegung von zehn Ratifikationsurkunden in Kraft.

(4) Für jeden Unterzeichner, der die Konvention später ratifiziert, tritt sie mit der Hinterlegung seiner Ratifikationsurkunde in Kraft.[1)]

(5) [1] Der Generalsekretär des Europarats notifiziert allen Mitgliedern des Europarats das Inkrafttreten der Konvention, die Namen der Hohen Vertragsparteien, die sie ratifiziert haben, und jede spätere Hinterlegung einer Ratifikationsurkunde.

Geschehen zu Rom am 4. November 1950 in englischer und französischer Sprache, wobei jeder Wortlaut gleichermaßen verbindlich[2)] ist, in einer Urschrift, die im Archiv des Europarats hinterlegt wird. Der Generalsekretär übermittelt allen Unterzeichnern beglaubigte Abschriften.

Nichtamtliche Anlage. Geltungsbereich[3)]

Vertragsparteien	Konvention in Kraft am	BGBl. Jg.	S.
Albanien	2. 10. 1996	97 II	1738
Andorra	22. 1. 1996	97 II	733
Armenien	26. 4. 2002	03 II	1575
Aserbaidschan	15. 4. 2002	03 II	1575
Belgien	14. 6. 1955	55 II	832
Bosnien und Herzegowina	12. 7. 2002	03 II	1575
Bulgarien	7. 9. 1992	93 II	808
Dänemark	3. 9. 1953	54 II	14
Estland	16. 4. 1996	97 II	733
Finnland	10. 5. 1990	90 II	806
Frankreich	3. 5. 1974	75 II	1346
Georgien	20. 5. 1999	03 II	1575
Griechenland	28. 11. 1974	75 II	1144
Irland	3. 9. 1953	54 II	14
Island	3. 9. 1953	54 II	14
Italien	26. 10. 1955	55 II	942
Kroatien	5. 11. 1997	98 II	898
Lettland	27. 6. 1997	98 II	898
Liechtenstein	8. 9. 1982	83 II	628
Litauen	20. 6. 1995	97 II	733
Luxemburg	3. 9. 1953	54 II	14
Malta	23. 1. 1967	67 II	2051
Moldau, Republik	12. 9. 1997	98 II	898
Monaco	30. 11. 2005	09 II	358
Montenegro	6. 6. 2006	09 II	358
Niederlande	31. 8. 1954	54 II	1044
Nordmazedonien	10. 4. 1997	97 II	1738
Norwegen	3. 9. 1953	54 II	14

[1)] Inkrafttreten für die Bundesrepublik Deutschland am 3.9.1953 gem. Bek. v. 15.12.1953 (BGBl. 1954 II S. 14). Zum weiteren Geltungsbereich siehe die Übersicht in der nichtamtlichen Anlage.

[2)] Österreich: authentisch.

[3)] Nach FNB Stand 31.12.2014, redaktionell fortgeführt.

Vertragsparteien	Konvention in Kraft am	BGBl. Jg.	S.
Österreich	3. 9. 1958	59 II	107
Polen	19. 1. 1993	93 II	808
Portugal	9. 11. 1978	79 II	1040
Rumänien	20. 6. 1994	94 II	3623
Russische Föderation	5. 5. 1998	98 II	2932
San Marino	22. 3. 1989	89 II	619
Schweden	3. 9. 1953	54 II	14
Schweiz	28. 11. 1974	75 II	910
Serbien	3. 3. 2004	05 II	87
Slowakei	1. 1. 1993	94 II	352
Slowenien	28. 6. 1994	94 II	3623
Spanien	4. 10. 1979	86 II	78
Tschechische Republik	1. 1. 1993	94 II	352
Tschechoslowakei, ehemalige	18. 3. 1992	92 II	1064
Türkei	18. 5. 1954	54 II	719
Ukraine	11. 9. 1997	98 II	898
Ungarn	5. 11. 1992	93 II	808
Vereinigtes Königreich	3. 9. 1953	54 II	14
Zypern	6. 10. 1962	68 II	847

40a. Zusatzprotokoll zur Konvention zum Schutz der Menschenrechte und Grundfreiheiten

In der Fassung der Bekanntmachung vom 22. Oktober 2010[1)]
(BGBl. II S. 1198, 1218)

SEV[2)] 009

(Übersetzung)

Die Unterzeichnerregierungen, Mitglieder des Europarats –

entschlossen, Maßnahmen zur kollektiven Gewährleistung gewisser Rechte und Freiheiten zu treffen, die in Abschnitt I der am 4. November 1950 in Rom unterzeichneten Konvention zum Schutz der Menschenrechte und Grundfreiheiten[3)] (im Folgenden als „Konvention" bezeichnet) noch nicht enthalten sind –

haben Folgendes vereinbart:

Art. 1 Schutz des Eigentums. *[1]* [1]Jede natürliche oder juristische Person hat das Recht auf Achtung ihres Eigentums. [2]Niemandem darf sein Eigentum entzogen werden, es sei denn, dass das öffentliche Interesse es verlangt, und nur unter den durch Gesetz und durch die allgemeinen Grundsätze des Völkerrechts vorgesehenen Bedingungen.

[2] Absatz 1 beeinträchtigt jedoch nicht das Recht des Staates, diejenigen Gesetze anzuwenden, die er für die Regelung der Benutzung des Eigentums im Einklang mit dem Allgemeininteresse oder zur Sicherung der Zahlung der Steuern oder sonstigen Abgaben oder von Geldstrafen für erforderlich hält.

Art. 2 Recht auf Bildung. [1]Niemandem darf das Recht auf Bildung verwehrt werden. [2]Der Staat hat bei Ausübung der von ihm auf dem Gebiet der Erziehung und des Unterrichts übernommenen Aufgaben das Recht der Eltern zu achten, die Erziehung und den Unterricht entsprechend ihren eigenen religiösen und weltanschaulichen Überzeugungen sicherzustellen.

Art. 3 Recht auf freie Wahlen. Die Hohen Vertragsparteien verpflichten sich, in angemessenen Zeitabständen freie und geheime Wahlen unter Bedingungen abzuhalten, welche die freie Äußerung der Meinung des Volkes bei der Wahl der gesetzgebenden Körperschaften gewährleisten.

Art. 4 Räumlicher Geltungsbereich. *[1]* Jede Hohe Vertragspartei kann im Zeitpunkt der Unterzeichnung oder Ratifikation dieses Protokolls oder zu jedem späteren Zeitpunkt an den Generalsekretär des Europarats eine Erklärung darüber richten, in welchem Umfang sie sich zur Anwendung dieses Protokolls

---

[1)] Neubekanntmachung des Zusatzprotokolls v. 20.3.1952 (BGBl. 1956 II S. 1879, 1880) in einer sprachlich überarbeiteten deutschen Übersetzung in der ab 1.6.2010 geltenden Fassung.
[2)] **S**ammlung der **E**uropäischen **V**erträge des Europarates.
[3)] Nr. **40**.

auf die in der Erklärung angegebenen Hoheitsgebiete verpflichtet, für deren internationale Beziehungen sie verantwortlich ist.

[2] Jede Hohe Vertragspartei, die eine Erklärung nach Absatz 1 abgegeben hat, kann jederzeit eine weitere Erklärung abgeben, die den Inhalt einer früheren Erklärung ändert oder die Anwendung der Bestimmungen dieses Protokolls auf irgendein Hoheitsgebiet beendet.

[3] Eine nach diesem Artikel abgegebene Erklärung gilt als eine Erklärung im Sinne des Artikels 56 Absatz 1 der Konvention[1)].

Art. 5 Verhältnis zur Konvention. Die Hohen Vertragsparteien betrachten die Artikel 1, 2, 3 und 4 dieses Protokolls als Zusatzartikel zur Konvention[1)]; alle Bestimmungen der Konvention sind dementsprechend anzuwenden.

Art. 6 Unterzeichnung und Ratifikation. *[1]* [1] Dieses Protokoll liegt für die Mitglieder des Europarats, die Unterzeichner der Konvention[1)] sind, zur Unterzeichnung auf; es wird gleichzeitig mit der Konvention oder zu einem späteren Zeitpunkt ratifiziert. [2] Es tritt nach Hinterlegung von zehn Ratifikationsurkunden in Kraft. [3] Für jeden Unterzeichner, der das Protokoll später ratifiziert, tritt es mit der Hinterlegung seiner Ratifikationsurkunde in Kraft.[2)]

[2] Die Ratifikationsurkunden werden beim Generalsekretär des Europarats hinterlegt, der allen Mitgliedern die Namen derjenigen Staaten, die das Protokoll ratifiziert haben, notifiziert.

Geschehen zu Paris am 20. März 1952 in englischer und französischer Sprache, wobei jeder Wortlaut gleichermaßen verbindlich ist, in einer Urschrift, die im Archiv des Europarats hinterlegt wird. Der Generalsekretär übermittelt allen Unterzeichnerregierungen beglaubigte Abschriften.

Nichtamtliche Anlage. Geltungsbereich[3)]

Vertragsparteien	Zusatzprotokoll in Kraft am	BGBl. Jg.	S.
Albanien	2. 10. 1996	97 II	1738
Andorra	6. 5. 2008	09 II	358, 365
Armenien	26. 4. 2002	03 II	1575
Aserbaidschan	15. 4. 2002	03 II	1575
Belgien	14. 6. 1955	57 II	226
Bosnien und Herzegowina	12. 7. 2002	03 II	1575
Bulgarien	7. 9. 1992	93 II	808
Dänemark	18. 5. 1954	57 II	226
Estland	16. 4. 1996	97 II	733
Finnland	10. 5. 1990	90 II	806
Frankreich	3. 5. 1974	75 II	1346
Georgien	7. 6. 2002	03 II	1575

1) Nr. **40**.
2) Inkrafttreten für die Bundesrepublik Deutschland gemäß Bek. v. 13.4.1957 (BGBl. I S. 226) am 13.2.1957. Zum weiteren Geltungsbereich siehe die Übersicht in der nichtamtlichen Anlage.
3) Nach FNB Stand 31.12.2014, redaktionell fortgeführt.

Vertragsparteien	Zusatzprotokoll in Kraft am	BGBl. Jg.	S.
Griechenland	28. 11. 1974	75 II	1144
Irland	18. 5. 1954	57 II	226
Island	18. 5. 1954	57 II	226
Italien	26. 10. 1955	57 II	226
Kroatien	5. 11. 1997	98 II	898
Lettland	27. 6. 1997	98 II	898
Liechtenstein	14. 11. 1995	97 II	733
Litauen	24. 5. 1996	97 II	733
Luxemburg	18. 5. 1954	57 II	226
Malta	23. 1. 1967	67 II	2051
Moldau, Republik	12. 9. 1997[1]		
Montenegro	6. 6. 2006	09 II	358, 365
Niederlande	31. 8. 1954	57 II	226
Nordmazedonien	10. 4. 1997	97 II	1738
Norwegen	18. 5. 1954	57 II	226
Österreich	3. 9. 1958	59 II	107
Polen	10. 10. 1994	94 II	3856
Portugal	9. 11. 1978	79 II	1040
Rumänien	20. 6. 1994	94 II	3623
Russische Föderation	5. 5. 1998	98 II	2932
San Marino	22. 3. 1989	89 II	619
Schweden	18. 5. 1954	57 II	226
Serbien	3. 3. 2004	05 II	87
Slowakei	1. 1. 1993	94 II	352
Slowenien	28. 6. 1994	94 II	3623
Spanien	27. 11. 1990	91 II	652
Tschechische Republik	1. 1. 1993	94 II	352
Tschechoslowakei, ehemalige	18. 3. 1992	92 II	1064
Türkei	18. 5. 1954	57 II	226
Ukraine	11. 9. 1997	98 II	898
Ungarn	5. 11. 1992	93 II	808
Vereinigtes Königreich	18. 5. 1954	57 II	226
Zypern	6. 10. 1962	68 II	847

[1] Quelle: Vertragsbüro des Europarates (Stand: 7.4.2020).

40b. Protokoll Nr. 4 zur Konvention zum Schutz der Menschenrechte und Grundfreiheiten, durch das gewisse Rechte und Freiheiten gewährleistet werden, die nicht bereits in der Konvention oder im ersten Zusatzprotokoll enthalten sind

In der Fassung der Bekanntmachung vom 22. Oktober 2010[1]
(BGBl. II S. 1198, 1220)
SEV[2] 046

(Übersetzung)

Die Unterzeichnerregierungen, Mitglieder des Europarats –

entschlossen, Maßnahmen zur kollektiven Gewährleistung gewisser Rechte und Freiheiten zu treffen, die in Abschnitt I der am 4. November 1950 in Rom unterzeichneten Konvention zum Schutz der Menschenrechte und Grundfreiheiten[3] (im Folgenden als „Konvention" bezeichnet) und in den Artikeln 1 bis 3 des am 20. März 1952 in Paris unterzeichneten ersten Zusatzprotokolls zur Konvention[4] noch nicht enthalten sind –

haben Folgendes vereinbart:

Art. 1 Verbot der Freiheitsentziehung wegen Schulden. Niemandem darf die Freiheit allein deshalb entzogen werden, weil er nicht in der Lage ist, eine vertragliche Verpflichtung zu erfüllen.

Art. 2 Freizügigkeit. (1) Jede Person, die sich rechtmäßig im Hoheitsgebiet eines Staates aufhält, hat das Recht, sich dort frei zu bewegen und ihren Wohnsitz frei zu wählen.

(2) Jeder Person steht es frei, jedes Land, einschließlich des eigenen, zu verlassen.

(3) Die Ausübung dieser Rechte darf nur Einschränkungen unterworfen werden, die gesetzlich vorgesehen und in einer demokratischen Gesellschaft notwendig sind für die nationale oder öffentliche Sicherheit, zur Aufrechterhaltung der öffentlichen Ordnung, zur Verhütung von Straftaten, zum Schutz der Gesundheit oder der Moral oder zum Schutz der Rechte und Freiheiten anderer.

(4) Die in Absatz 1 anerkannten Rechte können ferner für bestimmte Gebiete Einschränkungen unterworfen werden, die gesetzlich vorgesehen und in einer demokratischen Gesellschaft durch das öffentliche Interesse gerechtfertigt sind.

---

[1] Neubekanntmachung des Protokolls Nr. 4 v. 16.9.1963 (BGBl. 1968 II S. 422, 423) in einer sprachlich überarbeiteten deutschen Übersetzung in der ab 1.6.2010 geltenden Fassung.

[2] **S**ammlung der **E**uropäischen **V**erträge des Europarates.

[3] Nr. **40**.

[4] Nr. **40a**.

Art. 3 Verbot der Ausweisung eigener Staatsangehöriger. (1) Niemand darf durch eine Einzel- oder Kollektivmaßnahme aus dem Hoheitsgebiet des Staates ausgewiesen werden, dessen Angehöriger er ist.

(2) Niemandem darf das Recht entzogen werden, in das Hoheitsgebiet des Staates einzureisen, dessen Angehöriger er ist.

Art. 4 Verbot der Kollektivausweisung ausländischer Personen. Kollektivausweisungen ausländischer Personen sind nicht zulässig.

Art. 5 Räumlicher Geltungsbereich. (1) Jede Hohe Vertragspartei kann im Zeitpunkt der Unterzeichnung oder Ratifikation dieses Protokolls oder zu jedem späteren Zeitpunkt an den Generalsekretär des Europarats eine Erklärung darüber richten, in welchem Umfang sie sich zur Anwendung dieses Protkolls auf die in der Erklärung angegebenen Hoheitsgebiete verpflichtet, für deren internationale Beziehungen sie verantwortlich ist.

(2) Jede Hohe Vertragspartei, die eine Erklärung nach Absatz 1 abgegeben hat, kann jederzeit eine weitere Erklärung abgeben, die den Inhalt einer früheren Erklärung ändert oder die Anwendung der Bestimmungen dieses Protokolls auf irgendein Hoheitsgebiet beendet.

(3) Eine nach diesem Artikel abgegebene Erklärung gilt als eine Erklärung im Sinne des Artikels 56 Absatz 1 der Konvention[1)].

(4) Das Hoheitsgebiet eines Staates, auf das dieses Protokoll aufgrund der Ratifikation oder Annahme durch diesen Staat Anwendung findet, und jedes Hoheitsgebiet, auf welches das Protokoll aufgrund einer von diesem Staat nach diesem Artikel abgegebenen Erklärung Anwendung findet, werden als getrennte Hoheitsgebiete betrachtet, soweit die Artikel 2 und 3 auf das Hoheitsgebiet eines Staates Bezug nehmen.

(5) Jeder Staat, der eine Erklärung nach Absatz 1 oder 2 abgegeben hat, kann jederzeit danach für eines oder mehrere der in der Erklärung bezeichneten Hoheitsgebiete erklären, dass er die Zuständigkeit des Gerichtshofs, Beschwerden von natürlichen Personen, nichtstaatlichen Organisationen oder Personengruppen nach Artikel 34 der Konvention entgegenzunehmen, für die Artikel 1 bis 4 dieses Protokolls insgesamt oder für einzelne dieser Artikel annimmt.

Art. 6 Verhältnis zur Konvention[1)]. Die Hohen Vertragsparteien betrachten die Artikel 1 bis 5 dieses Protokolls als Zusatzartikel zur Konvention; alle Bestimmungen der Konvention sind dementsprechend anzuwenden.

Art. 7 Unterzeichnung und Ratifikation. (1) [1] Dieses Protokoll liegt für die Mitglieder des Europarats, die Unterzeichner der Konvention[1)] sind, zur Unterzeichnung auf; es wird gleichzeitig mit der Konvention oder zu einem späteren Zeitpunkt ratifiziert. [2] Es tritt nach Hinterlegung von fünf Ratifikationsurkunden in Kraft. [3] Für jeden Unterzeichner, der das Protokoll später ratifiziert, tritt es mit der Hinterlegung der Ratifikationsurkunde in Kraft.[2)]

[1)] Nr. **40**.

[2)] Inkrafttreten für die Bundesrepublik Deutschland gemäß Bek. v. 18.11.1968 (BGBl. II S. 1109) am 1.6.1968. Zum weiteren Geltungsbereich siehe die Übersicht in der nichtamtlichen Anlage.

(2) Die Ratifikationsurkunden werden beim Generalsekretär des Europarats hinterlegt, der allen Mitgliedern die Namen derjenigen Staaten, die das Protokoll ratifiziert haben, notifiziert.

Zu Urkund dessen haben die hierzu gehörig befugten Unterzeichneten dieses Protokoll unterschrieben.

Geschehen zu Straßburg am 16. September 1963 in englischer und französischer Sprache, wobei jeder Wortlaut gleichermaßen verbindlich ist, in einer Urschrift, die im Archiv des Europarats hinterlegt wird. Der Generalsekretär übermittelt allen Unterzeichnerstaaten beglaubigte Abschriften.

Nichtamtliche Anlage. Geltungsbereich[1]

Vertragsparteien	Protokoll Nr. 4 in Kraft am	BGBl. Jg.	S.
Albanien	2. 10. 1996	97 II	1738
Andorra	6. 5. 2008	09 II	358, 365
Armenien	26. 4. 2002	03 II	1575
Aserbaidschan	15. 4. 2002	03 II	1575
Belgien	21. 9. 1970	70 II	1068
Bosnien und Herzegowina	12. 7. 2002	03 II	1575
Bulgarien	4. 11. 2000	01 II	331
Dänemark	2. 5. 1968	68 II	1109
Estland	16. 4. 1996	97 II	733
Finnland	10. 5. 1990	90 II	806
Frankreich	3. 5. 1974	75 II	1346
Georgien	13. 4. 2000	01 II	331
Irland	29. 10. 1968	70 II	519
Island	2. 5. 1968	68 II	1109
Italien	27. 5. 1982	82 II	860
Kroatien	5. 11. 1997	98 II	898
Lettland	27. 6. 1997	98 II	898
Liechtenstein	8. 2. 2005[2]		
Litauen	20. 6. 1995	97 II	733
Luxemburg	2. 5. 1968	68 II	1109
Malta	5. 6. 2002	03 II	1575
Moldau, Republik	12. 9. 1997[2]		
Monaco	30. 11. 2005	09 II	358, 365
Montenegro	6. 6. 2006	09 II	358, 365
Niederlande	23. 6. 1982	82 II	860
Nordmazedonien	10. 4. 1997	97 II	1738
Norwegen	2. 5. 1968	68 II	1109
Österreich	18. 9. 1969	70 II	519
Polen	10. 10. 1994	94 II	3856
Portugal	9. 11. 1978	79 II	1040

[1] Nach FNB Stand 31.12.2014, redaktionell fortgeführt.
[2] Quelle: Vertragsbüro des Europarates (Stand: 7.4.2020).

Vertragsparteien	Protokoll Nr. 4 in Kraft am	BGBl. Jg.	S.
Rumänien	20. 6. 1994	94 II	3623
Russische Föderation	5. 5. 1998	98 II	2932
San Marino	22. 3. 1989	89 II	619
Schweden	2. 5. 1968	68 II	1109
Serbien	3. 3. 2004	05 II	87
Slowakei	1. 1. 1993	94 II	352
Slowenien	28. 6. 1994	94 II	3623
Spanien	16. 9. 2009[1]		
Tschechische Republik	1. 1. 1933	94 II	352
Tschechoslowakei, ehemalige	18. 3. 1992	92 II	1064
Ukraine	11. 9. 1997	98 II	898
Ungarn	5. 11. 1992	93 II	808
Zypern	3. 10. 1989	89 II	1056

[1] Quelle: Vertragsbüro des Europarates (Stand: 7.4.2020).

40c. Protokoll Nr. 6 zur Konvention zum Schutz der Menschenrechte und Grundfreiheiten über die Abschaffung der Todesstrafe

In der Fassung der Bekanntmachung vom 22. Oktober 2010[1)]
(BGBl. II S. 1198, 1223)

SEV[2)] 114

(Übersetzung)

Die Mitgliedstaaten des Europarats, die dieses Protokoll zu der am 4. November 1950 in Rom unterzeichneten Konvention zum Schutz der Menschenrechte und Grundfreiheiten[3)] (im Folgenden als „Konvention" bezeichnet) unterzeichnen –

in der Erwägung, dass die in verschiedenen Mitgliedstaaten des Europarats eingetretene Entwicklung eine allgemeine Tendenz zugunsten der Abschaffung der Todesstrafe zum Ausdruck bringt –

haben Folgendes vereinbart:

Art. 1 Abschaffung der Todesstrafe. [1]Die Todesstrafe ist abgeschafft. [2]Niemand darf zu dieser Strafe verurteilt oder hingerichtet werden.

Art. 2 Todesstrafe in Kriegszeiten. [1]Ein Staat kann in seinem Recht die Todesstrafe für Taten vorsehen, die in Kriegszeiten oder bei unmittelbarer Kriegsgefahr begangen werden; diese Strafe darf nur in den Fällen, die im Recht vorgesehen sind, und in Übereinstimmung mit dessen Bestimmungen angewendet werden. [2]Der Staat übermittelt dem Generalsekretär des Europarats die einschlägigen Rechtsvorschriften.

Art. 3 Verbot des Abweichens. Von diesem Protokoll darf nicht nach Artikel 15 der Konvention[3)] abgewichen werden.

Art. 4 Verbot von Vorbehalten. Vorbehalte nach Artikel 57 der Konvention[3)] zu Bestimmungen dieses Protokolls sind nicht zulässig.

Art. 5 Räumlicher Geltungsbereich. (1) Jeder Staat kann bei der Unterzeichnung oder bei der Hinterlegung seiner Ratifikations-, Annahme- oder Genehmigungsurkunde einzelne oder mehrere Hoheitsgebiete bezeichnen, auf die dieses Protokoll Anwendung findet.

(2) [1]Jeder Staat kann jederzeit danach durch eine an den Generalsekretär des Europarats gerichtete Erklärung die Anwendung dieses Protokolls auf jedes weitere in der Erklärung bezeichnete Hoheitsgebiet erstrecken. [2]Das Protokoll tritt

---

[1)] Neubekanntmachung des Protokolls Nr. 6 v. 28.4.1983 (BGBl. 1988 II S. 662, 663) in einer sprachlich überarbeiteten deutschen Übersetzung in der ab 1.6.2010 geltenden Fassung.

[2)] **S**ammlung der **E**uropäischen **V**erträge des Europarates.

[3)] Nr. **40**.

für dieses Hoheitsgebiet am ersten Tag des Monats in Kraft, der auf den Eingang der Erklärung beim Generalsekretär folgt.

(3) [1]Jede nach den Absätzen 1 und 2 abgegebene Erklärung kann in Bezug auf jedes darin bezeichnete Hoheitsgebiet durch eine an den Generalsekretär gerichtete Notifikation zurückgenommen werden. [2]Die Rücknahme wird am ersten Tag des Monats wirksam, der auf den Eingang der Notifikation beim Generalsekretär folgt.

Art. 6 Verhältnis zur Konvention[1)]. Die Vertragsstaaten betrachten die Artikel 1 bis 5 dieses Protokolls als Zusatzartikel zur Konvention; alle Bestimmungen der Konvention sind dementsprechend anzuwenden.

Art. 7 Unterzeichnung und Ratifikation. [1]Dieses Protokoll liegt für die Mitgliedstaaten des Europarats, welche die Konvention[1)] unterzeichnet haben, zur Unterzeichnung auf. [2]Es bedarf der Ratifikation, Annahme oder Genehmigung. [3]Ein Mitgliedstaat des Europarats kann dieses Protokoll nur ratifizieren, annehmen oder genehmigen, wenn er die Konvention gleichzeitig ratifiziert oder sie früher ratifiziert hat. [4]Die Ratifikations-, Annahme- oder Genehmigungsurkunden werden beim Generalsekretär des Europarats hinterlegt.

Art. 8 Inkrafttreten. (1) Dieses Protokoll tritt am ersten Tag des Monats in Kraft, der auf den Tag folgt, an dem fünf Mitgliedstaaten des Europarats nach Artikel 7 ihre Zustimmung ausgedrückt haben, durch das Protokoll gebunden zu sein.

(2) Für jeden Mitgliedstaat, der später seine Zustimmung ausdrückt, durch das Protokoll gebunden zu sein, tritt es am ersten Tag des Monats in Kraft, der auf die Hinterlegung der Ratifikations-, Annahme- oder Genehmigungsurkunde folgt.[2)]

Art. 9 Aufgaben des Verwahrers. Der Generalsekretär des Europarats notifiziert den Mitgliedstaaten des Rates

a) jede Unterzeichnung;

b) jede Hinterlegung einer Ratifikations-, Annahme- oder Genehmigungsurkunde;

c) jeden Zeitpunkt des Inkrafttretens dieses Protokolls nach den Artikeln 5 und 8;

d) jede andere Handlung, Notifikation oder Mitteilung im Zusammenhang mit diesem Protokoll.

Zu Urkund dessen haben die hierzu gehörig befugten Unterzeichneten dieses Protokoll unterschrieben.

Geschehen zu Straßburg am 28. April 1983 in englischer und französischer Sprache, wobei jeder Wortlaut gleichermaßen verbindlich[3)] ist, in einer Urschrift, die im Archiv des Europarats hinterlegt wird. Der Generalsekretär des Europarats übermittelt allen Mitgliedstaaten des Europarats beglaubigte Abschriften.

[1)] Nr. **40**.

[2)] Inkrafttreten für die Bundesrepublik Deutschland gemäß Bek. v. 27.9.1989 (BGBl. II S. 814) am 1.8. 1989. Zum weiteren Geltungsbereich siehe die Übersicht in der nichtamtlichen Anlage.

[3)] Österreich: authentisch.

Nichtamtliche Anlage. Geltungsbereich[1)]

Vertragsparteien	Protokoll Nr. 6 in Kraft am	BGBl. Jg.	S.
Albanien	1. 10. 2000	01 II	331
Andorra	1. 2. 1996	97 II	733
Armenien	1. 10. 2003	05 II	87
Aserbaidschan	1. 5. 2002	03 II	1575
Belgien	1. 1. 1999	01 II	331
Bosnien und Herzegowina	1. 8. 2002	03 II	1575
Bulgarien	1. 10. 1999	01 II	331
Dänemark	1. 3. 1985	89 II	814
Finnland	1. 6. 1990	90 II	806
Estland	1. 5. 1998	98 II	1175
Frankreich	1. 3. 1986	89 II	814
Griechenland	1. 10. 1998	99 II	8
Irland	1. 7. 1994	94 II	3623
Island	1. 6. 1987	89 II	814
Italien	1. 1. 1989	89 II	814
Kroatien	1. 12. 1997	98 II	898
Lettland	1. 6. 1999	01 II	331
Liechtenstein	1. 12. 1990	91 II	389
Litauen	1. 8. 1999	01 II	331
Luxemburg	1. 3. 1985	89 II	814
Malta	1. 4. 1991	91 II	835
Moldau, Republik	1. 10. 1997[2)]		
Montenegro	6. 6. 2006	09 II	358, 366
Niederlande	1. 5. 1986	89 II	814
Nordmazedonien	10. 4. 1997	97 II	1738
Norwegen	1. 11. 1988	89 II	814
Österreich	1. 3. 1985	89 II	814
Polen	1. 11. 2000	01 II	331
Portugal	1. 11. 1986	89 II	814
Rumänien	1. 7. 1994	94 II	3623
San Marino	1. 4. 1989	89 II	814
Schweden	1. 3. 1985	89 II	814
Schweiz	1. 11. 1987	89 II	814
Serbien	3. 3. 2004	05 II	87
Slowakei	1. 1. 1993	94 II	352
Slowenien	1. 7. 1994	94 II	3623
Spanien	1. 3. 1985	89 II	814
Tschechische Republik	1. 1. 1993	94 II	352
Tschechoslowakei, ehemalige	1. 4. 1992	92 II	1064
Türkei	1. 12. 2003	05 II	87
Ukraine	1. 5. 2000[2)]		
Ungarn	1. 12. 1992	93 II	808
Vereinigtes Königreich	1. 6. 1999	01 II	331
Zypern	1. 2. 2000[2)]		

[1)] Nach FNB Stand 31.12.2014, redaktionell fortgeführt.
[2)] Quelle: Vertragsbüro des Europarates (Stand: 7.4.2020).

40d. Protokoll Nr. 7 zur Konvention zum Schutze der Menschenrechte und Grundfreiheiten

Vom 22. November 1984

(ÖBGBl. 1988 II S. 628)

SEV[1] 117

geänd. durch Art. 2 Abs. 7 Elftes EMRK-Protokoll[2] v. 11.5.1994 (BGBl. 1995 II S. 578, 579)

(Übersetzung)

Die Mitgliedstaaten des Europarates, die dieses Protokoll unterzeichnen,

entschlossen, weitere Maßnahmen zur kollektiven Gewährleistung gewisser Rechte und Freiheiten durch die am 4. November 1950 in Rom unterzeichnete Konvention zum Schutze der Menschenrechte und Grundfreiheiten[3] (im Folgenden als „Konvention" bezeichnet) zu treffen,

haben Folgendes vereinbart:

Art. 1 Verfahrensrechtliche Schutzvorschriften in bezug auf die Ausweisung von Ausländern. (1) Ein Ausländer, der seinen rechtmäßigen Aufenthalt im Hoheitsgebiet eines Staates hat, darf aus diesem nur aufgrund einer rechtmäßig ergangenen Entscheidung ausgewiesen werden; ihm muß gestattet werden,

a) Gründe vorzubringen, die gegen seine Ausweisung sprechen,

b) seinen Fall prüfen zu lassen und

c) sich zu diesem Zweck vor der zuständigen Behörde oder von einer oder mehreren von dieser Behörde bestimmten Personen vertreten zu lassen.

(2) Ein Ausländer kann vor Ausübung der in Abs. 1 Lit. a, b und c genannten Rechte ausgewiesen werden, wenn die Ausweisung im Interesse der öffentlichen Ordnung erforderlich ist oder aus Gründen der nationalen Sicherheit erfolgt.

Art. 2 Rechtsmittel in Strafsachen. (1) [1]Wer von einem Gericht wegen einer strafbaren Handlung verurteilt worden ist, hat das Recht, das Urteil von einem übergeordneten Gericht nachprüfen zu lassen. [2]Die Ausübung dieses Rechts, einschließlich der Gründe, aus denen es ausgeübt werden kann, richtet sich nach dem Gesetz.

(2) Ausnahmen von diesem Recht sind für strafbare Handlungen geringfügiger Art, wie sie durch Gesetz näher bestimmt sind, oder in Fällen möglich, in denen das Verfahren gegen eine Person in erster Instanz vor dem obersten Gericht stattgefunden hat oder in denen sie nach einem gegen ihren Freispruch eingelegten Rechtsmittel verurteilt worden ist.

---

[1] **S**ammlung der **E**uropäischen **V**erträge des Europarates.

[2] Inkrafttreten gemäß Bek. v. 12.2.2001 (BGBl. II S. 231) am 1.11.1998.

[3] Nr. **40**.

Art. 3 Recht auf Entschädigung bei Fehlurteilen. Ist jemand wegen einer strafbaren Handlung rechtskräftig verurteilt und ist das Urteil später aufgehoben oder der Verurteilte begnadigt worden, weil eine neue oder eine neu bekannt gewordene Tatsache schlüssig beweist, daß ein Fehlurteil vorlag, so ist derjenige, der aufgrund eines solchen Urteils eine Strafe verbüßt hat, entsprechend dem Gesetz oder der Übung des betreffenden Staates zu entschädigen, sofern nicht nachgewiesen wird, daß das nicht rechtzeitige Bekanntwerden der betreffenden Tatsache ganz oder teilweise ihm zuzuschreiben ist.

Art. 4 Recht, wegen derselben Sache nicht zweimal vor Gericht gestellt oder bestraft zu werden. (1) Niemand darf wegen einer Straftat, wegen der er bereits nach dem Gesetz und dem Strafverfahrensrecht eines Staates rechtskräftig verurteilt oder freigesprochen worden ist, in einem Strafverfahren desselben Staates erneut vor Gericht gestellt oder bestraft werden.

(2) Abs. 1 schließt die Wiederaufnahme des Verfahrens nach dem Gesetz und dem Strafverfahrensrecht des betreffenden Staates nicht aus, falls neue oder neu bekannt gewordene Tatsachen vorliegen oder das vorausgegangene Verfahren schwere, den Ausgang des Verfahrens berührende Mängel aufweist.

(3) Dieser Artikel darf nicht nach Art. 15 der Konvention[1)] außer Kraft gesetzt werden.

Art. 5 Gleichberechtigung der Ehegatten. [1] Ehegatten haben untereinander und in ihren Beziehungen zu ihren Kindern gleiche Rechte und Pflichten privatrechtlicher Art hinsichtlich der Eheschließung, während der Ehe und bei Auflösung der Ehe. [2] Dieser Artikel verwehrt es den Staaten nicht, die im Interesse der Kinder notwendigen Maßnahmen zu treffen.

Art. 6 Räumlicher Geltungsbereich. (1) Jeder Staat kann bei der Unterzeichnung oder bei der Hinterlegung seiner Ratifikations-, Annahme- oder Genehmigungsurkunde einzelne oder mehrere Hoheitsgebiete bezeichnen, auf die dieses Protokoll Anwendung findet, und erklären, in welchem Umfang er sich zur Anwendung dieses Protokolls auf diese Hoheitsgebiete verpflichtet.

(2) [1] Jeder Staat kann jederzeit danach durch eine an den Generalsekretär des Europarates gerichtete Erklärung die Anwendung dieses Protokoll auf jedes weitere in der Erklärung bezeichnete Hoheitsgebiet erstrecken. [2] Das Protokoll tritt für dieses Hoheitsgebiet am ersten Tag des Monats in Kraft, der auf einen Zeitabschnitt von zwei Monaten nach Eingang der Erklärung beim Generalsekretär folgt.

(3) [1] Jede nach den Abs. 1 und 2 abgegebene Erklärung kann in bezug auf jedes darin bezeichnete Hoheitsgebiet durch eine an den Generalsekretär gerichtete Notifikation zurückgenommen oder geändert werden. [2] Die Rücknahme oder Änderung wird am ersten Tag des Monats wirksam, der auf einen Zeitabschnitt von zwei Monaten nach Eingang der Notifikation beim Generalsekretär folgt.

(4) Eine nach diesem Artikel abgegebene Erklärung gilt als eine Erklärung im Sinne des Art. 56 Abs. 1 der Konvention[1)].

[1)] Nr. **40**.

(5) Das Hoheitsgebiet eines Staates, auf das dieses Protokoll aufgrund der Ratifikation, Annahme oder Genehmigung durch diesen Staat Anwendung findet, und jedes Hoheitsgebiet, auf welches das Protokoll aufgrund einer von diesem Staat nach diesem Artikel abgegebenen Erklärung Anwendung findet, können als getrennte Hoheitsgebiete betrachtet werden, soweit Art. 1 auf das Hoheitsgebiet eines Staates Bezug nimmt.

(6) Jeder Staat, der eine Erklärung nach Absatz 1 oder 2 abgegeben hat, kann jederzeit danach für eines oder mehrere der in der Erklärung bezeichneten Hoheitsgebiete erklären, daß er die Zuständigkeit des Gerichtshofs, Beschwerden von natürlichen Personen, nichtstaatlichen Organisationen oder Personengruppen nach Artikel 34 der Konvention entgegenzunehmen, für die Artikel 1 bis 5 dieses Protokolls annimmt.

Art. 7 Verhältnis zur Konvention[1]. Die Vertragsstaaten betrachten die Art. 1 bis 6 dieses Protokolls als Zusatzartikel zur Konvention; alle Bestimmungen der Konvention sind dementsprechend anzuwenden.

Art. 8 Unterzeichnung und Ratifikation. [1]Dieses Protokoll liegt für die Mitgliedstaaten des Europarates, welche die Konvention[1] unterzeichnet haben, zur Unterzeichnung auf. [2]Es bedarf der Ratifikation, Annahme oder Genehmigung. Ein Mitgliedstaat des Europarates kann dieses Protokoll nicht ratifizieren, annehmen oder genehmigen, ohne die Konvention früher ratifiziert zu haben oder sie gleichzeitig zu ratifizieren. [3]Die Ratifikations-, Annahme- oder Genehmigungsurkunden werden beim Generalsekretär des Europarates hinterlegt.

Art. 9 Inkrafttreten. (1) Dieses Protokoll tritt am ersten Tag des Monates in Kraft, der auf einen Zeitabschnitt von zwei Monaten nach dem Tag folgt, an dem sieben Mitgliedstaaten des Europarates nach Art. 8 ihre Zustimmung ausgedrückt haben, durch das Protokoll gebunden zu sein.[2]

(2) Für jeden Mitgliedstaat, der später seine Zustimmung ausdrückt, durch das Protokoll gebunden zu sein, tritt es am ersten Tag des Monates in Kraft, der auf einen Zeitabschnitt von zwei Monaten nach Hinterlegung der Ratifikations-, Annahme- oder Genehmigungsurkunde folgt.

Art. 10 Aufgaben des Verwahrers. Der Generalsekretär des Europarats notifiziert allen Mitgliedstaaten des Europarates:

a) jede Unterzeichnung;

b) jede Hinterlegung einer Ratifikations-, Annahme- oder Genehmigungsurkunde;

c) jeden Zeitpunkt des Inkrafttretens dieses Protokolls nach den Art. 6 und 9;

d) jede andere Handlung, Notifikation oder Erklärung im Zusammenhang mit diesem Protokoll.

---

[1] Nr. **40**.

[2] Das Protokoll ist am 1.11.1988 in Kraft getreten. Die Bundesrepublik Deutschland hat das Protokoll bislang nicht ratifiziert. Zum Geltungsbereich siehe die Übersicht in der nichtamtlichen Anlage.

Zu Urkund dessen haben die hiezu gehörig befugten Unterzeichneten dieses Protokoll unterschrieben.

Geschehen zu Straßburg am 22. November 1984 in englischer und französischer Sprache, wobei jeder Wortlaut gleichermaßen verbindlich[1] ist, in einer Urschrift, die im Archiv des Europarates hinterlegt wird. Der Generalsekretär des Europarats übermittelt allen Unterzeichnerstaaten des Europarates beglaubigte Abschriften.

Nichtamtliche Anlage. Geltungsbereich[2]

Vertragsparteien	Protokoll Nr. 7 in Kraft am
Albanien	1. 1. 1997
Andorra	1. 8. 2008
Armenien	1. 7. 2002
Aserbaidschan	1. 7. 2002
Belgien	1. 7. 2012
Bosnien und Herzegowina	1. 10. 2002
Bulgarien	1. 2. 2001
Dänemark	1. 2. 2001
Estland	1. 2. 2001
Finnland	1. 8. 1990
Frankreich	1. 11. 1988
Georgien	1. 7. 2000
Griechenland	1. 11. 1988
Irland	1. 11. 2001
Island	1. 11. 1988
Italien	1. 2. 1992
Kroatien	1. 2. 1998
Lettland	1. 9. 1997
Liechtenstein	1. 5. 2005
Litauen	1. 9. 1995
Luxemburg	1. 7. 1989
Malta	1. 4. 2003
Moldau	1. 12. 1997
Monaco	1. 2. 2006
Montenegro	6. 6. 2006
Nordmazedonien	1. 7. 1997
Norwegen	1. 1. 1989
Österreich	1. 11. 1988
Polen	1. 3. 2003
Portugal	1. 3. 2005
Rumänien	1. 9. 1994
Russische Föderation	1. 8. 1998
San Marino	1. 6. 1989
Schweden	1. 11. 1988
Schweiz	1. 11. 1988
Serbien	3. 6. 2004
Slowakei	1. 1. 1993
Slowenien	1. 9. 1994
Spanien	1. 12. 2009
Tschechische Republik	1. 1. 1993
Türkei	1. 8. 2016
Ungarn	1. 2. 1993
Zypern	1. 12. 2000

[1] Österreich: authentisch.
[2] Quelle: Vertragsbüro des Europarates (Stand: 7.4.2020).

40e. Protokoll Nr. 13 zur Konvention zum Schutz der Menschenrechte und Grundfreiheiten über die vollständige Abschaffung der Todesstrafe

In der Fassung der Bekanntmachung vom 22. Oktober 2010[1)]
(BGBl. II S. 1198, 1226)
SEV[2)] 187

(Übersetzung)

Die Mitgliedstaaten des Europarats, die dieses Protokoll unterzeichnen,

in der Überzeugung, dass in einer demokratischen Gesellschaft das Recht jedes Menschen auf Leben einen Grundwert darstellt und die Abschaffung der Todesstrafe für den Schutz dieses Rechts und für die volle Anerkennung der allen Menschen innewohnenden Würde von wesentlicher Bedeutung ist;

in dem Wunsch, den Schutz des Rechts auf Leben, der durch die am 4. November 1950 in Rom unterzeichnete Konvention zum Schutz der Menschenrechte und Grundfreiheiten[3)] (im Folgenden als „Konvention" bezeichnet) gewährleistet wird, zu stärken;

in Anbetracht dessen, dass das Protokoll Nr. 6 zur Konvention über die Abschaffung der Todesstrafe[4)], das am 28. April 1983 in Straßburg unterzeichnet wurde, die Todesstrafe nicht für Taten ausschließt, die in Kriegszeiten oder bei unmittelbarer Kriegsgefahr begangen werden;

entschlossen, den letzten Schritt zu tun, um die Todesstrafe vollständig abzuschaffen,

haben Folgendes vereinbart:

Art. 1 Abschaffung der Todesstrafe. [1] Die Todesstrafe ist abgeschafft. [2] Niemand darf zu dieser Strafe verurteilt oder hingerichtet werden.

Art. 2 Verbot des Abweichens. Von diesem Protokoll darf nicht nach Artikel 15 der Konvention[3)] abgewichen werden.

Art. 3 Verbot von Vorbehalten. Vorbehalte nach Artikel 57 der Konvention[3)] zu diesem Protokoll sind nicht zulässig.

Art. 4 Räumlicher Geltungsbereich. (1) Jeder Staat kann bei der Unterzeichnung oder bei der Hinterlegung der Ratifikations-, Annahme- oder Genehmigungsurkunde einzelne oder mehrere Hoheitsgebiete bezeichnen, auf die dieses Protokoll Anwendung findet.

[1)] Neubekanntmachung des Protokolls Nr. 13 v. 3.5.2002 (BGBl. 2004 II S. 982, 983) in einer sprachlich überarbeiteten deutschen Übersetzung in der ab 1.6.2010 geltenden Fassung.

[2)] **S**ammlung der **E**uropäischen **V**erträge des Europarates.

[3)] Nr. **40**.

[4)] Nr. **40c**.

(2) [1]Jeder Staat kann jederzeit danach durch eine an den Generalsekretär des Europarats gerichtete Erklärung die Anwendung dieses Protokolls auf jedes weitere in der Erklärung bezeichnete Hoheitsgebiet erstrecken. [2]Das Protokoll tritt für dieses Hoheitsgebiet am ersten Tag des Monats in Kraft, der auf einen Zeitabschnitt von drei Monaten nach Eingang der Erklärung beim Generalsekretär folgt.

(3) [1]Jede nach den Absätzen 1 und 2 abgegebene Erklärung kann in Bezug auf jedes darin bezeichnete Hoheitsgebiet durch eine an den Generalsekretär gerichtete Notifikation zurückgenommen oder geändert werden. [2]Die Rücknahme oder Änderung wird am ersten Tag des Monats wirksam, der auf einen Zeitabschnitt von drei Monaten nach Eingang der Notifikation beim Generalsekretär folgt.

Art. 5 Verhältnis zur Konvention[1]. Die Vertragsstaaten betrachten die Artikel 1 bis 4 dieses Protokolls als Zusatzartikel zur Konvention; alle Bestimmungen der Konvention sind dementsprechend anzuwenden.

Art. 6 Unterzeichnung und Ratifikation. [1]Dieses Protokoll liegt für die Mitgliedstaaten des Europarats, welche die Konvention[1] unterzeichnet haben, zur Unterzeichnung auf. [2]Es bedarf der Ratifikation, Annahme oder Genehmigung. [3]Ein Mitgliedstaat des Europarats kann dieses Protokoll nur ratifizieren, annehmen oder genehmigen, wenn er die Konvention gleichzeitig ratifiziert oder bereits zu einem früheren Zeitpunkt ratifiziert hat. [4]Die Ratifikations-, Annahme- oder Genehmigungsurkunden werden beim Generalsekretär des Europarats hinterlegt.

Art. 7 Inkrafttreten. (1) Dieses Protokoll tritt am ersten Tag des Monats in Kraft, der auf einen Zeitabschnitt von drei Monaten nach dem Tag folgt, an dem zehn Mitgliedstaaten des Europarats nach Artikel 6 ihre Zustimmung ausgedrückt haben, durch das Protokoll gebunden zu sein.

(2) Für jeden Mitgliedstaat, der später seine Zustimmung ausdrückt, durch dieses Protokoll gebunden zu sein, tritt es am ersten Tag des Monats in Kraft, der auf einen Zeitabschnitt von drei Monaten nach der Hinterlegung der Ratifikations-, Annahme- oder Genehmigungsurkunde folgt.[2]

Art. 8 Aufgaben des Verwahrers. Der Generalsekretär des Europarats notifiziert allen Mitgliedstaaten des Europarats

a) jede Unterzeichnung;

b) jede Hinterlegung einer Ratifikations-, Annahme- oder Genehmigungsurkunde;

c) jeden Zeitpunkt des Inkrafttretens dieses Protokolls nach Artikel 4 und 7;

d) jede andere Handlung, Notifikation oder Mitteilung im Zusammenhang mit diesem Protokoll.

---

[1] Nr. **40**.

[2] Inkrafttreten für die Bundesrepublik Deutschland gemäß Bek. v. 23.11.2004 (BGBl. II S. 1722) am 1.2.2005. Zum weiteren Geltungsbereich siehe die Übersicht in der Anlage.

Zu Urkund dessen haben die hierzu gehörig befugten Unterzeichneten dieses Protokoll unterschrieben.

Geschehen zu Wilna am 3. Mai 2002 in englischer und französischer Sprache, wobei jeder Wortlaut gleichermaßen verbindlich ist, in einer Urschrift, die im Archiv des Europarats hinterlegt wird.

Der Generalsekretär des Europarats übermittelt allen Mitgliedstaaten des Europarats beglaubigte Abschriften.

Nichtamtliche Anlage. Geltungsbereich[1)]

Vertragsparteien	Protokoll Nr. 13 in Kraft am	BGBl. Jg.	S.
Albanien	1. 6. 2007	07 II	623
Andorra	1. 7. 2003	04 II	1722
Belgien	1. 10. 2003	04 II	1722
Bosnien und Herzegowina	1. 11. 2003	04 II	1722
Bulgarien	1. 7. 2003	04 II	1722
Dänemark	1. 7. 2003	04 II	1722
Estland	1. 6. 2004	04 II	1722
Finnland	1. 3. 2005	05 II	559
Frankreich	1. 2. 2008	09 II	382
Georgien	1. 9. 2003	04 II	1722
Griechenland	1. 6. 2005[2)]		
Irland	1. 7. 2003	04 II	1722
Island	1. 3. 2005	05 II	559
Italien	1. 7. 2009	09 II	497
Kroatien	1. 7. 2003	04 II	1722
Lettland	1. 5. 2012[2)]		
Liechtenstein	1. 7. 2003	04 II	1722
Litauen	1. 5. 2004	04 II	1722
Luxemburg	1. 7. 2006	07 II	623
Malta	1. 7. 2003	04 II	1722
Moldau, Republik	1. 2. 2007	07 II	623
Monaco	1. 3. 2006	09 II	382
Montenegro	6. 6. 2006	09 II	382
Niederlande	1. 6. 2006	07 II	623
Nordmazedonien	1. 11. 2004	04 II	1722
Norwegen	1. 12. 2005[2)]		
Österreich	1. 5. 2004	04 II	1722
Polen	1. 9. 2014	14 II	435
Portugal	1. 2. 2004	04 II	1722
Rumänien	1. 8. 2003	04 II	1722
San Marino	1. 8. 2003	04 II	1722
Schweden	1. 8. 2003	04 II	1722
Schweiz	1. 7. 2003	04 II	1722

[1)] Nach FNB Stand 31.12.2014, redaktionell fortgeführt.
[2)] Quelle: Vertragsbüro des Europarates (Stand: 7.4.2020).

Vertragsparteien	Protokoll Nr. 13 in Kraft am	BGBl. Jg.	S.
Serbien	1. 7. 2004	04 II	1722
Slowenien	1. 4. 2004	04 II	1722
Spanien	1. 4. 2010[1]		
Tschechische Republik	1. 11. 2004	04 II	1722
Türkei	1. 6. 2006	07 II	623
Ukraine	1. 7. 2003	04 II	1722
Ungarn	1. 11. 2003	04 II	1722
Vereinigtes Königreich	1. 2. 2004	04 II	1722
Zypern	1. 7. 2003	04 II	1722

[1] Quelle: Vertragsbüro des Europarates (Stand: 7.4.2020).

Sachverzeichnis

Die fetten Zahlen kennzeichnen die Nummern der Verträge, Abkommen usw. in dieser Ausgabe, die mageren Zahlen die jeweiligen Artikel, Paragraphen usw.

Recht
einfach

Einstieg

RVG · Rechtsanwaltsvergütungs-gesetz
Textausgabe
16. Aufl. 2024. 301 S.
€ 15,90. dtv 5762
TOPTITEL NEU
Neu im April 2024

Rechtsanwaltsvergütungsgesetz, Gerichtskostengesetz, Justizvergütungs- und -entschädigungsgesetz.

Loos
Recht: verstanden!
So funktioniert unser Rechtssystem.
Juristische Grundlagen einfach erklärt.
Beck im dtv
3. Auflage 2022. 212 S.
€ 19,90. dtv 51278
Auch als **ebook** erhältlich.

Warum gibt es Recht? Wer macht die Gesetze? Warum bekommt der, der Recht hat, nicht immer Recht? Mit vielen Beispielen.

Haft
Aus der Waagschale der Justitia
Eine Reise durch 4000 Jahre Rechtsgeschichte.
Beck im dtv
4. Aufl. 2009. 335 S.
€ 18,90. dtv 5690

Europa

EuR · Europa-Recht
Textausgabe
29. Auflage 2024. 766 S.
€ 15,90. dtv 5014
TOPTITEL NEU
Neu im März 2024

Vertrag über die Europäische Union, Vertrag über die Arbeitsweise der Europäischen Union, Charta der Grundrechte der Europäischen Union, Rechtsstellung des Unionsbürgers, Integrationsverantwortungsgesetz, Ausführungsgesetze zu Art. 23 GG, Europawahl-Gesetz, Verfahrensordnungen, Satzung des Europarates, Menschenrechtskonvention.

Schrötter
Kleines Europa-Lexikon
Geschichte · Politik · Recht.
Beck im dtv
2. Aufl. 2016. 623 S.
€ 24,90. dtv 50782
Auch als **ebook** erhältlich.

Über 200 praxisnahe Stichworte von der Agrarpolitik bis hin zur Zypernfrage.

Europäisches Beihilfenrecht
Textausgabe
2017. 382 S.
€ 15,90. dtv 5784

Weltweit

Völkerrechtliche Verträge
Vereinte Nationen, Zwischenstaatliche Beziehungen, Menschenrechte, See-, Luft- und WeltraumR, UmweltR, Streitbeilegung, KriegsverhütungsR, KriegsR, Internationale Strafgerichtsbarkeit.
Textausgabe TOPTITEL
16. Aufl. 2022. 902 S.
€ 21,90. dtv 5031

Die umfassend aktualisierte 16. Auflage mit Einführung von Prof. Dr. Oliver Dörr enthält jetzt auch das Übereinkommen über die Rechte behinderter Menschen.

WTO · Welthandelsorganisation
Textausgabe
6. Aufl. 2020. 448 S.
€ 25,90. dtv 5752

Mit WTO-Übereinkommen, GATT 1947/1994, Landwirtschaftsübereinkommen, Übereinkommen über Handelserleichterungen (TFA), Übereinkommen über gesundheitspolizeiliche Maßnahmen (SPS), Übereinkommen über technische Handelshemmnisse (TBT), Subventionsübereinkommen, Antidumping-Übereinkommen, Dienstleistungsabkommen (GATS), Übereinkommen über geistiges Eigentum (TRIPS), Streitbeilegungsvereinbarung (DSU), Übereinkommen über das öffentliche Beschaffungswesen (GPA).

Menschenrechte – Ihr internationaler Schutz
Menschenrechtspakte, EU-Grundrechtecharta, Flüchtlinge, Folter/Todesstrafe, Antidiskriminierung, Biomedizin/Genomforschung, Internationaler Strafgerichtshof, Verfahrensordnungen u.a.
Textausgabe
8. Aufl. 2024. Rund 800 S. NEU
Ca. € 32,90. dtv 5531
Neu im April 2024

Jährlich
neu im
Februar/März

EU-Arbeitsrecht
Textausgabe
TOPTITEL
9. Aufl. 2023. 834 S.
€ 19,90. dtv 5751

Mit den wichtigsten Verträgen, Verordnungen und Richtlinien der EU zu Freizügigkeit, Arbeitsvertrag, Arbeitsschutz, Betriebsverfassung, Verfahrensrecht.

Schulz/Jarvers/Gerauer
Kündigungsschutz im Arbeitsrecht von A–Z
Von Abfindung bis Zeugnis.
Rechtsberater
5. Aufl. 2016. 352 S.
€ 19,90. dtv 50766
Auch als **ebook** erhältlich.

Alle wesentlichen Fragen zum Thema »Kündigung und Kündigungsschutz« finden Sie hier beantwortet.

Schaub/Koch
Arbeitsrecht von A–Z
Verständlich, übersichtlich, klar.
Beck im dtv
TOPTITEL
28. Aufl. 2024. 925 S.
NEU
€ 23,90. dtv 51284
Neu im Februar 2024

Mit diesem Lexikon erfahren Sie leicht verständlich, was Sie vom Arbeitsrecht wissen sollten. Die Stichworte geben mehr als eine erste Orientierung. Dargestellt ist **das gesamte Arbeitsrecht** von der Begründung bis zur Beendigung des Arbeitsverhältnisses. Zusätzlich werden viele Randgebiete behandelt, wie zum Beispiel Arbeitsvermittlung, Arbeitslosenversicherung, Ausbildungsförderung, Lohnpfändung und Lohnsteuerrecht. Einen weiteren Schwerpunkt bildet das Recht besonderer Gruppen von Arbeitnehmern, etwa von Jugendlichen, schwerbehinderten Menschen und Heimarbeitern.

Für die Neuauflage haben die Autoren neue Stichworte ergänzt und die bestehenden hinsichtlich Rechtsprechung und Gesetzgebung komplett überarbeitet. Alle bisher umgesetzten arbeitsrechtlichen Änderungen aus dem Koalitionsvertrag sind berücksichtigt.

Rechtliche Grundlagen

HGB · Handelsgesetzbuch

Textausgabe TOPTITEL
69. Aufl. 2024. 393 S.
€ 10,90. dtv 5002

Mit Einführungsgesetz, Publizitätsgesetz und Handelsregisterverordnung.

Die Neuauflage enthält insbesondere die Änderungen durch das Personengesellschaftsrechtsmodernisierungsgesetz (MoPeG).

HandelsR · Handelsrecht

Textausgabe
6. Aufl. 2014. 619 S.
€ 16,90. dtv 5599

AktG, GmbHG · Aktiengesetz, GmbH-Gesetz

Textausgabe TOPTITEL
50. Aufl. 2023. 562 S. NEU
€ 9,90. dtv 5010
Neu im Juli 2023

Mit Umwandlungsgesetz, Wertpapiererwerbs- und Übernahmegesetz, Mitbestimmungsgesetzen, EU-AbschlussprüfungsVO, Sanierungs- und insolvenzechtlichem Krisenfolgenabmilderungsgesetz und Deutschem Corporate Governance Kodex.

GesR · Gesellschaftsrecht

Textausgabe TOPTITEL
19. Aufl. 2023. 1167 S.
€ 18,90. dtv 5585

U. a. mit AktienG, GmbH-Gesetz, GenossenschaftsG, Handelsgesetzbuch (Auszug), PartnerschaftsgesellschaftsG, EWIV-VO mit EWIV-AusführungsG, Wertpapiererwerbs- und ÜbernahmeG, Deutschem Corporate Governance Kodex sowie den wichtigsten Vorschriften aus den Bereichen Rechnungslegung, Umwandlungs-, Mitbestimmungs- und Verfahrensrecht.